주해상속법

[제997조~제1111조]

편집대표 윤진수

박영사

머리말

지난 2015년에 주해친족법을 발간하였는데, 4년 만에 주해상속법을 발간하게 되었다. 주해친족법의 머리말에서도 언급했던 것처럼, 종전에는 친족법과 상속법 분야에 관하여는 민법의 다른 분야에 비하여 판례도 많지 않았고, 연구의 절대량도 부족하였다. 특히 상속법은 친족법과 비교하여도 다소 소홀하게 취급되었다. 그러나 근래에는 상속법에 관하여 많은 판례가 나오고 있고, 연구도 늘어나고 있다. 이는 우리나라의 경제성장에 따라 상속할 재산이 늘어남에 따른 자연적인 현상이라고 할 수 있다. 이번에 펴내는 주해상속법은 이러한 현재까지의 상속법에 관한 상황을 쉽게 파악할 수 있게 하기 위한 것이다.

그 집필방침은 주해친족법과 마찬가지로, 국내의 학설과 판례는 되도록 빠짐없이 다루려고 하였고, 외국에서의 논의도 필요한 경우에는 소개하였다. 그러나 장황한 학설상의 논의는 되도록 줄이고, 어디까지나 실무에 도움이 될 수 있는 내용을 담으려고 하였다. 집필자의 개인적인 견해도 여러 군데 개진하였으나, 객관성을 잃지 않으려고 노력하였다. 다만 집필자의 구성에 관하여는 다소 변동이 있었는데, 주해친족법의 집필자 가운데 석광현 교수와 권재문 교수 대신 장준혁 교수와 이봉민 판사가 같이 참여하게 되었다.

이 책은 민법의 상속편 외에도 남북가족특례법과 국제상속법을 같이 다루고 있다. 이들에 대하여는 국내 최초의 주석서가 된다. 또한 현재에도 많이 문제되는 상속관습법에 대하여도 포괄적으로 다루어, 재판실무에 도움이 되고자 하였다.

주해상속법의 집필자들로서는 이 책이 연구자는 물론 법관이나 변호사뿐만 아니라 그 외에도 가족법 관계 업무에 종사하는 실무자들에게 많은 참고가 될 것을 희망한다.

끝으로 주해상속법의 발간을 쾌히 수락하여 주신 박영사 안종만 회장님과 여러 가지 사무를 처리하여 주신 조성호 이사님, 교정을 훌륭하게 마쳐 주신 한두희 대리님께 감사의 뜻을 표한다.

2019년 3월

편집대표 윤진수

상속편 집필자

윤진수(尹眞秀) 서울대학교 법학전문대학원 교수

이동진(李東珍) 서울대학교 법학전문대학원 교수

이봉민(李鳳敏) 수원고등법원 판사

장준혁(張埈赫) 성균관대학교 법학전문대학원 교수

최준규(崔竣圭) 서울대학교 법학전문대학원 부교수

현소혜(玄昭惠) 성균관대학교 법학전문대학원 부교수

(가나다순. 현직은 2019년 4월 1일 기준)

상속편 집필 내용

범 례

1. 조문

§779 ① i ← 민법 제779조 제1항 제1호

§842-2 ← 민법 제842조의2

民訴 §266 ② ← 민사소송법 제266조 제2항

家訴 §2 ① i 가. ← 가사소송법 제2조 제1항 제1호 가목

* '국제상속법'에서는 민법 앞에 "民"을 붙여 인용한다.

2. 판례

(1) 우리나라 판례

1) 통상의 인용방법을 따른다.

예) 서울중앙지방법원 2011. 5. 6. 선고 2007가합49582 판결.

대법원 2012. 6. 7.자 2012므768 결정.

2) 법고을LX나 종합법률정보를 통하여 검색할 수 있는 판례는 따로 출전을 표기하지 아니한다. 출전을 표기하는 경우에는 다음 약호에 의한다.

예) 집29-2, 민226 ← 대법원판례집 29권 2집, 민사편 226면

공1982, 66 ← 판례공보(법원공보), 1982년, 66면

각공2005, 215 ← 각급법원(제1, 2심) 판례공보 제18호(2005. 2. 10), 215면

고집1976민3, 85 ← 고등법원판례집 1976년 민사편 제3권 85면

하집2002-1, 287 ← 하급심판결집 2002년 제1권, 287면

總覽11-2, 1042-2 ← 判例總覽, 第11卷 2號, 1042-2면

新聞1656, 10 ← 法律新聞 第1656號, 10면

(2) 외국 판례

외국 판례를 인용할 때에는 각 그 나라의 표기방법에 따르되, 일본 판례는 앞에 "日"을 붙이고, 서기로 셈한 연도를 표시한 다음 괄호 안에 다음 축약된 연호를 표기한다.

明治 → 明, 大正 → 大, 昭和 → 昭, 平成 → 平

예) 日最判 1974(昭 49). 4. 26. 民集28－3, 503.

3. 법령약어

(1) 다음의 법령은 다음 약호에 의하여 인용할 수 있다. 다음 약호의 시행령, 시행규칙 등은 (아래에 해당 약호가 없더라도) 약호 뒤에 "슈", "規"를 붙여 인용할 수 있다.

가등기담보 등에 관한 법률 …… 假擔
가사소송법 …… 家訴
가사소송규칙 …… 家訴規
가사심판법(폐) …… 家審
가사재판, 가사조정 및 협의이혼 절차의 상담에 관한 예규 …… 상담예규
가족관계의 등록 등에 관한 법률 …… 家登
가족관계의 등록 등에 관한 규칙 …… 家登規
공익법인의 설립 운영에 관한 법률 …… 公益法人
공증인법 …… 公證
국적법 …… 國籍
국제사법 …… 國私
남북 주민 사이의 가족관계와 상속 등에 관한 특례법 …… 南北特
민사 및 가사소송의 사물관할에 관한 규칙 …… 사물관할규칙
민법(필요한 경우에 한함) …… 民
민사소송법 …… 民訴
민사소송규칙 …… 民訴規
민사조정법 …… 民調
민사집행법 …… 民執
민사집행규칙 …… 民執規
법원조직법 …… 法組
변호사법 …… 辯
부동산등기법 …… 不登
부동산 실권리자명의 등기에 관한 법률 …… 不登實名
부재선고에 관한 특별조치법 …… 不在特措
비송사건절차법 …… 非訟
상가건물 임대차보호법 …… 商賃
상법 …… 商
상속세 및 증여세법 …… 相贈
섭외사법(폐) …… 涉私
소득세법 …… 所得
소송촉진 등에 관한 특례법 …… 訴促
소액사건심판법 …… 少額
신원보증법 …… 身保
신탁법 …… 信託
약관의 규제에 관한 법률 …… 約款
인사소송법(폐) …… 人訴
장기등 이식에 관한 법률 …… 臟器移植
주택임대차보호법 …… 住賃
채무자 회생 및 파산에 관한 법률 …… 債務回生

파산법(폐) ······ 破産
헌법 ······ 憲
협의이혼의 의사확인사무 및 가족관계 등록사무 처리지침 ······ 협의이혼예규
형법 ······ 刑
형사소송법 ······ 刑訴
호적법(폐) ······ 戶籍

(2) 대법원 예규나 선례는, 「등기예규 제○호」 등으로 표기하되, 제목은 생략할 수 있다. 다만, 가족관계등록예규와 가족관계등록선례는 각 등록예규, 등록선례로 표기한다.

(3) 외국법령은 한글로 국가명을 붙인 뒤 한 칸을 띄고, 법명을 적는다. 법명은 통용되는 한글 번역어가 있으면 한글 번역어를 적고 괄호 안에 원어를 병기하되, 각국 민법(스위스채무법 포함)은 원어를 병기하지 아니하며, 원어를 병기하기 곤란하거나 통용되는 한글 번역어가 없는 경우에는 한글 번역어를 생략할 수 있다.

예) 독일 민법 §2289

독일의 등록된 생활동반자법(Lebenspartnerschaftsgesetz; LPartG) §1

독일의 Wohn- und Betreuungsvertragsgesetz(WBVG) §2 ①

4. 문헌약어

(1) 교과서·체계서

1) 국내 교과서·체계서

고정명, 韓國家族法: 親族相續法, 敎文社(1983) → 고정명

고정명·조은희, 친족·상속법, 제주대학교출판부(2011) → 고정명·조은희

郭潤直, 相續法[民法講義IV], 改訂版, 博英社(2004) → 곽윤직, 상속법

권대우 외, (로스쿨) 가족법, 세창출판사(2010) → 권대우 외

김민중 외, 로스쿨 가족법, 청림출판(2007) → 김민중 외

金相瑢, 家族法硏究 I, II, III, Ⅳ → 김상용, 연구 I, II, III, Ⅳ

김연·박정기·김인유, 국제사법, 제3판보정판, 法文社(2014) → 김연 외, 국제사법

金容漢, 親族相續法論, 補訂版, 2003 → 김용한

金容漢·趙明來, 國際私法, 全訂版, 正一出版社(1992) → 김용한 외, 국제사법

김주수·김상용, 친족·상속법 -가족법-, 제15판, 法文社(2018) → 김주수·김상용

金辰, 新國際私法, 法文社(1962) → 김진

김현선 · 정기웅, 친족 · 상속 · 가사실무, 박영사(2007) → 김현선 · 정기웅

박동섭, 친족상속법, 제4판, 博英社(2013) → 박동섭, 친족상속

박동섭, 가사소송실무: 가족법, 가사소송법의 개정에 따른 이론실무 및 가족관계등록비송까지 해설 上, 下, 제5판, 법률문화원(2013) → 박동섭, 가사소송(상), (하)

박동섭, 주석 가사소송법, 3정판, 박영사(2004) → 박동섭, 주석

朴秉濠, 家族法, 韓國放送通信大學教 出版部(1999) → 박병호

朴正基 · 金演, 家族法: 親族相續法, 三英社(2013) → 박정기 · 김연

裵慶淑 · 崔錦淑, 親族相續法講義: 家族財産法, 改訂增補版(2006) → 배경숙 · 최금숙

백성기, 친족상속법, 제3판, 진원사(2015) → 백성기

법무부, 국제사법 해설, 법무부(2001) → 법무부, 해설

徐希源, 國際私法講義, 改訂新版, 一潮閣(1999) → 서희원

석광현, 국제사법, 박영사(2013) → 석광현

소성규, 가족법, 동방문화사(2010) → 소성규

송덕수, 친족상속법, 제4판, 박영사(2018) → 송덕수

신영호 · 김상훈, 가족법강의, 제3판 세창출판사(2018) → 신영호 · 김상훈

신창선 · 윤남순, 국제사법, 제2판, fides(2016) → 신창선 외

신창섭, 국제사법, 제3판, 세창출판사(2015) → 신창섭

안춘수, 국제사법, 法文社(2017) → 안춘수

양수산, 친족상속법: 가족법, 한국외국어대학교출판부(1998) → 양수산

吳始暎, 親族相續法, 제2판, 학현사(2011) → 오시영

윤대성, 가족법강의, 한국학술정보(2010) → 윤대성

尹種珍, 改訂 現代 國際私法, 한올출판사(2003) → 윤종진

尹眞秀, 民法論攷 IV 親族法, 博英社(2009) → 윤진수, 민법논고[IV]

尹眞秀, 民法論攷 V 相續法, 博英社(2011) → 윤진수, 민법논고[V]

尹眞秀, 民法論攷 VII, 博英社(2015) → 윤진수, 민법논고[VII]

윤진수, 친족상속법강의, 제2판, 박영사(2018) → 윤진수

이경희, 가족법, 9訂版, 法元社(2017) → 이경희

이영규, (새로운)가족법 강의, 大明出版社(2008) → 이영규

李好珽, 國際私法, 經文社(1981) → 이호정

李好珽, 涉外私法, 韓國放送通信大學校出版部(1991) → 이호정, 섭외사법

이희배, (判例 · 參考 · 整理)親族·相續法 要解: 家族法, 第一法規(1995) → 이희배

林正平, 現代家族法, 法律文化比較學會(2003) → 임정평

鄭光鉉, 新親族相續法要論, 修正增補4版, 法文社(1961) → 정광현, 요론

鄭光鉉, 韓國家族法研究, 서울大學校出版部(1967) → 정광현, 연구

曺承鉉, 친족 · 상속, 新潮社(2014) → 조승현

池元林, 民法講義, 제16판(2019) → 지원림

千宗淑, (新)韓國家族法論: 親族·相續法, 東民出版社(1997) → 천종숙

崔錦淑, 로스쿨 親族法(1), (2), 第一法規(2010) → 최금숙, 친족(1), (2)

최문기, 民法講義 5: 親族· 相續法(家族法), 세종출판사(2007) → 최문기

한복룡, 家族法講義, 제2개정판, 충남대학교출판문화원(2012) → 한복룡

한복룡, 國際私法, 수정판(제2판), 충남대학교출판문화원(2013) → 한복룡, 국제사법

한봉희 · 백승흠, 가족법, 三英社(2013) → 한봉희 · 백승흠

黃山德 · 金容漢, 新國際私法, 第9版, 博英社(1977) → 황산덕 외

2) 국외 교과서·체계서

內田 貴, 民法 IV, 補訂版(2004) → 內田 貴

大村敦志, 家族法, 第3版(2010) → 大村敦志

二宮周平, 家族法, 第2版(2004) → 二宮周平

泉 久雄, 親族法(1997) → 泉 久雄

櫻田嘉章, 國際私法, 第6版, 有斐閣(2012) → 櫻田嘉章

橫山潤, 國際私法, 三省堂(2012) → 橫山潤

Bernard Audit et Louis d'Avout, Droit international privé, 7e éd.(2013) → Audit et d'Avout

Dominique Bureau et Horatia Muir Watt, Droit international privé, tome II : Partie spéciale, 4e éd,(2017) → Bureau et Muir Watt

Rainer Frank/Tobias Helms, Erbrecht, 7. Aufl.(2018) → Frank/Helms

Gerhard Kegel & Klaus Schurig, Internationales Privatrecht, 9. Aufl.(2004) → Kegel/Schurig

Jan Kropholler, Internationales Privatrecht, 6. Aufl.(2006) → Kropholler

Heinrich Lange/Kurt Kuchinke, Erbrecht, 5. Aufl.(2011) → Lange/Kuchinke

Knut Werner Lange, Erbrecht(2011) → Lange

Pierre Mayer et Vincent Heuzé, Droit international privé, 11e éd.(2014) → Mayer et Heuzé

Karlheinz Muscheler, Erbrecht Bd. 1, 2, (2010) → Muscheler 1, 2

Marie-Laure Niboyet et Géraud de Geouffre de la Pradelle, Droit international privé, 6e éd.(2017) → Niboyet et La Pradelle

François Terré, Yves Lequette et Sophie Gaudemet, Droit civil — Les successions, Les libéralités, 4e éd.(2014) → Terré, Lequette et Gaudemet

Martin Wolff, Das Internationale Privatrecht Deutschlands, 3. Aufl.(1954) → Wolff

(2) 판례교재

金疇洙 編著, (註釋)判例 家族法, 三英社(1978) → 김주수, 판례

이희배, (註釋)家族法判例研究, 三知院(2007) → 이희배, 판례

김상용 · 문흥안 · 민유숙 · 신영호 · 윤진수 · 이경희 · 이은정 · 이화숙 · 전경근 · 최금숙 · 최진섭 · 한웅길, 가족법 판례해설, 세창출판사(2009) → 가족법 판례해설

(3) 연구서

문숙자, 조선시대 재산상속과 가족, 경인문화사, 2004 → 문숙자

鄭肯植, 韓國近代法史攷, 博英社, 2002 → 정긍식, 근대법사고

양현아, 한국 가족법 읽기 — 전통, 식민지성, 젠더의 교차로에서, 창비, 2011 → 양현아

鄭光鉉, 姓氏論考: 朝鮮家族法論考, 東光堂(1940) → 정광현, 성씨

李光信, 우리나라 民法上의 姓氏制度 硏究, 法文社(1973) → 이광신, 성씨

金疇洙, 婚姻法研究: 婚姻 및 離婚의 自由와 관련하여, 法文社(1969) → 김주수, 혼인

이화숙, 비교부부재산관계법, 세창출판사(2000) → 이화숙, 부부재산관계

崔鎭涉, 離婚과 子女, 三知院(1994) → 최진섭, 이혼과 자녀

권재문, 親生子關係의 決定基準, 景仁文化社(2011) → 권재문, 친생자관계

윤진수 · 현소혜, 2013년 개정민법 해설, 법무부 민법개정총서 (5)(2013) → 윤진수 · 현소혜

李凞培, 民法上의 扶養法理: 私的 扶養法理의 三原論的 二元論, 三英社(1989) → 이희배, 부양

申榮鎬, 가족관계등록법, 세창출판사(2009) → 신영호, 등록

申榮鎬, 공동상속론, 나남출판사(1997) → 신영호, 공동상속

정동호, 한국가족법의 개변맥락, 세창출판사(2014) → 정동호, 한국가족법

현소혜, 유언의 해석, 景仁文化社(2010) → 현소혜, 유언

李庚熙, 遺留分制度, 三知院(1995) → 이경희, 유류분

박동섭, 유류분 청구의 이론과 실무, 법률정보센터(2011) → 박동섭, 유류분

李和淑, (2005년)改正家族法 해설 및 평가, 세창출판사(2005) → 이화숙, 2005년 개정가족법

이화숙, 가족, 사회와 가족법, 세창출판사(2012) → 이화숙, 가족법

김상훈, 미국상속법, 세창출판사(2012) → 김상훈, 미국상속법

임채웅, 상속법연구, 박영사(2011) → 임채웅, 상속법연구

(4) 주석서

1) 국내 주석서

郭潤直 編輯代表 民法注解[I]~[XIX], 博英社 → 주해[권호], 면수(분담집필자)

金龍潭 編輯代表, 第4版 註釋民法[總則/物權/債權總則(권호)], 韓國司法行政學會 → 주석총칙/물권/채총(권호), 면수(분담집필자)

朴埈緖 編輯代表, 第3版 註釋民法[債權各則(권호)], 韓國司法行政學會 → 주석채각(권호), 면수(분담집필자)

윤진수 편집대표, 주해친족법(1), (2) → 주해친족(권호), 면수(분담집필자)

金疇洙 · 金相瑢, 註釋民法 親族(1), (2), (3), (4), 제5판, 韓國司法行政學會(2016) → 주석친족(1), (2), (3), (4)

金疇洙 · 金相瑢, 註釋民法 相續(1), (2), 제4판, 韓國司法行政學會(2015) → 주석상속(1), (2)

金疇洙 編, 註釋相續法(上), (下), 韓國司法行政學會(1996) → 주석상속(1996)(상), (하)

2) 국외 주석서

谷口知平 外 編集代表, 新版 注釋民法(권호), 有斐閣 → 新注民(권호), 면수(분담집필자)

中川善之助 外 編集代表, 注釋民法(권호), 有斐閣 → 注民(권호), 면수(분담집필자)

櫻田嘉章 · 道垣內正人 編, 注釋國際私法, 有斐閣(2011) → 注國私(권호), 면수(분담집필자)

Dirk Looschelders, Internationales Privatrecht: Art. 3－46 EGBGB, Springer(2004) → Looschelders

Münchener Kommentar zum BGB, 7. Auflage → Münchener Komm/집필자

Staudingers Kommentar zum Bürgerlichen Gesetzbuch mit Einführungsgesetz und Nebengesetzen, Neubearbeitung 2015 → Staudinger/집필자

(5) 실무서류

법원행정처 편, 법원실무제요 가사[1], 2010 → 제요[1]

법원행정처 편, 법원실무제요 가사[2], 2010 → 제요[2]

법원행정처 편, 가족관계등록실무[I], 2012 → 등록실무[I]

법원행정처 편, 가족관계등록실무[II]. 2012 → 등록실무[II]

법원행정처 편, 상속등기실무, 2012 → 상속등기실무

법원공무원교육원 편, 2009 가족관계등록실무 → 등록실무

법원공무원교육원 편, 2009 국제가족관계등록 → 국제가족관계등록

법원도서관편, 상속법의 제문제, 1998 → 상속법의 제문제

(6) 상속관습에 관한 자료

鄭肯植, 國譯 慣習調査報告書, 韓國法制硏究院, 1992 → 보고서

親族相續에 관한 舊慣習(裁判資料 제29집), 法院行政處, 1986 → 자료

朝鮮高等法院 判決錄 → 록

民事慣習回答彙集 → 휘집

5. 참고문헌 및 논문 인용

(1) 위 문헌 약어표에 있는 문헌은 '저자명, 면수'로 표기하고, "면", "쪽", "p." 등은 표시하지 아니한다.

(2) 본문의 <참고문헌>에 특별히 표시한 경우, 해당 부분에서 '저자명(출간연도), 면수'로 표기하여 인용한다. 저자의 같은 해의 여러 문헌이 참고문헌에 있는 경우 출간연도에 a, b 등의 구분기호를 붙여 인용한다.

(3) 문헌 약어표 외의 국내 저서 및 논문을 인용하는 경우에는, '저자명, 제목(출간연도), 면수'로 표기한다. 저자명과 제목은 본래 한자인 때에도 한글로 하고, 부제도 원칙적으로 생략하되, 필요한 때에는 넣을 수 있다.

6. 기타

법령은 2019. 2. 28.자를 기준으로 함.

차 례

[제 1 권 차례]

相續法 總說

第 1 章 相續

第2章 遺言

[제 2 권 차례]

第 3 章 遺留分

상속관습법

국제상속법

남북 주민 사이의 가족관계와 상속 등에 관한 특례법

* 『주해상속법』 1권과 2권의 본문 페이지는 연결됩니다(2권은 913면에서 시작합니다). 판례색인과 사항색인의 내용은 1, 2권 모두 동일합니다(단, 1권과 2권의 페이지 서체를 달리하여 1권에 나오는 색인과 2권에 나오는 색인을 구분하였습니다).

相續法 總說

[前註]

▌**주요 참고문헌**: 곽동헌(1995), "상속의 근거와 그 기능", 법학논고 11집; 김상용(2007), "자녀의 유류분권과 배우자 상속분에 관한 입법론적 고찰", 민사법학 37호; 김상용(2015), "사망으로 혼인이 해소된 경우 생존 배우자의 재산권 보호", 중앙법학 17-2; 김영희(2012), "공정증서유언과 장애인차별", 가족법연구 16-1; 김용욱(1991), "현대상속법의 근거에 대한 소고", 연람 배경숙교수 화갑기념 한국민사법학의 현대적 전개; 김형석(2009), "우리 상속법의 비교법적 위치", 가족법연구 23-2; 김형석(2016), "유언의 성립과 효력에 관한 몇 가지 문제", 민사판례연구 38; 노명호(1989), "고려시대의 토지상속", 중앙사론 6; 도이힐러(2003), 한국 사회의 유교적 변환(이훈상 옮김); 류일현(2014), "상속포기와 채권자취소권", 가족법연구 28-3; 문숙자(2004), 조선시대 재산상속과 가족; 법원행정처(1985), 친족상속에 관한 구관습, 재판자료 29집; 박영규(2016), "유증의 법률관계", 연세대 법학연구 26-1; 송경근(2009), "제사주재자의 결정방법과 망인 자신의 유체·유골(遺體·遺骨)에 관한 처분행위의 효력 및 사자(死者)의 인격권", 대법원판례해설 77호 (2008 하반기); 신영호(2002), 조선전기상속법제; 윤진수(2011a), "고씨 문중의 송사를 통해 본 전통 상속법의 변천", 민법논고 5; 윤진수(2011b), "상속제도의 헌법적 근거", 민법논고 5; 윤진수(2011c), "상속의 단순승인 의제규정에 대한 헌법불합치 결정의 문제점", 민법논고 5; 윤진수(2011d), "특별한정승인의 규정이 소급적용되어야 하는 범위", 민법논고 5; 윤진수(2011e), "상속회복청구권의 소멸시효에 관한 구관습의 위헌 여부 및 판례의 소급효", 민법논고 5; 윤진수(2013), "관습상 분재청구권에 대한 역사적, 민법적 및 헌법적 고찰", 민사재판의 제문제 22; 윤진수(2015a), "재산법과 비교한 가족법의 특성," 민법논고 7; 윤진수(2015b), "법률해석의 한계와 위헌법률심사-유언자의 주소가 기재되지 않은 자

필증서유언을 중심으로―", 민법논고 7; 윤진수(2016), "상속포기의 사해행위 취소와 부인", 가족법연구 30―3; 윤진수(2017a), "한국민법학에 대한 서울대학교의 기여", 서울대학교 법학 58권 1호; 윤진수(2017b), "상속관습법의 헌법적 통제", 헌법학연구 23―2; 이은정(2015), "분단경험과 남북한 상속법", 가족법연구 29―3; 이진기(2016), "유증제도의 새로운 이해", 가족법연구 30―1; 전경근(2013), "배우자상속분의 현황과 전망", 아주법학 7권 3호; 전혜정, "민법상 유언상속에 관한 연구", 가족법연구 20―3, 2006; 정광현(1967), 한국가족법연구; 정긍식 편역(2000), 개역판 관습조사보고서; 최금숙(2005), "상속법―가족법인가 재산법인가", 가족법연구 19―1; 최병조(1987), "포괄적 유증의 효과", 민사판례연구 9; 최수정(2011), "개정신탁법상의 재산승계제도", 전남대학교 법학논총 31―2; 최재석(1983), 한국가족제도사연구, 일지사; 토마스 피케티(2014), 장경덕 옮김, 21세기 자본, 글항아리; 현소혜(2017a), "제사주재자의 지위와 확인의 이익", 민사판례연구 39; 현소혜(2017b), "포괄적 유증론", 가족법연구 31―1.

朝鮮總督府中樞院(1933), 民事慣習回答彙集

Mark L. Ascher(1990), "Curtailing Inherited Wealth", 89 Mich. L. Rev.; Erreygers(1997), "Views on Inheritance in the History of Economic Thought", in Erreygers and Vandevelde ed., Is Inheritance Legitimate?; Vladimir Gsovski(1947), "Soviet Law of Inheritance", 45 Mich. L. Rev.; McGovern and Kurtz(2005), Principles of Wills, Trusts and Estates.

Anatol Dutta(2014), Warum Erbrecht?; Rudolf Meyer―Pritzl(2011), Erbrecht, in Eckpfeiler des Zivilrechts

I. 상속법의 의의

1. 상속과 상속법의 개념

상속이란 법률의 규정에 의하여 자연인의 재산법상의 지위가 그 사망 후에 특정인에게 포괄적으로 승계되는 것을 의미한다. 포괄적 유증도 사망으로 인한 재산법상 지위의 포괄적 승계이지만, 이는 피상속인의 유언이 있어야 한다는 점에서 법률의 규정에 의하여 당연승계가 이루어지는 협의의 의미의 상속과는 구별된다. 우리 민법은 유언에 의한 상속인의 지정을 허용하고 있지 않다. 학설상 포괄적 수유자[1]는 상속인과 같은 지위에 있으므로(§1078), 유증은 실질적으로 상속인의 지정과 같은 기능을 수행할 수 있어서, 민법상으로도 유언상속이 인정될 수 있다는 견해가 있으나,[2] 포괄적 수유자의 지위는 상속인과 반드시 동일한 것은 아니므로, 이러한 용어를 사용함으로써 혼란을 가져올 필요는 없다.[3]

1) 민법은 유증을 받는 자를 수증자라고 표현하고 있으나(§1076 등), 이는 증여를 받는 자인 수증자(§556 등)와 혼동될 우려가 있으므로 수유자가 더 나은 용어로 보인다.

2) 김주수·김상용, 605; 전혜정(2006), 151 이하 등.

3) 곽윤직, 5~6, 14; 윤진수, 291; 김형석(2009), 109~110 등.

민법 제5편(§§997-1118)은 「상속」이라는 표제 아래 법정상속, 유언 및 유류분에 관하여 규율하고 있다. 이를 협의의 상속법이라고 할 수 있다. 여기에는 피상속인의 사망에 의하여 피상속인의 지위 내지 권리와 의무가 법률의 규정에 의하여 상속인에게 포괄적으로 승계되는 협의의 상속뿐만 아니라 유언 등과 같이 당사자의 사망에 의하여 효력이 생기는, 의사표시에 의한 권리변동도 포함한다.

다른 한편 사람의 사망으로 인한 사법(私法)적, 재산법적 효과를 규율하는 법 전체를 상속법이라고 부르기도 한다. 이는 광의의 상속법이다. 이러한 광의의 상속법에 속하는 것으로서 중요한 것이 남북 주민 사이의 가족관계와 상속 등에 관한 특례법(南北特, 2012. 5. 10. 시행)이다. 이 법은 상속재산반환청구, 상속회복청구, 단순승인, 북한주민의 상속·수증재산 등의 관리 등에 관하여 여러 가지 특례를 규정하고 있다.

상속관계는 상속으로 승계되는 재산적 지위의 종래의 법 주체와, 그의 재산적 지위를 법률의 규정에 의하여 승계하는 새로운 법 주체를 두 축으로 하여 구성된다. 전자를 피상속인, 후자를 상속인이라고 한다. 민법상으로는 상속인과 피상속인은 모두 자연인이라야 한다. 그러나 유증을 받는 수유자(受遺者)는 자연인에 한하지 않으며, 법인 또는 권리능력 없는 사단이나 재단도 유증을 받을 수 있다.

그리고 이러한 법률관계에서 상속인이 피상속인에 대하여 가지는 권리를 상속권이라고 한다. 이는 두 가지 의미로 쓰이고 있다. 그 하나는 상속개시 전에 상속인이 기대권으로서 가지는 권리이고, 다른 하나는 상속 개시 후에 상속인이 가지는 권리이다.

사람의 사망으로 인한 법률관계에 사법적인 것만 있는 것은 아니다. 공법이라고 할 수 있는 산업재해보상보험법, 공무원연금법, 상속세 및 증여세법 등에도 사람의 사망으로 인한 법률관계가 규정되어 있다. 이러한 법률에 의한 권리의무관계는 원칙적으로 상속법에 속하지 않지만, 상속법과 밀접한 관련이 있다.

2. 상속의 종류 및 형태

가. 상속의 종류

우리나라에서는 역사적으로 상속의 대상이 되는 것은 재산상속 외에도 제사상속과 호주상속이 있었다. 제사상속은 조상의 제사를 주재하는 지위를 승계하는 것을 말한다. 조선시대에는 제사상속이 중요한 의미를 가졌으나, 조선고등법원 1933(소화 8). 3. 3. 판결[4]은, 제사상속은 법률적으로는 더 이상 인정되지 않는다고 하였다.[5] 현행법도 제사상속을 인정하고 있지는 않다.[6] 다만 §1008-3은 제사를 주재하는 자가 제사용 재산을 승계하는 것으로 규정하고 있다.

그리고 1990년까지는 민법상 재산상속 외에 호주상속도 인정되었다. 원래 우리나라에는 법률적인 의미에서의 가(家)를 통솔하는 호주라는 것은 존재하지 않았으나, 일제강점기에 관습상 호주상속이 인정된다고 보았다.[7] 제정민법도 호주제도를 인정하고, 호주상속을 규율하였으나, 1991. 1. 1. 호주상속이 호주승계로 바뀌어 친족법에 편입되었고, 2008. 1. 1.부터는 호주승계도 폐지되었다. 위와 같은 제사상속이나 호주상속은 재산상속과 구별되는 의미에서 신분상속이라고 할 수 있다. 왕위나 귀족의 지위를 승계하는 것도 신분상속에 포함된다.

나. 상속의 형태

상속의 형태는 시대나 문화에 따라 다양한 형태로 이루어졌다.[8] 먼저 법정상속과 유언상속으로 나누어 볼 수 있다. 피상속인이 유언으로 상속인을 지정하는 것을 유언상속이라고 하고, 상속인이 법률의 규정에 의하여 정해지는 것을 법정상속이라 한다. 다만 유언상속을 인정하더라도 유언이 없으면 법률의 규정에 따라 상속이 이루어지는 것을 무유언상속(無遺言相續, intestate succession)이라고 한다. 우리 법은 법정상속을 택하고 있다. 현행법상 유언상속은 인정되지 않는다고 보아야 할 것이다(위 1. 참조).

다음으로 누가 상속인이 되는가에 관하여는 공동상속과 단독상속으로 나누어 볼 수 있다. 상속인이 여러 사람인 경우가 공동상속이고, 상속인이 언제나 한 사람인 경우가 단독상속이다. 공동상속의 경우에 상속인의 자격을 가진 사

4) 고등법원민사판결록 20권 155면.

5) 윤진수(2011a), 48 이하 참조.

6) 대법원 2012. 9. 13. 선고 2010다88699 판결은, 당사자 사이에 구체적인 권리 또는 법률관계와 관련성이 있는 경우에 다툼을 해결하기 위한 전제로서 제사주재자 지위의 확인을 구하는 것은 법률상의 이익이 있지만, 그러한 권리 또는 법률관계와 무관하게 종중 내에서 단순한 제사주재자의 자격에 관한 시비 또는 종중의 종원 중 누가 제사를 주재할 것인지 등과 관련하여 제사주재자 지위의 확인을 구하는 것은 그 확인을 구할 법률상 이익이 있다고 할 수 없다고 하였다. 그러나 이 판결의 타당성에는 의문의 여지가 있다. 현소혜(2017a) 참조.

7) 윤진수(2011a), 63 이하 참조.

8) 김주수·김상용, 604 이하는 상속의 형태를 신분상속·재산상속, 생전상속·사망상속, 법정상속·유언상속, 단독상속·공동상속, 강제상속·임의상속, 균분상속·불균분상속으로 나누어 설명한다.

람이 하나밖에 없어 혼자서 상속하는 것은 공동상속의 특수한 경우이다. 단독상속에서도 누가 상속인이 되는가에 관하여는 장자(長子)상속과, 말자(末子)상속, 방계(傍系)상속 등 여러 가지가 있으나, 장자상속이 보편적이다. 일반적으로 왕위나 귀족과 같은 신분의 상속은 대개 단독상속이었다.

3. 상속법과 재산법 및 친족법의 관계

상속법의 본질이 재산법인가 가족법인가 하는 점에 관하여는 근래 논란이 있다. 통설은 상속법은 친족법과 함께 가족법에 속한다고 보고 있으나, 근래에는 재산법에 속한다는 견해도 유력하게 주장되고 있다.[9] 일견하여서는 상속법이 재산법이라고 할 수 있는 것처럼 보인다. §1005는 상속의 대상을 피상속인의 재산에 관한 권리의무라고 규정하고 있기 때문이다. 그러나 실질적으로 관찰한다면 상속법과 친족법은 깊은 연관이 있다.

우선 유언이 없는 경우의 법정상속 또는 무유언상속(intestate succession)에서는 배우자, 직계존비속, 형제자매 등 일정한 범위 내의 친족이 상속인이 된다. 이 점에서 상속법과 친족법 사이에는 밀접한 관련이 있다. 반면 유언에 의한 재산의 사후승계는 친족법과는 관련이 없는 것처럼 보일 수도 있지만, 반드시 그렇지는 않다. 첫째, 유언의 자유도 친족의 보호를 위한 유류분제도에 의하여 제한된다. 둘째, 실제로 유언에 의하여 유증을 받는 사람은 대부분 배우자나 혈족과 같은 친족이고, 친족 이외의 사람들이 유증의 상대방이 되는 경우는 오히려 예외적이라고 할 수 있다.

그러므로 상속법은 적어도 그 요건, 즉 상속재산이 누구에게 귀속되는가 하는 면에서는 친족법과 밀접한 연관이 있다고 하지 않을 수 없다.[10] 그러나 논의의 실익은 크지 않다. 종래 신분행위라는 개념을 인정하는 견해는 친족법뿐만 아니라 상속의 승인이나 포기 등 상속법상의 법률행위도 신분행위에 포함되므로 재산법의 규정이 전반적으로 적용되지 않는다고 보았으나, 이러한 신분행위라는 개념을 인정할 필요는 없다. 민법총칙의 규정이 친족법이나 상속법에 그대로 적용될 수 있는가 하는 점은 개별적으로 따져야 할 문제이고, 상속법의 본질을 무엇으로 볼 것인가에 따라 좌우될 문제는 아니다.[11] 다만 대법원

9) 곽윤직, 26~29; 송덕수, 2; 최금숙(2005), 425~426 등.
10) 윤진수(2015a), 25~27; 주해친족 1, 2~3(윤진수).
11) 다만 송덕수, 2는 상속법을 재산법으로 본다면 민법총칙의 규정은 상속법에도 원칙적으로 적용된다는 점에서 구체적인 결과에 차이가 있다고 한다.

2011. 6. 9. 선고 2011다29307 판결은 상속의 포기는 406조 1항에서 정하는 "재산권에 관한 법률행위"에 해당하지 아니하므로 채권자가 채권자취소권을 행사할 수 없다고 하였는데, 어떤 의미에서 상속의 포기가 재산권에 관한 법률행위가 아닌지는 이 판결의 설시만으로는 알기 어렵다.[12]

4. 상속으로 인한 법률관계의 이해관계자

상속으로 인한 법률관계에서 주로 이해관계를 가지는 자로는 피상속인, 상속인, 수유자 및 피상속인에 대한 채권(상속채권)을 가지고 있는 상속채권자를 들 수 있다. 그리고 상속인의 채권자도 상속에 관하여 이해관계를 가질 수 있다.[13] 민법 중 상속편의 규정도 주로 이를 다루고 있다.

우선 상속의 대상은 피상속인의 재산상 권리와 의무이다. 피상속인은 사후에도 자신의 재산의 운명에 관하여 자신의 의사를 반영하고자 한다. 유언이 이를 위한 주된 수단이다.

다른 한편 상속인은 상속에 의하여 상속권을 가지게 된다. 상속인은 상속권을 보호하기 위하여 상속회복청구권을 가지고, 또 유류분이 침해되면 유류분의 반환을 청구할 수 있다. 그리고 상속인은 상속채권자에 대한 관계에서 상속이 개시되기 전보다 불리한 지위에 놓여서는 안 된다. 상속의 포기나 한정승인은 이를 위한 제도이다. 또한 공동상속인이 있으면 이들 사이의 관계를 어떻게 규율할 것인가도 문제된다.

상속인으로부터 유증을 받은 수유자도 상속에 대하여 중대한 이해관계를 가진다. 유언과 유증에 관한 규정은 이를 다룬다.

그리고 피상속인에 대한 상속채권자도 상속으로 인하여 불이익을 받아서는 안 된다. 피상속인의 의무의 상속은 상속채권자의 보호를 위한 것이다.

마지막으로 상속인의 채권자도 상속으로 인하여 불이익을 받아서는 안 된다. 따라서 상속인의 채권자도 상속재산과 상속인의 고유재산의 분리를 법원에 청구할 수 있다(§1045 ①). 또한 상속인의 채권자는 상속인의 상속 포기를 사해행위라고 하여 취소할 수 있다고 보아야 할 것이다.[14]

12) 이에 대하여는 윤진수, 488; 류일현(2014), 47 이하 등 참조.

13) Knut Werner Lange의 교과서는 상속법을 피상속인의 관점, 상속재산에 대한 권리자의 관점 및 법적 거래의 관점으로 나누어 설명하고 있다.

14) 윤진수(2016) 참조.

Ⅱ. 상속제도의 근거, 기능 및 기본원칙

1. 상속제도의 근거 및 그에 대한 비판

가. 상속제도의 근거

현행법이 상속을 인정하고 있는 이상, 상속제도의 근거 내지 존재이유를 논하는 것이 현실적으로 반드시 필요한 것은 아니다. 그러나 이에 관한 논의는 상속법상 여러 제도를 이해하는 데 도움이 된다.

사유재산제도가 인정되는 이상 상속제도도 인정된다. 사유재산이 생존기간만으로 제한된다면 사유재산제도는 제대로 기능을 발휘하지 못할 것이다.[15] 상속에 의하여 비로소 재산권은 종신용익권(終身用益權, ein lebenslänglicher Nießbrauch) 이상의 것이 될 수 있다.[16]

그러나 사유재산제도만으로는 상속재산이 누구에게 귀속되는가를 설명하지 못한다. 결국 상속인이 상속을 받는 근거에 대한 설명이 필요한데, 이에 관하여는 몇 가지 견해가 있다.[17] 먼저 혈연대가설(血緣代價說)은 상속을 혈연의 대가로 본다. 선점설은 피상속인의 사망으로 인하여 상속재산은 무주물이 되고, 그와 동시에 피상속인의 가족이 이를 선점한다고 주장한다. 의사설은 피상속인의 의사에서 상속의 근거를 구한다. 즉, 재산의 소유자에게 재산처분의 자유가 인정되는 한 유언도 인정되어야 하고, 무유언상속의 경우에는 법률이 피상속인의 의사를 추정하여야 하는데, 그의 추정적 의사는 일정한 범위의 친족에게 유증하는 것이라는 취지이다.[18] 공유설(공동생활설)은 상속재산은 피상속인의 단독소유가 아니라, 실질적으로 가족들의 공유라고 주장한다. 사후부양설(死後扶養說, 생활보장설)은 부양의무자는 살아 있을 때는 물론 사후에도 부양의무를 부담하여야 하고, 이러한 부양청구권이 상속권에 전화(轉化)된 것이라고 한다. 한편, 공익설은 상속제도를 인정하지 않으면 피상속인이 재산을 낭비하게 될 것이라거나, 상속을 인정하지 않으면 상속재산은 무주물이 되어 이를 차지하기 위한 다툼이 생기므로 이를 방지하기 위하여 상속제도를 인정한다고 설명한다.

---

15) 곽윤직, 15; Muscheler 1, 4 등.

16) Theodor Kipp의 표현이라고 한다. Lange/Kuchinke, 1 참조.

17) 대부분의 교과서가 이에 대하여 언급하고 있으며, 논문으로는 곽동헌(1995); 김용욱(1991)이 있다.

18) 곽윤직, 17~18; 송덕수, 287~288. Muscheler 1, 184~188도 법정상속인에 대한 상속의 근거를 의사의 추정에서 찾고 있다.

그러나 현재 많은 학자들은 상속제도의 근거는 어느 한 가지만으로는 설명할 수 없다고 하여, 여러 근거를 동시에 들고 있으며,[19] 나아가 현행 민법이 상속을 인정하고 있으므로 상속제도는 존재한다고 하는 주장도 있다.[20]

생각건대 상속제도의 근거는 기본적으로 피상속인이 자신의 혈족에게 재산을 승계해 주려는 이타적인 의사를 가지고 있다는 혈족선택(kinship selection)에서 구해야 할 것이다. 따라서 피상속인의 추정적 의사가 제1차적인 근거가 된다.[21] 혈연대가설은 무유언 법정상속의 경우에는 피상속인의 의사를 추정하는 근거가 될 수 있다. 그리고 상속을 인정하지 않으면 피상속인이 재화를 낭비하거나 비효율적으로 사용할 수 있고, 또 사실상 상속을 달성하기 위하여 탈법행위를 할 염려가 있다. 반면 피상속인의 의사에 반하여 적용되는 유류분제도는 의사설과는 상충되며, 혈연대가설과 피상속인의 사후부양설에 의하여 설명할 수 있다. 그리고 기여분제도는 공유설의 관점에서 이해할 수 있다.[22]

다른 한편 배우자상속은 혈족 사이의 상속과는 다소 달라서, 혈연대가설은 적용될 여지가 없고, 주로 부부관계에서 상속재산 형성과 자녀의 출산·양육 등에 협력한 대가라든지, 앞으로의 자녀 양육을 위한 배려 및 사후부양 등으로 설명할 수 있다.[23]

나아가 상속제도는 헌법상의 근거도 가지고 있다.[24] 즉 상속권 내지 상속제도는 憲 §23 ①이 보장하는 재산권의 범주에 포함된다.[25] 또한 유언의 자유도 생전증여에 의한 처분과 마찬가지로 헌법상 재산권의 보호를 받으며, 나아가 憲 §10의 행복추구권에서 파생된 유언자의 일반적 행동의 자유에도 포함된다.[26] 그러므로 법률에 의하여 상속제도를 폐지할 수는 없다.[27]

---

19) 고정명·조은희, 260; 김용한, 274~275; 박정기·김연, 334 등. 김주수·김상용, 603~604; 신영호·김상훈, 279~280는 상속제도의 근거는 상속재산에 대한 가족의 기여분 청산과 생존가족원의 생활보장에 있다고 하고, 이경희, 367~368은 여기에 거래안전의 보장을 덧붙인다.

20) 박동섭, 445.

21) 그러나 Münchener KommBGB/Leipold, Einleitung zum Erbrecht, Rdnr. 14는 이에 반대하면서, 법정상속권은 제1차적으로 배우자와 가족에 의한 권리 승계가 공평하다는 일반적인 법적 확신에 의하여 정당화된다고 주장한다.

22) 윤진수, 298~299.

23) 윤진수, 278. Muscheler 1, 734~735는 혼인에 의한 생활공동체의 계속효(Fortwirkung)가 생존배우자의 사망자의 재산에 대한 상속법적 관여를 정당화한다고 설명한다.

24) 윤진수(2011b), 1 이하 참조.

25) 헌법재판소 1998. 8. 27. 선고 96헌가22 등 결정.

26) 헌법재판소 2008. 3. 27. 선고 2006헌바82 결정 등.

27) 그러나 미국연방대법원은 상속권은 법률에 의하여 인정된 것이고, 자연권이 아니라고 보았다. Magoun V. Illinois Trust & Savings Bank et al., 170 U.S. 283 (1898); Irving Trust Co. v. Day, 314 U.S. 556 (1942) 등. 그렇지만 Hodel v. Irving, 481 U.S. 704 (1987)는 일정한 크기와 가액에

나. 상속제도에 대한 비판

그런데 상속제도에 대하여는 상속인이 불로소득을 얻게 되고, 또 출생에 따른 불평등을 초래하며, 부의 집중을 가져온다는 점에서 비판적인 견해가 많다.[28] 19세기 생 시몽(1760-1825)의 지지자들은 상속제도의 폐지를 주장하였다.[29] 공산주의자도 상속제도를 폐지하고자 하였고, 실제로 구 소련에서는 1917년 공산혁명 후 1918년에 상속제도를 폐지하였으나, 1922년에 다시 상속제도를 부활시켜서, 상속제도의 폐지는 과도기적인 현상에 그쳤다.[30] 북한도 상속제도를 인정하고 있는데, 독립된 상속법(2002.3.13. 최고인민회의 상임위원회 정령 제2882호)이 있다.[31] 이러한 상속제도로 인한 불평등은 중대한 문제이기는 하지만, 사법 안에서 이 문제를 해결하기는 어렵다. 그리하여 누진적인 상속세를 부과하는 것이 이러한 불평등의 문제를 해소하는 방법으로 제시되고 있다.[32]

2. 상속제도의 기능과 상속법의 기능

가. 상속제도의 기능

상속제도의 기능으로서는 상속재산의 존속 보장, 피상속인의 의사 실현 및 상속인의 생활 보장을 들 수 있다.[33]

상속재산의 존속 보장이란, 상속제도에 의하여 상속재산이 그 동일성을 유지한 채로 그 귀속 주체가 바뀌어 존속하는 것을 말한다.[34] 이러한 존속 보장이 없다면, 상속재산은 그 자체로 소멸하거나 흩어져 버릴 것이므로, 사회경제적으로도 비효율적일 것이다. 뿐만 아니라 피상속인의 채권자나 채무자와 같

미치지 못하는 인디안 부족의 땅은 상속이나 유증될 수 없고, 소유자가 사망하면 아무런 보상 없이 인디안 부족에게 귀속된다고 하는 법률은 재산을 상속인에게 물려줄 권리를 침해하는 것으로서 위헌이라고 하였다.

28) 예컨대 피케티(2014), 제11장 참조.

29) 이에 대하여는 Erreygers(1997), 24 이하 참조. 현대에도 상속제도의 폐지를 주장하는 사람이 있다. 예컨대 Mark L. Ascher(1990) 등.

30) Vladimir Gsovski(1947) 참조.

31) 이은정(2015), 170 이하 참조.

32) 헌법재판소 1997. 12. 24. 선고 96헌가19, 96헌바72 결정은, 상속세제도의 목적의 하나로 재산상속을 통한 부의 영원한 세습과 집중을 완화하여 국민의 경제적 균등을 도모하려는 것을 들고 있다.

33) Meyer-Pritzl(2011), Rdnr. 1~3 참조. Dutta(2014)는 상속법의 기능을 피상속인의 동기부여기능(Erblassermotivationsfunktion), 분배기능(Umverteilungsfunktion), 활성화기능(Aktualisierungsfunktion), 연대기능(Solidaritätsfunktion), 연속기능(kontinuitätsfunktion)으로 나누어 설명한다.

34) 곽동헌(1995), 30은 재산상속은 현재의 재산에 대한 소유관계를 장래에도 계속 유지하는 기본적 기능을 갖고 있다고 서술한다. 독일연방헌법재판소의 판례(BVerfGE 93, 165, 173)도, 상속법의 기능은 자신의 책임 하에 생활을 형성할 수 있는 근거인 사유재산을, 소유자의 사망에 의하여 소멸하도록 하지 않고, 권리의 승계에 의하여 확보하려는 데 있다고 한다.

이 상속재산에 관하여 이해관계를 가지는 제3자에 대한 관계에서도 이처럼 상속재산의 존속이 보장됨으로써, 그들이 손해를 입거나 아니면 이익을 얻는 것을 방지할 수 있다.

또한 상속제도는 피상속인의 사후에도 그 의사를 실현하는 수단이 될 수 있다. 즉 피상속인은 유언에 의하여 자신의 재산의 운명을 정할 수 있는 것이다. 물론 피상속인의 의사를 실현할 수 있는 수단이 유언에 한정되는 것은 아니며, 사인증여(§562)나 신탁법에 의한 신탁(유언대용신탁, 信託 §59)을 이용할 수도 있다.

그리고 상속제도는 피상속인의 배우자나 친족인 상속인들의 생활을 보장하는 기능을 한다. 이는 법정상속의 경우에 특히 그러하다. 나아가 상속제도는 단순히 상속인의 생활을 유지하는 것에 그치지 않고, 피상속인이 가졌던 사회적 지위와 영향력을 상속인이 계속 행사할 수 있게 한다. 이러한 생활보장적 기능은 특히 유류분을 인정하는 경우에는 피상속인의 의사 실현과는 상충될 수 있다. 이와 관련이 있는 것은, 공동상속의 경우에 공동상속인들 사이에는 공평이 유지되어야 한다는 것이다. 민법이 공동상속인의 상속분을 원칙적으로 균분으로 정하고(§1019 ①), 특별수익(§1008)과 기여분(§1008의2)을 인정하고 있는 것은 이러한 공동상속인들 사이의 공평을 꾀하기 위한 것이다.

나. 상속법의 기능

상속법은 상속제도가 이러한 기능을 할 수 있도록 한다. 즉 상속이 개시되면 상속재산은 포괄적으로 당연히 상속인에게 승계되고(§1005), 유언제도에 의하여 피상속인이 자신의 의사를 실현할 수 있게 한다. 나아가 피상속인의 다른 유언이 없다면 상속재산은 법정상속인에게 승계되고, 또 법정상속인은 자신의 유류분권을 확보하기 위하여 유류분반환청구권을 행사할 수 있다.

이러한 상속법의 기능을 좀더 추상적으로 고찰한다면, 상속법은 상속재산이 누구에게 귀속되는지를 정한다. 즉 유언이 있으면 유언에 따라 수유자에게 재산이 이전되고, 유언이 없으면 법률의 규정에 따라 법정상속인에게 재산이 이전된다. 그렇지만 상속법은 상속재산의 성질이나 내용에 관하여 규정하는 것은 아니고, 상속에 의하여 이것들이 바뀌지는 않는다.

여기서 고려되어야 하는 것은, 상속재산이 누구에게 귀속되는가 하는 것은 상속인뿐만 아니라 제3자에게도 영향을 미치기 때문에, 누구에게 상속재산이 귀속되는가 하는 점은 신속하고 명확하게 정하여져야 한다는 점이다. 민법은 상속의 승인이나 포기를 할 수 있는 숙려기간을 원칙적으로 3개월로 정하고 있다(§1019 ①). 또한 민법이 중요한 상속법상의 법률행위를 요식행위로 규정하고 있는 것도 이 때문이다. 즉 상속의 한정승인이나 포기는 법원에 대하여 하여야 하고(§§1030, 1041), 유언은 민법이 정한 방식에 따르지 않으면 효력이 없다(§1060).

Ⅲ. 상속법의 기본원칙

상속법의 기본원칙으로는 사적 상속, 유언의 자유, 친족에 의한 상속, 법정당연승계 및 포괄승계의 5가지를 들 수 있다.[35] 이 중 앞의 3가지는 상속제도의 기본적인 기능에 따른 것으로, 대부분의 나라에서 인정되고 있는 중요한 원칙이지만, 뒤의 2가지는 기술적인 성격의 것으로서, 나라에 따라 차이가 있다.

1. 사적 상속

사적 상속(Privaterbfolge)이라 함은 상속 재산이 사인(私人)으로부터 사인(私人)에게로 상속된다는 것을 말한다.[36] 이는 상속제도가 사유재산제도에 근거한 것이라는 점에서 당연히 도출되는 결론이다. 상속재산은 상속인이 없을 때에만 보충적으로만 국가에 귀속된다(§1058).

사적 상속의 원칙과 관련하여 문제되는 것은 상속세의 부과이다. 일반적으로 상속세 그 자체의 부과는 헌법상 허용된다. 상속세는 국가의 재정수입의 확보라는 조세제도의 일반적인 목적에 이바지할 뿐만 아니라, 특히 상속에 의하여 富의 편중이 심화되는 것을 방지하는 기능을 한다.[37] 그러나 상속세의 부과가 불합리하거나 과중하다면 위헌이 될 가능성이 있다.[38] 그렇지만 상속은 무상이라는 점에 비추어 보면, 취득에 비용이 소모되는 소득세나 기타 다른 재산에 대한 과세보다는 납세의무자인 상속인의 담세능력이 더 크다고 할 수 있으므로{응능과세(應能負擔)의 원칙}, 상속세의 세율이 다른 조세보다 더 높아도

35) 윤진수(2011b), 1 이하. Muscheler 1, 279 이하는 이 외에도 인격성(Personalität), 국가로부터의 자유(Staatsfreiheit), 상속법적 추상성(Erbrechtliches Abstraktionsprinzip), 사후성(死後性, Postmortalität)도 상속법의 기본원칙으로 열거하고 있다.

36) 윤진수(2011b), 23 이하; Muscheler 1, 170 이하; Münchener Komm/Leipold. Einleitung vor §§1922, Rdnr. 9 이하 등.

37) 헌법재판소 1997. 12. 24 선고 96헌가19 결정 참조.

38) 헌법재판소 1997. 12. 24 선고 96헌가19 결정은, 조세의 부과 징수는 국민의 납세의무에 기초하는 것으로서 원칙으로 재산권의 침해가 되지 않는다고 하더라도 그로 인하여 납세의무자의 사유재산에 관한 이용, 수익, 처분권이 중대한 제한을 받게되는 경우에는 그것도 재산권의 침해가 될 수 있다고 하였다.

무방할 것이다. 相贈 §26은 상속세의 과세표준이 30억원을 초과하면 그 초과액에 대하여 50%의 상속세를 부과한다.

2. 유언의 자유

유언 자유의 원칙에 의하여 피상속인은 자신의 사후의 법률관계를 미리 결정할 수 있다. 예컨대 재산을 유증, 사인증여 등의 방법으로 자유롭게 처분할 수 있다. 이는 사적 자치의 원칙의 일부라고 할 수 있다. 유언의 자유는 헌법상 재산권의 보호를 받을 뿐만 아니라, 憲 §10의 행복추구권에서 파생된 유언자의 일반적 행동의 자유에도 포함된다.[39] 또한 유언의 자유는 유언을 할 자유뿐만 아니라 유언을 하지 않을 자유 및 일단 한 유언을 철회할 자유도 포함한다.

그러나 이러한 유언 자유의 원칙은 몇 가지 점에서 제한을 받는다. 첫째, 유언으로 정할 수 있는 사항(유언사항)은 법률이 규정하고 있는 것에 한하며, 그 이외의 사항에 대한 유언에는 법률적인 효력이 인정되지 않는다.

둘째, 유언은 반드시 법률이 규정한 방식에 의하여야 하고(방식의 강제, §1060), 이에 따르지 않은 유언은 원칙적으로 효력이 없다.

셋째, 유류분제도는 유언의 자유에 대한 중대한 제한이라고 할 수 있다.

이 이외에도 예컨대 유언의 내용이 법률의 규정이나 공서양속에 어긋날 때 그 효력이 부정되는 것은 당연하다.[40]

이러한 유언의 자유로부터, 유언에서는 기본적으로 피상속인의 의사를 존중하여야 한다는 결론을 이끌어낼 수 있다. 즉 유언의 해석에서는 일반적인 계약과는 달리 상대방의 신뢰보호는 별로 고려할 필요가 없고, 따라서 제1차적으로는 유언자의 진정한 의사 내지 현실적 의사가 무엇인지를 파악하여야 한다. 또한 유언자는 언제든지 자신의 유언을 철회할 수 있고(§1108 ①), 동기의 착오로 인한 유언의 취소도 인정하여야 한다.[41]

3. 친족에 의한 상속(피상속인의 가족에의 구속)

피상속인의 특별한 처분이 없으면 상속재산은 친족에게로 상속된다. 이는

39) 헌법재판소 2008. 3. 27. 선고 2006헌바82 결정; 헌법재판소 2008. 12. 26. 선고 2007헌바128 결정; 헌법재판소 2011. 9. 29. 선고 2010헌바250,456 결정.
40) 공서양속에 의한 유언의 자유 제한에 관하여는 이동진(2006) 참조.
41) 김형석(2016), 1091 이하 참조.

앞에서 언급한 것처럼 제1차적으로는 재산을 친족에게로 상속시키겠다는 피상속인의 의사가 추정된다는 데에서 그 근거를 찾을 수 있다.[42] 그렇지만 피상속인의 친족 아닌 제3자에 대한 증여나 유증과 같은 처분이 있더라도 친족의 상속권은 유류분제도에 의하여 어느 정도 보호된다. 이 점에서 유류분제도는 유언의 자유는 친족에 의한 상속 원칙과는 어느 정도 대립하는 관계에 있다고 할 수 있다. 다만 이러한 유류분에 의한 유언의 자유 제한의 근거를 어디에서 찾을 수 있는가가 문제되는데, 혼인과 가족생활의 유지에 관한 보장을 명하고 있는 憲 §36 ①이 그 근거가 될 수 있을 것이다.[43]

4. 법정당연승계 및 포괄승계[44]

상속에 의한 승계는 법률의 규정에 의하여 당연히 이루어진다. §1005는 "상속인은 상속개시된 때로부터 피상속인의 재산에 관한 포괄적 권리의무를 승계한다"고 규정한다. 따라서 상속인이 상속을 받겠다는 적극적인 의사표시나 행동을 취할 필요가 없다. 그런데 §1025는 "상속인이 단순승인을 한 때에는 제한없이 피상속인의 권리의무를 승계한다"고 규정하고 있어서, 상속인이 단순승인을 하여야만 비로소 피상속인의 권리의무를 승계하는 것처럼 읽힐 수도 있다. 그러나 상속인의 단순승인은 그 자체가 권리의무의 승계라는 법률효과를 가져오는 것이라기보다는, 다만 더 이상 포기나 한정승인을 할 수 없게 된다는 의미를 가질 뿐이다.[45]

---

42) 그러나 Münchener KommBGB/Leipold, Einleitung vor §§1922, Rdnr. 14는 친족상속권의 근거를 피상속인의 의사추정이라고 보는 것을 비판하면서, 법정상속권은 배우자와 가족이 권리를 승계하는 것이 정당하다는 일반적인 법적 확신에 의하여 정당화된다고 주장한다.

43) 윤진수(2011b), 17 이하 참조. 독일연방헌법재판소 2005. 4. 19. 결정(BVerfGE 112, 332)은, 유류분제도는 독일 기본법 §14 ① 1문에 의한 상속권 보장과 §6 ①이 규정하는 혼인과 가족의 보호에 근거가 있다고 하였다. 이에 대하여는 김수정(2006) 참조.

44) 법정당연승계와 포괄승계는 개념적으로 구별될 수 있으나, 우리나라의 상속에서는 실제로 그 작용을 구분하기 어렵다. 예컨대 상속의 경우에는 권리변동에 요구되는 일반적인 요건이 불필요한데, 이는 법정당연승계의 관점에서도 설명할 수 있지만, 포괄승계라는 관점에서도 설명할 수 있다.

45) 헌법재판소 1998. 8. 27. 선고 96헌가22 등 결정은 이 점을 오해하였다고 생각된다. 이 결정은 상속인이 귀책사유 없이 상속채무가 적극재산을 초과하는 사실을 알지 못하여 상속개시 있음을 안 날로부터 3월내에 한정승인 또는 포기를 하지 못한 경우에도 단순승인을 한 것으로 보는 §1026 ii는 위헌이라고 하면서, 위 법률조항은 입법자가 1999. 12. 31.까지 개정하지 아니하면 2000. 1. 1.부터 그 효력을 상실하고, 법원 기타 국가기관 및 지방자치단체는 입법자가 개정할 때까지 위 법률조항의 적용을 중지하여야 한다고 선고하였다. 그러나 상속인은 상속이 개시됨으로써 바로 상속채무를 승계하며, 상속인이 상속채무를 면할 수 없게 되는 것은 §1019 ①에 의하여 상속의 포기 내지 한정승인을 할 수 있는 기간이 경과하여 버린 때문이지, 민법 §1026 ii에 의하여 단순승인을 한 것으로 의제되는 때문이라고는 할 수 없다. 실제로 2000. 1. 1. 이후에도 이미 §1019 ①의 기간을 경과한 상속인이 상속채무를 면할 수는 없었다. 2002. 1. 14. 개정된

그리고 상속에 의한 승계는 다른 권리나 의무의 승계에 요구되는 별도의 법률요건을 갖추지 않아도 인정된다.46) 예컨대 피상속인이 사망하면 상속인은 피상속인이 소유하고 있던 부동산의 소유권을 바로 취득하며, 소유권이전등기를 요하지 않는다(§187). 또 피상속인의 채권을 상속인이 취득할 때에는 종전 채권자에 의한 채무자에 대한 통지(§450 ①) 없이도 채무자에게 대항할 수 있다. 이 경우에는 피상속인에 의한 통지는 불가능하다. 그리고 점유권은 상속에 의하여 상속인의 현실적인 지배 없이도 상속인에게 이전한다(§193). 이러한 당연승계의 결과 피상속인의 사망과 상속인에 의한 권리의무의 취득 사이에는 시간적인 간격이 없게 된다.

다만 상속인이 상속을 원하지 않을 때에는 상속인은 상속을 포기할 수 있다. 상속포기의 효력은 상속이 개시된 때로 소급하므로(§1042), 포기한 상속인은 소급하여 상속인의 지위를 잃게 된다.

그런데 법정당연승계의 원칙을 따르지 않는 입법례도 있다.47) 오스트리아에서는 상속인의 상속 승인과 그에 대한 법원의 재판에 의한 점유이전(Einantwortung)이 있어야만 상속재산의 포괄승계가 이루어지고, 영미법에서는 상속이 개시되면 일단 상속재산관리절차(estate administration)에 들어가서 상속재산 관리인48)이 채무를 청산하고, 나머지 재산을 상속인이 취득하게 된다. 생각건대 상속인이 상속을 받는 것이 대부분이고 상속을 받지 않겠다고 하는 것은 예외일 뿐만 아니라, 위와 같은 절차를 거치는 데에는 그 자체 비용이 발생한다는 점을 생각한다면 법정당연승계의 원칙이 더 우수하다고 볼 수 있다. 실제로 미국법에서도 이러한 문제점이 인식되어, 피상속인이 신탁 등의 방법에 의하여 상속재산관리절차를 회피하거나, 또는 법에서 여러 가지 예외를 인정하고 있다.49)

그리고 상속에 의한 권리의무의 승계는 포괄적이다. 다시 말하여 상속재산 중 일부만을 승계하고 나머지는 승계하지 않거나, 권리만을 승계하고 의무를 승계하지 않는 것은 허용되지 않으며, 상속의 승인이나 포기에는 조건이나 기한을 붙일 수 없다.50) 이처럼 상속에 의한 권리의무의 승계를 포괄승계로 하

민법은 위 헌법불합치로 선언된 §1026 ii 를 다시 되살림과 동시에 특별한정승인에 관한 §1019 ③을 신설하였다. 이에 대하여는 윤진수(2011c), 341 이하 참조.

46) 이는 상속에 의한 승계가 포괄승계라는 점에서도 설명될 수 있다. Muscheler 1, 434 이하 등.

47) 김형석(2009), 77 이하 참조.

48) 이를 "personal representative"라고 하는데, 실제로는 유언집행자(executor)와 유언이 없는 경우의 상속재산관리인(administrator)을 다같이 포함한다. 우리나라에서는 일반적으로 인격대표자라고 번역되고 있다.

49) McGovern and Kurtz(2005), 282 이하.

는 것은 법률관계를 단순하고 명확하게 함으로써 상속인뿐만 아니라 피상속인이나 채권자 및 채무자들의 이익도 보호하는 결과를 가져온다.[51)]

한편 유증 가운데 포괄적 유증을 받은 자도 상속인과 동일한 권리의무가 있으므로(§1078), 피상속인의 포괄승계인이다.[52)]

Ⅳ. 상속법과 다른 법의 관계

1. 헌법

상속제도가 헌법적인 근거를 가지고 있다는 것은 앞에서 살펴보았다(위 Ⅱ. 1. 참조). 그 외에도 상속법이 헌법에 부합하여야 하는 것은 당연하다. 그동안 상속법과 헌법 사이의 관계에 관하여 여러 가지 문제가 제기되었다. 주로 문제되는 것은 사적 자치(憲 §10), 평등원칙(憲 §11), 재산권(憲 §23) 등이다.

우선 헌법재판소 판례는 상속법의 규정에 관하여 몇 개의 헌법불합치결정을 선고하였고, 그에 따라 상속법이 개정되었다. 먼저 헌법재판소 1998. 8. 27. 선고 96헌가22 외 결정은, 상속인이 상속개시 있음을 안 날로부터 3월내에 한정승인이나 포기를 하지 아니한 때에는 단순승인을 한 것으로 보던 종전의 §1026 ⅱ가 재산권과 사적자치권을 침해한다고 판시하였고, 그에 따라 2002. 1. 14. 특별한정승인에 관한 §1019 ③이 신설되었다.[53)] 또한 헌법재판소 2001. 7. 19. 선고 99헌바9 외 결정은, 상속회복청구권은 상속이 개시된 날부터 10년을 경과하면 소멸된다고 규정하고 있던 당시의 §999 ②와, 호주상속회복청구권은 상속이 개시된 날로부터 10년을 경과하면 소멸된다는 개정 전 §982[54)]에 대하여 상속인의 재산권, 행복추구권, 재판청구권 등을 침해하고 평등원칙에 위배

50) 대법원 1995. 11. 14. 선고 95다27554 판결은, 상속의 포기는 상속인이 법원에 대하여 하는 단독의 의사표시로서 포괄적·무조건적으로 하여야 하므로, 상속포기는 재산목록을 첨부하거나 특정할 필요가 없고, 포기 당시 첨부된 재산목록에 포함되지 않은 재산에도 상속포기의 효력이 미친다고 하였다.

51) Lange, 28; Muscheler 1, 500 이하.

52) 반대: 박영규(2016); 이진기(2016). 이에 대한 상세한 비판은 현소혜(2017b) 참조.

53) 이에 대하여는 윤진수(2011c) 참조. 헌법재판소 2003. 12. 18. 선고 2002헌바91, 94 결정은 신설된 §1019 ③이 위헌이 아니라고 하였으나, 헌법재판소 2004. 1. 29. 선고 2002헌가22 등 결정은, 위 개정법 부칙 ③이 신설 조항의 소급적용범위를 "1998년 5월 27일부터 이 법 시행 전까지 상속개시가 있음을 안 자"로 한정한 것은 위헌이라고 하여, 헌법불합치를 선언하였고, 그에 따라 2005. 12. 29. 위 개정법 부칙에 ④이 추가되어, 위 개정법률 시행 전에 상속채무 초과사실을 알고도 한정승인을 하지 아니한 자는 그 사실을 언제 알았는지 관계없이 개정법률 시행일부터 3월 이내에 §1019 ③에 의한 한정승인을 할 수 있도록 하였다. 이에 대하여는 이에 대하여는 윤진수(2011d) 참조.

54) 1990. 1. 13. 법률 제4199호로 개정되기 전의 것.

된다는 이유로 헌법불합치결정을 선고하였고, 그에 따라 2002. 1. 14. §999 ② 가 상속회복청구권은 상속권의 침해행위가 있은 날부터 10년을 경과하면 소멸된다고 개정되었다.[55)]

또한 헌법재판소 2008. 3. 27. 선고 2006헌바82 결정과 2008. 12. 26. 선고 2007헌바128 결정에서는 자필증서에 의한 유언의 방식으로 전문(전문)과 성명의 자서(자서)에 더하여 '날인'을 요구하고 있는 §1066 ①이 위헌인지 여부가 다투어졌고, 위 2007헌바128 결정 및 헌법재판소 2011. 9. 29. 선고 2010헌바250, 456 결정에서는 위 조항 중 '주소'의 자서를 요구하는 것이 위헌인지 여부가 다투어졌는데, 헌법재판소는 이 규정이 합헌이라고 하였으나, 위헌이라는 반대의견이 있었다. 특히 2010헌바250,456 결정에서는 주소의 자서를 요구하는 것에 대하여 합헌의견과 위헌의견이 4:4로 갈리었다.[56)]

그리고 근래에는 상속관습법이 헌법에 위반되는지 여부가 논의되고 있다. 우선 대법원 2003. 7. 24. 선고 2001다48781 전원합의체 판결은, 제정민법이 시행되기 전에 존재하던 '상속회복청구권은 상속이 개시된 날부터 20년이 경과하면 소멸한다.'는 관습은 헌법을 최상위 규범으로 하는 법질서 전체의 이념에 부합하지 아니하여 정당성이 없으므로, 관습법으로서의 효력을 인정할 수 없다고 하였다.[57)] 그리고 대법원 2008. 11. 20. 선고 2007다27670 전원합의체 판결은, 적장자(嫡長子)가 우선적으로 제사를 승계해야 한다는 종래의 관습은, 개인의 존엄과 평등을 기초로 한 변화된 가족제도에 원칙적으로 부합하지 않게 되었고, 이에 대한 우리 사회 구성원들의 법적 확신 역시 상당 부분 약화되었으므로, 더 이상 관습 내지 관습법으로서의 효력을 유지할 수 없게 되었으며, 그러한 관습에 터잡은 종래의 대법원판결들 역시 더 이상 판례법으로서의 효력을 유지할 수 없게 되었다고 하였다.[58)]

다른 한편 대법원 2009. 5. 28. 선고 2007다41874 판결과 헌법재판소 2013. 2. 28. 선고 2009헌바129 결정은, 호주가 사망하면 그 장남이 호주상속을 하는데, 이 때 호주에 대한 분재청구권을 차남 이하 중자에게만 인정하고 여자에게는 인정하지 않는다는 민법 시행 이전의 관습법이 위헌인가에 관하여, 설령 여자의 분재청구권이 인정되더라도 이는 소멸시효에 걸렸다고 함으로써 위헌 여

55) 헌법재판소 2008. 7. 31. 선고 2006헌바110 결정은 위 개정 규정이 위헌이 아니라고 하였다.
56) 이에 대하여는 윤진수(2015b) 참조.
57) 이에 대하여는 윤진수(2011e) 참조.
58) 송경근(2009), 623 이하 참조.

부의 판단을 회피하였다. 그러나 이러한 관습의 존재 자체가 의문일 뿐만 아니라, 그러한 관습이 존재하였다고 한다면 이는 위헌이라고 보아야 하고, 다만 당사자가 상속 개시 후 긴 시간이 지나 분재청구권을 주장하는 것은 실효의 원칙에 따라 차단된다고 보아야 할 것이다.[59] 그리고 헌법재판소 2016. 4. 28. 선고 2013헌바396 결정은, 민법시행 이전의 구 관습법 중 "여호주가 사망하거나 출가하여 호주상속인 없이 절가된 경우, 유산은 그 절가된 가(家)의 가족이 승계하고 가족이 없을 때는 출가녀(出家女)가 승계한다"는 부분이 헌법에 위반되지 않는다고 하였으나, 이러한 관습법은 위헌이라는 2인의 반대의견이 있었다.[60][61]

2. 신탁법

신탁법은 위탁자의 유언에 의하여 신탁을 설정할 수 있게 한 것 외에도(§3 ① ii), 위탁자의 사후에 수익자가 수익권을 취득하거나 신탁재산에 기한 급부를 받는 유언대용신탁을 인정하고 있다(§59). 또 수익자연속신탁(§60)은 종전에 허용 여부에 관하여 논란이 있었던 순차적 유증을 실질적으로 가능하게 하는 수단이 된다. 유언대용신탁과 수익자연속신탁은 유언과 마찬가지로 위탁자의 의사에 의한 재산승계수단으로 기능할 수 있다.[62]

3. 가사소송법

가사소송법은 상속에 관련된 여러 사건을 가사 라류 및 마류 비송사건으로 규정하고 있고, 가류에서 다류까지의 가사소송사건에는 상속 관련 사건이 포함되어 있지 않다(家訴 §2). 그러므로 상속에 관련된 소송사건은 모두 민사사건이다.[63] 이로 인하여 생기는 몇 가지 문제가 있다. 그 하나는 가사비송사건인 상속재산분할절차에서 상속인의 범위나 상속재산의 범위와 같은 전제문제에 관하여 당사자들 사이에 다툼이 있을 때에는 상속재산분할을 다루는 가정법원이 이에 대하여 판단을 할 수 있는지가 문제된다. 이 때에는 실체법상의

---

59) 윤진수(2013) 참조.

60) 윤진수(2017b) 참조.

61) 한편 헌법재판소는 관습법도 위헌법률심판의 대상이 된다고 보고 있으나, 이는 타당하지 않다. 윤진수(2013); 윤진수(2017b) 참조. 위 2013헌바396 결정에서는 헌법재판소의 위헌법률심판이나 헌법재판소법 제68조 제2항에 따른 헌법소원심판의 대상이 될 수 없다는 3인의 반대의견이 있었다.

62) 최수정(2011) 참조.

63) 예컨대 유류분반환청구, 공동상속인 사이에 어떤 재산이 상속재산임의 확인을 구하는 소(대법원 2007. 8. 24. 선고 2006다40980 판결) 등.

권리관계의 존부를 종국적으로 확정하는 것은 판결절차에 의하여야 하지만, 가정법원도 위와 같은 사항이 상속재산분할 재판의 전제가 될 때에는 위 전제사항의 존부를 심리판단하여 분할할 수 있고, 다만 이러한 판단에 기판력이 생기는 것은 아니므로 당사자는 민사소송을 제기하여 그 확정을 구할 수 있으며,[64] 판결에 의하여 위 전제가 되는 권리의 존재가 부정되면 분할의 심판도 그 한도에서는 효력을 잃는다고 보아야 할 것이다.[65]

다른 하나는 공동상속인을 상대로 유류분반환청구를 하는 경우에 상대방이 자신에게 기여분(§1008-2)이 인정되어야 한다는 주장을 할 수 있는가 하는 점이다. 판례는, 기여분의 산정은 공동상속인들의 협의에 의하여 정하도록 되어 있고, 협의가 되지 않거나 협의할 수 없는 때에는 기여자의 신청에 의하여 가정법원이 심판으로 이를 정하도록 되어 있으므로 위와 같은 방법으로 기여분이 결정되기 전에는 피고가 된 기여상속인은 유류분반환청구소송에서 상속재산 중 자신의 기여분을 공제할 것을 항변으로 주장할 수는 없다고 하였고,[66] 또 공동상속인의 협의 또는 가정법원의 심판으로 기여분이 결정되었다고 하더라도 유류분을 산정함에 있어 기여분을 공제할 수 없고, 기여분으로 인하여 유류분에 부족이 생겼다고 하여 기여분에 대하여 반환을 청구할 수도 없다고 하였다.[67] 이는 입법적인 불비로서, 유류분반환청구가 있으면 상속재산분할절차와 관계없이 가정법원에 기여분 결정을 청구할 수 있도록 하는 것과 같은 개선책을 모색할 필요가 있다.[68]

4. 상속세 및 증여세법

상속세 및 증여세법은 상속재산에 대하여 상속세를 부과한다(相贈 §3). 그런데 상속세 및 증여세법상의 상속은 민법상의 상속과 반드시 같지는 않다. 우선 이 법에서 말하는 상속이란 원칙적으로 민법 제5편에 따른 상속을 말하지만, 유증, 사인증여 및 특별연고자에 대한 분여(§1057-2)를 포함한다(相贈 §2 i). 또 상속인에는 법정상속인 외에 상속을 포기한 사람 및 특별연고자가 포함된

64) 대법원 2007. 8. 24. 선고 2006다40980 판결은, 공동상속인 사이에 어떤 재산이 상속재산임의 확인을 구하는 소는 확인의 이익이 있다고 하였다.

65) 윤진수, 436~437; 서울가정법원 2004. 3. 25.자 2003느합74 심판 등.

66) 대법원 1994. 10. 14. 선고 94다8334 판결.

67) 대법원 2015. 10. 29. 선고 2013다60753 판결. 그러나 이 판결이 기여분이 정해졌어도 기여분이 결정되었다고 하더라도 유류분을 산정함에 있어 기여분을 공제할 수 없다고 한 것은 의문이다. 윤진수, 412 참조.

68) 윤진수, 412 참조.

다(相贈 §2 ⅳ).[69]

그리고 피상속인의 사망으로 인하여 지급받는 생명보험 또는 손해보험의 보험금(§8), 피상속인이 신탁한 재산(§9 ①), 퇴직금·퇴직수당·공로금·연금 등이 피상속인의 사망으로 인하여 지급되는 것(§10)은 민법상 상속재산에 해당하지 않더라도 相贈상으로는 상속재산으로 취급된다(간주상속재산).

V. 상속법의 연혁과 앞으로의 전망

1. 민법 제정 전의 상속법

가. 고려와 조선시대의 상속법

고려시대에는 노비는 자녀가 균분상속하였다. 전토(田土)에 관하여는 적장자(嫡長子)가 단독으로 상속하였다는 주장도 있으나, 근래에는 이 또한 노비와 마찬가지로 자녀가 균분상속하였다는 주장이 유력하다.[70] 조선시대에는 원칙적으로 자녀균분상속이었고, 다만 제사를 모시는 승중자(承重子)에게 1/5을 가산하며 양첩(良妾)의 자녀는 다른 자녀의 1/7, 천첩(賤妾)의 자녀는 다른 자녀의 1/10이었다.[71] 그러나 조선 후기에 이르러서는 피상속인이 생전에 재산을 나누어주는 이른바 분재에 있어서 봉사조(奉祀條) 등의 명목으로 제사상속인인 장남에게 많은 재산을 나누어 주고, 차남 이하의 아들들에게는 더 적은 재산을 나누어 주었으며, 딸들에게는 그보다 더 적은 재산을 나누어 주는 것이 일반적이 되었다.[72]

다른 한편 조선에서는 제사상속이 중요한 문제였는데, 몇 대까지 제사를 지내는가에 대하여, 경국대전에서는 제사를 지내는 대상의 신분에 따라 다른, 이른바 차등봉사(差等奉祀)를 규정하였다. 그러나 조선 중기에 이르러서는 주자

69) 상속세 납부의무를 부담하는 상속인은 상속을 포기한 자도 포함한다는 규정은 1998. 12. 28. 개정된 相贈 §3 ①에서 신설되었다. 그런데 위 개정 전인 대법원 1998. 6. 23. 선고 97누5022 판결은, 상속개시 전 5년 이내에 부동산을 증여받은 1순위 상속인이 상속을 포기한 경우, 증여받은 재산에 대한 상속세 납세의무가 없다고 하였다. 그러나 헌법재판소 2008. 10. 30. 선고 2003헌바10 결정은, 위 개정 전의 구 상속세법 제18조 제1항 본문 중 "상속인" 부분은 위 "상속인"의 범위에 "상속개시 전에 피상속인으로부터 상속재산가액에 가산되는 재산을 증여받고 상속을 포기한 자"가 포함되지 않는 것으로 해석하는 한 헌법에 위반된다는 한정위헌 결정을 선고하였다. 그럼에도 불구하고 대법원 2009. 2. 12. 선고 2004두10289 판결은, 위 한정위헌 결정은 법원을 구속하지 않는다고 하여 위 97누5022 판결을 유지하였다.

70) 최재석(1983), 272 이하; 노명호(1989) 등.

71) 經國大典 刑典 私賤條: 父母奴婢, 承重子加五分之一, 衆子平分, 良妾子女七分之一, 賤妾子女十分之一.

72) 도이힐러(2003), 310 이하; 문숙자(2004); 신영호(2002), 최재석(1983), 521 이하 등.

가례(朱子家禮)가 규정하고 있는 고조까지의 제사를 지내는 사대봉사(四代奉祀)가 점차 보급되어 일반화되기 시작하였다. 그리고 제사의 주체, 즉 주재자는 원칙적으로 적장자손(嫡長子孫)이었다. 그러나 실제로는 조선 중기에 이르기까지 자녀나 아들들이 번갈아 가며 제사를 지내는 자녀윤회봉사(子女輪回奉祀)가 실제로 행해졌다. 그 후 임진왜란을 겪고 난 후인 17세기 이후에는 점차 법에 규정된 적장자에 의한 제사승계가 정착되었고, 자녀윤회봉사의 관행은 사라지게 되었다.[73]

나. 일제 강점기

일제시대에는 1912년에 조선민사령(朝鮮民事令)이 시행되어 민사에 관하여는 일본민법을 의용하게 하였지만, 친족상속에 관하여는 관습에 의하도록 규정하였으므로(§11), 관습을 조사하고, 그에 따라 재판을 하였다.[74][75]

그러나 일본의 법원이 실제로 적용한 관습은 반드시 종래의 관습과 일치하지 않았다. 예컨대 일제 강점기 초기에는 관습상 제사상속이 인정된다고 보았으나, 조선고등법원 1933(소화 8). 3. 3. 판결은, 제사상속은 법률적으로는 더 이상 인정되지 않는다고 하였다.[76] 또 우리나라에는 상속회복청구권의 소멸시효는 존재하지 않았는데, 조선고등법원 1935(소화 10). 7. 30. 연합부 판결[77]은 종래의 판례를 변경하여, 상속회복청구권은 상속인 또는 그 법정대리인이 상속권을 침해당한 사실을 안 때에는 상속개시의 때로부터 각각 상당한 기간 내에 한하여 행사할 수 있고 그 기간을 경과한 때에는 위 청구권이 소멸하는 것으로 되는 것 역시 조선의 관습상 시인된다고 판시하였다.[78]

어쨌든 광복 후 대법원도 민법 시행 전의 상속에 관하여는 일제가 인정한 관습을 그대로 따랐다. 예컨대 대법원 1969. 11. 25. 선고 67므25 판결 이래 여러 차례의 판례[79]는 다음과 같이 판시하였다. 즉 민법 시행 이전의 재산상속에 관한 관습법에 의하면 호주가 사망하여 그 장남이 호주상속을 하고 차남 이하

73) 윤진수(2011a), 56~58의 문헌소개 참조.

74) 다만 근래에 이르러 조선 시대에는 오늘날 이야기하는 관습법은 존재하지 않았다는 주장이 제기되고 있다. 윤진수(2013), 251 주 18)에 소개된 문헌 참조.

75) 관습조사의 결과를 모은 것으로는 통감부 시절에 조사되어 1913년까지 간행된 慣習調査報告書와 中樞院이 조회에 대하여 회답한 民事慣習回答彙集이 있다. 정긍식 편역(2000); 朝鮮總督府 中樞院(1933). 또한 법원행정처(1985) 참조.

76) 위 Ⅰ. 2. 가. 참조.

77) 錄 22권 302면 이하.

78) 윤진수(2011e), 165~167 참조.

79) 대법원 1975. 12. 23. 선고 75다38 판결; 대법원 1988. 1. 19. 선고 87다카1877 판결; 대법원 1990. 10. 30. 선고 90다카23301 판결; 대법원 1994. 11. 18. 선고 94다36599 판결.

중자가 수인 있는 경우에, 그 장남은 호주상속과 동시에 일단 전호주의 유산전부를 승계한 다음 그 약 2분의 1은 자기가 취득하고 나머지는 차남 이하의 중자들에게 원칙적으로 평등하게 분여하여 줄 의무가 있다는 것이다.[80]

그렇지만 대법원 2003. 7. 24. 선고 2001다48781 전원합의체 판결은, "상속회복청구권은 상속이 개시된 날부터 20년이 경과하면 소멸한다."는 내용의 관습은 소유권은 원래 소멸시효의 적용을 받지 않는다는 권리의 속성에 반할 뿐 아니라 진정상속인으로 하여금 참칭상속인에 의한 재산권침해를 사실상 방어할 수 없게 만드는 결과로 되어 불합리하고, 헌법을 최상위 규범으로 하는 법질서 전체의 이념에 부합하지 아니하여 정당성이 없으므로, 위 관습에 법적 규범인 관습법으로서의 효력을 인정할 수 없다고 하였다.[81]

현재에도 이러한 상속관습법은 재판에서 적용되기 때문에, 이를 아는 것은 실무적으로도 중요하다.[82]

2. 제정 민법

가. 제정 경위[83]

1948년에 법률 제정을 위하여 법전편찬위원회가 구성되었는데, 여기서 친족상속법을 담당한 사람은 장경근(張暻根)이었고, 장경근의 사안(私案)[84]을 토대로 하여 친족상속편 원요강이 작성되었다.[85] 그런데 실제로 1954년 국회에 제출된 민법안[86]은 친족상속편 원요강과는 많은 차이가 있었다. 이 민법안의 기초를 주도한 것은 당시 대법원장이었던 김병로(金炳魯)였다. 이 민법안은 기본적으로 종래의 관습을 존중하여야 한다는 관습존중론이었다. 이 민법안에 대하여 국회 법제사법위원회는 1956년 9월에 정부안을 수정하는 요강을 만들었다.[87] 당시 장경근은 법제사법위원회 민법안 심의 소위원회 위원장으로서 위 요강의 작성에 주된 역할을 하였고, 본회의에서의 민법안 심의에서도 법제사법위원회 위원장 대리로서 심의를 주도하였는데, 장경근은 기본적으로 종래의 관습을 존

80) 이에 대한 비판은 윤진수(2013), 247 이하 참조.
81) 이에 대하여는 윤진수(2011e) 참조.
82) 예컨대 최근의 대법원 2015. 1. 29. 선고 2014다205683 판결은, 현행 민법이 시행되기 전에 호주 아닌 기혼의 장남이 직계비속 없이 사망한 경우 그 재산은 처가 상속하는 것이 우리나라의 관습이었다고 하여 원심판결을 파기하였다.
83) 이에 대하여는 정광현(1967), 325 이하, 부록편 1 이하 참조.
84) 장경근, "친족상속법 입법방침 급 친족상속법기초요강사안", 정광현(1068), 부록편 1 이하 게재.
85) 장경근, "민법친족상속편 원요강해설", 정광현(1968), 부록편 12 이하 게재.
86) 정광현(1967), 부록편 46 이하.
87) 정광현(1967), 부록편 87 이하.

중하면서도 점진적으로 개혁을 꾀하려는 이른바 점진적 개혁론을 표방하였다.

다른 한편 정일형 의원 외 33인은 친족상속편 수정안을 제출하였는데,[88] 이는 당시 서울대학교 법과대학의 정광현 교수가 주장하고 있던 헌법존중론[89]에 입각한 것이었다.[90]

그러나 최종적으로 1957. 12. 17. 의결된 민법안에서는 정일형 의원의 수정안은 그다지 반영되지 못하였고, 정부안을 수정한 법사위 안이 거의 대부분 채택되었다.[91] 의결된 민법은 1958. 2. 22. 공포되어 1960. 1. 1.부터 시행되게 되었다. 제정 상속법이 기본적으로 일본 민법의 영향을 많이 받았음은 부정할 수 없는 사실이다. 나아가 일본 민법은 프랑스 민법의 영향을 받았으므로, 우리 상속법에는 프랑스 민법적인 요소가 많다. 예컨대 공동상속재산을 공유로 규정하고(§1006), 상속의 한정승인제도를 인정하며(§1028 이하), 유언에 의한 상속인 지정 대신 포괄적 유증(§1078)을 인정하는 것 등이다.[92]

그러나 제정민법에는 다른 나라와는 다른 이질적인 규정도 많았다. 즉 호주상속을 인정하고, 부와 처의 상속법상 지위를 달리 규정하였으며, 또 상속인이 호주상속인인지 여부, 남자인지 여자인지 여부에 따라 달라지는 등 남녀평등에 어긋나는 내용을 담고 있었다.

나. 중요한 내용

이하에서는 그 후 달라진 부분을 중심으로 서술한다.

(1) 호주상속의 인정

친족법에 호주를 규정함에 따라 상속법에서는 호주상속을 인정하였다(§§ 980−996).

(2) 부(夫)와 처의 상속순위

부와 처는 서로간에 상속인이 될 수 있었지만, 그 내용에 있어서 차이가 있다. 즉 처가 피상속인인 경우에 부는 그 직계비속과 동순위로 공동상속인이 되었고 그 직계비속이 없는 때에는 단독상속인이 되었던 반면, 부가 피상속인인 경우에는 처는 피상속인의 직계비속 또는 직계존속과 공동상속인이 되었고, 직계비속이나 직계존속이 없는 때에 단독상속인이 되었다(§§1002, 1003 ①).

---

88) 정광현(1967), 부록편 111 이하.

89) "친족상속편의 요강과 초안에 대한 분석과 관견", 정광현(1967), 330 이하.

90) "정일형 의원의 수정안 이유서", 정광현(1967), 부록편 115. 이에 대하여는 윤진수(2017a), 97면 이하, 103면 이하 참조.

91) 윤진수(2017a), 97 이하 참조.

92) 김형석(2009) 참조.

그리고 처는 부를 대습상속할 수 있었으나, 부는 처를 대습상속하지 못하였다(§1003 ②).

(3) **법정상속분**

법정상속분은 균분을 원칙으로 하면서도, 호주상속인의 상속분은 5할이 가산되고, 여자의 상속분은 남자의 상속분의 2분의 1이었으며, 동일가적 내에 없는 여자의 상속분은 남자의 상속분의 4분의 1이었다. 그리고 피상속인의 처의 상속분은 직계비속과 공동으로 상속하는 때에는 남자의 상속분의 2분의 1이고, 직계존속과 공동으로 상속하는 때에는 남자의 상속분과 균분이었다(§1009).

3. 상속법의 개정

민법 제정 후 상속법의 중요한 개정은 4차례 있었다.[93]

가. 1977년 개정

1977. 12. 31. 법률 제3051호에 의하여 개정된 민법은 법정상속분의 조정 및 유류분제도의 도입이 주된 내용이었다.

우선 동일가적 내에 있는 여자의 상속분이 종전에는 남자의 1/2이던 것을 남자와 동일하게 하였고,[94] 피상속인의 처의 상속분은 직계비속과 공동으로 상속하는 때에는 직계비속의 상속분의 5할을 가산하고, 직계존속과 공동으로 상속하는 때에는 직계비속의 상속분의 5할을 가산하는 것으로 늘어났다(§1009). 또한 유류분제도가 새로이 도입되었다(§§1112–1118).

나. 1990년 개정

1990. 1. 13. 법률 제4199호에 의하여 개정된 민법은 비교적 큰 폭의 개정이었다. 우선 호주상속제도가 호주승계제도로 바뀌어 상속법에서 친족법으로 옮겨졌다. 또한 종전에는 피상속인의 8촌 이내의 방계혈족은 상속인이 될 수 있었으나 개정법에 의하여 4촌 이내의 방계혈족이 상속인이 될 수 있는 것으로 제한되었다(§1000 ① iv). 그리고 부와 처의 상속법상의 지위가 동일하게 되었다(§1003). 다른 한편 법정상속분도 상속인이 호주승계인이건 아니건, 남자이건 여자이건 불문하고 모두 균분으로 되었으며, 다만 피상속인의 배우자의 상속분은 다른 공동상속인보다 5할을 더 받게 되었다(§1009).

이외에도 기여분제도(§1008의2)와 특별연고자에 대한 분여제도(§1057의2)가

93) 그 외에도 상속법의 개정이 있었지만, 주로 다른 법이 개정되면서 그에 따라 상속법도 개정되거나, 용어가 바뀐 정도이다.

94) 그러나 동일가적이 아닌 여자의 상속분은 1/4로 유지되었다.

신설되었다.

다. 2002년 개정

2002. 1. 14. 법률 제6591호에 의한 개정은 헌법재판소의 두 조문에 대한 헌법불합치결정을 반영하기 위한 것이었다. 우선 상속회복청구권은 상속이 개시된 날부터 10년을 경과하면 소멸된다고 규정하고 있던 것이 위헌이라고 하여 헌법불합치결정을 선고한 헌법재판소 2001. 7. 19. 선고 99헌바9 외 결정을 반영하여, §999 ②가 상속회복청구권은 상속권의 침해행위가 있은 날부터 10년을 경과하면 소멸된다고 개정되었다. 그리고 법정단순승인 의제를 규정한 §1026 ⅱ에 대하여 헌법불합치결정을 선고한 헌법재판소 1998. 8. 27. 선고 96헌가22 등 결정을 반영하여, 특별한정승인제도(§1019 ③)를 신설하고, 헌법불합치결정되었던 §1026 ⅱ를 되살렸다.

라. 2005년 개정

2005.3.31. 법률 제7427호에 의한 개정은 주로 2002년 개정 당시에 특별한 정승인에 관한 규정을 불완전하게 만들었던 것을 보완하는 내용이다(§§1030, 1034, 1038).

4. 앞으로의 전망

상속법은 친족법에 비하면 개정의 횟수가 많지 않았고, 또 그 개정도 그다지 광범위한 것은 아니었다. 그러나 민법이 제정된 이래 한국 사회에는 매우 많은 변화가 있었다. 우선 경제 성장으로 인하여 상속될 수 있는 재산이 엄청나게 늘어났다. 이는 필연적으로 상속을 둘러싼 분쟁이 많아지는 결과를 초래하였다. 그리고 과거에는 농지와 같은 토지가 주된 상속재산이었으나, 현재는 금전이나 주식과 같은 재산도 상속재산의 상당부분을 이루게 되었다. 다른 한편 국민들의 평균수명이 크게 늘어나서, 상속이 개시될 때에는 자녀인 상속인이 이미 자신의 생활을 유지할 수 있는 재산을 가지고 있고, 따라서 상속재산이 피상속인의 자녀들의 생존을 위하여 가지게 되는 중요성은 감소하였다. 반면 피상속인을 위한 생활비용이나 의료비용 등은 평균수명 증가에 따라 늘어나게 되고, 또 피상속인의 배우자에 대한 부양 필요성도 상대적으로 증가하였다.

이러한 점에서 앞으로 상속법이 어떻게 달라져야 할지를 생각해 볼 필요가 있다.

첫째, 배우자의 상속분을 상향조정할 필요가 있다. 배우자의 상속분은

1990년에 다른 상속인의 상속분보다 5할을 가산하도록 개정된 후 변동이 없었다. 그러나 근래에는 상속이 개시되면 피상속인의 배우자는 상속재산 외에 다른 생계를 유지할 수단이 없는 반면, 다른 공동상속인인 직계비속은 이미 상당한 재산을 가지고 있어서 부양의 필요가 없는 경우가 많아서 배우자의 부양을 위하여는 배우자의 상속분을 더 늘릴 필요가 있다. 그동안 이에 관하여 개정 논의가 있었으나,[95] 실현을 보지는 못하였다. 나아가 외국의 입법례와 같이 배우자의 주거에 관한 권리를 우선적으로 보호하는 것도 고려할 필요가 있다. 아래 §1003의 주석 참조.

둘째, 상속권 박탈제도를 도입하여야 한다. 민법은 유류분제도를 인정하고 있기 때문에, 피상속인이 유언 등에 의하여서는 상속인의 유류분을 박탈하지 못한다. 그러나 상속인에게 중대한 비행이 있다면 피상속인의 의사에 따라 상속권을 박탈할 가능성을 열어 주어야 한다. 현행의 상속결격제도는 그 요건이 엄격하고, 또 결격 사유가 발생하면 당연히 상속권을 잃는 것이어서 구체적 타당성을 확보하기에 불충분하다. 아래 §1004의 보론 참조.

셋째, 상속의 한정승인제도를 개선하여야 한다. 현행 한정승인제도는 매우 불완전하다. 즉 한정승인이 있으면 상속재산에 의한 상속채무의 청산은 상속인에게 맡겨져 있는데, 상속인이 얼마나 성실하게 상속채무를 청산할 것인지 의심스럽다.[96] 또한 도산법에서 인정되는 부인권도 한정승인절차에서는 인정되지 않는다. 그러므로 한정승인제도는 동일한 기능을 하고 있는 상속재산의 파산(債務回生 §299)으로 통합하여 운영할 필요가 있다.

넷째, 유언의 방식을 다양화하고 또 간소하게 하여야 한다. 우선 장애인, 그 중에서도 청각과 언어능력 장애인이 필기능력까지 갖추지 못하였을 때에는 현행법상 유언을 할 수 있는 방법이 없다. 그러므로 이러한 사람도 유언을 하는 길을 열어줄 필요가 있다.[97] 또 자필증서 유언에서 주소의 자서와 날인을 요구하는 것 등은 불필요한 요건을 요구하는 것으로서 재검토되어야 한다.[98]

95) 2006년에 제17대 국회에 제출되었던 여러 개의 가족법 개정안은 배우자의 상속법상 지위를 강화하는 내용을 담고 있었으나, 2008년 제17대 국회의 임기 만료로 인하여 폐기되었다. 전경근(2013) 참조. 2014년에는 법무부 민법(상속편) 개정특별분과위원회에서 배우자에게 선취분을 인정하는 내용의 개정안을 마련하였으나, 반발에 부딪쳐 입법예고절차에도 이르지 못하였다. 김상용(2015) 참조.

96) 대법원 2010. 3. 18. 선고 2007다77781 전원합의체 판결에서는 한정승인을 한 상속인이 상속재산인 부동산에 자신의 채권자를 위한 근저당권을 설정하여 상속채권자와 근저당권자 사이의 우열관계가 문제되었다.

97) 김영희(2012) 참조.

98) 법무부 가족법개정특별위원회에서 2011년에 마련한 개정안은 장애인의 유언에 관하여 특별규정

마지막으로 유류분제도의 개정이 필요하다. 우선 유류분권리자가 부양을 받을 필요가 있는지를 불문하고 유류분을 인정하는 것은 유언의 자유를 보장하여야 한다는 관점에서는 문제가 있다. 또 유류분권리자의 범위나 유류분의 비율 등도 재검토할 필요가 있다. 그리고 유류분반환의 방법도 원물반환 아닌 가액반환을 원칙으로 하는 것이 바람직하다.

을 두었고, 자필증서 유언의 방식 가운데 주소와 날인 요건을 삭제하였다. 윤진수, 505, 508 참조.

第1章 相續

第1節 總則

第997條(相續開始의 原因)

相續은 死亡으로 因하여 開始된다.

참고문헌: 고상룡(2003), 민법총칙, 제3판; 곽윤직·김재형(2013), 민법총칙, 제9판; 김대정(2012), 민법총칙; 김증한·김학동(2013), 민법총칙, 제10판; 백경일(2011), "실종선고 취소의 소급효 제한과 상속회복청구에 관한 고찰", 가족법연구 25권 3호; 송덕수(2015), 민법총칙, 제3판; 이인영(2014), "뇌사설 수용 입법에 대한 비판적 분석", 형사법연구 26-4; 최준규(2018), "실종선고로 인한 상속에 관한 경과규정인 민법 부칙(1990.1.13. 법률 제4199호) 제12조 제2항의 의미", 2017년 가족법 주요 판례 10선, 세창출판사; 황경웅(2015), "실종선고 취소의 효과", 중앙법학 17-3.

Ⅰ. 상속개시의 원인

본조는 상속 개시의 사유뿐만 아니라 상속 개시의 시기도 규정하고 있는 것으로 이해할 수 있다.

본조는 상속 개시의 원인을 사망이라고만 규정하고 있으나, 실제로는 사망 외에도 사망으로 간주되는 실종선고 및 부재선고도 상속 개시 사유가 된다.

1. 사망

상속이 개시되기 위하여는 피상속인이 사망하여야 하고, 피상속인의 생존 중에는 상속이 개시되지 않는다. 다만 1990년 개정 전의 §980은 호주상속에 관하여 호주상속 개시의 사유로서 호주 사망 외의 사유도 들고 있었고, 이는 1990년 개정에 의하여 호주상속이 호주승계로 바뀐 뒤에도 마찬가지였다.

사람이 언제 사망한 것으로 볼 것인가에 관하여는 종래 심장과 폐의 기능이 정지한 때라고 하는 심폐정지설이 통설이었다. 그런데 근래에는 뇌 전체의 기능이 되살아날 수 없는 상태로 정지된 때를 사망시기로 보는 뇌사설이 주장되기도 한다.[1] 그러나 상속에 관하여 뇌사설을 주장하는 견해는 없는 것으로 보인다.[2] 장기 등 이식에 관한 법률은 뇌사자로부터의 장기적출을 허용하고 있으나, 뇌사를 법률상 사망 시점으로 본다는 취지는 아니다.[3]

사망이 있음을 주장하는 자는 이를 증명하여야 한다. 家登에 의한 사망 신고를 하기 위하여는 원칙적으로 진단서 또는 검안서가 있어야 하지만, 부득이한 사정으로 인하여 진단서나 검안서를 얻을 수 없는 때에는 사망의 사실을 증명할 만한 서면으로써 이에 갈음할 수 있다(家登 §84). 가족관계등록부에 사망한 것으로 기재되어 있으면 일단 사망한 것으로 추정된다.[4] 그러나 사망하였다는 점에 반하는 증거가 있거나 사망의 기재가 진실이 아니라고 볼만한 특별한 사정이 있는 때에는 그 추정은 번복될 수 있다.[5]

다른 한편 家登 §87은 수해, 화재나 그 밖의 재난으로 인하여 사망한 사람이 있는 경우에는 이를 조사한 관공서는 지체 없이 사망지의 시·읍·면의 장에게 통보하여야 한다고 규정하고 있는데, 이를 인정사망이라고 부른다. 이때에는 시신이 발견된 경우뿐만 아니라 발견되지 않은 경우에도 사망한 것으로 처리되므로, 형식적으로는 사망 인정에 관한 절차적 규정이지만, 실질적으로는 실종선고와 같은 기능을 한다. 그러나 인정사망의 경우에는 당사자가 생존하고 있는 사실이나 인정사망의 일시와 다른 일자에 사망하였다는 것이 밝혀지면 별도의 인정사망 취소와 같은 절차는 없으므로, 바로 그와 같은 점을 주장할 수 있다.[6]

---

1) 뇌사설에는 위와 같은 전뇌사설 외에 뇌간 전체의 기능이 불가역적으로 정지되었을 때라고 하는 뇌간사설, 대뇌 전체의 기능이 불가역적으로 정지되었을 때라고 하는 대뇌사설 등이 있다.

2) 그렇지만 독일에서는 상속에 관하여 사망 시기를 뇌사시로 보는 것이 통설이다. Muscheler I, 64 등.

3) 이인영(2014), 39 이하 참조.

4) 대법원 1990. 5. 8. 선고 89다카31948 판결. 대법원 1997. 11. 27.자 97스4 결정은 그와 같이 판시하면서, 호적상 이미 사망한 것으로 기재되어 있는 자는 그 호적상 사망기재의 추정력을 뒤집을 수 있는 자료가 없는 한 그 생사가 불분명한 자라고 볼 수 없어 실종선고를 할 수 없다고 하였다.

5) 대법원 1994. 6. 10. 선고 94다1883 판결; 대법원 2013. 7. 25. 선고 2011두13309 판결 등.

6) 인정사망에 의해 가족관계등록부에 사망으로 기재된 자가 생존하고 있는 경우에, 실종선고

다른 한편 대법원 1989. 1. 31. 선고 87다카2954 판결은, 수난, 전란, 화재 기타 사변에 편승하여 타인의 불법행위로 사망한 경우에 법은 인정사망, 위난실종선고 등의 제도와 보통실종선고제도도 마련해 놓고 있으나, 위와 같은 자료나 제도에 의함이 없는 사망사실의 인정을 수소법원이 절대로 할 수 없다는 법리는 없다고 하였다.

2. 실종선고

실종선고가 있으면 실종선고를 받은 자는 실종기간이 만료한 때에 사망한 것으로 간주되므로(§29), 실종자를 피상속인으로 하는 상속이 개시된다. 동일인에 대하여 실종선고가 2차례 있었다면, 사망 의제의 효과는 먼저 된 실종선고에 의하여 발생하므로, 상속 여부도 먼저의 실종선고에 따라 판단하여야 한다.[7]

실종선고가 있었는데 실종자가 생존한 사실 또는 실종기간 만료시와 다른 때에 사망한 사실이 증명되면, 법원은 본인, 이해관계인 또는 검사의 청구에 의하여 실종선고를 취소하여야 한다(§29 ① 본문). 따라서 실종선고에 의하여 개시된 상속의 효력은 뒤집혀지게 된다. 그러므로 상속을 원인으로 하여 재산을 취득한 때에는 상속인은 실종자 또는 진정한 상속인에 대하여 취득한 재산을 반환하여야 한다.[8] 그러한 상속인은 실종의 선고를 직접원인으로 하여 재산을 취득한 자에 해당하므로, 그가 선의인 경우에는 그 받은 이익이 현존하는 한도에서 반환할 의무가 있고, 악의인 경우에는 그 받은 이익에 이자를 붙여서 반환하고 손해가 있으면 이를 배상하여야 한다(§29 ②). §29 ① 단서는 실종선고 후 그 취소 전에 선의로 한 행위의 효력에 영향을 미치지 아니한다고 규정하고 있으나, 상속인의 재산 취득은 법률행위에 의한 것이 아니므로, 상속에는 적용되지 않는다. 상속인의 상속인도 마찬가지라고 보아야 한다.[9]

다만 상속인으로부터 법률행위에 의하여 다시 재산을 취득한 자가 있을 때에는 §29 ① 단서가 적용될 여지가 있다.[10] 이 경우에 상속인이 채무의 면제

취소의 효과에 관한 §29가 유추적용된다는 설이 있으나{주석상속(1), 54}, 법원의 재판에 의하여 사망한 것으로 간주되는 실종선고와 인정사망을 같이 취급하기는 어렵다.

7) 대법원 1995. 12. 22. 선고 95다12736 판결.

8) 백경일(2011), 218 이하는 이 경우에 실종자가 가지는 반환청구권에는 상속회복청구권에 관한 §999 ①이 유추적용되어야 한다고 주장하나, 찬성하기 어렵다. 상세한 것은 아래 §999 Ⅲ. 1. 참조.

9) 백경일(2011), 244; 황경웅(2015), 85 등. 南北特 §10 ①은 이를 명시하고 있다.

10) 다만 실종자에게 재산을 반환하여야 할 공동상속인들이 한 상속재산분할협의는, 반환의무자들 사이에서 이루어진 것이므로, 그들이 선의였다고 하더라도, 위 규정에 의한 보호를 인정할 필요가 없다. 같은 취지, 백경일(2011), 227 이하; 황경웅(2015). 84~85.

나 해제와 같은 단독행위를 하였다면, 상속인이 선의이기만 하면 그 행위는 유효하다. 반면 법률행위가 계약인 때에 관하여는 누구의 선의가 요건인가에 관하여 학설상 다툼이 있다. 종래의 통설은 계약의 쌍방이 선의라야 한다고 보고 있다(쌍방선의설).[11] 그러나 반대설도 있다. 그 중 하나는, 일방만이 선의이더라도 선의자에 대하여는 유효하고, 악의자에 대하여는 무효라고 한다(상대적 효력설).[12] 다른 설은, 상속인으로부터 재산을 양수한 자가 선의이면 상속인이 악의이더라도 취득자는 재산권을 유효하게 재산을 취득하고, 그로부터의 전득자는 악의이더라도 재산권을 유효하게 취득한다고 한다(절대적 효력설).[13]

생각건대 계약이 일방에 대하여는 유효하고, 다른 일방에 대하여는 무효라고 하는 상대적 무효라는 개념은 일반적으로 인정되는 개념이 아니므로 이는 문제가 있다. 그리고 양수인이 선의이면 유효한 행위가 된다는 절대적 효력설은 거래의 안전이라는 관점에서는 의미가 있으나, 실종선고를 받았던 자는 스스로 아무런 행위도 하지 않았는데도 거래의 이익을 위하여 자신의 이익을 희생당하는 자이므로, 그 사람의 이익도 고려하지 않으면 안 된다. 따라서 쌍방선의설이 타당하다.[14] 다만 일단 계약의 쌍방이 선의였다면, 그 계약에 의한 권리의 변동은 완전히 유효하고, 따라서 그로부터의 전득자는 악의이더라도 유효하게 권리를 취득한다고 보아야 할 것이다.[15]

南北特 §10은 북한 주민의 실종선고가 취소되는 경우에 관하여 특별규정을 두고 있다. 이에 대하여는 해당 조문의 주석 참조.

3. 부재선고

不在特措 §3은 군사분계선 이북 지역의 잔류자(殘留者)임이 분명한 사람에 대하여는 가족이나 검사의 청구에 의하여 부재선고를 하여야 한다고 규정하고 있다. 부재선고는 실종선고와는 달라서 부재선고를 받은 잔류자가 사망한 것으로 의제되지는 않지만, 위 법 §4는 본조의 적용 및 혼인에 관하여는 실종선고를 받은 것으로 본다고 규정하고 있으므로, 부재선고는 상속개시의 원인이 된다. 부재선고는 취소될 수 있는데(不在特措 §5), 그 효과는 대체로 실종선고의 취소와 같다(不在特措 §5 ① 2문, ②).

---

11) 곽윤직 · 김재형(2013), 152 등.
12) 김대정(2012), 279 등.
13) 고상룡(2003), 106 등.
14) 같은 취지, 김증한 · 김학동(2013), 169.
15) 송덕수(2015), 589. 황경웅(2015), 107 이하도 같은 취지로 보인다.

Ⅱ. 상속개시의 시기

1. 상속개시의 시기의 중요성

상속개시의 시기가 언제인지는 매우 중요하다. 우선 상속의 효력이 발생하는 것은 상속이 개시된 때이고(§1005), 상속재산 분할의 효과나 상속 포기의 효과도 그 때로 소급한다(§1015, 1042). 상속인이 될 수 있는 자는 상속이 개시된 때에 생존하고 있는 사람이어야 하는 것이 원칙(동시존재의 원칙)이다. 피대습인의 사망으로 인한 대습상속도 피대습인이 상속개시 전에 사망하였어야 일어나고(§§1001, 1003 ②), 상속재산의 가액이나 기여분의 산정, 유류분의 산정도 상속개시시가 기준이 된다(§§1008의2, 1113 ①, 1114). 또 상속개시의 시점은 유언에 의한 분할금지의 유효기간, 재산분리를 청구할 수 있는 기간, 유류분반환청구의 소멸시효의 기산점이 된다(§§1012, 1045 ①, 1117). 또 상속개시 후에 상속에 관한 법률이 변경되었을 때에는 원칙적으로 상속개시 당시의 구법이 적용된다.16)

2. 피상속인의 사망

피상속인의 사망으로 상속이 개시되면 그 사망 일시가 상속 개시 일시가 된다. 사망의 시기에 대하여는 위 1. 참조. 가족관계등록부에 기재된 사망일시는 일단 진정한 것으로 추정되지만, 다른 증거에 의하여 그 추정을 깨뜨릴 수 있다.17) 가족관계등록부에 기재된 사망 일시가 실재와 다른 경우에는 그 정정을 명하는 판결을 받을 수 있는 방법은 없으므로, 家登 §104 ①에 의한 가정법원의 허가를 받아 이를 정정할 수 있고, 확정판결에 의한 정정(家登 §107)은 허용되지 않는다.18)

3. 실종선고와 부재선고

실종선고로 상속이 개시되는 경우에는 실종기간이 만료한 때에 사망한 것으로 의제되므로(§28), 그 때가 상속개시시가 된다. 다만 相贈 §2 ⅱ는 피상속인의 실종선고로 인하여 상속이 개시되는 경우에는 실종선고일을 상속개시일로 보고 있다. 한편 실종 후 상속법이 바뀐 경우에는 어느 시점의 법이 적용될 것

---

16) 제정민법 부칙 §25 ①; 1977년 개정민법 부칙 ⑤; 1990년 개정민법 부칙 §12 ① 참조.

17) 대법원 1956. 3. 22. 선고 4288민상476 판결; 대법원 1979. 2. 27. 선고 78다2152 판결; 대법원 1986. 10. 28. 선고 81다카296 판결 등.

18) 대법원 1993. 5. 22.자 93스14, 15, 16 전원합의체 결정.

인가에 관하여는, 실종기간 만료시 기준설과, 실종선고시 기준설의 두 가지를 생각할 수 있는데, 제정민법 부칙 §25 ②은 실종기간이 구법 시행 당시에 만료된 경우에도 실종선고가 신법 시행 이후에 있으면 상속에 관하여는 신법을 적용하는 것으로 하여 실종선고시 기준설을 택하였다. 그러나 1977년 개정민법 부칙 ⑥은 '실종선고로 인하여 상속이 개시되는 경우에 그 실종기간이 이 법 시행일 후에 만료된 때에는 그 상속에 관하여 이 법의 규정을 적용한다'고 정하여 민법 시행 후 실종 기간이 만료되는 경우에는 실종기간 만료시 기준설을 채택하였다. 그 후 1990년 개정민법 부칙 §12 ②은 다시 실종선고시 기준설로 환원하였다. 대법원 2017. 12. 22. 선고 2017다360, 377 판결은, 피상속인이 1950. 9.경 배우자 또는 자녀가 없는 상태에서 행방불명되었고, 2008. 7. 31. 실종선고가 되어 실종기간 만료일인 1955. 9. 9.경 사망한 것으로 간주된 경우에, 1990년 개정 민법이 적용되어, 실종기간 만료시의 상속인인 피상속인의 적모(嫡母)에게는 상속권이 없고, 생모가 상속권을 가진다고 하였다. [19)]

부재선고의 경우에는 선고의 효력이 소급한다는 특별한 규정이 없으므로, 부재선고가 있은 때 상속이 개시되는 것으로 보아야 할 것이다.

---

19) 이 판결에 대하여는 최준규(2018) 참조. 헌법재판소 2016. 10. 27. 선고 2015헌바203 등 결정은 동일한 사실관계에 관하여 1990년 개정민법 부칙 §12 ②이 위헌이 아니라고 하면서, 그 이유로 개정민법 시행 전에 이미 실종선고가 있었거나 피상속인의 사망으로 상속이 개시된 상속인은 개정민법 시행 이후에 실종선고가 이루어지는 경우의 상속인과 법적 지위가 동일하다고 볼 수 없고, 개정민법은 호주제도 및 남성 중심의 상속제도를 가족 및 남녀의 평등에 부합하도록 하였다는 점에서 제정민법에 비하여 개선된 입법이며, 부재자의 참여 없이 이루어지는 실종선고의 특성상 이해관계인의 실종시기에 관한 일방적인 주장에 의하여 상속에 관한 법률 적용의 선택이 이루어질 수 있는 불합리를 방지할 필요가 있다는 점 등을 고려하면, 위 조항에는 합리적 이유가 있다는 점을 들었다.

第998條(相續開始의 場所)

相續은 被相續人의 住所地에서 開始한다.

상속개시의 장소는 주로 상속사건 재판의 관할을 정하는 기준으로서 의미가 있다. 家訴 §44 vi, vii는 상속과 유언에 관한 가사비송사건의 관할법원을 상속개시지의 가정법원으로 규정하고 있다.[1] 또 상속재산에 관한 파산사건은 상속개시지를 관할하는 지방법원본원의 관할에 전속한다(債務回生 §3 ⑤). 다른 한편 상속세는 상속개시지인 피상속인의 주소지를 관할하는 세무서장이 과세한다(相贈 §6 ①).

이 규정은 원래 과거의 프랑스 민법 §110에서 유래한 것으로,[2] 일본 민법 §883를 거쳐서 우리 민법에 도입된 것이나, 이 규정 자체가 절차법적인 의미를 가지므로 굳이 민법에 둘 필요가 없을 것이다.

상속개시의 장소인 피상속인의 주소지가 어느 곳인가는 총칙의 규정에 따른다. 즉 주소란 생활의 근거되는 곳을 말하는데, 주소는 동시에 두 곳 이상 있을 수 있다(§18). 주소를 알 수 없으면 거소를 주소로 본다(§19). 국내에 주소가 없는 자에 대하여는 국내에 있는 거소를 주소로 본다(§20). 피상속인의 주소나 거소가 국내에 없거나 이를 알 수 없을 때에는 대법원이 있는 곳의 가정법원이 관할한다(家訴 §13 ②).

주소가 여럿 있는 때에는 최후의 주소로 보아야 한다는 설이 있으나,[3] 복수의 주소 모두가 상속개시의 장소가 된다고 보아야 할 것이다.[4] 가사비송절차에 관하여 家訴 §34에 의하여 준용되는 非訟 §3은, 관할법원이 여러 개인 경우에는 최초로 사건을 신청받은 법원이 그 사건을 관할하지만, 해당 법원은 신청에 의하여 또는 직권으로 적당하다고 인정하는 다른 관할법원에 그 사건을 이송할 수 있다고 규정한다.

---

1) 다만 §1070 ②에 따른 유언의 검인(檢認) 사건은 상속 개시지 또는 유언자 주소지의 가정법원이 관할한다(家訴 §44 vii 단서). 위 규정에 의한 구수증서 유언의 검인은 상속개시 전에도 이루어질 수 있기 때문이다.

2) 당시의 프랑스 민법 §110은 "상속개시의 장소는 주소에 의하여 결정된다"고 규정하고 있었다. 이 규정은 2001년에 §720로 대치되었는데, 여기서는 "상속은 사망에 의하여 사망자의 최후 주소지에서 개시된다"고 규정하고 있다.

3) 김용한, 284 등. 프랑스 민법 §720, 스위스 민법 §538은 그와 같이 규정한다.

4) §18 ②. 같은 취지, 곽윤직, 34; 이경희, 379.

第998條의2(相續費用)

相續에 관한 費用은 相續財産 중에서 支給한다.

참고문헌: 김윤정(2011), "상속재산분할의 대상성과 관련한 논의", 사법 15; 시진국(2006), "재판에 의한 상속분할", 사법논집 42; 松原正明(2006), 全訂 判例先例 相續法 Ⅱ, 2006.

Ⅰ. 본조의 의의

상속에 관한 비용(상속비용)이란 상속재산에 관한 비용, 구체적으로는 상속 개시 후에 상속재산의 관리와 청산에 필요한 비용을 말한다.[1] 이러한 비용은 상속 개시 후에 발생한 것이므로 원래대로라면 상속재산과는 관계가 없고 상속인이 자신의 고유재산에 의하여 부담하여야 할 것이다. 그러나 이러한 비용 또한 상속으로 인하여 발생한 것이므로, 가령 상속인이 한정승인을 한 경우에도 이를 상속인이 전적으로 부담하여야 한다는 것은 불공평한 결과가 발생할 수 있기 때문에, 상속에 관한 비용은 제1차적으로는 상속재산이 부담하도록 하여 상속인이 책임을 제한할 수 있는 길을 열어 둔 것이다. 다른 말로 한다면 이러한 상속에 관한 비용은 상속채무와 같이 취급할 수 있다.

일본 민법 §885가 같은 취지의 규정을 두고 있다.[2] 독일 민법 §1967 ②는 상속인이 부담하여야 하는 상속채무(Nachlassverbindlichkeit)에는 피상속인으로부터 기인하는 채무 외에도 상속인으로서 부담하는 채무[3]도 포함된다고 규정하는데, 상속절차의 개시 및 상속재산의 관리로 인한 채무[4]도 여기에 속한다.[5]

이 조항은 1990년 민법 개정 당시에 신설되었다.

1) 대법원 1997. 4. 25. 선고 97다3996 판결; 윤진수, 304 등.
2) 이는 구 프랑스 민법 §797로부터 영향을 받은 것으로 보인다. 현행 프랑스 민법 §803는 한정승인을 한 경우에 상속에 관한 비용은 상속재산의 부담으로 하되, 상속재산 분할에서 우선권을 가지는 것으로 규정하고 있다.
3) 이를 상속개시로 인한 채무(Erbfallschulden)라고 부른다.
4) 상속비용채무(Nachlasskostenschulden) 또는 상속재산관리채무(Nachlassverwaltungsschulden, Erbschaftsverwaltungsschulden).
5) Münchener Komm/Küpper, §1967 Rn. 10a ff.; Muscheler Bd. 1, S. 1771 등.

Ⅱ. 상속에 관한 비용

상속비용에는 다음과 같은 것들이 포함된다. 즉 상속재산의 관리비용(§1022), 한정승인을 한 경우 상속재산에 관한 공고·최고 또는 변제를 하는 비용(§1033 이하), 재산분리가 있은 경우의 공고·최고 비용, 관리비용 및 변제의 비용(§1046 이하), 상속인이 부존재하는 경우의 상속재산관리인에 관한 비용(§1053 이하) 등이다. 상속재산의 관리·보존을 위한 소송비용도 상속에 관한 비용에 포함된다.[6] 또한 한정승인을 한 상속인이 상속채무의 변제를 위한 상속재산의 처분과정에서 부담하게 된 양도소득세 채무도 상속에 관한 비용에 해당한다.[7] 유언의 집행에 관한 비용도 상속비용에 포함되지만, §1107는 이 점에 관하여 본조와 마찬가지의 규정을 두고 있다.

상속세는 상속재산의 관리와 청산에 관한 비용에는 속하지 않는다. 그런데 현행 상속세법은 상속세의 부과방법으로서 상속재산 자체를 과세대상으로 하여 세액을 계산하는 유산세방식에 의하고 있으므로, 상속비용과 같이 취급하여야 한다는 견해가 있다.[8] 그러나 대법원 2013. 6. 24.자 2013스33, 34 결정은, 공동상속인들은 각자 고유의 납세의무와 함께 다른 공동상속인의 상속세에 대하여도 연대하여 납세의무를 부담하는 것이지, 공동상속인들 사이에서 다른 공동상속인 고유의 상속세에 대하여 종국적인 책임을 부담하는 것은 아니므로, 상속재산의 분할 전에 법정상속분에 따라 공동상속인 중 특정한 1인에게 귀속되는 부분이 그 특정인의 상속세 납부에 공여되었다고 하여 이를 공동상속인들 전체의 상속비용으로 보아 분할대상 상속재산에서 제외하여서는 안 된다고 하였다. 이에 따른다면 상속세는 상속비용에는 해당하지 않는 것으로 보아야 할 것이다. 또한 대법원 2014. 11. 25.자 2012스156, 157 결정은 상속세 신고 관련 세무사 수수료도 상속비용이 아니라고 하였다.

또한 장례비는 상속비용은 아니지만, 판례는 이를 상속비용과 같이 취급하여야 한다고 보고 있고,[9] 학설도 이를 지지한다.[10] 이 점에 관하여는, §1008

---

6) 대법원 1997. 4. 25. 선고 97다3996 판결.
7) 대법원 2012. 9. 13. 선고 2010두13630 판결.
8) 곽윤직, 35; 김윤정(2011), 201－2; 시진국(2006), 684. 송덕수, 293; 이경희, 390 등도 같은 취지이다.
9) 대법원 1997. 4. 25. 선고 97다3996 판결; 대법원 2003. 11. 14. 선고 2003다30968 판결 등.
10) 곽윤직, 35~36; 김주수·김상용, 620; 배경숙·최금숙, 494; 송덕수, 293; 오시영, 501; 윤진수, 304; 조승현, 322; 지원림, 2050 등. 독일 민법에서도 장례비용(Beerdigungskosten)은 상속에 관한 비용으로 취급한다. 독일 민법 §1968; Muscheler, Bd. 2, 1771 등.

의2가 분묘에 속한 1정보 이내의 금양임야와 600평 이내의 묘토인 농지, 족보와 제구의 소유권은 제사를 주재하는 자가 승계한다고 규정하고 있으므로, 장례비도 제사를 주재하는 자가 부담하여야 하고, 따라서 장례비는 상속비용은 아니라고 볼 여지도 있으나,[11] 역시 상속비용으로 보는 것이 간명할 것이다.[12] 한편 묘지구입비가 상속비용에 포함되는 장례비용인가에 관하여는 판례가 엇갈리고 있으나,[13] 장례비용에 해당한다고 보아야 할 것이다.

또한 상속등기비용이나 상속재산에 부과된 취득세는 상속비용이라고는 할 수 없다.[14]

Ⅲ. 본조의 적용범위

본조는 1차적으로는 상속재산이 상속인의 고유재산과 구분되어 있을 때 의미를 가진다. 즉 한정승인(§1028 이하), 상속재산의 분리(§1045 이하), 상속재산의 파산(債務回生 §389)과 같은 경우이다. 또한 상속인 부존재의 절차가 진행되는 경우에도 마찬가지가 될 것이다. 한정승인을 한 상속인이 상속비용에 해당하는 장례비용을 상속재산에서 지출하였다면, 이는 법정단순승인 사유인 §1026조 iii) 소정의 "고의로 재산목록에 기입하지 아니한 때"에는 해당하지 않는다.[15]

반면 상속인이 단순승인을 하면, 상속비용을 상속재산만이 부담하지는 않게 되며, 상속인이 자신의 고유재산에서 부담하게 될 수도 있다. 상속 포기의 경우에도 포기로 인하여 상속인이 된 자가 상속재산을 관리할 수 있을 때까지 포기한 자가 상속재산을 관리한 비용(§1044 ①)은 상속비용에 포함된다.

다른 한편 상속재산 관리에 필요한 비용을 상속재산 분할절차에서 고려하여야 하는가도 문제된다. 일본에서는 이 문제에 관하여 적극설, 소극설 및 상속재산분할절차나 민사소송절차 어느 것에 의하여도 된다는 절충설이 대립하고,

---

11) 일본의 하급심 판례 가운데에는 장례비용은 상속인이 아닌 상주가 부담하여야 한다는 것도 있다고 한다. 新注民 (26), 135(泉 久雄) 참조.

12) 그런데 서울가정법원 2010. 11. 2.자 2008느합86, 87 심판은, 장례비용의 부담은 상속에서 근거를 두는 것이 아니라, 망인과의 친족관계에서 비롯된 것으로 파악하여야 하므로, 특별한 사정이 없는 한 장례비용은 상속의 순위에 의하여 가장 선순위에 놓인 자들이 각 법정상속분의 비율에 따라 부담함이 원칙이고, 이러한 원칙은 특정 상속인이 상속을 포기하였다고 하더라도 동일하게 적용됨이 마땅하다고 하였다.

13) 대법원 1997. 4. 25. 선고 97다3996 판결은 이를 긍정하였으나, 대법원 2014. 11. 25.자 2012스156, 157 결정은 이를 부정하였다.

14) 대법원 2014. 11. 25.자 2012스156, 157 결정.

15) 대법원 2003. 11. 14. 선고 2003다30968 판결.

하급심의 판례도 나누어져 있다.[16] 우리나라에서는 이를 고려하여야 한다는 주장이 유력하다.[17] 대법원 판례[18]는 상속인들 사이의 공유물분할절차에서 일부 상속인이 지출한 상속비용을 공유물분할재산에서 공제하여야 한다고 판시하였다. 생각건대 이러한 비용도 고려하여 상속재산을 분할할 수 있다고 하는 것이 실제로 편리할 것이다. 다만 민사소송에 의하여 이를 다투는 것이 배제되는 것으로 볼 수는 없다.

또한 상속비용을 공동상속인 중 일부 상속인이 지출하였다면, 다른 공동상속인에게 상속분의 비율에 따라 구상을 청구할 수도 있을 것이다.[19]

Ⅳ. 입법론

입법론으로는 우선 본조가 적용되는 경우를 명확히 할 필요가 있다. 나아가 상속비용은 통상의 상속채무에 우선한다고 규정하는 것도 고려할 필요가 있다.[20]

---

16) 절충설 가운데에도 당사자가 상속재산분할절차 내에서의 청산에 동의하고, 그 금액이 명확한 경우에는 상속재산분할 절차 내에서 청산할 수 있다고 하는 견해도 있다. 상세한 것은 松原正明(2006), 295 이하.

17) 김윤정(2011), 198~199; 시진국(2006), 682~683 등.

18) 대법원 1997. 4. 25. 선고 97다3996 판결.

19) 김주수·김상용, 620 참조.

20) 프랑스 민법 §803 참조. 곽윤직, 37은 이렇게 입법이 이루어지면, 단순승인으로 상속채무와 고유채무가 융합하여 하나가 되어버린 후에도 비용채권자는 상속인이 상속으로 얻은 이익의 한도 안에서는 다른 일반 채권자(상속채권자 및 고유채권자)보다 우선해서 변제받게 되어, 단순승인의 경우에도 그 의미를 갖게 된다고 주장한다.

第999條(相續回復請求權)

① 相續權이 僭稱相續權者로 인하여 침해된 때에는 相續權者 또는 그 法定代理人은 相續回復의 訴를 제기할 수 있다.

② 第1項의 相續回復請求權은 그 침해를 안 날부터 3年, 相續權의 침해행위가 있은 날부터 10년을 경과하면 消滅된다.

주요 참고문헌: 곽경직(1998), “상속회복청구권론”, 재판자료 78; 곽종석(1998), “상속회복의 소”, 부산판례연구회 판례연구 8; 권순한(2011), “점유권의 상속과 상속회복청구권”, 연세대 법학연구 21−3; 권영준(2017), “2016년 민법 판례 동향”, 민사법학 78; 권용우(2009), “상속회복청구권의 성질”, 단국대 법학논총 33−2; 김병선(2011), “공동상속인을 상대로 한 상속재산에 관한 말소등기청구의 소의 법적 성질”, 이화여대 법학논집 16−2; 김병선(2012), “민법 제999조(상속회복청구권)의 해석에 관한 몇 가지 문제점”, 가족법연구 26−1; 김상철(1998), “상속회복청구권이 제척기간의 경과로 인하여 소멸한 경우 상속재산의 귀속 및 미등기부동산에 대한 참칭상속인”, 대법원판례해설 30; 김상훈(2016), “북한주민의 상속회복청구권 행사와 제척기간”, 가족법연구 30−3; 김상훈(2017), “상속을 포기한 공동상속인이 참칭상속인에 해당하는지 여부”, 가족법연구 31−3; 김영갑(1993), “공동상속인 사이의 재산상속회복청구와 제척기간”, 민사재판의 제문제 7; 김영기(2016), “남한 내 북한주민 관련 가족법적 실무상 쟁점”, 대법원 사법정책연구원, 통일사법 정책연구 (3); 김진우(2009a), “상속회복청구권의 문제점과 개정방향”, 가족법연구 23−3; 김진우(2009b), “상속회복청구권의 취지에 관한 비교법적 고찰”, 법과 정책연구 9권 1호; 김진현(1983), “상속회복청구권의 비교법적 고찰”, 강원대 사회과학연구 17; 문흥안(2001), “상속회복청구권의 행사기간”, 가족법연구 15−2; 박근웅(2010), “상속회복청구권의 제척기간에 관한 적용법조”, 가족법연구 24−2; 박근웅(2014a), “대상재산(代償財産)에 대한 상속회복청구”, 비교사법 21−4; 박근웅(2014b), “상속회복청구권 행사기간 경과의 효과”, 가족법연구 28−3; 박병호, “상속회복청구권 관견”(1985), 후암 곽윤직교수 화갑기념 민법학논총 1; 박세민(2007), “민법시행 이전에 개시된 상속과 상속회복청구권의 제척기간”, 가족법연구 21−3; 박영식(1981), “상속회복청구권의 성질”, 민사판례연구 3; 박철(2003), “상속회복청구권의 성질과 제도적 취지에 관한 연구”, 민사판례연구 25; 백경일(2011), “실종선고 취소의 소급효 제한과 상속회복청구에 관한 고찰”, 가족법연구 25−3; 신성택(1979), “재산상속회복청구권에 관하여”, 사법논집 10; 신영호(1996), “상속회복청구권의 성질”, 가족법연구 10;

신영호(2015), "남북한 주민 사이의 상속회복 재론", 통일과 법률 24; 오기두(1999), "상속회복청구권행사에 관한 판례이론 연구", 법조 48-1; 윤영미(2014), "상속회복청구권 제척기간에 관한 헌법적 쟁점", 고려법학 74; 윤진수(2011a), "상속회복청구권의 연구-역사적 및 비교법적 고찰", 민법논고 5; 윤진수(2011b), "상속회복청구권의 소멸시효에 관한 구관습의 위헌 여부 및 판례의 소급효", 민법논고 5; 윤진수(2011c), "상속회복청구권의 성질과 그 제척기간의 기산점", 민법논고 5; 이상경(1997), "재산상속회복청구권론", 민사재판의 제문제 9, 1997; 이인호(2011), "북한 거주 상속인에게 상속회복청구권 제척기간의 연장특례를 인정하는 것에 대한 헌법적 평가", 통일과 법률 8; 이화숙(1999), "상속회복청구권 제척기간의 경과와 참칭상속인의 지위", 저스티스 32-2; 이화숙(2012), "상속회복청구권에 관한 몇 가지 문제", 저스티스 133; 전경근(2015), "북한 주민의 상속에 관한 제문제", 아주법학 8-4; 정구태(2014), "북한 주민의 상속회복청구권 행사와 제척기간", 아주법학 8-1; 정구태(2017), "북한주민의 상속회복청구권 행사와 제척기간 再論", 통일과 법률 29; 제철웅(1997), "상속회복청구권", 한림법학 FORUM 6; 최성경(2012), "남북주민의 가족관계와 상속", 가족법연구 26-1; 최성경(2017), "북한주민의 상속회복청구권과 제척기간", 법조 2017. 2. 별책; 최원준(2006), "상속회복청구권에 있어서의 참칭상속인의 의미", 경상대학교 법학연구 14-2; 최창열(1999), "상속회복청구권과 물권적청구권의 관계에 관한 고찰", 가족법연구 13; 황용경(2012), "상속회복청구에서의 제척기간 : 대법원 2009. 10. 15. 선고 2009다42321 판결", 부산대학교 법학연구 53-1.

Ⅰ. 상속회복청구권의 의의 및 연혁

상속회복청구권은 진정한 상속인이 참칭상속인, 즉 상속인이 아님에도 불구하고 상속인이라고 주장하면서 그와 같이 행동함으로써 상속권을 침해하는 자에 대하여 상속재산의 반환을 청구하는 권리를 말한다. 그런데 민법은 이에 대하여 한 조문만을 두고 있어서, 그 의의나 해석에 관하여 다툼이 많다.

상속회복청구권은 상속에 관한 소(訴)라는 의미인 로마법상의 hereditatis petitio에서 유래하였고, 독일이나 프랑스 등 유럽에서는 일반적으로 인정되고 있으나, 나라에 따라 세부적인 내용에는 차이가 많다. 독일에서는 진정상속인의 참칭상속인에 대한 정보제공청구권을 인정하고 있고, 스위스에서는 진정상속인의 포괄적 청구를 인정하는 등 기본적으로 진정상속인을 보호하는 제도였으나, 일본에서는 상속회복청구권의 소멸시효만을 규정하여, 진정상속인의 보호라는 측면은 경시되었다.[1)]

우리나라는 원래 상속회복청구권의 제척기간과 같은 제도를 인정하지 않고 있었다. 경국대전 호전 전택조(經國大典 戶田 田宅條)에 의하면 부동산에 관한 일반 정소기한(呈訴期限, 제소기간)은 5년이지만, 공동상속인 중의 일부가 상속재

1) 상세한 것은 김진우(2009b); 윤진수(2011a); 최창열(1999) 등 참조.

산을 독점한 경우 등에는 정소기한의 제한 없이 언제든지 제소할 수 있도록 하고 있었다. 그런데 한일합병 후 조선고등법원 판례는 초기에는 상속회복청구권의 소멸시효나 제척기간을 인정하지 않다가, 그 후 판례를 변경하여, 상속회복청구권은 상당한 기간 내에 한하여 행사할 수 있고 그 기간을 경과한 때에는 위 청구권이 소멸하는 것으로 되는 것 역시 조선의 관습상 시인된다고 하였다.[2] 이는 관습의 이름을 빌어 법을 창조한 것이다. 그 후의 조선고등법원 판례는, 상속회복청구권은 상속권의 침해사실을 안 때로부터 6년이 경과하거나, 상속이 개시된 때로부터 20년이 경과하면 소멸한다고 판시하였고, 대법원도 이러한 판례를 답습하고 있었다.[3] 그런데 대법원 2003. 7. 24. 선고 2001다48781 전원합의체 판결은, '상속회복청구권은 상속이 개시된 날부터 20년이 경과하면 소멸한다'는 관습은 헌법을 최상위 규범으로 하는 법질서 전체의 이념에도 부합하지 아니하여 정당성이 없으므로, 위 관습에 법적 규범인 관습법으로서의 효력을 인정할 수 없다고 판시하여, 종전의 판례를 변경하였다.[4]

제정민법은 호주상속회복청구권(§982)과 재산상속회복청구권(§999)을 나누어 규정하고 있었다. 그런데 1990. 1. 13. 민법이 종전의 호주상속을 호주승계로 바꾼 데 따라 호주상속회복청구권은 호주승계회복청구권으로 바뀌고, 재산상속회복청구권은 상속회복청구권으로 바뀌었으나, 이 상속회복청구권은 종전의 재산상속회복청구권과 내용상 차이가 없었다. 그러던 중 헌법재판소 2001. 7. 19. 선고 99헌바9·26·84, 2000헌바11, 2000헌가3, 2001헌가23 결정은, 상속회복청구권의 행사기간을 상속 개시일로부터 10년으로 제한한 것이 재산권, 행복추구권, 재판청구권 등을 침해하고 평등원칙에 위배된다고 하였다. 이에 따라 2002. 1. 14. 개정된 §999 ②은 10년의 상속회복청구권의 제척기간의 기산점을 상속권의 침해행위가 있은 날로 고쳤다.

상속회복청구권 제도를 둔 이유에 관하여는 일반적으로 진정한 상속인의 보호와, 상속을 둘러싼 법률관계의 조속한 확정을 통한 거래의 안전 보호라는 2가지를 들고 있다. 그러나 실제로는 상속회복청구권의 성질에 관한 독립권리설에서는 진정상속인의 보호라는 면을 중시하고, 반면 집합권리설에서는 거래의 안전 보호를 강조하고 있다.[5] 대법원의 판례는 상속회복청구권 자체의 존

2) 조선고등법원 1935. 7. 30. 연합부 판결(高等法院民事判決錄 제22권 302면).
3) 대법원 1981. 1. 27. 선고 80다1392 판결; 대법원 1991. 4. 26. 선고 91다5792 판결 등.
4) 상세한 것은 윤진수(2011b) 참조.
5) 김진우(2009a), 109 이하는 이 점에 관한 학설과 판례를 상세히 소개하고 있다.

재이유에 관하여는 언급하지 않고, 다만 상속회복청구권의 소멸에 관한 규정은 상속에 관한 법률관계의 확정을 조속히 매듭짓기 위하여 단기제척기간을 설정한 것이라고 설명한다.[6] 반면 헌법재판소는, 상속회복청구권이 진정한 상속인을 보호하기 위하여 도입된 제도임은 의문의 여지가 없음에도 불구하고, 어떤 의도에서인지 모르나 그 권리의 행사에 특히 단기의 제척기간을 설정하고 있는데, 대법원은 이를 상속에 관한 법률관계의 조속한 확정 및 거래의 안전을 도모하려는 데에 있다고 설명하지만, §999는 진정상속인의 보호를 위한 규정이라고 하기 보다는 오히려 참칭상속인을 보호하는 규정으로 탈바꿈된 것 같은 허다한 문제점을 안게 된다고 지적하였다.[7]

현실적으로는 상속회복청구권 규정이 진정한 상속인의 보호를 위하여 기능하고 있는 점은 찾기 어렵고, 오히려 상속회복청구권의 제척기간 규정으로 말미암아 진정한 상속인이 희생되는 것이 문제라고 할 수 있다. 위에서 언급한 헌법재판소의 위헌결정과 그에 따른 법의 개정으로 진정한 상속인의 법적 지위가 개선되기는 하였으나, 기본적인 문제점은 여전히 남아 있다.[8]

Ⅱ. 상속회복청구권의 성질

1. 학설

상속회복청구권의 성질에 관하여는 종래부터 독립권리설과 집합권리설이 대립하고 있다.

이 외에 상속회복청구권의 본질은 참칭상속인에게 상속인으로서의 지위를 부정하고 진정한 상속인의 상속권 또는 상속자격을 확정하는 것이라고 주장하는 상속자격확정설[9]과, 상속회복청구권은 실체법상의 권리가 아니라 일종의 소권(訴權)이라고 보는 소권설[10] 등도 주장되고 있다. 그러나 이 설들은 모두

6) 대법원 1994. 10. 21. 선고 94다18249 판결.

7) 헌법재판소 2001. 7. 19. 선고 99헌바9·26·84 외 결정.

8) 헌법재판소 2006. 2. 23. 선고 2003헌바38, 61 결정에서의 송인준 재판관의 반대의견은, 본조가 헌법재판소의 2001. 7. 19. 위헌결정 이후 상속회복청구권자에게 다소 유리하게 개선된 것은 사실이지만, 이 개정 법률조항은 상속재산의 회복과 관련한 권리구제 특히 미성년자의 보호에 미흡한 반면 참칭상속인으로부터 상속재산을 양수한 제3자의 보호에만 치중한 나머지 진정상속인의 재산권을 보호하지 못하고 있어 그 위헌성이 완전히 제거되지 못하고 있다고 하면서, 단기 제척기간은 참칭상속인의 외관을 신뢰한 제3자를 보호하기 위한 것이나 이로 인한 진정상속인의 불이익이 너무 크다고 주장한다.

9) 박영식(1981).

10) 이상경(1997), 495 이하; 이경희, 496.

받아들이기 어렵다. 우선 상속인의 지위를 확정하기 위하여는 친족법상의 여러 가지 소송형태[11]가 인정되고 있으므로, 그 외에 별도로 상속인의 자격 확정만을 위한 제도를 규정할 필요는 없다. 그리고 재판상의 청구를 할 수 있는 권리를 의미하는 소권(actio)이라는 개념은 실체법과 절차법이 분화되지 않은 로마법에서 유래한 것으로서,[12] 양자가 구별되고 있는 우리나라에서 굳이 이러한 개념을 사용하여 상속회복청구권 제도를 설명함으로써 얻을 수 있는 이익이 있는지 의심스럽다.[13]

가. 독립권리설

독립권리설은, 상속회복청구권은 상속인의 소유권 기타의 권리에 기한 개별적 청구권과는 별개의 독립한 권리로서, 상속권 그 자체에 대한 침해를 포괄적으로 회복하는 것을 목적으로 하는 독립된 권리라고 한다.[14] 이 설에 의하면 상속회복청구권은 개별적 청구권과는 청구권 경합의 관계에 있는 것으로서, 진정상속인은 목적물을 개별적으로 특정하지 않고 포괄적으로 반환청구를 할 수 있다는 데 독자적 의의가 인정되고, 상속인은 자기에게 상속권이 있다는 사실과 청구의 목적물이 상속개시 당시 피상속인의 점유에 속하였던 사실만을 증명하면 되며, 나아가 소유권 기타 권리의 존재를 증명할 필요는 없으므로 이와 같은 상속회복의 소에 있어서의 증명책임의 전환에 그 독자적인 의의가 있다고 한다. 다만 독립권리설을 따르면서도 개별적 청구권과의 경합을 부정하는 견해도 있고,[15] 경합을 인정하지만, 개별적 청구권을 행사하더라도 상속회복청구권의 제척기간의 적용을 받는다는 견해도 있다.[16]

나. 집합권리설

이 설은, 상속회복청구권은 상속재산을 구성하는 개개의 재산에 관하여 생기는 개별적 청구권의 집합에 불과한 것이라고 이해한다.[17] 따라서 상속을 이유로 하여 상속재산의 반환을 청구하는 소는 그것이 포괄적으로 행하여지든,

---

11) 친생부인, 친생자관계부존재, 혼인의 무효, 취소 등.

12) 주해[Ⅷ], 36 이하(호문혁) 참조.

13) 이외에 상속회복청구권을 점유회복청구권 또는 점유보호청구권으로 이해하는 견해가 있다. 제철웅(1997), 128 이하; 권순한(2011), 335 이하. 그러나 이처럼 상속회복청구권의 내용을 축소하여야 하는 연혁적 또는 법문상의 근거가 명확하지 않다.

14) 김용한, 293~294; 김진현(1983), 87 이하; 박병호, 292; 배경숙·최금숙, 503; 신영호(1996), 472 이하 등. 김진우(2009a), 120 이하; 김병선(2012), 149 이하도 같은 취지로 보인다.

15) 곽윤직, 164~165.

16) 송덕수, 363.

17) 권용우(2009), 689 이하; 김주수·김상용, 624~625; 신성택(1979), 282 이하; 오시영, 620~621; 윤진수, 334~335; 지원림, 2061 등.

상속재산 중의 특정재산에 대하여 개별적으로 행하여지든, 또는 참칭상속인에 대하여 행하여지든, 제3취득자에 대하여 행하여지든, 상속을 원인으로 하여 행하여지면 상속회복청구권의 행사로 보며, 물권적 반환청구권과의 경합을 인정하지 않는다.

2. 판례

대법원의 판례는 초기에는 독립권리설의 입장에서 상속회복청구권이 개별적 청구권과는 별개의 권리라고 본 것과, 집합권리설의 입장을 택한 것이 섞여 있었다.[18] 그런데 대법원 1981. 1. 27. 선고 79다854 전원합의체 판결은, 재산상속에 관하여 진정한 상속인임을 전제로 그 상속으로 인한 소유권 또는 지분권 등 재산권의 귀속을 주장하고 참칭상속인 또는 자기들만이 재산상속을 하였다는 일부 공동 상속인들을 상대로 상속재산인 부동산에 관한 등기의 말소 등을 청구하는 경우에도 그 소유권 또는 지분권이 귀속되었다는 주장이 상속을 원인으로 하는 것인 이상, 그 청구원인 여하에 불구하고 이는 상속회복청구의 소라고 해석함이 상당하므로, 이와 같은 경우에도 당시의 §999에 의하여 준용되는 §982 ② 소정의 제척기간의 적용이 있는 것이라고 하여 집합권리설을 따름을 명백히 하였다. 그 후 대법원 1991. 12. 24. 선고 90다5740 전원합의체 판결의 다수의견도 이러한 태도를 유지하고 있고, 이는 현재에도 계속 유지되고 있다.[19]

다만 위 90다5740 판결에서의 이회창, 이재성, 배만운 대법관의 반대의견은, 진정상속인이 참칭상속인을 상대로 상속재산에 관한 원인무효의 등기의 말소를 청구하는 것은 상속을 원인으로 하여 취득한 소유권 그 자체를 행사하는 것이지, 재산상속권의 회복을 청구하는 것으로 보아 특별히 취급할 것은 아니며, 상속회복청구권은 이와 같은 개별적 청구권과 다른 독립된 별개의 권리라고 보아야 한다고 주장하였다.

3. 검토[20]

독립권리설과 집합권리설의 차이는 실제로는 상속회복청구권과, 상속인이

18) 전자: 대법원 1977. 11. 22. 선고 77다1744 판결. 후자: 대법원 1978. 12. 13. 선고 78다1811 판결; 대법원 1980. 4. 22. 선고 79다2141 판결.

19) 최근의 대법원 2009. 10. 15. 선고 2009다42321 판결; 대법원 2010. 1. 14. 선고 2009다41199 판결 참조.

20) 윤진수(2011c), 96 이하 참조.

상속에 의하여 취득한 상속재산의 권리자로서 가지는 물권적 청구권이나 손해배상청구권 등의 관계를 어떻게 파악할 것인가 하는 점에 있다. 집합권리설에 따를 때에는 상속회복청구권은 이러한 권리들의 집합 외에 다른 것이 아니므로, 상속회복청구권과는 별도로 이러한 권리들을 행사하는 것이 배제된다. 반면 독립권리설에 따른다면 상속회복청구권 외에 이러한 권리들을 별도로 행사할 수 있게 된다.[21]

연혁적으로 볼 때 상속회복청구권은 상속인의 보호를 위하여 개별적 청구권 외에 특별히 인정되었던 것이므로, 상속회복청구권은 개별적 청구권과는 별개의 권리로서 직접 상속재산의 반환을 청구하는 권리라고 보아야 할 것처럼 생각되기도 한다.

그러나 이처럼 상속회복청구권을 개별적 청구권과 별개의 독립적 권리로 인정한다면 그 권리의 내용이 별로 없는 공허한 권리가 되고 만다. 집합권리설에서는 진정상속인은 목적물을 개별적으로 특정하지 않고 포괄적으로 반환청구를 할 수 있으며, 상속인은 자신의 소유권 기타 권리의 존재를 증명할 필요는 없다고 주장한다. 그러나 현행 소송법상 목적물을 특정하지 않은 채 포괄적 반환을 명하는 집행권원을 얻을 수 있는 방법은 없다.[22] 또 피상속인의 점유는 상속인에게로 이전되는데(§193), 점유자가 점유물에 대하여 행사하는 권리는 적법한 것으로 추정되고(§200), 피상속인 명의로 등기된 부동산의 경우에는 상속

21) 그런데 이진기(2016), 246 이하는, 상속권자는 상속의 개시로 바로 물권을 취득할 수 없고, 물권과 물권적 청구권은 분할로 물건이 특정된 다음 단계에서 비로소 전면에 등장하므로, 상속회복청구권으로 충분하고 물권적 청구권을 논의할 가치가 없다고 주장한다. 그러나 상속권자가 상속의 개시로 바로 물권을 취득할 수 없다는 근거가 무엇인지 알 수 없고, 이러한 주장은 법정당연승계의 원칙에 어긋난다. 위 주장은 상속인이라 하더라도 상속재산분할 절차를 거쳐야만 물권적 청구권을 행사할 수 있다는 취지로 보이는데, 공동상속인이라 하더라도 참칭상속인 아닌 제3자에 대하여는 상속재산분할 절차를 거치지 않더라도 물권적 청구권을 행사할 수 있다. 위 글은 상속회복청구권자는 참칭상속권자에 의하여 상속재산분할에서 배제된 자이므로 그에게 최종적으로 귀속되어야 할 재산이 계속 확정되지 않은 상태에 있다고 하는데, 참칭상속인은 상속인의 권리 행사를 방해하는 것일 뿐 상속인을 상속재산분할에서 배제하는 것이라고는 할 수 없다.

22) 그러나 김진현(1983), 90은 상속회복청구권에 의하여 상속재산을 구성하는 개개의 재산에 관하여, 단일법원에 「포괄적으로」 제소함으로써 일거에 시효중단 내지 기간준수의 효과를 얻고, 차근차근 상속재산을 찾아내어 청구목적물을 지적(특정)해 나가면 사실심의 변론종결 전까지는 대부분의 주요한 상속재산은 거의 찾아낼 수 있을 것이며, 따라서 이들에 관한 채무명의(집행권원)를 얻어내는 식으로 이 권리를 행사한다면 이 청구권의 의의는 충분히 살릴 수 있다고 주장한다. 김병선(2012), 153도 같은 취지이다. 그렇지만 목적물을 특정하지 않은 채 제기한 소에 의하여 제척기간이 준수될 수는 없을 것이다. 판례(대법원 1980. 4. 22. 선고 79다2141 판결; 대법원 1981. 6. 9. 선고 80므84 판결 등)도 상속재산 중 일부에 관하여 제척기간을 준수하였다고 하더라도 청구의 목적물로 하지 아니한 그 나머지에 관하여까지 제척기간을 준수한 것으로는 볼 수 없다고 보고 있다.

인에게 등기의 추정력이 인정되므로, 소유물반환청구권의 행사가 상속회복청구권과 비교하여 증명책임 면에서 불리하다고 하기는 어렵다. 그러므로 현행법의 해석론으로는 집합권리설을 따르지 않을 수 없다.

집합권리설에 대하여는, 왜 참칭상속인이 일반의 불법점유자와는 달리 제척기간이 경과함으로써 보호를 받게 되는 것인가, 소유권에 기한 물권적 반환청구권이 소멸시효에 걸리지 않는 것과는 균형이 맞지 않는다는 비판이 있다. 이러한 비판에 수긍할 점이 없지 않으나, 이는 현행법의 해석상 부득이한 결과라고 하지 않을 수 없다.

따라서 상속회복청구권과, 상속인이 상속인의 지위에서 가지는 상속재산에 관한 물권적 청구권이나 다른 권리와는 청구권경합의 관계에 있는 것은 아니며, 법조경합 관계에 있다고 보아야 한다. 그러므로 상속인이 참칭상속인이나 그로부터의 전득자 등에 대하여 상속재산에 관한 권리자임을 주장하여 상속재산의 회복을 주장하는 경우에는 이는 항상 상속회복청구에 해당하고, 따라서 그 청구는 제척기간의 적용을 받게 되며, 이는 상속인이 상속회복청구라고 주장하지 않는다고 하여도 마찬가지이다.

다만 입법론적으로는 과연 개별 권리 외에 상속회복청구권이라는 별개의 권리를 인정할 필요가 있는가 하는 점을 재검토할 필요가 있다. 그리하여 상속회복청구권 제도를 유지한다면, 다른 나라의 입법례와 같이 진정한 상속인의 보호를 위한 장치를 보완할 필요가 있을 것이다.

Ⅲ. 상속회복청구권의 당사자

1. 청구권자

상속회복청구권을 행사할 수 있는 자는 우선 진정한 상속인이다. 공동상속의 경우에도 반드시 상속인 전원이 공동으로만 상속회복청구권을 행사하여야 하는 것은 아니고, 그 중 일부라도 행사할 수 있다. 다만 일부의 공동상속인은 공유의 법리에 따라 보존행위(§265)[23]로서 자신의 상속분을 넘어서도 상속회복청구권을 행사할 수 있다.[24][25] 수인의 공동상속인이 공동으로 상속회복

23) 대법원 1968. 9. 17. 선고 68다1142,68다1143 판결 등 참조.

24) 김주수·김상용, 626. 그런데 여기서는 지분이전등기청구는 자신의 상속분에 해당하는 부분에 대해서만 할 수 있다고 하나, 어느 경우를 말하는 것인지 불분명하다. 원칙적으로는 참칭상속인이나 그 승계인이 진정한 상속인에 대하여 지분이전등기의무를 부담하는 것은 아니기 때문이다. 다만 공동상속인 중 일부가 진정명의회복을 원인으로 하는, 말소등기를 갈음하는 소유권이

청구의 소를 제기하더라도 이는 필수적 공동소송(民訴 §67)에는 해당하지 않는다.[26] 또한 판례는 §1008-2에 의한 분묘 등의 특별승계에 대하여도 999조 2항의 제척기간이 적용된다고 하고,[27] §1014에 의한 피인지자 등의 상속분상당가액지급청구권도 상속회복청구권의 일종이라고 보고 있다.[28]

상속분의 양수인(§1011)은 상속인의 포괄승계인이므로 상속회복청구권을 행사할 수 있다. 그러나 상속재산의 특정승계인은 청구권자가 아니다.[29]

상속인의 상속인(제2차 상속인)이 원래의 상속인의 상속회복청구권을 행사할 수 있는가? 상속회복청구권이 상속될 수 있는 권리인가에 관하여는 견해가 대립하는데, 상속회복청구권의 상속성을 인정하는 견해는, 제2차 상속인도 원래의 상속인의 상속회복청구권을 행사할 수 있다고 한다.[30] 반면 상속회복청구권은 일신전속적인 권리라고 하여, 상속회복청구권의 상속을 부정하는 견해도 있으나, 이 견해도 제2차 상속인은 자신의 고유한 상속회복청구권을 행사할 수 있다고 한다.[31]

양자의 차이는 주로 제척기간의 기산점과 관련하여 나타난다. 상속회복청구권의 상속성을 인정하면, 제2차 상속인이 나타나더라도 상속회복청구권의 기산점은 최초의 상속인이 그 침해를 안 날 또는 상속권의 침해행위가 있은 날[32]

전등기를 청구하는 경우는 생각할 수 있는데, 원래 공동상속의 경우 상속인 중 1인이 법정상속분에 의하여 나머지 상속인들의 상속등기까지 신청할 수 있으므로(등기선례 5-276), 공동상속인 중 일부가 상속재산 전체에 관하여 진정명의회복을 원인으로 하는 소유권이전등기도 청구할 수 있다고 보아야 할 것이다. 대법원 2005. 9. 29. 선고 2003다40651 판결도, 공유자 중 한 사람은 공유물에 경료된 원인무효의 등기에 관하여 각 공유자에게 해당 지분별로 진정명의회복을 원인으로 한 소유권이전등기를 이행할 것을 단독으로 청구할 수 있다고 하였다.

25) 반면 김병선(2012), 158은, 상속회복청구권의 발생요건인 상속권의 침해란 개념적으로 '자기의 상속분만큼을 상속할 수 있는 권리'의 침해를 의미하는 것이므로, 공동상속인의 1인은 자기의 상속분에 한하여 무효인 등기의 말소를 청구할 수 있다고 주장하나, 수긍하기 어렵다.

26) 송덕수, 364 등.

27) 대법원 2006. 7. 4. 선고 2005다45452 판결.

28) 대법원 1981. 2. 10. 선고 79다2052 판결; 대법원 1993. 8. 24. 선고 93다12 판결; 대법원 2007. 7. 26. 선고 2006므2757, 2764 판결. 헌법재판소 2010. 7. 29. 선고 2005헌바89 결정의 다수의견은, 1014조의 가액지급청구권에 상속권의 침해가 있은 날부터 10년이라는 상속회복청구권의 제척기간을 적용하는 것은 위헌이 아니라고 하였으나, 재판관 4인의 반대의견은 가액지급청구권은 상속재산분할청구권의 일종이라고 보아, 여기에 상속회복청구권의 제척기간을 적용하는 것은 위헌이라고 하였다. 신영호·정구태(2013), 218 이하는 가액지급청구권은 상속재산분할청구권의 일종이라고 보아, 상속회복청구권의 제척기간이 적용되지 않는다고 주장한다.

29) 곽윤직, 165; 김주수·김상용, 626; 송덕수, 359; 윤진수, 335 등.

30) 김용한, 294.

31) 곽윤직, 165; 김주수·김상용, 626~627; 배경숙·최금숙, 504; 송덕수, 364; 오시영, 624; 지원림, 2062; 한복룡, 265 등. 신영호·김상훈, 307은 대법원 1990. 7. 27. 선고 89므1191 판결이 부정설을 따랐다고 하나, 이 판결은 1990년 민법 개정 전의 호주상속에 관한 것이다.

32) 2002년 개정 전에는 상속이 개시된 날.

부터 진행하게 된다(§999 ②). 반면 상속회복청구권의 상속성을 부정하는 견해는, 상속인이 승인이나 포기를 하지 아니하고 §1019 ①의 기간 내에 사망한 때에는 그의 상속인이 그 자기의 상속개시있음을 안 날로부터 승인이나 포기의 기간을 기산한다는 §1021의 규정을 원용하면서, 이 경우에는 제척기간은 각 상속인에 대하여 계산되고, 다만 제척기간의 경과로 상속인의 상속회복청구권이 소멸한 경우에는 상속인의 상속인은 상속회복청구를 할 수 없다고 한다.[33]

생각건대 상속회복청구권의 상속성을 부정할 특별한 이유가 없으므로, 제2차 상속인은 최초의 상속인의 상속회복청구권을 행사할 수 있고, 그 제척기간의 기산점도 최초의 상속인을 기준으로 하여야 한다. 상속회복청구권의 상대방인 참칭상속인의 지위가 또다시 상속이 일어났다는 우연한 사정에 의하여 달라질 이유가 없다. 뿐만 아니라 2002년 개정된 본조 ②에 의하면 10년의 제척기간은 상속권의 침해행위가 있은 날부터 진행하므로, 부정설은 3년의 제척기간에 관하여만 의미를 가진다. 설령 상속회복청구권의 상속성을 부정하더라도, 3년의 제척기간은 제2차 상속인이 아니라 최초의 상속인이 상속권의 침해를 안 날부터 진행한다고 보아야 한다.[34] 상속의 승인이나 포기에 관한 §1021의 규정은 그 기간이 원칙적으로 3개월로 짧기 때문에 인정되는 것이므로, 이를 다른 경우에 관하여 쉽게 유추할 수는 없다.

포괄적 유증을 받은 수유자가 법정상속인들을 상대로 그들이 법정상속분에 따라 한 소유권이전등기의 말소를 구하는 청구도 상속회복청구이므로, 그에 관하여도 §999가 적용된다.[35]

상속회복청구권을 상속인의 채권자가 채권자대위권(§404)에 의하여 대위행사할 수 있는가에 관하여는, 그 행사 여부에 관하여 채무자의 의사를 존중하여야 하므로 대위의 목적이 되지 않는다고 하는 견해가 있다.[36] 그러나 상속회복청구권은 재산적 청구권의 집합적 권리로서(집합권리설), 일반적인 재산적 권리와 다를 바가 없고, 그것이 일신전속적이라고 볼 이유가 없으므로, 채권자대위권의 목적이 될 수 있다고 보아야 한다.[37]

---

33) 김주수·김상용, 618~619.

34) 신영호·김상훈, 307. 日最判 1964(昭 39). 2. 27.(民集 18－2, 383)은 상속회복청구권의 상속성에 관하여는 명백히 언급을 하지 않았으나, 상속인의 상속인이 행사하는 상속회복청구권의 20년의 소멸시효의 기산점은 피상속인이 사망하여 최초의 상속인의 상속이 개시된 때라고 하였다.

35) 대법원 2001. 10. 12. 선고 2000다22942 판결. 통설도 이와 같다. 반대설로는 이진기(2016), 243.

36) 주해[IX], 765(김능환).

37) 주석채총 (2), 155~156(손진홍).

학설상 실종선고가 취소된 경우에 실종자가 재산의 반환을 청구하는 경우에도 상속회복청구에 관한 규정을 유추적용하여야 한다는 견해가 있으나,[38] 받아들이기 어렵다. 이 견해가 의도하는 것은 실종선고의 취소가 있을 때에 실종의 선고를 직접원인으로 하여 재산을 취득한 자가 선의인 경우에는 그 받은 이익이 현존하는 한도에서 반환할 의무가 있다는 §29 ②의 적용범위를 제한하려는 데 있지만, 이 견해도 제척기간에 관한 본조 ②은 이 경우에는 유추적용되지 않는다고 하여, 일관성을 잃고 있다. 참고로 南北特은 상속회복청구권에 관하여 규정하는 §11와는 별도로 §10에서 실종선고의 취소심판을 받은 사람의 재산반환청구권을 규정한다.

2. 상대방

상속회복청구권의 상대방은 상속권을 침해하는 참칭상속인과 그 승계인이다.

가. 참칭상속인

(1) 의의

판례는, 참칭상속인이란 재산상속인인 것을 신뢰하게 하는 외관을 갖추고 있는 자나, 상속인이라고 참칭하여 상속재산의 전부 또는 일부를 점유하는 자를 가리킨다고 보고 있다.[39] 따라서 상속재산인 미등기 부동산을 임의로 매도한 자가 아무 근거 없이 피상속인의 호적에 호주상속신고를 한 것으로 기재되어 있으나, 상속재산인 미등기 부동산에 관하여 상속인이라고 참칭하면서 등기를 마치거나 점유를 한 바가 없고, 또한 피상속인의 호적에 의하더라도 피상속인의 시동생의 손자로서 피상속인의 법정상속인에 해당할 여지가 없어 그 유산에 대하여 상속권이 없음이 명백한 경우에는 그 자를 상속회복청구의 상대방이 되는 참칭상속인에 해당한다고 볼 수 없다.[40]

다만 판례가 재산상속인인 것을 신뢰하게 하는 외관을 갖추고 있지 않으면서도, 상속인이라고 참칭하여 상속재산의 전부 또는 일부를 점유하는 자도 참칭상속인이라고 보는 데 대하여는,[41] 상속재산이 부동산인 경우에 참칭상속

---

38) 백경일(2011), 215 이하.

39) 대법원 1991. 2. 22. 선고 90다카19470 판결; 대법원 1992. 5. 22. 선고 92다7955 판결 등 다수.

40) 대법원 1998. 3. 27. 선고 96다37398 판결.

41) 대법원 1992. 5. 22. 선고 92다7955 판결은, 상속재산이 미등기의 임야인 사안에서 원래 소유자의 친척에 불과한 사람이 자신이 원 소유자의 상속권자라고 주장하면서 임야를 매도하였다고 하더라도 그가 상속재산을 점유하고 있다고 볼 수 없으므로 참칭상속인에 해당하지 아니한다고

인이 점유만 하고 등기를 마치지 아니한 단계에서는 외형적 권리 이전이라는 상속침해 행위가 없으므로 참칭상속인이 아니라고 하는 견해가 있다.[42]

생각건대 참칭상속인이 되기 위하여는 우선 상속인인 것과 같은 외관을 갖춘 자, 즉 표현상속인(表見相續人)이어야 한다고 봄이 타당할 것이다.[43] 다만 상속재산을 점유하는 자를 상대로 하는 청구가 상속회복청구에 해당하는가는, 그것이 상속권의 침해에 해당하는지 여부에 따라 결정되어야 한다. 이에 대하여는 아래 다. 참조.

또 대법원 1991. 12. 24. 선고 90다5740 전원합의체 판결에서 김용준 대법관의 반대의견은, 상속회복청구의 상대방이 되는 "참칭상속권자"란 상속이 개시될 당시에 정당한 상속권자가 아님에도 불구하고 진정한 상속권자로 믿게 할 만한 외관을 지니고 정당한 상속권자의 상속권을 침해하고 있는 자를 말하고, 상속이 개시될 당시에는 상속권자로 믿게 할 만한 외관을 갖추지 못하였는데 그 후에 문서를 위조하는 등의 방법으로 정당한 상속권자인 것처럼 가장한 자는 참칭상속권자에 해당하지 않는다고 하였다.[44] 그러나 참칭상속인을 그와 같이 한정적으로 해석할 근거는 박약하다고 생각된다.[45]

(2) 참칭상속인에 해당하는 경우

가족관계등록부(과거의 호적부) 등의 기재에 의하여 재산상속인인 것처럼 보이는 자는 참칭상속인이다. 법률상 당연무효로 되는 경우인 이중 호적에 등재된 진정상속인 아닌 사람은 참칭상속인에 해당하고,[46] 민법시행 전에 호주상속인으로서 재산상속인인 장남이 호적에 기재되지 않았기 때문에 차남이 호주상속인인 것과 같은 외관을 갖춘 경우에도 이 차남은 참칭상속인에 해당한다.[47] 또한 상속인에게 상속결격사유가 있거나, 상속을 포기하였음에도 불구하고 사실상 상속을 받은 경우도 이에 해당한다.[48] 그리고 공동상속인 중 1인인 장남이, 민법시행 후 사망한 피상속인이 민법시행 전에 사망한 것으로 된 허위의 제적등본을 사위(詐僞)의 방법으로 발부받아 부동산에 관하여 단독으로 상속한 것으로 상속등기를 경료한 후 이를 처분한 경우에도 참칭상속인이다.[49]

판시하였다.

42) 곽종석(1998), 528.

43) 윤진수(2011c), 102~103.

44) 최원준(2006), 60은 이를 지지한다.

45) 윤진수(2011c), 104~105.

46) 대법원 1981. 1. 27. 선고 79다854 전원합의체 판결.

47) 대법원 1981. 9. 22. 선고 80다2466, 2467 판결.

48) 대법원 2012. 5. 24. 선고 2010다33392 판결 참조.

(3) 참칭상속인에 해당하지 않는 경우

판례는 다음의 각 경우에는 참칭상속인이 아니라고 하였다.

① 공동상속인 중의 1인이 피상속인의 생전에 그로부터 부동산을 매수한 사실이 없음에도 불구하고 매수하였다고 주장하여 임야소유권이전등기에 관한 특별조치법에 의하여 단독명의로 이전등기를 한 후, 이를 제3자에게 매도한 경우.[50]

② 공동상속인 중 일부가 다른 공동상속인의 승낙 없이 상속부동산을 매도하고 서류를 위조하여 피상속인 명의로부터 매수인에게 직접 소유권이전등기를 경료하여 준 경우.[51]

③ 적법하게 상속등기가 마쳐진 부동산에 대하여 상속인의 일부가 다른 상속인 또는 제3자를 상대로 원인 없이 마쳐진 이전등기의 말소를 구하는 경우.[52]

④ 피상속인의 사실상 양자이지만 입양절차를 밟지 않았던 자가 피상속인 사망 후 현행 민법 시행 후에 임의로 사후양자로서의 입양신고를 한 다음 상속재산 일부에 관하여 소유권보존등기를 하거나 미등기인 채로 제3자에게 매도한 경우.[53]

⑤ 임야의 원래 소유자인 피상속인의 친척일 뿐 상속권자가 아니고 상속권자로 오인케 할 만한 어떤 외관을 갖추지 않고 있었고 상속재산을 점유하고 있지도 않았는데, 상속권자라고 주장하고 제3자에게 이를 매도한 경우.[54]

⑥ 사망자의 상속인이 아닌 자가 상속인인 것처럼 허위 기재된 제적등본·호적등본 등을 기초로 상속인인 것처럼 상속등기가 이루어진 경우.[55]

⑦ 제3자가 공동상속인의 의사와는 관계없이 서류를 위조하여 그 공동상속인 중 1인 명의로 소유권이전등기를 경료하였고, 달리 공동상속인이 자기만이 상속한 것이라고 주장하지 않은 경우.[56]

⑧ 진정상속인이 주장하는 피상속인과 참칭상속인이 주장하는 피상속인이 동명이인인 경우.[57]

---

49) 대법원 1985. 7. 23. 선고 83다632 판결; 대법원 1991. 2. 22. 선고 90다카19470 판결.
50) 대법원 1982. 1. 26. 선고 81다851, 852 판결 등.
51) 대법원 1986. 2. 11. 선고 85다카1214 판결 등.
52) 대법원 1987. 5. 12. 선고 86다카2443, 2444 판결.
53) 대법원 1987. 7. 21. 선고 86다카2952 판결.
54) 대법원 1992. 5. 22. 선고 92다7955 판결.
55) 대법원 1993. 11. 23. 선고 93다34848 판결. 같은 취지, 대법원 1994. 1. 14. 선고 93다49802 판결.
56) 대법원 1994. 3. 11. 선고 93다24490 판결. 유사한 취지, 대법원 2012. 5. 24. 선고 2010다33392 판결.
57) 대법원 1994. 4. 15. 선고 94다798 판결; 대법원 1995. 7. 11. 선고 95다9945 판결 등.

나. 공동상속인

공동상속인이 상속회복청구의 상대방이 되는가 하는 점에 관하여는 논란이 있다. 부정설은, 상속재산분할 전, 즉 공동소유관계가 계속되어 있는 동안에는 공동상속인 사이에는 상속회복 문제는 일어나지 않고, 진정상속인 중 1인이 상속재산 관리에서 제외된 경우에는 제외된 진정상속인은 상속재산의 관리에의 참가(265조)나 상속재산의 분할청구(1013조)의 방법에 의하여 상속권의 내용을 실현하면 된다고 주장한다.[58] 그러나 다수설은 공동상속인도 자신의 상속분을 넘는 범위에서는 상속회복청구의 상대방이 될 수 있다고 본다.[59]

대법원의 판례는 일관하여 이를 인정하고 있다.[60] 헌법재판소 2006. 2. 23. 선고 2003헌바38, 61 결정도 공동상속인을 참칭상속인의 범위에 포함시키는 것이 상속인의 재산권 및 재판청구권을 침해하지 않는다고 하였다.[61] 또 공동상속인 중 1인이 상속받은 토지를 자기 혼자 상속받았다는 허위내용의 보증서 및 확인서에 기하여 부동산소유권이전등기등에관한특별조치법에 따라 동인 단독 명의로 소유권보존등기를 경료한 경우에는 그 말소 청구는 상속회복청구의 소에 해당한다.[62]

한편 대법원 2007. 10. 25. 선고 2007다36223 판결은, 공동상속인 중 1인인 피고가 제기한 상속재산분할심판청구사건에서 작성된 조정조서에 기해 상속재산에 관한 소유권 이전등기를 넘겨 받았는데, 위 조정이 공동상속인 중 일부의 소송대리권 흠결상태에서 성립된 것이어서 조정조서가 다른 공동상속인들의 준재심청구에 의하여 취소된 경우, 다른 공동상속인들이 피고 명의의 소유권이전등기 말소를 청구하는 것은 상속회복청구의 소에 해당한다고 하였고, 대법원 2011. 3. 10. 선고 2007다17482 판결도, 공동상속인 중 1인이 협의분할에 의한 상속을 원인으로 하여 상속부동산에 관한 소유권이전등기를 마친 경우에, 협의분할이 다른 공동상속인의 동의 없이 이루어진 것이어서 무효라는 이유로 다

58) 김용한, 296; 박병호, 320~321; 조승현, 333~334; 김병선(2011), 93 이하; 김상훈(2016), 503 등.

59) 곽윤직, 160; 김주수·김상용, 631~633; 박동섭, 495~496; 배경숙·최금숙, 506; 송덕수, 366; 이경희, 497~498. 지원림, 2065는 공동상속인이 다른 공동상속인의 존재에 대하여 선의·무과실이면 본조의 적용을 받는 반면, 악의이거나 과실이 있다면 본조의 적용을 받지 않는다고 한다. 다른 한편 조승현, 332; 고정명·조은희, 349는 대법원 1997. 1. 21. 선고 96다4688 판결이, 다른 상속인의 상속분을 침해한다는 사실을 알지 못하는 선의인 공동상속인은 참칭상속인이 아닌 것으로 보았다고 설명하지만, 이 판결은 그러한 취지가 아니다.

60) 대법원 1991. 12. 24. 선고 90다5740 전원합의체 판결 등. 다만 위 전원합의체 판결 중 박우동, 김용준 대법관의 반대의견은 공동상속인은 참칭상속인에 해당하지 않는다고 한다.

61) 같은 취지, 헌법재판소 2009. 9. 24. 선고 2007헌바118 결정.

62) 대법원 1993. 2. 26. 선고 92다3083 판결.

른 공동상속인이 위 등기의 말소를 청구하는 소는 상속회복청구의 소에 해당한다고 보았다. 그러나 이러한 경우 공동상속인의 소유권 이전등기 원인이 상속재산의 협의분할이었다면, 이는 다른 공동상속인들의 원래의 상속은 인정한다는 것을 전제로 하는 것이므로, 참칭상속인에는 해당하지 아니한다고 보아야 할 것이다. 상속재산협의분할의 결과 일부 상속재산이 공동상속인 중 1인에게 귀속되었다고 하여도 다른 공동상속인이 그 상속재산에 관하여 상속인이 아니었던 것으로 되는 것은 아니기 때문이다.

다. 상속권의 침해

상속회복청구권의 상대방이 되려면 상속권을 침해하여야 한다. 여기서 상속권의 침해란, 상속인의 상속권을 부정하고, 자신에게 상속권이 있음을 주장하면서 상속인의 권리 행사를 방해하는 것을 말한다. 그러므로 상속인의 권리 행사를 방해하더라도 자기의 상속권을 주장하지 않고 다른 권원에 의하여 상속재산을 점유하는 자 또는 자기의 점유 하에 있는 재산이 상속재산에 속하지 않는다고 주장하는 자는 상속회복청구권의 상대방이 될 수 없다. 반대설이 있기는 하지만,[63] 연혁적으로 보거나 법의 문언을 보더라도 이러한 자까지 상속회복청구권의 상대방이 된다고 보기는 어렵다.[64]

반면 참칭상속인이라 하더라도 상속권을 침해하지 않으면 상속회복청구권의 상대방이 될 수 없다. 가령 공동상속인 중 1인이 자신이 단독상속인이라고 주장하여 상속부동산 전체에 관하여 제3자 명의로 마쳐진 소유권이전등기의 말소를 청구한 일이 있다고 하더라도 그것만으로는 그가 상속인들의 상속권을 침해하였다고는 볼 수 없다.[65]

어느 경우에 상속권의 침해가 있다고 볼 것인가는 구체적인 사실관계에 따라 판단할 문제이다. 전형적인 경우는 상속재산에 속하는 부동산에 관하여 상속인 아닌 제3자가 상속인임을 자칭하여 자기 앞으로 소유권이전등기를 마친다든지, 또는 공동상속인이라 하더라도 자신의 상속분을 넘는 범위에서 상속을 원인으로 하는 소유권이전등기를 마친 경우이다. 예컨대 공동상속인 중 1인이 상속받은 토지를 자기 혼자 상속받았다는 허위내용의 보증서 및 확인서에 기하여 부동산소유권이전등기등에관한특별조치법에 따라 동인 단독명의로 소유권보존등기를 경료한 경우에는 그 말소 청구는 상속회복청구의 소에 해당한

63) 김주수 · 김상용, 636~637; 오시영, 624~625.

64) 김용한, 295; 박병호, 319; 송덕수, 365~366; 신영호 · 김상훈, 307; 윤진수, 340; 지원림, 2066.

65) 대법원 1994. 11. 18. 선고 92다33701 판결.

다.[66] 그러나 이러한 경우에도 그 소유권이전등기의 원인이 상속이 아니라면, 상속권 침해가 있다고는 볼 수 없다.[67] 마찬가지로 공동상속인 중의 1인이 피상속인의 생전에 그로부터 부동산을 매수한 사실이 없음에도 불구하고 매수하였다고 주장하여 임야소유권이전등기에 관한 특별조치법에 의하여 단독명의로 이전등기를 한 후, 이를 제3자에게 매도한 경우에는 상속권의 침해가 있었다고는 볼 수 없다.[68]

또한 동일한 부동산에 관하여 등기명의인을 달리하여 중복된 소유권보존등기가 마쳐졌는데, 선행 보존등기로부터 소유권이전등기를 한 소유자의 상속인이 후행 보존등기나 그에 기하여 순차로 이루어진 소유권이전등기 등 후속등기가 모두 무효라는 이유로 등기의 말소를 구하는 경우에는 상속회복청구의 소에 해당하지 않는다.[69]

그리고 판례는, 참칭상속인 또는 그로부터 무허가건물을 양수한 자가 무허가건물대장에 건물주로 기재되어 있다고 하여 이를 상속회복청구의 소에 있어 상속권이 참칭상속인에 의하여 침해된 때에 해당한다고 볼 수 없다고 하였는데, 그 이유는 무허가건물대장은 행정관청이 직권으로 무허가건물의 현황을 조사하고 필요 사항을 기재하여 비치한 대장으로서 건물의 물권 변동을 공시하는 법률상의 등록원부가 아니며, 무허가건물대장에 건물주로 등재된다고 하여 소유권을 취득하는 것이 아닐 뿐만 아니라 권리자로 추정되는 효력도 없기 때문이라는 것이다.[70]

상속재산을 점유하는 것이 상속권의 침해에 해당할 수 있는가? 앞에서 본 것처럼 상속재산이 부동산인 경우에 참칭상속인이 점유만 하고 등기를 마치지 아니한 단계에서는 외형적 권리 이전이라는 상속침해 행위가 없으므로 참칭상속인이 아니라고 하는 주장이 있다.[71] 또한 상속권의 침해란 상속으로 인하여 취득한 본권에 대한 침해 즉 개별적 소유권이나 상속재산의 분할청구권에 대

66) 대법원 1993. 2. 26. 선고 92다3083 판결.

67) 대법원 1997. 1. 21. 선고 96다4688 판결; 대법원 2008. 6. 26. 선고 2007다7898 판결; 대법원 2011. 9. 29. 선고 2009다78801 판결은, 소유권이전등기에 의하여 재산상속인임을 신뢰케 하는 외관을 갖추었는지의 여부는 권리관계를 외부에 공시하는 등기부의 기재에 의하여 판단하여야 하므로, 비록 등기의 기초가 된 보증서 및 확인서에 취득원인이 상속으로 기재되어 있다 하더라도 등기부상 등기원인이 매매로 기재된 이상 재산상속인임을 신뢰케 하는 외관을 갖추었다고 볼 수 없다고 하였다.

68) 대법원 1982. 1. 26. 선고 81다851, 852 판결.

69) 대법원 2011. 7. 14. 선고 2010다107064 판결.

70) 대법원 1998. 6. 26. 선고 97다48937 판결.

71) 곽종석(1998), 528.

한 침해를 의미하고, 단순한 점유만의 침해는 그것이 본권의 침해를 수반하지 않는 한 침해의 개념에 포함되지 않는다고 보아야 한다는 주장도 있다. 즉 동산의 점유에 대한 침해는 소유권에 대한 침해를 포함하므로, 상속권의 침해라고 볼 수 있지만, 참칭상속인이 상속부동산을 점유만 하고, 그 부동산에 대한 소유권이전등기는 경료하고 있지 아니한 경우에는, 상속권의 침해에 해당되지 아니한다는 것이다.[72)]

또 다른 견해는 상속재산이 미등기부동산의 경우에는 참칭상속인에 해당하기 위하여 상속재산을 점유함으로써 족하다고 한다. 그 근거로는 상속회복청구권에 단기의 제척기간을 인정한 취지와, 상속회복청구권은 역사적으로 보아 상속인이 아닌 자가 상속재산을 점유하고 있는 경우 진정한 상속인에게 상속재산의 점유의 회복을 용이하게 하기 위하여 인정된 것이라는 점 및 미등기부동산의 경우에는 참칭상속인이 상속재산을 점유하는 방법 이외에 등기를 마치는 방법으로 상속재산을 지배·관리하기가 어려운 점 등을 든다.[73)]

서울고등법원 2014. 2. 6. 선고 2013나2003420 판결에서는 공동상속인 중 1인이 피상속인이 주주 명의를 타인에게 신탁한 차명주식을 배타적으로 점유하면서, 의결권을 행사하고 이익배당금을 수령한 경우에, 그가 주주명부에 주주로 공시되기 전에도 참칭상속인으로서 상속권을 침해한 것인지가 문제되었다. 이 판결은 이를 긍정하면서, 이러한 배타적 점유에 의하여 재산상속인을 신뢰케 하는 외관을 갖추거나 자신을 단독상속인으로 참칭한 점유를 개시하였다고 볼 수 있고, 상속재산인 주식에 대한 침해행위는 명의개서가 아니라 주권에 대한 점유에 의하여 보다 근원적으로 이루어진다고 하였다.

라. 참칭상속인의 승계인

참칭상속인의 상속인과 같은 포괄승계인도 상속회복청구권의 상대방이 된다.[74)]

참칭상속인으로부터의 제3취득자와 같은 특정승계인은 어떠한가? 대법원 1977. 11. 22. 선고 77다1744 판결은, 상속인의 참칭상속인으로부터의 제3취득자에 대한 원인무효등기의 말소청구에는 상속회복청구권의 제척기간이 적용되지 않는다고 하였다. 그러나 이 판결은 제3취득자가 상속회복청구권의 상대방이 될 수 없다기보다는 상속회복청구권의 성질에 관하여 독립권리설을 취한

72) 곽경직(1998), 300~301.
73) 김상철(1998), 223~224.
74) 김용한, 295; 송덕수, 364 등.

것 때문이라고 이해할 수도 있다.

그 후 대법원 1981. 1. 27. 선고 79다854 전원합의체 판결은, 진정상속인이 참칭상속인으로부터 상속재산을 양수한 제3자를 상대로 등기말소청구를 하는 경우에도 상속회복청구권의 단기의 제척기간이 적용된다고 하면서, 그 이유를 상속회복청구권의 단기의 제척기간이 참칭상속인에게만 인정되고 참칭상속인으로부터 양수한 제3자에게는 인정되지 않는다면 거래관계의 조기안정을 의도하는 단기의 제척기간제도가 무의미하게 될 뿐만 아니라, 참칭상속인에 대한 관계에 있어서는 제척기간의 경과로 참칭상속인이 상속재산상의 정당한 권원을 취득하였다고 보면서 같은 상속재산을 참칭상속인으로부터 전득한 제3자는 진정상속인의 물권적 청구를 감수하여야 한다는 이론적 모순이 생기기 때문이라고 설명하였다. 이러한 판례는 현재에도 계속 유지되고 있다.[75] 현재 대다수의 학설은 이러한 판례를 지지하고 있다.[76]

한편 대법원 2006. 9. 8. 선고 2006다26694 판결은, 참칭상속인의 최초 침해행위가 있은 날로부터 10년이 경과한 이후에는, 비록 제3자가 참칭상속인으로부터 상속재산에 관한 권리를 취득하는 등의 새로운 침해행위가 최초 침해행위시로부터 10년이 경과한 후에 이루어졌다 하더라도 상속회복청구권은 제척기간의 경과로 소멸되어 진정상속인은 더 이상 제3자를 상대로 그 등기의 말소 등을 구할 수 없고, 진정상속인이 참칭상속인을 상대로 제척기간 내에 상속회복청구의 소를 제기하여 승소의 확정판결을 받았다고 하여 달리 볼 것은 아니라고 하였다. 소멸시효의 중단은 그 승계인에 대하여도 효력이 있으나(§169), 소멸시효 아닌 제척기간의 경우에는 중단이란 있을 수 없으므로, 상속회복청구권을 제척기간에 걸리도록 하고 있는 우리 민법의 해석으로는 위와 같은 결론이 불가피하다. 이러한 경우에 진정상속인으로서는 참칭상속인에 대한 상속회복청구의 소를 제기함과 아울러 처분금지가처분 등의 조치를 취함으로써 제3취득자에 대한 관계에서 별도로 제척기간이 만료됨으로써 생기는 불이익을 방지할 수 있었을 것이다. 그러나 참칭상속인에 대한 확정판결 후에 제3취득자가 생긴 경우에는, 이러한 제3취득자는 변론종결 후의 승계인(民訴 §218 ①)이므로 그에 대하여 위 확정판결의 기판력과 집행력이 미치게 된다.

그리고 대법원 2009. 10. 15. 선고 2009다42321 판결은, 제척기간의 준수

75) 대법원 2006. 9. 8. 선고 2006다26694 판결 등.

76) 곽윤직, 160; 김용한, 296~297; 김주수 · 김상용, 633~634; 박병호, 322; 박동섭, 496; 송덕수, 367; 신영호 · 김상훈, 309~310; 이경희, 498; 지원림, 2065.

여부는 상속회복청구의 상대방별로 각각 판단하여야 하므로, 진정한 상속인이 참칭상속인으로부터 상속재산에 관한 권리를 취득한 제3자를 상대로 제척기간 내에 상속회복청구의 소를 제기한 이상, 참칭상속인에 대하여 그 기간 내에 상속회복청구권을 행사한 일이 없다고 하더라도 그것이 진정한 상속인의 제3자에 대한 권리행사에 장애가 될 수는 없다고 하였다. 이 사건에서는 진정한 상속인이 참칭상속인의 승계인에 대하여 진정명의회복을 원인으로 한 소유권이전등기를 청구하였다.[77)]

Ⅳ. 상속회복청구권의 행사

1. 상속회복

상속회복회복청구권의 내용은 상속을 회복하는 것이다. 상속회복이란 상속권의 침해를 제거하거나, 그로 인한 손해를 전보받는 것이 될 것이다. 예컨대 참칭상속인이 자기 명의로 부동산 소유권이전등기를 마치고 이를 점유하고 있다면, 그 등기의 말소 및 부동산의 인도를 청구할 수 있다.

반면 피상속인의 사망 후에 그 공동상속인들 중 1인이 다른 공동상속인에게 자신의 상속지분을 중간생략등기 방식으로 명의신탁하여 두었다가 그 명의신탁이 부동산 실권리자명의 등기에 관한 법률이 정한 유예기간 도과 후 무효가 되었음을 이유로 명의수탁자를 상대로 그 상속지분의 반환을 구하는 경우, 그러한 청구는 명의신탁이 유예기간의 도과로 무효로 되었음을 원인으로 하여 소유권의 귀속을 주장하는 것일 뿐 상속으로 인한 재산권의 귀속을 주장하는 것이라고 볼 수 없고, 이 경우에는 명의수탁자로 주장된 피고를 두고 진정상속인의 상속권을 침해하고 있는 참칭상속인이라고 할 수도 없으므로, 위와 같은 청구가 상속회복청구에 해당한다고 할 수 없다.[78)]

상속회복을 청구하는 자는 자신이 상속권을 가지는 사실과 청구의 목적물이 상속개시 당시 피상속인의 점유에 속하였던 사실뿐만 아니라, 나아가 참칭

---

77) 그러나 황용경(2012), 329은 제3자를 상대로 한 소유권이전등기 말소등기청구가 제척기간을 준수하였다 하여도, 참칭상속인에 대한 제척기간을 준수하지 못하였다면, 참칭상속인이 상속개시시에 소급하여 상속인의 지위와 상속재산에 대한 소유권을 취득하여, 그에 기초한 제3자의 권리 역시 부정할 수 없어 결국 진정상속인의 제3자에 대한 소유권이전등기 등 말소 청구는 허용될 수 없다고 한다.

78) 대법원 2009. 2. 12. 선고 2007다76726 판결; 대법원 2010. 2. 11. 선고 2008다16899 판결; 대법원 2012. 1. 26. 선고 2011다81152 판결.

상속인에 의하여 그의 재산상속권이 침해되었음을 주장·증명하여야 한다.[79]

진정한 상속인은 참칭상속인에 대하여 부당이득 반환이나 불법행위로 인한 손해배상도 청구할 수 있는데, 집합권리설에서는 이 또한 상속회복청구권에 포함된다고 본다. 그런데 민법은 이에 관하여 별다른 규정도 두지 않고 있으므로 부당이득과 불법행위의 일반 법리에 의하여 해결할 수밖에 없다. 따라서 부당이득 반환을 청구하는 경우에는 상대방이 악의이면 취득한 재산의 전부를 반환함과 함께 과실과 사용이득에 대하여도 반환의무를 지고(§201), 선의이면 그 받은 이익이 현존하는 한도에서 반환할 의무가 있다.[80] 그러나 선의 여부를 불문하고 취득한 재산 전부를 반환하여야 한다는 설도 있다.[81]

이 점에 관하여는 상세한 규정을 두고 있는 독일 민법을 참고할 필요가 있다. 독일 민법상으로는 참칭상속인(Erbschaftsbesitzer)은 수익(과실과 사용이익)을 반환하여야 하고, 소유권을 취득한 과실도 반환하여야 한다(§2020). 참칭상속인이 원물을 반환할 수 없으면, 부당이득 반환의 규정에 따라 반환책임이 있다(§2019). 따라서 그가 선의이면 현존이익의 반환책임만이 있다. 반면 소송계속 후이거나 악의인 경우에는 소유물반환청구 소송 계속 후의 소유자와 점유자 관계에 관한 규정(§§987, 989)에 따라서 책임을 진다(§§2013, 2024). 한편 참칭상속인은 지출한 비용에 대하여는 소유물반환청구에서의 비용상환에 관한 규정(§§1000-1003)에 따라 상환을 청구할 수 있다(§2022). 참칭상속인이 상속재산을 범죄행위나 금지된 자력구제에 의하여 취득하였다면 불법행위책임도 진다(§2025).

상속재산의 처분 대가로 취득한 이른바 대상재산(代償財産)도 회복청구의 대상이 되는가가 문제되는데, 다른 나라에서는 일반적으로 이를 인정한다.[82] 우리나라에서도 이를 인정하여야 한다는 설이 있다.[83] 그러나 하급심 판결 가운데에는, 상속회복청구의 대상인 주식은 원칙적으로 상속 개시 당시 존재하던 특정 주식이어야 하고, 상속재산의 변형물은 비록 그것이 상속재산에서 비롯되었다 하더라도 상속회복청구의 대상이 될 수 없다고 하여 이를 부정한 것이 있다.[84]

79) 대법원 2011. 7. 28. 선고 2009다64635 판결.

80) 김주수·김상용, 639; 배경숙·최금숙, 509; 오시영, 632; 윤진수, 341.

81) 박병호, 324; 지원림, 2067. 조승현, 334는 대법원 1993. 8. 24. 선고 93다12 판결이, §1014에 의한 상속분상당가액지급청구에 관하여, 부당이득반환의 범위에 관한 민법규정을 유추적용할 수 없다고 하는 점을 근거로 인용하고 있다.

82) 윤진수(2011a) 참조.

83) 이화숙(2012); 박근웅(2014a).

84) 서울고등법원 2014. 2. 6. 선고 2013나2003420 판결.

2. 상속회복의 소

본조 ①은 상속회복청구권은 상속회복의 소를 제기하는 방법에 의하여 행사하는 것으로 규정한다. 반대설은 소의 제기에 의하여 할 필요는 없고, 재판외의 청구도 무방하다고 한다.[85] 물론 재판외의 청구를 하여 상대방이 의무를 이행하는 것이 금지되는 것은 아니지만, 상속회복청구권의 제척기간은 제소기간이므로, 재판외의 청구에 의하여는 제척기간의 진행을 막을 수 없다.[86] 상속회복청구의 소는 가사사건이 아니라 민사사건이므로, 가정법원이 아닌 일반 민사법원이 관할하게 된다. 다만 南北特 §5 ②은 북한 주민의 상속회복청구를 가정법원 합의부의 전속관할로 하고 있다.

학설 가운데에는 독립권리설의 입장에서 상속의 목적이 된 목적물을 하나하나 열거할 필요는 없다고 하는 견해가 있으나, 소송법상 청구가 특정되어야 한다는 점에서 받아들이기 어렵다.

3. 행사의 효과

참칭상속인으로부터 상속재산을 양수한 제3자는 선의취득이나 취득시효 등의 적용에 의하여 보호될 수 있다. 그러나 참칭상속인 자신은 선의취득이나 취득시효를 주장하지 못한다고 보아야 할 것이다.[87]

南北特 §11는 북한주민 또는 그 법정대리인의 상속회복청구를 규정하면서, 이 경우에는 상속재산분할청구 또는 상속분상당가액지급청구가 있어야만 기여분을 청구할 수 있다는 §1008의2 ④에 해당하지 않아도 공동상속인의 기여분을 인정하도록 하였다.

Ⅴ. 상속회복청구권의 제척기간

상속회복청구권의 소멸 사유로서 가장 중요한 것은 제척기간의 경과이다.[88] 상속회복청구권은 침해를 안 날부터 3년 또는 상속권의 침해행위가 있은 날부터 10년을 경과하면 소멸한다(§999 ②). 그 외에 상속개시 후에 상속회복청구권

85) 김주수·김상용, 638; 송덕수, 368 등.

86) 윤진수, 340; 지원림, 2066. 대법원 1993. 2. 26. 선고 92다3083 판결; 대법원 2010. 1. 14. 선고 2009다41199 판결 등 참조.

87) 윤진수, 341. 독일 민법 §2026; 스위스 민법 §599 ② 참조.

88) 이를 소멸시효라고 보는 견해로는 이화숙(1999), 114 이하.

이 청구권자의 포기에 의하여 소멸할 수 있음은 당연하다.[89] 그러나 실제로 상속회복청구권의 포기가 문제된 사례는 찾기 어렵다.

1. 3년의 제척기간

여기서 '상속권의 침해를 안 날'이란 자기가 진정한 상속인임을 알고 또 자기가 상속에서 제외된 사실을 안 때를 가리킨다. 판례는, 공동상속인 중 1인이 제기한 상속재산분할심판 사건에서 공동상속인 일부의 소송대리권이 흠결된 채로 재판상 화해나 조정이 성립되어 화해조서 또는 조정조서가 작성된 경우, 그 조서가 준재심에 의해 취소되기 전에는 당사자들로서는 위 화해나 조정의 무효를 확신할 수 없는 상태에 있으므로, 나머지 공동상속인들은 화해조서나 조정조서를 취소하는 준재심의 재판이 확정된 때에 비로소 자신들의 상속권이 침해된 사실을 알게 되었다고 보아야 한다고 판시하였다.[90] 그리고 상속개시 후 피상속인에 대하여 인지심판이 확정된 때에는 그 이전에 침해사실을 알았더라도 인지심판이 확정된 때로부터 3년의 제척기간이 진행된다.[91] 인지심판이 확정되기 전에는 피인지자에게 상속권이 있다고 할 수 없기 때문이다.

헌법재판소 2004. 4. 29. 선고 2003헌바5 결정은 3년의 제척기간을 규정한 것이 위헌이 아니라고 하였다.

2. 10년의 제척기간

10년의 제척기간의 기산점은 상속권의 침해행위가 있는 날이다. 그런데 2002. 1. 14. 본조 ② 개정 전에는 10년의 제척기간이 상속개시가 있은 날부터 진행하는 것으로 규정되어 있었다. 그 당시의 판례는 상속개시일로부터 10년을 경과한 후에 상속권의 침해가 있었다고 하더라도, 10년의 제척기간 경과로 상속회복청구권은 소멸한다고 보았다.[92][93] 그러나 그 후 헌법재판소 결정은, 상

---

89) 다만, 상속개시 전의 상속회복청구권 포기는 상속개시 전의 상속포기와 마찬가지로 허용되지 않는다.

90) 대법원 2007. 10. 25. 선고 2007다36223 판결. 그러나 이 경우의 청구는 상속회복청구가 아니라고 보아야 할 것이다. 위 Ⅲ. 2. 4. 참조.

91) 대법원 1977. 2. 22. 선고 76므55 판결; 대법원 1978. 2. 14. 선고 77므21 판결; 대법원 1982. 9. 28. 선고 80므20 판결 등.

92) 대법원 1989. 1. 17. 선고 87다카2311 판결; 대법원 1991. 12. 24. 선고 90다5740 전원합의체 판결. 다만 위 전원합의체 판결에는, 상속권의 침해가 있었을 때로부터 제척기간을 기산하여야 한다는 반대의견이 있었다.

93) 이러한 판례의 부당성을 해소하기 위하여, 참칭상속인이 분쟁의 대상이 되고 있는 상속재산을 자신이 상속한 것이 아님을 알면서도 자신이 상속한 것이라고 주장하여 진정한 상속인의 권

속회복청구권의 행사기간을 상속 개시일로부터 10년으로 제한한 것이 재산권, 행복추구권, 재판청구권 등을 침해하고 평등원칙에 위배된다고 하였다.[94] 이에 따라 2002. 1. 14. 개정된 본조 ②은, 10년의 상속회복청구권의 제척기간의 기산점을 상속권의 침해행위가 있은 날로 고쳤다.[95] 판례는 위 개정 조항은 개정 조항 시행 전에 상속권 침해행위가 있은 경우에도 적용된다고 보고 있다.[96][97]

3. 남북가족특례법상의 상속회복청구권의 제척기간

南北特 §11는 남북이산으로 인하여 피상속인인 남한주민으로부터 상속을 받지 못한 북한주민 또는 그 법정대리인은 본조 ①에 따라 상속회복청구를 할 수 있다고 규정하고 있으나, ②의 제척기간 적용 여부에 관하여는 직접 규정하고 있지 않다. 원래 법 제정 당시에는 이 점에 관하여 특례를 둘 것인가에 관하여 논의가 있었으나, 이러한 특례를 두는 것이 위헌이라는 주장이 제기되는 등, 이에 관한 사회적 합의가 형성되지 않았다는 이유로 그러한 특례를 두지 않았다.[98] 이 점에 관하여 서울남부지방법원 2014. 1. 21. 선고 2011가단83213 판결은, 南北特 §11는 본조에 대한 특별법으로서 본조 ②에서 규정하는 '10년'의 제한을 받지 않는다고 하였다. 그러나 그 항소심인 서울남부지방법원 2014. 6. 19. 선고 2014나2179 판결은, 제척기간에 관한 특례 규정을 포함시키지 않은 채 위 법이 제정된 점 등에 비추어 南北特 §11를 해석함에 있어 본조의 제척기

리를 침해하고 있을 때에는, 이러한 자가 상속회복청구권의 제척기간이 경과하였다고 주장하는 것은 신의칙에 비추어 허용되지 않는다고 보아야 한다는 주장도 있었다. 윤진수(2011c), 108 이하 참조.

94) 헌법재판소 2001. 7. 19. 선고 99헌바9, 26, 84, 2000헌바11, 2000헌가3, 2001헌가23 결정. 이 결정의 논거의 문제점에 대하여는 윤진수(2011b), 180 이하 참조. 문홍안(2001)은 이 결정을 지지한다.

95) 헌법재판소 2002. 11. 28. 선고 2002헌마134 결정은 이 규정이 합헌이라고 하였다.

96) 대법원 2006. 9. 8. 선고 2006다26694 판결; 대법원 2010. 1. 14. 선고 2009다41199 판결 등. 다만 대법원 2004. 7. 22. 선고 2003다49832 판결은, 개정 민법 시행일 이전에 제기된 상속회복청구의 소에 대하여는 개정된 조항 소정의 10년의 제척기간을 소급하여 적용할 수는 없다고 하였다.

97) 그러나 상속회복청구권의 제척기간의 기산점을 상속이 개시된 날부터 10년으로 정하고 있는 규정이 단순위헌으로 결정되었다면, 그 이전에 위 규정에 의하여 상속회복청구권의 제척기간이 만료되었다 하더라도 위 위헌결정에 의하여 위헌결정 이후에는 만료되지 않은 것으로 취급하여야 하고, 따라서 그 후 개정된 조항을 소급 적용하여 개정 민법 시행 당시에 이미 상속회복청구권이 소멸하였다고 보는 것은 헌법이 금지하고 있는, 전형적인 소급입법에 의한 재산권의 박탈(헌법 제13조 제2항)에 해당할 것이다. 위 개정된 민법 부칙 ②도 이 법은 종전의 규정에 의하여 생긴 효력에 영향을 미치지 아니한다고 규정하여 불소급의 원칙을 택하고 있다. 윤진수(2011b), 185 주 77) 참조. 반면 박근웅(2010), 99; 이화숙(2012), 50은 개정법의 시행이전에 개정법이 예정하는 기산점이 이미 도래한 경우라면 개정법의 시행일인 2002년 1월 14일부터 상속회복청구권의 10년의 제척기간이 진행된다고 한다.

98) 그 경과에 대하여는 윤영미(2014), 212~214; 신영호(2015), 45 이하 참조.

간 적용이 배제된다고 볼 수는 없다고 하였다. 상고심인 대법원 2016. 10. 19. 선고 2014다46648 전원합의체 판결의 다수의견은, 상속회복청구의 경우에도 친생자관계존재확인이나 인지청구의 경우와 마찬가지로 남북 분단의 장기화· 고착화로 인하여 북한주민의 권리행사에 상당한 장애가 있음을 충분히 예측할 수 있음에도, 이들 법률관계를 구분하여 상속회복청구에 관하여 제척기간의 특례를 인정하지 아니한 것은 입법적인 선택이고, 상속회복청구의 제척기간이 훨씬 지났음에도 그 특례를 인정하는 것은 법률해석의 한계를 넘는다고 하였다.

학설상으로는 대법원 판례와 같은 긍정설[99]과 제1심 판결과 같은 부정설[100] 외에 "소멸시효는 권리를 행사할 수 있는 때로부터 진행한다"고 규정한 民 §166와 본조 ② 전단을 유추적용하여, 북한 주민의 상속회복청구권은 '북한 주민이 실제로 권리를 행사할 수 있는 것'을 전제로 '상속권 침해 사실을 안 때'로부터 3년의 제척기간에 걸리고, 10년의 제척기간 규정은 적용되지 않는다는 견해도 주장되었다.[101] 위 전원합의체 판결의 반대의견은 남북이산으로 인하여 피상속인인 남한주민으로부터 상속을 받지 못한 북한주민이었던 사람은 남한의 참칭상속인에 의하여 상속권이 침해되어 10년이 경과한 경우에도 민법상 상속회복청구권의 제척기간이 연장되어 남한에 입국한 때부터 3년 내에 상속회복청구를 할 수 있다고 하였다.

생각건대 이 문제는 매우 어려운 정책적 판단을 필요로 하는데, 입법 과정에서 특례를 둘 것인가를 논의하였으나, 반대에 부딪쳐 그러한 특례를 두지 않기로 한 점에 비추어 보면, 본조의 제척기간 규정은 그대로 적용될 수밖에 없고, 해석에 의하여 특례를 인정할 수는 없다고 보아야 할 것이다.[102] 다만 입법론으로는 특례를 인정하는 개정안을 두는 것을 신중하게 검토할 필요가 있다.[103] 이에 대하여는 이러한 특례를 인정하는 것은 기간도과로 인하여 소유권을 취득한 참칭상속인의 재산권을 사후적으로 박탈하는 진정소급입법으로서 위헌이라는 견해가 있다.[104] 그러나 참칭상속인이 상속회복청구권의 제척기간 도과로 인하여 과연 상속인으로서의 지위를 취득하는가 하는 점 자체에 대하여도 의문이 있을 뿐만 아니라(아래 5. 참조), 이를 긍정한다고 하더라도 이는 제

99) 최성경(2017), 568 이하; 권영준(2017), 543 이하.
100) 김상훈(2016), 497 이하.
101) 정구태(2014), 240 이하; 김영기(2016), 70~73; 정구태(2017), 56 이하.
102) 신영호(2015), 51~52.
103) 신영호(2015) 참조.
104) 윤영미(2014), 216 이하.

척기간 경과로 인한 반사적 효과에 불과하므로, 이를 소급입법에 의하여 침해하지 못하는 재산권이라고 하기는 어려울 것이다.[105]

4. 기간의 준수

본조 ②의 기간은 제척기간이고,[106] 또 그 기간 내에 소송을 제기하여야 하는 제소기간이다.[107] 제소기간의 경과 여부는 직권조사사항이므로, 기간도과 후에 제기된 소는 당사자의 주장이 없더라도 법원이 직권으로 각하하여야 한다.[108]

판례는, 상속재산 중 일부에 관하여 제척기간을 준수하였다고 하더라도 청구의 목적물로 하지 아니한 그 나머지에 관하여까지 제척기간을 준수한 것으로는 볼 수 없다고 보고 있다.[109] 다른 한편 판례는 §1014의 상속분상당가액지급청구권에 본조 ②의 제척기간이 적용된다고 하면서도, 제척기간 내에 한 청구채권에 터 잡아 제척기간 경과 후 청구취지를 확장하더라도 그 추가 부분의 청구권은 소멸하지만, 상속분상당가액지급청구권의 가액산정 대상재산을 인지 전에 이미 분할 내지 처분된 상속재산 전부로 삼는다는 뜻과 다만, 그 정확한 권리의 가액을 알 수 없으므로 추후 감정결과에 따라 청구취지를 확장하겠다는 뜻을 미리 밝히면서 우선 일부의 금액만을 청구한다고 하는 경우 그 청구가 제척기간 내에 한 것이라면 그렇지 않다고 하였다.[110]

대법원 2009. 10. 15. 선고 2009다42321 판결은, 제척기간의 준수 여부는 상속회복청구의 상대방별로 각각 판단하여야 하므로, 진정한 상속인이 참칭상속인으로부터 상속재산에 관한 권리를 취득한 제3자를 상대로 제척기간 내에 상속회복청구의 소를 제기한 이상, 참칭상속인에 대하여 그 기간 내에 상속회복청구권을 행사한 일이 없다고 하더라도 그것이 진정한 상속인의 제3자에 대한 권리행사에 장애가 될 수는 없다고 하였다.

---

105) 이인호(2011) 참조.

106) 그러나 이화숙(1999), 125는 이를 소멸시효기간으로 보아야 한다고 주장한다.

107) 제소기간인 제척기간과 그렇지 않은 제척기간의 구별에 대하여는 주해 [Ⅲ], 404~406(윤진수) 참조.

108) 대법원 1993. 2. 26. 선고 92다3083 판결.

109) 대법원 1980. 4. 22. 선고 79다2141 판결; 대법원 1981. 6. 9. 선고 80므84 판결 등.

110) 대법원 2007. 7. 26. 선고 2006므2757, 2764 판결.

5. 상속회복청구권 소멸의 효과

판례는 상속회복청구권이 제척기간의 경과로 소멸하게 되면 상속인은 상속인으로서의 지위, 즉 상속에 따라 승계한 개개의 권리의무도 또한 총괄적으로 상실하게 되고, 그 반사적 효과로서 참칭상속인의 지위는 확정되어 참칭상속인이 상속개시의 시로부터 소급하여 상속인으로서의 지위를 취득한 것으로 봄이 상당하다고 하였다.[111] 그러나 제척기간의 완성은 소멸시효와는 달리 소급효가 없으므로 이와 같이 볼 근거는 명확하지 않다.[112]

이 점에 대하여, 상속회복청구권이 소멸하게 되었음에도 물권인 소유권이 여전히 진정상속인에게 남아 있다면 그 소유권은 허유권(虛有權)에 그칠 것이고, 진정상속인은 소유권이 있으나 그 반환을 구할 수 없고 참칭상속인은 소유권이 없더라도 반환할 필요가 없는 부당한 상태가 발생하게 되므로, 상속회복청구권의 행사기간이 도과된 경우에는 침해된 상속재산은 그 소유권이 반사적으로 참칭상속인에게 속하게 된다고 보는 것이 보다 설득력이 있다는 설명이 있다.[113]

만일 상속회복청구권의 제척기간이 경과한 후 어떤 사유로 인하여 상속재산이 진정한 상속인의 지배하에 들어왔다면 참칭상속인이 진정상속인을 상대로 하여 그 반환이나 방해제거를 청구할 수 있을까? 대법원 1998. 3. 27. 선고 96다37398 판결은, 상속인을 참칭한 자로부터 부동산을 매수한 원고가 매도인을 대위하여 진정한 상속인 명의의 소유권보존등기의 말소를 청구한 데 대하여, 상속회복청구권이 제척기간의 경과에 의하여 소멸하였다면 진정한 상속인은 상속인으로서의 지위를 상실하게 되므로 그 후 마쳐진 그 명의의 소유권보존등기는 원인이 없는 무효의 등기로 된다고 하였다.[114][115] 그러나 상속회복청

111) 대법원 1994. 3. 25. 선고 93다57155 판결; 대법원 1998. 3. 27. 선고 96다37398 판결.

112) 이화숙(1999), 115~116. 여기서는 이 점을 근거로 본조의 기간은 제척기간 아닌 소멸시효기간으로 보아야 한다고 주장한다.

113) 박근웅(2014b), 17~20.

114) 다만 당해 사건에서는 원고에게 부동산을 매도한 자가 참칭상속인에 해당하지는 않는다고 하였으므로, 본문의 판시는 방론에 해당한다.

115) 대법원 2012. 5. 24. 선고 2010다33392 판결의 원심판결은, 상속재산인 부동산에 관하여 상속을 포기한 자 명의로 상속등기가 마쳐진 후 다시 진정한 상속인 명의로 소유권이전등기가 마쳐지자, 포기자의 상속인이 진정한 상속인 명의의 소유권이전등기의 말소를 청구한 데 대하여, 상속회복청구권의 제척기간이 경과하였으므로, 상속포기자가 소유권을 취득하였다고 하여 그 청구를 받아들였다. 그러나 대법원은 상속포기자 명의의 상속지분에 관한 등기가 그의 의사에 의하여 이루어졌다고 단정하기 어렵다는 이유로 원심판결을 파기하였다.

구권의 제척기간은 상속회복청구권에 대한 방어수단으로 인정된 것이므로, 제척기간이 경과하였다고 하여 참칭상속인에게 적극적인 청구를 할 수 있는 권한이 부여되는 것이라고 보는 것은 타당하지 않고, 이러한 참칭상속인의 청구는 신의칙에 어긋난다고 보아야 할 것이다.[116)]

Ⅵ. 관습법상의 상속회복청구권

위 Ⅰ.에서 본 것처럼, 한일합병 후 조선고등법원 판례는 상속회복청구권은 상속권의 침해사실을 안 때로부터 6년이 경과하거나, 상속이 개시된 때로부터 20년이 경과하면 소멸한다고 판시하였고, 대법원도 이러한 판례를 답습하고 있었다. 그런데 대법원 2003. 7. 24. 선고 2001다48781 전원합의체 판결은, '상속회복청구권은 상속이 개시된 날부터 20년이 경과하면 소멸한다'는 관습은 헌법을 최상위 규범으로 하는 법질서 전체의 이념에도 부합하지 아니하여 정당성이 없으므로, 위 관습에 법적 규범인 관습법으로서의 효력을 인정할 수 없다고 판시하여, 종전의 판례를 변경하였다.

그러므로 현재로서는 제정 민법 시행 전에 개시된 상속에 관한 구 관습법상 상속회복청구권은 상속인이 상속권의 침해 사실을 안 때로부터 6년의 소멸시효 기간 내에 행사하여야 하고, 상속이 개시된 날부터 20년의 소멸시효 기간은 적용되지 않는다.[117)]

다만 이와 관련하여 학설상 다음과 같은 논의가 있다. 첫째, 상속 개시는 민법 시행 전에 있었으나, 상속권이 침해된 것은 민법 시행 후인 경우에는 민법의 제척기간이 적용되어야 한다는 것이다.[118)] 그러나 위 대법원 2007. 4. 26. 선고 2004다5570 판결은 관습법상의 소멸시효를 적용하였다.

둘째, 민법 시행 당시에 관습법상 상속회복청구권의 소멸시효가 아직 완성되지 않은 경우에는, 제정 민법 부칙 §8[119)]에 의하여, 상속회복청구권은 민법이 규정하고 있는 제척기간이 적용되어야 한다는 것이다.[120)]

116) 같은 취지, 박근웅(2014b), 20~23.
117) 대법원 2007. 4. 26. 선고 2004다5570 판결.
118) 박세민(2007), 338 이하.
119) 본법 시행 당시에 구법에 의한 소멸시효의 기간을 경과하지 아니한 권리에는 본법의 시효에 관한 규정을 적용한다.
120) 윤진수(2011b), 169~171. 박근웅, 92 이하는 제정민법 부칙 §8가 아니라 §2가 적용된다고 하여 같은 결론을 내리고 있다.

第 2 節　相續人

第1000條(相續의 順位)

① 相續에 있어서는 다음 順位로 相續人이 된다.

1. 被相續人의 直系卑屬
2. 被相續人의 直系尊屬
3. 被相續人의 兄弟姉妹
4. 被相續人의 4寸 이내의 傍系血族

② 前項의 境遇에 同順位의 相續人이 數人인 때에는 最近親을 先順位로 하고 同親等의 相續人이 數人인 때에는 共同相續人이 된다.

③ 胎兒는 相續順位에 관하여는 이미 出生한 것으로 본다.

참고문헌: 김민중(2005), "사후포태에 의한 자의 출산을 둘러싼 법률문제", 법조 2005. 6; 김형석(2009), "우리 상속법의 비교법적 위치", 가족법연구 23－2; 서종희(2014), "사후포태에 의하여 출생한 자의 법적지위에 관한 고찰", 국민대학교 법학논총 27－1; 신영호(1987), 공동상속론, 나남; 윤진수(2015), "보조생식기술의 가족법적 쟁점에 관한 근래의 동향", 민법논고 7; 이경희(2009), "사후포태에 의하여 출생한 자의 상속권에 관한 연구", 가족법연구 23－1; 정구태(2016), "2015년 親子法 관련 주요 판례 회고", 조선대학교 법학논총 23－1; 정현수(2006), "亡夫의 凍結精子에 의한 人工受精子의 法的 地位", 성균관법학 18－1; 한삼인·김상헌(2013), "사후수정자(死後受精子)의 인지청구에 관한 연구", 경희법학 48－3; 한상호(1996), "여자가 사실상의 양자를 내연관계에 있는 남자의 혼인외의 자로 출생신고하게 한 경우 양친자관계의 성립 여부", 민사판례연구 18; 松原正明(2006), 判例先例相續法, 全訂版, 日本加除出版株式會社; R. Zimmermann(2015), "Das Verwandtenerbrecht in historisch－vergleichender Perspektive", Rabels Zeitschrift für ausländisches und internationales Privatrecht, 79 (4).

Ⅰ. 상속능력

상속인이 될 수 있는 능력을 상속능력이라고 한다. 상속능력은 권리능력과 동일하지만, 자연인만이 상속능력이 있고, 법인은 상속능력이 없다. 그러나 법인도 포괄적 유증을 받을 수는 있다. 외국인도 상속능력을 가진다. 북한주민도 상속능력이 있음은 물론이다. 판례는 피상속인의 딸이 이북에 있어 생사 불명이라는 이유만으로는 재산상속인에서 제외될 수 없다고 하였다.[1] 다만 南北特 §13는 상속·유증 등의 사유로 남한 내 재산에 관한 권리를 취득한 북한주민의 상속재산에 대하여는 재산관리인을 선임하도록 규정하고 있다. 그리고 같은 법 §20는 상속·유증재산 등을 재산소유자인 북한주민으로 하여금 직접 사용·관리하게 하려는 자는 사전에 법무부장관의 허가를 받도록 규정한다.

상속인은 상속개시의 순간, 즉 피상속인의 사망시에는 아직 생존하고 있어야 한다(동시존재의 원칙). 그러나 태아의 경우에는 예외가 인정된다. 아래 Ⅲ. 1. 참조. 또 동시에 사망한 경우에는 누구도 서로의 상속인이 될 수 없으나, 대습상속은 인정될 수 있다. 아래 §1001 Ⅱ. 2. 가. (1) 참조.

Ⅱ. 법정상속인의 순위 및 범위

1. 입법례

본조는 배우자를 제외한 친족이 상속인이 될 수 있는 순위를 규정하고 있고, 배우자 상속은 §1003에서 따로 규정한다. 비교법적으로는 법정상속인의 순위에 관하여는 크게 친계주의(親系主義, Parentelsystem), 상속유별주의(相續類別主義, Erbklassensystem) 내지 유스티니아누스주의, 3계주의(三系主義, Dreiliniensystem)의 세 가지가 있다.[2]

친계주의는 상속인이 될 수 있는 사람을 동일한 선조의 후손인 혈족(同祖血族, Parentel)에 따라 분류한다. 제1동조혈족은 피상속인의 직계비속이고, 제2동조혈족은 피상속인의 부모 및 그 직계비속이며, 제3동조혈족은 피상속인의 조부모 및 그 직계비속이고, 제4동조혈족은 피상속인의 증조부모 및 그 직계비속이 된다. 상속의 순위는 동조혈족의 순위에 따라 정해지는데, 각 동조혈족 내에

---

1) 대법원 1982. 12. 28. 선고 81다452, 453 판결.

2) 곽윤직, 45~47; 신영호·김상훈, 316~317; 김형석(2009), 79~81; R. Zimmermann(2015) 참조.

서는 1차적으로 피상속인의 직계존속이 상속인이 되고, 그가 없으면 촌수에 따라 대습상속이 이루어진다. 예컨대 피상속인이 직계비속 없이 사망한 경우 그의 가장 가까운 직계존속인 부와 모가 제2순위로 상속인이 되지만, 피상속인 사망 전에 모가 먼저 사망했다면 모의 직계비속인 자녀가 대습상속을 하여 피상속인의 부와 모의 자녀(피상속인의 형제자매)가 공동으로 상속하게 된다. 제2동조혈족에 속하는 사람이 아무도 없으면 제3동조혈족에 속하는 사람이 같은 방식으로 상속하게 된다. 오스트리아, 독일, 스위스 등이 이를 채택하고 있으며, 커먼로 국가의 다수도 이와 비슷하다.[3][4]

상속유별주의는 동로마 황제인 유스티니아누스가 행한 입법에 기인하는 주의이다. 이에 따르면 피상속인의 직계비속이 제1순위이고, 그의 직계존속(부모, 조부모 등) 및 피상속인과 부모를 같이 하는 형제자매(및 대습상속의 인정으로 그 직계비속)가 제2순위이다. 직계존속들 사이에는 가까운 親等이 우선하고, 제2순위에 속하는 직계존속과 형제자매는 머리수에 따라 균등하게 상속분이 인정되며, 직계존속에 대해서는 대습상속이 인정되지 않는다. 제3순위는 부모의 일방만을 같이 하는 형제자매(및 대습상속의 인정으로 그 직계비속), 제4순위는 기타 방계혈족이 해당하며, 가까운 친등이 우선한다. 프랑스 민법이 이를 채택하고 있다.

3계주의는 직계비속이 제1순위, 직계존속이 제2순위, 기타 방계혈족이 제3순위가 되며, 같은 순위에서는 가까운 친등이 우선하도록 한다. 스페인, 포르투갈 및 라틴 아메리카 국가들과 일본이 이를 채택하고 있다. 우리나라도 3계주의를 택하고 있다.

어느 입법례에 따르는가에 따라, 특히 조부모와 형제자매 중 누가 우선하는가가 달라진다. 3계주의에서는 조부모가 형제자매에 우선하는 반면, 친계주의에서는 형제자매가 조부모에 우선하고, 상속유별주의에서는 양자가 동순위이다.

또 상속인의 범위를 친족의 촌수에 따라 제한하지 않고 확장되는 것을 허용하는 입법주의(독일, 스코틀랜드 등)와 상속인의 범위를 일정 범위의 촌수로 제한하는 입법주의(프랑스, 이탈리아, 네덜란드, 영국, 오스트리아 등)로 나누어 볼 수 있다. 우리 민법은 후자에 속한다.

헌법재판소 2018. 5. 31. 선고 2015헌바78 결정은, 상속순위에 관한 민법

---

3) 미국에 대하여는 예컨대 모범유언검인법(Uniform Probate Code) §2－103 참조.

4) 조선 시대의 경국대전도 이와 유사하게 동조혈족을 기준으로 하고 있다. 다만 부 또는 모와, 동생과 그 자녀 중 누가 우선하는가는 반드시 명확하지 않다. 신영호(1987), 203 이하 참조.

규정은 상속권 내지 상속제도의 내용과 한계를 구체적으로 형성하는 규정이므로, 입법자가 이러한 입성형성권을 자의적으로 행사하여 헌법 제37조 제2항이 규정하는 기본권제한의 입법한계를 일탈하였는지 여부가 그 위헌심사기준이 되고, 혈족상속의 전통은 혈족들이 경제적으로 상호부조하고 깊은 정서적 유대감을 공유하던 과거의 혈족사회에서 유래한 상속법제의 한 원칙이기는 하나, 오늘날 변화된 사회상을 고려하더라도 현대에 이르러 그 의미를 현저히 상실하여 상속권 부여의 기준이 되지 못할 정도에 이르렀다 보기는 어렵다고 하여, 4촌 이내의 방계혈족을 제4순위의 법정상속인으로 규정한 심판대상조항이 합리성을 상실했다고 단정할 수 없다고 하였다.

2. 제1순위-피상속인의 직계비속(1000조 1항 1호)

제1순위의 상속인은 피상속인의 직계비속, 즉 자녀, 손자녀(외손자녀 포함), 증손자녀(외증손자녀 포함) 등이다.[5] 직계비속이 수인(數人) 있는 경우에 촌수가 다르면 최근친을 선순위로 하고(가령 피상속인의 자녀와 그 자녀의 자녀 중에서는 자녀만이 상속인이 된다), 촌수가 같으면(同親等) 공동상속인이 된다(본조 ②). 이 규정에 따르면 손자녀가 대습상속이 아니라 본위상속을 할 수 있는 것처럼 보인다. 그러나 자녀가 사망하거나 상속결격된 때에는 그 사망한 사람의 직계비속이 대습상속(1001조)을 하므로, 손자녀가 본위상속인이 되는 것은 제1순위의 상속권자인 자녀가 상속개시 후에 모두 상속을 포기한 경우뿐이다.[6] 이때에는 손자녀의 상속분은 모두 동일하다. 입법론적으로는 상속 포기도 대습상속의 사유로 하는 것이 합리적이라고 생각된다.

피상속인의 자녀가 전원 사망하거나 결격자가 된 경우에, 손자녀는 자녀의 배우자가 있으면 대습상속을 하지만, 자녀의 배우자가 없으면 본위상속을 하게 된다는 주장이 있으나, 타당하지 않다. 이에 대하여는 아래 §1001 Ⅱ. 2. 가. (2) 참조. 대법원 2001. 3. 9. 선고 99다13157 판결도 피상속인의 자녀가 상속개시 전에 전부 사망한 경우 피상속인의 손자녀는 본위상속이 아니라 대습상속을 한다고 판시하였다.

5) 일본 민법 §887은 자(子)를 제1순위의 상속인으로 하고, 그가 상속개시 전에 사망하거나, 상속결격이 되든지 또는 폐제(廢除)되면 그의 자가 대습상속을 하는 것으로 규정하고 있는데, 자가 상속을 포기(放棄)하면 그의 자는 대습상속도 본위상속도 하지 못한다. 독일 민법 §1924는 직계비속을 제1순위의 상속인으로 하지만, 직계비속의 직계비속은 대습상속을 하는 것으로 규정하고 있다.

6) 대법원 1995. 4. 7. 선고 94다11835 판결; 대법원 1995. 9. 26. 선고 95다27769 판결.

직계비속은 자연혈족이건 법정혈족이건 동등하므로, 친생자건 양자이건, 혼인 중의 자녀이건 혼인 외의 자녀이건 관계없다. 다만 혼인 외의 자녀의 부(父)가 피상속인인 경우에는 인지되어야 한다.[7] 부 사망 후에 인지된 자녀는 경우에 따라 §1014에 의한 상속분가액상당지급청구권을 행사할 수 있다.

계모자(繼母子)관계나 적모서자(嫡母庶子)관계에 있는 사람은 1990. 12. 31.까지는 상호간에 상속인이 될 수 있었으나, 1991. 1. 이후에 상속이 개시된 경우에는 상속인이 될 수 없다(1990. 1. 13. 부칙 §4). 판례는 개정 전 민법 시행 당시 계모의 모(母)가 사망한 경우 계모가 그 전에 이미 사망하였다면 전처의 출생자가 사망한 계모의 순위에 갈음하여 대습상속을 하게 된다고 하였다.[8] 그리고 헌법재판소 판례는, 피상속인이 계모인 경우 전처소생자녀를 상속인의 범위 내지 순위에 포함시키지 않은 것은 헌법에 위반되지 않는다고 하였다.[9]

양자는 친생부모와 양부모 모두에 대하여 상속권을 가진다. 그러나 친양자는 입양의 성립에 의하여 친생부모와의 친생자관계가 단절되므로, 친생부모를 상속하지 못한다.

3. 제2순위-피상속인의 직계존속

제2순위의 상속인은 피상속인의 직계존속이다. 직계존속의 경우에도 동순위의 상속인이 수인인 때에는 최근친을 선순위로 하고(따라서 부모와 조부모가 있을 때에는 부모가 우선하여 상속인이 된다), 촌수가 같은 직계존속이 수인이면 공동상속인이 된다. 양자가 사망하면 양부모와 친생부모 모두가 상속권을 가진다.[10] 그러나 친양자의 친생부모는 친양자를 상속하지 못한다. 또 계모나 적모는 계자나 서자를 상속하지 못한다.

4. 제3순위-피상속인의 형제자매

제3순위의 상속인은 피상속인의 형제자매이다. 과거의 판례는 여기서 말하는 피상속인의 형제자매는 피상속인의 부계방계혈족(父系傍系血族)만을 의미한다고 하여, 이성동복(異姓同腹)의 형제자매(어머니는 같으나 아버지가 다른 경우)는

---

7) 대법원 1980. 11. 11. 선고 80다1584 판결은, 민법 시행 전에 부에 의해 인지된 바 없이 사실상의 조모와 같은 집에서 동거하여 조모를 부양하였다 하더라도 그 조모의 사망시 위 조모의 상속인인 출가녀를 제치고 그 재산을 상속하는 관습이 있다고 할 수 없다고 하였다.

8) 대법원 2009. 10. 15. 선고 2009다42321 판결.

9) 헌법재판소 2009. 11. 26. 선고 2007헌마1424 결정.

10) 대법원 1995. 1. 20.자 94마535 결정.

이에 해당하지 않는다고 하였으나,[11] 이에 대하여 비판이 있었다.[12] 그 후의 판례는, 생명보험의 수익자를 상속인으로 정한 사안에서, 1990. 1. 13 개정된 민법 시행 후에는 친족의 범위에서 부계와 모계의 차별을 없애고 상속의 순위나 상속분에 관하여도 남녀 간 또는 부계와 모계 간의 차별을 없앤 점에 비추어 볼 때 피상속인과 이성동복의 관계에 있는 경우에도 상속인이 된다고 하였다.[13] 그러나 이 판결대로라면 1990. 12. 31.까지 개시된 상속의 경우에는 이성동복의 형제자매는 여전히 상속인이 아닌 것으로 된다.

5. 제4순위-4촌 이내의 방계혈족

제4순위의 상속인은 피상속인의 3촌부터 4촌 이내의 방계혈족이다. 3촌으로는 백숙부와 고모, 외백숙부와 이모 및 조카 등이 있다. 4촌으로는 종형제자매, 고종형제자매, 이종형제자매 등이 있다.

그런데 조카와 같은 피상속인의 형제자매의 직계비속은 피상속인의 형제자매가 상속을 하지 못하게 되면 대습상속 또는 재대습상속을 하게 되므로, 여기에 포함되지 않는다는 견해가 있다.[14] 그러나 형제자매의 사망이나 상속결격의 경우에는 대습상속이 이루어지지만, 상속 포기는 대습상속의 사유가 아니므로, 이들을 제4순위의 상속인에서 배제할 이유는 없다.

방계혈족 가운데에도 최근친이 선순위가 되고, 촌수가 같으면 수인이면 공동상속인이 된다. 1990년까지는 8촌 이내의 방계혈족이 상속인이 될 수 있었으나, 1990년의 개정으로 그 범위가 4촌으로 줄어들었다.

6. 상속인 자격의 중복

예컨대 조부(祖父) A가 아들 B의 아들인 손자 C를 양자로 삼았는데, B가 먼저 사망하고, 이어서 A가 사망하였다면, 다른 공동상속인들도 있는 경우, C는 A의 양자로서의 상속분과, B의 대습상속인으로서의 상속분을 아울러 주장할 수 있는가, 또한 이 경우 C가 아들로서의 상속을 포기하더라도 대습상속인으로서는 상속을 할 수 있는가가 문제된다. 독일 민법은 상속순위가 동일한 경우에 각각의 상속권을 중복하여 인정하고(§1927), 이 경우 하나의 상속분은 포기하고 다

11) 대법원 1975. 1. 14. 선고 74다1503 판결.
12) 주석상속 (1), 198 참조.
13) 대법원 1997. 11. 28. 선고 96다5421 판결.
14) 곽윤직, 53.

른 상속분은 승인할 수 있도록 한다(§1951 ①). 그리고 일본에서는 이 문제를 상속자격이 동순위인가, 이순위인가에 따라 나누어 설명한다. 즉 위의 사례에서는 상속자격이 동순위이므로 C는 A의 양자로서의 상속분과, B의 대습상속인으로서의 상속분을 아울러 주장할 수 있다고 보는 것이 다수설이다. 반면 형이 동생을 양자로 한 경우에는 원칙적으로 양자의 상속권이 동생의 상속권보다 우선하므로 상속권의 중복이 생기지 않지만, 양자로서의 상속을 포기한 경우에는 동생으로서의 상속권을 주장할 수 있는가가 문제되는데, 이를 긍정하는 설, 부정하는 설 및 선순위 자격의 포기가 후순위 자격의 포기를 배척한다는 뜻이 표시되지 않는 한 후순위 자격도 포기하는 것으로 보는 절충설 등이 주장된다.[15)]

우리나라에서도 동순위의 상속인 자격이 중복될 때에는[16)] 양자를 모두 인정할 필요가 있다.[17)18)] 이 때 이론적으로는 일부만의 포기를 인정할 수도 있을 것이나, 이를 인정할 큰 실익이 있을 것 같지는 않다. 그리고 상속자격이 이순위인 경우, 예컨대 형이 동생을 양자로 하였는데 동생이 양자로서의 상속을 포기한 경우에는, 특별한 사정이 없는 한 동생으로서의 상속도 포기하는 것으로 취급함이 당사자의 의사에 부합할 것이다.[19)]

7. 국가의 상속 여부

상속인의 존재가 밝혀지지 않으면 그 상속재산은 일정한 절차를 거쳐 국가에게 귀속되게 되는데(§1058 ①), 그렇다고 하여 국가가 상속인이 되는 것은 아니다. 이때 국가는 피상속인의 채권자에 대하여는 의무를 부담하지 않으므로(§1059), 국가는 적극재산만을 취득하며, 이는 상속이 아니고 법률의 규정에 의하여 국가가 취득하는 것이라고 보아야 한다.

8. 상속권의 주장과 신의칙위반 · 권리남용

상속인의 지위에 있는 자라 하더라도 상속권을 주장하는 것이 신의칙위반

15) 松原正明(2006), 97 이하 참조.

16) 박동섭, 512는 손자를 양자로 삼는 것 자체가 공서양속 위반이라고 하나, 이를 공서양속 위반이라고 단정하기는 어렵다. 대법원 1991. 5. 28. 선고 90므347 판결; 대구고등법원 1990. 2. 14. 선고 89드557 판결 등 참조.

17) 김주수 · 김상용, 645는 손자녀가 조부의 양자인데 친생부가 이미 사망하였다면 조부의 양자로서의 상속권과 친생부의 대습상속권을 아울러 가진다고 한다.

18) 그러나 자신의 혼인외의 출생자를 양자로 한 때에는 입양과 동시에 혼인 중의 출생자가 되므로, 혼인 자격의 중복은 생기지 않는 것으로 보아야 한다. 김주수 · 김상용, 645도 동지.

19) 신영호 · 김상훈, 324은 선순위 자격의 포기는 당연히 후순위 자격의 포기로 보아야 한다고 주장한다.

내지 권리남용이 될 수 있다. 대법원 1993. 9. 28. 선고 93다26007 판결은, 피상속인의 처인 원고가 가출하여 다른 남자와 동거하면서 원적지의 호적이 제적되지 않았음을 이용하여 그 남자와 혼인신고를 하고, 그 후 원고가 피상속인의 처로서 그의 호주상속인으로 기재된 호적을 말소하라는 호적정정신청을 하여 그 결정을 받아 이를 말소하였다면, 원고는 피상속인과의 신분관계를 사실상 해소하거나 단절하고 나아가 포기한 것으로서, 그러한 원고가 지금에 와서 상속인임을 주장하는 것은 신의성실의 원칙상 허용될 수 없다고 하였다. 또한 대법원 1995. 1. 24. 선고 93므1242 판결은 방론으로, 법률상 양친자관계의 성립을 인정할 수 없는 경우에도, 호적상의 모와 호적상의 자 사이에는 양친자관계를 창설하려는 의사가 있었고 다른 입양의 실질적 요건도 갖추어졌으며 그 외에 호적상의 모로서는 그 사망당시에 호적상의 자로 하여금 자신의 재산을 상속하게 하려는 의사를 가지고 있었다는 등의 사정이 있고, 이를 잘 알고 있는 제3자가 호적상의 모의 상속재산을 탐내어 그 상속재산에 관한 권리를 주장함으로써 분쟁이 생긴 경우에는, 구체적 상황에 따라 그 제3자의 재산상의 권리주장을 신의칙에 어긋나거나 권리남용에 해당한다고 하여 배척할 수 있는 여지가 있다고 하였다.[20]

Ⅲ. 태아의 상속

1. 태아의 상속능력

상속인은 동시존재의 원칙에 따라 상속개시의 순간, 즉 피상속인의 사망시에는 아직 생존하고 있어야 하는데, 이에 대한 예외가 태아이다. 태아는 상속에 관하여는 이미 출생한 것으로 본다(본조 ③). 그러나 태아가 사산(死產)되어 태어나지 못한 경우에는 상속인이 될 수 없다. 그 법적 구성에 관하여는 출생하면 상속개시시에 소급하여 상속능력을 취득한다는 정지조건설[21]과, 태아인 상태에서 상속인이 되고, 살아서 출생하지 못하면 소급하여 상속능력을 상실한다는 해제조건설[22]이 대립하고 있다. 판례[23]는 태아의 손해배상청구권에 관한 §762의 해석으로서, 태아가 특정한 권리에 있어서 이미 태어난 것으로 본다는

20) 이에 대하여는 한상호(1996) 참조.
21) 김주수·김상용, 656~657; 윤진수, 306; 이경희, 383~384; 지원림, 66; 한봉희·백승흠, 463.
22) 곽윤직, 39; 김용한, 305; 신영호·김상훈, 316; 송덕수, 291; 오시영, 519; 조승현, 340.
23) 대법원 1976. 9. 14. 선고 76다1365 판결.

것은 살아서 출생한 때에 출생시기가 문제의 사건의 시기까지 소급하여 그 때에 태아가 출생한 것과 같이 법률상 보아 준다고 해석하여야 상당하므로 그가 모체와 같이 사망하여 출생의 기회를 못 가진 이상 배상청구권을 논할 여지 없다고 하여 정지조건설을 취하였으나, 해제조건설에 의하여도 결론이 달라지는 것은 아니었다.[24)]

양 설의 실제적인 차이는 태아인 상태에서 상속권을 행사할 수 있는가 하는 점이다. 정지조건설에서는 태아인 상태에서는 법정대리인을 인정할 수 없으므로 상속권을 행사할 수 없다고 하는 반면, 해제조건설에서는 미성년자의 규정을 유추하여 법정대리인을 인정할 수 있다고 본다. 그러나 민법은 태아에게 권리능력이 인정되는 경우를 한정적으로만 열거하고 있는데(본조 외에 §§762, 1064), 법정대리인에 관하여 따로 규정을 두지 않은 것은 입법자가 그러한 필요성을 느끼지 못했기 때문으로 보인다. 뿐만 아니라 태아인 상태에서 법정대리인이 태아의 권리를 행사할 수 있다면, 태아가 사산한 경우에는 법률관계가 복잡해진다. 그러므로 정지조건설을 따른다고 하여 별다른 문제는 없다.

태아가 대습상속을 할 수 있는가는 법문상 명백하지 않으나, 인정하여야 할 것이다. 아래 §1001 Ⅱ. 3. 나. 참조. 태아는 유증도 받을 수 있다(§1064).

2. 사후수정에 의하여 출생한 자녀의 상속능력

근래 의학기술의 발달로 인하여 어떤 남자가 사망한 후에 그로부터 추출한 정자를 사용하여 수정시켜 임신, 출산을 하는 것이 의학적으로 가능하게 되었다. 이러한 사후수정(死後受精, posthumous conception)은 여러 가지 새로운 문제를 가져온다. 생명윤리 및 안전에 관한 법률 §23 ② ii는 사망한 사람의 난자 또는 정자로 수정하는 행위를 금지하고 있으나, 이에 위반하여 수정되어 출생한 자녀가 정자제공자에 대하여 상속권을 주장할 수 있는지는 여전히 문제된다. 그리고 상속권을 인정하기 위하여는 인지 등에 의하여 친생자관계가 인정될 수 있다는 것이 전제되어야 한다. 외국에는 이에 관하여 규정하고 있는 입법례들이 있으나,[25)] 우리나라에는 이에 관한 규정이 없다.

먼저 이러한 자녀가 생물학적인 부를 상대로 인지청구를 할 수 있는가에

---

24) 헌법재판소 2008. 7. 31. 선고 2004헌바81 전원재판부 결정의 다수의견은, §3 및 §762가 태아에 대해서는 살아서 출생할 것을 조건으로 손해배상청구권을 인정한다 할지라도, 그것이 국가의 생명권 보호의무를 위반한 것이라 볼 수 없다고 하였다.

25) 김민중(2005), 111 이하; 윤진수(2015), 227 등.

대하여는, 정자제공자가 생전에 이러한 사후수정에 미리 동의를 한 경우에는 인지청구를 인정하여야 한다는 견해가 유력하고,[26] 필자도 이에 찬성한다.[27]

이처럼 사후수정에 의하여 출생한 자녀와 정자제공자 사이에 친생자관계가 인정된다면, 그 자녀의 상속권도 인정하여야 할 것이다.[28] 이는 본조 ③의 목적론적 확장(teleologische Extention)에 해당한다. 참고로 우리나라와 상황이 비슷한 독일에서는 자녀의 보호라는 헌법상 요청에 근거하여 이러한 자녀의 상속권을 인정하여야 한다는 주장[29]과, 이를 인정하면 상속법상 법률관계가 불안정하게 된다는 이유로 반대하는 견해[30]가 대립하고 있다.

26) 김민중(2005), 133; 이경희(2009), 242; 정현수(2006), 361 등. 부정설로는 한삼인 · 김상헌(2013), 147 이하.

27) 최근 서울가정법원 2015. 7. 3. 선고 2015드단21748 판결은, 2013. 12. 3. 사망한 남자로부터 생전 추출한 정자를 이용하여 그의 처가 2015. 1. 9. 출산한 자녀의 생물학적 부에 대한 인지청구를 받아들였다.

28) 김민중(2005), 134 이하; 서종희(2014), 101 이하; 정현수(2006), 363 이하 등. 이경희(2009)는 사후포태(사후수정)에 의하여 출생한 자녀의 인지청구는 폭넓게 인정하면서도, 상속권은 망부가 생전에 잔존배우자에 의한 사후포태를 서면으로 동의하여야 하고, 사후 2년 내에 착상되어야 한다거나, 부의 사망 후 3년 내에 출생하여야 한다는 등 일정한 기간 내에 출생한 사후포태자에게만 인정하여야 한다고 주장한다.

29) Münchener Komm/Leipold, §1923 Rdnr. 21 ff. 등.

30) Muscheler, Bd. 1, 77 등.

第1001條(代襲相續)

前條第1項第1號와 第3號의 規定에 依하여 相續人이 될 直系卑屬 또는 兄弟姉妹가 相續開始前에 死亡하거나 缺格者가 된 境遇에 그 直系卑屬이 있는 때에는 그 直系卑屬이 死亡하거나 缺格된 者의 順位에 갈음하여 相續人이 된다.

▮**참고문헌**: 강승묵(2010), "대습상속의 요건에 관한 소고", 한양대 법학논총 27-3; 곽동헌(2003), "대습상속", 아세아여성법학 6; 권영준(2018), "2017년 민법 판례 동향", 서울대 법학 59-1; 김기영(2000), "대습상속원인으로서의 동시사망의 추정", 연세법학연구 7-1; 신영호(1998), "피대습자의 배우자의 대습상속", 가족법의 변동요인과 현상, 금산법학 창간호; 안영하(2004), "대습상속에 관한 연구", 성균관대학교 박사학위논문; 안영하(2005), "소위 괌에서의 KAL기 추락사건", 가족법연구 19-2; 안영하(2006), "피대습자의 배우자의 대습상속에 관한 입법론적 검토", 성균관법학 18-1; 안영하(2012), "대습상속제도의 입법론에 관한 제안", 전북대 법학연구 36; 이선형(2017), "상속포기의 효과는 대습상속에도 미치는가", 동북아법연구 11-2; 이승우(2004), "대습상속소고", 아세아여성법학 7; 장준혁(2012), "프랑스민법상의 대습상속", 민사법학 61; 정긍식(2003), "배우자의 대습상속권", 민사판례연구 25; 최성경(2005), "동시사망 추정과 배우자 대습상속", 가족법연구 19-1.

Ⅰ. 의의 및 성질

대습상속(代襲相續)은, 상속인이 될 자[1]가 상속을 하지 못하게 되는 경우에 다른 사람이 그 대신 상속을 하게 되는 것을 말한다.[2] 이에 대하여 원래 상속인이 될 자가 상속을 하는 것은 대습상속과 대비하여 본위상속이라고 한다.

대습상속은 일찍이 로마법 시대부터 인정되었던 것이고, 지금도 많은 나라에서 인정하고 있으나, 그 구체적인 인정 범위에 있어서는 상당한 차이가 있다.[3] 특히 우리나라처럼 배우자의 대습상속을 인정하는 예는 찾기 어렵다.

1) 일본민법 §892 등은 추정상속인(推定相續人)이라고 한다.
2) 대습이라는 용어는 일본민법에서 유래한 것으로, 일반적으로는 잘 쓰이지 않는다.
3) 안영하(2004), 10 이하 참조.

대습상속의 근거는 일반적으로 형평의 원칙에 있다고 설명한다. 즉 본래 상속인이 될 자가 상속을 받았다면 그가 사망한 때에는 다시 그의 상속인이 상속을 받을 것인데, 본래의 상속인이 사망 등의 상속을 받지 못하였다고 하여 그의 상속인이 될 자가 전혀 상속을 받지 못하는 것은 부당하기 때문이다.[4] 그러나 우리나라는 혈족뿐만 아니라 배우자의 대습상속을 인정하고 있는데, 배우자의 대습상속이 형평의 원칙만으로 충분히 정당화할 수 있는지는 의문이다. 대습상속도 상속의 한 가지이므로, 일반적인 상속제도의 근거에 의하여 뒷받침되어야 한다. 그런데 혈족이 대습상속을 하는 것은 혈족상속의 근거로서 일반적으로 들고 있는 혈연대가설이나 의사설 등과 모순되지 않는다. 그러나 배우자의 대습상속은 일반적인 상속제도의 근거만으로는 이를 설명할 수 없고, 이에 대하여는 입법론적으로 강력한 비판이 제기되고 있는데, 형평의 원칙만으로는 이에 대하여 충분히 답변할 수 없다. 다른 나라에서는 대습상속을 하는 사람은 혈족이므로, 이러한 문제가 생기지 않는다. 아래 §1003 Ⅲ. 1. 나. 참조.

대습상속권은 법률의 규정에 의하여 대습상속인에게 직접 주어지는 대습상속인의 고유한 권리이다.[5] 외국에서도 용어상으로는 이를 대표[6]라고 하여, 대습상속권은 피대습인의 상속권을 대위 또는 승계하는 것처럼 보이기도 하지만, 대습상속인의 고유한 권리라고 보고 있다. 원래 프랑스에서는 피대습인의 상속결격 사유가 있는 경우에는 대습상속을 인정하지 않았는데, 그 이유는 대습상속은 피대습인의 권리를 대위하는 것이기 때문이라는 설명이 있었으나, 2001년의 민법 개정에 의하여 상속 결격도 대습상속의 사유로 인정되게 되었다.[7]

Ⅱ. 대습상속의 요건

1. 피대습인

대습상속은 상속인이 되었어야 할 피상속인의 직계비속이나 형제자매에게 사망 또는 상속결격의 사유가 인정되는 때에 이루어진다. 원래 상속인이 되었어야 할 자를 피대습인 또는 피대습자라고 부른다. 상속인이 되었어야 할 자가 직계존속인 때나 4촌 이내의 방계혈족인 때에는 대습상속이 인정되지 않는다.[8]

---

4) 곽윤직, 60; 윤진수, 311 등.

5) 곽윤직, 60 등. 이설이 없다.

6) Representation(영미), Repräsentation(독일), représentation(프랑스).

7) 장준혁(2012), 624 이하 참조.

8) 곽윤직, 60은 직계존속을 피대습인으로 하지 않는 이유는 그 직계존속의 자녀는 형제자매로

2. 대습상속의 원인

가. 피대습인의 사망

(1) 동시사망의 경우

피대습인이 상속개시 전에 사망하고 이어서 피상속인이 사망한 경우에는 피대습인의 직계비속 또는 배우자가 대습상속을 하게 된다.

상속인과 상속인이 될 자가 동시에 사망한 경우는 어떠한가? "상속개시 전"이라는 문구를 엄격하게 해석한다면 동시사망의 경우는 포함하지 않겠지만, 그와 같이 본다면, 피대습인이 상속개시 전에 사망하거나, 상속개시 후에 사망한 경우에는 피대습인의 상속인이 본위상속이나 대습상속을 받지만, 피대습인이 피상속인과 동시에 사망할 때에는 결과적으로 상속을 받지 못하는 불합리가 있게 된다. 그리하여 판례[9]나 학설[10]은 일반적으로 이러한 경우에도 대습상속을 인정한다. 영미에서는 이처럼 불합리한 결과를 회피하도록 해석하여야 한다는 것이 해석의 원칙의 하나(absurd result rule 또는 golden rule)로 받아들여지고 있다. 이는 법의 문언을 법의 목적에 부합하게 확장하여, 원래의 문언에는 포함될 수 없는 사례에까지 적용하는 이른바 목적론적 확장(teleologische Extension)의 한 예이다.[11] 입법론으로는 이러한 논란을 회피하기 위하여 본조의 "상속개시전에 사망하거나"를 "상속개시전 혹은 상속개시와 동시에 사망하거나"와 같이 바꿀 필요가 있다.[12]

(2) 상속인이 될 자 모두가 사망한 경우

상속인이 될 자 중 일부가 사망하였고, 사망자에게 직계비속이 있으면 그는 다른 상속인들과 함께 대습상속을 하게 된다. 문제는 상속인이 될 자들이 모두 사망한 경우에 그들의 직계비속은 대습상속을 하는가, 아니면 본위상속을 하는가 하는 점이다. 예컨대 부(父) A에게 자녀 B, C가 있었는데, 자녀 B는 손자녀 D를, 자녀 C는 손자녀 E, F를 낳은 뒤 B와 C가 다같이 A에 앞서 사망하고, 그 후 A가 사망한 경우에, 손(孫) D, E, F는 대습상속을 하는 것인가(이 경우

서 따로 제3순위의 상속인이 되고, 피상속인의 4촌 이내의 방계혈족을 피대습인으로 인정하지 않는 것은 상속인의 범위가 넓어지고 이른바 웃는 상속인(lachender Erbe)이 생기게 되기 때문이라고 한다.

9) 대법원 2001. 3. 9. 선고 99다13157 판결.

10) 곽윤직, 61 등. 이설이 없다.

11) 주석민총 (1), 100~101(윤진수) 참조.

12) 종전의 일본 민법 §888은 대습상속의 원인으로서 "상속의 개시 전에 사망하거나"라고 규정하고 있었으나, 1962년 개정된 §887 ②는 "상속이 개시 이전에 사망한 때"라고 바뀌었다.

의 상속분은 D 1/2, E, F는 각 1/4이 된다), 아니면 본위상속을 하는 것인가(이 경우의 상속분은 D, E, F 모두 1/3이 된다) 하는 점이다.

우리나라에서는 대습상속설과 본위상속설이 대립하고 있다. 본위상속설은, §1000 ① i 에서는 상속인을 "직계비속"이라고 규정하고 있지, 자녀 또는 아들딸로 규정하고 있지 않으므로, 손자녀는 부모를 대위하지 않고 모두 피상속인을 본위상속한다고 한다.[13] 다만 이 설도 사망한 자녀에게 배우자가 있으면 그 배우자와 손자녀는 공동으로 대습상속을 하게 된다고 한다.

반면 대습상속설은 상속인의 일부가 상속권을 잃게 된 경우와 상속인 전원이 상속권을 잃은 경우를 구별할 이론적 근거가 없고, 자녀가 한 사람이라도 살아 있으면 손자녀 등의 대습상속이 개시되지만, 자녀가 모두 사망하면 별안간 손자녀 등의 본위상속이 개시된다는 것은 타당성이 없으며, 본위상속설에 의하면 사망한 자녀의 생존배우자는 대습상속을 받지 못하게 되므로, 대습상속을 한다고 주장한다.[14] 판례도 이 경우 대습상속을 한다고 본다.[15]

생각건대 대습상속설이 타당하다. 그렇게 보지 않으면, 원래 상속인이 될 사람들이 모두 사망하였는가, 아니면 일부만 사망하였는가라는 우연한 사정에 의하여 상속분이 달라질 것이기 때문이다. 본위상속설은 자녀가 모두 사망하였으나 사망한 자녀에게 배우자가 있는 경우에는 그 배우자가 손자녀와 공동으로 대습상속을 한다고 하지만, 사망한 자녀에게 배우자가 있는가 없는가에 따라 손자녀의 상속의 성질이 달라진다는 것은 합리적이 아니다. 이러한 논란을 피하기 위하여는 자녀 아닌 직계비속은 항상 대습상속을 하도록 규정할 필요가 있다.

나. 피대습인의 상속결격

피대습인에게 상속결격사유(§1004)가 있는 때에도 대습상속은 인정된다. 상속 개시 전에 상속결격이 발생할 수도 있지만, 상속 개시 후에 상속결격이 발생할 수도 있는데,[16] 후자의 경우에도 대습상속이 이루어진다. 학설 가운데에

---

13) 김주수 · 김상용, 644; 박병호, 334; 배경숙 · 최금숙, 513~514; 오시영, 517~518; 정긍식(2003), 313~314. 한편 곽동헌(2003), 41~42는 피상속인의 형제자매의 자에 대해서는 대습상속이 개시되지만, 손(孫)의 경우에는 §1000조가 존재하므로 본위상속설에 찬성한다고 한다.

14) 고정명 · 조은희, 277; 곽윤직, 49~50; 박동섭, 533; 박정기 · 김연, 347; 신영호 · 김상훈, 319~320; 윤진수, 312; 이경희, 391~392; 조승현, 345~346; 지원림, 2051~2052; 강승묵(2010), 105~107; 안영하(2004), 161 이하; 이승우(2004), 49~50.

15) 대법원 2001. 3. 9. 선고 99다13157 판결. 다만 이 사건에서 이러한 판시가 필요하였는지는 의문이다.

16) 예컨대 직계존속이나 피상속인의 배우자에 대한 상해치사(§1004 ii v), 상속 개시 후의 유언서 위조 또는 변조 등(§1004 v).

는 "상속인이 될 직계비속 또는 형제자매가 상속개시전에 사망하거나 결격자가 된 경우에"라는 법문 중에서 "상속개시전에"라는 문구가 결격자가 된 경우에도 걸린다고 보면서도, 상속개시 후에 결격사유가 발생한 경우도 대습상속의 사유가 된다고 해석하는 것이 있으나,[17] 위의 상속개시전이라는 문구는 "사망하거나"만을 꾸미는 것으로 해석함이 무난할 것이다.[18]

다. 상속포기

외국의 입법례 가운데에는 상속포기도 대습상속사유로 인정하고 있는 예들이 있으나,[19] 민법은 상속포기를 대습상속의 사유로 들고 있지 않다. 따라서 피상속인의 배우자와 자녀들 전원이 상속을 포기한 때에는 손자녀가 있으면 손자녀가 대습상속 아닌 본위상속을 하게 되고,[20] 자녀들 중 한 사람만이 상속을 포기하지 않았으면 그만이 상속인이 되며, 상속을 포기한 자녀의 자녀는 상속을 받지 못한다. 입법론으로는 상속의 포기도 대습상속의 사유로 하여야 한다는 주장이 유력하지만,[21] 상속포기의 경우에는 대습상속인에게 상속에 대한 기대가 없고, 상속의 실효성과 관련하여 상속인이 될 자가 상속을 포기한 경우 그 자의 직계비속이나 배우자에게 대습상속을 인정하는 것은 실익이 없다는 이유로 반대하는 견해도 있다.[22][23]

생각건대 상속인이 될 자의 사망이나 상속결격과 상속포기를 달리 취급하여 상속분 등이 달라지는 것은 합리적이라고 할 수 없으므로, 입법론으로는 상속의 포기도 대습상속의 사유로 인정하여야 할 것이다.

3. 대습상속인

가. 대습상속인이 될 수 있는 자

대습상속인은 피대습인의 직계비속이나 배우자라야 한다.[24] 이 중 배우자

17) 김주수·김상용, 652; 오시영, 515; 이경희, 394; 한봉희·백승흠, 465 등.
18) 곽윤직, 62; 윤진수, 315; 지원림, 2054.
19) 독일 민법 §§1953 ②, 1924 ③; 스위스 민법 §§457 ③, 572 ① 등. 프랑스 민법은 종전에는 상속포기를 대습상속의 사유로 인정하지 않았으나, 2006년 개정된 §754는 상속포기를 대습상속 사유로 인정하였다.
20) 대법원 1995. 4. 7. 선고 94다11835 판결; 대법원 2005. 7. 22. 선고 2003다43681 판결 등. 일본 민법 §887은 대습상속의 사유를 피대습인의 사망, 상속결격 및 폐제(廢除)로 한정하고 있고, 손자녀는 항상 대습상속만을 받을 수 있도록 하고 있으므로, 피상속인의 자녀 및 배우자가 모두 상속을 포기하면 다음 순위인 직계존속이나 형제자매가 상속을 받게 된다.
21) 곽윤직, 62~63; 박병호, 334; 이경희, 394; 조승현, 344 등.
22) 김주수·김상용, 653; 배경숙·최금숙, 523~524; 오시영, 516.
23) 상세한 것은 안영하(2012), 225 이하 참조.
24) 대법원 2009. 10. 15. 선고 2009다42321 판결은, 계자가 계모의 법정친자로 인정되던 1990년

에 대하여는 아래 §1002의 주석 참조.

대습상속이 인정되기 위하여, 피대습인이 사망하거나 상속결격될 당시에 상속을 할 수 있는 지위에 있는 사람만이 대습상속인이 될 수 있는가가 문제된다. 예컨대 부(父) A, 자(子) B, 손(孫) C가 있었는데, C는 D와 혼인한 후 가장 먼저 사망하였고, 이어서 B와 A가 순차 사망하면, C는 사망 당시에는 아직 A를 상속할 지위에 있지 않았는데도 D가 A를 대습상속할 수 있는가 하는 점이 문제가 된다. 이는 뒤에서 볼 재대습상속에 해당하는데, 대습상속제도의 취지에 비추어 재대습상속을 긍정하여야 할 것이다. 또 다른 예로는 A에게 직계비속 B와 동생 C가 있었는데, C는 직계비속 D를 남기고 제일 먼저 사망하였고, 이어 B가 상속인 없이 사망하였다면, C 사망 당시에는 C가 A를 상속할 지위에 있지 않았는데도 D는 A를 대습상속할 수 있는가 하는 문제가 있다. 마찬가지 이유로 이를 긍정함이 타당할 것이다.[25]

상속결격의 경우에도 마찬가지로 보아야 할 것이다. 예컨대 피상속인의 자녀가 피상속인을 살해하려다가 미수에 그쳐 상속결격이 된 후 입양을 한 경우에, 입양된 손자녀는 대습상속을 할 수 있다고 본다.[26] 다만 상속결격이 된 자가 그 후 혼인한 경우에 그 배우자가 대습상속을 할 수 있는가에 대하여는 논란이 있으나, 긍정하여야 한다. 아래 §1003 Ⅱ. 3 참조.

나. 태아

태아도 대습상속을 할 수 있다. 상속결격으로 인한 대습상속의 경우에 대습원인 발생 당시에는 아직 태아가 존재하지 않았으나, 그 후 태아가 생겨나서 출생한 경우에도 대습상속을 할 수 있다.[27]

다. 상속결격자가 아닐 것

대습상속인이 될 자가 피상속인에 대한 상속결격 사유가 있을 때에는 그 대습상속인도 대습상속을 하지 못한다. 그러나 대습상속인이 피대습인에 대한 관계에서 상속결격사유가 있더라도 이는 대습상속에는 영향을 주지 않는다. 상속결격은 피상속인에 대한 관계에서 상대적으로 따져야 하기 때문이다.[28]

개정 전의 민법과 관련하여, 피상속인이 1971년 사망하였고, 그 딸은 1962년 사망한 경우에, 그 딸과 법정친자 관계에 있는 전처 소생 자녀들이 피상속인을 대습상속한다고 하였다.

25) 윤진수, 312.

26) 김주수 · 김상용, 653~654; 박동섭, 532; 신영호 · 김상훈, 326; 윤진수, 316; 이경희, 395; 한봉희, 466 등. 그러나 오시영, 516은 그렇게 보게 되면 상속결격자가 의도적으로 자를 출생하거나 입양하는 방법으로 실질적으로 상속을 받게 되는 결과를 조장할 우려가 있다는 이유로 이에 반대한다.

27) 윤진수, 316 등. 이설이 없다.

28) 곽윤직, 64; 배경숙 · 최금숙, 529; 송덕수, 308; 윤진수, 316.

그렇지만 피대습인에 대한 상속결격사유가 동시에 대습상속의 결격사유가 될 때, 예컨대 자녀 A가 부(父) B를 살해하려고 하였으나 미수에 그쳤는데, 그 후 B가 자신의 부 C보다 먼저 사망한 경우에는, A는 C의 상속에 관하여 자신보다 선순위인 B를 살해하려고 한 것이므로 C의 상속에 관하여도 결격자가 되고, 따라서 대습상속을 하지 못한다.

그런데 대습상속의 입법취지는 상속에 대한 기대의 확립에 있는데, 대습자는 피대습인에 대하여 결격자가 됨으로써 상속에 대한 기대가 없어졌으므로 대습상속을 인정하여서는 안 된다는 견해가 있으나,[29] 대습상속인은 피대습인을 대신하여 상속하는 것이 아니므로, 이 견해는 타당하지 않다. 여기서 들고 있는 예는 자신의 처를 살해한 사람은 장모나 장인을 대습상속하지 못한다는 것인데, 이 경우 자신의 처를 살해한 것은 장모나 장인에 대한 관계에서 선순위의 상속인인 처를 살해한 것이므로 어차피 대습상속을 받지 못한다.

그리고 피대습인이 사망하였을 때 대습상속인이 될 자가 피대습인에 대한 상속을 포기한 경우에도 따로 대습상속을 포기하지 않는 한 대습상속은 인정된다. 따라서 피상속인의 사망 후 상속채무가 상속재산을 초과하여 상속인인 배우자와 자녀들이 상속포기를 하였는데, 그 후 피상속인의 직계존속이 사망한 경우에는 앞의 상속 포기의 효력은 직계존속의 사망으로 인한 대습상속에는 미치지 않는다.[30] 프랑스 민법 §754 ④는 명문으로 이와 같이 규정하고 있다.

4. 재대습상속

대습상속을 할 지위에 있는 피상속인의 자녀 또는 형제자매가 상속개시 전에 다시 사망하거나 상속결격이 된 때에는 그의 직계비속이 다시 대습상속을 할 수 있는가? 이를 재대습상속이라고 부른다. 민법에는 명문의 규정이 없으나, 이것이 인정된다는 데 별다른 이견이 없다.[31] 다만 대습상속은 상속인이 될 피상속인의 직계비속 또는 형제자매가 상속개시 전에 사망하거나 결격자가 된 경우에 인정되는 것이므로, 피대습인(사망자 또는 결격자)의 배우자가 대습상속의 상속개시 전에 사망하거나 결격자가 된 경우, 그 배우자에게 다시 피대습

29) 김주수·김상용, 654~655.

30) 윤진수, 317; 대법원 2017. 1. 12. 선고 2014다39824 판결. 이선형(2017), 475 이하; 권영준(2018), 538 이하는 위 판결을 지지하면서도, 이러한 당사자는 특별한정승인(§1019 ③)을 할 수 있었을 것이라고 주장한다. 그러나 이 사건 제1심 판결은 당사자의 특별한정승인이 기간 경과 후 한 것으로서 효력이 없다고 하였다.

31) 곽윤직, 65; 윤진수, 317 등.

인으로서의 지위가 인정될 수는 없다.[32] 나아가 재대습상속을 할 자가 상속개시 전에 또다시 사망하거나 상속결격된 경우에도 대습상속은 허용된다. 이를 재재대습상속이라고 한다.[33] 그리고 대습상속을 할 지위에 있는 자의 배우자도 재대습상속을 할 수 있다고 보아야 할 것이다. 학설상 배우자의 재대습상속에 대하여 논의하고 있는 문헌은 보이지 않는다. 재대습상속에 대하여 명문 규정을 둘 필요가 있을 것이다.[34]

Ⅲ. 대습상속의 효과

대습상속이 되면 대습상속인은 피대습인이 상속받았을 상속분을 상속받는다. 그리고 대습상속인이 여러 사람이면 그들은 공동상속을 하게 된다. 예컨대 A에게 3인의 자녀 B, C, D가 있는데 C는 2인의 자녀를 남기고, D는 3인의 자녀를 남기고 A보다 먼저 사망하였다면, B는 1/3을, C의 자녀 2인은 각 1/6을, D의 자녀 3인은 각 1/9을 각 상속받는다.

---

32) 대법원 1999. 7. 9. 선고 98다64318, 64325 판결.

33) 이승우(2004), 60은 피대습자가 피상속인의 형제자매인 경우에는 민법 제1000조 제1항 제4호가 방계혈족 상속인의 범위를 피상속인의 4촌 이내의 자로 규정하고 있는 점에 비추어 볼 때 대습상속인도 그 범위를 벗어날 수 없다고 해석해야 하고, 따라서 이 경우 재대습상속은 피상속인과 4촌 관계에 있는 피상속인의 종손까지만 인정되는 것으로 해하여야 할 것이라고 주장한다. 안영하(2012), 234~235도 같은 취지이지만, 재재대습상속은 인정되지 않아야 한다고 하는데, 이 경우 재재대습상속이 인정되더라도 이는 형제자매의 손자녀이므로 4촌에 그친다. 일본 민법 §889 ②은 형제자매가 피대습인인 경우에는 피대습인이 자인 경우의 대습상속에 관한 §887 ②만을 준용하고, 재대습상속에 관한 §887 ③은 준용하지 않아서, 재대습상속을 인정하지 않는다.

34) 안영하(2012), 232 이하 참조.

第1003條(配偶者의 相續順位)

① 被相續人의 配偶者는 第1000條第1項第1號와 第2號의 規定에 依한 相續人이 있는 境遇에는 그 相續人과 同順位로 共同相續人이 되고 그 相續人이 없는 때에는 單獨相續人이 된다.

② 第1001條의 境遇에 相續開始前에 死亡 또는 缺格된 者의 配偶者는 同條의 規定에 依한 相續人과 同順位로 共同相續人이 되고 그 相續人이 없는 때에는 單獨相續人이 된다.

▮**참고문헌**: 곽동헌(2003), "대습상속", 아세아여성법학 6; 김상용(2007a), "자녀의 유류분권과 배우자 상속분에 관한 입법론적 고찰", 민사법학 36; 김상용(2007b), "사실혼 배우자의 상속권에 관한 시론(試論)", 중앙법학 9-2; 김상용(2010), "사실혼의 해소와 재산분할청구", 민사판례연구 32; 김상용(2015a), "사망으로 혼인이 해소된 경우 생존 배우자의 재산권 보호", 중앙법학 17-2; 김상용(2015b), "피상속인의 자녀가 모두 상속포기를 한 경우 손자녀가 상속인이 되어 상속채무를 승계 하는가", 법률신문 4330(2015.6); 김은아(2005), "재산상속상 배우자의 지위에 관한 고찰", 한양대학교 대학원 박사학위논문; 김은아(2007), "피대습자의 배우자의 대습상속에 관한 연구", 한국법학회 법학연구 26; 김준원(1999), "대습상속의 문제점과 개선방향", 사법행정 1999. 11; 남효순(1998), "혼인(중혼)취소의 소급효와 재산상의 법률관계", 민사판례연구 20; 류일현(2016), "선순위 혈족상속인 전원의 상속포기와 그 효과", 성균관법학 28-1; 박근웅(2015), "동순위 혈족상속인 전원의 상속포기와 배우자상속", 가족법연구 29-2; 박종용(2003), "혼인 취소의 효과", 가족법연구 17-2; 박혜선(2015), "피상속인의 배우자와 자녀 중 자녀 전부가 상속을 포기하는 경우의 상속인", 대법원판례해설 103(2015년 상); 신영호(1987), 공동상속론, 나남; 신영호(1998), "피대습자의 배우자의 대습상속", 가족법의 변동요인과 현상 창간호; 안영하(2004), "대습상속에 관한 연구", 성균관대학교 박사학위논문; 안영하(2006), "피대습자의 배우자의 대습상속에 관한 입법론적 검토", 성균관법학 18-1; 안영하(2012), "대습상속제도의 입법론에 관한 제안", 전북대 법학연구 36; 윤진수(2009), "민법개정안 중 부부재산제에 관한 연구", 민법논고 4; 윤진수(2015), "사실혼배우자 일방이 사망한 경우의 재산문제", 민법논고 7; 이승우(2004), "대습상속소고", 아세아여성법학 7; 이은정(2004), "법정상속인에 대한 재검토", 가족법연구 18-2; 임종효(2015), "피상속인의 배우자와 자녀 중 자녀 전부가 상속포기한 경우 상속재산의 귀속", 가족법연구 29-3; 정구태(2014), "2014년 법무부 민법개정위원회의 상속법 개정시안에 대한 비판적 단상", 강원법학 41-2; 정구태(2015), "2014년 친족상속법 관련 주요 판례 회고", 민사법이론과 실무 18-2; 최금숙(2004), "현행민법상 상속인규정에 대한 재검토", 가족법연구 18-1; 최성경(2005), "동시사망추정과 배우자 대습상속", 가족법연구 19-1; 최행식(2007), "인구구조 변화와 배우자 상속", 가족법연구 21-1; 최현숙·최명구(2009), "배우자 상속의 제한", 민사법학 47; Sjef van Erp(2007),

"New Developments in Succession Law", Electronic Journal of Comparative Law, vol. 11.3 (December 2007), http://www.ejcl.org; Reid, de Waal, Zimmermann(2015), "Intestate Succession in Historical and Comparative Perspective", Reid, de Waal, Zimmermann ed., Comparative Succession Law, Vo. 2, Intestate Succession, Oxford University Press, 2015; R. Zimmermann(2016), "Das Ehegattenerbrecht in historisch-vergleichender Perspektive", Rabels Zeitschrift für ausländisches und internationales Privatrecht 80(1).

본조는 배우자가 상속권을 가짐을 전제로 하여, 그 상속 순위와 대습상속에 관하여 규정한다.

Ⅰ. 배우자의 상속권

1. 개관

배우자, 그 중에서도 처의 상속권이 인정되게 된 것은 비교적 후대의 일이다. 이전에는 피상속인의 재산은 가(家)에 속하는 것으로 보아, 가의 구성원인 직계비속 내지 혈족에게 상속되는 것을 당연하게 생각하였고, 배우자인 처에 대한 상속은 다른 상속인이 없거나, 처의 부양의 필요가 있는 경우에 보충적, 잠정적으로만 인정되었다.[1] 가령 프랑스 민법은 원칙적으로 배우자의 상속권을 인정하지 않았고, 다른 상속인이 없는 경우에 예외적으로만 상속인이 되었으나, 점차 배우자의 지위가 개선되어, 생존 배우자의 용익권을 인정하다가, 2001년에 이르러서야 직계비속 또는 직계존속과 공동으로 피상속인의 소유권을 상속할 수 있게 되었다.[2]

우리나라의 조선시대에는 생존배우자는 제1순위의 상속인인 피상속인의 자녀가 없는 경우에 한하여 피상속인의 재산을 상속받을 수 있었지만, 처가 개가하면 남편의 본족에게로 상속재산이 귀속되게 되었다. 그리고 처의 상속재산 처분(區處)도 제한되었다.[3]

일제 강점기 이후 민법 시행 전까지의 관습법에 의하면 호주가 사망한 때에는 호주상속인이 재산도 상속하는데, 처는 원칙적으로 호주상속인이 될 수 없었고, 다만 호주를 상속할 남자가 없는 경우에 그 가에 조모, 모, 처가 모두

1) 상세한 것은 김은아(2005), 35 이하; Zimmermann(2016) 참조.
2) 곽민희(2012) 참조.
3) 신영호(1987), 200~202.

존재하는 때에는 남자의 상속인이 있게 될 때까지 조모, 모, 처의 순서로 호주권을 상속하였으며, 이 또한 사후양자가 선정될 때까지 일시적인 것이어서 사후양자가 선정되면 사후양자가 상속재산을 승계하였다.[4] 그리고 대법원 1990. 2. 27. 선고 88다카33619 전원합의체 판결은, 호주 아닌 가족이 사망한 경우에 그 재산은 동일호적에 있는 직계비속인 자녀에게 균등하게 상속된다는 것이 당시 우리나라의 관습이었다고 하여, 호주 아닌 가족이 처와 딸을 남겨두고 사망한 경우에 처만이 재산상속을 하는 것이 구관습이라는 종래의 판례[5]를 변경하였다.

제정 민법은 부(夫)가 피상속인인 경우와 처가 피상속인인 경우를 달리 규정하였다. 즉 처가 피상속인인 경우에 부는 1순위의 상속인인 직계비속과 동순위로 공동상속인이 되었고, 그 직계비속이 없는 때에는 단독상속인이 되었다(§1002). 반면 부가 피상속인인 경우에는 처는 1순위의 상속인인 직계비속 또는 2순위의 상속인인 직계존속과 공동상속인이 되었고, 직계비속 또는 직계존속이 없는 경우에 비로소 단독상속인이 되었다(§1003 ①). 그러나 1990년 개정된 본조는 부와 처를 동일하게 취급하여, 부 또는 처는 1순위의 상속인인 직계비속 또는 2순위의 상속인인 직계존속과 공동상속인이 되고, 직계비속 또는 직계존속이 없는 경우에는 단독상속인이 되는 것으로 바꾸었고, §1002는 삭제하였다.

뿐만 아니라 배우자의 상속권은 강화되는 추세에 있다. 제정민법 당시에는 피상속인의 처의 상속분은 직계비속과 공동으로 상속하는 때에는 남자의 상속분의 2분의 1로 하고 직계존속과 공동으로 상속하는 때에는 남자의 상속분과 균분으로 하였으며(§1009 ③), 피상속인의 부의 상속분은 다른 남자의 상속분과 같았다. 그러나 1977년 개정민법은 피상속인의 처의 상속분은 직계비속과 공동으로 상속하는 때에는 동일가적내에 있는 직계비속의 상속분의 5할을 가산하고 직계존속과 공동으로 상속하는 때에는 직계존속의 상속분의 5할을 가산하는 것으로 바꾸었고(§1009 ③), 1990년 개정 민법은 부와 처를 막론하고 모두 공동상속인인 직계비속 또는 직계존속의 상속분의 5할을 가산하는 것으로 하여(§1009 ②), 현재에 이르렀다. 2006년에는 정부가 배우자의 상속분을 전체 상속재산의 1/2로 하는 것을 내용으로 하는 §1009 ②개정안을 국회에 제출하였

4) 김은아(2005), 81~82; 대법원 1991. 11. 26. 선고 91다32350 판결 등.
5) 대법원 1981. 6. 23. 선고 80다2621 판결; 대법원 1981. 8. 20. 선고 80다2623 판결; 대법원 1982. 12. 28. 선고 81다카545 판결; 대법원 1983. 9. 27. 선고 83다414, 415 판결.

으나, 입법되지 못하였다.6)

외국에서도 배우자의 상속법상 지위가 강화되는 현상이 관찰된다.7) 예컨대 미국의 모범유언검인법(Uniform Probate Code) §2-102는 피상속인의 자녀가 모두 상속인인 배우자 사이에서 출생한 경우에는, 배우자를 단독상속인으로 규정한다. 그리고 네덜란드는 피상속인의 배우자와 자녀가 있으면 배우자가 재산을 전부 상속하고, 자녀는 배우자에 대한 상속분에 따른 금전청구권을 가지지만, 이 청구권은 배우자가 파산하거나 회생절차에 들어간 때, 또는 사망한 때에 비로소 행사할 수 있다.8) 이처럼 배우자의 상속법상 지위가 강화되는 것은, 평균수명의 증가로 인하여 상속이 개시될 무렵 피상속인의 자녀는 대체로 이미 성년이 되어 독자적으로 생활할 능력이 있는 반면, 피상속인의 배우자는 상속재산에 의존하여 생활할 필요가 있고(사후부양), 상속재산 형성과 자녀의 출산·양육 등에 협력한 대가에 대한 보상의 의미를 가지며, 배우자에게 일단 상속시키면 이것이 다시 자녀들에게 상속된다는 등의 이유 때문이다.9)

다른 한편 배우자의 상속법상 지위는 부부재산제와도 관련시켜 고려할 필요가 있다. 부부 사이의 재산관계를 청산하여야 하는 것은 부부 일방의 사망으로 인하여 상속이 개시되는 경우뿐만 아니라, 부부 쌍방 생존 중에 이혼 등으로 혼인이 해소되는 경우에도 생기는데, 두 경우에 불균형이 있으면 문제가 생기게 된다. 예컨대 이혼으로 인한 재산분할이 상속보다 유리하다면, 당사자는 상속을 기다리기보다는 이혼을 요구하기 쉬울 수 있다. 그리하여 많은 입법례에서는 상속이 개시되는 경우에도 부부재산제도에 따라 재산관계를 청산하고 그 다음에 배우자의 상속을 진행한다.10) 우리나라에서도 2013년 10월 구성된 법무부의 민법(상속편) 개정특별위원회에서는 피상속인의 배우자는 혼인기간 동안 증가한 피상속인의 재산에서 채무를 공제한 액수의 1/2을 선취분으로 취득할 권리가 있다는 개정안을 마련하였으나, 반발에 부딪쳐 결국 법안으로 추진되지 못하였다.11)

---

6) 윤진수(2009), 257 이하 참조.

7) Sjef van Erp(2007), 11 ff.; Reid, de Waal, Zimmermann(2015), 489 ff. 참조.

8) 네덜란드 민법전 §4:13.

9) Reid, de Waal, Zimmermann(2015), 490 ff. 배우자 상속권의 근거에 대하여는 총설 Ⅱ. 1. 가. 도 참조.

10) 입법례의 소개는 김상용(2007a), 687 이하 참조.

11) 이에 대하여는 정구태(2014); 김상용(2015a) 참조.

2. 배우자

가. 법률상 배우자

상속권을 가지는 것은 법률상 배우자에 한한다. 그러므로 혼인신고가 되었더라도 혼인이 무효인 경우에는 상속권을 가지지 않는다.[12)]

반면 법률상 배우자라면, 설령 장기간 별거하고 있거나, 이혼소송이 제기된 후 일방 배우자가 사망한 경우에도 생존 배우자는 상속권을 가진다.[13)][14)] 입법론으로는 피상속인이 사망한 때에 이혼의 요건이 존재하고, 또한 피상속인이 이혼을 요구하거나 또는 상대방의 요구에 동의하고 있었던 때에는 생존배우자의 상속권은 배제되는 것으로 규정하고 있는 독일 민법 §1933와 같은 규정을 둘 필요가 있다는 주장이 있다.[15)] 그러나 일방 배우자 사망 후에 이혼의 요건이 갖추어져 있는지를 사후적으로 판단하는 것은 용이하지 않다. 뿐만 아니라 독일에서는 이처럼 일방 배우자의 상속권이 배제되는 경우에도 부부재산제에 따른 재산의 청산이 인정되고, 또 부양청구권도 인정되는 것도 유의할 필요가 있다.[16)]

그러나 사정에 따라서는 일방 배우자의 상속권 주장이 신의칙에 반하고 권리남용이라는 이유로 배제될 수 있는 경우도 생각할 수 있다.[17)] 대법원 1983. 4. 12. 선고 82므64 판결에서는, A와 혼인한 B가 가출하여 제3자 C와 내연관계를 맺고 이중으로 혼인신고까지 하고 살았는데, A가 D와 내연관계를 맺고 살다가 사망하자, D가 B의 사망신고를 한 다음 자신과 A 사이의 혼인신고

12) 혼인 무효의 소를 형성의 소로 보는 설에서는 혼인 무효의 판결이 확정될 때까지는 무효인 혼인의 배우자도 상속권을 가진다고 한다. 송덕수, 304~305 등. 그러나 민법이 혼인취소의 소 외에 별도로 혼인무효의 소를 규정하지 않은 점에 비추어 보면, 혼인 무효는 일반적인 무효와 마찬가지로 소송에 의하지 않고, 누구든 언제나 주장할 수 있음을 전제로 한 것으로 보아야 하고(대법원 2013. 9. 13. 선고 2013두9564 판결), 혼인무효의 소는 확인의 소로 보아야 한다. 윤진수, 55; 주해친족 (1), 147(윤진수) 등 참조.

13) 대법원 1969. 7. 8. 선고 69다427 판결은, 피상속인의 처가 사실상 이혼을 하고 사실상 재혼을 하였더라도 재산상속권을 상실할 이유가 없다고 하였다.

14) 신영호 · 김상훈, 323은, 이혼소송의 심리 종결 후에 일방이 사망하고 그 후 이혼판결이 확정된 경우에는 확정판결과 기판력의 표준시는 심리종결시이므로 타방은 상속인이 되지 않는다고 하면서, 서울고등법원 1967. 11. 24. 선고 67나1259 판결을 인용하고 있다. 그러나 이혼소송의 변론종결 후 선고 전에 당사자 일방이 사망하였다면 이혼소송은 당연히 종료되고, 이를 간과한 이혼판결은 당연무효이므로(대법원 1994. 10. 28. 선고 94므246, 253 판결), 사망한 당사자의 상대방 배우자는 상속권을 가진다.

15) 곽윤직, 58; 김주수 · 김상용, 648 등.

16) 독일에서도 입법론적으로는 쌍방이 이혼에 합의한 경우에만 상속권의 배제를 인정하여야 한다는 주장이 유력하고, 해석론상으로도 이처럼 일방적인 이혼청구에 의하여 상속권의 배제를 인정하는 것은 위헌이라는 견해도 있다. Münchener Komm/Leipold, 2017, §1933 Rdnr. 1 ff. 참조.

17) 곽윤직, 58; 박병호, 331 등 참조.

를 한 경우, A와 D의 혼인신고는 무효이기는 하지만, B가 A의 상속재산을 탐내어 A와 D의 혼인이 무효라고 주장하는 것은 결국 B가 A, C 모두와의 혼인관계가 유효함을 주장하는 것이 되어 권리남용이 된다고 하였다. 이러한 경우에는 B의 상속권 주장도 배척될 것이다.

반면 취소사유가 있는 혼인이라도 취소판결이 있기 전에 배우자가 사망하면 생존한 배우자는 상속인이 된다. 그러므로 중혼관계가 발생한 경우에 중혼자가 사망하면 후혼이 취소되지 않는 한 중혼 배우자 모두 중혼자의 상속인이 된다. 이 경우에 그 상속분은 배우자 1인인 때의 상속분의 1/2로 보아야 한다는 견해가 있다.[18] 독일과 일본에서는 이렇게 보고 있는데,[19] 이들 나라에서는 배우자의 상속분을 상속재산 전체의 일정 비율로 정하고 있으므로, 그와 같이 보지 않으면 경우에 따라서는 다른 상속인들이 상속을 전혀 받지 못하게 된다. 그러나 사정이 같지 않은 우리나라에서도 이와 같이 보아야 하는지는 의문이다.[20]

상속 개시 후에 혼인이 취소된 경우는 어떠한가? 대법원 1996. 12. 23. 선고 95다48308 판결은, 민법 제824조는 "혼인의 취소의 효력은 기왕에 소급하지 아니한다."고 규정하고 있을 뿐 재산상속 등에 관해 소급효를 인정할 별도의 규정이 없는바, 혼인 중에 부부 일방이 사망하여 상대방이 배우자로서 망인의 재산을 상속받은 후에 그 혼인이 취소되었다는 사정만으로 그 전에 이루어진 상속관계가 소급하여 무효라거나 또는 그 상속재산이 법률상 원인 없이 취득한 것이라고는 볼 수 없다고 하였고, 이를 지지하는 견해도 있다.[21]

그러나 혼인 취소의 1차적인 효과는 혼인관계를 해소시키는 것인데, 판례대로라면 혼인 취소에 의하여는 혼인이 해소되지 않고, 혼인 취소 전의 사망에 의하여 혼인이 해소된다는 것이므로, 이러한 경우에 혼인의 해소를 목적으로 하는 혼인 취소의 소의 이익을 인정하기 어렵다. 그러므로 당사자 사망 후에도 혼인 취소를 인정하고 있는 가사소송법의 규정과 민법의 규정을 체계적으로 해석한다면, 혼인 취소로 인한 혼인 해소의 효과가 사망시에 소급하여 발생하는 것으로 보아야 하고, 따라서 혼인이 취소된 배우자는 사망시에 배우자 아닌 것이 되어 상속할 수 없다고 보아야 할 것이다.[22] 다만 이처럼 혼인 취소의 소

18) 김주수 · 김상용, 649. 광주고등법원 1995. 10. 6. 선고 95나209 판결도 그와 같이 판시하였다.

19) Münchener Komm/Leipold, §1931 Rdnr. 11; 新注民(26), 282(中川良延) 등.

20) 윤진수, 309. 같은 취지, 박동섭, 522; 송덕수, 322.

21) 남효순(1998), 377 이하; 박동섭, 118; 박병호, 332; 박정기 · 김연, 349; 배경숙 · 최금숙, 101; 송덕수, 305; 지원림, 2053 등.

22) 윤진수, 63~64, 309; 주해친족 (1), 185~187(윤진수); 박종용(2003), 13 이하. 같은 취지, 곽윤

급효를 인정하는 경우에도, 혼인 당사자가 취소 사유가 있음을 몰랐던 경우에는 실종선고의 취소에 관한 §29 ②을 유추하여, 그 상속재산을 그 받은 이익이 현존하는 한도에서 반환할 의무가 있다고 봄이 상당하다. 독일 민법은 혼인 취소(Aufhebung)의 소급효를 인정하지 않으면서도, 피상속인이 혼인 취소를 청구할 권리가 있고, 또 이를 청구한 후 사망하였을 때에는 상대방 배우자의 상속권을 인정하지 않는다(§1933 ②).

나. 사실혼 배우자

사실혼 배우자는 본조에서 말하는 배우자에 해당하지 않으므로, 상속권을 가지지 않는다.[23)][24)] 상속권이 있는지 여부는 가족관계등록부의 기재와 같은 명확한 기준에 의하여 쉽게 판단할 수 있어야 하는데, 사실혼은 그 존부를 그와 같이 쉽게 확정하기 어렵기 때문이다.[25)] 헌법재판소 2014. 8. 28. 선고 2013헌바119 결정은, 사실혼 배우자에게 상속권을 인정하지 않는 것이 위헌이 아니라고 하면서, 그 이유로 사실혼 배우자에게 상속권을 인정하지 않는 것은 상속인에 해당하는지 여부를 객관적인 기준에 의하여 파악할 수 있도록 함으로써 상속을 둘러싼 분쟁을 방지하고, 상속으로 인한 법률관계를 조속히 확정시키며, 거래의 안전을 도모하기 위한 것으로서 입법목적의 정당성과 수단의 적정성이 인정되고, 사실혼 부부에 대하여 획일적으로 법률이 정한 상속권을 인정하게 되면 경우에 따라 당사자들의 의사에 반하게 될 수 있고, 사실혼관계인지 여부는 공시가 이루어지지 않아 당사자 이외의 자가 쉽게 알 수 없으므로, 이에 관하여 다툼이 생겨 상속을 둘러싼 법적 분쟁이 발생할 가능성이 매우 높다고 설명하였다.

다만 사실혼 배우자도 상속인이 없을 때에는 특별연고자에 대한 분여(§1057-2)를 받을 수 있고, 주택임차권을 승계할 수도 있으며(住賃 §9), 각종 연금법이나 산업재해보상보험법 등에서는 법률상 배우자에 준하는 취급을 받는다.[26)]

입법론으로는 사실혼 배우자에게도 상속권을 인정하여야 한다는 주장이

직, 57; 김주수·김상용, 648; 배경숙·최금숙, 517~518; 오시영, 510; 한봉희·백승흠, 111; 가족법 판례해설, 62(이화숙).

23) 대법원 1999. 5. 11. 선고 99두1540 판결은, 구 상속세법(1993. 12. 31. 법률 제4662호로 개정되기 전의 것) 제11조 제1항 제1호에서 말하는 배우자란 법률상의 배우자를 뜻하는 것이고, 사실혼 관계에 있는 사실상의 배우자는 이에 해당하지 아니한다고 하였다.

24) 반대설로는 이경희, 158, 388이 있다. 또 배경숙·최금숙, 518은 사실혼배우자가 사실혼관계존재확인의 소를 제기하여 그 판결이 확정되면 배우자에 준하여 상속권을 인정할 수 있다고 한다.

25) 곽윤직, 55; 윤진수, 309 등.

26) 공무원연금법 §3 ① iii 가; 국민연금법 §3 ②; 산업재해보상보험법 §5 iii 등.

있다. 즉 피상속인의 사실혼 배우자가 피상속인의 사망을 안 날부터 2년 내에 검사를 상대로 사실상혼인관계존재확인 청구를 하여 그 심판이 확정되면 상속개시시에 소급하여 상속권을 취득한다는 것이다.[27] 위 헌법재판소 2014. 8. 28. 선고 2013헌바119 결정에서의 조용호 재판관의 보충의견은 대체로 이러한 주장을 따랐다. 다른 한편 위 결정에서 김창종 재판관의 보충의견은, 상속인 판정의 객관적 명확성, 상속법률관계의 조속한 확정이나 거래의 안전 도모 등을 이유로 사실혼 배우자의 상속권을 직접 인정하기 어렵다면, 최소한 생존 사실혼 배우자에게 재산분할청구권을 법적으로 인정할 필요가 있다고 하였다.

그러나 우리 민법이 법률혼주의를 택하고 있는 이상, 사실혼을 보호하더라도 이를 법률혼과 마찬가지로 보호하는 데에는 한계가 있을 수밖에 없다. 법률관계의 명확성을 위하여는 혼인신고와 같은 법적 절차를 거치게 할 필요가 있고, 당사자들도 혼인신고를 함으로써 법률혼에 의한 보호를 받을 수 있었음에도 불구하고 그렇게 하지 않았기 때문이다. 따라서 생존 사실혼 배우자에게 상속권을 인정하는 것은 곤란하고, 재산분할청구권을 인정하는 것도 상속권 대신 재산분할을 인정하는 셈이므로 마찬가지로 문제가 있다.[28] 다만 생존 사실혼 배우자가 사망한 사실혼 배우자의 상속인들에 대하여 상속재산의 범위 내에서 부양청구권을 행사할 수 있도록 하는 것을 검토할 필요는 있다.[29]

3. 상속순위

본조 ①에 따라 피상속인의 배우자는 제1순위 상속인인 피상속인의 직계비속 또는 제2순위 상속인인 피상속인의 직계존속이 있는 경우에는 그와 동순

27) 김상용(2007b), 517 이하. 그러나 김상용(2010), 583~584는 혼인이 부부 일방의 사망에 의해서 해소되는 경우 생존배우자가 우선 부부재산관계의 청산으로서 사망한 배우자의 재산에 대하여 분할을 청구할 수 있으며, 이 부분을 제외한 나머지 재산이 상속재산이 되어 공동상속인 사이에서 분할되는 것으로 하고, 사실혼이 일방의 사망으로 인하여 해소되는 경우에도 그 규정을 준용 또는 유추적용하여야 하며, 그렇게 되면 생존한 사실혼 배우자는 상속 재산에 포함되어 있는 자신의 실질적인 공유지분을 확보할 수 있고, 상속권이 인정되지 않으므로, 사실혼을 법률혼과 동등하게 취급한다거나 또는 법률혼보다 우대한다는 비판에서도 자유로울 수 있다고 한다.

28) 윤진수(2015), 200~201; 정구태(2015), 164 이하. 영국의 법제위원회(Law Commission)는 2011. 11.에 영국 정부에 사실혼 배우자 일방 사망 당시까지 5년 이상(두 사람 사이에 자녀가 있는 경우에는 2년 이상) 동거하였던 다른 사실혼 배우자에게 법률상 배우자와 마찬가지로 상속권을 인정하여야 한다는 법안의 초안{DRAFT INHERITANCE (COHABITANTS) BILL}을 제출하였다. 그러나 영국 정부는 2013. 3. 21. 이 법안의 제정을 추진하지 않겠다고 발표하였다. 윤진수(2015), 206 참조.

29) 윤진수(2015), 201 이하. 곽윤직, 56은 사실혼의 부부에게 실질적으로 상속재산의 일부를 귀속시킬 수 있는 제도 또는 적어도 상속재산으로부터 부양을 받을 수 있도록 하는 제도를 두는 것은 필요하다고 한다.

위로 상속인이 되고, 이러한 상속인이 없으면 단독상속인이 된다. 다시 말하여 피상속인의 배우자는 제3순위인 피상속인의 형제자매나 제4순위인 피상속인의 4촌 이내의 방계혈족에 우선한다. 직계비속이나 직계존속과 공동상속하는 경우에 그 상속분은 직계비속 또는 직계존속의 상속분의 150%가 된다(§1009 ②).

그런데 대법원 2015. 5. 14. 선고 2013다48852 판결은, 피상속인의 배우자와 자녀 중 자녀 전부가 상속을 포기한 경우에 관하여, 상속을 포기한 자는 상속개시된 때부터 상속인이 아니었던 것과 같은 지위에 놓이게 되므로 배우자와 피상속인의 손자녀 또는 직계존속이 공동으로 상속인이 되고, 피상속인의 손자녀와 직계존속이 존재하지 아니하면 배우자가 단독으로 상속인이 된다고 하였다. 이는 "상속의 포기는 상속개시된 때에 소급하여 그 효력이 있다"고 규정하고 있는 §1042를 근거로 한 것이다. 그러나 이때에는 "상속인이 수인인 경우에 어느 상속인이 상속을 포기한 때에는 그 상속분은 다른 상속인의 상속분의 비율로 그 상속인에게 귀속된다"고 규정한 §1043이 우선 적용되어, 상속을 포기한 자녀의 손자녀 또는 직계존속이 있더라도 배우자가 상속을 포기하지 않으면 배우자만이 단독상속인이 된다고 보아야 할 것이다. 위 판결에 따른다면 피상속인의 손자녀는 다시 상속을 포기하여야 하지만, 상속인 중 배우자도 상속을 포기하고 피상속인의 자녀 중 한 사람만이 상속을 포기하지 않았다면 손자녀가 별도로 상속을 포기할 필요는 없다. 이 점에서 상속을 포기하지 않은 사람이 배우자뿐인 경우를 자녀 중 한 사람만이 상속을 포기하지 않은 경우와 달리 취급하는 것은 합리적이지 않다.[30]

Ⅱ. 배우자의 대습상속

1. 연혁

본조 ②은 상속인이 될 자의 배우자가 대습상속을 할 수 있음을 규정하고 있다. 비교법적으로는 혈족 외에 혈족의 배우자의 대습상속을 인정하는 예는 찾기 어렵다.[31]

---

30) 윤진수, 485~486. 같은 취지, 송덕수, 393~394; 류일현(2016), 188 이하; 박근웅(2015), 216 이하; 임종효(2015), 501 이하. 일본 최고재판소 1967(昭 42). 5. 30. 판결(民集 21-4, 988)은 우리 §1043와 같은 1962년 개정 전 일본 민법 §939 ②의 해석에 관하여 이와 같이 판시하였다. 판례지지: 김주수·김상용, 777 주) 216; 신영호·김상훈, 427; 김상용(2015b); 박혜선(2015). 종전에 판례와 같은 태도를 취하였던 것으로는 박병호, 401.

31) 다만 중국의 상속법(繼承法) §12는 상속인이 될 피상속인의 직계비속이 피상속인보다 먼저

조선 시대에는 피대습인의 직계비속이 대습상속을 할 수 있었고, 피대습인의 배우자의 대습상속은 인정되지 아니하였지만, 피상속인보다 먼저 사망한 자에게 자녀가 없는 경우에 한하여 수신(守信, 개가하지 않는 것)을 조건으로 하여 그 유처의 대습권이 인정되었고, 다만 종국적인 소유권의 귀속이 인정되는 것은 아니며 개가하거나 종신할 때까지의 용익권이 부여될 뿐이었다.[32] 그러나 이를 대습상속으로 이해하는 견해도 있다.[33]

제정 민법상의 본조 ②은 배우자 중 처의 대습상속만을 인정하였고, 부(夫)의 대습상속은 인정하지 않았다. 정부가 제출한 민법안은 처의 대습상속을 규정하지 않고 있었으나, 법제사법위원회의 수정안에 이것이 포함되었다. 그 이유는 처의 상속권을 인정하므로 대습상속할 권리가 인정되는 것이 입법의 균형상으로도 합당하고, 또 부(夫)의 부(父)가 사망한 경우 이에 앞서 사망한 부(夫)에 자녀가 없는 때의 유처(遺妻)의 가련한 사정과 지위를 고려하여야 한다는 것이었다.[34]

그 후 1990년 개정된 본조 ②은 대습상속할 수 있는 자를 처에 한정하지 않고 배우자로 하여, 부(夫)도 대습상속할 수 있게 하였다. 이는 처에게만 대습상속을 인정하는 것은 남녀평등에 반하기 때문이라는 고려에서 비롯된 것으로 보인다.

2. 배우자의 대습상속의 타당성

배우자의 대습상속을 인정한 본조 ②에 대하여는 1997년에 일어난 한 항공기 사고를 계기로 하여 많은 논란이 일어났다. 이 사건에서는 피상속인이 그 처와 아들, 딸 및 그 자녀와 함께 비행기 사고로 모두 사망하였고, 그에게 다른 직계비속이나 직계존속은 없었다. 위 피상속인의 상속재산을 둘러싸고 피상속인의 사위(딸의 배우자)와 피상속인의 형제자매 사이에 다툼이 생겼는데, 대법원 2001. 3. 9. 선고 99다13157 판결은 상속인이 될 직계비속이 상속개시와 동시에 사망한 것으로 추정되는 경우에도 대습상속이 인정된다고 하면서, 피상속인의 사위가 피상속인의 형제자매보다 우선하여 단독으로 대습상속한다고 하였다.

사망하였고, 직계비속의 배우자가 직계비속에 대하여 부양의무를 이행한 때에는 배우자가 본위상속을 하는 것으로 규정한다. 안영하(2004), 59 이하 참조.

32) 신영호(1998), 111~112.

33) 김은아(2007), 191~193. 대법원 2001. 3. 9. 선고 99다13157 판결은, 우리나라에서는 전통적으로 오랫동안 며느리의 대습상속이 인정되어 왔다고 하였다.

34) 자세한 것은 신영호(1998), 112~116; 안영하(2004), 129~131 참조.

위 규정에 대한 비판론은 다음과 같이 주장한다. 즉 배우자에게 대습상속을 인정하는 것은 전통상속법리에 따른 것도 아니고, 혈족상속이라는 상속의 근본원칙에 배치되는 것이므로 타당하지 않다고 한다. 또한 배우자의 대습상속권은 여자의 재혼이 사실상 어렵고, 부(夫) 사망 후에도 시부모를 부양하며 사는 며느리가 많았던 민법 제정당시의 가족현실 하에서 며느리의 보호를 위하여 인정되었던 것인데, 재혼이 일반화되고, 가족생활이 부부중심의 소가족으로 변화한 오늘날에는 그 타당성을 잃고 있으며, 상속의 근거로 제시되고 있는 혈연대가설이나 공동생활설 등 그 어느 것에 의하더라도 대습상속의 타당성을 찾기 힘들고, 피대습자의 배우자가 다른 혈족상속인에 우선하여 상속을 하는 것은 한국인의 일반적 상속의식과 괴리가 있을 뿐만 아니라 피상속인의 의사에도 부합하지 않는 경우가 대부분일 것이라고 한다.[35]

반면 배우자상속권은 전통법제를 통하여 정착된 것으로, 오늘날과 같은 소가족 중심의 사회에서는 부모 부양이라는 문제와 결부되어 충분히 가치있는 제도로 발전할 수 있다는 주장[36] 및 피상속인은 자신이나 피대습자에게 의지하여 생활하였던 피대습인의 배우자에 대하여는 자신의 상속재산을 귀속시키고자 하는 의사를 가지고 있으므로, 상속제도의 존재이유에 비추어 볼 때 피대습자의 배우자의 대습상속을 제외해야 하는 것은 아니라는 주장[37]도 있다.

이러한 논란과 함께 이 조항을 개정하거나 삭제하여야 한다는 입법론도 제기되었다. 1설은 위 규정을 폐지하여야 한다고 주장한다.[38] 다른 설은 피상속인을 계속적으로 부양한 배우자에 한하여 대습상속을 인정하여야 한다고 주장한다.[39] 또 다른 설은 일정한 요건(예컨대 피상속인의 부양이나 공동생활 등) 하에 배우자가 피상속인의 형제자매들과 공동상속 하도록 하는 방안을 고려해 보아야 한다고 주장한다.[40][41]

35) 곽동헌(2003), 44~47; 이승우(2004), 57 이하; 안영하(2006), 268 이하; 안영하(2012), 241 이하 등.

36) 김은아(2007), 203.

37) 최성경(2005), 463.

38) 곽동헌(2003), 45~46; 이승우(2004), 57 이하. 다만 후자는 며느리나 사위가 배우자 사망 후 재혼도 하지 않고 오랜기간 피상속인인 시부모나 장인, 장모를 부양하거나 그 밖의 방법으로 재산의 유지 및 형성에 특별히 기여한 경우에는 다른 방법으로 상속상 배려를 하는 것이 온당한 것으로 생각한다고 한다.

39) 김은아(2007), 203.

40) 최성경(2005), 460 이하.

41) 이외에도 김준원(1999), 20 이하는 1990년 개정 전과 같이 부의 대습상속은 부정하고 처의 대습상속만을 인정하되 피대습자의 다음 상속순위자(직계비속 또는 형제자매)와 공동상속인이 되도록 개정하여야 한다고 주장한다.

생각건대 상속은 혈족상속과 배우자상속으로 나눌 수 있는데, 배우자의 대습상속을 인정하는 것은 혈족상속과 배우자상속을 결합시킨 것이다. 그러나 이는 혈족상속의 근거나 배우자상속의 근거에 의하여 정당화되기 어렵다. 혈족상속의 근거로서 거론되는 혈연대가설(血緣代價說)은 배우자의 대습상속의 근거가 될 수 없다. 또 피상속인의 의사가 자신의 혈족의 배우자에게까지 자신의 재산을 상속시키려는 것이었다고 추정할 수도 없다. 이 점은 피상속인의 형제자매의 배우자가 대습상속하는 경우에 두드러진다. 그리고 공유설이나 사후부양설(死後扶養說)도 배우자의 대습상속에 적용되기 어렵다. 다른 한편 배우자상속의 근거인 부부관계에서의 상속재산 형성과 자녀의 출산·양육 등에 협력한 대가나 자녀 양육을 위한 배려 및 사후부양 등도 배우자의 대습상속을 설명할 수 없다. 특히 직계비속의 배우자가 대습상속을 받은 다음 재혼하여 자녀를 낳는다면, 피상속인의 재산이 전혀 혈족관계가 없는 위와 같은 자녀에게 넘어가는 것이 되는데, 이는 피상속인의 의사나 일반인의 관념에 부합하지 않는다. 민법 제정자는 처의 상속권을 인정하므로 대습상속할 권리가 인정되는 것이 입법의 균형상으로도 합당하다고 하여, 일반적인 대습상속의 근거라고 하는 형평의 원칙이 이 경우에도 타당하다고 판단한 것으로 이해되지만, 이것만으로는 충분하지 못하다. 또 배우자가 부양을 필요로 한다는 것도 남편과 사별한 며느리의 재혼이 많지 않고, 며느리가 남편 사망 후에도 시부모와 동거하는 일이 드물지 않았던 민법 제정 당시에는 어느 정도 타당하였을지 몰라도, 재혼이 일반화되어 있고, 또 사망한 자녀의 배우자가 그 자녀의 부모와 동거하는 것을 찾아보기 어려운 오늘날은 더 이상 설득력이 없다.

위 대법원 2001. 3. 9. 선고 99다13157 판결은, 외국에서 사위의 대습상속권을 인정한 입법례를 찾기 어렵고, 피상속인의 사위가 피상속인의 형제자매보다 우선하여 단독으로 대습상속하는 것이 반드시 공평한 것인지 의문을 가져볼 수는 있다 하더라도, 이를 이유로 곧바로 피상속인의 사위가 피상속인의 형제자매보다 우선하여 단독으로 대습상속할 수 있음이 규정된 본조 ②이 행복추구권이나 재산권보장 등에 관한 헌법규정에 위배되는 것이라고 할 수 없다고 하였다.

3. 요건 및 효과

피대습인의 배우자의 대습상속은 피대습인의 직계비속의 대습상속(§1001)과 기본적으로 다르지 않다. 다만 다음 몇 가지를 유의할 필요가 있다.

첫째, 배우자는 피대습인의 법률상 배우자를 말한다. 그런데 대습원인발생 후 피대습자의 배우자가 피상속인을 특별히 부양한 경우에만 피대습자의 배우자에게 대습권이 인정되는 것으로 보아야 한다는 견해가 있으나,[42] 그와 같이 볼 수 있는 법문상 근거가 없다.

둘째, 상속결격으로 인한 대습상속인 경우에, 피상속인의 배우자는 결격사유가 발생할 때에 배우자인 자에 한하고, 피대습인이 결격으로 상속권을 상실한 후 상속이 개시될 때까지의 사이에 배우자로 된 자는 포함되지 않는다는 견해가 있다. 이 견해는 그 근거로서, 그와 같이 보지 않으면 피대습인은 결격 후의 혼인으로 배우자로 된 자를 대습상속하게 하여 결과적으로 결격자가 스스로 상속한 것과 같은 결과를 이루게 될 여지가 있어서 부당하다는 점을 든다.[43] 그러나 일반적인 학설은 상속결격 후에 피대습인의 직계비속이 출생하거나 입양된 경우에는 그의 대습상속을 인정하는 것[44]한 경우와 달리 취급할 근거가 없다는 이유로 피대습인이 결격이 된 후 배우자가 된 사람의 대습상속도 인정한다.[45] 해석론상으로는 후설이 타당하지만, 이 점은 배우자의 대습상속을 인정하는 것에 문제가 있다는 것을 보여주는 또 다른 예이다.

셋째, 피대습인이 사망한 후 그 배우자가 피상속인의 사망 당시에 이미 다른 사람과 재혼하고 있었다면 그는 대습상속을 하지 못한다. 그 근거는 배우자가 사망한 후 재혼한 때에는 인척관계가 소멸한다는 §775 ②에서 찾을 수 있다.[46] 또한 1990년 개정 전의 §775 ②에 의하면 부(夫)가 사망한 후 처가 친가에 복적한 때에도 인척관계가 소멸하였으므로, 이 규정이 적용되는 경우에는 마찬가지로 처가 대습상속을 할 수 없다고 보아야 할 것이다.[47]

학설 가운데에는 피대습인의 사망 후 다른 자와 사실상 동서관계를 지속한 자나 피상속인과의 교류관계를 장기간 단절한 채 생활한 자는 대습상속을 인정할 필요가 없다는 주장이 있으나,[48] 법문상 근거가 없다. 뿐만 아니라 사실상 동서관계를 지속하였다거나 피상속인과의 교류관계를 장기간 단절하였다

42) 신영호(1998), 125~126
43) 곽윤직, 63~64.
44) §1001 Ⅱ. 3. 가. 참조.
45) 김주수 · 김상용, 654; 박동섭, 534; 송덕수, 308; 신영호 · 김상훈, 326; 이경희, 395; 지원림, 2054 등.
46) 등기예규 제694호; 김주수 · 김상용, 654; 박동섭, 534; 박정기 · 김연, 353; 윤진수, 294 등. 이설이 없는 것으로 보인다.
47) 등기선례 6-223.
48) 김은아(2007), 196 이하.

는 것은 재판상 쉽게 판단하기 어려운 것으로서, 그러한 불명확한 사유를 이유로 대습상속의 인정 여부가 달라져서는 안 된다. 다만 구체적인 사정에 따라 대습상속을 주장하는 것이 권리남용에 해당할 여지는 있다. 위 Ⅰ. 2. 가. 참조.

넷째, 피대습인(사망자 또는 결격자)의 배우자는 대습상속을 할 수 있지만, 그가 대습상속의 상속개시 전에 사망하거나 결격자가 된 경우에는, 그 배우자를 피대습인으로 하는 재대습상속은 인정되지 않는다.[49]

49) 대법원 1999. 7. 9. 선고 98다64318, 64325 판결.

第1004條(相續人의 缺格事由)

다음 각 호의 어느 하나에 該當한 者는 相續人이 되지 못한다.

1. 故意로 直系尊屬, 被相續人, 그 配偶者 또는 相續의 先順位나 同順位에 있는 者를 殺害하거나 殺害하려한 者
2. 故意로 直系尊屬, 被相續人과 그 配偶者에게 傷害를 加하여 死亡에 이르게 한 者
3. 詐欺 또는 强迫으로 被相續人의 상속에 관한 遺言 또는 遺言의 撤回를 방해한 者
4. 詐欺 또는 强迫으로 被相續人의 상속에 관한 遺言을 하게 한 者
5. 被相續人의 상속에 관한 遺言書를 僞造·變造·破棄 또는 은닉한 者

참고문헌: 김유은(2011), "상속결격제도에 관한 연구", 성균관대학교 법학박사학위논문; 박병호(1994), "상속결격의 제문제", 남송한봉희교수 화갑기념 현대민법의 과제와 전망, 밀알; 법무부(2011), 제3기 가족법개정특별분과위원회 회의록; 양창수(1996), "상속결격제도 일반", 서울대학교 법학 37-2; 오병철(2010), "상속결격의 몇 가지 문제", 가족법연구 24-3; 오종근(1993), "상속결격사유: 낙태의 경우", 가족법연구 7; 윤진수(2011), "1990년대 친족상속법 판례의 동향", 민법논고 5; 이성룡(1992), "상속결격자에 관한 구 민법 제992조 제1호, 제1004조 제1호 소정의 '고의'에 '상속에 유리하다는 인식'도 필요한지 여부", 법조 1992. 7; 이승우(2006), "피상속인의 의사와 상속인의 보호", 성균관법학 18-3 이희배(2003), "노친부양과 관련한 효행장려법의 입법논의", 인천법학논총 6; 조효서(2014), "중국의 상속권 상실제도", 가족법연구 28-1; 황경웅(2006), "상속결격에 관한 제반문제", 가족법연구 20-2; 石川博康(2018), "遺言書の破棄·隱匿行爲と相續缺格", 別冊ジュリスト 239 民法判例百選; Ⅲ, 第2版; Henrich/Schwab (hrsg.)(2001), Familienerbrecht und Testierfreiheit im europäischen Vergleich, Gieseking; Parry & Kerridge(2009), The Law of Succession, London:Sweet & Maxwell, 12. ed.; Heinrich Brunner (1892), Deutsche Rechtsgeschichte, Duncker & Humblot, 1892.

Ⅰ. 상속결격제도 개관

1. 의의

상속인이 될 지위에 있는 자에게 법에서 정한 일정한 사유가 발생한 때에, 법률상 그 자의 상속권이 상실되는 것을 상속결격이라고 한다. 다만 입법례에 따라서는 상속권이 당연히 상실되는 것이 아니라 법원의 상속권을 상실시키는 재판이 있어야 하는 경우도 있다.1)

외국에서는 법률상 당연히 상속권이 상실되는 상속결격 이외에, 상속인이 될 자에게 중대한 비행이 있을 때 피상속인이 법원에 상속인이 될 자의 상속권의 박탈을 청구할 수 있는 제도라든가, 피상속인의 의사에 기하여 유류분을 박탈할 수 있는 제도가 인정되고 있으나, 우리 법은 이러한 제도는 인정하고 있지 않다. 이에 대하여는 아래 Ⅳ. 참조.

본조가 규정하고 있는 상속결격 사유는 크게 2가지로 나누어 볼 수 있다. 그 하나는 피상속인 등 일정한 자에 대한 살인 또는 살인미수나 상해치사의 범죄행위이고(본조 i, ii), 다른 하나는 피상속인의 유언에 관한 부정행위이다(본조 iii－v). 민법은 상속결격이 인정되는 범위가 다른 나라에 비하여 넓고, 상속결격사유의 용서(容恕)도 규정하지 않고 있다.

2. 입법례

상속인에게 일정한 사유가 있는 경우에 상속권을 박탈하는 제도는 다른 나라에서도 널리 인정되고 있다.2) "피묻은 손은 상속재산을 취득하지 못한다(Blutige Hand nimmt kein Erbe)"는 독일의 법언(法諺)3)이 이를 말해 준다. 그러나 구체적인 상속결격 사유는 입법례에 따라 차이가 많다.

독일 민법은 다음과 같은 자를 상속결격으로 규정한다. (1) 피상속인을 살해하거나 살해하려고 한 자 또는 사인처분을 할 수 없거나 이를 철회할 수 없는 상태로 만든 자. (2) 피상속인이 사인처분을 하거나 또는 실효시키는 것을 방해한 자. (3) 피상속인을 기망하거나 강박하여 사인처분을 하거나 실효시키게 한 자. (4) 사인처분에 관한 문서를 위조하거나 변조한 자(§2339). 그리고 상

1) 독일 민법 §2340; 프랑스 민법 §§727, 727－1 등.
2) 상속결격제도의 연혁 및 입법례에 대하여는 김유은(2011), 6 이하 참조.
3) 이 말은 프리슬란트(Friesland, 과거 독일 서부와 네덜란드 동부에 걸쳐 존재했던 지역) 법에서 나왔다고 한다. Heinrich Brunner(1892), 632.

속결격을 주장하기 위하여는 법원에 취소소송을 제기하여야 하는 것으로 규정한다(§§2340, 2342).

프랑스 민법은 크게 두 가지의 상속결격자를 규정한다. 첫째, 피상속인에 대한 살인이나 살인미수, 상해치사로 인하여 중죄(重罪)판결을 받은 자(§726). 둘째, 살인, 살인미수, 상해치사로 인하여 경죄(輕罪)판결을 받거나, 피상속인에게 불리한 위증을 하여 유죄판결을 받은 경우 또는 피상속인의 신체적 완전성을 침해하는 범죄를 저지하기 위한 행위를 하지 않았음을 이유로 유죄판결을 받은 경우 또는 피상속인에 대한 중죄의 무고죄로 인하여 유죄판결을 받은 자(§727). 후자의 사유는 2001년에 신설된 것으로, 전자의 경우와는 달리 상속인이나 검사에 의한 상속결격의 청구에 따른 재판이 있어야 한다(§727-1).

스위스 민법은 다음과 같은 경우를 상속결격자로 들고 있다(§540 ①). (1) 피상속인을 살해하거나 살해하려 한 경우, (2) 피상속인을 계속적인 처분불능 상태에 빠뜨린 자, (3) 사기, 강제 또는 강박에 의해 피상속인의 사인처분을 작성 또는 철회시키거나, 그렇게 하는 것을 방해한 자, (4) 피상속인이 새로운 사인처분을 할 수 없는 상태에서 사인처분을 제거하거나 효력이 없게 만든 자.

2015년 개정되어 2017.1.1.부터 시행된 오스트리아 민법의 상속결격 사유는 다음과 같다. 첫째, 피상속인 또는 상속재산에 대하여 고의로 1년 이상의 자유형으로 처벌될 수 있는 행위를 범한 자(§539). 둘째, 피상속인에게 종의적(終意的) 의사표시를 강제하거나, 악의적으로 종의적 의사표시를 하도록 유인하거나, 종의적 의사표시를 하거나 변경하는 것을 방해하거나, 피상속인이 이미 작성한 종의적 의사표시를 은닉한 자(§540). 셋째, 피상속인의 배우자, 등록된 동성동거자(eingetragenen Partner), 사실혼 배우자(Lebensgefährten), 직계혈족에 대하여 고의로 1년 이상의 자유형에 처할 수 있는 범죄를 저지른 때(§541 i). 넷째, 피상속인에게 비난받을 방법으로 중대한 정신적 고통을 입힌 때(§541 ii). 다섯째, 그 밖에 피상속인에 대하여 부모와 자녀 사이의 법률관계상의 의무를 중대하게 게을리한 때(§541 iii). 셋째에서 다섯째까지의 사유는 아래{Ⅳ. 2. 가. (3)}에서 살펴볼 피상속인에 의한 유류분박탈사유(§770)와 겹치는데, 이 때에는 피상속인이 유류분박탈을 할 수 없는 경우에 한하여 상속결격이 된다.

일본 민법상 상속결격자는 다음과 같다(§891). (1) 고의로 피상속인 또는 상속에 관하여 선순위 또는 동순위에 있는 자를 사망에 이르게 하거나 사망에 이르게 하려고 하였기 때문에 형에 처해진 자. (2) 피상속인이 살해된 것을 알고 그것을 고발하지 않거나 고소하지 않은 자. (3) 사기 또는 강박에 의하여 피상속인이 상속에 관한 유언을 하거나 그것을 취소 또는 변경하는 것을 방해한 자. (4) 사기 또는 강박에 의하여 피상속인에게 상속에 관한 유언을 하게 하거나 그것을 취소 또는 변경하게 한 자. (5) 상속에 관한 피상속인의 유언서를 위조, 변조, 파기, 은닉한 자.

중국의 상속결격사유는 다음과 같다(繼承法 §7). (1) 고의로 피상속인을 살해한 경우. (2) 상속인이 상속재산의 쟁탈을 위하여 다른 상속인을 살해한 경우. (3) 피상속인을 유기한 경우 또는 피상속인에 대한 학대의 정도가 중한 경우. (4) 유언을 위조·변조 또는 훼손하고 그 정도가 중한 경우.[4)]

대만 민법상의 상속결격사유는 다음과 같다(§1145). (1) 고의로 피상속인 또는 상속인을 사망하게 하거나 사망하게 하려고 하여 형의 선고를 받은 경우. (2) 사기 또는 강박으로 피상속인으로 하여금 상속에 관한 유언을 하게 하거나 이를 취소 또는 변경하게 한 경우. (3) 사기 또는 강박으로 피상속인의 상속에 관한 유언을 하거나 그 철회 또는 변경하는 것을 방해한 경우. (4) 피상속인의 상속에 관한 유언을 위조, 변조, 은닉 또는 인멸한 경우. (5) 피상속인에 대하여 중대한 학대 또는 모욕한 사정이 있어 피상속인이 상속할 수 없다고 한 경우.[5)]

영미법에서는 상속결격사유는 주로 피상속인의 살해이고, 다른 사유로 인한 상속결격은 원칙적으로 인정되지 않는다.[6)]

이상에서 알 수 있는 것은 상속결격사유로서 문제되는 것은 주로 피상속인에 대한 살인과 같은 범죄와, 피상속인의 유언 등의 사인처분에 관한 자유의 침해이다. 프랑스나 영미법에서는 후자는 상속결격사유로 들고 있지 않다.

3. 상속결격제도의 근거

상속결격제도가 왜 인정되는지에 관하여는 일본에서 종래부터 상속적 협동관계 파괴설(相續的 協同關係 破壞說)과, 개인법적 재산취득질서 파괴설(個人法的 財産取得秩序 破壞說)[7)] 및 이원설의 대립이 있다.[8)] 상속적 협동관계 파괴설은, 상

4) 조효서(2014) 참조.
5) 다섯 번째 경우는 엄밀히 말하여 상속결격이 아니라 피상속인의 의사에 의한 상속권 박탈에 해당한다.
6) 영국에 관하여는 Parry & Kerridge(2009), 340 ff.; 미국에 관하여는 모범유언검인법(Uniform Probate Code) §2-803 참조.
7) 위법이득설이라고 부르기도 한다.
8) 新注民 (26), 287 이하(加藤永一); 김유은(2011), 72 이하 참조.

속의 근거는 상속인과 피상속인을 연결하는 상속적 협동관계(윤리적·경제적 협동관계)에 있는데, 상속결격은 이러한 관계를 파괴 또는 침해한 데 대한 제재로 보는 견해이다. 개인법적 재산취득질서 파괴설은 상속인에 의한 재산취득의 측면을 중시하여, 상속결격은 그 취득질서를 교란시키고 위법하게 이득을 얻으려는 것에 대한 제재라고 한다. 이원설은 결격사유에 따라 상속결격제도의 근거를 달리 설명한다. 피상속인 또는 선순위나 동순위의 상속인에 대한 생명침해(본조 i, ii)의 경우에는 상속적 협동관계의 파괴에 대한 제재라고 보고, 피상속인의 상속에 대한 유언행위에 대한 위법한 간섭(본조 iii－v)의 경우에는 상속인이 상속법상 유리하게 되거나 또는 불리하지 않게 되려고 위법하게 간섭하는 행위에 대한 제재라고 한다. 이러한 견해의 대립은, 주로 상속결격의 효과가 발생하기 위하여 상속인이 될 자에게 상속결격사유에 해당하는 행위를 함에 있어 그 행위의 고의 이외에 "상속에 유리하다는 인식"이 필요한가 여부에 관하여 차이가 있다. 상속적 협동관계 파괴설은 이러한 인식은 필요하지 않다고 보는 반면, 개인법적 재산취득질서 파괴설은 이러한 인식이 필요하다고 본다. 이원설은 결격사유에 따라 나누어 본다.

우리나라에서는 주로 상속적 협동관계 파괴설[9]과 이원설[10]이 대립하고 있고, 이외에 개인법적 재산취득질서 파괴설[11]도 주장되고 있다.[12] 다른 한편 피상속인에 대한 비행행위와 피상속인 이외의 자 즉 상속분이나 상속순위에 영향을 줄 수 있는 사람에 대한 비행행위를 구분하여, 피상속인에 대한 상속인이 될 자의 비행행위는 상속적 협동관계 파괴에 대한 제재로 파악하고, 피상속인이 아닌 자에 대한 비행행위는 위법이득에 대한 제재로 파악하는 것이 타당하다는 견해도 있다.[13]

판례[14]는, 본조 i 의 결격사유인 "살해"에 관하여, '살해의 고의' 이외에 '상속에 유리하다는 인식'은 필요로 하지 아니한다고 하였다. 그 근거로는 우선

9) 박동섭, 477; 박병호, 308; 오시영, 519; 이경희, 397; 조승현, 347; 한봉희, 468 등.

10) 곽윤직, 40; 윤진수, 320; 오종근(1993), 284; 황경웅(2006), 94. 김주수·김상용, 658은 피상속인과 상속인이 될 사람 사이의 유대관계를 깨뜨리는 비행이 있는 자에게는 상속권을 인정해서는 안 된다는 것이 상속결격제도의 존재이유라고 하여 상속적 협동관계 파괴설과 같이 설명하면서도, 다른 한편 피상속인 등의 생명침해에 관한 사유는 상속인의 패륜행위 그 자체가 공익적·도덕적 견지에서 제재의 대상이 되는 반면, 피상속인의 유언에 관한 부정행위는 상속인이 위법하게 이득을 얻거나 또는 이득을 얻으려고 하는 것을 제재의 대상으로 하고 있다고 서술한다.

11) 김용한, 204.

12) 박정기·김연, 345는 두 가지 이유를 다 들고 있다.

13) 김유은(2011), 74~75.

14) 대법원 1992. 5. 22. 선고 92다2127 판결.

민법이 '상속에 유리하다는 인식'이 있어야 한다고까지는 규정하고 있지 않고, 직계존속도 피해자에 포함하고 있는데, 위 '직계존속'은 가해자보다도 상속순위가 후순위일 경우가 있으므로, 상속결격요건으로서 '살해의 고의' 이외에 '상속에 유리하다는 인식'을 요구하지 아니한다고 해석할 수밖에 없으며, 본조 ii는 '상해를 가하여 사망에 이르게 한 자'도 상속결격자로 규정하고 있는데, 이 경우에는 '상해의 고의'만 있으면 되므로, 이 '고의'에 '상속에 유리하다는 인식'이 필요 없음은 당연하다는 점을 들고 있다. 따라서 이 판결은 적어도 본조 i, ii에 관하여는 개인법적 재산취득질서 파괴설이 아니라 상속적 협동관계 파괴설의 입장에 서 있다고 할 수 있다.[15)]

참고로 독일에서의 논의를 살펴본다.[16)] 독일에서는 상속결격제도의 근거를 일반인의 도덕적인 법의식 또는 정의관념에서 찾는 견해가 있으나, 이에 대하여는 피상속인의 용서가 인정되는 것에서도 알 수 있는 것처럼,[17)] 일반인이 아니라 피상속인이 기준이 되어야 한다는 비판이 있다. 다른 견해는 상속인이 될 수 있는 자가 상속의 개시를 앞당기거나, 피상속인으로 하여금 법정상속 또는 사인처분에 의한 상속재산의 승계와는 다르게 하는 것을 막으려는 데 대한 대비라고 본다. 그러나 이 또한 피상속인의 살해는 상속법상의 지위 형성과 아무런 목적관련성이 없어도 상속권을 상실시킨다는 점에서 부당하다는 비판을 받는다. 또 다른 견해는, 유언의 자유를 가지는 피상속인의 존엄(Würde)를 침해하는 자는 상속결격(erbunwürdig)이 된다고 한다.[18)] 그러나 이에 대하여도 피상속인의 살해 또는 살인 미수는 생명과 신체를 침해하는 것으로서 특별히 유언의 자유를 행사하는 것을 막는 것은 아니며, 유언능력이 없는 사람도 보호하는 것이라는 비판이 있다. 그리고 상속결격제도는 행위자의 상속권을 상실시키려는 가정적인 피상속인의 의사(hypothetische Erblasserwille)를 지향하는 것이고, 상속결격사유는 반증 가능한 법률상의 추정이라고 할 수 있다는 견해가 있다.[19)] 그러나 이에 대하여도 상속인의 추정적 의사에 따른다면 피상속인의 신체, 명예나 재산을 고의로 중대하게 침해하는 자도 상속권을 상실시켰어야 할 것이

15) 한편 제주지방법원 2008. 7. 2. 선고 2007가단16556 판결은 본조 v의 "유언서의 은닉"에 관하여 이 판결을 인용하면서, 유언서의 은닉자가 은닉으로 인해 상속상 부당한 이익을 얻을 것이라는 목적까지 필요로 한다고 보기 어렵다고 하였다.

16) Münchener Komm/Helms, §2039, Rdnr. 2; Muscheler, Bd. 2, 1624 ff.; Staudinger/Olshausen, §2339 Rdnr. 4 ff.

17) 이에 대하여는 아래 Ⅲ. 2. 참조.

18) Muscheler, Bd. 2, 1626.

19) Münchener Komm/Helms, §2039 Rdnr. 2. 같은 취지, Staudinger/Olshausen, §2339 Rdnr. 6.

라는 비판이 있다.

생각건대 우리 민법상으로는 상속결격제도의 근거를 반드시 통일적으로만 이해할 수는 없고, 이원설과 같이 결격사유에 따라 다르게 이해함이 타당하다. 본조 i, ii와 나머지 iii－v는 그 성격을 달리한다. 즉 본조 i, ii는 피상속인이나 그와 밀접한 관계가 있는 사람에 대한 생명침해를 상속결격사유로 하는 것으로, 그 보호법익이 생명권이다. 반면 유언에 관한 나머지 사유는 그 보호법익이 피상속인의 유언의 자유이다. 두 가지의 위법행위에 대한 일반적인 비난가능성 자체에 차이가 있으므로, 두 가지를 똑같이 다룰 수는 없다. 생명침해가 결격사유인 경우에는 그 행위의 위법성 내지 비난가능성이 그 자체로 매우 크므로, 이러한 행위를 한 자는 이득을 얻으려는 의도가 있었는지와는 관계없이 상속인이 될 자격이 없다고 보아 상속권을 상실시켜야 할 것이다. 또한 판례가 설명하는 것처럼, 직계존속에 대한 살해나 살해의 미수 또는 상해치사를 결격사유로 들고 있는 것은 개인법적 재산취득질서 파괴설로는 설명할 수 없다.

반면 유언에 관한 나머지 결격사유는 위법성 내지 비난가능성이 매우 크다고는 할 수 없고, 다만 피상속인의 유언의 자유를 침해하는 점이 문제이므로, 부당한 이득을 얻으려는 점이 상속결격의 근거라고 보아야 할 것이고, 따라서 상속에 유리하다는 인식이 요구된다. 다만 실제로는 본조 iii, iv가 규정하고 있는, 사기나 강박으로 유언 등을 방해하거나 이를 하게 한 경우에는 이러한 인식의 유무가 크게 문제되지 않을 것이다. 상속에 유리하다는 인식 없이 사기 또는 강박으로 이러한 행위를 한다는 것은 생각하기 어렵기 때문이다. 그러므로 상속에 유리하다는 인식이 있었는가는 주로 본조 v가 규정하고 있는, 피상속인의 상속에 관한 유언을 위조·변조·파기 또는 은닉하는 행위에 관하여 주로 문제될 것이다. 그런데 이 경우에는 상속에 관한 유언을 위조·변조·파기 또는 은닉하는 것만으로 상속결격이 된다는 것은 상당히 엄한 제재를 가하는 것이므로, 적어도 상속에 유리하게 된다는 인식이 있어야만 상속결격이 된다고 보는 것이 균형에 맞는다. 그리고 여기서 말하는 상속에 유리하게 된다는 것은 반드시 행위자 자신의 상속에 관한 것뿐만 아니라, 다른 상속인에게 유리하게 된다는 것도 포함하는 것이라고 보아야 할 것이다.

한편 피상속인에 대한 상속인이 될 자의 비행행위는 상속적 협동관계 파괴에 대한 제재이고, 피상속인이 아닌 자에 대한 비행행위는 위법이득에 대한 제재라는 견해는, 판례가 말하듯이 상속과 직접 관련이 없는 직계존속의 살해나 상해치사도 상속결격사유에 해당한다는 점에서 받아들이기 어렵다.

다른 한편 독일의 학설이 말하듯이, 각 상속결격사유의 해석에 관하여 피상속인의 가정적 의사가 어떠한 것일까 하는 점도 고려되어야 한다. 뿐만 아니라 이는 피상속인의 용서가 허용되는가 하는 문제와도 관련이 있다. 이에 대하여는 아래 Ⅲ. 2. 참조.

4. 상속결격사유의 해석

상속결격은 일종의 민사벌(peine civile)이라고 할 수 있으므로, 상속결격사유에 해당하는지 여부의 해석은 엄격하게 하여야 하고, 유추에 의하여 상속결격사유를 확장하는 것은 허용되지 않는다고 보는 것이 일반적이다.[20] 그러나 법에 규정이 없지만 규정된 상속결격사유와 실질적으로 차이가 없고, 이를 상속결격으로 보지 않으면 평가모순이 생기는 경우에는 유추에 의하여 상속결격을 인정할 수 있을 것이다.[21] 가령 본조 ⅳ는 사기 또는 강박으로 피상속인의 상속에 관한 유언을 하게 한 것을 상속결격사유로 규정하고 있을 뿐, 사기 또는 강박으로 상속에 관한 유언을 철회하게 한 것은 상속결격사유로 규정하고 있지 않다. 그러나 사기 또는 강박으로 유언을 하게 한 것과, 사기 또는 강박으로 유언을 철회하게 한 것은 실질적으로 차이가 없고, 또 본조 ⅲ이 사기 또는 강박으로 유언을 방해한 것과 유언의 철회를 방해한 것을 똑같이 상속결격사유로 규정하고 있는 점에 비추어 보면, 사기 또는 강박으로 유언을 철회하게 한 것도 본조 ⅳ를 유추하여 상속결격사유에 해당한다고 봄이 타당하다. 아래 Ⅱ. 4. 참조.

헌법재판소 2018. 2. 22. 선고 2017헌바59 결정은, 민법이 피상속인에 대한 부양의무를 이행하지 않은 직계존속의 경우를 상속결격사유로 규정하지 않았다고 하더라도 이것이 다른 상속인의 재산권을 침해한다고 보기 어렵다고 하였다. 다만 아래 Ⅳ.에서 살펴보는 것처럼 이러한 사유는 입법론적으로 피상속인의 의사에 의한 상속권 박탈 사유로 인정할 필요가 있다.

이러한 상속결격사유는 상속인이 될 자 내지 상속인의 행위에 한정된다.

---

20) 곽윤직, 40; 신영호 · 김상훈, 329; 한봉희 · 백승흠, 469 등. 박동섭, 481은 민법에 규정되어 있는 상속결격사유는 제한적 열거라고 한다.

21) 윤진수, 320. Münchener Komm/ Helms, §2039 Rdnr.7; Staudinger/Olshausen, §2339 Rdnr. 21은, 새로운 상속결격사유를 창설하는 것은 허용되지 않지만, 개별적인 상속결격사유 내에서 독자적이고 엄격한 원리를 발견할 수 있는 한 확장해석이나 유추에 대한 의문이 있는 것은 아니라고 한다.

입법론적으로는 본조 i, ii의 직계존속에 대한 살해 또는 상해치사는 상속결격사유에서 제외하는 것이 바람직하다. 그리고 iii－v의 사유는 반드시 상속결격사유로 해야 하는지 의문이 있다. 비록 다른 나라에도 이를 상속결격사유로 인정하는 예가 있기는 하지만, 유언에 관하여 부정한 행위를 저질렀다면, 다른 구제수단에 의하여 구제를 받으면 그것으로 충분하고,[22] 상속권 자체를 상실시킬 필요가 있는가 하는 점이다.

Ⅱ. 개별적 상속결격사유

1. 제1호

제1호 사유는 고의로 직계존속, 피상속인, 그 배우자 또는 상속의 선순위나 동순위에 있는 자를 살해하거나 살해하려 한 것이다.

가. 피해자

(1) 직계존속

여기서 말하는 직계존속은 피상속인이나 상속의 선순위 또는 동순위에 있는 자 아닌 직계존속을 가리킨다. 상속과 직접 관련이 없는 직계존속의 살해 등을 상속결격사유로 하는 것은 다른 나라의 입법례에서는 찾기 어렵다. 그리고 직계존속의 의미에 관하여는 상속인이 될 자의 직계존속을 말한다는 견해[23]와 피상속인의 직계존속을 말한다는 견해[24]가 대립한다. 후설이 타당할 것이다. 그와 같이 보지 않는다면 자신의 직계존속을 살해한 자는 전혀 누구로부터도 상속을 받지 못하는 것이 되기 때문이다. 예컨대 자신의 외조부를 살해한 사람은 아버지로부터도 상속을 받지 못하게 되는 결과가 된다. 원래 상속결격은 특정의 피상속인과의 사이에서만 문제되는 것이므로,[25] 자신의 직계존속을 살해한 사람은 누구로부터든 상속을 받지 못한다는 것은 합리적이라고 할 수 없고,[26] 이는 상속결격사유는 엄격하게 해석하여야 한다는 점에 비추어 보

22) 예컨대 사기 또는 강박에 의하여 유언을 하게 하였다면 그 유언을 취소하면 된다.

23) 김주수·김상용, 661; 송덕수, 295; 이경희, 399. 곽윤직, 40도 상속인이 그의 직계존속을 살해하거나 살해하려고 한 것은 상속결격사유라고 한다.

24) 윤진수, 321; 지원림, 2056; 김유은(2011), 90~91; 양창수(1996), 143~144; 황경웅(2006), 96.

25) 김용한, 288; 박동섭, 482; 신영호·김상훈, 332; 윤진수, 327 등. Münchener Komm/Helms, §2039, Rdnr. 8; Staudinger/Olshausen, §2339 Rdnr. 22는 이를 상속결격의 상대성(Relativität der Erbunwürdigkeit)이라고 표현한다.

26) 그러나 김주수·김상용, 661; 송덕수, 299; 이경희, 399는 자신의 직계존속을 살해한 것은 누구에 대한 관계에서도 결격자가 된다고 한다.

아도 의문이다. 피상속인의 처지에 비추어 보아도, 예컨대 피상속인이 처와 이혼하여 장인과는 왕래가 전혀 없었는데, 자신의 아들이 외조부(피상속인의 장인)를 살해한 때에도 아들이 자신을 상속하지 못하게 된다는 것은 피상속인의 가정적 의사에 부합하지 않는다.[27]

(2) 피상속인

피상속인을 살해하거나 살해하려고 한 것을 상속결격사유로 하는 것은 보편적인 현상이다.

(3) 배우자

이는 피상속인의 법률상 배우자를 말한다.[28] 그러나 피상속인의 배우자는 언제나 선순위 또는 동순위의 상속인이므로, 굳이 피상속인의 배우자를 열거할 필요는 없을 것이다. 그런데 이는 직계존속의 배우자와 피상속인의 배우자를 모두 가리킨다고 하는 견해가 있다. 이에 따르면 할아버지의 후처를 살해한 뒤 아버지가 사망한 경우에는 아버지를 상속받지 못한다고 한다.[29] 이 견해는 어차피 결격사유에 상속과 무관한 직계존속을 추가한 것은 비도덕적인 패륜자의 상속을 인정하지 않으려는 것이므로, 직계존속의 배우자에 대하여 범죄를 포함시켜도 무방하고, 또 2011년 개정 전의 §140이 규정하고 있던 "무능력자, 하자있는 의사표시를 한 자, 그 대리인" 가운데 그 대리인을 무능력자와 하자있는 의사표시를 한 자 모두의 대리인으로 해석한 예가 있다는 점을 근거로 들고 있다. 그러나 상속결격사유의 해석은 엄격하게 하여야 할 뿐만 아니라, 상속순위와 관계없는 직계존속의 살해를 상속결격사유로 규정한 것 자체가 이례적인 입법이므로, 그와 같은 해석은 받아들이기 어렵다.[30]

(4) 선순위 또는 동순위의 상속인

예컨대 피상속인의 형제자매(제3순위의 상속인)가 피상속인의 배우자나 자녀(제1순위의 상속인)를 살해하는 것은 선순위의 상속인 살해이다. 그리고 형제자매 중 1인이 다른 형제자매를 살해하는 것은 동순위의 상속인 살해이다.

문제가 되는 것은 대습상속의 경우이다. 예컨대 A의 자녀인 B가 자신의 동생 C의 자녀인 D를 살해하였고, 그 후 C가 사망하고 이어서 A가 사망한 경

27) 박동섭, 482는 아버지를 살해한 사람이 아버지의 재산을 상속할 수는 없으나, 그 자녀의 재산을 상속받을 수는 있다고 하지만, 살인자의 아버지는 피상속인인 자녀의 직계존속이므로 자녀의 재산을 상속받을 수 없다.

28) 그러나 오종근(1993), 292는 피상속인의 사실상 배우자도 이에 해당한다고 한다.

29) 송덕수, 295~296.

30) 윤진수, 321.

우에 B는 A를 상속할 수 있는가? 이 경우에는 살해 당시에는 D는 A를 상속할 지위에 있지 않았는데, D가 살해되지 않았다면 C가 사망한 후에는 C를 대습하여 B와 함께 A를 상속할 수 있으므로, B와 동순위의 상속인이라고 할 수 있다. 이에 관하여는 동순위의 상속인을 살해한 것에 해당한다고 보는 견해와 상속결격사유에 해당하지 않는다는 견해가 대립한다. 전설은 특정인을 피상속인으로 하는 상속순위는 상속개시시에만 확정될 수 있기 때문에 상속의 선순위 또는 동순위자라 함은 상속개시 후의 상속의 선순위 또는 동순위자라고 해석해야 한다고 주장한다.[31] 반면 후설은 본조가 결격사유로서 피해자를 상속의 선순위나 동순위에 "있을 수 있는" 자라고 규정하고 있지 않고, 결격사유는 엄격하게 제한하여 해석하여야 한다는 점, 행위시에는 상속결격에 해당하지 아니하였던 비행을 사후에 상속결격에 해당하는 비행이라고 판단하는 것은 비행자에게 지나친 불이익을 주게 되는 점, 위와 같은 사안에서 C의 사망이라는 우연한 사정에 의하여 상속결격여부가 결정되는 것은 B의 비행에 대한 제재라는 본호의 취지에 맞지 않으므로 비행당시를 기준으로 결격자에 해당하는지 여부를 판단하여야 할 것이라고 주장한다.[32]

생각건대 본호의 사유는 상속적 협동관계 파괴설의 입장에서 위법한 행위 그 자체에 대한 제재라고 본다면, 상속결격에 해당하는지 여부는 상속개시시를 기준으로 하여 판단하여야 하고, 가해자의 상속 여부에 관한 주관적 인식은 고려할 필요가 없으므로 위의 사례는 상속결격에 해당한다고 봄이 타당하다.[33]

또한 포괄적 유증을 받은 포괄적 수유자는 본래의 의미에서의 선순위 또는 동순위자는 아니지만 상속인과 동일한 권리의무를 가지므로(§1078), 여기에 해당한다.[34] 다만 피해자가 아직 포괄적 유증을 받지 않은 상태에서 그를 살해하려고 하였으나 미수에 그쳤는데, 그 후 피해자가 포괄적 유증을 받았다면 이는 상속결격사유에 해당하지 않는다고 보아야 할 것이다. 아래에서 설명하는 것처럼, 본조 ⅰ, ⅱ의 경우에는 피해자의 신분에 대한 인식은 있어야 하기 때

31) 김유은(2011), 93. 다만 이 설은 피상속인 이외의 자에 대한 살해는 상속상의 이득을 목적으로 살해하려고 하였다는 이중고의가 존재하는 경우에 한하여 상속결격이 된다고 한다. 위 논문 100 이하.

32) 황경웅(2006), 98 이하. 그러나 비행당시 피대습자가 피상속인보다 먼저 사망할 가능성이 확실한 경우와 같이, 비행당시에는 후순위라고 하더라도 가까운 시일내에 동순위될 것이 거의 확실시되는 경우에는 그 대습상속인이 될 자를 피대습자와 같은 지위에 있는 것으로 취급하는 것이 타당하다고 한다.

33) 같은 취지, 新注民(26), 292~293(加藤永一).

34) 김유은(2011), 98; 황경웅(2006), 104~105 등.

문이다.

선순위 또는 동순위의 상속인으로서 문제가 되는 경우로서 태아가 있는데, 이에 대하여는 아래 나. (1)에서 살펴본다.

나. 살해 또는 살해하려고 한 것

(1) 살해

여기서 말하는 살해는 형법상의 살인죄를 말한다. 그러므로 살인, 존속살인(形 §250), 영아살해(形 §251), 위계 등에 의한 촉탁살인 등(形 §253)은 모두 이에 해당한다. 정범인가 교사, 방조 등의 공범인가도 묻지 않는다. 또 살해하려고 한 것도 상속결격사유이므로 위 각 죄의 미수(形 §254)나 예비, 음모(形 §255)도 포함된다.

촉탁, 승낙에 의한 살인(刑 §252 ①)과 자살의 교사, 방조(刑 §252 ②)도 이에 해당한다고 보는 견해가 많다.[35] 그러나 피해자의 죽음이 그의 의사에 기한 것이었을 때에는 이에 관여하였다는 것만으로 상속결격을 인정하는 것은 지나치다. 앞에서 언급한 것처럼, 상속결격사유를 해석함에 있어서는 피해자의 의사를 고려하지 않으면 안 되는데, 피해자의 의사가 자신의 죽음을 도운 자의 상속권까지 박탈하려고 하였을 것이라고는 생각되지 않는다.[36][37]

낙태는 어떠한가? 대법원 1992. 5. 22. 선고 92다2127 판결은 이 또한 상속결격사유에 해당한다고 보았다. 이 사건의 원심은 낙태를 한 피상속인의 처가 그 범행으로 말미암아 자신이 재산상속에 유리하게 된다는 인식이 없었다는 이유로 상속결격이 아니라고 하였으나, 대법원은 '살해의 고의' 이외에 '상속에 유리하다는 인식'은 필요로 하지 아니한다고 하여 상속결격을 인정하였다.

학설로서는 이 판례에 찬성하는 견해가 많다.[38] 그 주된 근거는 "태아는 상속순위에 관하여는 이미 출생한 것으로 본다"는 §1000 ③의 규정이다. 그러

---

35) 곽윤직, 40; 김용한, 287; 김주수 · 김상용, 651; 박병호, 309; 배경숙 · 최금숙, 534; 송덕수, 296; 신영호, 343; 오시영, 520; 조승현, 347~348; 지원림, 2056; 황경웅(2006), 95.

36) 윤진수, 321; 이경희, 397; 김유은(2011), 77~78; 오종근(1993), 293. 양창수(1996), 143 주 14)는 자살의 교사나 방조 또는 촉탁살인도 상속결격사유로 해석하는 태도에 대하여 의문이 전혀 없는 것은 아니라고 한다.

37) 독일에서는 촉탁살인(독일 형법 §216)은 상속결격사유에 해당하지 않는다고 보는 것이 일반적이다. 그 근거로는 상속결격의 용서(독일 민법 §2343)가 적용 또는 유추적용된다고 하거나, 목적론적 축소(teleologische Reduktion)에 해당한다고 설명한다. Münchener Komm/Helms, §2039, Rdnr. 13; Staudinger/Olshausen, §2339 Rdnr. 30 참조. 일본에서는 자살관여죄나 촉탁, 승낙에 의한 살인죄도 상속결격사유에 해당한다고 보지만, 일본 민법 §891 i 은 "살해"가 아니라 "사망에 이르게 한 것"을 상속결격사유로 들고 있다.

38) 김용한, 287; 김주수 · 김상용, 658; 박병호, 309; 배경숙 · 최금숙, 534; 송덕수, 296; 신영호 · 김상훈, 329; 오시영, 520; 이성룡(1992), 123 이하; 황경웅(2006), 100 이하.

나 낙태는 상속결격사유에 해당한다고 볼 수 없다. 우선 상속결격제도의 해석은 엄격하게 하여야 하는데, 형법상으로는 낙태죄(刑 §269)는 살인죄와는 별도의 장에 규정되어 있어서 살인죄와 동일하게 취급할 수 없다. 뿐만 아니라 태아가 상속에 관하여 출생한 것으로 본다는 것은 어디까지나 살아서 출생한 것을 전제로 하는데, 정지조건설에 의하면 낙태된 경우는 조건이 성취되지 않았으므로 태아가 동순위나 선순위의 상속인은 되지 않으며, 해제조건설에 의하더라도 낙태에 의하여 해제조건이 성취되었으므로 태아는 소급하여 권리능력 내지 상속능력을 취득하지 못하게 되고, 따라서 태아가 동순위나 선순위의 상속인이 될 수는 없다.[39]

이에 대하여 긍정설은, '살해'의 의미를 '형법상의 살인죄의 구성요건에 해당하는 것'이라고 보기보다는 '고의로 생명을 침해하는 행위'라는 의미로 보아야 하고, 부정설은 태아를 보호하기 위하여 둔 규정인 §1000 ③의 취지에 맞지 않으며, §1000 ③은 태아가 권리와 의무의 주체로 될 수 있느냐에 관한 문제인데 반하여, 상속결격에서의 태아의 지위는 보호대상으로서의 지위에 관한 것이므로 §1003 ③의 태아의 지위와 관련한 해석론이, §1004를 해석함에 있어 그대로 적용하기는 어렵고, 태아를 낙태한 행위가 선순위나 동순위에 있는 자연인을 살해한 행위보다 사회윤리적 도덕적 비난의 정도가 낮다고 볼 수 없다고 한다.[40] 그러나 낙태가 과연 생명을 침해하는 행위라고 할 수 있는지 의문이고, 긍정설의 근거는 §1000 ③이므로, §1000 ③의 해석론은 §1004를 해석함에 있어서 당연히 전제가 되어야 한다. 또 낙태죄에 대한 형사법적 취급은 살인죄와 비교하여 훨씬 가벼우므로, 위와 같은 긍정설의 논거는 설득력이 없다.[41]

다. 고의, 위법성, 책임능력

본조 i에 해당하기 위하여는 살인의 고의가 있어야 한다. 따라서 살인의

39) 윤진수, 321~322; 이경희, 397~398; 김유은(2011), 104 이하; 박병호(1994), 582 이하; 오종근(1993), 293 이하; 윤진수(2011), 495~496. 박병호(1994), 582 이하는 피상속인이 생존중인 때에 낙태를 한 경우는 그 태아는 상속을 전제로 하는 선순위자나 동순위자가 아니므로 결격사유가 되지 않고, 또 본조 i의 사유는 반드시 상속개시전에 존재해야 하므로 상속개시 후의 낙태도 상속결격사유가 아니라고 한다. 조승현, 348은 태아의 상태가 3개월 미만이고, 재산상속에 있어서 유리하게 된다는 인식 없이 태아를 낙태한 자를 상속결격자로 보는 것은 타당하지 않다고 한다.

40) 황경웅(2006), 100 이하.

41) 일본에서는 낙태도 상속결격사유에 해당한다고 보는 것이 일반적인 견해이다. 그러나 일본 민법 §891 i는 "살해"가 아니라 "사망에 이르게 하거나 사망에 이르게 하려고 했기 때문에 형에 처해진 자"를 상속결격자로 규정하고 있으므로 해석의 폭이 우리 민법보다는 넓을 뿐만 아니라, 낙태는 대부분 집행유예의 선고를 받는데, 집행유예의 선고를 받는 것은 형에 처해진 것으로 해석하지 않기 때문에 결격이 되지 않는다고 한다. 新注民(26), 293~294 (加藤永一) 참조.

고의가 없는 상해치사의 경우에는 본조 ii에 해당할 수는 있어도 i에는 해당하지 않는다. 그런데 여기서 피상속인의 살해에 대한 고의 외에 살해행위로 인하여 상속상 유리하게 된다는 인식까지 필요한지(이른바 이중의 고의)가 문제될 수 있으나, 본호의 상속결격의 근거를 상속적 협동관계를 파괴한다는 점에서 찾는다면 이러한 인식은 필요하지 않다고 보게 될 것이다(위 I. 3. 참조).

다른 한편 행위자가 피해자의 신분은 알고 있어야 한다. 따라서 외디프스 왕처럼 자신의 부모인 줄 모르고 살해한 경우에는 상속결격에 해당하지 않는다.[42)]

또한 살해나 살해하려고 한 행위가 위법한 것이어야 한다. 따라서 강요된 행위(刑 §12), 정당행위(刑 §20), 정당방위(§761 ①, 刑 §21 ①) 또는 긴급피난(§761 ②, 刑 §22 ①)[43)]에 해당하는 경우에는 상속결격이 되지 않는다. 그리고 행위자에게 책임능력이 없었다면(刑 §10 ① 참조) 역시 상속결격이라고 할 수 없다.[44)]

라. 기타

외국의 입법례 가운데에는 위와 같은 행위로 인하여 처벌받을 것을 요건으로 하는 것들이 있으나, 민법은 그러한 것은 요구하지 않는다. 또한 본호의 상속결격사유인 살해 또는 살해하려고 한 것은 상속개시시까지 행해져야 하며, 상속개시 후에 행해진 것은 상속결격사유가 되지 못한다.

2. 제2호

제2호의 사유는 고의로 직계존속, 피상속인과 그 배우자에게 상해를 가하여 사망에 이르게 한 것이다. 피해자는 직계존속, 피상속인과 그 배우자이다. 그 의미는 i와 같다. i과는 달리 상속의 선순위나 동순위에 있는 자는 포함되지 않는다.

행위는 상해치사이어야 하므로, 과실치사는 해당되지 않는다. 이 경우에 상해의 고의가 있으면 되고, 상속에 유리하게 된다는 인식은 필요로 하지 않는다. 그 외에 위법성, 책임능력 등이 있어야 한다는 것은 i와 마찬가지이다. 한편 피상속인 이외의 경우에는 상해행위가 상속개시 전에 있으면, 치사의 결과

42) 김주수·김상용, 658; 오시영, 520; 윤진수, 321; 이성룡(1992), 127; 황경웅(2006), 97 등. 김유은(2011), 80은 우리나라에 반대취지의 견해가 있는 것처럼 소개하고 있으나, 여기서 인용하고 있는 문헌들이 피해자의 신분에 대한 인식은 필요하지 않다는 취지로 보이지는 않는다. 다만 김유은(2011), 80~81은 피해자가 피상속인인 경우에 한하여는 피해자가 피상속인이라는 인식은 필요하지 않다고 주장한다.

43) 긴급피난이 위법성 조각사유인가 책임조각사유인가에 관하여는 논의가 있다.

44) 그러나 심신미약자의 행위는 상속결격에 해당한다. Münchener Komm/Helms, §2339 Rdnr. 11. 참조.

는 상속개시 전이건 후이건 묻지 않는다.

3. 제3호

본호는 사기 또는 강박으로 피상속인의 상속에 관한 유언 또는 유언의 철회를 방해하는 것을 상속결격사유로 들고 있다.

민법이 정하는 유언을 할 수 있는 유언사항으로는 가족관계에 관한 사항{친생부인(§850), 인지(§859), 미성년후견인의 지정(§931 ①), 미성년후견감독인의 지정(§940-2)}, 재산의 처분에 관한 사항{유증(§1074 이하), 재산법인의 설립을 위한 재산의 출연(§47 ②)}, 상속재산의 분할방법의 지정 또는 위탁 및 분할의 금지(§1012)}, 유언집행자의 지정 또는 위탁(§1093)이 있다. 민법 외에도 신탁의 설정(信託 §3 ① ii)과 같이 유언으로 할 수 있는 사항이 있다. 그런데 이러한 유언사항은 미성년후견인을 지정하는 유언(931조 1항)과 미성년후견감독인을 지정하는 유언(940조의2)을 제외하고는 상속에 직접 또는 간접으로 영향을 미친다. 따라서 법률적으로 의미 있는 유언은 위 두 경우를 제외하고는 거의 모두가 이에 해당한다.

유언을 하는 것을 방해하는 것에는 유언 그 자체를 하지 못하게 하는 것뿐만 아니라, 특정한 내용의 유언을 하지 못하게 하는 것도 포함한다.[45] 그리고 유언의 철회를 방해하는 경우[46]에는 유언은 유효한 것이라야 한다. 무효인 유언을 철회하는 것은 별다른 의미가 없기 때문이다.[47][48] 그러나 무효인 유언을 유언자가 유효하게 하려는 것을 막는 것은 유언을 하는 것을 방해하는 것으로서 결격사유에 해당한다.[49]

방해는 사기 또는 강박에 의한 것이어야 한다. 그러므로 사기나 강박의 고의가 있어야 한다. 나아가 이론적으로는 상속에 유리하다는 인식이 있어야 하지만, 실제로 상속에 유리하다는 인식이 없었다는 이유로 상속결격에 해당하지 않는다는 경우는 거의 없을 것이다(위 Ⅰ. 3. 참조). 작위뿐만 아니라 부작위에 의

45) Münchener Komm/Helms, §2339 Rdnr. 19; Staudinger/Olshausen, §2339 Rdnr. 33.

46) 그런데 오병철(2010), 203은 "사기 또는 강박으로 피상속인의 상속에 관한 유언의 철회를 하게 한 자"가 본호에 해당한다고 하나, 수긍하기 어렵다. 이는 본조 iv의 유추 적용에 의하여 해결해야 한다. 아래 4. 참조.

47) 윤진수, 324.

48) 곽윤직, 42; 김주수·김상용, 659; 송덕수, 298; 신영호·김상훈, 331; 한봉희·백승흠, 471는 본호의 유언 전반에 관하여 유효한 유언이라야 한다고 설명한다. 그러나 독일의 학설 가운데에는 피상속인이 의도하였던 유언이 무효로 되었을 것이라고 하는 사정은, 사인처분의 결과보다는 행위 자체가 중요하므로, 고려될 필요가 없다는 것이 있다. Münchener Komm/Helms, §2339 Rdnr. 23 등.

49) 新注民(26), 301(加藤永一).

한 방해도 가능하다. 작위에 의한 방해의 예로서는 구수증서에 의한 유언(§1070조)을 한 경우에 증인으로 하여금 구수(口授)와는 다르게 필기하게 한 경우나, 피상속인이 유언의 철회를 위하여 유언증서의 파기를 위탁하였는데 이를 몰래 보관한 경우를 들 수 있다.[50] 부작위에 의한 방해의 예로는, 피상속인이 공정증서에 의한 유언(§1068)을 하고자 하는데 공증인과 연락을 하지 않은 경우를 들 수 있다.[51]

나아가 사기 또는 강박으로 인하여 상속개시시까지 실제로 유언이나 유언의 철회가 행하여지지 않았어야 한다.[52] 방해행위가 있었어도 그 후 피상속인이 유언이나 유언의 철회를 할 수 있는 상태를 회복하였으면 위 규정의 적용이 없다.[53]

4. 제4호

본호는 사기 또는 강박으로 피상속인의 상속에 관한 유언을 하게 한 자를 상속결격자로 규정하고 있다. 여기서 상속에 관한 유언의 의미는 iii와 같다. 사기나 강박의 고의가 있어야 하고, 나아가 상속에 유리하다는 인식이 있어야 한다는 것도 마찬가지이다.

독일에서는 부정한 행위를 한 배우자가 이 사실을 타방 배우자에게 알리지 아니하여 상대방으로 하여금 자신에게 유리한 유언을 하게 한 경우가 사기에 해당하는가가 문제되었다. 현재의 학설과 판례는, 원칙적으로는 부정한 배우자에게 자기의 부정행위에 대한 고지의무가 없다는 이유로 이를 부정하고, 따라서 예컨대 부정행위가 오래 전에 있었다면 이를 알리지 않은 것은 상속결격사유가 아니지만, 예외적으로 계속적인 부정행위를 하였고, 상대방 배우자가 자신의 충실을 신뢰하여 유언을 하였음을 알았으면서도 부정행위에 대하여 침묵을 지켰다는 등의 특별한 사정이 있는 경우에는 상속결격이 된다고 본다.[54]

여기서의 유언은 유효한 것이어야 하고, 무효인 유언을 하게 하는 것은 상

---

50) 김주수·김상용, 660; 윤진수, 324.
51) Münchener Komm/Helms, §2339 Rdnr. 22.
52) 곽윤직, 43; 김주수·김상용, 660; 윤진수, 324.
53) 윤진수, 324; 김유은(2011), 111. 그러나 오병철(2010), 199 이하는 유언의 철회를 하게 하는 경우에는 일단 철회행위를 하게 함으로써 방해행위는 기수가 되고, 피상속인이 다시 유언을 하는가의 여부는 이미 성립된 상속결격에 아무런 영향을 미치지 못한다고 주장한다. 같은 취지, 新注民(26), 303(加藤永一).
54) Muscheler, Bd. 2, 1635~1636; Münchener Komm/Helms, §2339 Rdnr. 26; Staudinger/Olshausen, §2339 Rdnr. 39; BGHZ 49, 155, 158 등. 다만 Helms는 위 판결의 결론에는 찬성하지 않는다.

속결격사유에 해당하지 않는다.[55)]

사기 또는 강박에 의한 유언은 취소할 수 있는데(§110), 유언이 취소되더라도 여전히 상속결격이 되는가? 이를 긍정하는 것이 일반적이다.[56)] 그 이유는 취소의 유무라는 우연한 사실에 의하여 결격사유의 존부를 좌우하는 것은 적당하지 않으며, 제도의 취지에 맞지 않기 때문이라고 한다.[57)58)]

다른 한편 본호는 사기 또는 강박으로 인하여 유언을 하게 한 경우만을 규정하고, 유언을 철회하게 한 경우는 상속결격사유로 하고 있지 않다. 그러나 독일, 스위스, 오스트리아, 일본 등 여러 입법례에서는 사기 또는 강박에 의하여 유언을 하게 한 경우뿐만 아니라 유언을 철회하게 한 경우도 상속결격사유로 규정하고 있다. 이는 본조 iii가 유언의 철회를 방해하는 것도 상속결격사유로 규정하고 있는 것과도 균형이 맞지 않는다. 유언의 철회가 다른 유언에 의하여 이루어졌다면 이때에는 본호가 그대로 적용될 수 있겠지만, 생전행위에 의하여 유언이 철회된 때(§1108 ①)에는 본호가 직접 적용될 수는 없다. 그러므로 이처럼 사기 또는 강박에 의하여 유언이 철회된 때에는 본호를 유추하여 상속결격사유가 된다고 해석하여야 할 것이다.[59)]

---

55) 신영호 · 김상훈, 331. 다른 국내의 문헌 가운데 이 점을 명시적으로 언급한 것은 찾기 어렵고, 다만 iii의 요건에 준하여 생각하면 된다고 하는 것이 일반적이다. 곽윤직, 43; 김주수 · 김상용, 660 등. 그러나 독일의 통설은, 이 경우의 사인처분(Verfügung von Todes wegen)은 유효한 것이어야 하고, 다만 강박이 이른바 절대적 폭력(vis absoluta)에 해당하여 무효인 때에는 상속결격이 된다고 하나, 이 경우에도 상속결격이 되지 않는다는 반대설도 있다. Münchener Komm/Helms, §2339 Rdnr. 24 참조.

56) 김주수 · 김상용, 660; 박병호, 310; 송덕수, 298.

57) 김주수 · 김상용, 660. 일본에서도 이와 같이 보는 것이 통설인데, 그 이유는 유언이 취소되면 상속재산을 취득할 수 있고, 취소되지 않으면 상속재산을 취득하지 못하는 것은 권형(權衡)을 잃는 것이기 때문이라고 한다. 新注民(26), 304(加藤永一). 그러나 김유은(2011), 116은 추정상속인으로부터 사기를 당하여 유언을 하였거나 또는 강박으로 인하여 어쩔 수 없이 원하지 않는 유언사항을 포함한 유언을 하였다고 하여도 사기나 강박상태에서 벗어난 피상속인이 그러한 비행행위가 있었음에도 불구하고 추정상속인이 자신의 사후 상속인으로 되길 원한다면 사기 또는 강박으로 이루어진 유언을 취소함으로서 비행행위를 한 추정상속인의 상속권을 보장해 줄 수 있는 기회를 주는 것이 옳다고 주장한다.

58) 독일 민법 §2339 ②는 본조 iv, v에 상응하는 §2339 ① iii, iv에 관하여, 상속 개시 전에 사인처분이 무효로 되거나, 실효되게 한 처분이 무효로 된 때에는 상속결격이 되지 않는다고 규정하고 있다. 이 규정의 근거는, 행위자의 행위와 상속 사이에 인과관계가 없고, 그 행위에 의하여 피상속인의 의사가 불확실해졌다는 것이 더 이상 타당하지 않게 되었다는 점이다. 그러나 이 규정에 대하여는, 그럼에도 불구하고 피상속인이 그러한 행위가 없었더라면 어떻게 유언하였을 것인지가 명확하지 않을 수 있으므로 입법론적으로는 문제가 있다는 비판이 많다. Münchener Komm/Helms, §2339 Rdnr. 30; Staudinger/Olshausen, §2339 Rdnr. 52 참조.

59) 윤진수, 325. 그러나 오병철(2010), 203~204는 이러한 행위가 iii에 의하여 상속결격사유가 된다고 본다.

5. 제5호

본호는 피상속인의 상속에 관한 유언서를 위조·변조·파기 또는 은닉한 것을 상속결격사유로 규정한다.

가. 유언서

본호는 '유언서'라고만 하여 서면에 의한 유언만을 지칭하는 것처럼 보이지만, 녹음에 의하여 유언을 한 경우(§1067)의 유언녹음대도 포함된다.[60] 유언의 변조·파기 또는 은닉의 경우에는 원칙적으로 유언이 유효해야만 한다. 방식위반으로 무효인 유언에 대하여 이러한 행위를 한 경우에는 상속에 관하여 영향을 미칠 우려가 없기 때문이다.[61] 그러나 무효인 유언을 변조하여 유효하게 하는 것은 유언의 위조에 해당하여 상속결격사유가 될 것이다. 다만 이 경우에는 행위자에게 유언에 유리하게 된다는 인식이 없었다거나 또는 상속인의 의사를 실현하기 위한 것이었다는 이유로 결과적으로 상속결격이 아니라고 볼 여지가 있다. 이에 대하여는 아래 다. 참조.

나. 위조 · 변조 · 파기 또는 은닉

위조란 상속인이 피상속인 명의로 유언을 작성하는 것을 말한다. 자필유언증서를 위조하는 경우뿐만 아니라, 피상속인이 공정증서 유언을 할 수 없는 상태인데도 공정증서 유언을 한 것처럼 만든 경우도 포함한다.[62] 변조란 상속인이 이미 작성된 유언의 내용에 변경을 가하는 것을 말하고, 파기란 상속인이 이미 작성된 유언의 효력을 물리적으로 소멸시키는 것을 말한다. 따라서 찢어 버리는 것뿐만 아니라 그 내용을 알아볼 수 없을 정도로 개칠(改漆)하는 경우나, 전에 작성한 유언서의 날짜를 후에 작성한 유언서의 날짜 이후로 고침으로써 후에 작성한 유언서가 철회된 것처럼 보이게 하는 경우도 파기에 해당한다.[63] 끝으로 은닉이란 유언을 발견할 수 없는 상태에 두는 것을 말한다. 대법원 1998. 6. 12. 선고 97다38510 판결은, 이를 유언서의 소재를 불명하게 하여 그 발견을 방해하는 일체의 행위를 한 것으로 해석하면서, 공동상속인들 사이

60) 윤진수, 325.

61) 김유은(2001), 120. 같은 취지, 곽윤직, 43; 신영호 · 김상훈, 331.

62) 윤진수, 325; 김유은(2011), 119; 新注民(26), 305(加藤永一). 푸치니(Puccini)의 오페라 잔니 스키키(Gianni Schicchi)에서 잔니 스키키는 이미 죽은 사람을 가장하여 공증인을 불러 죽은 사람의 공정증서 유언을 작성하게 한다. 이 이야기의 유래는 단테(Dante)의 신곡(La Divina Comedia)이라고 한다.

63) 윤진수, 325; 김유은(2011), 119; 新注民(26), 305(加藤永一).

에 그 내용이 널리 알려진 유언서에 관하여 피상속인이 사망한 지 6개월이 경과한 시점에서 비로소 그 존재를 주장하였다고 하여 이를 두고 유언서의 은닉에 해당한다고 할 수 없다고 하였다. 그리고 제주지방법원 2008. 7. 2. 선고 2007가단16556 판결[64]은, 은닉은 단순히 유언서의 존재 또는 소재를 적극적으로 고지하지 아니하는 것만으로는 부족하고, 유언서의 소재를 불명하게 한다는 점에 대한 고의 또는 은닉자에게 그러한 고의가 있었음을 추단케 하는 객관적 정황이 있어야 한다고 보았다.

위조 등의 행위가 상속 개시 전에 있은 경우뿐만 아니라, 상속 개시 후에 있은 경우에도 상속결격사유에 해당한다.[65]

상속인이 유언서를 변조하는 등의 행위를 한 후에 피상속인이 그 유언을 철회한 때에는 상속에 관하여 영향을 줄 염려가 없기 때문에 상속결격에 해당하지 않는다는 견해가 있다.[66] 그러나 이 경우에도 사기 또는 강박에 의한 유언이 취소된 경우와 마찬가지로 여전히 상속결격사유에 해당한다고 보아야 할 것이다.[67]

유언의 위조 등의 미수는 형법상으로는 처벌되지만(刑 §235), 상속결격사유에는 해당하지 않는다.[68] 본호가 "피상속인의 상속에 관한 유언서를 위조·변조·파기 또는 은닉한 자"라고 하여 위조·변조 등의 결과가 발생하였을 것을 전제로 하고 있기 때문이다.[69]

다. 고의

본호의 위조 등은 고의에 기한 것이어야 하고, 과실에 기한 것은 포함되지 않는다. 그리고 상속결격제도의 근거에 관한 이원설의 입장에 설 때에는 상속에 유리하다는 인식도 있어야 한다.

이 문제에 관하여 독일과 일본에서의 논의를 살펴본다.[70] 독일에서는 행위자가 무효인 유언을 유효한 것처럼 만듦으로써 피상속인의 진정한 의사를

---

64) https://casenote.kr/%EC%A0%9C%EC%A3%BC%EC%A7%80%EB%B0%A9%EB%B2%95%EC%9B%90/2007%EA%B0%80%EB%8B%A816556.

65) 김주수·김상용, 661; 윤진수, 303; 김유은(2011), 139; 황경웅(2006), 111; Münchener Komm/Helms, §2339 Rdnr. 29.

66) 김주수·김상용, 660; 박병호, 310

67) 위 4. 참조. 같은 취지, 송덕수, 298.

68) 윤진수, 325~326.

69) 독일에서는 이 문제에 관하여 학설상 다툼이 있다. Staudinger/Olshausen, §2339 Rdnr. 49 등. 그러나 독일 민법은 본호에 해당하는 상속결격사유로서 독일 형법 §§267, 271~274까지를 열거하고 있고, 이 규정들은 모두 미수처벌조항을 포함하고 있기 때문에, 우리나라와는 차이가 있다.

70) 김유은(2011), 123 이하가 독일과 일본의 판례를 상세하게 소개하고 있다.

실현시키려고 한 경우에 상속결격이 되는가에 관하여, 과거의 판례는 이는 상속결격사유가 되지 않는다고 보았으나,[71] 현재의 판례는 이러한 경우에 상속결격사유가 아니라고 보면 위조를 조장할 위험이 있다고 하여 이 또한 상속결격사유라고 보고 있다.[72] 이에 관하여는 학설상 다툼이 있다.[73]

일본 최고재판소 1981(昭和 56). 4. 3. 판결[74]은, 일본 민법 §891 iii－v의 취지는 유언에 관하여 현저히 부당한 간섭행위를 한 상속인에 대하여 상속인의 자격을 상실시키는 민사상의 제재를 과하려는 데 있는 점에 비추어 보면, 상속에 관한 피상속인의 유언서가 그 방식을 결여해서 무효인 경우 또는 유효한 유언서에 관하여 행한 정정이 그 방식을 결여해서 무효인 경우에 상속인이 그 방식을 구비하게 하여 유효한 유언서의 외형 또는 유효한 정정으로서의 외형을 만들어내는 행위는 유언서의 위조 또는 변조에 해당하지만, 상속인이 유언자인 피상속인의 의사가 실현되게 하기 위하여 그 법형식을 갖추는 취지에서 위 행위를 하였음에 지나지 않은 경우에는 상속결격에 해당하지 않는다고 하였다. 그리고 최고재판소 1997(平成 9). 1. 28. 판결[75]은, 상속인이 상속에 관한 피상속인의 유언서를 파기 또는 은닉한 경우에, 상속인의 위 행위가 상속에 관하여 부당한 이익을 목적으로 하는 것이 아닌 때에는, 이를 유언에 관한 현저히 부당한 간섭행위라고 할 수 없으므로 상속인은 상속결격자에 해당하지 않는다고 하였다.

결론적으로 본호에 해당하여 상속결격이 되기 위하여는, 위조 등의 행위에 대한 고의뿐만 아니라, 그로 인하여 자신이나 다른 상속인의 상속에 유리하게 된다는 점에 대한 인식(이른바 이중의 고의)이 필요하다고 보아야 할 것이다. 그리고 피상속인의 의사를 실현하기 위하여 그러한 행위를 하였다면 이는 상속에 유리하게 된다는 점에 대한 인식이 없는 전형적인 경우에 해당하고,[76] 그 외에도 상속에 유리하게 된다는 점에 대한 인식이 없는 경우에는 상속결격이 아니라고 보아야 할 것이다.[77] 예컨대 자신에게 유리한 유언을 은닉한 경우에

71) 독일제국법원(Reichsgericht, RG) 1909. 11. 18. 판결(RGZ 72,207).

72) 독일연방대법원(Bundesgerichtshof, BGH) 1969. 10. 20. 판결(NJW 1970,197).

73) Münchener Komm/Helms, §2039, Rdnr. 13; Staudinger/Olshausen, §2339 Rdnr. 51 참조.

74) 民集 35－3, 431.

75) 民集 51－1, 184.

76) 그러나 김유은(2011), 138은 본호에서 규정하는 상속결격사유는 피상속인에 대한 비행행위가 아니고 따라서 피상속인의 의사는 결격인지 아닌지를 판단할 때 고려요소가 될 수 없다고 한다.

77) 그렇지만 Münchener Komm/Helms, §2039, Rdnr. 13은 피상속인의 명시적 또는 추정적인 동의는 고려되어야 하고, 동의의 요건이 결여되었을 때에도 착오에 의하여 책임이 배제될 수 있으나, 행위자가 존중할 만한 동기를 가졌다거나 또는 자신이나 타인의 이익을 위하여 행동하였는

는 상속결격에 해당하지 않을 것이다.[78][79]

Ⅲ. 상속결격의 효과

1. 상속권의 상실

상속결격 사유가 있는 상속인이 될 자는 법률상 당연히 상속에서 배제되고, 독일 민법과 같이 상속결격에 관한 재판이 있어야 하는 것은 아니다. 그리고 ii의 경우에 상해행위는 상속개시 전에 있었으나, 사망의 결과는 상속개시 후에 발생한 때라든지, v의 경우에 상속개시 후에 유언의 위조 등이 있은 때에는 일단 유효하게 개시된 상속이 소급하여 무효로 된다. 따라서 그가 상속결격이 아니었다면 공동상속하였을 것인 때에는 다른 공동상속인의 상속분이 증가하고, 단독상속하였을 것인 때에는 다음 순위자가 상속인이 된다. 또한 상속결격은 대습상속의 사유도 된다(§1001). 상속결격자는 유류분도 가지지 못한다.

상속결격의 효과는 상대적이므로, 특정한 피상속인과 결격자에게만 미친다. 다만 본조 i의 "직계존속"을 상속인의 직계존속으로 이해하는 학설은, 자신의 직계존속을 살해한 사람은 누구로부터도 상속을 받지 못한다고 한다.[80]

상속결격자로부터 상속재산을 양수한 제3자는 달리 선의취득 등의 요건을 갖추지 않는 한 유효하게 상속재산을 취득할 수 없다.[81]

2. 상속결격의 용서

외국의 입법례는 상속결격사유가 있는 경우에도 피상속인이 용서하면 상속자격이 있는 것으로 규정하는 것이 많다.[82] 그러나 우리 민법은 이에 관하여

가는 중요하지 않다고 주장한다.

78) 石川博康(2018), 107 참조. 김유은(2011), 138~139도 자신에게 유리한 유언서를 파기하거나 은닉한 행위를 한 자는 상속결격자가 아니라고 한다. 다만 여기서는 자신에게 불리하게 유언서를 위조하거나 변조한 자는 상속결격자라고 할 수 없다고 하지만, 다른 공동상속인을 유리하게 할 의사가 있다면 상속결격자에 해당할 수 있을 것이다.

79) 제주지방법원 2008. 7. 2. 선고 2007가단16556 판결은, 상속결격을 판단함에 있어 유언서의 은닉자가 은닉으로 인해 상속상 부당한 이익을 얻을 것이라는 목적까지는 필요로 한다고 보기는 어렵다고 하면서도, 상속인이 유언공정증서에 의하여 피상속인의 부동산 중 대부분을 유증받았으므로 굳이 공동상속인들에게 위 유언공정증서를 은닉할 이유가 없는 점에 비추어 보아도, 상속인이 유언서를 고의로 은닉하였다고 인정할 수 없다고 하였다.

80) 위 Ⅰ. 3. 참조.

81) 곽윤직, 44; 김주수·김상용, 661; 박동섭, 481~482; 오시영, 522 등.

82) 독일 민법 §2343; 프랑스 민법 §728; 스위스 민법 §540 ②; 오스트리아 민법 §§539~541 등. 대만 민법 §1145 ②는 본조 iii~v에 해당하는 상속결격의 경우에는 용서(유서, 宥恕)를 인정하지만, 고의로 피상속인 또는 상속인을 사망하게 하거나 사망하게 하려고 하여 형의 선고를 받은

아무런 규정을 두지 않고 있다. 학설상으로는 이를 인정할 것인가에 관하여, 규정이 없음을 이유로 이를 부정하는 견해,[83] 긍정하는 견해[84] 및 본조 ⅰ, ⅱ의 경우에는 용서가 불가능하지만, ⅲ, ⅳ의 경우에는 가능하다는 견해[85]가 대립한다.

생각건대 상속결격제도의 근거를 피상속인의 추정적 의사에서 찾는다면,[86] 피상속인이 상속을 인정하겠다는 의사를 밝힌 때에는 그 의사를 존중하지 않을 이유가 없을 것이다. 부정설도, 피상속인이 결격자에 대하여 생전증여를 하는 것은 가능하므로, 용서를 허용하지 않는다는 것은 별로 의미가 없다고 자인한다.[87]

3. 상속결격과 유증

§1064는 본조를 수증자[88]에게 준용한다. 이 준용의 의미에 관하여는 학설이 대립한다. 1설은 이 규정을, 상속결격자는 유증을 받을 수 없다는 의미로 이해한다.[89] 그러나 다른 설은 유증을 받은 수유자가 상속결격에 해당하는 행위를 저지른 때에는 유증을 받지 못하는 것으로 본다.[90] 후설이 타당할 것이다. 상속결격자라 하여도 피상속인이 유증을 하는 것을 막을 이유가 없다. 전설의 주장자도, 피상속인이 상속결격자에게 생전증여하는 것을 막을 수 없기 때문에, 실질적으로 위 준용규정은 실익이 없다고 한다.[91] 또한 상속인이 유증을 받았으나 상속결격이 된 경우에는 그 상속인은 상속뿐만 아니라 유증도 받지 못하는 것으로 보아야 한다.[92] 그러나 상속결격에 해당하는 행위를 저지른 수유자가 그 후 피상속인으로부터 다시 유증을 받는 것은 상속결격의 용서와 마

경우에는 용서를 인정하지 않는다.

83) 김주수 · 김상용, 662; 배경숙 · 최금숙, 537; 송덕수, 300; 김유은(2011), 149; 황경웅(2006), 60. 한봉희 · 백승흠, 473은 상속결격은 공익에 관계되는 제도라는 이유를 들고 있다.

84) 김용한, 288; 박병호, 311~312; 윤진수, 326~327; 이경희, 400; 한복룡, 283.

85) 오병철(2010), 212~213. 그러나 본조 ⅴ에 관하여는 견해를 밝히고 있지 않다.

86) 위 Ⅰ. 3. 참조.

87) 김주수 · 김상용, 662 등. 대법원 2015. 7. 17.자 2014스206, 207 결정은 상속결격사유가 발생한 이후에 결격된 자가 피상속인으로부터 직접 증여를 받은 경우, 이러한 증여의 효력은 인정됨을 전제로 하여, 그러한 수익은 특별한 사정이 없는 한 특별수익에 해당하지 않는다고 하였다.

88) 이는 유증을 받는 수유자를 의미한다.

89) 김용한, 288; 김주수 · 김상용, 661; 박동섭, 482; 신영호 · 김상훈, 332; 한봉희 · 백승흠, 473; 황경웅(2006), 104~105.

90) 곽윤직, 44; 송덕수, 299~300; 윤진수, 537; 이경희, 399~400; 김유은(2011), 143; 오병철(2010), 207 이하. 독일 민법 §2345 ①은 그와 같이 규정한다.

91) 김주수 · 김상용, 661.

92) 오병철(2010), 207~208.

찬가지로 허용되어야 한다.[93)]

다른 한편 포괄적 유증을 받은 자는 상속인과 동일한 권리의무가 있으므로(§1078), 그는 상속결격에 관하여는 상속인과 마찬가지로 취급된다. 그러므로 포괄적 유증을 받은 자가 본조에 해당하는 행위를 하면 그는 포괄적 유증을 받지 못한다.[94)] 또한 상속인이 될 자가 선순위 또는 동순위의 포괄적 수유자를 살해하거나 살해하려고 한 경우에는 본조 i 의 상속결격사유에 해당한다.[95)]

Ⅳ. 보론 - 상속권 박탈제도

1. 의의

민법은 일정한 사유가 있는 경우에는 당연히 상속권을 상실하는 상속결격제도 외에, 이에 해당하지 않더라도 다른 중대한 사유가 있는 경우에는 피상속인의 의사에 의하여 상속권을 박탈하는 제도를 인정하고 있지 않다. 그러나 유류분제도를 인정하고 있는 나라들에서는 피상속인의 의사에 기한 상속권 박탈을 인정하는 것이 일반적이다.[96)] 유류분제도를 인정하지 않는 경우에는 피상속인이 유언 등에 의하여 임의로 특정 상속인의 상속을 배제할 수 있지만, 유류분제도가 있으면 피상속인이 특정 상속인의 상속을 배제하려고 하여도 유류분까지 배제할 수는 없다. 우리나라는 1977년에 유류분제도를 도입하였으나, 피상속인의 의사에 기한 상속권 박탈제도는 도입하지 않았으므로, 입법상 흠결이 있다고 보인다. 이하에서는 이에 대한 각국의 입법례를 소개하고, 국내의 개정 논의에 대하여 언급한다.

2. 각국의 입법례[97)]

상속권 박탈제도를 인정하고 있는 나라들도 그 법적 구성이나 사유는 차이가 있다. 특히 법적 구성에 있어서는 유언에 의한 상속인 지정을 허용하는 나라들은 이를 유류분을 상실시키는 유류분 박탈(Entziehung des Pflichtteils)이라는

93) 오병철(2010), 208~209.

94) 오병철(2010), 206.

95) 곽윤직, 41; 김유은(2011), 98; 황경웅(2006), 104 등.

96) 다만 프랑스에서는 상속결격 외에 따로 피상속인의 의사에 의한 상속권 박탈을 인정하고 있지 않다. 그러나 프랑스 민법 §§727, 717~1이 규정하고 있는 상속결격은 실제로 피상속인의 의사에 기한 상속권 상실과 유사한 기능을 한다고 볼 수 있다. 위 Ⅰ. 2. 참조.

97) 이에 대하여는 김유은(2011), 152 이하 참조. 다만 여기서는 독일의 유류분 박탈제도를 언급하지 않고 있다. 또한 유럽에 관하여 좀더 상세한 것은 Henrich/Schwab (hrsg.)(2001) 참조.

형태로 인정한다. 반면 이를 인정하지 않는 나라에서는 상속권 그 자체의 박탈을 인정한다.98) 그리고 유류분 또는 상속권 박탈을 위하여는 유언 등의 사인처분만으로 충분하고 따로 법원의 재판을 요구하지 않는 입법례가 많으나, 일본은 피상속인의 의사표시만으로는 불충분하고, 법원의 재판을 필요로 하며, 또 생전의 상속권 박탈도 인정한다.

가. 유류분 박탈제도

(1) 독일 민법

독일 민법은 유언에 의한 상속인 지정을 인정하는데(§2087 이하), 상속인을 지정하지 않더라도 임의로 법정상속인을 상속에서 배제할 수 있다(§1938). 그러나 이러한 상속 배제만으로는 법정상속인이 유류분을 주장하는 것을 막을 수는 없으므로, 일정한 사유가 있는 경우에는 피상속인은 법정상속인의 유류분을 박탈할 수 있다.

박탈 사유는 다음과 같다(§2333). (가) 법정상속인이 피상속인, 배우자, 피상속인의 다른 직계비속 또는 피상속인과 그와 유사하게 가까운 사람의 생명을 빼앗으려고 한 때. (나) 법정상속인이 이들에 대하여 범죄 또는 중대한 비행을 저지른 때. (다) 직계비속이 피상속인에 대하여 법률상 부담하는 부양의무를 악의적으로 위반한 때. (라) 직계비속이 고의의 범죄로 인하여 1년 이상의 집행유예 없는 자유형의 확정판결을 받고 그로 인하여 직계비속이 상속재산을 받게 되는 것이 피상속인에게 기대될 수 없을 때. 직계비속이 그와 유사하게 중대한 고의의 범죄로 인하여 확정판결에 의하여 정신병원이나 중독치료소에 수용되도록 선고된 때.

이러한 박탈은 종의처분(終意處分, letztwillige Verfügung)에 의하여 이루어진다(§2336). 유류분박탈의 권리는 용서에 의하여 소멸되고, 피상속인이 유류분의 박탈을 명한 처분도 용서에 의하여 실효된다(§2337).

(2) 스위스 민법

스위스 민법도 다음과 같은 경우에 사인처분(Verügung von Todes wegen)에 의하여 상속인의 유류분을 박탈할 수 있다. 즉 상속인이 피상속인 또는 그와 밀접한 관계가 있는 사람에 대하여 중죄를 저질렀을 때 또는 상속인이 피상속인이나 그 친족에 대하여 부담하는 친족법상의 의무를 중대하게 위반하였을 때이다(§477).

---

98) 일본 민법 §892 이하; 대만 민법 §1145 v.

(3) 오스트리아 민법

2015년 개정되어 2017. 1. 1.부터 시행된 오스트리아 민법은 유류분 권리자가 피상속인에 대하여 고의로 1년 이상의 자유형에 처할 수 있는 범죄를 저지른 때, 피상속인의 배우자, 등록된 동성동거자(eingetragenen Partner), 사실혼 배우자(Lebensgefährten), 직계혈족, 형제자매와 형제자매의 배우자, 등록된 동성동거자, 사실혼 배우자 및 피상속인의 계자녀에 대하여 고의로 1년 이상의 자유형에 처할 수 있는 범죄를 저지른 때, 고의로 피상속인의 진정한 종의(終意, letzten Wille)를 좌절시키거나 좌절시키려고 한 때, 피상속인에게 비난받을 방식으로 중대한 정신적 고통을 가한 때, 그 밖에 피상속인에 대한 친족법상의 의무를 중대하게 위반한 때 및 1회 또는 수회의 고의의 범죄행위로 인하여 종신이 또는 20년의 자유형을 선고 받은 때에는 종의처분(終意處分, letztwillige Verfügung)에 의하여 유류분을 박탈할 수 있다고 규정한다(§§769, 770). 이 사유들 중 많은 것은 상속결격사유(§§539−541)와 중복된다. 또한 오스트리아 민법은 유류분 박탈 외에도 유류분의 감액을 인정한다. 즉 피상속인과 유류분권자가 가족 중 그와 같은 친족 사이에 통상 존재하는 밀접한 관계가 존재한 적이 없는 때에는 피상속인은 유류분권을 절반까지 감액할 수 있다(§776).

나. 상속권 박탈제도

(1) 일본

일본 민법은 폐제(廢除)라는 이름으로 상속권의 박탈을 인정한다. 즉 유류분을 가지는 추정상속인이 피상속인에 대하여 학대를 하거나 또는 그에게 중대한 모욕을 가한 때 또는 추정상속인에게 그 밖의 현저한 비행이 있는 때에는 피상속인은 그 추정상속인의 폐제를 가정재판소에 청구할 수 있고, 또 피상속인이 유언으로 추정상속인을 폐제하는 의사를 표시한 때에는 유언집행자는 그 유언이 효력을 발생한 후 지체없이 그 추정상속인의 폐제를 가정재판소에 청구하여야 한다. 후자의 경우에는 그 추정상속인의 폐제는 피상속인이 사망한 때에 소급하여 그 효력이 생긴다(§§892, 893).

또한 피상속인은 언제나 추정상속인의 폐제의 취소를 가정재판소에 청구할 수 있다(§894).

(2) 대만

대만 민법은 상속결격을 규정하는 §1145에서 피상속인에 대하여 중대한 학대 또는 모욕한 사정이 있어 피상속인이 상속할 수 없다고 한 경우를 상속결격의 한 가지로 규정한다.

3. 입법론

국내에도 입법론으로 상속권 박탈제도를 도입하여야 한다는 견해가 주장되고 있다.[99]

2010년 구성된 법무부의 제3기 가족법개정특별분과위원회는 상속권 상실이라는 명칭으로 §§1004-2에서 §1004-3까지의 규정을 신설하여, 상속권 박탈제도를 두는 개정안을 제안하였으나, 입법에 이르지 못하였다. 그 요지는, 상속인이 될 자가 피상속인 또는 그 배우자나 직계혈족에게 심히 부당한 대우를 하거나 피상속인에 대한 부양의무를 중대하게 위반한 때에는 피상속인은 생전에 가정법원이 상속권 상실 선고를 청구할 수도 있고, 공정증서 유언에 의하여 유언집행자에게 상속권 상실 선고를 청구하도록 유언할 수도 있다는 것이다. 그리고 이 개정안은 상속권 상실 선고를 대습상속 사유로 규정한다.[100]

---

99) 이희배(2003), 182~183; 이승우(2006), 288 이하; 김유은(2011), 161 이하.

100) 법무부(2011); 윤진수, 327~328 참조.

第 3 節 相續의 效力

第 1 款　一般的 效力

第1005條(相續과 包括的 權利義務의 承繼)

相續人은 相續開始된 때로부터 被相續人의 財産에 關한 包括的 權利義務를 承繼한다. 그러나 被相續人의 一身에 專屬한 것은 그러하지 아니하다.

참고문헌: 강은경(2012), "퍼블리시티권의 상속성 및 사후존속기간의 문제", Law&technology 8-4;강태성(1998), "무권대리에 있어서의 본인의 추인·추인거절", 이철원 정년기념; 고상룡(1988), "임차권의 승계제도", 현대가족법과 가족정책 : 김주수 화갑기념; 고영아(2010), "생명침해로 인한 손해배상청구권의 구성에 관한 재고찰", 민사법학 49-1; 고형석(2010), "사실혼배우자의 주택임차권의 승계에 관한 연구", 한양법학 30; 구재군(2001), "점유권의 상속", 고시연구 28-11; 권경선(2011), "디지털 유품 : 인터넷 계정", Law&technology 7-1; 권순한(1996), "점유권의 상속", 헌법학과 법학의 제문제; 권태상(2009), "자신의 유체에 관한 사망자의 인격권", 단국대 법학논총 33-2; 권태상(2010), "사망자의 동일성의 상업적 이용", 민사법학 50; 김대정(2008), "타인권리매매에서 권리자가 매도인을 상속한 경우", 고시계 53-4; 김상용(1995), "합유지분의 상속성", 민사판례평석 1; 김상용(2012), 2000년대 민사판례의 경향과 흐름(가족법), 民判; 김상훈(2008), "제사용재산의 승계에 관한 연구", 고려대 박사학위논문; 김영신(2010), "보증채무 및 보증인지위의 상속", 가족법연구 24-3; 김영훈(2007), "하급심 판결례의 퍼블리시티권 인정에 대한 비판적 고찰", 司論 44; 김운호(1998), "채무상속", 재판자료 78; 김성숙(1994), "무권대리와 상속", 숭실대 법학논총7; 김세진(2013), "임대차관계의 공동상속에 따른 법률관계와 공동소송의 형태", 법조 675(2012. 12.); 김소영(2003), "상속재산분할", 民判 25; 김윤정(2011), "상속재산분할의 대상성과 관련한 논의", 사법 15; 김재형(1997), "모델소설과 인격권", 人權 255; 김종기(1998), "합유자 중 1인이 사망한 경우의 소유권 귀속관계", 판례연구(부산) 8; 김현진(2015), "디지털 자산의 사후 처리에 관한 소고", 저스티스 147; 김형석(2007), "법에서의 사실적 지배", 민사법학 36; 김형석(2009), "우리 상속법의 비교법적 위치", 가족법연구 23-2; 남윤봉(2003), "점유이전의 유형과 상속", 토지공법연구 20; 박동섭

(2005), “상속재산의 협의분할”, 변호사35집; 박동섭(2010), “생명보험금청구권은 상속재산인가?”, 변호사40집; 박병대(1987), “계속적 보증에 관한 고찰”, 司論 18; 박병호(1996), “민법상의 제사용 재산의 승계”, 가족법연구 10; 박순성(2003), “채무의 상속”, 民判 25; 박영규(2009), “인격권, 퍼블리시티권 그리고 지적재산권”, 저스티스 112; 박은정, “생명공학시대의 법과 윤리”(2000); 사공영진(1995), “합유지분의 상속성”, 재판과 판례(대구) 4; 서순택(2014), “재산분할의 본질과 재산분할청구권의 상속성; 소재선(1998), “위자료청구권의 상속성에 관한 재검토”, 가족법연구 12; 송경근(2009), “제사주재자의 결정방법과 망인 자신의 유체·유골에 관한 처분행위의 효력 및 사자의 인격권”, 대법원판례해설 77(2008하); 송영민(2003), “사체 및 인체로부터 파생된 물질의 귀속권자”, 의료법학 4-2; 시진국(2006), “재판에 의한 상속재산분할”, 司論 42; 신영호(1991), “제사용재산의 상속”, 가족법학논총1 : 박병호 환갑기념; 안병하(2009), “인격권의 재산권적 성격”, 민사법학 45-1; 안영하(2008), “주택임대차보호법 제9조에 의한 임차권의 승계”, 비교사법 15-2; 양창수(2007a), “계약의 무권대리에 관한 몇 가지 문제”, 고시계 52-7; 양창수(2007b), “혼인외 자의 인지와 부의 사망으로 인한 손해배상”, 민법산책; 양창수(2009), “분리된 인체부분의 법적 성격”, 민법연구 9; 엄동섭(2004), “퍼블리시티권”, 서강법학연구 6; 오병철(2013), “인격적 가치 있는 온라인 디지털정보의 상속성”, 가족법연구 27-1; 윤부찬(2005), “점유권의 상속”, 가족법연구 19-2; 윤주희(2011), “디지털유품의 상속성에 관한 민사법적 고찰”, 인하대 법학연구 14-1; 윤진수(2011a), “상속채무를 뒤늦게 발견한 상속인의 보호”, 민법논고[V]; 윤진수(2011b), “상속제도의 헌법적 논거”, 민법논고[V]; 윤진수(2011c), “이용훈 대법원의 민법판례”, 정의로운 사법 : 이용훈 대법원장 재임기념; 이광만(2005), “상해의 결과로 사망하여 사망보험금이 지급되는 상해보험에 있어서 보험수익자가 지정되어 있지 않아 피보험자의 상속인이 보험수익자로 되는 경우, 그 보험금청구권이 상속인의 고유재산인지 여부”, 대법원판례해설 51; 이미선(2010), “퍼블리시티권에 관한 고찰”, Law&technology 6-2; 이상혁(1992), “주택임대차보호법상 임차권의 승계”, 부동산법학의 제문제 : 김기수 화갑기념; 이윤승(1999), “상속에 의하여 점유권을 취득한 자가 피상속인의 점유를 떠나 자기만의 점유를 주장할 수 있는지 여부”, 국민과 사법 : 윤관 대법원장 퇴임기념; 이은영(2010), “민법에 있어서 권리주체 및 권리객체 개념의 변화”, 전북대 법학연구 30; 이정일(2003), “계속적 보증계약에 있어서 보증채무의 상속”, 판례연구(부산) 14; 이준형(2010), “소유권에 기한 유체인도청구의 허용 여부”, 의료법학 11-1; 이한주(2004), “퍼블리시티권에 관하여”, 司論 39; 이현경(2010), “재산권으로서의 퍼블리시티권”, Law&technology 6-1; 이희배(2001), “분묘·제사·제사용재산의 승계”, 가족법학논집 : 이희배 정년기념; 임영수(2010), “부동산임차권의 승계에 따른 사실혼배우자의 주거권 보호”, 중앙법학 12-4; 임완규·김소영(1993), “상속재산분할심판”, 재판자료 62; 임채웅(2002), “생명보험의 수익자를 ‘상속인’으로 지정한 경우의 의미”, 대법원판례해설 38; 임채웅(2014), “디지털 유산의 상속성에 관한 연구”, 가족법연구 28-2; 장재옥(2000), “사후의 인격과 유족의 인격보호”, 중앙대 법학논문집 24-1; 전경근(2002), “상속재산으로서의 보험금청구권”, 가족법연구 16-1; 정귀호(1981), “생명침해로 인한 손해배상청구에 관하여”, 民判 3; 정구태(2010), “제사주재자의 결정방법에 관한 소고”, 경희법학 45-4; 정구태(2011), “생명보험과 특별수익, 그리고 유류분”, 고려법학 62; 정동호(2007), “상속재산으로서의 채무”, 한양대 법학논총 24-2; 정희섭(2002), “퍼블리시티권리의 상속성에 관한 고찰”, 동아법학 31; 제철웅(2002), “상속이 무권대리 또는 무권리자의 처분행위에 미치는 효력”, 현대민사법연구 : 최병욱 정년기념; 조일영(2008), “보험계약사가 세3자를 피보험자로 하고 자신을 보험수익자로 하여 체결한 생명보험계약에 있어, 보험수익자(보험계약자)와 피보험자가 동시에 사망한 경우 보험수익자의 상속인이 갖는 보험금지급청구권이 상속재산인지 여부”, 대법원판례해설 71(2007하); 주호영(1996), “상속인의 점유의 법적 성질”, 재판과 판례(대구) 5; 최경진(2011), “디지털유산의 법적 고찰”, 경희법학 46-3; 최수정(2003),

"보증과 상속", 아세아여성법학 6; 최수정(2012), "인체에 대한 권리관계의 새로운 패러다임", 한양대 법학논총 29-1; 최윤석(2017), "상속인의 점유취득 – 역사적 발전과 한국 민법에의 시사점", 가족법연구 31-3; 한위수(1996a), "퍼블리서티권의 침해와 민사책임(상)", 人權 242; 한위수(1996b), "퍼블리서티권의 침해와 민사책임(하)", 人權 243; 한봉희(1987), 민법 제752조의 해석상 제문제, 민법과 법학의 중요문제 : 장경학 고희기념; 허만(1993), "상속과 점유의 승계", 諸問題 7; 황경웅(2007), "재산분할청구권의 상속성", 중앙법학 9-2; 황남석(2013), "포괄승계의 개념에 관한 연구", 기업법연구 27-2; 황형모(1994), "점유권을 상속한 자의 자기만의 점유 주장의 가부", 판례연구(부산) 4; Malaurie/Brenner, Les successions. Les libéralités(2014); Terré/Lequette/Gaudemet, Droit civil. Les successions. Les libéralités(2014).

Ⅰ. 개설

1. 본조의 의의 및 취지

본조는 상속이 이루어지면 상속재산이 즉시 상속인에게 직접 포괄승계됨을 정하고 있다(직접적인 즉시의 포괄승계).[1] 이른바 당연취득 또는 법정취득의 원칙을 채택한 것이다.[2] 즉, 피상속인에게 속한 일체의 재산상 권리의무가 상속개시와 동시에 아무런 의사표시나 다른 행위를 요하지 않고 포괄적인 일체로서 상속인에게 승계된다.[3] 이러한 승계는 상속인이 상속개시를 알고 있는지 여부를 불문하고 상속인의 의사와 관계없이 이루어진다(당연승계).[4]

이는 사람이 사망하면 권리와 의무의 주체가 될 수 없으므로 사망한 사람에게 귀속되었던 권리·의무의 주체가 상속인에게 포괄적으로 이전되어 피상속인에게 속한 재산이 무주물이 되는 것을 피하기 위한 것이다.[5] 헌법재판소는 본조의 포괄·당연승계주의가 법적안정성을 도모하기 위한 것으로서 상속인이 포기 또는 한정승인을 할 수 있는 장치를 마련하였으므로 헌법에 위반되지 않는다고 하였다.[6]

상속은 포괄승계로서 상속인이 피상속인의 법적 지위를 그대로 이어받으

1) 곽윤직, 66; 김주수·김상용, 663; 신영호·김상훈, 333; 이경희, 410; 김형석(2009), 79.

2) 윤진수(2011a), 292; 윤진수(2011b), 1, 註 2도 참조.

3) 곽윤직, 66~67; 윤진수, 346; 송덕수, 309; 이경희, 410; 박순성(2003), 655; 다만, 본조의 '포괄적' 권리·의무란 의미는 '모든' 권리·의무를 의미한다고 해석하는 것이 정확하다는 견해가 있다. 곽윤직, 66; 황남석(2013), 316~317; 특히, 황남석(2013), 313~314는 '포괄승계'의 개념 요소에 '모든 권리·의무 이전'이라는 요소는 제외되어야 한다고 한다.

4) 곽윤직, 67; 김주수·김상용, 663; 윤진수, 346; 신영호·김상훈, 333; 송덕수, 309; 오시영, 525; 박동섭, 친족상속, 540; 김상용(2012), 660.

5) 이경희, 410; 황남석(2013), 312 참조.

6) 헌법재판소 2004. 10. 28. 선고 2003헌가13 결정; 대법원 2005. 7. 22. 선고 2003다43681 판결도 같은 취지로 판시하였다.

므로, 일반적으로 포괄승계인인 상속인은 제3자 보호 규정에서의 제3자에 해당하지 않고, 상속을 통한 선의취득은 있을 수 없다.[7)]

그러나 상속이 선험적으로 당연·포괄승계여야만 하는 것은 아니다. 상속의 당연·포괄승계 원칙은 법기술적인 것에 불과하다.[8)] 입법례로서는 ① 상속재산이 잠정적으로 인격대표자(personal representative)에게 귀속되고 인격대표자가 상속재산을 청산한 다음 상속인에게 분배하는 법제와(예컨대 영국법), ② 상속재산이 상속인에게 직접 승계되지만 우선 법원이 상속재산을 관리하고 상속인이 상속을 승인한 이후에 상속이 개시되는 법제(예컨대 오스트리아법)도 있다.[9)]

더 자세한 내용은 相續法 總說 前註 Ⅲ. 4. 참조.

2. 규율내용

본조에 따르면 상속의 대상은 피상속인의 '재산에 관한 권리·의무'이다. 학설은 재산에 관한 것이면, 권리·의무 그 자체에 한정되지 않고 재산법상의 법률관계 내지 법적 지위도 승계된다고 본다.[10)] 예컨대 청약자 또는 청약을 받은 자의 지위, 매도인·매수인의 지위, 선의자·악의자 지위 등이 그것이다. 아무런 구속력이 없이 생성과정에 있는 법률관계도 상속된다(예컨대 무권대리인의 지위 등).[11)]

조건부권리와 기한부권리도 상속이 된다(§149, §154). 피상속인이 의사표시를 하였으나 상대방에게 도달하지 않은 상태에서 사망하면, 상속인은 피상속인의 표의자로서의 지위를 상속한다(§111②). 또한, 상속의 대상은 현재의 권리·의무에 한하지 않고, 장래의 권리·의무도 상속될 수 있다.[12)]

반면, 상속 대상은 재산에 관한 권리·의무이므로, 재산권이 아닌 인격권은 원칙적으로 권리주체의 사망과 동시에 소멸하고 상속의 대상이 되지 않는다.[13)] 또한, 본조 단서에 따라 일신전속적인 권리의무는 상속의 대상이 아니다. 여기서 말하는 일신전속은 양도나 상속이 인정되지 않는 귀속상의 전속을 말하고, 권리의 행사나 의무의 이행이 그 권리자나 의무자에 의해서만 가능한 행

7) 황남석(2013), 315 참조.
8) 윤진수(2011b), 1, 註 4.
9) 김형석(2009), 78~79; 김운호(1998), 667 이하 참조.
10) 곽윤직, 67; 김주수·김상용, 663; 윤진수, 346; 신영호·김상훈, 334; 송덕수, 309; 이경희, 410; 박동섭, 친족상속, 539; 박순성(2003), 657.
11) 제철웅(2002), 31.
12) 제철웅(2002), 30.
13) 곽윤직, 67; 김주수·김상용, 682; 오시영, 539; 박동섭, 친족상속, 554; 박순성(2003), 657.

사상의 전속을 말하는 것은 아니다.[14] 즉, 권리·의무의 주체가 변경되면 그 내용이 본질적으로 변경되어 당해 법률관계의 목적을 달성할 수 없는 경우에는 상속이 되지 않는다.[15] 이러한 귀속상의 일신전속적인 권리·의무는 성질상 당연히 상속의 대상이 될 수 없는데, 본조 단서는 이를 명백히 하고 있다.[16] 반면 채권자대위의 객체가 되지 못하는 일신전속권(§404① 단서)은 행사상의 일신전속을 말하므로,[17] 상속의 대상의 되지 못하는 일신전속권과는 그 범위에서 차이가 있다.[18]

Ⅱ. 상속재산의 범위

1. 무권대리인의 지위

가. 대리인의 지위

본인의 사망 또는 대리인의 사망은 대리권 소멸사유이므로(§127), 원칙적으로 본인의 지위 또는 대리인의 지위는 상속되지 않는다. 그러나 임의대리에 관한 위 조항은 임의규정이므로 특약으로 그 지위가 상속된다고 정할 수 있다.[19] 다만, 본인이 상인인 경우에는 본인의 사망으로 대리권이 소멸하지 않으므로(商 §50), 본인의 지위가 상속된다. 소송대리권도 당사자의 사망으로 소멸되지 않는다(民訴 §95 i).[20]

한편, 본인의 지위 또는 대리인의 지위는 상속되지 않더라도 사망 시까지 발생한 본인 또는 대리인의 구체적인 권리의무나 법적 지위는 상속의 대상이 된다.[21]

나. 무권대리와 상속

(1) 무권대리인이 본인을 상속하는 경우

(가) 무권대리인이 본인을 단독상속하는 경우, 무권대리인이 본인의 지위를 상속하는 결과 당해 무권대리 행위의 추인을 거절할 수 있는지 아니면 무권대리 행위가 바로 유효하게 되는지 문제된다.

14) 윤진수, 346; 김주수·김상용, 663; 신영호·김상훈, 334; 오시영, 525; 이경희, 413.
15) 김주수·김상용, 665; 오시영, 528; 최수정(2003), 174.
16) 곽윤직, 68.
17) 주해[Ⅸ], 765(김능환).
18) 김주수·김상용, 683; 오시영, 540; 황경웅(2007), 504; 서순택(2014), 158~159.
19) 주해[Ⅲ], 184, 187(손지열); 윤진수, 346.
20) 윤진수, 346; 박순성(2003), 660.
21) 박순성(2003), 658.

종래 다수설은 무권대리인이 추인을 거절하는 것은 신의칙에 반하므로 그 무권대리 행위가 당연히 유효하게 된다고 하였다(당연유효설).[22] 이에 대해 무권대리 행위가 당연히 유효하게 되는 것은 아니고, 무권대리인이 추인을 거절하는 경우 상대방이 무권대리인에게 §135의 책임을 물으면 족하다는 견해가 있다(비당연유효설 또는 병존설).[23]

이 점에 관하여 우리 판례의 입장은 명백하지 않으나, 무권대리인이 무권대리 행위에 기하여 부동산 등기까지 넘겨준 후 본인을 상속한 사안에서 무권대리인이 부동산 전득자를 상대로 자신의 무권대리를 이유로 그 소유권이전등기의 말소를 구하는 것은 신의칙에 반한다는 판례가 있고,[24] 이는 비당연유효설에 가깝다는 평가가 있다.[25] 일본 판례는 기본적으로 당해 무권대리 행위가 당연히 유효로 된다는 입장인데,[26] 본인이 무권대리 행위의 추인을 거절한 이후 무권대리인이 본인을 상속한 경우에는 추인거절의 효과가 확정된 이후에 상속된 것이므로 그 무권대리가 유효로 되는 것은 아니라고 하였다.[27]

(나) 무권대리인이 본인을 다른 상속인들과 함께 공동상속하는 경우에는 그 무권대리 행위가 당연히 유효로 된다고 보는 견해는 없다. 이 경우 추인권과 추인거절권이 공동상속인에게 불가분적으로 귀속하므로 공동상속인 전원이 이를 공동으로 행사해야 한다는 견해,[28] 무권대리인은 추인을 거절하지 못하지만, 다른 공동상속인이 추인을 거절하면 무권대리행위가 무효로 확정된다는 견해,[29] 본인의 추인권과 추인거절권은 공동상속인들에게 공유적으로 귀속되고(§278, 준공유), 추인은 처분행위이므로 추인권을 행사하려면 공동상속인들 전원의 동의가 있어야 하지만, 추인거절은 현상유지적 행위이므로 추인거절권은 공동상속인들 각자가 행사할 수 있다는 견해가[30] 있다.

22) 주해[Ⅲ], 218~219(강용현); 곽윤직, 82; 김주수 · 김상용, 681; 송덕수, 315; 오시영, 537; 이경희, 420; 박동섭, 친족상속, 551; 양창수(2007a), 53; 박순성(2003), 660 등; 최근에 종래 다수설인 당연유효설을 지지하는 견해로 김대정(2008), 98.

23) 제철웅(2002), 32~33; 강태성(1998), 182~183; 김성숙(1994), 94(다만, 이 견해에서는 무권대리인의 추인거절은 인정될 수 없는 반면, 상대방은 철회권을 가지고, 또한 §135의 책임을 청구할 수 있다고 한다).

24) 대법원 1994. 9. 27. 선고 94다20617 판결.

25) 윤진수, 347.

26) 日最判 1965(昭 40). 6. 18. 民集 19－4, 986; 日最判 1988(昭 63). 3. 1. 判例タイムズ 697, 195; 新注民(27), 36(右近).

27) 日最判 1998(平 10). 7. 17. 民集 52－5, 1296.

28) 김주수 · 김상용, 681; 오시영, 537~538; 이경희, 420; 같은 취지 양창수(2007a), 54; 박순성(2003), 660~661.

29) 곽윤직, 82; 같은 취지, 박동섭, 친족상속, 551~552.

30) 김성숙(1994) 94~95, 99; 제철웅(2002), 34~35; 박순성(2003), 660~661.

판례 중에는 무권대리인이 다른 공동상속인들과 본인을 공동상속하였는데 무권대리인의 상대방이 무권대리 사실을 알았던 경우 그 무권대리 행위는 무권대리인과 상대방 사이에서도 무효라는 취지로 판단한 것이 있다.[31] 일본 판례는 무권대리인이 본인을 공동상속한 경우 공동상속인 전원이 공동으로 추인을 하지 않는 한 무권대리인 상속분에 해당하는 부분도 당연유효가 되는 것은 아니라고 하였다.[32]

(다) 생각건대, 무권대리인의 상대방은 무권대리임을 알았거나 알 수 있었던 때에는 무권대리인에게 §135①에 따라 계약의 이행을 청구할 수 없는데도 (동조②), 무권대리 행위가 당연히 유효하다고 하면 상속이라는 우연한 사정으로 상대방을 우대하는 결과가 된다. 또한 상대방은 무권대리 행위를 철회할 수 있고(§134), 계약이행이 아닌 손해배상만을 청구할 수도 있는데도(§135①), 당해 무권대리 행위가 당연히 유효하다고 하면 당초의 계약에서 해방되고자 하는 상대방의 의사를 무시하게 된다.[33] 상속으로 인해 본인 또는 무권대리인의 지위와 상대방의 지위를 상속 이전보다 변화시킬 이유는 없다.[34] 따라서 무권대리인 행위의 상대방이 본인의 지위를 상속한 무권대리인인 상속인을 상대로 이행을 청구하는 소를 제기하였는데 상속인이 무권대리를 이유로 그 이행을 거절하면, 그 상대방은 당해 소송에서 §135①에 따라 이행청구 또는 손해배상청구를 추가할 수 있다고 보는 것으로 충분하다(소의 교환적 또는 추가적 변경). 이때 상속인은 상대방의 악의·무과실을 항변으로 주장·증명함으로써[35] 그 책임을 면할 수 있을 것이다.

(2) 본인이 무권대리인을 상속하는 경우

본인이 무권대리인을 상속하는 경우에도, 상속인이 본인의 지위와 무권대리인의 지위를 동시에 가지게 되어 당해 무권대리 행위가 바로 유효하게 되는지 아니면 본인의 지위에서 추인거절을 할 수 있는지 문제된다.

학설상 무권대리가 당연히 유효하게 된다는 견해(당연유효설)와,[36] 본인의

31) 대법원 1992. 4. 28. 선고 91다30941 판결; 이 판결에 대해 무권대리인이 본인을 상속하는 경우의 법률문제와 관련이 없는 재판례로 보는 견해로 양창수, "1992년 민법 판례 개관", 민법연구3(1995), 426 참조.

32) 日最判 1993(平 5). 1. 21. 判例タイムズ 815, 121.

33) 제철웅(2002), 32; 강태성(1998), 182 참조.

34) 제철웅(2002), 33도 같은 취지.

35) 대법원 2018. 6. 28. 선고 2018다210775 판결 참조; 정찬우, 부인과 항변의 구별방법에 관한 연구, 서울대 석사학위논문(2013), 75~77도 참조.

36) 김대정(2008), 99~100.

지위에서 추인을 거절할 수 있으나 상속인으로서 무권대리인 책임을 부담한다는 견해(병존설)가[37] 대립한다. 무권대리인이 본인을 상속하는 경우와 달리 이 경우에는 본인이 추인을 거절하여도 신의칙에 반하지 않는다는 점에서 병존설이 다수설이다. 다수설에 따르면 본인이 다른 공동상속인과 함께 무권대리인을 상속하는 경우에도 본인은 추인을 거절할 수 있으나 무권대리인의 책임을 다른 공동상속인과 함께 부담해야 한다.[38]

이 점에 관한 우리 판례의 입장은 명백하지 않으나, 대법원 1991. 7. 9. 선고 91다261 판결은 본인이 무권대리인을 상속하여도 여전히 추인거절을 할 수 있음을 전제로 하고 있다고 볼 수 있다.[39] 일본 판례도 상속인이 무권대리인 행위의 추인을 거절하여도 신의칙에 반하지 않고 당해 무권대리 행위가 당연히 유효로 되는 것도 아니고, 다만 무권대리인의 책임을 승계한다고 한다는 입장이다.[40]

(3) 제3자가 본인과 무권대리인을 모두 상속하는 경우

제3자는 본인의 지위에서 무권대리 행위의 추인을 거절할 수 있으나, 무권대리인의 책임을 승계한다고 해석해야 한다. 제3자가 먼저 무권대리인을 상속한 다음 그 후에 본인을 상속하는 경우에도 같다.[41]

다. 타인권리매매의 경우

타인의 권리를 매매한 무권리자가 그 후에 권리자를 상속하거나, 그 반대의 경우에도 유사한 문제가 발생한다.

판례는 무권리자가 타인의 권리를 처분하는 계약을 체결한 후 그 권리자인 타인이 무권리자를 상속하는 경우 원칙적으로 권리자가 그 처분상대방에 대하여 이행을 거절할 수 있으나 그 이행거절이 신의칙에 반하는 경우에는 이행을 거절할 수 없다고 한다.[42] 일본 판례도 같은 입장이다.[43]

이에 대해 권리자는 무권리자의 이행의무를 상속의 효과로 승계하므로 권리자의 이행거절권을 인정하는 것은 부당하다고 비판하는 견해와,[44] 처분상대

37) 곽윤직, 82; 김주수·김상용, 681~682; 송덕수, 315; 오시영, 538; 이경희, 420; 박동섭, 친족상속, 552; 김성숙(1994), 106; 강태성(1998), 184.

38) 곽윤직, 82~83; 송덕수, 315~316; 신영호·김상훈, 338; 이경희, 421; 박순성(2003), 661; 같은 취지, 오시영, 538.

39) 제철웅(2002), 33, 註 29.

40) 日最判 1962(昭 37). 4. 20. 民集 16−4, 955; 日最判 1973(昭 48). 7. 3. 民集 27−7, 751.

41) 양창수(2007a), 55.

42) 대법원 1992. 4. 28. 선고 91다30941 판결; 1994. 8. 26. 선고 93다20191 판결; 2001. 9. 25. 선고 99다19698 판결; 다만, 위 93다20191 판결에서는 결론적으로 상속인인 권리자의 이행거절이 신의칙에 반한다고 하였다.

43) 日最判 1974(昭 49). 9. 4. 民集 28−6, 1169.

방이 타인권리매매임을 알았던 경우에는 손해배상을 청구하지 못하는(§570) 등의 실익(§571②도 참조)이 있으므로 본인의 추인거절을 인정해야 한다는 견해가 있다.[45)]

2. 물권

가. 개설

물권은 원칙적으로 전부 상속된다.[46)] 공유지분도 상속이 된다(§267 참조). 소유권뿐만 아니라 용익물권과 담보물권도도 상속이 된다.[47)] 그러나 특수지역권(§302)은 특정지역의 주민이라는 자격과 결합되어 있으므로 상속의 대상이 되지 않는다.[48)]

농지의 상속에 관하여는 특수한 점이 있다. 현행 농지법 §6①, ②ⅳ에 의하면, 농지는 자기의 농업경영에 이용하거나 이용할 자가 아니면 소유하지 못하나, 상속인이 자기의 농업경영에 이용하지 않아도 상속받아 이를 소유할 수 있다. 다만, 상속으로 농지를 취득하였으나 농업경영을 하지 않으면 그 상속 농지 중 총 10,000㎡까지만 소유할 수 있다(농지법 §7①).

그런데 구 농지개혁법[49)] §15에 의하면, 분배받은 농지는 분배받은 농가의 대표자 명의로 등록하고 가산으로서 상속한다고 정하고 있었다. 이에 따라 판례는 농지분배를 받은 사람이 그 상환을 완료하기 전에 사망한 경우 농가 또는 그 농지의 경작에 의하여 생계를 유지하는 재산상속인만이 그 수분배권을 상속한다고 하였다.[50)] 또한, 판례는 농지분배의 상환이 완료된 경우에도 구 농지개혁법 시행 중에 농지를 소유한 피상속인이 사망하였다면 민법상 재산상속인 가운데 농가 또는 그 농지의 경작에 의하여 생계를 유지하는 재산상속인만이 그 농지를 상속한다고 하였다.[51)]

한편, 판례는 농지분배가 완료된 경우에 수분배자의 생녀이고 재산상속인이라 하더라도 동일가에 있지 아니한 이상 그 농지를 상속받을 수 없다고 하였

44) 제철웅(2002), 26~27.
45) 김봉수, "무권리자의 처분행위와 상속", 부산대 법학연구 51－1(2010), 575.
46) 김주수·김상용, 664; 윤진수, 350; 송덕수, 310; 이경희, 411; 박동섭, 친족상속, 540.
47) 윤진수, 350; 신영호·김상훈, 342; 이경희, 411; 박동섭, 친족상속, 541.
48) 곽윤직, 68; 윤진수, 350; 신영호·김상훈, 342.
49) 1949. 6. 21. 제정 및 시행; 1994. 12. 22. 법률 제4817호 농지법 부칙 §2ⅰ로 폐지(1996. 1. 1. 부터 적용).
50) 대법원 1968. 6. 18. 선고 68다573 판결; 1974. 2. 12. 선고 73다509 판결; 1991. 8. 13. 선고 91다17368 판결; 1997. 12. 26. 선고 97다22003 판결 등.
51) 대법원 2012. 2. 9. 선고 2011다64577 판결.

다.[52] 다만, 판례 중에는 농지 상속의 경우에 민법상 상속 원칙이 전적으로 배제되는 것은 아니므로, 다른 상속자가 없어 출가한 딸이 농지를 상속받을 수도 있다고 한 것이 있고,[53] 구 농지개혁법에 따른 상속은 상속인의 의사능력과 경작능력 여부와 무관하다고 한 것이 있다.[54]

나. 합유지분

판례는 합유자 사이에 특별한 약정이 없는 한 사망한 합유자의 상속인은 합유자 지위를 승계하지 못하고 사망한 합유자의 합유지분은 잔존합유자에게 귀속된다고 하여 원칙적으로 합유지분의 상속성을 부정한다.[55] 합유는 수인이 조합체로서 물건을 소유하는 것인데(§271①), 조합원의 지위는 상속되지 않는다는 판례와[56] 균형을 맞춘 것이다.

이에 대해 학설상 공동사업을 위하여 상호출자한 순수한 조합의 경우에는 합유지분이 상속되지 않지만 단순히 등기만을 합유로 하는 약정에 기한 합유지분은 상속이 된다는 견해와,[57] 합유의 인적 결합관계의 실질을 살펴 그 결합형태가 공유에 가까운 경우에는 합유지분도 상속이 된다는 견해가[58] 있다.

생각건대, 경우에 따라 합유지분의 상속성을 인정하는 견해는 구체적인 사건에서 타당한 결론을 도출하기 위한 해석이라는 점에서 경청할 만하지만, 조합이 반드시 수인의 상호출자에 의해 공동의 사업을 경영하는 동업체일 필요는 없고,[59] 인적 결합관계의 실질이라는 기준도 불분명하므로, 동의하기 어렵다. 또한, 법률에 다른 규정이 없는 한 조합관계에 있지 않은 자들의 합유를 인정할 수 없으므로,[60] 합유자 사이의 특약이 없는 한 원칙적으로 합유지분의 상속은 인정될 수 없다는 판례의 태도가 타당하다. 다만 개별 사건에서 타당한 해결을 도출하기 위해서는, 구체적인 사정에 따라 합유자 사이에 합유지분의 상속성을 인정하기로 하는 묵시적 약정이 있었는지 여부를 판단하는 것이 적절할 것이다.

52) 대법원 1955. 2. 17. 선고 4287민상112 판결.
53) 대법원 1972. 11. 14. 선고 72다1623 판결; 1980. 11. 11. 선고 80다1584 판결.
54) 대법원 1973. 10. 23. 선고 71다1355 판결.
55) 대법원 1994. 2. 25. 선고 93다39225 판결; 1996. 12. 10. 선고 96다23238 판결.
56) 대법원 1981. 7. 28. 선고 81다145 판결; 1987. 6. 23. 선고 86다카2951 판결 등.
57) 김상용(1995) 219, 사공영진(1995), 41~42; 이러한 견해를 채택한 실무례로는 대전고등법원 2006. 10. 26. 선고 2005나7830 판결이 있다. 그러나 이 판결에 대한 상고심인 대법원 2007. 2. 8. 선고 2006다78718 등 판결에서는 당해 합유등기의 추정력을 번복하여 실제 소유관계는 공유인데 등기만 합유등기를 한 것으로서 원심의 판단이 결론에 있어 정당하다고 하였고, 위 견해에 대한 당부는 판단하지 않았다.
58) 김종기(1998), 138~139.
59) 주해[V], 603(민일영) 참조.
60) 윤진수, 351.

다. 점유

(1) 개설

점유권도 상속이 된다(§193). 사람이 사망하면 더 이상 물건에 대한 사실상 지배를 할 수 없으나, 점유로 인한 법적 보호의 단절을 피하기 위하여 상속개시와 함께 상속인이 점유를 승계하게 하기 위한 것이다.[61] 상속인이 점유를 실제로 취득하거나 일반적으로 목적물이 상속인의 지배 아래에 있다고 보이는 경우에야 점유권을 상속했다고 할 수 있다는 견해가 있으나,[62] 법률의 규정에 의한 점유권의 승계이므로 상속인의 인식 여부를 묻지 않고 상속인의 현실적 지배를 할 것을 요하지 않는다고 보는 것이 대체적이다.[63] 판례는 사망한 점유권자의 상속인이 미성년자인 경우에도 점유권의 상속이 인정된다고 하며,[64] 그 미성년자는 법정대리인을 통해 그 점유권을 승계받아 점유를 계속할 수 있다고 한다.[65] 포괄적 수유자도 상속인과 동일한 권리·의무가 있으므로(§1078), 상속개시시에 점유권을 승계한다.[66]

피상속인의 점유의 성질과 하자(예컨대 자주점유·타주점유 등)는 상속인에게 그대로 승계된다는 것이 통설, 판례이다.[67]

다만, 판례는 §193은 절도죄의 요건으로서 '타인의 점유'에는 적용이 없고, 상속인이 사실상의 지배를 가져야만 이를 점유하는 것이 되어 그 때부터 상속인에 대한 절도죄가 성립할 수 있다고 한다.[68]

이와 달리 피상속인의 보조점유자의 지위는 상속되지 않는다.[69]

(2) 점유취득시효

점유권의 상속은 특히 점유취득시효 제도에서 문제되는데, 구체적으로는 상속인이 현실적인 지배를 시작한 이후에는 상속인 고유의 점유를 인정하여

61) 김형석(2007), 172; 윤진수, 351; 허만(1993), 486~487; 구재군(2001), 33~34; 권순한(1996), 506; 남윤봉(2003), 628 등.

62) 이경희, 412.

63) 윤진수, 351; 허만(1993), 487; 구재군(2001), 35; 권순한(1996), 505; 같은 취지, 최윤석(2017), 130.

64) 대법원 1990. 12. 26. 선고 90다5733 판결.

65) 대법원 1989. 4. 11. 선고 88다카8217 판결.

66) 윤부찬(2005), 379.

67) 대법원 1969. 2. 25. 선고 68다2500 판결; 1998. 2. 13. 선고 97다42625 판결 등; 윤진수, 351; 김주수·김상용, 668; 오시영, 526; 구재군(2001), 35~36; 윤부찬(2005), 381; 권순한(1996), 505; 남윤봉(2003), 629 등.

68) 대법원 2012. 4. 26. 선고 2010도6334 판결; 이에 대한 평석으로는 박영호, "절도죄에 있어서 점유의 상속이 인정되는지 여부", 대법원판례해설 92(2012상) 참조.

69) 윤진수, 351.

취득시효의 기산점을 피상속인의 점유개시일과 달리 주장할 수 있는지 여부와 상속인이 현실의 점유를 개시함으로써 종래 피상속인의 타주점유가 상속인의 자주점유로 전환될 수 있는지 여부 등이 문제된다. 이 문제는 결국 상속인이 현실로 점유를 개시함으로써 상속인 고유의 점유를 인정할 것인지의 문제이다.

판례는 상속인은 새로운 권원에 기해 점유개시를 하지 않는 한 피상속인의 점유를 떠나 자기만의 점유를 주장할 수 없다고 하고,[70] 피상속인의 점유가 타주점유인 경우 상속인이 자주점유를 주장하려면 소유자에 대하여 소유의 의사를 표시하거나 새로운 권원에 의하여 다시 자주점유를 시작해야 한다고 한다.[71] 즉 점유가 상속된 경우에는 §199①이 적용되지 않는다는 것이다.[72]

학설상으로는, 상속인이 사실상의 지배를 취득하면 이는 상속인 고유의 독자적인 점유로서 새로운 권원이 되어 자주점유가 된다고 하여 판례의 입장에 반대하는 견해가 종래 다수설이다.[73] 이에 대해 근래에는 점유권 상속이라는 사정으로 점유취득시효에 있어서 소유자의 기존 지위에 변동이 있어서는 안 된다는 등의 이유로 판례의 입장을 지지하는 견해가 유력하다.[74]

한편, 판례는 피상속인 명의로 부동산에 관한 소유권이전등기가 10년 이상 경료되었으면 상속인은 부동산등기부 시효취득의 요건인 '부동산의 소유자로 등기한 자'에 해당하므로, 이 경우 피상속인과 상속인의 점유기간을 합산하여 10년을 넘을 때에 등기부취득시효기간이 완성된다고 한다.[75]

(3) 공동상속에서의 점유

공동점유에는 §1009 이하의 상속분 규정이 적용되지 않고 상속분이라는 것이 없다는 것이 다수설이자,[76] 판례이다.[77] 즉 공동상속인들은 상속재산을 공동으로 점유한다.

---

70) 대법원 1972. 6. 27. 선고 72다535등 판결; 1992. 9. 22. 선고 92다22602 등 판결; 1993. 9. 14. 선고 93다10989 판결 등.

71) 대법원 1987. 2. 10. 선고 86다카550 판결; 1995. 1. 12. 선고 94다19884 판결; 1996. 9. 20. 선고 96다25319 판결; 1997. 5. 30. 선고 97다2344 판결; 1997. 12. 12. 선고 97다40100 판결; 2004. 9. 24. 선고 2004다27273 판결; 2008. 7. 10. 선고 2007다12364 판결 등.

72) 허만(1993), 485.

73) 이경희, 412; 신영호·김상훈, 340; 오시영, 527; 구재군(2001), 37~38; 황형모(1994), 41~42; 주호영(1996), 167~168; 윤부찬(2005), 387; 권순한(1996), 507.

74) 김형석(2007), 173; 최윤석(2017), 138~139; 허만(1993), 495; 이윤승(1999), 33; 남윤봉(2003), 629; 같은 취지, 박동섭, 친족상속, 541.

75) 대법원 1989. 12. 26. 선고 89다카6140 판결.

76) 송덕수, 310; 신영호·김상훈, 340; 오시영, 527; 박동섭, 친족상속, 541; 윤부찬(2005), 390; 권순한(1996), 508.

77) 대법원 1962. 10. 11. 선고 62다460 판결.

그런데 공동상속에 의한 점유의 경우 공동상속인 중 일부가 현실의 점유를 개시한 때 나머지 공동상속인의 점유권은 소멸하는 것인지 문제된다. 이에 대하여 현실의 점유를 개시하지 않은 다른 공동상속인의 관념적인 점유는 소멸하지 않고 현실의 점유를 한 상속인의 점유와 병존한다는 견해(병존설)와,[78] 일부 공동상속인의 현실의 점유가 개시된 때에는 나머지 공동상속인의 관념적인 점유는 그에 흡수되어 소멸한다는 견해(흡수설)가[79] 대립한다. 판례는 부동산을 자주점유하는 피상속인의 사망 후 공동상속인 중 일부만이 점유를 승계하여 부동산의 점유를 계속한 때에는 그 상속인들만이 부동산 전체를 자주점유한 것으로 보아야 한다고 한다.[80] 그러나 이러한 판례의 태도는 피상속인의 점유를 떠나 상속인 고유의 점유를 부정하는 판례의 태도와 부합하는 것인지 의문이다. 상속인 고유의 점유를 부정해야 하는 입장이라면 공동상속인들 중 일부만이 현실의 점유를 개시하여도 다른 공동상속인의 점유 역시 계속된다고 보아야 논리적이다.[81] 다만 실제로 현실의 점유를 개시하지 않은 일부 공동상속인들이 점유권을 포기하거나 양도한다고 보는 것은 별개의 문제이다.[82]

(4) 기타

공작물 점유자의 불법행위책임(§758)에서, 상속인이 현실의 점유를 개시하기 전에 발생한 손해에 관하여 점유자로서 불법행위책임을 부담하는지 문제될 수 있다.

관념적인 점유자인 상속인에게 그러한 손해배상책임을 부담하기 어렵다는 견해가 있는 반면,[83] 피해자 보호를 위해서는 관념적인 점유를 하는 상속인도 원칙적으로 불법행위 책임을 지고, 다만 그 상속인이 주의의무를 다하였음을 증명함으로써 면책될 수 있다는 취지의 견해도 있다.[84]

판례는 §758①의 공작물점유자라 함은 공작물을 사실상 지배하면서 그 설치 또는 보존상의 하자로 인하여 발생할 수 있는 각종 사고를 방지하기 위하여 공작물을 보수·관리할 권한 및 책임이 있는 자를 말한다고 하므로,[85] 이에 따

78) 권순한(1996), 510; 윤부찬(2005), 393.
79) 허만(1993), 489.
80) 대법원 1989. 4. 11. 선고 88다카17389 판결; 1990. 2. 13. 선고 89재다카89 판결.
81) 같은 취지, 허만(1993), 490; 구재군(2001), 40~41; 주호영(1996), 162; 이와 달리 양자가 논리필연적인 관계에 있지는 않다는 견해로는 권순한(1996), 509; 앞 주의 판례에 대해 관념적 점유를 가진 상속인들이 취득시효를 주장하지 않은 것일 뿐, 판례가 관념적 점유를 가진 상속인들의 취득시효를 배제한 것은 아니라는 취지의 견해로는 윤부찬(2005), 392~393.
82) 구재군(2001), 40; 주호영(1996), 162.
83) 구재군(2001), 41~42.
84) 윤부찬(2005), 394~395.

르면 현실의 점유를 개시하지 않은 상속인은 공작물점유자의 불법행위책임을 부담하지 않는다고 보아야 할 것이다.

동물 점유자의 불법행위책임(§759)의 경우에도 이와 같이 해석해야 한다.

라. 유체 · 유골, 분리된 인체부분, 인공 신체부속물

(1) 유체 · 유골

(가) 유체 · 유골이 소유권의 대상이 되는지 여부

유체(遺體)는 시체의 다른 말이고, 유골(遺骨)은 유체 중 남은 뼈를 말한다. 유체와 유골이 소유권의 객체가 될 수 있는지 문제되는데, 학설상 이를 긍정하되 보통의 소유권과 달리 매장 · 관리 · 제사 · 공양의 목적적 제한을 받는 특수한 소유권의 대상이라고 보는 견해가 다수설이고,[86] 이러한 다수설을 따른 하급심 판결도 있다.[87] 이에 대해 유체는 물건에 해당하지 않는다는 견해도 있고,[88] 유체는 소유권의 대상이 아니라 독자적 성질을 갖는 절대적 비재산권으로서 사자공양권의 대상이라는 견해도 있다.[89] 어느 견해에 의하든 유체에 대한 권리의 내용이 매우 제한적이라는 점에서 크게 다르지 않다.[90]

참고로 프랑스 민법에서도 2008. 12. 19.자 개정민법에 의해 신설된 §16-1-1에서 "유체에 대한 존중은 사망 이후에도 계속된다. 사망한 사람의 유해는, 유체를 화장한 후의 골분을 포함하여, 존중, 존엄 및 예양으로 취급되어야 한다"라고 규정함으로써, 유체를 민법상 일반 물건과는 다른 특별한 대상으로 취급하고 있다.[91]

(나) 유체 · 유골의 상속성 여부

대법원 2008. 11. 20. 선고 2007다27670 전원합의체 판결은 유체와 유골의 소유권은 선조의 유체 · 유골뿐만 아니라 피상속인 자신의 유체 · 유골도 제사주재자에게 승계된다고 한다. 위 전원합의체 판결에는 유체의 귀속은 분묘의 귀속과 분리하여 처리되어야 하고 유체가 제사주재자에게 귀속된다고 볼 수 없다는 취지의 반대의견이 있다.[92] 피상속인의 유체가 상속인에게 원시취득된다

---

85) 대법원 2000. 4. 21. 선고 2000다386 판결.
86) 주해[Ⅱ], 31(김병재); 송영민(2003), 405; 같은 취지, 박은정, 418~419.
87) 서울고등법원 1974. 10. 11. 선고 74나609 판결; 서울중앙지방법원 2006. 6. 20. 선고 2006가합17992 판결.
88) 권태상(2009), 344; 기타 양창수(2009), 79 이하에서 소개하는 학설 참조.
89) 이준형(2010), 234~235.
90) 윤진수, 351~352; 최수정(2012), 109.
91) Terré/Lequette/Gaudemet, n° 51.
92) 대법관 안대희, 대법관 양창수의 반대의견.

는 견해도 있으나,[93] 위 전원합의체 판결과 같이 유체 · 유골은 제사주재자에게 승계된다는 견해가 다수이다.[94] 제사주재자 승계의 법리에 대해서는 §1008-3 註釋 참조.

나아가 위 전원합의체 판결은 피상속인이 생전행위 또는 유언으로 자신의 유체 · 유골을 처분하거나 매장장소를 지정한 경우에도 제사주재자가 이에 구속되어야 하는 법률적 의무까지 부담하지 않는다고 한다.[95] 이에 대해서는 제사주재자가 정당한 사유 없이 피상속인의 의사에 반하여 유체 · 유골을 처분하거나 매장장소를 변경하는 것은 허용되지 않는다는 반대의견과[96] 망인이 생전에 자신의 유체의 처분에 관하여 종국적인 의사를 명확하게 표명한 경우에는 그 망인의 의사는 법적 효력을 가진다고 하는 반대의견이[97] 있다. 하급심 판결 중에는 위 다수의견에 따라 피상속인의 누나가 피상속인의 유언에 따라 제사주재자인 피상속인의 유족들에게 알리지 않고 피상속인의 유체를 화장한 것은 유족들에 대한 불법행위가 된다는 것이 있다.[98]

다만 대법원 2017. 9. 26. 선고 2017두50690 판결은, 위 전원합의체 판결은 사법(私法)상 공동상속인들 사이에서 망인의 유체 · 유골 등을 승계할 자를 정하는 법리를 선언한 것으로서, 공법(公法)인 "국립묘지의 설치 및 운영에 관한 법률"에 의해 매장 유골의 관리 · 수호권을 취득한 국립묘지관리소장에 대한 관계에까지 적용될 수 없다고 하면서, 국립묘지에 안장된 망인의 장남이 다른 유족의 동의 없이 한 이장 신청을 불승인한 처분이 적법하다고 하였다.

학설상으로는, 위 전원합의체 판결의 다수의견을 지지하는 견해도 있다.[99] 이 견해에서는 제사주재자의 의사에 반하거나 제사주재자를 배제한 채 유체의 매장이 이루어진 경우 제사주재가가 그 유체의 인도를 청구하는 것은 권리남용이 아니라고 한다.[100] 그러나 유체의 사후처리에 대해서는 망인의 의사가 가장 중요한 기준이 되어야 한다는 이유로 위 전원합의체 판결의 다수의견을 비판하는 견해가 많다.[101] 한편, 자신의 유체 처리에 관한 피상속인의 의사에 법

93) 송영민(2003), 411.

94) 박동섭, 친족상속, 560; 오시영, 544; 박병호(1996), 566~567; 신영호(1991), 591~592; 이희배(2001), 889; 김상훈(2008), 226~229.

95) 대법원 2008. 11. 20. 선고 2007다27670 전원합의체 판결.

96) 대법관 박시환, 대법관 전수안의 반대의견.

97) 대법관 안대희, 대법관 양창수의 반대의견.

98) 서울서부지방법원 2016. 12. 20. 선고 2016가단231672 판결.

99) 송경근(2009), 672~673; 김상훈(2008), 232~233.

100) 송경근(2009), 682.

101) 권태상(2009), 364~365; 이준형(2010), 235; 정구태(2010), 62.; 같은 취지, 김재형, "채권법",

률적 구속력이 없더라도, 피상속인의 의사에 따라 이미 매장이 이루어졌다면, 제사주재자라고 하여도 그 유체를 인도할 것을 청구하는 것은 권리남용이라는 견해도 있다.[102] 한편, 헌법재판소 2015. 11. 26. 선고 2012헌마940 결정은 인수자가 없는 시체를 본인의 의사와 무관하게 해부용으로 제공할 수 있도록 한 '시체 해부 및 보존에 관한 법률' §12① 본문이 시체처분에 대한 자기결정권을 침해하여 위헌이라고 하였다.

臟器移植 §22③은 유체에서 장기를 적출하려면 원칙적으로 망인의 사전동의가 있어야 하지만 그 경우에도 가족 또는 유족이 장기적출을 거부하는 경우에는 장기적출이 불가능하고, 망인의 의사가 불분명한 경우에는 가족 또는 유족의 동의로 장기적출이 가능하다고 규정하고 있다. "인체조직안전 및 관리 등에 관한 법률"(이하 '인체조직법'이라 한다) §8①은 유체에서 인체조직을 채취하려는 경우에도 거의 동일한 취지로 규정하고 있다. 여기서 가족 또는 유족은 배우자, 직계비속, 직계존속, 형제자매, 4촌 이내의 친족의 순서 중 선순위자 1명이므로(臟器移植 §12① ii, §4vi, 인체조직법 §3vi), 유체의 소유권자인 제사주재자와 반드시 동일하지 않고, 따라서 양자가 상이한 경우 제사주재자의 처분 권능은 이 범위 내에서 제한된다.[103]

참고로 프랑스에서는 오래 전부터 유체의 처리에 관한 망인의 의사에 법적 구속력이 있다는 내용의 법률을 마련하고 있다.[104] 망인은 그 유체의 일부만 매장 또는 화장하도록 정하거나, 그 유체를 연구용으로 사용하거나, 치료 목적으로 장기를 기증하도록 정할 수도 있다.[105] 다만, 망인의 의사는 법률에서 규정한 매장 방법과 공서양속에 부합해야 한다는 한계가 있다.[106] 이에 관한 망인의 의사가 없는 경우에는, 법원은 어떠한 가족 구성원이 장례 방법과 매장 방식을 정하기에 가장 적합한 자격을 갖추고 있는지를 판단해야 하는데,[107] 이

民判 33-2(2011), 347; 이희배, "'제사를 주재하는 자'의 결정과 '제사용 재산'의 승계", 판례평석, 新聞 3719(2009. 2. 5.).

102) 윤진수(2011c), 73.

103) 최수정(2012), 113.

104) 1887. 11. 15.자 장례의 자유에 관한 법률(Loi du novembre 1887 sur la liberté des funérailles) §3①, "성년자 또는 친권이 해제된 미성년자는 누구나, 유언의 방식으로, 자신의 장례의 조건, 특히 그들에게 주어진 세속적 또는 종교적 특징과 매장의 방식을 결정할 수 있다(Tout majeur ou mineur émancipé, en état de tester, peut régler les conditions de ses funérailles, notamment en ce qui concerne le caractère civil ou religieux à leur donner et le mode de sa sépulture)."

105) Terré/Lequette/Gaudemet, n° 52; Malaurie/Brenner, n° 34.

106) Terré/Lequette/Gaudemet, n° 52; 예를 들어, 매장, 화장, 수장은 가능하나, 냉동보관(cryogénisation), 미라로 만드는 것(momification)과 같은 것은 허용되지 않는다. Terré/Lequette/Gaudemet, p. 62, note 2.; Malaurie/Brenner, p.32, note 45.

는 상속인 자격과 순위와는 무관하다.108) 망인의 의사를 가장 잘 알 수 있는 사람을 기준으로 하므로, 1차적으로는 피상속인의 배우자가 되나, 불화, 재혼 등 특별한 사정이 있는 경우에는 제외되며, 그 다음으로는 근친이 된다.109) 사실혼 배우자도 될 수 있고,110) 예외적으로 친구라고 한 사례도 있다.111)

(2) 분리된 인체부분

종래 학설은 인체로부터 분리된 부분, 예컨대 모발, 치아, 혈액 등을 물건으로 보고 이는 분리된 사람의 소유에 속한다고 설명해 왔다.112) 이에 대해 분리된 인체부분이 소유권의 대상이 된다고 하더라도 인격권에 기한 보호도 중첩적으로 받아야 한다는 견해가 유력하다.113) 특히, 냉동정자·난자·배아와 같은 것은 인격적인 요소가 강하기 때문에 그 소유권의 내용은 제한되어야 하고 이에 따라 상속성을 인정할 수 없다는 견해가 있다.114)

생각건대, 분리된 인체부분이 물건이라 하더라도 그 분리된 목적, 분리된 인체부분의 성질, 분리된 사람의 의사 등 제반 사정을 고려할 때 그 사용·수익·처분에 대한 다양한 제한이 가해질 수 있으므로, 분리된 인체부분의 상속성을 일반적으로 인정하기는 어려우나, 개별적인 사안에서 구체적인 사정을 고려하여 상속성 여부를 판단해야 할 것이다.

(3) 인공 신체부속물

종래 통설은 의치, 의수, 의족 등의 인공 신체부속물은 인체에 부착되면 인체의 일부로서 물건성을 상실하고 인체로부터 분리될 때 다시 물건이 된다고 한다.115) 그런데 심장박동기, 금이빨 등과 같은 인공 신체부속물을 그 사람이 사망한 후 임의로 제거하여 처분할 수 있는지 문제된다.

학설상으로는 이를 유체로부터 제거하려면 1차적으로 망인의 의사를 존중해야 하고, 망인의 의사가 없으면 유체에 대한 권리를 가지는 자의 동의를 받아야 한다는 견해가 있는데,116) 이렇게 보는 것이 타당할 것이다. 또한, 특별한

---

107) Terré/Lequette/Gaudemet, n° 52; Malaurie/Brenner, n° 34.
108) Malaurie/Brenner, n° 34.
109) Terré/Lequette/Gaudemet, n° 52.
110) Malaurie/Brenner, n° 34.
111) Terré/Lequette/Gaudemet, n° 52.
112) 주해[Ⅱ], 30(김병재); 기타 종래 학설의 소개는 양창수(2009), 75~76.
113) 양창수(2009), 97; 최수정(2012), 107~108; 송영민(2003), 417.
114) 최수정(2012), 108; 정자, 난자, 배아, 수정란의 법적 지위에 대해 자세히 논하는 것으로 이은영(2010), 86 이하; 기타 사람으로부터 분리된 인체 구성물의 법적 지위에 관하여 자세히 논하는 것으로 박은정, 429 이하 참조.
115) 이은영(2010), 91; 같은 취지, 박은정, 425; 기타 종래 학설의 소개는 최수정(2012), 103.

사정이 없는 한, 유체에서 분리된 인공 신체부속물에 대한 처분권도 유체에 대한 권리를 가지는 자, 즉 제사주재자에게 있다고 보아야 한다.

마. 분묘

분묘는 제사용 재산으로서 제사주재자에게 귀속된다. 자세한 내용은 §1008-3 註釋 참조.

3. 지적재산권 등

특허권, 상표권, 저작재산권은 상속의 대상이 된다(특허법 §101, §124, 상표법 §96, 디자인보호법 §98, 111). 또한, 특허출원 후 특허를 받을 수 있는 권리, 상표·디자인 등록출원 지위, 특허, 디자인의 전용실시권과 통상실시권, 상표의 전용사용권과 통상사용권도 상속의 대상이 된다(특허법 §38④, ⑤, §100③ⅱ, §101, §102, 상표법 §48, §95⑤, §97③, §100, 디자인보호법 §57③, ④, §97③, §98, §99④ 등).

저작권 중 저작재산권, 저작인접권 등은 상속의 대상이 되나(저작권법 §49ⅰ, §54ⅰ, §90, §98), 저작인격권은 저작자 일신에 전속하므로 상속의 대상이 되지 않는다(§14①).

광업권, 조광권과 어업권, 어업허가 지위도 상속된다(광업법 §11, §39ⅰ, §47②, §58ⅱ, §59ⅰ, 수산업법 §19①, §44①). 다만, 공동광업출원인은 조합계약을 한 것으로 간주되므로(광업법 §17⑤), 그 공동광업권자의 지위는 원칙적으로 상속되지 않는다.[117)]

4. 채권·채무 및 계약상 지위

가. 개설

채권·채무는 일반적으로 상속이 된다.[118)] 통상의 손해배상청구권과 손해배상채무도 당연히 상속이 되고,[119)] 양도금지 특약이 있는 채권도 상속의 대상이 된다.[120)] 법률행위에 따른 소유권이전등기의무도 상속이 된다.[121)]

---

116) 윤진수, 352.
117) 대법원 1981. 7. 28. 선고 81다145 판결.
118) 김주수·김상용, 665, 676~677; 윤진수, 353; 박동섭, 친족상속, 542, 548; 오시영, 527; 이경희, 413, 418; 정동호(2007), 587.
119) 김주수·김상용, 667; 윤진수, 356; 송덕수, 311; 신영호·김상훈, 348; 오시영, 529, 535; 이경희, 414; 박동섭, 친족상속, 543, 548; 손해배상채무의 상속성에 관하여 대법원 1959. 11. 26. 선고 4292민상178 판결.
120) 오시영, 540; 박동섭, 친족상속, 554.
121) 대법원 1982. 2. 9. 선고 81다534 판결; 1994. 12. 9. 선고 93누23985 판결 참조.

나아가 계약상의 지위도 상속이 된다.[122] 따라서 해제권, 취소권이나 하자담보책임과 같이 계약상 지위에 수반되는 권리나 책임도 상속인에게 승계된다.[123] 채무불이행은 피상속인에 의해 행해졌지만 상속개시 이후 손해가 발생한 경우 상속인은 그로 인한 손해배상채무도 부담한다.[124] 명의수탁자 지위도 상속이 되는데,[125] '부동산 실권리자 명의 등기에 관한 법률'에 따라 명의신탁약정이 무효인 경우 그 무효 상태의 지위도 상속인에게 승계된다.[126]

한편, 계약당사자들이 상속에 의한 계약상 권리·의무의 승계를 배제하는 것은 계약자유의 원칙상 유효하다.[127]

반면 본조 단서에 따라 일신전속적인 채권, 채무는 상속이 되지 않는다. 예를 들어, 채권자의 사망으로 급여에 대한 이익이 사라지거나, 급여가 특정인과 관계가 있는 채권은 상속이 되지 않는다.[128] 증여자의 재산상태 변경으로 인한 증여 해제권(§557)도 상속되지 않는다.[129]

위임계약은 당사자의 사망으로 소멸되고(§690), 조합원이 사망하면 탈퇴사유이며(§717 i), 정기급여를 목적으로 한 증여는 당사자의 사망으로 효력을 잃는다(§560)고 규정하고 있으므로, 원칙적으로 그 계약상 지위는 상속이 되지 않는다. 종신정기금계약(§725)의 권리·의무도 그 성질상 원칙적으로 상속의 대상이 않는다. 다만 위 조항은 모두 임의규정이므로 당사자가 그 계약상 지위를 상속의 대상이 된다고 정할 수 있다.[130] 고용계약의 경우 사용자의 지위는 상속의 대상이나, 노무자의 지위는 상속의 대상이 않는다는 것이 대체적인 견해이다.[131] 한편, 위 계약상의 지위가 상속되지 않더라도 그로 인해 발생한 구체적인 채권·채무는 원칙적으로 상속의 대상이 된다.[132]

---

122) 박순성(2003), 659.
123) 박순성(2003), 660.
124) 최수정(2003), 173~174.
125) 대법원 1981. 6. 23. 선고 80다2809 판결; 1996. 5. 31. 선고 94다35985 판결 등; 오시영, 539; 박동섭, 친족상속, 552.
126) 오시영, 539; 이경희, 421; 박동섭, 친족상속, 552; 박순성(2003), 660.
127) 최수정(2003), 174.
128) 윤진수, 353; 같은 취지, 김주수·김상용, 665~666; 판례 중에는 국가가 어떤 개인을 신용하여 정부소유 양곡을 보관하여 도정하게 하는 계약은 그 특정인의 신용을 기초로 체결된 것이므로 그 계약상 지위는 상속이 되지 않는다고 한 것이 있다. 대법원 1961. 10. 19. 선고 4293민상449 판결.
129) 윤진수, 353.
130) 윤진수, 353~354; §690에 관하여 주해[XV], 602(김황식); §717에 관하여 주해[XVI], 139(김재형); §560에 관하여 주해[XIV], 55(고영한); §725에 관하여 주해[XVI], 201(최병조).
131) 곽윤직, 68; 오시영, 537; 이경희, 413; 박동섭, 친족상속, 555.
132) 곽윤직, 68; 박순성(2003), 658.

아래에서는 개별적인 쟁점에 관하여 검토하기로 한다.

나. 보증채무

(1) 통상의 보증

통상의 보증채무는 상속인에게 상속된다.133) 연대보증채무도 마찬가지이다.134) 책임범위가 확정되어 있어 보증인의 상속인이 상속개시 시 예측하지 못한 손해를 입을 염려가 없기 때문이다.135)

(2) 계속적 보증

계속적 채권관계로부터 발생하는 불확정 채무에 대한 보증, 즉 계속적 보증의 경우, 책임 범위가 불확정하고 광범위할 수 있어서 그 책임을 제한하려는 해석이 필요한데,136) 상속과 관련하여서는 계속적 보증의 보증인 지위가 상속되는지 문제된다.

다만 §428−3137) 및 '보증인 보호를 위한 특별법'138) §6에 따르면, 최고액을 서면으로 특정하지 않은 근보증계약은 무효이므로, 이 경우 보증인 지위의 상속 문제는 생기지 않는다.

판례는 보증한도액이 정해진 계속적 보증계약의 경우 보증인이 사망하면 보증인 지위가 상속인들에게 상속됨이 원칙이나, 보증기간과 보증한도액의 정함이 없는 계속적 보증계약의 경우에는 보증인이 사망하면 보증인의 지위가 상속인에게 상속되지 않고, 기왕에 발생된 보증채무만이 상속된다고 한다.139) 이러한 판례에 대하여 예측하기 어려운 상속채무로부터 상속인을 보호하는 법리를 정립하였다는 평가가 있다.140) 또한, 판례는 특히 보증한도액에 정함이 있는지 여부를 기준으로 하고 있는 것이고, 보증한도액에 정함이 없는데 보증기간의 정함이 있다고 하여 보증인 지위의 상속성을 인정하는 취지는 아니라고 분석도 있다.141)

---

133) 곽윤직, 72; 김주수·김상용, 677; 윤진수, 354; 송덕수, 314; 신영호·김상훈, 343; 오시영, 534; 이경희, 418; 박동섭, 친족상속, 549; 김운호(1998), 683; 박순성(2003), 673.

134) 김주수·김상용, 678; 신영호·김상훈, 343; 오시영, 535; 이경희, 419; 박동섭, 친족상속, 549; 정동호(2007), 589.

135) 곽윤직, 72; 김주수·김상용, 677; 신영호·김상훈, 343; 정동호(2007), 587~588.

136) 박병대(1987), 17~18; 이정일(2003), 273~274.

137) 2015. 2. 3. 신설, 2016. 2. 4. 시행.

138) 2008. 3. 21. 제정, 2008. 9. 22. 시행

139) 대법원 1998. 2. 10. 선고 97누5367 판결; 1999. 6. 22. 선고 99다19322 등 판결; 2001. 6. 12. 선고 2000다47187 판결; 2003. 12. 26. 선고 2003다30784 판결.

140) 김상용(2012), 556.

141) 이정일(2003), 289.

학설상으로는, 계속적 보증의 보증인 지위도 원칙적으로 상속되고, 상속인의 보호는 다른 방법에 의해야 한다는 견해도 있으나,[142] 대체로 상속인을 보호하기 위하여 계속적 보증의 보증인 지위의 상속을 제한해야 한다고 해석한다. 다만, 그 제한의 내용과 방법에 대해서는 여러 해석론이 있는데, 계속적 보증의 보증인 지위는 원칙적으로 상속되지 않고, 상속개시 전 발생한 구체적 보증채무만 상속된다는 견해,[143] 책임액 제한이 있는 계속적 보증의 경우에는 보증인 지위가 상속되지만, 책임액 제한이 없는 계속적 보증의 경우에는 보증인 지위가 상속되지 않고, 이미 확정된 보증채무만 상속된다는 견해,[144] 보증한도액의 정함이 있거나 책임범위에 일정한 획정기준이 마련되어 있는 경우에는 보증인 지위가 상속되나, 보증한도액의 정함이 없거나 책임범위 획정기준도 마련되어 있지 않은 경우에는, 보증인 지위가 상속되지 않고, 상속개시 당시 잔존채무액을 한도로 하여 보증인 지위가 승계된다고 해석하는 견해[145] 등이 있다. 마지막 견해가 판례와 다른 것은 상속개시 후 발생한 보증채무라도 상속개시 당시 잔존채무액을 한도로 한다면 상속인이 그 책임을 부담한다는 데 있다.

계속적 보증의 보증인 지위의 상속을 제한하는 근거도 여러 가지로 설명되는데, 신원보증에 관한 身保 §7의 유추적용을 근거로 삼는 견해,[146] 계속적 보증은 신용을 기초로 하는 것으로서 일신전속성이 있다는 견해,[147] 보증인 보호의 필요성이라는 정책적 근거 또는 채권자 보호와 상속인 보호 사이의 조화라는 정책적 근거 등을 제시하는 견해[148] 등이 있다.

다만, 계속적 보증의 보증인 지위가 상속되는 경우에도 원래의 보증인이 사망하였다는 사실은 계약관계의 기초를 이룬 신뢰관계에 중대한 변경을 가져오므로 상속인이 계속적 보증계약을 해지할 수 있다고 보는 것이 대체적이다.[149]

한편, 신원보증은 계속적 보증의 일종이나, 身保 §7은 신원보증계약은 신원보증인의 사망으로 종료된다고 규정하고 있다. 이 조항은 신원보증인을 위한 강행규정으로서,[150] 이에 따라 신원보증인의 지위는 상속되지 않는다.[151] 그러

142) 이정일(2003), 288; 김영신(2010), 421.
143) 박동섭, 친족상속, 549~550; 정동호(2007), 588.
144) 최수정(2003), 184; 같은 취지, 곽윤직, 72; 김주수 · 김상용, 677~678; 오시영, 535.
145) 박병대(1987), 57; 같은 취지 김운호(1998), 679~680.
146) 최수정(2003), 184.
147) 김주수 · 김상용, 677.
148) 곽윤직, 72; 박병대(1987), 55~56.
149) 박병대(1987), 58; 이정일(2003), 290; 김영신(2010), 422.
150) 윤진수, 354.
151) 김주수 · 김상용, 677; 송덕수, 314; 신영호 · 김상훈, 343~344; 오시영, 535; 박동섭, 친족상속,

나 기존 신원보증계약에 기하여 구체적인 보증채무가 발생한 때에는 그 채무가 보증인의 상속인에게 상속된다는 것이 통설, 판례이다.[152)]

다. 임차권

임차권은 상속인에게 상속된다.[153)] 판례도 임차권의 상속 내지 임대인 지위의 상속을 긍정하고 있다.[154)] 임차인의 사망은 임대차 해지사유가 되지 않는다.[155)]

그러나 임차권이 법률상 상속인에게만 승계된다면 상속인 아닌 가족이 주거를 잃는 결과가 될 수 있으므로 이들을 보호할 필요가 있다.[156)] 주택임대차의 경우 住賃 §9는 일정한 요건 하에 상속인 외의 자에게 임차권의 승계를 인정한다. 住賃 §9①은 "임차인이 상속인 없이 사망한 경우에는 그 주택에서 가정공동생활을 하던 사실상의 혼인 관계에 있는 자가 임차인의 권리와 의무를 승계한다"고 규정하고, 그 ②는 "임차인이 사망한 때에 사망 당시 상속인이 그 주택에서 가정공동생활을 하고 있지 아니한 경우에는 그 주택에서 가정공동생활을 하던 사실상의 혼인 관계에 있는 자와 2촌 이내의 친족이 공동으로 임차인의 권리와 의무를 승계한다"고 규정하며, 그 ④는 "제1항과 제2항의 경우에 임대차 관계에서 생긴 채권·채무는 임차인의 권리의무를 승계한 자에게 귀속된다"고 규정하고 있다. 위 조항은 상속일반에 대한 특례 규정이다.[157)]

住賃 §9에서 가정공동생활이란 사회통념상 한 가정으로서 생활공동체를 이루고 있다고 볼 수 있는 긴밀한 인적 결합을 의미한다.[158)] 일정기간 주거할 필요는 없으나, 일시적 체류에 지나지 않는 경우에는 이에 해당하지 않는다.[159)] 반대 견해도 있으나, 주민등록상 동거인으로 등재될 필요도 없다는 것이 다수설이다.[160)]

住賃 §9②에서 2촌 이내의 친족이란 가정공동생활을 하지 않는 상속인 중

550; 김운호(1998), 675; 정동호(2007), 588; 최수정(2003), 177.

152) 대법원 1972. 2. 29. 선고 71다2747 판결; 윤진수, 354; 김주수·김상용, 677; 송덕수, 314; 오시영, 535; 이경희, 419; 박동섭, 친족상속, 550.

153) 곽윤직, 72; 김주수·김상용, 679~680; 송덕수, 310; 신영호·김상훈, 344; 오시영, 527; 이경희, 414; 박동섭, 친족상속, 542; 김세진(2013), 22; 안영하(2008), 215~216; 제요[2], 613.

154) 대법원 1966. 9. 20. 선고 66다1238 판결.

155) 신영호·김상훈, 345; 오시영, 527; 안영하(2008), 216, 註 1 및 기타 여기에서 소개하는 문헌 참조.

156) 윤진수, 355; 같은 취지, 김주수·김상용, 680~681; 오시영, 528; 신영호·김상훈, 344 이하.

157) 안영하(2008), 232; 이상혁(1992), 186; 같은 취지, 고상룡(1988), 318~319.

158) 임영수(2010), 64.

159) 안영하(2008), 234; 이상혁(1992), 189; 임영수(2010), 64.

160) 주해[XV], 282(민일영); 안영하(2008), 234; 이상혁(1992), 189~190; 고형석(2010), 107; 임영수(2010), 65[반대하는 견해는 임영수(2010), 65, 註 12에서 소개하는 문헌 참조].

2촌 이내의 친족을 의미한다는 견해와,[161] 상속인인지 여부와 무관하게 임차인과 가정공동생활을 하는 2촌 이내의 친족을 의미한다는 견해가[162] 대립한다. 이 경우 2촌 이내의 친족이 없다면 사실상 배우자가 단독으로 임차권을 승계한다.[163] 학설상 사실상 양자에게도 住賃 §9①을 유추적용하여 주택임차권의 승계를 인정해야 한다는 견해도 있다.[164]

住賃 §9②의 공동승계의 의미에 관하여, 이는 '연대하여'라는 의미로 해석하는 견해와[165] '합유한다'는 의미로 해석하는 견해[166] 등이 있으나, 어떠한 견해에 의하든지 결론에 차이가 있다고 보이지 않는다.

승계범위에 있어서, 주거권만 승계된다는 견해도 있으나,[167] 住賃 §9④의 문리해석상, 위 조항에 따른 임차권의 승계에는 임대차보증금반환채권의 승계도 포함한다고 해석하여야 한다.[168]

적용범위에 있어서, 피상속인과 가정공동생활을 하는 상속인이 있는 경우에도 住賃 §9가 적용된다는 견해도 있으나,[169] 입법론은 별론으로 하고 위 조항의 문리해석상 이 경우에는 위 조항이 적용되지 않고, 일반원칙으로 돌아가 상속인들이 임차권을 공동상속한다고 해석해야 한다.[170]

住賃 §9③은 이 조항에 따른 승계대상자가 임차인 사망 후 1개월 이내에 임대인에게 승계하지 않는다는 의사를 표시할 수 있다고 규정하는데, 이러한 임차권 승계 포기의 의사가 있으면 일반원칙으로 돌아가 상속인에게 임차권이 상속된다.[171]

라. 생명침해로 인한 손해배상청구권

생명침해로 인한 손해배상청구권에 대하여는 입법론적으로 크게 두 가지 규율태도가 있다. 하나는 망인이 손해배상청구권을 취득하고 그것이 상속에 의하여 그의 상속인에게 이전된다는 이른바 '상속구성'이고, 다른 하나는 배우자,

161) 주해[XV], 283(민일영); 윤진수, 355; 고형석(2010), 109~110.
162) 안영하(2008), 238.
163) 안영하(2008), 235.
164) 주해[XV], 282(민일영); 안영하(2008), 233; 같은 취지, 고상룡(1988), 326.
165) 주해[XV], 286(민일영).
166) 이상혁(1992), 194.
167) 고상룡(1988), 320, 330~331.
168) 주해[XV], 284~285(민일영); 고형석(2010), 111; 김윤정(2011), 210~211; 같은 취지 박동섭, 친족상속, 543; 안영하(2008), 242; 임영수(2010), 71.
169) 임영수(2010), 68.
170) 주해[XV], 282~283(민일영); 곽윤직, 73; 박동섭, 친족상속, 543; 안영하(2008), 217, 232.
171) 임영수(2010), 74.

자녀 등이 망인에 의한 부양을 더 이상 얻지 못함으로 인하여 손해배상을 청구할 권리를 직접 취득한다는 이른바 '부양구성'이다.[172]

판례는 종래부터 확고하게 생명침해로 인한 재산적 손해배상청구권이나 위자료청구권이 상속된다고 보고 있다.[173] 판례는 이 경우 유족 고유의 위자료청구권과 상속받은 위자료청구권을 함께 행사할 수 있다고 한다.[174] 실무도 확고하게 이와 같은 전제에서 운영되고 있는데, 실무상 위자료는 망인의 위자료와 유족 고유의 위자료를 합하여 일정 금액으로 정한 뒤 이를 적절히 배분하는 방식으로 정해진다.

그런데 학설상으로는 생명침해로 인한 손해배상청구권이 상속되는지에 관하여, 이를 긍정하는 견해와[175] 부정하는 견해가[176] 대립한다.[177] 긍정하는 견해에서도 그 이론적 근거에 대해서는 논란이 있으나,[178] 치명상을 받은 때와 사망한 때 사이에 시간적 간격이 존재한다는 시간적 간격설을 따르는 것이 대체적이다.[179] 판례도 위자료청구권의 상속성에 관하여 시간적 간격설을 따르고 있다.[180] 상속을 부정하는 견해는 사망으로 인한 손해배상청구권을 망인이 생전에 취득할 수 없기 때문에 상속도 이루어질 수 없다는 점 등을 근거로 제시하고 있다.[181] 우리와 일본을 제외한 다른 입법례에서는 일반적으로 생명침해로 인한 손해배상청구권의 상속을 부정하고, 부양이익 침해에 의한 손해배상청구권을 인정하고 있다.[182]

한편, 생명침해로 인한 손해배상청구권이 상속된다고 보면서도, 피상속인의 사망으로 인한 부양이익 상실 등의 손해에 대하여 유족이 그 배상을 청구하는 것이 가능한지, 즉 상속구성과 부양구성의 병존이 가능한지 문제될 수 있다.

---

172) 양창수(2007b), 222~223; 고영아(2010), 90.

173) 대법원 1966. 2. 28. 선고 65다2523 판결; 1977. 2. 22. 선고 76다2285 판결; 1995. 5. 12. 선고 93다48373 판결 등; 특히 위자료 청구권에 관하여, 대법원 1966. 10. 28. 선고 66다1335 판결; 1967. 5. 23. 선고 66다1025 판결; 1969. 4. 15. 선고 69다268 판결; 1969. 10. 23. 선고 69다1380 판결; 1973. 9. 25. 선고 73다1100 판결 등.

174) 대법원 1969. 4. 15. 선고 69다268 판결; 1970. 11. 24. 선고 70다2242 판결; 1977. 7. 12. 선고 76다2608 판결 등.

175) 곽윤직, 74~75; 윤진수, 356; 고영아(2010), 107~108; 한봉희(1987), 207, 215~216.

176) 정귀호(1981), 322~327; 소재선(1998), 564~566; 같은 취지, 김주수·김상용, 667 이하; 이경희, 415~416.

177) 더 자세한 견해대립에 관하여 고영아(2010), 99 이하 참조.

178) 자세한 내용은 고영아(2010), 99 이하 참조.

179) 곽윤직, 74~75 등.

180) 대법원 1969. 4. 15. 선고 69다268 판결; 1970. 2. 24. 선고 69다2160 판결 등.

181) 김주수·김상용, 672~673 등.

182) 정귀호(1981), 316 이하 참조; 기타 소재선(1998), 529 이하 및 고영아(2010), 90도 참조.

우리 판례는 아직 없으나, 일본 판례는 이를 긍정하고 있다. 즉, 일본 최고재판소는 생명침해로 인한 손해배상청구권의 상속을 일반적으로 인정하고 있는데,[183] 피상속인 살해의 방조범에 대하여 상속을 포기한 피상속인의 처와 자녀들이 손해배상청구를 한 사안에서, 그 피부양자들이 상속을 포기했어도 부양이익의 상실에 의한 손해배상을 청구할 수 있고, 다만 그 손해액은 피상속인의 일실이익과 당연히 같은 것은 아니고, 개별 사안에서, 부양자의 생전수입, 그중 피부양자의 생계유지에 충당되어야 하는 부분, 피부양자의 피부양이익으로 인정될 비율, 부양에 필요한 상태가 존속하는 기간 등 구체적 사정을 종합하여 산정되어야 한다고 하였다.[184] 우리 학설상으로는 상속구성과 부양구성의 병존을 긍정하면서, 망인의 피부양자와 상속인이 동일하지 않은 경우에는 망인의 재산상 손해배상액에서 피부양자 고유의 손해배상액이 공제되어야 한다고 하여 상속인보다 피부양자를 우선해야 한다는 취지의 견해가 있다.[185]

마. 부양청구권 및 부양의무

부양청구권이나 부양의무(§974)는 법률상 부양 요건의 구비 여부에 따라 정해지므로 협의나 심판에 의해 구체적 내용이 확정된 경우에도 상속되지 않는다는 것이 통설이다.[186] 부양청구권은 부양권리자가 사망하면 부양의 필요성이 소멸하고 그 급여에 대한 이익이 사라지는 일신전속적 권리로서 상속의 대상이 되지 않는다고 설명할 수도 있다.[187][188]

그러나 구체적 내용이 확정된 부양의무 중 이행기가 도래한 연체부양료 지급채권·채무는 통상의 금전채권·채무와 같으므로 상속된다.[189] 판례도 연체부양료 청구권은 독립하여 처분할 수 있다고 함으로써 같은 취지이다.[190]

하급심 중에는 과거의 양육비를 구할 수 있는 권리가 당사자의 협의 또는 가정법원의 심판의 확정에 의하여 구체적인 지급청구권으로 성립한 후에는 과

183) 일본 판례의 변천에 관하여 고영아(2010), 92 이하 참조.
184) 日最判 2000(平 12). 9. 7. 判例タイムズ 1045, 120.
185) 고영아(2010), 115~119.
186) 곽윤직, 76; 김주수·김상용, 658, 671; 송덕수, 312; 신영호·김상훈, 351; 오시영, 528~529; 박동섭, 친족상속, 555; 시진국(2006), 684; 김운호(1998), 685; 정동호(2007), 590; 김소영(2003), 774; 박순성(2003), 674.
187) 윤진수, 353.
188) 부양청구권의 상속성에 관한 자세한 사항은 주해친족(2권), 1542~1547(최준규) 참조.
189) 곽윤직, 76; 김주수·김상용, 666, 678; 윤진수, 353; 신영호·김상훈, 351; 송덕수, 312; 오시영, 529; 박동섭, 친족상속, 555; 시진국(2006), 684; 김운호(1998), 685; 정동호(2007), 590; 김소영(2003), 774; 박순성(2003), 674; 제요[2], 612~613.
190) 대법원 2006. 7. 4. 선고 2006므751 판결.

거의 양육비 청구권 또는 과거양육비 지급채무가 상속된다는 것이 있다.[191)]

바. 재산분할청구권 및 재산분할의무

이혼에 따른 재산분할청구권(§839-2, §843)과 재산분할의무의 상속성이 문제된다.

재산분할은 이혼의 성립을 전제로 하고 있으므로 피상속인이 이혼 전 사망한 경우에는 재산분할청구권이나 재산분할의무가 상속되지 않는다는 데에는 이론이 없다.[192)] 판례도 같은 취지에서 이혼소송과 재산분할청구가 병합된 경우, 배우자 일방이 사망하면 이혼 및 재산분할청구의 소는 모두 종료된다고 한다.[193)]

그러나 피상속인이 이혼 후 사망한 경우에, 재산분할청구권 또는 재산분할의무가 상속되는지에 관하여는 견해가 대립한다. 상속된다는 견해(적극설)[194)], 상속되지 않는다는 견해(소극설)[195)], 재산분할 협의가 있거나 재산분할의 심판청구 또는 소를 제기한 경우 등과 같이 재산분할청구권을 행사하여 그 의사가 외부로 표출된 경우에는 상속성을 인정할 수 있다는 견해(절충설)가[196)] 있다. 대법원 2009. 2. 9.자 2008스105 결정은 사실혼 관계가 해소된 후 재산분할청구의 소계속 중 상대방이 사망한 경우 그 상속인이 소송수계를 해야 한다는 취지로서 판단하여 재산분할의무의 상속성을 인정함으로써, 적어도 소극설을 취하지 않았다.[197)] 하급심 중에는 절충설에 따라 재산분할청구권 행사 의사가 외부적, 객관적으로 표시된 이상 그 재산분할청구권은 상속된다고 판시한 것이 있다.[198)]

다만, 판례는 이혼부부 일방이 퇴직연금을 수령하고 있는 경우 그 퇴직연금수급권도 재산분할의 대상이 되고 분할의무자가 분할권리자에게 정기금으로 지급하는 방식의 재산분할도 가능한데, 이러한 정기금채권은 분할권리자의 상속인에게 상속될 수 없다고 하였다.[199)]

---

191) 서울가정법원 2018. 1. 22.자 2016브30088 결정; 같은 취지, 수원지방법원 안산지원 2018. 5. 4. 선고 2017가단21633 판결.

192) 주해친족(1권), 425(이동진); 김운호(1998), 687; 같은 취지, 시진국(2006), 684~685; 다만, 서순택(2014), 154~155는 이혼 전 배우자 일방이 사망한 경우에는 재산분할청구권이 발생하지 않으므로 그 상속성과 직접적인 관련성이 없다고 설명한다.

193) 대법원 1994. 10. 28. 선고 94므246등 판결.

194) 박동섭, 친족상속, 544~545; 시진국(2006), 686; 황경웅(2007), 498 이하; 박순성(2003), 676; 서순택(2014), 163; 기타 주해친족(1권), 426, 註 268(이동진)에서 소개하는 문헌 참조.

195) 민유숙, "재산분할의 구체적 인정범위", 재판자료 62(1993), 450; 기타 주해친족(1권), 426, 註 270(이동진)에서 소개하는 문헌 참조.

196) 김주수·김상용, 666; 김운호(1998), 687~688; 기타 주해친족(1권), 426, 註 269(이동진)에서 소개하는 문헌 참조.

197) 주해친족(1권), 426~427(이동진) 참조.

198) 서울가정법원 2015. 7. 17. 선고 2014르30309 판결.

199) 대법원 2014. 7. 16. 선고 2012므2888 전원합의체 판결.

재산분할청구권이 상속될 경우 청산적 요소만 상속되고 부양적 요소는 상속되지 않는다는 것이 종래의 통설이지만,[200] 근래에는 청산적 요소와 부양적 요소를 분리하는 것은 이론적으로나 실제적으로나 어렵고, 재산분할권청구권의 내용이 구체적으로 확정된 이상 이는 양자를 모두 포함하는 하나의 권리라는 등의 이유로 청산적 요소와 부양적 요소 모두가 상속의 대상이 된다는 견해가 유력하다.[201]

사. 생명보험금청구권

피상속인이 자신이 피보험자인 생명보험계약을 체결하면서 보험료를 지출하는 경우, 그 생명보험계약에 의한 생명보험금청구권이 상속재산인지, 아니면 상속인의 고유의 권리로서 생명보험금청구권을 취득하는지 문제된다. 이에 따라 생명보험금 수령이 상속재산에 대한 처분행위로서 법정단순승인 사유(§1026 i)에 해당하는지, 상속포기를 한 경우에도 생명보험금을 청구할 수 있는지 여부 등이 달라진다. 즉, 상속재산이라면 생명보험금 수령이 법정단순승인 사유가 되고, 상속포기를 한 상속인은 생명보험금을 청구할 수 없고, 상속인의 고유의 권리라면 반대로 된다. 판례는 상속을 포기한 상속인이 보험수익자로서 고유재산인 보험금청구권을 행사하는 것이 사회상규에 반하지 않는다고 한다.[202]

이하의 내용은 상해의 결과로 사망한 때 사망보험금이 지급되는 상해보험에서도 마찬가지로 적용된다고 할 것이다.[203]

(1) 보험수익자가 '상속인'인 때

보험수익자가 특정 상속인으로 지정된 경우는 물론, 단순히 '상속인'이라고만 지정된 경우에도 보험수익자는 자기의 고유한 권리로 보험금청구권을 취득하는 것이므로 그 보험금청구권은 상속재산에 포함되지 않는다는 것이 통설, 판례이다.[204]

---

200) 곽윤직, 76; 김주수 · 김상용, 666; 신영호 · 김상훈, 350; 오시영, 529, 540; ; 이경희, 413; 박동섭, 친족상속, 544~545.

201) 주해친족(1권), 427(이동진); 윤진수, 357; 황경웅(2007), 498~499; 김소영(2003), 774; 박순성(2003), 676.

202) 대법원 2001. 12. 24. 선고 2001다65755 판결.

203) 대법원 2004. 7. 9. 선고 2003다29463 판결 참조.

204) 곽윤직, 79~80; 윤진수, 357~358; 김주수 · 김상용, 674~675; 송덕수, 311; 신영호 · 김상훈, 352; 오시영, 531; 이경희, 416; 박동섭, 친족상속, 546; 시진국(2006), 686~687; 전경근(2002), 248; 임채웅(2002), 358; 박동섭(2010), 95~96; 정구태(2011), 280~281; 김소영(2003), 772; 김윤정(2011), 207; 제요[2], 611; 대법원 2001. 12. 24. 선고 2001다65755 판결; 대법원 2001. 12. 28. 선고 2000다31502 판결; 대법원 2004. 7. 9. 선고 2003다29463 판결; 대법원 2016. 7. 14.자 2014스101 결정.

보험수익자가 단순히 '상속인'이라고만 지정된 경우 상속인은 보험계약 체결시의 상속인이 아니라 보험금청구권 발생시이자 보험사고 발생당시인 피상속인 사망시의 상속인을 의미한다고 해석하는 것이 대체적인 견해이다.[205] 이 때 상속인들에게 지급될 보험금은 상속분의 비율이 아니라, §408에 따라 같은 비율로 지급되어야 한다는 것이 종래의 다수 견해였으나,[206] 판례는 이 경우 상속인은 특별한 사정이 없는 한 자신의 상속분에 상응하는 범위 내에서만 보험금을 청구할 수 있다고 하였다.[207] 한편, 보험약관에 법정상속분에 따라 지급된다는 규정이 있으면 이에 따라야 할 것임은 물론이다.[208]

한편, 이 경우 보험수익자인 상속인 중 1인이 고의로 피보험자를 살해하거나, 상해를 가하여 사망에 이르게 하였다면, 그 상속인은 상속결격자가 되는데(§1004 i, ii), 이 경우 그 상속인에게 지급될 보험금만큼은 지급의무가 면책된다는 면책약관이 있다면, 보험자는 그 면책약관에 따라 면책되므로, 다른 상속인들이 상속결격자가 상속인이 아니라는 이유로 상속결격자에게 지급되었을 보험금까지 지급해 달라고 청구할 수는 없다.[209]

(2) 보험수익자 지정권 행사 전 商 § 733에 따라 보험수익자가 정해진 때

商 §733③은 "보험수익자가 보험존속 중에 사망한 때에는 보험계약자는 다시 보험수익자를 지정할 수 있다. 이 경우 보험계약자가 지정권을 행사하지 아니하고 사망한 때에는 보험수익자의 상속인을 보험수익자로 한다"고 규정하고 있다. 또한, 商 §733④은 "보험계약자가 제2항과 제3항의 지정권을 행사하기 전에 보험사고가 생긴 경우에는 피보험자 또는 보험수익자의 상속인을 보험수익자로 한다"고 규정하고 있다.

商 §733③의 경우 보험수익자의 상속인은 보험계약자가 사망한 때를 기준으로 하지 않고, 보험수익자가 사망할 때를 기준으로 하여 상속인이 되는 자가 된다는 것이 대체적인 견해이다.[210] 한편, 생명보험에서 보험수익자가 지정되지 않고 보험사고가 발생한 경우에는 商 §733④에 따라 보험수익자가 정해진다고 해석된다.[211]

205) 곽윤직, 79~80; 김주수 · 김상용, 674; 윤진수, 358; 신영호 · 김상훈, 352; 전경근(2002), 238; 임채웅(2002), 361.

206) 박동섭(2005), 104; 정구태(2011), 281; 같은 취지, 전경근(2002), 243, 註 20.

207) 대법원 2017. 12. 22. 선고 2015다236820 등 판결.

208) 서울가정법원 2010. 11. 9.자 2009느합285 심판.

209) 대법원 2001. 12. 28. 선고 2000다31502 판결; 이 판결에 대한 평석으로는 임채웅(2002) 참조.

210) 곽윤직, 80; 김주수 · 김상용, 675; 오시영, 532.

211) 이광만(2005), 470.

판례는 보험수익자가 지정되지 않아 商 §733에 따라 피보험자의 상속인이 보험수익자가 되는 경우 그 상속인의 보험금청구권은 상속재산이 아니라 상속인의 고유재산이라고 한다.[212] 또한, 판례는 보험계약자가 제3자를 피보험자로 하고 자기 자신을 보험수익자로 한 생명보험계약에서 보험존속 중 보험수익자가 사망한 경우 商 §733③ 후단에 준하여 보험수익자의 상속인이 보험수익자가 되고, 이는 보험수익자와 피보험자가 동시에 사망한 것으로 추정되는 경우에도 같으며, 이 경우에도 그 상속인의 보험금청구권은 상속재산이 아니라 상속인의 고유재산이라고 한다.[213] 학설도 대체로 판례와 같은 입장이다.[214]

(3) 보험수익자가 '피상속인'인 때

이 경우 생명보험금청구권은 상속재산에 속하고 상속인이 이를 상속한다는 견해와[215] 商 §733③ 또는 ④이 유추적용된다는 등의 이유로 상속인이 고유의 권리로 생명보험금청구권을 취득한다는 견해가[216] 대립한다. 판례는 이 경우 전자의 견해를 따라 생명보험금청구권이 상속재산이 된다고 한다.[217] 이와 달리 후자의 견해에 의하면 생명보험금청구권은 어떤 경우에도 상속재산이 되지 않게 된다.[218]

생각건대, 판례의 위와 같은 태도는 보험계약자가 보험수익자인데 피상속인과 동시에 사망한 경우에 商 §733③ 후단을 유추적용하는 판례의 태도와[219] 일관되는지 의문이다.[220] 보험수익자의 보험금청구권이 생길 당시 보험수익자는 사망하여 권리의 주체가 될 수 없으며,[221] 무엇보다 商 §733의 취지가 보험계약자의 의사를 존중하고 보험수익자 계통의 유족을 보호하며, 보험수익자 지정에 관한 계약당사자의 의사표시 흠결을 보충하려는 데 있는데,[222] 피상속인

212) 대법원 2004. 7. 9. 선고 2003다29463 판결; 이 판결에 대한 평석으로는 이광만(2005) 참조; 이 판결을 지지하는 견해로 김상용(2012), 557.

213) 대법원 2007. 11. 30. 선고 2005두5529 판결; 이 판결에 대한 평석으로는 조일영(2008) 참조.

214) 곽윤직, 80; 김주수 · 김상용, 675; 송덕수, 311; 박동섭, 친족상속, 546; 시진국(2006), 687; 김상용(2012), 557; 박동섭(2010), 97; 정구태(2011), 282; 이에 반대하는 견해는 정구태(2011), 282, 註 22에서 소개하는 문헌 참조.

215) 제요[2], 611; 김주수 · 김상용, 675~676; 시진국(2006), 686; 김소영(2003), 772; 임완규 · 김소영(1993), 695; 김윤정(2011), 205.

216) 곽윤직, 81; 윤진수, 358; 송덕수, 312; 오시영, 532; 박동섭, 친족상속, 546; 전경근(2002), 249~250; 정구태(2011), 278~280; 같은 취지 박동섭(2005), 98.

217) 대법원 2000. 10. 6. 선고 2000다38848 판결; 2002. 2. 8. 선고 2000다64502 판결.

218) 윤진수, 359; 박동섭(2010), 102; 정구태(2011), 283.

219) 대법원 2007. 11. 30. 선고 2005두5529 판결.

220) 판례의 태도가 모순되지 않는다는 취지의 견해로는 조일영(2008), 620~622.

221) 전경근(2002), 250.

222) 조일영(2008), 615.

이 자신을 보험수익자로 지정한 진정한 의사는 상속인으로 하여금 보험금청구권을 취득하게 하려는 데 있는 것이지, 이를 상속인을 보험수익자로 지정한 경우와 달리 그 보험금청구권을 반드시 상속재산으로 삼기 위함이라고 보기는 어렵다고 생각한다. 따라서 이 경우에도 商 §733③의 유추적용에 의해 상속인이 고유의 권리로 생명보험금청구권을 취득한다고 보는 것이 타당하고, 위 판례는 재고할 필요가 있다.

제3자가 피상속인을 피보험자 겸 보험수익자로 지정한 경우에도 여기의 논의가 적용된다.[223)]

(4) 상속세 과세

다만, 相贈 §8①, ②은 "피상속인이 보험계약자인 보험계약이거나, 보험계약자가 피상속인이 아니더라도 피상속인이 실질적으로 보험료를 납부한 경우"에는 그 보험계약에 의해 받는 생명보험금은 상속재산으로 간주하여 과세대상인 상속재산에 산입한다. 헌법재판소는 생명보험금을 상속재산으로 의제하도록 한 위 조항이 헌법에 위반되지 않는다고 하였다.[224)]

아. 사망퇴직수당, 유족급여 등

(1) 사망퇴직수당 또는 사망퇴직금

피상속인이 재직 중 사망한 경우 법률, 취업규칙 또는 내규에 의해 유족에게 퇴직수당 또는 퇴직금을 지급하는 경우가 있는데, 이러한 사망퇴직수당 또는 사망퇴직금은 미지급임금의 성격과 유족의 생활보장을 위한 성격을 갖는다.[225)]

예를 들어, 공무원 또는 군인이 1년 이상 재직하고 사망하는 경우 유족에게 퇴직수당을 지급하고(공무원연금법 §62①, 군인연금법 §30-4), 그 유족의 범위와 순서는 위 각 법에서 정하고 있는데(공무원연금법 §3①ii 등, 군인연금법 §3①iv 등), 이는 민법의 상속인의 범위나 순위와는 다르다. 따라서 망인의 유족은 법률에 의해 고유의 권리로 사망퇴직수당을 취득하는데, 이러한 사망퇴직수당을 받을 권리는 상속재산이 아니라는 것이 통설이다.[226)] 판례도 같은 취지에서 공무원연금법상의 사망퇴직수당 수급권은 상속재산에 속하지 않는다고 하였다.[227)]

223) 윤진수, 358.
224) 헌법재판소 2009. 11. 26. 선고 2007헌바137 결정.
225) 곽윤직, 83; 김주수 · 김상용, 676.
226) 곽윤직, 83~84; 김주수 · 김상용, 669; 윤진수, 363; 송덕수, 312; 신영호 · 김상훈, 353; 이경희, 417; 박동섭(2010), 92; 같은 취지, 시진국(2006), 688.
227) 대법원 1996. 9. 24. 선고 95누9945 판결; 2000. 9. 26. 선고 98다50340 판결; 다만 판례는 용어에 있어 '유족급여'와 '사망퇴직수당'을 엄밀하게 구분하여 사용하고 있지 않으나, 공무원연금법상 '퇴직유족급여'와 '퇴직수당'은 명확히 구분되는 개념이다(공무원연금법 §28iii ii, iv 참조).

또한, 일반 사기업에서 근로자가 사망한 경우 지급하는 사망퇴직금은 사기업의 취업규칙 또는 내규에 의해 그 수령권자인 유족의 범위나 순위를 정하는 것이 보통이다. 따라서 그 사망퇴직금은 유족이 고유의 권리로 취득하는 것이므로 상속재산이 아니라는 것이 다수설이다.[228] 다만, 그 취업규칙 또는 내규에서 사망퇴직금의 수급권자를 정하지 않은 때에는 그 사망퇴직금은 미지급 임금으로서 피상속인의 소유에 속하므로 상속재산에 포함된다는 견해가 있으나,[229] 이 경우에도 그 사망퇴직금은 상속인의 고유재산이라고 해석하는 것이 균형에 맞는다고 생각된다. 한편, 우리 하급심 중에는 직장 상조회에서 지급하는 사망위로금은 상속재산이 아니라는 심판이 있다.[230]

다만, 相贈 §10 본문은 피상속인의 사망으로 인해 지급되는 퇴직금, 퇴직수당 등은 과세대상으로서의 상속재산으로 보고 있다.

(2) 유족급여

여러 특별법에 의해 피상속인이 재직 중 사망한 경우 특별법상 유족급여가 지급되는 경우가 있다. 예를 들어 공무원연금법 §54 이하의 퇴직유족급여, 군인연금법 §26 이하의 유족급여, 산업재해보상보험법 §62 이하의 유족급여 등이 그것이다. 근로기준법 §82의 유족보상도 이에 해당한다고 할 수 있다. 이러한 유족급여는 유족의 생활안정을 위한 사회보장의 성격을 가진다.

이러한 유족급여 중 일부는 피상속인 본인이 비용 일부를 부담하는 경우도 있는데(예를 들어 공무원연금법 §66①, 군인연금법 §36① 등 참조), 어떠한 경우이든 그 유족급여를 수령할 유족의 범위나 순위는 해당 특별법에서 자세히 정하고 있다. 따라서 이러한 유족급여는 유족이 법률에 의해 자기 고유의 권리로 취득하는 것이므로, 유족급여를 받을 권리는 상속재산에 포함되지 않는다는 것이 통설이다.[231] 판례도 같은 취지에서 공무원연금법 또는 군인연금법 상의 유족급여 수급권은 상속재산에 속하지 않는다고 판시하였다.[232] 하급심 실무례도 같다.[233]

228) 곽윤직, 83; 김주수·김상용, 676; 송덕수, 312; 신영호·김상훈, 353; 오시영, 533; 이경희, 417; 박동섭, 친족상속, 547; 박동섭(2010), 92; 같은 취지 시진국(2006), 688.

229) 시진국(2006), 688.

230) 수원지방법원 평택지원 2016. 3. 30.자 2015느합201 심판; 기타 제요[2], 612도 참조.

231) 곽윤직, 84; 송덕수, 312; 오시영, 533; 이경희, 418; 박동섭, 친족상속, 547; 같은 취지, 시진국(2006), 689; 윤진수, 363; 김소영(2003), 773; 김윤정(2011), 207; 제요[2], 612.

232) 공무원연금법에 관하여 대법원 1996. 9. 24. 선고 95누9945 판결; 2000. 9. 26. 선고 98다50340 판결; 군인연금법에 관하여 대법원 1998. 3. 10. 선고 97누20908 판결; 산업재해보상보험법에 관하여 대법원 2006. 2. 23. 선고 2005두11845 판결; 2009. 5. 21. 선고 2008다13104 전원합의체 판결.

233) 서울가정법원 2009. 5. 8.자 2005느합107 심판; 서울고등법원 2009. 6. 9.자 2009브64 결정.

相贈 §10 단서는 공무원연금법, 군인연금법, 산업재해보상보험법 상의 유족연금 등을 과세대상으로서의 상속재산에서 제외하고 있다.

(3) 기타

"국가유공자 등 예우 및 지원에 관한 법률"(§11 이하) 상의 보훈급여금, "범죄피해자 보호법"(§16 이하) 상의 유족구조금 등과 같이 해당 법률에서 수급권자의 범위와 순서를 정하고 있는 경우에도, 수급권자는 고유의 권리로 이를 취득하는 것이므로, 그 수급권은 상속재산에 속하지 않는다고 해석해야 한다.

5. 단체 구성원의 지위

단체 구성원 지위의 상속 여부는 단체의 성질에 따라 다르다.

§56은 사단법인의 사원권은 상속할 수 없다고 규정하고 있다. 학설은 위 조항을 임의규정으로 본다.[234] 판례도 이와 같이 보아, 사단법인이나 비법인사단 사원의 지위가 정관이나 관행에 의해 상속이 대상이 된다고 한다.[235]

§717 i 은 조합원의 사망을 탈퇴사유로 규정하고 있으므로, 조합원 지위는 원칙적으로 상속이 되지 않는다. 학설은 위 조항도 임의규정으로 보아, 조합계약에서 상속을 인정하는 특약은 유효하다고 한다.[236] 판례도 이와 같이 보아, 조합계약에서 특약이 없다면 조합원 지위는 상속되지 않는다고 한다.[237] 조합원 지위가 상속되지 않는 경우, 상속인은 피상속인의 §719에 따른 지분반환청구권을 행사할 수 있다.[238]

판례 중에는 학교법인의 이사 및 이사장의 지위는 일신전속권으로서 상속의 대상이 되지 않는다는 것과,[239] 단체의 정관에 따른 의사결정기관의 구성원의 지위는 일신전속권으로서 상속의 대상이 되지 않는다는 것이[240] 있다.

주식회사의 주식은 양도할 수 있으므로(商 §335), 상속의 대상이 된다.[241] 정관으로 주식 양도에 이사회 승인을 받도록 한 경우에도(商 §335①), 상속으로 인한 주식 취득에는 이사회 승인이 필요 없다.[242] 유한회사 사원의 지분도 상

234) 윤진수, 355; 송덕수, 314; 신영호·김상훈, 335; 박동섭, 친족상속, 554~555.
235) 대법원 1992. 4. 14. 선고 91다26850 판결; 1997. 9. 26. 선고 95다6205 판결.
236) 곽윤직, 78; 김주수·김상용, 682; 송덕수, 314; 오시영, 536; 박동섭, 친족상속, 542, 555; 주해[XVI], 139(김재형).
237) 대법원 1987. 6. 23. 선고 86다카2951 판결.
238) 대법원 1987. 6. 23. 선고 86다카2951 판결.
239) 대법원 1981. 7. 16.자 80마370 결정.
240) 대법원 2004. 4. 27. 선고 2003다64381 판결.
241) 곽윤직, 78; 김주수·김상용, 682; 윤진수, 355; 오시영, 536; 박동섭, 친족상속, 551.
242) 윤진수, 355.

속의 대상이다(商 556). 합자조합의 유한책임조합원의 지분과 합자회사의 유한책임사원의 지분은 상속이 대상이 되나(商 §86-8③, §283①), 합자조합의 업무집행조합원의 지분, 합자회사의 무한책임사원의 지분, 합명회사와 유한책임회사의 사원의 지분은 상속의 대상이 되지 않는다(商 §86-7①, §218, §269, §287-25). 판례 중에는 주식회사 감사의 지위는 상속이 되지 않는다는 것이 있다.[243)]

골프 또는 헬스클럽 등의 회원권이 상속이 대상이 되는지는 회원계약이나 단체의 정관에서 정한 바에 따라야 할 것인데, 상속 여부를 정하고 있지 않더라도, 양도가 인정되는 한 원칙적으로 상속의 대상이 된다고 할 것이다.[244)]

6. 형성권

취소권, 추인권, 해제권 등의 형성권도 상속의 대상이 된다는 것이 종래의 통설이다.[245)] §140는 법률행위 취소권을 본인의 승계인이 행사할 수 있다고 정하고 있는데, 이는 취소권이 상속됨을 전제로 한 것이라고 한다.[246)]

그러나 형성권 자체가 상속이 된다기보다는 그러한 형성권을 발생시키는 기본적인 법률관계가 상속되는 경우 상속인이 그러한 형성권도 승계한다고 해석하는 것이 정확하다는 지적이 있다.[247)] 일본의 학설도 이와 같이 보고 있다.[248)]

7. 퍼블리시티권(the right of publicity)

퍼블리시티권이란 사람의 초상, 성명 등 그 사람 자체를 가리키는 것을 상업적으로 이용하여 경제적 이익을 얻을 수 있는 권리를 말한다.[249)]

제3자에 대하여 주장할 수 있는 퍼블리시티권을 인정할 수 있는지 여부에 관하여, 학설상 논란이 많다.[250)] 하급심도 나뉘는데, 긍정하는 판결례도 있으나,[251)] 최근에는 부정하는 판결례가 더 많다.[252)]

---

243) 대법원 1962. 11. 29. 선고 62다524 판결.
244) 곽윤직, 78; 윤진수, 355; 신영호, 336~337; 오시영, 536; 박동섭, 친족상속, 551.
245) 곽윤직, 76~77; 김주수 · 김상용, 673; 윤진수, 363; 신영호 · 김상훈, 334; 송덕수, 313; 오시영, 531; 이경희, 416; 박동섭, 친족상속, 542.
246) 신영호 · 김상훈, 334; 박동섭, 친족상속, 542.
247) 곽윤직, 77; 윤진수, 363; 같은 취지, 송덕수, 313; 박동섭, 친족상속, 542.
248) 新注民(27), 34(右近).
249) 윤진수, 370 등.
250) 긍정하는 견해로 엄동섭(2004), 161; 이한주(2004), 339 이하; 한위수(1996a), 35; 이미선(2010), 104 등; 부정하는 견해로 김영훈(2007), 352 이하; 안병하(2009); 같은 취지 권태상(2010), 509~511.
251) 서울고등법원 2005. 6. 22. 선고 2005나9168 판결; 서울중앙지방법원 2006. 4. 19. 선고 2005가합80450 판결; 서울고등법원 2013. 8. 22. 선고 2012나105675 판결; 서울중앙지방법원 2013. 11.

퍼블리시티권을 인정한다고 하여도 그 상속성을 인정할 수 있는지 여부에 대해서도 이를 긍정하는 견해와,[253] 부정하는 견해가[254] 대립한다. 또한, 생존 중 자기의 성명·초상 등을 상업적으로 이용한 적이 있는 경우에만 사후에도 존속할 수 있다는 절충적인 견해도 있다.[255]

상속성을 인정한다 하더라도 존속기간이 문제되는데, 이를 무제한적으로 인정할 수는 없다는 데 의견이 일치한다. 다만, 그 존속기간은 저작재산권의 보호기간(사후 70년)을 정한 저작권법의 규정을 유추적용하여 저작재산권의 보호기간과 같이 보아야 한다는 견해,[256] §162②를 유추적용하여 사후 20년이라고 보아야 한다는 견해,[257] 개개의 사건에서 구체적인 사정을 종합하여 신의칙에 따라 합리적이라고 판단되는 기간으로 제한된다는 견해가[258] 있다.

하급심도 나뉘는데, 퍼블리시티권을 인정하되 그 상속성을 부정한 것과,[259] 퍼블리시티권의 상속성을 인정하고, 그 존속기간을 저작재산권 존속기간과 같이 권리자의 사후 50년으로 본 것이[260] 있다.

8. 사후 인격권의 보호

인격권은 원칙적으로 일신전속적 권리로서 상속의 대상이 아니다.[261] 그런데 인격권은 그 권리자의 사후에도 보호할 필요가 있다.[262] 형법은 사자의 명예훼손을 형사처벌하고(刑 §308), 저작권법은 저작자 사망 후에도 그 저작물

---

1. 선고 2013가단30460 판결; 서울중앙지방법원 2014. 1. 24. 선고 2013가단120936 판결; 서울중앙지방법원 2014. 5. 21. 선고 2013가단270145 판결 등.

252) 서울고등법원 2002. 4. 16. 선고 2000나42061 판결; 서울중앙지방법원 2013. 12. 24. 선고 2013가단42869 판결; 수원지방법원 성남지원 2014. 1. 22. 선고 2013가합201390 판결; 서울중앙지방법원 2015. 1. 27. 선고 2014나4735 판결; 서울고등법원 2015. 1. 30. 선고 2014나2006129 판결; 서울중앙지방법원 2015. 2. 5. 선고 2013가단333299 판결; 서울중앙지방법원 2015. 2. 12. 선고 2013나64259 판결; 서울고등법원 2015. 6. 19. 선고 2014나2028495 판결; 서울중앙지방법원 2016. 7. 14. 선고 2015가합565035 판결 등.

253) 이한주(2004), 392; 정희섭(2002), 251; 박영규(2009), 284; 이현경(2010), 131; 이미선(2010), 119; 강은경(2012), 62.

254) 엄동섭(2004), 168; 한위수(1996b), 116; 오병철(2013), 161~162.

255) 이 견해를 소개하는 것으로 강은경(2012), 60 이하 참조.

256) 이미선(2010), 120.

257) 정희섭(2002), 252~254.

258) 이한주(2004), 393~394.

259) 서울지방법원 서부지원 1997. 8. 29. 선고 94가합13831 판결; 서울지방법원 1997. 11. 21. 선고 97가합5560 판결.

260) 서울동부지방법원 2006. 12. 21. 선고 2006가합6780 판결; 당시 저작재산권의 보호기간은 50년이었는데, 2011. 6. 30. 저작권법 개정으로 그 보호기간이 70년으로 변경되었다.

261) 윤진수, 364.

262) 윤진수, 364.

이용자는 저작인격권 침해행위를 금지하고(저작권법 §14②), 유족이나 유언집행자에게 그 저작인격권 침해행위에 대한 금지·예방청구권, 명예회복 등 청구권을 인정하고 있다(저작권법 §128). 또한, '언론중재 및 피해구제 등에 관한 법률'은 언론사 등의 언론보도로 인하여 사자의 인격권이 침해되거나 침해될 우려가 있을 경우 유족이 그에 따른 구제절차를 수행할 수 있도록 규정하고 있다(위법 §5-2②).

사자(死者)의 인격권이 침해된 경우에 일반적으로 이를 보호할 권리를 인정할 것인지, 인정한다면 누구에게 그 권리를 행사할 수 있는지에 관하여 문제된다. 우리 학설상으로는 사자의 인격권을 인정하되, 금지청구만 인정하고 손해배상청구권은 허용되지 않으며, 그 금지청구권은 저작권법 §128을 유추하여 유족 또는 유언집행자가 행사할 수 있다는 견해,[263] 사자의 인격권을 부정하고, 유족의 사자에 대한 경애추모의 인격적 이익이 침해되었음을 이유로 유족 자신이 손해배상청구 또는 금지청구 등을 할 수 있을 뿐이라는 견해[264] 등이 있다.[265]

사자의 인격권 인정 여부에 관하여 하급심 판결은 나뉜다. 사자의 인격권을 인정하여, 유족이 사자의 인격권 침해를 이유로 침해행위의 금지를 구할 수 있으나, 사자의 위자료청구권은 인정할 수 없고, 다만 유족이 자신의 인격적 법익의 침해를 이유로 침해행위의 금지와 손해배상을 청구할 수 있다는 판결례가 다수이다.[266] 반면 최근 사자의 인격권을 부정하고, 다만 사자의 인격권 침해행위에 대하여 유족의 추모감정이 침해되었음을 이유로 손해배상만을 인정한 판결례도 있다.[267]

대법원 2008. 11. 20. 선고 2007다27670 전원합의체 판결에서는 방론이지만 사자의 인격권을 일반적으로 인정할 수 있다는 반대의견에 대한 보충의견과,[268] 사자의 인격권을 일반적으로 인정할 수 없다는 다수의견에 대한 보충

263) 김재형(1997), 66~67.

264) 장재옥(2000), 152~161.

265) 기타 자세한 견해대립은 김재형(1997), 66 참조.

266) 서울중앙지방법원 2006. 8. 10. 선고 2005가합16572 판결; 서울중앙지방법원 2007. 9. 12. 선고 2005가합68795 판결; 광주지방법원 순천지원 2014. 1. 9. 선고 2013가합1809 판결; 광주고등법원 2014. 10. 17. 선고 2014나849 판결; 서울중앙지방법원 2016. 1. 29. 선고 2015가합519810 판결; 서울고등법원 2016. 12. 16. 선고 2016나2010986 판결; 같은 취지로 서울고등법원 2013. 6. 13. 선고 2013나2004096 등 판결; 서울중앙지방법원 2013. 10. 16. 선고 2011가합122171 판결; 기타 사자의 인격권 침해를 인정한 예로 서울민사지방법원 1995. 6. 23. 선고 94카합9230 판결 등.

267) 서울고등법원 2017. 1. 11. 선고 2016나2014094 판결.

268) 대법관 안대희의 보충의견.

의견이[269] 있었다.

9. 온라인상의 디지털정보

최근에 떠오르는 문제로서, 이메일, 블로그, SNS 상의 글, 사진, 댓글, 계정정보 등 인터넷 온라인상에 존재하는 다양한 디지털정보가 상속될 수 있는지 문제된다. 이러한 디지털정보는 문헌에 따라 '디지털유산'[270], '디지털유품'[271], '온라인 디지털정보'[272] 등으로 지칭되기도 하는데, 그 정의와 범위도 논자에 따라 구체적으로 다른 상황이나, 대체로 인터넷서비스 제공자가 관리하는 영역에 남겨진 디지털정보의 상속성 여부를 논하고 있다.[273]

인터넷 온라상의 디지털정보의 상속성을 일반적으로 인정하는 견해도 있으나,[274] 디지털정보를 성질에 따라 분류하여 그 상속성 여부를 판단하는 것이 적절하다.

우선, 해당 디지털정보가 저작권법, 콘텐츠산업진흥법 등에 따라 보호를 받을 수 있는 경우에는 저작권법에 따른 저작권이나 콘텐츠산업진흥법에 따른 권리가 상속의 대상이 될 수 있다는 것에 이론이 없다.[275]

문제는 아래와 같은 점들이다. 우선 온라인계정 자체의 상속성이 문제된다. 온라인계정은 온라인 이용자의 아이디, 비밀번호 등을 총칭하는 것으로서 온라인서비스 제공자에 대한 채권적 권리이므로 상속성을 인정해야 한다는 견해와,[276] 이는 인터넷공간에서 계정이용자를 표상하는 것으로서 피상속인의 일신전속적 권리이므로 상속의 대상이 될 수 없다는 견해가[277] 대립한다.

또한, 온라인계정을 이용하여 작성·보관된 글, 그림, 댓글, 이메일 등의 내용물이 상속이 되는지에 관하여는 여러 견해가 대립한다. 비공개 온라인정보 등도 순수하게 피상속인의 인격적 이익에 속하는 정보를 제외하고는 모두 상속이 된다는 견해,[278] 일반적으로 상속의 대상이 되지만 이용자가 비공개로 설

269) 대법관 이홍훈, 대법관 김능환의 보충의견.
270) 최경진(2011); 임채웅(2014).
271) 권경선(2011); 윤주희(2011).
272) 오병철(2013).
273) 권경선(2011), 36; 최경진(2011), 257, 윤주희(2011), 198 등 참조.
274) 윤진수, 374; 임채웅(2014), 347~348; 김현진(2015), 289~290; 결과적으로 같은 취지 최경진(2011), 267 이하.
275) 최경진(2011), 268; 윤주희(2011), 214.
276) 최경진(2011), 268~270.
277) 권경선(2011), 38~39; 결론에서 같은 취지, 윤주희(2011), 207.
278) 최경진(2011), 270~271.

정해 둔 내용물은 피상속인의 프라이버시권 때문에 상속의 대상이 되지 않는다는 견해,[279] 재산적 가치가 없이 인격적 가치만 있으므로 상속의 대상이 되지 않는다는 견해[280] 등이 있다.

반면, 온라인 마일리지, 사이버머니, 온라인 상품권, 온라인게임 아이템 등과 같은 디지털 정보는 재산적 성격이 강한 채권적 권리이므로 상속성이 인정된다는 것이 대체적인 견해이다.[281]

기타, 도메인이름(인터넷주소자원자원에 관한 법률 §2 i 나.)이나 홈페이지, 블로그 자체는 상속이 된다는 견해가 있고,[282] 피상속인이 인터넷서비스 제공자에게 제공한 이름, 주소, 이메일주소 등과 같은 개인정보는 개인정보 자기결정권이 일신전속적 권리이므로 상속성이 부정된다는 견해도 있다.[283]

입법론으로는, 인격적 가치만 있는 온라인 디지털정보라도 망인과 밀접한 관계에 있던 사람에게 상당한 영향을 줄 수 있으므로, 이에 대한 정보통제권을 망인과 밀접한 관계에 있던 사람에게 인정할 필요가 있는데, 이를 위해서 상속제도를 이용하는 것은 적절하지 않으므로 특별법을 제정하는 방식이 타당하다는 견해가 있다.[284]

10. 기타

가. 친족법상의 권리 등

친족법상의 권리는 대체로 상속의 대상이 아니다.[285] 예를 들어 자의 약혼·혼인·입양에 대한 부모의 동의권(§802, §808, §870)은 상속의 대상이 아니다.[286]

재판상 이혼청구권 역시 일신전속의 권리이므로 상속의 대상이 아니고, 따라서 이혼소송 계속 중 당사자 일방이 사망하면 이혼소송은 당연히 종료하고, 상속인이 이를 수계할 여지가 없다.[287]

---

279) 권경선(2011), 39~40.
280) 오병철(2013), 163.
281) 최경진(2011), 270; 오병철(2013), 153; 윤주희(2011), 216.
282) 윤주희(2011), 211~213.
283) 오병철(2013), 174.
284) 오병철(2013), 164~165, 172.
285) 윤진수, 374; 송덕수, 309; 오시영, 539; 박동섭, 친족상속, 554.
286) 윤진수, 374.
287) 대법원 1982. 10. 12. 선고 81므53 판결; 1985. 9. 10. 선고 85므27 판결; 1994. 10. 28. 선고 94므246등 판결; 주해친족(1권), 495~496(이동진); 윤진수, 374 참조; 다만, 대법원 1992. 5. 26. 선고 90므1135 판결은 이혼소송 확정 후 그 재심소송 중 이혼청구인이 사망하였다면, 검사로 하여금 그 소송을 수계하게 한 다음 재심사유의 존부를 판단해야 하고, 재심사유가 있다면 재심대상판결을 취소하고 당사자 사망을 이유로 소송종료선언을 해야 한다고 한다.

다만, 약혼 해제, 혼인무효·취소, 재판상 이혼, 입양무효·취소, 재판상 파양으로 인한 정신적 손해에 관한 위자료청구권은 원칙적으로 상속의 대상이 아니나, 당사자 사이에 그 배상에 관한 계약이 성립되거나 소를 제기한 후에는 상속의 대상이 된다(§806 ③, §825, §843, §897, §908). 판례는 재판상 이혼으로 인한 위자료청구권은 그 청구권자가 위자료 지급을 구하는 소를 제기함으로써 청구권을 행사할 의사가 외부적, 객관적으로 명백하게 되었으므로 상속의 대상이 되므로, 위자료 청구 부분은 승계가 된다고 하였다.[288] 이에 대해서는 판례를 지지하는 견해와 반대하는 견해가 대립한다.[289]

나. 상속법상의 권리 등

공동상속인의 상속분 양수권(§1011)[290], 유류분반환청구권(§1115)[291]은 상속의 대상이 된다.

다만, 상속회복청구권(§999)이 상속의 대상이 되는지에 관하여는 긍정하는 견해와[292] 부정하는 견해가[293] 대립하는데, 그 상속성을 부정할 특별한 이유가 없다고 생각된다. 자세한 내용은 §999 註釋 Ⅲ. 1. 참조.

다. 부의금(조의금)

피상속인이 사망하여 조문객들이 상가에 주는 부의금 또는 조의금은 상속재산이라 볼 수 없다.[294] 판례는 부의금 중 장례비용에 충당하고 남는 것은 공동상속인들이 각자의 상속분에 따라 권리를 취득한다고 하였다.[295] 이에 대해 장례비용에 충당하고 남는 부의금은 제사비용에 쓰여야 한다는 견해도 있다.[296]

라. 행정법령상 수허가자 지위

행정법령상 허가를 받은 지위는 그 허가가 사람의 능력·지식 등 주관적 요소를 심사대상으로 하는 허가가 아니라 물건의 객관적 사정에 착안하여 행해지는 대물적 허가인 경우 상속의 대상이 된다.[297]

판례는 산림법령 상 채석허가를 받은 수허가자 지위는 상속의 대상이 된다고 하고,[298] 국토의 계획 및 이용에 관한 법률에 의한 개발행위허가를 받은

---

288) 대법원 1993. 5. 27. 선고 92므143 판결.
289) 자세한 점은 주해친족(1권), 109(윤진수), 517(이동진) 참조.
290) 김주수·김상용, 683; 윤진수, 374; 신영호·김상훈, 351; 오시영, 539; 박동섭, 친족상속, 554.
291) 윤진수, 374; 신영호·김상훈, 351; 박동섭, 친족상속, 554.
292) 박동섭, 친족상속, 554.
293) 곽윤직, 165; 김주수·김상용 626~627; 임완규·김소영(1993), 700.
294) 곽윤직, 84; 윤진수, 363; 송덕수, 312; 오시영, 533; 박동섭, 친족상속, 548.
295) 대법원 1966. 9. 20. 선고 65다2319 판결; 1992. 8. 18. 선고 92다2998 판결.
296) 곽윤직, 84.
297) 김동희, 행정법 I (2016), 291 참조.

수허가자 지위는 상속이 되므로, 그 상속인은 위 법에 따라 개발행위허가기간 만료에 따른 원상회복명령의 수범자가 된다고 한다.[299]

마. 벌금납부의무

벌금납부의무의 상속 여부에 대하여 종래 긍정설이 있었으나,[300] 현재에는 주장되지 않고, 부정하는 견해가 다수설이다.[301] 벌금은 형벌로서 일신전속적인 의무이므로 상속되지 않는다고 해석함이 타당하다. 다만 刑訴 §478은 일정한 경우 벌금을 받은 자가 확정판결 후 사망한 경우에는 그 상속재산에 대하여 집행할 수 있다고 정하고 있으나, 이 경우에도 상속인의 고유재산에 대해서는 집행할 수 없다.[302]

바. 과징금납부의무

판례 중에는 '부동산 실권리자 명의 등기에 관한 법률' §5에 따른 과징금 납부처분을 받은 사람이 그 취소소송을 제기하던 중 사망하자 그 상속인들이 소송을 수계한 사안에서 위 과징금 납부의무는 대체적 급부가 가능한 의무이므로 상속인에게 포괄승계된다는 것이 있다.[303]

사. 소송상 지위

소송 당사자가 사망하면 소송절차는 중단되고, 그 상속인, 상속재산관리인, 그 밖에 법률에 의해 소송을 계속해야 할 사람이 소송절차를 수계하여야 한다. 다만 상속인이 상속포기를 할 수 있는 동안 소송절차를 수계하지 못한다(民訴 §233). 그러나 이혼소송과 같이 소송의 목적인 권리관계가 피상속인의 일신에 전속하는 경우에는 소송은 종료한다.[304]

---

298) 대법원 2005. 8. 19. 선고 2003두9817 판결.

299) 대법원 2014. 7. 24. 선고 2013도10605 판결.

300) 김주수·김상용(제12판, 2015), 633.

301) 오시영, 536; 이경희, 422; 박동섭, 친족상속, 550; 김운호(1998), 688; 박순성(2003), 659; 정동호(2007), 589.

302) 박순성(2003), 659.

303) 대법원 1999. 5. 14. 선고 99두35 판결.

304) 김주수·김상용, 682; 송덕수, 316; 신영호·김상훈, 354; 오시영, 538; 박동섭, 친족상속, 553; 이혼소송에 관하여 대법원 1982. 10. 12. 선고 81므53 판결; 1985. 9. 10. 선고 85므27 판결; 1994. 10. 28. 선고 94므246 등 판결 등.

第1006條(共同相續과 財産의 共有)

相續人이 數人인 때에는 相續財産은 그 共有로 한다.

참고문헌: 김병선(2013), "소유권이전등기의무의 공동상속에 관한 판례의 태도", 경상대 법학연구 21−2; 김세진(2012), "임대차관계의 공동상속에 따른 법률관계와 공동소송의 형태", 법조 2012. 12.; 김숙자(1991), "공동상속인간의 상속재산의 공동소유와 그 관리", 가족법학 논총 : 박병호 환갑기념; 김운호(1998), "채무상속", 재판자료 78; 김종화(1993), "공동상속인의 소유권이전등기의무의 승계", 民判 5; 김현선(2012), "예금주가 사망한 경우 상속예금에 대한 법률관계", 금융법연구 9−2; 김형석(2009), "우리 상속법의 비교법적 위치", 가족법연구 23−2; 맹광호(2008), "상속재산의 분할과 상속인의 소유권이전등기의무", 연세대 법학연구 18−3; 박범진(1994), "공동상속에 관한 기본법리", 한양대 석사학위논문; 박순성(2003), "채무의 상속", 民判 25; 박일환(1997), "상속재산의 분할과 공동상속인들의 소유권이전등기의무와의 관계", 諸問題 9; 박태준(2000), "심판에 의한 상속재산 분할", 서울가정법원 실무연구6; 신영호(1988), "공동상속재산의 관리", 현대가족법과 가족정책 : 김주수 화갑기념; 이은정(2011), "상속의 효력 규정의 정비를 위한 검토", 가족법연구 18−1; 이정민(2018), "가분채권, 대상재산과 상속재산분할", 民判 40; 전원열(2016), "채권의 공동상속", 일감법학 35; 정동윤(1994), "공동상속재산의 관리", 법조 1994. 1.; 허상수(1998), "공동상속", 재판자료 78.

Ⅰ. 공동상속의 의의

공동상속이란 복수의 상속인이 존재하고 그들이 상속재산을 공동으로 승계하는 것을 말한다.[1] 우리 상속법은 포괄승계를 채택하고 있으므로(§1005), 동일한 순위에 수인의 상속인이 존재하는 경우에 상속인들은 피상속인의 권리의무를 공동으로 승계한다(§1000②, §1003). 따라서 공동상속인들 사이의 법률관계에 대한 규율이 필요하게 된다.[2] 본조는 상속개시 후 상속재산분할 전에 공동상속인 상호간 또는 공동상속인과 상속재산의 법률관계를 정하는 것이다.[3]

1) 곽윤직, 129.
2) 김형석(2009), 89.
3) 新注民(27), 93(宮井·佐藤) 참조.

이와 달리 영미법과 같이 상속재산이 우선 피상속인의 인격대표자에게 귀속된 이후 청산을 거쳐 상속인에게 분배되는 법제에서는 공동상속의 법률관계가 문제될 여지가 거의 없다.[4)]

Ⅱ. 공유의 의미

본조에서 정한 '공유'의 의미에 대하여 종래 공유설과 합유설의 대립이 있었다.[5)] 공유설은 상속재산의 공유는 §262에서 정한 고유한 의미의 공유와 다를 바 없고, 공동상속인은 각자 개개의 상속재산에 대한 지분을 자유로이 처분할 수 있다고 한다. 반면 합유설은 상속재산의 공유는 상속재산 전체 위에 상속분을 가지는 데 지나지 않고, 공동상속인은 전체 상속재산에 대한 상속분은 처분할 수 있으나 개개의 상속재산에 대한 지분은 처분할 수 없다고 한다.

현재는 공유설이 다수설이다.[6)] 본조에서 명백하게 '공유'라고 규정하고 있는 점, 우리 민법은 공동상속재산을 공유로 파악하는 프랑스법계를 계수하였다는 점, §1015 단서는 상속재산에 속하는 개개의 재산을 임의로 처분할 수 있음을 전제로 하는 점 등이 근거로 제시된다.[7)] 판례도 공동상속재산은 상속인들의 공유라고 판시하거나,[8)] 본조의 공유가 §262의 공유임을 전제로 하고 있다.[9)]

다수설, 판례인 공유설에 따르면 공동상속재산에도 공유 일반에 관한 규정이 적용된다. 한편, §1007는 공동상속인이 각자의 상속분에 응하여 피상속인의 권리의무를 승계한다고 규정하고 있으므로, 본조의 공유는 공동상속인의 상

4) 김형석(2009), 89, 註 43.
5) 양 학설의 구체적인 소개로는 신영호, 공동상속, 276~278; 김숙자(1991), 600 이하; 허상수(1998), 261 이하; 이은정(2011), 129~130 등 참조.
6) 곽윤직, 129; 김주수 · 김상용, 688~689; 윤진수, 385; 송덕수, 341; 오시영, 546~547; 이경희, 473~474; 김형석(2009), 93; 김운호(1998), 689~690; 김종화(1993), 175; 김숙자(1991), 602; 김세진(2012), 11; 허상수(1998), 263; 김병선(2013), 61; 박범진(1994), 48~49; 전원열(2016), 224~225; 같은 취지, 곽윤직, 129; 김현선(2012), 397~399; 맹광호(2008), 410~411; 시진국, "상속재산분할심판의 실무상 제문제", 가사재판연구 1(2007), 5, 註 2; 김윤정, "상속재산분할의 대상성과 관련한 논의", 사법 15(2011), 180; 김성은, "상속가분채권과 「당연분할」 법리에 관한 고찰", 경상대 법학연구 21−1(2013), 289; 윤남근, "상속재산분할협의를 원인으로 한 부동산 물권변동의 성립요건과 소유권 관련 청구의 소송상 취급", 저스티스 150(2015), 261; 다만 합유설을 지지하는 최근의 견해는 이은정(2011), 130; 윤철홍, "공동상속재산의 법적 성질에 관한 소고", 숭실대 사회과학논총 6(2003), 225 이하.
7) 곽윤직, 129; 윤진수, 385 등.
8) 대법원 1993. 2. 12. 선고 92다29801 판결; 1996. 2. 9. 선고 94다61649 판결 등.
9) 대법원 1982. 12. 28. 선고 81다454 판결; 1988. 2. 23. 선고 87다카961 판결; 1996. 2. 9. 선고 94다61649 판결; 1999. 8. 20. 선고 99다15146 판결; 2015. 1. 29. 선고 2014다49425 판결 등.

속분에 따른 공유가 된다.[10)]

일본 판례도 상속재산의 공유는 물권편에서 규정한 일반 공유와 성질이 다르지 않다고 한다.[11)]

Ⅲ. 공동상속재산의 관리

1. 개설

상속재산분할이 될 때까지의 공동상속재산 관리에 관하여, §1023가 적용되고 §1040가 유추적용된다는 견해도 있으나,[12)] 민법은 상속재산 분할이 종료될 때까지의 공동상속재산 관리에 대한 규정을 두고 있지 않다고 해석하는 것이 대체적이다.[13)] 종래의 다수설은 이는 입법의 불비라고 보았으나,[14)] 근래에는 민법이 상속재산 관리에 관한 규정을 두지 않은 것은 오히려 공동상속인 사이의 공유관계에 물권편의 공유 규정이 적용됨을 전제한 것이라는 견해가 있는바,[15)] 경청할 필요가 있다.

공동상속재산 관리에 관한 특수성을 고려하여 공유에 관한 일반규정의 적용을 배제하려는 해석론이 있으나,[16)] 다수설은 공동상속인들이 상속재산을 공유하므로, 물권편의 §261 이하의 공유에 관한 규정이 적용된다고 해석하고 있다.[17)] 공동상속들이 상속재산을 합유하는 것이라고 보는 견해에서도, 물권편의 §263 이하의 공유에 관한 규정이 적용된다고 보고 있다.[18)] 실무도 공동상속재산 관리에 물권편의 공유에 관한 일반규정이 적용됨을 전제로 하고 있다.

2. 보존행위

보존행위는 멸실·훼손을 방지하고 현상을 유지하기 위한 사실적·법률적

10) 곽윤직, 129; 송덕수, 341.
11) 日最判 1955(昭 30). 5. 31. 民集 9-6, 793; 日最判 1975(昭 50). 11. 7. 民集 29-10, 1525; 日最判 1994(平 6). 3. 8. 民集 48-3, 835 등.
12) 정동윤(1994), 29~31.
13) 곽윤직, 131; 신영호·김상훈, 364; 신영호, 공동상속, 283; 김숙자(1991), 606; 이은정(2011), 131~132.
14) 곽윤직, 131; 신영호, 공동상속, 283~284; 박범진(1994), 115.
15) 김형석(2009), 94.
16) 신영호(1988), 340~342 참조.
17) 곽윤직, 129, 131; 송덕수, 342; 이경희, 476; 김숙자(1991), 607~608; 김형석(2009), 94; 박범진(1994), 59.
18) 신영호·김상훈, 364; 신영호, 공동상속, 285~286.

행위를 말한다.[19] 보존행위는 엄밀한 의미의 관리행위라고 할 수는 없으나,[20] 넓은 의미의 상속재산의 관리방법 중 하나라고 할 수 있다.

상속재산에 대한 보존행위는 §265 단서에 따라 상속인 각자가 단독으로 할 수 있다.[21] 판례도 같다. 즉, 공동상속인 중 1인이 공유물의 보존행위로서 공동상속인 모두를 위하여 상속재산인 부동산에 관한 상속등기를 신청할 수 있다고 하고,[22] 공동상속인 중 1인이 원인 없이 부동산 전부에 관하여 자기 명의로 소유권이전등기를 마쳤다면, 다른 상속인은 공유물에 관한 보존행위로서 등기명의인의 상속분을 제외한 나머지 공유지분 전부에 관하여 그 소유권이전등기의 말소등기를 청구할 수 있다고 하며,[23] 공동상속인 중 일부가 상속재산을 배타적으로 점유하고 있다면 다른 상속인은 그 법정상속분이 과반수 지분에 미달하더라도 보존행위로서 그 상속재산의 인도를 청구할 수 있다고 한다.[24]

한편, 판례는 공동상속인 1인이 보존권을 행사한 결과가 다른 공동상속인의 이해와 충돌될 때에는 그 행사는 보존행위로 인정될 수 없다고 한다.[25]

3. 관리행위

§265 본문의 관리행위는 처분이나 변경에 이르지 않는 정도의 이용·개량행위를 말한다.[26] 상속재산 관리에도 §265 본문이 적용되는 결과 공동상속인의 상속분에 따른 과반수로써 상속재산 관리에 관한 사항을 정해야 한다는 것이 통설이다.[27] 다만, §265 본문은 임의규정이므로,[28] 공동상속인 사이의 특약으로 달리 관리방법을 달리 정할 수 있다.[29]

여기서 상속분의 의미에 관하여, 법정상속분이라고 보는 견해와,[30] 구체

19) 주해[Ⅴ], 574(민일영).
20) 주해[Ⅴ], 574, 註 4(민일영) 참조.
21) 곽윤직, 131; 박동섭, 친족상속, 567; 송덕수, 342; 신영호·김상훈, 365; 오시영, 549; 박범진(1994), 62.
22) 대법원 2012. 5. 24. 선고 2010다33392 판결; 다만, 공동상속인 중 일부 상속인의 상속등기만 할 수는 없다. 대법원 1995. 2. 22.자 94마2116 결정.
23) 대법원 1988. 2. 23. 선고 87다카961 판결; 2011. 12. 22. 선고 2011다85086 판결; 2015. 1. 29. 선고 2014다49425 판결.
24) 대법원 2007. 8. 24. 선고 2006다40980 판결.
25) 대법원 1995. 4. 7. 선고 93다54736 판결; 2015. 1. 29. 선고 2014다49425 판결.
26) 주해[Ⅴ], 571(민일영).
27) 곽윤직, 132; 박동섭, 친족상속, 567; 송덕수, 342; 신영호·김상훈, 365~366; 오시영, 549; 허상수(1998), 270; 김숙자(1991), 607.
28) 주해[Ⅴ], 572(민일영).
29) 박범진(1994), 64.
30) 곽윤직, 132.

적 상속분이라고 보는 견해가[31] 대립한다. 생각건대, 구체적 상속분 산정을 위해서는 특별수익과 기여분을 모두 고려해야 하는데, 여기서의 상황은 상속분의 구체적 산정 이전에 공동상속재산의 관리가 문제되는 지점이므로 법정상속분이라고 해석함이 타당하다.

한편, 학설 중에는 피상속인과 함께 상속재산인 건물에 거주하던 상속인에 대하여 다른 상속인이 관리행위를 이유로 그 건물의 인도를 청구할 수는 없고, 상속재산 분할만을 청구할 수 있다고 해석하는 견해가 많다.[32] 그 근거는 결국 권리남용에서 찾아야 할 것으로 생각된다.

상속재산의 관리비용은 상속비용이 되므로, 상속재산 중에서 지급한다(§998-2)고 해석하는 것이 대체적이다.[33]

4. 상속재산관리인 선정

민법상 상속재산관리인 선임은 ⓐ 상속의 포기, 승인을 위한 숙려기간 내인 경우(§1023②), ⓑ 복수의 한정승인자가 있는 경우(§1040①), ⓒ 공동상속인 중에 상속을 포기한 자가 있는 경우(§1044②), ⓓ 상속재산 분리명령이 있는 경우(§1047), ⓔ 상속인 존부가 불분명한 경우(§1053)에 가능하다고 규정하고 있는데, 다수설은 단순승인한 공동상속인이 복수인 경우에는 아무런 규정이 없으므로, 공동상속이라는 이유만으로 가정법원에 상속재산관리인 선임 신청을 할 수 없다고 한다.[34] 실무도 이와 같은 입장이다.[35]

이에 대하여 학설 중에는 다수설과 달리 §1023는 상속의 포기, 승인을 위한 숙려기간 내에만 적용되는 것이 아니라 단순승인을 한 상속인이 복수인 경우 상속재산분할 전까지 공동상속재산 관리를 위한 조항이라고 해석해야 하고, §1040는 단순승인을 한 상속인이 복수인 경우에도 유추적용할 수 있다는 이유로, 공동상속의 경우 일반적으로 상속재산관리인을 선임할 수 있다는 견해가 있다.[36] 그러나 입법론은 별론으로,[37] 해석론으로는 공동상속이라는 이유만으로 법원이

31) 신영호, 공동상속, 288, 註 65; 신영호(1988), 339, 註 18; 정동윤(1994), 23~24.
32) 곽윤직, 132~133; 박동섭, 친족상속, 567; 같은 취지, 신영호·김상훈, 366; 신영호, 공동상속, 289~291; 박범진(1994), 64~65.
33) 곽윤직, 133; 박동섭, 친족상속, 568.
34) 곽윤직, 133; 신영호·김상훈, 365; 이은정(2011), 132 등.
35) 제요[2], 368, 391.
36) 정동윤(1994), 29~31; 같은 취지, 김숙자(1991), 608; 박범진(1994), 66.
37) 공동상속의 경우 일반적으로 상속재산관리인을 선임할 수 있는 규정을 신설해야 한다는 것으로 이은정(2011), 132~133; 김숙자(1991), 607; 신영호, 공동상속, 293; 박범진(1994), 58.

상속재산관리인을 선임할 수 있는 법적 근거는 없다고 해석함이 타당하다.

다만, 학설은 공동상속인이 지분의 과반수로 상속인 중 일부 또는 제3자에게 공동상속재산의 관리를 위탁할 수 있다는 것이 대체적이다.[38)]

5. 관리상 주의의무 정도

상속재산 분할 전까지 상속재산에 대한 관리상 주의의무의 정도에 관하여, 자기 고유재산에 대하는 것과 동일한 주의의무라고 해석하는 견해가 있으나,[39)] 다수의 견해는 §1022, §1040②, ③ 등의 경우와 달리 상속재산 관리의 소홀로 다른 공동상속인에게 불이익을 주어서는 안 된다는 등의 이유로 선량한 관리자로서의 주의의무라고 해석하고 있다.[40)]

Ⅳ. 공동상속재산의 처분

§263에 따라 상속인은 각자 상속재산에 속하는 개개의 권리 또는 물건에 대한 지분을 처분할 수 있다는 것이 통설이다.[41)] §1015 단서도 이를 전제로 한 조항이다. 그러나 상속재산공유의 성질을 합유로 이해하는 견해에서는 개개의 상속재산에 대한 지분은 처분할 수 없다고 본다.

반면 상속재산 그 자체의 처분 또는 변경은 §264에 따라 공동상속인 전원의 동의가 있어야 한다.[42)]

Ⅴ. 공동상속인의 소송상 지위

판례는 공동상속재산에 관한 소송은 원칙적으로 필수적 공동소송이 아니라고 한다.[43)] 따라서 공동상속인들 중 일부가 공동상속재산에 대한 보존행위로서 그 공동상속재산에 관한 원인무효의 등기 전부의 말소를 구할 수 있다.[44)]

38) 곽윤직, 133; 신영호 · 김상훈, 365; 신영호, 공동상속, 293; 김숙자(1991), 607; 같은 취지, 이은정(2011), 132.
39) 곽윤직, 133; 박동섭, 친족상속, 568.
40) 신영호 · 김상훈, 366; 신영호(1988), 344; 허상수(1998), 274; 이은정(2011), 133; 박범진(1994), 70.
41) 곽윤직, 134; 송덕수, 343 등.
42) 곽윤직, 133~134; 송덕수, 343.
43) 대법원 1993. 2. 12. 선고 92다29801 판결.
44) 대법원 1996. 2. 9. 선고 94다61649 판결; 2008. 1. 24. 선고 2007다62048 등 판결; 다만, 민법 시행 전의 것으로, 공동상속재산인 부동산에 관한 소유권이전등기말소소송이 필수적공동소송이라고 한 판결이 있었다. 대법원 1957. 5. 2. 선고 4289민상379 판결.

또한, 판례는 공동상속재산의 지분에 관한 지분권존재 확인을 구하는 소송 역시 필수적 공동소송이 아니라 통상의 공동소송이라고 한다.45) 공동상속인들을 상대로 피상속인이 이행하여야 할 부동산소유권이전등기절차의 이행을 청구하는 소도 필수적 공동소송이 아니다.46) 판례는 피상속인이 당사자인 소송에서 피상속인 사망 시 공동상속인 전원이 공동으로 수계해야 하는 것은 아니고 수계되지 않은 상속인들에 대한 소송은 중단된 상태에 있다고 한다.47)

반면, 판례는 공동상속인이 다른 공동상속인을 상대로 어떤 재산이 상속재산임의 확인을 구하는 소는 고유필수적 공동소송이라고 한다.48) 또한, 판례 중에는 이주자택지에 관한 공급계약을 체결할 수 있는 청약권은 공동상속인들이 준공유하는데, 공동상속인들 전원이 공동으로만 이를 행사할 수 있으므로, 그 청약권에 기한 의사표시를 구하는 소송은 청약권의 준공유자 전원이 원고가 되어야 하는 고유필수적 공동소송이라고 한다.49) 한편, 판례는 유언집행자가 수인인 경우 유언집행자에게 유증의무의 이행을 구하는 소송은 유언집행자 전원을 피고로 하는 고유필수적 공동소송이라고 하였다.50)

학설은 대체로 상속분 확인이나 상속분에 근거한 청구 소송은 필수적 공동소송이 아니라 상속인 1인이 소송의 당사자가 될 수 있으나, 공동상속관계의 확인이나 공동상속관계에 근거한 청구 소송은 필수적 공동소송이라고 본다.51)

한편, 금전 지급을 청구하는 원고가 사망하여 공동상속인들이 수계를 한 경우 상속분에 따른 지급을 구하는 내용으로 청구취지를 변경하지 아니하여도 망인이 청구한 금액에 대하여 상속분에 따른 청구가 있다고 볼 수 있으므로, 그에 따라 판결하여도 된다고 한 판례도 있다.52)

---

45) 대법원 1965. 5. 18. 선고 65다279 판결; 2010. 2. 25. 선고 2008다96963 등 판결.
46) 대법원 1964. 12. 29. 선고 64다1054 판결.
47) 대법원 1993. 2. 12. 선고 92다29801 판결.
48) 대법원 2007. 8. 24. 선고 2006다40980 판결.
49) 대법원 2003. 12. 26. 선고 2003다11738 판결.
50) 대법원 2011. 6. 24. 선고 2009다8345 판결; 이 판결은 유언의 집행에 한정된 것으로 이해해야 한다는 것으로 윤진수, 385.
51) 곽윤직, 132; 박동섭, 친족상속, 569; 같은 취지, 김숙자(1991), 610.
52) 대법원 1970. 9. 17. 선고 70다1415 판결.

Ⅵ. 채권 · 채무의 공동상속

1. 채권

가. 가분채권

다수당사자 사이의 채권관계는 분할채권관계가 원칙이라는 등의 이유로 가분채권은 공동상속인들에게 상속분에 따라 분할 승계된다는 것이 대체적인 견해이다.[53] 판례도 가분채권은 공동상속인들에게 법정상속분에 따라 분할되어 귀속된다고 한다.[54] 이러한 법리에 따르면, 공동상속인 중 1인은 상속재산 분할 전이라도 그 법정상속분에 따른 이행청구와 변제수령을 할 수 있다.[55] 다만, 학설 중에는 가분채권은 상속재산 중에 존속하고 상속채무자는 상속인 전원에 대하여만 이행할 수 있고 상속인 각자는 상속인 전원에 대한 이행을 청구할 수 있을 뿐이라고 해석하는 견해도 있다.[56]

일본 최고재판소도 원칙적으로 가분채권이 상속개시와 동시에 당연히 상속인의 상속분에 따라 분할되어 귀속된다는 입장이다.[57] 그런데 최근 日最判 2016(平 28). 12. 19. 결정은[58] 가분채권 중 예금채권은 그 성질상 상속개시와 동시에 상속분에 따라 분할 귀속되는 것이 아니고 상속재산분할의 대상이 된다고 하여 이와 다른 종전 판례를 변경하였다.

나. 불가분채권

불가분채권은 공동상속인 전원에게 불가분적으로 귀속하고 공동상속인 각자가 모든 채권자를 위하여 이행을 청구할 수 있다고 해석하는 것이 대체적이다.[59]

다. 임대차계약상 채권

임대인 지위를 공동상속한 경우 차임 채권과 대가적 관계에 있는 공동상속인들의 임차인에 대한 목적물 사용 · 수익하게 할 채무가 불가분채무인 이상 그 차임 채권 역시 공동상속인들이 불가분적으로 귀속되고, 또한 임대차목적물 반환 채권 역시 공동상속인들에게 불가분적으로 귀속된다고 보아야 한다는 견

---

53) 곽윤직, 129; 송덕수, 341; 오시영, 547; 김형석(2009), 95~96; 이정민(2018), 782~783; 김숙자(1991), 603; 박범진(1994), 54~55; 같은 취지, 전원열(2016), 231~232; 김현선(2012), 404.

54) 대법원 1962. 5. 3. 선고 4294민상1105 판결; 1980. 11. 25. 선고 80다1847 판결; 2006. 6. 30. 선고 2005도5338 판결; 2016. 5. 12. 선고 2014다24921 판결.

55) 이정민(2018), 782.

56) 김주수 · 김상용, 691; 같은 취지, 이경희, 475; 기타 이 부분 학설대립의 자세한 소개는 허상수(1998), 264~266.

57) 日最判 1954(昭 29). 4. 8. 民集 8-4, 819.

58) 裁判所時報 1666, 1.

59) 곽윤직, 130; 박동섭, 친족상속, 563; 송덕수, 341; 오시영, 547; 이경희, 474.

해가 있다.[60] 또한, 이 견해는 임차인 지위를 공동상속한 경우 임대차보증금반환 채권도 공동상속인들에게 불가분적으로 귀속된다고 한다.[61]

임대차목적물반환 채권은 불가분채권이라고 보아야 하므로 공동상속인에게 불가분적으로 귀속된다고 봄이 타당하나, 차임 채권과 임대차보증금반환 채권은 가분채권이므로 위 견해는 다수설과 판례에는 반하는 해석이다. 하급심 중에는 임대차보증금반환 채권은 가분채권이라는 이유로 공동상속인들에게 법정상속분에 따라 분할되어 귀속된다고 한 것이 있다.[62]

라. 기타

판례는 이주자택지에 관한 공급계약을 체결할 수 있는 청약권이 공동상속된 경우 공동상속인들은 상속지분비율에 따라 피상속인의 청약권을 준공유하는데, 공동상속인들은 단독으로 청약권 전부는 물론 그 상속지분에 관하여도 이를 행사할 수 없고, 공동상속인들 전원이 공동으로만 행사할 수 있다고 하였다.[63]

2. 채무

가. 가분채무

가분채무가 당연히 분할된다면 공동상속인 중 무자력자가 있는 경우 상속채권자가 위험을 부담하게 되어 부당하므로 상속재산 분할 전까지는 공동상속인들이 피상속인의 채무에 관하여 불가분채무 또는 연대채무를 부담한다고 해석해야 한다는 견해도 있으나,[64] 학설은 대체로 다수당사자 사이의 채권관계는 분할채권관계가 원칙이라는 등의 이유로 가분채무가 공동상속인들에게 상속분에 따라 당연히 분할된다고 본다.[65]

판례도 금전채무와 같이 급부의 내용이 가분인 채무가 공동상속된 경우 그 채무는 상속개시와 동시에 당연히 법정상속분에 따라 공동상속인에게 분할되어 귀속된다고 한다.[66] 일본 판례도 가분채무는 당연분할되어 공동상속인의

60) 김세진(2012), 24~25.

61) 김세진(2012), 31.

62) 서울남부지방법원 2015. 6. 18. 선고 2014나11463 판결.

63) 대법원 2003. 12. 26. 선고 2003다11738 판결.

64) 곽윤직, 130~131; 김주수·김상용, 692; 박동섭, 친족상속, 565; 같은 취지, 이경희, 475.

65) 송덕수, 342; 오시영, 547; 김운호(1998), 695; 김종화(1993), 175; 김숙자(1991), 603; 김병선(2013), 65; 맹광호(2008), 405~406; 박범진(1994), 54~55.

66) 대법원 1997. 6. 24. 선고 97다8809 판결; 2013. 3. 14. 선고 2010다42624 등 판결; 2014. 7. 10. 선고 2012다26633 판결 등.

각 상속분에 따라 승계된다고 하여 같은 취지이다.[67]

나. 불가분채무

피상속인의 채무가 불가분채무인 경우 공동상속인도 본래의 불가분채무와 동일한 내용의 불가분채무를 부담한다고 보는 것이 대체적인 견해이다.[68] 이에 대해 피상속인이 다른 사람과 불가분채무를 부담하더라도 그 불가분채무가 부당이득반환채무,[69] 임대차보증금반환의무와[70] 같이 내용적으로 가분할 수 있는 경우에는 공동상속인에게 상속분에 따라 분할되는 것으로 해석해야 한다는 견해도 유력하다.[71]

다. 연대채무

피상속인이 다른 사람과 연대채무를 부담하더라도 그 연대채무는 공동상속인들에게 상속분에 따라 분할되고, 공동상속인들 각자가 상속분에 따라 부담하는 부분에 대해서는 다른 연대채무자와 연대관계에 있지만 공동상속인들 사이에서는 연대관계가 없다는 것이 통설이다.[72] 이와 달리 피상속인의 연대채무에 대하여 공동상속인도 연대채무를 부담해야 한다는 견해도 있으나,[73] 현재의 확고한 실무는 통설과 같다.[74]

라. 임대차계약상 채무

임대인 지위를 공동상속한 경우 임차인으로 하여금 목적물을 사용·수익할 수 있게 할 채무는 성질상 불가분채무이므로, 공동상속인들도 그 채무를 불가분적으로 부담한다.[75] 한편, 임대차보증금반환 채무도 공동상속인들이 불가분적으로 부담한다는 견해가 있고,[76] 판례 중에는 전세금반환 채무를 공동상속한 경우 그 전세금반환 채무는 공동상속인들의 불가분채무라는 취지의 판결이 있다.[77] 그러나 임대차보증금반환 채무는 가분채무이므로 위와 같은 입장

67) 日最判 1959(昭 34). 6. 19. 民集 13-6, 757.

68) 곽윤직, 131; 박동섭, 친족상속, 563; 송덕수, 342; 오시영, 547; 이경희, 475; 김종화(1993), 176; 김숙자(1991), 603; 김병선(2013), 65; 박태준(2000), 125~126; 맹광호(2008), 402.

69) 여러 사람이 공동으로 법률상 원인 없이 타인의 재산을 사용한 경우의 부당이득반환 채무가 불가분채무라고 한 대법원 1981. 8. 20. 선고 80다2587 판결; 2001. 12. 11. 선고 2000다13948 판결 등 참조.

70) 건물의 공유자가 공동으로 건물을 임대하고 보증금을 수령한 경우 그 임대차보증금반환 채무가 불가분채무라고 한 대법원 1998. 12. 8. 선고 98다43137 판결 참조.

71) 김운호(1998), 699.

72) 윤진수, 386; 박동섭, 친족상속, 563; 오시영, 547~548; 김운호(1998), 704; 김숙자(1991), 604.

73) 김주수·김상용, 692~693; 같은 취지, 이경희, 475~476.

74) 박순성(2003), 666도 참조.

75) 김세진(2012), 23.

76) 김세진(2012), 27~28.

77) 대법원 1967. 4. 25. 선고 67다328 판결; 이 판결에 대한 소개로는 김세진(2012), 21~22 참조.

은 다수설과 일반적인 판례의 입장과 부합하지는 않는다. 실무는 대체로 임대차보증금반환 채무는 가분채무로서 공동상속인들에게 법정상속분에 따라 상속된다고 보고 있다.[78]

한편, 임차인 지위를 공동상속한 경우 차임지급 채무와 임대차목적물반환 채무가 공동상속인들에게 불가분적으로 상속된다는 견해가 있다.[79] 임대차목적물반환 채무는 불가분채무이므로 공동상속인들에게 불가분적으로 귀속되나, 차임지급 채무는 가분채무이므로 위 견해는 다수설과 판례에 부합하지는 않는다.

마. 소유권이전등기의무

판례는 피상속인의 소유권이전등기의무는 공동상속인들에게 그 상속지분 비율에 따라 상속된다고 하였는데,[80] 이는 소유권이전등기의무가 가분채무라는 것을 전제로 하는 것이다.[81] 그 근거로는 소유권이전등기의 신청행위는 지분별로 분할하여 이행하는 것이 가능하다는 점에서 찾을 수 있다고 한다.[82] 학설 중에는 판례와 같은 취지에서 소유권이전등기의무가 성질상 가분채무이므로 공동상속인들에게 법정상속분에 따라 분할되어 귀속된다는 견해도 있다.[83]

위 판례에 대해 불가분채무도 가능한 범위에서 가분채무로 상속되는 것으로 보아 상속인을 보호하려는 해석으로서 타당하다는 견해도 있으나,[84] 소유권이전등기의무는 성질상 불가분채무라는 전제 하에 공동상속인 전원이 그 소유권이전등기의무를 불가분적으로 부담한다는 이유로 판례를 비판하는 견해도 많다.[85]

한편, 판례는 소유권이전등기의무를 공동상속한 공동상속인 중 한 명이 다른 공동상속인들의 상속지분을 매수 또는 증여로 취득하여도 그 다른 공동상속인들의 상속지분에 관한 소유권이전등기의무까지 승계한다고 볼 수 없다고 하였다.[86] 소유권이전등기의무가 가분채무라는 전제 하에 이러한 판례의

---

78) 서울중앙지방법원 2014. 10. 16. 선고 2014가합28096 판결; 서울서부지방법원 2016. 1. 20. 선고 2014가단34969 판결 등.

79) 김세진(2012), 29, 31.

80) 대법원 1979. 2. 27. 선고 78다2281 판결; 1984. 4. 10. 선고 83다카1222 판결.

81) 이와 같이 판례를 해석하는 것으로서 주해[X], 57(허만); 김운호(1998), 696; 박순성(2003), 678; 김종화(1993), 179; 허상수(1998), 276, 김병선(2013), 68.

82) 주해[X], 57(허만); 김세진(2012), 18 등.

83) 김병선(2013), 68; 박동섭, 친족상속, 566; 맹광호(2008), 407~408; 같은 취지, 오시영, 549.

84) 김운호(1998), 699; 기타 판례와 같은 입장으로는 송덕수, 313.

85) 박일환(1997), 77~79; 김종화(1993), 179; 같은 취지, 신영호(1988), 340; 박태준(2000), 125.

86) 대법원 1979. 2. 27. 선고 78다2281 판결; 2015. 11. 26. 선고 2015다206584 판결.

태도가 타당하다는 견해도 있으나,[87] 위와 같은 경우 다른 공동상속인의 지분을 양수한 공동상속인이 다른 공동상속인의 소유권이전등기의무도 승계하기로 하는 약정이 있다고 보아야 한다는 비판도 있다.[88]

공동상속인의 의무 승계 약정과 관련하여, 판례 중에는 상속인 아닌 사람이 상속인 등으로부터 자기 명의로 부동산 소유권이전등기를 넘겨받으면서 상속인이 상속받은 소유권이전등기의무를 매수인 측에 이행하기로 하는 묵시적 특약이 있었다고 본 것이 있고,[89] 피상속인으로부터 그 소유의 임야를 매수한 매수인에 대하여 공동상속인중 1인이 그 임야에 관하여 소유권이전등기를 해 주기로 하고 자기 명의로 소유권보존등기를 마쳤다면 이는 다른 공동상속인들의 상속지분에 관한 소유권이전등기의무를 전부 승계하여 단독으로 그 소유권이전등기를 이행하기로 하는 특약을 한 것이고, 이는 다른 공동상속들의 동의 없이 유효하다는 것이 있다.[90]

반면, 판례는 소유권이전등기의무를 공동상속한 공동상속인들의 협의분할에 의해 공동상속인 1인이 당해 부동산에 관하여 단독으로 상속등기를 마쳤다면, 다른 공동상속인들은 소유권이전등기의무가 없고 그 등기명의자인 공동상속인만이 소유권이전등기의무가 있다고 한다.[91] 학설상으로는 상속재산협의분할에 의해 부동산에 대해 단독으로 상속등기를 마친 상속인은 그 매매계약상의 지위도 단독으로 상속하므로, 위 판례가 타당하다는 견해가 있다.[92] 이와 달리 소유권이전등기의무는 불가분채무로서 공동상속인 전원이 이를 부담하고, 부동산의 등기명의인인지 여부는 소유권이전등기의무의 성립 내지 포괄승계와 관련이 없고 다만 이행불능인지 여부만 문제될 뿐이라는 비판과,[93] 소유권이전등기의무는 가분채무로서 공동상속인들에게 분할되어 귀속된다는 전제 아래 공동상속인들이 그 중 1인에게 부동산의 소유권을 귀속시키는 내용의 상속재산분할협의를 하더라도 공동상속인들에게 상속분별로 귀속된 소유권이전등기의무에는 영향이 없다는 비판도 있다.[94]

---

87) 맹광호(2008), 419~420.
88) 김종화(1993), 182~183.
89) 대법원 1995. 9. 15. 선고 94다23067 판결.
90) 대법원 1987. 2. 10. 선고 86다카1942 판결.
91) 대법원 1991. 8. 27. 선고 90다8237 판결; 1993. 7. 13. 선고 92다17501 판결; 같은 취지, 대법원 2004. 11. 25. 선고 2004다35557 판결.
92) 맹광호(2008), 418~419, 423.
93) 박일환(1997), 79~80, 82~83.
94) 김병선(2013), 69; 같은 취지 박순성(2003), 678~679.

바. 건물철거의무

판례는 건물철거의무를 공동상속한 공동상속인들의 건물철거의무는 성질상 불가분채무라고 하면서도 공동상속인들은 각자 그 지분 한도 내에서 건물 전체에 관한 건물철거의무를 진다고 판시하였다.[95] 이는 공동상속인들을 상대로 한 건물철거소송이 필수적 공동소송에 해당하지 않는다는 취지이지 건물철거집행을 위해서는 공동상속인 전원에 대한 집행권원이 필요하게 되므로, 사실상 공동상속인들의 건물철거의무를 각자의 분할채무로 보는 것에 다름 아니다.[96] 이에 따라 하급심 실무는 공동상속인들에 대한 건물 철거를 명하는 재판의 주문에서, 그 건물 중 공동상속인들의 상속지분에 관하여 철거를 하라고 명하고 있다.

이러한 판례의 태도에 대해 불가분채무도 가능한 범위에서 가분채무로 상속되는 것으로 보아 상속인을 보호하는 것이므로 타당하다고 평가하는 견해가 있다.[97] 그러나 건물철거의무는 불가분채무이므로 이를 상속하는 공동상속인도 불가분채무를 부담하는 것으로 보아야 한다고 비판하는 견해도 있다.[98]

생각건대, 공동상속인들을 상대로 건물철거를 구하는 소송이 필수적 공동소송이 아니라고 한다면, 철거를 다투지 않는 상속인을 상대로 소를 제기할 필요가 없으므로, 소송경제적으로 효율적이다. 또한, 필수적 공동소송이 아니라면, 건물 철거 집행을 하기 위해서 건물 철거에 이해관계 있는 모든 공동상속인들을 상대로 집행권원이 구비된 것인지 여부를 집행기관이 쉽게 판단하기 위해서 그 판결 주문에 당해 상속인의 상속지분을 표시할 필요가 있다. 따라서 판례와 실무의 태도는 이러한 측면에서 이해될 수 있다.

사. 토지인도의무

건물 소유자는 건물을 실제로 점거하고 있지 않더라도 그 건물의 부지가 된 토지를 점유하고 있는 것이다.[99] 따라서 실무상 건물철거와 아울러 토지인도를 구하는 경우가 많다.

그런데 공동상속인들이 타인의 토지 위에 있는 건물을 공동상속한 경우에, 그 토지인도의무도 건물철거의무와 마찬가지로 공동상속인들이 각 상속지분의 한도 내에서 부담하는지 문제된다. 하급심 실무는 건물철거를 명하는 경우와

95) 대법원 1980. 6. 24. 선고 80다756 판결.
96) 주해[X], 60(허만); 김운호(1998), 698; 박태준(2000), 124; 같은 취지, 박순성(2003), 679.
97) 김운호(1998), 699.
98) 박태준(2000), 125; 같은 취지, 이경희, 475.
99) 대법원 1993. 10. 26. 선고 93다2483 판결; 2003. 11. 13. 선고 2002다57935 판결 등.

달리 공동상속인들에게 상속분에 관계 없이 토지인도를 명하는 예도 있으나, 대체로는 건물철거를 명하는 경우와 같이 공동상속인들에게 법정상속인들의 상속지분에 관하여 토지인도를 명하고 있다. 그러나 건물 공유자 중 일부만 당해 건물을 점유하고 있더라도 그 건물의 부지는 공유명의자 전원이 공동으로 이를 점유하고 있는 것이므로,[100] 공동상속인들이 건물을 법정상속분대로 공동상속하더라도 그 건물의 부지 전체는 공동으로 점유하고 있다고 보아야 한다. 따라서 법정상속분 지분과 무관하게 그 공동상속인들에게 건물의 부지인 토지의 인도를 명하는 것이 이론적으로는 더 타당하다. 그러나 어떻게 보더라도 집행 실무에 있어서 큰 차이가 있지는 않을 것이다.

Ⅶ. 형성권의 공동상속

취소권, 추인권, 해제권 등의 형성권도 상속의 대상이 된다는 것이 통설이나,[101] 형성권 자체가 상속이 된다기보다는 그러한 형성권을 발생시키는 기본적인 법률관계가 상속되는 경우 상속인이 그러한 형성권도 승계한다고 해석하는 것이 정확하다는 지적이 있다.[102] 일본의 학설도 이와 같이 보고 있다.[103]

형성권을 생기게 하는 법률상 지위 또는 법률관계가 공동상속된 경우에 상속재산 분할의 결과 특정 상속인에게 그 법률상 지위 또는 법률관계가 귀속된 경우에는 그 상속인만이 형성권을 행사할 수 있다.[104]

그런데 상속재산분할 이전에 그러한 형성권을 공동상속인들이 어떻게 행사할 수 있는지 문제된다. 이에 대하여 형성권의 행사는 대상물의 이용방법을 변경하는 데 불과하여 관리행위에 속하므로 공동상속인들의 상속분 과반수의 결의에 의해 형성권을 행사할 수 있다는 견해와,[105] 형성권은 공동상속인 전원에게 불가분적으로 귀속되어 공동상속인 전원이 공동으로 행사되어야 한다고 한다는 견해가[106] 대립한다.

판례는 피상속인이 매매계약의 일방당사자인 경우 그 공동상속인들은

100) 대법원 2003. 11. 13. 선고 2002다57935 판결.
101) 곽윤직, 76~77; 김주수 · 김상용, 673; 윤진수, 363; 신영호 · 김상훈, 334; 박동섭, 친족상속, 542 등.
102) 곽윤직, 77; 윤진수, 363; 같은 취지, 박동섭, 친족상속, 542.
103) 新注民(27), 34(右近).
104) 신영호 · 김상훈, 334~335; 新注民(27), 34~35(右近).
105) 신영호 · 김상훈, 335; 신영호(1988), 339~340.
106) 김주수 · 김상용, 673~674.

§547①에 의해 전원이 해제의 의사표시를 해야 한다고 한다.[107] 그러나 일본 판례는 공동상속인의 상속재산에 관한 사용대차의 해제는 관리행위이므로 상속분 과반수의 결의로서 가능하고, 공동상속인 전원이 해제의 의사를 표시할 필요가 없다고 하였다.[108] 일본 학설도 공동상속인 형성권의 행사를 관리행위로 해석하는 일본 판례의 태도를 지지하고 있다.[109]

107) 대법원 2013. 11. 28. 선고 2013다22812 판결.
108) 日最判 1954(昭 29). 3. 12. 民集 8-3, 696.
109) 新注民(27), 35(右近).

第1007條(共同相續人의 權利義務承繼)

共同相續人은 各自의 相續分에 應하여 被相續人의 權利義務를 承繼한다.

참고문헌: 김형석(2009), "우리 상속법의 비교법적 위치", 가족법연구 23-2; 권은민(1998), "상속분, 기여분, 특별수익", 재판자료 78; 박병호(1988), "상속분에 관한 제문제", 현대가족법과 가족정책 : 김주수 화갑기념.

Ⅰ. 본조의 의의

본조는 전조를 이어 받아서 공동상속인 각각의 상속비율을 정한 것이다. 본조에 의해 각각의 공동상속인은 상속재산에 속하는 권리의무를 상속분에 따라 공동상속한다.[1]

이에 대해 본조는 공동상속인이 자신의 상속분의 비율에 따라 분할된 범위의 권리의무를 승계한다는 의미로서 채권·채무가 공동상속되는 경우 가분적인 한에서 공동상속인들 사이에 분할된다는 취지를 규정한 것이라고 해석해야 한다는 견해도 있다.[2]

Ⅱ. 상속분의 의미

본조의 상속분이란 '각 공동상속인이 상속재산에 대해서 갖는 권리의무의 비율'이라는 의미이다.[3]

구체적으로 이 상속분이 법정상속분인지, 아니면 특별수익과 기여분을 고려한 구체적 상속분인지 해석상 문제될 수 있다. 일본의 학설은 이를 구체적 상속분이라고 보고 있으나,[4] 우리 학설은 대체로 이를 법정상속분이라고 해석한다.[5]

1) 주석상속(1), 362; 新注民(27), 135~136(宮井·佐藤) 참조.
2) 김형석(2009), 95~96.
3) 박병호(1988), 289.
4) 新注民(27), 137(宮井·佐藤).
5) 곽윤직, 85; 권은민(1998), 496.

第1008條(特別受益者의 相續分)

共同相續人 中에 被相續人으로부터 財産의 贈與 또는 遺贈을 받은 者가 있는 境遇에 그 受贈財産이 自己의 相續分에 達하지 못한 때에는 그 不足한 部分의 限度에서 相續分이 있다.

참고문헌: 곽동헌(2003), "대습상속", 아세아여성법학 6; 권은민(1998), "상속분, 기여분, 특별수익", 재판자료 78; 김소영(2003), "상속재산분할", 民判 25; 김승정(2016), "유류분 산정의 기초가 되는 재산 산정과 관련하여 배우자가 생전 증여받은 재산이 특별수익에 해당하는지 여부", 이인복 대법관 퇴임기념 논문집; 박병호(1988), "상속분에 관한 제문제", 현대가족법과 가족정책 : 김주수 화갑기념; 박세황(2016), "생존배우자 수증재산의 특별수익 해당 여부", 재판실무연구 2015; 박태준(2000), "심판에 의한 상속재산 분할", 법조 49-2; 변동열(2003), "유류분 제도", 民判 25; 시진국(2006), "재판에 의한 상속재산분할", 司論 42; 안영하(2005), "대습상속인의 상속분", 계약법의 과제와 전망 : 김욱곤 정년기념; 윤진수(1997), "초과특별수익이 있는 경우 구체적 상속분의 산정방법", 서울대 법학 38-2; 이은정(1996a), "민법 제1008조의 해석에 있어서 특별수익 개념과 그 범위", 안암법학 4; 이은정(1996b), "특별수익의 반환기준에 관한 재검토", 가족법연구 10; 이은정(1996c), "특별수익 반환의 법리에 관한 연구 : 민법 제1008조의 해석을 중심으로", 고려대 박사학위논문; 이희배(2001), "특별수익자의 상속분에 관한 고찰", 가족법학논집 : 이희배 정년기념; 임완규·김소영(1993), "상속재산분할심판", 재판자료 62; 임종효(2009), "민법 제1014조에 정한 상속분가액지급청구권", 법조 634; 전경근(2010), "특별수익, 유류분 그리고 재혼", 가족법연구 24-3; 정구태(2014), "대습상속과 특별수익, 그리고 유류분", 안암법학 45; 정구태(2016), "2015년 상속법 관련 주요 판례 회고", 사법 35; 정덕흥(1994), "기여분의 결정과 상속분의 수정", 司論 25; 최준규(2016), "유류분과 기업승계", 사법37; 홍진희·김판기(2012), "생명보험금과 민법 제1008조 특별수익과의 관계", 법조 2012. 5.; 황정규(2003), "상속재산분할사건 재판실무", 재판자료 102; Alain Delfosse/Jean-François Peniguel, "La réforme des successions et des libéralités", Litec(2006).

Ⅰ. 개설

1. 본조의 취지와 내용

본조는 공동상속인 중 피상속인으로부터 유증 또는 증여를 받은 특별수익자가 있는 경우 그 특별수익을 당해 상속인의 상속분 산정에 고려하여 법정상속분을 수정하려는 것이다. 본조의 취지는 공동상속인들 사이에 형평을 기하기 위한 것으로서,[1] 특별수익을 상속분의 선급으로 다루어 구체적 상속분을 산정함에 있어 이를 참작하도록 하려는 데 있다.[2] 또한, 본조는 상속인들을 평등하게 취급하려는 피상속인의 추정적 의사도 고려한 것이라고 할 수 있다.[3]

본조에서 '자기의 상속분에 달하지 못한 때'에서의 상속분은 본래의 상속분을 의미하고, '그 부족한 부분의 한도에서 상속분이 있다'에서의 상속분은 구체적 상속분을 의미한다.[4] 여기서 '본래의 상속분'이란 특별수익이 없었더라면 상속인이 받았을 상속분을 의미하고, '구체적 상속분'이란 현실의 상속재산에서 상속인이 취득하는 상속분을 의미한다고 할 수 있다. 다만, 구체적 상속분은 본조에 의한 수정에다가 §1008-2에 따라 기여분에 의한 수정을 거친 뒤에 최종적으로 결정된다. 상속분의 다양한 의미에 관하여 자세한 내용은 §1009 참조.

2. 법적성질

본조에 관하여 종래 학설은 이를 특별수익의 반환 또는 반환의무라고 지칭해 왔다.[5] 그러나 여기서의 반환이란 특별수익액을 상속재산 가액에 가산하여 구체적 상속분을 산정한다는 의미로서 관념적인 계산상 조작에 불과하고(가액계산주의), 특별수익 재산을 상속재산에 돌려주는 것(현물반환주의)이라는 의미가 아니다. 따라서 반환 또는 반환의무라는 용어는 적절하지 않고, 조정 또는 조정의무라는 용어가 적절하다.[6] 여기서 조정의무라고 할지라도 이는 엄밀한

---

1) 곽윤직, 94~95; 김주수 · 김상용, 698; 윤진수, 391; 윤진수(1997), 207; 박동섭, 친족상속, 581; 신영호 · 김상훈, 373; 이경희, 434; 이희배(2001), 827.

2) 대법원 1996. 2. 9. 선고 95다17885 판결; 1998. 12. 8. 선고 97므513 등 판결; 2015. 8. 27. 선고 2014다223155 판결 등 참조.

3) 윤진수(1997), 207; 신영호 · 김상훈, 373; 新注民(27), 184(有地 · 床谷)도 참조; 다만, 우리 민법은 다른 입법례에 비해 피상속인의 추정적 의사에 대한 고려가 약하다. 윤진수, 391; 윤진수(1997), 207 참조.

4) 윤진수(1997), 205, 註 1; 박병호(1988), 304 등 참조.

5) 김주수 · 김상용, 698; 박동섭, 친족상속, 581; 송덕수, 322~323; 이경희, 434; 이희배(2001), 826~827; 전경근(2010), 433 등.

6) 곽윤직, 99; 윤진수, 390~391; 윤진수(1997), 206; 권은민(1998), 546; 시진국(2006), 692; 정구태

의미의 의무라기보다는 공동상속인 사이의 법률상 채권채무관계에 불과하다.[7] 다만 여기서는 이해의 편의상 종래의 용례에 따른 '반환'이란 용어와 '조정'이란 용어를 함께 사용하기로 한다.[8]

Ⅱ. 특별수익자

1. 개설

특별수익자로서 조정 또는 반환의무를 부담하는 사람은 공동상속인 중 피상속인으로부터 증여 또는 유증을 받은 자이다.[9] 한정승인을 한 경우에도 조정 또는 반환의무가 있다.[10] 그러나 상속인이 상속을 포기한 경우에는 처음부터 상속인이 아니었던 것이 되므로(§1042), 조정 또는 반환의무가 없다.[11]

2. 문제되는 경우

가. 대습상속의 경우

(1) 피대습자가 받은 특별수익

피대습자가 받은 특별수익에 관하여 대습상속인이 조정 또는 반환의무를 부담하는지 문제된다. 대습상속인이 피대습자를 통하여 그 특별수익에 의해 현실적으로 경제적 이익을 받고 있는 경우에 한하여 특별수익의 반환 또는 조정의무를 부담하는 견해도 있으나,[12] 대습상속인은 피대습자가 살아 있다면 받았을 상속이익 이상의 것을 취득해서는 안 된다는 등의 이유로 이를 긍정하는 것이 다수설이다.[13] 하급심 중에도 피대습자가 대습원인 발생 이전에 피상속

(2014), 325, 註 14; 반면 이은정(1996c), 43~44는 '조정'이라는 용어가 독일 민법의 특별수익 조정제도와 혼동을 일으킬 우려가 있다는 이유로 종래의 용례인 '반환'이라는 용어를 사용하고 있다.

7) 윤진수(1997), 206.

8) 본조에서 '반환'이라는 용어보다 '조정'이라는 용어가 더 적절하다는 견해에서도 초과특별수익을 논하는 경우에 '반환'이라는 용어를 사용하기도 한다. 곽윤직, 109; 윤진수(1997), 213; 권은민(1998), 548.

9) 윤진수, 391; 박동섭, 친족상속, 582; 송덕수, 323; 신영호 · 김상훈, 373; 오시영, 558; 이경희, 435; 권은민(1998), 549; 시진국(2006), 692; 이희배(2001), 827~828.

10) 곽윤직, 100; 윤진수, 391; 송덕수, 323; 신영호 · 김상훈, 373; 오시영, 558; 박병호(1988), 301.

11) 곽윤직, 100; 김주수 · 김상용, 698; 윤진수, 391; 박동섭, 친족상속, 582; 송덕수, 323; 신영호 · 김상훈, 373; 오시영, 558; 이경희, 435; 박병호(1988), 301; 시진국(2006), 692; 이희배(2001), 828; 홍진희 · 김판기(2012), 205.

12) 김주수 · 김상용, 700; 이경희, 435; 시진국(2006), 683; 기타 정구태(2014), 342, 註 69에서 소개하는 문헌 참조.

13) 곽윤직, 101; 윤진수, 391; 박동섭, 친족상속, 583; 송덕수, 324; 신영호 · 김상훈, 373~374; 오시영, 558~559; 권은민(1998), 550; 박병호(1988), 301; 안영하(2005), 650; 정구태(2014), 343;

인으로부터 증여받은 토지는 대습상속인의 특별수익으로 보아야 한다고 한 예가 있다.[14] 이상의 논의는 피대습자가 대습원인 발생 이전에 특별수익을 받은 경우를 전제로 하고 있다.

피대습자가 대습원인 발생 이후에 특별수익을 받은 경우에, 대법원 2015. 7. 17.자 2014스206, 207 결정은 피대습자가 상속결격사유 발생 이후에 피상속인으로부터 받은 증여는 상속인의 지위에서 받은 것이 아니어서 대습상속인의 특별수익에 해당하지 않는다고 하였다.

(2) 대습상속인이 받은 특별수익

대습상속인이 받은 특별수익에 관하여 조정 또는 반환의무를 부담하는지에 관하여, 대습원인 발생 이후의 특별수익에 관해서는 조정 또는 반환의 대상이 된다는 점에 대해서는 이설이 없다.[15]

그러나 대습상속인이 대습원인 발생 이전에 특별수익을 받은 경우에 관해서는 견해가 대립한다. 조정 또는 반환의무를 부담하려면 특별수익을 받을 당시 상속인이 될 자격이 있어야 한다는 이유로 이를 부정하는 견해가 있고,[16] 특별수익 조정 또는 반환은 공동상속인의 공평을 목적으로 하므로 특별수익자가 상속개시 당시 공동상속인이면 그 조정 또는 반환의무가 있다는 이유로 이를 긍정하는 견해가 있다.[17] 대법원 2014. 5. 29. 선고 2012다31802 판결은 부정설에 따르고 있다. 즉, 대습상속인이 대습원인 발생 이전에 피상속인으로부터 받은 증여는 상속인의 지위에서 받은 것이 아니어서 상속분의 선급으로 볼 수 없으므로 특별수익에 해당하지 않는다고 한다.[18] 그렇지 않고 이를 상속분의 선급으로 보게 되면 피대습인이 사망하기 전에 피상속인이 먼저 사망하여 상속이 이루어진 경우에는 특별수익에 해당하지 아니하던 것이 피대습인이 피상속인보다 먼저 사망하였다는 우연한 사정으로 인하여 특별수익으로 되는 불

곽동헌(2003), 50; 황정규(2003), 52; 이희배(2001), 828; 홍진희 · 김판기(2012), 205~206.

14) 대전지방법원 2017. 7. 13. 선고 2016가단203794 판결.

15) 곽윤직, 101; 김주수 · 김상용, 699; 박동섭, 친족상속, 583; 송덕수, 324~325; 신영호 · 김상훈, 374; 오시영, 559; 이경희, 435; 박병호(1988), 301~302; 안영하(2005), 650; 곽동헌(2003), 50; 황정규(2003), 52; 이희배(2001), 828.

16) 곽윤직, 101; 송덕수, 324~325; 신영호 · 김상훈, 374; 박병호(1988), 301~302; 곽동헌(2003), 50; 기타 정구태(2014), 327, 註 17에서 소개하는 문헌 참조.

17) 김주수 · 김상용, 699~700; 박동섭, 친족상속, 583; 오시영, 559; 권은민(1998), 550; 안영하(2005), 650; 시진국(2006), 693; 정구태(2014), 328~329; 이희배(2001), 828; 같은 취지 황정규(2003), 52; 기타 정구태(2014), 327, 註 21에서 소개하는 문헌 참조.

18) 이 판결에서는 당해 증여를 특별수익으로 볼 수 없으므로 결국 유류분 산정을 위한 기초재산에 포함되지 않는다고 하였다.

합리한 결과가 발생한다는 이유를 들고 있다.

위 판결에 대하여 피상속인이 대습상속인에게 증여하지 않았더라면 상속재산에 속하였을 재산에 대하여 그 증여시점이 피대습자의 사망 전이라는 우연한 사정으로 인해 공동상속인에 대한 증여임에도 불구하고 특별수익에서 제외되는 불합리한 결과가 발생한다는 이유로 비판하는 견해가 있다.[19] 그러나 최선순위 상속인(추정상속인)이 아닌 사람이 증여를 받을 때 일반적으로 다른 공동상속인들이 그 수증자가 향후 대습상속을 받을 수 있으므로 상속개시시 그 조정 또는 반환이 이루어질 것이라고 기대한다고 보기는 어렵다. 피대습자의 사망 시기나 결격 사유의 발생 여부를 예상할 수는 없기 때문이다. 따라서 다른 공동상속인은 그 증여 당시에는 특별수익의 조정 또는 반환을 전혀 기대하고 있지 않은데도, 대습상속인이 대습원인 이전에 받은 특별수익이 조정 또는 반환의 대상이 된다면, 그 다른 공동상속인은 대습상속이라는 우연한 사정에 의해 자기의 구체적 상속분이 커지는 망외의 이득을 얻는 결과가 된다. 피상속인의 추정적 의사를 고려해 보아도, 피상속인이 추정상속인이 아닌 사람에게 증여를 하는 것은 일반적으로 상속분의 선급으로 증여할 의사에 따른 것이라고 볼 수 없다. 피상속인 역시 대습상속이 발생할 수 있을 것이라고 기대하거나 예상하기 어렵기 때문이다. 그러므로 위 판결의 태도는 타당하다.

나. 특별수익을 받은 후 상속인 자격이 생긴 경우

특별수익을 받을 때에는 피상속인의 상속인이 될 자격에 있지 않았지만 특별수익을 받은 후 혼인, 입양 등에 의해 상속인이 될 자격을 가지게 된 경우 그 특별수익자는 조정 또는 반환의무를 부담하는지 문제된다. 즉, 특별수익을 받을 당시에는 최선순위 상속인, 즉 추정상속인이 아니었지만 그 이후 추정상속인이 된 경우의 문제이다.

특별수익을 받을 당시 상속인이 될 자격을 갖추어야 할 필요가 없고 본조의 취지가 공동상속인 사이의 공평을 기하는 것이라는 이유 등으로 이를 긍정하는 것이 다수설이다.[20] 이에 대해 특별수익 반환의무를 부담하지 않던 사람이 그 후에 상속인 자격을 취득하였다고 하여 반환의무를 부담하는 지위로 불이익하게 변경되는 것은 부당하므로 이를 부정하는 견해가 있다.[21] 그 증여가

19) 정구태(2014), 331; 또한, 이 판결에 반대하는 것으로 최정희, "대습상속인의 특별수익과 유류분 반환", 민사법연구22(2013), 105 이하.

20) 곽윤직, 102; 김주수·김상용, 700; 박동섭, 친족상속, 584; 송덕수, 324~325; 권은민(1998), 551; 시진국(2006), 693; 정구태(2014), 338; 전경근(2010), 435; 이희배(2001), 828~829; 같은 취지, 황정규(2003), 53.

추정상속인으로 되는 것과 견련관계가 있는 경우에만 이를 반환해야 한다는 절충설도 있다.[22] 하급심 판례 중에는 긍정설을 따라 "상속인 자격을 갖춘 시기나 특별수익의 시기의 선후는 특별수익 인정 여부에 영향을 끼칠 수 없다"는 취지로 판시한 예가 있다.[23]

그러나 다수설이나 절충설은 대습상속인이 대습원인 발생 이전에 받은 증여 또는 피대습자가 대습원인 발생 이후에 받은 증여가 상속분의 선급으로 볼 수 없어 특별수익에 해당하지 않는다는 판례와[24] 조화되기는 어렵다. 판례의 입장을 따른다면 이 경우에도 특별수익자의 조정 또는 반환의무를 부정해야 할 것이다. 무엇보다 본조의 의무를 부담하지 않는 자가 우연히 신분상의 변화가 생겼다는 이유로 본조의 의무를 부담해야 한다고 보는 것은 근거가 부족하고,[25] 그 특별수익을 받을 당시 상속인 자격이 없는 자는 이를 상속분의 선급으로 받았다고 볼 수도 없으며,[26] 이를 반환해야 한다고 보는 것은 피상속인의 의사에도 부합하지 않는다.

프랑스 민법 §846은 증여 당시 추정상속인이 아니었으나 상속개시 당시 상속자격을 갖추게 된 경우에, 개정 전에는 "증여자의 반대의 의사표시가 없는 한, 상속조정(rapport) 의무가 있다"는 취지로 규정하였다가, 2006. 6. 23.자 개정 민법[27]에 의해 그 규정을 뒤집어 "증여자의 반대의 의사표시가 없는 한, 상속조정(rapport) 의무가 없다"는 취지로 규정하였다. 이러한 개정은 피상속인의 추정적 의사를 더 존중하기 위한 것이라고 한다.[28]

다. 특별수익이 있을 당시 상속인 자격이 없었던 사람이 그 후에 상속인 자격을 갖춘 경우

다른 상속인이 특별수익을 받을 당시에 상속인 자격이 없었던 사람이 그 후에 상속인 자격을 갖춘 경우에 그 특별수익의 조정 또는 반환을 청구할 수 있는지 문제된다.

---

21) 오시영, 560~561.
22) 박병호(1988), 302; 신영호 · 김상훈, 374.
23) 서울가정법원 2010. 10. 12.자 2009느합101 등 심판; 다만 이 판시는 추정상속인에 대한 특별수익이 있을 당시에는 추정상속인이 아니었던 자가 그 이후 추정상속인이 되었음을 이유로 그 특별수익의 반환을 청구할 수 있는지 여부에 관하여 이를 긍정하는 취지의 판시이다.
24) 대법원 2014. 5. 29. 선고 2012다31802 판결; 대법원 2015. 7. 17.자 2014스206, 207 결정.
25) 같은 취지, 오시영, 560~561.
26) 같은 취지, 이은정(1996a), 562.
27) 2006. 6. 23.자 상속법과 무상처분법을 개정하는 법률 제2006-728호 (LOI n° 2006-728 du 23 juin 2006 portant réforme des successions et des libéralités). 2007. 1. 1.부터 시행.
28) Delfosse/Peniguel(2006), n° 243.

이에 대해 그러한 상속인은 특별수익이 있을 당시 상속에 대한 기대권을 가지고 있지 않다는 등의 이유로 특별수익의 조정 또는 반환을 요구할 수 없다는 취지의 견해가 있다.[29] 그러나 공동상속인 자격이 같은 시기에 발생하는 것은 아니므로, 상속개시 당시에 공동상속인 사이의 형평을 기하기 위해서는, 상속인 자격을 갖춘 사람이 특별수익을 받았다면 그 특별수익의 조정 또는 반환이 이루어져야 한다고 해석해야 한다. 그렇지 않다면 공동상속인 자격을 뒤늦게 가장 늦게 취득한 사람이 불리해진다. 하급심 중에는 본조에서 특별수익을 주장할 수 있는 자를 제한하고 있지 않다는 등의 이유로 피상속인과 재혼하여 뒤늦게 상속인 자격을 갖춘 사람은 다른 상속인에 대한 특별수익에 대하여 그 수익일시를 불문하고 그 특별수익의 반환을 청구할 수 있다는 취지로 판단한 예가 있다.[30]

라. 간접적 수익자

피상속인이 상속인의 직계비속, 배우자, 직계존속에게 증여 또는 유증을 하고 상속인이 이들을 통해서 간접적으로 이익을 받는 경우에, 그 증여 또는 유증을 본조의 특별수익으로 보아 상속인에게 조정 또는 반환의무를 인정할 것인지 문제된다.

원칙적으로 상속인이 수증자가 아니므로 그의 조정 또는 반환의무를 부정해야 하지만,[31] 그 특별수익이 실질적으로 피상속인으로부터 상속인에게 직접 이루어진 것과 다르지 않다고 인정되는 경우에는 상속인에게 조정 또는 반환의무를 긍정할 수 있다고 해석해야 한다.[32] 판례도 이러한 취지에서 증여 또는 유증의 경위, 증여나 유증된 물건의 가치, 성질, 수증자와 관계된 상속인이 실제 받은 이익 등을 고려하여 실질적으로 피상속인으로부터 상속인에게 직접 증여된 것과 다르지 않다고 인정되는 경우에는 상속인의 특별수익으로 볼 수 있다고 하면서, 상속인의 사위와 아들에게 증여된 부동산을 상속인의 특별수익으로 보았다.[33]

---

29) 전경근(2010), 435~441.

30) 서울가정법원 2010. 10. 12.자 2009느합101 등 심판.

31) 곽윤직, 102; 김주수·김상용, 699; 윤진수, 392; 송덕수, 323; 신영호·김상훈, 374; 박병호(1988), 302; 시진국(2006), 695; 황정규(2003), 53; 이희배(2001), 830; 하급심 실무례 중 특별한 사정이 없는 한 상속인의 처나 자녀에게 증여된 재산은 특별수익이 아니라는 것으로 서울가정법원 2010. 1. 15.자 2007느합235 등 심판.

32) 김주수·김상용, 699; 윤진수, 392; 송덕수, 323; 신영호·김상훈, 374; 권은민(1998), 552; 시진국(2006), 695; 황정규(2003), 53; 정구태(2014), 331, 註 35; 이희배(2001), 830.

33) 대법원 2007. 8. 28.자 2006스3 등 결정.

마. 포괄수유자

법정상속인이 피상속인으로부터 포괄적 유증을 받은 경우에는 조정 또는 반환의무가 있음은 본조의 규정상 당연하다.[34]

그런데 법정상속인이 아닌 제3자가 피상속인으로부터 포괄적 유증을 받은 경우 조정 또는 반환의무가 있는지 문제된다. 이에 대해 포괄수유자도 상속인과 동일한 권리의무가 있다(§1078)는 등의 이유로 조정 또는 반환의무가 있다는 견해도 있다.[35] 그러나 피상속인의 의사는 포괄수유자에게 상속재산 중 일정 비율을 포괄적으로 주려는 것이라는 등의 이유로 상속인이 아닌 포괄수유자는 조정 또는 반환의무가 없다고 해석하는 것이 다수의 견해이다.[36]

바. 상속분 양도인의 특별수익

특별수익을 취득한 상속인이 양도하는 상속분은 법정상속분이 아니라 특별수익을 고려한 구체적 상속분이라고 해석하는 견해가 있다.[37] 판례도 같은 취지에서 특별수익을 받은 상속인이 자신의 상속분을 다른 상속인의 소유로 하는 것에 합의한 것은 특별수익이 반영된 구체적 상속분을 양도하기로 하는 합의라고 보았다.[38] §1011 註釋 참조.

Ⅲ. 특별수익의 요건

1. 개설

본조에 따른 공동상속인의 특별수익 조정 또는 반환 의무는 그 공동상속인이 피상속인으로부터 실제로 유증 또는 증여를 받은 경우에만 발생한다.[39] 판례도 같은 취지에서 공동상속인 중 1인을 제외한 나머지 상속인들이 상속포기를 한 결과 그 1인만이 단독상속하게 되었다고 하더라도 그 1인이 상속포기자로부터 상속지분을 유증 또는 증여받은 것이라고 볼 수 없다고 하고,[40] 유류분반환청구 소송 중 유류분반환의무자가 유류분권리자에게 자신이 유증받은

34) 곽윤직, 101; 박동섭, 친족상속, 583; 신영호 · 김상훈, 374; 권은민(1998), 551; 박병호(1988), 302; 이희배(2001), 829.

35) 시진국(2006), 693~694.

36) 곽윤직, 102; 김주수 · 김상용, 700; 윤진수, 393; 박동섭, 친족상속, 583; 송덕수, 324; 신영호 · 김상훈, 374; 오시영, 559~560; 이경희, 436; 권은민(1998), 551; 박병호(1988), 302; 이희배(2001), 829~830; 홍진희 · 김판기(2012), 206; 같은 취지, 황정규(2003), 53.

37) 시진국(2006), 695.

38) 대법원 2007. 3. 9.자 2006스88 결정.

39) 김주수 · 김상용, 699.

40) 대법원 2012. 4. 16.자 2011스191 등 결정.

재산을 이전해 주기로 하는 화해권고결정이 확정되어도 그 재산은 유류분권리자가 피상속인으로부터 증여 또는 유증받은 것이 아니므로 그의 특별수익에 해당하지 않는다고 한다.[41]

2. 유증

특정적 유증 또는 포괄적 유증인지를 불문하고 모든 유증은 본조의 조정 또는 반환의 대상이 된다고 해석하는 것이 대체적이다.[42] 그러나 우리 민법의 해석론에 있어서도, 피상속인의 의사를 존중하고, 유증을 특별수익에서 제외하는 다른 입법례 등을 참고하면, 개별 사안에서 구체적인 형평을 고려할 때 경우에 따라 유증을 특별수익에서 제외하는 방법을 고민할 필요가 있다.[43]

사인증여는 유증에 관한 규정이 준용되고(§562), 그 실제적 기능도 유증과 같으므로, 본조에서도 유증과 같이 취급함이 타당하다.[44] 하급심 중에도 사인증여는 유증에 준하는 것으로 보아 구체적 상속분을 산정한 예가 있다.[45]

입법론으로는 피상속인의 의사를 고려할 때 유증은 상속분의 선급이라고 보기 어려우므로 반환 또는 조정의 대상에서 제외해야 한다는 견해가 있다.[46] 입법례 중에 독일 민법 §2050은 유증을 특별수익의 조정 대상에 포함시키지 않으나,[47] 일본 민법 §903은 유증을 원칙적으로 특별수익의 조정 대상에 포함시키고 있다. 프랑스 민법 §843②은 유증은 원칙적으로 특별수익의 조정 대상이 아니나, 피상속인이 이와 달리 정할 수 있다고 정하고 있다.

3. 증여

가. 판단기준

(1) 일반적 기준

본조의 반환 또는 조정의 대상이 되는 증여의 범위에 관하여 아무런 규정이 없으나 본조의 취지를 고려할 때 그 증여의 범위를 일정범위 내로 제한해야

41) 대법원 2014. 8. 26. 선고 2012다77594 판결.

42) 곽윤직, 102~103; 윤진수, 393; 박동섭, 친족상속, 585; 송덕수, 325; 신영호·김상훈, 376; 이경희, 437; 권은민(1998), 552; 황정규(2003), 54; 이희배(2001), 831.

43) 학설 중에는 무상행위의 특별성 요건을 갖추지 못한 유증은 특별수익에 해당하지 않는다는 견해가 있다. 이은정(1996c), 64.

44) 판례는 유류분반환청구에서 사인증여를 유증과 같이 취급한다. 대법원 2001. 11. 30. 선고 2001다6947 판결.

45) 서울고등법원 2000. 11. 16.자 98브40 등 결정.

46) 윤진수, 393; 이은정, "상속의 효력 규정의 정비를 위한 검토", 가족법연구 25-2(2011), 141.

47) 윤진수, 393 참조.

한다고 해석하는 것이 대체적이다.[48] 사인증여도 여기의 증여에 포함된다는 견해가 있으나,[49] 사인증여는 유증과 같이 취급함이 타당할 것이다.

판례는 어떠한 생전 증여가 특별수익에 해당하는지는 피상속인의 생전의 자산, 수입, 생활수준, 가정상황 등을 참작하고 공동상속인들 사이의 형평을 고려하여 당해 생전 증여가 장차 상속인으로 될 자에게 돌아갈 상속재산 중의 그의 몫의 일부를 미리 주는 것이라고 볼 수 있는지의 여부에 의하여 결정해야 한다고 하였다.[50] 학설도 대체로 판례와 같은 취지에서 상속인간의 형평을 고려하고 피상속인의 자산, 수입, 생활수준 등을 참작하여 수증재산을 상속분의 선급으로 보지 않을 경우 상속인 사이의 형평을 해치게 되는지 여부 등을 기준으로 그 수증재산이 특별수익인지 여부를 판단해야 한다고 보고 있다.[51]

학설 중 특별수익의 핵심징표는 무상성과 특별성이고, 무상성이란 피상속인의 대가 없는 출연행위를 의미하며, 특별성이란 공동상속인 사이의 형평을 깨뜨리는 정도의 이익부여를 의미한다고 해석하는 견해가 유력하다.[52] 한편, 상당액의 증여는 특별한 사정이 없는 한 모두 특별수익이라고 보는 것이 대체적인 견해인데,[53] 증여액이 상당한 것인지 여부는 피상속인의 자산, 수입, 생활수준, 가정상황 등을 참작해야 할 것이다.

대법원 2011. 12. 8. 선고 2010다66644 판결은 배우자에 대한 생전 증여가 배우자의 기여에 대한 보상 내지 평가, 실질적 공동재산의 청산, 부양의무의 이행 등의 의미도 함께 담겨 있는 경우라면 특별수익에 해당하지 않는다고 하였다. 이 판결에 대해서는 유류분반환청구에서 기여분을 고려할 수 없다는 문제점을 완화하기 위해 사실상 특별수익에서 기여분을 고려한 것이라는 비판이 있는가 하면,[54] 열악한 배우자인 상속인의 지위를 보완한 것이라는 평가도 있다.[55]

---

48) 곽윤직, 103; 윤진수, 393~394; 송덕수, 325; 신영호·김상훈, 375; 김승정(2016), 53; 같은 취지, 박동섭, 친족상속, 584; 오시영, 561; 이경희, 436.

49) 박동섭, 친족상속, 584; 오시영, 561.

50) 대법원 1998. 12. 8. 선고 97므513 등 판결; 대법원 2011. 7. 28. 선고 2009다64635 판결; 대법원 2011. 12. 13.자 2011스176 등 결정; 대법원 2013. 6. 27. 선고 2013다19908 등 판결; 대법원 2013. 7. 25. 선고 2012다117317 판결 등.

51) 박동섭, 친족상속, 585; 시진국(2006), 696; 권은민(1998), 552; 박병호(1988), 302~303; 이희배(2001), 832; 같은 취지, 곽윤직, 104~105.

52) 이은정(1996a), 555~565; 이러한 설명을 채용하는 것으로 김승정(2016), 54; 박세황(2016), 24; 홍진희·김판기(2012), 203~204 등.

53) 윤진수, 395; 권은민(1998), 553; 이희배(2001), 833; 조해섭, "특별부양과 기여분, 특별수익", 대법원판례해설 31(1999), 178.

54) 윤진수, 394.

55) 민유숙, 2011년 친족·상속법 중요 판례, 人權424(2011), 57~58; 박세황(2016), 25~26.

학설 중에는 일반적으로 기여에 대한 대가는 특별수익에 해당하지 않는다는 견해도 있다.[56)]

한편, 헌법재판소 2017. 4. 27. 선고 2015헌바24 결정은 상속인이 배우자인 경우 본조가 이혼 시 재산분할과 유사하게 특별수익 산정에 관한 예외규정을 두지 않은 것이 입법재량의 한계를 일탈하여 배우자인 상속인의 재산권을 침해하는 것은 아니라고 하였다.

참고로, 2018. 7. 6. 개정 일본 민법은 §903④을 신설하여 혼인기간이 20년 이상인 부부 중 일방인 피상속인이 다른 배우자에게 거주용 건물과 그 부지를 유증 또는 증여한 경우 특별수익 반환 면제의 의사를 표시한 것으로 추정하여, 특별수익 반환 또는 조정의 대상에서 제외하도록 규정하였다.

(2) 구체적 기준

우선, 학설은 부양을 위한 비용과 관례적 선물 및 용돈, 생활비와 같이 소비를 위하여 반복적, 규칙적으로 주어지는 돈은 특별수익이 아니라는 것이 대체적이다.[57)] 또한, 양육비, 부양비, 치료비 등과 같이 민법상 부양의무에 따른 무상행위는 특별수익에 해당하지 않는다고 한다.[58)]

또한, 학설은 일본 민법 §903가 특별수익에 관하여 "혼인 또는 입양을 위하여, 또는 생계자본으로서 증여받은 재산"이라고 규정하고 있는 점을 참고하여 특별수익으로서의 증여를 다음과 같이 한정하여 설명한다.[59)] 즉, 혼인을 위한 혼수, 예물, 주거 등과 관련된 비용은 특별한 사정이 없는 한 원칙적으로 특별수익이라 할 수 있고, 상속인이 될 자가 사회적·경제적으로 독립하기 위한 자금, 예를 들어 거주부동산을 마련해 주거나, 사업자금을 증여하거나, 그의 사업상 부채를 변제하는 경우 등은 모두 생계자본의 증여로서 특별수익이라고 할 수 있다.[60)] 다만 예식비용은 피상속인이 사교상 필요 등 자기의 책임으로 지출한 경우에는 특별수익이라 할 수 없지만, 상속인이 될 자가 피상속인으로부터 받은 예식비용을 자기의 책임으로 지출한 경우에는 특별수익이라고 할

56) 박동섭, 친족상속, 584; 오시영, 561~562; 같은 취지, 이은정(1996a), 555~556.
57) 곽윤직, 105; 윤진수, 394; 박동섭, 친족상속, 584; 오시영, 561; 같은 취지, 송덕수, 325.
58) 이은정(1996a), 568~571.
59) 곽윤직, 105; 윤진수, 394; 박동섭, 친족상속, 584~585; 신영호·김상훈, 375; 권은민(1998), 553; 박병호(1988), 303; 이희배(2001), 832~833; 기타 독일 민법 §2050에서 독립자금(Ausstattung)과 보조금(Zuschüsse) 및 직업준비교육을 위한 비용(Aufwendungen für die Vorbildung zu einem Beruf)을 특별수익으로 규정하고 있는 점을 참고하여 설명하는 것으로 윤진수, 393 이하..
60) 판례 중에는 피상속인이 아들의 전처에 대한 이혼 위자료 명목으로 아들에게 증여한 10억 원이 아들의 특별수익에 해당한다는 것이 있다. 대법원 2014. 11. 25.자 2013스112 등 결정.

수 있다는 견해가 있는 반면,[61] 혼인예식비용은 가족에 대한 도의상 의무의 일종이므로 원칙적으로 특별수익이 아니라는 견해도 있다.[62] 판례 중에는 당해 혼수비용은 특별수익이 아니라고 본 것이 있다.[63]

한편, 교육비가 특별수익인지에 관하여 논란이 있으나 다음과 같이 해석함이 타당하다. 즉, 통상적인 부양의무의 범위에 들어가는 교육비의 지출은 특별수익이라 볼 수 없으나, 사회통념상 다른 공동상속인이 받은 교육비의 수준과 범위를 훨씬 뛰어 넘은 교육비를 받은 경우에는 특별수익이라 보아야 한다.[64] 공동상속인들 모두에게 비슷한 내용의 무상행위를 하는 것은 특별성이 없기 때문에 특별수익이라 볼 수 없기 때문이다.[65] 판례 중에는 피상속인이 지급한 상속인의 유학 학비는 피상속인의 경제적 능력 등을 고려할 때 특별수익이 아니라는 것이 있다.[66]

참고로 프랑스 민법 §851①은 독립생활 마련(l'établissement)을 위한 비용과 상속인의 채무 변제를 위한 비용은 특별수익이 된다고 규정하고, §852②는 과실과 수입의 증여도 피상속인의 반대의 의사표시가 없는 한 특별수익이 된다고 규정하고 있다.[67] 또한 프랑스 민법 §852①은 보육(nourriture), 부양(entretien), 교육(éducation), 수습(apprentissage) 비용, 장비(équipement) 및 결혼식(noces)의 통상적인 비용(les frais ordinaires), 관례적 선물(les présents d'usage)은 피상속인의 반대의 의사표시가 없는 한, 특별수익이 아니고, §852②는 관례적 선물은 그 증여시기와 피상속인의 재산을 고려하여 평가한다고 규정하고 있다. 프랑스법의 위 규정은 우리 법의 해석에 있어서도 참고할 수 있을 것이다.

나. 특별수익인지 여부가 문제되는 경우

(1) 생명보험금

피상속인의 사망을 보험사고로 하여 상속인이 수익자로서 취득하는 생명보험금청구권은 상속재산이 아니라 상속인이 고유한 권리로 취득하는 것이라고 보아야 한다. 자세한 내용은 §1005 註釋 참조. 다만, 이때에도 相贈 §8①, ②은

61) 곽윤직, 105; 권은민(1998), 553.
62) 이은정(1996a), 575, 577; 같은 취지, 이희배(2001), 832~833.
63) 대법원 2014. 11. 25.자 2012스156 등 결정.
64) 같은 취지 곽윤직, 106; 박동섭, 친족상속, 585; 오시영, 562; 권은민(1998), 554; 이은정(1996a), 571~575; 이희배(2001), 833.
65) 이은정(1996a), 562~564 참조.
66) 대법원 2007. 7. 26. 선고 2006므2757 등 판결; 대법원 2014. 11. 25.자 2012스156 등 결정도 참조; 하급심 중에서는 서울가정법원 2010. 1. 15.자 2007느합235 등 심판.
67) 반면 프랑스법상 증여시와 상속개시시까지 특별수익인 증여 목적물에서 발생한 과실은 조정의 대상이 아니다. 프랑스 민법 §856.

"피상속인이 보험계약자인 보험계약이거나, 보험계약자가 피상속인이 아니더라도 피상속인이 실질적으로 보험료를 납부한 경우"에는 그 보험계약에 의해 받는 생명보험금은 상속재산으로 간주하여 과세대상인 상속재산에 산입한다.

그런데 이 경우 생명보험금은 실질적으로 보험료 지급의 대가이므로 공동상속인 사이의 공평을 기하기 위해서는 생명보험금에 의한 급부를 특별수익으로 보아 조정 또는 반환의 대상이 된다는 것이 대체적인 견해이다.[68] 하급심 중에도 생명보험금이 특별수익에 해당한다고 본 것이 있다.[69] 그러나 근래에 생명보험금 청구권은 특별한 제도목적이 존재하고, 특정의 상속인을 보험수익자로 지정한 피상속인의 의사를 존중해야 하며, 보험금청구권은 원칙적으로 상속인의 고유재산이고, 공동상속인 사이의 실질적 형평을 고려해야 한다는 등의 이유로 생명보험금은 원칙적으로 특별수익이 아니고 예외적으로만 특별수익에 해당할 수 있다는 견해가 있다.[70]

일본 판례는 보험금액 및 그것이 상속재산에서 차지하는 비율, 보험금을 받은 상속인 및 다른 공동상속인과 피상속인 사이의 관계, 각 공동상속인의 생활실태 등 제반사정을 종합하여 고려할 때, 보험수익자인 상속인과 다른 공동상속인과 사이에 현저한 불공평이 있는 경우에는 그 보험금이 반환 또는 조정의 대상이 된다고 하였다.[71] 이는 생명보험금은 원칙적으로 특별수익이 아니고 예외적으로 특별수익이 된다는 취지이다.[72]

생명보험금청구권이 특별수익에 해당할 때, 조정 또는 반환 대상이 되는 금액에 관하여, 일본에서는 ① 피상속인이 지급한 보험료의 총액이라는 견해(보험료설), ② 상속인이 받는 보험금의 총액이라는 견해(보험금액설), ③ 보험계약자인 피상속인이 사망 시 보험계약을 해지했을 경우 취득할 수 있었던 해약반환액이라는 견해(해약가격설), ④ 총 보험료 중 피상속인이 부담한 보험료의 비율을 보험금에 곱한 가액이라는 견해(보험금액수정설)가 있는데, 이중 보험금액수정설이 현재 일본의 통설이다.[73] 우리 학설로는 해약가격설도 주장되나,[74]

68) 곽윤직, 106; 김주수 · 김상용, 701; 박동섭, 친족상속, 585; 송덕수, 325; 신영호 · 김상훈, 375; 오시영, 562; 이경희, 436; 권은민(1998), 554; 시진국(2006), 696; 황정규(2003), 54; 임완규 · 김소영(1993), 696; 이은정(1996a), 561; 이희배(2001), 834; 같은 취지 박병호(1988), 303.

69) 서울가정법원 2010. 11. 9.자 2009느합285 심판.

70) 홍진희 · 김판기(2012), 218~219.

71) 日最判 2004(平 16). 10. 29. 民集 58-7, 1979.

72) 新注民(27), 210(有地 · 床谷); 윤진수, 395 및 홍진희 · 김판기(2012), 216도 참조.

73) 新注民(27), 209~210(有地 · 床谷).

74) 김주수 · 김상용, 701; 신영호 · 김상훈, 375; 이경희, 436.

보험금액수정설이 다수설이다.[75] 다수설의 산정 방식은 相贈 §8, 相贈令 §4에 의해 상속세 과세표준으로서 상속재산으로 간주되는 보험금의 가액을 산정하는 방법이기도 하다. 다만 근래에는 원칙적으로 실제 보험수익자가 수령한 보험금액을 기준으로 하되 제반 사정을 고려하여 그중 일부를 감액할 수 있다는 견해도 있다.[76]

하급심 중에는 피상속인이 출연한 보험료 상당액이 특별수익액이라고 판시한 것이 있으나,[77] 당해 사안은 피상속인만 보험료를 부담했을 뿐만 아니라 보험료액과 보험금액이 같다는 것이므로, 위 다수설의 산정방식에 따르더라도 결과는 같다.

(2) 사망퇴직수당, 유족급여 등

공무원연금법 §62 등에서 정하는 것과 같은 사망퇴직수당 또는 일반 사기업에서 근로자가 사망한 경우 지급하는 사망퇴직금은 상속재산에 속하지 않는 것이 원칙이다. §1005 註釋 참조. 그러나 사망퇴직수당 또는 사망퇴직금은 피상속인의 임금의 후불적 성격이 있으므로 공동상속인 사이의 공평을 기하기 위해서는 이를 본조의 특별수익으로 보는 것이 다수설이다.[78]

한편, 공무원연금법 §54 이하에서 정하는 것과 같은 특별법상의 유족급여가 본조의 특별수익에 해당하는지에 관하여는, 그 유족급여는 유족의 생활안정을 위한 사회보장의 성격을 가지는 것이므로 이를 부정해야 한다는 견해가 있으나,[79] 그 유족급여도 상속인 사이의 형평을 고려할 때 특별수익에 해당한다는 것이 다수이다.[80]

(3) 증여 또는 유증재산의 과실(果實)

증여 또는 유증재산에 과실이 있는 경우 그 과실이 조정 또는 반환의 대상이 되는지 문제된다.

우선, 그 과실의 발생시기가 상속개시 전인 경우에는 상속개시 전에 그 과

---

75) 곽윤직, 107; 오시영, 562~563; 박동섭, 친족상속, 585~586; 김윤정, "상속재산분할의 대상성과 관련한 논의", 사법 15(2011), 206~207; 박동섭, "생명보험금청구권은 상속재산인가?", 변호사40집(2010), 103~104; 이희배(2001), 834.

76) 홍진희 · 김판기(2012), 224.

77) 서울가정법원 2010. 11. 9.자 2009느합285 심판.

78) 곽윤직, 107; 김주수 · 김상용, 701; 박동섭, 친족상속, 586; 송덕수, 325; 신영호 · 김상훈, 375; 오시영, 563; 이경희, 436~437; 권은민(1998), 555; 시진국(2006), 696; 같은 취지 황정규(2003), 54 및 박병호(1988), 303.

79) 시진국(2006), 696.

80) 곽윤직, 107; 박동섭, 친족상속, 586; 송덕수, 325; 신영호 · 김상훈, 375; 오시영, 563; 같은 취지 황정규(2003), 54.

실이 소비 또는 멸실될 수 있어 이를 특별수익으로 취급할 경우 오히려 상속인 사이에 불공평한 결과를 낳을 수 있다는 등의 이유로 조정 또는 반환의 대상이 되지 않는다는 것이 다수의 견해이다.[81] 하급심 중에는 같은 취지에서 피상속인으로부터 생전에 주식을 증여받은 상속인이 상속개시 이전에 수령한 주식배당금은 상속개시 이전의 과실로서 특별수익에 해당하지 않는다는 것이 있다.[82]

반면, 그 과실의 발생시기가 상속개시 이후인 경우에는 이를 조정 또는 반환의 대상이라고 보는 견해와,[83] 조정 또는 반환의 대상이 아니라는 견해[84]가 대립한다. 특별수익의 평가시점을 상속개시시로 보는 이상, 이론적으로는 상속개시 이후에 발생한 과실은 조정 또는 반환의 대상이 아니라고 해석하는 것이 타당하다. 하급심 중에는 상속개시 후 발생한 부동산 임료 수익이 특별수익에 해당하지 않는다는 것이 있다.[85] 반면 상속개시 후 분할 전에 상속재산에서 발생한 과실이 상속재산의 분할 대상이 될 수 있는지 여부는 별개의 문제이다. 이에 대해서는 제3관 前註 참조.

프랑스 민법 §856은 조정 대상인 목적물에서 발생한 과실은 상속개시 이후에 발생한 것만 조정의 대상이 된다는 취지로 규정하고 있다. 그러나 프랑스 민법 §860①은 특별수익의 평가시점을 원칙적으로 상속재산분할시로 정하고 있기 때문에 우리 민법과는 다른 측면이 있다.

(4) 기타

사용대차, 무이자 소비대차, 채무인수, 채무면제, 시가보다 현저히 낮은 금액으로 체결한 매매계약도 무상행위로서 상속인 간의 형평을 깨뜨리는 정도에 이른다면 본조의 특별수익이 될 수 있다고 해석해야 한다.[86] 한편, 부담부 증여의 경우, 부담이 증여재산의 가치와 동일한 경우에는 무상성이 결여되므로 특별수익이 아니라고 해석하는 견해가 있다.[87]

다. 증여의 시기

유류분 산정을 위한 기초재산에 산입되는 증여는 §1114에서 일정한 시기를 제한하고 있는 것과 달리, 특별수익으로 산입되는 증여에는 아무런 시기의

81) 신영호 · 김상훈, 376; 시진국(2006), 696~697; 이희배(2001), 835; 같은 취지 권은민(1998), 552.
82) 서울고등법원 2006. 7. 4.자 2005브37 결정.
83) 권은민(1998), 552; 이희배(2001), 835.
84) 시진국(2006), 697.
85) 서울가정법원 2010. 11. 9.자 2009느합246 등 심판.
86) 이은정(1996a), 559~561; 김승정(2016), 53.
87) 이은정(1996a), 580.

제한이 없다.[88] 특별수익을 받은 시기가 민법 시행일인 1960 1. 1. 전이라도 그 시행일 이후에 상속인 개시된 이상 본조는 적용된다.[89]

Ⅳ. 구체적 상속분의 산정

1. 구체적 상속분의 산정방법

통설, 판례는 구체적 상속분을 산정하기 위한 방법으로 아래와 같이 설명한다.[90] 즉, 특별수익에 해당하는 증여액을 상속개시시 피상속인의 재산에 더하여 그 합계액을 상속재산으로 상정한다. 이 상속재산을 학설, 실무상 '상정상속재산' 또는 '간주상속재산'이라 한다.[91] 이 상정상속재산에 상속인 각자의 법정상속분을 곱하여 본래의 상속분을 산정한다. 특별수익자의 경우에는 본래의 상속분에 특별수익액을 공제한 잔액이 그의 구체적 상속분이 되고, 나머지 상속인의 경우에는 본래의 상속분이 곧 구체적 상속분이 된다. 일본 민법 §903① 은 위와 같은 산정방법을 명시적으로 규정하고 있다.

공동상속인에 대한 유증액은 상속개시시 피상속인의 재산에 포함되어 있으므로 상정상속재산에 별도로 가산하거나 공제하지 않는다.[92] 사인증여된 재산도 마찬가지로 상정상속재산에 따로 가산하지 않는다.[93] 다만, 제3자에 대한 유증의 경우 그 유증액을 상정상속재산에서 공제해야 할지 문제되는데,[94] 이는 상속인들의 몫이 아니므로 상정상속재산에서 공제하여 산정하는 것이 타당하다.[95]

2. 소극재산 포함 여부

상정상속재산을 산정하기 위한 피상속인의 재산 가액(상속재산액)은 상속개시를 기준으로 평가한다.[96] 여기서 피상속인이 상속개시 당시 가지고 있던

88) 윤진수, 396; 박동섭, 친족상속, 584; 오시영, 561; 제요[2], 620.
89) 서울고등법원 2006. 11. 21.자 2005브3 결정.
90) 윤진수(1997), 208; 김주수 · 김상용, 705 등; 대법원 1995. 3. 10. 선고 94다16571 판결; 대법원 2014. 7. 10. 선고 2012다26633 판결 등.
91) 윤진수(1997), 208; 임채웅, "상속인의 횡령과 상속분의 관계에 관한 연구", 人權 408호(2010), 140 등; 실무상 예로, 서울가정법원 2010. 10. 12.자 2009느합101 등 심판 등.
92) 권은민(1998), 546; 박병호(1988), 303; 임종효(2009), 81.
93) 윤진수, 397.
94) 그 공제 여부에 따른 산정결과의 차이점을 지적하는 것으로 변동열(2003), 896, 註 240.
95) 황정규(2003), 74; 김소영기여, 850; 정구태, "유류분 침해액의 산정방법에 관한 소고", 고려법학51(2008), 453, 註 37; 임종효(2009), 81; 결과에 있어 같은 취지, 변동열(2003), 896, 註 240; 또한 윤진수(1997), 217, 註 49의 계산례, 시진국(2006), 701 이하의 계산례도 참조.
96) 대법원 1997. 3. 21.자 96스62 결정.

재산 가액은 상속재산 중 적극재산 총액을 의미하고, 상속재산 중 적극재산에서 상속채무를 공제한 순재산액이 아니라는 것이 통설이고,[97] 판례도 같다.[98] 그 근거로서 순재산액을 기초로 산정하면 초과특별수익자는 상속채무를 전혀 부담하지 않게 되어 균형을 잃게 된다는 점, 피상속인이 특별수익을 하였다고 하여 채무 분담을 면제하는 의사까지 포함되어 있다고 볼 수 없다는 점 등이 제시되고 있다.[99]

특별수익으로 상속인들의 구체적 상속분이 법정상속분과 달라지더라도, 상속채무는 공동상속인들에게 법정상속분에 따라 분담되어야 한다는 것이 통설이자,[100] 판례이다.[101]

3. 특별수익의 평가

가. 특별수익의 평가시점

특별수익 중 증여재산을 어느 시점으로 평가하여 상정상속재산을 산정할 것인지 문제된다. ① 증여의 이행시를 기준으로 하되 그 가액을 물가지수에 따라 상속개시 시의 가액 또는 화폐가치로 환산한 가액으로 평가해야 한다는 견해,[102] ② 상속재산분할시를 기준으로 평가해야 한다는 견해가[103] 있으나, ③ 상속개시시를 기준으로 평가해야 한다는 견해가 다수설이다.[104] 다수설의 근거로는 기여분에 관한 §1008-2는 상속개시시를 기준으로 하고 있는 점, 본조의 취지는 구체적 상속분 산정 시 상속인 사이의 형평을 확보하기 위한 것인 점, 상속재산분할 이전에 공동상속인은 개개의 상속재산에 대한 지분이나 상속분에 대한 양도가 허용되므로 구체적 상속분은 상속개시와 동시에 확정되어야 한다는 점 등이 제시되고 있다.[105]

판례도 상속개시시를 기준으로 특별수익재산을 평가해야 한다고 하는데,

97) 곽윤직, 100; 박동섭, 친족상속, 587; 오시영, 568; 권은민(1998), 559; 시진국(2006), 701; 이희배(2001), 839.
98) 대법원 1995. 3. 10. 선고 94다16571 판결.
99) 윤진수, 398; 윤진수(1997), 210 참조.
100) 곽윤직, 114; 김주수·김상용, 704; 박동섭, 친족상속, 587; 송덕수, 327; 오시영, 565, 567; 이경희, 439; 권은민(1998), 560; 박병호(1988), 305; 이희배(2001), 840; 같은 취지, 황정규(2003), 83.
101) 대법원 1995. 3. 10. 선고 94다16571 판결.
102) 곽윤직, 108.
103) 박병호(1988), 304.
104) 김주수·김상용, 702; 박동섭, 친족상속, 586; 송덕수, 326; 신영호·김상훈, 376; 오시영, 564; 이경희, 437; 시진국(2006), 697; 황정규(2003), 56; 이은정(1996a), 565; 홍진희·김판기(2012), 207~208; 같은 취지 권은민(1998), 556; 이희배(2001), 835~836.
105) 윤진수, 399; 신영호·김상훈, 376; 오시영, 564; 이은정(1996a), 565 참조.

다만 실제로 상속재산분할시 대상분할을 할 경우에는 분할대상재산을 분할시를 기준으로 재평가하여 그 평가액에 따라 정산을 해야 한다고 한다.[106)]

나. 증여된 금전의 평가

금전이 증여된 경우에는 물가와 화폐가치의 변동을 고려하여 상속개시시의 가액으로 환산하여 평가해야 한다는 것이 통설이다.[107)] 판례도 유류분산정의 기초가 되는 재산에서 특별수익으로 금전이 있는 경우 그 금액을 상속개시 당시의 화폐가치로 환산해야 하고 이는 증여시부터 상속개시당시까지의 물가 변동률을 반영하는 방법으로 산정해야 한다고 하여,[108)] 같은 취지이다. 실무는 그 환산기준으로 GDP 디플레이터 수치[109)]를 사용하여 증여된 금전의 상속개시시의 화폐가치를 아래와 같이 산정하는 것이 대체적이다.[110)]

$$\text{상속개시시 화폐가치} = \text{증여액} \times \frac{\text{상속개시시 GDP 디플레이터}}{\text{증여당시 GDP 디플레이터}}$$

다. 증여물의 멸실 또는 가액증감이 있는 경우

상속개시시를 기준으로 특별수익을 판단할 때, 증여시와 상속개시시 사이에 증여 목적물의 멸실 또는 가액증감이 있는 경우 그 평가방법이 문제된다.

이 경우 학설은 일본 민법 §904를 참조하여, 수증자의 행위로 목적물이 멸실 또는 가액증감된 경우 그 목적물이 증여 당시의 상태로 있는 것으로 보아 상속개시시의 가액으로 평가한다는 것이 다수설이다.[111)] 여기서 수증자의 행위에는 과실(過失)에 의한 것도 포함한다는 것이 대체적이고, 예를 들어 수증자의 과실로 증여물이 멸실되었다면 그 증여물이 존재하는 것으로 보아 평가를 한다.[112)] 반면, 예를 들어 수증자가 수증건물을 증축한 경우에는 그 증축이 없

106) 대법원 1997. 3. 21.자 96스62 결정.

107) 김주수 · 김상용, 703; 윤진수(1997), 212; 박동섭, 친족상속, 587; 송덕수, 326; 신영호 · 김상훈, 377; 이경희, 438; 권은민(1998), 557; 시진국(2006), 697; 이희배(2001), 838.

108) 대법원 2009. 7. 23. 선고 2006다28126 판결.

109) 어느 기준년과 같은 가치를 지닌 화폐 단위로 표기하기 위해 사용되는 국내총생산(GDP)의 물가지수; 서울가정법원 2010. 12. 28.자 2010느합93 심판 등 참조.

110) 서울고등법원 1991. 1. 18. 선고 89르2400 판결; 서울가정법원 2010. 11. 9.자 2009느합246 등 심판; 서울가정법원 2010. 12. 28.자 2010느합93 심판; 창원지방법원 밀양지원 2011. 6. 10.자 2009느합1 등 심판.

111) 곽윤직, 108; 김주수 · 김상용, 703; 윤진수, 400; 박동섭, 친족상속, 587; 송덕수, 326; 신영호 · 김상훈, 377; 오시영, 565; 이경희, 438; 권은민(1998), 556~557; 박병호(1988), 304; 시진국(2006), 697; 황정규(2003), 57; 이희배(2001), 836.

112) 곽윤직, 108; 윤진수, 400; 윤진수(1997), 212; 김주수 · 김상용, 703; 오시영, 565; 이희배(2001), 836; 일본의 해석론에 관하여 新注民(27), 229(有地 · 床谷) 참조.

었던 것으로 보아 평가를 한다.[113] 하급심 중에도 이러한 취지를 판시한 예가 있다.[114] 판례는 유류분산정을 위한 기초재산에 관하여, 특별수익인 증여재산의 수증자나 수증자로부터 증여재산을 양수한 자가 자신의 비용으로 증여재산의 성상(性狀) 등을 변경하여 상속개시시 그 가액이 증가된 경우 그 변경을 고려하지 않고 증여 당시의 성상 등을 기준으로 상속개시시 가액을 산정해야 한다고 하는데,[115] 이 역시 같은 취지이다.

그러나 증여 목적물이 천재지변 등 불가항력으로 멸실된 경우에 특별수익의 조정 또는 반환을 인정한다면 수증자에게 너무 가혹한 결과가 되므로 그 증여 목적물을 특별수익으로 인정하지 않는다.[116] 또한, 불가항력에 의해 증여 목적물 가액의 증감이 있는 경우에도 그 증감된 상태로 상속개시시의 가액을 평가한다.[117]

한편, 일본에서는 증여 목적물이 오래되어 그 일부가 자연히 낡아서 망가진 경우(후폐, 朽廢)에는 공동상속인 사이의 형평을 고려하여 목적물 전부가 있는 것으로 보고 목적물의 후폐는 참작하지 않아야 한다는 견해가 있고,[118] 우리 문헌에서도 대체로 이러한 견해를 채용하여 이 경우에는 수증자가 그로 인한 이익을 얻었으므로 수증 당시의 상태대로 있는 것으로 보아 상속개시시의 가액을 평가해야 한다고 설명한다.[119] 그러나 이러한 경우는 수증자의 행위가 개입된 경우가 아니고, 물건의 감가상각은 일어날 수밖에 없는 현상이므로, 불가항력에 의해 증여 목적물의 가액이 증감이 있는 경우와 달리 취급할 필요가 있는지 의문이다.

프랑스 민법 §860①은 상속조정을 위한 증여재산의 평가는 증여시의 상태에 따라 분할시의 가액으로 산정한다고 규정하고 있다. 이 규율 중 분할시의 가액으로 산정한다는 부분은 우리 통설, 판례가 상속개시시를 기준으로 산정하되 분할시를 기준으로 재평가하여 정산해야 한다는 것과 다르지만, '증여시의 상태

113) 곽윤직, 108; 윤진수, 400; 윤진수(1997), 212; 김주수 · 김상용, 703.
114) 서울가정법원 2010. 12. 28.자 2008느합109 심판; 서울고등법원 2011. 9. 7.자 2011브23 결정.
115) 대법원 2015. 11. 12. 선고 2010다104768 판결.
116) 곽윤직, 108; 윤진수, 400; 김주수 · 김상용, 703; 박동섭, 친족상속, 587; 송덕수, 326; 신영호 · 김상훈, 377; 오시영, 565; 이경희, 438; 권은민(1998), 556~557; 시진국(2006), 697; 황정규(2003), 57; 이희배(2001), 837; 일본의 해석론에 관하여 新注民(27), 230(有地 · 床谷) 참조.
117) 윤진수, 400; 윤진수(1997), 212; 박동섭, 친족상속, 587; 이경희, 438; 송덕수, 326; 일본의 해석론에 관하여 新注民(27), 230(有地 · 床谷) 참조.
118) 新注民(27), 230(有地 · 床谷) 참조.
119) 곽윤직, 109; 윤진수, 400; 윤진수(1997), 212; 김주수 · 김상용, 703; 박동섭, 친족상속, 587; 송덕수, 326; 신영호 · 김상훈, 377; 오시영, 565; 이경희, 438; 황정규(2003), 57; 이희배(2001), 837.

에 따라 평가해야 한다'는 점은 우리 민법에서도 참조할 필요가 있다. 여기서 '증여시의 상태에 따른 평가'의 의미는 수증자와 관련 없는 외부적 요인에 의한 가치상승이나 가치하락은 그 평가에 반영하지만, 수증자의 행위 또는 과실과 연결된 가치상승이나 가치하락은 그 평가에 반영하지 않는다는 의미이다.[120] 다만, 프랑스 민법 §860③은 피상속인이 위 규율과 달리 정할 수 있다고 규정하고 있다.

우리 민법에서도 공동상속인들 사이의 형평을 도모하기 위해서는 프랑스법의 태도와 같이 증여 목적물의 가액변동이 수증자와 관련 있는지 여부를 기준으로 삼는 것이 타당하고 생각된다. 즉 수증자와 관련 없는 가액변동은 평가에 반영하고, 수증자와 관련이 있는 가액변동은 평가에 반영하지 않는다고 해석해야 할 것이다.

라. 증여 목적물을 처분한 경우

상속인이 증여받은 목적물을 상속개시 이전에 처분한 경우에 그 특별수익의 평가시점이 문제가 된다.

이 경우 그 증여 목적물을 상속개시시의 가액으로 평가해야 한다는 것이 다수설이다.[121] 이와 달리, 이 경우 공동상속인들의 이익을 조화시키기 위해 처분시를 기준으로 특별수익을 평가해야 한다는 견해가 있고,[122] 처분시의 가액을 화폐가치의 변동을 고려하여 상속개시시의 가액으로 환산해야 한다는 취지의 견해도 있다.[123]

우리 다수설은 일본 민법 §904에 관한 아래와 같은 일본의 해석론을 대체로 차용하고 있다. 일본 민법 §904는 수증자의 행위에 의해 증여받은 재산이 멸실된 경우에도 상속개시시에 원상대로 있다고 간주하여 그 특별수익을 평가해야 한다고 정하고 있는데, 일본 학설은 여기의 '멸실'에는 소실, 파손 등 사실행위에 의한 물리적 멸실 뿐만 아니라 매매 등 법률행위에 의한 경제적 멸실도 포함한다고 해석한다.[124]

다수설과 같은 취지에서, 상속 후 상속재산을 잃어버린 상속인이 다시 상속재산을 나누자고 주장할 수 없는 것처럼, 상속분의 선급인 특별수익을 잃어

120) Delfosse/Peniguel(2006), n° 254.
121) 곽윤직, 108; 김주수 · 김상용, 703; 박동섭, 친족상속, 587; 이희배(2001), 836; 정구태(2016), 56~57.
122) 이은정(1996c), 172~173.
123) 황정규(2003), 57.
124) 新注民(27), 229(有地 · 床谷).

버렸다고 하여 이를 고려하여 상속재산을 나누자고 주장할 수 없다는 이유로, 이 경우에 상속개시시의 가액으로 특별수익을 평가하는 것이 타당하다는 견해도 있다.[125] 특히 이 견해는 이 경우 유류분 산정의 기초재산에 산입될 수증재산의 가액산정 기준을 처분시 가액에 상속개시시까지 물가상승률을 반영한 금액으로 해야 한다고 하면서도, 유류분 산정 시 구체적 상속분 산정을 위한 특별수익의 평가시기는 이와 달리 상속개시시로 보아야 한다고 한다.[126] 그러나 위 견해와 같이 양자의 평가시기를 달리 볼 수 있는지 의문이다.[127]

무엇보다, 다수설과 같이 특별수익자가 증여 목적물을 처분한 경우와 증여 목적물이 멸실된 경우를 같게 취급하는 것이 타당한지 의문이다. 증여 목적물이 멸실된 경우에는 그 목적물은 존재하지 않으므로 가액 변동이라는 위험은 있을 수 없으나, 목적물이 처분된 경우에는 그 목적물은 현존하므로 가액변동의 위험이 발생하기 때문이다. 또한, 특별수익자는 증여 목적물의 멸실에 대하여 특별한 동기나 유인이 없을 것이지만, 증여 목적물의 처분에 대해서는 가치환가를 위한 동기나 유인이 많을 것이다. 이 문제는 결국 특별수익자가 증여 목적물을 처분한 이후 상속개시시까지의 가액변동의 위험을 공동상속인 중 누구에게 부담시킬 것인지에 관한 것이다. 따라서 어떠한 위험 배분이 공동상속인들의 형평을 가장 잘 도모할 수 있는지를 고려해야 한다.

프랑스 민법 §860② 1문은 증여재산이 상속분할 전에 양도된 경우에 그 양도시의 가액을 기준으로 평가해야 한다고 명시적으로 규정하고 있다. 여기서 양도시의 가액은 반드시 처분대가와 같지 않고 객관적인 가액이라고 해석한다.[128] 여기에 프랑스의 학설, 판례는 그 양도시의 가액을 증여재산의 증여시의 상태에 따라 평가해야 한다는 점을 추가하고 있다.[129] 다만, 프랑스 민법 §860② 2, 3문은 그 증여재산 처분으로 대위물이 생긴 경우, 그 대위물이 그 성질상 가치하락이 불가피한 경우가 아닌 한 그 대위물을 평가의 대상으로 삼아야 한다는 취지로 규정하고 있다.[130]

---

125) 최준규(2016), 382~383.

126) 최준규(2016), 383~384.

127) 일본 민법 §1044는 특별수익인 증여의 평가방법에 관한 위 §904를 유류분에 준용하고 있기 때문에, 양자의 평가시기를 달리 보는 것은 근거가 없다. 한편, 일본 학설은 그 준용 범위에 있어 특별수익인 증여에 한하지 않고 일반적으로 유류분산정의 기초재산에 산입되는 증여 전부에 이를 준용한다고 해석하고 있다. 新注民(28), 538(高木多喜男).

128) Delfosse/Peniguel(2006), n° 260, note 169.

129) Delfosse/Peniguel(2006), n° 260, note 170; 증여시의 상태에 따른 평가의 의미에 대해서는 앞의 다. 참조.

130) 구체적으로 그 대위물 취득시의 상태에 따라 분할시의 대위물의 가액을 기준으로 평가한다.

생각건대, 상속인이 증여받은 목적물을 상속개시 이전에 처분한 경우에는 프랑스 민법의 태도를 참조하여 증여 목적물의 증여시의 상태에 따라 평가한 처분시 가액에 상속개시시까지 물가상승률을 반영한 금액으로 증여 목적물을 평가하는 것이 타당하다. 이러한 해석이 공동상속인들의 형평을 가장 잘 도모하는 것이기 때문이다. 이 경우에도 증여 목적물을 상속개시시 가액으로 평가한다면, 특별수익자는 처분으로 인해 증여 목적물의 처분시 가액 상당의 가치를 취득하였음에도, 처분시 이후 가액상승이라는 부당한 부담을 지게 되고, 반면 처분시 이후 가액하락이라는 망외의 이익을 받게 된다. 다른 공동상속인의 입장에서 볼 때도 이 경우에 상속개시시 가액으로 평가한다면, 다른 공동상속인은 처분시 이후 증여 목적물의 가액상승이라는 이익을 받게 되는데, 이는 특별수익자가 처분으로 인해 얻은 이익과 비교할 때 과도한 이익을 받는 것이고, 반면 처분시 이후 가액하락이라는 부당한 부담을 지게 된다. 이러한 위험을 피하기 위하여 다른 공동상속인이 특별수익자에게 그 증여 목적물을 상속재산으로서 유지, 보존할 것을 요구하는 것은 특별수익자의 처분의 자유를 침해하는 것으로서 허용될 수 없음은 물론이다.

마. 증여세 공제 여부

특별수익인 증여를 받은 자가 그 증여로 인한 증여세를 납부했다 하더라도, 그 증여세는 추후 수증자가 납부해야 할 상속세액에서 공제되므로(相贈 §28), 특별수익 재산의 가액을 평가함에 있어 그 증여세를 공제해서는 안 된다.[131]

4. 상속분 양도가 있는 경우

특별수익을 받은 상속인이 다른 상속인에게 자신의 상속분을 양도한 경우, 그 상속분 양수인이 구체적 상속분을 산정함에 있어서, 양도인과 양수인의 법정상속분을 합산한 후 양도인의 특별수익을 공제하는 것이 아니라, 양수인이 양도인의 특별수익을 공제한 구체적 상속분을 양수한 것으로 보아 양수인의 원래 구체적 상속분과 양도인으로부터 양수한 구체적 상속분을 합산할 것을 최종적인 구체적 상속분으로 보아야 한다. 아래에서 보는 바와 같이 초과특별수익자는 초과특별수익을 반환할 필요가 없는데, 양도인과 양수인의 법정상속

대위물이란 증여재산의 처분가액으로 새로운 재산을 취득하는 경우를 말하고, 그 새로운 재산의 가치하락이 불가피한 경우란, 자동차, 컴퓨터, 텔레비전, 가정용 기구와 같이 가치가 소멸되는 재산을 말하며, 아파트와 같은 부동산은 이에 해당하지 않는다. Delfosse/Peniguel(2006), n° 259~263. pp. 111~112 참조.

131) 시진국(2006), 697~698; 서울고등법원 1991. 1. 18. 선고 89르2400 판결 참조.

분을 합산한 후 양도인의 특별수익을 공제한다면 초과특별수익을 반환하는 셈이 되어 상속분 양수로 오히려 양수인의 구체적 상속분이 더 적어지는 부당한 결과가 되기 때문이다.[132)]

5. 산정례

피상속인의 상속인으로는 자녀 A, B, C가 있는데, 상속개시시 피상속인의 재산가액은 1억 원이고, 피상속인이 생전에 A에게 특별수익으로서 상속개시시 가액이 2,000만 원인 증여를 하였고, B에게는 3,000만 원의 유증을 하였다면, 상속인들의 구체적 상속분은 아래와 같이 산정한다.

상정상속재산 : 1억 2,000만 원 (= 피상속인의 재산가액 1억 원 + 생전증여액 2,000만 원)
A, B, C의 본래의 상속분 : 각 4,000만 원 (= 위 1억 2,000만 원 × 법정상속분 1/3)
A의 구체적 상속분 : 2,000만 원 (= 위 4,000만 원 − 생전증여액 2,000만 원)
B의 구체적 상속분 : 1,000만 원 (= 위 4,000만 원 − 유증액 3,000만 원)
C의 구체적 상속분 : 4,000만 원
B의 유증액 : 3,000만 원

V. 초과특별수익이 있는 경우의 문제

1. 초과특별수익의 조정 또는 반환 여부

특별수익이 본래의 상속분을 초과하는 경우에 그 특별수익의 조정 또는 반환을 어떻게 해야 하는지 문제된다.

본조에는 원래 "그러나 수증재산이 상속분을 초과한 경우에는 그 초과분의 반환을 요하지 아니한다"라는 단서가 붙어 있었는데, 1977. 12. 31. 개정민법(1979. 1. 1. 시행)에서 위 단서를 삭제하였다. 위와 같이 단서 조항이 삭제되었다는 등의 이유로 초과분을 반환해야 한다는 견해가 있다.[133)]

그러나 위 단서 조항이 삭제된 것은 당시 유류분 제도를 신설하면서 유류분을 침해하는 경우 반환의무가 있다는 취지에 불과하고, 초과특별수익의 반환을 인정하는 것은 피상속인의 의사에도 반하므로, 초과분을 반환할 필요가 없다는 견해가 다수설이다.[134)] 현재의 확고한 실무례도 다수설과 같다.[135)] 다만,

132) 서울고등법원 2006. 11. 21.자 2005브3 결정 참조.
133) 김주수 · 김상용, 703~704; 이은정(1996c), 5.
134) 곽윤직, 109~110; 윤진수, 401~402; 윤진수(1997), 214~215; 신영호 · 김상훈, 378; 이경희,

초과분이 다른 공동상속인의 유류분을 침해하는 경우 유류분반환이 되는지 여부는 별개의 문제이다.[136)]

2. 산정방법

초과특별수익을 반환할 필요가 없다고 할 때, 구체적 상속분의 산정방법이 문제된다. 이에 대해서는 '초과특별수익자 부존재 의제설'(또는 '법정상속분 기준설')과 '구체적 상속분 기준설'의 대립이 있으나, 전자의 견해가 현재의 다수설이다.[137)] 실무는 한 때 혼란이 있었으나,[138)] 현재의 확고한 실무례는 다수설을 따르고 있다.[139)]

초과특별수익자 부존재 의제설은 초과특별수익자를 없는 것으로 의제하여 다른 공동상속인 사이에서만 구체적 상속분을 산정하는 것이고, 법정상속분 기준설(또는 본래의 상속분 기준설)은 초과특별수익을 초과특별수익자 이외의 상속인이 법정상속분(또는 본래의 상속분)에 따라 안분하여 부담하게 하는 것이며, 구체적 상속분 기준설은 초과특별수익을 초과특별수익자 이외의 상속인이 구체적 상속분[140)]에 따라 안분하여 부담하게 하는 것이다.[141)] 여기서 초과특별수익자

438~439; 권은민(1998), 548; 박병호(1988), 304~305; 시진국(2006), 702~703; 정덕흥(1994), 63, 註 32; 임완규 · 김소영(1993), 716; 김소영(2003), 785; 이희배(2001), 839; 제요[2], 623; 같은 취지, 송덕수, 326~327; 황정규(2003), 55; 박태준(2000), 137~138.

135) 서울가정법원 2003. 6. 26.자 2001느합86 심판; 서울고등법원 2006. 4. 26.자 2005브35 등 결정; 서울고등법원 2006. 7. 4.자 2005브37 결정; 서울고등법원 2006. 11. 21.자 2005브3 결정; 서울고등법원 2009. 9. 16.자 2009브18 결정; 서울가정법원 2008. 12. 5.자 2007느합209 심판; 서울가정법원 2010. 1. 15.자 2007느합235 등 심판; 서울가정법원 2010. 10. 12.자 2009느합101 등 심판; 서울가정법원 2010. 12. 28.자 2010느합93 심판; 창원지방법원 밀양지원 2011. 6. 10.자 2009느합1 등 심판; 서울고등법원 2015. 11. 11. 선고 2015르199 등 판결 등.

136) 권은민(1998), 548; 박병호(1988), 305.

137) 윤진수, 403; 윤진수(1997), 230; 황정규(2003), 55; 박태준(2000), 139; 임완규 · 김소영(1993), 717; 김소영(2003), 786; 임종효(2009), 82; 같은 취지, 곽윤직 113~114; 이와 달리 구체적 상속분 기준설을 따르는 것으로 신영호 · 김상훈, 379 이하.

138) 한때, 구체적 상속분 기준설에 따른 것으로, 서울고등법원 1991. 1. 18. 선고 89르2400 판결; 1994. 6. 7. 선고 91르3550 판결 등.

139) 서울가정법원 2003. 6. 26.자 2001느합86 심판; 서울고등법원 2006. 4. 26.자 2005브35 등 결정; 서울고등법원 2006. 7. 4.자 2005브37 결정; 서울고등법원 2006. 11. 21.자 2005브3 결정; 서울가정법원 2008. 12. 5.자 2007느합209 심판; 서울고등법원 2009. 9. 16.자 2009브18 결정; 서울가정법원 2010. 1. 15.자 2007느합235 등 심판; 서울가정법원 2010. 10. 12.자 2009느합101 등 심판; 서울가정법원 2010. 12. 28.자 2010느합93 심판; 창원지방법원 밀양지원 2011. 6. 10.자 2009느합1 등 심판; 서울고등법원 2012. 9. 3.자 2011브138 결정; 부산고등법원 2014. 10. 17. 선고 2013르490 판결; 서울가정법원 2015. 2. 11. 선고 2012드합9577 등 판결; 서울고등법원 2015. 11. 11. 선고 2015르199 등 판결.

140) 여기서의 구체적 상속분이란 초과특별수익자 및 다른 특별수익자를 포함하여 전체 공동상속인이 전체 특별수익을 고려하여 산정된 상속분을 말한다.

141) 각각의 견해에 대한 자세한 소개로는 윤진수(1997), 215 이하.

부존재 의제설과 법정상속분 기준설은 설명의 방식만 다를 뿐 항상 같은 결과를 가져오므로,[142] 결국 위와 같이 두 개의 견해로 나눌 수 있다.

위 두 견해의 차이는 초과특별수익자 이외에 다른 특별수익자가 있거나 기여분이 인정되는 경우에만 발생한다.[143] 초과특별수익을 반환할 필요가 없으므로 이를 다른 공동상속인이 분담해야 하는데, 결국 그 초과분을 법정상속분에 의할 것이냐 아니면 구체적 상속분에 의할 것이냐의 문제이다. 그런데 특별수익자는 그 특별수익만큼 구체적 상속분이 상대적으로 작아지는데, 구체적 상속분 기준설에 의하면 그만큼 초과특별수익을 상대적으로 적게 부담하게 되는 결과가 되고, 이러한 결과는 공동상속인 사이의 공평을 꾀한다는 본조의 취지에 반하므로 부당하다.[144] 또한, 기여상속인은 기여분만큼 구체적 상속분이 커지는데, 구체적 상속분 기준설에 의하면 그만큼 초과특별수익을 상대적으로 많이 부담하는 결과가 되고, 이러한 결과는 기여분제도를 인정한 취지에 반하므로 부당하다.[145] 따라서 초과특별수익을 법정상속분에 의해 분담해야 한다는 다수설 및 실무의 태도는 타당하다.

한편, 법정상속분 기준설에 의할 때, 초과특별수익을 분담한 결과 다시 초과특별수익자가 나올 수 있는데, 이때에는 다시 다른 상속인들이 그 초과특별수익을 법정상속분에 따라 분담하는 방식으로 구체적 상속분을 산정한다.[146] 실무도 이와 같다.[147]

3. 초과특별수익자가 있는 경우의 산정례[148]

피상속인의 공동상속인으로 처인 A, 자녀 B, C가 있고, 상속개시 당시 상속재산 가액은 6,000만 원이며, 피상속인이 생전에 A에게 특별수익으로서 상속개시시 가액이 8,000만 원인 증여를 하였고, B에게는 3,000만 원의 유증을 하였다면, 초과특별수익자 부존재 의제설 또는 법정상속분 기준설에 따른 산정은 아래와 같다.

142) 이에 대한 자세한 설명과 수학적 증명은 윤진수(1997), 227, 註 71; 이러한 취지를 판시한 것으로 서울고등법원 2012. 9. 3.자 2011브138 결정.

143) 시진국(2006), 704; 같은 취지 윤진수(1997), 228; 따라서 곽윤직, 113~114와 같이 양설에 차이가 없다는 설명은 정확하지 않다.

144) 윤진수(1997), 229~230; 시진국(2006), 704; 같은 취지 임채웅, "유류분 부족분의 계산방법에 관한 연구", 사법13(2010), 228~229.

145) 시진국(2006), 704.

146) 윤진수(1997) 230; 황정규(2003), 56; 박태준(2000), 140.

147) 서울고등법원 2006. 11. 21.자 2005브3 결정; 부산고등법원 2014. 10. 17. 선고 2013르490 판결 등.

148) 윤진수(1997), 228 참조.

상정상속재산 : 1억 4,000만 원 (= 피상속인의 재산가액 6,000만 원 + 생전증여액 8,000만 원)
본래의 상속분은,
A : 6,000만 원 (= 위 1억 4,000만 원 × 법정상속분 3/7)
B, C : 각 4,000만 원 (= 위 1억 4,000만 원 × 법정상속분 2/7)
구체적 상속분은,
A : −2,000만 원 (= 위 6,000만 원 − 생전증여액 8,000만 원)
B : 1,000만 원 (= 위 4,000만 원 − 유증액 3,000만 원)
C : 4,000만 원
여기서 A가 초과특별수익자이므로 아래와 같이 산정한다.
i) 초과특별수익자 부존재 의제설에 의하면, A가 없는 것으로 가정한다.
상정상속재산 : 6,000만 원 (= 피상속인의 재산가액 6,000만 원)
본래의 상속분은,
B, C : 각 3,000만 원 (= 위 6,000만 원 × 법정상속분 1/2)
구체적 상속분은,
B : 0원 (= 위 3,000만 원 − 유증액 3,000만 원)
C : 3,000만 원
B에 대한 유증액 3,000만 원
ii) 법정상속분 기준설(또는 본래의 상속분 기준설)에 의하면, A의 초과특별수익 2,000만 원을 법정상속분에 따라 분담한다.
즉, B, C의 분담액 : 각 1,000만 원(= 초과특별수익액 2,000만 원 × 1/2 법정상속분)
구체적 상속분에서 위 분담액을 공제한 최종적인 구체적 상속분은
B : 0원 (= 위 구체적 상속분 1,000만 원 − 분담액 1,000만 원)
C : 3,000만 원 (= 위 구체적 상속분 4,000만 원 − 분담액 1,000만 원)[149]

Ⅵ. 기타

1. 피상속인에 의한 조정 또는 반환 면제 가부

피상속인이 특별수익자에게 조정 또는 반환을 면제하고 특별수익을 보유하게 할 권한이 있는지 문제된다.

본조는 피상속인이 공동상속인 중 일부에게 특별수익을 준 것은 상속분을 미리 나누어 줄 의사에 기초하였다는 점을 추정하여 마련된 조항이므로, 피상속인이 조정 또는 반환을 요하지 않는다는 의사표시를 한 때에는 그 피상속인의 의사를 존중해야 하므로 그 의사표시가 유효하다는 견해가 있다.[150] 그러나

149) 여기서 구체적 상속분 기준설에 의하면, A의 초과특별수익 2,000만 원을 B, C의 구체적 상속분의 비율(B : C = 1 : 4)에 따라 분담하므로, B는 400만 원을 부담하고(= 2,000만 원 × 1/5), C는 1,600만 원을 부담하여(= 2,000만 원 × 4/5), 최종적인 구체적 상속분은 B가 600만 원, C가 2,400만 원이 된다.

150) 이은정(1996b), 532~533; 이희배, 845; 같은 취지, 윤진수, 404; 신영호·김상훈, 373 등.

우리 민법은 이에 관한 법적 근거를 두지 않고 있으므로 피상속인에 의한 조정의 면제를 인정하지 않고 있다고 해석하는 견해가 다수의 견해이다.[151] 하급심 중에도 특별수익을 판단하는 데 있어 피상속인의 증여 당시 의사는 영향을 주지 않는다고 판시한 예가 있다.[152]

일본 민법 §903③은 피상속인이 특별수익의 조정 또는 반환을 면제할 수 있다는 취지로 명시적으로 규정하고 있고, 프랑스 민법 §843①, §919①도 피상속인이 우리 민법상 특별수익의 조정에 해당하는 상속조정(rapport) 의무를 면제할 수 있다는 취지로 규정하고 있다. 독일 민법 §2050①도 피상속인이 다른 의사를 표시한 경우에는 특별수익 중 독립자금(Ausstattung)은 조정의 대상이 되지 않는다고 규정하고 있다. 입법론으로는, 우리 민법에서도 피상속인이 특별수익의 조정 또는 반환을 면제할 수 있도록 함이 타당할 것이다.

참고로, 2018. 7. 6. 개정 일본 민법은 §903④을 신설하여 혼인기간이 20년 이상인 부부 중 일방인 피상속인이 다른 배우자에게 거주용 건물과 그 부지를 유증 또는 증여한 경우 특별수익 반환 면제의 의사를 표시한 것으로 추정하여, 특별수익 반환 또는 조정의 대상에서 제외하도록 규정하였다.

2. 조정 또는 반환청구권자

특별수익 조정에 의한 상속분 산정은 상속재산분할 시 당연히 이루어지는 것은 아니고 다른 공동상속인이 특별수익에 관한 주장이 있어야 이루어진다.[153] 이러한 의미에서 그 다른 공동상속인의 '조정청구권' 또는 '반환청구권'을 인정할 수 있다는 취지의 견해가 있다.[154]

일본에서는 이러한 청구권은 상속개시후 상속인이 포기할 수도 있고, 그 포기가 사해행위에 해당하는 경우에는 채권자취소권의 대상이 될 수 있으나, 피상속인의 채권자가 수증자에 대하여 이 청구권을 대위행사할 수는 없다고 해석하고 있다.[155] 우리 문헌에서도 이러한 해석을 수용하는 것이 있으나,[156] 실무상 이러한 청구권의 개념을 인정할 필요가 있는지는 의문이다.

151) 송덕수, 327~328; 박병호(1988), 301; 정덕홍(1994), 62; 같은 취지, 곽윤직, 114.
152) 서울고등법원 2006. 10. 24. 선고 2004르1714등 판결.
153) 곽윤직, 98~99; 박동섭, 친족상속, 582; 이희배(2001), 830; 권은민(1998), 547; 황정규(2003), 55.
154) 곽윤직, 98~99; 박동섭, 친족상속, 582; 이희배(2001), 830; 권은민(1998), 547.
155) 新注民(27), 195(有地·床谷)
156) 이희배(2001), 830; 권은민(1998), 547.

第1008條의2(寄與分)

① 共同相續人 중에 상당한 기간 동거·간호 그 밖의 방법으로 피상속인을 특별히 부양하거나 피상속인의 재산의 유지 또는 증가에 특별히 기여한 자가 있을 때에는 相續開始 당시의 被相續人의 財産價額에서 共同相續人의 協議로 정한 그 者의 寄與分을 控除한 것을 相續財産으로 보고 第1009條 및 第1010條에 의하여 算定한 相續分에 寄與分을 加算한 額으로써 그 者의 相續分으로 한다.

② 第1項의 協議가 되지 아니하거나 協議할 수 없는 때에는 家庭法院은 第1項에 規定된 寄與者의 請求에 의하여 기여의 時期·방법 및 정도와 相續財産의 額 기타의 事情을 참작하여 寄與分을 정한다.

③ 寄與分은 相續이 開始된 때의 被相續人의 財産價額에서 遺贈의 價額을 控除한 額을 넘지 못한다.

④ 第2項의 規定에 의한 請求는 第1013條第2項의 規定에 의한 請求가 있을 경우 또는 第1014條에 規定하는 경우에 할 수 있다.

참고문헌: 곽동헌(1990), "기여분제도에 관련된 몇 가지 문제", 가족법연구 4; 권은민(1998), "상속분, 기여분, 특별수익", 재판자료 78; 권재문(2016), "유류분과 기여분의 단절에 대한 비판적 고찰", 법조 719; 김상묵(2004), "기여분의 성립요건에 관한 소고", 중앙법학 6-4; 김소영(2007), "상속재산분할사건에 있어서 배우자의 기여분에 대한 소고", 가사재판연구1; 김창종(1998), "상속재산의 분할", 재판자료 78; 박도희(2009), "배우자의 기여분", 한양법학 25; 박운길(2001), "기여분제도에 관한 소고", 조선대 법학논총 7; 박종용(2004), "공동상속인의 부양·간병행위로서의 기여분", 가족법연구 18-2; 변동열(2003), "유류분 제도", 民判 25; 시진국

(2006), "재판에 의한 상속재산분할", 司論 42; 신영호(2003), "피상속인에 대한 상속인의 부양과 상속과의 관계", 재판자료 102(하); 안영하(2008), "기여분과 대습상속인의 상속분", 성균관법학 20-2; 어인의(1994), "상속인의 기여분", 현대민법의 과제와 전망 : 한봉희 화갑기념; 오병철(2006), "유류분 부족액의 구체적 산정방법에 관한 연구", 가족법연구 20-2; 오병철(2017), "기여분과 유류분의 관계에 관한 연구", 가족법연구 31-1; 유경미(2003), "기여분제도에 관한 고찰", 조선대 법학논총 10; 윤진수(2007), "유류분 침해액의 산정방법", 서울대 법학 48-3; 이봉민(2018), "기여분과 유류분의 관계에 대한 새로운 해석론 - 유류분 부족액 산정방법을 중심으로", 가족법연구 32-1; 이승우(1994), "기여분의 산정과 상속분의 수정", 현대민법의 과제와 전망 : 한봉희 화갑기념; 이승우(1995a), "기여행위의 주체", 민법학논총2 : 곽윤직 고희기념; 이승우(1995b), "기여분의 요건으로서의 기여의 특별성", 가족법연구 9; 이승우(1999), "기여분의 법적 성질", 가족법연구 13; 이승우(2001), "특별한 부양과 기여분", 성균관법학 13-2; 이은정(2011), "상속의 효력 규정의 정비를 위한 검토", 가족법연구 25-2; 이은정(2013), "공동상속인간의 유류분 반환청구에 관한 소고", 경북대 법학논고 43; 이지수(1993), "기여분에 관하여", 재판자료 62; 이청조·김보현(2003), "기여분제도에 있어서 그 문제점에 관한 연구", 동아논총 40; 이희배(2001), "기여분 제도에 관한 고찰", 가족법학논집 : 이희배 정년기념; 임종효(2009), "민법 제1014조에 정한 상속분가액지급청구권", 법조 634; 임채웅(2010), "기여분 연구", 諸問題 19; 정구태(2008), "유류분 침해액의 산정방법에 관한 소고", 고려법학 51, 정구태(2009), "공동상속인 간에 있어서 유류분반환을 고려한 상속재산분할의 가부", 인하대 법학연구 12-3; 정구태(2016), "2015년 상속법 관련 주요 판례 회고", 사법 35; 정덕흥(1994), "기여분의 결정과 상속분의 수정", 司論 25; 조해섭(1999), "특별부양과 기여분, 특별수익", 대법원판례해설 31; 최상열(2000), "특별한 부양과 기여분", 서울가정 실무연구6; 최준규(2017), "유류분과 기여분의 관계", 저스티스 162; 최행식(1993), "기여분의 주체와 요건에 관한 제문제", 가족법연구 7; 황정규(2003), "상속재산분할사건 재판실무", 재판자료 102.

Ⅰ. 개설

1. 본조의 내용과 취지

본조는 피상속인을 특별히 부양하거나 피상속인의 재산의 유지 또는 증가에 특별한 기여를 한 상속인이 있는 경우 그 상속인으로 하여금 상속재산으로부터 그의 본래의 상속분 외에 그가 기여한 만큼의 몫을 추가적으로 취득할 수 있게 하는 기여분 제도를 규정하고 있다.[1] 기여분 제도는 상속인의 특별한 기여를 그의 상속분 산정에 고려함으로써 공동상속인 간의 실질적 공평을 도모하려는 데 그 취지가 있다.[2]

본조는 1990. 1. 13. 개정 민법(1991. 1. 1. 시행)에 의해 신설되었다. 위 개정

1) 곽윤직, 116; 김주수·김상용, 707.

2) 곽윤직, 116; 김주수·김상용, 707~708; 박동섭, 친족상속, 590; 송덕수, 328; 신영호·김상훈, 382; 오시영, 572; 이경희, 440; 권은민(1998), 520; 어인의(1994), 587; 대법원 2014. 11. 25.자 2012스156 결정 참조.

민법 부칙 §12①은 법 시행일 전에 개시된 상속에 관하여는 구법을 적용하도록 규정하고 있으므로, 1999. 1. 1. 이전에 개시된 상속에는 본조가 적용되지 않는다.[3)]

헌법재판소는 본조의 '특별히 부양' 부분이 명확성 원칙에 위반되지 않고, 특별한 수준에 이르지는 않은 통상적 수준의 부양을 한 공동상속인의 재산권을 침해하거나 평등원칙에 위배되지 않는다고 하였다.[4)]

2. 기여분의 법적 성질

기여분은 법률 규정에 의해 법정상속분을 수정하는 요소이다.[5)] 기여분의 법정성질에 관하여 일본에서는 특별기여자에 대한 상속분의 조정적 요소로 보는 조정설과 기여자에게 당연히 귀속되어야 할 재산상의 이득을 평가하여 이를 취득시키게 하는 재산권설의 대립이 있으나,[6)] 이 논의가 우리 법의 해석에 있어 큰 실익이 있다고 보이지 않는다.

Ⅱ. 기여분의 요건

1. 기여의 주체

가. 개설

본조 ①의 문언상 기여행위의 주체는 원칙적으로 공동상속인에 한한다.[7)] 공동상속인인 이상 기여분권리자는 복수일 수 있다.[8)] 그러나 공동상속인이 아닌 사람은 기여분을 주장할 수 없다. 예를 들어 피상속인과 사실혼 관계에 있는 사람은 기여분을 주장할 수 없다.[9)] 상속을 포기한 사람도 기여분을 인정받을 수 없다.[10)]

---

3) 대법원 1995. 2. 15.자 94스13 등 결정; 대법원 2006. 1. 13. 선고 2005다64231 판결.

4) 헌법재판소 2011. 11. 24. 선고 2010헌바2 결정.

5) 권은민(1998), 521; 정덕흥(1994), 50.

6) 양 학설에 대한 구체적인 소개로는 이승우(1999), 440 이하; 유경미(2003), 132 이하.

7) 곽윤직, 116~117; 김주수 · 김상용, 708; 윤진수, 405; 박동섭, 친족상속, 593; 오시영, 576; 김소영(2007), 835; 정덕흥(1994), 55; 이지수(1993), 751; 김상묵(2004), 260; 박운길(2001), 196; 최행식(1993), 152; 시진국(2006), 698.

8) 김주수 · 김상용, 708~709; 박동섭, 친족상속, 593; 송덕수, 329; 오시영, 576; 이경희, 441.

9) 윤진수, 405; 오시영, 576; 김소영(2007), 835; 정덕흥(1994), 55; 이지수(1993), 753~754; 이희배(2001), 851; 김상묵(2004), 264~265; 최행식(1993), 152; 박도희(2009), 367 등.

10) 곽윤직, 117; 김주수 · 김상용, 708; 오시영, 576; 김소영(2007), 835; 정덕흥(1994), 55; 어인의(1994), 592; 이지수(1993), 751; 이희배(2001), 851; 박운길(2001), 197; 최행식(1993), 152; 시진국(2006), 698 등.

다만 예외적으로 공동상속인 자신의 기여와 동일시할 수 있는 일정한 친족의 공헌도 상속인의 기여로 간주하여 기여분을 주장할 수 있다는 견해가 있다.[11] 특히, 상속인의 배우자의 기여는 원칙적으로 상속인의 기여로 보아야 한다는 견해가 있는데,[12] 부부를 일체로 볼 수 없다는 등의 이유로 이에 반대하는 견해도 있다.[13]

나. 대습상속인

대습상속인은 대습원인 발생 이후의 기여에 관해서만 기여분을 청구할 수 있다는 견해도 있으나,[14] 대습원인 발생 전후를 불문하고 자신의 기여행위에 기하여 기여분을 청구할 수 있다는 것이 다수설이다.[15]

한편, 대습상속인이 피대습자의 기여행위에 기하여 기여분을 청구할 수 있는지에 관하여, 대습상속인의 상속분은 피대습자가 받을 수 있었을 상속분이고, 기여분의 취지인 공동상속인의 공평실현 등을 이유로 원칙적으로 피대습자의 기여행위를 주장할 수 있다는 것이 대체적이다.[16] 다만, 대습상속이 원인이 결격인 경우에도 대습상속인이 피대습자의 기여를 이유로 기여분을 청구할 수 있는지에 대해서는 견해가 대립한다. 상속결격에 의해 상속권 자체가 상실된 이상 기여분을 인정하는 것은 모순이라는 등의 이유로 이를 부정하는 견해도 있으나,[17] 상속결격의 경우에도 대습상속을 인정하는 취지 등을 고려할 때 이를 긍정하는 것이 다수설이다.[18] 나아가, 피대습자의 기여행위가 결격 이후에 있는 경우에도 대습상속인이 그 기여를 자신의 기여분으로 주장할 수 있는지에 관하여, 이를 긍정하는 견해가 있으나,[19] 상속결격제도의 취지를 고려할 때

---

11) 권은민(1998), 522~523; 안영하(2008), 66; 이승우(1995a), 558~559.

12) 김소영(2007), 836; 이승우(1995a), 567; 김상묵(2004), 264; 최행식(1993), 159; 같은 취지 황정규(2003), 60.

13) 송덕수, 329; 신영호·김상훈, 385~386; 오시영, 577.

14) 신영호·김상훈, 384; 이희배(2001), 854.

15) 곽윤직, 117; 김주수·김상용, 709; 윤진수, 405; 박동섭, 친족상속, 593; 송덕수, 325; 권은민(1998), 523; 안영하(2008), 67~69; 김상묵(2004), 261; 박운길(2001), 198; 최행식(1993), 154; 시진국(2006), 698; 같은 취지 황정규(2003), 58; 한편, 정덕홍(1994), 56도 이를 부정하는 취지는 아니다.

16) 곽윤직, 117; 김주수·김상용, 709; 윤진수, 405; 박동섭, 친족상속, 593; 송덕수, 329; 신영호·김상훈, 385; 오시영, 576; 이경희, 441; 권은민(1998), 523; 안영하(2008), 73; 정덕홍(1994), 56; 이승우(1995a), 561; 이희배(2001), 853; 김상묵(2004), 262; 박운길(2001), 198; 최행식(1993), 155~156; 시진국(2006), 698~699; 같은 취지 황정규(2003), 59.

17) 정덕홍(1994), 56; 황정규(2003), 59.

18) 윤진수, 405; 박동섭, 친족상속, 593; 송덕수, 329; 권은민(1998), 524; 안영하(2008), 78; 이승우(1995a), 563; 김상묵(2004), 262; 박운길(2001), 198.

19) 안영하(2008), 79.

이를 인정하여서는 안 된다고 보아야 한다.[20]

다. 기여행위 후 상속이 자격이 생긴 경우

상속인간의 형평을 위해 피상속인에 대한 일정한 기여를 기여분을 평가하는 기여분 제도의 취지를 고려할 때, 상속인 자격을 가지기 전의 기여도 주장할 수 있다는 것이 다수설이다.[21]

라. 포괄수유자

포괄수유자도 기여분을 주장할 수 있다는 취지의 견해가 있으나,[22] 포괄유증을 받은 사람은 상속인과 동일한 권리의무가 있더라도(§1078), 본래의 상속인이 아니고, 포괄유증은 기여의 대가가 포함되어 있다는 등의 이유로 기여분을 주장하지 못한다는 것이 대체적이다.[23]

2. 기여행위

가. 입법연혁

기여행위에 관하여 개정 전 민법은 "피상속인의 재산의 유지 또는 증가에 관하여 특별히 기여한 자(피상속인을 특별히 부양한 자를 포함한다)가 있을 때"라고만 규정하였으나, 2005. 3. 31. 개정 민법(2005. 3. 31. 시행)은 "상당한 기간 동거·간호 그 밖의 방법으로 피상속인을 특별히 부양하거나 피상속인의 재산의 유지 또는 증가에 특별히 기여한 자가 있을 때"라고 개정하였다. 그 개정이유로는 "공동상속인간의 실질적 형평 및 가족관계의 건전한 가치관 정립을 위하여 상당한 기간 동안 동거하면서 피상속인을 부양한 자에게도 기여분이 인정될 수 있도록 하려는 것"이라고 한다.[24] 이는 부모에 대한 효도와 부양을 제도적으로 강화하기 위한 것이다.[25]

나. 기여의 특별성

기여분을 인정하기 위해서는 통상의 기여로는 부족하고 '특별한' 기여여야 한다.[26] 특별성을 인정하기 위해서는 공동상속인이 상속재산을 본래의 상속분

20) 윤진수, 405.
21) 이희배(2001), 852; 정덕흥(1994), 73; 최상열(2000), 298; 최행식(1993), 154; 같은 취지, 김상묵(2004), 261, 271.
22) 시진국(2006), 699.
23) 곽윤직, 117; 윤진수, 405; 송덕수, 328; 신영호·김상훈, 386; 어인의(1994), 592; 이지수(1993), 752; 김상묵(2004), 265; 최행식(1993), 160.
24) 민법 일부개정법률안(의안번호 1437)의 제안이유.
25) 박동섭, 친족상속, 595.
26) 곽윤직, 117; 윤진수, 406; 김주수·김상용, 710; 김소영(2007), 837; 시진국(2006), 699.

에 따라 분할하는 것이 명백히 기여자에게 불공평하다고 인식되는 정도에 이르러야 한다는 것이 대체적인 견해이다.[27] 판례도 같은 취지에서 공동상속인 간의 공평을 위하여 상속분을 조정하여야 할 필요가 있을 만큼의 특별성이 인정되어야 한다고 한다.[28]

특별한 기여행위는 원칙적으로 무상으로 행해져야 하고, 기여행위에 대한 반대급부가 있을 경우에는 본조의 기여로 인정할 수 없다고 해석하는 것이 대체적이다.[29] 다만 어떠한 급부가 있었다 하더라도 그것이 소액인 경우 등 기여행위에 대한 대가적 의미를 갖지 않는 경우에는 실질적으로 기여가 무상으로 행해진 것이라고 평가할 수 있다.[30] 또한, 상속인이 그 반대급부에 관한 권리를 행사하지 않던 중 피상속인이 사망한 경우에는 피상속인과 상속인 사이의 관계의 특수성 등을 고려할 때 상속인이 자신의 기여분을 주장할 수 있다고 보는 것이 다수설이다.[31] 이 경우 기여분결정이 있은 후에 기여상속인이 다시 반대급부를 이유로 한 소송을 제기하는 것은 금반언의 원칙에 반한다고 해석된다.[32]

또한, 특별한 기여라고 인정할 수 있기 위해서는, 당해 기여행위가 임시적으로 행해지거나 여가에 틈틈이 행해진 정도로는 부족하고 본래 자기가 종사하여야 할 일과 똑같은 정도로 종사해야 하고, 상당기간 계속적으로 행해져야 할 것이 요구된다.[33]

한편, 공동상속인 모두가 서로 같은 정도의 특별한 기여를 한 경우에 각각의 기여분을 산정할 것인지 아니면 기여분결정은 공동상속인 사이에 상대적으로 결정되므로 기여분을 따로 정하지 않을 것인지의 문제가 있다. 기여분에 재산권적 성질이 있다는 등의 이유로 전자와 같이 공동상속인 각각의 기여분을 산정해야 한다는 견해가 다수이나,[34] 특별한 기여는 다른 공동상속인과의 상

27) 곽윤직, 117~118; 김주수·김상용, 710; 박동섭, 친족상속, 594; 송덕수, 330; 어인의(1994), 591; 이승우(2001), 183; 같은 취지, 신영호(2003), 202; 임채웅(2010), 382.

28) 대법원 2011. 12. 13.자 2011스176 등 결정; 대법원 2014. 11. 25.자 2012스156 등 결정; 대법원 2015. 3. 5.자 2013스195 결정 등.

29) 곽윤직, 118; 김주수·김상용, 710; 윤진수, 409; 박동섭, 친족상속, 596; 송덕수, 330; 신영호·김상훈, 388; 권은민(1998), 531; 김소영(2007), 839; 정덕흥(1994), 61; 이지수(1993), 755; 이희배(2001), 854; 박운길(2001), 199; 이승우(1995b), 345; 시진국(2006), 699.

30) 이승우(1995b), 345; 기타 이희배(2001), 854; 같은 취지, 박운길(2001), 199; 신영호·김상훈, 388.

31) 김소영(2007), 839; 정덕흥(1994), 62; 이승우(1999), 454; 이승우(1995b), 345; 같은 취지, 유경미(2003), 138.

32) 정덕흥(1994), 62; 이승우(1999), 454; 유경미(2003), 138.

33) 이승우(1995b), 343~344.

34) 정덕흥(1994), 61; 어인의(1994), 592; 이희배(2001), 855; 김상묵(2004), 271; 이승우(1995b), 336~338.

대적 비교를 통해 평가되므로 다른 공동상속인과 동일한 수준의 기여를 한 경우에는 기여분은 인정되지 않는다는 견해도 있다.[35] 어떠한 견해를 취하더라도, 결론에서 큰 차이가 있다고 보이지 않으나, 후자의 견해가 더 타당하다고 생각된다. 다만, 공동상속인이 동등한 수준의 기여를 한 경우 일부 상속인만 기여분 주장을 하더라도 상속인 사이의 공평을 위해서는 기여분 주장을 한 공동상속인의 기여만 인정될 수는 없다.[36]

판례 중에는, 피상속인이 교통사고를 당하여 치료를 받을 때 처가 피상속인의 사망시까지 약 5년간 간병을 하였다고 하더라도 이는 부부간의 부양의무 이행의 일환일 뿐 특별한 기여라고 볼 수 없고, 피상속인의 처가 혼인생활 중 상속재산인 부동산보다 더 많은 부동산을 취득하여 자기 앞으로 소유권이전등기를 마친 점 등을 고려할 때 피상속인의 상속재산 취득과 유지에 있어 처가 통상 기대되는 정도를 넘어 특별히 기여한 경우에 해당한다고는 볼 수 없다는 것,[37] 구속된 피상속인을 대신해서 그 처가 부도 수습을 위한 자금융통에 나선 것만 가지고 특별한 기여를 한 것으로 보기는 어렵다는 것,[38] 피상속인의 처가 피상속인이 대주주인 회사에서 이사 등을 재직하였다는 사정만으로 그 처가 회사 자산을 증가시키는 등 피상속인의 재산형성에 기여하였다고 인정하기 어렵다는 것[39], 피상속인의 아들이 피상속인이 쓰러진 후 사망할 때까지 약 7년 동안 피상속인의 부동산임대업 등을 전담하면서 재산을 관리해 오거나 피상속인의 병간호를 하였으나 이러한 정도로는 그 아들에게 기여분을 인정하기 어렵다는 것[40]이 있다.

한편, 근래에는 배우자의 상속분을 실질적으로 보장하기 위하여 배우자의 기여행위에 대한 특별성 인정을 다소 완화해서 해석해야 할 필요가 있다는 주장이 제기되고 있다.[41]

다. 기여의 내용

(1) 상당한 기간 동거 · 간호 그 밖의 방법으로 피상속인을 부양

본조는 상당한 기간 동거·간호 그 밖의 방법으로 피상속인을 특별히 부양

35) 박도희(2009), 364~365.
36) 제요[2], 594.
37) 대법원 1996. 7. 10.자 95스30, 31 결정.
38) 대법원 2007. 8. 28.자 2006스3, 4 결정.
39) 대법원 2007. 7. 26. 선고 2006므2757 판결 등.
40) 대법원 2008. 1. 3.자 2007스10 등 결정.
41) 박도희(2009), 368~370; 강명구, 328~330; 오시영, "배우자를 중심으로 한 상속분에 대한 재검토", 人權 318호(2008), 37.

한 것을 기여행위의 하나로 명시하고 있다. 이러한 특별한 부양은 그 자체로 기여분의 요건을 충족하고 피상속인 재산의 유지 또는 증가에 기여할 필요는 없다고 해석해야 한다.[42] 종래 다수설은 부양에 의한 기여행위도 상속재산의 유지 또는 증가와 인과관계가 있어야 한다고 해석했으나,[43] 2005. 3. 31. 개정 민법의 취지에 비추어 볼 때 종래의 해석은 현행 민법 아래에서 타당하지 않다.[44]

한편, 구법의 해석상 성년인 자(子)가 노부모와 동거하는 부양을 한 경우 특별한 사정이 없는 한 '특별한 부양'이라고 인정해야 한다는 견해가 많았는데,[45] 2005. 3. 31. 개정에 의해 본조에 명문으로 '상당한 기간의 동거'를 본조의 기여행위의 한 유형으로 인정하였다.

기여자의 부양이[46] 법률상 부양의무 요건이 발생하지 않은 경우에도 본조의 '부양'으로 볼 수 있는지에 관하여, 긍정설[47]과 부정설[48]이 대립하고 있으나, 부정설도 이러한 경우 재산상 급부에 의하여 재산의 유지에 기여한 것으로 보아 본조의 기여를 인정할 수 있다고 하므로,[49] 어느 견해에 따르더라도 큰 차이가 없다.[50]

한편, 기여자의 부양이 법률상 부양의무 범위 내의 이행이라고 인정되는 경우에도 본조의 기여에 해당한다고 할 수 있는지에 관하여, 긍정하는 견해도 있으나,[51] 부정하는 견해가 다수설이다.[52] 법률상 부양의무의 범위 내라면 특

---

42) 김주수 · 김상용, 709, 702; 윤진수, 406, 410~411; 송덕수, 330; 임채웅(2010), 382; 헌법재판소 2011. 11. 24. 선고 2010헌바2 결정도 참조.

43) 곽윤직, 119; 권은민(1998), 527, 529; 정덕흥(1994), 60; 이지수(1993), 762, 764; 박종용(2004), 407; 이승우(2001), 190~191; 신영호(2003), 207; 이희배(2001), 859; 김상묵(2004), 272; 박운길(2001), 202; 최행식(1993), 175; 다만 구법의 해석상으로도 특별한 부양과 상속재산의 유지 또는 증가 사이의 인과관계에 관하여, 상속재산이 존재하는 한 인과관계를 긍정하는 견해[조해섭(1999), 183, 189], 그 인과관계의 증명을 엄격하게 요구할 필요는 없다는 견해[이승우(2001), 191; 신영호(2003), 208], 인과관계를 엄격하게 요구할 것은 아니라는 견해[최상열(2000), 291~292], 인과관계가 요구되지 않는다는 취지의 견해[이청조 · 김보현(2003), 122] 등이 있었다.

44) 이와 달리 민법 개정 후에도 종래의 해석과 같이 기여행위와 상속재산이 유지 또는 증가에 인과관계가 있어야 한다는 취지로 해석하는 견해로 신영호 · 김상훈, 386~387; 김소영(2007), 837; 시진국(2006), 699; 같은 취지, 박동섭, 친족상속, 595; 오시영, 579.

45) 조해섭(1999), 188~189; 최상열(2000), 288; 황정규(2003), 61.

46) 부양과 기여분의 관계에 관한 자세한 내용은 주해친족(2권), 1473~1474(최준규) 참조.

47) 조해섭(1999), 188; 최상열(2000), 288~289.

48) 신영호(2003), 201; 박종용(2004), 405; 이승우(2001), 181~182.

49) 신영호(2003), 201; 이승우(2001), 182.

50) 예컨대, 이승우(2001), 192~193은 어떤 입장을 취하더라도 같은 결론을 도출하는 과정을 보여 준다; 더 자세한 내용은 주해친족(2권), 1474(최준규) 참조.

51) 권은민(1998), 528; 같은 취지, 정덕흥(1994), 58~59.

52) 곽윤직, 118; 송덕수, 330; 김소영(2007), 837; 조해섭(1999), 187~188; 이지수(1993), 755; 이희배(2001), 854~855; 이승우(1995b), 335, 347; 최행식(1993), 174; 시진국(2006), 699; 황정규(2003), 60.

별한 사정이 없는 한 이를 특별한 기여라고 보기는 어려울 것이다.[53] 그러나 법률상 부양의무의 성질과 내용은 부양당사자의 신분관계에 따라 다르므로,[54] 그 특별성의 판단기준도 상속인과 피상속인의 구체적인 신분관계에 따라 달라진다.[55] 예를 들어 부부사이의 상호부양은 제1차적 생활유지적 부양이고, 자(子)의 부모에 대한 부양은 제2차적 생활부조적 부양이므로, 동일한 내용 및 정도의 부양이라 하더라도 부부 사이에 있어서는 통상의 기여에 불과한 반면 성년인 자녀와 부모 사이에서는 특별한 기여로 인정될 수 있다.[56] 판례 중에는 성년인 자(子)가 부양의무의 존부나 그 순위에 구애됨이 없이 스스로 장기간 그 부모와 동거하면서 생계유지의 수준을 넘는 부양자 자신과 같은 생활수준을 유지하는 부양을 한 경우에는 특별한 부양이 된다는 것이 있다.[57]

또한, 성년의 자녀 중 1인만이 법률상 부양의무의 이행으로서 부모를 부양한 경우 부양료구상을 하지 않고 기여분 제도를 이용하여 이를 청산할 수 있는지에 관하여, 이를 긍정하는 견해가 있으나,[58] 이는 구상권의 문제만 생긴다는 반대 취지의 견해도 있다.[59] 또한, 일반적으로 이러한 사정은 기여분에서 고려되지 않으나, 피상속인에게 재산이 있었으나 상속인 중 1인이 부양하였다는 것은 피상속인의 재산을 유지하는 데 공헌한 것이므로 그 상속인의 기여로 고려되어야 한다는 주장도 있다.[60]

(2) 피상속인의 재산의 유지 또는 증가에 기여

본조는 피상속인의 재산의 유지 또는 증가에 특별히 기여한 것을 기여행위의 하나로 명시하고 있다. 학설은 대체로 그 구체적인 행위 태양으로서 일본 민법 §904-2①을 참조하여 '피상속인에게 노무를 제공하거나 재산상 출연을 한 경우'를 들고 있다.[61] 어떠한 기여행위라도 피상속인 재산의 유지 또는 증가로 이어져야 한다. 즉, 기여행위와 피상속인의 재산의 유지 또는 증가 사이에

53) 이러한 취지의 하급심 결정으로는 대전고등법원(청주재판부) 2012. 2. 13.자 2011브4 결정; 청주지방법원 제천지원 2011. 9. 14.자 2011느합2 심판.
54) 이에 대한 자세한 내용은 주해친족(2권), 1462 이하 참조(최준규).
55) 이승우(2001), 184; 박종용(2004), 410; 최상열(2000), 283, 288; 신영호(2003), 202; 김상묵(2004), 271; 황정규(2003), 60.
56) 조해섭(1999), 188.
57) 대법원 1998. 12. 8. 선고 97므513 등 판결.
58) 최상열(2000), 289~290; 같은 취지, 최행식(1993), 172.
59) 박동섭, 친족상속, 595; 오시영, 402; 이경희, 442.
60) 곽윤직, 119.
61) 곽윤직, 118; 김주수 · 김상용, 709; 권은민(1998), 526; 정덕흥(1994), 57; 박운길(2001), 200; 기타 독일 민법 §2057-a①을 참조하여 설명하는 것으로 윤진수, 406.

인과관계가 있어야 한다.[62)]

여기서 '유지'란 피상속인의 재산 관리를 방치하였다면 피상속인의 재산이 감소하였을 것을 방지한 것을 말하는데, 피상속인의 재산이 결국 감소하였더라도 더 많이 감소하였을 것을 방지한 경우도 이에 포함된다.[63)]

판례 중에는 성인인 자녀가 자기 소유의 주택에서 피상속인인 어머니를 모시고 생활하면서 피상속인의 유일한 수입원인 임대주택의 관리를 계속하고 피상속인의 치료비를 부담한 것은 '노무의 제공 또는 재산상 급여'로서 기여행위에 해당한다고 한 것이 있다.[64)]

한편, 공동상속인 중 일부가 상속포기를 하여 특정 상속인에 상속재산을 모두 취득하게 하거나 자신의 상속분을 그 특정 상속인에게 양도한 후, 그 특정 상속인을 피상속인으로 하는 상속이 개시된 때, 상속포기 또는 상속분 양도를 기여로 인정할 수 있는지에 관하여, 기여분 제도의 취지를 이유로 이를 긍정하는 견해가 많다.[65)] 그러나 이러한 해석은 상속포기가 특별수익이 아니라는 판례와[66)] 조화되기 어렵다는 비판이 있다.[67)]

3. 기여의 시기(時期)

기여의 시기(始期)에 관하여는 아무런 제한이 없으므로 오래 전의 기여행위도 주장할 수 있다.[68)] 본조는 1990. 1. 13. 개정 민법(1991. 1. 1. 시행)에 의해 신설되었으나, 학설은 그 시행일 이전의 기여행위도 고려할 수 있다고 해석한다.[69)] 그러나 기여 시기는 기여분 심판시 참작사유이므로(본조 ②), 오래 전의 기여는 낮게 평가될 가능성이 많다.[70)]

반면, 본조의 문리해석 및 기여분은 상속개시시 구체적 상속분을 산정하는 수정요소라는 등의 이유로 상속개시 전의 기여만 인정되고, 그 이후의 기여행위는 본조의 기여에 포함되지 않는다는 것이 통설이다.[71)]

62) 곽윤직, 119; 김주수 · 김상용, 709, 710; 송덕수, 330.
63) 권은민(1998), 529.
64) 대법원 1998. 12. 8. 선고 97므513 등 판결.
65) 정덕흥(1994), 59; 박운길(2001), 202; 최행식(1993), 173.
66) 대법원 2012. 4. 16.자 2011스191 등 결정.
67) 윤진수, 410.
68) 윤진수, 411; 신영호 · 김상훈, 389; 정덕흥(1994), 73; 이지수(1993), 770; 최상열(2000), 297; 이승우(1994), 635; 김상묵(2004), 270; 박운길(2001), 206; 시진국(2006), 700; 박도희(2009), 365.
69) 윤진수, 411; 황정규(2003), 62; 정덕흥(1994), 72, 註 52.
70) 윤진수, 411.
71) 윤진수, 411; 신영호 · 김상훈, 389; 권은민(1998), 538; 정덕흥(1994), 73; 이지수(1993), 770~

한편, 위 개정 민법 부칙 §12①은 그 시행일 전에 개시된 상속에는 구법이 적용된다고 규정하였으므로, 시행일 1991. 1. 1. 전에 개시된 상속에는 기여분을 인정할 수 없다.[72)]

Ⅲ. 기여분의 결정

1. 기여분결정 절차

가. 협의

먼저 공동상속인 전원의 협의로 기여분을 정한다(본조 ①). 따라서 상속인 중 일부를 누락하거나 제외한 채 한 협의는 무효이다.[73)] 본조 ①은 기여분을 가액으로 정하도록 규정하고 있으나, 전체 상속재산에 대한 비율로 정해도 무방하다.[74)] 특정 상속재산을 기여분으로 정하는 협의도 유효하다는 것이 다수설이다.[75)] 일단 협의가 이루어지면 공동상속인 전원의 합의에 의한 것이 아니면 이를 변경할 수 없다.[76)]

상속재산분할협의가 완료되면 기여분은 묵시적으로 포기하였다고 보아야 한다는 등의 이유로 기여분 협의는 상속재산분할이 완료될 때까지만 가능하다는 것이 통설이다.[77)] 또한, 협의는 상속 개시 이후에 이루어져야 한다.[78)] 하급심 결정례 중에는 같은 취지에서 상속인들이 상속개시 전에 기여분에 관한 합의를 하더라도 기여분결정의 효력이 없다는 것이 있다.[79)]

이 협의에도 총칙의 의사표시에 관한 규정, 즉 비진의 의사표시(§107), 통정허위의 의사표시(§108), 착오로 인한 의사표시(§109), 사기, 강박에 의한 의사표시(§110)에 관한 조항이 적용 또는 유추적용될 수 있다.[80)]

771; 최상열(2000), 298; 이희배(2001), 863; 김상묵(2004), 270; 박운길(2001), 206; 시진국(2006), 700; 황정규(2003), 62; 박도희(2009), 365.

72) 대법원 1995. 2. 15.자 94스13 등 결정.

73) 윤진수, 412; 김소영(2007), 840; 정덕홍(1994), 64; 박운길(2001), 203.

74) 윤진수, 412; 권은민(1998), 532; 김소영(2007), 840; 정덕홍(1994), 65; 이희배(2001), 864; 박운길(2001), 203.

75) 김주수·김상용 711; 김소영(2007), 840; 정덕홍(1994), 65; 박운길(2001), 204.

76) 윤진수, 412; 박동섭, 친족상속, 597; 오시영, 580; 권은민(1998), 532~533; 이희배(2001), 864; 박운길(2001), 204.

77) 김주수·김상용, 711; 박동섭, 친족상속, 597; 신영호·김상훈, 389; 오시영, 579~580; 권은민(1998), 533; 정덕홍(1994), 64; 이희배(2001), 864; 박운길(2001), 203.

78) 박동섭, 친족상속, 596~597.

79) 서울고등법원 2006. 4. 26.자 2005브35 등 결정.

80) 박운길(2001), 204; 같은 취지, 윤진수, 412.

나. 심판

(1) 심판청구권자 및 상대방

심판청구권자는 기여를 한 상속인이다. 심판상대방은 그 청구권자를 제외한 나머지 상속인 전원을 상대방으로 하여야 한다(家訴規 §110). 따라서 필수적 공동소송에 관한 조항(民訴 §67~§69)이 준용된다.[81]

기여분결정 청구는 상속재산분할의 협의가 성립되거나 상속재산분할의 심판이 확정될 때까지 할 수 있고,[82] 그 이후의 기여분결정 심판 청구는 부적법하므로 각하해야 한다.[83]

(2) 심판청구 요건

기여분에 관한 공동상속인들의 협의가 되지 않거나 협의할 수 없는 때에는 기여자의 청구에 의하여 가정법원이 정한다(본조 ②). 여기서 협의할 수 없는 경우란 공동상속인 중 일부가 외국 등에 거주하고 있어 사실상 협의가 불가능한 경우를 포함한다.[84] 그러나 소재불명자의 경우에는 부재자 재산관리인을 선임하여 그 재산관리인이 협의에 참가할 수 있으므로 협의할 수 없는 경우에 포함되지 않는다.[85]

기여분결정 청구가 없는 이상 가정법원이 직권으로 기여분결정을 할 수는 없다.[86] 또한, 기여분결정 청구가 없으면 상속재산분할청구 사건에서 기여분을 인정해 달라는 주장을 하더라도 법원은 이에 관해 판단할 수 없다.[87]

또한, 기여분결정 청구는 상속재산분할 청구(§1013②)를 하거나, 상속개시 후 인지 또는 재판의 확정에 의해 공동상속인이 된 자가 상속재산분할로서 가액지급청구(§1014)를 하는 경우에 할 수 있다(본조 ④). 또한, 南北特 §11는 피상속인인 남한주민으로부터 상속을 받지 못한 북한주민이 상속회복청구를 하는 경우 기여분 청구를 할 수 있다고 정하고 있다. 이러한 청구 없이 기여분결정만을 청구하는 것은 부적법하므로 각하해야 한다.[88] 판례는 상속재산분할의 심판청구가 없음에도 단지 유류분반환청구가 있다는 사유만으로는 기여분결정

81) 김소영(2007), 844.
82) 권은민(1998), 534; 같은 취지, 윤진수, 413; 송덕수, 331.
83) 최상열(2000), 299; 권은민(1998), 532~533; 이희배(2001), 864; 박동섭, 친족상속, 597.
84) 권은민(1998), 533; 이희배(2001), 865.
85) 권은민(1998), 534; 이희배(2001), 865.
86) 윤진수, 412; 권은민(1998), 535; 김소영(2007), 846; 정덕흥(1994), 67; 박운길(2001), 204.
87) 시진국(2006), 700; 기여분청구를 별도로 하지 않았다는 이유로 기여분 주장이 배척된 사례로 서울가정법원 2002. 4. 11.자 2000느합68 심판; 서울가정법원 2002. 11. 19.자 2001느합87 심판; 서울가정법원 2010. 12. 28.자 2008느합109 심판; 서울고등법원 2011. 9. 7.자 2011브23 결정 등.
88) 박동섭, 친족상속, 597; 권은민(1998), 534; 김소영(2007), 846; 정덕흥(1994), 68.

청구가 허용되지 않는다고 하였다.[89] 대법원은 유류분반환청구 사건에서 기여분청구가 허용되지 않는다고 하여 평등권을 침해하는 것은 아니므로 위헌이 아니라고 하였다.[90] 헌법재판소는 유류분반환청구 사건에서 기여분결정을 청구할 수 없도록 규정한 본조 ④이 위헌이라는 청구에 대하여, 본조 ④은 유류분반환청구 사건에 적용되지 않는다는 이유로 재판의 전제성이 없다고 하여 각하하였다.[91]

§1014에 따라 가액지급청구를 하는 경우에 기여분 청구는 상속개시 후 인지 또는 재판의 확정에 의해 공동상속인이 된 사람이 청구하는 경우와 다른 공동상속인이 청구하는 경우가 있을 수 있다.[92] 이 경우 이미 기여분이 정해져 있더라도 이에 구속되지 않고 새로이 공동상속인이 된 사람을 포함한 공동상속인 전원에 대한 관계에서 새로운 기여분을 결정하여야 한다는 것이 대체적인 견해이다.[93]

(3) 심리 및 심판내용

기여분결정 심판은 마류 비송사건이다(家訴 §2① ii 나.9). 기여분 심판에는 조정전치주의가 적용된다(家訴 §50). 기여분결정 사건은 합의부 관할이다(사물관할규칙 §3 ii).

상속재산분할과 별개로 기여분만의 조정신청도 가능하다는 견해가 있으나,[94] 실무상으로는 상속재산분할의 조정 또는 심판이나 §1014에 따른 가액지급청구의 조정 또는 소송이 계속되어 있어야 기여분만의 조정신청이 가능하다고 보고 있다.[95]

기여분 심판은 상속재산분할 심판에 부수하는 것이 아니라 독립된 심판이다.[96] 그러나 기여분 심판은 상속재산분할의 전제가 되므로, 기여분결정 청구사건은 동일한 상속재산에 관한 상속재산분할 청구사건에 병합하여 심리, 재판하여야 하고(家訴規 §112②), 동일한 상속재산에 관한 수개의 기여분결정 청구사건은 병합하여 심리, 재판하여야 하며(家訴規 동조 ①), 위 각 경우에 병합된 수개의 청구에 관하여는 1개의 심판으로 재판하여야 한다(동조 ③). 기여분결정 심판

89) 대법원 1999. 8. 24.자 99스28 결정.
90) 대법원 2016. 10. 13.자 2016카기284 결정.
91) 헌법재판소 2018. 2. 22. 선고 2016헌바86 결정.
92) 임종효(2009), 63~64.
93) 권은민(1998), 537; 정덕흥(1994), 89; 임종효(2009), 64~65.
94) 정덕흥(1994), 65; 최상열(2000), 298, 註 45.
95) 제요[2], 596.
96) 권은민(1998), 535; 이희배(2001), 865; 박운길(2001), 204.

은 상속재산분할과 별개의 독립된 심판이므로, 상속재산분할에 관한 사항과 별도로 기여분 산정 결과를 주문에 명시해야 한다.[97)]

기여분은 금액으로 정하거나,[98)] 상속재산에 대한 일정비율로 정하는데, 최근 실무례는 대부분 후자를 따르고 있다.[99)] 하급심 중에는 기여분을 특정재산으로 정한 것도 있는데,[100)] 이러한 기여분 결정도 고려해 볼 수 있다는 견해가 있으나,[101)] 기여분은 법정상속분을 수정하여 구체적 상속분을 산정하기 위한 것이고, 상속재산의 구체적인 귀속은 상속재산분할 절차에 의하는 것으로서, 양자는 엄밀히 구분되는 것이므로 위와 같은 하급심과 학설은 부당하다.

가정법원은 상속재산분할 청구가 있는 때에는 당사자가 기여분결정을 청구할 수 있는 기간으로서 1월 이상의 기간을 정하여 고지할 수 있고(家訴規 §113 ①), 그 기간이 도과된 기여분결정 청구는 각하할 수 있다(동조 ②). 기여분은 구체적 상속분의 변경을 초래하므로 상속재산분할과 합일확정되어야 하기 때문이다.[102)] 여기서 기여분청구기간의 지정은 성질상 결정에 해당한다.[103)] 다만, 청구기간 지정 여부와 지정 기간을 도과하였다는 이유로 기여분결정 청구를 각하할지 여부는 가정법원의 재량이다.[104)]

상속재산분할심판의 항고심에서도 기여분결정 청구가 허용되는지에 관하여, 학설과 실무는 이를 긍정하고 있다.[105)] 반면 상속재산분할심판 사건이 재항고심에 계속 중인 경우에 이루어진 기여분결정 청구는 부적법하다는 것이 판례이다.[106)]

기여분결정 청구사건 계속 중 청구인이 사망한 경우 기여분은 일신전속적인 것이 아니라는 이유로 그 상속인이 절차를 수계해야 한다고 본다.[107)]

---

97) 권은민(1998), 536; 김소영(2007), 848; 정덕흥(1994), 71; 이지수(1993), 776.

98) 예를 들어 서울가정법원 1998. 9. 24.자 97느8349 등 심판; 서울가정법원 2003. 6. 26.자 2001느합86 심판; 서울가정법원 2003. 7. 3.자 2000느합71 등 심판.

99) 김소영(2007), 848; 실무상 기여분을 정한 이상 나머지 청구를 기각한다는 주문은 쓰지 않는다. 김소영(2007), 848 참조.

100) 서울가정법원 2005. 1. 20.자 2004느합19 심판.

101) 김소영(2007), 840, 註 21.

102) 제요[2], 609.

103) 제요[2], 610.

104) 김창종(1998), 210; 김소영(2007), 847; 제요[2], 609.

105) 제요[2], 609~610; 김창종(1998), 210; 상속재산분할심판 사건이 항고심에 계속 중인데 제1심에 청구한 기여분결정청구 사건은 그 항고심 사건에 병합되어야 한다는 이유로 항고심으로 이송한 실무례로 서울가정법원 2006. 12. 13.자 2006느합186 이송 결정. 이에 대한 소개로 김소영(2007), 845, 註 40.

106) 대법원 2008. 5. 7.자 2008즈기1 결정.

107) 제요[2], 599; 김소영(2007), 847.

(4) 불복방법

기여분결정의 심판에 대해서는 당사자 또는 이해관계인이 즉시항고를 할 수 있다(家訴規 §116①). 수개의 기여분결정 청구사건이 병합된 심판 또는 기여분결정 청구사건과 상속재산분할 청구사건이 병합된 심판에 대해서, 즉시항고권자 중 1인의 즉시항고는 당사자 전원에 대하여 효력이 있고, 그 심판 일부에 대한 즉시항고는 심판 전부에 대하여 효력이 있다(동조 ②).

2. 기여분결정 기준

가. 유증액

기여분은 상속이 개시된 때의 피상속인의 재산가액에서 유증의 가액을 공제한 액을 넘지 못한다(본조 ③). 기여자가 1인인 경우는 물론 수인인 경우에도 적용되므로, 기여자 전원의 기여분액을 합산한 액이 피상속인의 재산가액에서 유증 가액을 공제한 액을 넘지 못한다.[108] 그러므로 피상속인이 전재산을 증여 또는 유증하였다면 기여분은 인정될 수 없고,[109] 피상속인의 상속재산이 남아 있지 않은 경우에도 기여분은 인정될 수 없다.[110] 따라서 피상속인의 생전행위인 증여 또는 유증이 기여분에 우선하고, 피상속인의 처분의사는 기여분에 의해 제약을 받지 않는다.[111]

여기서 유증이 특정적 유증이 해당하는 것은 명백하다. 그런데 포괄적 유증이 포함되는 것인지에 관하여, 만약 기여분이 포괄적 유증을 공제한 액을 넘지 못한다면, 포괄적 유증분은 다른 공동상속인과 달리 기여분에 우선하게 되므로, 여기서의 유증은 특정유증만을 의미한다고 해석하는 견해가 있다.[112] 그러나 본조의 문언상 포괄유증을 제외할 수 있는지 의문이다.

한편, 기여분 결정 후 특정유증이 발견된 결과 기여분이 유증 가액을 초과하는 경우가 문제될 수 있다. 이 경우 특정유증의 수유자는 기여상속인에 대하여 그 침해된 만큼 부당이득반환청구권을 행사할 수 있다는 견해가 있다.[113] 그

108) 이승우(1994), 632.
109) 윤진수, 596.
110) 서울고등법원 2013. 11. 8.자 2013브49 결정(심리불속행기각 결정에 의해 확정) 참조; 같은 취지, 헌법재판소 2018. 2. 22. 선고 2016헌바86 결정; 이에 대한 비판적인 견해는 권재문(2016), 502 이하 참조.
111) 곽윤직, 119; 권은민(1998), 538~539; 이희배(2001), 866; 이승우(1999), 445, 註 17; 박운길(2001), 206.
112) 오병철(2017), 45.
113) 오병철(2017), 44.

러나 이 문제는 경우를 나누어서 생각해야 한다. 즉, 상속재산 분할이 완료되기 전에는 그 기여분 결정 협의가 있는 경우만 문제될 것인데, 그 협의는 본조 ③을 위반한 것이므로 무효가 된다고 보아야 한다. 다만, 전부 무효인지 일부 무효인지가 문제인데, 공동상속인들의 의사를 고려할 때 일반적으로는 유증 가액을 초과하는 부분만 무효로 보아야 할 것이다. 상속재산 분할이 완료된 후에는, 특정유증의 수유자는 그럼에도 그 특정유증 목적물에 대하여 유증의 이행을 청구할 수 있을 것이다. 이 때 상속재산분할로 그 특정유증 목적물을 취득한 상속인은 그 특정유증의 수유자에게 그 목적물을 양도하여야 할 것이고, 그러한 경우 다른 상속인에 대하여 §1016의 담보책임을 청구하면 족하고, 협의 또는 심판에 의한 기여분 결정과 상속재산분할을 무효로 볼 필요는 없을 것이다.

나. 심판 시 고려사항

가정법원은 기여의 시기·방법 및 정도와 상속재산의 액 기타의 사정을 참작하여 기여분을 정한다(본조 ②). 여기서 기타의 사정으로는 아래에서 설명하는 피상속인의 의사, 상속채무액, 다른 상속인의 유류분 등이 있다. 가정법원은 이를 참작하여 합리적 재량으로 구체적인 기여분액을 정한다.[114)]

다. 피상속인의 의사

피상속인이 유언으로 기여분의 유무 또는 기여분액을 지정할 수 있는지에 관하여, 이를 긍정하는 견해도 있으나,[115)] 기여분은 유언사항에 포함되어 있지 않으므로 기여분에 관한 유언은 무효이고, 다만 피상속인의 의사는 기여분결정 심판시 고려해야 할 사항으로서 '기타의 사정'에 포함된다는 것이 다수설이다.[116)] 한편, 기여분을 정한 유언이 무효이더라도 무효행위의 전환을 통해 유증으로서 효력을 인정할 수는 있을 것이라는 취지의 견해도 있다.[117)]

라. 상속채무

기여분 산정을 위한 상정상속재산을 산정할 때, 유류분 산정에서와 같은 채무공제 조항(§1113①)이 없으므로, 채무를 공제한 순재산을 기준으로 산정하지 않고, 적극재산을 기준으로 산정한다는 것이 통설이다.[118)] 기여분이 있는

---

114) 정덕흥(1994), 76; 이승우(1994), 641; 박운길(2001), 204.

115) 오시영, 574.

116) 곽윤직, 119; 권은민(1998), 539; 정덕흥(1994), 64; 이승우(1994), 638; 황정규(2003), 62; 같은 취지, 김주수·김상용, 715; 신영호·김상훈, 397; 박동섭, 친족상속, 592; 송덕수, 331; 박운길(2001), 210.

117) 오병철(2017), 46; 같은 취지, 신영호·김상훈, 397.

118) 곽윤직, 120; 윤진수, 413; 박동섭, 친족상속, 598; 송덕수, 332; 신영호·김상훈, 392; 김소영(2007), 840~841; 정덕흥(1994), 52; 시진국(2006), 701; 황정규(2003), 68; 제요[2], 591; 기여분

경우 적극재산은 기여분에 의해 수정된 상속분에 따라 취득하지만 상속채무는 원래의 법정상속분에 따라 부담하게 된다.[119]

다만 상속채무를 전혀 고려하지 않고 기여분을 정하면 기여상속인이 아닌 공동상속인은 취득하는 적극재산액보다 승계하는 채무액이 더 많아질 수 있는데, 이러한 결과는 바람직하지 않으므로 상속채무는 기여분 심판시 고려해야 할 사항으로서 '기타의 사정'에 포함된다고 해석하는 것이 통설이다.[120] 이와 달리 기여상속인이 아닌 다른 공동상속인이 취득하는 순상속액이 그가 승계하는 상속채무액보다 많아야 할 것이 기여분 인정의 요건이라고 보는 견해도 있으나,[121] 법적 근거가 없으므로 따르기 어렵다. 다만, 기여분 인정에 의해 승계하는 상속채무액이 순상속액보다 많아지는 경우에는 그 상속인이 §1019③의 특별한정승인을 할 수 있다고 봄이 타당하다.[122]

마. 기여의 대가로 증여 또는 유증을 받은 경우

기여상속인이 기여와 관련하여 피상속인으로부터 어떠한 이익을 받은 경우에는 이른바 '소극적 기여'로서 그 수익을 기여액에서 공제하여 기여상속인의 구체적 상속분을 산출해야 한다는 견해가 있다.[123] 그러나 이러한 소극적 기여는 본조가 예정한 바가 아니므로 이러한 개념을 부정하고, 다만 이러한 사정을 기여분 심판 시 고려해야 할 사항으로서 '기타의 사정'에 포함된다고 해석하는 견해가 다수이다.[124]

다만, 기여의 대가로 피상속인으로부터 증여를 받은 경우에는, 반대 취지의 견해도 있으나,[125] 구체적인 사정을 고려하여 경우에 따라 그 증여는 §1008의 특별수익에 해당하지 않는다고 볼 수 있을 것이다.[126] 유증은 모두 §1008의

이 있는 경우 순재산을 기준으로 산정하면, 기여상속인을 더 우대하는 결과가 된다. 이 점에 대한 자세한 설명은 임채웅(2010), 388~393.

119) 곽윤직, 120; 신영호 · 김상훈, 392; 김소영(2007), 841; 정덕흥(1994), 52; 이승우(1994), 637; 이희배(2001), 868; 박운길(2001), 206; 같은 취지, 권은민(1998), 539.

120) 곽윤직, 120; 윤진수, 413; 박동섭, 친족상속, 598; 송덕수, 332; 김소영(2007), 841; 권은민(1998), 540; 정덕흥(1994), 75; 이승우(1994), 638; 이희배(2001), 868; 이지수(1993), 773; 시진국(2006), 701; 황정규(2003), 68.

121) 임채웅(2010), 396~397.

122) 임채웅(2010), 394.

123) 곽윤직, 120.

124) 윤진수, 414; 권은민(1998), 539; 정덕흥(1994), 75; 다만, 이승우(1994), 638에서는 '소극적 기여'의 의미를 상속인이 피상속인의 재산을 감소시키는 행위를 한 경우로 이해하고, 그러한 소극적 기여 행위가 상속인의 구체적 상속분을 감소시키는 것은 아니라고 설명한다. 같은 취지, 시진국(2006), 700~701.

125) 정덕흥(1994), 62~63; 같은 취지, 변동열(2003), 895~896.

126) 배우자에 대한 생전증여에 관한 대법원 2011. 12. 8. 선고 2010다66644 판결 참조; 기여의 대

특별수익에 해당한다는 것이 대체적인 견해이므로, 기여의 대가인 유증을 특별수익에서 제외하기는 어려울 것이나,[127] 개별 사안에서 구체적인 형평을 고려할 때 유증을 특별수익에서 제외하는 방법을 고민할 필요는 있다.

한편, 기여의 대가인 증여나 유증이 그 기여에 대한 충분한 보상이 된다면 기여분을 인정할 필요가 없고, 증여나 유증이 기여 정도에 미치지 못하는 경우에 그 한도 내에서 기여분을 인정할 수 있다는 견해도 있다.[128] 그러나 증여나 유증이 기여에 대한 충분한 보상이 되는 경우라 해도 공동상속인이 협의로 기여분을 정할 수 있을 것이다. 또한, 어떠한 경우이든지 기여상속인이 기여의 대가를 받은 경우에는 이를 기여분 심판에서 고려해야 할 사항으로서 '기타의 사정'에 포함된다고 보아야 한다.[129]

3. 하급심 주요사례[130]

가. 기여분 인정사례

(1) 배우자의 기여분 인정사례[131]

① 피상속인의 후처가 고령의 시어머니를 봉양하고 전처 소생 자녀들을 양육하여 혼인시켰으며, 상속재산인 주택의 신축자금을 조달하고 그 신축공사를 직접 주도한 사안에서, 그 처의 기여분을 상속재산의 10%로 인정한 사례,[132] 피상속인의 처가 66년의 혼인생활 동안 피상속인 사업체의 내부 업무를 맡고, 그 경영에 참여하였으며, 사업체의 사업자금을 조달한 사안에서 그 처의 기여분을 상속재산의 15%로 인정한 사례가[133] 있다.

② 피상속인의 처가 약 60년의 혼인기간 동안 가사와 자녀양육을 전담하면서 피상속인을 내조하고, 피상속인이 사망 전에 간질환으로 투병하는 동안 병수발을 해 온 사안에서 그 처의 기여분을 상속재산의 20%로 정한 사례,[134] 피상

가인 증여나 유증은 원칙적으로 특별수익이 아니라는 견해로는 이승우(1999), 454; 같은 취지, 권재문(2016), 502.

127) 변동열(2003), 896 참조.

128) 이승우(1999), 454; 임채웅(2010), 399~400; 이은정(2013), 164, 169 등.

129) 임채웅(2010), 399~400; 같은 취지, 윤진수, 414; 권은민(1998), 539; 정덕흥(1994), 75; 이지수(1993), 765.

130) 아래에서 소개하는 사례 외에 1990년대 및 2000년대 초반 주요 심판례의 소개로 최상열(2000), 292~297 및 황정규(2003), 69~73 참조.

131) 배우자 기여분 운영에 관한 통계적인 분석으로는 이선미, "하급심 심판례 분석을 통해 본 배우자의 기여분 제도 운영 실태", 가정법원 50주년기념(2014) 및 김소영(2007), 851 이하 참조.

132) 서울가정법원 2003. 6. 26.자 2001느합86 심판.

133) 서울고등법원 2015. 11. 11. 선고 2015르199 등 판결.

134) 서울가정법원 2011. 11. 22.자 2010느합22 심판.

속인의 처가 피상속인과 별도로 각종 사업을 영위하여 생활비를 마련하고 상속재산 구입자금 일부를 조달했으며, 상속재산에 대한 임대, 관리 업무를 수행해 온 사안에서, 그 처의 기여분을 상속재산의 약 20%로 정한 사례가[135] 있다.

③ 피상속인이 처의 친정 재산으로 마련한 자금으로 사업을 시작하였고, 처가 피상속인과 공동으로 사업을 경영하였으며, 그 혼인기간이 약 60년이나 되는 사안에서 그 처의 기여분을 상속재산의 30%로 인정한 사례,[136] 피상속인의 처가 약 52년의 혼인기간 동안 피상속인과 함께 농사를 하며 모은 돈과 친정에서 증여받은 돈으로 부동산을 취득한 것을 시작으로 장사, 농사 등을 하면서 피상속인의 상속재산 형성, 유지, 증가에 기여한 사안에서, 그 처의 기여분을 상속재산의 30%로 인정한 사례,[137] 피상속인의 후처가 피상속인이 재산을 매수할 당시 그 자금을 보태고, 기타 피상속인이 가입한 보험의 보험금을 대신 납부했던 사안에서, 그 처의 기여분을 상속재산의 30%로 정한 사례가[138] 있다.

④ 피상속인의 처가 35년 동안의 혼인기간 동안 피상속인과 함께 서점을 운영하면서 그 수입으로 부동산 및 예금 등의 재산을 증식해 온 사안에서, 처의 기여분을 상속재산의 50%로 정한 사례가 있다.[139]

⑤ 피상속인은 혼인 중 별다른 소득이 없었는데, 피상속인의 처가 근로자로 얻은 수입으로 생활비를 마련하면서 상속재산인 유일한 부동산을 피상속인 명의로 취득하게 한 사안에서, 처의 기여분을 상속재산의 85%로 정한 사례가 있다.[140]

⑥ 피상속인의 처가 약 30년 동안의 혼인기간 동안 실질적으로 피상속인을 대신하여 생계를 전적으로 책임지고 피상속인을 부양해 온 사안에서 처의 기여분을 상속재산 전부인 100%로 인정한 사례도 있다.[141]

(2) 자녀의 기여분 인정사례

① 피상속인의 장남이 약 1년 7개월 동안 중풍 및 치매로 반신불수 상태에 있던 피상속인을 자신의 집에서 봉양, 간병한 사안에서 그의 기여분을 상속재산의 10%로 인정한 사례,[142] 피상속인의 아들 甲, 乙이 각각 14년 또는 17년간

135) 서울가정법원 2003. 7. 3.자 2000느합71, 77 심판.
136) 서울가정법원 2010. 1. 15.자 2007느합235 등 심판.
137) 창원지방법원 밀양지원 2011. 6. 10.자 2009느합1 등 심판.
138) 서울가정법원 2013. 1. 15.자 2011느합323 심판.
139) 서울가정법원 2015. 2. 11. 선고 2012드합9577 등 판결.
140) 서울가정법원 2012. 4. 6.자 2010느합257 심판.
141) 서울가정법원 2010. 10. 12.자 2010느합1 심판.
142) 서울고등법원 2006. 4. 26.자 2005브35 등 결정.

피상속인과 함께 살면서 상속재산인 토지 위에서 농사를 지으며 생활하였고, 특히 甲은 그 토지에 대한 세금을 납부해 온 사안에서 甲, 乙 각각의 기여도를 상속재산의 15%와 10%로 인정한 사례가[143] 있다.

② 피상속인의 3남이 중학교 졸업 이후 피상속인 사망시까지 부모와 함께 살면서 농사를 지으며 집안 경조사, 제사를 주관하였고, 피상속인이 농사를 중단한 이후에는 홀로 농사를 도맡으면서 생계를 이끌었으며, 피상속인 사망 15년 전부터 피상속인의 병수발을 들어온 사안에서, 상당한 액수의 부동산을 생전증여받은 점을 고려하여 그 아들의 기여분을 상속재산의 20%로 인정한 사례,[144] 피상속인의 아들이 약 30년간 피상속인과 동거하면서 피상속인을 부양하고, 피상속인이 주택을 취득할 때 약 1억 5,000만 원 자금을 지원한 사안에서, 그 아들의 기여도를 상속재산의 20%로 인정한 사례가[145] 있다.

③ 피상속인의 아들이 피상속인의 선거자금을 조달하고, 피상속인의 대출금채무를 여러 차례 대위변제하였으며, 피상속인을 모시고 생활하면서 생활비를 주로 부담하고 조상들의 제사도 모셔왔고, 피상속인의 입원비를 부담하고 간병한 사안에서 그 아들의 기여분을 40%로 인정한 사례,[146] 피상속인의 아들이 피상속인의 생활비와 병원비를 대부분 부담하고, 주말에 피상속인을 찾아와 생활을 돌보며, 피상속인이 거주하던 건물의 공과금, 수리·개량 비용을 부담한 사안에서, 그 아들의 기여분을 50%로 인정한 사례가[147] 있다.

④ 예외적인 것으로, 피상속인의 아들이 경제활동을 시작한 후부터 피상속인 사망시까지 약 30년 동안 피상속인과 함께 살았고, 피상속인이 유일한 상속재산인 부동산을 분양받는 데 필요한 모든 자금을 그 아들이 부담하였으며, 그동안 피상속인은 특별한 경제활동을 하지 않았던 사안에서, 그 아들의 기여분을 상속재산 전부인 100%로 인정한 사례와,[148] 피상속인의 자녀 1인이 홀로 피상속인을 봉양하고 부양하였고, 다른 자녀들은 피상속인을 전혀 부양하지 않았으며, 피상속인의 상속재산은 그 사망 당시 시가가 약 170만 원인 토지가 유일했던 사안에서, 그 자녀의 기여분을 100%로 인정한 사례가 있다.[149]

143) 서울가정법원 2008. 12. 5.자 2007느합209 심판.
144) 창원지방법원 밀양지원 2011. 6. 10.자 2009느합1 등 심판.
145) 서울가정법원 2011. 11. 22.자 2010느합22 등 심판.
146) 서울가정법원 2014. 12. 12.자 2013느합23 등 심판.
147) 서울가정법원 2014. 10. 15.자 2013느합30012 등 심판.
148) 서울고등법원 2010. 10. 29.자 2010브44 결정.
149) 서울가정법원 2014. 10. 16.자 2014느합30021 심판.

다. 기여분 부정 사례

① 피상속인의 딸이 중학교 졸업 이후 혼인할 때까지 약 10년 동안 집안일, 농사일을 하였고, 피상속인이 입원하였을 때 병간호를 한 적이 있으며, 피상속인이 농사일을 중단한 후 1년에 3개월 동안 피상속인을 부양했다는 사정만으로는 딸의 기여분을 인정하기 어렵다고 한 사례가 있다.[150)]

② 피상속인의 자녀들 중 혼외자가 피상속인의 사망시까지 피상속인과 함께 거주하였다는 사실만으로 그의 기여분을 인정하기 어렵다고 한 사례가 있다.[151)]

③ 피상속인의 장남이 피상속인의 사업체에 입사하여 여러 업무를 수행했다 하더라도, 그 사업체에서 자신의 노동에 대한 대가로 급여를 계속 수령해 왔다는 점에서, 그 장남의 특별한 기여를 인정하기 어렵다고 한 사례가 있다.[152)]

④ 미성년자인 피상속인의 모(母)가 그 부(父)와 별거한 이래 오랫동안 오로지 혼자서 그 피상속인을 양육하였다고 하더라도, 이는 부양의무의 이행에 불과하므로 그 기여분을 인정할 수 없다고 한 사례가 있다.[153)]

Ⅳ. 기여분을 고려한 상속분의 산정방법

1. 구체적 상속분의 산정방법

기여분을 고려한 상속인의 구체적 상속분은 본조 ①에 따라 아래와 같이 산정한다. 즉, 상속개시 당시 피상속인의 재산가액에서 기여분을 공제한 것을 상속재산으로 본다. 이 상속재산을 학설 또는 실무상 '상정상속재산' 또는 '간주상속재산'이라 한다. 이 상정상속재산에 법정상속분을 곱하여 상속분을 산정하는데, 기여상속인이 아닌 상속인의 경우에는 위와 같이 산정된 상속분이 곧 구체적 상속분이 되고, 기여상속인의 경우에는 위와 같이 산정된 상속분에 기여분을 가산한 액이 구체적 상속분이 된다. 실무상, 기여분이 비율로 정해질 때, 상정상속재산에서 공제되는 기여분은 상속개시 당시 상속재산의 가액에 그 비율을 곱한 금액으로 보고 있다.[154)]

---

150) 창원지방법원 밀양지원 2011. 6. 10.자 2009느합1 등 심판.

151) 서울가정법원 2010. 11. 2.자 2008느합86 등 심판.

152) 서울가정법원 2007. 3. 28. 선고 2005드합8811 등 판결; 서울고등법원 2015. 11. 11. 선고 2015르199 등 판결; 같은 취지 서울고등법원 2007. 11. 27. 선고 2007르750 등 판결.

153) 청주지방법원 제천지원 2011. 9. 14.자 2011느합2 심판; 대전고등법원(청주재판부) 2012. 2. 13.자 2011브4 결정.

154) 서울고등법원 2009. 9. 16.자 2009브18 결정; 서울가정법원 2008. 12. 5.자 2007느합209 심판; 서울가정법원 2010. 1. 15.자 2007느합235 등 심판 등 참조.

다만, 제3자에 대한 유증이 있는 경우 그 유증액은 상속인들의 몫이 아니므로 상정상속재산에서 제외하여 산정해야 한다.155) 반면, 상속인에 대한 유증이 있는 경우에는 아래에서 설명하는 §1008와 §1008－2의 동시적용설에 의할 때 그 유증이 특별수익으로 고려되므로 상정상속재산에서 제외할 필요가 없다.

2. 평가시점

본조①, ③의 문언 등을 고려할 때, 기여분의 평가시점은 상속개시시라고 해석된다.156)

3. 특별수익자는 없고 기여자만 있는 경우의 산정

피상속인의 상속인으로 처 A, 자녀 B, C, D가 있는데, 피상속인의 상속개시 당시 상속재산 총액은 2억 원이고, B의 기여분액이 2,000만 원으로 정해진 경우의 산정례이다.

상정상속재산 : 1억 8,000만 원 (= 상속재산 2억 원 － 기여분 2,000만 원) 이에 대한 법정상속분에 따른 상속인의 상속분은, A : 6,000만 원 (= 1억 8,000만 원 × 3/9) B, C, D : 각 4,000만 원 (= 1억 8,000만 원 × 2/9) 구체적 상속분은, A : 6,000만 원 B(기여자) : 6,000만 원 (= 위 4,000만 원 ＋ 기여분 2,000만 원) C, D : 4,000만 원

4. 기여자와 특별수익자가 다른 경우의 산정

가. 산정방법

특별수익에 의한 상속분의 수정(§1008)과 기여에 의한 상속분의 수정(§1008－2)이 이중으로 이루어져야 하는데, §1008와 §1008－2의 적용순서에 관하여 다음과 같은 견해를 생각할 수 있다. 첫째, 양자를 동시에 적용하는 동시적용설, 둘째, §1008에 의해 구체적 상속분을 먼저 산출한 후 그에 따라 산출된

155) 김소영(2007), 850; 황정규(2003), 74; 결과에 있어 같은 취지, 변동열, 896, 註 240; 시진국(2006), 701 이하의 계산례도 참조.

156) 김소영(2007), 840; 정덕흥(1994), 75; 기승우기여, 639; 박운길(2001), 207; 같은 취지, 권은민(1998), 538.

상속분을 기초로 기여분에 따른 상속분을 산정하는 §1008 우선적용설, 셋째, §1008-2에 의한 상속분 수정을 먼저 행한 후 그에 따라 산출된 상속분을 기초로 특별수익자의 상속분을 산정하는 §1008-2 우선적용설, 넷째, §1008에 의한 구체적 상속분과 §1008-2에 의한 구체적 상속분을 따로 산출한 뒤 양 규정에 의한 상속분의 조정을 하자는 개별조정설이 그것이다.[157] 민법은 §1008와 §1008-2의 우열을 정하지 않고 있다는 등의 이유로 양자를 동시에 적용해야 한다는 동시적용설이 통설이자[158] 확고한 실무례이다.[159]

나. 초과특별수익자가 없는 경우의 산정례

피상속인의 상속인으로 처 A, 자녀 B, C, D가 있는데, 피상속인의 상속개시 당시 상속재산 총액은 2억 원이고, B의 기여분액이 4,000만 원으로 정해졌으며, C가 피상속인으로부터 받은 생전증여액이 2,000만 원인 경우의 산정례이다.

상정상속재산 : 1억 8,000만 원 (= 상속재산 2억 원 + 생전증여액 2,000만 원 − 기여분 4,000만 원)
이에 대한 법정상속분에 따른 상속인의 상속분은,
A : 6,000만 원 (= 1억 8,000만 원 × 3/9)
B, C, D : 각 4,000만 원 (= 1억 8,000만 원 × 2/9)
구체적 상속분은,
A : 6,000만 원
B(기여자) : 8,000만 원 (= 위 4,000만 원 + 기여분 4,000만 원)
C(특별수익자) : 2,000만 원(= 위 4,000만 원 − 생전증여액 2,000만 원)
D : 4,000만 원

다. 초과특별수익자가 있는 경우의 산정례

피상속인의 상속인으로 처 A, 자녀 B, C, D가 있는데, 피상속인의 상속개시 당시 상속재산 총액은 2억 2,000만 원이고, B의 기여분액이 1,000만 원으로 정해졌으며, C가 피상속인으로부터 받은 생전증여액이 1억 5,000만 원인 경우의 산정례이다.

157) 위 각 견해의 소개로 김소영(2007), 849; 정덕흥(1994), 78; 위 각 견해에 따른 계산례로는 이희배(2001), 870 이하.

158) 곽윤직, 122; 윤진수, 414; 신영호·김상훈, 396; 권은민(1998), 543; 정덕흥(1994), 78; 이승우(1994), 645; 이희배(2001), 875; 박운길(2001), 209; 김소영분할, 785~786; 이은정(2011), 150; 같은 취지, 황정규(2003), 74; 한편, §1008-2를 우선 적용해야 한다면서도 결과에 있어서 같은 취지의 견해로 김주수·김상용, 713 및 박동섭, 친족상속, 591, 600~601.

159) 서울가정법원 1998. 9. 24.자 97느8349, 8350 심판; 서울고등법원 2006. 4. 26.자 2005브35 등 결정; 서울가정법원 2008. 12. 5.자 2007느합209 심판; 서울고등법원 2009. 9. 16.자 2009브18 결정; 서울가정법원 2010. 1. 15.자 2007느합235 등 심판 등; 김소영(2007), 849도 참조.

상정상속재산 : 3억 6,000만 원 (= 상속재산 2억 2,000만 원 + 생전증여액 1억 5,000만 원 − 기여분 1,000만 원)
이에 대한 법정상속분에 따른 상속인의 상속분은,
A : 1억 2,000만 원 (= 3억 6,000만 원 × 3/9)
B, C, D : 각 8,000만 원 (= 3억 6,000만 원 × 2/9)
C의 초과특별수익 : 7,000만 원
C가 초과특별수익자이므로 C가 존재하지 않는 것으로 가정한다.[160]
상정상속재산 : 2억 1,000만 원 (= 상속재산 2억 2,000만 원 − 기여분 1,000만 원)
이에 대한 법정상속분에 따른 상속인의 상속분은,
A : 9,000만 원 (= 2억 1,000만 원 × 3/7)
B, D : 각 6,000만 원 (= 2억 1,000만 원 × 2/7)
구체적 상속분은,
A : 9,000만 원
B(기여자) : 7,000만 원 (= 위 6,000만 원 + 기여분 1,000만 원)
C(초과특별수익자) : 0원
D : 6,000만 원

5. 기여자와 특별수익자가 같은 경우의 산정

가. 산정방법

판례는 피상속인이 생전에 기여자에게 특별수익으로서 증여 또는 유증을 한 경우에, 상속분 산정에서 특별수익 공제를 하는 것은 별론으로 하고 특별수익을 받은 사정을 기여분 불인정 사유로 고려하면 안 된다는 취지의 것이 있다.[161] 하급심 중에도 특별수익자에게 기여분을 인정하거나,[162] 특별수익자의 기여분결정 시 특별수익을 고려하여 결정한 사례가 있다.[163]

학설 중에는 판례와 같은 취지에서 이 경우 기여의 대가인 특별수익이 반환 또는 조정될 수 있기 때문에 특별수익을 받은 기여자도 기여분을 주장할 수 있다는 견해가 있다.[164] 이와 달리 기여의 대가인 증여나 유증이 그 기여에 대한 충분한 보상이 된다면 기여분을 인정할 필요가 없고, 증여나 유증이 기여 정도에 미치지 못하는 경우 그 한도 내에서 기여분을 인정할 수 있다는 견해도 있다.[165]

160) 초과특별수익자 부존재 의제설에 따른 설명이다. §1008 註釋 참조.
161) 대법원 1998. 12. 8. 선고 97므513 등 판결.
162) 서울가정법원 2003. 6. 26.자 2001느합86 심판.
163) 창원지방법원 밀양지원 2011. 6. 10.자 2009느합1 등 심판.
164) 정덕흥(1994), 62, 81.
165) 이승우(1999), 454; 이승우(1994), 646; 이희배(2001), 870; 유경미(2003), 139; 이은정(2013),

기여분을 인정할 수 있을 정도로 유증을 공제한 현존상속재산액이 많다면, 특별수익자에게 기여분을 인정하던지, 기여의 대가인 특별수익을 부정하던지, 결론에 있어서 큰 차이가 있지는 않을 것이나, 논리적으로는 판례와 같이 특별수익자에게도 기여분을 인정하는 것이 타당하다고 생각한다. 증여나 유증이 기여에 대한 충분한 보상이 되는 경우라 해도 공동상속인이 협의로 기여분을 정하는 것을 막을 수도 없다. 다만, 기여상속인이 기여의 대가를 받은 경우 이를 기여분 심판에서 고려해야 할 것이다.166)

나. 초과특별수익자가 아닌 경우의 산정례

피상속인의 상속인으로 처 A, 자녀 B, C, D가 있는데, 피상속인의 상속개시 당시 상속재산 총액은 2억 원이고, B가 피상속인으로부터 받은 생전증여액이 2,000만 원인데, B의 기여분액이 4,000만 원으로 정해진 경우의 산정례이다.

상정상속재산 : 1억 8,000만 원 (= 상속재산 2억 원 + 생전증여액 2,000만 원 − 기여분 4,000만 원)
이에 대한 법정상속분에 따른 상속인의 상속분은,
A : 6,000만 원 (= 1억 8,000만 원 × 3/9)
B, C, D : 각 4,000만 원 (= 1억 8,000만 원 × 2/9)
구체적 상속분은,
A : 6,000만 원
B(특별수익자, 기여자) : 6,000만 원 (= 위 4,000만 원 − 생전증여액 2,000만 원 + 기여분 4,000만 원)
C, D : 각 4,000만 원

다. 초과특별수익인 경우의 산정례

피상속인의 상속인으로 처 A, 자녀 B, C, D가 있는데, 피상속인의 상속개시 당시 상속재산 총액은 2억 2,000만 원이고, B가 피상속인으로부터 받은 생전증여액이 1억 5,000만 원인데, B의 기여분액이 1,000만 원으로 정해진 경우의 산정례이다. 여기서 주의할 점은 초과특별수익자에게 기여분이 인정되는 경우에는, 그 초과특별수익자가 기여분을 취득하게 해야 하므로, 초과특별수익자가 없는 것으로 의제하여 상속분을 산정하더라도, 상정상속재산에서 기여분을 공제한 뒤에 산정해야 한다는 것이다.

164, 169; 같은 취지, 신영호·김상훈, 393; 이경희, 444; 임채웅(2010), 399~400;

166) 임채웅(2010), 399~400; 같은 취지, 윤진수, 414; 권은민(1998), 539; 정덕흥(1994), 75; 이지수(1993), 765; 특히 초과특별수익을 받은 경우 이를 참작해야 한다는 것으로 정덕흥(1994), 62~63; 제요[2], 627 참조.

상정상속재산 : 3억 6,000만 원 (= 상속재산 2억 2,000만 원 + 생전증여액 1억 5,000만 원 − 기여분 1,000만 원)
이에 대한 법정상속분에 따른 상속인의 상속분은,
A : 1억 2,000만 원 (= 3억 6,000만 원 × 3/9)
B, C, D : 각 8,000만 원 (= 3억 6,000만 원 × 2/9)
B의 초과특별수익 : 7,000만 원
B가 초과특별수익자이므로 B가 존재하지 않는 것으로 가정한다.[167]
상정상속재산 : 2억 1,000만 원 (= 상속재산 2억 2,000만 원 − 기여분 1,000만 원)
이에 대한 법정상속분에 따른 상속인의 상속분은,
A : 9,000만 원 (= 2억 1,000만 원 × 3/7)
C, D : 각 6,000만 원 (= 2억 1,000만 원 × 2/7)
구체적 상속분은,
A : 9,000만 원
B(초과특별수익자, 기여자) : 기여분 1,000만 원
C, D : 각 6,000만 원

Ⅴ. 기여분의 양도 · 상속 · 포기

기여분은 상속분의 수정요소이므로 상속분과 분리하여 양도할 수 없으나, 상속분의 양도가 있으면 기여분도 이에 수반하여 같이 양도된다는 것이 다수설이다.[168] 따라서 상속분을 양수한 사람은 기여분을 청구할 수 있다고 본다.[169] 이에 대해 기여분이 협의 또는 심판에 의해 결정된 이후에야 기여분을 양도할 수 있고, 그 결정 전에 양도를 인정하면 제3자가 공동상속인 사이에 끼어 들어 기여분을 주장하게 되어 부당하다는 이유로 그 결정 전에는 기여분을 양도할 수 없다는 견해가 있으나,[170] 불확정적이고 조건이 달린 재산권의 양도도 가능하므로 그렇게 제한하여 해석해야 할 이유가 있는지 의문이다.

상속개시 후 기여분이 결정되기 전에 기여분청구권자가 사망한 경우 그의 상속인들이 기여자의 기여분을 주장할 수 있는지에 관하여, 기여분은 일종의 재산권이라는 등의 이유로 이를 긍정하는 것이 통설이다.[171] 즉 기여분은 상속

167) 초과특별수익자 부존재 의제설에 따른 설명이다. §1008 註釋 참조.

168) 곽윤직, 124~125; 송덕수, 336; 오시영, 581~582; 권은민(1998), 540; 김소영(2007), 835; 정덕흥(1994), 53; 이승우(1999), 461; 유경미(2003), 143~144.

169) 김소영(2007), 845; 정덕흥(1994), 64; 유경미(2003), 144.

170) 김주수 · 김상용, 714; 박동섭, 친족상속, 599; 이경희, 444~445; 권은민(1998), 540; 어인의(1994), 599; 박운길(2001), 196.

171) 곽윤직, 124~125; 박동섭, 친족상속, 599; 신영호 · 김상훈, 397; 정덕흥(1994), 53; 이승우(1999), 461; 어인의(1994), 599; 유경미(2003), 143~144; 박운길(2001), 196; 같은 취지, 김주수 ·

이 될 수 있다.

상속개시 후에는 기여분의 포기가 가능하다는 것이 통설이다.[172] 한편, 상속개시 전에도 기여분에 대한 포기가 가능하다는 견해가 있으나,[173] 상속개시 전에는 상속포기가 허용되지 않으므로 기여분권자가 기여분만을 포기하지 못한다고 해석하는 것이 다수이다.[174] 한편, 학설은 상속재산분할이 이루어지면 기여자는 특별한 사정이 없는 한 기여분을 포기한 것이고 본다.[175]

Ⅵ. 기여분과 유류분의 관계

1. 유류분 침해를 초래하는 기여분 인정의 허부

다른 공동상속인의 유류분을 침해하는 기여분이 정해지더라도 유효하고, 기여분은 유류분반환의 대상이 아니라는 것이 대체적인 견해이다.[176] 그 근거로는 유류분 제도와 기여분 제도의 취지가 서로 다른 점, §1118는 본조를 유류분에 준용하고 있지 않은 점, §1115①은 증여 또는 유증으로 유류분에 부족이 생긴 때 유류분반환을 청구할 수 있다고 규정하는데 기여분은 증여 또는 유증이 아니라는 점 등이 제시되고 있다.

대법원 2015. 10. 29. 선고 2013다60753 판결 역시 기여분으로 인해 유류분에 부족이 생겼다고 해도 유류분권리자는 그 기여분에 대해 반환을 청구할 수 없다고 하였다.

다만, 기여분을 과다하게 정하여 다른 공동상속인의 유류분을 침해하게 하는 것은 바람직하지 않으므로, 다른 상속인의 유류분은 기여분결정 심판시 고려해야 할 사항으로서 '기타의 사정'에 포함된다는 것이 다수의 견해이다.[177] 반면, 하급심 중에는 기여분을 100%로 정하면서, 기여분은 유류분에 우선하고

김상용, 714.

172) 곽윤직, 124; 김주수·김상용, 714~715; 신영호·김상훈, 397; 오시영, 582; 이경희, 445.

173) 오시영, 582~583; 같은 취지, 신영호·김상훈, 397.

174) 곽윤직, 124; 박동섭, 친족상속, 599; 송덕수, 336; 이지수(1993), 750.

175) 박동섭, 친족상속, 599; 오시영, 582.

176) 곽윤직, 119~120; 윤진수, 413; 김주수·김상용, 713~714; 박동섭, 친족상속, 591; 송덕수, 335~336; 신영호·김상훈, 398; 김소영(2007), 841; 정덕흥(1994), 86; 최상열(2000), 301; 이승우(1994), 633; 권은민(1998), 540; 변동열, 894; 이지수(1993), 768; 황정규(2003), 63; 권재문(2016), 494; 이은정(2011), 148; 정구태(2016), 62; 같은 취지, 임채웅(2010), 409; 종래 이러한 견해를 따랐던 실무례로는 서울고등법원 2010. 10. 29.자 2010브44 결정 등.

177) 윤진수, 413~414; 김소영(2007), 841; 정덕흥(1994), 75; 이승우(1994), 634, 637; 이지수(1993), 771; 박운길(2001), 210; 변동열, 894; 정구태(2016), 62~63; 같은 취지, 어인의(1994), 599.

다른 공동상속인의 유류분을 침해하는 기여분이 정해지더라도 유효하다는 이유로, 유류분을 고려하여 기여분을 정해야 한다는 주장을 배척한 것이 있다.[178] 이에 따르면 우리 실무는 기여분 심판시 유류분 침해 여부를 크게 고려하고 있지 않은 것으로 보인다.

2. 기여분이 있는 경우 유류분의 산정방법에 관한 문제

가. 유류분 산정방법 개설

유류분 가액은 유류분 산정의 기초가 되는 재산 가액에 유류분권리자의 유류분율(§1112)을 곱하여 산정한다. 여기서 '유류분 산정의 기초가 되는 재산' 가액은 피상속인의 상속개시시 재산의 가액에 증여재산의 가액을 가산하고 채무의 전액을 공제하여 산정한다(§1113).

유류분 부족액의 산정공식은 아래와 같다.[179]

유류분 부족액 = A(유류분 산정의 기초가 되는 재산액) × B(그 상속인의 유류분 비율) − C(그 상속인의 특별수익액) − D(그 상속인의 순상속액) A = 적극적 상속재산 + 산입될 증여 − 상속채무액 B = 법정상속분의 1/2 또는 1/3 C = 당해 유류분권리자의 수증액 + 수유액 D = 당해 유류분권리자의 구체적 상속분 − (소극재산 × 법정상속분)

나. 기여분결정 이전

판례는 기여분이 결정되기 전에 유류분권리자가 기여상속인을 상대로 유류분반환을 청구를 하는 경우 기여상속인이 자신의 기여분을 공제할 것을 항변으로 주장할 수 없다고 한다.[180] 이에 대해 비판적인 견해도 있으나,[181] 학설은 일반적으로 상속재산분할 전에 민사법원이 유류분반환청구 소송에서 기여분을 고려할 수 없고, 판례도 같은 취지라고 설명한다.[182]

여기서 기여상속인이 기여분 공제 항변을 한다는 것은 실무상으로는 여러 가지 의미가 있을 수 있다. 즉, ① 유류분 산정의 기초 재산에서 기여분을 공제

---

178) 서울고등법원 2010. 10. 29.자 2010브44 결정(심리불속행으로 상고기각).

179) 윤진수, 568; 최준규(2017), 3; 이 공식은 하급심 실무에서도 통용되고 있다. 의정부지방법원 고양지원 2006. 11. 24. 선고 2005가합4307 판결; 서울고등법원 2010. 3. 26. 선고 2009나21722 판결; 2017. 11. 23. 선고 2016나2042143 판결 등

180) 대법원 1994. 10. 14. 선고 94다8334 판결.

181) 권재문(2016), 492~493.

182) 윤진수(2007), 270; 변동열, 901, 903; 정구태(2008), 468; 같은 취지 이지수(1993), 768.

해야 한다는 취지의 주장일 수 있고[이에 대해서는 아래 다. (2) 참조],[183] ② 유류분반환액 산정시 유류분권리자의 순상속액에서 고려해야 한다는 취지의 주장일 수 있으며[이에 대해서 아래 다. (3) 참조],[184] ③ 기여상속인이 반환하여야 할 유류분부족액에 대하여 기여분액을 공제해야 한다는 의미일 수도 있다.[185] 그러나 마지막 ③ 주장은 학설로는 주장되지 않고 실무에서 간혹 주장되는 것인데, 이는 현행 민법의 기여분 제도를 오해한 것이다. 기여분은 현존상속재산에 대한 법정상속분의 수정 요소에 불과하지 다른 공동상속인에 대하여 추가적인 급부를 요구하는 권리는 아니기 때문이다.

기여분이 결정되기 이전에 유류분반환청구 소송에서 기여분액을 정확하게 산정하는 것은 사실상 불가능하다.[186] 기여분은 공동상속인이 협의로 정하거나 가정법원의 재량으로 정하므로, 유류분반환청구 소송을 담당하는 민사법원이 이를 예측하기 어렵기 때문이다. 다만 기여분을 결정하는 1심 심판이 있었으나 항고되어 아직 확정되지 않은 경우, 그 심판 내용이 항고심에서 변경될 가능성이 없다고 예측되는 경우에는, 유류분반환청구 소송에서 기여분을 고려하여 유류분부족액을 산정하는 것이 반드시 불가능하다고 단정할 것은 아니다.

한편, 판례는 상속재산분할협의가 사해행위인 경우 그 취소의 범위는 특별수익과 기여분에 의해 수정된 구체적 상속분을 기준으로 하여 이에 미달하는 부분이라고 하였다.[187] 이에 따르면, 채권자취소 사건을 담당하는 민사법원은 기여분을 고려하여 사해행위의 범위를 판단해야 한다. 이와 같이 채권자취소 사건을 담당하는 민사법원이 기여분을 고려할 수 있는데도, 유류분반환청구 소송에서는 기여분을 고려할 수 없다는 판례의 태도는 부당하다는 비판이 있다.[188] 그러나 상속재산분할협의가 사해행위인지 여부가 문제되는 경우는 상속재산분할협의가 완료된 후로서 기여분 결정 여부나 그 액수가 이미 정해져 있는 경우이므로, 상속재산분할이 완료되지 않아 기여분이 결정되기 이전에 유류분반환청구 소송이 제기된 경우와는 상황이 다르다.[189] 전자의 경우 민사법원은 그러

183) 이렇게 이해하는 것으로 임채웅(2010), 414, 註 71.

184) 이렇게 이해하는 것으로 오병철(2017), 57.

185) 대법원 2015. 10. 29. 선고 2013다60753 판결 사안에서도 기여상속인이 이런 의미로 기여분 공제 주장을 하였다.

186) 같은 취지, 최준규(2017), 5; 현실적으로 상속재산 분할이 있기 전에 기여분을 고려할 방법이 없다는 견해로는 윤진수(2007), 270.

187) 대법원 2001. 2. 9. 선고 2000다51797 판결.

188) 권재문(2016), 492~493.

189) 최준규(2017), 5.

한 상속재산분할협의가 없었더라면 이루어졌을 상황을 탐구하고, 그 분할협의가 사해행위로 취소되더라도 그 이후에 법원이 탐구한 것과 다른 내용의 분할협의가 다시 이루어질 수 있는 것은 아니다. 그러나 후자의 경우 민사법원이 기여분의 결정 여부와 그 액수를 판단하더라도 추후 그와 다른 내용의 기여분이 협의 또는 심판에 의해 결정될 수 있다.[190]

다. 기여분결정 이후

(1) 유류분반환청구권의 포기 여부

기여분이 협의에 의해 결정된 경우 공동상속인들 사이의 유류분반환청구는 포기한 것으로 보아야 한다는 견해가 있다.[191] 대체로는 그와 같이 볼 수 있을 것이나, 유류분반환청구의 포기 여부는 기여분 협의의 구체적 내용과 경위 등을 따져서 개별적으로 판단해야 할 문제라고 생각된다.[192]

판례 중에는 상속재산분할심판 사건에서 유류분 주장을 철회한 것은 유류분반환청구가 가정법원의 관할에 속하지 않는 점을 고려한 것이어서, 이로써 사법상 유류분반환청구를 포기한 것으로 볼 수 없다는 취지의 것이 있다.[193]

(2) 기여분을 유류분 산정의 기초재산에서 공제할 것인지 여부

기여분이 협의 또는 심판에 의해 결정된 경우 기여분을 유류분 산정의 기초재산에서 제외해야 하는지가 문제된다.

본조 ①에서 상속개시 당시의 상속재산 가액에서 기여분을 공제한 것을 상속재산으로 본다고 하는 점, 기여분은 유류분반환의 대상이 아니라는 점, 공동상속인 사이의 형평 등을 이유로 이를 긍정하는 견해(긍정설)와[194], 기여분을 유류분 산정의 기초재산에서 공제할 법적 근거가 없다는 등의 이유로 이를 부정하는 견해(부정설)가[195] 대립한다. 기여분이 협의로 정해진 경우에는 공제되지만, 심판으로 정해진 경우에는 공제되지 않는다는 견해(절충설)도 있다.[196]

대법원 2015. 10. 29. 선고 2013다60753 판결은 유류분을 산정함에 있어 기

---

190) 이봉민(2018), 82.

191) 박동섭, 친족상속, 591; 오시영, 573~574; 이경희, 443; 변동열, 894~895; 같은 취지, 최상열(2000), 301.

192) 같은 취지, 최준규(2017), 10, 註 40.

193) 대법원 2002. 4. 26. 선고 2000다8878 판결.

194) 윤진수, 412, 597; 최준규(2017), 8~10, 37~43; 오시영, 573; 권재문(2016), 497 이하; 이은정(2011), 149; 오병철(2006), 217~219; 오병철(2017), 54~55; 같은 취지, 신영호·김상훈, 399; 곽동헌(1990), 203~205, 211; 어인의(1994), 598~599.

195) 임채웅(2010), 408~409; 변동열, 840; 최상열(2000), 302; 시진국(2006), 712; 정구태(2016), 61~62.

196) 이청조·김보현(2003), 113~114.

여분을 공제할 수 없다고 하여 부정설을 따르고 있다. 헌법재판소 2018. 2. 22. 선고 2016헌바86 결정도 기여분이 결정되었더라도 기여분은 유류분 산정의 기초재산에서 제외될 수 없다는 취지이다.

긍정설에 의하면, 유류분 산정의 기초재산에서 기여분이 공제되는 결과 기여분으로 인해 유류분이 침해되는 결과 자체가 생기지 않는다. 긍정설에서도 경청해야 할 지적들이 있으나, 사견(私見)으로는 판례와 같이 부정설이 타당하다고 생각된다. 그 이유는 다음과 같다.[197] §1113①은 유류분을 산정함에 있어 상속재산 가액에 증여재산 가액을 가산하고 채무 전액을 공제하여 산정한다고 규정하고 있을 뿐이고, §1118은 §1008를 유류분에 준용할 뿐 본조를 유류분에 준용하고 있지 않다. 달리 기여분을 유류분 산정의 기초재산에 공제할 법적 근거가 없다. 또한, 유류분 제도의 취지는 상속인이 받아야 할 최소한의 상속분을 법에 의하여 보장해 주는 것인데, 기여분을 유류분산정의 기초재산에서 공제하면 유류분권리자의 유류분액도 줄어드는 결과가 되어, 유류분 제도의 취지에 부합하지 않는다. 법적 근거가 없음에도 기여분 결정으로 인해 다른 공동상속인의 유류분액까지 줄이는 결과는 부당하다. 기여분이 유류분반환의 대상이 되지 않는 결과 유류분권리자가 자신의 유류분부족액을 모두 반환받을 수 없게 되더라도, 이것과 유류분권리자의 유류분액 자체를 줄이는 것은 별개의 문제이다. 즉 기여분이 유류분반환의 대상이 되지 않더라도, 이것과 기여분을 유류분 산정의 기초재산에서 공제할 것인지는 다른 문제이다. 한편, 기여분이 협의로 정해진 경우와 심판으로 정해진 경우를 구분할 합리적인 근거가 없으므로 절충설은 따르기 어렵다.

판례(부정설)에 따르면, 기여분 인정 여부에 따라 기여상속인이 아닌 다른 상속인들의 유류분액 자체가 달라지지는 않는다.[198] 그러나 기여분이 인정됨에 따라, 그만큼 상속재산 중 다른 공동상속인이 차지하는 몫이 줄어들어 그의 순상속액이 줄어들 수 있으므로, 그 다른 공동상속인의 유류분부족액은 증가할 수 있다.[199]

(3) 유류분권리자의 순상속액 산정 시 기여분의 고려 여부

기여상속인의 기여분 만큼 다른 공동상속인들이 취득하는 순상속액은 줄어들게 되는데, 기여상속인이 아닌 유류분권리자의 유류분반환액을 산정할 때

197) 자세한 내용은 이봉민(2018), 86~89 참조.
198) 임채웅(2010), 409; 같은 취지, 변동열, 893.
199) 임채웅(2010), 409; 같은 취지, 변동열, 893.

그 기여분을 고려하여 유류분권리자가 최종적으로 취득한 순상속액을 기초로 그 유류분권리자의 유류분반환액을 산정해야 한다. 이는 기여상속인이 유류분권리자인 경우에도 마찬가지로서 기여상속인의 순상속액을 산정할 때에도 기여분이 고려되어야 한다. 이에 대해 이설이 없는 것으로 보인다.[200)]

다만, 기여상속인이 청구할 수 있는 유류분반환의 범위에 관하여 문제가 있다. 기여상속인의 기여분을 포함한 순상속액과 특별수익액의 합계액이 유류분액을 초과함에도, 기여분을 제외한 나머지 상속액이 유류분액에 미달된다는 이유로 유류분반환을 청구할 수 있는지 여부이다. 즉, 기여상속인이 청구할 수 있는 유류분부족액을 산정하는 데 있어 기여분을 공제할 것인지 여부의 문제라고 할 수 있다. 학설은 나뉘는데, 이를 긍정하는 견해[201)]와 부정하는 견해[202)]가 대립한다.

생각건대, 유류분 제도는 유류분권리자가 상속으로 얻을 수 있었던 이익 중 법정 최소한도를 정한 것이므로, 유류분권리자가 기여분을 통하여 얻은 상속이익을 제외하여 산정하는 것은 유류분 제도의 취지에 맞지 않는다. 기여분도 구체적 상속분의 한 부분이므로 그에 기하여 유류분권리자가 최소한의 상속분을 받았으면 족하지, 유류분반환의 국면에서 반드시 기여상속인과 다른 상속인 사이에 기여분 만큼의 차이가 나야 한다고 볼 근거가 없다.[203)] 따라서 기여상속인이 받은 기여분을 포함하여 그의 순상속액과 특별수익액의 합계액이 유류분액을 넘는 경우에는 유류분반환을 청구할 수 없다고 해석함이 타당하다.[204)]

(4) 기여분으로 인한 유류분반환청구액의 변화

이상의 논의를 전제로 하면 기여분 인정으로 유류분반환청구액이 변화하는 문제가 생길 수 있다.

예를 들어, 피상속인 사망시 상속인은 자녀 A, B만 있고, 현존상속재산은

200) 최준규(2017), 7; 오병철(2017), 56; 같은 취지, 변동열, 898~890; 정구태(2016), 62.

201) 최준규(2017), 21~22(이 견해는 기여분을 유류분 산정의 기초재산에서 공제하는 기여분공제설을 취하므로 그 연장선에서 순상속액에서도 기여분을 제외해야 한다고 한다); 같은 취지, 정덕흥(1994), 86~88; 최상열(2000), 302, 註 51; 황정규(2003), 68[이 견해들은 일본 학설 중 아래에서 설명하는 이른바 '기여분확보설'을 지지하고 있다. 이에 대해 위 '기여분확보설'은 제3자가 유류분반환의무자인 경우에 문제되는 경우로서 공동상속인이 반환의무자인 경우에는 적용될 여지가 없다는 지적으로는 시진국(2006), 713, 註 159].

202) 변동열, 900; 이은정(2011), 149; 같은 취지, 오병철(2006), 220~221; 오병철(2017), 56; 시진국(2006), 713~714.

203) 변동열, 900.

204) 더 자세한 내용은 이봉민(2018), 91~92 참조.

채무 없이 1억 원이며, 피상속인이 A에게 1,000만 원의 유증을 한 경우에, 그 특별수익을 고려하여 A는 4,000만 원[205]의 상속재산과 1,000만 원의 유증을 받고, B는 5,000만 원[206]의 상속재산을 받는다. 이 경우 B는 유류분액 2,500만 원[207] 이상의 만족을 얻으므로, B의 유류분침해의 문제는 생기지 않는다. 그런데 이 경우에 A에게 6,000만 원의 기여분이 결정되었다면, A는 7,000만 원[208]의 상속재산과 1,000만 원의 유증을 받고, B는 2,000만 원[209]의 상속재산을 받게 되고, 이에 따라 B에게 500만 원의 유류분부족액이 발생한다. 그렇다면 B는 A에게 위 유증에 대해 500만 원의 유류분반환을 청구할 수 있는가?

사견(私見)으로는 이러한 유류분반환청구는 인정하여서는 안 된다고 생각한다. B에게 유류분부족액이 생긴 것은 피상속인이 A에게 유증을 하였기 때문이 아니라, A에게 기여분이 인정되었기 때문이다. 즉 상속개시 당시에는 B의 유류분부족액이 생기지 않은 상황이었으나, 그 이후 기여분이 결정됨으로써 B에게 유류분부족액이 생기게 되었다. 원래 유류분을 침해하지 않았던 A에 대한 유증이 기여분이 결정되었다고 하여 새삼스레 유류분을 침해한다고 볼 수 없다. B가 유류분부족액을 모두 반환받지 못하게 되는 결과는 A에 대한 유증이 있기 때문이 아니라 A의 기여분이 유류분의 반환의 대상이 되지 않기 때문이다. 기여분이 다액으로 결정되어 유류분을 침해하더라도 기여분은 증여 또는 유증이 아니므로 유류분반환의 대상이 아니라는 것이 다수설이다. 그런데도 이 경우 유증에 대해 유류분반환청구를 인정하면 피상속인의 처분의 자유가 부당하게 제한된다. 기여상속인이 마침 유증도 받았다고 하여, 기여분 대신 유증에 대한 유류분반환을 구할 수 있게 되는 것은 기여분이 유류분 반환의 대상이 되지 않는 결과를 우회하는 것으로 피상속인의 의사에 반하기 때문이다.

한편, 피상속인 사망시 상속인은 자녀 A, B만 있고, 현존상속재산은 채무 없이 1억 원이며, 피상속인이 A에게 8,000만 원의 유증을 한 경우는 어떠한가? A는 초과특별수익자이므로, 8,000만 원의 유증만 받고, B는 2,000만 원의 상속재산을 받는다. 따라서 B에게 500만 원의 유류분부족액이 발생하고, A에게 위 유증에 대하여 500만 원만큼 유류분반환을 청구할 수 있다. 이 경우 A에게

205) = 현존상속재산 1억 원(유증 포함) × 법정상속분 1/2 − 유증액 1,000만 원

206) = 현존상속재산 1억 원(유증 포함) × 법정상속분 1/2

207) = 현존상속재산 1억 원(유증 포함) × 법정상속분 1/2 × 유류분비율 1/2(§1112 i)

208) = {현존상속재산 1억 원(유증 포함) − 기여분 6,000만 원} × 법정상속분 1/2 − 유증액 1,000만 원 + 기여분 6,000만 원

209) = {현존상속재산 1억 원(유증 포함) − 기여분 6,000만 원} × 법정상속분 1/2

1,000만 원의 기여분이 결정되었다면, A는 1,000만 원의 상속재산과 8,000만 원의 유증을 받고, B는 1,000만 원의 상속재산을 받는다. 따라서 B에게 1,500만 원의 유류분부족액이 발생한다. 이 경우에 B는 A에게 위 유증에 대해 1,500만 원만큼 유류분반환을 청구할 수 있는가? 이 경우에도 B의 유류분부족액이 그 이전보다 1,000만 원 증가한 것은 A에 대한 유증 때문에 발생한 것이 아니라, A에게 기여분이 인정되었기 때문에 발생한 것이다. 따라서 B는 A에 대한 유증에 대해 500만 원만큼만 유류분반환을 청구할 수 있다고 보아야 한다.

요컨대, 기여분으로 인해 비로소 발생하거나 증가한 유류분 부족액에 대해서는 유류분반환을 청구할 수 없다고 해석해야 한다.

(5) 제3자에 대한 유류분반환청구 범위

(가) 개설

기여상속인이 있는데 상속인이 아닌 제3자가 유류분반환의무자일 때 그 반환범위가 어디까지인가는 해석상 어려운 문제이다. 예를 들어, 피상속인의 상속인으로는 자녀 A, B, C가 있는데, A에게 1,500만 원의 기여분이 인정되고, 피상속인이 상속개시 전 1년 이내에 제3자인 T에게 6,000만 원을 증여하였으며, 상속개시 당시 상속재산은 3,000만 원인 경우에 B, C의 유류분반환청구액은 얼마인가?[210)]

(나) 학설

일본의 학설에서는 유류분확보설, 자유분확보설, 기여분확보설이 주장된다.[211)] 자세한 내용은 §1115 註釋 참조.

① '유류분확보설'은 유류분권리자에게 최소한의 유류분액을 취득시키는 것을 전제로 하여 기여분을 포함한 각자의 취득액이 유류분액을 초과하는지 여부를 검토하는 것으로서, 기여상속인이 자신의 기여분을 포함한 상속액이 유류분을 넘는 경우에는 유류분반환을 청구할 수 없고 나머지 공동상속인들이 자신의 유류분부족액을 제3자에게 반환청구할 수 있다는 것이다. 이에 따르면 아래와 같이 산정된다.

상속재산 중 A는 2,000만 원[212)], B, C는 각 500만 원[213)]을 취득한다.

210) 변동열, 896~897의 사례.
211) 이하의 설명은 新注民(27), 271~272(有地·犬伏) 참조.
212) = (현존상속재산 3,000만 원 − 기여분 1,500만 원) × 법정상속분 1/3 + 기여분 1,500만 원
213) = (현존상속재산 3,000만 원 − 기여분 1,500만 원) × 법정상속분 1/3

> A, B, C의 각 유류분은 각 1,500만 원[214]이다. 따라서 B, C의 유류분부족액은 각 1,000만 원이다.
>
> A는 유류분 이상으로 상속재산을 취득하였으므로 유류분반환을 청구할 수 없고, B, C는 T에 대하여 각 1,000만 원씩 유류분반환을 청구할 수 있다.
>
> 결과적으로, A는 2,000만 원, B, C는 각 1,500만 원, T는 4,000만 원을 취득한다.

② '자유분확보설'은 기여상속인이 자신의 기여분을 포함한 상속액이 유류분을 넘는 경우에는 유류분반환을 청구할 수 없으나, 피상속인이 자유분액을 우선 수증자 또는 수유자에게 보장하고, 유류분권리자는 자유분을 침해하지 않는 범위 내에서만 유류분반환을 청구할 수 있다는 것이다. 이에 따르면 아래와 같이 산정된다.

> A, B, C에게 인정된 유류분액 총액은 4,500만 원이고, 피상속인이 자유롭게 증여 또는 유증할 수 있는 자유분액은 총 4,500만 원이다.
>
> T가 유류분으로 반환해야 할 액은 4,500만 원을 초과하는 부분으로서, 총 1,500만 원이다.
>
> 따라서 유류분액에 부족이 있는 B, C는 T에 대하여 각자 750만 원씩을 청구할 수 있다.
>
> 결과적으로 A는 2,000만 원, B, C는 각 1,250만 원(= 500만 원 + 750만 원), T는 4,500만 원을 취득한다.

③ '기여분확보설'은 제3자가 반환해야 할 유류분부족액은 피상속인의 자유분을 초과하는 것을 한도로 하나, 기여상속인을 포함한 모든 공동상속인들에게 있어 유류분침해가 있는지 여부를 검토하고, 기여분과는 관계없이 침해액을 유류분권리자의 법정상속분별로 나누어 반환을 인정하는 것이다.[215] 일본의 다수설은 기여분확보설이다.[216] 이에 따르면 아래와 같이 산정된다.

> 유류분침해액은 총 1,500만 원(6,000만 원 − 4,500만 원)이다.
>
> A, B, C는 T에 대하여 유류분반환으로 각각 500만 원을 청구할 수 있다.
>
> 결과적으로 A는 총 2,500만 원(= 기여분 1,500만 원 + 상속재산 500만 원 + 유류분반환액 500만 원), B, C는 각 1,000만 원(= 상속재산 500만 원 + 유류분반환액 500만 원), D는 4,500만 원을 취득한다.

214) = (현존상속재산 3,000만 원 + 증여액 6,000만 원) × 법정상속분 1/3 × 유류분비율 1/2

215) 일본의 각 학설에 따른 계산례는 곽동헌(1990), 200 이하; 新注民(27), 271 이하(有地·犬伏) 참조.

216) 新注民(27), 272~273(有地·犬伏) 참조.

우리 문헌 중에는 유류분확보설을 지지하는 견해[217], 기여분확보설을 지지하는 견해가[218] 있고, 유류분 산정의 기초재산에서 기여분을 공제한 다음 유류분부족액을 산정하는 이른바 '기여분공제설'을 주장하는 견해가[219] 있다.

(다) 사견(私見)

우선, 기여분확보설은 앞서 설명한 것처럼 기여상속인의 기여분도 구체적 상속분의 한 부분이고 유류분부족액을 산정할 때 이를 제외할 수 없으므로 타당하지 않다.[220] 기여분공제설은 앞서 설명한 것처럼 유류분 산정의 기초재산에서 기여분을 공제할 근거가 없으므로 이 역시 타당하지 않다.

유류분확보설은 유류분권리자가 기여상속인에게 반환청구하지 못하는 유류분부족액을 제3자에게 전가하는 것이므로 타당하지 않다. 유류분확보설의 결론을 용인하면, 상속인들의 협의로 기여상속인의 기여분을 과다하게 정함으로써 유류분권리자의 유류분부족액을 과다하게 늘려 제3자로부터 더 많은 반환을 받아내는 것이 가능해지고, 이는 전체적으로 제3자에게 증여 또는 유증된 재산을 전체 공동상속인 앞으로 빼앗아 오는 결과를 낳는다.[221] 이는 결국 기여분이 유증에 우선하는 결과가 되고,[222] 본조 ③의 취지를 몰각하게 되어 부당하다.

생각건대, 이 문제도 상속개시 당시의 유류분반환청구액이 그 이후 기여분 결정으로 인해 변화했기 때문에 발생하는 것이므로, 유류분권리자의 유류분부족액이 피상속인의 증여나 유증 때문에 발생한 것이 아니라, 기여분이 인정되었기 때문에 발생한 부분은 유류분반환을 청구하지 못한다고 해석해야 한다. 다만 기여분이 인정되었다는 이유로 특별수익자가 망외의 이익을 얻어서는 안 되므로, 기여상속인이 기여분이 없었더라면 청구할 수 있었던 유류분반환액은 다른 유류분권리자들이 그 유류분반환청구액의 비율대로 반환을 청구할 수 있다고 해석해야 한다.

즉 설례에서, 기여분이 인정되지 않았다면, A, B, C는 1,000만 원씩의 상속재산을 받았을 것이고, 유류분액은 모두 1,500만 원, 그 유류분부족액은 모두

217) 변동열, 899 이하.

218) 정덕흥(1994), 86~88; 최상열(2000), 302, 註 51; 황정규(2003), 68.

219) 윤진수, 599; 최준규(2017), 35 이하; 곽동헌(1990), 203~205, 211; 어인의(1994), 598~599.

220) 일본에서도 기여분확보설은 유류분이 유류분권리자의 최저한도를 보장한다는 의미가 없어지고, 기여상속인이 아닌 유류분권리자의 유류분보장액이 아주 낮아지는 결과가 된다는 비판이 있다. 新注民(27), 272(有地·犬伏) 참조.

221) 변동열, 901은 이러한 결과는 어쩔 수 없고, 사안에 따라 §103를 적용할 수 있다고 한다.

222) 新注民(27), 272(有地·犬伏).

500만 원이므로, A, B, C는 T에 대하여 각자 500만 원씩 유류분반환을 청구할 수 있었을 것이고, T는 총 1,500만 원을 유류분으로 반환하면 되었을 것이다. 그런데 이후 A에게 1,500만 원의 기여분이 인정됨으로써, A는 2,000만 원, B, C는 각 500만 원씩의 상속재산을 받게 되었다. 그 결과 A는 유류분 이상의 상속재산을 취득하게 되고, B, C의 유류분부족액은 모두 1,000만 원이 되었다. 이때 B, C의 유류분부족액이 증가한 것은 위 증여 때문이 아니라, A에게 기여분이 인정되었기 때문에 발생한 것이다. 다만 A에게 기여분이 인정되었다는 이유로 T가 종전보다 유류분반환을 적게 하게 되면 T에게 망외의 이익을 주는 것이므로, A가 유류분반환을 청구할 수 있었던 500만 원은 B, C의 유류분반환청구액의 비율대로 B, C에게 귀속되어 B, C가 이를 행사할 수 있다고 보아야 한다. 결국 B, C는 T에게 총 750만 원(= 원래의 유류분반환액 500만 원 + A가 행사할 수 있었던 유류분반환액 중 1/2인 250만 원)만큼 유류분반환을 청구할 수 있다.

요컨대, 유류분권리자는 다른 상속인의 기여분 인정으로 늘어난 자신의 유류분부족액을 제3자에게 추가로 요구할 수는 없고, 반면 제3자는 기여분의 인정으로 기여상속인에게 반환하였어야 할 유류분의 반환의무도 면제받지 못한다. 이와 같은 결론은 일본의 자유분확보설과 같은 결론이나, 자유분이라는 개념을 끌어오지 않더라도 설명할 수 있다.

3. 절차상 문제

기여분결정 심판은 상속재산분할 심판과 함께 심리되면서 공동상속인 전원이 참여함에 반해(家訴規 §110) 유류분반환청구 소송은 개별 권리자와 의무자만이 참여한다. 또한, 기여분결정 심판은 비송절차로서 법원이 직권으로 사실을 탐지하고 증거조사를 함에 반해{家訴 §2① ii 나.9), §34, 非訟 §11, 家訴規 §23} 유류분반환청구 소송은 소송절차로서 변론주의의 적용을 받는다.

기여분결정 심판 절차와 유류분반환청구 소송 절차가 위와 같이 분리되어 있기 때문에 소송실무상 어려운 문제가 발생한다.[223] 현행법의 해석상 상속재산분할 절차에서 민사사건인 유류분반환 사건을 병합하여 심판할 수는 없다.[224] 심판례 중에는 상속재산분할 심판 사건에서, 유류분반환을 구하는 예비적 청구를 추가한 데 대하여 이를 관할 지방법원에 이송한 예가 있다.[225]

223) 윤진수(2007), 269~271; 정구태(2008), 465~467 참조.
224) 정구태(2009), 68, 78.
225) 서울가정법원 2002. 5. 16.자 2001느합5 심판.

기여분결정을 포함하여 상속재산분할이 완료된 후 그 결과에 따라 유류분반환소송을 진행하는 것이 바람직하다는 견해가 많으나,[226] 상속재산분할 청구는 제소기간의 제약이 없으나 유류분반환청구는 제소기간(§1117)의 제약이 있으므로 실무상 유류분반환청구의 소가 먼저 제기되는 경우가 많다.[227]

입법론으로는 유류분반환청구를 가사소송의 일종으로 규정하고 이를 상속재산분할 절차와 병합할 수 있게 하는 것이 타당하다는 취지의 견해가 많다.[228] 또한, 가사사건과 민사사건을 병합할 수 있는 일반규정을 신설해야 한다는 견해도 있고,[229] 유류분반환청구가 있으면 가정법원에 기여분 결정을 청구할 수 있도록 해야 한다는 견해도 있다.[230]

226) 최준규(2017), 6; 임채웅(2010), 413; 같은 취지, 정구태(2008), 467.
227) 임채웅(2010), 413.
228) 윤진수(2007), 270, 註 50; 시진국(2006), 705~706; 같은 취지, 임채웅(2010), 415, 418.
229) 정구태(2009), 91 이하.
230) 윤진수, 412.

第1008條의3(墳墓 등의 承繼)

墳墓에 속한 1町步 이내의 禁養林野와 600坪 이내의 墓土인 農地, 族譜와 祭具의 所有權은 祭祀를 主宰하는 者가 이를 承繼한다.

▌참고문헌: 권태상(2009), "자신의 유체에 관한 사망자의 인격권", 단국대 법학논총 33－2; 김상용(2012), 2000년대 민사판례의 경향과 흐름(가족법), 民判; 김상훈(2008), "제사용재산의 승계에 관한 연구", 고려대 박사학위논문; 김영란(1995), "상속세법 제8조의2 제2항 제2호의 '민법 제1008조의3에 규정하는 재산'의 하나인 금양임야의 의미와 그 승계", 대법원판례해설 22; 김판기(2010), "분묘 등의 승계에 관한 민법 제1008조의3의 해석론", 충북대 법학연구 21－3; 민유숙(2004), "민법 제1008조의3에 의한 금양임야의 의미와 그 승계", 대법원판례해설 49; 박병호(1996), "민법상의 제사용 재산의 승계", 가족법연구 10; 송경근(2009), "제사주재자의 결정방법과 망인 자신의 유체 · 유골에 관한 처분행위의 효력 및 사자의 인격권", 대법원판례해설 77(2008하); 신영호(1991), "제사용재산의 상속", 가족법학논총1 : 박병호 환갑기념; 윤진수(2005), "고씨 문중의 송사를 통해 본 전통 상속법의 변천", 가족법연구 19－2; 윤진수(2011), "이용훈 대법원의 민법판례", 정의로운 사법 : 이용훈 대법원장 재임기념; 이경희(2002), "민법상 제사용재산의 승계에 관한 일고찰", 아세아여성법학 5; 이승원(2013), "제사주재자 지위 확인의 소의 이익", 대법원판례해설 93(2012하); 이은정(2011), "상속의 효력 규정의 정비를 위한 검토", 가족법연구 25－2; 이진기(2010), "제사주재자의 결정과 제사용재산", 고려법학 56; 이희배(2001), "분묘 · 제사 · 제사용재산의 승계", 가족법학논집 : 이희배 정년기념; 이희배(2009), "'제사를 주재하는 자'의 결정과 '제사용 재산'의 승계", 판례평석, 新聞 3719(2009. 2. 5.); 전효숙(2010), "제사주재자의 결정방법", 이화여대 법학논집 14－3; 정구태(2010), "제사주재자의 결정방법에 관한 소고", 경희법학 45－4; 정긍식(2000), "제사용 재산의 귀속주체", 民判 22; 현소혜(2017), "제사주재자의 지위와 확인의 이익", 民判 39.

Ⅰ. 개설

1. 본조의 의의 및 취지

제사는 사망한 사람에게 음식을 봉양(奉養)하는 사실행위로서 일종의 종교행위라 할 수 있는데, 그 자체만으로는 어떠한 법률적 효과를 수반하지 않는다.[1]

그런데 본조는 제사용 재산의 특수성을 고려하여 제사용 재산을 유지·보존하기 위하여 이를 일반 상속재산과 달리 취급하여 상속의 특례를 정함으로써 제사용 재산의 승계에 관한 법률관계를 간명하게 처리하려는 데 그 취지가 있다.[2] 본조는 본질적으로 상속과 무관한 것이라고 보는 견해도 있으나,[3] 제사용 재산의 승계는 본질적으로 상속에 속하는 것이지만 일가의 제사를 계속할 수 있게 하기 위해 제사주재자에게 승계되도록 한 것이라고 보는 것이 대체적인 견해이자 판례의 태도이다.[4] 즉 본조는 공동상속의 예외를 정한 것이라고 할 수 있다.[5]

헌법재판소는 본조 중 '금양임야와 묘토인 농지가 제사주재자에게 승계된다'는 부분이 헌법에 위반되지 않는다고 하였고,[6] 대법원도 본조가 위헌이 아니라고 하였다.[7]

2. 본조의 연혁[8]

1958. 2. 22. 제정된 구 민법(1960. 1. 1. 시행)은 조선시대 이래의 관습상 제사상속을[9] 상속법 규율대상에서 제외하면서도, §996에서 "분묘에 속한 1정보이내의 금양임야와 6백평이내의 묘토인 농지, 족보와 제구의 소유권은 호주상속인이 이를 승계한다"라고 규정하여, 호주상속인이 제사용 재산을 특권적으로

1) 현소혜(2017), 782.
2) 대법원 1997. 11. 28. 선고 96누18069 판결; 2008. 11. 20. 선고 2007다27670 전원합의체 판결 참조; 같은 취지, 이승원(2013), 244.
3) 정긍식(2000), 377.
4) 대법원 2006. 7. 4. 선고 2005다45452 판결; 2012. 9. 13. 선고 2010다88699 판결; 이진기(2010), 78; 신영호(1991), 576; 김판기(2010), 67; 김상훈(2008), 25~26.
5) 윤진수, 375.
6) 헌법재판소 2008. 2. 28. 선고 2005헌바7 결정; 2012. 12. 27. 선고 2011헌바155 결정도 참조.
7) 대법원 2008. 3. 13. 선고 2005다5614 판결.
8) 이하 내용은 주로 송경근(2009), 629~630 참조; 자세한 내용은 김상훈(2008), 156~164, 180 이하 참조.
9) 제사상속 제도의 자세한 연혁에 관하여는, 윤진수(2005), 336 이하; 정긍식(2000), 365 이하; 신영호(1991), 577 이하; 김상훈(2008), 125 이하 참조.

승계하도록 하면서 제사상속을 간접적으로 규정하였다.[10] 다만, 이는 관습상의 제사승계에 근거한 것이라기보다는 일본 민법과 같은 취지의 규정을 도입한 것이었다.[11] 한편, 제정민법의 심의요강에는 원래 '계보, 제구, 분묘 및 그 부속재산'만을 제사용 재산으로 정했으나, 제정민법에서 금양임야와 묘토인 농지까지 범위가 확대되었다.[12]

1990. 1. 13. 개정 민법(1991. 1. 1. 시행)은 구 민법 §996의 위치를 '호주상속의 효력' 부분에서 '상속의 일반적 효력' 부분으로 옮기고, 승계권자를 '호주상속인'인에서 '제사를 주재하는 자'로 변경하여 현행 민법에 이르고 있다. 위 개정 민법 부칙 §12①은 법 시행일 전에 개시된 상속에 관하여는 구법의 규정을 적용한다고 규정하였다. 이 개정에 대하여 가계계승에 따른 법률효과의 일환으로 제사용 재산의 귀속을 정하였던 것을 폐지하고, 사후봉양으로서의 제사에 대한 제사용 재산의 귀속을 정하는 것으로 본조의 기능이 전환되었다는 데 의미가 있다는 견해가 있다.[13]

다만, 위 개정 민법에서는 호주상속제도를 호주승계제도로 바꾸어 존치시켰으나, 헌법재판소의 호주제도에 대한 헌법불합치결정에 따라,[14] 2005년 개정 민법(2005. 3. 31. 법률 제7427호로 개정)에서 호주제도를 완전히 폐지하였다.

Ⅱ. 제사용 재산의 범위

1. 분묘에 속한 1정보 이내의 금양임야

가. 의의

'분묘에 속한 금양임야'는 그 안에 분묘를 설치하여 이를 수호하기 위해 벌목을 금지하고 나무를 기르는 임야를 의미한다.[15] 반드시 분묘가 소재하는 임야여야 금양임야가 되므로,[16] 피상속인 사망 당시 당해 임야에 선대의 분묘

10) 신영호(1991), 582; 권태상(2009), 354; 정긍식(2000), 367; 김상훈(2008), 157~158; 또한, 본조는 제사상속 제도를 법적 제도로 받아들이지 않으면서 사실상 인정하는 타협의 산물이라는 것으로 민유숙(2004), 298 참조.

11) 윤진수(2005), 358; 김상훈, "일본민법상 제사재산승계규정의 변천에 관한 소고", 가족법연구 21-2(2007), 31~32.

12) 민유숙(2004), 297; 신영호(1991), 582; 이경희(2002), 325; 김상훈(2008), 158.

13) 현소혜(2017), 784~785.

14) 헌법재판소 2005. 2. 3. 선고 2001헌가9 등 결정.

15) 윤진수, 375; 김주수·김상용, 684; 송경근(2009), 630; 민유숙(2004), 299; 대법원 2004. 1. 16. 선고 2001다79037 판결; 대법원 2008. 10. 27.자 2006스140 결정.

16) 윤진수, 375; 박동섭, 친족상속, 557; 오시영, 542~543; 박병호(1996), 553; 이진기(2010), 84.

가 없는 경우 그 임야는 금양임야라고 할 수 없다.[17] 반면 임야 위에 분묘가 설치되어 있다는 것만으로 금양임야라고 할 수 없다.[18] 여기서 1정보는 3,000평(약 9,917㎡)이다.[19]

나. 판단 시점

금양임야인지 여부를 판단하는 기준시점은 상속개시 시이므로, 피상속인 사망 후 상속재산인 토지에 피상속인의 분묘를 설치하였다고 하여 그 토지가 금양임야가 되는 것은 아니다.[20]

다. 판단 기준

판례는 금양임야에 해당하는지 여부에 관하여, 당해 임야의 현황과 관리 상태 등에 비추어 전체적으로 금양임야에 해당하는지 여부를 판단해야 한다고 한다.[21] 당해 임야가 전체적으로 분묘 수호를 위한 목적에 봉사해야 하는 것이지, 임야의 일부만 분묘 수호를 위해 봉사하는 것만으로는 본조의 금양임야에 해당하지 않는 것이라는 취지이다.[22] 원래 금양임야였다고 하더라도 더 이상 금양임야로서 기능을 수행하지 않는 경우에는 금양임야로서의 성질을 상실한다고 보아야 할 것이다.[23] 금양임야 해당 여부는 이를 단독승계하였음을 주장하는 자에게 증명책임이 있다.[24]

또한, 판례는 피상속인이 임야를 취득하여 금양임야를 조성한 경우에는 그 수호할 분묘를 설치한 피상속인의 의사가 중요한 기준이 된다고 하고,[25] 금양임야가 수호하는 분묘의 기지가 제3자에게 이전되거나 수용된 경우에도 그 분묘를 이전하기 전까지는 그 임야가 여전히 금양임야에 해당한다고 한다.[26] 판례 중에는 임야 일부에 선조들의 분묘가 있어도 임야 주변이 개발되고 그 상속인들이 원래 식재되어 있던 나무들을 베고 잣나무를 심기도 하였다면 그 임야를 금양임야로 보기 어렵다고 한 것이 있다.[27]

어느 임야가 금양임야에 해당하는 이상 그곳에 장차 더 이상의 분묘가 설

---

17) 대법원 2001. 2. 27. 선고 2000두703 판결.
18) 대법원 2011. 1. 27. 선고 2010다78739 판결.
19) 1정보의 연혁에 대하여는 박병호(1996), 553 이하; 김상훈(2008), 7.
20) 대법원 2008. 10. 27.자 2006스140 결정.
21) 대법원 2008. 10. 27.자 2006스140 결정.
22) 민유숙(2004), 309.
23) 이희배(2001), 885 참조.
24) 대법원 2009. 3. 26. 선고 2006다38109 판결; 2016. 2. 18. 선고 2015다50293 판결.
25) 대법원 2008. 3. 13. 선고 2005다5614 판결.
26) 대법원 1997. 11. 28. 선고 96누18069 판결.
27) 대법원 2004. 1. 16. 선고 2001다79037 판결; 이 판결에 대한 판례해설로 민유숙(2004) 참조.

치될 가능성이 없다거나 그 주위가 개발가능성이 있다 해도 금양임야 해당성이 부인되지 않는다.[28] 묘와 금양임야가 반드시 1필지에 속해 있을 필요는 없고,[29] 필지가 다른 복수의 임야라고 하더라도 분묘를 둘러싸고 있는 한 덩어리의 임야면 모두 금양임야라고 해석된다.[30] 분필된 토지의 소유권이 타인에게 귀속된 경우에 그 부분은 금양임야성을 상실한다는 견해가 있으나,[31] 일률적으로 그렇게 단정할 수 있는지 의문이다.

라. 범위

임야 내에 여러 개의 분묘가 있을 경우 금양임야의 범위에 관하여, 일군의 분묘가 있으면 그 분묘군에 부속된 1정보(3,000평)의 임야를 금양임야로 보아야 한다는 견해와,[32] 분묘별로 1정보의 임야를 금양임야로 인정할 수 있다는 견해가[33] 대립한다. 제사주재자를 기준으로 1정보 이내의 임야를 금양임야로 보아야 한다는 견해도 있다.[34] 판례의 태도는 유보적이다. 묘토인 농지의 범위를 분묘 1기당 600평 이내라고 하면서도, 분묘에 속한 1정보 이내의 금양임야의 범위에 관하여는 별론으로 한다고 판시하였다.[35]

금양임야가 1정보를 초과하는 경우에는 그 초과분은 일반상속재산이 된다.[36] 이 경우 본조에 따라 승계되는 금양임야 부분을 어떻게 특정해야 하는지 문제될 수 있다. 일설에 의하면, 금양임야의 범위는 일반적으로 산형 · 지형에 따라 정해지는데, 구체적으로 특정할 경우에는 분묘와 임야의 소유자의 의사에 의해 특정된다고 하는데,[37] 구체적인 재판규범으로 삼기에는 부족하다. 결국 개별 사건에서 법원이 분묘기지의 지형, 방향, 주변 나무의 위치, 형상, 자손들이 금양임야로 보존해 왔는지 여부 등 제반 사정을 고려하여 합목적적으로 정해야 할 수밖에 없을 것이다.[38]

---

28) 대법원 2008. 3. 13. 선고 2005다5614 판결.
29) 윤진수, 376.
30) 박병호(1996), 554.
31) 박병호(1996), 558.
32) 김영란(1995), 533.
33) 박병호(1996), 557; 이은정(2011), 136.
34) 이희배(2001), 885; 김상훈(2008), 21.
35) 대법원 1994. 4. 26. 선고 92누19330 판결.
36) 박병호(1996), 555; 이진기(2010), 85.
37) 박병호(1996) 557~558.
38) 같은 취지, 김상훈(2008), 7~8.

2. 600평 이내의 묘토인 농지

가. 의의

'묘토인 농지'는 그 수익으로 분묘 관리와 제사 비용을 충당하는 농지를 의미한다.[39] 토지 위에 분묘가 설치되어 있다는 것만으로 묘토인 농지라고 할 수 없다.[40]

나. 판단 시점

묘토인 농지에 해당하는지 여부를 판단하는 기준시점은 상속개시 시이므로, 상속개시 당시에 이미 묘토로 사용되고 있는 것만을 말하고 상속개시 후 묘토로 사용하기로 한 경우는 여기에 해당하지 않는다.[41] 당대에 매매, 증여 등의 방법으로 묘토를 신규로 설정할 수도 있다.[42]

다. 판단 기준

판례는 묘토인 농지에 해당하는지 여부에 관하여, 당해 농지의 현황과 관리상태 등에 비추어 전체적으로 묘토인 농지에 해당하는지 여부를 판단해야 한다고 한다.[43] 원래 묘토인 농지였다고 하더라도 더 이상 묘토로서 기능을 수행하지 않는 경우에는 묘토인 농지로서의 성질을 상실한다고 할 것이다.[44] 묘토인 농지에 해당하는지 여부는 이를 단독으로 승계하였음을 주장하는 자가 증명책임을 부담한다.[45]

또한, 판례는 묘토인 농지가 그 경작하여 얻은 수확으로 분묘의 수호, 관리 비용이나 제사의 비용을 조달하는 자원인 농토이어야 하지만 반드시 제사 비용을 조달하는 토지여야 하는 것은 아니라고 하고, 토지 주변 일대가 도시화되어 있고 토지 소유자로부터 경작 허락을 받은 경작자가 경작대가로 분묘를 벌초해 온 것에 불과하다면 그 토지를 묘토인 농지라고 볼 수 없다고 한 것이 있다.[46]

---

39) 윤진수, 376; 송경근(2009), 630; 대법원 1997. 5. 30. 선고 97누4838 판결 등; 대법원 2008. 10. 27.자 2006스140 결정; 600평의 연혁에 대해서는 박병호(1996), 559~560; 김상훈(2008), 9~10 참조.

40) 대법원 2006. 7. 4. 선고 2005다45452 판결; 2011. 1. 27. 선고 2010다78739 판결.

41) 대법원 1996. 9. 24. 선고 95누17236 판결.

42) 대법원 1996. 2. 9. 선고 93누18648 판결; 오시영, 543도 참조.

43) 대법원 2008. 10. 27.자 2006스140 결정.

44) 이희배(2001), 885 참조.

45) 대법원 2006. 7. 4. 선고 2005다45452 판결.

46) 대법원 1997. 5. 30. 선고 97누4838 판결.

라. 범위

판례는 묘토인 농지의 범위는 제사주재자를 기준으로 600평 이내가 아니라, 봉사의 대상이 되는 분묘 1기당 600평 이내라고 하였다.[47] 위 판례에 찬성하는 견해가 있으나,[48] 판례와 달리 제사주재자를 기준으로 600평 이내라고 해석해야 한다는 견해도 있다.[49] 다만, 현행 相贈令 §8③은 상속세 비과세 대상인 묘토인 농지의 범위에 관하여 제사주재자를 기준으로 하고 있기 때문에 이 한도 내에서는 위 판례의 사정거리가 미치지 않는다.

묘토인 농지가 600평을 초과하는 경우에는 그 초과분은 일반상속재산이 된다.[50] 이 경우 본조에 따라 승계되는 금양임야 부분을 어떻게 특정해야 하는지 문제는 위 금양임야 부분(Ⅱ. 1. 라.) 참조.

3. 족보 및 제구

족보는 일가의 계통을 표시한 책자로서,[51] 대동보, 파보, 계보, 보첩 등 여러 명칭이 있다.[52] 여기서의 족보는 원본만을 말하고, 사본은 가족원 각자의 특유재산이 된다.[53] 판례는 족보의 기재 내용은 조작되었다는 특별한 사정이 없는 한 믿어야 한다고 하고,[54] 족보에 기재된 사항의 변경이나 삭제를 구하는 청구는 특별한 사정이 없는 한,[55] 원칙적으로 권리보호의 이익이 없다고 한다.[56]

제구는 제사에 사용되는 일체의 도구를 말하며,[57] 사당, 가묘 등도 포함된다.[58]

'족보'와 '제구'는 압류금지물건이다(民執 §195viii, ix). 그러나 본조의 금양임야와 묘토인 농지는 특별한 법률상 제한이 없는 이상 압류할 수 있다고 해석해야 한다.

---

47) 대법원 1994. 4. 26. 선고 92누19330 판결(다만 분묘에 속한 1정보 이내의 금양임야의 범위에 관하여는 별론으로 한다고 판시함); 대법원 1996. 3. 22. 선고 93누19269 판결.
48) 박동섭, 친족상속, 558; 신영호 · 김상훈, 355.
49) 박병호(1996), 560; 이희배(2001), 885; 김상훈(2008), 21.
50) 이진기(2010), 85.
51) 박병호(1996), 560; 송경근(2009), 630; 김주수 · 김상용, 684.
52) 윤진수, 377; 기타 김주수 · 김상용, 684 및 김상훈(2008), 11도 참조.
53) 신영호(1991), 584; 김상훈(2008), 12, 註 25.
54) 대법원 1997. 3. 3.자 96스67 결정; 대법원 2000. 7. 4.자 2000스2 결정.
55) 족보에 특정 사항을 기재하거나 기재하지 않기로 하는 약정이 있다면, 그 약정에 기한 청구를 할 수 있다는 취지의 판례로서 대법원 1998. 2. 24. 선고 97다48418 판결.
56) 대법원 1975. 7. 8. 선고 75다296 판결; 대법원 1992. 10. 27. 선고 92다756 판결; 이에 대해 비판적인 입장으로 김상훈(2008), 13.
57) 김주수 · 김상용, 684; 박동섭, 친족상속, 558; 신영호 · 김상훈, 356; 송경근(2009), 630~631.
58) 박동섭, 친족상속, 558; 신영호 · 김상훈, 356; 윤진수, 377; 김상훈(2008), 14.

4. 분묘

분묘란 그 내부에 사람의 유골, 유해, 유발 등 시신을 매장하여 사자를 안장한 장소를 말하고(장사 등에 관한 법률 §2ⅵ), 장래의 묘소로서 설치하는 등 그 내부에 시신이 안장되어 있지 않은 것은 분묘라고 할 수 없다.[59]

본조는 분묘가 제사용 재산으로서 승계대상 재산인지 여부에 관하여 직접적으로 규정하지 않았으나, '분묘에 속한 금양임야'를 승계대상 재산으로 정한 이상 그 분묘 역시 당연히 본조의 승계대상 재산에 포함된다고 해석하는 것이 대체적이다.[60] 판례도 원칙적으로 제사주재자가 분묘에 관하여 관리·처분권을 가진다고 하였다.[61] 피상속인의 사망으로 새로이 설치되는 분묘에 대한 권리도 제사주재자에게 귀속된다고 보아야 할 것이다.[62] 다만 판례는 종중이 선조 분묘를 수호·관리해 왔다면 분묘의 관리권 내지 분묘기지권은 종중에 귀속한다고 한다.[63]

한편, 분묘에 부속된 비석 등 시설물도 분묘와 일체를 이루는 제구로서 제사주재자에게 승계된다는 것이 다수설이자,[64] 판례이다.[65]

5. 유체·유골

본조는 선조 또는 조상의 유체·유골이 제사용 재산으로서 승계대상 재산인지 여부에 관하여 명백하게 규정하지 않았으나, 이는 분묘와 일체화되어 있으므로 제사용 재산에 포함되어 제사주재자에게 승계된다고 해석하는 견해가 대체적이고,[66] 판례도 같다.[67]

피상속인의 유체·유골에 대해서는 논란이 있을 수 있으나, 이 역시 제사

---

59) 대법원 1991. 10. 25. 선고 91다18040 판결; 오시영, 543; 박동섭, 친족상속, 557.
60) 윤진수, 377; 박동섭, 친족상속, 557; 박병호(1996), 565; 신영호·김상훈, 356; 송경근(2009), 631; 김상훈(2008), 16.
61) 대법원 1997. 9. 5. 선고 95다51182 판결; 대법원 2000. 9. 26. 선고 99다14006 판결; 대법원 2014. 5. 16. 선고 2013다28865 판결.
62) 같은 취지, 김영란(1995), 536.
63) 대법원 2007. 6. 28. 선고 2005다44114 판결.
64) 윤진수, 377; 오시영, 543; 박동섭, 친족상속, 557; 신영호·김상훈, 356; 이희배(2001), 899; 김상훈(2008), 14.
65) 대법원 1993. 8. 27. 선고 93도648 판결; 대법원 1997. 9. 5. 선고 95다51182 판결; 대법원 2000. 9. 26. 선고 99다14006 판결.
66) 신영호(1991), 584; 송경근(2009), 663; 김상훈(2008), 226~227; 박병호(1996), 566~567; 오시영, 544; 박동섭, 친족상속, 560.
67) 대법원 2008. 11. 20. 선고 2007다27670 전원합의체 판결.

주재자에게 승계된다는 것이 다수의 견해이자[68] 판례이다.[69] 자세한 내용은 §1005 註釋 참조.

Ⅲ. 제사를 주재하는 자

1. 의의

'제사를 주재하는 자'의 의미에 대해 종래 견해대립이 있었다.[70] 즉 종래에는 이를 호주승계인으로 보는 견해도 있었으나,[71] 이러한 해석은 호주제도가 폐지된 현행법 아래에서는 더는 유지될 수 없다.[72]

현재에는 본조의 '제사를 주재하는 자'란 사실상 실제로 제사를 주재하는 사람을 의미한다고 보는 것이 대체적이다.[73] 헌법재판소도 여기의 제사주재자는 '실제로 제사를 주재하는 자'라고 판시하였다.[74] 그러나 그 의미가 정확히 무엇을 말하는지 반드시 명확하지는 않다.[75] 이에 대하여 '제사를 주재하는 자'는 제사를 주재함이 정당한 자로 해석하는 것이 타당하다는 견해도 있다.[76]

다만, 본조의 연혁상 종래의 판례는 '호주상속인', '종손', '제사주재자'를 동일한 개념으로 파악하여 제사용 재산이 이들에게 귀속된다고 판시하였으므로 판례의 정확한 의미를 파악하는 데 주의를 요한다.[77]

한편, 본조의 제사의 범위에서도 학설상 견해가 나뉜다. 본조의 제사는 형태를 불문하고 모든 종류의 제사를 의미한다는 견해가 있는 반면,[78] 본조의 연혁과 취지를 고려할 때 본조의 제사주재자는 제사용 재산을 물려주는 피상속

---

68) 신영호(1991), 591~592; 송경근(2009), 667; 김상훈(2008), 228~229; 이희배(2001), 888~889.

69) 대법원 2008. 11. 20. 선고 2007다27670 전원합의체 판결.

70) 견해대립의 소개로 신영호 · 김상훈, 356 이하; 이경희(2002), 327 이하; 민유숙(2004) 310 이하; 김상훈(2008), 182 이하 참조.

71) 박병호(1996), 561; 신영호(1991), 589.

72) 김주수 · 김상용, 685; 이경희, 423~424.

73) 오시영, 541; 송경근(2009), 632; 이승원(2013), 244; 이진기(2010), 58; 김영란(1995), 534; 정긍식(2000), 372; 같은 취지, 김주수 · 김상용, 685.

74) 헌법재판소 2008. 2. 28. 선고 2005헌바7 결정.

75) '제사를 주재하는 자'의 의미가 불명확하다는 비판으로는 곽윤직, 70; 정긍식(2000), 378.

76) 전효숙(2010), 307; 같은 취지, 곽윤직, 69.

77) 김상훈(2008), 187 참조; 예를 들어, 분묘의 수호 · 관리권자가 종손이라고 판시한 대법원 1985. 11. 12. 선고 84다카1934 판결; 대법원 1988. 11. 22. 선고 87다카414등 판결; 종손이 제사주재자의 지위를 유지할 수 없는 특별한 사정이 있는 경우에는 종손이 분묘의 수호 · 관리권자가 되지 않는다고 판시한 대법원 1997. 9. 5. 선고 95다51182 판결; 분묘에 부속된 비석은 호주상속인의 소유라고 판시한 대법원 1993. 8. 27. 선고 93도648 판결; 기타 종손을 호주상속인과 같은 의미로 사용하는 것으로 대법원 1980. 10. 27. 선고 80다409 판결 등.

78) 이진기(2010), 56.

인 자신을 기리는 제사를 주재하는 사람만을 의미한다고 보아야 한다는 견해가 있다.[79)]

2. 제사주재자의 결정방법

가. 종래의 판례

대법원은 종래 제사주재자는 원칙적으로 종손이 된다고 하였다.[80)] 또한, 판례는 민법 시행 전 구 관습에 따르면, 종가의 종손이 사망하여 절가(絕家)가 된 경우 차종손(次宗孫)이, 그 차종손도 절후(絕後)가 된 경우에는 순차 차종손이 제사주재자가 된다고 하였다.[81)] 다만 판례는 미혼인 종손의 사망 당시 그 종손의 부(父)에 대한 사후양자로서의 적격이 있는 혈족인 남자가 존재하는 경우에는 차종손상속(次宗孫相續)의 관습이 당연히 적용된다고 하기는 어렵다고 하였다.[82)]

기타 구관습상의 상속에 관하여 §1009 註釋 참조.

나. 대법원 2008. 11. 20. 선고 2007다27670 전원합의체 판결 이후

위 전원합의체 판결은 우선 공동상속인들 사이의 협의에 의하여 제사주재자를 정하되, 협의가 이루어지지 않으면 원칙적으로 망인의 장남이, 장남이 이미 사망한 경우에는 장손자가, 망인에게 아들이 없는 경우에는 장녀가 제사주재자가 된다고 하면서, 종래의 판례는 판례법으로서의 효력을 상실하였다고 했다. 이 전원합의체 판결에서는 협의가 이루어지지 않는 경우, 다수결에 의하여야 한다는 반대의견과,[83)] 개별 사건에서 법원이 제반 사정을 종합적으로 고려하여 제사주재자를 결정해야 한다는 반대의견이[84)] 있다. 다만, 위 전원합의체 판결은 그 적용범위의 소급효를 제한하여 그 판결선고일인 2008. 11. 20. 이후에 제사용 재산의 승계가 이루어지는 경우에만 위 법리가 적용된다고 하였다. 따라서 그 전에 제사용 재산의 승계가 이루어진 경우에는 종래의 판례가 적용된다.[85)]

제사주재자를 1차적으로 공동상속인들의 협의에 의해 결정해야 한다는 점

79) 현소혜(2017), 789.

80) 대법원 1997. 9. 5. 선고 95다51182 판결; 대법원 2000. 9. 26. 선고 99다14006 판결; 대법원 2004. 1. 16. 선고 2001다79037 판결; 대법원 2012. 1. 27. 선고 2011다13074 등 판결.

81) 대법원 1972. 1. 31. 선고 71다2597 판결; 대법원 1980. 7. 22. 선고 80다649 판결; 대법원 2009. 5. 14. 선고 2009다1092 판결; 대법원 2014. 5. 16. 선고 2013다14101 판결.

82) 대법원 2012. 3. 15. 선고 2009다85090 판결; 이 판결에 대해 찬성하는 것으로 현소혜, "상속관습법상 몇 가지 쟁점에 관하여", 가족법연구 29－1(2015), 379~380.

83) 대법관 박시환, 대법관 전수안.

84) 대법관 김영란, 대법관 김지형.

85) 대법원 2009. 5. 14. 선고 2009다1092 판결; 대법원 2014. 5. 16. 선고 2013다14101 판결.

에 대해서는 이론이 없다.[86] 그러나 실제 분쟁은 협의가 이루어지지 않는 경우이므로 이것의 재판규범으로서의 기능은 약하다.

공동상속인들의 협의가 이루어지지 않은 경우 원칙적으로 장남이 제사주재자가 된다는 위 전원합의체 판결의 태도에 대하여, 전통사상을 적절히 반영하였다는 등의 이유로 긍정적으로 평가하는 견해도 있으나,[87] 종전 판례가 더 이상 효력을 유지할 수 없게 되었다고 하면서도 종전 판례의 입장을 거의 그대로 유지하는 것에 불과하다는 등의 이유로 부정적으로 평가하는 견해도 있다.[88] 한편, 위 전원합의체 판결의 반대의견 중 개별 사건에서 법원이 제반 사정을 종합적으로 고려하여 제사주재자를 결정해야 한다는 반대의견이[89] 가장 타당하다는 견해도 많다.[90] 이외에도 공동상속인들 사이에 협의가 이루어지지 않으면 상속인들이 공동주재자가 되어야 한다는 견해도 있다.[91]

위 전원합의체 판결은 제사주재자에 관한 공동상속인들의 협의가 불성립한 경우 사실상 남자를 우선시하는 것인데, 제사에 관한 사회구성원들의 의식과 관습이 계속 변화함에 따라 추후 변경될 가능성도 있다.[92]

다. 유언에 의한 지정 가능 여부

피상속인이 제사주재자를 유언으로 지정하더라도 제사주재자 지정은 유언사항이 아니므로 법적인 효력은 없다.[93] 피상속인이 제사용 재산의 생전 증여나 포괄적 유증을 통해 제사주재자를 정할 수 있다는 견해가 있으나,[94] 법적 근거가 없는 해석이어서 따르기 어렵다.[95]

3. 제사주재자의 지위를 유지할 수 없는 특별한 사정

판례는 제사주재자의 지위를 유지할 수 없는 특별한 사정이 있는 경우에

---

86) 곽윤직, 70; 박동섭, 친족상속, 558; 오시영, 542; 이경희, 426; 현소혜(2017), 789; 이진기(2010) 63; 김상훈(2008), 218; 같은 취지, 김주수·김상용, 685; 헌법재판소 2008. 2. 28. 선고 2005헌바7 결정도 원칙적으로 공동상속인들의 협의에 의하여 제사주재자가 정해진다고 하였다.
87) 이진기(2010), 65, 76; 김국현, "유체인도와 사자의 인격권", 헌법판례해설1(2010), 150; 이희배(2009), 15; 기타 김상용(2012), 535~536은 이 판결은 종래 관습인 종법적 가족질서와 양성평등에 기초한 새로운 가족관 사이의 절충안을 모색한 것으로서 제사주재자 결정방법과 관련하여 과도적 성격을 갖는 것이라고 평가한다.
88) 윤진수(2011), 71; 전효숙(2010), 317~322; 김판기(2010), 72~73; 정구태(2010), 77.
89) 대법관 김영란, 대법관 김지형.
90) 윤진수, 378; 윤진수(2011), 72; 전효숙(2010), 316; 정구태(2010), 86; 김상훈(2008), 218~219.
91) 박동섭, 친족상속, 558~559; 같은 취지, 오시영, 542.
92) 송경근(2009), 686도 향후 판례변경 가능성이 있다는 취지이다.
93) 이경희, 425; 정긍식(2000), 373; 신영호(1991), 586; 이경희(2002), 337; 이희배(2001), 895.
94) 이경희, 424~425; 이경희(2002), 334~339; 같은 취지, 이은정(2011), 136.
95) 같은 취지, 김상훈(2008), 196.

는 제사주재자 지위의 결격사유 또는 교체사유가 되는데,[96] 그 특별한 사정이란 중대한 질병, 심한 낭비와 방탕한 생활, 장기간의 외국 거주, 생계가 곤란할 정도의 심각한 경제적 궁핍, 평소 부모를 학대하거나 심한 모욕 또는 위해를 가하는 행위, 선조의 분묘에 대한 수호·관리를 하지 않거나 제사를 거부하는 행위, 합리적인 이유 없이 부모의 유지(遺志) 내지 유훈(遺訓)에 현저히 반하는 행위 등으로 인하여 정상적으로 제사를 주재할 의사나 능력이 없다고 인정되는 경우를 말한다고 한다.[97]

판례상, 망인의 장남이 외국 영주권자이기는 하지만 수시로 입·출국을 하며 선조 분묘에 대한 관리를 계속해 왔으므로 제사주재자 지위를 유지할 수 없는 특별한 사정이 있다고 할 수 없다는 것이 있는 반면,[98] 망인의 장남이 선대 제사 및 망인에 대한 부양을 소홀히 하여 다른 형제들과 분쟁을 일으켜 온 경우 그 장남의 제사주재자로서의 지위를 인정할 수 없다고 한 것[99], 계모에 대하여 제사주재자가 된 서자가 계모의 유체가 매장된 분묘에 대한 관리를 중단하고, 자신을 상대로 굴이를 구하는 소송에서 다투지 않으면서 관리처분자로 보여야 할 태도를 보이지 않은 사안에서 이는 분묘를 수호할 의사가 없는 것으로서 제사주재자 지위를 유지할 수 없는 특별한 사정에 해당한다고 한 것이[100] 있다.

학설 중에는 여기의 특별한 사정에 '외국국적을 취득하고 한국국적을 상실한 경우'도 포함된다고 해석해야 한다는 견해가 있으나,[101] 일률적으로 그렇게 보기는 어렵고, 판단요소 중 하나의 사정이라고 보아야 할 것이다. 하급심 중에도 대한민국 국적을 유지하지 않고 있다는 사정만으로 제사주재자 지위를 유지할 수 없는 특별한 사정이 있다고 보기 어렵다는 것이 있다.[102]

제사주재자 결정에 협의가 이루어지지 않아 망인의 장남이 제사주재자가 되었는데, 그 이후 장남에게 제사주재자 지위를 유지할 수 없는 특별한 사정이 생긴 경우에 제사주재자는 어떻게 결정해야 하는지 문제된다. 하급심 중에는 장남이 임의로 제사주재자 지위를 특정인에게 위임할 수는 없고 공동상속인들

---

96) 대법원 1997. 9. 5. 선고 95다51182 판결 등; 송경근(2009), 656~657도 참조.
97) 대법원 2008. 11. 20. 선고 2007다27670 전원합의체 판결.
98) 대법원 1997. 11. 28. 선고 96누18069 판결.
99) 대법원 2004. 1. 16. 선고 2001다79037 판결.
100) 대법원 2014. 5. 16. 선고 2013다28865 판결.
101) 이희배(2009), 14.
102) 서울가정법원 2010. 12. 28.자 2008느합109 심판.

사이의 협의에 의하여 제사주재자를 정해야 하는데, 협의가 이루어지지 않는 경우에는 공동상속인들이 공동으로 주재할 수밖에 없다고 판시한 것이 있다.[103] 그러나 적어도 대법원 2008. 11. 20. 선고 2007다27670 전원합의체 판결 법리에 따른다면, 이 경우에는 장남이 이미 사망한 경우에 준하여 장손자가 제사주재자가 되거나, 망인에게 아들이 없다면 장녀가 제사주재자가 되어야 할 것이다. 물론, 공동상속인들의 협의로 제사주재자를 달리 정할 수 있음은 당연하다.

4. 복수의 제사주재자

복수의 제사주재자를 정할 수 있는지 문제된다. 예를 들어, 피상속인에 대한 제사주재자와 그 선대에 대한 제사주재자를 분리하거나, 복수의 제사주재자가 공동으로 제사를 주재하게 하는 등이다. 반대하는 견해도 있으나,[104] 적어도 협의에 의하여 제사주재자를 정하는 경우 복수의 제자주재자를 정하는 것도 가능하다는 것이 대체적이다.[105] 헌법재판소도 협의에 의해 다수의 상속인들이 공동으로 제사를 주재하는 것이 가능하다고 판시하였다.[106] 相贈令 §8③은 복수의 제사주재자가 가능함을 전제로 마련된 조항이다.

다만 이러한 결과는 제사용 재산의 산일을 가져와 본조의 입법취지에 반하므로 적절하지 않다는 지적이 있다.[107] 대법원 2008. 11. 20. 선고 2007다27670 전원합의체 판결의 다수의견은 제사주재자를 공동으로 정하는 것보다는 특정한 1인으로 정하는 것이 적절하다고 판시하였다.

복수의 제사주재자가 협의로 정해진 경우에는 어려운 문제가 이후에 계속 생길 수 있다. 예를 들어 피상속인 사망 후 공동상속인들의 협의로 첫째, 둘째 아들이 복수의 제사주재자가 되었는데 그중 첫째 아들이 사망한 경우에는 둘째 아들만 단독으로 제사주재자가 되는 것인지, 아니면 새로이 제사주재자를 결정해야 할 사유가 발생한 것인지 정확하지 않다. 우선 공동상속인들 사이에 협의로 문제를 해결하되, 협의가 되지 않는 경우에는 개별 사건에서 법원이 새로운 제사주재자를 결정해야 할 경우인지 여부를 판단해야 할 것으로 생각된다.

---

103) 서울가정법원 2010. 12. 28.자 2008느합109 심판; 그러나 그 판시에도 불구하고 당해 사건에서는 장남에게 제사주재자 지위를 유지할 수 없는 특별한 사정이 없다고 판단하였다.

104) 민유숙(2004), 317.

105) 이승원(2013), 250; 이진기(2010), 63, 77~78; 현소혜(2017), 817; 같은 취지, 정긍식(2000), 373~374; 이희배(2001), 893.

106) 헌법재판소 2008. 2. 28. 선고 2005헌바7 결정.

107) 이승원(2013), 250.

5. 제사주재자 지위 확인의 소의 적법 여부

판례는 제사용 재산의 귀속에 관하여 다툼이 있는 등 구체적인 권리 또는 법률관계와 관련성이 있는 경우 제사주재자 지위의 확인을 구하는 것은 확인의 이익이 있지만, 그러한 권리 또는 법률관계와 무관하게 종중 내에서 단순한 제사주재자의 자격에 관한 시비 또는 제사를 진행할 때에 누가 주재할 것인지 등과 관련하여 제사주재자 지위의 확인을 구하는 것은 확인의 이익이 없다고 한다.[108] 나아가 판례는 제사주재자 지위에 관한 종중결의의 무효확인을 구하는 경우에도 제사용 재산의 귀속에 관하여 다툼 등 구체적인 권리 또는 법률관계와 관련성이 없다면 확인의 이익이 없다고 하였다.[109]

판례가 제사주재자 지위 확인의 소에서 확인의 이익이 없다고 한 경우는 제사주재자의 지위에 관한 다툼이 어떠한 제사용 재산과도 관련이 없는 경우를 의미한다는 견해가 있다.[110] 이와 같은 취지에서, 상속인들 사이에 제사용 재산 등의 귀속에 관한 다툼이 있는 경우, 그 개별적인 해결에 앞서 제사주재자 지위의 확인을 구하는 것은 확인의 이익이 있다는 견해도 있다.[111] 그러나 위 판례에 대한 비판론도 유력하다. 즉 제사주재자 지위를 박탈하는 내용의 종중 결의가 있는 경우에 제사용 재산의 귀속에 관한 다툼이 없더라도 제사주재자 지위의 확인을 구할 이익이 인정될 수 있다는 견해가 있다.[112]

Ⅳ. 승계의 의의

1. 소유권 승계의 의미

제사용 재산의 소유권을 승계한다는 의미에 관하여 논란이 있다. 승계인이 완전한 소유권을 취득한다는 견해와[113] 대외관계에서는 승계인이 소유자이지만 가족 등 대내관계에서는 수임인으로서 관리책임을 부담하는 신탁관계라는 견해가[114] 대립한다. 판례는 전자의 견해와 같이 제사주재자가 단독으로 소

108) 대법원 2012. 9. 13. 선고 2010다88699 판결[이 판결에 대한 판례해설로는 이승원(2013) 참조]; 대법원 2012. 9. 13. 선고 2012다12825 판결.
109) 대법원 2012. 9. 13. 선고 2012다12825 판결.
110) 민유숙, "2012년 민사(친족, 상속법) 중요판례", 人權 432(2013), 56.
111) 사봉관, "확인의 이익에 대한 소고", 諸問題 22(2013), 69~70.
112) 현소혜(2017), 803~811; 또한, 이 경우 반드시 확인의 이익을 부정하는 것이 의문이라는 견해로 윤진수, 378~379.
113) 송경근(2009), 652; 이진기(2010), 77; 민유숙(2004), 307; 이경희(2002), 336.

유권을 승계한다는 입장이다.[115)]

한편, 판례는 제사용 재산의 승계인이라고 주장하는 자가 그 권리의 회복을 청구하는 경우 상속권회복청구권의 제척기간 규정(§999②)이 적용된다고 한다.[116)] 이는 제사용 재산의 승계가 본질적으로 상속에 해당한다고 보기 때문이다.[117)] 본조의 승계가 특별상속으로서 본질적으로 상속에 해당한다고 보면 이는 §187의 등기를 요하지 않는 물권취득에 해당한다고 보아야 한다.[118)] 판례 중에는 제사용 재산에 관하여 제사주재자가 아닌 다른 상속인 명의로 등기되었다 하더라도 그 등기는 무효라는 것이 있다.[119)]

한편, 제사용 재산의 승계를 일종의 제사상속이라고 보는 견해가 있으나,[120)] 본조의 연혁과 제사주재자에게 제사 의무를 인정할 수 없는 점을 고려할 때 이를 제사상속으로 보기는 어렵다.[121)] 판례는 제사주재자가 실제로 제사를 주재하는지 여부에 관계없이 제사용 재산이 그에게 승계된다고 한다.[122)]

2. 승계에 따른 효과

제사용 재산은 상속분이나 유류분 산정의 기초재산에 포함되지 않고, 특별수익으로도 되지 않아 이를 취득한 사람의 상속분에 영향을 주지 않으며,[123)] 상속재산분할의 대상이 되지 않는다.[124)] 재산분리가 행해져도 상속재산에서 제외되고, 한정승인을 한 상속인이 제사용 재산을 승계하더라도 책임재산에 포함되지 않는다.[125)]

---

114) 정긍식(2000), 371~372.; 같은 취지, 신영호 · 김상훈, 356; 같은 취지, 권태상(2009), 359; 또한, 김상용(2012), 655은 승계자가 완전한 소유권을 취득하여 자유로이 처분할 수 있다는 해석은 제사승계의 본질과 조화될 수 없다고 한다.

115) 대법원 1995. 2. 10. 선고 94다39116 판결; 대법원 1997. 11. 28. 선고 96누18069 판결; 대법원 2006. 7. 4. 선고 2005다45452 판결; 대법원 2008. 3. 13. 선고 2005다5614 판결 등.

116) 대법원 2006. 7. 4. 선고 2005다45452 판결.

117) 김주수 · 김상용, 686 참조.

118) 김상훈(2008), 164; 이에 반대하는 견해는 이진기(2010), 86.

119) 대법원 1993. 5. 25. 선고 92다50676 판결; 대법원 1997. 11. 28. 선고 96누18069 판결; 대법원 1997. 11. 28. 선고 97누5961 판결.

120) 김주수 · 김상용, 684~685; 오시영, 541.

121) 곽윤직, 71; 같은 취지, 이경희, 427.

122) 대법원 1997. 11. 28. 선고 97누5961 판결.

123) 곽윤직, 69~70; 김주수 · 김상용, 686; 윤진수, 384; 박동섭, 친족상속, 556~557; 송덕수, 319; 오시영, 542; 이경희, 423; 정긍식(2000), 370; 신영호(1991), 585; 이희배(2001), 887, 897; 김상훈(2008), 31.

124) 대법원 2012. 9. 13. 선고 2011스145 판결; 이경희, 423; 박동섭, 친족상속, 556 등.

125) 곽윤직, 69; 김주수 · 김상용, 686; 윤진수, 384; 박동섭, 친족상속, 557; 송덕수, 319; 오시영, 542; 이경희, 423; 신영호(1991), 585; 이경희(2002), 325; 이희배(2001), 887, 897; 김상훈(2008), 31~32.

제사용 재산의 승계에는 상속세가 부과되지 않는다. 相贈 §12iii, 相贈令 §8③은 본조에 규정된 재산에 대해 상속세를 부과하지 않는다고 정하면서,[126] 제사주재자를 기준으로 금양임야와 묘토인 농지의 가액 합계액 2억 원 한도 내에서, 족보와 제구의 가액 합계액 1,000만 원 한도 내에서 상속세를 면제하되, 다수의 상속인이 공동으로 제사를 주재하는 경우에는 그 공동으로 주재하는 상속인 전체를 기준으로 한다. 판례는 제사주재권이 없는 사람으로부터 제사용 재산인 금양임야를 증여받는 경우에는 본조의 취지상 그 가액을 증여세 과세 가액에서 제외할 수 없다고 한다.[127]

3. 제사주재자가 상속인과 다를 경우

한 필지의 금양임야에 제사주재자가 다른 여러 개의 분묘가 존재하는 경우 등 상속인과 제사주재자는 얼마든지 달라질 수 있다.[128] 상속인이 아닌 사람도 제사주재자가 되어 제사용 재산의 승계가 가능하다는 견해가 있으나,[129] 판례는 이 경우 제사용 재산은 상속인들의 일반상속재산으로 돌아가고 제사주재자에게 승계되는 것이 아니라고 한다.[130] 즉 제사주재자로서 본조에 따라 제사용 재산을 승계하려면 적어도 그 제사용 재산의 소유자였던 피상속인의 상속인이어야 한다는 것이다.[131] 제사용 재산의 승계를 상속의 일종인 특별상속으로 보기 때문에 도출되는 결론이라 할 수 있다.

위 판례에 대하여 본조는 상속인들 사이의 제사용 재산의 귀속을 정하는 규정이라는 등의 이유로 찬성하는 견해와,[132] 판례의 태도는 본조의 문언과 입법취지에 반하고 이 경우에도 실제로 제사를 주재하는 사람이 승계한다고 보아야 한다는 이유로 반대하는 견해가[133] 있다.

이와 달리, 상속인 자격을 가졌던 사람은 피상속인 사망 시 법률상 당연히

126) 정확하게 말하면, 相贈令 §8③ i 은 9,900제곱미터이내의 금양임야라고 정하고 있는데 9,900제곱미터는 약 2,995평이므로 본조에서 정하는 1정보(3,000평)에 거의 근접하고, 相贈令 §8③ ii 는 1,980제곱미터 이내의 묘토인 농지라고 정하고 있는데 1,980제곱미터는 약 599평이므로 본조에서 정하는 600평에 거의 근접한다.

127) 대법원 2000. 9. 5. 선고 99두1014 판결.

128) 정긍식(2000), 374.

129) 곽윤직, 70; 이경희, 423; 이희배(2001), 887; 이경희(2002), 325.

130) 대법원 1994. 10. 14. 선고 94누4059 판결; 이 판결에 대한 판례해설로 김영란(1995), 판례평석으로 정긍식(2000) 참조.

131) 민유숙(2004), 312.

132) 김영란(1995), 535~536; 김상훈(2008), 32; 같은 취지, 이진기(2010), 59; 박동섭, 친족상속, 561.

133) 정긍식(2000), 375~377; 이은정(2011), 135.

제사용 재산에 관한 권리를 승계하므로 그 후 상속을 포기하더라도 제사용 재산을 취득할 수 있다는 것이 통설이고,[134] 반대하는 견해를 찾을 수 없다.

4. 관련 문제

가. 생전승계의 허용 여부

제사용 재산에 관하여 생전승계가 가능한지 문제된다. 제사용 재산의 승계는 상속의 특례로서 피상속인의 재산 중 제사용 재산이 있을 경우 이를 일반 상속재산과 달리 특별한 것으로 취급하는 것이라는 이유로 생전승계가 인정되는 것은 아니라 견해가 있으나,[135] 양자가 제사용 재산을 승계한 후 파양된 때 제사용 재산이 제사를 주재할 자에게 승계되어야 하는 것과 같이 생전승계도 인정된다는 견해가 다수이다.[136]

판례는 계모에 대하여 제사주재자가 된 서자가 계모의 유체가 매장된 분묘를 전혀 관리하지 않는 등 제사주재자 지위를 유지할 수 없는 특별한 사정이 있는 사안에서, 그 계모의 다른 상속인인 친딸이 새롭게 제사주재자가 되었다고 보는 것이 조리에 부합하고, 이에 따라 그 분묘에 대한 관리처분권이 그 친딸에게 귀속된다고 한 것이 있다.[137] 이는 기존의 제사주재자가 그 지위를 유지할 수 없는 특별한 사정이 있어 새로운 제사주재자로 변경된 경우에, 그 제사용 재산도 함께 승계된다고 본 것으로서, 적어도 이 한도 내에서는 제사용 재산의 생전승계가 인정된다고 할 것이다.

나. 제사용 재산의 처분

제사용 재산의 승계인은 생전에 자유로이 제사용 재산을 처분할 수 있는지에 관하여, 반대하는 견해도 있으나,[138] 이를 긍정하는 것이 대체적인 견해이다.[139] 판례도 같은 취지이다.[140] 제사용 재산의 승계인은 새로운 제사주재

134) 곽윤직, 70; 김주수·김상용, 686, 註 103, 678; 윤진수, 384; 박동섭, 친족상속, 557; 송덕수, 319; 오시영, 542; 이경희, 423; 정긍식(2000), 370; 신영호(1991), 585; 김상용(2012), 654; 이경희(2002), 325; 박병호(1996), 565; 이희배(2001), 887; 김상훈(2008), 32.

135) 신영호(1991), 576.

136) 곽윤직, 71; 박동섭, 친족상속, 560; 송덕수, 320; 이경희, 423.

137) 대법원 2014. 5. 16. 선고 2013다28865 판결.

138) 김주수·김상용, 684, 註 102.

139) 곽윤직, 71; 박동섭, 친족상속, 560; 신영호(1991), 565; 이진기(2010), 79; 신영호(1991), 585; 이희배(2001), 897; 김상훈(2008), 39~40; 같은 취지, 윤진수, 384; 다만, 정긍식제사, 370~373은 승계인이 제사용 재산을 처분할 수 있으나, 가족 내부적으로 제사에 사용해야 하는 제약을 받는다고 한다.

140) 대법원 2006. 7. 4. 선고 2005다45452 판결 참조.

자에게 제사용 재산을 처분할 수도 있을 것이나, 승계인이 제사와 무관한 제3자에게 제사용 재산을 처분할 경우에는 경우에 따라 본조의 제사용 재산으로서의 성질을 상실하게 될 수도 있다.

제사용 재산이 특정유증의 대상이 될 수 있으나, 수증자가 바로 제사주재자가 되는 것은 아니다.[141] 제사의 거행을 조건으로 하는 유증은 유효하나,[142] 그렇다고 그 수증자가 바로 제사주재자가 된다고 볼 수 없다.

다. 승계의 포기 가부

제사용 재산의 승계를 포기할 수 있는지에 관하여, 제사용 재산의 승계의 본질이 상속이고 상속의 포기가 가능한 이상 그 승계도 포기할 수 있다고 해석된다.[143]

라. 제사의무

제사주재자에게 제사를 지낼 의무를 인정하는 견해도 있으나,[144] 제사의무를 인정할 수는 없다는 것이 대체적인 견해이다.[145] 따라서 제사주재자는 제사를 포기할 수도 있다. 판례는 제사주재자가 실제로 제사를 주재하는지 여부에 관계없이 제사용 재산이 그에게 승계된다고 한다.[146]

제사의 포기는 제사용 재산의 처분과 다를 바 없으므로 그 승계인의 일반재산이 된다고 해석하는 견해도 있으나,[147] 이 경우 제사용 재산은 실제로 제사를 주재하는 자에게 승계된다고 해석함이 타당할 것이다.

V. 입법론적 비판

본조에 대하여 국민감정에 비추어 볼 때 제사용 재산의 보존을 위해 입법필요성이 있다는 이유로 긍정적으로 평가하는 견해도 있으나,[148] 입법론적으로 많은 비판이 있다.

우선, 본조는 단독상속과 다름없는 결과를 낳는데, 이는 균분상속에 의한

141) 정긍식(2000), 373.
142) 정긍식(2000), 373.
143) 김상훈(2008), 28~29; 같은 취지, 이경희, 427~428; 이경희(2002), 340~341.
144) 정긍식(2000), 377; 같은 취지, 송덕수, 320.
145) 곽윤직, 71; 박병호(1996), 563; 이경희, 428; 이경희(2002), 341; 이희배(2001), 887; 김상훈(2008), 30, 192.
146) 대법원 1997. 11. 28. 선고 97누5961 판결.
147) 이진기(2010), 80.
148) 곽윤직, 70.

상속인평등을 지향하는 민법의 기본이념을 침해한다는 견해가 있다.[149] 본조를 폐지하여 제사용 재산도 일반 상속으로 해결하자는 견해도 있다.[150]

제사용 재산의 범위와 관련하여, 제사용 재산으로 인정하는 금양임야의 면적이 지나치게 넓어 부당하다는 취지의 견해가[151] 있는 반면, 본조의 제사용 재산에서 '금양임야'와 '묘토인 농지'를 아예 삭제해야 한다는 견해도 있다.[152]

입법의 흠결과 관련하여서는, 제사주재자가 누구인지 불명확하므로 제사용 재산의 승계인을 정하는 기준을 입법으로 명확하게 정해야 한다는 지적이 많고,[153] 특히 법원이 최종적으로 그 승계인을 결정할 수 있도록 해야 한다는 견해가 많다.[154] 일본 민법 §897은 제사주재자를 정하는 방법을 피상속인의 지정, 관습, 가정재판소의 심판 순으로 정하고 있다.

149) 이진기(2010), 88; 민유숙(2004), 307.
150) 김상훈(2008), 224~226.
151) 민유숙(2004), 300, 308.
152) 김주수 · 김상용, 686; 이진기(2010), 89; 김상훈(2008), 158~159.
153) 이경희, 424; 정긍식(2000), 379; 김판기(2010), 78.
154) 윤진수, 384; 윤진수(2011), 72; 이경희, 427; 송경근(2009), 686; 정구태(2010), 89; 이희배(2009), 15.

第 2 款 相續分

第1009條(法定相續分)

① 同順位의 相續人이 數人인 때에는 그 相續分은 均分으로 한다.

② 被相續人의 配偶者의 相續分은 直系卑屬과 共同으로 相續하는 때에는 直系卑屬의 相續分의 5割을 加算하고, 直系尊屬과 共同으로 相續하는 때에는 直系尊屬의 相續分의 5割을 加算한다.

참고문헌: 강명구(2014), "현행법상 배우자 재산상속제도의 개선방안에 관하여", 가족법연구 28−3; 곽동헌(1994), "상속분의 비교법적 고찰" : 현대민법의 과제와 전망 : 한봉희 화갑기념; 권은민(1998), "상속분, 기여분, 특별수익", 재판자료 78; 김상용(2007), "자녀의 유류분권과 배우자 상속분에 관한 입법론적 고찰", 민사법학 36; 남효순(1998), "혼인(중혼)취소의 소급효와 재산상의 법률관계", 民判 20; 민유숙(2007), 관습법상 분재청구권의 내용과 분재의무의 상속·소멸시효 적용 여부, 대법원 판례해설 63; 박병호(1988), 상속분에 관한 제문제, 현대가족법과 가족정책 : 김주수 화갑기념; 박태준(2000), "심판에 의한 상속재산 분할", 법조 49−2; 시진국(2006), "재판에 의한 상속재산분할", 司論 42; 신영호(1990), "상속순위와 상속분", 가족법연구 4; 안영하(2008), "기여분과 대습상속인의 상속분", 성균관법학 20−2; 윤진수(2011), "상속법상의 법률행위와 채권자취소권", 민법논고[Ⅴ], 윤진수(2013), "관습상 분재청구권에 대한 역사적, 민법적 및 헌법적 고찰", 諸問題 22; 윤진수(2017), "상속관습법의 헌법적 통제", 헌법학연구 23−2; 이은정(2011), "상속의 효력 규정의 정비를 위한 검토", 가족법연구 25−2; 정구태(2015), "호주가 사망한 경우 딸에게 구 관습법상 분재청구권이 인정되는지 여부", 동북아법연구 8−3; 정구태(2017), "2016년 상속법 관련 주요 판례 회고", 조선대 법학논총 24−1; 황정규(2003), "상속재산분할사건 재판실무", 재판자료 102; 현소혜(2010), "상속법의 자화상과 미래상", 민사법학 52.

Ⅰ. 상속분의 의의

1. 상속분의 일반적 의미

상속분이란 일반적으로 공동상속에서 공동상속인 각자가 상속재산 중 차지할 몫을 의미한다.[1] 그 몫은 상속재산의 총액에 대한 산술적 비율이라고 할 수도 있고, 상속재산 전체에 대한 가액이라고 할 수도 있다.[2]

2. 민법에서 상속분의 의미

민법에서 상속분이란 용어는 아래와 같이 다의적으로 사용되고 있다.[3]

(1) 우선 상속분은 공동상속인 각자가 취득하게 될 상속재산 총액에 대한 분수적 비율의 의미로 사용된다. 예를 들어 상속인의 상속분이 1/2이라고 할 때의 의미이다. 본조와 §1007에서의 상속분이 이것이다. 이는 보통 법정상속분과 동일한 의미로 사용되기도 하는데, 학설상 이를 '추상적 상속분'이라고도 한다.[4]

(2) 다음으로, 상속분은 상속인이 구체적으로 취득하는 상속재산의 가액이라는 의미로 사용된다. 예를 들어 §1008에서 "...부족한 한도에서 상속분이 있다"고 할 때의 상속분, §1008-2에서 "...기여분을 가산한 액으로써 그 자의 상속분으로 한다"고 할 때의 상속분이 이것이다. 이를 학설상 일반적으로 '구체적 상속분'이라고 한다.[5] 이는 결국 특별수익에 관한 §1008와 기여분에 관한 §1008-2에 의해 수정된 상속분을 말한다고 할 수 있다.[6] 그 수정 방법에 관하여는 §1008, §1008-2 註釋 참조.

다만, 초과특별수익자가 있는 경우에는 실무상 위 구체적 상속분을 '수정된 상속분'이라고 칭하고, 초과특별수익자의 특별수익을 고려하여 재산정된 상속분을 '구체적 상속분', 상속재산분할시의 가액으로 재평가한 상속분을 '최종적 상속분'이라 칭하기도 한다.[7]

일부 문헌에서는 구체적 상속분의 의미를 상속재산의 총가액에 추상적 상속분을 곱하여 산정된 상속분이라고 설명하는데,[8] 이는 §1008, §1008-2에 의한 조정을 거치지 않은 금액을 의미하는 것이어서, 위에서 설명하는 의미의 '구체적 상속분'과는 다소 차이가 있다.

---

1) 곽윤직, 85; 윤진수, 387; 박동섭, 친족상속, 570; 이경희, 430.
2) 곽윤직, 85; 박병호(1988), 289~290.
3) 곽윤직, 85; 윤진수, 387~388; 곽동헌(1994), 650; 권은민(1998), 496 등.
4) 곽윤직, 85; 권은민(1998), 496; 안영하(2008), 60.
5) 곽윤직, 86; 윤진수, 362; 권은민(1998), 496; 곽동헌(1994), 650; 안영하(2008), 60; 정덕흥, 77; 박태준(2000), 134; 현소혜(2010), 611.
6) 윤진수, 387~388; 정덕흥, 90; 시진국(2006), 689; 임채웅, "상속인의 횡령과 상속분의 관계에 관한 연구", 人權 408(2010), 140.
7) 시진국(2006), 702; 황정규(2003), 76~77 참조.
8) 곽윤직, 85; 박동섭, 친족상속, 570; 권은민(1998), 496; 이승우, "기여분의 산정과 상속분의 수정", 현대민법의 과제와 전망 : 한봉희 화갑기념(1994), 643, 註 70 등.

(3) 마지막으로, 상속분은 상속재산 분할 전 공동상속인의 법률상 지위 또는 포괄적 지분이라는 의미로 사용된다.9) §1011①에서의 상속분이 이것이다. §1011 註釋 참조.

Ⅱ. 지정상속분의 인정 여부

학설 중에는 피상속인이 상속인에게 포괄적 유증을 함으로써 상속분을 지정할 수 있다는 견해가 있고,10) 판례 및 하급심 판결에서도 '지정상속분'이란 용어를 사용하고 있다.11)

그러나 일본 민법은 §902① 본문에서 '유언에 의한 상속분의 지정'이라는 표제 아래 "피상속인은 전 2조의 규정에도 불구하고 유언으로 공동상속인의 상속분을 정하거나 그것을 정하는 것을 제3자에게 위탁할 수 있다"라고 규정하고 있는 것과 달리, 우리 민법은 지정상속분이란 용어를 사용하고 있지 않다. 다만 포괄적 유증에 의해 법정상속분이 변경된 것과 같은 결과를 일어나게 할 수 있을 뿐인데, 포괄수유자의 지위와 상속인의 지위는 다르고 법정사항 이외의 것을 내용으로 하는 유언은 무효이므로, 유언으로 상속분을 지정함으로써 법정상속분을 변경한다는 의미의 지정상속분은 인정되지 않는다고 해야 한다.12) 즉 포괄적 유증이 일본 민법상의 상속분지정이라고 볼 수는 없다.13) 따라서 지정상속분이라는 용어는 바람직하지 않다.14)

---

9) 곽윤직, 86; 윤진수, 388; 권은민(1998), 496; 곽동헌(1994), 650; 박병호(1988), 289~290.

10) 김주수·김상용, 693; 박동섭, 친족상속, 571; 이경희, 431; 정덕흥, 82; 기타 지정상속분에 관한 종래의 설명에 대한 소개로는 박병호(1988), 290 이하.

11) 대법원 2001. 2. 9. 선고 2000다51797 판결, 대법원 2013. 5. 9. 선고 2012다69982 판결; 하급심 판결로는 특히 대전고등법원 2013. 12. 26. 선고 2013누3106 판결이 §1012를 '유언에 의한 지정상속분'이라 지칭하고 있다.

12) 곽윤직, 87; 송덕수, 321; 윤진수, 388; 윤진수(2011), 289, 註 93; 권은민(1998), 496; 황정규(2003), 35; 현소혜(2010), 619.

13) 박병호(1988), 291 이하.

14) '유언상속분'이라는 용어가 더 적절하다는 견해는 신영호·김상훈, 369.

Ⅲ. 법정상속분

1. 연혁[15)]

가. 민법 시행 전의 구관습(舊慣習)

(1) 개설

일제강점기의 조선민사령(朝鮮民事令) §11는 친족 및 상속에 관한 사항은 일본 민법[의용민법(依用民法)]이 아닌 관습을 적용하도록 하였고,[16)] 해방 후에도 군정법령 제21호 §1 제1문에 의해 당시 법령의 효력이 유지되었으며, 의용민법 등 당시 법령은 제헌헌법 제100조에 의해 대한민국 법질서에 편입되었다.[17)] 제정민법 부칙 §25①은 "본법 시행일 전에 개시된 상속에 관하여는 본법 시행일 후에도 구법(舊法)의 규정을 적용한다"고 규정하고, 부칙 §1은 여기서 '구법'이라 함은 본법에 의하여 폐지되는 법령 또는 법령 중의 조항을 의미한다고 함으로써, 제정민법 시행일인 1960. 1. 1. 전에 개시된 상속에 관하여는 당시 상속에 관한 구관습이 적용되게 되었다.[18)]

이하에서는 판례를 중심으로 구관습 상의 상속분에 관하여 살펴본다.

(2) 호주가 피상속인인 경우

(가) 호주 단독상속 원칙

판례는 민법 시행 전에 호주가 사망한 경우에 그 상속재산은 호주상속인이 단독으로 상속하는 것이 구관습이라고 하였다.[19)] 여기서 호주는 직계비속 남자 중 적출장자, 생전양자, 유언양자, 유복자, 서자(서자가 여러 명인 경우 연장자) 순이다.[20)] 한편, 판례는 구관습에 의하면, 호주의 장남이 호주보다 먼저 사망하였으나 그 장남에게 직계비속 남자가 있으면 그 호주의 장손이 상속을 한다고 하고, 미혼인 장남이 호주보다 먼저 사망한 경우 형망제급(兄亡弟及)의 원칙이 적용되어 그 차제(次弟)가 장남이 되어 상속을 한다고 한다.[21)]

---

15) 여기서 특별한 인용이 없는 것은 권은민(1998), 501 이하; 윤진수(2013), 247 이하; 곽동헌(1994), 654 이하; 강명구(2014), 303 이하 참조.

16) 1912. 4. 1. 제정된 조선민사령 §11는 친족 및 상속에 관한 사항은 모두 관습에 의한다는 취지로 규정하였다가, 1922. 12. 7. 개정된 조선민사령 §11①은 "혼인연령·재판상의 이혼·인지·친권·후견·보좌인·친족회·상속의 승인 및 재산의 분리"에 관한 규정은 일본 법률에 의하도록 하였다. 기타 조선민사령의 개정에 관한 설명으로 윤진수(2017), 169 참조.

17) 제헌헌법 제100조의 '현행법령'의 의미에 관하여 자세한 내용은 정인섭, "대한민국의 수립과 구법령의 승계", 국제판례연구 1(2000), 263 이하 참조.

18) 정구태(2015) 504~505.

19) 대법원 1990. 10. 30. 선고 90다카23301 판결; 대법원 2012. 3. 15. 선고 2010다79053 판결 등.

20) 법원행정처 편, 부동산등기실무[Ⅱ], 2015, 272~275.

(나) 분재관습

판례는 구관습으로서 분재관습을 인정하고 있다.[22] 즉, 호주가 사망하여 그 장남이 호주상속을 하고 차남 이하 중자(맏아들 이외의 아들)가 수인 있는 경우에 그 장남은 호주상속과 동시에 일단 전호주의 유산전부를 승계한 다음 그 약 2분의 1은 자기가 취득하고 나머지는 차남 이하의 중자들에게 원칙적으로 평등하게 분여하여 줄 의무가 있다는 것이다.[23] 판례는 여자의 분재청구권은 인정하지 않는 취지이다.[24]

위 분재청구권은 권리자가 혼인하여 분가하는 경우에 이를 행사할 수 있다.[25] 호주의 분재의무는 상속된다.[26] 판례는 위 분재청구권은 일반적인 민사채권과 같이 권리자가 분가한 날부터 10년이 경과하면 소멸시효가 완성된다고 한다.[27] 분재청구권의 행사를 현행법상 상속재산분할 청구로 볼 수 있는지에 관하여, 하급심에서는 이를 긍정한 예와[28] 부정한 예가[29] 있으나, 이를 부정하는 것이 대법원 판례의 태도와 부합한다.

(3) 미혼인 호주가 상속할 남자 없이 사망한 경우

판례는 미혼인 호주가 사망한 경우 형망제급(兄亡弟及)의 원칙에 따라 망호주의 남동생이 호주상속을 하는 것이 구관습이라고 한다.[30] 호주의 자매는 '제(弟)'에 포함되지 않고, 제가 먼저 사망하였으나 그의 자가 있는 경우 호주의

---

21) 대법원 2000. 6. 9. 선고 2000다8359 판결; 대법원 2016. 11. 10. 선고 2014다225519 판결 등.

22) 대법원 1969. 11. 25. 선고 67므25 판결; 대법원 1979. 12. 27.자 76그2 결정; 대법원 1994. 11. 18. 선고 94다36599 판결; 대법원 2007. 1. 25. 선고 2005다26284 판결 등.

23) 그러나 당시 이러한 분재관습이 존재하였는지에 관하여 의문을 제기하는 견해로 윤진수(2013), 251~254; 정구태(2015), 509~515; 다만, 윤진수(2013) 254~255는 당시 관습을 지금에 와서 정확히 확정하는 것은 어렵고, 설령 판례가 처음에 파악한 관습이 잘못된 것이어도 일단 판례가 확립된 후에는 이로 인해 일반인들에게 판례와 같은 관습법이 존재하였다는 점에 관한 법적 확신이 성립하였기 때문에, 판례가 인정하는 관습의 존재를 부정하기 어렵다고 한다. 같은 취지, 현소혜(2010), 605.

24) 윤진수(2013), 247; 민유숙(2007), 220; 정구태(2015), 507~508; 헌법재판소 2013. 2. 28. 선고 2009헌바129 결정도 관습법상 딸들에게는 분재청구권이 없음을 전제로 하고 있다; 다만 대법원 2009. 5. 28. 선고 2007다41874 판결은 원고들인 딸들에게 관습법상 분재청구권이 있다 하더라도 당해 사건에서는 소 제기 이전에 소멸시효가 완성되었다는 이유로 원고들의 분재청구권을 받아들이지 않았다.; 한편, 여자의 분재청구권을 인정하지 않는 관습은 위헌이라는 견해는 윤진수(2013), 256; 정구태(2015), 517.

25) 대법원 1996. 10. 25. 선고 96다27087 등 판결.

26) 민유숙(2007), 223.

27) 대법원 2007. 1. 25. 선고 2005다26284 판결.

28) 울산지방법원 2000. 7. 26.자 98느합247, 248 심판.

29) 인천지방법원 부천지원 2007. 6. 5.자 2006느단221 심판.

30) 대법원 1981. 12. 22. 선고 80다2755 판결; 대법원 1989. 9. 26. 선고 87므13 판결; 대법원 2014. 5. 29. 선고 2014다200107 판결 등.

조카가 호주상속을 한다.[31)]

그러나 그 가(家)에 다른 남자가 없는 경우에는 선대인 망 호주(선대인 장남이 전 호주보다 먼저 사망한 경우에는 망 장남)의 사후양자(死後養子)를 정하여 그 상속을 하도록 하고, 그 사후양자 선정이 있을 때까지 선대인 망 호주의 조모, 모, 처의 순서로 호주 및 재산이 일시 상속되고, 그러한 사람도 없는 경우 장녀가 호주 및 재산을 일시 상속하는 것이 구관습이라고 한다.[32)]

(4) 기혼인 호주가 상속할 남자 없이 사망한 경우

판례는 기혼인 호주가 상속할 남자 없이 사망한 경우에는 그의 사후양자가 선정될 때까지 망인의 조모, 모, 처, 딸이 존비의 순서에 따라 여호주가 되어 호주 및 재산을 일시 상속하고,[33)] 이 경우 망 호주의 동생이 있다 하더라도 형망제급 원칙이 적용되지 않아 그 동생이 호주상속인이 되지 않는 것이 구 관습이라고 한다.[34)] 이 경우 선순위인 여호주가 사망하면 그 다음 순위의 여호주가 상속한다.[35)] 다만 판례는 호주가 기혼인 장남의 사망 후 사망하고 호주 상속할 남자가 없는 경우에 구 관습에 의하면 여호주는 망 호주 또는 망 장남의 직계존속, 배우자 또는 직계비속인 여자가 존비의 순위에 따라 정해진다고 하므로,[36)] 선순위 여호주가 없다면 망인의 며느리가 망인의 차남보다 앞서 호주가 될 수 있고, 이 경우 망 호주의 차남이 호주상속을 할 수는 없다.[37)]

(5) 호주 아닌 가족이 피상속인인 경우

판례는 민법 시행 전에 호주 아닌 가족이 사망한 경우에는 그 상속재산은 배우자가 아니라 직계비속이 평등하게 공동상속하는데, 다만 직계비속 중 피상속인과 동일 호적 내에 있지 않는 여자는 상속권이 없으며, 서출자녀는 적출자녀의 반을 상속하는 것이 우리나라의 관습이었다고 한다.[38)] 예를 들어 민법 시

31) 법원행정처 편, 부동산등기실무[Ⅱ], 2015, 278.

32) 대법원 2006. 11. 9. 선고 2006다41044 판결; 대법원 2013. 4. 11. 선고 2012두26364 판결.

33) 대법원 1992. 5. 22. 선고 92다7955 판결; 대법원 1995. 4. 11. 선고 94다46411 판결; 대법원 1996. 8. 23. 선고 96다20567 판결; 대법원 2004. 6. 11. 선고 2004다10206 판결; 대법원 2012. 3. 15. 선고 2010다53952 판결; 같은 취지, 대법원 1981. 12. 22. 선고 80다2755 판결; 다만 대법원 1991. 12. 10.자 91스9 결정은 이 경우 여호주는 호주의 모, 처, 가(家)를 같이하는 직계비속 여자의 순이 된다고 하나, 같은 취지로 보인다.

34) 대법원 1978. 8. 22. 선고 78다1107 판결; 대법원 1989. 9. 26. 선고 87므13 판결.

35) 대법원 1981. 12. 22. 선고 80다2755 판결; 대법원 1992. 5. 22. 선고 92다7955 판결.

36) 대법원 1971. 6. 22. 선고 71다786 판결; 대법원 1979. 6. 26. 선고 79다720 판결; 같은 취지, 대법원 2000. 4. 25. 선고 2000다9970 판결.

37) 대법원 1991. 5. 24. 선고 90다17729 판결.

38) 대법원 1980. 1. 15. 선고 79다1200 판결; 대법원 1991. 2. 22. 선고 90다15679 판결; 같은 취지, 대법원 1967. 2. 28. 선고 66다492 판결; 대법원 1970. 4. 14. 선고 69다1324 판결; 대법원 2014. 8. 20. 선고 2012다52588 판결 등.

행 전 호주의 가족인 장남이 직계비속만을 두고 사망한 경우, 그 장남은 호주상속을 받기 전 사망하였으므로, 그 직계비속들이 균등하게 상속받는다.[39] 한편, 판례는 이 경우 피상속인의 사망 전에 상속하게 될 직계비속이 사망하면, 그 망인의 직계비속들이 망인의 상속분을 평등하게 대습상속한다고 한다.[40]

또한, 판례는 구관습에 의하면, 그 호주 아닌 가족이 사망하였으나 재산상속인이 없는 경우에는 최근친자에게 상속재산이 귀속한다고 하고, 여기의 근친자에는 출가녀도 포함된다고 한다.[41]

한편, 호주 아닌 기혼남자가 사망한 경우에 그 직계비속이 없는 때에는 그 처(상속개시일 이후에 재혼한 경우도 포함)가 형제자매에 우선하여 망인의 상속재산을 상속한다는 등기선례가 있다.[42]

(6) 여호주(女戶主)의 일시 상속, 사후양자(死後養子), 절가(絕家)

판례는 구관습상의 여호주는 상속개시 당시 사실상 혼인 또는 재혼을 하였더라도 가적(家籍)을 이탈하지 않았다면 호주상속인이 될 수 있다고 한다.[43]

판례는 구관습에 의하면 여호주가 일시 상속을 받은 이후 사후양자가 선정되면 그 호주권과 재산은 사후양자에게 승계된다고 한다.[44] 사후양자를 선정한 경우에도 입양신고의 법률상 입양절차를 밟아야 효력이 있다.[45] 한편, 호주의 장남이 결혼하여 아들 없이 사망한 경우 그 망 장남을 위해 사후양자를 선정할 권리는 1차로 부(父)인 호주에게 있고, 호주가 사망한 경우 호주의 처, 모, 조모에게 순차로 속하며, 이러한 사람이 없거나 그 권리를 상실하거나 행사

한편, 판례 중에 대법원 1960. 4. 21. 선고 4292민상55 판결; 대법원 1984. 9. 25. 선고 83다432 판결; 대법원 1990. 2. 27. 선고 88다카33619 전원합의체 판결 등은 이 경우 동일 호적 내에 있는 자녀들이 균등하게 상속한다고 판시하여, 남자의 경우에도 동일 호적에 있을 것을 요구하는 것으로 이해될 여지가 있으나[이와 같은 취지로 이해하는 것으로 윤진수(2017), 164, 註 30], 앞의 판례들이 위 판례들을 서로 인용하는 것으로 보아 판례의 취지가 그와 같은 것은 아니라고 이해함이 타당하다. 특히 위 대법원 1990. 2. 27. 선고 88다카33619 전원합의체 판결에서는 종전에 호주 아닌 가족이 처와 딸을 남기고 사망한 경우 처만이 재산상속을 하는 것이 구관습이었다고 본 종전의 일부 판례를 폐기하였다.

39) 등기선례 제7－186호; 법원행정처 편, 부동산등기실무[Ⅱ], 2015, 279.

40) 대법원 1962. 4. 26. 선고 4294민상676 판결.

41) 대법원 1989. 6. 27. 선고 89다카5123등 판결.

42) 등기선례 제1－329호(구 관습법상 처의 재산상속순위).

43) 대법원 1970. 1. 27. 선고 69다1954 판결; 대법원 1979. 6. 26. 선고 79다720 판결; 대법원 2013. 4. 11. 선고 2012두26364 판결.

44) 대법원 1991. 12. 10.자 91스9 결정; 대법원 1992. 9. 25. 선고 92다18085 판결; 대법원 1995. 4. 11. 선고 94다46411 판결; 대법원 1996. 8. 23. 선고 96다20567 판결; 대법원 2004. 6. 11. 선고 2004다10206 판결; 대법원 2012. 3. 15. 선고 2010다53952 판결.

45) 대법원 1992. 9. 25. 선고 92다18085 판결; 대법원 1996. 8. 23. 선고 96다20567 판결; 대법원 2009. 11. 12. 선고 2009다66792 판결; 대법원 2014. 5. 16. 선고 2013다16886 판결.

할 수 없는 때에는 호주의 망 장남의 처에게 속한다.[46] 한편, 판례는 사후양자 입양여부가 불분명하다고 하여 상속인의 존재가 불분명한 경우라고 할 수 없으므로, 여호주의 피상속인의 상속재산 관리를 위하여 §1053의 관리인을 선임할 수는 없다고 한다.[47]

판례는 구관습에 의하면 그러한 여호주가 사망 또는 출가하여 호주상속할 자가 없다 하더라도 곧바로 절가(絕家)가 되는 것은 아니고, 그로부터 상당한 기간 내에 사후양자가 선정되지 않으면 그 가(家)는 절가(絕家)가 된다고 한다.[48] 판례 중에는 여호주가 출가하여 제적된 후 16년이 지난 후에 사후양자 입양신고를 하였다면 이는 상당한 기간 내에 사후양자로 선정된 것이 아니라는 것이 있고,[49] 반면 여호주의 사망일로부터 2년 2개월 내에 사후양자로 입양신고를 마친 경우에는 상당한 기간 내에 사후양자로 선정된 것이어서 절가(絕家)가 되지 않았다고 한 것이 있다.[50] 한편, 판례는 호주가 사망한 후 사후양자가 선정될 때까지 여호주가 없었다고 하더라도 호주 사망 후 상당한 기간 내에 이루어졌다면, 그 가(家)는 절가(絕家)가 되지 않고, 사후양자가 호주로부터 직접 상속받는다고 한다.[51]

판례는 구관습에 의하면, 여호주가 사망하거나 출가하여 호주상속인 없이 절가(絕家)된 경우 그 상속재산은 그 절가된 가(家)의 가족이 승계하고 가족이 없을 때는 출가녀가 이를 승계하며, 출가녀도 없을 때는 그 가(家)의 친족인 근친자, 즉 여호주의 망부(亡夫)의 본족(本族)에 속하는 근친자에게 귀속되고, 그런 자도 없을 때는 여호주가 거주하던 리·동(里·洞)에 귀속된다고 한다.[52] 이때

46) 대법원 2004. 6. 11. 선고 2004다10206 판결; 대법원 1978. 6. 27. 선고 78다277 판결도 참조.

47) 대법원 1991. 12. 10.자 91스9 결정.

48) 대법원 1995. 4. 11. 선고 94다46411 판결; 대법원 2012. 3. 15. 선고 2010다53952 판결; 대법원 2013. 4. 11. 선고 2012두26364 판결.

49) 대법원 1996. 8. 23. 선고 96다20567 판결.

50) 대법원 1995. 4. 11. 선고 94다46411 판결.

51) 대법원 1991. 11. 26. 선고 91다32350 판결; 이 판결에 대한 판례해설로는 송흥섭, "구 관습법상 사후양자의 유산상속권", 대법원판례해설 16(1992).

52) 대법원 2012. 3. 15. 선고 2010다53952 판결; 같은 취지, 대법원 1979. 2. 27. 선고 78다1979 등 판결; 대법원 1992. 5. 12. 선고 91다41361 판결; 이와 달리 이 경우 단순히 '근친자'에게 유산이 귀속된다는 판례도 있고(대법원 1967. 2. 7. 선고 66다2542 판결; 대법원 1992. 9. 25. 선고 92다18085 판결; 대법원 1993. 12. 10. 선고 93다41174 판결; 대법원 1996. 8. 23. 선고 96다20567 판결 등), 이 경우 동일가적 내 가족이 이를 승계하고, 가족이 없을 때는 그의 최근친자에게 귀속되며, 그런 자도 없을 때에는 리·동(里·洞)에 귀속된다는 판례도 있다(대법원 2009. 1. 30. 선고 2006다77456 등 판결); 판례의 이와 같은 태도는 조선고등법원의 판례를 이어받은 것이라고 한다. 윤진수(2017), 160 참조.

그러나 이와 같은 관습법이 존재하였는지 여부에 의문을 제기하는 견해로 윤진수(2017), 163~164; 정구태(2017), 184; 다만 윤진수(2017), 165는 이제 와서 이러한 관습이 존재하지 않았

여호주 사망 전에 최근친자인 출가녀가 사망하였다면 그 상속재산은 그 출가녀의 직계비속이 대습상속한다고 한다.[53] 또한, 판례는 이 경우 동일가적 내에 수인의 가족이 있는 경우 원래의 남호주를 기준으로 최근친의 가족에게 그 상속재산이 귀속되고, 최근친의 가족이 수인인 경우에는 균등한 비율로 그 유산이 귀속된다고 한다.[54] 한편, 헌법재판소는 구관습법 중 "여호주가 사망하거나 출가하여 호주상속인 없이 절가된 경우, 상속재산은 그 절가된 가(家)의 가족이 승계하고 가족이 없을 때는 출가녀(出家女)가 승계한다"는 부분이 헌법에 위반되지 아니한다고 하였다.[55]

그러나 여호주가 민법 시행 이후에 사망하였다면 그 여호주가 구관습에 따라 상속을 받았다 하더라도 그 재산상속에는 민법이 적용되고 절가(絕家)에 관한 구관습이 적용되지 않는다.[56] 따라서 여호주가 민법 시행후 사후양자를 선정하였을 경우에 그 사후양자는 호주상속만할 뿐 재산상속을 받지 못한다.[57]

한편, 여호주 사망 또는 출가로 인한 절가(絕家)의 경우와 달리 원래의 호주 사망으로 절가(絕家)의 경우에, 판례는 구관습에 의하면 그 상속재산은 호주의 최근친자에게 귀속되고 이때 최근친자는 호주와 가(家)를 같이 할 것을 요하지 않는다고 한 것이 있는 반면,[58] 이 경우 동일가적 내에 있는 가족이 먼저 승계한다는 것도 있다.[59] 또한, 판례는 상속받은 사후양자가 호주상속할 남자 없이 사망하여 절가(絕家)된 경우에 구관습에 의하면 동일가적 내 가족이 없으면 양부를 매개로 하여 새로이 정해진 촌수에 따른 최근친자에게 귀속된다고 한다.[60] 이때 최근친자인 출가녀가 사망한 경우에 그 상속재산은 그 출가녀에 대

다고 정면으로 부인하기 어렵다고 한다. 같은 취지, 현소혜(2010), 605.

53) 대법원 1993. 12. 10. 선고 93다41174 판결.

54) 대법원 2012. 3. 15. 선고 2010다53952 판결.

55) 헌법재판소 2016. 4. 28. 선고 2013헌바396 결정; 그러나 학설 중에는 이와 같은 관습법은 위헌이라는 견해가 있다. 윤진수(2017), 178 이하; 정구태(2017), 185~187.
한편, 대법원 2009. 5. 28.자 2007카기134 결정은 관습법은 헌법재판소의 위헌법률심판의 대상이 아니라고 하였다. 학설 중에도 관습법은 위헌법률심판의 대상이 되지 않는다는 유력한 비판이 있다. 대표적으로 윤진수(2013), 266 이하 및 윤진수(2017), 167 이하; 정구태(2017), 178~180도 참조.

56) 대법원 1992. 5. 22. 선고 92다7955 판결; 대법원 1992. 10. 27. 선고 92다24684 판결; 대법원 1998. 7. 24. 선고 98다22659 판결; 대법원 2008. 2. 14. 선고 2007다57619 판결; 대법원 2013. 4. 11. 선고 2012두26364 판결.

57) 대법원 1963. 1. 31. 선고 62다653 판결; 대법원 1967. 9. 29. 선고 67다1707 판결.

58) 대법원 1991. 5. 24. 선고 90다17729 판결.

59) 대법원 2009. 1. 30. 선고 2006다77456 등 판결(다만 이 판결 사안도 호주와 가(家)를 같이 하지 않는 최근친자에게 상속재산이 귀속된다는 것이어서 그 판시에도 불구하고 앞 주의 판결과 배치되지는 않는다).

60) 대법원 2009. 1. 30. 선고 2006다77456 등 판결; 대법원 2009. 7. 9. 선고 2009다19031 등 판결.

습하여 그 출가녀의 직계비속에게 귀속된다고 한다.[61]

(7) 생양가봉사(生養家奉祀)의 관습

판례는 타가의 양자로 된 자가 생가의 상속인이 없게 된 경우에 양가의 제사와 함께 생가의 제사를 지내는 이른바 생양가봉사(生養家奉祀)의 구 관습은 생가의 사후양자가 입양되어 제사를 상속할 때까지 임시로 사실상 생가의 제사를 지내는 것에 지나지 않으므로, 그가 생가의 재산상속까지 하는 것은 아니라고 하였다.[62]

학설에서는 우리의 전통 관습상으로는 생양가봉사에 재산상속이 인정되었다고 하여 판례를 비판하는 견해가 있는 반면,[63] 생양가봉사자에게 재산상속권을 인정하는 취지의 관습법은 존재하지 않았다고 하여 판례가 타당하다는 견해도 있다.[64]

나. 1958. 2. 22. 제정된 구 민법(1960. 1. 1. 시행)

동순위 상속인의 상속분은 균분으로 하되, 호주상속인은 고유의 상속분에 5할을 가산하고, 여자의 상속분은 남자의 1/2로 하며(§1009①), 동일가적 내에 없는 여자의 상속분은 남자의 1/4로 하였다(동조②). 또한, 피상속인의 처의 상속분은 직계비속과 공동으로 상속하는 때에는 남자의 1/2로 하고, 직계존속과 공동으로 상속하는 때에는 남자의 상속분과 균분으로 하였다(동조③). 처가 피상속인인 경우에 부(夫)는 직계비속과 동순위로 공동상속인이 되고 직계비속이 없는 경우 단독상속인이 되었다(§1002). 피상속인의 처는 직계비속, 직계존속과 공동상속을 하고, 그 상속인이 없는 때 단독상속인이 되었으며, 처에게는 대습상속을 인정하였으나, 부(夫)에게는 대습상속을 인정하지 않았다(§1003). 한편, 이 법 시행일 전에 개시된 상속에 관하여는 그 시행일 후에도 구법의 규정이 적용되었다(부칙 §25①).

판례는 위 제정민법 §1009②의 '동일가적 내에 없는 여자'의 의미에 관하여, 상속할 지위에 있는 여자가 혼인 등의 사유로 인하여 타가에 입적함으로써 피상속인의 가적에서 이탈하여 가적을 달리한 경우를 지칭하고, 피상속인이 이혼으로 인하여 친가에 복적함으로써 상속인과 가적을 달리하게 된 경우까지 포함하는 것이 아니라고 하였다.[65]

61) 대법원 2009. 7. 9. 선고 2009다19031 등 판결.
62) 대법원 2012. 3. 15. 선고 2009다85090 등 판결; 대법원 2014. 5. 16. 선고 2013다14101 판결.
63) 정긍식, "생양가 봉사 관습에 대한 소고", 저스티스 124(2011), 226~227.
64) 현소혜, "상속관습법상 몇 가지 쟁점에 관하여", 가족법연구 29-1(2015), 370~377.
65) 대법원 1979. 11. 27. 선고 79다1332 등 전원합의체 판결; 이 판결에 대한 평석으로는 박병호,

위 구 민법은 적서의 차별을 두지는 않았으나, 남녀 사이에 현저한 차별을 두었고, 호주권 강화 및 가산의식에 기인하여 호주상속인의 상속분에 5할을 가산하였다.[66)]

다. 1977. 12. 31. 개정민법(1979. 1. 1. 시행)

호주상속인은 고유의 상속분에 5할을 가산한다는 부분은 유지되었다. 여자의 상속분은 남자의 1/2로 한다는 부분은 삭제되었으나, 동일가적 내에 없는 여자의 상속분은 남자 상속분의 1/4로 한다는 부분은 유지되었다(§1009①, ②). 다만, 피상속인의 처의 상속분은 직계비속 또는 직계존속과 공동으로 상속하는 때에는 동일가적 내에 있는 직계비속 또는 직계존속 상속분의 5할을 가산하는 것으로 개정하였다(동조③). 처가 피상속인의 경우 상속인에 관한 조항(§1002)과 피상속인인의 처의 상속순위에 관한 조항(§1003)도 유지되었다. 한편, 이 법 시행일 전에 개시된 상속에 관하여는 이 법 시행일 후에도 종전의 규정이 적용되었다(부칙⑤).

위 개정민법 해석상 처가 호주상속을 하는 경우에는 처의 상속분은 균분상속비율 1을 기준으로 호주상속인의 5할 가산과 상속인의 5할 가산을 합친 2가 된다는 견해가 있으나,[67)] 등기선례 중에는 호주상속인인 처가 시모와 공동으로 재산상속을 하는 경우 처의 상속분은 시모의 상속분의 5할을 가산한 상속분에 다시 5할을 가산하여 시모의 상속분의 2.25배가 된다는 것이 있다.[68)] 판례는 피상속인의 공동상속인으로서 생모와 계모가 있는데, 생모가 피상속인 사망 전에 피상속인의 부(父)와 이혼하여 친가에 복적한 경우에는 피상속인과 동일한 가적 내에 없으므로, 생모의 상속분은 동일 가적 내에 있는 계모의 상속분의 1/4이 된다고 하였다.[69)] 한편, 호주의 아들이 사망하여 그의 아들이 상속하는 경우 그 피상속인이 호주상속인은 아니므로 상속분에 5할을 가산할 수 없다는 판례도 있다.[70)]

위 개정민법은 동일가적 내에 있는 남녀의 차별을 철폐하고 처의 상속분을 상향조정하였으나, 배우자로서 남녀 사이의 차별과 출가에 따른 남녀 사이의 차별을 유지하였으며 호주상속인을 우대하는 조항도 유지하였다.[71)]

"동일가적 내에 없는 여자의 상속분", 民判 3(1993).

66) 곽동헌(1994), 654.

67) 신영호 · 김상훈, 371.

68) 등기선례 제1−330호(처가 호주상속을 하는 경우의 재산상속분).

69) 대법원 1993. 9. 28. 선고 93다6553 판결.

70) 대법원 1981. 5. 26. 선고 80다3092 판결.

71) 곽동헌(1994), 655.

라. 1990. 1. 13. 개정민법(1991. 1. 1. 시행, 현행민법)

호주상속제도를 호주승계로 바꾸면서, 호주상속인에 대한 상속분 5할 가산조항을 삭제하였다. 또한, 처가 피상속인의 경우 상속인에 관한 조항(§1002)을 삭제하고, 부부간의 상속순위와 상속분을 평등하게 개정하였다. 즉, 피상속인의 배우자의 상속순위를 모두 직계비속, 직계존속과 공동으로 상속하고, 그 상속인이 없는 때 단독상속을 하며, 배우자 모두에게 대습상속을 인정하는 것으로 개정하며(§1003), 피상속인의 배우자의 상속분은 직계비속 또는 직계존속과 공동으로 상속하는 때에는 직계비속 또는 직계존속 상속분의 5할을 가산하는 것으로 개정하여(본조 ②) 현행민법에 이르고 있다. 한편, 이 법 시행일 전에 개시된 상속에 관하여는 이 법 시행일 후에도 구법의 규정이 적용된다(부칙 §12 ①). 다만 판례는 위 개정민법 시행 후 실종선고가 있는 경우에 그로 인한 상속에 관하여는 그 부칙 §12①, ②에 따라 실종기간 만료 시점이 언제인지에 관계없이 위 개정민법을 적용해야 한다고 한다.[72]

이 개정은 동순위 상속인 사이의 차등을 두었던 것을 없애 완전한 균분주의로 변경하고, 부부간 차등을 없애 배우자로서의 상속분을 동등하게 하며, 기타 남녀차별 및 동일가적 내에 있는지 여부에 따른 차별을 없앰으로써 상속에서의 남녀평등원칙을 이룬 것이다.[73] 특히 동일가적 내에 없는 여자의 상속분을 남자의 1/4로 하는 것은 상속에 의해 가산적 성격을 가지는 재산이 타가로 유출되는 것을 가급적 적게 하려는 입법취지를 가지고 있었으나, 이 개정으로 전근대적인 가산유지적 관념을 제거하였다고 평가하는 견해도 있다.[74]

2. 상속균분주의

본조 ①은 동순위 상속인의 상속분은 동일한 것으로 정하여, 근대 상속법의 일반원칙인 균분상속제를 채택하였다.[75] 원래 동순위 상속인 사이에 차등을 두었던 것을 1990. 1. 13. 개정민법(1991. 1. 1. 시행)에서 완전한 균분주의로 변경하였다.

따라서 1순위 상속인 중 혼생자와 혼외자의 상속분도 동등하고,[76] 부모가 같은 자녀와 부모 일방이 다른 자녀(이성동복, 동성이복)의 상속분도 모두 동일하

72) 대법원 2017. 12. 22. 선고 2017다360등 판결.
73) 권은민(1998), 513~514; 곽동헌(1994), 664~665.
74) 신영호(1990), 229.
75) 김주수 · 김상용, 694~695; 신영호(1990), 228.
76) 박동섭, 친족상속, 573; 오시영, 553.

다. 이에 대해 입법론으로 일본 민법 §900④와 같이 부모 일방이 다른 자녀의 상속분은 부모가 같은 자녀의 상속분보다 낮추어야 한다는 견해가 있다.[77]

2순위 상속인 중 친생부모와 양부모의 상속분도 동등하고, 조부모와 외조부모의 상속분도 동등하다.[78] 3순위 상속인인 형제자매 중 동성이복형제, 이성동복형제 등의 상속분도 동등하다.[79]

3. 배우자의 상속분

가. 내용

본조 ②에 따라 생존배우자의 상속분은 직계비속 또는 직계존속과 공동으로 상속하는 경우 그들의 상속분에 5할을 가산한다. 따라서 배우자의 상속분은 공동상속인의 수에 따라 상대적으로 정해진다.[80] 생존배우자는 유책배우자라 하더라도 상속권을 취득한다.[81]

제정민법에서는 배우자 중 처의 상속분은 직계비속과 공동으로 상속하는 때에는 남자의 1/2로 하였으나, 1977. 12. 31. 개정민법에서는 동일가적 내에 있는 직계비속 상속분에 5할을 가산하는 것으로 상속분을 증가시켰다(각 §1009 ③). 그러나 1990. 1. 13. 개정민법에서는 부부간의 차등을 없애 배우자로서의 상속분을 동등하게 하였다.

나. 혼인에 무효사유가 있는 경우

혼인에 §815의 무효사유가 있는 경우 생존배우자에게 상속권이 있는지 문제된다. 혼인은 무효라는 판결이 있어야 비로소 무효가 되고 그 전에는 누구도 무효를 주장할 수 없다는 견해도 있으나, 혼인 무효를 주장하는 방법에 관하여 민법이 따로 규정을 두고 있지 않은 것은 무효인 혼인은 처음부터 무효이고 판결에 의하여 비로소 무효가 되는 것은 아니라는 취지라고 해석함이 타당하다.[82] 따라서 무효인 혼인의 생존배우자는 상속권이 없다고 해석해야 한다.[83]

다. 혼인에 취소사유가 있는 경우

혼인의 취소는 법원에 그 취소를 청구해야 하고(§816), 혼인의 취소의 효력

77) 이은정(2011), 139~140.
78) 박동섭, 친족상속, 573; 오시영, 553.
79) 오시영, 553.
80) 강명구(2014), 311.
81) 권은민(1998), 516.
82) 주해친족(1권), 147(윤진수).
83) 권은민(1998), 515.

은 소급하지 않는다(§824). 당사자 일방이 사망한 후에도 혼인 취소의 소가 인정된다(家訴 §24②).

그러나 중혼배우자와 같이 혼인 취소 사유가 있더라도(§816 i, §810), 혼인이 취소되지 않았다면 그 배우자는 상속인 자격을 갖는다.[84] 이 경우 중혼배우자와 전혼배우자의 상속분이 어떻게 책정되어야 하는지에 관하여 견해가 대립한다. 각 배우자가 각각 본조 ②의 상속분을 갖는다는 견해와,[85] 각 배우자가 본조 ②의 상속분을 1/2씩 나누어 갖는다는 견해가[86] 있다. 대법원 1996. 12. 23. 선고 95다48308 판결의 원심에서는 후자의 견해와 같은 방법을 따랐다.

위 대법원 판결은 혼인 중 배우자 일방이 사망하여 생존배우자가 상속을 받은 후 혼인이 취소되어도 그 전에 이루어진 상속관계가 소급하여 무효라거나 또는 그 상속재산이 법률상 원인 없이 취득한 것은 아니라고 하였다.[87] §824는 신분관계 또는 재산관계를 불문하고 혼인취소의 소급효를 제한하고 있다는 등의 이유로 판례의 태도를 지지하는 견해도 있으나,[88] 판례의 입장대로라면 혼인 취소의 소의 이익을 인정하기 어려우므로, 혼인 취소로 인한 혼인 해소의 효과는 사망시에 소급하여 발생한다고 해야 한다는 비판론이 유력하다.[89]

라. 입법론

현대의 상속법은 비교법적으로 볼 때 상속인 배우자의 지위를 강화해 나가는 경향이 있다.[90] 그런데 배우자의 상속분은 배우자가 생존 중에 이혼으로 받는 재산분할의 액수와 달라져 불균형이 생길 수 있다.[91]

이에 따라 입법론으로 혈족상속인의 수에 의해 배우자의 상속분이 달라지지 않고, 배우자의 상속분을 고정적으로 확보하고 증가시켜야 한다는 견해가 많다.[92] 또한, 생존배우자가 직계비속과 공동상속하는 경우와 직계존속과 공동상속하는 경우에 생존배우자의 상속분에 차등을 두어 후자의 경우에 생존배우

84) 남효순(1998), 391; 황정규(2003), 31~32도 같은 취지.
85) 송덕수, 322.
86) 박동섭, 친족상속, 575.
87) 대법원 1996. 12. 23. 선고 95다48308 판결.
88) 남효순(1998), 390 이하; 박동섭, 118; 기타 주해친족(1권), 186, 註 7에서 소개하는 문헌 참조.
89) 주해친족(1권), 186~187(윤진수).
90) 신영호(1990), 223; 외국 입법례의 배우자 상속분 증가 추세에 관한 내용에 대하여 김상용(2007), 687 이하 참조.
91) 윤진수, 363.
92) 오시영, 554~555; 이은정(2011), 138; 신영호(1990), 230; 곽동헌(1994), 665; 강명구(2014), 332; 현소혜(2010), 624~625; 오시영, "배우자를 중심으로 한 상속분에 대한 재검토", 人權 318(2008), 38.

자의 상속분을 늘려야 한다는 견해도 있고,[93] 배우자 상속분을 자녀와 균분으로 하되, 최소한 1/3 또는 1/4을 보장해 주며, 일정한 요건 하에서 배우자의 단독상속을 인정해야 한다는 견해도 있다.[94]

93) 이은정(2011), 139.
94) 김상용(2007), 697~700.

第1010條(代襲相續分)

① 第1001條의 規定에 依하여 死亡 또는 缺格된 者에 갈음하여 相續人이 된 者의 相續分은 死亡 또는 缺格된 者의 相續分에 依한다.

② 前項의 境遇에 死亡 또는 缺格된 者의 直系卑屬이 數人인 때에는 그 相續分은 死亡 또는 缺格된 者의 相續分의 限度에서 第1009條의 規定에 依하여 이를 定한다. 第1003條第2項의 境遇에도 또한 같다.

▌**참고문헌**: 곽동헌(2003), "대습상속", 아세아여성법학 6; 신영호(1990), "상속순위와 상속분", 가족법연구 4; 안영하(2005), "대습상속인의 상속분", 계약법의 과제와 전망 : 김욱곤 정년기념; 안영하(2008), "기여분과 대습상속인의 상속분", 성균관법학 20-2.

Ⅰ. 대습상속인의 상속분

1. 의의와 내용

대습상속은 형평의 원칙에 근거하여 본래 상속인이 될 자가 상속을 받았다면 그가 사망한 때에는 다시 그의 상속인이 상속을 받을 것인데, 본래의 상속인이 사망 등의 상속을 받지 못하였다고 하여 그의 상속인이 될 자가 전혀 상속을 받지 못하는 것은 부당하기 때문에 인정되는 것이므로,[1] 대습상속인의 상속분은 피대습자가 받았을 상속분과 같다고 정함이 타당하고,[2] 나아가 피대습자이 공동상속인이 될 자들은 피대습자의 상속분을 법정상속분대로 다시 나누어 가지도록 정함이 타당하다.

본조는 이를 명확히 하고 있는 것으로서, 이에 따르면 대습상속인은 피대습자의 상속분을 받고, 이러한 피대습자의 상속분의 한도 내에서 §1009에 의해 피대습자의 직계비속은 균분하게 상속받고, 피대습자의 배우자는 그에 5할을 가산하여 상속받는다.[3]

1) 곽윤직, 60; 윤진수, 311 등.
2) 곽윤직, 88.
3) 안영하(2005), 637~638.

2. 상속분의 의미

본조 ①에서 대습상속인이 상속하는 피대습자의 '상속분'은 '추상적 상속분'이 아니라 §1008 및 §1008-2에 의해 조정을 거친 '구체적 상속분'이라고 해석해야 한다는 견해가 있다.[4] 그러나 피대습자의 특별수익과 기여를 대습상속인의 구체적 상속분을 산정할 때 반영할 것인지에 관하여, 특별한 사정이 없는 한 이를 긍정할 수 있으므로(자세한 내용은 §1008 및 §1008-2 註釋 참조), 본조의 '상속분'을 어떻게 이해하던지 결론에 있어서 큰 차이는 없다고 생각된다.

반면, 대습상속인이 받은 특별수익과 기여를 구체적 상속분 산정에 반영할 것인지는 별개로 검토해야 할 문제이다.[5] 자세한 내용은 §1008 및 §1008-2 註釋 참조.

Ⅱ. 상속인이 될 자가 모두 사망한 경우의 상속분

상속인이 될 자들이 모두 사망한 경우에 그들의 직계비속의 상속분은 어떻게 되는지 문제가 있다.

이에 대해 본위상속을 한다는 견해와[6] 대습상속을 한다는 견해가[7] 대립하는데, 판례는 대습상속이라고 한다.[8] 양 견해에 따라 손자녀의 상속분이 달라질 수 있다. 예컨대, 피상속인이 배우자가 없고 자녀로 甲, 乙이 있으며, 甲의 자녀로 A, B가 있고, 乙의 자녀로 C가 있는 경우에, 甲, 乙이 피상속인보다 먼저 사망하였다면, 본위상속설에 따르면, A, B, C의 상속분은 모두 1/3이 되고, 대습상속설에 따르면 A, B의 상속분은 각 1/4, C의 상속분은 1/2이 된다. 피상속인의 자녀의 사망과 손자녀의 사망의 선후라는 우연적인 사정에 따라 상속분의 변경이 이루어지는 것은 불합리하므로 대습상속을 한다고 보는 것이 타당하다.

반면, 피상속인의 자녀가 모두 상속을 포기한 경우에는 대습상속 사유가 아니므로, 이 경우 피상속인의 손자녀는 본위상속을 한다.[9]

자세한 내용은 §1001 註釋 참조.

---

4) 안영하(2008), 63.
5) 안영하(2008), 64.
6) 김주수·김상용, 655.
7) 곽윤직, 50; 신영호(1990), 220; 곽동헌(2003), 41.
8) 대법원 2001. 3. 9. 선고 99다13157 판결.
9) 대법원 1995. 9. 26. 선고 95다27769 판결.

第1011條(共同相續分의 讓受)

① 共同相續人 中에 그 相續分을 第三者에게 讓渡한 者가 있는 때에는 다른 共同相續人은 그 價額과 讓渡費用을 償還하고 그 相續分을 讓受할 수 있다.

② 前項의 權利는 그 事由를 안 날로부터 3月, 그 事由있은 날로부터 1年內에 行使하여야 한다.

■ **참고문헌**: 시진국(2006), "재판에 의한 상속재산분할", 司論 42; 이은정(2011), "상속의 효력 규정의 정비를 위한 검토", 가족법연구 25-2; 정구태(2009), "유류분권리자의 승계인의 범위", 안암법학 28.

Ⅰ. 개설

1. 본조의 취지

상속인은 사적자치의 원칙에 따라 상속개시 후 상속재산분할 전까지 자신의 상속분을 자유롭게 타인에게 양도할 수 있고, 본조도 이를 예정하고 있다.[1] 본조는 이 경우 다른 공동상속인이 그 상속분을 다시 양수할 수 있다고 정하고 있다. 이는 상속재산분할의 당사자인 공동상속인 내부의 문제에 제3자가 개입하는 것을 저지하려는 데 그 취지가 있다.[2] 본조는 상속분의 '양수'라고 하고 있으나, 이러한 용어가 혼동을 가져온다는 이유로 본조를 '상속분의 환수(還收)'라고 표현하는 것이 적절하다는 견해도 있다.[3]

입법론으로 상속분 양수권 제도는 이론적으로 실제적으로 필요성이 없다

1) 곽윤직, 125; 오시영, 584; 시진국(2006), 661; 같은 취지, 송덕수, 336~337.
2) 곽윤직, 127; 김주수·김상용, 717; 윤진수, 416; 박동섭, 친족상속, 602; 신영호·김상훈, 399; 오시영, 585 등.
3) 곽윤직, 126~127; 송덕수, 338; 이경희, 477; 정구태(2009), 125, 註 69; 전원열, "채권의 공동상속", 일감법학 35(2016), 223, 註 31.

는 이유로 이를 폐지해야 한다는 견해가 많다.[4)]

2. 본조에서 상속분의 의의

본조에서 상속분이란 상속재산 분할 전 공동상속인의 법률상 지위 또는 포괄적 지분이라고 보는 것이 통설이다.[5)] 상속재산을 구성하는 개개의 물건 또는 권리의 양도는 본조의 상속분의 양도에 해당하지 않는다.[6)] 판례도 같은 취지에서 본조의 '상속분의 양도'란 상속재산분할 전에 상속재산 전부에 관하여 공동상속인이 가지는 포괄적 상속분, 즉 상속인 지위의 양도를 의미한다고 판시하였다.[7)]

따라서 특별수익을 취득하는 상속인이 양도하는 상속분은 법정상속분이 아니라 특별수익을 고려한 구체적 상속분이라고 해석된다.[8)] 판례도 같은 취지에서 특별수익을 받은 상속인이 자신의 상속분을 다른 상속인의 소유로 하는 것에 합의한 것은 특별수익이 반영된 구체적 상속분을 양도하기로 하는 합의라고 보았다.[9)]

Ⅱ. 상속분의 양도

1. 요건

상속분 양도에 특별한 방식이 요구되지 않고, 당사자 사이의 합의만으로 할 수 있다.[10)] 상속분 양도에 다른 공동상속인의 승낙이 있어야 하는 것도 아니다.[11)] 또한, 상속분의 양도는 상속재산에 속하는 개별재산에 관한 권리의 이전이 아니므로, 등기, 인도 등 개별 권리변동에 필요한 요건은 필요하지 않다.[12)]

다만 제3자가 상속분을 양수한 경우 상속권을 주장하기 위하여 채권양도에 준한 대항요건이 필요한지에 관하여는 견해가 대립한다. 본조는 단기의 제척기간에 걸리므로 본조의 양수권을 보장하기 위하여 다른 공동상속인에게 그

4) 이은정(2011), 151; 오시영, 585~586; 송덕수, 338; 같은 취지, 김주수 · 김상용, 717; 박동섭, 친족상속, 604; 이경희, 477.
5) 곽윤직, 86; 윤진수, 416; 신영호 · 김상훈, 399; 송덕수, 337; 오시영, 584; 이경희, 445~446; 권은민, 496; 곽동헌상속분, 650; 박병호상속분, 289~290.
6) 윤진수, 416; 박동섭, 친족상속, 601; 송덕수, 338; 신영호 · 김상훈, 399; 이경희, 446.
7) 대법원 2006. 3. 24. 선고 2006다2179 판결.
8) 시진국(2006), 695.
9) 대법원 2007. 3. 9.자 2006스88 결정.
10) 곽윤직, 125; 김주수 · 김상용, 715; 윤진수, 416; 송덕수, 337; 신영호 · 김상훈, 400.
11) 김주수 · 김상용, 717; 같은 취지, 서울고등법원 2006. 11. 21.자 2005브3 결정.
12) 신영호 · 김상훈, 401.

상속분 양도 사실을 알려야 한다는 이유로 이를 긍정하는 견해도 있으나,[13] 이를 요구하는 명문의 규정이 없다는 등의 이유로 그 대항요건이 필요하지 않다고 해석하는 견해가[14] 타당하다. 다만 입법론으로는 상속분 양도인이 상속분 양도사실을 다른 공동상속인에게 지체없이 통지해야 한다는 규정을 두어야 한다는 견해가 있다.[15]

한편, 본조의 상속분의 양도에는 유상양도뿐만 아니라 무상양도도 포함된다.[16]

상속분의 일부양도가 인정되는지에 관하여, 입법론은 별론으로 하고 해석론으로는 사적자치의 원칙상 상속분의 일부양도도 인정된다는 견해와,[17] 상속분 양도는 상속인의 법률상 지위 또는 포괄적 지분이 이전되는 것이고, 일부양도가 인정되면 상속관계가 복잡해진다는 이유로 상속분의 일부양도는 인정할 수 없다는 견해가[18] 대립한다.

2. 효과

상속분 양도에 의해 양수인은 그 양도인이 갖고 있던 상속재산 전체에 대한 지분을 그대로 취득하므로, 상속분 양수인은 상속재산을 관리하거나 상속재산의 분할을 청구할 수 있다.[19]

상속분의 양도에 의해 상속채무도 양수인에게 이전되지만, 양도인이 상속채무를 면한다면 채권자를 해할 위험성이 있으므로, 그로써 양도인이 채무를 면하는 것은 아니고, 양도인도 양수인과 함께 병존적·중첩적으로 채무를 부담한다고 보는 것이 통설이다.[20]

상속분의 양도가 있는 경우에 다른 공동상속인이 상속을 포기하면 그 포기로 인한 상속분의 증가의 효력이 상속분 양도인에게 미치는지, 상속분 양수인에게 미치는지 문제된다. 상속분 양수인은 본래의 상속인이 아니라는 이유로

---

13) 김주수·김상용, 716; 신영호·김상훈, 401; 오시영, 585; 이경희, 446.
14) 곽윤직, 126; 박동섭, 친족상속, 602; 송덕수, 337; 임완규·김소영, "상속재산분할심판", 재판자료 62(1993), 682.
15) 이은정(2011), 151.
16) 곽윤직, 125; 김주수·김상용, 715; 윤진수, 416; 박동섭, 친족상속, 602; 송덕수, 337; 신영호·김상훈, 400; 오시영, 584.
17) 곽윤직, 125; 박동섭, 친족상속, 602; 송덕수, 337.
18) 김주수·김상용, 715~716; 신영호, 400.
19) 곽윤직, 126; 김주수·김상용, 716; 윤진수, 417; 박동섭, 친족상속, 601; 송덕수, 337; 오시영, 584.
20) 곽윤직, 126; 김주수·김상용, 716; 윤진수, 417; 박동섭, 친족상속, 602; 송덕수, 337; 신영호·김상훈, 400; 오시영, 584; 정구태(2009), 139.

그 증가의 효력이 상속분 양도인에게 미친다고 해석하는 견해도 있으나,21) 그 증가분은 양수인에게 귀속되고 양도인이 이를 취득하는 것은 아니라고 해석하는 견해가 다수이다.22)

판례는, 점유취득시효기간이 경과한 후 원래의 소유자의 지위를 승계한 공동상속인 중의 한 사람이 다른 공동상속인의 상속분을 양수한 경우 그 양수인은 시효완성 후 새로운 이해관계인에 해당되어 그에 대하여 시효취득을 주장할 수 없다고 한 것이 있다.23)

Ⅲ. 상속인의 양수권

1. 의의

본조는 공동상속인 중에 그 상속분을 제3자에게 양도한 자가 있는 때에는 다른 공동상속인은 그 가액과 양도비용을 상환하고 그 상속분을 양수할 수 있음을 정하고 있다.

포괄수유자가 본조의 양수권을 행사할 수 있는지에 관하여 이를 긍정하는 견해도 있으나,24) 본조 취지는 원래의 공동상속인이 상속재산 분할을 하는 데 제3자가 개입하는 것을 막고자 하는 것이므로, 이를 부정하는 견해가 타당하다.25)

2. 요건

상속분이 공동상속인이 아닌 제3자에게 양도되어야 한다. 상속분이 공동상속인에게 양도된 경우에는 본조의 취지에 비추어 볼 때, 본조의 양수권이 인정되지 않는다는 것이 대체적인 견해이다.26) 나아가, 학설은 상속분 양수 당시에는 상속인 자격이 없었으나, 상속재산 분할 전에 상속인이 자격을 갖춘 경우에는 그 양수인에 대하여 본조의 양수권을 행사할 수 없다고 해석한다.27) 반면, 상속분이 포괄적 수유자에게 양도된 경우에는 본조의 취지가 원래 공동상속인 아닌 자가 상속재산에 끼어드는 것을 막고자 하는 것이므로 본조의 양수

21) 신영호·김상훈, 400; 같은 취지, 시진국(2006), 662.
22) 곽윤직, 126; 김주수·김상용, 716; 송덕수, 337; 오시영, 584.
23) 대법원 1993. 9. 28. 선고 93다22883 판결.
24) 신영호, 401.
25) 김주수·김상용, 717; 송덕수, 339; 오시영, 586.
26) 곽윤직, 127; 김주수·김상용, 717; 윤진수, 417; 송덕수, 338; 오시영, 586; 정구태(2009), 125, 註 69.
27) 김주수·김상용, 717; 윤진수, 417~418; 오시영, 586.

권이 인정된다는 것이 대체적이다.[28)]

또한, 학설은 상속분의 양수인이 상속분을 다시 제3자에게 양도한 경우에도 다른 공동상속인은 그 전득자에 대해 본조의 양수권을 행사할 수 있다고 해석한다.[29)]

한편, 상속분 양도가 상속재산 분할 후에 행해진 경우에는 본조에서 말하는 상속분의 양도가 아니므로 본조가 적용될 여지가 없다.[30)]

3. 양수권의 행사

본조의 양수권은 형성권이라는 것이 통설이다.[31)] 따라서 본조의 양수권은 양수인에 대한 일방적 의사표시로 행사하면 되고,[32)] 본조의 양수권 행사에 상대방의 승낙이나 동의를 요구하는 것은 아니다.[33)] 그러나 그 행사를 위해서는 양도된 상속분의 가액과 양도비용을 상환하여야 한다.[34)] 여기서 가액이란 양수권 행사 당시의 시가를 의미하고,[35)] 양수인이 지급한 대가가 아니다.[36)] 따라서 상속분이 무상으로 양도된 경우에도 양수권을 행사하려면 그 상속분의 가액과 비용을 상환하여야 한다.[37)] 학설은 상속분 가액과 양도비용의 상환을 양수권의 효력 요건으로 본다.[38)]

양도인 외에 다른 공동상속인이 여러 명 있는 경우에도 양수권은 공동상속인 중 1인이 단독으로 행사할 수 있고, 다른 공동상속인이 반드시 공동으로 행사해야 하는 것은 아니다.[39)] 본조의 상속분 양수에 관한 소송에서 그 기판력은 소송당사자가 아닌 다른 상속인에게는 미치지 않는다.[40)] 한편, 상속분 양도에 동의한 공동상속인은 본조의 양수권을 포기한 것이므로 이를 행사할 수 없다.[41)]

---

28) 곽윤직, 127; 송덕수, 338; 정구태(2009), 137, 註 69.
29) 곽윤직, 127; 김주수·김상용, 718; 윤진수, 418; 오시영, 586; 이경희, 447; 같은 취지, 송덕수, 338.
30) 곽윤직, 128; 김주수·김상용, 717; 윤진수, 418; 박동섭, 친족상속, 603; 송덕수, 338; 신영호·김상훈, 401; 오시영, 586~587.
31) 곽윤직, 128; 김주수·김상용, 718; 윤진수, 418; 박동섭, 친족상속, 603; 송덕수, 339; 신영호·김상훈, 401; 오시영, 587; 이경희, 447.
32) 곽윤직, 128; 김주수·김상용, 718; 박동섭, 친족상속, 603; 송덕수, 339; 신영호·김상훈, 401; 오시영, 587; 이경희, 447.
33) 김주수·김상용, 718; 윤진수, 418; 신영호·김상훈, 401; 오시영, 587.
34) 송덕수, 339.
35) 곽윤직, 128; 윤진수, 418; 박동섭, 친족상속, 603.
36) 이경희, 447.
37) 김주수·김상용, 718; 윤진수, 418; 송덕수, 339.
38) 박동섭, 친족상속, 603; 송덕수, 339.
39) 곽윤직, 128; 김주수·김상용, 718; 윤진수, 418; 송덕수, 339; 신영호·김상훈, 401; 오시영, 587.
40) 박범진, "공동상속에 관한 기본법리", 한양대 석사학위논문(1994), 81.

본조의 취지상 양수권은 상속분 전부를 대상으로 해야 하고, 상속분 일부만 양수할 수 없다고 해석된다.[42]

본조의 양수권은 행사상의 일신전속적 권리이므로 채권자대위권의 대상은 되지 않는다.[43] 상속분의 일부만 양수할 수 있는지에 관하여는, 본조의 취지에 비추어 부정하는 것이 대체적이다.[44]

본조 ②에 따라 본조의 양수권은 상속분 양도를 안 날로부터 3월, 양도가 있었던 날로부터 1년 내에 행사하여야 한다. 이는 제척기간으로서,[45] 거래의 안전을 위한 것이다.[46] 두 기간 중 어느 하나가 경과하면 양수권은 소멸한다.[47]

4. 효과

공동상속인이 양수권을 행사하면 상속분 양수인은 상속분을 상실하고,[48] 그 상속분은 본조의 양수권을 행사한 자에게 귀속된다.[49]

공동상속인 중 1인만 양수권을 행사한 경우, 상속분이 양도인 이외의 공동상속인 전원에게 상속분에 따라 귀속된다는 견해와[50] 양수권을 행사하지 않은 공동상속인에게 망외의 이득을 줄 이유가 없으므로 양수권을 행사한 상속인에게만 귀속된다는 견해가[51] 대립한다. 전자의 견해에 따르면, 그 양수하는 데 드는 비용은 공동상속인이 상속분에 따라 분담하고,[52] 후자의 견해에 따르면, 공동상속인 수인이 본조의 양수권을 행사한 경우에는 상환한 가액과 비용을 분담한 비율에 따라 상속분이 공유적으로 귀속된다고 해석된다.[53]

한편, 학설은 본조의 양수권의 행사가 상속분 양도인과 양수인 사이의 양도행위를 무효로 하는 것은 아니라고 본다.[54]

---

41) 김주수·김상용, 717; 같은 취지, 곽윤직, 128; 윤진수, 418.
42) 박동섭, 친족상속, 603; 송덕수, 339.
43) 김주수·김상용, 718; 윤진수, 418; 박동섭, 친족상속, 603; 오시영, 587.
44) 김주수·김상용, 718; 윤진수, 418; 오시영, 587.
45) 곽윤직, 128; 김주수·김상용, 718; 윤진수, 418; 박동섭, 친족상속, 603; 신영호·김상훈, 401; 이경희, 447; 오시영, 587.
46) 김주수·김상용, 718; 오시영, 587.
47) 송덕수, 335.
48) 윤진수, 418.
49) 곽윤직, 128.
50) 김주수·김상용, 718; 송덕수, 339; 이경희, 448; 이은정(2011), 152.
51) 곽윤직, 128; 윤진수, 419; 박동섭, 친족상속, 604; 신영호·김상훈, 402; 오시영, 587~588.
52) 송덕수, 339.
53) 곽윤직, 128.
54) 김주수·김상용, 718; 신영호, 402; 오시영, 588.

第 3 款　相續財産의 分割

[前註]

▌**참고문헌**: 권은민(1998), "상속분, 기여분, 특별수익", 재판자료 78; 김성은(2013), "상속가분채권과 당연분할 법리에 관한 고찰", 경상대 법학연구 21-1; 김소영(2003), "상속재산분할", 民判 25; 김운호(1998), "채무상속", 재판자료 78; 김윤정(2011), "상속재산분할의 대상성과 관련한 논의", 사법 15; 김창종(1998), "상속재산의 분할", 재판자료 78; 김형석(2009), "우리 상속법의 비교법적 위치", 가족법연구 23-2; 맹광호(2008), "상속재산의 분할과 상속인의 소유권이전등기의무", 연세대 법학연구 18-3; 박동섭(2005), "상속재산의 협의분할", 변호사35집; 박범진(1994), "공동상속에 관한 기본법리", 한양대 석사학위논문; 박태준(2000), "심판에 의한 상속재산 분할", 법조 49-2; 방응환(2016), "가분채권과 대상재산에 대한 상속재산분할", 대법원판례해설 107(2016년 상); 시진국(2006), "재판에 의한 상속재산분할", 司論 42; 신영호(1995), "민법 제1014조의 상속분가액지급청구권", 가족법연구 9; 윤진수(2011), "상속재산분할에서 초과특별수익자의 취급", 민법논고[Ⅴ]; 이경희(1994), "공동상속인의 평등을 위한 상속재산분할법리에 관한 연구", 현대민법의 과제와 전망 : 한봉희 화갑기념; 이은정(2011), "상속의 효력 규정의 정비를 위한 검토", 가족법연구 18-1; 이정민(2018), "가분채권, 대상재산과 상속재산분할", 民判 40; 임완규·김소영(1993), "상속재산분할심판", 재판자료 62; 전원열(2016), "채권의 공동상속", 일감법학 35; 정구태(2017), "2016년 상속법 관련 주요 판례 회고", 조선대 법학논총 24-1; 최상열(2000), "특별한 부양과 기여분", 서울가정 실무연구6; 황정규(2003), "상속재산분할사건 재판실무", 재판자료 102.

Ⅰ. 개설

1. 상속재산분할의 의의 및 성질

공동상속이 이루어질 경우 상속재산은 공동상속인의 공유가 된다(§1006). 그런데 이 공유관계는 상속재산이 개별 상속인에게 분배되는 것을 전제로 한 과도적·잠정적 상태에 불과하다.[1] 그러므로 상속재산을 분할하여 공동상속인의 상속재산에 대한 공유관계를 종료시키고 상속재산을 상속인에게 각각 분배하는 절차가 필요한데, 이러한 절차가 바로 상속재산의 분할이다.[2] 이는 일종의 청산행위라고 할 수 있다.[3] 우리 민법은 상속재산의 분할 배제를 억제하여 분할을 촉진하는 태도를 취하고 있다고 평가된다.[4]

2. 공유물분할 절차와의 차이

통설, 판례에 따르면 공동상속재산의 공유도 §262에서 정한 고유한 의미의 공유와 같으므로(§1006 註解 참조), 상속재산분할에도 공유물분할에 관한 일반론이 적용된다.[5] 그러나 공유물분할이 개별적 재산의 공유관계 해소를 목적으로 한다면 상속재산분할은 상속재산의 포괄적 분배와 청산을 목적으로 한다는 점에서 차이가 있다.[6]

판례는 상속재산에 속하는 개별 재산에 관하여 상속재산분할 절차에 의하지 않고 §268의 공유물분할청구의 소를 제기하는 것은 허용되지 않으므로, 그러한 공유분할청구의 소는 피고 보통재판적 소재지 가정법원으로 이송해야 한다고 한다.[7] 학설도 이와 같이 보고 있다.[8]

---

1) 곽윤직, 136; 김주수·김상용, 719; 윤진수, 419~420; 신영호·김상훈, 403; 제요[2], 603; 박태준(2000), 115; 김소영(2003), 752.
2) 김주수·김상용, 719; 제요[2], 603; 박태준(2000), 115; 박범진(1994), 82~83.
3) 김주수·김상용, 719; 신영호·김상훈, 403; 오시영, 589; 이경희, 476; 박태준(2000), 115; 박범진(1994), 83.
4) 김형석(2009), 93; 같은 취지, 윤진수, 420.
5) 시진국(2006), 654; 박태준(2000), 115.
6) 시진국(2006), 654~655; 제요[2], 603~604; 박태준(2000), 115; 김창종(1998), 185.
7) 대법원 2015. 8. 13. 선고 2015다18367 판결.
8) 김창종(1998), 239~240.

Ⅱ. 분할의 제한

1. 유언에 의한 제한

피상속인은 유언으로 상속개시시부터 5년을 초과하지 않는 기간 내의 분할을 금지할 수 있다. 자세한 내용은 §1012 註解 참조.

2. 협의에 의한 제한

상속인들의 협의로 상속재산의 분할을 금지할 수 있다는 직접적인 규정은 없으나, 상속인들의 협의로 5년의 기간 내에 분할을 금지할 수 있다는 것이 통설,[9] 판례[10]이다. 그 근거에 대해 판례와 일부 학설[11]은 §268①이 유추적용된다고 하나, 공동상속재산에도 공유 일반에 관한 규정이 적용되므로, §268①에 따라 상속인들은 5년의 기간 내에서 분할을 금지할 수 있다고 해석하는 것이 타당하다.[12] 상속재산분할금지 기간을 5년을 초과하여 정한 경우에는 5년의 범위 내에서 유효하다.[13] 판례는 상속인들의 분할금지약정에서 기간을 정하지 않은 경우에는 5년의 기간으로 분할금지 약정을 한 것으로 보아야 한다고 한다.[14]

상속인들의 협의에 의한 상속재산 분할금지기간 내에도 상속인 전원의 합의가 있으면 사적자치의 원칙상 유효하게 분할을 할 수 있다고 해석함이 타당하다.[15] 협의에 의한 분할금지기간 내에도 현저한 사정변경이 있으면 상속재산을 분할할 수 있다는 견해가 있으나,[16] 의문이다.

3. 심판에 의한 제한 가능 여부

일본 민법 §907③은 상속재산의 분할을 금지하는 심판을 할 수 있다는 취지로 규정하고 있으나, 우리 민법에는 아무런 근거가 없으므로 분할금지를 명하는 심판은 허용되지 않는다.[17]

---

9) 곽윤직, 137; 김주수·김상용, 720; 윤진수, 433; 박동섭, 친족상속, 662; 송덕수, 345; 신영호·김상훈, 404; 시진국(2006), 657; 이김, 692; 김소영(2003), 765; 박동섭(2005), 173.

10) 대법원 2002. 1. 23.자 99스49 결정.

11) 시진국(2006), 657.

12) 곽윤직, 137; 윤진수, 433; 김창종(1998), 238 등.

13) 박동섭(2005), 173.

14) 대법원 2002. 1. 23.자 99스49 결정.

15) 곽윤직, 138; 박동섭, 친족상속, 662; 같은 취지, 김창종(1998), 239.

16) 임완규·김소영(1993), 692.

17) 곽윤직, 137~138; 시진국(2006), 657; 김창종(1998), 238.

Ⅲ. 상속재산분할의 대상

1. 개설

상속재산분할의 대상은 원칙적으로 상속개시 당시 피상속인에게 속했던 일체의 권리의무 중 상속인에게 승계될 수 있는 성질의 것이다.[18] 그러나 상속재산의 범위와 상속재산분할 대상의 범위가 반드시 일치하지는 않는다.[19] 상속개시 당시에 존재하던 물건도 상속재산분할 시 존재하지 않는 경우에는 분할의 대상이 될 수 없다.[20] 하급심 중에는 상속재산이기는 하지만 공동상속인들의 합의로 상속재산 분할에서 제외시키기로 한 경우 이에 따라 상속재산분할 심판의 대상에서 제외한다고 한 것이 있다.[21] 반면 엄밀하게 상속재산은 아니더라도 상속재산분할의 대상으로 삼아야 하는 경우도 있다(이에 대해서는 아래 4. 참조).

상속재산이 아니더라도 상속재산분할의 대상으로 삼는 재산의 경우, 그 재산가액을 구체적 상속분을 산정하기 위한 상정상속재산의 가액에 포함시킬 것인지에 관하여, 하급심의 태도는 나뉜다. 이를 포함시켜 산정한 예가 있는 반면,[22] 이를 포함시키지 않고 산정한 예도 있다.[23] 이론적으로 상속재산이라는 것과 상속재산분할의 대상으로 삼는다는 것은 구분되는 것이지만, 상속재산분할의 대상으로 삼으면서 이를 구체적 상속분 산정에 반영하지 않으면, 공동상속인들 사이에 공평을 도모할 수 없으므로, 이를 포함시키는 것이 타당할 것이다. 예를 들어, 상속인으로 甲, 乙 2명이 있는데, 피상속인이 甲에게만 5,000만 원의 특별수익을 하였고, 현존상속재산은 1,000만 원에 불과하나, 상속재산의 대상재산으로 10억 원의 재산이 있는 경우에, 그 대상재산의 가액을 구체적 상속분의 산정에 반영하지 않으면, 甲은 초과특별수익자로서 대상재산에 관하여 상속분을 주장할 수 없게 되는 결과가 되므로 부당하다.

18) 시진국(2006), 663; 황정규(2003), 37.
19) 박태준(2000), 116; 김창종(1998), 186; 임완규 · 김소영(1993), 695; 김성은(2013), 274.
20) 제요[2], 611; 임완규 · 김소영(1993), 694~695; 방웅환(2016), 451, 452; 같은 취지, 김창종(1998), 189.
21) 서울가정법원 2010. 1. 15.자 2007느합235 심판; 서울가정법원 2011. 11. 22.자 2010느합22 심판.
22) 서울가정법원 2003. 7. 3.자 2000느합71 등 심판.
23) 이러한 취지의 심판례로는 서울가정법원 1996. 2. 28.자 92느7700 등 심판.

2. 상속재산의 확인을 구하는 소

공동상속인이 다른 공동상속인을 상대로 어떤 재산이 상속재산임의 확인을 구하는 소는 고유필수적 공동소송으로서 그 승소확정판결에 의해 그 재산이 상속재산의 분할의 대상이라는 점이 확정되므로 확인의 이익이 있다는 것이 판례이다.[24]

일본 판례의 입장도 같다.[25] 다만 일본 최고재판소는 상속분 전부를 양도한 공동상속인은 상속재산 확인의 소에 관하여 당사자적격이 없다고 하였다.[26]

3. 상속재산 중 상속재산분할 대상인지 여부가 문제되는 재산

가. 채권

(1) 가분채권

다수설과 판례는 가분채권이 공동상속인들에게 법정상속분에 따라 분할승계된다고 한다.[27] 이를 이유로 종래의 다수설은 가분채권은 분할의 대상이 않는다고 하였다(부정설).[28] 그러나 가분채권이 공동상속인들에게 법정상속분에 따라 분할승계된다고 하더라도, 가분채권이 상속재산분할의 대상이 되는지에 관하여는 여전히 문제가 될 수 있다.[29] 왜냐하면, 일단 분할승계된 채권의 최종적인 귀속을 상속재산분할 절차에 의해 달리 정한다고 해도 논리적으로 모순되는 것은 아니고, 그 최종적인 귀속이 달라진다 하여 채무자에게 특별히 불리할 것도 없기 때문이다. '상속에 의한 권리의무의 귀속'과 '분할에 의한 권리의무의 이전'은 구분될 수 있다.[30]

---

24) 대법원 2007. 8. 24. 선고 2006다40980 판결; 이 판결에 대한 판례해설로는 박정수, "공동상속인이 다른 공동상속인을 상대로 어떤 재산이 상속재산임의 확인을 구하는 소가 확인의 이익이 있는지 여부 및 그 소의 성질", 대법원판례해설 71(2007 하반기) 참조; 이와 달리 확인의 이익이 없다는 취지의 견해는 임완규·김소영(1993), 730.

25) 日最判 1986(昭 61). 3. 13. 民集 40-2, 389.

26) 日最判 2014(平 26). 2. 14. 民集 68-2, 113.

27) 곽윤직, 129; 오시영, 547; 김형석(2009), 95~96; 박범진(1994), 54~55; 김숙자, "공동상속인간의 상속재산의 공동소유와 그 관리", 가족법학 논총 : 박병호 환갑기념(1991), 603; 같은 취지, 전원열(2016), 231~232; 대법원 1962. 5. 3. 선고 4294민상1105 판결; 대법원 1980. 11. 25. 선고 80다1847 판결; 대법원 2006. 6. 30. 선고 2005도5338 판결; 대법원 2016. 5. 12. 선고 2014다24921 판결.

28) 오시영, 547 등; 기타 이러한 설명에 관하여 주석상속(1), 487~488; 박동섭, 친족상속, 565; 박동섭(2005), 167 참조.

29) 윤진수, 420; 윤진수(2011), 237~238; 시진국(2006) 667~668 참조; 이정민(2018), 783; 같은 취지, 임채웅, 상속법연구, 87; 방웅환(2016), 446~447.

30) 이정민(2018), 786.

학설 중에는 종래의 다수설과 달리, 가분채권을 분할의 대상에서 제외하면 공동상속인 사이의 공평한 취급을 해치고 가분채권 귀속에 관한 상속인 사이의 분쟁이 계속될 우려가 있다는 등의 이유로 가분채권도 원칙적으로 상속재산분할의 대상이 된다는 견해(긍정설),[31] 가분채권은 원칙적으로 상속재산분할의 대상이 아니지만 예외적으로 공동상속인 모두가 가분채권을 분할의 대상으로 삼기를 원하거나, 가분채권을 포함하여 분할하는 것이 상속인 사이의 구체적 형평을 실현하는 데 필요한 경우에는 분할의 대상으로 삼을 수 있다는 견해(절충설)가[32] 있다. 절충설에서 상속인 사이의 구체적 형평을 실현하는 데 필요한 경우로는, 초과특별수익자가 있는 경우, 특별수익자나 기여자가 있는데 상속재산으로 가분채권만 있는 경우 등을 들고 있다.[33] 절충설 중에는 금전채권의 특성상 분할되면 그 취지에 반하는 경우에는 당연히 분할되지 않고 분할의 대상이 된다는 견해도 있다.[34] 다만, 긍정설이나 절충설에 따라 가분채권이 상속인들 사이에서 법정상속분과 달리 분할된다고 하더라도, 채무자에게 대항하기 위해서는 채권양도에 준하여 대항요건이 필요하다고 해석된다.[35]

하급심의 태도는 일관되지 않는다. 하급심의 주류적인 태도는 부정설을 취하고 있으나,[36] 절충설의 입장에서 상속인들 사이에 가분채권을 상속재산분할의 대상으로 삼기로 하거나 또는 상속인 사이의 구체적 형평을 실현하는 데 필요한 경우에 해당한다는 이유로 가분채권을 상속재산분할의 대상으로 삼은 것도 상당하다.[37] 또한 예외적으로 긍정설에 가깝게 가분채권은 원칙적으로

---

31) 윤진수(2011), 237~238; 시진국(2006), 667~670; 이은정(2011), 131; 김윤정(2011), 187~188; 정구태(2017), 190~192; 이정민(2018), 785~787; 같은 취지, 박동섭(2005), 168; 결론에서 같은 취지, 오시영, 597~598.

32) 송덕수, 350; 박동섭, 친족상속, 659~660; 신영호 · 김상훈, 407; 박태준(2000), 119~120; 김창종(1998), 187; 최상열(2000), 300; 김소영, 768; 같은 취지, 임완규 · 김소영(1993), 704; 박범진(1994), 94~95; 맹광호(2008), 412; 김성은(2013), 290; 김주수 · 김상용, 725~727.

33) 박태준(2000), 120; 최상열(2000), 300; 신영호 · 김상훈, 407; 송덕수, 350; 김주수 · 김상용, 726~727 등.

34) 김현선, "예금주가 사망한 경우 상속예금에 대한 법률관계", 금융법연구 9-2(2012), 404.

35) 윤진수(2011), 238; 김주수 · 김상용, 727; 주석상속(1), 488; 송덕수, 350; 임완규 · 김소영(1993), 704; 김소영, 768; 전원열(2016), 232~233; 맹광호(2008), 412; 정구태(2017), 192~193.

36) 예금채권에 관하여, 서울고등법원 1991. 1. 18. 선고 89르2400 판결; 서울가정법원 1998. 9. 24.자 97느8349, 8350 심판; 서울고등법원 2000. 11. 16.자 98브40 결정; 서울가정법원 2002. 4. 11.자 2000느합68 심판; 서울가정법원 2002. 11. 19.자 2001느합87 심판; 서울고등법원 2005. 8. 17.자 2003브16 결정; 의정부지방법원 고양지원 2014. 8. 29.자 2012느합14 심판 등; 대여금채권에 관하여, 서울고등법원 2005. 8. 17.자 2003브16 결정 등; 보험금환급금 채권에 관하여 춘천지방법원 2015. 9. 11.자 2014느합10 심판; 기타 황정규(2003), 39에서 소개하는 심판례 참조.

37) 서울가정법원 2003. 7. 3.자 2000느합71 등 심판; 서울가정법원 2005. 5. 19.자 2004느합152 심판; 서울고등법원 2006. 7. 4.자 2005브37 결정; 청주지방법원 2011. 10. 31.자 2009느합18 심판; 서울고등법원 2015. 8. 10.자 2014브4 결정; 서울고등법원 2016. 3. 21.자 2015브4 결정 등; 절충설의

상속재산분할의 대상이 된다는 취지의 것도 있다.[38)]

대법원 판례 중에는 가분채권은 상속개시와 법정상속분에 따라 공동상속인들에게 분할되어 귀속된다는 이유로 상속재산분할의 대상이 될 수 없다고 한 원심이 정당하다고 한 것이 있었다.[39)] 그러다가 대법원 2016. 5. 4.자 2014스122 결정은 가분채권은 원칙적으로 상속재산분할의 대상이 될 수 없으나, 초과특별수익자가 있거나, 특별수익자 또는 기여분권리자가 있는 경우에는 공동상속인들의 형평을 기하기 위해 예외적으로 상속재산분할의 대상이 된다고 하여 절충적인 견해를 취하였다.[40)] 다만 위 결정에 대한 판례해설에 의하면, 공동상속인의 의사를 기준으로 가분채권의 상속재산분할 대상성을 정하는 것은 부당하다고 한다.[41)]

일본 최고재판소는 원칙적으로 가분채권이 상속개시와 동시에 당연히 상속인의 상속분에 따라 분할승계된다는 입장이다.[42)] 그런데 최근 日最判 2016(平成 28). 12. 19. 결정은[43)] 가분채권 중 예금채권은 그 성질상 상속개시와 동시에 상속분에 따라 분할 귀속되는 것이 아니라 상속재산분할의 대상이 된다고 하여 이와 다른 예전 판례를 변경하였다.

(2) 불가분채권

불가분채권은 공동상속인에게 불가분적으로 귀속되므로 상속재산분할의 대상이 된다는 것이 통설이다.[44)] 다만 분할에 의해 상속인 중 1인의 채권으로 한 때 채무자 또는 제3자에게 대항하기 위해서는 채권양도에 준한 대항요건이 필요하다.[45)]

취지를 판시하면서도, 예금채권을 분할대상으로 삼아야 할 예외적인 사정이 존재하지 않는다는 이유로 분할대상에서 제외한 것으로 부산가정법원 2011. 9. 2.자 2010느합33 심판; 청주지방법원 제천지원 2011. 9. 14.자 2011느합2 심판; 부산고등법원 2012. 2. 8.자 2011브7 결정; 대전고등법원(청주재판부) 2012. 2. 13.자 2011브4 결정; 서울고등법원 2013. 5. 29.자 2013브17, 18 결정 등.

38) 예금채권 및 증권회사 계좌보관금 출급채권 등에 관하여, 서울가정법원 2010. 12. 28.자 2008느합109 심판; 서울고등법원 2011. 9. 7.자 2011브23 결정; 서울가정법원 2011. 10. 25.자 2011느합7 심판; 서울고등법원 2012. 9. 3.자 2011브138 결정.

39) 대법원 2006. 7. 24.자 2005스83 결정.

40) 이 대법원 결정 이전의 심리불속행 기각 결정 중에는 절충설을 취한 원심을 유지한 경우도 있다고 한다(대법원 2011. 9. 8.자 2011스91 결정, 대법원 2014. 8. 11.자 2014스85 결정). 방웅환(2016), 443 참조; 이 결정 이후의 판례로 대법원 2016. 7. 14.자 2014스101 결정.

41) 방웅환(2016), 447~448.

42) 日最判 1954(昭 29). 4. 8. 民集 8－4, 819.

43) 裁判所時報 1666, 1.

44) 주석상속(1), 488; 김주수 · 김상용, 727; 박동섭, 친족상속, 659; 송덕수, 350; 신영호 · 김상훈, 406; 김창종(1998), 186; 임완규 · 김소영(1993), 703; 맹광호(2008), 412; 김윤정(2011), 188; 제요[2], 615.

45) 김윤정(2011), 188~189.

나. 채무

(1) 학설, 판례

(가) 가분채무

가분채무는 공동상속인들에게 법정상속분에 따라 분할되어 귀속되므로 상속재산분할의 대상이 되지 않는다는 것이 다수설이다(부정설).[46] 그 근거로는 우리 민법은 상속채무 청산이나 상속채무 분할의 효력을 규율하는 조항이 전혀 없는 점, 상속채무가 상속재산분할의 대상이 된다면 구체적 상속분이 없는 초과특별수익자는 상속채무를 전혀 부담하지 않게 되어 부당하다는 점, 채무분할은 채무인수의 결과를 낳는데 채권자의 승낙 여부에 따라 채무의 분할 인정 여부가 달라진다는 것은 곤란한 점 등을 든다.[47] 이에 대해 가분채무도 상속재산분할의 대상이 된다는 견해(긍정설),[48] 공동상속인들의 합의가 있는 경우에는 가분채무도 상속재산분할의 대상이 된다는 취지의 견해(절충설)도[49] 있다.

판례는 명시적으로 부정설을 채택하여 가분채무는 상속재산분할의 대상이 될 여지가 없다고 하였다.[50] 또한, 판례는 공동상속인들 사이에서 상속채무에 관한 분할협의를 하더라도 이는 면책적 채무인수의 성질을 가지므로 §454의 채권자의 승낙이 필요하고, 여기에 분할의 소급효를 규정하는 §1015는 적용될 여지가 없다고 하였다.[51] 일본 판례도 가분채무는 당연분할되어 공동상속인의 각 상속분에 따라 승계된다고 하여 부정설을 따르고 있다.[52]

(나) 불가분채무

불가분채무가 분할의 대상이 되는지에 관하여 견해가 대립한다. 불가분채무는 공동상속인에게 불가분적으로 귀속되므로 상속재산의 분할의 대상이 된다고 보는 견해(긍정설)와,[53] 상속인들의 협의로 특정 상속인이 채무를 이행하기로 했더라도 채무인수의 요건을 갖추지 않는 한 채권자에게 대항할 수 없다는 등의 이유로 불가분채무 역시 가분채무와 마찬가지로 상속재산분할의 대상

46) 박동섭, 친족상속, 660; 오시영, 589; 시진국(2006), 673~675; 박태준(2000), 122; 임완규 · 김소영(1993), 704; 김소영(2003), 768; 박동섭(2005), 167; 같은 취지, 박범진(1994), 95~96; 방웅환(2016), 445; 김윤정(2011), 190~191.

47) 시진국(2006), 673~675.

48) 이은정(2011), 131.

49) 황정규(2003), 41.

50) 대법원 1997. 6. 24. 선고 97다8809 판결; 대법원 2014. 7. 10. 선고 2012다26633 판결.

51) 대법원 1997. 6. 24. 선고 97다8809 판결.

52) 日最判 1959(昭 34). 6. 19. 民集 13-6, 757.

53) 김창종(1998), 188; 박태준(2000), 140; 송덕수, 351; 신영호 · 김상훈, 406; 임완규 · 김소영(1993), 703; 제요[2], 615.

이 되지 않는다는 견해(부정설)가 있다.[54] 부정설에 따르면, 불가분채무는 공동상속인들이 불가분적으로 채무를 부담한다고 한다.

한편, 피상속인이 다른 사람과 불가분채무를 부담하더라도 그 불가분채무가 부당이득반환채무, 임대차보증금반환의무와 같이 내용적으로 가분할 수 있는 경우에는 공동상속인에게 상속분에 따라 분할되는 것으로 해석해야 한다는 견해도 있다.[55]

(다) 임대차보증금 반환채무

임대차보증금 반환채무가 상속재산분할의 대상인지에 관하여 실무상 문제가 많이 된다. 우선 임대차보증금 반환채무가 상속되는 경우의 법적성질에 대해 학설상 다툼이 있다. 임대차보증금 반환채무는 가분채무로서 공동상속인들에게 법정상속분에 따라 분할되어 귀속된다는 견해가 있고,[56] 공동상속인들이 임대인 지위를 공동상속하므로 임대차보증금 반환채무도 불가분적으로 부담한다는 견해가 있다.[57]

임대차보증금 반환채무가 상속재산분할의 대상인지에 관하여 하급심은 견해가 나뉜다. 임대차보증금 반환채무는 가분채무라는 이유로 상속재산분할의 대상이 되지 않는다는 것과,[58] 임대차보증금반환 채무를 상속재산의 분할 대상으로 삼아 그 채무를 특정 상속인이 부담하는 것으로 정한 것이[59] 있다.

그런데 학설은 견해마다 그 근거는 다르지만 결론적으로 임대차보증금 반환채무도 상속재산분할의 대상으로 삼아야 한다는 견해가 대체적이다.[60]

(2) 검토(私見) : 채무분할의 가부 및 효력

채무의 성질이 가분채무이든지 불가분채무이든지 채무를 상속재산분할 절차에서 분할하더라도 그 효력이 채권자에게 바로 미치지 못한다.[61] 상속재산

54) 박동섭, 친족상속, 660; 김소영(2003), 769; 같은 취지, 시진국(2006), 673~675; 박일환, "상속재산의 분할과 공동상속인들의 소유권이전등기의무와의 관계", 諸問題 9(1997), 76.

55) 김운호(1998), 699.

56) 김운호(1998), 699.

57) 박태준(2000), 126; 황정규(2003), 42; 같은 취지, 김소영(2003), 771; 김윤정(2011), 191.

58) 서울가정법원 2002. 4. 11.자 2000느합68 심판; 서울가정법원 2004. 11. 25.자 2004느합120 심판; 서울가정법원 2010. 10. 19.자 2008느합163 심판; 수원지방법원 성남지원 2010. 12. 31.자 2010느합13 심판; 기타 황정규(2003), 43 및 박태준(2000), 126~127에서 소개하는 심판례 참조.

59) 서울가정법원 1999. 6. 9.자 97느9412 등 심판; 서울가정법원 2003. 7. 3.자 2000느합71 등 심판; 대전지방법원 가정지원 2009. 10. 23.자 2007느합12 심판; 서울가정법원 2012. 4. 6.자 2010느합257 심판; 인천지방법원 2012. 11. 8.자 2010느합24 심판; 의정부지방법원 2012. 12. 28.자 2012느합17 심판; 서울고등법원 2013. 6. 21.자 2012브96 등 결정; 기타 황정규(2003), 42~43 및 박태준(2000), 127에서 소개하는 심판례 참조.

60) 박태준(2000), 127~128; 황정규(2003), 42; 김소영(2003) 771~772; 김윤정(2011), 192.

61) 같은 취지, 박태준(2000), 145; 맹광호(2008), 417~418; 김윤정(2011), 192.

분할이라는 우연한 사정에 의하여 채권자의 지위가 달라진다고 보는 것은 부당하기 때문이다. 물론 채권자가 채무분할의 효력을 승인하는 경우에는 채무인수의 법리상 채무분할의 효력을 인정함에 아무런 문제가 없다.[62] 채권자는 공동상속인들의 채무분할을 승인하여 채권을 행사할 수도 있고, 그 승인을 거절하여 공동상속인에게 법정상속분의 비율에 따라 분할귀속된 채권을 행사할 수도 있다.[63] 학설 중에는 더 나아가 적극적 상속재산이 법정상속분 비율과 다르게 분할된 경우에는 상속채무가 본래 적극적 상속재산을 담보로 하는 것이라는 이유로 채권자가 상속인의 상속재산 취득비율에 따라 채권을 행사할 수 있다는 견해도 있다.[64]

그러나 채권자와의 관계를 떠나서, 상속재산분할의 당사자들 사이에서는 그 채무의 귀속관계가 상속재산분할 결과에 따라 달라진다고 보아도 무방하다.[65] 사적자치의 원칙상 그 당사자들 사이에서는 얼마든지 채무의 귀속을 달리 정할 수 있기 때문이다. 이러한 한도 내에서는 분할협의에 의해 공동상속인 사이에서 상속채무를 분할할 수 있다고 해석할 수 있다.[66] 이와 달리 가분채무이든지 불가분채무이든지 채무를 분할하여도 채권자에게 효력이 당연히 미치지 않으므로 채무는 모두 상속재산분할의 대상이 되지 않는다는 견해도 있다.[67] 그러나 공동상속인 사이에서 채무가 분할이 가능한지 여부와 그 분할의 효력이 채권자에게 미치는지 여부는 별개의 문제이다. 만약 채권자가 그러한 분할결과에 따른 채무의 귀속관계를 용인하지 않고 상속재산분할에 따라 채무를 부담하게 된 상속인이 아닌 다른 상속인에게 책임을 묻는다면, 상속인들 사이에서는 상속재산분할에 따라 정해진 채무의 귀속관계에 따라 내부적인 구상문제가 발생한다고 보면 된다.[68] 실무상 임차보증금반환채무나 근저당권의 피담보채무는 분할대상인 그 임대차목적물 또는 담보목적물을 분할받아 소유하게 된 상속인에게 이를 귀속시켜 변제의무를 부담하도록 하는 것이 채권자들의 집행을 위해서나 상속인들 사이의 정산의 편의를 위해서도 적절한 경우가 많다.[69] 또한, 주택임대차의 경우 해당 주택을 분할로 취득한 상속인은 住賃

62) 같은 취지, 박순성채무, 669; 윤진수, 429; 곽윤직, 143.
63) 곽윤직, 143; 김주수 · 김상용, 728; 윤진수, 429.
64) 곽윤직, 143; 김주수 · 김상용, 728; 오시영, 598; 박순성채무, 669.
65) 같은 취지, 곽윤직, 143.
66) 곽윤직, 143.
67) 김병선, "소유권이전등기의무의 공동상속에 관한 판례의 태도", 경상대 법학연구 21-2(2013), 64~65.
68) 박태준(2000), 145.

§3④에 따라 피상속인의 임대인 지위를 승계함으로써 그 임대차보증금반환채무를 단독으로 부담하는 경우도 있다. 이 경우에도 그 임대차보증금반환채무는 그 주택을 취득한 상속인이 단독으로 부담하는 것으로 분할하는 것이 적절하다. 상속채무가 분할되면 분할로 인해 자신의 법정상속분을 초과하여 상속채무를 부담한 상속인은 상속재산분할 절차에서 그 초과 부분만큼 다른 상속인이 받아야 할 상속재산을 추가로 받는 것으로 정산하면 족하다.[70)]

이렇게 본다면, 채무가 상속재산의 분할의 대상이 되는지 여부에 관한 견해대립은 실질적으로 큰 차이가 없다. 따라서 심판분할에서 가분채무가 분할의 대상이 되지 않는다는 이유로 이를 판단 대상에서 아예 제외하는 일부 실무례는 재고해야 한다. 가분채무가 상속재산분할의 대상이 될 여지가 없다는 판례는[71)] 가분채무가 공동상속인들에게 법정상속분에 따라 분할되어 귀속되므로, 그와 달리 정하는 것은 채권자에게 아무런 효력이 없다는 정도로 축소하여 이해되어야 한다.

다. 금전

금전은 보통 이를 점유하는 자가 소유권을 취득하나, 상속재산인 금전은 가분채권과 달리 채무자와의 관계가 문제되지 않고, 다른 동산과 구별할 이유가 없다는 등의 이유로 상속재산분할의 대상이 된다는 것이 대체적이다.[72)] 하급심도 이와 같은 취지에서 피상속인 사망 전에 일부 상속인이 예금 전액을 인출한 경우 그 돈은 금전으로서 상속재산분할의 대상이 된다고 한다.[73)]

일본 판례는 상속재산인 금전은 가분채권과 달리 상속개시 당시에 당연히 분할되는 것은 아니고, 상속인은 상속분할 전까지는 금전을 상속재산으로 보관하고 있는 다른 상속인에 대하여 자기 상속지분에 상당하는 금전의 지급을 청구할 수 없다고 하고 있는데,[74)] 이는 금전이 상속재산분할의 대상임을 전제로 하고 있는 것이다.

라. 주식

주식이 가분채권과 같이 상속개시와 동시에 상속인에게 상속분대로 분할

---

69) 황정규(2003), 87.
70) 황정규(2003), 87.
71) 대법원 1997. 6. 24. 선고 97다8809 판결; 대법원 2014. 7. 10. 선고 2012다26633 판결.
72) 시진국(2006), 677; 박태준(2000), 120; 김윤정(2011), 193; 같은 취지, 김창종(1998), 187, 註 5.
73) 서울가정법원 1998. 4. 9.자 97느2527 심판; 수원지방법원 2010. 7. 9.자 2009느합7 심판 등.
74) 日最判 1992(平 4). 4. 10. 判例タイムズ 786, 139; 日最判 1998(平 10). 6. 30. 民集 52-4, 1225.

귀속되어 상속재산 분할의 대상이 되지 않는 것인지 문제될 수 있으나, 주식은 일반적인 가분채권과 달리 당연분할되지 않고 상속재산분할의 대상이 된다고 보는 것이 대체적이다.[75] 하급심도 주식을 상속재산분할의 대상으로 삼고 있다.[76] 대법원 판례 중에는 상속받은 주식은 공동상속인들이 준공유하는 것이고, 이후 분할에 의해 준공유관계가 해소되었다고 한 원심이 타당하다고 한 것이 있다.[77]

일본 판결도 주식은 상속개시와 동시에 당연히 분할되는 것은 아니라고 하였는데,[78] 이는 주식이 상속재산분할의 대상이 된다는 취지이다.[79]

마. 기타

피상속인이 생전에 제3자에게 부동산을 증여하였더라도 그 등기를 마치지 않았다면 그 부동산은 상속재산의 대상에서 제외되지 않으므로, 분할의 대상이 된다.[80]

유언으로 재단법인을 설립한 경우 출연재산은 유언의 효력이 발생한 피상속인 사망 시 재단법인에 귀속되어 상속재산에 포함되지 않으므로,[81] 그 출연재산은 분할의 대상이 되지 않는다.[82]

상속재산 분할 전에 법정상속분에 따라 공동상속인 중 특정 상속인에게 귀속된 부동산 지분이 공매처분되어 그 특정 상속인인의 상속세 납부에 공여되었다 하더라도, 이는 공동상속인들 전체의 상속비용이 아니므로 그 부동산 지분을 분할대상 상속재산에서 제외해서는 안 된다는 판례가 있다.[83] 이에 따르면 결과적으로 체납으로 인한 부담은 체납자인 상속인에게만 귀속된다.[84] 그러나 위 판례에 대해서는 분할 전 공매처분된 재산은 분할 당시 상속재산을 구성하지 않으므로 분할대상이 될 수 없다는 비판이 가능하다.[85] 이 경우에는 공매대금을 상속재산의 대상재산으로서 상속재산분할의 대상으로 삼는 것이

75) 김소영(2003), 776; 임완규·김소영(1993), 702; 제요[2], 614.
76) 서울고등법원 1992. 3. 31. 선고 1988르3635 판결; 서울가정법원 1996. 2. 28.자 92느7700 등 심판; 서울가정법원 2012. 11. 20.자 2009느합4 심판; 서울가정법원 2013. 1. 15.자 2011느합323 심판; 서울고등법원 2013. 6. 21.자 2012브96 결정; 김윤정(2011), 193~194도 참조.
77) 대법원 2003. 5. 30. 선고 2003다7074 판결.
78) 日最判 2014(平 26). 2. 25. 民集 68-2, 173.
79) 이 판결에 대한 자세한 소개는 전원열(2016), 235 이하 참조.
80) 대법원 1991. 7. 12. 선고 90므576 판결.
81) 대법원 1984. 9. 11. 선고 83누578 판결.
82) 윤진수, 422~423; 박동섭, 친족상속, 661.
83) 대법원 2013. 6. 24.자 2013스33 등 결정.
84) 민유숙, 2013년 친족·상속법 중요 판례, 人權 440(2014), 62.
85) 대법원 2016. 5. 4.자 2014스122 결정 참조.

타당할 것이다.

한편, 하급심 판결 중에는 상속개시 이후 피상속인 명의의 자동차에 부과된 자동차세 체납액은 소극재산인 가분채무로서 상속재산분할의 대상이 되지 않는다는 것이 있다.[86]

4. 상속재산은 아니나 상속재산분할 대상인지 여부가 문제되는 재산

가. 상속재산의 대상재산

상속개시시부터 상속재산분할시 사이에 상속재산의 처분 또는 멸실·훼손으로 인해 생긴 대상재산이 상속재산분할의 대상인지 문제된다.

학설은 상속재산의 대상재산은 상속재산과 동일성을 유지하면서 그 형태가 변경된 것에 불과하고 공동상속인 사이의 형평을 이유로 대상재산도 분할의 대상이 된다고 보는 것이 대체적인 견해이다.[87] 다만, 원칙적으로는 대상재산은 분할의 대상이나, 대상재산이 수용보상금과 같은 가분채권의 경우에는 이를 분할의 대상으로 삼기로 하는 공동상속인들의 합의가 없는 한 상속인들에게 분할귀속된다는 견해,[88] 공동상속인 전원의 합의에 따라 개별 상속재산을 처분하거나, 일부분할의 목적으로 개별 상속재산을 처분한 경우에는 그 대상재산인 처분대금은 상속재산분할의 대상으로 삼을 필요가 없다는 견해도[89] 있다.

과거의 하급심 중에는 대상재산은 상속개시 이후에 일어난 사정으로서 상속재산분할 심판에서 고려하지 않는다는 것이 있었으나,[90] 현재에는 대체로 긍정설을 따르고 있다.[91] 예컨대 피상속인의 자녀 중 1인이 상속개시 후 피상속인의 예금을 인출한 경우 그 예금원리금은 상속재산인 예금채권의 대상물로서 상속재산에 포함된다는 것[92], 피상속인이 자신 소유의 토지를 매도한 후 사망하였는데, 상속인 중 1인이 상속인들을 대리하여 그 매매대금 일부를 수령한 경우

86) 서울가정법원 2011. 2. 15.자 2008느합109 심판; 서울고등법원 2011. 9. 7.자 2011브23 결정.
87) 김주수·김상용, 728; 윤진수, 421; 박동섭, 친족상속, 660~661; 송덕수, 351; 오시영, 598; 이경희, 480; 시진국(2006), 679; 박태준(2000), 129; 김소영(2003), 777; 박동섭, 169; 이경희(1994), 689 이하; 신영호(1995), 387~388; 박범진(1994), 97 이하; 정구태(2017), 196; 이정민(2018), 795~796; 같은 취지, 김창종(1998), 189~190; 김윤정(2011), 200~201.
88) 신영호·김상훈, 407.
89) 시진국(2006), 679.
90) 서울가정법원 1998. 9. 24.자 97느8349, 8350 심판; 서울가정법원 2003. 7. 3.자 2002느합8 심판 등.
91) 서울가정법원 1996. 8. 23. 선고 94느196 판결; 서울가정법원 2010. 6. 1.자 2005느합191 심판; 서울가정법원 2010. 9. 14.자 2009느합2 심판 등; 기타 박태준(2000), 129 및 황정규(2003), 44에서 소개하는 심판례 참조.
92) 서울가정법원 2010. 11. 2.자 2008느합86, 87 심판.

그 매매대금은 상속재산의 대상물로서 상속재산에 포함된다는 것[93]이 있다.

대법원 2016. 5. 4.자 2014스122 결정은 상속개시 당시의 상속재산이 처분, 멸실·훼손 등으로 분할 당시 상속재산을 구성하지 않으면 그 상속재산은 분할의 대상이 될 수 없고, 그 처분대금, 보험금, 보상금 등의 대상재산이 분할의 대상이 될 수 있다고 하여, 긍정설을 취하였다. 일본 최고재판소 판결은 공동상속인 전원에 의해 제3자에게 매각된 토지의 매각대금은 특별한 사정이 없는 한 상속재산에 포함되지 않고 공동상속인이 각 지분에 따라 개별적으로 이를 분할 취득한다고 한다.[94] 그러나 위 대법원 2016. 5. 4.자 2014스122 결정은 상속인의 처분행위가 개재되었는지 여부를 불문하고 상속재산의 대상재산은 분할의 대상이 된다는 취지로 이해된다.[95]

한편, 공동상속인 중 1인이 다른 공동상속인의 동의 없이 임의로 상속재산을 처분하여 대금을 수령한 경우에 그 처분대금이 상속재산분할의 대상이 되는지에 관하여는 별도의 논의가 있다. 이 경우 처분상속인에 대한 손해배상청구권 등이 상속재산분할의 대상이 된다는 견해가 있고,[96] 다른 공동상속인이 그 처분을 추인한 경우에만 그 처분대금이 분할의 대상이 되고, 추인하지 않는 경우에는 처분상속인에 대한 손해배상청구가 문제될 뿐이라는 견해도 있다.[97] 생각건대, 이 경우 다른 공동상속인이 그 처분을 추인하면 그 처분대금은 상속재산의 대상재산으로서 상속재산분할의 대상으로 삼으면 족하다. 추인을 하지 않는 경우가 문제인데, 이때 그 처분은 처분상속인의 상속지분 범위 내에서만 유효하고, 다른 공동상속인들의 상속지분에 관한 부분은 무효이므로,[98] 원칙적으로 그 무효 부분에 관한 소유물반환청구권 등과 처분대금 중 유효 부분에 해당하는 가액이 상속재산분할의 대상이 된다고 보아야 할 것이다. 상속재산분할 이전에 그 무효 부분에 관한 소유물반환청구권 등이 행사되어 해당 지분이 반환되면 그 지분이 상속재산분할의 대상이 됨은 물론이다.[99]

참고로, 2018. 7. 6. 개정 일본 민법은 §906－2를 신설하여, 상속재산 분할 전에 상속재산에 속하는 재산이 처분된 경우에도, 그 처분을 한 상속인을 제외

93) 서울가정법원 2011. 11. 22.자 2010느합22 심판.
94) 日最判 1979(昭 54). 2. 22. 判例タイムズ 395, 56.
95) 같은 취지, 이정민(2018), 798.
96) 김창종(1998), 190; 박태준(2000), 130도 참조.
97) 신영호(1995), 388.
98) 대법원 1994. 12. 2. 선고 93다1596 판결; 대법원 2008. 4. 24. 선고 2008다5073 판결 등 참조.
99) 같은 취지, 이경희, 480.

하고 나머지 공동상속인 전원의 동의로 당해 처분된 재산을 상속재산분할의 대상으로 볼 수 있다고 규정하였다. 이 경우 그 처분상속인에게 처분된 재산을 귀속시키거나 그와 더불어 다른 공동상속인에게 대상금을 지급할 의무를 부과한다는 취지이다.

나. 상속재산의 과실

상속개시 후 분할 전에 발생한 상속재산의 과실이 상속재산분할의 대상인지에 관해 논란이 있다. 예를 들어, 상속재산인 부동산의 차임, 주식의 배당금, 예금의 이자와 같은 것들이다.

이에 관하여 학설은 여러 견해로 나뉜다. 원칙적으로 상속재산분할의 대상이 된다는 견해,[100] 원칙적으로 분할의 대상이 아니나 공동상속인 전원의 합의가 있으면 분할의 대상으로 삼을 수 있다는 견해,[101] 원칙적으로 분할의 대상이 아니나 공동상속인의 합의가 있거나 상속인간의 공평을 도모할 필요가 있는 경우에는 분할의 대상이 된다는 견해,[102] 여러 객관적 사정을 고려할 때 상속재산에 준하여 분할하는 것이 타당한 것만 분할의 대상이 된다는 견해,[103] 분할시 상속재산의 변형 또는 증식분인 것은 분할의 대상이나, 노후·소비·양도 등으로 멸실·감소된 것은 분할의 대상이 아니라는 견해[104] 등이 있다.

하급심 중에는 상속재산의 과실이 원칙적으로 상속재산분할의 대상이 된다는 심판례도 있으나,[105] 대체로 절충설의 입장에서 원칙적으로 상속재산의 과실은 상속재산분할의 대상이 아니지만, 공동상속인 전원의 합의가 있거나 공동상속인들 사이의 형평을 기하기 위해 분할의 대상으로 삼고 있다.[106]

최근의 대법원 판례는 방론이기는 하지만 상속재산의 과실을 고려하여 상속재산분할심판을 할 수 있다는 취지이다.[107] 다만 위 판례는 상속재산분할심판에서 상속재산의 과실을 고려하지 않고, 상속재산을 상속인 중 1인의 단독소유로 하는 대상분할을 한 경우에도, 상속재산의 과실은 공동상속인들이 구체적

100) 곽윤직, 152; 김주수·김상용, 729; 송덕수, 351; 오시영, 599; 박태준(2000), 132; 이경희, 480~481; 이경희(1994), 696~697.; 박범진(1994), 104; 김윤정(2011), 197.
101) 윤진수, 422; 윤진수(2011), 239; 김창종(1998), 191; 임완규·김소영(1993), 707; 김소영(2003) 778.
102) 신영호·김상훈, 407; 박동섭, 친족상속, 660.
103) 시진국(2006), 681~682.
104) 박동섭(2005), 169.
105) 서울가정법원 1995. 1. 19.자 93느9806 심판.
106) 상속개시 후 상속재산 부동산의 차임에 관하여 서울가정법원 2003. 7. 3.자 2000느합71 등 심판; 상속개시 후 상속재산 주식의 배당금에 관하여 서울가정법원 1996. 2. 28.자 92느7700 등 심판.
107) 대법원 2018. 8. 30. 선고 2015다27132 등 판결.

상속분의 비율대로 취득한다고 한다.

다만, 일본 판례 중에는 상속개시 이후 분할 사이에 상속재산인 부동산으로부터 발생한 차임채권은 공동상속인이 상속분에 따라 분할단독채권으로 확정적으로 취득하므로, 그 귀속은 이후의 상속재산분할에 영향을 주지 않는다고 한 것이 있다.[108]

다. 상속재산의 관리비용 및 장례비용

상속개시 후 상속재산을 관리하기 위해 필요한 비용은 상속에 관한 비용으로서 상속재산 중에서 지급한다(§998-2). 예를 들어 상속재산인 부동산에 관한 화재보험료, 공과금 등이 이것이다. 그런데 일부 상속인이 이를 지출한 경우 상속재산분할을 하면서 이를 함께 청산할 수 있는지 문제된다.

이에 대해 학설은 견해가 나뉜다. 상속재산의 유지, 보전을 위해 객관적으로 필요한 비용의 범위 내에서는 상속재산분할 절차에서 함께 청산할 수 있다는 견해,[109] 원칙적으로 상속재산 관리비용은 상속재산분할의 대상이 아니나, 공동상속인들의 합의가 있거나 이를 함께 청산하는 것이 정의와 형평에 부합하는 특별한 사정이 있는 경우에는 분할대상이 된다는 견해가[110] 있다. 실무는 긍정설에 따라 상속재산의 관리비용을 상속재산분할 절차에서 함께 청산하고 있다.[111]

다만, 상속재산분할의 결과 개별적 권리의 이전 등에 관해 필요한 비용은 상속재산의 관리비용이 아니므로 그 권리를 취득하는 상속인이 부담해야 한다.[112] 판례 중에는 상속세 신고 관련 세무사 수수료, 상속등기비용, 상속재산에 부과된 취득세는 상속비용이 아니라는 것이 있다.[113]

장례비용도 피상속인이나 상속인의 사회적 지위와 그 지역의 풍속 등에 비추어 합리적인 금액 범위 내라면 이를 상속에 관한 비용에 포함된다는 것이 판례이다.[114] 그런데 일부 상속인이 장례비용을 지출한 경우 상속재산분할 절차에서 이를 함께 청산할 수 있는지에 관해서도 견해가 대립한다. 이를 긍정하는 견해와,[115] 원칙적으로 상속재산분할의 대상이 아니나 공동상속인 전원의

108) 日最判 2005(平 17). 9. 8. 民集 59-7, 1931.
109) 시진국(2006), 682; 김윤정(2011), 198~199; 박동섭, 친족상속, 660.
110) 김창종(1998), 191~192; 같은 취지, 임완규·김소영(1993), 708.
111) 제요[2], 617; 서울가정법원 2011. 2. 15.자 2008느합109 심판 참조.
112) 제요[2], 617; 시진국(2006), 682; 같은 취지, 김윤정(2011), 199.
113) 대법원 2014. 11. 25.자 2012스156 등 결정.
114) 대법원 1997. 4. 25. 선고 97다3996 판결; 대법원 2003. 11. 14. 선고 2003다30968 판결.
115) 시진국(2006), 683; 황정규(2003), 46; 같은 취지, 김윤정(2011), 204.

합의가 있는 경우 이를 함께 청산할 수 있다는 견해가[116] 있다. 하급심은 종래 혼란이 있었으나,[117] 현재의 실무는 장례비용을 상속재산분할 절차에서 함께 고려하여 청산하고 있다.[118] 판례도 같은 취지로 보인다.[119]

라. 상속세

상속세를 상속재산분할 절차에서 함께 청산할 수 있는지 문제된다. 학설 중 종래의 다수 견해는 상속세는 상속으로 인해 발생한 비용으로서 상속재산의 부담으로 보아야 한다는 이유로 상속재산분할 절차에서 함께 청산될 수 있다고 보았으나,[120] 이와 달리 상속세는 원칙적으로 상속재산분할 절차에서 고려될 수 없다는 견해도 있다.[121]

대법원 판례 중에는 상속세 대납에 따른 정산은 상속재산분할이 아닌 별도의 절차에서 이루어지는 것이 타당하므로 상속세를 상속재산분할에서 고려하지 않은 원심이 타당하다고 한 것이 있고,[122] 상속재산 분할 전에 법정상속분에 따라 공동상속인 중 특정 상속인에게 귀속된 부동산 지분이 공매처분되어 그 특정 상속인인의 상속세 납부에 공여되었다 하더라도, 이는 공동상속인들 전체의 상속비용이 아니므로 그 부동산 지분을 분할대상 상속재산에서 제외해서는 안 된다는 것이 있다.[123] 다만 후자의 판례에 대해서는 공매처분된 재산은 상속재산분할 당시 상속재산을 구성하지 않으므로 분할대상이 될 수 없고,[124] 이 경우에는 공매대금을 상속재산의 대상재산으로서 상속재산분할의 대상으로 삼아야 한다는 비판이 가능하다.

하급심은 다수설에 따라 상속세는 상속에 관한 비용으로 상속재산에서 공제되어야 할 비용으로 보는 것이 많은 것으로 보이나,[125] 근래에도 부정설의

116) 박태준(2000), 132; 임완규·김소영(1993), 708; 같은 취지, 신영호·김상훈, 408.
117) 장례비용을 상속재산분할 절차에서 청산해야 한다는 주장을 배척한 것으로 서울가정법원 2003. 7. 3.자 2000느합71 등 심판; 공동상속인 전원의 합의가 있으므로 장례비용을 상속재산분할의 대상으로 삼는다는 것으로 서울가정법원 1996. 7. 24. 선고 95드74936, 96느273 판결.
118) 제요[2], 617; 서울가정법원 2010. 11. 2.자 2008느합86, 87 심판.
119) 대법원 2014. 11. 25.자 2012스156 등 결정 참조.
120) 시진국(2006), 683; 황정규(2003), 46~47; 김윤정(2011), 202; 제요[2], 617.
121) 윤진수, 422; 권은민(1998), 558.
122) 대법원 2017. 6. 16.자 2017스518 등 결정.
123) 대법원 2013. 6. 24.자 2013스33 등 결정.
124) 대법원 2016. 5. 4.자 2014스122 결정 참조.
125) 서울가정법원 2003. 7. 3.자 2000느합71 등 심판; 서울가정법원 2009. 2. 6.자 2007느합196 심판; 서울가정법원 2011. 11. 22.자 2010느합22 심판; 서울고등법원 2015. 10. 16.자 2015브2 결정; 서울가정법원 2016. 1. 11.자 2012느합3 등 심판; 부산고등법원 2016. 10. 26.자 (창원)2016브1005 등 결정; 서울고등법원 2017. 2. 8.자 2016브13 등 결정; 수원지방법원 성남지원 2017. 2. 13.자 2014느합200006 등 심판; 서울고등법원 2017. 5. 23.자 2016브9 등 결정; 서울고등법원

입장에서 상속세는 상속재산분할 절차에서 고려될 수 없다는 취지의 판결례도 다수 있어[126] 혼란이 있는 것처럼 보인다.

생각건대, 상속세를 상속재산분할 절차에서 고려할 수 있는지에 관한 문제는 아래와 같이 경우를 나누어 판단해야 할 것이다. 즉, 상속세는 그 총액을 피상속인을 기준으로 모든 상속재산의 가액에 따라 산출하고, 공동상속인 각자가 그 상속세 총액 중 자신이 받는 상속재산의 비율에 따라 산정한 상속세를 납부할 고유의 납세의무를 부담하고, 이와 함께 다른 공동상속인의 상속세에 관하여도 자신이 받는 상속재산을 한도로 연대하여 납부할 의무를 부담한다(相贈 §3, §3-2).[127] 따라서 ① 공동상속인 중 일부가 상속세 전부를 납부하였는지 아니면 자신의 고유의 상속세만 납부하였는지 여부, ② 상속세를 상속재산으로 납부하였는지 아니면 공동상속인 고유의 책임재산으로 납부하였는지 여부 등 경우를 나누어 판단해야 할 것으로 생각된다.

우선, 상속재산으로 상속세가 납부된 경우에는 상속재산분할 심판에서 이를 고려하여 상속세로 납부된 상속재산을 상속재산분할의 대상에서 제외해도 무방하다.[128] 반면, 공동상속인 중 일부가 자신의 고유재산으로 상속세 전부 또는 일부를 납부하여 공동상속인들 사이에 상속세 분담범위에 관하여 다툼이 있는 경우에는 상속재산분할 절차에서 상속세를 고려하지 않고 추후 민사소송 등의 절차에서 구상의 방법으로 상속세 분담에 관한 정산을 거치는 것이 더 적절하므로, 이러한 경우에는 상속재산분할심판에서 상속세를 고려하지 않아도 위법하지 않을 것이다.[129] 또한, 당사자들이 상속세 분담 문제를 상속재산분할 심판에서 고려하지 않기로 합의한 경우에 그 의사에 따라 상속세를 분할심판

2017. 9. 26.자 2016브21 결정; 대구고등법원 2017. 10. 26.자 2017브101 등 결정; 서울고등법원 2017. 11. 7.자 2017브219 결정; 서울가정법원 2018. 1. 30.자 2015느합30101 등 심판.

126) 서울가정법원 2017. 8. 8.자 2015느합30015 등 심판; 서울고등법원 2018. 1. 22.자 2017브8 결정; 서울가정법원 2018. 1. 30.자 2015느합30303 등 심판; 서울가정법원 2018. 2. 21.자 2017느합1014 심판; 대구고등법원 2018. 2. 20.자 2017브103 결정; 수원지방법원 2018. 2. 22.자 2016느합516 심판 등.

상속세를 상속재산분할 절차에서 고려하지 않아야 한다는 과거의 하급심으로 서울고등법원 1991. 1. 18. 선고 89르2400 판결; 서울가정법원 1996. 2. 28.자 92느7700 등 심판; 서울가정법원 1998. 9. 24.자 97느8349 등 심판 및 기타 황정규(2003), 47 이하에서 소개하는 심판례 참조.

127) 대법원 2013. 6. 24.자 2013스33 등 결정 참조.

128) 이러한 취지의 하급심으로 서울고등법원 2015. 1. 29.자 2013브84 결정; 서울고등법원 2017. 11. 7.자 2017브219 결정 등.

129) 이러한 취지의 하급심으로 서울가정법원 2016. 2. 16.자 2014느합30151 등 심판; 서울가정법원 2017. 1. 4.자 2015느합110 심판; 대구고등법원 2017. 1. 25.자 2015브2 등 결정; 의정부지방법원 2017. 11. 2.자 2015느합29 심판; 서울고등법원 2018. 1. 12.자 2016브303 등 결정; 서울고등법원 2018. 1. 22.자 2017브8 결정; 대구고등법원 2017. 2. 8.자 2015브10 등 결정 등.

에서 고려하지 않아도 무방할 것이다.[130)]

요컨대, 상속세는 엄밀한 의미에서 상속재산분할의 대상은 아니므로 상속재산분할 절차에서 이를 고려하지 않아도 무방하나, 상속재산으로 상속세가 납부된 경우와 같이 상속재산분할 절차에서 이를 함께 청산하는 것이 적절한 경우에는 이를 고려할 수도 있다고 생각된다.

마. 부의금

판례는 부의금은 장례비용에 충당하고 남는 것은 공동상속인들이 각자의 상속분에 응하여 권리를 취득한다고 한다.[131)] 장례비용에 충당하고 남는 부의금이 상속재산분할의 대상인지에 관하여, 공동상속인들이 그 분할에 동의한다면 이를 분할 대상에 포함시킨 심판례가 있다.[132)]

Ⅳ. 상속재산분할의 방법

민법은 상속재산분할의 방법으로 아래의 세 가지 절차를 정하고 있다.

1. 지정분할

피상속인이 유언으로 분할방법을 정하거나, 제3자에게 분할방법을 정할 것을 위탁할 수 있다. 자세한 내용은 §1012 註釋 참조.

2. 협의분할

공동상속인의 협의로 상속재산을 분할하는 것이다. 자세한 내용은 §1013 註釋 참조.

3. 심판분할

공동상속인 사이에 분할에 관한 협의가 성립하지 않아 가정법원의 심판으로 분할하는 것이다. 자세한 내용은 §1013 註釋 참조.

130) 이러한 취지의 하급심으로 서울고등법원 2017. 4. 25.자 2016브263 결정.
131) 대법원 1992. 8. 18. 선고 92다2998 판결.
132) 서울가정법원 2004. 12. 23.자 2004느합42 심판.

V. 상속재산분할의 효과

상속재산분할은 상속개시 시에 소급하여 효력을 가지나, 제3자에 대해서는 그 소급효가 제한된다. 자세한 내용은 §1015 註釋 참조.

第1012條(遺言에 依한 分割方法의 指定, 分割禁止)

被相續人은 遺言으로 相續財産의 分割方法을 定하거나 이를 定할 것을 第三者에게 委託할 수 있고 相續開始의 날로부터 5年을 超過하지 아니하는 期間內의 그 分割을 禁止할 수 있다.

참고문헌: 김소영(2003), "상속재산분할", 民判 25; 김창종(1998), "상속재산의 분할", 재판자료 78; 박동섭(2005), "상속재산의 협의분할", 변호사35집; 시진국(2006), "재판에 의한 상속재산분할", 司論 42; 이희배(2001), "협의분할에 의한 법정상속분 초과취득분의 증여의 성립여부", 가족법학논집 : 이희배 정년기념; 임완규·김소영(1993), "상속재산분할심판", 재판자료 62.

Ⅰ. 지정분할

1. 개설

본조 전단은 피상속인이 유언으로 상속재산의 분할방법을 정하거나, 그 분할방법의 지정을 제3자에게 위탁할 수 있음을 정하고 있다. 피상속인의 유언에서 정한 바에 따른 분할을 강학상 '지정분할'이라 한다.[1]

그러나 유언이 아닌 생전행위에 의한 분할방법의 지정은 효력이 없어 상속인들이 피상속인의 의사에 구속되지 않는다는 것이 통설,[2] 판례[3]이다.

2. 유언에 의한 분할방법 지정

유언에 의해 지정할 수 있는 분할방법에는 특별한 제한이 없다.[4] 예를 들어, 상속재산을 현물분할, 대상분할하도록 지정하거나 이를 병용하도록 지정하거나, 모든 상속재산을 처분하여 그 대금으로 채무를 변제한 잔액을 상속인에

1) 곽윤직, 139; 윤진수, 423.
2) 윤진수, 423; 송덕수, 345; 김주수·김상용, 721; 신영호·김상훈, 409; 오시영, 594; 이경희, 485; 김소영(2003), 753.
3) 대법원 2001. 6. 29. 선고 2001다28299 판결.
4) 김주수·김상용, 721; 오시영, 594.

게 일정 비율로 분배하도록 지정할 수 있다.[5] 지정은 상속재산 일부나 공동상속인 일부에 대해서만 할 수도 있다.[6] 다만 유언으로 분할방법으로 정하고 그 집행을 위해 유언집행자를 둔 때에는, 유언집행자가 그 유언의 취지에 따라 상속재산을 분할해야 한다.[7]

학설은 유언의 분할방법의 지정은 원칙적으로 공동상속인의 상속분을 변경하지 않아야 한다고 한다.[8] 여기서의 상속분은 보통 법정상속분이라고 설명되나,[9] 그러한 설명은 특별수익과 기여분이 없는 경우를 의미하고, 여기서의 상속분은 구체적 상속분이라고 보아야 한다.[10] 다만 피상속인이 상속분을 변경하는 분할방법을 지정하는 것도 유효하다고 보는 것이 대체적인데, 이를 분할방법의 지정과 유증의 결합이라고 설명하는 견해와,[11] 이는 분할방법의 지정은 아니고 유증이라고 보는 견해가 있다.[12]

그런데 피상속인이 특정재산을 특정 상속인에게 준다거나, 상속하게 한다는 유언을 한 경우 이를 특정유증으로 보아야 할지, 분할방법을 지정한 것으로 보아야 할지 문제된다. 이를 어떻게 보는지에 따라, 그 상속재산 귀속에 대한 포기 여부, 추정상속인이 유언 발효 전에 사망한 경우 대습상속 인정 여부 등에 있어 차이가 있다.[13] 이러한 경우도 원칙적으로 분할방법의 지정이라고 보는 것이 다수의 견해이다.[14] 이 경우 특정 상속인에게 귀속된 상속재산액이 상속분을 초과하더라도 이는 분할방법 지정에 해당함과 동시에 유증을 한 것으로 볼 수 있으므로 유효하다고 한다.[15] 더 자세한 내용은 제3절 前註 5. 나. 참조.

일본 판례는 특정 상속재산을 특정 상속인에게 상속시킨다는 취지의 유언은 그 유언서의 기재로부터 그 취지가 유증이라는 것이 명확하든가 또는 유증으로 해석해야 할 특별한 사정이 없는 한, 당해 상속재산을 당해 상속인이 단독으로 상속하게 한다는 내용의 상속분할의 방법을 지정한 것이라고 해석해야

5) 김소영(2003), 753; 김창종(1998), 198; 같은 취지, 곽윤직, 139; 김주수 · 김상용, 721.
6) 김주수 · 김상용, 721; 신영호 · 김상훈, 409; 오시영, 594.
7) 곽윤직, 140.
8) 곽윤직, 139; 김주수 · 김상용, 721; 송덕수, 346; 신영호 · 김상훈, 409; 오시영, 594; 이희배(2001), 1173.
9) 곽윤직, 139; 송덕수, 346; 이희배(2001), 1173.
10) 같은 취지, 신영호 · 김상훈, 409.
11) 김주수 · 김상용, 721; 이희배(2001), 1173.
12) 송덕수, 346.
13) 윤진수, 424; 더 자세한 차이점에 대하여는 제3절 前註 5. 나. 참조.
14) 곽윤직, 139; 송덕수, 346; 같은 취지, 김창종(1998), 198; 김소영(2003), 753.
15) 곽윤직, 139; 김주수 · 김상용, 721; 같은 취지, 김창종(1998), 199; 김소영(2003), 753~754.

한다고 한다.[16)]

이러한 유언에 의한 분할방법의 지정의 유무나 해석의 분쟁에 관한 소송은 가정법원이 아닌 민사법원에서 이루어진다.[17)]

3. 제3자에 대한 분할방법 지정 위탁

피상속인은 유언으로 상속재산의 분할방법의 지정을 제3자에게 위탁할 수 있는데, 여기서 제3자는 공동상속인 이외의 자이어야 하고, 공동상속인에 대한 위탁은 무효라는 것이 다수설이다.[18)] 또한, 포괄수유자에 대한 위탁도 무효라는 견해도 있다.[19)]

제3자가 분할방법을 지정하는 경우, 종래의 다수설은 제3자가 피상속인의 재산을 유증할 수 없기 때문에 제3자는 공동상속인의 상속분에 따라 분할해야 하고, 특정상속인에게 상속분을 넘는 재산을 분할해 줄 수는 없다고 해석하였다.[20)] 그리고 여기서의 상속분은 보통 법정상속분이라고 설명하였다.[21)] 그러나 다수설과 같이 해석한다면 제3자에게 분할방법 지정을 위탁할 실익이 없으므로, 독일 민법 §2048를 참고하여 제3자가 공평한 재량에 따라 분할할 수 있고, 그 지정이 명백히 불공정할 때에만 상속인들에게 효력이 없다고 해석해야 한다는 반론이 있다.[22)] 피상속인이 유언으로 상속분을 변경하는 분할방법을 지정하는 것이, 그 법적 성질에 관하여 논란은 있으나, 유효하다면, 피상속인이 그러한 권능을 제3자에게 위탁할 수 있다고 해석할 수도 있으므로, 후자의 견해가 타당하다고 생각된다.

한편, 위탁받은 제3자는 위탁을 승낙할 의무를 부담하지 않는다.[23)] 위탁받은 제3자가 그 승낙의 의사를 명백히 하지 않는 경우, 공동상속인들은 상당한 기간을 정하여 그 승낙 여부를 최고할 수 있고, 그 최고에 대한 답이 없으면 승낙을 거절한 것으로 보아야 한다고 해석하는 것이 대체적이다.[24)]

16) 日最判 1991(平 3). 4. 19. 民集 45−4, 477.
17) 곽윤직, 140.
18) 곽윤직, 139; 송덕수, 346; 김창종(1998), 199~200; 김소영(2003), 754.
19) 김창종(1998), 199~200; 김소영(2003), 754.
20) 곽윤직, 139~140; 김주수 · 김상용, 721; 송덕수, 346; 오시영, 594; 김창종(1998), 200; 김소영(2003), 754.
21) 곽윤직, 139~140; 송덕수, 342; 김창종(1998), 200; 김소영(2003), 754.
22) 윤진수, 424.
23) 곽윤직, 140; 김창종(1998), 200; 김소영(2003), 754.
24) 곽윤직, 140; 김주수 · 김상용, 721~722; 윤진수, 435; 송덕수, 346; 오시영, 594; 김창종(1998), 200; 김소영(2003), 754.

4. 지정의 효과

피상속인이 분할방법을 지정하였다고 해도 이는 공동상속인 사이에서 그 지정에 따라 분할해야 하는 채권적 효과만 있으므로, 특정재산을 특정 상속인에게 준다는 지정이 있다 해도 그 상속인이 그 특정재산에 대해 바로 소유권을 취득하는 것은 아니라고 보아야 한다.[25] 또한, 학설은 유언에 의한 지정이 있더라도 공동상속인들 전원의 합의가 있으면 유언으로 정한 분할방법과 다른 분할을 해도 무방하다고 해석하고 있다.[26]

이와 달리 일본 판례는 특정 상속재산을 특정 상속인에게 상속시킨다는 취지의 유언이 있다면, 특별한 사정이 없는 한, 다른 행위 없이 그 상속재산은 피상속인 사망 시 바로 상속에 의해 승계되고,[27] 따라서 그 상속재산을 취득한 상속인은 단독으로 소유권이전등기절차를 할 수 있다고 한다.[28] 그러나 2018. 7. 6. 개정 일본 민법은 §899-2를 신설하여 상속시킨다는 취지의 유언을 비롯하여 상속으로 인한 권리의 승계는 법정상속분을 초과하는 부분에 대해서는 등기, 등록 등 기타 대항요건을 갖추어야 제3자에게 대항할 수 있다고 규정하였다.

Ⅱ. 유언에 의한 분할금지

본조 후단은 피상속인이 유언으로 상속개시시부터 5년을 넘지 않는 기간 내에서 분할을 금지할 수 있음을 규정하고 있다. 피상속인은 유언에 의하여 상속재산의 분할을 금지할 수 있을 뿐, 생전행위에 의해 분할을 금지할 수 없다고 해석하는 것이 통설이다.[29] 또한, 통설은 피상속인이 제3자에게 분할방법을 정하도록 위탁하였더라도, 제3자가 분할금지를 할 수는 없다고 한다.[30]

분할금지기간을 5년 이내로 한 것은 분할을 촉진하기 위한 취지이다.[31] 만약 피상속인이 5년을 넘는 기간을 정하여 분할금지의 유언을 하였다면, 특별

25) 윤진수, 424~425.
26) 윤진수, 425; 신영호·김상훈, 409.
27) 日最判 1991(平 3). 4. 19. 民集 45-4, 477; 日最判 1991(平 3). 9. 12. 判例タイムズ 796, 81.
28) 日最判 1995(平 7). 1. 24. 判例タイムズ 874, 130.
29) 곽윤직, 137; 윤진수, 425 등.
30) 시진국(2006), 656 참조.
31) 곽윤직, 137 참조.

한 사정이 없는 한, 유언 전체가 무효인 것은 아니고 분할금지 기간이 5년으로 단축된다고 해석하는 것이 통설이다.[32)]

상속재산 전부나 일부에 관하여 또는 상속인 전원이나 일부에 대하여 분할을 금지할 수도 있다.[33)] 분할을 절대적으로 금지하거나, 다수결에 의한 분할을 허용하는 상대적 금지도 할 수 있다.[34)] 다만, 예를 들어 상속재산 총액의 1/2은 분할하지 못한다는 것과 같이 상속재산 총액의 일정비율을 금지하는 것이 가능한지에 관하여는 견해가 대립한다. 이를 허용하면 분할을 금지되지 않은 부분이 특정되지 않으므로 결국 상속재산을 일부라도 분할할 수 없어 그러한 일부 금지는 허용되지 않는다는 견해와,[35)] 상속인들이 분할하지 않을 재산을 특정할 수 있으므로 그러한 일부 금지를 인정하지 않을 이유가 없다는 견해가[36)] 있다.

학설은 대체로 유언에 의한 분할금지 기간 내더라도, 공동상속인 전원의 합의가 있는 경우에는 분할할 수 있다고 하고,[37)] 분할을 필요로 하는 중대한 사유가 있거나 사정변경이 생긴 경우에는 공동상속인 사이에 협의가 성립하지 않더라도 분할을 청구할 수 있다고 한다.[38)] 그러나 유언집행자가 있는 경우에는 유언집행자를 배제하고 분할할 수는 없다고 본다.[39)]

유언에 의한 분할금지의 효력이 상속인의 특정승계인에게 미치는지 문제된다. 적어도 부동산의 경우에는 不登 §67를 유추적용하여 분할금지 특약의 등기가 마쳐지지 않는 한 그 분할금지 효력이 미치지 않는다는 견해가 있으나,[40)] 不登 §67① 후단은 §286① 단서의 공유물 분할금지 약정에 관한 등기를 규정하고 있으므로, 현행법상 유언에 의한 분할금지의 등기가 마쳐질 수 있는지는 의문이다.

32) 곽윤직, 137; 김주수 · 김상용, 720; 윤진수, 425; 송덕수, 345; 오시영, 592; 시진국(2006), 656; 임완규 · 김소영(1993), 691~692; 김창종(1998), 238; 김소영, 765.
33) 곽윤직, 137; 윤진수, 425; 김주수 · 김상용, 720; 송덕수, 345; 오시영, 591.
34) 김주수 · 김상용, 720; 오시영, 591.
35) 곽윤직, 137; 윤진수, 425.
36) 김주수 · 김상용, 720; 오시영, 591.
37) 곽윤직, 138; 김창종(1998), 239; 박동섭, "상속재산의 협의분할", 변호사35집(2005), 172.
38) 윤진수, 425; 같은 취지, 임완규 · 김소영(1993), 691~692; 다만, 시진국, 656~657은 유언 후 사정변경과 함께 상속인 전원의 협의가 있어야 분할이 가능하다고 한다.
39) 곽윤직, 138; 박동섭, 친족상속, 662.
40) 윤진수, 425.

第1013條(協議에 依한 分割)

① 前條의 境遇外에는 共同相續人은 언제든지 그 協議에 依하여 相續財産을 分割할 수 있다.

② 第269條의 規定은 前項의 相續財産의 分割에 準用한다.

참고문헌: 김상용(2012), 2000년대 민사판례의 경향과 흐름(가족법), 民判; 김소영(2003), "상속재산분할", 民判 25; 김윤정(2011), "상속재산분할의 대상성과 관련한 논의", 사법 15; 김창종(1998), "상속재산의 분할", 재판자료 78; 김태창(2005), "상속재산 분할협의와 그 해제", 부산판례연구 16; 박관근(2005), "상속재산 분할협의를 합의해제할 수 있는지 여부와 그 경우에도 민법 제548조 제1항 단서의 규정이 적용되는지 여부", 대법원판례해설 51; 박동섭(2005), "상속재산의 협의분할", 변호사35집; 박범진(1994), "공동상속에 관한 기본법리", 한양대 석사학위논문; 박정수(2008), "공동상속인이 다른 공동상속인을 상대로 어떤 재산이 상속재산임의 확인을 구하는 소가 확인의 이익이 있는지 여부 및 그 소의 성질", 대법원판례해설 71(2007 하반기); 박태준(2000), "심판에 의한 상속재산 분할", 법조 49-2; 시진국(2006), "재판에 의한 상속재산분할", 司論 42; 시진국(2007), "상속재산분할심판의 실무상 제문제", 가사재판연구 1; 신영호(1995), "민법 제1014조의 상속분가액지급청구권", 가족법연구 9; 윤남근(2015), "상속재산분할협의를 원인으로 한 부동산 물권변동의 성립요건과 소유권 관련 청구의 소송상 취급", 저스티스 150; 윤진수(2011), "상속법상의 법률행위와 채권자취소권", 민법논고[Ⅴ]; 이준형(2006), "상속재산분할협의의 해제", 고시연구 33-8; 이희배(2001), "협의분할에 의한 법정상속분 초과취득분의 증여의 성립여부", 가족법학논집 : 이희배 정년기념; 임완규·김소영(1993), "상속재산분할심판", 재판자료 62; 임채웅(2010), "기여분 연구", 諸問題 19; 장창민(2008), "상속재산의 협의분할과 채권자취소권에 관한 연구", 성균관 법학 20-2; 정구태(2016), "2015년 상속법 관련 주요 판례 회고", 사법 35; 지원림(2012), "상속재산의 협의분할과 이해상반", 民判 34; 황정규(2003), "상속재산분할사건 재판실무", 재판자료 102; 현소혜(2010), "상속법의 자화상과 미래상", 민사법학 52.

Ⅰ. 협의분할

1. 의의 및 성질

본조 ①은 상속재산분할의 방법으로서 협의분할을 정하고 있다. 공동상속인은 언제든지 상속재산을 협의에 의해 분할할 수 있다.

분할협의는 재산권을 목적으로 하는 법률행위로서 일종의 계약이라는 것이 통설,[1] 판례[2]이다. 또한, 분할협의는 상속재산에 대한 처분행위(§1026 i)에 해당하여 단순승인 의제사유가 된다.[3] 한편, 학설 중에는 상속재산 분할청구권이 일종의 형성권이라고 설명하는 것이 있으나,[4] 분할협의를 계약으로 보는 것과 부합하는지 의문이다.

2. 당사자

가. 공동상속인

(1) 개설

공동상속인 전원이 상속재산 분할협의의 당사자이다. 상속재산 분할협의는 공동상속인 전원의 동의가 있어야 유효하고 공동상속인 중 일부에 의한 분할협의는 무효이다.[5] 공동상속인 전원이 참여하지 않아 무효인 상속재산분할협의에 나머지 상속인들 전원의 추인이 있어야 유효하게 되고, 일부 상속인들만 추인하였다고 하여 그 상속인들의 상속분에 한하여 일부 추인의 효과가 생기는 것은 아니다.[6]

초과특별수익자로서 구체적 상속분이 없는 상속인도 분할협의에 참가해야 한다.[7] 상속을 포기한 사람은 분할협의의 당사자가 될 수 없다.[8] 그런데 판례는 상속포기자가 분할협의에 참여한 경우 그 내용이 이미 포기한 상속지분을

1) 윤진수, 428; 김주수 · 김상용, 722; 송덕수, 348; 오시영, 595; 김소영(2003), 755; 박동섭, 친족상속, 663; 박동섭(2005), 160; 윤남근(2015), 262 등.

2) 대법원 1995. 4. 7. 선고 93다54736 판결; 대법원 2004. 7. 8. 선고 2002다73203 판결 등.

3) 대법원 1983. 6. 28. 선고 82도2421 판결; 김창종(1998), 200~201; 김소영(2003), 755; 박동섭(2005), 166 등; 특히 이를 자세히 논하는 것으로 윤부찬, "상속재산분할협의와 단순승인", 가족법연구 20-1(2006), 424~428 참조.

4) 신영호 · 김상훈, 409.

5) 대법원 1987. 3. 10. 선고 85므80 판결; 대법원 1995. 4. 7. 선고 93다54736 판결; 대법원 2001. 6. 29. 선고 2001다28299 판결 등; 윤진수, 425~426; 이경희, 477, 486; 김소영(2003), 756; 박동섭(2005), 162; 박동섭, 친족상속, 663 등.

6) 대법원 2003. 2. 11. 선고 2002다37320 판결.

7) 윤진수, 426.

8) 윤진수, 426.

다른 상속인에게 귀속시킨다는 것에 불과하여 다른 상속인들의 분할에 관한 실질적인 협의에 영향을 미치지 않았다면 그 분할협의는 유효하다고 한다.[9] 또한 판례는 상속포기 효력이 발생하지 않은 상태에서 상속포기자를 제외한 나머지 상속인들 사이에 이루어진 분할협의는 이후 그 상속포기 신고가 적법하게 수리되어 그 효력이 발생함으로써 소급적으로 유효하게 된다고 한다.[10]

상속개시 후 공동상속인 중 1인이 협의분할 전에 사망한 경우에는 그 망인의 상속인들이 망인을 대신하여 분할협의의 당사자가 된다.[11] 이때 망인의 공동상속인들은 망인의 지위를 준공유한다는 견해가 있다.[12] 일본 판례는 이 경우 사망한 상속인이 취득한 상속재산에 관한 공유지분권은 그 상속인의 상속재산으로서 상속재산분할의 대상이 된다고 한다.[13]

공동상속인 중에 상속의 포기, 승인을 위한 숙려기간(§1019)에 있는 상속인이 있을 경우에는 상속인 지위가 확정되지 않았으므로 협의분할도 할 수 없다는 취지의 견해도 있으나,[14] 분할협의는 상속재산에 대한 처분행위(§1026 i)에 해당하여 단순승인 의제사유가 되므로,[15] 그 숙려기간 내에도 협의분할을 할 수 있다고 봄이 타당하다.[16]

(2) 상속인인지 여부가 다투어지는 사람

(가) 상속인 지위가 다투어지는 경우

제적부 또는 가족관계등록부에 상속인으로 기재되어 있는 사람은 진실한 상속인이라고 추정된다.[17] 그러나 혼인무효, 입양무효, 인지무효, 친생부인, 친생자관계부존재확인의 소 등이 제기되어 그 상속인 지위가 다투어지고, 그 판결확정으로 상속인 지위에 없음이 밝혀진 경우, 그 상속인 지위에 없는 자가 참여한 분할협의의 효력이 문제될 수 있다.[18]

이러한 경우, 상속인 자격이 없는 자가 참여한 분할협의는 무효이므로 위와 같은 판결이 확정될 때까지 기다린 다음 상속재산 분할협의를 해야 한다는

9) 대법원 2007. 9. 6. 선고 2007다30447 판결; 대법원 2011. 6. 9. 선고 2011다29307 판결.
10) 대법원 2011. 6. 9. 선고 2011다29307 판결.
11) 박동섭(2005), 164; 같은 취지, 박범진(1994), 88.
12) 지원림(2012), 630.
13) 日最判 2005(平 17). 10. 11. 民集 59-8, 2243.
14) 오시영, 590, 591.
15) 대법원 1983. 6. 28. 선고 82도2421 판결; 김창종(1998), 200~201; 김소영(2003), 755; 박동섭(2005), 166.
16) 송덕수, 346; 신영호·김상훈, 409; 박동섭, 친족상속, 663 등.
17) 대법원 1987. 2. 24. 선고 86므119 판결; 대법원 2016. 4. 29. 선고 2014다210449 판결.
18) 곽윤직, 142; 윤진수, 427~428.

견해,[19] 그 판결의 확정을 기다리는 것이 바람직하지만 분할당시 공동상속인 지위에 있으므로 그러한 상속인도 분할의 당사자가 된다는 견해,[20] 그러한 상속인도 분할협의의 당사자이나, 장래 상속인 지위에 없었음이 확정될 경우를 대비하여 받을 몫의 인도 보류 또는 담보 제공을 조건으로 분할할 수 있다는 견해,[21] 분할의 당사자로 보되, 분할협의보다는 심판분할에 의해 처리하고 분할심판에서 필요한 경우 담보제공 등을 조건으로 분할을 명할 수 있다는 견해[22] 등이 있다.

(나) 상속인 지위를 주장하는 경우

이혼취소, 파양취소, 인지청구의 소, 부를 정하는 소 등을 제기하여 상속인 지위를 주장하는 경우 그에 대한 확정판결이 있어야만 신분관계가 확정되므로, 그 확정판결 전에는 분할의 당사자라고 할 수 없다. 한편, 이혼무효, 파양무효, 친생자관계존재확인의 소 등을 제기하여 상속인 지위를 주장하는 경우 그 각 무효판결이 대세적 무효를 확인하는 의미밖에 없더라도,[23] 사실상 분할협의의 당사자가 되기 어렵다.

그러나 분할절차가 이미 종료된 후 위와 같은 확정판결에 의해 상속인 지위가 인정되었다 해도, 그 상속인을 제외하고 한 분할협의가 무효인 것은 아니고, 그 상속인은 §1014에 의해 상속분 상당의 가액에 대한 지급청구를 할 수 있다는 것이 대체적인 견해이다.[24]

반면, 상속개시 후에 인지 또는 재판의 확정으로 공동상속인으로 추가된 경우 아직 상속재산이 분할되지 않았다면, 그 추가된 공동상속인은 다른 공동상속인과 함께 분할에 참여할 수 있다.[25]

(3) 행방불명자

공동상속인 중 행방불명자가 있는 경우, 그 행방불명자를 위한 부재자재

---

19) 곽윤직, 142; 박동섭(2005), 165; 송덕수, 347; 신영호·김상훈, 405; 이경희, 479.

20) 박동섭, 친족상속, 659; 오시영, 593.

21) 김주수·김상용, 723; 같은 취지, 오시영, 596.

22) 윤진수, 428.

23) 그 무효판결이 확인소송이라는 점에 대하여, 이혼무효소송에 관하여 주해친족(1권), 313(이동진); 파양무효소송에 관하여 주해친족(1권), 862(현소혜), 친생자관계존재확인의 소에 관하여 주해친족(1권), 662(권재문) 각 참조.

24) 곽윤직, 142; 김주수·김상용, 724; 윤진수, 428; 송덕수, 347; 박동섭, 친족상속, 659; 신영호·김상훈, 405; 오시영, 593, 596; 이경희, 479; 김소영(2003), 762; 박동섭(2005), 165; 시진국(2007), 8[시진국(2006), 658~659도 같은 서술].

25) 대법원 1993. 8. 24. 선고 93다12 판결; 대법원 2007. 7. 26. 선고 2006므2757 등 판결; 대법원 2007. 7. 26. 선고 2006다83796 판결.

산관리인(§22, §23 참조)이 법원의 허가를 얻어(§25 참조) 분할협의에 참가할 수 있다는 것이 대체적인 견해이다.[26] 행방불명자를 제외한 채 이루어진 상속재산 분할은 무효이다.[27] 실종선고 요건이 구비된 경우에는 실종선고 절차를 밟아 생사불명자의 상속인을 당사자로 하여 분할할 수 있다.[28]

행방불명자의 부재자재산관리인이 분할협의에 참가하였는데, 행방불명자가 상속개시 이후 분할 이전에 사망하였음이 밝혀졌다 해도 상속인 확정에 큰 문제가 없고 부재자재산관리인 제도의 취지를 들어 그 분할협의는 유효하다는 것이 대체적인 견해이다.[29] 그러나 행방불명자의 부재자재산관리인이 분할협의에 참가하였는데, 행방불명자가 상속개시 이전에 사망한 것으로 판명된 경우에는 견해가 나뉜다. 분할협의에 상속인 아닌 사람이 참가한 것이므로 그 분할협의는 무효가 된다는 견해가 있고,[30] 이 경우에도 부재자재산관리인의 행위는 부재자의 상속인에게 미친다고 볼 수 있고, 부재자의 상속인인 대습상속인에게 부재자가 분할받은 재산을 인도하고, 그러한 상속인이 없다면 부재자가 분할받은 재산을 다시 분할하면 족하다는 견해가 있다.[31] 부재자재산관리인이 있는데 행방불명자의 사망 시점이 언제냐는 우연한 사정에 따라 분할협의의 유, 무효가 갈리는 것은 바람직하지 않으므로, 후자의 견해가 타당하다.

판례는 상속인이 북한에 있어 생사불명이라는 이유만으로는 상속인에서 제외될 수 없다고 하므로,[32] 그 상속인을 위한 부재자재산관리인을 분할협의에 참여시켜야 한다.[33]

(4) 미성년자

미성년자와 친권자가 공동상속인인 경우 또는 공동상속인인 수인의 미성년자를 친권자가 대리하는 경우에 상속재산분할 협의는 그 행위의 객관적 성질상 이해대립이 생길 수 있으므로 §921의 이해상반행위에 해당한다는 것이

---

26) 곽윤직, 141; 윤진수, 426; 이경희, 478; 박동섭, 친족상속, 657; 박동섭(2005), 162~163; 신영호 · 김상훈, 404; 시진국(2006), 659; 제요[2], 604; 김창종(1998), 192~193; 임완규 · 김소영(1993), 680; 김소영(2003), 757; 장창민(2008), 91.

27) 신영호(1995), 385.

28) 시진국(2006), 659; 오시영, 590; 박동섭, 친족상속, 657.

29) 곽윤직, 141~142; 윤진수, 426; 임완규 · 김소영(1993), 681; 같은 취지, 시진국(2006), 659; 이경희, 478.

30) 곽윤직, 142; 이경희, 478; 같은 취지, 시진국(2006), 659.

31) 윤진수, 426.

32) 대법원 1982. 12. 28. 선고 81다452, 453 판결.

33) 기타 북한 지역 잔류자에 대한 부재선고 등에 관한 '부재선고등에관한특별조치법'에 대한 설명으로는 시진국(2006), 659~660 참조.

통설,[34] 판례[35]이다. 따라서 친권자와 미성년자가 상속재산분할 협의를 하는 경우에는 미성년자를 위한 특별대리인을 선임해야 하고, 미성년자가 여러 명인 경우에는 미성년자 각자마다 특별대리인을 선임해야 한다.[36] 친권자가 수인의 미성년자의 법정대리인으로서 상속재산 분할협의를 하거나,[37] 특별대리인 1인이 수인의 미성년자를 대리하여 상속재산 분할협의를 한 것[38]은 피대리자 전원의 추인이 없는 한 모두 무효이다. 이 경우 판례는 상속재산 분할협의에 참가한 상속인이 그 분할협의의 무효를 주장하는 것이 신의칙에 위반되지 않는다고 한다.[39]

(5) 태아

§1000③은 태아는 상속순위에 관하여는 이미 출생한 것으로 본다고 규정하고 있는데, 그 의미에 관하여 정지조건설과 해제조건설의 대립이 있고, 판례는[40] 정지조건설을 취한다고 평가되고 있다.[41] 그 정지조건설에 따르면, 태아는 분할협의의 당사자 지위가 인정되지 않는다고 해석된다.[42] 이에 대해 해제조건설의 입장에서 태아도 상속재산분할에 참여할 수 있다는 견해도 있다.[43] 또한, 이 경우 태아가 살아서 출생할 때까지 상속재산을 분할하지 못한다고 해석하는 견해,[44] 태아의 출생을 기다려야 하지만 기다릴 수 없는 경우에는 태아를 분할에서 배제해야 한다는 견해,[45] 원칙적으로 태아의 출생을 기다려야 하지만, 기다릴 수 없는 경우에는 협의분할이 아닌 심판분할만 허용해야 한다는

34) 곽윤직, 142; 김주수 · 김상용, 725; 윤진수, 426; 송덕수, 347; 오시영, 597; 주해친족(2권), 1090(권재문); 시진국(2007), 8; 황정규(2003), 29; 김창종(1998), 193; 임완규 · 김소영(1993), 690; 김소영(2003), 756.

35) 대법원 1987. 3. 10. 선고 85므80 판결; 대법원 1993. 3. 9. 선고 92다18481 판결; 대법원 1993. 4. 13. 선고 92다54524 판결; 대법원 1994. 9. 9. 선고 94다6680 판결; 대법원 2001. 6. 29. 선고 2001다28299 판결; 대법원 2011. 3. 10. 선고 2007다17482 판결; 대법원 2016. 2. 18. 선고 2015다51920 판결 등.

36) 대법원 1994. 9. 9. 선고 94다6680 판결; 대법원 2001. 6. 29. 선고 2001다28299 판결 등; 제요[2], 607; 시진국(2007), 8~9; 황정규(2003), 29~30; 김창종(1998), 193; 김소영(2003), 756.

37) 대법원 1993. 4. 13. 선고 92다54524 판결; 대법원 2001. 6. 29. 선고 2001다28299 판결; 대법원 2011. 3. 10. 선고 2007다17482 판결.

38) 대법원 1994. 9. 9. 선고 94다6680 판결.

39) 대법원 2011. 3. 10. 선고 2007다17482 판결[이 판결에 비판적인 평석으로는 지원림(2012), 639 이하]; 대법원 2016. 2. 18. 선고 2015다51920 판결.

40) 대법원 1976. 9. 14. 선고 76다1365 판결.

41) 제요[2], 605; 황정규(2003), 30; 김창종(1998), 195; 임완규 · 김소영(1993), 684; 김소영(2003), 763.

42) 제요[2], 605; 황정규(2003), 30; 김창종(1998), 195; 박동섭(2005), 163~164.

43) 송덕수, 347.

44) 곽윤직, 141; 김주수 · 김상용, 724; 오시영, 597; 이경희, 478.

45) 임완규 · 김소영(1993), 685; 김소영(2003), 763; 박동섭, 친족상속, 658.

견해[46]도 있다.

그러나 태아의 분할 당사자 지위를 부정하더라도 상속재산 분할이 완료된 이후에 태아가 살아서 출생하면 그 출생자는 §1014를 유추하여 상속분에 상당한 가액의 지급을 청구할 수 있다고 보는 것이 대체적이다.[47]

나. 포괄적 수유자

포괄적 유증을 받은 사람은 상속인과 동일한 권리의무가 있으므로(§1078), 상속재산분할의 당사자가 된다는 것이 통설이다.[48] 이와 달리 특정유증을 받은 사람은 분할의 당사자가 아니다.[49]

그런데 유언집행자가 있는 경우에(§1093, §1096), 유언이 상속재산의 분할에 대해 언급하지 않고 있는 경우에는 유언집행자가 그 수유자 대신에 협의분할에 참여해야 한다는 견해가 있으나,[50] 포괄유증의 경우 그 수유자가 상속개시와 동시에 상속재산에 대한 권리를 취득하게 되어 유언 집행을 할 여지가 없으므로 유언집행자는 협의분할의 당사자가 아니라는 것이 다수설이고,[51] 이것이 타당하다.

다. 상속분의 양도인과 양수인

상속재산 전체에 대한 상속분의 양도가 있는 경우, 상속분 양수인은 원칙적으로 분할협의의 당사자가 된다는 것이 대체적인 견해이다.[52] 다만 상속분 양수인은 이해관계인에 불과하고 상속분 양도인의 분할 주체로서의 지위를 잃지 않는다는 견해도 있다.[53] 상속분 양수인과 달리 상속재산 중 특정재산에 대한 상속인의 지분만을 양수한 사람은 §268의 공유물분할을 청구할 수 있을 뿐 상속재산분할의 당사자가 아니고, 그 지분을 양도한 상속인이 분할협의에 참가해야 한다는 것이 통설이다.[54]

46) 윤진수, 427.
47) 윤진수, 427; 박동섭, 친족상속, 658; 김창종(1998), 195; 임완규·김소영(1993), 685; 김소영(2003), 763.
48) 곽윤직, 141; 김주수·김상용, 723; 윤진수, 426; 송덕수, 346; 박동섭, 친족상속, 657~658; 신영호·김상훈, 404; 오시영, 595; 이경희, 477; 제요[2], 604; 시진국(2006), 660; 황정규(2003), 31; 김창종(1998), 194; 임완규·김소영(1993), 681; 김소영(2003), 756; 박동섭(2005), 164; 박범진(1994), 88.
49) 박동섭(2005), 164.
50) 김주수·김상용, 723; 오시영, 595; 장창민(2008), 90~91.
51) 시진국(2006), 660; 임완규·김소영(1993), 681~682; 김소영(2003), 761~762; 같은 취지, 김창종(1998), 194; 윤진수, 427; 제요[2], 604.
52) 곽윤직, 141; 김주수·김상용, 723; 윤진수, 427; 박동섭, 친족상속, 658; 송덕수, 346; 신영호·김상훈, 404; 오시영, 595; 황정규(2003), 27~28; 임완규·김소영(1993), 682; 김소영(2003), 762; 박동섭(2005), 164; 박범진(1994), 88.
53) 시진국(2006), 661~663.

반면, 상속분 양도인이 분할협의의 당사자인지에 관하여는 이를 부정하는 견해와,[55] 원칙적으로는 당사자가 아니나, 상속재산이 양도인 명의로 남아 있어 상속재산 분할에 양도인의 협조가 필요한 경우, 상속분 양도인이 상속채무를 면할 수 없으므로 그 채무를 분할하는 경우 등에는 당사자가 된다는 견해가[56] 대립한다. 일본 학설 중에는 상속분 양도인과 상속분 양수인 중 누가 분할 당사자가 될 것인지를 그들의 선택에 맡기고, 일방이 당사자가 되면, 다른 사람은 이해관계인이 된다고 해석하는 견해도 있다.[57] 예외적으로 상속분 양도인이 분할협의의 당사자가 된다고 보는 견해가 타당한 면은 있으나, 적어도 분할협의의 무효 여부와 관련하여서는, 상속분 양수인이 그 분할협의에 참여하였다면 상속분 양도인이 그 분할협의에 참여하지 않았다고 하더라도 그 분할협의가 무효가 되는 것은 아니라고 해석해야 되지 않을까 생각된다.

3. 분할협의의 방식 및 내용

본조 ①에 의하면, 공동상속인은 언제든지 상속재산을 협의에 의해 분할할 수 있다.

상속재산 분할협의는 그 방식이나 형식에 제한이 없다.[58] 분할협의에 상속인 전원이 참여하여야 유효하나, 반드시 한 자리에서 이루어질 필요는 없고 순차적으로 이루어질 수 있다.[59] 판례 중에는 상속재산을 공동상속인 1인에게 상속시킬 방편으로 한 나머지 상속인들의 상속포기가 그 숙려기간(§1019)을 도과하여 효력이 없더라도, 공동상속인 1인이 그 상속재산 전부를 취득한다는 내용의 협의분할이 이루어진 것으로 본 것이 있고,[60] 공동상속인 사이의 상속지분 양도가 공동상속인 전원의 약정에 기한 경우 이를 상속재산 분할협의로 볼

54) 윤진수, 427; 제요[2], 604~605; 김창종(1998), 196; 박동섭, 친족상속, 658, 671~672; 박동섭, 165; 특히 특정재산 지분 양수인이 공유물분할을 청구할 수 있다는 것으로 김창종(1998), 241; 임완규 · 김소영(1993), 686~688.

55) 곽윤직, 141; 윤진수, 427; 송덕수, 346; 황정규(2003), 27~28.

56) 김창종(1998), 194; 제요[2], 605; 김소영(2003), 762; 같은 취지, 임완규 · 김소영(1993), 682~683.

57) 新注民(27), 334~335(伊藤).

58) 대법원 2003. 8. 22. 선고 2003다27276 판결; 김창종(1998), 201; 김소영(2003), 755; 박동섭(2005), 173; 윤남근(2015), 263 등.

59) 대법원 2001. 11. 27. 선고 2000두9731 판결; 대법원 2004. 10. 28. 선고 2003다65438 등 판결; 대법원 2010. 2. 25. 선고 2008다96963 등 판결; 대법원 2012. 2. 23. 선고 2010다89784 판결; 곽윤직, 142~143; 김주수 · 김상용, 729; 윤진수, 428; 김소영(2003), 755; 박동섭(2005), 173; 이경희, 486 등.

60) 대법원 1989. 9. 12. 선고 88누9305 판결; 대법원 1991. 12. 24. 선고 90누5986 판결; 대법원 1996. 3. 26. 선고 95다45545 판결 등.

수 있다는 것이 있다.[61]

분할협의의 내용은 계약자유의 원칙상 공동상속인들이 자유롭게 정할 수 있다.[62] 현물분할, 대금분할, 대상분할, 공유로 하는 분할 등 여러 방법이 모두 가능하다.[63] 법정상속분이나 구체적 상속분대로 분할할 필요가 없고, 어떤 상속인의 상속분을 0으로 하는 협의도 유효하다는 것이 통설,[64] 판례[65]이다.

한편, 유류분에 미달하는 내용의 상속재산분할의 협의가 이루어진 경우에는 묵시적으로 유류분권을 포기한 것으로 볼 수 있다는 견해가 있으나,[66] 이 경우 상속인이 유류분권까지 포기했는지 여부는 구체적인 사정을 고려하여 유류분권리자의 의사를 해석해야 할 문제라고 보아야 한다. 판례 중에는 상속재산분할협의를 하였다거나 그 당시 유류분을 주장하지 아니하였더라도 그로써 유류분반환청구권을 포기한 것은 아니라는 원심의 판단이 정당하다고 한 것이 있다.[67]

또한, 분할협의에서 상속재산 전체를 일괄하여 분할할 필요는 없고, 상속재산 중 일부만을 먼저 분할하기로 하는 협의도 유효하다는 것이 대체적인 견해이다.[68] 판례도 상속재산 분할협의는 상속재산의 전부 또는 일부에 관하여 상속재산의 귀속을 확정시키는 것이라고 판시하였다.[69] 다만, 분할협의 대상인 일부 상속재산과 잔여 상속재산의 구별이나 양자를 구별하는 기준에 대한 합의가 불충분한 상태에서 한 분할협의는 무효라는 견해도 있다.[70]

분할협의에 조건을 붙이는 것이 가능한지에 관하여, 부정하는 견해도 있으나,[71] 긍정하는 견해가 다수이다.[72] 판례도 조건을 붙이는 것이 가능하다는 취지이다.[73]

---

61) 대법원 1995. 9. 15. 선고 94다23067 판결.
62) 곽윤직, 143; 이준형(2006), 119; 김소영(2003), 758.
63) 곽윤직, 143; 윤진수, 428~429.
64) 곽윤직, 138; 김주수·김상용, 721; 윤진수, 429; 송덕수, 348; 신영호·김상훈, 410; 박동섭, 친족상속, 665; 이경희, 486; 김창종(1998), 202; 김소영(2003), 757; 장창민(2008), 92; 박동섭(2005), 175; 이희배(2001), 1172 등.
65) 대법원 2003. 8. 22. 선고 2003다27276 판결.
66) 김능환, "유류분반환청구", 재판자료 78(1998), 67.
67) 대법원 2016. 6. 9. 선고 2015다239591 판결.
68) 곽윤직, 143; 윤진수, 428; 송덕수, 344; 김창종(1998), 202; 김소영(2003), 757; 박관근(2005), 198; 박동섭(2005), 171~172.
69) 대법원 2001. 2. 9. 선고 2000다51797 판결.
70) 김소영(2003), 757; 이러한 해석에 비판적인 견해로는 윤남근(2015), 261~262.
71) 박동섭(2005), 177,
72) 박관근(2005), 196 이하; 김태창(2005), 496.
73) 대법원 2004. 7. 8. 선고 2002다73203 판결 참조.

4. 분할협의의 무효, 취소

분할협의는 일종의 계약이므로 총칙의 의사표시에 관한 규정, 즉 비진의 의사표시(§107), 통정허위의 의사표시(§108), 착오로 인한 의사표시(§109), 사기, 강박에 의한 의사표시(§110)에 관한 조항이 적용될 수 있다.[74] 이 경우 상속인은 분할협의의 무효 또는 취소를 주장함으로써 재분할을 청구할 수 있고, 상속회복청구를 할 것은 아니다.[75]

판례는 상속재산 협의분할로 상속재산인 부동산을 단독으로 상속한 자가 협의분할 이전에 공동상속인 중 1인이 그 부동산을 제3자에게 매도한 사실을 알면서 매도인의 배임행위에 적극적으로 가담한 경우에는 위 상속재산 협의분할 중 위 매도인의 법정상속분에 관한 부분은 §103의 반사회질서의 법률행위에 해당한다고 한다.[76] 또한, 판례 중에는 당해 분할협의가 착오에 기인한 것이라고 볼 수 없다는 이유로 취소 항변을 배척한 원심이 타당하다고 한 것이 있는데,[77] 이는 분할협의도 착오를 이유로 취소할 수 있음을 전제로 한 것이라고 볼 수 있다. 일본 최고재판소 판례 중에는 상속재산분할 방법을 정한 유언의 존재를 알지 못한 채 행한 상속재산분할협의는 착오에 의한 것으로서 일본 민법의 의사표시 착오에 관한 §95가 적용된다고 한 것이 있다.[78]

공동상속인 전원이 참여하지 않은 분할협의는 무효이나, 다만 종전의 공동상속인들이 분할협의를 한 이후 인지 또는 재판의 확정으로 공동상속인이 사후에 추가된 경우에는 §1014가 적용되므로 그 분할협의가 무효로 되지 않는다.[79]

상속인 자격이 없는 자가 참여한 분할협의도 원칙적으로 무효이나,[80] 그 전부가 무효가 되는지, 무자격자가 취득한 재산에 관한 부분만 무효가 되는지

74) 곽윤직, 143~144; 김주수·김상용, 731~732; 윤진수, 430; 송덕수, 352; 신영호·김상훈, 409; 오시영, 601; 이경희, 485; 박동섭, 친족상속, 666; 김창종(1998), 229; 김소영(2003), 755; 박동섭(2005), 174, 178; 윤남근(2015), 263; 기타 김태창(2005), 482~483도 참조.

75) 박동섭, 친족상속, 663~664; 박동섭(2005), 174.

76) 대법원 1996. 4. 26. 선고 95다54426 등 판결[이 판결에 대한 평석으로는 정재규, "공동상속인 중 1인이 상속부동산을 처분한 후 이전등기 경료 전에 상속인 전원이 그 부동산을 다른 공동상속인의 단독 소유로 협의분할한 경우, 그 분할이 반사회질서 행위로서 무효로 되는 경우 및 그 범위", 광주지법 재판실무연구(1997) 참조].

77) 대법원 2007. 10. 25. 선고 2005다27362 판결.

78) 日最判 1993(平 5). 12. 16. 判例タイムズ 842, 124.

79) 곽윤직, 143~144; 김주수·김상용, 731; 윤진수, 429.

80) 곽윤직, 143; 김주수·김상용, 731; 윤진수, 429.

문제된다. 기본적으로 무자격자가 취득한 재산에 관한 부분만 무효가 되지만, 무자격자가 취득한 재산이 전체 상속재산에서 차지하는 비율에 따라 전체가 무효가 될 수도 있다고 보아야 할 것이다.[81)]

판례는 공동상속인 중 1인이 협의분할에 의한 상속을 원인으로 하여 상속부동산에 관한 소유권이전등기를 마친 경우에 그 협의분할이 무효라는 이유로 다른 공동상속인이 그 등기의 말소를 청구하는 소는 상속회복청구의 소에 해당한다고 한다.[82)]

5. 분할협의의 해제

가. 합의해제

상속재산분할협의가 일종의 계약이므로 이미 성립한 분할협의의 전부 또는 일부를 전원의 합의로 해제할 수 있다는 것이 통설이자,[83)] 판례이다.[84)] 그러나 합의해제를 하더라도 §548① 단서에 의하여, 그 합의해제 전 분할협의로부터 생긴 법률효과를 기초로 새로운 이해관계를 가지고 등기·인도 등으로 완전한 권리를 취득한 제3자의 권리를 해하지 못한다.[85)] §1015 단서는 상속개시 후 분할시까지 공동상속인의 지분에 관한 권리를 취득한 제3자를 분할의 소급효로부터 보호하고자 하는 것이므로, 분할협의가 해제된 경우에는 위 규정이 적용될 여지는 없다.[86)]

나. 법정해제

공동상속인 일부가 분할협의에 따른 채무를 이행하지 않을 경우, 다른 공동상속인이 §544 이하에 따른 해제가 가능한지에 대해서는 견해가 대립한다. 해제를 인정하면 재분할을 반복함으로써 법적 안정성을 현저히 해친다는 등의 이유로 이를 부정하는 견해(부정설)[87)], 의무를 불이행한 상속인의 상대방 상속인을 보호할 필요가 있고, 법적 안정성은 해제의 효과를 제3자에게 제한하는 §548① 단서에 의해 실현된다는 등의 이유로 이를 긍정하는 견해(긍정설)[88)], 분

81) 윤진수, 429~430 참조.
82) 대법원 2011. 3. 10. 선고 2007다17482 판결; 대법원 2014. 1. 23. 선고 2013다68948 판결.
83) 김주수·김상용, 725; 윤진수, 430; 박동섭, 친족상속, 664; 송덕수, 352; 신영호·김상훈, 410; 이경희, 487; 김창종(1998), 236; 김태창(2005), 490; 김상용(2012), 646; 이준형(2006), 129.
84) 대법원 2004. 7. 8. 선고 2002다73203 판결[이 판결에 대한 판례해설로는 박관근(2005) 참조]; 대법원 2008. 11. 27. 선고 2008두12054 판결.
85) 대법원 2004. 7. 8. 선고 2002다73203 판결.
86) 김태창(2005), 491; 박관근(2005), 205.
87) 김창종(1998), 235; 박동섭, 친족상속, 664.
88) 윤진수, 430; 이준형(2006), 127; 같은 취지, 윤남근(2015), 264.

할협의에 따른 채무가 강제집행에 의해 실현이 가능할 때에는 해제를 인정할 필요가 없으나, 그 외의 경우에는 해제가 가능하다는 견해(절충설)[89]가 있다.

판례의 태도를 명확히 알 수는 없으나, 판례 중에는 당해 분할협의에 다른 의무를 위반하였다고 할 수 없다는 이유로 해제 항변을 배척한 원심이 타당하다고 한 것이 있는데,[90] 이는 분할협의의 법정해제가 가능함을 전제로 한 것이라고 해석할 수 있을 것이다. 반면 일본 최고재판소는 법적 안정성을 등을 이유로 부정설을 따르고 있다.[91]

다만, 해제를 긍정하는 견해에서도 채무를 불이행한 상속인이 이외의 나머지 모든 상속인 전원이 해제권을 행사해야 한다고 한다(§547).[92]

다. §1016 담보책임에 의한 해제

공동상속인은 다른 공동상속인이 분할로 취득한 재산에 대하여 매도인과 같은 담보책임을 부담하는데(§1016), 그 담보책임의 내용으로서 해제를 인정할 것인지에 대해서 견해가 대립한다. 이에 대해서는 §1016 註釋 참조.

6. 분할협의의 채권자취소 대상성

상속재산 분할협의가 채권자취소권 행사의 대상이 되는지에 관하여, 상속재산 분할협의는 §1015에 의해 상속개시시에 소급하여 효력이 있으므로 그 상속인이 피상속인으로부터 직접 상속재산을 취득하는 것이지 다른 공동상속인이 그 상속인에게 상속재산을 양도하는 것이 아니라는 이유로 이를 부정하는 견해도 있다.[93] 그러나 상속재산 분할협의는 재산권을 목적으로 한 법률행위로서 채권자취소의 대상이 된다는 것이 다수설이자,[94] 판례이다.[95] 일본 최고재판소의 태도도 같다.[96] 상속개시 전에 채권을 취득한 채권자도 채무자의 상속재산 분할협의를 대상으로 채권자취소권을 행사할 수 있고,[97] 상속인의 채

89) 박동섭(2005), 180; 김태창(2005), 487~488.

90) 대법원 2007. 10. 25. 선고 2005다27362 판결.

91) 日最判 1989(平 1). 2. 9. 民集 43-2, 1.

92) 이준형(2006), 127

93) 전경근, "상속재산의 분할과 채권자취소권", 가족법연구 15-1(2001), 534~535; 장창민(2008), 101~103; 같은 취지, 김주수·김상용, 730~731.

94) 윤진수, 430; 윤진수(2011), 278, 287 이하; 송덕수, 349; 박동섭, 친족상속, 674; 신영호·김상훈, 410; 김상용(2012), 576; 김소영(2003), 755; 박동섭(2005), 175; 이경희, 487; 현소혜(2010), 620 등; 같은 취지, 이지현, "상속재산분할과 사해행위취소", 광주지법 재판실무연구(2002), 16~20.

95) 대법원 2001. 2. 9. 선고 2000다51797 판결; 대법원 2007. 7. 26. 선고 2007다29119 판결; 대법원 2015. 10. 15. 선고 2014다47016 판결.

96) 日最判 1999(平 11). 6. 11. 民集 53-5, 898.

97) 대법원 2013. 6. 13. 선고 2013다2788 판결.

권자뿐만 아니라 상속채권자도 그 채권자취소권을 행사할 수 있다.[98]

판례는 채무초과 상태의 채무자가 유일한 상속재산인 부동산에 관한 상속분을 포기하고 소비하기 쉬운 현금을 지급받기로 하는 내용의 상속재산 분할협의는 유일한 재산인 부동산을 매각하여 소비하기 쉬운 금전으로 바꾸는 것과 다르지 아니하여 원칙적으로 사해행위가 된다고 한다.[99]

다만, 사해행위 취소의 범위는 특별수익과 기여분에 의해 수정된 구체적 상속분을 기준으로 하여 이에 미달하는 부분이다.[100] 이때 구체적 상속분이 법정상속분과 다르다는 사정은 수익자가 주장·입증하여야 한다.[101] 그 구체적 상속분을 산정함에 있어 채무자가 상속한 금전채무를 포함해서는 안 된다.[102]

7. 협의로 인한 상속재산분할의 효력발생

협의분할은 계약이므로, 그에 따라 상속재산 분할의 효력이 발생하려면 등기, 인도 등의 공시요건이 갖추어져야 한다.[103] 일부 문헌 중에는 상속재산분할에 소급효가 있음을 근거로(§1015), 상속재산분할에 의해 공동상속인이 특정 부동산을 취득한 경우에는 등기가 필요하지 않는다고 설명하는 것도 있으나,[104] 이는 협의분할의 성질을 계약으로 보는 것에 부합되지 않는다. 한편, 판례 중에도 부동산에 관한 상속재산협의분할이 있으면 등기 없이도 물권변동이 일어난다는 것을 전제로 하는 것이 있으나,[105] 위와 같은 이유로 타당하지 않다.[106]

그런데 현행 등기예규[107]는 협의분할에 의한 등기를 하는 경우 피상속인이 사망한 날을 등기원인일로 해야 한다고 규정하고 있다. 이에 현재 실무 상 부동산등기부의 등기원인에는 공동상속인들이 실제로 협의분할을 한 날이 아니라 피상속인이 사망한 날이 기재되고 있다. 그러나 협의분할이 일종의 계약

98) 윤진수(2011), 288.
99) 대법원 2008. 3. 13. 선고 2007다73765 판결.
100) 대법원 2001. 2. 9. 선고 2000다51797 판결; 윤진수(2011), 289.
101) 대법원 2001. 2. 9. 선고 2000다51797 판결; 이 판결에서 주장·입증의 주체를 '채무자'라고 표현한 것은 '수익자'라는 의미라고 읽어야 한다. 일반적으로 '채무자'는 사해행위취소소송의 당사자가 아니기 때문이다.
102) 대법원 2014. 7. 10. 선고 2012다26633 판결.
103) 윤진수, 439; 박동섭(2005), 177; 윤남근(2015), 267.
104) 김소영(2003), 797; 상속등기실무, 123.
105) 대법원 1996. 3. 26. 선고 95다45545 등 판결; 대법원 2011. 6. 30. 선고 2011다24340 판결.
106) 이러한 판례의 태도를 비판하는 것으로 윤남근(2015), 270~272.
107) 등기예규 제438호(상속재산을 협의분할할 때의 등기원인일자).

인 점, 공동상속인이 실제로 협의한 날이 외부에 공시될 필요가 있는 점 등을 고려할 때, 등기원인에는 실제 분할협의일을 기재하는 것이 바람직하므로, 위 등기예규는 개정될 필요가 있다.

일단 공동상속등기가 된 이후 협의분할에 의해 등기를 할 경우에는 경정등기에 의해 처리하고 이 경우 등기원인일은 협의분할일로 한다는 것이 현행 실무이다.[108] 이에 대해서는 학설상 이 경우 경정등기나 말소등기에 의할 것이 아니라 공동상속인들이 분할협의에 의해 등기청구권을 취득한 상속인에게 이전등기를 경료하는 것으로 처리함이 타당하다는 비판이 있다.[109]

Ⅱ. 심판분할

1. 개설

본조 ②은 공유물분할방법에 관한 §269를 준용하고 있다. 따라서 상속재산분할에 관한 협의가 성립되지 아니한 때에는 상속인은 법원에 그 분할을 청구할 수 있다. 그런데 가사소송법은 상속재산분할 사건을 마류 가사비송사건으로서 가정법원의 전속관할로 정하고 있다(家訴 §2① 나.10). 상속재산분할 사건은 합의부 관할이다(사물관할규칙 §3ⅱ).

판례는 상속재산에 대하여 상속재산분할의 심판을 청구하지 않고 §268의 공유물분할청구의 소를 제기하는 것은 허용되지 않고, 그러한 소를 피고 보통재판적 소재지 가정법원으로 이송해야 한다고 한다.[110] 학설도 개별 상속재산에 관하여 공유물분할청구를 할 수 없다고 본다.[111] 일본 최고재판소의 태도도 같다.[112]

헌법재판소 2017. 4. 27. 선고 2015헌바24 결정은 상속재산분할심판을 가사비송사건으로 한 家訴 §2① 나.10)이 입법재량의 한계를 일탈하여 심판청구인의 재판청구권을 침해하는 것은 아니라고 하였다.

108) 등기선례 제1-322호.

109) 윤남근(2015), 266; 같은 취지, 맹광호, “상속재산의 분할과 상속인의 소유권이전등기의무”, 연세대 법학연구 18-3(2008), 421.

110) 대법원 2015. 8. 13. 선고 2015다18367 판결.

111) 윤진수, 434; 박동섭, 친족상속, 656; 송덕수, 353; 신영호·김상훈, 411; 김창종(1998), 239~240; 정구태(2016), 42 등.

112) 日最判 1987(昭 62). 9. 4. 判例タイムズ 651, 61.

2. 심판청구권자 및 상대방

(1) 개설

심판분할의 당사자는 원칙적으로 협의분할의 당사자와 같다. 상속분할심판은 이를 청구하는 상속인이 나머지 상속인 전원을 상대방으로 청구하여야 한다(家訴規 §110). 따라서 상속재산분할심판은 고유필수적 공동소송으로서 민사소송법의 필수적 공동소송에 관한 조항(民訴 §67~§69)이 준용된다.[113] 공동상속인 전원이 청구인이 되더라도 무방하다고 한다.[114] 한편, 상속인이 특별수익을 받은 결과 구체적 상속분이 0이 되더라도 이는 심리를 통해 확정해야 하는 것이므로 그 상속인도 상속재산분할 심판에서 당사자적격을 가진다는 것이 통설이자 실무이다.[115] 그 밖에 심판분할에서 특유한 내용은 아래와 같다.

(2) 상속인의 채권자의 대위청구

상속인의 채권자가 상속인을 대위하여 상속재산분할심판을 청구할 수 있는지에 관하여 견해가 대립한다. 상속재산분할청구권 행사 여부는 재산적 이익에 의해서만이 아니라 다른 공동상속인과의 관계도 포괄하여 결정하기 때문에 권리자의 자유의사에 맡겨야 한다는 등의 이유로 상속재산분할청구권은 일신전속권으로서 대위행사가 불가능하다는 견해도 있으나,[116] 다수의 견해는 상속재산분할청구도 대위하여 행사할 수 있다고 보고 있다.[117]

이에 대해 하급심 심판례 중에는 이를 긍정한 것과[118] 부정한 것으로[119] 나뉜다. 후자의 심판은 상속재산분할청구권은 상속인의 자유로운 의사결정에 전적으로 맡겨진 권리로서 행사상의 일신전속성을 가지므로 채권자대위의 목적이 될 수 없다는 이유로 상속인의 금전채권자가 제기한 상속재산분할심판을 각하하였다.

---

113) 제요[2], 604; 임완규·김소영(1993), 688; 김소영(2003), 763; 대법원 2002. 1. 23.자 99스49 결정.

114) 김소영(2003), 760.

115) 제요[2], 604; 시진국(2006), 658; 김창종(1998), 192; 임완규·김소영(1993), 679; 김소영(2003), 760; 서울고등법원 2006. 7. 4.자 2005브37 결정.

116) 정구태(2016), 41; 양창수·김형석, 권리의 보전과 담보, 민법Ⅲ(2015), 168; 현소혜(2010), 621; 같은 취지, 임채웅, 상속법연구, 55~56.

117) 김주수·김상용, 721; 윤진수, 436; 박동섭, 친족상속, 658; 송덕수, 345; 오시영, 593; 이경희, 477; 황정규(2003), 35; 김창종(1998), 195~196; 임완규·김소영(1993), 686; 박범진(1994), 88.

118) 의정부지방법원 고양지원 2014. 4. 1.자 2013느합19 심판; 대구가정법원 김천지원 2016. 3. 24.자 2015느합7 심판.

119) 서울가정법원 2011. 1. 18.자 2009느합16 심판.

판례는 공유물분할의 경우 금전채권자가 채무자의 공유물분할 청구권을 대위행사 할 수 있음을 인정하고 있는데[120], 이러한 판례의 입장을 따른다면, 상속재산분할의 경우에도 상속인의 채권자가 상속인을 대위하여 상속재산분할 심판을 청구할 수 있다고 해석함이 타당하다.

일본의 하급심에서도 상속인의 채권자가 상속인의 상속재산분할청구권을 대위하여 행사할 수 있다는 것이 있다.[121]

(3) 미성년자가 있는 경우

미성년자와 친권자가 공동상속인인 경우 상속재산분할은 §921의 이해상반 행위이므로 미성년자를 위한 특별대리인이 선임되어야 하는데, 친권자가 자기 및 미성년자의 법정대리인 지위에서 1명의 변호사를 선임하였다면 이는 무효이므로 그 변호사에게 적법한 대리권이 인정되지 않는다.[122] 그러나 미성년자의 특별대리인과 친권자가 동일한 변호사를 대리인으로 선임하는 것은 유효하다고 본다.[123] 다만, 분할심판 절차에서 친권자과 미성년자가 서로 상대방인 경우에 동일한 변호사가 양 당사자를 대리하는 것은 辯 §31① i 에 위반된다고 할 것이다.

(4) 공동상속인 중 행방불명자가 있는 경우

공동상속인 중 행방불명자가 있는 경우 그를 위한 부재자재산관리인을 선임하여 분할심판을 진행하는 것이 실무이다.[124] 이때 부재자재산관리인이 상속재산분할 심판을 청구하는 것은 관리행위를 넘어 처분행위에 해당하므로 법원의 허가가 필요하지만(§25), 다른 공동상속인이 제기한 분할심판절차에 응소하는 것은 허가가 필요 없다고 보고 있다.[125] 그러나 실무상 행방불명자에 대해 공시송달을 하여 상속재산분할 심판 절차를 진행하면 족하다는 견해도 있다.[126]

한편, 2016. 1.2 29. 신설되어 2017. 2. 1.부터 시행된 家訴規 §49-2는 가정법원은 재산관리인에게 부재자의 생사 여부, 재산관리의 가능 여부 등의 조사를 명할 수 있고, 부재자에 대한 실종선고를 청구할 것을 명할 수 있다고 규

120) 대법원 2015. 12. 10. 선고 2013다56297 판결; 이 판결에 대한 평석으로는 오태환, "금전채권자가 채무자의 공유물분할청구권을 대위행사할 보전의 필요성이 있는 경우", 대법원판례해설 105(2016).

121) 名古屋高裁 1968(昭 43). 1. 30. 家庭裁判月報20-8, 47; 名古屋高裁 1972(昭 47). 6. 29. 家庭裁判月報25-5, 37.

122) 제요[2], 607; 시진국(2007), 9; 김창종(1998), 193, 註 29.

123) 제요[2], 607; 시진국(2007), 9; 김창종(1998), 193, 註 29; 김소영(2003), 756; 박동섭(2005), 162.

124) 제요[2], 604; 황정규(2003), 28 참조.

125) 황정규(2003), 28; 김창종(1998), 193, 註 25.

126) 황정규(2003), 28~29.

정하고 있다.

(5) 상속분 양도인

상속분 양도인이 분할심판 청구를 할 수 있는지에 관하여 학설이 대립한다. 이를 부정하는 취지의 견해와,[127] 상속분 양도인이 원칙적으로 분할의 당사자 아니더라도, 상속재산이 양도인 명의로 남아 있어 상속재산 분할에 양도인의 협조가 필요한 경우, 상속분 양도인이 상속채무를 면할 수 없으므로 그 채무를 분할하는 경우 등에는 분할의 당사자가 된다는 견해가 있다.[128] 자세한 내용은 위 Ⅰ. 2. 다. 참조.

하급심 중에는 상속분 양도인이 분할의 당사자가 되지 않는다는 견해를 따라 공동상속인 중 상속분 양도인의 상속재산분할 심판 청구를 각하한 예가 있다.[129] 최근 일본 최고재판소는 상속분 양도인은 상속재산분할심판에서 상속재산의 분할을 구할 수 없다는 이유로, 상속분 양도인은 상속재산 확인의 소에 있어서 당사자적격이 없다고 하였다.[130]

3. 심판청구의 요건 및 방식

가. 요건

우선, 상속재산분할에 관한 협의가 성립되지 않아야 상속재산분할의 심판청구를 할 수 있음은 본조 ②의 규정상 당연하다. 상속재산분할 협의가 성립되었음에도 그 분할심판 청구를 한다면 이를 각하해야 한다.[131] 여기서 협의가 성립되지 않은 경우란 분할 방법에 관한 협의가 성립되지 않은 경우뿐만 아니라 공동상속인 중 1인이 협의분할 요청에 응하지 않는 경우와 같이 분할 여부에 관한 협의가 성립되지 않은 경우도 포함된다.[132] 또한 여기서 협의가 성립되지 않은 경우에는 '협의를 할 수 없는 경우'도 포함된다고 해석하는 것이 대체적이다.[133] 다만 공동상속인 중 행방불명자가 있는 경우에도 분할협의를 할 수 없는 경우로서 분할심판을 할 수 있다는 견해가 다수 있으나,[134] 이 경우에

127) 곽윤직, 141; 윤진수, 427; 송덕수, 346; 황정규(2003), 27~28.
128) 김창종(1998), 194; 제요[2], 605; 김소영(2003), 762; 같은 취지, 임완규 · 김소영(1993), 682~683.
129) 서울가정법원 2002. 5. 21.자 2001느합71 심판; 서울고등법원 2006. 11. 21.자 2005브3 결정; 광주지방법원 가정지원 2009. 8. 5.자 2008느합5 심판.
130) 日最判 2014(平 26). 2. 14. 民集 68-2, 113.
131) 판례는 §268의 공유물분할청구의 소에서 분할협의가 성립된 경우 그 소를 각하해야 한다고 한다(대법원 1995. 1. 12. 선고 94다30348 등 판결).
132) 윤진수, 435; 김주수 · 김상용, 733; 임완규 · 김소영(1993), 693; 김소영(2003), 766.
133) 곽윤직, 144; 임완규 · 김소영(1993), 693; 김소영(2003), 766; 김창종(1998), 208; 제요[2], 608.
134) 김주수 · 김상용, 734; 임완규 · 김소영(1993), 693; 김소영(2003), 766; 김창종(1998), 208; 제요

는 행방불명자를 위한 부재자재산관리인을 선임하여 분할협의 절차를 진행하면 된다는 지적이[135] 타당하다.

공동상속인 중에 상속의 포기, 승인을 위한 숙려기간(§1019)에 있는 상속인이 있을 경우에는 상속인 지위가 확정되지 않았으므로 상속재산분할 심판을 청구할 수 없다는 것이 대체적이다.[136] 또한, 유언이나 공동상속인들의 협의로 상속재산의 분할을 금지하는 기간 내에 있지 않아야 하고, 피상속인이 유언으로 상속재산분할 방법을 지정하거나 제3자에게 그 지정을 위탁하지 않았어야 한다(구체적인 내용은 前註 및 §1012 註釋 참조).[137]

한편, 공동상속인이 한정승인을 한 경우에 상속재산분할 절차가 진행될 수 있는지 문제된다. 다수의 견해는 한정승인이 되면 상속재산 전체에 대한 청산이 행해지므로 상속재산분할 절차가 진행될 수 없다고 한다.[138] 이에 대하여 상속재산분할 결과에 관계없이 상속인들은 상속받은 재산의 범위 내에서 상속채무를 변제하면 되므로 상속채권자의 이익을 해하지 않고, 공동상속인 중 일부만 한정승인을 하였는데 상속재산분할 절차가 진행될 수 없다면 한정승인을 하지 않은 공동상속인의 이익을 지나치게 해하므로 한정승인이 있어도 상속재산분할이 가능하다고 보는 견해가 있다.[139] 대법원 2014. 7. 25.자 2011스226 결정은 한정승인에 따른 청산절차가 종료되지 않은 경우에도 상속재산분할청구가 가능하다고 하였다.

또한, 학설상 상속재산의 분리(§1045)가 있는 경우와 상속재산에 대하여 파산선고(債務回生 §299 등)가 있는 경우에도, 상속재산분할 절차가 진행될 수 없다는 견해가 있다.[140]

나. 방식

상속재산분할 심판 청구서에는 이해관계인의 성명과 주소, 공동상속인 중 증여 또는 유증을 받은 자가 있는 때에는 그 내용, 상속재산의 목록을 기재하여야 한다(家訴規 §114). 이때 증여 또는 유증은 특별수익(§1008)을 고려하여 구체적 상속분을 산정하는 데 필요한 정도까지 기재하여야 하고, 상속재산 목록은

---

[2], 608.

135) 윤진수, 435.

136) 윤진수, 434; 임완규 · 김소영(1993), 691; 김소영(2003), 765; 김창종(1998), 207; 제요[2], 607; 같은 취지, 김주수 · 김상용, 719; 박동섭, 친족상속, 662; 제요[2], 607.

137) 윤진수, 435; 김창종(1998), 208; 임완규 · 김소영(1993), 691~692; 제요[2], 608~609.

138) 윤진수, 434~435; 송덕수, 345; 오시영, 590; 임완규 · 김소영(1993), 691; 김소영(2003), 765.

139) 임채웅(2010), 395, 註 30.

140) 윤진수, 435.

모든 상속재산이 아니라 분할을 원하는 재산 목록만을 기재하면 된다.[141]

4. 심리

상속재산분할 심판에는 조정전치주의가 적용된다(家訴 §50). 다만, 판례는 조정전치주의에서 조정이 성립될 수 없을 것으로 예상되는 경우에는 조정절차를 거치지 않고 바로 심판을 해도 위법하지 않다고 한다.[142] 다만, 조정에 의한 상속재산의 분할은 공동상속인들의 합의에 기초를 두고 있으므로 일종의 협의분할이라 할 수 있다.[143]

기여분결정 청구사건은 동일한 상속재산에 관한 상속재산분할 청구사건에 병합하여 심리, 재판하여야 하고(家訴規 §112②), 이 경우에 병합된 수개의 청구에 관하여는 1개의 심판으로 재판하여야 한다(동조 ③). 가정법원은 상속재산분할 청구가 있는 때에는 당사자가 기여분결정을 청구할 수 있는 기간으로서 1월 이상의 기간을 정하여 고지할 수 있고(家訴規 §113①), 그 기간이 도과된 기여분결정 청구는 각하할 수 있다(동조 ②). §1008-2 註釋 참조.

동일한 피상속인에 관한 상속재산분할 심판에서, 상속인 중 일부가 특정 상속재산에 관하여 상속재산분할을 청구하고, 다른 상속인이 다른 상속재산에 관한 상속재산분할을 청구하였을 때에도 병합하여 처리한다.[144]

상속재산분할 심판 계속 중 당사자가 사망한 때에는 그의 상속인이 절차를 수계해야 한다.[145] 그런데 청구인이 사망으로 상대방이 그 지위를 상속하는 경우, 반대로 상대방이 사망으로 청구인이 그 지위를 상속하는 경우에는, 상속재산분할 심판이 당연히 종료한다는 견해와,[146] 이러한 경우 잔존 상속인들이 여전히 상속재산분할에 대한 의견대립이 있을 수 있음에도 다시 분할심판 청구를 하도록 하는 것은 소송경제에 반한다는 등의 이유로 심판 절차가 계속된다는 견해가[147] 대립한다. 그러나 후자의 견해에서도 그 수계의 결과 상속인 1인만이 존재하게 되는 경우에는 심판의 이익이 없으므로 상속재산분할 심판이 당연히 종료한다고 하므로,[148] 결과에 큰 차이가 있지 않은 것으로 생각된다.

141) 제요[2], 609.
142) 대법원 1995. 2. 15.자 94스13, 14 결정 참조.
143) 김소영(2003), 758; 이희배(2001), 1172.
144) 제요[2], 610; 윤진수, 435.
145) 제요[2], 610; 황정규(2003), 36; 김창종(1998), 196.
146) 제요[2], 610~611.
147) 김창종(1998), 197, 註 41.
148) 김창종(1998), 197, 註 42.

상속재산분할심판 사건은 가사비송사건으로서 사건관계인을 심문하는 것이 원칙이고(家訴 §48), 법원이 직권으로 사실을 조사하고 필요한 증거조사를 하여야 하지만(家訴規 §23①, 증거조사방법은 가사소송의 예에 의하고(家訴規 §23④), 가사소송은 특별한 규정이 없는 한 민사소송법 규정이 적용되므로(家訴12), 실질적으로 증거조사는 민사소송의 예에 의하게 된다.

이해관계인은 재판장의 허가를 받아 삼속재산분할심판 절차에 참가할 수 있는데(家訴 §37), 여기서 이해관계인이란 예를 들어 상속채권자, 상속인의 채권자, 상속재산의 담보권자, 상속재산의 매수인과 같이 상속재산 분할에 관하여 법률상 이해관계를 가지는 자를 의미한다.[149] 다만, 상속재산의 전부 또는 일부의 소유권이 자신에게 있다고 주장하는 제3자가 여기의 이해관계인에 포함되지는 여부에 관하여는 이를 부정하는 견해가 있다.[150]

5. 심판

가. 심판의 범위와 내용

심판분할은 협의분할에서와 달리 공동상속인의 상속분에 따라 분할을 하여야 한다.[151] 여기서 상속분이라 특별수익과 기여분을 고려한 구체적 상속분을 말한다.

가정법원은 제1심 심리종결시까지 분할이 청구된 모든 상속재산에 대하여 동시에 분할의 심판을 하여야 한다(家訴規 §115①). 따라서 청구된 상속재산 중 일부에 대해서만 분할심판을 하는 것은 허용되지 않는다.[152] 이를 근거로 하나의 상속에서 관한 분할심판은 원칙적으로 한 번만 할 수 있다는 견해도 있으나,[153] 여기서 모든 상속재산이란 당사자가 청구하여 분할 심판의 대상이 된 재산을 가리키고, 심판대상이 아니었던 상속재산에 대해서는 다시 분할심판을 청구할 수 있다는 것이 대체적인 견해이다.[154] 판례도 家訴規 §115①은 당사자가 분할을 청구하여 심판대상이 된 재산 전부를 동시에 심판하라는 취지일 뿐, 분할청구의 대상이 되지 않은 상속재산까지 모두 동시에 분할심판하라는 취지

149) 임완규 · 김소영(1993), 689; 김소영(2003), 764; 제요[2], 640 참조.
150) 임완규 · 김소영(1993), 689; 김소영(2003), 764.
151) 곽윤직, 138.
152) 제요[2], 637; 같은 취지, 윤진수, 438.
153) 곽윤직, 145.
154) 제요[2], 637, 642; 윤진수, 439; 황정규(2003), 37; 박태준(2000), 144; 김창종(1998), 214; 김소영(2003), 793; 김윤정(2011), 177, 註 2.

는 아니라고 하였다.[155] 하급심 중에는 청구취지에 명시되어 않은 상속재산이라도 그것이 상속재산인지 여부에 관하여 심리가 이루어졌고, 청구인이 그와 같이 청구취지에 열거한 재산에 국한하여 상속재산분할을 구하는 취지를 명백히 하지 않은 이상, 상속재산 전체가 분할대상이라는 것이 있으나,[156] 청구취지에 명시되지 않은 상속재산은 분할심판의 대상이 아니라는 견해가[157] 판례의 취지에 부합한다.

상속재산의 일부에 대한 분할이 있은 후 잔여재산에 대한 심판분할을 할 경우 선행분할의 내용을 고려해야 하는지 여부에 대하여 견해가 대립한다. 긍정설은 상속재산 전체의 공평한 분배를 위해 선행분할의 내용을 고려해야 한다고 하고, 이 경우 선행분할시 구체적 상속분을 산정한 후 여기에 선행분할로 취득한 가액을 공제하는 방식으로 확정해야 한다고 한다.[158] 이에 대해 부정설은 선행분할을 한 당사자의 의사는 선행분할과 후행분할을 각각 개별적으로 결정하려고 하는 것이라는 이유로 원칙적으로 후행분할에서 선행분할의 내용을 고려하지 않는 것이 타당하다고 한다.[159] 하급심 중에는 선행 분할심판에서 고려된 상속재산 및 특별수익과 당해 사건에서 추가 심리된 상속재산 및 특별수익 전체를 고려하여 구체적 상속분을 산정한 다음 선행 심판에서 인정된 구체적 상속분 가액을 공제한 나머지는 당해 사건의 구체적 상속분으로 산정한 결정이 있다.[160] 또한, 위 하급심 결정에서는, 선행 심판에서 인정된 기여분을 당해 사건에서도 적용해야 한다는 주장에 대하여, 기여분은 상속재산의 규모와 특별수익의 규모를 감안하여 판단하는 것이고, 선행 심판에서 인정된 기여분 결정이 후행 심판에도 미치는 것은 아니며, 선행 심판에서 결정된 기여분이 기여상속인의 기여를 충분히 감안한 것이라는 등의 이유로 기여분 주장을 받아들이지 않았다.

그리고 상속재산분할 심판에 금전의 지급, 물건의 인도, 등기 기타의 의무이행을 동시에 명할 수도 있다(家訴規 §115③, §97). 위와 같은 내용의 심판은 청구취지를 초과할 수 없다(家訴規 §93②).

금전의 지급을 명하는 경우에는 심판확정일 다음날부터 민법상 법정이율

155) 대법원 2000. 11. 14.자 99스38 등 결정.
156) 서울가정법원 2010. 11. 2.자 2008느합86, 87 심판.
157) 김윤정(2011), 177.
158) 시진국(2006), 725.
159) 임완규·김소영(1993), 726~727; 김소영(2003), 793~794; 김창종(1998), 215.
160) 서울고등법원 2012. 9. 3.자 2011브138 결정.

(§379)에 의하고 가집행선고를 하지 않는 것이 실무이다.161) 부동산 지분이전등기를 명하는 경우는 해당 부동산에 관하여 이미 공동상속인들 명의로 상속등기가 마쳐진 경우를 전제로 한다.162) 아직 부동산에 대해 상속등기가 경료되지 않은 경우에는, 분할심판의 주문에서 그 부동산을 취득하는 상속인의 소유로 한다는 취지만을 기재하면 되고, 이에 따라 피상속인으로부터 그 상속인 명의로 상속등기가 이루어지게 하는 것으로 족하다.163)

나. 전제문제에 대한 판단

상속재산분할 심판에서 민사소송 또는 가사소송의 사항으로 되어 있는 상속인의 범위나 상속재산의 범위에 관한 사항을 전제문제 또는 선결문제로서 판단할 수 있는지 문제된다.

이에 대해 상속재산분할 심판에서 그 전제문제를 판단할 수 없고, 전제문제가 불분명한 경우에는 심판청구를 부적법한 것으로서 각하해야 한다는 견해가 있으나,164) 아래와 같이 일정한 전제문제에 대해서는 상속재산분할 심판에서 이를 판단할 수 있다는 견해가 다수이다.165) 다만, 상속재산분할 심판에서 판단된 전제문제가 민사소송 또는 가사소송 절차에서 달리 판단된 경우에는 그 분할심판은 일정한 경우 무효가 될 수 있다.166) 자세한 내용은 아래 8. 나. 참조.

(1) 신분관계에 관한 사항

이혼무효[家訴 §2① i 가.2)], 파양무효[家訴 §2① i 가.6)]를 주장하며 상속인이라고 주장하는 경우, 반대로 다른 상속인들이 혼인무효(§815), 입양무효(§883), 인지무효[家訴 §2① i 가.3)]를 주장하며 상속인 지위를 다투는 경우에, 위 각 무효판결은 확인소송으로서 대세적 무효를 확인하는 의미밖에 없으므로,167) 상속재산분할 심판 절차에서 무효 여부를 판단할 수 있다는 것이 다수설이다.168) 친생자관계존부 확인의 소(§865)를 제기하여 상속인이라고 주장하거나

161) 제요[2], 638, 510; 서울가정법원 2013. 1. 11.자 2012느합134 등 심판 등.

162) 제요[2], 639.

163) 제요[2], 639.

164) 곽윤직, 150; 송덕수, 355.

165) 윤진수, 436~437; 박정수(2008), 672; 김창종(1998), 213 등.

166) 윤진수, 437; 박태준(2000), 146; 박정수(2008), 672; 김창종(1998), 213, 220; 황정규(2003), 27 도 참조.

167) 그 무효판결이 확인소송이라는 점에 대하여는, 혼인무효소송에 관하여 주해친족(1권), 147(윤진수); 이혼무효소송에 관하여 주해친족(1권), 313(이동진); 입양무효소송에 관하여 주해친족(1권), 812, 814(현소혜); 파양무효소송에 관하여 주해친족(1권), 862(현소혜); 인지무효소송에 관하여 주해친족(1권), 644(권재문) 각 참조.

168) 제요[2], 635~636; 시진국(2007), 8; 황정규(2003), 26~27; 임완규·김소영(1993), 728~729.

상속인 지위를 다투는 경우에도 같다.[169] 판례 중에는 인지무효는 당연무효로서 무효확정판결에 의하지 않고도 누구라도 이를 주장할 수 있다고 판시한 것이 있다.[170] 학설 중에는 이혼무효, 파양무효, 친생자관계존재 확인을 주장하면서 상속인 지위를 주장하는 사람을 제외하고, 가족관계등록부에 기재된 상속인만으로 분할심판을 해야 한다는 견해도 있으나,[171] 동의할 수 없다. 분할심판이 확정된 후 친생자관계존재 확인, 이혼무효, 파양무효 재판의 확정으로 상속인 자격을 얻은 자는 §1014의 청구를 할 수 있을 뿐, 그 분할심판의 효력을 다투지 못하나,[172] 가정법원이 위 재판확정 전에 분할심판에서 당해 상속인이 진정한 상속인이라고 판단할 수 있는지 여부는 별개의 문제이기 때문이다.

그러나 혼인취소(§816 이하), 이혼취소(§838), 입양취소(§884 이하), 파양취소[家訴 §2① i 나.11)], 친생부인(§846, §847), 인지취소(§861), 인지청구(§863)의 소, 부를 정하는 소(§845) 등을 제기하여 상속인이라고 주장하거나 상속인 지위를 다투는 경우에는 위 각 주장에 대한 판결이 있어야만 신분관계가 확정되는 것이므로,[173] 그 확정판결이 없는 한 상속재산분할 심판에서 그 전제문제를 판단할 수 없다.[174] 따라서 가정법원은 그러한 소에 따른 형성적인 효과가 발생하지 않았다는 전제 하에 심판을 하여야 할 것이다.

다만, 학설 중에는 상속인 지위를 다투는 내용의 소가 제기된 경우에는 그 판결이 확정될 때까지 분할심판을 중지해야 한다는 견해도 있다.[175]

한편, 상속인 결격사유(§1004)의 존부, 상속분 양도 여부, 상속포기의 효력 여부 등은 상속재산분할 심판 절차에서 판단할 수 있다는 것이 대체적인 견해이다.[176] 또한, 포괄유증이 있는 경우에 그 유언의 유·무효 여부에 대해서도 상속재산분할 심판 절차에서 판단할 수 있다고 본다.[177]

---

169) 황정규(2003), 26; 친생자관계존부확인의 소가 확인 소송이라는 점에 관하여 주해친족(1권), 662(권재문) 참조.

170) 대법원 1976. 4. 13. 선고 75다948 판결; 대법원 1992. 10. 23. 선고 92다29399 판결.

171) 김주수·김상용, 735.

172) 곽윤직, 145~146.

173) 그 취소소송이 형성소송이라는 점에 대하여는, 혼인취소소송에 관하여 주해친족(1권), 170(윤진수); 이혼취소소송에 관하여 주해친족(1권), 366(이동진); 입양취소소송에 관하여 주해친족(1권), 827(현소혜); 파양취소소송에 관하여 주해친족(1권), 863, 827(현소혜); 친생부인의 소에 관하여 주해친족(1권), 586(권재문); 인지취소의 소에 관하여 주해친족(1권), 641(권재문); 인지청구의 소에 관하여 주해친족(1권), 649(권재문); 부를 정하는 소에 관하여 주해친족(1권), 568(권재문) 각 참조.

174) 제요[2], 636; 시진국(2007), 8; 황정규(2003), 27; 임완규·김소영(1993), 728~729.

175) 곽윤직, 145; 같은 취지, 김주수·김상용, 734~735.

176) 제요[2], 636; 임완규·김소영(1993), 729~730.

177) 임완규·김소영(1993), 730.

(2) 상속재산인지 여부에 관한 사항

어떤 재산이 상속재산인지 아니면, 공동상속인 또는 제3자의 소유인지 여부에 관한 다툼은 원칙적으로 민사소송에 의하여 판단되어야 한다.[178] 예를 들어 공동상속인 일부가 피상속인이 생전에 상속인 1인 또는 제3자에게 명의신탁약정에 기하여 부동산소유권등기를 마쳤다고 주장하는 경우 등이다.

그런데 상속재산분할 심판 절차에서 그것이 전제문제가 된 경우 이를 판단할 수 있는지에 관하여, 이를 긍정하는 견해가 있는 반면,[179] 원칙적으로 부정하지만, 공동상속인 명의의 재산에 관하여는 예외적으로 공동상속인 사이에 그 재산이 상속재산이라는 합의가 있는 때에는 이를 분할의 대상으로 삼을 수 있다는 견해가 있다.[180] 한편, 특정 재산이 상속재산인지 여부에 관한 다툼으로 민사소송이 제기된 경우에는 그 판결이 확정될 때까지 분할심판은 중지해야 한다는 견해도 있다.[181]

하급심 중에는 상속재산의 귀속에 관한 다툼은 소송사항으로서 원칙적으로는 상속재산분할을 심리하는 법원이 이를 판단할 수 없다고 한 것도 있으나,[182] 대체적으로 긍정설을 따르고 있다.[183] 판례 중에는 상속재산인지 여부를 판단한 원심이 정당하다고 판시한 예가 있으나,[184] 상속재산에 해당하는지 여부는 소송을 통해 판단되어야 하고, 상속재산분할 심판절차에서 이를 판단할 수 없으므로, 심판청구가 부적법하다고 한 원심이 정당하다고 한 것도 있다.[185]

(3) 기타

상속재산분할협의가 유효하게 성립되어 있는지 여부와 그 내용에 대한 다툼은 민사법원이 관할하는 것이 원칙이지만,[186] 분할협의가 유효하게 성립되었는지 여부는 분할심판청구의 요건이므로 상속재산분할 심판 절차에서 판단할 수 있다고 해석함이 타당하다.[187]

---

178) 제요[2], 636; 시진국(2006), 675, 註 60.
179) 김주수 · 김상용, 735; 오시영, 603~604; 시진국(2006), 675, 註 60.
180) 제요[2], 636~637.
181) 곽윤직, 146; 송덕수, 350.
182) 인천지방법원 부천지원 2008. 3. 28.자 2007느합5 심판; 서울고등법원 2009. 3. 10.자 2008브28 결정.
183) 예를 들어, 서울가정법원 2003. 7. 3.자 2000느합71, 77 심판; 서울가정법원 2010. 12. 28.자 2008느합109 심판; 서울고등법원 2011. 9. 7.자 2011브23 결정; 서울고등법원 2012. 9. 3.자 2011브138 결정; 서울고등법원 2013. 5. 29.자 2013브17, 18 결정; 김윤정(2011), 182의 설명도 참조.
184) 대법원 2006. 7. 24.자 2005스83 결정.
185) 대법원 2009. 2. 2.자 2008스83 결정.
186) 곽윤직, 144.
187) 김주수 · 김상용, 732.

다. 불복

상속재산분할 심판에 대해서는 당사자 또는 이해관계인이 즉시항고를 할 수 있다(家訴規 §116①). 심판청구가 인용되어도 분할방법에 불복이 있을 때에는 청구인이라도 즉시항고를 할 수 있다.[188] 항고심에서는 항고인에게 원심판보다 불이익한 재판을 할 수 있고, 불이익변경금지의 원칙은 적용되지 않는다고 해석된다.[189]

6. 상속재산의 평가시점

구체적 상속분을 산정하기 위한 평가시점은 상속개시시로서, 상속재산은 물론 특별수익과 기여분도 상속개시시를 기준으로 평가해야 한다는 것이 통설, 판례이다(§1008, §1008-2 註釋 참조).

그런데 상속개시 후 상속재산분할시까지 개개의 상속재산의 가액이 변동할 수 있으므로, 상속개시시의 구체적 상속분에 분할시의 상속재산 가액을 곱한 지분이 최종적으로 분할의 기준이 되는 가액이 된다는 것이 통설이자,[190] 판례이다[191]. 특히, 대상분할에 의한 정산금은 분할시를 기준으로 산정해야 한다.[192] 여기서 '분할시'라 함은 상속재산분할심판의 확정시를 의미하나, 실무상으로는 심판일에 가장 근접한 일을 기준으로 한다.[193]

7. 분할의 방법

가. 개설

본조 ②는 상속재산분할에서 공유물분할에 관한 §269를 준용하고 있는데, §269는 원칙적으로 현물분할을 하되 예외적으로 경매분할이 가능함을 규정하고 있다. 또한, 家訴規 §115②은 상속재산분할에서 전면적 가액보상에 의한 분할(대상분할 또는 가격분할)을 허용하고 있다. 이외에도 공유로 하는 분할도 허용된다는 것이 통설이다.[194] 경우에 따라서는 위 각 분할방법을 혼용할 수도 있다.[195]

188) 제요[2], 640.
189) 김창종(1998), 218~219.
190) 곽윤직, 147~148; 김주수·김상용, 735~736; 윤진수, 437~438; 박동섭, 친족상속, 668; 송덕수, 354~355; 시진국(2006), 690; 황정규(2003), 49~50; 박태준(2000), 134; 임완규·김소영(1993), 713; 김소영(2003), 782~783; 김창종(1998), 212; 같은 취지, 곽윤직, 146~148; 박범진(1994), 92~93.
191) 대법원 1997. 3. 21.자 96스62 결정.
192) 황정규(2003), 49~50.
193) 임완규·김소영(1993), 713; 김창종(1998), 212, 註 85.
194) 곽윤직, 149; 시진국(2006), 719; 황정규(2003), 85; 박태준(2000), 142; 김소영(2003), 791.

나. 구체적 분할방법

(1) 현물분할

개개의 상속재산을 상속인들에게 나누는 방법이다. 다만 구체적 상속분의 수치가 대부분 복잡하므로 그에 상응하여 상속재산을 현물로 나누는 것은 쉽지 않으므로, 현물취득분과 구체적 상속분 사이의 차이를 조정금을 지급하여 보정하는 것이 바람직하다.[196]

(2) 경매에 의한 대금분할

상속재산을 경매하여 구체적 상속분에 상응하는 대금을 취득하게 하는 방법이다. 현물분할이 불가능하거나, 현물분할로 경제적 가치의 현저한 하락이 예상되는 경우 외에도, 대상분할에 따른 정산금 지급 능력이 없는 경우, 공동상속인 전원이 경매분할을 희망하는 경우에 선택할 수 있다.[197] 판례는 경매분할을 명한 상속재산분할심판이 확정되면 심판의 당사자는 그에 따라 상속재산의 경매를 신청하고 경매에 따른 매각대금을 수령할 권리가 있으나, 그 상속재산에 관하여 상속재산분할심판에서 정한 구체적 상속분에 따른 물권변동의 효력이 발생하는 것은 아니라고 하였다.[198]

(3) 대상분할

家訴規 §115②은 "가정법원은 분할의 대상이 된 상속재산 중 특정의 재산을 1인 또는 수인의 상속인의 소유로 하고, 그의 상속분 및 기여분과 그 특정의 재산의 가액의 차액을 현금으로 정산할 것을 명할 수 있다"라고 규정하여 전면적 가액보상에 의한 분할, 즉 대상분할을 인정하고 있다. 일반 공유물분할에서 이러한 대상분할에 대해서는 찬반론이 있으나,[199] 상속재산분할에서는 명시적인 조항으로 이를 인정하고 있다. 이는 상속재산분할에서 현물적 평등이 아닌 가치적 평등을 추구하는 것이다.[200]

이러한 정산금을 지급유예하거나 분할지급을 명하는 심판도 가능하다는 견해가 대체적이다.[201] 다만, 상속재산인 현물을 취득하는 상속인이 정산금을

195) 제요[2], 634.

196) 시진국(2006), 716; 일반 공유물분할에서 이러한 조정금 지급으로 경제적 가치의 과부족을 조정하는 분할이 현물분할의 일종이라는 것으로 대법원 2004. 7. 22. 선고 2004다10183, 10190 판결; 대법원 2010. 1. 14. 선고 2009다69708 판결 등.

197) 시진국(2006), 718; 김소영(2003), 792.

198) 대법원 2012. 12. 27. 선고 2010다10108 판결.

199) 그 찬반론에 대한 소개로는 시진국(2006), 714, 註 163에서 소개하는 문헌 참조.

200) 시진국(2006), 717.

201) 임완규·김소영(1993), 722; 김소영(2003), 790; 김창종(1998), 217; 제요[2], 634.

지급할 능력이 부족한 경우에는 대상분할을 하지 않음이 바람직하다.[202] 정산금 지급을 확보하기 위하여, 家訴規 §115③, §97에 근거하여, 상속재산인 부동산에 대한 소유권이전등기의무와 정산금지급의무의 동시이행을 명하거나, 정산금지급의무를 담보하기 위해 담보물권을 상속재산 위에 설정하는 심판이 가능하다는 견해가 있다.[203]

(4) 공유로 하는 분할

상속재산의 전부 또는 일부를 공동상속인 전부 또는 일부의 공유 또는 준공유 상태로 두는 방법이다.[204] 이러한 분할이 허용된다는 것이 통설이고,[205] 실무상 이러한 분할을 하는 심판례도 많다.[206] 다만, 이러한 분할은 현물분할, 경매분할, 대상분할 등 다른 분할방법을 채택하기 곤란한 예외적인 경우에 제한적으로 허용된다는 것이 대체적인 견해이다.[207] 이로 인해 성립되는 공유관계는 일반 공유관계로서, 이후 공유관계의 해소는 공유물분할절차에 의해야 한다.[208]

(5) 기타

기타 상속재산인 부동산에서 용익물권을 설정하여 일부 상속인에게 용익권을 취득하게 하는 방법, 경매분할 대신 임의매각하여 분할하는 방법이 허용된다는 견해가 있다.[209]

다. 분할의 기준

어떠한 분할방법을 선택할 것인지는 원칙적으로 법원의 재량이다.[210] 따라서 당사자가 분할방법을 구체적으로 주장하더라도 이에 가정법원이 구속되지 않는다.[211]

그러나 법원에 무제한적인 재량이 인정되는 것은 아니고, 법원은 상속인들 사이의 평등과 공평이 지켜지도록 분할해야 한다.[212] 판례는 상속재산 분할

202) 시진국(2006), 717; 같은 취지, 임완규·김소영(1993), 721~722.
203) 시진국(2006), 718; 김소영(2003), 790; 임완규·김소영(1993), 722~723와 김창종(1998), 217 및 제요[2], 634~635도 참조.
204) 시진국(2006), 719.
205) 곽윤직, 149; 시진국(2006), 719; 황정규(2003), 85; 박태준(2000), 142; 김소영(2003), 791.
206) 예를 들어 서울고등법원 2006. 11. 21.자 2005브3 결정 참조; 기타 김소영(2003), 791 이하에서 소개하는 심판례 참조.
207) 시진국(2006), 719; 김소영(2003), 791.
208) 시진국(2006), 719; 황정규(2003), 85; 박태준(2000), 142; 김창종(1998), 241; 김소영(2003), 791; 제요[2], 635.
209) 시진국(2006), 719~720.
210) 곽윤직, 149; 윤진수, 438; 시진국(2006), 715; 임완규·김소영(1993), 678~679, 719.
211) 제요[2], 638; 윤진수, 438; 임완규·김소영(1993), 679.

방법은 상속재산의 종류 및 성격, 상속인들의 의사, 상속인들 간의 관계, 상속재산의 이용관계, 상속인의 직업 · 나이 · 심신상태, 상속재산분할로 인한 분쟁 재발의 우려 등 여러 사정을 고려하여 법원이 후견적 재량에 의하여 결정할 수 있다고 한다.[213] 학설상으로도 상속재산분할의 기준으로서 상속재산의 종류 및 성격, 상속인들의 의사, 상속재산의 이용관계, 상속인의 직업 · 연령, 피상속인의 의사 등을 들고 있다.[214]

참고로, 일본 민법 §906은 상속재산분할의 기준으로서 상속재산에 속하는 물건 또는 권리의 종류 및 성질, 상속인의 연령, 직업, 심신상태 및 생활상황 그 밖의 일체의 사정을 고려한다고 규정하고 있다.

8. 분할심판의 효력

가. 심판확정에 따른 효력

상속재산분할 심판은 심판 확정시에 효력이 발생한다(家訴 §40 단서, §43①, 家訴規 §116①). 상속재산분할 심판은 당해 법원이 스스로 취소하거나 변경할 수 없다(家訴 §34, 非訟 §19③).

확정된 상속재산분할 심판은 기존의 법률관계를 변경, 소멸시키고 새로운 법률관계를 형성시키는 형성력을 가진다.[215] 또한, 상속재산분할 심판에 금전의 지급, 물건의 인도, 등기 기타의 의무이행을 명한 경우(家訴規 §115③, §97), 이러한 심판은 집행권원이 되므로(家訴 41) 집행력도 인정된다.[216] 그러나 상속재산분할 심판은 비송사건으로서 기판력은 없다는 것이 통설이다.[217]

상속재산분할 심판이 확정되면 그 확정된 시점에 등기나 인도 등의 공시요건을 구비하지 않더라도 그 심판대로 상속재산이 개별 상속인에게 귀속된다. 상속재산분할 심판에 의한 부동산물권변동은 §187의 법률의 규정에 의한 부동산물권변동이다.[218]

---

212) 임완규 · 김소영(1993), 709; 김소영(2003), 779~780; 김창종(1998), 211; 제요[2], 618.

213) 대법원 2014. 11. 25.자 2012스156 등 결정.

214) 시진국(2006), 715, 721 이하; 임완규 · 김소영(1993), 710~711; 김소영(2003), 780~781; 김창종(1998) 211.

215) 제요[2], 640; 윤진수, 439; 시진국(2006), 729; 박태준(2000), 145; 임완규 · 김소영(1993), 737; 김창종(1998), 219~220; 김소영(2003), 795; 윤남근(2015), 267.

216) 제요[2], 640; 시진국(2006), 729; 박태준(2000), 145; 김소영(2003), 796.

217) 제요[2], 640; 시진국(2006), 728; 박태준(2000), 146; 박정수(2008), 673; 임완규 · 김소영(1993), 736~737; 김소영(2003), 795; 김창종(1998), 220.

218) 윤진수, 439.

나. 상속재산분할 심판 후 전제문제에 관한 다른 판결이 있는 경우 심판의 효력

(1) 개설

상속재산분할 심판에는 기판력이 없으므로 상속재산분할 심판에서 판단된 전제문제에 관하여 당사자는 소송절차를 통해 다시 다툴 수 있고, 그 결과 분할심판과 다른 판결이 나올 수 있다.219) 이때 분할심판의 효력이 무효가 되는지 여부가 문제된다. 법적 안정성을 고려할 때 그 무효가 되는 범위를 좁히는 해석이 바람직할 것이다.

(2) 심판청구 요건이 존재하지 않는 것으로 판명된 경우

분할심판 전에 공동상속인 사이의 상속재산분할협의가 유효하게 성립한 것으로 밝혀진 경우에는 분할심판청구 요건이 흠결되어 있었던 것이므로 분할심판은 무효가 된다.220) 다만, 일정기간 분할을 금지하는 내용의 유언 또는 상속인 사이의 합의가 있었던 경우에는 이로 인해 분할심판이 무효가 되지는 않는다고 견해가 있다.221)

(3) 새로운 상속인이 존재하는 것으로 판명된 경우

상속재산분할 심판에서 공동상속인 지위가 부정되었으나, 이후 이혼무효, 파양무효, 인지청구, 친생자관계존재확인 등의 판결확정으로 상속인 지위에 있음이 밝혀진 경우에, 상속재산분할 심판이 무효가 되는 것은 아니고 그 상속인이 §1014에 따라 상속분 가액의 지급을 청구할 수 있을 뿐이다.222)

(4) 상속인이 아닌 사람이 심판분할에 참가한 것으로 판명된 경우

상속재산분할 심판에서 공동상속인 지위가 인정되었으나, 이후 혼인무효, 입양무효, 인지무효, 친생부인, 친생자관계부존재확인 등의 판결확정으로 상속인 지위에 없음이 밝혀진 경우에, 분할심판의 효력에는 영향이 없고 상속인 지위에 없는 사람에게 분할된 재산을 미분할 상속재산으로 보아 다시 분할하면 된다는 것이 대체적이다.223)

경매분할에 의해 상속인 아닌 사람이 경매대금 일부를 수령한 경우에는

---

219) 시진국(2006), 729.

220) 시진국(2006), 730.

221) 시진국(2006), 730.

222) 제요[2], 640~641; 윤진수, 437; 임완규·김소영(1993), 733; 김소영(2003), 796; 김창종(1998), 232~233; 시진국(2006), 730; 다만 시진국(2006), 730에서는 일본의 학설을 차용하여 이 경우 §1014가 유추적용된다고 설명하나, §1014에 대응하는 일본 민법 §910은 상속개시 후 인지에 의해 상속인이 된 자의 가액지급청구권만을 규정하고 있으므로, 일본의 위 학설을 우리 민법의 해석에 차용할 수 없다.

223) 제요[2], 641; 윤진수, 437; 임완규·김소영(1993), 733~734; 김소영(2003), 796; 김창종(1998), 232; 같은 취지, 시진국(2006), 731.

그에 대한 부당이득반환채권을 새로운 상속재산으로 보아 다시 분할하면 될 것이다. 그리고 예를 들어 대상분할 방법에 의해, 진정한 상속인이 상속재산을 취득하고, 상속인 아닌 자는 정산금지급채권을 취득한 경우에는 심판분할 중 그 정산금지급을 명한 부분만 무효가 된다고 해석하면 족하다.[224)]

(5) 상속순위에 대해 달리 판단된 경우

상속재산분할 심판에서 판단된 상속순위가 이후의 소송절차에서 달리 판단되는 경우에는 새로운 상속인이 존재하고 상속인이 아닌 사람이 심판분할에 참가한 것이 된다. 예를 들어 피상속인의 처와 자가 분할에 참가하였으나 분할심판 후 피상속인과 자 사이에 친생자관계부존재확인 판결이 확정되어 결과적으로 2순위 상속인인 피상속인의 부모가 분할에 참가하지 못한 경우이다.[225)] 상속인 결격사유의 존부, 상속포기의 효력 여부 등에 대한 판단이 상속재산분할 심판 절차와 소송절차에서 달라질 때에도 생긴다.

이 경우 공동상속인 중 일부를 제외하여 분할심판이 이루어진 것이므로 분할심판이 무효가 된다는 견해가 있다.[226)] 그러나 새로운 상속인이 존재하는 것으로 판명된 경우에도 그 상속인이 §1014에 따라 상속분 가액의 지급을 청구할 수 있을 뿐 분할심판이 무효가 되는 것은 아니고, 상속인 지위에 없는 사람에게 분할된 재산을 미분할 상속재산으로 보아 다시 분할하면 되므로, 찬성하기 어렵다. 이 경우 선행의 심판분할을 일부분할로 보되, 새로이 밝혀진 상속인이 청구할 수 있는 상속분 상당액을 고려하여 상속인이 아닌 사람에게 분할된 재산을 다시 분할하면 될 것이다.

(6) 상속재산이 아닌 것이 분할대상에 포함된 것으로 판명된 경우

분할심판 후 상속재산분할의 대상으로 취급한 재산 중 일부가 상속재산이 아니었던 경우에, 상속재산이 아닌 재산에 대한 심판의 효력만 상실되고 나머지 분할심판의 효력은 유지되며, 상속재산이 아닌 재산에 관하여는 §1016의 담보책임을 물을 수 있다는 견해가 대체적이다.[227)] 다만, 원칙적으로 위와 같이 보되, 상속재산이 아닌 것이 분할대상 중 대부분을 차지하거나 중요한 부분이 되어 이를 제외하면 분할이 무의미해지는 경우 분할심판이 무효가 된다는 견해도 있다.[228)]

---

224) 시진국(2006), 731~732.

225) 시진국(2006), 731 참조.

226) 시진국(2006), 731; 김소영(2003), 796.

227) 제요[2], 641; 김주수·김상용, 735; 윤진수, 437; 박태준(2000), 146~147; 임완규·김소영(1993), 734; 김소영(2003), 797; 김창종(1998), 234~235; 같은 취지, 곽윤직, 146; 송덕수, 354.

(7) 새로운 상속재산이 존재하는 것으로 판명된 경우

분할심판 후 새로운 상속재산이 존재하는 것으로 판명된 경우에는 일부분할이 된 것과 같이 보아 분할심판의 효력에는 영향이 없고 그 상속재산에 대해 다시 분할하면 된다는 것이 통설이다.[229)]

228) 시진국(2006), 732.

229) 제요[2], 641; 김주수·김상용, 735; 윤진수, 437; 시진국(2006), 732; 박태준(2000), 146; 김창종(1998), 234; 임완규·김소영(1993), 734; 김소영(2003), 796~797; 같은 취지, 곽윤직, 146; 송덕수, 354.

第1014條(分割後의 被認知者 等의 請求權)

相續開始後의 認知 또는 裁判의 確定에 依하여 共同相續人이 된 者가 相續財産의 分割을 請求할 境遇에 다른 共同相續人이 이미 分割 其他 處分을 한 때에는 그 相續分에 相當한 價額의 支給을 請求할 權利가 있다.

■ **참고문헌**: 강용현(1995), "피해자의 호적부상 표현상속인과 한 손해배상채권 포기의 합의 및 이에 기한 합의금 지급의 효력", 대법원판례해설 23; 권은민(1998), "상속분, 기여분, 특별수익", 재판자료 78; 김용균(1993), "사후인지받은 혼인외의 자보다 후순위상속인이 피상속인의 손해배상에 관하여 한 합의의 효력", 대법원판례해설 19; 박병호(1996), "상속회복청구권 관견", 가족법논집; 신영호(1995), "민법 제1014조의 상속분가액지급청구권", 가족법연구 9; 양창수(2007), "혼인외 자의 인지와 부의 사망으로 인한 손해배상", 민법산책; 오종근(2014), "인지의 소급효와 제3자 보호", 이화여대 법학논집 18-4; 윤진수(2008), "2007년도 주요 민법 관련 판례 회고", 서울대 법학 49-1; 윤진수(2009), "인지의 소급효와 후순위 상속인에 대한 변제의 효력", 가족법 판례해설; 이동진(2018), "공동상속인 중 1인의 상속재산처분과 민법 제1014조", 법률신문 4623(2018. 7.); 임종효(2009), "민법 제1014조에 정한 상속분가액지급청구권", 법조 634; 정구태 · 신영호(2013), "민법 제1014조의 상속분가액지급청구권 재론", 가족법연구 27-3; 정덕흥(1994), "기여분의 결정과 상속분의 수정", 司論 25; 한봉희(1994)(1994), "상속재산분할 후의 피인지자 등의 상속권", 고시연구 21-4.

Ⅰ. 개설

1. 의의

본조는 상속개시 후 인지 또는 재판의 확정에 의해 공동상속인이 된 자가 상속재산의 분할을 청구하는 경우 다른 공동상속인이 이미 상속재산을 분할하거나 상속재산을 처분을 한 때에는 그 상속분에 상당한 가액의 지급을 청구할 권리가 있다고 함으로써 '상속분 상당 가액지급청구권'을 규정하고 있다.

2. 본조의 취지

본조는 종전의 공동상속인들이 상속재산의 분할 또는 처분을 한 이후 인지 또는 재판의 확정으로 공동상속인이 사후에 추가된 경우에 종전의 분할 또는 처분의 효력을 유지하는 대신 추가된 공동상속인에게 가액반환의 방식으로 상속권을 보장함으로써 이해관계인들의 이익을 조정하려는 것이다.[1] 따라서 공동상속인들로부터 분할 후 상속재산을 양수한 제3자의 권리는 보호된다.[2]

3. §860 단서와의 관계

판례는 본조의 취지를 인지의 소급효 제한에 관한 §860 단서와 관련하여 다음과 같이 설명한다.[3] 즉, 인지 이전에 다른 공동상속인이 이미 상속재산을 분할 내지 처분한 경우 인지의 소급효를 제한하는 §860 단서가 적용되어 사후의 피인지자가 그 분할 기타 처분의 효력을 부인하지 못하게 되고, 본조는 그 경우 피인지자에게 상속분 상당의 가액지급청구권을 인정함으로써 피인지자의 이익과 기존의 권리관계를 합리적으로 조정하려는 데 목적이 있다는 것이다.

학설에서는 판례와 같이 본조를 §860 단서의 특칙으로 설명하는 견해가 있고,[4] 이와 달리 본조는 §860 단서를 그대로 따른 것이되, 부당이득의 범위에 관한 §747, 748의 예외라고 설명하는 견해가 있다.[5] 일본의 학설상으로도 본조와 유사한 일본 민법 §910의 취지에 관하여, 위 조항은 우리 민법 §860 단서에 유사한 일본 민법 §784 단서의 예외로 피인지자의 가액지급청구를 인정한 것이라고 설명한다.[6]

그러나 본조를 §860 단서와 연결시켜 설명하는 것은 타당하지 않다. 공동상속인은 상속재산을 취득하기 위해 특별한 노력을 한 것이 아니어서 인지의 소급효를 제한하면서까지 그 상속인을 보호할 이유가 없으므로 §860 단서의

1) 임종효(2009), 43; 신영호(1995), 374 등; 대법원 1993. 8. 24. 선고 93다12 판결.
2) 박동섭, 친족상속, 670.
3) 대법원 2007. 7. 26. 선고 2006므2757 등 판결; 대법원 2007. 7. 26. 선고 2006다83796 판결; 같은 취지, 대법원 2018. 6. 19. 선고 2018다1049 판결.
4) 김용균(1993), 424; 정구태 · 신영호(2013), 216; 같은 취지, 신영호 · 김상훈, 413~414.
5) 오종근(2014), 45.
6) 新注民(27), 434(川井)

제3자에 해당하지 않는다고 보아야 하고,[7] 상속재산의 분할 또는 처분 여부에 따라 §860 단서의 적용 여부가 좌우된다고 볼 근거도 없으며, 본조는 인지뿐만 아니라 재판의 확정으로 공동상속인이 추가된 경우에도 적용되기 때문이다.[8]

본조는 이러한 경우 공동상속인들이 기왕에 한 분할 또는 처분의 효력을 유지하기 위해 인지 또는 재판의 확정으로 추가된 공동상속인에게 원물반환이 아닌 가액지급청구권만을 인정하는 것으로 이해하면 족하다.[9]

Ⅱ. 법적 성질

본조에 정한 가액지급청구권의 법적 성질에 관해서는 견해가 대립한다. 상속회복청구권의 일종이라는 견해,[10] 상속재산분할청구권의 일종이라는 견해,[11] 상속회복청구권과 상속재산분할청구권의 성질을 겸유한다는 견해가[12] 있다.

판례는 본조의 가액지급청구권을 상속회복청구권의 일종이라고 보고 있다.[13] 헌법재판소 2010. 7. 29. 선고 2005헌바89 결정의 다수의견도 판례와 같이 보았으나, 그 반대의견은[14] 이를 상속재산분할청구권의 일종으로 보았다.

본조의 법적 성질을 무엇으로 보느냐에 따라 본조에 상속회복청구권에 관한 §999②의 제척기간을 적용할 것이냐에 관한 문제가 달라진다. 제척기간의 문제에 대해서는 아래 Ⅶ.에서 상술한다.

---

7) 김주수 · 김상용, 327~328; 윤진수, 181~182 등; 이와 달리 공동상속인도 §860 단서의 제3자에 해당한다는 견해는 오종근(2014), 42.

8) 윤진수, 442; 윤진수(2008), 397~398; 같은 취지로 주해친족(1권), 638~639(권재문) 및 임종효(2009), 44; 이동진(2018)도 참조.

9) 윤진수, 181~182, 주해친족(1권), 638~639(권재문).

10) 김주수 · 김상용, 740; 권은민(1998), 537; 정덕흥(1994), 69; 박동섭, 친족상속, 670.

11) 곽윤직, 156; 신영호(1995), 382~384, 393; 정구태 · 신영호(2013), 219, 229~230; 박병호(1996), 300~301.

12) 임종효(2009), 45~48; 윤진수, 445.

13) 대법원 1981. 2. 10. 선고 79다2052 판결; 대법원 1993. 8. 24. 선고 93다12 판결; 대법원 2007. 7. 26. 선고 2006므2757 등 판결.

14) 재판관 조대현, 김희옥, 김종대, 목영준.

Ⅲ. 당사자

1. 청구권자

가. 개설

본조 가액지급청구권의 청구권자는 피상속인 사망 후 '인지 또는 재판의 확정에 의하여 공동상속인이 된 자'이다.

우선 '인지'에 의해 공동상속인이 된 자는 인지청구의 소가 피상속인의 생전 또는 사후에 제기되었는지 여부를 불문하고, 피상속인 사후에 인지 판결을 받은 경우가 있다.[15] '재판의 확정'에 의해 공동상속인이 된 자는 ① 친생자관계존재확인의 소를 제기하여 확인 판결을 받고 확정된 경우, ② 부를 정하는 소를 제기하여 피상속인이 부임을 확인하는 승소판결을 받고 확정된 경우, ③ 피상속인과의 이혼무효 또는 파양무효의 소를 제기하여 승소확정판결을 받은 경우,[16] ④ 피상속인과의 이혼취소, 파양취소의 소를 제기하여 승소확정판결을 받은 경우[17]가 있다.

나. 모(母)의 혼인 외 출생자

대법원 2018. 6. 19. 선고 2018다1049 판결은 혼인 외 출생자와 생모 사이에는 출생으로 당연히 법률상 친자관계가 생기고, 가족관계등록부의 기재나 친생자관계존재확인판결이 있어야만 이를 인정할 수 있는 것이 아니므로, 모자관계에 인지의 소급효 제한에 관한 §806 단서가 적용 또는 유추적용되지 않는다는 이유로, 생모의 혼외자가 그 친생자관계존재확인의 확정판결을 받기 이전에 다른 공동상속인이 상속재산을 처분하더라도, 본조를 근거로 그 혼외자가 그 처분의 효력을 부인하지 못하는 것은 아니라고 하였다. 이 판결이 생모의 혼외자는 본조의 청구권자가 아니라고 직접적으로 판시한 것은 아니지만, 이 판결의 논리대로라면 그와 같이 보아야 할 것이다.

그러나 이 판결에 대해서는 본조의 입법의도가 거래안전을 위한 것인 점, 본조에는 피인지자 이외에 '재판의 확정에 의하여 공동상속인이 된 경우'도 규율하고 있는 점, 그 재판이 형성판결인지 확인판결인지 여부는 실제상 이익 상황에 차이가 크지 않은 점 등을 이유로 생모의 혼외자를 제외하고 한 상속재산

15) 곽윤직, 154~155; 김주수·김상용, 739; 윤진수, 442; 임종효(2009), 48~49; 신영호(1995), 378, 384; 제요[2], 124~125.

16) 곽윤직, 154~155; 김주수·김상용, 739; 윤진수, 442; 임종효(2009), 48~49; 신영호(1995), 378, 384.

17) 윤진수, 442.

처분도 원칙적으로 유효하고 그 혼외자는 본조의 가액지급청구권에 의해 보호된다고 해석해야 한다는 비판이 유력하다.[18] 앞서 설명한 본조의 취지와 본조와 §860 단서와의 관계를 생각할 때 위 비판은 타당하며, 생모의 혼외자도 본조의 청구권자라고 해석해야 한다.

다. 태아

피상속인 사후에 태아가 출생하였는데 이미 다른 공동상속인이 분할 또는 처분을 한 경우에 본조의 적용 또는 유추적용을 긍정할 것인지는 태아가 상속재산의 분할의 당사자로 볼 수 있는지와 관련이 있다. 후자의 문제에 관하여는 §1013 註釋 참조.

이 경우 출생자는 §999의 상속회복청구를 할 수 있을 뿐 본조의 청구권자가 아니라는 견해도 있으나,[19] 태아의 상속순위를 정한 §1000③에 관한 정지조건설에 따라, 태아는 상속재산분할에 참여할 수 없고, 태아가 살아서 출생하면 본조를 유추적용하여 상속분 상당의 가액지급청구권을 행사할 수 있다는 것이 다수의 견해이다.[20] 태아의 존재를 알지 못하고 상속재산분할 기타 처분이 이루어진 경우에만 본조를 유추적용해야 한다는 견해도 있다.[21]

라. 유언에 의한 피인지자

유언에 의한 피인지자가 본조의 가액지급청구권을 행사할 수 있는지에 관하여, 이를 긍정하는 견해와,[22] 이를 부정하고 이 경우에는 상속회복청구권을 행사해야 한다는 견해가[23] 대립한다.

이 문제는 유언에 의한 인지의 효력 발생시기가 언제이냐에 관한 문제와 관련이 있다. 학설은 대립하는데, 유언은 유언자의 사망 시부터 효력이 생기고 (§1073①), 유언에 의한 인지 신고는 보고적 신고에 불과하다는 견해가 다수이나,[24] 유언에 의한 인지도 유언집행자가 인지신고(§859①, 家登 §55 이하)를 할 때 효력이 생기고, 그 인지신고도 다른 임의인지 신고와 마찬가지로 창설적 신고에 해당한다는 견해가 유력하다.[25] 이에 따라 전자의 입장을 전제로 유언에 의한 피인지자는 상속개시 당시 이미 공동상속인이 되므로, 유언에 의한 피인지

18) 이동진(2018).
19) 제요[2], 125.
20) 임종효(2009), 49; 윤진수, 415; 박동섭, 친족상속, 658 등.
21) 신영호(1995), 385.
22) 윤진수, 442; 제요[2], 124; 같은 취지 신영호(1995), 384.
23) 임종효(2009), 50~51; 오종근(2014), 47~48.
24) 김주수·김상용, 314; 임종효(2009), 50; 오종근(2014), 47; 주해친족(1권), 635(권재문) 등.
25) 윤진수, 176.

자가 본조의 가액지급청구권을 행사할 수 없다는 견해가[26] 있는 반면, 후자의 견해는 유언에 의한 피인지자도 본조의 가액지급청구권을 행사할 수 있다고 본다.[27]

인지는 신고함으로써 효력이 생기는데(§859①), 유언인지에 관한 §859②은 그 효력발생 시점에 대해 따로 정하고 있지 않는 점 등을 고려하면,[28] 유언인지도 신고를 하여야 효력이 생긴다고 해석함이 타당하다. 또한, 유언에 의한 인지의 경우에도 다른 공동상속인들이 상속재산을 분할 또는 처분을 한 이후에서야 유언인지의 신고로써 피인지자가 공동상속인으로 밝혀졌다면, 본조가 예정하고 있는 전형적인 경우와 이익상황이 유사하다. 따라서 유언에 의한 피인지자도 본조의 가액지급청구권을 행사할 수 있다고 해석함이 타당하다.

마. 기타

실종선고가 취소되어 공동상속인이 된 경우에 본조가 유추적용된다는 견해와,[29] §29에 따라 처리되어야 한다는 견해가[30] 대립한다.

모가 사망하였는데 그 혼외자가 추가로 나타난 경우에도 본조를 유추적용해야 한다는 견해가 있으나,[31] 모의 혼외자는 상속개시 당시 공동상속인 자격을 취득한 자이므로,[32] 본조를 유추적용할 수 없다고 보아야 한다.

2. 상대방

가. 개설

본조의 가액지급청구권의 상대방은 인지 또는 재판의 확정으로 공동상속인이 추가되기 이전에 '분할 기타 처분을 한 종전의 공동상속인'이다. 즉, 인지 또는 재판의 확정으로 상속인으로 된 자와 상속순위가 같은 공동상속인이다.[33]

나. 본조의 상대방인지 문제되는 경우

(1) 후순위 상속인

분할 기타 처분을 한 상속인이 인지 또는 재판의 확정으로 상속인 자격을

26) 임종효(2009), 50~51; 오종근(2014), 47~48.
27) 윤진수, 442.
28) 기타 논거에 관하여 윤진수, 176 참조.
29) 신영호(1995), 385.
30) 임종효(2009), 50; 제요[2], 125.
31) 한봉희(1994), 179.
32) 대법원 1967. 10. 4. 선고 67다1791 판결; 대법원 1997. 2. 14. 선고 96므738 판결; 주해친족(1권), 557(권재문).
33) 곽윤직, 155.

취득한 자보다 후순위 상속인인 경우 본조가 유추적용될 것인지 문제된다. 예컨대, 피상속인의 직계존속이 상속재산의 분할 기타 처분을 하였는데, 그 후 피상속인의 직계비속이 인지 또는 재판의 확정을 통해 상속인 자격을 취득한 경우이다.

이에 대해서는 거래의 안전 등을 이유로 이를 긍정하는 견해도 있으나,[34] 본조의 문리해석 등을 고려할 때 이를 부정하는 견해가 다수이다.[35] 판례도 후순위 상속인에게는 본조가 적용되지 않음을 전제로 후순위 상속인은 §860 단서의 제3자에도 해당하지 않는다고 한다.[36]

본조의 문리해석상 후순위 상속인은 공동상속인이 아니고, 상속순위에 변경이 있는 경우와 공동상속인으로 추가되는 경우에 상속인 보호 정도에 차이를 둘 필요가 있는 점 등을 고려할 때, 후순위 공동상속인을 본조의 적용범위에 포함시킬 수 없다는 보는 것이 타당하다. 이 경우 인지 또는 판결 확정에 의해 선순위 상속인 자격을 취득한 자는 후순위 공동상속인을 상대로 상속회복청구를 할 수 있다.[37]

다만, 이때 상속채무자가 후순위 상속인에게 한 채무 변제는 채권의 준점유자에 대한 변제로서 유효하나, 상속채무자가 후순위 상속인과 한 채권포기 또는 채무면제 등의 합의는 진정한 상속인에 대한 관계에서 무효라는 것이 판례이다.[38] 이러한 판례의 태도를 지지하는 견해도 있으나,[39] 후순위 상속인과 이해관계를 맺은 상속채무자는 §860 단서의 제3자로서 보호받아야 하므로, 채무변제뿐만 아니라 채권포기 또는 채무면제 등의 합의도 유효하다고 보아야 한다는 비판론이 유력하다.[40]

(2) 동순위 상속인이 후순위 상속인과 함께 분할 기타 처분을 한 경우

인지 또는 재판의 확정으로 추가된 공동상속인과 동순위인 종전의 공동상

34) 곽윤직, 155~156; 김주수 · 김상용, 740~741.

35) 윤진수, 443; 윤진수(2009), 287; 송덕수, 355~356; 임종효(2009), 51~52; 신영호(1995), 385; 양창수(2007), 220~221; 같은 취지, 김용균(1993), 425; 한봉희(1994), 179.

36) 대법원 1974. 2. 26. 선고 72다1739 판결; 같은 취지, 대법원 1993. 3. 12. 선고 92다48512 판결[이 판결에 대한 평석으로는 김용균(1993) 참조].

37) 임종효(2009), 51~52; 신영호(1995), 380, 385; 오종근(2014), 43, 46; 김용균(1993), 425.

38) 대법원 1993. 3. 12. 선고 92다48512 판결; 대법원 1995. 1. 24. 선고 93다32200 판결; 대법원 1995. 3. 17. 선고 93다32996 판결[이 판결에 대한 평석으로는 강용현(1995) 참조].

39) 김용균(1993), 428~430; 강용현(1995), 83~84; 양창수(2007), 223~227; 같은 취지, 김주수, "부 사망후 인지된 혼인 외의 출생자와 직계존속간의 상속문제", 판례월보 273(1993), 22~23(다만, 진정한 상속인이 후순위 상속인을 상대로 부당이득 청구를 할 수 있다고 한 부분은 반대).

40) 윤진수, 182, 443; 윤진수(2009), 290~291; 같은 취지, 주해친족(1권), 638(권재문); 오종근(2014), 50, 58.

속인이 추가된 추가된 공동상속인보다 후순위인 공동상속인과 함께 분할 기타 처분을 한 경우에 어떻게 되는지 문제된다. 예컨대, 피상속인의 배우자가 피상속인의 직계존속과 함께 상속재산의 분할 기타 처분을 처분하였는데, 그 후 피상속인의 직계비속이 인지 또는 재판의 확정을 통해 상속인 자격을 취득한 경우이다. 이 경우 종전의 분할 기타 처분은 추가된 공동상속인과 후순위 상속인 사이에서는 무효이나 추가된 공동상속인과 동순위인 종전 공동상속인 사이에서는 상대적으로 유효하여 본조가 적용된다는 견해가 있다.[41]

다. 종전의 공동상속인들 사이의 관계

종전의 공동상속인이 본조에 따라 가액지급 의무를 부담할 때 그들 사이의 관계에 관하여 연대채무가 아니라 분할채무를 부담한다는 것이 통설이자[42] 실무의[43] 입장이다.

Ⅳ. 분할 기타 처분

1. 개설

인지 또는 재판의 확정으로 공동상속인이 추가되기 이전에 기존의 공동상속인이 상속재산의 분할 기타 처분을 하여야 본조가 적용된다.[44]

이와 달리 인지 또는 재판의 확정으로 공동상속인이 추가되었으나 기존의 공동상속인이 아직 분할 또는 처분을 하지 않았다면, 그 추가된 공동상속인은 상속재산의 분할을 청구할 수 있다.[45] 또한, 인지 또는 재판의 확정으로 공동상속인이 추가된 후에 기존의 공동상속인이 상속재산의 분할 기타 처분을 하였다면, 그 분할은 무효이고,[46] 그 처분의 효력도 인정될 수 없다.[47] 후자의 경우, 추가된 공동상속인은 판례 법리[48]에 따라 상속회복청구권을 행사할 수 있다.[49]

---

41) 임종효(2009), 52.
42) 윤진수, 446; 임종효(2009), 55; 신영호(1995), 392; 정구태 · 신영호(2013), 225.
43) 제요[2], 125; 서울고등법원 2006. 10. 24. 선고 2004르1714 등 판결 등 참조.
44) 윤진수, 443.
45) 윤진수, 443; 박동섭, 친족상속, 670; 오종근(2014), 47; 김용균(1993), 424; 대법원 1993. 8. 24. 선고 93다12 판결; 대법원 2007. 7. 26. 선고 2006므2757 등 판결; 대법원 2007. 7. 26. 선고 2006다83796 판결.
46) 대법원 2001. 6. 29. 선고 2001다28299 판결 등 참조.
47) 윤진수, 443.
48) 공동상속인도 참칭상속인이 될 수 있다는 대법원 1991. 12. 24. 선고 90다5740 전원합의체 판결; 대법원 2010. 1. 14. 선고 2009다41199 판결 등.
49) 임종효(2009), 43; 제요[2], 124; 같은 취지, 신영호 · 김상훈, 413~414.

한편, 종전의 공동상속인이 인지 청구의 소가 제기되었음을 알면서도 상속재산을 분할 또는 처분한 후 인지 판결이 확정된 경우에도 본조가 적용되는지 문제될 수 있으나, 처분 당시 종전의 공동상속인은 상속재산의 적법한 처분권자이고, 본조는 종전 공동상속인의 선의 또는 악의 여부를 고려하지 않고 있으므로 긍정하는 것이 타당하다.[50] 판례도 같은 취지이다.[51]

2. 분할

분할에는 협의분할과 심판분할에 의한 것이 모두 포함된다.[52] 분할이 유효하게 성립한 이상 이행이 되지 않았더라도 본조가 적용된다는 것이 다수의 견해이나,[53] 추가된 상속인이 새로이 상속재산의 분할을 청구하더라도 다른 공동상속인이나 제3자의 이익을 해할 우려가 없으므로 이 경우에는 본조가 적용되지 않는다는 견해가[54] 타당하다.

상속재산의 일부만 분할된 경우 분할된 부분에 대해서는 본조의 가액지급청구권을 행사해야 하나, 분할되지 않은 부분에 대해서는 추가된 상속인이 상속재산의 분할을 청구할 수 있다는 것이 대체적인 견해이다.[55] 하급심도 본조의 가액지급청구에서 가액산정의 대상이 되는 상속재산에는 협의 또는 심판에 의해 분할이 완료된 상속재산만 포함된다고 하여 같은 입장이다.[56]

3. 기타 처분

가. 개설

공동상속인이 공동으로 상속재산을 처분한 경우, 공동상속인 중 1인이 개별 상속재산의 지분을 처분한 경우가 본조의 '기타 처분'에 해당한다.[57] 다만 처분에 이르지 않는 의무부담행위만이 있는 경우, 예를 들어 상속재산인 부동산을 매도하는 계약만 체결하고 등기를 이전하지 않은 경우에는 여기의 '처분'

50) 같은 취지, 김주수 · 김상용, 740.
51) 대법원 1993. 8. 24. 선고 93다12 판결.
52) 곽윤직, 155; 김주수 · 김상용, 740; 송덕수, 358; 오시영, 607; 임종효(2009), 56.
53) 곽윤직, 155; 임종효(2009), 56
54) 윤진수, 444.
55) 임종효(2009), 56; 윤진수, 444; 김주수 · 김상용, 740.
56) 서울고등법원 2006. 10. 24. 선고 2004르1714 등 판결; 서울가정법원 2007. 3. 28. 선고 2005드합8811 등 판결; 서울고등법원 2007. 11. 27. 선고 2007르750 등 판결; 부산고등법원 2014. 10. 17. 선고 2013르490 판결; 서울가정법원 2015. 2. 11. 선고 2012드합9577 등 판결; 서울고등법원 2015. 11. 11. 선고 2015르199 등 판결 등.
57) 곽윤직, 155; 윤진수, 444; 김주수 · 김상용, 740; 신영호 · 김상훈, 414; 임종효(2009), 56.

에 해당하지 않는다.[58)]

나. '기타 처분'에 해당하는지 문제되는 경우

(1) 상속분 양도

공동상속인 중 1인이 상속분 전체를 양도한 경우에도 본조의 기타 처분에 해당한다는 것이 다수의 견해이다.[59)] 그러나 상속분 전체가 양도된 경우 상속분 양수인은 원칙적으로 상속재산 분할협의의 당사자라는 것이 대체적인 견해이고(§1013 註釋 참조), 따라서 향후 상속재산분할 절차가 예정되어 있는 상황이므로 추가된 상속인이 상속재산 전체의 분할을 청구하지 못할 이유가 없다는 견해가 유력하다.[60)] 상속분의 양도가 있더라도 전체 상속재산의 분할 절차가 별도로 예정되어 있는 것이므로, 상속분 양도는 본조의 기타 처분에 해당하지 않는다고 보는 것이 타당하다.

(2) 분할금지 계약

종전의 공동상속인이 상속재산을 분할하지 않기로 계약한 경우 이것도 일종의 분할이므로 본조의 '기타 처분'에 해당한다는 견해가 있다.[61)] 그러나 상속인들이 협의로 상속재산의 분할을 금지하더라도 그 분할금지 기간은 5년의 기간 내라는 것이 통설, 판례이므로(제3관 상속재산의 분할 前註 참조),[62)] 분할금지 계약은 확정적인 상속재산의 분할이라고 할 수 없어 본조의 '기타 처분'에 해당하지 않는다는 견해가[63)] 타당하다.

(3) 지정분할

피상속인이 유언으로 분할방법을 지정한 경우(§1012 전단)에 이것도 본조의 '기타 처분'에 해당하는지에 관하여, 이를 긍정하는 견해가 있다.[64)] 그러나 그 분할방법 지정의 주체가 다른 공동상속인이 아니고, 분할방법 지정만 있고 아직 분할이 이루어지지 않았으면 원칙으로 돌아가 추가된 상속인이 상속재산분할을 청구할 수 있다고 해석함이 타당하다.[65)]

---

58) 같은 취지, 오종근(2014), 49.
59) 곽윤직, 155; 임종효(2009), 56; 송덕수, 358; 신영호·김상훈, 414.
60) 윤진수, 444.
61) 곽윤직, 155; 송덕수, 358.
62) 대법원 2002. 1. 23.자 99스49 결정.
63) 임종효(2009), 56~57; 윤진수, 444.
64) 김주수·김상용, 740; 오시영, 608.
65) 윤진수, 444; 임종효(2009), 57~58.

Ⅴ. 청구의 내용

1. 상속분 상당의 가액의 산정

가. 개설

본조의 상속분은 법정상속분이 아니라 구체적 상속분이라고 해석해야 하고,[66] 실무의 태도도 같다.[67] 따라서 특별수익과 기여분을 고려하여 산정하게 된다. 그 구체적인 산정방법에 관하여는 §1008, §1008-2 註釋 참조.

본조의 취지상 본조의 상속분 상당의 가액을 산정함에 있어서는 부당이득의 범위에 관한 민법 규정이 유추적용되지 않고, 종전의 공동상속인들이 분할 기타 처분시에 향후 공동상속인으로 추가될 수 있는 사람의 존재를 알았는지 여부에 따라 그 반환범위가 달라지지 않는다.[68]

나. 산정기준

본조에서 상속분 상당의 가액을 산정함에 있어 상속재산 중 적극재산만을 기준으로 하는지, 적극재산에서 소극재산을 공제한 순재산을 기준으로 하는지 문제된다.

학설상으로는, 상속채무는 추가된 공동상속인이 상속분에 따라 승계하므로 본조의 가액은 적극재산만을 기준으로 해야 한다는 견해,[69] 적극재산만을 기준으로 산정할 경우 법률관계의 복잡해진다는 이유로 순재산을 기준으로 해야 한다는 견해가[70] 대립한다. 또한, 원칙적으로 적극재산을 의미하지만, 상속재산인 주택 또는 상가의 임대차보증금반환채무가 주택임대차보호법 또는 상가건물임대차보호법에 따라 종전의 공동상속인 등에게 확정적으로 귀속되는 경우 등에는 예외적으로 위 채무를 공제할 수 있다는 견해도 있다.[71]

하급심은 엇갈리는데, 본조의 상속분 상당의 가액은 청구인이 상속개시시에 소급하여 실질적으로 취득할 수 있었던 재산적 이익이라는 이유로 적극재산에서 소극재산을 공제하는 것과,[72] 피상속인의 채무는 추가된 공동상속인도

66) 신영호(1995), 386.
67) 서울고등법원 2006. 10. 24. 선고 2004르1714 등 판결 등.
68) 대법원 1993. 8. 24. 선고 93다12 판결.
69) 곽윤직, 155; 김주수 · 김상용, 740; 송덕수, 358; 같은 취지, 제요[2], 127~128.
70) 신영호(1995), 387.
71) 임종효(2009), 69~71.
72) 서울가정법원 2000. 1. 27. 선고 99드합10059 판결; 서울가정법원 2007. 3. 28. 선고 2005드합8811 등 판결; 서울고등법원 2007. 11. 27. 선고 2007르750 등 판결; 의정부지방법원 고양지원 2009. 2. 20. 선고 2009드합120 등 판결; 부산고등법원 2014. 10. 17. 선고 2013르490 판결; 서울고등법원 2015. 11. 11. 선고 2015르199 등 판결 등.

종전의 공동상속인과 함께 공동상속한다는 이유로 적극재산에서 소극재산을 공제하지 않는 것이[73] 있다.

생각건대, 상속채무를 변제한 종전의 공동상속인은 상속채무 중 추가된 공동상속인에게 분담되었을 몫에 대해 부당이득반환을 청구할 수 있음이 원칙이므로,[74] 이러한 점을 고려하면 본조에서 상속분 상당의 가액은 적극재산만을 기준으로 산정함이 타당하다. 다만 종전의 공동상속인은 위와 같은 부당이득반환청구를 이유로 상계항변을 할 수 있으므로, 어떠한 견해를 취하더라도 결론에 있어 큰 차이가 있지 않을 것이다. 또한, 종전의 공동상속인이 위와 같은 부당이득반환청구를 하지 않거나, 추가된 공동상속인이 상속채무를 부담하지 않을 특별한 사정이 있는 경우에는, 본조의 상속분 상당의 가액을 산정할 때 상속채무를 공제해도 무방할 것이다.

다. 과실 포함 여부

종전 공동상속인이 분할 기타 처분으로 취득한 상속재산에서 발생한 과실이 본조의 상속분 상당 가액의 산정 대상에 포함되는지 문제된다. 예를 들어, 상속재산인 부동산의 차임, 주식의 배당금, 예금의 이자와 같은 것들이다.

판례는 분할 또는 처분된 상속재산의 소유권은 그 공동상속인 또는 처분 상대방에게 확정적으로 귀속되고 그 후 상속재산에서 생기는 과실은 상속재산에 해당하지 않으며, 상속재산의 소유권을 취득한 자가 §102에 따라 그 과실을 수취할 권능을 보유하고, 본조가 상속재산의 과실에 대해 별도로 규정하고 있지 않으므로, 그 과실은 본조의 가액지급청구에 있어 가액산정 대상에 포함되지 않는다고 한다.[75] 나아가 판례는 같은 이유로 상속재산을 분할받은 공동상속인이 그 상속재산으로부터 발생한 과실을 취득하는 것은 사후의 피인지자에 대한 관계에서 부당이득도 되지 않는다고 한다.[76]

학설 중에는 과실은 언제나 그 산정 대상에서 제외되어야 하고, 그 과실 수취가 부당이득도 아니라고 하여 판례를 지지하는 견해도 있으나,[77] 본조의 청구 대상에서 과실을 제외하면 상속개시 후에 인지된 자를 상속개시 전에 인지된 자 또는 혼인 중 자녀와 차별하는 것이라는 등의 이유로 상속개시 후에

73) 서울고등법원 2006. 10. 24. 선고 2004르1714 등 판결; 서울가정법원 2014. 9. 29. 선고 2012드합10348 등 판결.
74) 오종근(2014), 49.
75) 대법원 2007. 7. 26. 선고 2006므2757 등 판결.
76) 대법원 2007. 7. 26. 선고 2006다83796 판결.
77) 오종근(2014), 66; 같은 취지 임종효(2009), 71~72.

발생한 과실은 본조에 따라 청구할 수 있다고 보아야 한다고 하여 판례를 비판하는 견해가[78] 유력하다.

생각건대, 본조의 입법취지가 추가된 공동상속인이 분할에 참여하였더라면 받았을 상속이익을 가액으로 보장하는 데 있는데, 상속재산의 과실도 상속재산의 분할의 대상이 될 수 있는 점을 고려하면, 상속재산의 과실도 본조의 가액지급청구의 대상으로 삼는 것이 타당하다고 할 것이다. 한편, 과실을 본조의 가액지급청구의 대상으로 삼지 않은 경우에는, 물건의 물권법적 귀속과 그 물건에서 발생하는 과실의 채권법적 귀속이 반드시 일치하지 않고 양자의 괴리를 부당이득법이 메우는 기능을 하며, 본조의 입법취지를 생각할 때, 그 과실은 부당이득반환의 대상이 된다고 봄이 타당하다.[79]

라. 상속재산 관리비용의 공제 여부

상속개시 후 상속재산을 관리하기 위해 필요한 비용은 상속에 관한 비용으로서 상속재산 중에서 지급한다(§998-2). 예를 들어 상속재산인 부동산에 관한 화재보험료, 공과금 등이 이것이다. 상속재산 관리비용이 상속재산의 분할의 대상이 되는지에 관하여도 논란이 있으나, 실무상 이를 상속재산분할 절차에서 함께 청산하고 있다. (자세한 내용은 제3관 상속재산의 분할 前註 참조)

본조의 상속분 상당의 가액을 산정할 때 이러한 상속재산의 관리비용을 공제할 것인지도 문제되는데, 실무는 이를 긍정하고 있다. 판례도 이를 긍정하는 전제에서 본조의 가액을 산정함에 있어, 종전의 공동상속인들이 상속세 부과처분을 다투기 위해 공인회계사에 지급한 보수는 상속재산의 취득 및 관리에 필연적으로 수반된 것이라고 보기 어렵다는 이유로 그 공제를 부정한 것과,[80] 상속재산의 처분으로 인한 양도소득세는 상속에 따른 비용이라 할 수 없다는 이유로 그 공제를 부정한 것이[81] 있다.

장례비용도 피상속인이나 상속인의 사회적 지위와 그 지역의 풍속 등에 비추어 합리적인 금액 범위 내라면 이를 상속에 관한 비용에 포함되는데,[82] 하급심 중에는 본조의 가액을 산정함에 있어 장례비를 공제한 것이 있다.[83]

---

78) 윤진수, 446.
79) 윤진수(2008), 399; 시진국, "재판에 의한 상속재산분할", 司論 42(2006), 681, 註 80.
80) 대법원 2007. 7. 26. 선고 2006므2757 등 판결.
81) 대법원 1993. 8. 24. 선고 93다12 판결.
82) 대법원 1997. 4. 25. 선고 97다3996 판결; 대법원 2003. 11. 14. 선고 2003다30968 판결.
83) 의정부지방법원 고양지원 2009. 2. 20. 선고 2009드합120 등 판결; 부산고등법원 2014. 10. 17. 선고 2013르490 판결; 서울고등법원 2015. 11. 11. 선고 2015르199 등 판결.

마. 상속세 공제 문제

(1) 공제 여부

본조의 상속분 상당의 가액을 산정할 때 종전 공동상속인이 분할 등에 따라 납부한 상속세를 공제해야 하는지 문제된다.

이에 대해 인지 또는 재판확정으로 공동상속인이 추가되면 종전 공동상속인을 기준으로 산출된 상속세 총액이 달라지므로, 상속재산에서 기존에 납부한 상속세를 공제하여 상속분 상당의 가액을 산정하면 공동상속인들 사이의 정당한 상속세 분담은 이루어지지 않는다는 이유로 적극재산에서 상속세를 공제하지 않고 상속분 가액을 산정해야 한다는 견해가 있다.[84)]

그러나 하급심 실무는 대체로 상속재산의 가액을 산정함에 있어 상속재산의 취득에 필연적으로 수반되는 세금 등의 비용을 공제해야 본조의 입법취지에 부합한다는 이유로 상속세를 공제하고 있다.[85)] 판례도 본조의 상속분 상당의 가액을 산정할 때 상속세를 공제해야 한다는 입장에 있다고 평가할 수 있다.[86)]

판례 중에는 상속재산의 처분에 수반되는 조세부담은 상속에 따른 비용이라 할 수 없으므로, 다른 공동상속인들의 분할 기타 처분에 의한 조세부담을 피인지자에게 지급할 가액에서 공제할 수 없다고 한 것이 있으나,[87)] 이는 종전 공동상속인들이 상속재산인 부동산을 처분함에 따른 양도소득세에 관한 것이어서, 상속세 공제 여부와는 관련이 없는 판결이다.

(2) 공제 방법 및 범위

상속세를 공제하는 방법으로는 다음의 두 가지 방법을 고려할 수 있다. ① 분할 또는 처분된 상속재산의 상속개시시 가액에서 실제 납부한 상속세액의 상속개시시로 환산된 금액을 공제하여 구체적 상속분을 산정한 다음, 분할 또는 처분된 상속재산의 사실심 변론종결 당시 가액에서 실제 납부한 상속세액의 변론종결 당시로 환산된 금액을 공제하는 방법, ② 상속세액을 공제하지 않은 상속재산의 상속개시시 가액으로 구체적 상속분을 산정하고 사실심 변론종결 당시의 가액을 근거로 최종적인 본조의 상속분 상당의 가액을 산정한 다음,

84) 임종효(2009), 76~78.

85) 서울고등법원 2006. 10. 24. 선고 2004르1714 등 판결; 부산고등법원 2014. 10. 17. 선고 2013르490 판결; 서울가정법원 2015. 2. 11. 선고 2012드합9577 등 판결; 서울고등법원 2015. 11. 11. 선고 2015르199 등 판결 등; 임종효(2009), 73도 참조.

86) 대법원 2002. 11. 26. 선고 2002므1398 판결; 대법원 2007. 7. 26. 선고 2006므2757 등 판결 등 참조.

87) 대법원 1993. 8. 24. 선고 93다12 판결.

상속세액 중 본조의 청구인이 부담했어야 할 세액을 공제하는 방법이 있다.

하급심 중에는 위 ①의 방법을 택한 것이 있고,[88] 대법원 판례 중에는 위 ②의 방법을 택한 원심이 옳다고 한 것이 있다.[89] 공동상속인이 추가된 경우 상속세 총액이 종전보다 달라질 수 있으므로 추가된 공동상속인이 부담했어야 할 세액을 산정하기가 실무상 쉽지는 않으나,[90] 원칙적으로는 위 ②의 방법이 옳다고 할 것이다.

한편, 공제될 상속세 범위와 관련하여, 판례 중에는 신고 및 납부 지연으로 인한 가산세 부분까지 포함하여 종전의 공동상속인들이 실제 납부한 상속세 모두를 공제한 원심이 타당하다고 한 것이 있다.[91]

반면, 종전 공동상속인이 납부한 증여세의 공제 여부에 관하여, 증여세는 상속으로 발생한 비용 또는 상속재산으로 말미암은 부담이 아니라는 이유로 상속재산의 가액에서 이를 공제하지 않은 하급심 판결이 있다.[92]

2. 상속재산의 평가 기준시점

판례는 본조의 상속분 상당의 가액은 종전의 공동상속인들이 분할 기타 처분에 의한 얻은 대가 또는 그 당시의 시가가 아니라, '현실의 지급시', 즉 '사실심 변론종결시'의 상속재산 가액을 기초로 산정해야 한다고 한다.[93] 나아가, 판례는 사실심 변론종결 당시 가액이 분할시 가액보다 현저하게 높아졌다고 하더라도 다르게 볼 수 없다고 한다.[94]

학설상으로는, 그 가액 산정의 기준시를 판례와 같이 사실심 변론종결시로 보아야 한다는 견해도 있으나,[95] 그 가액 산정은 분할 기타 처분시의 시가로 산정해야 한다는 이유로 판례를 비판하는 견해가[96] 유력하다. 그 외에도 청

88) 서울고등법원 2006. 10. 24. 선고 2004르1714 등 판결; 의정부지방법원 고양지원 2009. 2. 20. 선고 2009드합120 등 판결; 서울가정법원 2015. 2. 11. 선고 2012드합9577 등 판결; 서울고등법원 2015. 11. 11. 선고 2015르199 등 판결.

89) 대법원 2002. 11. 26. 선고 2002므1398 판결; 이 판결에서는 종전의 공동상속인들이 이미 납부한 증여세액을 모두 공제한 뒤 최종적으로 결정된 상속세액을 기준으로 하지 않고, 전체 상속세액 중 상속인 이외의 사람에 대한 증여세액만을 공제하여 모든 공동상속인들이 부담하여야 할 상속세액을 산정한 뒤 이를 기준으로 본조의 청구인이 부담했어야 하는 상속세액을 산정한 원심을 수긍하였다.

90) 이 점에 관하여, 임종효(2009), 76~77 참조.

91) 대법원 2007. 7. 26. 선고 2006므2757 등 판결.

92) 서울가정법원 2015. 2. 11. 선고 2012드합9577 등 판결.

93) 대법원 1993. 8. 24. 선고 93다12 판결; 대법원 2002. 11. 26. 선고 2002므1398 판결.

94) 대법원 1993. 8. 24. 선고 93다12 판결.

95) 임종효(2009), 79~80; 김주수 · 김상용, 739; 박동섭, 친족상속, 670; 송덕수, 358.

96) 윤진수, 445.

구시점을 기준으로 해야 한다는 견해,[97] 인지 또는 재판 확정으로 공동상속인이 된 시점을 기준으로 해야 한다는 견해도[98] 있다.

최근의 일본 최고재판소 판결은 본조에 유사한 일본 민법 §910의 가액지급청구의 가액 산정 기준시를 가액지급 청구시라고 하였다.[99] 그 이유로는 그 청구시까지 상속재산의 가액 변동을 다른 공동상속인이 지급해야 하는 가액에 반영하는 것이 상속인들 사이의 형평에 부합한다는 것이다.

생각건대, 상속재산이 분할되었을 뿐 종전의 공동상속인에게 남아 있는 경우에는, 본조의 입법취지가 추가된 공동상속인을 포함하여 상속재산이 분할되었더라면 추가된 공동상속인이 받았을 상속이익을 가액으로 보장해 주기 위한 데 있다는 점을 고려할 때, 우리 판례의 태도와 같이 사실심 변론종결시를 기준으로 산정하는 것이 타당하다고 생각된다. 그러나 상속재산이 처분된 경우에도 변론종결시를 기준으로 가액을 산정하는 것은 부당한 결과를 초래할 수 있기 때문에, 이 경우에는 처분시 시가를 변론종결시의 시가로 환산하여 본조의 상속분 상당의 가액을 산정함이 타당하다.[100] 예를 들어, 종전의 공동상속인 중 1인이 분할받은 부동산이 수용되어 수용보상금을 받았는데 그 후 그 부동산의 시가가 월등하게 높아진 경우에, 그 부동산의 사실심 변론종결시의 가액으로 산정하는 것은 종전의 공동상속인에게는 시가 상승의 위험을 전가하고, 추가된 공동상속인에게는 망외의 이득을 부여하게 된다. 또한, 현실의 상속분할과 상속분 상당의 가액지급 청구 사이에 실질적인 차이가 발생하는 것은 바람직하지 않은데,[101] 판례의 태도는 상속재산의 대상재산이 상속재산분할의 대상이 된다는 것과[102] 비교할 때도 균형이 맞지 않는다. 즉, 공동상속인들이 애초에 분할을 하였더라면 수용보상금과 같은 대상재산이 상속재산분할의 대상이 될 것임에도, 판례의 태도는 본조의 경우에는 원래의 부동산을 변론종결 당시의 시점에서 분할한 것과 같은 결과를 낳는다. 한편, 공동상속인이 스스로 상속재산을 처분한 경우와 상속재산이 수용된 경우를 다르게 취급할 합리적 근거를 찾기는 어렵다. 따라서 공동상속인이 스스로 상속재산을 처분한 경우에

97) 곽윤직, 155.

98) 오종근(2014), 61.

99) 日最判 2016(平 28). 2. 26. 民集 70-2, 195.

100) 신영호(1995), 387~389, 390~391도 같은 취지; 취지는 다르나 같은 결론을 제시하는 것으로 임종효(2009), 80.

101) 이 점을 지적하는 것으로 윤진수(2008), 399.

102) 대법원 2016. 5. 4.자 2014스122 결정.

도 처분시 부동산의 시가를 변론종결시의 시가로 환산하여 본조의 상속분 상당의 가액을 산정함이 타당하다.

이상의 논의는 본조의 상속분 상당의 가액을 최종적으로 산정하기 위한 기준시점을 의미하는 것으로서, 그 산정을 위한 전제문제로서 공동상속인들의 구체적 상속분을 산정하기 위한 기준시점과는 구분되어야 한다. 즉, 구체적 상속분을 산정하기 위한 기준시점은 상속재산분할의 경우와 마찬가지로 상속개시시로 봄이 타당하다.[103] 실무의 태도도 같다.[104]

3. 종전의 공동상속인의 분담비율

종전 공동상속인이 복수인 경우 인지 또는 재판의 확정으로 추가된 공동상속인에게 지급해야 하는 상속분 가액을 종전 공동상속인별로 어떻게 분담할 것인지 문제된다.

이에 대해 종전 공동상속인이 실제 보유하는 상속이익액 중 정당한 상속이익을 초과하여 보유하는 상속이익의 비율로 분담액을 정해야 한다는 견해가 있다.[105] 이 견해는 종전 공동상속인이 본조에 따른 가액을 지급함에 따라 종전 공동상속인의 유류분이 침해되는 결과를 방지해야 한다는 것을 전제로 한다. 또한, 종전 공동상속인이 법정상속분에 따라 분담해야 하고, 그로 인한 불합리는 공동상속인의 담보책임의 문제로 해결해야 한다는 견해도 있다.[106]

하급심은 통일되어 있지 않은데, 종전 공동상속인들이 정당한 상속이익을 초과하여 보유한 상속이익(구체적으로는 사실심 변론종결 당시 순상속재산 가액에 최종 상속액을 공제한 것)의 비율대로 분담액을 정한 것,[107] 종전의 공동상속인이 분할받은 상속재산의 가액에다가 그들의 특별수익을 합산한 금액의 비율로 분담액을 정한 것,[108] 종전의 공동상속인이 현실적으로 취득한 이익으로서 실제로 분할받은 재산의 가액 비율로 분담액을 정한 것이[109] 있다.

---

103) 같은 취지 임종효(2009), 79.

104) 서울고등법원 2006. 10. 24. 선고 2004르1714 등 판결; 서울가정법원 2007. 3. 28. 선고 2005드합8811 등 판결; 서울고등법원 2007. 11. 27. 선고 2007르750 등 판결; 부산고등법원 2014. 10. 17. 선고 2013르490 판결; 서울가정법원 2015. 2. 11. 선고 2012드합9577 등 판결; 서울고등법원 2015. 11. 11. 선고 2015르199 등 판결 등.

105) 임종효(2009), 85~88; 이 견해에서 말하는 초과 보유 상속이익액은 "종전 공동상속인이 취득한 상속재산의 사실심 변론종결 당시의 가액에서 특별수익과 기여분을 고려한 최종 상속분액을 공제한 가액"을 의미한다.

106) 신영호(1995), 393.

107) 서울고등법원 2015. 11. 11. 선고 2015르199 등 판결.

108) 서울고등법원 2006. 10. 24. 선고 2004르1714 등 판결.

생각건대, 본조의 취지가 상속재산이 분할되지 않은 상태를 가정하여 추가된 공동상속인에게 상속분에 상당하는 가액을 보장하려는 데 있으므로, 종전의 공동상속인이 분할 또는 처분에 의해 현실적으로 취득한 상속재산의 변론종결 당시의 가액의 비율에 따라 분담하는 것이 타당하다. 한편, 상속재산분할을 하더라도 유류분이 침해되는 결과가 발생할 수 있는데, 위와 같이 본조의 가액 분담으로 인해 유류분이 침해되는 결과가 발생하더라도 유류분권리자가 유류분침해액의 반환을 청구할 것인지 여부는 별개의 문제이다.

4. 이행지체 시기

본조에 따른 가액지급의무는 기한의 정함이 없는 채무로서 청구를 받은 다음날부터 지체책임을 부담한다. 판례도 같은 취지이다.[110] 최근 일본 최고재판소의 판결은 이를 명시적으로 설시하였다.[111]

Ⅵ. 청구의 절차

1. 개설

본조의 가액지급청구 소송은 다류 가사소송사건으로서 가정법원의 전속관할이다(家訴 §2②, 家訴規 §2①ⅱ). 본조의 가액지급청구 사건에는 조정전치주의가 적용된다(家訴 §50).

종래 통설은 본조의 가액지급청구 소송을 민사소송으로 보았고,[112] 종래 실무 역시 본조의 가액지급청구 사건을 민사소송으로 처리하였으나,[113] 1990. 12. 31. 제정된 가사소송법과 가사소송규칙(1991. 1. 1. 시행)은 본조의 가액지급청구 사건을 위와 같이 가정법원의 관할로 정하였다.[114] 상속회복청구의 소는 가사사건이 아니라 민사사건으로서 가정법원이 아닌 민사법원이 관할하는 것과 대비된다. 다만, 본조의 가액지급청구 소송을 다류 가사소송사건으로 한 데 대하여 입법론적인 비판이 있다.[115]

109) 부산고등법원 2014. 10. 17. 선고 2013르490 판결; 서울가정법원 2015. 2. 11. 선고 2012드합9577 등 판결.
110) 대법원 2007. 7. 26. 선고 2006므2757 등 판결 참조.
111) 日最判 2016(平 28). 2. 26. 民集 70-2, 195.
112) 신영호(1995), 381 참조.
113) 대법원 1981. 2. 10. 선고 79다2052 판결; 대법원 1993. 8. 24. 선고 93다12 판결 등.
114) 신영호(1995), 382.
115) 신영호(1995), 382; 정구태·신영호(2013), 227.

본조의 가액지급청구 소송은 판결로 재판하고, 그 판결은 금전지급을 명하는 이행판결이 되며 기판력이 발생한다.[116]

2. 소송의 형태

종전의 공동상속인이 복수인 경우 본조의 가액지급청구의 상대방을 그 전원으로 해야 하는지 여부가 문제될 수 있다. 즉, 본조의 가액지급청구 사건이 필수적 공동소송인지, 통상의 공동소송인지 여부이다.

이에 대하여 본조의 가액지급의무는 분할채무이지 연대채무가 아니라는 이유로 본조의 가액지급청구 소송은 통상의 공동이라고 하는 견해와[117] 본조의 가액지급청구에 家訴規 §110이 적용된다는 등의 이유로 이를 필수적 공동소송이라고 보는 견해가[118] 대립한다.

생각건대, 家訴規 §110의 문언상 본조의 가액지급청구 소송에 위 조항이 적용된다고 해석하기 어렵고, 종전의 공동상속인 중 일부만을 상대로 본조의 가액지급청구를 하더라도 충분히 심리가 가능한데다가, 본조의 '기타 처분'에는 공동상속인 중 1인이 개별 상속재산의 지분을 처분한 경우도 있는 등 종전의 공동상속인 중 일부만을 상대로 본조의 가액지급청구를 할 실제상의 필요성도 있으므로, 본조의 가액지급청구 소송은 통상의 공동소송이라고 보아야 한다.

실무도 본조의 가액지급청구 소송이 통상의 공동소송임을 전제로 운영되고 있다.[119] 하급심 중에는 본조의 가액지급청구의 법적성질이 상속회복청구이고, 각 공동상속인이 자신의 상속분에서 피인지자의 몫을 반환할 분할채무를 지는 관계에 있다는 이유로 본조의 가액지급청구 소송은 통상의 공동소송이라고 명시적으로 판단한 것이 있다.[120]

3. 기여분결정 청구

가. 서

본조에 따른 가액지급청구가 있는 경우 기여분결정 청구를 할 수 있다(§1008-2 ④). 그 가액지급청구자뿐만 아니라 그 상대방도 기여분결정 청구를

116) 임종효(2009), 65.
117) 정구태·신영호(2013), 225.
118) 윤진수, 446; 임종효(2009), 53~55.
119) 제요[2], 125; 서울고등법원 2006. 10. 24. 선고 2004르1714 등 판결; 대법원 2007. 7. 26. 선고 2006므2757 등 판결 등 참조.
120) 의정부지방법원 고양지원 2009. 2. 20. 선고 2009드합120 등 판결.

할 수 있다.[121] 기여분결정 심판은 마류 비송사건으로서(家訴 §2① ii 나.9), 조정전치주의가 적용된다(家訴 §50).

나. 병합

본조에 따른 가액지급청구 사건과 기여분결정 청구 사건은 병합될 수 있다(家訴 §14①, ②, §57①). 원시적 병합 및 후발적 병합 모두 가능하다.[122] 실무상 본조의 가액지급청구 사건에 기여분결정 청구 사건이 병합되는 경우가 대체적이다.[123] 병합된 사건은 1개의 판결로 재판해야 한다(家訴 §14④).

더 나아가 家訴規 §112②를 적용 또는 유추적용하여 본조의 가액지급청구 사건과 기여분결정 청구 사건을 필요적으로 병합하여 심리, 재판해야 한다는 견해가 있으나,[124] 家訴規 §112②의 문언에는 부합하지 않는 해석이다. 다만 실무상 가급적 병합하여 심리, 재판함이 바람직함은 물론이다.

본조의 가액지급청구 사건과 기여분결정 청구 사건이 서로 다른 법원에 계속된 경우 家訴 §14③에 따른 병합이 가능한지에 대해서는, 이를 부정하는 것이 대체적인 견해이자 실무이다.[125]

한편, 본조에 따른 가액지급청구 사건의 피고가 여러 명인데 그중 일부만이 기여분결정 청구를 한 경우에는, 원고뿐만 아니라 기여분결정 청구인을 제외한 나머지 피고들도 모두 기여분결정 청구의 상대방이 되며, 실무상 이러한 병합도 허용된다.[126]

앞서 서술한 바와 같이 본조의 가액지급청구 소송은 통상의 공동소송으로 보아야 하는 반면, 기여분결정 청구 사건은 청구권자를 제외한 나머지 상속인 전원을 상대방으로 하는 사건이다(家訴規 §110). 따라서 종전의 공동상속인 중 일부만을 대상으로 한 본조의 가액지급청구 사건에 기여분결정 청구 사건이 병합된 경우에는, 반대 취지의 견해도 있으나,[127] 가액지급청구 소송의 당사자

121) 임종효(2009), 63~64; 대법원 2007. 7. 26. 선고 2006므2757 등 판결 참조; 서울고등법원 2006. 10. 24. 선고 2004르1714 등 판결; 서울가정법원 2014. 9. 29. 선고 2012드합10348 등 판결 등.

122) 임종효(2009), 61; 같은 취지, 제요[1], 473, 476.

123) 의정부지방법원 고양지원 2009. 2. 20. 선고 2009드합120 등 판결; 서울가정법원 2014. 9. 29. 선고 2012드합10348 등 판결 등.

124) 임종효(2009), 61; 신영호(1995), 392; 결론에서 같은 취지 정덕흥(1994), 70.

125) 임종효(2009), 63; 제요[1], 477.

126) 임종효(2009), 62; 대법원 2007. 7. 26. 선고 2006므2757 등 판결 참조; 서울고등법원 2006. 10. 24. 선고 2004르1714 등 판결; 서울가정법원 2014. 9. 29. 선고 2012드합10348 등 판결; 서울가정법원 2015. 2. 11. 선고 2012드합9577 등 판결; 서울고등법원 2015. 11. 11. 선고 2015르199 등 판결 등.

127) 임종효(2009), 54.

가 아닌 다른 공동상속인도 병합사건의 상대방으로 삼아야 한다. 실무도 이와 같은 태도를 취한다.[128)]

다. 심리 및 심판내용

기여분결정 사건은 합의부 관할이므로(사물관할규칙 §3ⅱ), 본조에 따른 가액지급청구 사건이 단독판사 관할이더라도(소가가 2억 원 이하인 경우, 사물관할규칙 §3ⅱ), 양 사건이 원시적으로 병합되면 합의부 관할이 된다.[129)] 본조에 따른 가액지급청구 사건이 단독판사 관할인데, 후발적으로 기여분결정 사건이 병합되면, 단독판사는 관할위반으로 합의부로 이송하거나 재정단독 결정을 받아 처리하여야 한다.[130)]

이 경우 종전의 공동상속인들 사이에서 이미 기여분이 정해져 있더라도 이에 구속되지 않고 새로 추가된 공동상속인이 된 사람을 포함한 공동상속인 전원에 대한 관계에서 새로운 기여분을 결정하여야 한다는 것이 대체적인 견해이다.[131)]

Ⅶ. 제척기간

1. 판례

판례는 본조의 가액지급청구권이 상속회복청구의 일종이라는 이유로 §999②의 제척기간이 적용되어 침해를 안 날부터 3년 또는 침해행위가 있은 날부터 10년을 경과하면 소멸된다고 한다.[132)]

여기서 '침해를 안 날'에 의미에 관하여, 판례는 이는 자기가 진정상속인임을 알고 또 자기가 상속에서 제외된 사실을 안 때라고 보아야 하므로, 혼인외의 자가 인지판결로 공동상속인이 된 경우에는 그 인지판결 확정일이라고 한다.[133)] 그리고 '침해행위가 있은 날'의 의미에 관하여, 이를 명시적으로 판단한 판례는 없고, 하급심 판결은 이를 인지 또는 재판확정일이 아니라 상속재산

128) 서울고등법원 2006. 10. 24. 선고 2004르1714 등 판결; 대법원 2007. 7. 26. 선고 2006므2757 등 판결 참조.

129) 임종효(2009), 62.

130) 제요[1], 476.

131) 권은민(1998), 537; 정덕흥(1994), 89; 임종효(2009), 64~65.

132) 대법원 1981. 2. 10. 선고 79다2052 판결; 대법원 2007. 7. 26. 선고 2006므2757 등 판결.

133) 대법원 2007. 7. 26. 선고 2006므2757 등 판결; 대법원 1981. 2. 10. 선고 79다2052 판결; 상속회복청구의 제척기간의 해석과 같다. 대법원 1977. 2. 22. 선고 76므55 판결; 대법원 1978. 2. 14. 선고 77므21 판결; 대법원 1982. 9. 28. 선고 80므20 판결.

처분일이라고 보았다.[134)]

한편, 판례는 본조의 가액지급청구권의 제척기간 내에 한 청구채권에 근거하여 제척기간 도과 후 청구취지를 확장하더라도 추가 부분의 청구권은 소멸함이 원칙이지만, 제척기간 내에 명시적으로 일부청구임을 밝힌 경우에는 제척기간 도과 후 청구취지를 확장하더라도 그 제척기간은 준수되었다고 한다.[135)]

2. 헌법재판소 결정

헌법재판소 2010. 7. 29. 선고 2005헌바89 결정은 본조에 §999② 중 '상속권 침해행위가 있은 날부터 10년' 부분을 적용하는 것이 헌법에 위반되지 않는다고 하였다. 위 결정의 반대의견[136)]은 본조의 가액지급청구권을 상속재산분할청구권의 일종으로 보아 본조에 §999② 중 '상속권 침해행위가 있은 날부터 10년' 부분을 적용하는 것이 위헌이라고 하였다.

다만 '침해행위가 있은 날'의 의미에 관하여 다수의견 중에서도 '처분일'이라고 본 본 의견과[137)] '인지 또는 재판확정일'이라고 본 의견이[138)] 나뉘었다.

3. 학설

학설상으로 판례의 태도와 같이 본조의 가액지급청구권은 §999②의 제척기간이 적용된다는 견해가 다수이다.[139)] 이에 대해 본조의 가액지급청구권은 상속회복청구권과 규범목적을 달리하는 전혀 별개의 권리라는 이유로 §999②의 제척기간이 적용되지 않는다고 보아야 한다는 견해도 있다.[140)]

본조에 §999②의 제척기간이 적용된다고 할 때, '침해행위가 있은 날'의 의미에 관하여는, 인지가 있기 전까지는 피인지자가 상속권을 주장할 수 없으므로, 분할 기타 처분만으로 상속권의 침해가 있다고 볼 수 없어 이는 상속재산 처분일이 아니라 인지 또는 재판확정일이라고 해석하는 견해가[141)] 유력하다. 다만, '침해를 안 날'과 관련하여 혼인 외의 자가 인지판결로 공동상속인이 된 경우에

134) 서울고등법원 2006. 9. 7. 선고 2005나89423 판결(대법원 2007. 1. 12. 선고 2006다65927 판결에 의하여 심리불속행 기각); 이 사건에서 처분일은 부동산 이전등기일, 골프장회원권 명의변경 절차 완료일, 주식 명의변경 완료일, 예금 인출일 등이었다.
135) 대법원 2007. 7. 26. 선고 2006므2757 등 판결.
136) 재판관 조대현, 김희옥, 김종대, 목영준.
137) 재판관 이강국, 이공현, 민형기.
138) 재판관 이동흡, 송두환.
139) 신영호 · 김상훈, 414; 박동섭, 친족상속, 670; 임종효(2009), 45~46.
140) 정구태 · 신영호(2013), 216, 230~231; 박병호(1996), 301.
141) 윤진수, 448; 정구태 · 신영호(2013), 231~234.

는 판례와 같이 그 인지판결 확정일에 침해사실을 알았다고 해석된다.[142)]

한편, 학설은 기여분결정 청구를 한 것만으로는, 본조의 제척기간 준수의 효력이 없다고 본다.[143)]

142) 박동섭, 친족상속, 671.
143) 권은민(1998), 537; 정덕홍(1994), 90.

第1015條(分割의 遡及效)

相續財産의 分割은 相續開始된 때에 遡及하여 그 效力이 있다. 그러나 第三者의 權利를 害하지 못한다.

참고문헌: 김소영(2003), "상속재산분할", 民判 25; 김창종(1998), "상속재산의 분할", 재판자료 78; 맹광호(2008), "상속재산의 분할과 상속인의 소유권이전등기의무", 연세대 법학연구 18-3; 박관근(2005), "상속재산 분할협의를 합의해제할 수 있는지 여부와 그 경우에도 민법 제548조 제1항 단서의 규정이 적용되는지 여부", 대법원판례해설 51; 박동섭(2005), "상속재산의 협의분할", 변호사35집; 박태준(2000), "심판에 의한 상속재산 분할", 법조 49-2; 윤남근(2015), "상속재산분할협의를 원인으로 한 부동산 물권변동의 성립요건과 소유권 관련 청구의 소송상 취급", 저스티스 150; 임완규·김소영(1993), "상속재산분할심판", 재판자료 62.

Ⅰ. 의의

본조는 상속재산분할에 소급효가 있음을 밝히되, 제3자에 대해서는 그 소급효가 제한됨을 규정하고 있다.

Ⅱ. 상속재산분할의 효력발생시기

심판분할이 된 경우에는 그 확정 시점에 분할의 효력이 생기고, 협의분할이나 피상속인이 분할방법을 지정한 경우에는 그 협의나 지정에 따라 등기 또는 인도 등이 이루어진 시점에 분할의 효력이 발생한다.[1)]

1) 윤진수, 439; 박동섭(2005), 177도 참조.

Ⅲ. 소급효

1. 의의

본조 본문에 따라 상속재산분할에 소급효가 있으므로, 공동상속인은 상속개시시에 바로 피상속인으로부터 상속재산을 취득한 것으로 취급된다.[2] 분할의 결과 상속인이 특정상속재산의 소유권을 취득한 경우 이는 상속이 개시된 때부터 이미 존재하는 것이고 분할은 이를 선언하는 것에 지나지 않는다는 점에서 학설상 이를 '선언행위'(un acte déclaratif) 또는 '선언주의(宣言主義)'라 한다.[3] 이는 소급효 없이 공유자가 다른 공유자의 지분을 취득하게 되는 이른바 '이전행위'(un acte translatif) 또는 '이전주의(移轉主義)'라 할 수 있는 공유물분할과 다른 점이다.[4][5]

판례는 이 소급효를 근거로 공동상속인 1인이 협의분할에 따라 자신의 법정상속분을 초과하는 상속재산을 취득하여도 이는 상속개시 당시에 피상속인으로부터 직접 승계받은 것이지 그 공동상속인이 다른 공동상속인으로부터 증여받은 것이 아니고, 상속재산분할에 의해 상속분의 이전이 생기는 것도 아니라고 한다.[6]

다만, 현행 相贈 §4③은 "상속개시 후 상속재산에 대하여 등기·등록·명의개서 등으로 각 상속인의 상속분이 확정된 후, 그 상속재산에 대하여 공동상속인이 협의하여 분할한 결과 특정 상속인이 당초 상속분을 초과하여 취득하게 되는 재산은 그 분할에 의하여 상속분이 감소한 상속인으로부터 증여받은 것으로 보아 증여세를 부과한다. 다만, 제67조에 따른 상속세 과세표준 신고기한 이내에 분할에 의하여 당초 상속분을 초과하여 취득한 경우와 당초 상속재산의 분할에 대하여 무효 또는 취소 등 대통령령으로 정하는 정당한 사유가 있는

2) 윤진수, 439.

3) 곽윤직, 150~151; 김주수·김상용, 737; 박동섭, 친족상속, 669 등.

4) 곽윤직, 150; 김주수·김상용, 737; 윤진수, 439.

5) 공동상속재산분할의 개념의 연혁에 관하여 자세한 점은 남효순, "프랑스민법상 상속재산 분할의 효력", 민사법학 59(2012), 558 이하.

6) 대법원 1985. 10. 8. 선고 85누70 판결; 대법원 1985. 12. 10. 선고 85누582 판결; 대법원 1986. 7. 8. 선고 86누14 판결; 대법원 1987. 1. 20. 선고 86누470 판결; 대법원 1987. 8. 18. 선고 87누442 판결; 대법원 1987. 11. 24. 선고 87누692 판결; 대법원 1988. 2. 23. 선고 87누1022 판결; 대법원 1989. 9. 12. 선고 88다카5836 판결; 대법원 1989. 9. 12. 선고 88누9305 판결; 대법원 1990. 11. 13. 선고 88다카24523 등 판결; 대법원 1992. 3. 27. 선고 91누7729 판결; 대법원 1992. 10. 27. 선고 92다32463 판결; 대법원 1993. 9. 14. 선고 93누10217 판결; 대법원 1994. 3. 22. 선고 93누19535 판결; 대법원 1996. 2. 9. 선고 95누15087 판결; 대법원 2001. 11. 27. 선고 2000두9731 판결; 대법원 2002. 7. 12. 선고 2001두441 판결 등.

경우에는 증여세를 부과하지 아니한다"고 규정하고 있다. 이는 구 相贈 §31③과 거의 유사한 조항인데, 판례는 위 구법 조항은 상속인의 상속분이 확정된 후 상속인들 사이의 별도 협의에 의하여 상속재산을 재분할하는 경우에 적용되는 것이라고 하였다.[7] 이에 대한 판례해설에 따르면, 공동상속등기가 경료되었다는 사실만으로는 상속분이 확정되어 상속재산의 분할이 종료되었다고 보기 어렵다고 한다.[8] 요컨대, 최초의 상속재산분할협의에 따른 상속재산의 취득은 다른 공동상속인으로부터 증여받은 것이 아니므로 증여세를 부과할 수 없다고 보아야 한다.

판례는 또한 상속재산분할의 소급효를 근거로, 피상속인이 명의신탁약정에 의해 신탁받은 부동산을 협의분할에 의해 단독으로 상속받은 상속인이 피상속인의 명의수탁자 지위도 단독으로 상속한다고 한다.[9] 또한, 판례는 원인무효인 피상속인 명의의 소유권등기에 관하여 협의분할에 의하여 공동상속인 중 1인에게 그 소유권이전등기가 마쳐진 경우 그 상속인만이 이를 전부 말소할 의무가 있고, 다른 공동상속인은 이를 말소할 의무가 없다고 한다.[10]

다만, 본조에 따라 상속재산분할에 소급효가 있다는 것은 의제일 뿐이고, 상속인들이 분할 전에 상속지분에 따라 상속재산을 사용·수익할 권한이 부인되는 것은 아니다. 따라서 상속재산분할에 의하여 상속재산의 소유권을 단독으로 취득한 상속인이 본조의 소급효를 근거로 다른 상속인들의 분할 이전의 정당한 점유·사용에 대하여 부당이득반환청구권을 행사하는 것은 허용되지 않는다고 보아야 한다.[11] 다만 판례는 상속인 중 1인이 상속재산분할에 의하여 상속재산의 소유권을 단독으로 취득하는 경우 본조 본문에 따라 상속개시 시에 소급하여 상속재산을 단독 소유한 것으로 의제되지만, 상속개시 후 상속재산 분할 전까지 발생한 상속재산의 과실은 공동상속인들이 구체적 상속분의 비율대로 취득한다고 한다.[12]

또한, 상속재산분할협의가 전소의 변론종결 후에 이루어졌다면 그 분할

7) 대법원 2002. 7. 12. 선고 2001두441 판결.
8) 성열우, "상속등기 후 상속재산의 협의분할에 의하여 자신의 상속분을 초과하는 재산을 취득한 경우 이를 다른 상속인들로부터 증여받은 것으로 볼 수 있는지 여부", 대법원판례해설 43(2003), 286~287 참조.
9) 대법원 1992. 10. 27. 선고 92다32463 판결; 대법원 2000. 9. 8. 선고 2000다27985 판결.
10) 대법원 2009. 4. 9. 선고 2008다87723 판결; 가등기에 관하여 같은 취지 대법원 2012. 4. 12. 선고 2011다93780 등 판결.
11) 윤남근(2015), 265.
12) 대법원 2018. 8. 30. 선고 2015다27132 등 판결.

효력이 상속개시 시로 소급한다 하더라도, 상속재산분할협의에 의한 소유권의 취득은 전소의 변론종결 후에 발생한 사유에 해당한다. 따라서 판례는 전소에서 원고가 단독상속인이라고 주장하면서 소유권확인을 구하였으나 공동상속인에 해당한다는 이유로 원고의 상속분을 초과하는 부분에 대해서는 청구를 기각하는 판결이 확정되었어도, 원고가 전소 변론종결 후에 상속재산분할협의에 의해 소유권을 취득하였다면 원고가 취득한 나머지 상속분에 관한 소유권확인을 구하는 후소에는 전소 확정판결의 기판력이 미치지 않는다고 한다.[13)]

2. 범위

소급효가 인정되는 것은 현물분할 또는 대상분할에 의해 상속재산을 현물로 취득한 경우에 한하고, 경매분할이 이루어지거나 대상분할에 의한 정산금채권을 취득한 경우에는 소급효가 인정되지 않고 상속재산이 이전되는 효과가 있다.[14)]

3. 등기 관계

상속재산분할에 소급효가 있더라도, 피상속인 명의의 등기로부터 그 취득상속인 명의로 직접 이전등기를 하거나, 공동상속인 명의의 공유등기를 거쳐 취득상속인 앞으로 이전등기를 하는 것도 가능하다고 해석된다.[15)] 상속재산분할 전 공동상속인이 취득한 공유지분권의 존재가 소급효에 의해 부인되는 것은 아니고, 상속재산분할에 소급효가 있더라도 그 분할에 의해 소유권이 사실상 이전되는 것임을 부인할 수 없기 때문이다.[16)]

Ⅳ. 소급효의 제한 : 제3자 보호

1. 의의

본조 단서는 상속재산분할의 소급효를 제한하여 제3자의 권리를 해하지

13) 대법원 2011. 6. 30. 선고 2011다24340 판결.

14) 임완규 · 김소영(1993), 738; 김소영(2003), 797; 김창종(1998), 221; 박관근(2005), 198~199; 박동섭(2005), 181; 정재규, "공동상속인 중 1인이 상속부동산을 처분한 후 이전등기 경료 전에 상속인 전원이 그 부동산을 다른 공동상속인의 단독 소유로 협의분할한 경우, 그 분할이 반사회질서 행위로서 무효로 되는 경우 및 그 범위", 광주지법 재판실무연구(1997), 430.

15) 곽윤직, 151~152; 김주수 · 김상용, 738; 송덕수, 356; 맹광호(2008), 421; 윤남근(2015), 266.

16) 김주수 · 김상용, 738; 맹광호(2008), 421; 윤남근(2015), 266.

못한다고 규정하고 있다. 제3자에게 분할의 소급효를 관철하면, 상속재산분할 전 개별 상속재산의 지분을 취득한 제3자는 무권리자로부터 그 지분을 취득한 것이 되어 손해를 입게 되므로 거래안전을 위해 소급효를 제한하는 것이다.[17]

2. 제3자의 범위

여기서의 제3자는 상속인으로부터 개개의 상속재산에 대한 권리를 취득하고 효력발생요건(§186, §188) 또는 대항요건(§450)을 갖춘 사람을 말한다는 것이 통설이다.[18] 판례도 공동상속인 중 1인으로부터 부동산을 매수한 다음 소유권 이전등기를 마치지 않은 사람은 여기의 제3자에 해당하지 않는다고 한다.[19]

구체적으로 여기의 제3자는 상속재산 지분을 양도받았거나 담보로 제공받은 사람, 그 지분을 압류한 채권자 등이다.[20] 가분채권을 상속재산분할의 대상으로 삼는 경우, 법정상속분에 따라 분할귀속된 가분채권을 양수하거나 담보로 제공받은 자 또는 그 가분채권을 압류한 상속인의 채권자는 여기의 제3자에 포함될 수 있다.[21]

상속분의 양수인은 상속재산분할의 당사자가 되어야 하므로 여기의 제3자에 포함되지 않는다는 것이 대체적이다.[22]

본조 단서에서 제3자의 선의를 요구하고 있지 않으므로 제3자의 선의, 악의를 묻지 않는다는 것이 통설이다.[23]

3. 제3자와 공동상속인 사이의 관계

제3자가 상속재산 분할 전에 공동상속인 중 1인으로부터 개별 상속재산에 대한 지분을 취득하였을 때 그 제3자가 상속재산 분할 전에 공유관계를 해소하기 위해 §269의 공유물분할의 소를 제기할 수 있는지 문제된다. 이에 대하여 이를 긍정하는 견해와[24] 부정하는 견해가[25] 대립한다.

17) 곽윤직, 152~153; 김주수 · 김상용, 738; 윤진수, 439.
18) 김주수 · 김상용, 738; 송덕수, 357; 박동섭, 친족상속, 671; 김창종(1998), 221; 박관근(2005), 199; 김소영(2003), 798.
19) 대법원 1996. 4. 26. 선고 95다54426 등 판결; 같은 취지, 대법원 1992. 11. 24. 선고 92다31514 판결.
20) 곽윤직, 153.
21) 방웅환, "가분채권과 대상재산에 대한 상속재산분할", 대법원판례해설 107(2016상), 450.
22) 김주수 · 김상용, 738; 윤진수, 439~440; 박동섭, 친족상속, 671; 임완규 · 김소영(1993), 738; 김소영(2003), 798.
23) 곽윤직, 153; 김주수 · 김상용, 738; 박동섭, 친족상속, 671; 송덕수, 357; 신영호, 412; 박태준(2000), 148; 임완규 · 김소영(1993), 738; 김창종(1998), 222; 김소영(2003), 798.

일본 최고재판소 판결은 제3자가 공유물분할을 청구할 수 있다는 입장인데, 이 경우 공유물분할 판결에 의해 공동상속인 측에 주어진 재산은 상속재산분할의 대상이 된다고 한다.[26] 일본 실무에서는 위 판결이 실무에 정착되어 있다고 한다.[27]

24) 김숙자, 603.
25) 곽윤직, 153.
26) 日最判 1975(昭 50). 11. 7. 民集 29－10, 1525; 日最判 2013(平 25). 11. 29. 民集 67－8, 1736.
27) 新注民(27), 433(川井).

第1016條(共同相續人의 擔保責任)

共同相續人은 다른 共同相續人이 分割로 因하여 取得한 財産에 對하여 그 相續分에 應하여 賣渡人과 같은 擔保責任이 있다.

참고문헌: 김소영(2003), "상속재산분할", 民判 25; 김창종(1998), "상속재산의 분할", 재판자료 78; 박태준(2000), "심판에 의한 상속재산 분할", 법조 49-2; 시진국(2006), "재판에 의한 상속재산분할", 司論 42; 이준형(2006), "상속재산분할협의의 해제", 고시연구 33-8; 임완규·김소영(1993), "상속재산분할심판", 재판자료 62.

Ⅰ. 본조의 취지

본조는 상속인이 상속재산분할의 결과 하자 있는 물건 또는 권리를 취득한 경우에 다른 공동상속인이 매도인과 같은 담보책임이 있음을 정하고 있다. 상속재산분할에 소급효가 있지만 실질적으로는 상속인들이 상속재산에 관한 각자의 지분을 상속재산분할에 의해 서로 양도 또는 교환하는 일종의 유상행위와 같은 성질을 가지므로, 본조는 공동상속인 사이의 형평을 위해 법정책임으로서 담보책임을 인정한 것이다.[1] 이는 공유물분할에서의 §270와 같은 취지의 규정이다.[2]

Ⅱ. 담보책임의 내용

1. 준용 범위

본조에 따르면, 공동상속인은 매도인과 같은 담보책임을 부담하므로, §570 내지 §584가 준용이 문제되는데, 매도인의 담보책임에 관한 조항 중 §571는 선

1) 곽윤직, 156~157; 김주수·김상용, 741; 윤진수, 440; 오시영, 610; 김창종(1998), 222; 박태준(2000), 148; 임완규·김소영(1993), 739; 김소영(2003), 799; 신영호, 공동상속, 306~307; 이준형(2006), 122도 참조.

2) 윤진수, 440; 이준형(2006), 122.

의의 매도인에 관한 특칙이고, §578는 강제경매시 담보책임에 관한 규정이며, §579에 대해서 §1017의 특칙이 마련되어 있으므로, 위 §571, §578, §579는 준용되지 않는다는 것이 대체적인 견해이다.[3)]

매도인의 담보책임에 관한 다른 조항들은 적용될 수 있는데, ① 담보책임의 제척기간에 관한 §573, §575③, §582, ② 해제한 경우 동시이행항변권에 관한 §583, ③ 담보책임면제 특약에 관한 §584도 적용된다.[4)]

2. 담보책임의 요건

담보책임의 요건은 매도인의 담보책임에 있어서의 요건과 같다.[5)] 즉 상속재산분할에 의하여 취득한 물건에 권리 또는 물건의 하자가 있을 것이 요구된다. 다만 그 하자 유무는 상속재산분할 당시를 기준으로 하여야 하므로, 상속개시 전부터 존재한 하자 및 상속개시 당시에 존재한 하자뿐만 아니라 상속개시 후 분할시까지 사이에 생긴 하자도 포함된다.[6)]

예를 들어, 상속재산분할의 대상이 되었던 재산 중 일부가 이후 상속재산이 아니었던 것으로 밝혀진 경우, 그 재산을 취득하였던 상속인은 다른 공동상속인에 대하여 본조의 담보책임을 물을 수 있다고 할 것이다.[7)]

3. 담보책임의 효과

가. 담보책임의 내용

담보책임의 내용으로 대금감액, 손해배상이 인정될 수 있다.[8)] 대금감액은 대상분할의 경우에 인정될 수 있다.[9)]

해제를 인정할 것인지 여부에 대해서는 견해가 대립한다. 분할심판 확정에 따른 법적안정성 등을 이유로 해제를 부정하는 견해(부정설),[10)] 거래의 안전은 해제의 소급효 제한으로 달성할 수 있으므로 해제를 제한해야 할 근거가 없

---

3) 임완규 · 김소영(1993), 739; 김소영(2003), 799; 김창종(1998), 222; 윤진수, 440 및 박태준(2000), 148, 註 51도 참조.
4) 김주수 · 김상용, 742; 오시영, 611.
5) 윤진수, 440.
6) 곽윤직, 157; 김주수 · 김상용, 741; 윤진수, 440; 오시영, 610.
7) 제요[2], 641; 김주수 · 김상용, 735; 윤진수, 437; 박태준(2000), 146~147; 임완규 · 김소영(1993), 734; 김소영(2003), 797; 김창종(1998), 234~235; 같은 취지, 곽윤직, 146; 송덕수, 354.
8) 시진국(2006), 732; 박태준(2000), 148.
9) 곽윤직, 157; 김주수 · 김상용, 742; 윤진수, 440; 오시영, 611.
10) 시진국(2006), 733; 김창종(1998), 236; 김태창, 495; 김소영(2003), 800.

고, 따라서 해제도 인정된다는 견해(긍정설)[11] 및 특히 필요한 경우가 아니면 해제를 인정하여서는 안 된다는 견해(절충설)[12]가 있다.

나. 담보책임의 범위

본조의 담보책임이 인정되는 경우 공동상속인은 '상속분에 응하여' 담보책임이 있다. 본조의 취지가 상속인 사이의 형평을 위한 것임을 고려할 때, 여기의 상속분이란 법정상속분이 아니라 공동상속인이 상속재산분할에 의해 실제 취득한 상속분인 구체적 상속분이라고 해석된다.[13]

그런데 일본의 학설은 여기의 '상속분'이란 구체적 상속분에 특별수익의 가액을 더한 최종적인 이익의 비율로 담보책임을 부담한다는 것이 다수설이라고 한다.[14]

Ⅲ. 적용범위

본조는 상속인 사이의 형평을 위한 것이므로, 협의분할에 의한 경우뿐만 아니라, 심판분할에 의한 경우에도 적용되고,[15] 유언에 의한 지정분할의 경우에도 적용된다고 해석된다.[16]

한편, 본조는 임의규정이므로, 공동상속인 사이에 담보책임에 관한 특약을 한 때에는 그 특약에 의한다. 담보책임을 전부 부담하지 않는다는 취지의 특약도 유효하다. 그러나 §584가 준용되는 결과, 상속인이 알고 고지하지 아니한 사실 및 제3자에게 권리를 설정 또는 양도한 행위에 대하여는 책임을 면하지 못한다.[17]

참고로, 일본 민법 §914는 피상속인이 유언으로 본조의 규율과 달리 정할 수 있다고 정하고 있다.

---

11) 윤진수, 440; 임완규 · 김소영(1993), 739; 같은 취지, 박동섭, 친족상속, 673; 상속재산분할의 목적을 달성할 수 없는 경우에 한하여 해제를 인정하여야 한다는 견해도[김주수 · 김상용, 741~742; 박태준(2000), 149; 오시영, 610~611; 같은 취지, 이준형(2006), 122~123], 긍정설의 입장과 큰 차이가 없는 것으로 생각된다.

12) 곽윤직, 157; 이경희, 491.

13) 신영호, 공동상속, 307; 김주수 · 김상용, 741; 오시영, 610; 같은 취지, 곽윤직, 157.

14) 新注民(27), 455~456(宮井 · 佐藤 · 渡邊).

15) 김주수 · 김상용, 742; 오시영, 611; 신영호, 공동상속, 307.

16) 신영호, 공동상속, 307.

17) 新注民(27), 456(宮井 · 佐藤 · 渡邊) 참조.

第1017條(相續債務者의 資力에 對한 擔保責任)

① 共同相續人은 다른 相續人이 分割로 因하여 取得한 債權에 對하여 分割當時의 債務者의 資力을 擔保한다.

② 辨濟期에 達하지 아니한 債權이나 停止條件있는 債權에 對하여는 辨濟를 請求할 수 있는 때의 債務者의 資力을 擔保한다.

Ⅰ. 본조의 내용 및 취지

본조는 상속재산에 속하는 채권이 분할된 경우에는, 채권매매의 담보책임에서 매도인이 채무자의 자력을 담보해야 것과 달리(§579), 특별히 채무자의 자력을 담보하지 않았더라도 각 공동상속인들은 채무자의 자력을 담보한다고 규정한다. 이는 공동상속인 사이의 형평을 도모하려는 취지이다.[1)]

공동상속인 1인이 상속재산 분할로 채권을 취득하였으나 채무자의 무자력으로 그 채권을 전액 변제받지 못하면, 그 손실은 그 채권을 상속한 상속인을 포함하여 공동상속인 전원이 부담한다고 해석된다.[2)] 본조 ①은 일본 민법 §912 ①과 달리 '상속분에 응하여'라는 문언이 없으나, 본조는 공동상속인들의 형평을 도모하기 위한 것이므로, 채무자의 무자력으로 변제받지 못한 부분은 공동상속인들이 그 상속분에 따라 분담하는 것이 공동상속인들의 형평에 부합한다.

본조는 채무자의 자력을 담보하는 것이므로 금전채권이 상속재산 분할 대상이 된 경우에 적용되고(이에 대해서는 아래 Ⅲ. 참조), 특정물 채권을 상속재산 분할 결과 취득한 경우에는 채무자의 채무불이행에 의해 손해배상채권으로 전환된 경우에 적용된다.[3)]

본조의 채권에는 지명채권뿐만 아니라 지시채권 또는 유가증권상의 채권을 모두 포함한다.[4)]

---

1) 윤진수, 441.
2) 곽윤직, 157.
3) 新注民(27), 457(宮井 · 佐藤 · 渡邉) 참조.
4) 김주수 · 김상용, 743; 오시영, 611.

Ⅱ. 담보책임 부담 기준

채무자의 자력을 담보하는 기준시는 채권의 변제기가 이미 도래한 때에는 분할 당시이고(본조 ①), 변제기가 도래하지 않은 경우나 정지조건부 채권의 경우에는 변제를 청구할 수 있는 때로서(본조 ②), 이는 변제기 또는 조건이 성취된 시점을 의미한다.[5] 따라서 위 시기 이후에 채무자가 무자력이 된 때에는 공동상속인은 담보책임을 부담하지 않는다.[6]

Ⅲ. 적용범위

본조는 상속재산분할로 취득한 채권의 채무자가 무자력인 경우에 적용되고, 그 채권이 존재하지 않는 경우에는 §1016가 적용된다. 그러나 양자의 담보책임의 효과에 있어서는 큰 차이는 없다.[7]

한편, 본조는 임의규정이므로, 공동상속인 사이에 특약 있는 경우에는 적용되지 않는다.[8] 참고로, 일본 민법 §914는 피상속인이 유언으로 본조의 규율과 달리 정할 수 있다고 정하고 있다.

Ⅳ. 가분채권 분할과의 관계

가분채권이 공동상속인들에게 법정상속분에 따라 당연히 분할승계되는지 여부와 상속재산분할의 대상이 되는지 여부에 관하여 논란이 있다. 이 점에 관하여는 §1006 註釋 및 第3款 相續財産의 分割 前註 참조. 이러한 논의는 본조의 적용범위 내지 내용과도 관련이 있다.

가분채권에 관하여 채무자는 상속인 전원에 대하여만 이행할 수 있고 상속인 각자는 상속인 전원에 대한 이행을 청구할 수 있을 뿐이라고 해석하는 견해는 이와 달리 해석하는 경우 본조의 취지가 무의미해진다고 한다.[9] 반면 본조를 불가분채권에 관한 규정으로 보아 본조가 가분채권이 당연분할된다는 것과 모순되지 않는다는 취지로 설명하는 견해도 있고,[10] 가분채권의 분할승계

---

5) 곽윤직, 157; 송덕수, 360.
6) 곽윤직, 157; 박동섭, 친족상속, 673; 이경희, 491~492.
7) 新注民(27), 459(宮井·佐藤·渡邊) 참조.
8) 新注民(27), 459(宮井·佐藤·渡邊) 참조.
9) 김주수·김상용, 691.

를 인정하더라도 본조는 특별한 법정책임으로 이해하면 된다는 견해도 있다.[11)]

종래의 다수설은 가분채권은 가분채권이 공동상속인들에게 법정상속분에 따라 당연히 분할승계되므로 분할의 대상이 않는다고 하였으나, 근래에는 가분채권이 당연히 분할승계되더라도 예외적으로 분할의 대상이 된다는 견해도 유력하다(자세한 내용은 상속재산의 분할 前註 참조). 대법원 2016. 5. 4.자 2014스122 결정은 절충설의 입장에서 가분채권은 원칙적으로 상속재산분할의 대상이 될 수 없으나, 초과특별수익자가 있거나, 특별수익자 또는 기여분권리자가 있는 경우에 예외적으로 상속재산분할의 대상이 된다고 하였다.[12)] 이러한 판례에 따르면, 본조는 그 가분채권이 예외적으로 분할의 대상이 된 경우에 적용될 수 있다고 할 것이다.[13)]

10) 오시영, 546.

11) 김숙자, "공동상속인간의 상속재산의 공동소유와 그 관리", 가족법학 논총 : 박병호 환갑기념 (1991), 604.

12) 이 결정 이후의 판례로 대법원 2016. 7. 14.자 2014스101 결정.

13) 新注民(27), 457(宮井 · 佐藤 · 渡邊) 참조.

第1018條(無資力共同相續人의 擔保責任의 分擔)

擔保責任있는 共同相續人 中에 償還의 資力이 없는 者가 있는 때에는 그 負擔部分은 求償權者와 資力있는 다른 共同相續人이 그 相續分에 應하여 分擔한다. 그러나 求償權者의 過失로 因하여 償還을 받지 못한 때에는 다른 共同相續人에게 分擔을 請求하지 못한다.

Ⅰ. 본조의 내용 및 취지

본조 본문은 §1016 또는 §1017에 따라 담보책임 있는 공동상속인 중에 상환 자력이 없는 자가 있는 경우에는 그 부담부분은 구상권자와 자력 있는 다른 공동상속인이 그 상속분에 의하여 분담한다는 것을 규정하고 있다. 공동상속인의 무자력은 고유재산의 채무초과, 상속재산 분할 후 자력 감소의 경우에 발생할 수 있다.[1)] 그러나 본조 단서에 의하면 구상권자의 과실로 상환을 받지 못한 때에는 다른 공동상속인에게 분담을 청구하지 못한다.

본조 역시 §1016, §1017와 같이 공동상속인 사이의 공평을 도모하기 위한 것이고,[2)] 연대채무자 사이의 구상에 관한 §427①과 같은 취지의 규정이라 할 수 있다.[3)]

Ⅱ. 적용범위

본조는 임의규정이므로, 공동상속인 사이에 특약이 있는 경우에는 그에 의한다.[4)] 참고로, 일본 민법 §914는 피상속인이 유언으로 본조의 규율과 달리 정할 수 있다고 정하고 있다.

1) 김주수·김상용, 743; 오시영, 612.
2) 新注民(27), 460(宮井·佐藤·渡邉) 참조.
3) 윤진수, 441.
4) 新注民(27), 461(宮井·佐藤·渡邉) 참조.

第 4 節　相續의 承認 및 拋棄

[前註] 總說

▮ **참고문헌**: 김형석(2009), "우리 상속법의 비교법적 위치", 가족법연구 23－1; 송효진(2009), "상속의 승인과 포기에 관한 연구", 이화여대 법학논집 14－1; 양형우(2006), "상속재산의 파산에 관한 고찰", 비교 13－1; 이화숙(2005), "상속의 승인과 포기에 대한 입법론적 연구", 민사 30.

I. 당연승계의 원칙과 포기의 자유

1. 의의

민법은, 피상속인이 사망하여 상속이 개시되면 상속인은 피상속인의 일신(一身)에 전속하는 권리의무를 제외한 재산에 관한 포괄적 권리의무를 법률상 당연히 승계한다고 규정한다(§1005). 이를 법정취득 또는 당연취득의 원칙(Grundsatz des ipso－iure Erwerbs oder des Vonselbsterwerbs)이라고 한다.[1] 그러나 그와 동시에 민법은 상속인에게 상속을 포기(§1041 이하)할 수 있게 한다. 이를 포기의 자유라고 할 수 있다. 이에 대하여 상속을 포기하지 아니하기로 하는 것, 즉 당연승계를 그대로 확정하는 것을 상속의 승인(§1025), 특히 뒤에 볼 한정승인과 대비하여 단순승인이라고 한다.

로마법에서는 일정 범위의 법정상속인에게는 상속이 강제되었고, 포기의 자유가 인정되지 아니하였다.[2] 영미 보통법(common law)도 본래는 포기의 자유

1) 윤진수, 301; 동, "상속채무를 뒤늦게 발견한 상속인의 보호", 서울대 법학 38－3·4, 1997, 185.
2) 자권(自權; 家內)상속인(suus heres)의 경우. 현승종·조규창, 로마법, 1996, 1013, 1021~1022. 김용한, 신친족상속법론, 신판, 2002, 341은 '원시적 가정연대의 사상'에서 이러한 규율의

를 인정하지 아니하였으며,[3] 우리 전통법에서도 포기의 자유는 부정되었다.[4] 그러나 상속인의 의사와 무관하게 상속재산을 강제로 그에게 귀속시키는 것은 근대법의 기본원리에 반한다.[5] 특히 상속재산 중 적극재산이 소극재산에 못 미쳐 채무초과인 경우 상속을 강제한다면 상속인의 의사에 기하지 아니한 채무부담으로써 사적 자치에 대한 중대한 침해가 된다.[6] 민법은 상속개시와 동시에 상속인에게 일응 상속재산을 법률상 당연히 포괄승계 시키면서도 그에게 상속을 포기할 수 있게 함으로써 그의 자기결정권을 존중하는 것이다.

2. 연혁과 비교법

이와 같은 태도는 이미 로마법의 발전과정에서 채택되었고,[7] 근대법에서는 거의 예외 없이 받아들여지고 있는 바이다. 프랑스민법은 기본적으로 당연취득의 원칙을 채택하면서(프민 §724), 상속의 단순승인(acceptation pure et simple)과 포기(renonciation)를 인정하고 있다(프민 §§768 I). 독일민법도 당연취득의 원칙(독민 §1922)을 채택하면서 승인(Annahme)과 포기(Ausschlagung)를 인정한다(독민 §§1942 I, 1953 I). 스위스민법(스민 §560 I, §566 이하), 일본민법도 당연취득의 원칙과 포기의 자유를 결합시키고 있다(일민 §896, §915 이하). 우리 민법은 기본적으로 일본민법을 따른 것이다.

그러나 정반대의 접근도 가능하다. 다시 말하여, 피상속인이 사망하고 상속인이 어떤 취득행위를 하여야 비로소 상속인에게 포괄승계가 이루어지게 하는 것이다. 로마법상 상속재산의 점유가 그러한 예에 속하였고, 오늘날에도 오스트리아일반민법이 그러한 태도를 취한다. 가령 오스트리아일반민법은 피상속인이 사망하여도 상속권을 직접 '점유'하는 것을 허용하지 아니하고(오민 §797) 법원에 의한 상속재산관리절차가 개시되며(오민 §798, 오스트리아비송사건절차법 제121조 이하), 법원에 대하여 승인의 의사표시(Erb(−antritt−)erklärung)를 하여 법원이 점유 이전(Einantwortung) 결정을 하여야 비로소 상속인이 '점유'할 수 있게 되는데(오민 §797), 통설은 법원의 이전 결정이 확정된 때 법률상 포괄승계가 일어

근거를 찾는다.

3) Dukemier and Sitkoff, Wills, Trusts, And Estates, 9th ed., 2013, p. 140.

4) 慣習調査報告書 第一百七十三. 부채자환(父債子還)을 미풍양속이자 효도로 보았다고 한다.

5) 곽윤직, 168~169; 김주수 · 김상용, 744; 박동섭, 605; 이경희, 449. 승인 · 포기의 자유를 제한하는 법률행위는 무효라는 것으로 송덕수, 373; 신영호 · 김상훈, 416.

6) 헌법재판소 1998. 8. 27. 선고 96헌가22, 97헌가2, 3, 9, 96헌바81, 98헌바24, 25 결정.

7) 자권상속인(suus heres)은 상속을 거절할 수 있고(beneficium abstinendi), 가외(家外)상속인(extraneus heres)은 상속을 포기할 수 있었다. 현승종 · 조규창(주 2), 1022 이하.

나고, 그 전에는 상속재산이 법인(法人)을 구성하여 독자적으로 존재한다고 본다.[8] 한편 제정법(statute)에 의하여 포기의 자유를 도입한[9] 영미에서도 — 대륙법계인 미국 루이지애나(Louisiana) 주 등의 예외를 제외하면 — 생전신탁(living trust), 생명보험, 사인(死因)증여, 공동관계(joint tenancy)의 설정 등 유언검인절차를 피하기 위한 유언대체수단(will substitute)을 취하지 아니한 채 유언을 하거나 무유언(법정)상속을 한 경우에는 일단 유언검인절차(probate proceeding)가 개시된다. 그리고 상속재산은 부동산의 경우 매각신탁으로, 그 밖의 재산(동산 chose in action)의 경우 매각신탁이나 환가를 목적으로 인격대표자(personal representative)에게[10] 신탁적으로 이전하여 청산을 거친 뒤에야 잔여재산이 상속인에게 분배된다. 즉, 당연승계의 원칙은 채택되지 아니하고 있다.[11]

3. 입법론적 평가

당연승계의 원칙의 가치는 그것이 대개는 상속인의 의사에 부합하고, 그런 만큼 불필요한 비용을 줄여준다는 점에 있다. 당연승계의 원칙을 취하지 아니하면 국가 내지 법원이 상속인이 승계 여부를 결정할 때까지 상속재산을 관리하는 데 개입하여야 하는데, 대부분의 경우에 상속의 승인이 이루어진다면 이는 낭비를 초래할 수 있다.[12] 그 밖에 상속재산이 일시적으로라도 무주물(無主物)이 되어 보호받지 못하는 것을 막는다는 점을 드는 견해도 있는데,[13] 당연승계의 원칙을 취하지 아니하는 법제에서도 승인이 이루어지기 전까지 상속재산을 무주물로 두지는 아니하므로 반드시 타당한 지적이라고 할 수는 없다. 상속인이 승계하기 전까지 상속재산의 법적 지위를 어떻게 구성하여야 하는가,

8) 로마법에 대하여는 현승종·조규창(주 2), 1032 이하, 오스트리아일반민법에 대하여는 Koziol/Welser, Grundriss des bürgerliches Rechts, Band II, 12. Aufl., 2001, S. 519 ff. 이처럼 모든 상속인이 당연히 '상속분을 점유'하는 것이 아니고 일정한 상속인은 '상속분을 점유'하기 위한 별도의 행위를 하여야 한다는 관념은 프랑스민법에도 존재하나, 프랑스민법상 점유상속을 하지 못하는 자는 오늘날에는 국가 정도로 매우 축소되어 있어 거의 의미를 갖지 아니한다. 이준형, "프랑스 민법상 수임인에 의한 상속재산의 관리", 민사 59, 2012, 376 이하.

9) Dukemier and Sitkoff(주 3), p. 140.

10) 피상속인이 유언집행자(executor)를 지정한 경우에는 그 유언집행자가, 지정하지 아니한 경우에는 법원이 지명한 상속재산관리인(administrator)이 인격대표자가 된다.

11) 미국의 통일유언검인법(Uniform Probate Code), 영국의 1925년 상속재산관리법(Administration of Estates Act 1925). 이화숙, "채무초과 상속재산에 대한 채권자의 권리와 상속인보호", 비교 4-1, 1997, 90~92; Andersen, Understanding Trusts and Estates, 4th ed., 2009, pp. 2~5; Dukemier and Sitkoff(주 3), pp. 41 ff.

12) MünchKommBGB/Leipold, 6. Aufl., 2013, §1942 Rn. 3.

13) BaslerKommZGB/Schwander, 2. Aufl., 2003, Art. 560 N. 2; Leipold(주 12), Rn. 3. 이경희, 449는 무주물선점의 법리의 적용을 막기 위한 것이라고 한다.

가령 (일종의 재단)법인(法人)으로 볼 것인가, 아니면 영미법상 신탁(trust)으로 구성할 것인가 하는 이론상의 문제가 남을 뿐이다.

당연승계의 단점은 상속인이 당연승계를 거부하는 적극적인 행위를 하지 아니하는 한 승계가 이루어지게 되므로 그의 소극적 자기결정이 침해될 수 있다는 데 있다. 그러나 이와 같은 단점은 대개는 상속인의 의사에 부합하여 불필요한 비용을 줄여준다는 장점과 동전의 양면과 같은 관계에 있고, 당연승계의 원칙을 유지하더라도 상속의 승인·포기제도를 적절히 설정하여 대응할 수 있는 것이기도 하다.

Ⅱ. 상속과 채무, 한정승인

1. 의의

(1) 한정승인과 상속인 보호

상속인이 상속을 승인, 포기할지 여부는 피상속인과의 관계 등 여러 인격적 요소의 영향을 받기도 하지만, 상속재산이 전체로서 이익이 되는지 여부라는 재산적 내지 경제적 요소에도 영향을 받는다. 어떤 상속인은 피상속인과의 관계 기타 사유로 상속적극재산보다 상속채무가 더 많음을 알면서도 상속을 승인하기도 하겠지만 다른 상속인은 상속적극재산보다 상속채무가 많은 상속은 받고 싶어 하지 아니할 것이다.

문제는 상속인이 상속재산의 구체적 내역을 정확히 알지 못하는 경우가 오히려 많다는 점이다. 즉, 상속인으로서는 잘 모르고 (단순)승인을 하였다가 과다한 채무를 부담할 가능성이 있는데, 그렇다고 그러한 가능성이 있는지 충분히 알아보지도 못한 채 상속인이 상속을 포기하게 할 것인가라는 문제가 있는 것이다. 물론 이러한 점을 알아보기 위하여 승인·포기기간이 정해져 있고, 연장도 가능하나(§1019), 애초에 상속인에게 상속적극재산을 한도로만 상속채무를 부담할 수 있게 한다면 조사여부에 상관없이 여전히 남는 상속으로 오히려 순채무가 증가할 위험을 피할 수 있을 것이다.[14] 민법은 상속으로 취득할 재산의 한도에서 피상속인의 채무와 유증을 변제할 것을 조건으로 승인(§1028 이하)할 수 있게 함으로써 이와 같은 가능성을 열어주고 있는데, 이를 한정승인이라고 한다. 반면 제한 없이 포괄승계를 받는, 즉 포괄승계의 결과를 확정시키는 것을

14) 그러한 취지로 BaslerKommZGB/Wissmann, 2. Aufl., 2003, Vorbem. zur Art. 580~592 N. 5.

단순승인(§1025)이라고 한다.

결국 상속의 한정승인의 본래의 목적 내지 기능은 승인, 포기와 마찬가지로 상속인의 자기결정 보호에 있다. 즉, 승인, 포기 여부 결정에 있어 전형적으로 중요한 동기인 채무초과 여부를 배려한 선택지를 마련한 것이다.

(2) 상속채무와 상속인의 채무, 한정승인과 재산분리, 파산의 관계

그러나 한정승인의 기능은 여기에 그치지 아니한다.

상속은 상속채권자(피상속인의 채권자로서 그 채무가 상속인에게 상속된 경우)와 상속인의 채권자에게도 상당한 영향을 미친다. 상속으로 상속적극재산이 상속인에게 승계되어 상속인의 고유재산과 합쳐지면 상속채권자는 책임재산으로 상속인의 고유재산을 추가할 수 있게 된다. 마찬가지로 상속인의 채권자도 상속재산이라는 책임재산을 추가할 수 있게 된다. 그러나 상속채권자는 상속인의 채권자라는 경합하는 채권자가 생기고, 상속인의 채권자 역시 상속채권자라는 경합하는 채권자가 생긴다. 상속재산과 고유재산을 합쳐 무자력 상태이고, 어느 한쪽만 무자력이었거나 어느 한쪽의 무자력이 다른 한쪽보다 더 심했던 경우, 이는 상속에 의하여 상속채권자와 상속인의 채권자의 이해관계가 달라짐을 뜻한다. 한정승인은 상속채권자의 책임재산에서 상속인의 고유재산을 제외함으로써 일정 범위에서 상속재산과 고유재산을 분리시켜 단순승인으로 인한 상속인의 채권자와 상속채권자에 대한 영향을 차단하는 기능을 한다.

물론, 한정승인은 상속인만 할 수 있고, 이해당사자인 상속채권자 및 상속인의 채권자가 직접 할 수는 없다. 한정승인의 위와 같은 재산분리기능 내지 작용은 간접적, 반사적으로 미치는 데 불과하다. 민법은 그 대신 상속채권자나 상속인의 채권자로 하여금 재산분리를 구할 수 있게 한다(§1045 이하). 본장 제5절 註釋, 특히 前註 참조. 두 제도는 목적은 서로 다르지만 효과는 매우 비슷하다.

나아가 상속재산이 채무초과여서 피상속인이 파산절차에 들어간 뒤 사망하여 상속이 개시된 경우 상속이 개시되었음에도 불구하고 상속재산만을 파산재단으로 하는 파산절차가 계속 진행된다. 그리고 回生破産 §299 I은 상속재산이 채무초과인데 피상속인이 파산절차를 신청하지 아니한 채 상속이 개시된 경우 상속채권자는 물론 상속인도 상속재산에 대한 파산절차를 신청할 수 있도록 한다. 이와 같은 경우를 통틀어 상속재산 파산이라고 하는데, 상속재산에 대하여만 파산절차가 개시되는 결과 상속재산과 고유재산이 일정 한도에서 분리된다는 점에서 한정승인과 비슷한 작용을 한다. 아래 III. 참조.

2. 연혁과 비교법

고전기 로마법은 상속인은 상속채무에 대하여 무제한의 책임을 부담하고, 상속채무가 적극재산을 초과하면 고유재산으로 이를 변제하여야 한다는 입장이었다. 자권(自權; 家內)상속인(suus heres)은 상속을 거절하고(beneficium abstinendi), 가외(家外)상속인(extraneus heres)은 상속을 포기할 수 있을 뿐이었다. 이러한 상황은 유스티니아누스 황제 때 바뀌었다. 이른바 재산목록작성의 특권(beneficium inventari)이 인정되어 상속인은 유언이 공개된 시점 또는 상속인으로 지정되었음을 인식한 시점부터 30일 내에 일정한 형식에 따라 상속재산목록을 작성하여 60일 이내에 완성하면 상속채무에 대한 책임을 상속으로 취득한 적극재산으로 제한할 수 있게 되었다. 이는 채권자를 위한 재산분리의 도입과 함께 이루어진 진전이었다. 재산분리의 연혁 및 비교법에 관하여는 제5절 前註 참조.

재산목록작성의 특권은 보통법을 거쳐 프랑스민법에 계수되었다.[15] 즉, 프랑스민법은 단순승인(acceptation pure et simple)과 포기(renonciation) 이외에 한정승인(acceptation à concurrence de l'actif net)을 인정한다(프민 §768 I).[16] 상속인이 한정승인을 한 경우에는 2개월 내에 상속재산목록을 법원에 제출하여(프민 §790 I) 상속채무에 대한 책임을 상속재산으로 제한할 수 있다.[17] 상속채권자에게는 재산분리의 청구를 허용한다. 스위스민법도 대체로 같은 태도를 취하여, 승인과 포기 외에 공적 재산목록부 승인(Annahme mit öffentliche Inventar, 스민 §580 이하)과 청산인에 의한 청산(amtliche Liquidation, 스민 §593 이하)을 둔다. 스위스민법은 재산목록을 상속인이 아닌 법원이 조사, 작성하고, 그 때까지 책임제한의 효과를 인정하지 아니하다가 재산목록의 작성이 끝나면 비로소 그에 기초하여 승인, 포기 여부를 결정하게 한다. 이때 청산인에 의한 청산을 선택하면 책임이 제한된다. 최고에도 불구하고 선택하지 아니하면 청산인에 의한 청산을 선택한 것으로 본다(스민 §588). 한편, 피상속인의 채권자도 자기 채권을 해할 우려가 있을 때에는 청산인에 의한 청산을 신청할 수 있으므로(스민 §594 I), 그 한도에서 청산인에 의한 청산이 재산분리의 기능도 함께 한다. 오스트리아일반민법도,

15) 김형석, "한정승인의 효과로서 발생하는 재산분리의 의미", 가족법연구 22-3, 2008, 499 이하.

16) 2006년 개정 전에는 le bénéfice d'inventaire로 되어 있었다. 그 문언에서도 로마법상 목록작성의 특권과의 관련성을 간취할 수 있다.

17) 그 상세에 관하여는 김미경, "프랑스민법상 상속의 승인과 포기", 민사 59, 2012, 532 이하. 2006년 개정 전의 법 상태는 김형석(2009) 참조.

당연승계의 원칙은 취하지 아니하나,[18] 상속채무에 대한 책임을 상속재산의 가액으로 제한하는 재산목록부 승인(Annahme mit Vorbehalt des Inventar, 오민 §§800, 802)을 인정한다. 상속채권자 등은 상속재산과 고유재산이 합쳐짐으로써 자신의 채권의 변제에 위협이 될 경우에는 재산분리를 구할 수 있다(오민 §812).

독일민법은 다소 다른 접근을 채택하여 상속의 (단순)승인과 포기만 인정하고 한정승인은 계수하지 아니하였다. 독일민법은 그 대신에 상속재산관리(Nachlassverwaltung)와 상속재산도산(Nachlassinsolvenz) 제도를 두었다. 상속인이 상속재산관리를 신청하면 상속재산에 대한 관리·처분권이 상속재산관리인에게 이전하고, 상속재산의 범위 내에서 청구한 순서대로 상속채권자에게 변제한다. 상속인은 이로써 그에 대한 책임을 면하게 된다(독민 §§1984~1986). 나아가 상속재산이 채무초과임이 드러난 때에는 상속재산 도산을 신청하여야 하는데(독민 §§1985 II, 1980), 이때에는 도산절차에 따라 상속채권자는 상속재산으로부터 평등하게 만족을 얻고, 상속인의 고유재산에 대하여는 더는 책임을 물을 수 없다(독일도산법 §317 I).[19]

일본민법은 프랑스민법을 따라 상속의 한정승인과 재산분리를 인정하고 있다. 그러나 그와 동시에 일본파산법에는 독일도산법의 예를 따라 상속재산파산도 규정한다(일본파산법 §129).

반면 영미의 경우 상속이 개시되면 상속재산이 신탁 또는 환가를 목적으로 인격대표자(personal representative)에게 이전하고, 그가 검인절차(probate proceeding)에서 유언 및 상속에 관한 분쟁을 정리하는 한편 재산목록을 작성하고 기간을 정하여 채권자의 채권신고를 받거나 알고 있거나 합리적으로 알 수 있는 채권자에게 통지하여 상속채무를 청산한다. 조세납부도 이 단계에서 이루어진다. 그 이후에 비로소 잔여재산이 상속인 또는 수익자에게 분배되고, 채무는 승계되지 아니한다. 이들 업무가 모두 종료되면 법원(probate court)의 승인을 받아 청산절차가 종료된다. 그러므로 영미법에는 단순승인과 한정승인의 구별이 존재하지 아니한다.[20]

---

18) 오스트리아일반민법상 법원의 청산절차는 유증채무만 변제한 채 종료한다. 즉 당연히 개시되는 상속재산관리절차에 가깝고, 포괄적 청산을 예정하지 아니한다. 위 절차 중 상속재산에 대하여 상속채무의 이행을 청구할 수 있으나, 위 절차 중 청산되어야 하는 것은 아니고, 상속채무가 변제되지 아니한 채 절차가 종료하면 상속인이 단순승인을 하였는지 재산목록부 승인을 하였는지에 따라 고유재산이 책임재산이 되는지가 달라질 수 있다. 법원절차가 당연히 개시되므로 재산목록은 법원이 조사, 작성한다. Koziol/Welser(주 8), S. 530.

19) 김형석(2009), 85~99. 최진섭, "상속인의 책임 제한의 법리", 인천법학논총 4, 2001도 참조.

20) 이화숙(주 11), 90~92; Anderson(주 11), pp. 2~5; Dukemier and Sitkoff(주 3), pp. 44~48.

3. 입법론적 평가 : 이른바 한정승인본칙론(限定承認本則論)

상속재산이 채무초과인 경우 상속인은 단순승인하지 아니하려고 하는 경우가 많을 것이다. 상속채권자로서도 본래 상속재산만 책임재산으로 하여 거래한 것이므로 상속인의 고유재산을 책임재산으로 파악하거나 그래야 한다고 주장할 만한 이유가 없을 뿐 아니라 상속인의 채권자와 상속재산을 놓고 경합할 이유도 별로 없다. 상속인의 채권자의 입장에서도 마찬가지이다. 그 역시 상속재산을 책임재산으로 파악하거나 그래야 한다고 주장할 이유가 없을 뿐 아니라, 상속재산이 채무초과라면 오히려 손해가 된다. 문제는 상속재산이 어떤 상황에 있는지는 청산을 해보아야 비로소 알 수 있는 것이 보통이라는 점이다. 이러한 관점에서 상속인의 한정승인이나 상속채권자 또는 상속인의 채권자의 재산분리 청구를 기다리지 아니하고 처음부터 한정승인을 원칙으로 삼는 것이 입법론적으로 바람직하다는 주장이 있는데, 이를 한정승인본칙론이라고 한다.[21)]

그러나 압도적 다수의 상속사건에서 상속인이 단순승인을 하는 현실에서 모든 상속사건에 대하여 한정승인절차를 거치게 하는 것은 매우 번거롭고 시간과 비용이 많이 든다. 상속재산이 별로 없는 대다수의 상속사건의 경우 이는 그나마 남은 재산마저 써버리는 결과가 될 수 있다. 반대로 상속재산이 충분히 많다면 오히려 유언과 유언집행자를 이용함이 합리적이다. 상속이 상속채권자와 상속인의 채권자에게 영향을 미치는 것은 상속재산과 고유재산을 합쳐서 채무초과가 될 때뿐이므로 반드시 흔한 일은 아니고, 이때에도 재산분리와 상속재산 파산 등의 별도의 장치를 마련하여 대응할 수 있다. 다수의 입법례가 한정승인을 원칙으로 삼지 아니하고 있는 까닭이 여기에 있다.[22)] 한정승인본칙론은 어느 모로 보아도 취할 바가 아니다.

---

21) 이러한 입장으로 곽윤직, 183~185; 박동섭, 606~607; 한봉희·백승흠, 549. 그 밖에 송효진(2009), 322 이하, 329 이하(미성년자에 대하여는 특히 한정승인을 원칙으로 하는 입법이 필요하다고 한다); 이화숙(주 11), 81 이하; 동(2005)(특히 영미법상 인격대표자 제도가 가장 바람직하다고 한다).

22) 김주수·김상용, 745; 윤진수, 301; 동, "특별한정승인의 규정이 소급적용되어야 하는 범위", 서울대 법학 45-3, 2004, 483; 이승우, "법정단순승인에 관한 소고", 가족법연구 11, 1997, 413~414. 미국의 경우에도 검인절차(probate)에 관하여 비슷한 비판이 행해지고 있고, 그 결과 유언대체수단을 통하여 유언검인절차를 회피하는 일이 흔히 생기고 있다. Andersen(주 11), p. 6; Dukemier and Sitkoff(주 3), pp. 41~42; Martin, Non-Judicial Estate Settlement, 45 U. Mich. J. L. Reform, 965 (2012). 통일유언검인법(UPC) §§3-312~3-322는 이해관계인이 없는 경우 등에는 상속인이 유언검인절차 대신 포괄승계를 신청할 수 있게 하고 있으나, 어느 주도 이를 채택하지 아니하고 있다.

Ⅲ. [補論] 상속재산 파산과 상속인 파산

1. 상속재산 파산

상속재산의 파산은 상속의 승인·포기, 특히 한정승인 및 재산분리와 밀접한 관련을 맺고 있다. 제도적으로 상속재산의 파산이 한정승인의 기능을 대신하는 입법례가 있음은 앞서 본 바와 같다.

(1) 상속재산 파산의 개시

상속재산 파산은 두 가지 경우에 개시된다.

첫째, 피상속인에 대하여 파산이 신청되었거나 파산이 선고된 뒤 – 파산원인의 존재, 즉 피상속인의 지급불능(回生破産 §305)을 전제한다 – 피상속인이 사망하여 상속이 개시된 때이다. 이 경우 피상속인에 대한 파산절차는 법률상 당연히 상속재산 파산으로 이행한다(回生破産 §308).[23] 그 결과 상속에도 불구하고 상속재산과 고유재산의 구별이 유지된다.

둘째, 상속재산으로 상속채무와 유증채무를 변제하기에 부족한데(回生破産 §307)[24] 파산을 신청하지 아니한 채 피상속인이 사망하여 상속이 개시된 뒤 신청권자가 '상속재산의 파산'을 신청한 경우이다. 앞의 경우와의 균형상 이 경우에도 상속인의 재산 중 고유재산이 아닌 상속재산에 대하여만 파산을 신청할 수 있게 한 것이다. 그 결과 상속재산과 고유재산이 분리된다. 신청권자는 상속채권자, 유증을 받은 자(즉, 수유자), 상속인, 상속재산관리인 또는 유언집행자이다(回生破産 §299 I). 상속채권자와 수유자는 상속재산에 대한 채권자에 해당한다. 이들이 상속재산 파산을 신청하는 경우 파산은 재산분리와 비슷한 기능을 한다. 다만 상속인의 채권자는 상속재산 파산은 신청하지 못한다. 또한 回生破産 §299 I 은 상속인[25] 및 상속재산관리인, 유언집행자도 신청권자로 함으로써 여기에 한정승인과 비슷한 기능도 부여한다. 상속채권자, 수유자 또는 상속인(§1001 대습상속인을 포함한다.)이 수인(數人) 있는 경우 1인의 신청으로도 족하다.[26] 반면 상

23) 그러나 파산절차 개시결정 전 상속이 개시된 때에도 당연히 속행하는 것으로 한 점은 입법론적으로 의문이라는 지적도 있다. 양형우(2006), 461.

24) 입법론적으로 독일도산법처럼 이 경우에도 지급불능을 파산원인으로 포함시킬지 검토가 필요하다는 지적으로 양형우(2006), 455. 다른 한편 같은 글, 461은 상속재산이 지급불능에 해당하나 채무초과는 아니었다면 상속개시 후 상속인이 개시결정에 대하여 상속재산 파산의 원인이 존재하지 아니함을 이유로 즉시항고할 수 있다고 한다.

25) 상속을 승인하기 전의 상속인도 신청권자에 포함된다. 상속재산을 분할한 뒤에도 기간 내이면 신청할 수 있다. 양형우(2006), 455~457.

26) 양형우(2006), 468~469.

속재산관리인과 유언집행자가 수인(數人)이 있는 경우에는 합수적(合手的)으로 권한을 행사하여야 하므로, 그들은 공동으로 신청하여야 할 것이다.

상속채권자나 수유자가 상속재산 파산을 신청할 때에는 파산원인을 소명할 필요가 없으나, 상속인, 상속재산관리인, 유언집행자가 상속재산 파산을 신청하려면 파산원인을 소명하여야 한다(回生破産 §299 III). 한정승인이나 재산분리가 있었던 경우 상속인, 상속재산관리인 및 유언집행자는 파산원인의 존재를 알게 되면 지체 없이 상속재산 파산을 신청하여야 한다(回生破産 §299 II). 이들이 이러한 의무를 게을리 하여 상속채권자나 수유자에게 손해를 입힌 때에는 손해배상책임을 진다.[27] 한정승인이나 재산분리를 한 상속인에 대하여 파산절차가 개시된 때에는 파산관재인에게 그러한 의무가 있다고 보아야 한다.[28] 그러나 단순승인을 한 상속인은 상속재산 파산을 신청할 수도 있고, 상속인의 상속재산과 고유재산을 합쳐 채무초과인 때에는 상속인 파산을 신청할 수도 있으나, 어느 것도 신청할 의무는 없다.[29]

상속재산 파산 신청은 재산분리를 신청할 수 있는 기간 내(§1045), 즉 상속개시 후 3개월 및 아직 승인이나 포기를 하지 아니하였을 경우에는 승인이나 포기를 할 때까지 하여야 한다(回生破産 §300). 상속개시 후 3개월 및 그 이후에도 아직 승인이나 포기를 할 수 있는 기간이 남아 있다면 그 기간까지 할 수 있다는 뜻이다. 기간은 신청권자마다 따로 진행한다. 승인·포기나 재산분리가 있었다는 사정 자체가 위 기간 내에 상속재산 파산을 신청하는 데 영향을 주는 것은 아니다(回生破産 §§300, 346 참조). 그 결과 한정승인, 재산분리와 상속재산 파산이 병존할 수 있게 된다.

(2) 상속재산 파산의 효력

상속재산 파산이 선고되면 상속재산만으로 파산재단이 구성되고(回生破産 §389 I), 이에 따라 고유재산과 분별이 일어나 상속재산과 고유재산 사이에 혼동이 배제된다(回生破産 §389 II). 상속인이 피상속인에 대하여 가지고 있는 채권에 대하여는 혼동이 일어나지 아니하고 그 채권에 대하여 상속인이 상속채권자와 같은 지위를 갖게 된다. 상속인이 피상속인의 채무소멸을 위하여 출연을 한 경우 구상권에 대하여도 같다(回生破産 §437). 상속재산 파산 전에 이미 처분한 상속재산이 있다면 그 반대급여가 파산재단에 속한다. 상속인이 이미 상속

27) 양형우(2006), 458.
28) 양형우(2006), 459.
29) 상속인은 승인 전에는 포기할 여지가 있고, 단순승인 후에는 어차피 무한책임을 진다.

채권에 대한 급여를 수령하였다면 수령한 급여를 파산재단에 반환하여야 한다. 그러나 상속인이 수령 당시 선의였다면 현존이익만 반환하면 된다(回生破産 §390). 침해부당이득의 법리(§748 I)에 따른 것이다.

파산관재인은 피상속인이 한 행위뿐 아니라 상속 후 파산선고 전 상속인, 상속재산관리인 또는 유언집행자가 상속재산에 관하여 한 행위도 그 요건을 갖춘 때에는 부인할 수 있다(回生破産 §400, 부인권). 수유자에 대한 변제 기타 채무소멸행위가 그에 우선하는 상속채권자를 해하는 때에는 별도의 요건을 갖출 것이 없이 부인할 수 있다(回生破産 §401).[30] 이 경우에 상속채권자에게 변제하고 남은 재산은 부인된 행위의 상대방에게 분배된다(回生破産 §402).

파산재단인 상속재산에 대하여는 상속채권자와 수유자만이 파산채권자가 되고, 상속인의 채권자는 파산채권자가 되지 못한다(回生破産 §§435, 438). 상속적극재산과 상속채무만 포괄적으로 청산하는 절차이기 때문이다. 상속채권자와 수유자 사이에서는 상속채권자가 우선하여 변제받는다(回生破産 §443). 그러나 상속재산 파산은 상속재산에 대한 포괄청산에 그치고, 그 자체만으로는 한정승인과 같은 책임제한의 효력을 갖지는 아니한다.

(3) 상속의 승인 · 포기와 상속재산 파산의 관계

(가) 상속의 승인 · 포기의 상속재산 파산에 대한 영향

상속의 승인이나 포기는 상속재산 파산절차의 개시에 영향을 주지 아니한다. 피상속인이 파산선고를 받았거나 피상속인에 대하여 파산신청이 있었던 경우에는 상속개시로 당연히 상속재산 파산으로 이행하고, 그 이후 누가 상속의 승인 또는 포기를 하였는지 여부는 파산절차에 영향을 주지 아니한다. 파산재단이 된 상속재산에 대하여 – 그 귀속에 관계없이 – 파산절차를 진행하면 족하다. 상속개시 전 파산을 신청하지 아니한 경우 回生破産 §300의 기간 내에 상속재산 파산을 신청할 수 있다는 점도 상속인의 승인·포기 여부와 관계없이 타당하다. 다만, 신청권자로서 상속인은 신청 당시 상속인이어야 하므로 후순위상속인은 선순위상속인이 상속을 포기하기 전에는 파산신청을 할 수 없다. 반면 현재 상속인인 이상 승인 여부에 대한 고려기간 중이라는 점은 문제되지 아니한다. 고려기간 중의 상속인에게는 상속재산을 관리할 의무가 있고, 파산신청도 그러한 의무의 일종에 해당하기 때문이다.

상속의 승인·포기는 상속재산 파산절차의 진행에도 별 영향을 주지 아니

30) 입법론적으로는 담보제공도 포함시켜야 할 것이다. 같은 취지로 양형우(2006), 471~472.

한다. 상속을 승인하였거나 한정승인을 한 뒤 법정단순승인사유가 생겨도 진행 중인 상속재산 파산절차는 그대로 진행된다. 한정승인에 따른 청산절차가 진행되고 있었다 하더라도 상속재산 파산선고에 의하여 한정승인에 따른 청산절차는 중지되고(回生破産 §346) 상속재산 파산절차가 우선한다. 그 결과 한정승인을 하였든 단순승인을 하였든 상속재산에 대하여는 상속채권자와 수유자만이 우선하여 포괄청산을 한다. 포괄청산을 마치면 대개는 남는 재산이 없어 단순승인이 있었다 하더라도 상속인의 채권자는 상속재산에 대하여 책임을 추구하기 어렵다.

(나) 상속재산 파산의 상속의 승인 · 포기에 대한 영향

상속재산 파산에도 불구하고 상속을 포기할 수 있다는 데는 이론(異論)이 없다. 상속재산 파산을 신청하는 것은 관리행위에 불과하므로 법정단순승인사유가 되지 아니하며, 파산재단에 대하여 이루어지는 파산절차에 상속의 포기로 그 실체법적 귀속주체가 바뀐다 하여 어떤 영향이 있는 것도 아니다.

그러나 상속재산 파산은 단순승인의 효력에 영향을 준다.

파산절차는 그 자체 청산절차일 뿐이고, 청산이 종결된 뒤의 책임을 규율하지는 아니한다. 따라서 면책결정(回生破産 §556 이하)이 없는 한[31] 파산절차가 종결된 뒤에도 다 변제되지 아니한 채 남은 상속채무가 있다면 그 채무에 터잡아 나중에 발견되거나 취득된 상속재산 또는 고유재산에 대하여 책임을 추궁하는 것이 가능하다. 나아가 상속재산 파산절차가 진행되고 있는 동안에도 상속채권자가 단순승인을 한 상속인의 고유재산에 대하여 집행하는 것을 막지는 못하는 것이 원칙이다. 이를 막기 위해서는 한정승인을 하여야 한다. 한정승인의 실체적 효력, 특히 물적 책임제한은 상속재산 파산에도 불구하고 유지되므로(回生破産 §346), 한정승인을 한 상속인은 상속재산에 대한 파산절차가 종료한 뒤에 상속채무나 유증채무에 대하여 그 고유재산으로 책임을 지지 아니하는 것이다. 그런데 回生破産 §389 III 본문은 상속재산에 대하여 파산선고가 있으면 그 전에 단순승인 또는 §1026 i, ii의 법정단순승인사유가 있다 하여도 상속인이 한정승인을 한 것으로 본다고 하여 단순승인 내지 법정단순승인을 한 때에도 이러한 효과를 연장하고 있다. 그 결과 §1026 iii의 법정단순승인사유가 있을 때(回生破産 §389 III 단서)가 아닌 한 상속인의 고유재산은 언제나 책임을 면

31) 파산면책제도의 취지에 비추어볼 때 망인 내지 그의 상속재산에 대하여 면책결정을 하는 것은 생각하기 어렵다.

하게 된다. 실체법적으로 한정승인을 의제하였으므로 파산절차가 종료되어도 그 효력이 유지된다. 즉, 상속재산 파산만으로 한정승인을 한 것과 같은 효과를 부여하여, 상속채권자는 상속재산만을, 상속인의 채권자는 고유재산만을 책임재산으로 파악하는 것이다. §1026 iii의 법정단순승인은 일종의 제재에 해당하므로 이러한 혜택을 부여받지 못한다.

그런데 이와 같이 할 바에는 독일과 같이 한정승인을 폐지하고 상속재산 파산으로 해결하게 함이 더 합리적이지 않은가 하는 생각을 해볼 수 있다. 한정승인은 절차진행이 한정상속인의 손에 맡겨져 있고 절차적 미비점이 많을 뿐 아니라 실체적 효과도 파산만큼 강력하다고 할 수 없으므로, 잘 완비된 상속재산파산에 그 기능을 맡기고, 한정승인의 책임제한효과를 상속재산파산에 인정하는 것이다. 이미 그러한 입법론이 있고,[32] 서울가정법원과 서울회생법원도 2017. 7. 17.부터 한정승인을 받은 상속인을 대상으로 서울회생법원에서 상속재산 파산절차를 밟을 수 있다는 안내 서비스를 시행하고 있다.

2. 상속인 파산

(1) 파산선고를 받은 상속인이 그 후 상속을 받는 경우

상속개시 전 이미 상속인에 대하여 파산선고가 있었다면 — 이는 상속인이 고유재산과 그 자신의 (고유)채무만으로 지급불능임(回生破産 §305)을 전제한다 — 그 뒤 취득한 상속재산은 이른바 신득(新得)재산으로써 파산재단을 구성하지 아니하므로(回生破産 §382 I의 반대해석, 고정주의), 파산절차의 영향을 받지도 아니한다.[33] 파산재단은 상속인의 고유재산과 그의 채권자만으로 구성되어 그들 사이에서 포괄청산이 이루어진다. 상속인은 파산선고를 받았음에도 불구하고 상속을 한정승인 또는 포기할 수 있다. 상속인이 단순승인을 한 때에도 상속채권자는 파산채권자가 아니므로 파산절차 하에 있는 고유재산을 공취(攻取)할 수 없다.

(2) 상속인이 상속개시 후 파산한 경우

반면 상속개시 후 상속인에 대하여 파산선고가 있었다면 — 이는 상속재산과 고유재산을 합쳐 지급불능임을 전제한다(回生破産 §305) — 상속재산과 고유재산을 합친 것이 파산재단을 이루고 상속채권자, 수유자(回生破産 §435)와 상

32) 윤진수, 471.
33) 곽윤직, 199; 양형우(2006), 473.

속인의 채권자가 파산채권자가 되어 파산적 청산절차에 참여하게 된다.[34] 이때 청산 및 배당순위를 어떻게 할 것인지에 관하여는 상속의 승인·포기에 관한 규율과 상속재산 파산에 관한 규율이 둘 다 영향을 미친다.

먼저, 상속인 파산은 상속인이 상속개시 후 파산선고 전에 한 단순 또는 한정승인의 효력에 영향을 주지 아니한다. 다만 한정승인에 따른 청산절차는 중지된다(回生破産 §346).[35]

상속인이 단순승인을 한 때에는 상속재산과 고유재산이 혼합된다. 상속재산에 파산사유가 없거나 파산사유가 있다 하더라도 상속재산 파산을 신청할 수 있는 기간 내에 상속재산 파산도 상속인 파산도 신청하지 아니하다가 그 이후에 상속인 파산을 신청한 때에는 이를 그대로 존중하여 상속채권자와 상속인의 채권자는 상속재산과 고유재산 모두에 대하여 동순위채권자가 되고, 수유자가 후순위가 된다. 반면 상속재산 파산을 신청할 수 있는 기간 내에 상속인 파산을 신청한 때에는 상속재산으로 된 파산재단에 대하여는 상속채권자와 수유자가 상속인의 채권자보다, 고유재산으로 된 파산재단에 대하여는 상속인의 채권자가 상속채권자와 수유자보다 각 우선한다(回生破産 §444). 그리고 상속재산 파산과 상속인 파산이 모두 선고된 때에는 상속재산으로 된 파산재단에 관하여는 상속채권자와 수유자만이 파산채권자가 되는 반면,[36] 고유재산으로 된 파산재단에 관하여는 상속채권자, 수유자, 상속인의 채권자 모두 전액으로 파산채권자가 되되(回生破産 §435), 상속인의 채권자가 상속채권자, 수유자보다 우선한다(回生破産 §445).

반면 한정승인을 한 때에는 한정승인에 따른 청산절차는 중지되지만 그 실체법적 효력은 파산절차에서도 유지된다. 즉, 상속채권자와 수유자는 상속인의 고유재산으로 된 파산재단에 대하여 파산채권자가 되지 못한다(回生破産 §436). 그 결과 상속재산에 파산원인이 없거나 파산원인이 있다 하더라도 상속재산 파산을 신청할 수 있는 기간 내 상속재산 파산도 상속인 파산도 신청하지 아니하다가 그 이후에 상속인 파산을 신청한 때에는 상속채권자와 수유자, 상속인의 채권자 모두가 상속재산으로 된 파산재단에 대하여 파산채권자의 지위를 가지지만 상속채권자와 수유자가 상속인의 채권자보다 우선하고, 고유재산으

34) 곽윤직, 199~200.

35) 파산선고 전 포기한 경우에는 아예 상속이 일어나지 아니하므로 문제가 되지 아니한다.

36) 상속인의 채권자는 상속재산 파산절차에서 파산채권자가 될 수 없으므로 추가적인 제한이 일어나는 것이다.

로 된 파산재단에 대하여는 상속인의 채권자만이 파산채권자가 된다. 반면 상속재산 파산도 함께 선고되었다면 상속재산으로 된 파산재단에 대하여는 상속채권자와 수유자만이, 고유재산으로 된 파산재단에 대하여는 상속인의 채권자만이 파산채권자가 된다.

다음, 파산선고 전 상속이 이루어졌으나 파산선고 후에야 비로소 승인·포기를 한 때에는 그 효력이 제한되어, 한정승인은 그 효력을 유지하나 단순승인은 '파산재단에 대하여는' 원칙적으로 한정승인의 효력을 가질 뿐이다(回生破産 §§385, 386 I). 그리하여 파산적 청산절차에서는 마치 한정승인을 한 것처럼 상속채권자와 수유자가 상속재산에 대하여는 파산채권자가 되나, 고유재산에 대하여는 파산채권자의 지위를 가지지 못하게 된다(回生破産 §§435, 436). 이러한 효력은 '파산재단에 대하여'만 발생하므로, 파산절차가 종결된 뒤 한정승인의 실체적 효력이 인정되는 것은 아니다. 그리고 파산선고 전에 상속이 이루어졌으나 파산선고 후에야 포기한 경우에도 마찬가지이나, 파산관재인은 그 선택에 따라 포기의 효력을 부여할 수 있다(回生破産 §386). 그 범위에서 파산한 상속인의 포기의 자유는 제한된다.[37]

37) 미국 연방도산법도 파산신청 후의 포기의 효력은 부인하고 있다. David B. Young, The Intersection of Bankruptcy and Probate, 49 S. Tex. L. Rev. 351, (2007). 나아가 일부 주에서는 파산신청이 없었다 하더라도 실체적으로 무자력이기만 하면 포기의 효력을 부인한다. Dukemier and Sitkoff(주 3), p. 142.

第 1 款　總則

第1019條(承認, 拋棄의 期間)

① 相續人은 相續開始있음을 안 날로부터 3月內에 單純承認이나 限定承認 또는 拋棄를 할 수 있다. 그러나 그 期間은 利害關係人 또는 檢事의 請求에 依하여 家庭法院이 이를 延長할 수 있다.

② 相續人은 제1항의 承認 또는 拋棄를 하기 前에 相續財産을 調査할 수 있다.

③ 제1항의 규정에 불구하고 상속인은 상속채무가 상속재산을 초과하는 사실을 중대한 과실없이 제1항의 기간내에 알지 못하고 단순승인(제1026조제1호 및 제2호의 규정에 의하여 단순승인한 것으로 보는 경우를 포함한다)을 한 경우에는 그 사실을 안 날부터 3월내에 한정승인을 할 수 있다.

第1020條(제한능력자의 승인 · 포기의 기간)

상속인이 제한능력자인 경우에는 제1019조제1항의 기간은 그의 친권자 또는 후견인이 상속이 개시된 것을 안 날부터 기산(起算)한다.

第1021條(承認, 拋棄期間의 計算에 關한 特則)

相續人이 承認이나 拋棄를 하지 아니하고 第1019條第1項의 期間 內에 死亡한 때에는 그의 相續人이 그 自己의 相續開始있음을 안 날로부터 第1019條第1項의 期間을 起算한다.

■ **참고문헌**: 김상환(2006), "상속인이 1998. 5. 27. 이후 개정 민법 시행 이전에 상속개시 있음을 알게 되었음에도 개정 민법 시행 이후에야 중대한 과실 없이 상속채무 초과 사실을 알게 된 경우, 그 사실을 안 날로부터 3개월 내에 한정승인을 할 수 있는지 여부(적극)", 해설 57; 류일현 · 이승우(2012), "민법 제1019조 제3항과 고려기간 내의 주의의무", 성균관법학 24-3; 민유숙(2006), "개정민법상 특별한정승인 제도 - 소개와 전망(시론) -", 제문제 15; 박현수(2011),

"민법 제1019조 제3항의 특별한정승인요건 중 중대한 과실", 광주지방법원 재판실무연구 2010; 손지열(1988), "민법 제1019조 1항의 고려기간의 기산점", 민판 10; 서인겸(2011), "채무를 상속한 의사무능력자 및 그의 상속인 보호에 관한 고찰", 가족법연구 25-1; 성금석(2006), "상속한정승인에 있어서 중과실이 없다는 점에 관한 증명책임의 소재와 법률의 흠결에 대한 법관에 의한 법형성의 과제", 부산판례연구회 판례연구 17; 윤진수(1997), "상속채무를 뒤늦게 발견한 상속인의 보호", 서울대 법학 38-3·4; 동(1999), "특별한정승인 제도의 소급적용에 관한 소고", 신문 2766; 동(2002), "상속의 단순승인 의제규정에 대한 헌법불합치 결정의 소급효과 미치는 범위", 가족법연구 16-2; 동(2004), "특별한정승인의 규정이 소급적용되어야 하는 범위", 서울대 법학 45-3; 이상원(2003), "상속포기와 한정승인에 있어 신고기간(고려기간)의 기산점", 재판자료 102; 이진기(2008), "단순승인 의제규정에 대한 헌재결정의 문제", 민사 40; 정상규(2003), "민법제1019조 제3항(특별한정승인)의 해석 및 그 적용범위에 관한 실무상쟁점", 법조 52-5; 최성경(2006), "상속포기와 고려기간의 기산점", 법조 55-12.

Ⅰ. 일반 승인 · 포기기간(§§1019 I, II, 1020, 1021, 1026 ii)

1. 개념, 의의, 기능 및 법적 성질

§1019 I은 '승인, 포기의 기간'이라는 표제 아래에 상속의 단순승인, 한정승인 또는 포기를 할 수 있는 기간을 정한다. 위 기간이 도과하면 상속인은 더는 포기나 한정승인을 할 수 없고, 하여도 효력이 없다. 그 결과 §1005에 의하여 잠정적으로 발생한 제한 없는 당연취득의 효과가 그대로 확정된다. 이를 고려기간, 숙려기간 또는 신고기간이라고 한다.[1] §§1020, 1021, 1026 ii는 이 규정을 보충한다. 이들은 일민 §§915, 916, 917, 921 ii를 그대로 따른 규정이다.

당연취득의 원칙을 채택하는 한 상속인의 사적 자치 내지 자기결정권을 보장하기 위하여 그에게 상속을 포기하거나 책임제한을 유보하고 승인할 가능성을 부여할 필요가 있음은 물론이다. 그러나 상속인의 선택권은 동순위 및 후순위상속인, 상속채권자와 상속인의 채권자 등 이해관계인의 법적 지위를 불확실하게 한다. 당연취득의 원칙을 채택한 법제에서 예외 없이 선택권을 행사할 수 있는 기간을 제한하는 까닭이 여기에 있다.[2] 비교법적으로도 당연취득의 원칙을 채택하는 법제는 예외 없이 선택권의 시적 한계를 정하고 있다(독민 §1944, 프민 §771, 스민 §567). 그러나 당연취득의 원칙을 취하지 아니한다 하더라도 선택

1) 곽윤직, 171; 김주수 · 김상용, 748; 신영호 · 김상훈, 417; 윤진수, 452; 한봉희 · 백승흠, 552. 용어에 관하여는 이상원(2003), 96~98. 일본 구민법(§1017)은 3개월간의 재산조사기간과 조사완료 후 1개월간의 숙려기간을 부여하였는데, 숙려기간, 고려기간이라는 용어는 후자에서 유래하였다면서, 양자를 합쳐 3개월로 정하고 있는 현행법에서 숙려기간이나 고려기간이라는 용어는 정확하지 아니하고 신고기간이라고 함이 바람직하다고 한다.

2) 곽윤직, 168~169; 김주수 · 김상용, 744, 747~748; 박동섭, 611; 한봉희 · 백승흠, 552.

권을 인정하는 한 시적 한계를 정하는 것이 보통이다.[3] 반면 기한제한과 별개로 선택권 행사의 최고를 인정하고, 정해진 기간 안에 선택권을 행사하지 아니하면 일정한 선택을 한 것으로 보는 입법례도 있다(프민 §§772 II,[4] 공적 재산목록 작성 후 스민 §§587, 588).

상속인은 위 기간 중 상속을 단순승인할지 한정승인할지 아니면 포기할지 결정하고, 특히 한정승인이나 포기를 하여야 할 때에는 그에 필요한 신고를 마쳐야 한다. 그러므로 이 기간은 상속의 승인·포기 여부를 결정하기 위한 숙고기간이자 신고기간이다. 나아가 이 기간은 재산조사기간이기도 하다. 이러한 결정에는 상속이 개시되었다는 점과 자신이 상속인이라는 점에 대한 인식 이외에 상속재산의 존부 및 그 내용에 관한 인식이 필요한데, 이러한 인식 또한 위 기간 중에서 얻어져야 하는 것이기 때문이다. §1019 II이 "상속인은 제1항의 승인 또는 포기를 하기 전에 상속재산을 조사할 수 있다"고 규정함으로써 이 기간 중 상속인이 상속재산을 조사할 수 있음을 확인한다.[5] 끝으로 상속인에게 이러한 기회를 부여하였음에도 적절한 조치를 취하지 아니한 채 기간을 도과시켰거나 경솔하게 단순승인 또는 포기를 하였다는 점은 그에게 그 법적 효과를 귀속시키는 근거로도 작용한다.[6]

위 기간의 법적 성질은 제척기간이다.[7]

2. 기산점과 기간

(1) 기산점

승인, 포기의 기간은 '상속인이 상속개시있음을 안 날'부터 기산한다.

(가) '상속개시 있음을'(§1019 I)

먼저 '상속개시 있음'을 알아야 한다. 통설은 피상속인이 사망하거나 실종선고가 확정되었거나 선순위상속인이 결격이거나 상속을 포기하였다는 등 상

3) 가령 미국의 경우 내국세입법(Internal Revenue Code) 제2518조상 상속포기를 이유로 상속증여세를 피하기 위한 요건을 참조하여 9개월 내로 정하는 것이 보통이라고 한다. 그러나 통일유언검인법(UPC)은 기간 제한에 관한 규정을 두지 아니한다. Dukemier and Sitkoff, Wills, Trusts, And Estates, 9th ed., 2013, p. 140.

4) 김미경, "프랑스민법상 상속의 승인과 포기", 민사 59, 2012, 521 이하.

5) 김주수·김상용, 747~748; 신영호·김상훈, 417; 한봉희·백승흠, 552; ErmanBGB/Schlüter, 12. Aufl., 2008, §1944 Rn. 1.

6) 윤진수(1997), 202 참조.

7) 대법원 2003. 8. 11.자 2003스32 결정. 곽윤직, 171; 박동섭, 611; 동, "개정민법과 상속의 한정승인·포기", 법조 51-4, 2002, 14; 송덕수, 374; 신영호·김상훈, 417; 윤진수, 452; 한봉희·백승흠, 557; 谷口知平·久貴忠彦 編輯, 新版 注釋民法(27), 1989, 433(谷口知平).

속개시사유가 발생하였다는 점을[8] 아는 것으로는 충분하지 아니하고, 그 결과 자신이 그 상속인이 되었다는 점까지 알 것을 요한다고 한다(相續人地位認識時說). 자신이 상속인이 되었다는 점을 알지 못한 이상 상속재산을 조사하여 승인, 포기 여부를 결정할 계기를 주지 못하기 때문이다.[9] 그러나 피상속인이 사망하였고 자신이 상속인이 되었다는 사실뿐 아니라 적극 또는 소극상속재산이 존재한다는 사실까지 인식하여야 한다는 견해(相續財産認識時說),[10] (상속채무가 존재하는 경우) 상속채무의 존재를 인식하여야 한다는 견해,[11] (상속재산이 채무초과인 경우) 상속재산이 채무초과라는 점까지 인식하여야 한다는 견해도[12] 있다. 이 견해들은 일반 국민의 의식에 비추어 볼 때 피상속인 사망 당시 적극재산도 채무도 없는 것으로 인식된 상황에서 장차 채권자가 나타날 경우에 대비하여 한정승인 또는 포기신고를 할 것을 기대하기는 어렵다는 점을 배려하여야 한다는 점을 그 근거로 든다. 판례는 "상속개시 있음을 안 날이라 함은 상속인이 상속개시의 원인되는 사실의 발생(즉 피상속인의 사망)을 앎으로써 자기가 상속인이 되었음을 안 날을 말하는 것이지 상속재산의 유무를 안 날을 뜻하는 것"은 아니므로,[13] 피상속인의 연대보증사실을 알지 못한 경우는 물론,[14] 피상속인의 처 및 자녀들이 적극재산 및 소극재산의 존재를 전혀 모른 때에도[15] 기간이 진행한다고 하여 통설을 따르고 있다. 반면 독일의 통설은 상속재산 이전의 근거가 되는 사실을 안 날부터 포기기간이 진행하지만, 법률전문가 아닌 일반인이 상속재산이 채무초과이거나 적어도 적극재산이 없다고 믿었다면 독민 §1944의 포기기간의 진행에 장애가 될 수 있다고 하고, 독일 하급심 재판례 중에도 적극재산이 존재하지 아니할 경우 구체적인 사정에 따라 상속재산 이전에 대한 인식을 배제할 여지가 있다는 것이 있다.[16] 일본 최고재판소 판례도 "숙려기간

8) 이상원(2003), 142 이하; 谷口知平(주 7), 436.

9) 곽윤직, 172; 김주수 · 김상용, 749; 신영호 · 김상훈, 417; 윤진수, 452; 이경희, 451; 한봉희 · 백승흠, 554. 또한 윤진수(1997), 202~204.

10) 박동섭, 612; 박병호, 392; 이상원(2003), 125~133; 이영무, "선순위 상속인들이 상속을 포기하였을 경우 상속재산이 차순위 상속인에게 귀속되는지 여부에 관하여", 인권 239, 1996, 112.

11) 김운호, "채무상속", 재판자료 78, 1998, 708; 이화숙, "채무초과 상속재산에 대한 채권자의 권리와 상속인보호", 비교 4-1, 1997, 81~84.

12) 손지열(1988), 236~237.

13) 대법원 1988. 8. 25.자 88스10, 11, 12, 13 결정. 그 이외에 대법원 1969. 4. 22. 선고 69다232 판결; 대법원 1984. 8. 23.자 84스17, 18, 19, 20, 21, 22, 23, 24, 25 결정; 대법원 1986. 4. 22.자 86스10 결정; 대법원 1991. 6. 11.자 91스1도 결정 참조.

14) 대법원 1986. 4. 22.자 86스10 결정.

15) 대법원 1984. 8. 23.자 84스17, 18, 19, 20, 21, 22, 23, 24, 25 결정.

16) Schlüter(주 5), Rn. 3~4; BayObLG FamRZ 1994, 264.

은 상속개시의 원인인 사실 및 이에 의하여 자기가 법률상 상속인으로 된 사실을 안 때로부터 기산하지만, 상속인이 위 사실을 안 경우에도 위 사실을 안 때로부터 3개월 이내에 한정승인 또는 포기를 하지 않은 것이 피상속인에게 상속재산이 전혀 존재하지 아니한다고 믿었기 때문이고, 또한 피상속인의 생활력, 피상속인과 상속인 사이의 교제상태, 기타 제반 상황으로 보아 당해 상속인에 대하여 상속재산의 유무의 조사를 기대하는 것이 현저히 곤란한 사정이 있고, 상속인이 그처럼 믿은 데 상당한 이유가 있다고 인정되는 때에는, 상속인이 상속재산의 전부나 일부의 존재를 인식하였거나 통상 이를 인식할 수 있었을 때부터 기산한다고 해석함이 상당하다"고 한다.[17]

§1019 I의 취지는 상속인은 상속개시 있음을 안 때에는 그때로부터 3개월 내에 피상속인의 재산 상태를 조사하여 상속 포기 여부를 결정하라는 것으로, 상속인에게 일종의 조사 의무를 부과한 것이고, 이때 조사대상에는 상속재산의 내용뿐 아니라 그 존부도 포함된다. 따라서 상속재산의 존부는 그 인식의 대상이 아니고, 상속이 개시된 사실과 자기가 상속인이 된 사실만이 인식의 대상이라고 봄이 타당하다. 상속재산인식시설은 상속재산의 조사를 게을리 하여 채무초과임을 알지 못한 채 단순승인을 하였거나 위 기간을 도과시킨 상속인을 구제하려는 데 그 취지가 있다. 그러나 상속재산이 존재한다는 점은 인식하였으나 채무초과일리 없다고 믿은 경우는 구제하지 못하고 상속재산이 존재하지 아니함은 인식하였으나 채무초과가 아닌 경우에는 불필요하게 장기간 상속을 포기할 수 있게 하는 등 이러한 상속인을 구제하는 데 적절한 기준을 제공하지 못한다. 또한 상속재산이 채무초과인 경우에 한하여 예외를 인정하는 것은 이미 해석의 한계를 넘은 법률의 흠결보충으로 방법론적으로 타당하다고 보기 어렵다.[18] 현행법은 §1019 III이 특히 구제가 필요한 때에는 위 기간의 도과에도 불구하고 한정승인을 허용하고 있으므로,[19] 이러한 해석적 무리를 감행할 필요도 없다. 통설이 타당하다.

(나) '안 날'(§1019 I)

다음으로 상속개시 및 자기가 상속인이 된 사실을 실제로 '알아야' 한다.

---

17) 日最判 1984(昭 59). 4. 27. 民集 38−6, 689. 판례 · 학설의 전개과정에 대하여는, 윤진수(1997), 194~201 참조.

18) 윤진수(1997), 202~204도 상속재산인식시설은 법률의 흠결을 전제하는 보충에 해당하는데, 법 보충의 요건을 충족하지 못한다고 한다.

19) 그러나 이상원(2003), 162 이하는 §1019 III에도 불구하고 §1019 I에 관하여는 상속재산인식시설이 타당하고, 양자를 중복 적용하여야 한다고 한다.

적극적 인식이 필요하고, 단순히 과실 또는 중대한 과실로 인식하지 못하거나 착오한 것만으로는 충분하지 아니하다.[20] 실종선고에 의하여 사망한 것으로 간주되는 경우 그 사망시점은 실종기간 만료 시로 소급하나(§28), 효력은 실종선고가 확정되어야 비로소 발생하므로, 안 날도 실종선고확정사실을 안 날이 될 수밖에 없다.[21] 不在特 §4에 의하여 실종선고의 효과를 갖는 부재선고의 경우에도 같다. 다만, 자기가 상속인이 된다는 점을 인식하기에 객관적으로 충분한 정보, 즉 피상속인의 사망사실과 피상속인과 자신의 근친관계를 알고 있었던 때에는 원칙적으로 인식하였다고 추인함이 옳다. 나아가 그러한 점을 애써 믿지 아니하려 하였을 때에도 '인식'은 인정된다.[22]

문제는 법률의 착오로 위 사실을 인식하지 못한 경우에도 위 기간이 기산되었다고 할 수 있는가 하는 점이다. 학설은 일반적으로 법률의 착오로 상속이 개시되었거나 자기가 상속인이 된 사실을 알지 못한 경우에도 위 기간은 기산하지 아니한다고 본다.[23] 판례도 "피상속인의 사망으로 인하여 상속이 개시되고 상속의 순위나 자격을 인식함에 별다른 어려움이 없는 통상적인 상속의 경우에는 상속인이 상속개시의 원인사실을 앎으로써 그가 상속인이 된 사실까지도 알았다고 보는 것이 합리적이나, 종국적으로 상속인이 누구인지를 가리는 과정에 사실상 또는 법률상의 어려운 문제가 있어 상속개시의 원인사실을 아는 것만으로는 바로 자신의 상속인이 된 사실까지 알기 어려운 특별한 사정이 존재하는 경우도 있으므로, 이러한 때에는 법원으로서는 '상속개시 있음을 안 날'을 확정함에 있어 상속개시의 원인사실뿐 아니라 더 나아가 그로써 자신의 상속인이 된 사실을 안 날이 언제인지까지도 심리, 규명하여야" 한다면서,[24] 1966. 9. 8. 사망한 피상속인의 계모가 상속법에 대한 부지로 자기가 아닌 자기의 미성년의 친생자, 즉 피상속인의 이복형제에게 상속되었다고 잘못 알고 그 친생자의 이름으로 상속재산을 점유하고 있던 제3자를 상대로 소송을 진행하던 중 제1심 판결을 받아보고서야 그 친생자가 아닌 자신이 상속인임을 알게 되어 그로부터 3개월 이내에 상속포기신고를 한 사안에서 위 상속포기가 적법

20) 곽윤직, 172; 김주수 · 김상용, 749; 신영호 · 김상훈, 417; 이상원(2003), 151~153; Schlüter(주 5), Rn. 3.
21) 박동섭, 614; 동(주 7), 16.
22) MünchKommBGB/Leipold, 6. Aufl., 2013, §1944 Rn. 8.
23) 곽윤직, 172; 김주수 · 김상용, 749; 신영호 · 김상훈, 417; 윤진수, 452~453; 이상원(2003), 157~158.
24) 대법원 2005. 7. 22. 선고 2003다43681 판결. 또한 대법원 1991. 6. 11.자 91스1도 결정 참조.

하다고 보았다.25) 또한 판례는 1997. 1. 4. 피상속인이 사망하여 피상속인의 자녀들이 그 무렵 자기 자신을 위하여 상속포기신고를 하였으나 피상속인의 미성년의 손자녀들인 피고들을 위한 상속포기신고는 하지 아니한 경우, 상속을 포기한 까닭이 피상속인에게 채무가 과다하여 그 채무가 상속되는 일을 막기 위함이었다면 마땅히 피고들을 위하여도 상속포기신고를 하였어야 했으나, 그들의 상속포기로 인하여 그 손자녀들인 피고들에게 상속된다는 사정은 §1000 I i와 §§1042~1044의 규정들을 종합적으로 해석함으로 도출되는 것이어서 일반인으로서는 상속개시의 원인사실을 아는 것만으로 자신이 상속인이 되었다는 사실을 알기 어려웠던 특별한 사정이 있다고 보는 것이 상당하다고 한다.26) 다만, 판례 중에는 피상속인이 1982. 1. 26. 사망 직전 전 재산을 장남에게 상속해 주겠다고 유언하여 그 밖의 상속인들은 그 유언의 효력으로 자신에게는 재산상속이 개시되지 아니하는 것으로 믿고 있다가 상속채권자가 소를 제기하여 소장 등을 송달받고서야 비로소 상속이 일어났음을 안 경우에는 법률의 착오가 고려되지 아니한다고 한 것이 있는데,27) 이 경우도 자신이 상속인이 되었다는 점을 알지 못한 경우라는 점에서 의문이다. 이러한 경우도 고려하여야 할 법률의 착오에 해당한다고 봄이 옳을 것이다.28)

인식하여야 하는 대상이 상속이 개시되었다는 점과 자기가 상속인이 되었다는 점인 이상, 상속적극재산이나 상속채무가 존재하고 그로 인하여 상속의 포기를 할 필요가 있다는 점이나 상속포기제도의 존재에 관한 법률의 착오는 기간의 진행을 막지 아니한다.29) 판례도 상속개시 있음을 안 날이 일반적으로 상속포기제도가 있음을 안 날을 의미하는 것은 아니라고 한다.30)

25) 대법원 1969. 4. 22. 선고 69다232 판결.

26) 대법원 2005. 7. 22. 선고 2003다43681 판결. 평석: 최성경(2006), 같은 취지: 대법원 2013. 6. 14. 선고 2013다15869 판결. 그 밖에 피상속인의 처, 자녀 및 부모가 모두 상속을 포기하여 형제자매가 상속인이 된 경우 피상속인의 형제자매가 이로써 자신들이 상속인이 되었다는 사실까지 안다는 것은 이례에 속하므로 이러한 과정을 거쳐 피상속인의 형제자매가 상속인이 된 경우에는 상속인이 상속개시의 원인사실을 아는 것만으로 자신이 상속인이 된 사실을 알기 어려운 특별한 사정이 있다고 보는 것이 상당하고 법원으로서는 '상속개시 있음을 안 날'을 확정함에 있어 상속개시의 원인사실뿐 아니라 더 나아가 그로써 자신의 상속인이 된 사실을 안 날이 언제인지까지도 심리·규명하여야 마땅하다는 것으로, 대법원 2012. 10. 11. 선고 2012다59367 판결. 비슷한 취지로, 대법원 2015. 5. 14. 선고 2013다48852 판결.

27) 대법원 1988. 8. 25.자 86스10, 11, 12, 13 결정.

28) 이상원(2003), 157; 최성경(2006), 325~327도 이 판결에 대하여 의문을 제기한다.

29) 윤진수(1997), 204; 이상원(2003), 157; Schlüter(주 5), Rn. 3.

30) 대법원 1988. 8. 25.자 86스10, 11, 12, 13 결정.

(다) '상속인'(§§1019 I, 1020, 1021)

끝으로, '상속인'이 이러한 사정을 알아야 한다. '상속인'은 원칙적으로 상속인 본인을 가리킨다. 공동상속인이 있는 경우에는 공동상속인별로 각기 기산한다(§1029 참조).[31] 진정상속인만 고려되며, 진정상속인이 안 이상, 참칭상속인이 존재하여 상속회복청구를 하여야 하는 상황이어도 위 기간은 진행한다.

상속인이 제한능력자인 때에는 그의 친권자 또는 후견인, 즉 법정대리인이 '상속개시있음'을 안 날부터 기산한다(§1020). 상속의 승인, 포기는 법률행위이므로 법정대리인의 인식을 기준으로 한 것이다. 제한능력자는 미성년자(§5)와 피성년후견인(§10) 및 상속의 승인, 포기에 관하여 후견인의 동의를 받아야 하는 피한정후견인(§13 I 참조)을 말하나,[32] 상속의 승인 · 포기에 관하여 판단능력을 갖추고 있지 못한 의사무능력자에 대하여도 같은 규정을 유추함이 타당하다.[33] 가령 의사무능력자에 대하여는 소를 제기한 뒤 특별대리인을 선임하게 하여(民訴 §62-2) 그에게 인식시키거나 의사무능력이 지속적인 경우 후견을 개시시킬 필요가 있다. 반면 피성년후견인이나 피한정후견인이라 하더라도 단독으로 상속의 승인이나 포기를 할 수 있는 때에는 본인의 인식이 기준이 된다.

친권자나 후견인이 상속인의 상속의 승인, 포기에 관하여 법정대리권이 제한되어 있거나 법정대리권을 상실한 때에는 그의 인식은 고려되지 아니한다. 친권 또는 대리권 · 재산관리권을 상실하였거나(§§924, 925) 그 친권이 복종하는 미성년자의 상속의 승인, 포기에 관하여 이해상반행위(§921)에 해당하는 경우가 그 예이다. 어떠한 경우가 이해상반행위에 해당하는지에 관하여는 주해친족 §921 註釋, 공동친권자들 사이에 의견이 일치하지 아니하는 경우가 이에 해당하는지에 관하여는 주해친족 §909 註釋 참조. 상속의 승인, 포기에 관하여 권한이 제한된 후견인의 인식도 고려되지 아니한다. 어떤 사정으로 상속이 개시되었음에도 제한능력자나 의사무능력자에 대하여 법정대리인이 없거나 앞서 본 바와 같이 권한이 제한되어 있을 때에는 법정대리인(§§9, 12, 14-2, 932, 936, 959-3, 959-9, 959-11)이나 특별대리인을 선임시키고(民訴 §62-2) 그에게 상속개

31) 박동섭, 615; 동(주 7), 16~17; 윤진수, 454; 신영호 · 김상훈, 418; 日最判 1976(昭 51). 7. 1. 家月 29-2, 91; 谷口知平(주 7), 436; Schlüter(주 5), Rn. 9.

32) 한정후견인이 상속의 승인 · 포기에 관하여 법정대리권(§741)을 받았고, 피한정후견인은 승인 · 포기를 단독으로 할 수 없는 경우를 전제한다고 해석하여야 할 것이다. 김주수 · 김상용, 750. 한정후견인에게 대리권은 없고 동의권만 있으며 피한정후견인은 단독으로 할 수 없는 경우는 어떠한가. 피한정후견인과 한정후견인이 둘 다 인식한 때를 기준으로 하는 수밖에 없을 것이다.

33) 윤진수, 456; 서인겸(2011), 46~48.

시를 인식시켜야 기간이 진행한다.[34] 미성년자가 성년이 되거나 의사무능력자가 의사능력을 회복하는 등 본인이 능력을 회복하면 그때부터 위 기간이 기산함은 물론이다.[35] 법정대리인이 있었으나 상속의 승인·포기를 하지 아니한 채 기간이 만료되기 전에 사망하였거나 법정대리권을 상실한 경우, 상속개시 당시에는 능력자였으나 상속의 승인, 포기를 하지 아니하고 있던 중 기간만료 전에 제한능력자 또는 의사무능력자가 된 경우에 관하여는 새로운 법정대리인이 취임하여 그가 위 사실을 인식한 때로부터 다시 3개월의 기간이 진행한다는 견해와,[36] §1020와 시효정지에 관한 §179에 비추어 새로운 법정대리인이 선임되거나 제한능력자가 능력을 회복한 때로부터 3개월 내에는 위 기간이 종료하지 아니한다는 견해가[37] 있다. 뒤의 견해가 타당하다.

태아는 상속순위에 관하여 이미 출생한 것으로 본다(§1000 III). 출생 전 태아의 지위에 관하여는 살아서 출생할 것을 정지조건으로 소급하여 권리능력을 갖는다는 견해(정지조건설)와 일응 권리능력을 가지나 사산(死産)을 해제조건으로 하여 소급하여 권리능력을 상실한다는 견해(해제조건설)가 갈린다.[38] 해제조건설에 따르면 태아는 권리능력이 있으나 무능력자이고 해제조건설은 친권에 관한 규정을 유추하여 태아의 법정대리인을 인정하므로, 법정대리인이 필요한 사실을 인식한 때에 위 기간이 진행하게 된다. 반면 정지조건설에 따르면 태아는 출생 전에는 권리능력도 법정대리인도 없으므로 출생한 뒤 친권자 등 법정대리인이 위 사실을 인식하여야 기간이 진행한다.[39] 판례는 정지조건설을 취한다고 이해되고 있다.[40]

상속인이 위 기간 중 단순승인, 한정승인 또는 포기를 하지 아니한 채 사망하는 등 상속이 개시되면 위 상속의 승인·포기권은 위 상속인의 상속인에게 상속된다. 독민 §1952 I, 스민 §569 I, 오민 §809는 이를 명문으로 확인하나, 명문의 규정이 없는 우리 민법에서도 그렇게 해석하는데 이론(異論)이 없다.[41] 그

34) 곽윤직, 172; 김주수·김상용, 750; 박동섭, 616; 谷口知平(주 7), 442.
35) 이상원(2003), 149. 그러나 그 근거를 §179의 유추에서 찾는 것은 의문이다.
36) 박동섭, 616. 일본민법에 관하여 같은 취지로, 谷口知平(주 7), 442~443.
37) 곽윤직, 172; 김주수·김상용, 751; 윤진수, 457; 이상원(2003), 149~150. 독민 §§1944 II, 206는 이와 같은 취지를 명시한다.
38) 비교적 근래의 문헌으로, 이진기, "태아의 권리능력에 관한 이론의 재평가", 가족법연구 27-3, 2013, 81 이하.
39) 곽윤직, 172~173; 박동섭, 609, 616; 동(주 7), 17; 윤진수, 456; 이상원(2003), 147~148; 한봉희·백승흠, 556.
40) 대법원 1976. 9. 14. 선고 76다1365 판결; 대법원 1982. 2. 9. 선고 81다534 판결. 그러나 이들은 해제조건설에 따라도 결론이 달라지지 아니하는 사안이었다.

리하여 상속인의 상속인은 자기의 상속에 대한 승인·포기권 이외에 상속인, 즉 자신의 피상속인의 상속에 대한 승인·포기권도 갖게 된다.[42] §1021은 이 경우에 뒤의 승인·포기에 관하여 – 전자(前者)가 그의 상속개시 있음을 안 날이 아니라 – 자신, 즉 상속인의 상속인이 자기의 상속개시 있음을 안 날부터 3개월의 기간이 재기산한다고 규정한다. 상속인의 상속인에게 승인·포기 여부를 결정할 실질적 기회를 보장하기 위하여 둔 특례이다(독민 §1952 II, 프민 §781, 스민 §569 II, III, 일민 §916 참조). 승인·포기권이 수인(數人)에게 공동상속된 때에는 각자 자기의 상속분에 대하여 상속개시 있음을 안 날부터 위 기간이 각기 진행한다고 해석하여야 한다.[43] 즉 승인·포기권은 각자의 상속분에 따라 분할상속된다. 이때 상속개시 있음을 안 날의 의미는 앞서 본 바와 같다. 상속인이 단순승인, 한정승인 또는 포기를 하지 아니한 채 승인·포기기간을 도과하고 사망하는 등으로 상속이 개시된 때에는 이미 단순승인으로 의제되고(§1026 ii) 승인·포기권은 소멸하였으므로, §1021는 적용될 여지가 없다. 또 상속인의 상속인이 자신의 상속을 포기한 때에는 그 포기의 효과가 소급하는 결과(§1042) 상속인의 승인·포기권도 상속받지 못하게 되므로 §1021가 적용될 여지가 없다.[44] 상속인의 상속인이 자신의 상속을 단순승인 또는 한정승인하였다 하여 상속인의 상속을 승인한 것이 되지는 아니한다.[45]

(2) 기간(§1019 I)

(가) 3개월의 기간

상속인이 상속개시 있음을 안 날로부터 '3개월 내에' 단순승인, 한정승인 또는 포기를 할 수 있다(§1019 I 본문). 3개월의 기간은 '時'가 아닌 '日'을 기준으로 한다. 가령 상속개시가 있음을 안 날이 2015. 5. 1. 02:20이라면 2015. 8. 1. 24:00에 기간이 만료된다.[46]

위 3개월의 기간이 입법론적으로 지나치게 짧다는 견해가 있다.[47] 그러나 3개월은 독일민법의 6주(독민 §1944 I)보다 긴 것이고, 일본민법(일민 §915 I), 스위스민법(스민 §567)과 같은 기간이다. 2006년 개정 전 프랑스민법은 상속이 개시

41) 곽윤직, 173; 김주수·김상용, 751; 박동섭, 616; 동(주 7), 13; 윤진수, 457.
42) 곽윤직, 173; 박동섭, 616; 동(주 7), 17.
43) 독민 §1952 III은 이 점을 명문으로 확인한다.
44) 곽윤직, 173; 박동섭, 616; 동(주 7), 18; 谷口知平(주 7), 441.
45) MünchKommBGB/Leipold, 6. Aufl., 2013, §1952 Rn. 6 f. 소극적 방식의 행사에 불과하기 때문이라고 한다.
46) 이상원(2003), 159.
47) 전경근, "상속의 승인과 포기", 가족법연구 18-1, 2004, 178.

된 때부터 3개월의 재산목록 작성을 위한 유예기간을 부여하고, 위 기간 내에 재산목록이 작성된 때에는 그때부터, 재산목록이 작성되지 아니한 때에는 3개월이 경과한 때로부터 다시 40일의 유예기간을 부여하는 한편(2006년 개정 전 프민 §795), 40일의 유예기간까지 경과한 뒤에도 30년 내에는 승인·포기를 할 수 있게 하였고, 2006년 개정 프랑스민법도 상속이 개시된 때로부터 4개월 이내에 승인 또는 포기를 인정하고, 기간이 경과하여도 최고 등으로 선택을 강제당하는 것은 별론, 10년의 시효기간 내에는 승인·포기권을 잃지 아니한다고 규정한다(개정 후 프민 §§771, 780).[48] 이와 같이 3개월 또는 그보다 짧은 기간을 주는 외국 입법례가 있다는 점 외에 상속의 승인, 포기가 확정되지 아니하는 동안은 상속재산의 관리가 이루어지는 잠정적 법률관계가 남는데, 이를 오래 유지하는 것이 바람직하다고 할 수도 없고 포기시에는 후순위상속인에게 다시 위 기간이 부여된다는 점이 고려되어야 한다. 그러므로 3개월의 기간이 지나치게 짧다고 단정하기는 어려울 것이다.

한편, 相贈 §67은 상속인은 상속개시일이 속하는 달의 말일부터 6개월 이내에 상속세의 과세가액 및 과세표준을 신고하여야 한다고 규정하고 있다.

(나) 기간의 연장

가정법원은 이해관계인 또는 검사의 청구에 따라 위 기간을 연장할 수 있다(§1019 I 단). 이는 라류 가사비송사건[家訴 §2 I ii 가. 30)]으로써 상속개시지, 즉 피상속인의 (최후)주소지 관할 가정법원이 관할한다(家訴 §44 vi). 최후주소지가 외국인 경우에는 대법원이 있는 곳의 가정법원(家訴 §§35 II, 13 II)인 서울가정법원이 관할한다. 청구권자는 이해관계인 또는 검사이다. 이때 이해관계인에는 상속인 본인, 그 법정대리인 및 공동상속인, 상속채권자, 상속인의 채권자, 후순위상속인이 포함된다.[49] 연장신청은 위 3개월의 기간 내에 하여야 한다.[50] 학설상으로는 천재지변 기타 불가항력으로 위 기간 중 기간연장의 청구를 할 수 없었다면 그러한 사정이 소멸된 뒤 2주간 연장청구를 할 수 있다는 견해(家訴 §12, 非訟 §10, 民訴 §173)와[51] 부정하는 견해가[52] 대립하나, 판례는 제척기간이라는 점을 들어 이러한 예외를 인정하지 아니한다.[53]

48) 윤진수(1997), 187 이하. 2006년 개정 전후의 프랑스민법에 관하여는 김미경(주 4), 518 이하.
49) 가사[II], 365; 谷口知平(주 7), 438. 수유자도 포함된다는 것으로 신영호·김상훈, 417.
50) 곽윤직, 173~174; 박동섭(주 7), 14.
51) 김주수·김상용, 748; 한봉희·백승흠, 552; 가사[II], 366.
52) 박동섭, 617.
53) 대법원 2003. 8. 11.자 2003스32 결정.

기간을 연장할지, 연장한다면 어느 정도 연장할지는 가정법원이 합리적 재량으로 정한다. 이때 상속재산 구성의 복잡성, 상속법률관계의 복잡성, 소재지, 상속인의 거주지 기타 소재지와의 거리 등이 고려될 수 있다. 공동상속의 경우 위 기간은 공동상속인별로 따로 진행하므로 기간의 연장도 공동상속인별로 따로 신청하고 각각 결정하여야 한다. 명문의 규정이 없으나 상속인이 아닌 자가 심판청구를 한 경우에는 성질상 연장이 허가된 상속인에게도 고지한다. 기각심판에 대하여는 즉시항고할 수 있으나 인용심판에 대하여는 불복할 수 없다. 각하심판에 대하여도 불복하지 못한다.[54)]

(다) 기간의 중단 · 정지

3개월의 기간은 제척기간이므로 원칙적으로 기간 진행이 중단되거나 정지되지 아니하고, 다만 천재 기타 사변으로 인한 소멸시효의 정지에 관한 §182가 유추될 수 있을 뿐이다.[55)] 그러나 제척기간 일반에 대하여 중단 또는 정지를 인정하는 견해,[56)] 당사자가 책임질 수 없는 사유로 불변기간을 지킬 수 없었던 경우 그 사유가 없어진 날로부터 2주 이내에 소송행위를 추후 보완할 수 있다고 정하는 民訴 §173을 유추하려는 견해도[57)] 있다.

3. 기간의 준수와 만료

(1) 기간의 준수

상속의 단순승인, 한정승인 및 포기는 상속의 승인·포기기간 내에 하여야 한다. 단순승인은 상대방 없는 의사표시이므로 위 기간 내에 '성립'하면 기간을 준수한 것이 된다.[58)] 단순승인의 성립에 관하여는 §1024 註釋 I. 1. 참조. 한정승인과 포기는 가정법원에 신고하여야 하므로(§§1030, 1041) 기간 내에 신고서가 가정법원에 접수되어야 한다. 위 기간 내에 접수된 이상 기간도과를 이유로 수리를 거부할 수는 없다.[59)] 신고서에 추후 보완할 수 없는 흠이 있다는 등의 사유로 신고가 결국 수리되지 아니하였다면 그 신고를 들어 기간을 준수하였다

54) 곽윤직, 173; 가사[II], 367; 谷口知平(주 7), 438.
55) 주해[III], 402(윤진수).
56) 소멸시효의 정지 일반과 소멸시효의 중단 중 일부를 유추하여야 한다는 견해로 이상태, "제척기간의 중단과 정지", 일감법학 6, 2001, 12~13, 정지만 유추할 수 있다는 것으로 김진우, "제척기간의 정지 및 중단 여부에 관하여", 재산법연구 24-3, 2008, 1 이하.
57) 이상원(2003), 131~132. 다만, 이를 긍정하기 위해서는 §1019 I의 기간이 불변기간임이 인정되어야 하는데, 이에 대한 근거가 확실하지 아니하다는 문제가 있다고 한다.
58) ErmanBGB/Schlüter, 12. Aufl., 2008, §1943 Rn. 2.
59) 박현수(2011), 147.

고 할 수 없다.

반면 상속인은 상속이 개시된 이상 '상속개시되었음'을 알지 못하였다고 하더라도, 즉 아직 위 기간이 기산하기 전이라도 단순승인, 한정승인 또는 포기를 할 수 있다. 선순위상속인이 상속을 포기하기 전 후순위상속인이 한정승인이나 포기를 하는 것도 허용된다. 재판예규[상속포기의 신고에 관한 예규(재특 2003-1)]는 포기의 경우만 규정하고 있으나, 한정승인도 가능하다는데 이론(異論)이 없다.[60] 상속개시 전에 한 단순승인, 한정승인, 포기는 효력이 없다.[61]

(2) 기간만료의 효과(§1026 ii)

상속인이 위 기간 내에 한정승인 또는 포기를 하지 아니하면, 더는 한정승인 또는 포기를 할 수 없고, 따로 단순승인을 하지 아니하였다 하더라도 단순승인을 한 것으로 간주된다(§1026 ii, 법정단순승인). 그 결과 상속인은 상속적극재산 및 소극재산을 확정적으로 취득하고, 상속의 승인·포기기간 중 법률관계의 잠정성으로 인한 특례(§§1022, 1023 註釋 참조)를 더는 적용받지 아니하게 된다. 다만, 이때에도 §1019 III의 요건을 갖춘 때에는 특별한정승인을 할 수 있다. 아래 II. 참조. 비교법에 대하여는 §1026 註釋 III. 참조.

그 밖에 학설로는 약간의 상속채무만이 확인된 상태에서 단순승인이나 법정단순승인을 한 상속인 등이 §1019 III의 특별한정승인을 할 수 없는 때에는 제척기간의 주장이 신의칙에 반하거나 권리남용에 해당하여 이행거절의 항변을 할 수 있다는 견해가 있다.[62]

Ⅱ. 이른바 특별한정승인(§1019 III)

1. 규정취지 및 입법경위

§1019 III은 2002. 1. 14. 신설되었다.

2002년 개정 전 민법에서는 상속의 승인·포기기간 중 상속재산조사를 게을리 하거나 아예 조사를 하지 아니하여 채무초과임을 알지 못한 채 또는 상속의 승인·포기제도를 알지 못하여 위 기간을 도과하여 법정단순승인이 되는 경우가 종종 생길 수 있었다. 물론 상속인에게 상속재산을 조사하여 적절한 결정

60) 박동섭(주 7), 11; 이상원(2003), 159; 김시철, "가사비송사건 처리과정에서의 실무상 분제점", 서울가정법원 실무연구[VI], 2000, 328, 337.

61) 곽윤직, 170.

62) 이상원(2003), 137~139.

을 할 의무가 있다는 것이 민법의 기본태도이기는 하나, 현실적으로 상속재산이 채무초과인 경우가 많지 아니한 상황에서 상속인들이 이를 조사할 것을 기대하기 어렵고, 아예 상속의 승인 · 포기제도를 알지 못하는 경우도 있다는 점에 비추어볼 때 이처럼 단순한 부작위에 막대한 상속채무의 부담과 같은 중대한 결과를 결부시키는 것이 정당화될 수 있고 또 적절한지 의문이 있었다. 비교법적으로도 프랑스민법은 승인 · 포기권을 10년의 시효에 걸리게 하고 있고(§780), 독일민법은 승인 · 포기는 6주 이내에 하여야 한다고 하나, 그 대신 위 기간이 경과하여 승인으로 의제된 때에도 취소사유가 존재하면 의제된 승인을 취소할 수 있게 하고 있는데, 채무초과사실을 인식하지 못한 채 기간을 도과한 것도 착오취소의 사유가 된다고 보고 있으며(§1956), 나아가 원칙적으로 기간제한 없이 상속재산관리 또는 상속재산도산을 신청할 수 있다(§§1975, 1981). 스위스민법도 사망 당시 피상속인의 지급무능력이 공적으로 확인되거나 명백한 때에는 상속의 포기를 추정할 뿐만 아니라(§566 II), 그와 무관하게 기간제한 없이 청산인에 의한 청산을 신청할 수 있게 되어 있다. 일본민법은 승인과 포기에 관하여는 우리와 별 차이가 없으나 상속재산이 고유재산에 혼합되지 아니한 이상 3개월의 기간이 도과하여도 재산분리를 청구할 수 있는 결과 같은 기간 내에 신청할 수 있는 상속재산의 파산도 더 넓은 범위에서 인정한다.[63] 당연승계의 원칙을 채택하지 아니하는 오스트리아일반민법에서는 상속인의 적극적 의사표시와 법원의 결정이 있어야 비로소 상속이 이루어지고, 영미법에서도 유언검인절차(probate proceeding) 중 채무를 청산한 뒤 잔여 재산에 한하여 분배하므로 이러한 문제가 아예 생기지 아니한다. 즉 외국 입법례와 비교하여도 우리 민법이 유독 상속인에게 불리하였던 것이다.

그리하여 해석론으로는 승인 · 포기기간의 기산점을 상속개시 및 상속인이 된 사실을 안 때가 아닌 상속개시사실, 상속인이 된 사실 및 상속재산이 존재하는 사실 모두를 안 때로 풀이하는 견해(相續財產認識時說),[64] 상속재산 중 적극재산을 초과하는 상속채무가 있음을 알지 못한 경우에는 착오를 이유로 단순승인을 취소할 수 있고(§§1024 II, 109), 이는 기간도과로 단순승인으로 의제된 경우도, 즉 의제된 의사표시(fingiertes Willenserklärung)로서 법정단순승인(§1026 ii)에 대하여도 그러하다는 견해(錯誤取消說)[65] 등이 있었다. 그리고 입법론으로는 이

63) 김미경(주 4), 518 이하; 윤진수(1997), 187 이하 참조.

64) 곽윤직, 298; 박병호, 392. 또한 이상원(2003), 125~133; 이영무(주 10), 112. 그 밖에 이 견해의 변형으로 앞의 주 11, 12 및 그 본문 참조.

른바 한정승인본칙론(前註 II. 3. 참조) 이외에 독일민법이 규정하고 있는 기간의 제한이 없는 상속재산관리나 상속재산도산과 같은 제도의 도입이 주장되고 있었다.[66]

그러던 중 이 규정에 대하여 위헌법률심판제청 및 헌법재판소법 제68조 제2항의 헌법소원이 제기되었다. 법무부는 1998. 7. 20. 현재와 같은 §1019 III을 신설하는 내용의 민법중개정법률안의 입법을 예고하고 이를 국회에 제출하였고, 헌법재판소는 1998. 8. 27. "상속인이 그의 귀책사유 없이 상속채무가 적극재산을 초과하는 사실을 알지 못하여 상속개시 있음을 안 날로부터 3월내에 한정승인 또는 포기를 하지 못한 경우에도 단순승인을 한 것으로 보는 민법 제1026조 제2호는 기본권 제한의 입법한계를 일탈한 것으로 재산권을 보장한 헌법 제23조 제1항, 사적 자치권을 보장한 헌법 제10조 제1항에 위반"된다면서, 이 규정에 대하여 헌법불합치 결정을 선고하였다.[67] 위 규정은 위 결정에서 정한 시한인 1999. 12. 31.을 넘긴 2002. 1. 14.에야 개정되었는데,[68] 여러 문헌이 지적한 바와 같이[69] 개정되어야 했고 실제로 개정된 것은 헌법불합치가 선언되어 실효된 §1026 ii가 아니라 §1019였다.

§1019 III은 단순승인 또는 법정단순승인이 된 뒤에도 예외적으로 한정승인을 허용하는 것을 그 골자로 한다. 이를 일반적으로 특별한정승인이라고 한다.

2. 요건과 효과

(1) 요건

특별한정승인을 하기 위해서는 우선 단순승인을 하였거나 §1026 i 또는 ii에 의하여 법정단순승인이 되었어야 한다. 헌법재판소에서 헌법불합치를 선고한 것은 상속의 한정승인이나 포기 없이 상속의 승인·포기기간이 도과하여 법정단순승인이 된 경우(§1026 ii)뿐이지만, §1019 III은 상속인이 상속재산에 대하

65) 윤진수(1997), 210~225. 독민 §§1954, 1956은 이러한 취소를 명문으로 규정하고 있다.

66) 윤진수, "상속법 개정안의 과제와 문제점", 인권 265, 1998, 19; 정태호, "민법 제1026조 제2호에 대한 헌법불합치 결정에 대한 평석 및 위 법률규정의 개정방향", 인권 267, 1998, 115~116.

67) 헌법재판소 1998. 8. 27. 선고 96헌가22, 97헌가2, 3, 9, 96헌바81, 98헌바24, 25 결정. 이 결정에 대하여는 일반적으로 헌법불합치결정이 허용되지 아니함을 전제로, 단순위헌결정을 하여야 한다는 재판관 조승형의 반대의견이 있었다. 이 결정에 대한 상세한 분석 및 비판으로는, 윤진수, "상속의 단순승인 의제규정에 대한 헌법불합치 결정의 문제점", 헌법논총 11, 2000, 183 이하. 아울러 정태호(주 66); 이진기, "단순승인 의제규정에 대한 헌재결정의 문제", 민사 40, 2008.

68) 위 헌법불합치 결정 선고 이후 2002. 1. 14. 민법 개정이 이루어질 때까지의 재판실무에 관하여는 윤진수(2002), 269~271 참조.

69) 이미 윤진수(1997), 206~207.

여 처분행위를 하여 법정단순승인이 된 경우(§1026 i)와[70] 실제로 단순승인을 한 경우에도 특별한정승인을 인정하고 있다. 상속재산이 채무초과임을 알지 못한 채 명시적으로 단순승인을 하였거나 §1026 i의 법정단순승인이 된 경우 다른 나라에서의 구제에 대하여는 §1024 註釋 III. 참조.

다음 상속소극재산, 즉 상속채무가 상속적극재산을 초과하여 상속재산이 채무초과상태에 있어야 한다. 조금이라도 초과하면 이 요건을 충족한다고 볼 것이다.[71] 상속채무가 상속적극재산을 초과하는지 여부는 상속개시시를 기준으로 판단한다.[72] 상속개시시의 시가를 기준으로 평가하였을 때에는 채무초과가 아니었으나 그 뒤 적극재산의 시가가 하락하여 채무초과가 된 경우도 이를 안 때로부터 3개월 내에 특별한정승인을 할 수 있다는 견해가 있으나,[73] 적어도 §1019 I의 기간이 도과한 뒤의 시가변동에 관한 한 법 문언을 명백히 벗어나고 단순승인 이후의 시가변동의 위험은 단순승인을 한 상속인이 부담하여야 한다는 점에서 의문이다. 반대로 상속개시 당시에는 상속채무가 상속적극재산을 초과하였으나 그 뒤에 상속적극재산의 시가가 변동하여 현재는 상속채무보다 상속적극재산의 가액이 큰 경우에는 원칙적으로 특별한정승인의 효력에 영향이 없다고 봄이 옳을 것이다.[74] 특별한정승인신고 당시는 채무초과인지 여부가 분명하지 아니한 경우에도 채무초과 여부가 분명하지 아니하다는 이유로 수리를 거부할 것은 아니고, 일단 수리한 다음 본안에서 채무초과 여부를 다투면 족하다. 채무초과 여부가 확정될 때까지 기다려 특별한정승인신고를 하도록 요구할 까닭이 없기 때문이다. 상속개시 당시 상속재산이 채무초과가 아니었음이 드러나면 신고에도 불구하고 특별한정승인이 실체법상 무효가 될 뿐이다.[75] 학설 중에는 이렇게 보는 이상 특별한정승인신고시에는 재산목록상 적극재산이 소극재산을 초과하더라도 각하할 수 없다거나,[76] 상속재산의 가액을 명시

70) 대법원 2006. 1. 26. 선고 2003다29562 판결(상속재산분할협의에 따라 상속재산을 처분하여 §1026 i의 법정단순승인이 된 경우).

71) 이상원(2003), 160~161. 또한 박현수(2011), 143.

72) 민유숙(2006), 80.

73) 민유숙(2006), 81.

74) 일반적인 착오취소의 경우 위와 같은 사유가 존재할 때 취소를 허용한다면 일종의 후회권(Reurecht)을 인정하는 결과가 되어 취소권이 신의칙 등에 의하여 배제될 수 있으나, 단순승인을 한정승인으로 바꾸는 것은 대개는 번거롭기만 할 뿐 상속인, 상속채권자, 상속인의 채권자 등 이해관계인에게 부당한 영향을 주지 아니한다. 오히려 특별한정승인에 따른 절차가 진행되던 중 위와 같은 사유가 나타났다고 하여 그 효력을 부정하는 것이 법적안정성을 해할 것이다.

75) 민유숙(2006), 81~82; 이상원(2003), 165~167.

76) 이상원(2003), 167~168.

하지 아니하여도 부적법한 것은 아니라는 견해가[77] 있다. 그러나 적어도 상속재산이 채무초과라는 주장은 하여야 할 것이다.

나아가 §1019 I의 기간 내에 채무초과사실을 알지 못하였고, 이를 알지 못한 데 중대한 과실이 없었어야 한다. 이는 대체로 착오에 빠져야 하고 중대한 과실이 없어야 한다는[78] 요건(§109)에 상응하는 것이나, 반드시 적극적으로 착오에 빠질 필요는 없고 소극적 부지(不知)로 족하며, 대개의 경우 표시되지 아니한 동기에 해당할 뿐 아니라,[79] 채무초과 여부가 상속인의 단순승인 또는 법정단순승인에 결정적이었는지, 즉 '중대한' 착오인지 여부도 묻지 아니한다는 점에서 차이가 있다. 즉, 특별한정승인은 상속개시 당시 채무초과 여부가 단순승인 내지 법정단순승인의 법률전형적(gesetzestypisch)으로 중요한 사정임을 전제로 위와 같은 객관적 요건과 상속인의 중대한 과실 없는 부지만으로 취소 및 특별한정승인의 구제를 인정한 셈이다. 그 결과 실무에서는 중대한 과실의 유무와 그 증명이 관건이 되고 있다. 판례는 "상속인이 조금만 주의를 기울였다면 상속채무가 상속재산을 초과한다는 사실을 알 수 있었음에도 이를 게을리 함으로써 그러한 사실을 알지 못한" 경우에 중대한 과실이 있다고 한다.[80] 그 유무는 구체적으로, 즉 상속인의 실제 능력과 사정을 고려하여 판단하여야 한다.[81] 상속인은 상속이 개시되었음을 알았으면 상속재산을 조사할 간접의무 내지 책무가 있는데,[82] 이를 현저히 게을리 하였다면 중대한 과실이 인정된다. 다만 상당한 정도의 상속채무가 존재한다고 의심할 만한 구체적인 단서가 있었음에도 불구하고 조사를 게을리 한 경우가 아닌 한 선불리 중대한 과실이 있다고 할 수 없을 것이다.[83] 판례는, 피상속인이 사망 전에 암으로 장기간 치료

77) 민유숙(2006), 82. 한정승인에서 상속재산목록에 가액을 적을 필요는 없다는 것이 통설이다.

78) 곽윤직, 185.

79) 이러한 사정은 상속재산의 채무초과 여부가 상속의 승인, 포기 여부의 대상인 상속의 성상(性狀)에 해당하는지 여부와 관계없이 승인, 포기라는 법률행위의 '내용'이 아닌 그 동기에 그친다. 승인, 포기는 상속재산의 내용을 불문하고 승계 여부에만 관계하는 정형화된 내용을 가진 법률행위이고, 상대방 없는 단독행위이므로, 위와 같은 성상을 개별 당사자의 의사에 따라 내용에 편입시킬 근거가 없다.

80) 대법원 2004. 3. 12. 선고 2003다58768 판결. 평석: 박현수(2011).

81) 박현수(2011), 151; 정상규(2003), 135~136.

82) 박현수(2011), 149. 또한 박순성, "채무의 상속", 민판 25, 2003, 689~690; 민유숙(2006), 73~74는 이에 반대한다. 그러나 §1026 ii가 이미 이를 전제하여야 정당화될 수 있는 규정이고, §1019 III은 그중 일부에 대하여 인정되는 예외에 불과하다. 그 밖에 이를 인식의무 위반이라고 구성하는 것으로 류일현·이승우(2012), 411 이하. 그러나 같은 문헌이 구분하는 관리의무, 조사의무, 인식의무는 결국 같은 것을 가리킨다고 보인다.

83) 박현수(2011), 148 이하. 구체적으로 피상속인과 상속인 사이의 교류관계 및 동거여부, 상속채무의 종류, 상속채권자로부터의 청구 내지 최고 여부, 기타 채무초과를 추정할 만한 사정이

받으면서 치료비도 제대로 내지 못하였고 상속인 중 1인이 피상속인 생전 관련 인사(人事)소송에서 피상속인을 대리하여 소송을 수행하면서 피상속인에게 자산이 없다고 주장한 바 있다면 상속인이 채무초과를 알았거나 알지 못한 데 중대한 과실이 있고,[84] 상속채권자가 피상속인 사망 전에 그를 상대로 소를 제기하였고, 소장을 피상속인과 동거하던 장남의 처가 수령하였으며, 피상속인이 사망 직전 작은 며느리에게 부동산소유권을 이전해주었다가 사해행위로 취소된 바 있다면 채무초과를 알았거나 알지 못한 데 중대한 과실이 있다고 보았다.[85] 반면 피고가 소외인을 상대로 한 대여금청구의 승소확정판결을 받은 수년 뒤 원고 등이 소외인을 상속하였고, 피고가 소외인 명의의 부동산에 대한 근저당권을 실행한 것은 그가 사망한 지 1년이 지난 뒤였으며 그 뒤에야 원고 등에 대하여 승계집행문을 부여받아 위 판결의 집행에 착수한 경우 채무초과를 중대한 과실 없이 알지 못하였다고 봄이 상당하고,[86] 망인이 약 35년간 경제활동을 전혀 하지 아니하고 피고들의 보조로 생활해왔으며 1995년경에는 뇌경색이 발병하여 간병인의 도움을 받아서 생활하다가 사망하였다면 상속인들은 망인에게 거액의 연대보증채무가 존재하였다는 점에 관하여는 중대한 과실 없이 알지 못하였다고 봄이 상당하며,[87] 대출금채무의 연대보증인인 소외인에 대하여 채권양수인이 이행청구의 소를 제기하였다가 소송 중 소외인이 사망하였음을 알게 되어 그 상속인들을 피고로 한 청구취지변경신청서 및 당사자표시변경신청서를 제출하였고 위 서면이 송달되자 상속인들이 특별한정승인신고를 한 경우 상속인들은 채무초과사실을 중대한 과실 없이 알지 못하였다고 봄이 상당하다고 한다.[88] 학설과 대체로 같은 태도이다.[89] 그 밖에 대법원 2010. 6. 10. 선고 2010다7904 판결은 피상속인에 대한 손해배상청구소송의 제1, 2심에서 모두 소멸시효완성을 이유로 원고 패소 판결이 선고된 뒤 상고심 계속 중

있었는지 여부가 고려되어야 한다고 한다.

84) 대법원 2003. 9. 26. 선고 2003다30517 판결.

85) 서울고등법원 2008. 3. 28. 선고 2006나105162 판결.

86) 대법원 2004. 3. 12. 선고 2003다58768 판결.

87) 대법원 2005. 5. 26. 선고 2004다51740 판결.

88) 대법원 2005. 4. 14. 선고 2004다56912 판결.

89) 그 밖에 중대한 과실을 부정한 하급심 재판례로, 서울고등법원 2007. 6. 12. 선고 2006나61705 판결; 서울고등법원 2007. 8. 16. 선고 2006나28760 판결; 부산고등법원 2007. 9. 13. 선고 2007나6130 판결; 대구고등법원 2007. 11. 2. 선고 2007나447 판결; 서울고등법원 2008. 1. 24. 선고 2007나35765 판결; 서울고등법원 2008. 3. 13. 선고 2007나53794 판결; 서울고등법원 2009. 1. 22. 선고 2008나47390 판결; 서울고등법원 2009. 8. 19. 선고 2009나32494 판결; 서울고등법원 2009. 11. 3. 선고 2009나59710 판결.

피상속인이 사망하여 그 상속인들이 소송을 수계한 사안에서, 소멸시효의 항변이 신의칙에 반하여 권리남용이 되는 것은 예외적 법 현상인 점 등의 사정에 비추어 그 후 상고심에서 소멸시효항변이 신의성실의 원칙에 반하여 권리남용에 해당함을 이유로 원고 승소 취지의 파기환송판결이 선고되었다면, 위 파기환송 판결선고일까지 상속인들이 위 원고의 채권이 존재하거나 상속채무가 상속재산을 초과하는 사실을 알았다거나 또는 조금만 주의를 기울였다면 이를 알 수 있었음에도 이를 게을리 한 중대한 과실로 그러한 사실을 알지 못하였다고 볼 수는 없다고 한다. 중과실의 주장·증명책임에 대하여 판례·통설은 특별한정승인의 효력을 주장하는 자, 가령 상속인에게 있다고 본다.[90] 한편, 특별한정승인신고가 수리되었다고 하여 선의이고 중대한 과실이 없다고 추정할 수 없다.[91] 가정법원이 특별한정승인신고 수리 절차에서는 원칙적으로 중대한 과실 유무를 심리하는 것도 아니다. 이는 본안소송에서 다툴 일이다.[92] 대법원 2006. 2. 13.자 2004스74 결정도 "한정승인신고의 수리 여부를 심판하는 가정법원으로서는 그 신고가 형식적 요건을 구비한 이상 상속채무가 상속재산을 초과하였다거나 상속인이 중대한 과실 없이 이를 알지 못하였다는 등의 실체적 요건에 대하여는 이를 구비하지 아니하였음이 명백한 경우 외에는 이를 문제 삼아 한정승인신고를 불수리할 수 없다."고 한다.

끝으로 채무초과사실을 안 날로부터 3개월 내에 특별한정승인의 신고를 하여야 하고, 그것이 수리되어야 한다. 법 문언에도 불구하고 채무초과사실을 중대한 과실 없이 알 수 있었던 날부터 위 기간을 기산하여야 한다는 견해가 있으나,[93] 법문에 어긋나는 해석을 할 만한 근거가 없으므로 실제 안 날을 기준으로 하여야 할 것이다. 인식 정도와 관련하여서는 채무초과임을 현실적으로 확실히 인식하여야 한다는 견해와[94] 채무초과일 개연성이 매우 크다고 여겼다면 알았다고 할 수 있다는 견해가[95] 주장되고 있다. 그러나 이는 제척기간의

---

90) 대법원 2003. 9. 26. 선고 2003다30517 판결. 평석: 성금석(2006). 또한 김주수·김상용, 748; 박동섭, 612; 박현수(2011), 151; 신영호·김상훈, 417~418; 정상규(2003), 139.

91) 민유숙(2006), 74~75.

92) 정상규(2003), 136~138. 다만 김무신, "라류 가사비송사건의 실무처리요령", 부산지방법원가정지원 실무연구(1), 2002, 98은 가정법원이 심리함에 있어 상속인으로 하여금 채무초과사실을 알게 된 점을 증명할 자료를 제출하도록 보정을 명하고, 특히 의심이 드는 경우(예컨대 상속인이 상속채무에 연대보증한 경우) 상속인을 심문해본 다음 중대한 과실이 없다고 여겨질 때에는 특별한정승인심판청구를 각하하여야 한다고 한다.

93) 이상원(2003), 161 이하.

94) 이상원(2003), 161.

95) 박현수(2011), 144.

만료일을 셈하는 기준으로서 의미가 있을 뿐, 위 기산일 전이라 하더라도 특별한정승인신고를 할 수는 있다. 3개월 내에 행해져야 하는 것은 신고뿐이고 그 수리는 그 이후에 이루어져도 되나,[96] 수리가 종국적으로 거절된 때에는 당해 신고에 아무런 효력도 없다. 기판력이 없으므로 거절되었다 하더라도 기간 내에 재신고할 수는 있다. 명문 규정은 없으나 §§1020, 1021도 §1019 III의 기간의 계산에 유추함이 옳을 것이다. 즉, 상속인이 승인, 포기에 대하여 제한능력자인 때에는 본인이 능력을 회복하거나 그의 법정대리인이 위 사실을 안 날부터 위 기간을 기산하고, 기간만료 전 특별한정승인을 하지 아니한 채 사망한 경우 위 기간은 상속인이 위 사실과 자기의 상속개시 있음을 안 날부터 기산한다.[97] 그러나 §1019 II은 그 성질상 유추되기 어렵다.

(2) 효과

특별한정승인신고가 이루어지면 이미 발생한 단순승인 내지 법정단순승인의 효력이 소급적으로 소멸하고 한정승인의 효력이 발생한다. 이 점에서 — 명문으로 '취소'라고 규정하고 있지는 아니하나 — (법정)단순승인을 「취소」하고 한정승인을 하는 셈이 되고,[98] 단지 잠정적으로 포괄승계된 재산에 대하여 §1019 I의 기간 내에 한정승인을 하는 경우와 구별된다.

본래 한정승인을 하면 상속재산으로 책임이 제한되어 상속채권자에게 그 채권액의 비율에 따라 배당변제를 하여야 하고(§1034 I), 한정승인 전에 상속재산을 처분하면 법정단순승인이 되어 더는 한정승인을 할 수 없다(§1026 I). 그런데 특별한정승인은 단순승인 또는 법정단순승인이 된 뒤에 하는 것이므로 이미 상속재산 중 일부를 처분하였을 수 있다. 이때에는 남아 있는 상속재산에 이미 처분한 재산의 가액을 합하여 그 한도 내에서 배당변제를 하여야 한다. 별다른 논의가 없으나 처분재산의 가액은 부당이득법리(§748)에 따라 산정하여야 할 것이다. 다만, 특별한정승인 전 상속채권자나 유증 받은 자에 대하여 변제한 가액은 이미 처분한 재산의 가액에서 제외한다(§1034 II). 이는 특별한정승인 전 변제를 받은 상속채권자나 유증 받은 자는 수령한 급여를 반환할 필요가 없고, 그들의 채권이 부활하지도 아니함을 의미한다. 그 결과 특별한정승인 전

96) 민유숙(2006), 83.

97) 헌법재판소 2011. 8. 30. 선고 2009헌가10 결정. 학설 중 같은 취지로 송효진, "상속의 승인과 포기에 관한 연구", 이화여대 법학논집 14-1, 2009, 321.

98) 곽윤직, 186(다만 단순승인은 '취소'하는 것이고, 법정단순승인의 경우 그 예외를 인정하는 것이라고 한다); 윤진수(주 66), 11; 이상원(2003), 134. 그러나 법률규정에 의한 무효라는 견해로 송덕수, 384.

변제 받은 상속채권자는 전액의 만족을 얻을 수 있는 반면, 아직 변제받지 못한 상속채권자는 채무초과 정도에 따라 일부만족만을 받을 수 있게 된다.[99] 이로 인한 불합리는 구상권과 손해배상청구권에 의하여 – 제한된 범위에서 – 조정된다. 특별한정승인 전 상속인이 상속채권자나 유증 받은 자에게 변제하였고 채무초과사실을 알지 못한 데 과실이 있다면 상속인은 다른 상속채권자나 유증 받은 자에게 그로 인하여 입은 손해를 배상하여야 하고, 그 손해에 대하여는 고유재산으로 책임을 진다(§1038 I 제2문). 특별한정승인 전 변제를 받은 상속채권자나 유증 받은 자가 채무초과사실을 알고 있었다면 다른 상속채권자나 유증 받은 자는 그로 인하여 변제를 받지 못한 한도에서 그 상속채권자나 유증 받은 자를 상대로 구상권을 행사할 수 있다(§1038 II 제2문). 그 이외에는 한정승인의 효과가 그대로 타당하다.

한편, 민법은 특별상속「포기」는 인정하지 아니하고 있다. 따라서 §1019 I의 기간이 도과하면 특별한정승인을 할 수 있을 뿐, 뒤늦게 채무초과사실을 알았다고 하여 상속을 포기할 수는 없다. 이 점에서 §§1024, 109에 따라 착오취소를 한 경우 상속인이 한정승인과 포기 중 하나를 선택할 수 있게 되는 것과 구별된다. 문제는 §1019 III의 요건을 갖추었으나 (특별)한정승인신고 대신 포기신고를 하였다면 어떻게 할 것인가 하는 점이다. 헌법재판소는 특별상속포기를 입법하지 아니하였다 하여 위헌은 아니라고 하나,[100] 상속인에게는 한정승인보다 포기가 편할 수 있고, 법에 대한 무지로 인하여 특별한정승인신고를 하지 아니하고 포기신고를 할 수도 있으며, 특히 2002년 §1019 III가 입법되기 전에는 장차 (특별)한정승인만이 허용될 것임을 알기 어려워 포기신고를 하였을 수도 있다. 재판실무는 포기신고를 곧바로 한정승인신고로 볼 수는 없고, 신고수리절차가 거절 또는 수리로 종료되기 전이라면 상속인으로 하여금 (특별)한정승인신고로 변경하도록 촉구할 수 있으나, 촉구할 의무가 있는 것은 아니라는 입장이다.[101] 그러나 적어도 한정승인신고로의 변경을 촉구할 의무가 있다는, 즉 이를 게을리 한 때에는 항고심에서 각하결정을 취소하여야 한다는 견해도 있다.[102]

99) 이에 대하여 입법론적으로 비판적인 견해로, 윤진수(1999), 14.

100) 헌법재판소 2003. 12. 18. 선고 2002헌바91, 94 결정.

101) 대법원 2002. 1. 15.자 2001스38 결정; 대법원 2002. 1. 28.자 2001스15 결정, 정상규(2003), 143.

102) 민유숙(2006), 88~89.

3. 시적(時的) 적용범위 : 특히 소급적용의 문제

§1019 III의 특별한정승인은 2002. 1. 14. 개정으로 도입되었다. 같은 개정 법률 부칙(2002. 1. 14. 법률 제6591호)은 위 신설 규정을 그 공포와 동시에 시행하는 것으로 하였다(부칙 §1). 이는 §1019 III의 법률요건 중 가장 먼저 충족되는 요건, 즉 '상속개시있음을 안 날'이 2002. 1. 14. 이후이면 §1019 III이 제한 없이 적용될 수 있음을 뜻한다.[103)]

나아가 헌법재판소가 §1026 ii에 대하여 헌법불합치를 선고하였으므로, 법적안정성을 위하여 상속인을 희생시켜야 하는 경우가 아닌 한 과거의 법 상태의 위헌성을 제거하기 위하여 신설규정을 소급적용할 필요가 있다. 이에 위 2002. 1. 14. 개정 법률의 부칙 §3은 §1026 ii에 대한 헌법불합치 결정이 선고되기 3개월 전인 1998. 5. 27.부터 2002. 1. 14.까지 상속개시가 있음을 안 사람 중에서 상속채무가 상속적극재산을 초과하는 사실을 중대한 과실 없이 §1019 I의 기간 내에 알지 못하다가 위 신설규정 시행 전 그 사실을 알고도 한정승인 신고를 하지 아니한 자는 위 신설규정 시행일, 즉 2002. 1. 14.부터 3개월 내에 특별한정승인을 할 수 있다고 규정하였다. 위와 같은 사안유형의 경우 위 헌법불합치결정과 동시에 개선입법이 시행되었더라면 아직 승인·포기기간이 남아 있어 어떻게든 구제될 기회가 있었을 것인데 당시에 즉시 개정하지 못하여 구제가 부여되지 못한 것이기 때문이다.

그리고 판례는 2002. 1. 13. 이전에 '상속개시있음'을 알았다 하더라도 그 안 날이 1998. 5. 27. 이후이고 2002. 1. 14. 이후에야 중대한 과실 없이 상속채무초과사실을 알게 된 경우에는 §1019 III이 적용될 수 있다고 한다.[104)] 이는 헌법불합치 결정 및 그에 따른 개선입법의 소급효가 − 명문의 규정 없이도 − 당해사건 및 병행사건에는 미친다는 판례를[105)] 전제로, 그 밖의 일반사건에 대하여 일정 범위에서 소급효를 인정하려는 취지였다.[106)]

반면 상속인이 '상속개시있음을 안 날'이 1998. 5. 27. 전인 경우에는 어떠한 구제도 부여되지 아니하였다. 그러나 이와 같이 당해사건, 병행사건과 일반사건을 구별하는 것은 합리적 근거 없는 자의적 차별로 정당화될 수 없었

103) 민유숙(2006), 70; 정상규(2003), 132~133 참조.
104) 대법원 2005. 4. 14. 선고 2004다56912 판결. 해설: 김상환(2006).
105) §1019 III에 관한 것으로, 대법원 2002. 4. 2. 선고 99다3358 판결; 대법원 2002. 8. 13. 선고 2002다23543 판결. 그러나 이러한 판례의 타당성은 의심스럽다. 같은 취지로 윤진수(2002), 275~295.
106) 민유숙(2006), 64~65.

다.[107] 이에 헌법재판소는 위 2002. 1. 14. 개정 법률 부칙 §3 중 1998. 5. 27. 전에 상속개시 있음을 알고 위 일자이후에 상속채무초과사실을 안 상속인에 대하여 소급적용을 제한하는 것은 헌법에 어긋난다는 취지의 헌법불합치 결정을 하였다.[108] 이후 2005. 12. 29. 위 부칙이 재개정되어 1998. 5. 27. 전에 상속개시가 있음을 알았으나 상속채무가 상속재산을 초과한다는 사실을 중대한 과실 없이 §1019 I의 기간 내에 알지 못하다가 1998. 5. 27. 이후 상속채무 초과사실을 안 자는 2005. 12. 29. 개정법률시행 전 상속채무초과사실을 알고도 한정승인을 하지 아니하였다면 개정법률 시행일, 즉 2005. 12. 29.로부터 3개월 내에, 개정법률 시행 이후 상속채무초과사실을 알게 된 자는 그 사실을 안 날로부터 3개월 내에 각각 특별한정승인신고를 할 수 있다는 취지의 제4조가 신설되었다.[109] 이를 표로 정리하면 다음과 같다.[110]

<table>
<tr><td></td><td colspan="5">채무초과사실을 안 날</td></tr>
<tr><td rowspan="5">상속 개시 사실을 안 날</td><td></td><td>1998.5.27. 전</td><td>1998.5.27.~ 2002.1.13.</td><td>2002.1.14.~ 2005.12.28.</td><td>2005.12.29. 이후</td></tr>
<tr><td>1998.5.27.전</td><td>특별한정 승인 불가</td><td colspan="2">2005.12.29.부터 3개월 내 (제2차 개선입법 부칙 IV i)</td><td>안 날부터 3개월 내(제2차 개선입법 부칙 IV ii)</td></tr>
<tr><td>1998.5.27. ~2002.1.13.</td><td></td><td>2002.1.14.부터 3개월 내 (제1차 개선입법 부칙 III)</td><td colspan="2" rowspan="2">안 날로부터 3개월 (§1019 III 직접적용)</td></tr>
<tr><td>2002.1.14. ~2005.12.28.</td><td></td><td></td></tr>
<tr><td>2005.12.29. 이후</td><td></td><td></td><td></td><td></td></tr>
</table>

107) 윤진수(2002), 291 이하.

108) 헌법재판소 2004. 1. 29. 선고 2002헌가22, 2002헌바40, 2003헌바19, 46 결정. 이 결정에는 1998. 5. 27. 이후에 상속채무 초과사실을 안 상속인뿐 아니라 그 전에 이를 안 상속인에 대하여도 소급적용하여야 하고 소급적용하지 아니하면 평등의 원칙 위반이라는 취지의 김영일 재판관의 반대의견이 있었다. 평석: 윤진수(2004).

109) 상고심 계속 중 위 부칙 개정이 이루어진 사안에 대하여 위 개정 부칙을 적용하기 위하여 파기한 예로, 대법원 2006. 1. 12. 선고 2003두9169 판결.

110) 민유숙(2006), 70. 또한 박동섭, 613.

이상과 같은 구분은, 이미 헌법불합치 결정 이전에 상속개시사실과 채무초과사실을 알고 3개월이 경과한 경우에는 상속인의 포기가 한정승인 등의 조치를 취하고 상소나 위헌법률심판제청 등으로 다투었어야 함에도 이를 게을리 하였고 2002년 개정 법률이 제한 없이 소급적용되었다 하더라도 어차피 구제될 수 없는 경우였으므로 구제할 필요가 없는 반면, 그 이외의 사안은 구제함이 옳고, 특히 제1, 2차 개선입법에 의하여 비로소 구제될 수 있었던 경우에는 각 개선입법 이후 3개월의 기간을 부여함이 상당하다는 점에 그 근거를 두고 있다.[111]

다만, 제2차 개선입법의 적용대상이라 하더라도 제2차 개선입법 시행 전 한정승인의 효력을 부인하는 판결이 확정된 경우에는, 제2차 개선입법에 의하여 재심이나[112] 청구이의의 사유가[113] 생기는 것은 아니고, 개정 전 법률에 의하여 각하된 한정승인신고가 제2차 개선입법에 의하여 당연히 유효해지지도 아니하므로,[114] 제2차 개선입법에 따라 다시 특별한정승인신고를 하여야 한다.[115] 또한 문언에서도 분명한 것처럼 §1026 ii에 의하여 법정단순승인된 경우가 아닌 단순승인을 하였거나 §1026 i에 의하여 법정단순승인이 된 경우는 특별한정승인이 소급하여서까지 적용되지는 아니함에 주의하여야 한다.[116]

---

111) 윤진수(2002), 296~300; 윤진수(2004), 470~478. 이에 비판적인 것으로 민유숙(2006), 88.
112) 대법원 2002. 10. 22. 선고 2002다494 판결.
113) 대법원 1995. 1. 24. 선고 94다28017 판결; 대법원 1998. 7. 10. 선고 98다7001 판결 참조.
114) 대법원 2006. 1. 12. 선고 2003다28880 판결 참조.
115) 민유숙(2006), 84~88.
116) 정상규(2003), 145. 특별한정승인의 요건에서는 단순승인과 법정단순승인을 구별하지 아니하는 것과 다르다는 점에 주의.

第1022條(相續財産의 管理)

相續人은 그 固有財産에 對하는 것과 同一한 注意로 相續財産을 管理하여야 한다. 그러나 單純承認 또는 拋棄한 때에는 그러하지 아니하다.

第1023條(相續財産保存에 必要한 處分)

① 法院은 利害關係人 또는 檢事의 請求에 依하여 相續財産의 保存에 必要한 處分을 命할 수 있다.

② 法院이 財産管理人을 選任한 境遇에는 第24條 乃至 第26條의 規定을 準用한다.

Ⅰ. 의의와 적용범위

1. 의의

§§1022, 1023은 상속개시 후 상속의 승인·포기기간이 경과할 때까지 상속재산의 관리에 관하여 규정한다.

상속이 개시되면 상속재산은 당연히 상속인에게 승계된다(§1005). 그러나 상속인은 '상속개시있음'을 안 날로부터 3개월 내에 상속을 단순승인, 한정승인 또는 포기할 수 있다(§1019 I). 상속을 포기하는 경우 상속재산을 포기한 상속인의 고유재산과 분리되어 타인, 즉 다른 동순위상속인 또는 후순위상속인에게 승계된다(§1042). 한정승인을 하는 때에도 고유재산과의 분별이 일어난다(가령 §1031). 단순승인, 한정승인 또는 포기를 하거나 상속의 승인·포기기간이 도과하는 등으로 법정단순승인이 될 때까지 상속인의 상속재산에 대한 전면적 권리의무의 취득은 잠정적인 것으로써 언제든 타인의 재산이 될 가능성이 있는 것이다. 이에 민법은 일응 상속인이 상속재산을 당연취득함을 인정하면서도 상속법률관계가 확정될 때까지는 상속인에게 상속재산을 관리할 권한과 의무를 지우고(§1022), 상속인의 관리가 적당하지 아니한 경우에는 가정법원이 개입할 수 있게 하고 있다(§1023).[1] 이들 규정은 일민 §918을 그대로 따른 것이나, 독민 §1958 이하, 스민 §578 이하, 프민 §814-1 이하도 비슷한 취지의 규정들을 두고 있다. 나아가 2006년 개정 프랑스민법은 사후대비위임(§812 이하, mandat à effet posthume)을 인정하여 상속인이 지명하는 수임인이 위 기간 중 및 그 이후의 상속재산 관리를 하는 것을 허용한다.[2]

반면 당연승계의 원칙을 취하지 아니하는 오스트리아일반민법이나 영미법에서는 상속 개시와 함께 그 관리의무가 법원 또는 인격대표자(personal representative)에게 맡겨지고, 상속인에 의한 상속재산 관리는 원칙적으로 허용되지 아니한다.

2. 적용범위

상속재산 관리는 서로 다른 여러 맥락에서 문제되고 있다. 첫째, 상속의 승인·포기기간 중의 상속재산 관리가 있다. 이때 상속인은 상속개시로 일응 상속재산을 승계하지만 상속관계가 아직 확정되지 아니한 결과 잠정적인 귀속만이 이루어져 있기 때문에 마치 타인의 재산인 것처럼 관리가 필요하다. 둘째, 상속인을 알 수 없는 경우의 상속재산 관리가 있다. 그 귀속주체를 찾을 때까지 누군가가 관리해줄 필요가 있는 것이다. 셋째, 그러한 사정이 있든 없든 공동상속이 이루어졌고 아직 분할이 완료되지 아니하였다면 또 다른 의미에서 관리가 문제된다. 공동상속인들 사이의 상호관계가 공유라 하더라도(§1006, 공유설) 그들의 공유관계는 개개의 물건뿐 아니라 상속재산 전체에 대하여 미치고, 상속분의 양도와 상속재산 전체에 대한 포괄적 청산절차로서 상속재산분할이 예정되어 있다는 점에서 통상의 공유와 차이를 보이기 때문이다. 넷째, 한정승인이나 재산분리가 있을 때에도 그 청산을 마칠 때까지는 채권자를 위하여 상속재산 관리가 요구된다.

그 밖에 위 사유와 무관하게 피상속인이 사후에도 일정한 기간 상속인의 영향을 배제하고 일정한 관리를 강제할 수 있는가. 독일법계에서는 관리형 유언집행자 지정 등의 방법으로 이를 인정하는 예가 다수 있고,[3] 2006년 개정 프랑스민법도 사후대비위임을 도입함으로써 이를 인정하나(주 2의 문헌), 일본민법

1) 곽윤직, 176; 김주수·김상용, 753; 박동섭, 619; 윤진수, 461; 한봉희·백승흠, 560~561; 谷口知平·久貴忠彦 編輯, 新版 注釋民法(27), 1989, 444(谷口知平).

2) 이에 대하여는 우선 이준형, "프랑스 민법상 수임인에 의한 상속재산의 관리", 민사 59, 2012, 369 이하 참조.

3) 영미법상 신탁과의 기능비교를 포함하여, Kötz, Trust und Treuhand, 1963, 특히 97 이하.

과 우리 민법에는 그러한 규정이 없다. 영미에서는 신탁(trust)에 의하여 이러한 목적을 달성하는데, 우리 법도 신탁법을 통하여 영미식의 신탁 제도를 수용하고 있으므로, 이를 통하여 같은 목적을 달성할 수 있을 것이다.[4)]

§§1022, 1023가 규율하는 것은 그중 첫 번째 경우와 네 번째의 일부이다. 먼저 §§1022, 1023는 상속개시시부터 상속의 단순승인, 법정단순승인, 포기가 있을 때까지 상속재산 관리에 관하여 규율한다(§1022 단서). 다만, 포기 후에도 그로 인하여 상속인이 된 자가 상속재산의 관리를 인수할 때까지는 관리를 계속할 의무(§1044)가 있으므로 포기가 있는 경우에는 실제로는 위 기간이 만료된 이후에도 관리가 계속될 수 있다. 이 규정은 그 밖의 종료사유가 있을 때에도 유추되어야 할 것이다. 다음 §§1022, 1023는 네 번째 경우 중 한정승인을 한 때도 규율한다. 한정승인을 하는 경우에는 그것만으로 관리가 종료하지 아니하고,[5)] 오히려 §§1022, 1023 이외에 §§1032 이하, 특히 §1040가 적용되어 청산절차가 종료되어야 비로소 관리가 종료된다. 이때 상속재산관리에 관하여는 위 각 조 註釋 참조. 반면 네 번째 경우 중 재산분리(§1048 참조)에 대하여는 — 상속인이 아닌 채권자가 관리, 청산을 주도하는 결과 — 별도의 규정이 있고(이에 대하여는 제5절 註釋 참조), 두 번째 경우, 즉 상속인이 부존재하는 경우(§1053)의 상속재산관리에 대하여도 별도의 규정이 있다. 이들 상속재산관리는 §§1022, 1023와는 무관하다. 공동상속관계에서 상속재산관리에 대하여는 별도의 규정이 없고, §§1022, 1023도 적용되지 아니한다.[6)]

학설로는 단순승인을 한 상속인이라 하더라도 상속채권자 등으로부터 상속채무의 이행을 청구 받는 등 — §1019 III의 특별한정승인과 관련하여 — 상속재산에 대하여 조사할 필요가 생기면 관리의무가 부활한다는 견해가 있다.[7)]

어느 경우든 상속재산에 대하여 다른 사유로 관리가 이루어지고 있을 때에는 그 한도에서 §§1022, 1023에 의한 관리가 배제된다. 예컨대 유증이 있고 그에 따라 유언집행자(§1091 이하, 특히 §1101)가 재산을 관리하는 경우나, 상속의

4) 우선, 최수정, 신탁법, 2016, 507 이하.

5) 김주수·김상용, 752; 윤진수, 461. 곽윤직, 176은 한정승인을 한 이후에 관하여는 규정이 없다고 하나, §1022는 한정승인으로 관리의무가 종료하지 아니함을 명백히 하고 있다. 같은 책, 190도 그러한 취지이다.

6) 민법은 공동상속재산의 단순승인 후 분할 전까지의 관리는 규정하고 있지 아니하다. 공동상속재산의 관리에 관한 해석론으로는 김숙자, "공동상속재산의 소유와 관리", 명지대 사회과학논총 7, 1992, 60 이하, 별도의 규정을 두지 아니한 데 대한 입법론적 비판으로, 신영호, "공동상속재산의 관리", 현대가족법과 가족정책: 김주수교수화갑기념, 1988, 344~345.

7) 정상규, "민법제1019조 제3항(특별한정승인)의 해석 및 그 적용범위에 관한 실무상쟁점", 법조 52-5, 2003, 136.

승인 · 포기 전에 재산분리로 이미 상속채권자 등에 의한 재산관리가 개시된 경우(§1047)에는 그러한 관리가 우선하고, 그 한도에서 §§1022, 1023에 의한 상속인의 상속재산관리 및 이를 전제하는 법원의 개입이 배제되는 것이다. 상속재산 파산이 있어 파산관재인이 상속재산을 관리(回生破産 §384)하는 경우도 마찬가지이다.[8] 같은 이유로 상속재산 관리 중 다른 사유에 의하여 관리가 개시되면 그 한도에서 상속재산 관리가 종료한다. 앞서 본 사유 이외에 상속인에 대하여 파산선고가 내려졌고 상속재산도 파산재단에 편입된 때 또한 그러한 예에 속한다. 그러나 부재자재산관리는 이에 해당하지 아니한다. 법원이 부재자재산관리인을 선임하였어도(§22 이하) 본인의 사망이 분명하면 그 지위가 종료되고,[9] §§1022, 1023에 의한 관리가 개시되기 때문이다.

Ⅱ. 상속인의 상속재산관리의무와 관리권한(§1022)

1. 상속인의 관리의무

상속인은 상속 개시로 상속인이 된 때부터 위 기간 중 상속재산을 그 고유재산에 대하여 하는 것과 동일한 주의로 관리하여야 한다(§1022 본문).

먼저, 상속인이 할 수 있는 것은 「관리」에 한한다. 관리는 이용 · 보존 · 개량행위를 뜻한다. 상속재산을 보존하기 위하여 필요하다면 처분(Verfügung)에 해당하는 물건의 파괴나 매각도 §1022의 의미의 「관리」가 될 수 있다. 이러한 행위는 §1026 i의 법정단순승인사유도 되지 아니한다. 임대차의 경우에는 대항력이 없는 임대차로서 §619가 정하는 단기임대차에 한하여 「관리」라고 봄이 상당하다.[10] 시효완성을 저지하기 위한 조치가 「관리」에 포함됨은 물론이다. 논란의 소지가 있으나, 상속채무의 변제나 상속채권으로 하는 상계, 상속채권에 터 잡은 동시이행의 항변권, 유치권의 행사도 「관리」에 포함된다.[11] 소의 제기나 응소, 보전처분, 상속재산 파산신청도 그 목적과 내용에 따라 「관리」가 될 수 있다. 반면 주주 의결권이나 신주인수권의 행사는 「관리」가 되기 어렵다.[12] 이용 · 보존 · 개량에 해당하지 아니하는 장기임대차, 처분, 담보의 설정 등도 「관리」가 아니다. 다만 「관리」의 범위를 초과하는 행위를 하였다 하여 그 행위의

8) 양형우, "상속재산의 파산에 관한 고찰", 비교 13－1, 2006, 469~470 참조.
9) 주석총칙(1) 제4판, 2010, 394(이용운). 또한 대법원 1987. 3. 21. 선고 85다카1151 판결 참조.
10) 곽윤직, 177; 박동섭, 619.
11) MünchKommBGB/Leipold, 6. Aufl., 2013, §1958 Rn. 6, §1959 Rn. 6 참조.
12) 박동섭, "개정민법과 상속의 한정승인 · 포기", 법조 51－4, 2003, 20; 谷口知平(주 1), 446~447.

효력이 당연히 부인되는 것은 아니고, 아래에서 볼 상속인의 관리권한 내에 있는 한 행위 자체는 유효하며, §1026 i의 법정단순승인사유가 될 뿐이다. 상속인이 위 기간 중에 적극적으로 소를 제기한 때에도 같다.[13)]

상속인이 수인(數人)인 때에는 공동상속인 전원이 공동으로 관리하여야 한다. 공동상속인들 사이에 관리에 관한 다툼이 있는 때에는 종국적으로는 §1023에 따라 상속재산관리인을 선임하게 하는 수밖에 없다.[14)]

다음, 상속인은 고유재산에 대한 것과 동일한 주의를 기울여 관리하여야 한다. 즉 이른바 구체적 경과실이 있을 때에 한하여 책임을 진다. 즉, 추상적 경과실은 있으나 고유재산에 대한 것과 같은 주의는 다하였다면 상속인은 그로 인하여 손해를 입은 다른 동순위 또는 후순위상속인 및 상속채권자 등에 대하여 어떠한 책임도 지지 아니하는 반면, 상속인이 고유재산에 대한 것과 동일한 주의로 관리할 의무를 해태하거나 고의로 상속재산의 가치를 감소시켰다면 그로 인하여 손해를 입은 다른 동순위 또는 후순위상속인 및 상속채권자 등에 대하여 자신의 고유재산으로 손해배상책임을 질 수 있는 것이다. 문제는 책임이 인정되는 경우 그 근거규정이 무엇이고 어떠한 요건 하에 책임을 지는가 하는 점이다. 상속인은 당연승계의 원칙에 따라 상속의 승인·포기하기 전 이미 상속재산의 권리귀속주체이므로, 그는 — 보통의 구체적 경과실처럼 — 타인재산 내지 사무에 대하여 고유재산, 즉 자기재산에 대한 것과 동일한 주의를 기울이는 것(가령 §695)이 아니라 실제로 자기재산을 관리하고 있다. 이러한 자기재산 관리에 대하여는 누구에 대하여 어떠한 주의의무를 부담하지 아니하는 것이 원칙이다. 물론 그가 상속을 포기한 때에는 그 효과가 소급하지만(§1042) 이는 권리변동에 관하여 그렇다는 의미이고, 상속인이 포기하기 전까지 상속재산의 권리주체였다는 점을 소급하여 바꾸고, 그리하여 소급적으로 불법행위법적 주의의무를 부과하는 근거가 될 수는 없다. 결국 책임근거는 상속인이 자신의 재산을 관리하는 것이기는 하나, 그의 지위가 잠정적인 것인 이상 그 관리는 적어도 「타인의 사무」에 해당한다고 보아 사무관리법에서 구하는 수밖에 없다. 이때 그의 포기로 상속을 (더) 받게 되는 동순위 또는 후순위상속인이 사무의 귀속주체, 즉 본인이다. 한정승인으로 이행하는 경우에는 청산이 예정되어 있으므로 상속채권자도 사무본인에 해당한다.[15)] §1022는 독자적인 책임근거규

13) MünchKommBGB/Leipold, 6. Aufl., 2013, §1959 Rn. 11~12.
14) 谷口知平(주 1), 449.
15) 그 한도에서 §1038은 적용되지 아니한다고 본다. 그 결과 §1022에 의한 책임감경의 혜택을 누

정은 아니고, 이러한 사무처리를 게을리 하여 사무본인에 대하여 §§734, 390에 따라 손해배상책임을 질 때 그 책임을 감경하는 기능을 할 뿐이다. 한편, 위와 같은 책임근거에 비출 때, 상속인이 상속을 단순승인한 경우에는 위 §§1022, 1023는 의미가 없고, 사무관리법에 따른 책임도 없으며, 본조도 적용되지 아니한다고 봄이 옳다. 다만 그는 상속의 승인·포기 전 관리기간 중의 행위에 대하여 제3자의 채권침해의 요건 등을 갖추었을 때 일반불법행위법에 따른 책임을 질뿐이다. 그가 한정승인을 한 경우 상속채권자에 대하여는 위와 같은 책임을 지나, 동순위 및 후순위상속인에 대하여는 책임이 없다. 그가 포기를 한 때에는 그로 인하여 상속을 받게 된 동순위 및 후순위상속인 및 이후 한정승인이 이루어진 때에는 상속채권자에 대하여 이러한 책임을 진다. 반면 그가 상속을 포기하였다 하더라도 동순위 및 후순위상속인이 단순승인을 하였다면 동순위 또는 후순위상속인에 대한 책임은 별론, 상속채권자에 대하여 그가 사무관리자와 같은 책임을 질 까닭은 없고, 상속채권자의 상속포기자에 대한 책임추궁은 일반불법행위법에 의하여야 한다.

한편, 이와 같이 구체적 경과실로 상속인의 책임을 감경하는 태도는 일본민법(일민 §918 I)에서 유래한 것으로, '확정되지는 아니하였으나 자기의 재산인 점'[16] 또는 자기의 의사에 터 잡아 취득한 것은 아니라는 점에[17] 그 근거를 둔다. 그러나 상속의 승인·포기기간 중 법 상태는 어디까지나 잠정적인 것이고, 이때 상속인은 법원의 상속재산관리인 선임에 갈음하여 상속재산을 관리하는 셈이라는 점에서 입법론적으로 의문이다. 특히 한정승인을 한 경우 청산절차가 예정되어 있고, 그리하여 상속채권자에게 상속재산을 나누어 주어야 함에도 불구하고 자기재산에 대한 것과 같은 주의가 그대로 이어진다는 점(§1022)은 납득하기 어렵다.[18] 비교법적으로도 이러한 책임감경은 일본민법을 제외하면 찾아보기 어렵다. 독민 §1959는 이 기간 중 상속재산 관리를 상속인에게 맡기면서도 사무관리법에 따라 선량한 관리자로서의 주의의무를 부과하고 있다. 이러한 태도가 입법론적으로는 타당하다고 본다.

끝으로, 상속 포기에 의하여 관리가 종료하면 상속재산을 관리해온 종전의 상속인은 그로 인하여 상속인이 된 자에게 상속재산을 인도하여야 한다. 이

릴 수 있다.

16) 谷口知平(주 1), 445.

17) 신영호(주 6), 343.

18) 김주수·김상용, 766은 이를 전제하고 있다.

때의 법률관계에 대하여는 §1044 註釋 참조. 상속인이 §§1022, 1013에 따라 상속재산을 관리하던 중이라도 유증이 발견되어 유언집행(§1101)이 개시되거나 재산분리(§1048)가 선고된 때에는 §§1022, 1023에 의한 관리는 종료한다. 이때에도 관리가 이전되어야 한다면 §1044를 유추함이 타당할 것이다. 반면 상속의 단순승인에 의하여 관리가 종료하는 경우에는 §§1022, 1013에 따른 법률효과는 의미가 없고, 처음부터 단순승인을 한 것처럼 취급하면 족하다. 한정승인을 한 때에는 앞서 본 바와 같이 §§1022, 1013에 의한 관리가 계속된다. 민법은 이때 관리의무의 종기(終期)에 관하여 별도의 규정을 두고 있지 아니하나, 한정승인에 따른 청산이 종결되면 §§1022, 1013에 따른 관리도 종료된다고 해석하여야 할 것이다.

2. 상속인의 관리권한

상속인의 위 기간 중 관리권한에 대하여는 대외적으로 별다른 제한이 없다. 상속재산에 속하는 권리의 귀속자로서 이를 제한 없이 사용·수익·처분할 수 있으며, 그러한 행위가 관리의무위반이 된다 하더라도 대외적 효력에는 영향이 없다. §1026 i도 이를 전제한다. 상속인에게 변제거절권이 있다는 것이 통설이나,[19] §1033과 같은 규정도 없이 변제거절권을 인정하여도 좋을지 의문이다.[20] 변제거절권이 없으면 변제를 강제 당함으로써 §1026 i의 법정단순승인이 되어 승인·포기기간 중의 관리의 본래 취지를 해하거나[21] 변제 후 한정승인을 함으로써 상속채권자 사이의 평등변제를 해하게 된다고 하나,[22] 모든 상속채무변제가 §1026 i의 법정단순승인사유에 해당하는 것은 아니고(§1026 註釋 II. 참조), 변제거절권을 인정하여도 거절의무가 없는 한 상속채무 중 일부를 변제한 이후 한정승인을 하여 채권자평등의 원칙이 깨어지는 것을 막을 수는 없다. 아예 한정승인을 하여 변제를 거절하거나(§1033), 재산분리가 가능함을 들어 변제를 거절하는(§1051 I) 외에 변제거절권은 없고, 특히 필요한 때에는 가정법원의 처분으로 변제금지를 명받는 수밖에 없다고 보는 것이 타당하다.[23]

19) 곽윤직, 177; 김주수·김상용, 752~753; 박동섭, 619; 동(주 12), 20; 송덕수, 379; 윤진수, 462; 한봉희·백승흠, 561.

20) 谷口知平(주 1), 447. 독민 §1958은 상속재산에 대한 청구권의 재판상 행사만을 금지하고 있으나, 독일의 판례, 통설은 변제를 거절할 수 있고, 나아가 승인·포기기간 중의 부지체(附遲滯) 행위, 가령 최고의 효력도 부정하고 있다. RGZ 79, 201, 203; Leipold(주 11), Rn. 18.

21) 윤진수, 462. 법정단순승인이 된다는 점에 대하여는 김주수·김상용, 753도 같은 취지.

22) 김주수·김상용, 753.

23) 谷口知平(주 1), 447.

특히 문제는 일응 상속인이 된 자가 그 후 상속을 포기하여 소급적으로 상속재산에 관한 권한을 상실한 경우, 상속개시 후 상속포기시까지 관리 중에 한 행위의 효력이 어떻게 되는가 하는 점이다. 독민 §1959 II, III은 상속인이 포기 전 상속재산을 처분한 경우 그 처분이 상속재산에 대하여 불리한 것이 아니었다면 그 후 포기하여도 처분의 효력에 영향이 없고, 상속인에 대하여 하여야 할 법률행위는 포기 전 포기한 상속인에게 한 때에는 포기한 뒤에도 효력이 있다고 규정하고 있고, 그 규정의 해석상 잠정적 상속인의 상속재산 양도, 물적 부담의 설정, 변제의 수령, 청약의 승낙, 기타 해제 · 해지 · 취소 · 상계 등의 의사표시의 수령이 종국적 상속인에 대하여 효력이 있다.[24] 같은 규정을 두고 있지 아니한 일본과 우리나라에서도 해석상 독민 §1959 III와 같은 결과를 도출하여 변제의 제공, 채권양도의 통지, 청약에 대한 승낙, 기타 해제 · 해지 · 취소 ·상계 등의 수령은 유효하다는 견해가 유력하다.[25] 이러한 의사표시 등은 적시(適時)에 하지 아니하면 상대방에게 불이익이 될 수 있는데, 상속인 측 사정, 즉 상속법률관계가 아직 확정되지 아니하였다는 이유로 그러한 불이익을 상대방에게 떠넘길 수는 없다는 점에 비추어볼 때 수긍할 만하다. 상속재산의 처분도 이와 같이 보아야 할 것이다.[26] 처분행위가 늘 법정단순승인사유로서 상속재산의 처분(§1026 I)이라고 할 수는 없는데, 스스로 처분행위를 한 다음 상속을 포기하여 처분행위의 효력을 무효로 돌릴 수 있게 하는 것은 부당하고, 이로 인한 불이익은 포기자와 포기로 인하여 상속인이 된 자 사이에서 청산시킴이 합리적이다. 특히 상속의 승인 · 포기기간 중이어서 잠정적 상속인이라 하더라도 상속받은 채권을 행사하여 이행청구를 할 수 있고, 채무자를 지체에 빠뜨릴 수 있으며, 채무자도 변제제공을 함으로써 책임감면의 혜택을 누릴 수 있어야 하는데(§§401~403), 이에 따른 변제가 그 이후의 포기로 무효가 되는 것은 부당하기 때문이다. 그 범위에서 포기의 소급효(§1042)는 제한된다. 반면 처분이 「관리」의 범위를 벗어난 때에는 법정단순승인사유로서 상속재산의 처분(§1026 I)에 해당하고, 그 결과 그 뒤의 포기는 배제된다.

그러나 의무부담행위의 경우는 그러하지 아니하다. 잠정적 상속인이 자기 명의로 한 의무부담행위는 그것이 「관리」의 범위 내에 있다 하더라도 상속포기에도 불구하고 잠정적 상속인에 대하여 효력이 있고 종국적 상속인에게 승

24) ErmanBGB/Schlüter, 12. Aufl., 2008, §1959 Rn. 4, 6.
25) 곽윤직, 177; 박동섭(주 12), 19; 谷口知平(주 1), 446.
26) §115(비현명대리)를 유추하여 같은 결론에 이르는 것으로, 김용한, 365; 양수산, 662.

계되지 아니한다. 경우에 따라 사무관리법에 의하여 종국적 상속인과 사이에 청산되고, 잠정적 상속인이 상속재산, 즉 종국적 상속인을 위하는 것임을 현명하여 한 행위는 무권대리가 될 뿐이다.[27)]

나아가 상속인은 위 기간 중 상속재산에 관하여 원고로 소를 제기하거나 소장을 송달받고 소송절차에 관여할 수 있다. 소멸시효 완성이 임박한 채권이나 취득시효완성이 임박한 부동산에 관하여 시효중단을 위하여 소를 제기하는 것은 관리의무가 요청하는 바이기도 하다. 다만, 피상속인을 당사자로 한 상속재산에 관한 소송 계속 중 피상속인이 사망하여 소송절차가 중단되었을 때에는 위 기간 중에 상속인이 소송을 수계할 수는 없고, 위 기간이 경과하여 확정된 상속인 또는 상속재산관리인이 수계하여야 한다(民訴 §233). 불필요한 수계의 반복을 피하기 위함이다. 위 기간 경과 전 상속인이 수계신청을 한 때에는 각하하여야 한다. 그러나 수소법원이 수계신청을 각하하지 아니한 채 소송을 수행하게 한 경우에는 수계가 무효라고 할 수는 없다. 이때 "상속포기기간 중에 한 소송수계신청을 받아 들여 소송절차를 진행한 하자가 있다 하더라도 그 후 상속의 포기 없이 상속개시 있음을 안 날로부터 3월을 경과한 때에는 그 전까지의 소송행위에 관한 하자는 치유"되므로[28)] 별 문제 없다. 단순승인, §1026 i, iii의 법정단순승인 및 한정승인이 있는 때에도 같이 볼 것이다. 반면 그가 상속을 포기하였다면 다른 동순위 또는 후순위상속인에게 다시 소송을 수계하게 하는 수밖에 없다. 이 경우 상속을 포기한 상속인의 소송수행은 이 다른 동순위나 후순위상속인에 대하여 효력이 없고 이를 간과하고 상속을 포기한 상속인의 소송수행에 터 잡아 판결을 선고한 때에는 그 자체 절대적 상고 및 재심사유가 된다(民訴 §§424 I iv, 451 I iii). 물론, 종국적으로 상속인이 된 동순위나 후순위상속인이 전 상속인의 소송행위를 추인한 때에는 그러하지 아니하다(民訴 §451 I iii 제2문 참조).

독일법은 승인·포기기간 중 상속채무에 터 잡아 고유재산에 대하여 집행하는 것을 금하나(독일민사소송법 §778), 그와 같은 규정이 없는 우리 민사집행법에서는 집행이 허용된다. 즉, 피상속인에 대한 집행권원에 승계집행문(民執 §31)을 부여받거나 상속인에 대한 집행권원을 취득하여 고유재산에 대하여 집행할

27) Schlüter(주 24), Rn. 5 참조.

28) 대법원 1995. 6. 16. 선고 95다5905, 5912 판결. 다만 공동상속인 중 1인만 수계신청을 하였음에도 법원이 이를 간과하고 전부에 대하여 판결을 한 경우에는 그 공동상속인에 대한 부분만 확정되고 나머지 공동상속인에 대한 부분은 여전히 사건이 계속 중이라고 보아야 한다. 대법원 1994. 11. 4. 선고 93다31993 판결.

수 있는 것이다. 이때에는 한정승인이나 포기 등 조치를 취한 뒤 집행문 부여에 대한 이의신청 및 이의의 소(民執 §§34, 45), 집행정지신청(民執 §49)을 하는 수밖에 없다. 상속인은 위 기간 중 파산신청을 할 수도 있다(回生破産 §299 I). 상속채권자가 피상속인에 대한 집행권원에 터 잡아서든 상속인에 대한 집행권원에 터 잡아서든 상속재산에 대하여 보전 및 집행조치를 취할 수 있음은 물론이다. 이때 상속인이 상속을 포기하면 그 동순위 또는 후순위상속인이 그 집행채무자의 지위를 승계한다.

상속인이 수인(數人)인 경우 관리권한의 배분에 관하여는 별도의 규정이 없으므로 물권법, 즉 공유 및 준공유에 관한 규정에 따르는 수밖에 없다(§1006, 공유설). 그러므로 보존행위는 공동상속인 각자가 할 수 있으나, 관리에 관한 사항은 법정상속분의 과반수로 정하여야 하고, 처분행위는 전원이 함께 하여야 한다(§§264, 265).[29] 공동상속인들 사이에 의견이 대립하는 등 필요한 경우에는 상속재산관리인의 선임 등 가정법원에 적절한 처분을 구할 수 있다.

Ⅲ. 상속재산관리에 대한 가정법원의 개입(§1023)

1. 요건과 절차

상속이 개시되었고 위 기간이 만료되지 아니하여 상속재산을 관리하여야 함에도 상속인이 부재중이거나 그 소재(所在)를 알 수 없거나 관리능력이 특히 부족하거나 공동상속인들 사이에 다툼이 있어 적절한 관리가 곤란한 경우에는 법원의 개입이 필요할 수 있다.[30] 이때 이해관계인 또는 검사의 청구에 따라 법원이 필요한 처분을 명할 수 있다. 여기에서 이해관계인에는 상속채권자, 공동상속인, 후순위상속인 및 상속인의 채권자 등 상속재산에 관하여 법률상 이해관계를 가지는 자가 포함된다.[31] 관할법원은 상속개시지, 즉 피상속인의 (최후)주소지의 가정법원이다(家訴 §44 vi). 최후주소지가 외국인 때에는 대법원이 있는 곳의 가정법원, 즉 서울가정법원이 관할법원이 된다(家訴 §§35 II, 13 II). 이

29) 곽윤직, 177(특별수익자가 있는 등 상속분을 쉽게 확정할 수 없을 때에는 상속인의 머릿수에 의한 다수결로 하여야 한다고 한다. 그러나 특별수익은 물권법상 공유지분의 귀속에는 직접 영향을 미치지 아니하고, 상속재산분할절차에서 고려될 수 있을 뿐이라고 봄이 타당할 것이다); 김주수 · 김상용, 752; 박동섭, 619~620(곽윤직과 같은 취지); 한봉희 · 백승흠, 561; 谷口知平(주 1), 448~449.

30) 谷口知平(주 1), 449.

31) 고형규, "특별대리인 및 재산관리인의 선임", 재판자료 18, 1983, 164; 김주수 · 김상용, 753; 박동섭, 620; 송덕수, 378; 한봉희 · 백승흠, 561; 가사[II], 368.

러한 처분은 상속인의 관리의무를 전제하므로 §1019 I의 기간 내에만 할 수 있다.[32] 다만, §1044와의 관계상 상속을 포기한 상속인도 다른 상속인이 그 상속재산을 관리할 수 있을 때까지는 §1023의 처분을 구할 수 있고, 상속채권자 등도 그의 관리의 부적당을 이유로 같은 처분을 구할 수 있다.[33]

절차의 성격은 라류 가사비송절차에 해당하고, 재판형식은 심판, 즉 결정이다[家訴 §§2 I ii 가. 31), 39]. 대심절차(對審節次)가 아니며, 사건관계인을 심문할 수도 있지만 사건관계인을 심문하지 아니하고 심판할 수도 있다(家訴 §45). 심리는 승인·포기기간 중 상속인 또는 상속포기자의 재산관리가 부적절하였는지, 필요한 처분이 무엇인지, 특히 재산관리인 선임의 필요가 있는지 및 재산관리인의 적격성 등을 대상으로 한다.[34]

특히 §1000의 순위에 있는 상속인이 순차로 상속을 포기하고 있는 경우에는 상속채권자는 상속재산을 관리하고 있는 자, 즉 현재의 상속인을 특정할 수 없어 채권을 소구(訴求)하는데 상당한 곤란을 겪을 수 있다. 일부 실무례는 이러한 경우에도 §1023에 의하여 상속재산관리인을 선임하여 승인·포기기간이 완전히 지나가기 전에 소를 제기하거나 집행절차를 진행할 수 있다고 본다.[35]

청구를 기각한 심판에 대하여는 청구인이 즉시항고할 수 있으나(家訴規 §27) 청구를 인용하여 처분을 명하는 심판에 대하여는 불복할 수 없다. 심판의 효력은 청구인, 절차에 참가한 이해관계인 및 상속재산관리인이 선임되는 때에는 그 상속재산관리인에게 고지함으로써 발생한다.[36] 모든 처분은 심판청구를 할 수 있는 시적 한계시까지만 효력이 존속하고, 그 기간이 끝나면 당연히 소멸한다.[37] 청구를 인용한 경우 심판비용 및 처분에 필요한 비용은 상속재산에서 부담한다(家訴規 §§78, 52).

2. 심판의 내용과 효력

가정법원이 명할 수 있는 보존에 필요한 처분으로는 상속재산의 봉인, 환가, 처분금지 및 점유이전금지, 재산목록의 작성 및 제출, 경매명령 등 이외에 상속재산관리인의 선임이 포함된다.[38] 어떠한 처분을 할지는 가정법원의 합리

32) 대법원 1999. 6. 10.자 99으1 결정.
33) 가사[II], 369.
34) 가사[II], 369.
35) 가사[II], 370.
36) 가사[II], 371.
37) 대법원 1999. 6. 10.자 99으1 결정.

적 재량에 맡겨져 있고, 신청취지에 구속되지 아니한다.

특히 중요한 것은 상속재산관리인의 선임이다. 이는 상속재산 관리가 장기간 계속되어야 하거나 상속인과 다른 이해관계인 사이에 이익충돌이 심하거나 상속인의 상속재산 관리가 부적절하게 이루어지는 등 필요한 경우에 할 수 있다. 상속재산관리인의 자격에는 특별한 제한이 없다. 피상속인의 친척이나 친구 등이 고려될 수 있으나, 그 밖에도 가능하다. 상속인(중 1인)을 관리인으로 선임할 수 없다는 견해가 있으나,[39] 가정법원 개입의 취지에 비추어 상속인을 관리인으로 선임하는 것이 부적절한 경우가 많음은 별론, 아예 자격이 없다고 볼 근거는 없다.[40] 상속채권자 중 1인을 상속재산관리인으로 선임하는 것도 이익충돌의 위험이 있어 부적절한 경우가 많다고 할 수는 있을지언정 자격을 부정할 근거는 없다. 변호사 등 피상속인과 특별한 관계가 없는 제3자도 가능하다. 법인도 상속재산관리인이 될 수 있는가. 굳이 부정할 필요는 없을 것이다.[41] 수인(數人)을 상속재산관리인으로 선임할 수도 있는데, 이때에는 상속재산관리인별로 업무 내지 권한영역을 나누지 아니하는 한, 공동상속재산관리인으로 권한을 공동으로만, 즉 합수적(合手的)으로 행사하는 것이 원칙이다. 그들 사이에 관리에 관한 다툼이 있는 때에는 가정법원의 결정으로 정하여야 한다.[42] 상속재산관리인 선임결정은 법원의 재판이므로 그 고지에 의하여 곧바로 효력이 발생하고, 선임을 거절할 수는 없다.[43] 다만 그 임무를 수행할 의사나 능력이 없는 자를 상속재산관리인으로 선임하는 것은 부적당할 것이다. §1053 I과 같은 규정이 없으므로 §1023의 상속재산관리인을 선임한 때에는 선임공고가 필요하지 아니하다.[44]

상속재산관리인을 선임한 경우에는 부재자재산관리인에 관한 규정이 준용된다. 그러므로 관리가 개시되면 관리할 재산의 목록을 작성하여야 하고, 법원은 상속재산관리인에게 재산을 보존하기 위하여 필요한 처분을 명할 수 있다(§§1023, 24). 법원은 재산 관리 및 반환에 관하여 상속재산관리인에게 상당한 담

38) 곽윤직, 177; 김주수 · 김상용, 753; 박동섭(주 12), 21; 송덕수, 378; 이경희, 452; 한봉희 · 백승흠, 561; 가사[II], 370; 谷口知平(주 1), 450.

39) 고형규(주 31), 164.

40) 谷口知平(주 1), 450.

41) 그러나 독일에서는 후견법의 규율을 따르는 결과 법인을 상속재산관리인으로 할 수 없다고 한다. MünchKommBGB/Leipold, 6. Aufl., 2013, §1960 Rn. 37.

42) Leipold(주 41), Rn. 37.

43) Leipold(주 41), Rn. 37.

44) 가사[II], 371.

보를 제공하게 할 수 있다. 관리의 비용은 상속재산으로 지급하며, 그 밖에 법원은 상속재산으로 상당한 보수를 지급할 수 있다(§§1023, 26). 이를 위하여 법원은 청구인에게 상속재산관리인의 보수 상당액의 예납을 명할 수 있다.[45] 그러나 반드시 지급하여야 하는 것은 아니고, 지급 여부와 그 액수는 법원의 합리적 재량에 달려 있다.

상속재산관리인의 업무로서 「관리」에 대하여는 앞서 상속인이 하는 상속재산 관리에 대한 설명이 그대로 타당하다. 법원이 선임한 상속재산관리인은 선임결정에 의하여 성실하게 업무를 수행할 의무, 즉 선량한 관리자로서 주의의무를 부담한다. 상속인을 상속재산관리인으로 선임한 경우에도 같다. §1022에 따라 고유재산에 대한 주의를 기울이는 것으로는 충분하지 아니할 것이다. 그와 상속인, 상속채권자 사이에는 일종의 법정위임관계가 인정된다고 봄이 타당하다. 누가 어떤 경우에 이해관계인이 되는가, 어떤 경우에 어떤 책임을 지는가 하는 점에 대하여는 – 사무관리가 아닌 법정위임이 근거규정(가령 §§681, 684, 685)이 된다는 점을 제외하면 – 상속인이 상속재산을 관리하는 경우에 대한 설명이 대체로 타당하다.[46]

상속재산관리인의 대외적 권한은 어떠한가. 독일에서는 상속재산관리인이 종국적 상속인의 법정대리인이 된다고 본다.[47] 우리의 학설은 상속재산관리인은 보존을 위하여 필요한 조치를 하는데 그치므로(§§1023, 25) 가급적 관리권이 미치는 범위를 줄일 필요가 있다는 이유에서 대리권에 소극적이다. 즉, 상속재산관리인은 단순히 상속재산에 관하여 권리를 행사하고 의무를 이행할 수 있을 뿐 별도의 법률행위로 상속인에게 권리의무를 설정하지는 못한다고 한다. 그리하여 상속회복청구 이외에 유증의 취소, 유류분반환청구 등은 할 수 있지만, 상속의 승인·포기 등은 할 수 없다고 한다. 결론에 있어서는 타당하지만, 어차피 상속재산에 속하는 권리를 행사하거나 의무를 이행하는 한도에서는 현재 상속인의 법정대리인이 된다고 보는 수밖에 없다. 상속재산에 속하는 권리를 행사하거나 상속재산을 처분하는 등의 행위가 가능하고 그 효과가 종국적 상속인에게 귀속된다고 볼만한 근거가 있어야 할 뿐 아니라, 권리의 귀속주체가 상속인인 이상 실제로 현재 상속인의 이름으로 행위하는 수밖에 없는, 즉

45) 대법원 2001. 8. 22.자 2000으2 결정.

46) 谷口知平(주 1), 450.

47) BGH NJW 2007, 756, 758; (학설에 대한 소개를 포함하여) Leipold(주 41), Rn. 30, 62. 다만 종국적 상속인이 아직 확정되지 아니하였다는 점이 문제인데, 이는 '특정인의 알려지지 아니한 상속인의 대리인'이라는 구성에 의하여 해결하고 있다. BGH ZZP 71, 471.

대리 방식으로 행위하여야 하는 경우가 있기 때문이다.[48] 다만 대리의 방식으로 대리권 범위 내의 행위를 할 때에도 대리권남용의 법리는 적용될 수 있다.[49] 나아가 권한범위 내에서는 소송행위를 할 수 있는데, 이때 소송법상으로는 법정대리인이 아닌 직무상 당사자로 취급한다(民訴 §233 참조). 그것이 불필요한 소송 당사자 변경을 막고, 종국적 상속인에게 판결의 효력을 미치도록 하는 보다 간편한 방법이기 때문이다.[50] 그 밖에 통설은 상속인이 행방불명된 경우에는 부재자재산관리인을 선임할 수 있고, 그 경우 부재자재산관리인은 가정법원의 허가를 받아 상속의 승인·포기를 포함하는 일체의 행위를 할 수 있다고 한다(§§1023, 25 참조).[51]

상속재산관리인이 선임되면 상속인 본인의 관리권한이 제한되는가. 관리권한이 제한되어 상속재산관리인만 관리할 수 있게 된다는 견해가 있다.[52] 그러나 상속인이 상속재산관리인의 관리에 개입하지 아니할 의무를 지는지 여부는 별론, 상속인과 거래한 제3자에 대하여 상속인의 무권한을 이유로 법률행위의 효력을 바로 부인할 근거는 없고, 가정법원이 상속재산관리인 선임과 함께 처분금지, 점유이전금지 등을 명하고 이에 대하여 등기 등 공시(公示)에 필요한 조치를 취한 경우에 한하여 대외적으로 무효가 된다고 봄이 옳다.[53]

상속재산관리인의 권한과 임무는 §§1022, 1023의 상속재산 관리의 종료사유 발생으로 당연히 종료한다. 그밖에 법원이 상속재산관리인 선임결정을 취소하여도 종료할 수 있는데, 이때 아직 §§1022, 1023의 상속재산 관리가 종료하지 아니하였다면 상속인이 상속재산의 관리를 인수하여야 한다. 상속재산관리인이 상속재산으로 상속채권자 및 유증을 받은 자에 대한 채무를 완제할 수 없음을 발견한 때에는 상속재산 파산신청을 하여야 한다(回生破産 §299 II, III). 이때에는 파산법에 따라 파산재단이 관리되므로 상속재산 관리가 당연히 종료한다. 어느 경우든 상속재산관리인의 임무가 종료하였을 때의 법률관계에 관하여는 §1044 註釋의 설명이 대체로 타당하다.

48) 가령 부동산 소유권이전등기의무를 이행하여야 하는 경우를 생각해보라.

49) Leipold(주 41), Rn. 42.

50) 독일에서도 이러한 권리의 행사는 상속재산관리인의 고유의 권한으로, 자기 이름으로 할 수 있다고 한다. BGH NJW 1983, 226; Leipold(주 41), Rn. 48.

51) 고형규(주 31), 164~165; 谷口知平(주 1), 450.

52) 박동섭, 620; 동(주 12), 21.

53) 谷口知平(주 1), 451. 가사[II], 371은 상속인이 재산관리권을 상실하는 것은 아니지만 상속재산관리인의 관리행위와 저촉되지 아니하는 범위 내에서만 관리행위를 할 수 있다고 하는데, 저촉되는 관리행위의 대외적 효력을 부정하는 취지인지 분명하지 아니하다.

第1024條(承認, 抛棄의 取消禁止)

① 相續의 承認이나 抛棄는 第1019條第1項의 期間內에도 이를 取消하지 못한다.

② 前項의 規定은 總則編의 規定에 依한 取消에 影響을 미치지 아니한다. 그러나 그 取消權은 追認할 수 있는 날로부터 3月, 承認 또는 抛棄한 날로부터 1年內에 行使하지 아니하면 時效로 因하여 消滅된다.

참고문헌: 김가을(2014), "상속포기와 채권자취소권", 가족법연구 28-3; 류일현(2014), "상속포기와 채권자취소권", 가족법연구 28-3; 박근웅(2011), "상속의 포기와 채권자취소권", 연세법학연구 21-3; 박수곤(2013), "상속포기와 채권자취소권", 경희법학 48-3; 양창수(2005), "「가족법」상의 법률행위의 특성", 가족법연구 19-1; 윤진수(2001), "상속법상의 법률행위와 채권자취소권", 사법연구 6; 동(1997), "상속채무를 뒤늦게 발견한 상속인의 보호", 서울대 법학 38-3·4; 동(2016), "상속포기의 사해행위 취소와 부인", 가족법연구 30-3; 이학승(2012), "상속포기가 채권자취소권의 대상이 되는지 여부", 재판과 판례 21; 조인영(2013), "상속포기와 채권자취소권", 민판 35; 최성경(2007a), "상속법상의 법률행위와 채권자취소권", 법조 56-9; 동(2007b), "상속의 승인 및 포기와 채권자취소권", 외법논집 26; 편지원(1993), "상속재산의 승인 및 포기와 채권자취소권", 가족법연구 7.

Ⅰ. 상속의 승인·포기의 법적 성질과 요건

1. 상속의 승인·포기의 법적 성질

상속의 단순승인, 한정승인 및 포기는 의사표시를 포함하는 법률행위에 해당한다.[1] 본조 II도 이를 전제한다. 일본에서는 한정승인이나 포기는 법률행

1) 곽윤직, 169~170; 김주수·김상용, 745; 박동섭, 607; 송덕수, 372; 윤진수, 450; 한봉희·백승흠, 550; ErmanBGB/Schlüter, 12. Aufl., 2008, §1943 Rn. 2, 4.

위이지만 단순승인은 일정한 조건이 갖추어지면 당연히 발생하는 법정효과로서 법정단순승인만 단순승인이고 별도의 법률행위이자 의사표시인 단순승인은 존재하지 아니한다는 견해도 있으나 우리나라에서는 단순승인도 의사표시에 해당한다는 데 이론(異論)이 없다.[2] 뒤에 보는 바와 같이 의사의 흠을 이유로 한 단순승인의 취소도 인정할 필요가 있으므로 단순승인도 의사표시로서 법률행위로 봄이 상당하다.

단순승인은 한정승인권 및 포기권을 포기하여 종국적 상속인이 될 것을 그 내용으로 하는 상대방 없는 불요식(不要式)의 의사표시로서 단독행위이자 처분행위이다. 상대방이 없으므로, 이해관계인, 가령 상속채권자, 상속채무자, 공동상속인, 수유자, 유류분권자 등에 대하여 표시되면 족하며, 어느 누구에 대하여라도 도달하면 모든 사람에 대하여 효력이 있고, 특정인에 대하여 발하여진 때에는 그 도달 전까지 철회할 수 있다.[3] 그러나 외부에서 전혀 인식할 수 없고 확인할 수 없는 표시에 효력을 부여할 수는 없을 것이다. 묵시적 또는 추단적으로 행해질 수도 있는데, 이때에는 특정인에게 도달할 필요도 없다. §§1026, 1027 註釋 I. 참조.

한정승인과 포기는 각각 상속으로 인하여 취득할 재산의 한도에서 피상속인의 채무와 유증을 변제할 것을 조건으로 상속을 승인하거나, 상속받지 아니할 것을 내용으로 한 상대방 없는 의사표시로서 요식(要式)의 법률행위[4] 내지는 가정법원에 대한 요식적 의사표시로서 법률행위이다.[5] 그 방식에 관하여는 §1030 註釋 및 §1041 註釋 참조.

2. 상속의 승인 · 포기의 요건 일반

단순승인, 한정승인 및 포기는 두 가지 의미로 쓰인다. 하나는 선택의 결과로서 단순승인, 한정승인 및 포기이고, 다른 하나는 이들 중 하나를 선택하는 행위로서 단순승인, 한정승인, 포기이다. 상속의 승인 · 포기의 요건과 관련하여 문제되는 의사표시로서 법률행위인 단순승인, 한정승인, 포기는 그중 후자(後者)를 뜻하고, 형성권의 행사로서 의사표시이다. 단순승인, 한정승인, 포기의 요건은 — §§1030, 1041에서 보는 한정승인 및 포기의 방식요건을 제외하면 —

2) 윤진수, "상속채무를 뒤늦게 발견한 상속인의 보호", 서울대 법학 38-3 · 4, 1997, 210; 谷口知平 · 久貴忠彦 編輯, 新版 注釋民法(27), 1989, 475~477(川井 健).

3) 곽윤직, 178; Schlüter(주 1), Rn. 2.

4) 곽윤직, 193; 신영호 · 김상훈, 416.

5) ErmanBGB/Schlüter, 12. Aufl., 2008, §1945 Rn. 1.

기본적으로 그것이 위 형성권의 행사라는 점에서 도출된다.

첫째, 단순승인, 한정승인 및 포기는 상속인(§1001 대습상속인을 포함한다)만 할 수 있다. 공동상속인은 각자 이러한 권한을 독립적으로 행사할 수 있다(§1029 참조). 이들 사이에서 어느 하나를 선택하는 권한은 그 성질상 상속인의 지위와 분리하여 양도할 수 없고, 분리하여 양도하여도 무효이다.[6] 승인·포기권에 대한 압류·가압류도 허용되지 아니한다.[7] 상속분 양도(§1011 참조)가 있으면 상속인의 지위가 이전되지만, 상속분을 양도한 양도인이 양도행위에 의하여 묵시적 승인을 하였다고 보아야 하므로 양수인에게 승인·포기권이 인정되지 아니한다. 그러나 상속인이 상속개시 후 사망한 때에는 승인·포기권도 그 상속인에게 상속된다(§1005, §1021은 이를 전제하고 있다). 하나의 승인·포기권을 수인(數人)이 공동상속한 경우에는 승인·포기권이 그 상속분에 따라 분속(分屬)하고, 각자 독립적으로 행사할 수 있다. 독민 §1952 III은 이를 명문으로 정하나, 부분승인·포기를 허용하지 아니하는 통설의 취지에 비출 때 공동상속이 이루어진 이상 그러한 규정이 없더라도 같은 결론에 이를 수 있다. 상속인이 파산한 때에도 파산관재인이 아닌 상속인이 단순승인, 한정승인, 포기 여부를 정하고 승인·포기권을 행사한다(回生破産 §385, 386은 이를 전제한다). 그러나 단순승인이나 포기를 한 경우 '파산재단에 대하여는' 원칙적으로 한정승인의 효력이 생길 뿐이다.[8] 前註 III. 2. 참조. 반면 개인회생절차의 개시는 승인·포기권에 영향을 주지 아니한다.

다만 단순승인, 한정승인 및 포기는 모두 재산법상 법률행위이므로 대리는 가능하다. 특히 의사능력과 행위능력이 있어야 하므로, 상속인이 제한능력자인 경우에는 법정대리인의 동의를 받아 하거나 그가 대리하여 하여야 하고(§§5, 10, 13, 911, 945, 949, 959-6 참조), 상속인이 의사무능력자인 경우에는 법정대리인의 대리에 의하는 수밖에 없다. 법정대리인이 후견인이고 후견감독인이 있

6) 형성권의 양도가능성에 대하여는 논란이 있으나, 이처럼 인격적 성질을 함께 가지고 포괄적인 지위에 관계되는 형성권을 그 기초가 되는 지위와 분리하여 양도할 수 없다는 데는 별 이론(異論)이 없다.

7) MünchKommBGB/Leipold, 6. Aufl., 2013, §1942 Rn. 13.

8) 독일도산법 §83 I은 파산에도 불구하고 파산관재인 아닌 채무자가 상속의 승인, 포기 여부를 정하게 하고 있고, 그 효력도 그대로 인정된다. 반면 미국에서는 연방파산법상 파산신청이 접수된 이후에는 포기 자체가 무효이고, 일부 주에서는 심지어 파산신청 전이어도 무자력이기만 하면 포기를 허용하지 아니하며, 오스트리아에서는 오히려 파산관재인이 승인·포기를 할 수 있다고 본다. Leipold(주 7), Rn. 14(독일); David B. Young, The Intersection of Bankruptcy and Probate, 49 S. Tex. L. Rev. 351 (2007); Dukemier and Sitkoff, Wills, Trusts, And Estates, 9th ed., 2013, p. 142(이상 미국); RummelKommABGB/Welser, 3. Aufl., 2000, §800 Rz. 6(오스트리아).

으면 그의 동의도 받아야 한다(§950 I vi). 법정대리인인 친권자 또는 후견인이 미성년자 또는 피후견인을 대리하여 단순승인, 한정승인 및 포기를 하는 것이 이해상반행위에 해당하여 무효가 되는 경우가 있다(§§921, 949-3).[9] 어떤 경우 이해상반행위가 되는지에 관하여는 주해친족 §921 註釋 참조. 임의대리도 가능하다. 단순승인은 불요식행위이므로 임의대리로 하는 데 특별한 방식을 요하지 아니하나, 한정승인과 포기는 요식행위에 해당하므로 임의대리인에 의하여 할 때에는 일정한 증명이 필요하다. 아래 §1030 註釋 및 §1041 註釋 참조.

상속재산관리인은 상속의 승인·포기를 하지 못한다. 그러나 상속인의 부재자재산관리인은 법원의 허가(§25 참조)를 받아 상속인을 대리하여 상속의 승인·포기를 할 수 있다. §1023 註釋 III. 2. 참조. 그 밖에 피상속인의 채무를 보증한 보증인이 승인·포기를 할 수 없음은 당연하다.[10]

둘째, 상속인이 상속받을 수 있게 된 상속재산에 대한 지위 전부에 대하여 단순승인, 한정승인, 포기 중 하나를 선택하는 내용의 의사표시여야 한다.[11]

우선, 상속재산을 구성하는 개개의 권리나 객체를 특정하여 그중 일부에 대하여만 승인, 포기할 수는 없다. 상속적극재산만 승인하고 상속채무의 승계는 포기하는 것도 허용되지 아니한다. 포괄승계인 이상 당연한 법리이다. 나아가 상속분의 일부에 대하여 승인하고 나머지는 포기하는 것도 허용되지 아니한다. 비교법적으로는 독민 §1950, 프민 §769처럼 이를 명문으로 정하는 예도 있다. 다만, 그 근거가 문제인데, 법률관계를 단순화하기 위함이라고 보는 것이 가장 설득력이 있다.[12] 그 결과 자기의 상속분 중 일부에 대하여만 승인하고 나머지는 포기한 경우 승인도 포기도 무효가 되어 기간 내에 다시 승인·포기를 할 수 있고, 승인·포기 없이 승인·포기기간이 도과하면 §1026 i에 의하여 법정단순승인이 된다.[13] 상속재산 중 특정 권리 내지 객체에 한하여 한 승인·포기의 경우에도 같다. 이때 일부에 대한 승인·포기인지, 특정 권리나 물건에

9) 곽윤직, 170; 김주수·김상용, 747; 박동섭, 608; 동, "개정민법과 상속의 한정승인·포기", 법조 51-4, 2002, 10; 송덕수, 372~373; 윤진수, 450~451; 이경희, 450; 한봉희·백승흠, 550~551.

10) 그러나 이것이 제도적으로 하나의 문제라는 주장으로 박동섭, 608. 같은 문헌은 승인·포기권의 대위를 부정하는데(가령 박동섭, 607), 이것과 조화되는 주장인지 의문이다.

11) 이를 포괄성이라고 한다. 김주수·김상용, 746; 윤진수, 451~452.

12) 학설에 대한 소개를 포함하여, MünchKommBGB/Leipold, 6. Aufl., 2013, §1950 Rn. 2. 그러나 그러한 만큼 이는 법 정책적 선택에 불과하고, 다른 접근도 불가능하지는 아니하다. 명문의 규정이 없는 스위스, 오스트리아에서는 이 점을 둘러싸고 견해가 대립한다. BaslerKommZGB/Schwander, 2. Aufl., 2003, Art. 570 Z 11(스위스); Welser(주 8), Rz. 8(오스트리아).

13) 곽윤직, 170; 김주수·김상용, 746; 박동섭, 609; 동(주 9), 11; 송덕수, 372~373; 윤진수, 451; 한봉희·백승흠, 551; ErmanBGB/Schlüter, 12. Aufl., 2008, §1950 Rn. 3.

대한 승인·포기인지 여부는 법률행위 해석의 문제이다. 어떻든 전부에 대한 단순승인, 한정승인, 포기로 해석되는 한 법률행위의 내용은 그 특정된 「상속」에 한하고, 그 상속을 구성하는 상속재산의 구체적 내역이나 상속분은 승인·포기의 내용이 될 수 없으며, 이들은 단지 경우에 따라 승인·포기의 「표시된 동기」가 될 수 있을 뿐이다. 대법원 1995. 11. 14. 선고 95다27554 판결도, 승인·포기는 "포괄적·무조건적으로 하여야 하므로, 상속의 포기는 재산목록을 첨부하거나 특정할 필요가 없고, 상속포기서에 상속재산의 목록을 첨부했다 하더라도 그 목록에 기재된 부동산 및 누락된 부동산의 수효 등과 제반 사정에 비추어 상속재산을 참고자료로 제시한 것에 불과하다고 보여지는 이상, 포기 당시 첨부된 재산목록에 포함되지 않았다 하더라도 상속포기의 효력은 미친다"고 한다. 다만, 상속인이 승인·포기권을 행사하지 아니한 채 사망하였고, 선택권이 공동상속된 때에는 상속인의 공동상속인은 각자 자기의 상속분에 따라 승인·포기권을 행사할 수 있다. 일부포기의 금지가 법률관계를 간명하게 하기 위한 법 정책적 장치에 불과한 이상 이와 같은 경우에 공동선택을 강제할 까닭은 없기 때문이다.

다음, 내용은 단순승인, 한정승인, 포기 중 어느 하나를 선택하는 것이어야 한다. 도대체 선택이 있었는지, 있었다면 어느 것을 선택하였는지도 또한 법률행위 해석의 문제이다. 현실적으로 문제가 되는 것은 불요식행위인 단순승인의 존부 및 해석이다. 이에 대하여는 §1025 및 §1026 각 註釋 참조. 단순승인, 한정승인, 포기 중 어느 하나를 선택한다고 하면서, 법률이 정하는 것과 다른 효과를 부여하는 내용을 덧붙이는 단순승인, 한정승인, 포기도 허용되지 아니하며 그러한 내용을 덧붙이는 경우 단순승인, 한정승인, 포기 자체가 무효가 된다. 유류분권을 유보한 포기를 한 경우가 그 예이다. 그러나 법률행위의 내용이 되지 아니하였고 단지 법률효과를 오해한데 불과하다면 — 표시 여부를 불문하고 — 착오취소(§§1024, 109)의 문제가 생길 뿐이다. 단순승인, 한정승인, 포기에는 조건이나 기한도 붙이지 못하고(독민 §1947, 프민 §768 II 참조), 조건이나 기한을 붙이면 단순승인, 한정승인, 포기가 무효가 된다.[14] 이를 허용하면 승인·포기에 의하여 누가 상속인인지에 관한 불명확성을 제거하려는 승인·포기의 제도 목적에 반하고, 법률이 정하는 것과 다른 내용의 승인·포기를 인정하는

14) 곽윤직, 170; 김주수·김상용, 746; 박동섭(주 9), 11; 송덕수, 373; 윤진수, 452; 한봉희·백승흠, 551.

셈이 되기 때문이다. 다만 허용되지 아니하는 것은 §147 이하에서 정하는 진정한 조건뿐이고, 한 상속인이 상속을 포기하면 법률상 당연히 상속을 받을 동순위나 후순위상속인에게 그와 일치하는 이익을 주는 것을 조건으로 하는 상속의 포기와 같이 이른바 법정조건이 붙은 경우는 – 그것이 법에 부합하는 한 – 무효라고 할 수 없다. 한정승인이 그러한 경우에 해당한다. 나아가 무효라 하더라도 무효행위의 전환(§138)이 이루어지는 경우가 있을 수 있다. 가령 제3자를 위한 상속포기가 법정조건의 요건을 충족하지는 못하나 마침 그 제3자와 사이에 명시적 또는 묵시적 합의가 있다고 볼 수 있는 경우에는 이를 단순승인과 제3자에 대한 채권적 이익이전합의나 상속분 양도(§1011 참조) 약정의 결합으로 전환할 여지가 있다.[15)]

상속의 승인·포기는 특정한 상속인으로서의 지위에 터 잡아 행해진다. 통상의 상속인은 상속인으로서의 지위를 하나만 가지므로 별 문제가 생기지 아니한다. 그러나 피상속인의 손자(대습상속인)가 그의 보통양자가 되었거나 피상속인의 동생이 그의 양자가 된 경우와 같이 복수의 상속인의 지위가 병존하는 경우가 있을 수 있다. 상속인(중 1인)이 포괄유증을 받은 경우에도 상속인과 동일한 권리의무가 있으므로(§1078) 상속인과 포괄수유자의 지위가 병존한다. 이러한 경우 그는 각각의 지위에 터 잡아 각기 독립적으로 승인·포기 여부를 정할 수 있다. 즉, 어느 한 지위에 터 잡은 상속은 승인하고 다른 하나는 포기하는 것이 가능하다(독민 §1948, 프민 §769 참조. 비교법적으로 일반적인 태도이다). 달리 특정하지 아니한 채 승인·포기한 때에는 그가 가지고 있는 모든 상속(및 포괄유증)을 승인 또는 포기한 것으로 해석함이 상당하다(독민 §1949 II 참조). 상속인이 자신의 상속인 지위의 근거에 대하여 착오하여 승인·포기한 때에는, 어떤 상속을 승인·포기하는 것인지 특정 가능한 이상 승인·포기는 유효하고 경우에 따라 착오취소(§§1024, 109)의 문제가 생길 뿐이다.[16)]

셋째, 단순승인, 한정승인 또는 포기는 상속이 개시된 뒤에만 할 수 있고, 그 전에 하는 것은 무효이다. 독민 §1946, 프민 §770은 이를 명문으로 정하나, 명문으로 정하지 아니하더라도 그와 같이 본다.[17)] 우선은 상속개시 전에는 아

15) ErmanBGB/Schlüter, 12. Aufl., 2008, §1947 Rn. 4; MünchKommBGB/Leipold, 6. Aufl., 2013, §1947 Rn. 5~6; Welser(주 8), Rz. 31.

16) 독민 §1949 I은 이를 무효사유로 정하나, 특정 가능한 이상 법률효과와 무관한 동기의 착오에 불과하다는 점에서 의문이다. MünchKommBGB/Leipold, 6. Aufl., 2013, §1949 Rn. 1도 같은 취지.

17) 대법원 1994. 10. 14. 선고 94다8334 판결; 곽윤직, 170; 김주수·김상용, 745; 박동섭, 608; 동

직 승인·포기권 자체가 존재하지 아니하기 때문이다.[18] 유언 등으로 한정승인을 금하거나 단순승인 또는 포기를 금지하는 것도 허용되지 아니하고, 아무런 효력도 없다(한정승인에 대하여 오민 §803 참조).[19]

문제는 상속개시 전 계약으로 승인·포기를 약정한 경우 효력이 있는가, 그 이행을 강제할 수 있는가 하는 점이다. 비교법적으로는 서로 다른 접근이 관찰된다. 독민 §2346 이하, 오민 §551, 스민 §495는 상속포기계약을 인정하되 방식 등 일정한 요건을 붙이고 있고(예컨대 독민 §2348), 이에 창설적 효력, 즉 별도의 이행 없이 곧바로 포기의 효력을 인정한다. 반면 프민 §770은 상속 포기는 부부재산계약의 대상이 되지 아니한다고 하여 이를 부정한다.[20] 명문 규정이 없는 일본의 판례·통설은 상속개시 전 상속포기계약의 효력을 부정하고 있으나, 학설상으로는 그 효력을 인정하여야 한다는 견해도 있다. 우리나라에서도 상속개시 전 상속을 포기하는 계약의 효력을 − 일정한 범위에서 − 인정할 수 있다는 견해가 있으나,[21] 판례·통설은 이를 부정하고 있고, 상속개시 전에 상속을 포기하기로 하였다가 상속이 개시되자 상속권을 주장하는 것이 신의성실에 반하거나 권리남용이라고 할 수도 없다고 한다.[22] 상속개시 전 상속포기를 인정한다면 사후의 법률관계를 설계하는데 편리한 점이 있음은 부정하기 어렵다. 그러나 일반적 거래상 필요에 대해서라면 생전증여 및 사인증여, 상속재산분할방법의 지정, 유증 등으로도 대응할 수 있고,[23] 특히 상속개시 전 상속포기를 통하여 달성할 수 있는 것은 유류분권의 배제 정도에 그치는데, 이는 − 이른바 가업(家業)승계와 관련하여 일정한 현실적 필요가 있다 하더라도 − 바로 유류분제도가 피하고자 하는 바라는 점에서 의문이다. 상속개시 전 승인·포기 약정을 할 수 있게 한다면 피상속인이나 다른 동순위 또는 후순위상속인이 미리 약정을 받아둠으로써 상속제도의 취지를 해하고, 특히 유류분권을 사실상 침해할 위험이 있는데, 법률행위 내지 의사표시법상의 제도만 가지고 이

(주 9), 11; 송덕수, 373; 신영호·김상훈, 416~417; 윤진수, 451; 한봉희·백승흠, 551. Basler-KommZGB/Schwander, 2. Aufl., 2003, Art. 566 Z. 2(스위스); Welser(주 8), Rz. 2(오스트리아).

18) 다만, 한정승인과 포기는 상속이 개시된 이상 선순위상속인이 상속을 포기하기 전 후순위상속인이 선순위상속인의 상속포기를 대비하여 미리 해둘 수 있다. §§1019, 1020, 1021 註釋 I. 3. (1) 참조.

19) 김주수·김상용, 746.

20) 다만 2006년 개정 프랑스민법은 상속개시 전 유류분권의 포기는 인정하고 있다.

21) 류일현, "상속개시 전 상속포기계약의 해석에 관한 소고", 민사 67, 2014, 123 이하.

22) 대법원 1998. 7. 24. 선고 98다9021 판결; 김주수·김상용, 746. 일본의 판례·통설도 같다. 谷口知平·久貴忠彦 編輯, 新版 注釋民法(27), 1989, 588(山本戸克己·宮井忠夫).

23) 류일현(주 21), 138~139 참조.

에 대처하기는 쉽지 아니하다. 명문 규정이 없음에도 불구하고 상속개시 전 상속포기 또는 유류분권 포기를 금지하는 실질적인 근거가 여기에 있다.[24] 상속개시 전 상속포기계약(또는 유류분권의 사전포기)에서도 이러한 사정은 다르지 아니하다. 그러므로 이들의 사전포기를 인정할 필요가 있다 하더라도 위와 같은 위험에 대처하기 위한 제도적 장치가 필요하고, 실제로 상속개시 전 상속포기계약의 효력을 인정하는 입법례는 대개 방식규정을 포함하여 그러한 장치를 마련하고 있다. 우리 법에는 아직 그와 같은 규정이 없으므로, 해석상 상속개시 전 상속포기계약의 효력을 인정할 수는 없다.

Ⅱ. 상속의 승인 · 포기의 철회금지

본조 I은 일단 행해진 단순승인, 한정승인 및 포기는 §1019 I의 기간 내에도 「취소」할 수 없다고 규정한다. 이때 「취소」는 강학상 철회(Widerruf)를 가리킨다.[25] 일단 효력이 발생한 법률행위를 철회할 수 없음은 당연하므로 본조 I은 주의적 규정이다.[26] 이 규정은 일민 §919 I을 따른 것인데, 일본 구민법은 프랑스민법(현행 프민 §807 참조)의 예를 따라 상속을 포기하였다 하더라도 그 결과 상속인이 된 다른 상속인이 상속을 승인하지 아니한 이상 선택권의 시효기간 내에는 포기를 철회할 수 있게 하고 있었으므로 일본민법이 이러한 태도를 채택하지 아니하였음을 분명히 한 데 그 의의가 있었다.[27]

단순승인은 무방식의 상대방 없는 의사표시이므로 이해관계인 중 1인에게 도달하기 전까지 철회할 수 있다. I. 1. 참조. 한정승인과 포기는 가정법원에의 신고와 그 수리심판이 있어야 비로소 효력이 발생하므로 신고를 하였다 하더라도 수리심판을 받기 전까지는 신고의 취하가 가능하다.[28] 본조 I이 철회할 수 없다고 하는 것은 단순승인의 경우 이해관계인에게 도달한 뒤, 한정승인과 포기의 경우 가정법원의 수리심판이 고지된 뒤에는 철회할 수 없다는 뜻이다.

24) 배경숙 · 최금숙, 620. 유류분의 사전포기에 관하여 비슷한 설명으로 정구태, 유류분제도의 법적 구조에 관한 연구 (고려대학교 법학박사학위논문), 2010, 215.

25) 곽윤직, 174; 박동섭, 620; 신영호 · 김상훈, 419; 윤진수, 458; 이경희, 452; 한봉희 · 백승흠, 559.

26) 곽윤직, 174.

27) 谷口知平·久貴忠彦 編輯, 新版 注釋民法(27), 1989, 452~453(谷口知平)은 입법론적으로도 이러한 일본 구민법의 태도에 호의적이다.

28) 김주수 · 김상용, 754; 박동섭, 620.

Ⅲ. 상속의 승인 · 포기의 무효 · 취소

1. 상속의 승인 · 포기의 취소

본조 II은 총칙편의 규정에 의한 취소가 허용됨을 밝힘과 동시에 그에 관하여 §146이 정하는 추인할 수 있는 날로부터 3년, 법률행위를 한 날로부터 10년 대신, 추인할 수 있는 날로부터 3개월, 승인 또는 포기한 날로부터 1년의 취소기간을 정한다. 일민 §919 II이 정하는 6개월, 10년, 프민 §777 II의 5년보다 짧고, 독민 §1954 I, IV가 정하는 6주, 30년보다 길다. 오스트리아일반민법과 스위스민법에는 이와 같은 제척기간의 특칙은 없다.

(1) 취소사유

단순승인, 한정승인 및 포기가 법률행위인 이상 법률행위에 관한 규정 내지 법리, 즉 의사능력 및 행위능력(§5 이하), 공서양속(§103), 의사표시의 하자(특히 §109 이하) 등이 이에 적용된다. 본조 II는 이를 전제로 취소기간의 특례를 정한다. 본조 II에서 총칙편의 규정에 의한 취소라 함은 제한능력(§§5, 10, 13), 착오(§109), 사기 및 강박(§110)을 원인으로 하는 취소를 가리킨다.[29] 별 논의가 없으나 이에 준하는 친족편 규정에 의한 취소, 가령 후견감독인의 동의를 받아야 하는 행위를 후견인이 동의 없이 한 때의 취소(§950 III), 피후견인의 재산양수(§951)에 대하여도 이를 유추하여야 할 것이다(일민 §919 II 참조).[30]

먼저, 미성년자 또는 상속의 승인 · 포기에 관하여 동의를 받아야 하는(§13 I 참조) 피한정후견인이 법정대리인의 동의 없이 한 단순승인, 한정승인 또는 포기와, 피성년후견인이 단독으로 한 단순승인, 한정승인 또는 포기는, 본인 또는 그 법정대리인이 취소할 수 있다(§§5 II, 10 I, 13 IV 본문). 단순승인이라 하더라도 소극재산이 있을 수 있으므로 그 성질상 '권리만을 얻는 행위'는 아니고, 채무초과인 상속재산에 대하여 상속을 포기하는 것도 '의무만을 면하는 행위'라고 할 수 없다(§5 I 단서). 한정승인도 상속인이 청산절차를 진행하여야 하는 부담과 상속채권자 등에 대한 책임위험이 있으므로 마찬가지이다.

---

29) 곽윤직, 174; 김주수 · 김상용, 754; 박동섭(주 9), 22; 윤진수, 458 참조. 프민 §777 I은 착오, 사기, 강박을 포기의 무효소권의 원인으로 들고 있다. 김미경, "프랑스민법상 상속의 승인과 포기", 민사 59, 2002, 525~526. 독민 §1954의 해석도 같다. ErmanBGB/Schlüter, 12. Aufl., 2008, §1954 Rn. 2. 오스트리아일반민법은 명문 규정을 두지 아니하고 있는데, 학설은 사기, 강박만 — 재심규정을 유추하는 등으로 고려될 뿐이라고 하나, 판례는 착오취소도 인정한다. Welser(주 8), Rz. 38.

30) 谷口知平(주 27), 455.

다음, 착오에서는 어떠한 경우 「법률행위의 내용의 중요부분의 착오」에 해당하는지가 문제된다(§109 I). 독일민법상으로는 상속재산이나 상속분의 가치, 상속재산상의 부담, 상속세액, 상속세 부담의 효력, 상속을 포기하는 경우 누가 상속을 받을지에 관한 착오는 동기의 착오에 불과하여 고려되지 아니하지만, 상속을 포기하여도 여전히 유류분(의무분)권은 가진다고 착오하여 포기한 경우, 포기하면 그의 상속분이 공동상속인 중 특정인에게 이전된다고 착오하여 포기한 경우, 상속포기로 부담부 유증의 부담을 면할 수 있다고 착오하여 포기한 경우 등에는 내용의 착오(독민 §119 I)로 취소할 수 있다. 특히 상속재산이 채무초과라는 점을 알지 못한 채 승인한 때에는 거래상 본질적 성상(性狀; verkehrswensentliche Eigenschaft)에 관하여 착오한 것(독민 §119 II)으로 취소할 수 있다.[31] 한편 프랑스에서는 상속재산의 동일성에 관한 착오, 상속을 포기하는 때에도 상속재산분할의 효력이 유지된다고 오인하여 한 포기, 유류분이 자신의 자녀가 아닌 그 모(母) 또는 포괄수유자에게 있다고 착오하여 한 포기에 대하여 무효를 인정한 바 있다.[32] 국내의 학설 중에는 A의 상속재산을 승계한다는 의사로 단순승인을 하였으나 실제로는 B의 상속재산에 관하여 상속이 개시된 경우에는 중요한 부분의 착오로 취소할 수 있지만, 자기가 포기하면 A가 상속인이 될 것이라고 믿고 포기하였으나 실제로는 B가 상속인이 된 경우 또는 단독상속이라고 믿고 승인 또는 포기하였는데 다른 공동상속인이 있었던 경우는 모두 중요한 부분의 착오라고 할 수 없다고 주장하는 것이 있다.[33] 승인·포기의 취소는 상속법률관계 전체에 영향을 미쳐 법적안정성을 해하는 측면이 강하므로 중요부분의 착오를 쉽게 인정할 것은 아니다. 따라서 부수적인 효과에 관한 착오, 가령 상속세 부담에 관한 착오나 상속의 포기로 상속분이 귀속하게 될 자의 동일성에 관한 착오 등은 원칙적으로 중요부분의 착오라고 할 수 없다.[34] 다만, 그 자에게 귀속될 것을 조건으로 포기하였다거나 바로 그러한 귀속을 위하여 포기하였음이 명백하다는 등 사정이 있다면 이를 단순승인과 상속분양도의 결합 등으로 전환(§138)할 여지가 있을 것이다. 상속재산의 구성은

31) 윤진수, 459; 윤진수(주 2), 218~219; Schlüter(주 29), Rn 3~4.

32) 반면 상속재산의 가치에 관한 착오는 고려되지 아니한다. 2006년 개정 전 프랑스민법은 상속의 승인 또는 포기에 관하여 과다손해(lésion)를 예외적으로 고려하고 있었으나, 2006년 개정 이후 과다손해는 더는 무효사유가 아니다. 김미경(주 29), 524~525; 谷口知平(주 27), 465~466 참조.

33) 주석상속(2), 제4판, 2015, 76.

34) 일본판례도 같은 태도이다. 日最判 1955(昭 30). 9. 30. 民集 9-10, 1491; 日最判 1965(昭 40). 5. 27. 家月 17-6, 251. 또한 谷口知平(주 27), 466-467.

알고 있었으나 그 가치에 관하여 착오한 경우에는 취소할 수 없는 동기의 착오에 불과하다. 그러나 상속재산의 가치를 결정하는 요소에 대하여 착오가 있는 경우, 특히 채무의 존재를 알지 못하여 승인하였다거나 채무가 존재한다고 착오하여 포기하였던 경우에는 그것이 중요한 때에는 취소할 수 있다고 봄이 옳다.[35] 상속인에게 중대한 과실이 없어야 함은 물론이다.

사기[36] · 강박의 경우에는 단순승인, 한정승인 및 포기가 상대방 없는 의사표시인 이상 §110 II은 적용되지 아니하고 언제나 취소할 수 있음에 주의하여야 한다.

끝으로, 단순승인, 한정승인 또는 포기는 후견감독인이 선임되어 있는 한 언제나 후견감독인의 동의를 필요로 하는 행위이므로(§950 I vi), 동의를 받지 아니하였고, 가정법원의 동의에 갈음하는 허가(§950 II)도 받지 아니한 때에는 피후견인 또는 후견감독인이 이를 취소할 수 있다. 그러나 후견감독인이 없는 경우에는 동의가 필요하지 아니하고, 따라서 동의가 없다 하여 취소사유가 되지도 아니한다.

나아가 이상과 같은 취소가 법정단순승인(§1026)에 대하여도 적용되는지도 문제가 된다. 법정단순승인은 의제된 의사표시(fingiertes Willenserklärung)로서 본래의 의미의 의사표시는 아니다. §§1026, 1027 註解 I. 참조. 그러나 의제된 의사표시에 관하여도 의사표시로서의 효과를 의제하는 취지에 반하지 아니하는 한 의사표시의 하자에 관한 규정의 유추가 배제되지는 아니한다. 독민 §1956은 명문으로 이를 확인하고 있고, 규정이 없는 일본에서도 해석상 취소를 인정하는 견해가 유력하다. 예컨대 제한능력자가 상속재산을 처분하거나 한정승인 후 은닉하였거나 법정대리인의 동의를 받지 못하여 한정승인이나 포기를 하지 못한 채 §1019 I의 기간을 도과한 경우, 상속재산을 포기하여도 유류분권을 갖는다고 여겨 §1019 I의 기간을 도과한 경우에는 이를 「취소」할 수 있게 되는 것이다.[37]

---

35) 윤진수(주 2), 220~223. 따라서 일정한 범위에서 §1019 III과 §§1024, 109의 착오취소가 경합할 수 있다. 이에 대하여 §1019 III이 제정된 이상 이러한 경우에 취소를 인정할 필요가 없다는 견해로 정상규, "민법제1019조 제3항(특별한정승인)의 해석 및 그 적용범위에 관한 실무상쟁점", 법조 52-5, 2003, 141~142. 또한 김주수 · 김상용, 755.

36) 서울가정법원 2007. 4. 25.자 2007브14 결정은 채무가 많다는 말에 속아 상속포기신고를 한 후 상속채무초과가 아님을 확인하고 한 상속포기의 취소를 수리하고 있다.

37) 윤진수(주 2), 210~218. 독일민법에 관하여는 ErmanBGB/Schlüter, 12. Aufl., 2008, §1956 Rn. 1~2, 일본민법에 관하여는 谷口知平(주 27), 443, 459~461.

(2) 그 밖의 요건

공동상속인은 단순승인, 한정승인 및 포기를 각자 할 수 있는 만큼 그 취소도 각자 할 수 있다. 취소할 수 있는 행위를 한 자가 취소권을 행사하지 아니한 채 사망하는 등 상속이 개시되었고, 취소권을 수인(數人)이 상속한 경우에는 각자의 상속분에 해당하는 범위에서 단독으로 취소할 수 있다.[38]

한정승인과 포기의 취소는 취소의 대상인 한정승인 또는 포기의 수리심판을 한 법원에 그 신고인 또는 대리인이 기명날인 또는 서명한 서면으로 신고함으로써 하여야 한다[家訴 §2 I ii 나. 32), 家訴規 §76].[39] 신고서에는 피상속인의 성명 및 최후주소, 신고인과 피상속인의 관계, 신고가 수리된 일자, 취소원인, 추인할 수 있게 된 날 및 취소의 의사를 기재하고, 신고인 또는 대리인의 인감증명서를 첨부하여야 한다(家訴規 §§76, 75 I i, ii, II, III).[40] 신고할 수 있는 자는 취소권자, 가령 문제된 한정승인·포기를 한 상속인, 그 포괄승계인, 그 법정 및 임의대리인에 한한다. 신고 및 수리는 상속개시지, 즉 피상속인의 (최후)주소지(§998)를 관할하는 가정법원이 관할한다(家訴 §44 vi). 그곳이 외국인 때에는 대법원이 있는 곳의 가정법원, 즉 서울가정법원이 관할한다(家訴 §§35 II, 13 II). 구체적으로는 취소하려는 상속의 한정승인이나 포기의 신고를 수리한 법원이다(家訴規 §76 I). 한정승인이나 포기를 취소할 때에는 취소신고가 본조의 기간 내에 접수되어야 적법하다. 신고를 받은 법원은 신고권자가 신고한 것인지, 그 신고가 방식에 맞는지, 신고권자의 진실한 의사에 터 잡은 것인지, 취소권 소멸 전인지 등을 심리한다. 나아가 취소요건이 갖추어졌는지에 관하여는 외형상 요건을 갖춘 정도면 족하다고 본다. 신고가 적법한 이상 가정법원은 신고를 수리하여야 한다. 신고의 수리는 심판으로 한다(家訴規 §§76 III, 75 III). 이는 취소의 의사표시에 대한 공증(公證)행위이자 그 자체 재판의 성질도 갖는다. 그러므로 신고를 수리하지 아니한 심판에 대하여는 신고인이 즉시항고할 수 있다(家訴規 §27). 그러나 신고를 수리한 심판에는 불복할 수 없다. 신고가 수리되었을 때에도 취소의 실체법상 효력 유무는 별도의 본안소송에서 가려야 하고, 신고수리의 심판이 효력에 대하여 확정력이나 추정력을 갖지는 아니한다. 그러나 신고가 종

38) MünchKommBGB/Leipold, 6. Aufl., 2013, §1954 Rn. 20.

39) 대법원 1989. 9. 12. 선고 88다카28044 판결은, 민법개정 전 혼외자의 적모(嫡母)가 친족회의 동의가 없음을 이유로 상속 포기를 취소함에 있어 그 취소의 상대방은 재산상속 포기의 신고가 수리된 법원이라고 한다.

40) 이와 같은 규정이 없었을 때에도 같은 결과를 인정한 재판례로 대법원 1989. 9. 12. 선고 88다카28044 판결.

국적으로 수리되지 아니한 때에 취소의 효력이 발생하지 아니함은 물론이다.[41)]

반면 단순승인의 취소에는 방식이 없다. 단순승인이 이해관계인에게 표시하는 방법으로 행해진 경우 취소의 의사표시도 그 이해관계인에게 하여야 한다는 견해가 있으나,[42)] 단순승인은 상대방이 없고 이해관계인에게 표시된 때에도 효력이 대세적이어서 그 의사를 명확하게 하여 특정인에게 취소의 의사표시를 하는 것이 별다른 의미를 갖지 아니한다는 점에서 수긍할 수 없다. 오히려 객관적으로 확인할 수 있도록 단순승인의 취소 후 하는 한정승인이나 포기신고에서 그것이 단순승인의 취소를 전제한 것임을 밝히는 것이 바람직하다.[43)] 독민 §§1955, 1945는 포기뿐 아니라 승인의 취소도 포기의 방식에 관한 규정에 따라 법원에 대하여 하여야 한다고 규정한다.

단기취소기간은 추인할 수 있는 날부터 기산한다. 강박의 경우 강박을 벗어난 때, 착오와 사기의 경우 취소원인을 안 때, 제한능력의 경우 본인이 제한능력을 벗어나거나 법정대리인이 취소원인을 안 때, 후견감독인의 동의 없는 행위의 경우 본인 또는 후견감독인이 취소원인을 안 때가 된다(독민 §1954 II 참조). 장기취소기간은 문제된 단순승인, 한정승인, 포기를 한 때부터[44)] 기산한다. 단순승인의 경우 이해관계인에게 의사표시가 도달하거나 단순승인의 추단적 행위가 행해진 때, 한정승인이나 포기의 경우 신고수리심판이 고지된 때가 각각 기준이 된다. 문제는 장기취소기간 1년이 비교법적으로나 현실적으로나 지나치게 짧아서 그 기간 내에 취소사유를 인식할 가능성이 전혀 없었던 경우가 쉽게 생길 수 있다는 점이다. 입법론으로는 장기취소기간을 현재의 1년보다 길게 연장할 필요가 있고, 해석론으로는 시효 또는 제척기간남용 법리를 활용할 필요가 있다.[45)] 취소기간의 법적 성질에 관하여는 취소권이 형성권임을 들어 제척기간이라는 견해가 다수설이나,[46)] 법문이 '시효로 소멸한다'고 규정하는 한 소멸시효기간으로 봄이 타당할 것이다.[47)]

41) 가사[II], 385~388 참조.
42) 곽윤직, 178; 김주수·김상용, 754.
43) 윤진수(주 2), 224; 谷口知平(주 27), 459.
44) 한정승인이나 포기의 경우 수리심판일을 말한다. 家訴規 §76 I i. 박동섭, 622.
45) 윤진수(주 2), 225.
46) 곽윤직, 175; 박동섭, 622(따라서 중단이 있을 수 없다고 한다); 한봉희·백승흠, 560. 가사[II], 387도 같은 취지이다. 그러나 이것이 제척기간이라는 점으로부터 신고가 위 기간 내에 접수되어야 한다는 결론을 도출하는 것은 의문이다. 취소에 가정법원에의 신고라는 방식을 규정한 이상 이를 소멸시효로 보더라도 가정법원에의 접수라는 방식이 위 기간 내에 갖추어져야 한다는 결론에는 차이가 없다.
47) 윤진수(주 2), 224.

그 밖에 하자 있는 승인·포기라도 추인할 수 있음은 당연하다.[48]

(3) 취소의 효과

단순승인, 한정승인 또는 포기가 적법하게 취소되면 소급하여 그 효력이 소멸한다(§141 본문). 독일민법의 경우 단순승인과 포기만을 인정하고, 상속재산관리와 상속재산도산은 승인과 병존할 수 있는 별도의 제도로 규정되어 있으므로, 승인을 취소하면 포기한 것으로, 포기를 취소하면 승인한 것으로 본다(독민 §1957 I). 그러나 우리 민법은 단순승인, 한정승인 및 포기의 세 가능성을 인정하므로, 단순승인, 한정승인, 포기를 취소한 뒤 다시 선택하여야 하는데, 달리 규정이 없으므로 '지체 없이' 하여야 한다는 것이 통설이다.[49] 지체 없이 하지 아니하면 법정단순승인이 된다고 본다(§1026 ii 유추).[50] 단순승인을 취소하고 다시 한정승인을 하였다면 그 사이에 처분한 재산에 대하여는 특별한정승인에 관한 §§1034 II, 1038 I 단서, II 단서를 유추하여야 할 것이다. 다만 제한능력을 이유로 취소한 때에는 현존이익의 한도에서 고유재산으로 책임을 지게 함이 타당하다(§141 단서 참조). 또한 단순승인을 취소하고 포기한 경우 그 사이에 상속인이 상속재산을 처분하여 이익을 취하였다면 상속인은 그 포기로 인하여 상속을 받게 된 다른 동순위 또는 후순위상속인에게 받은 이익을 부당이득(§741)으로 반환하여야 한다. 다만, 그가 취소원인에 관하여 선의였다면 책임이 현존이득으로 제한되고(§748 I), 취소사유가 제한능력인 때에는 악의라 하더라도 책임이 현존이득으로 제한된다(§141 단서 참조).

착오, 사기 또는 강박을 원인으로 취소하는 경우 그 취소로 선의의 제3자에게 대항하지 못한다(§§109 II, 110 III).[51] 승인·포기는 이른바 신분행위이므로 선의의 제3자 보호 규정은 이에 적용되지 아니한다는 견해가 유력하나,[52] 신분행위 개념 자체의 문제는 차치하더라도,[53] 상속의 승인·포기는 신분행위로 볼 수 없고, 달리 선의의 제3자 보호규정을 적용하지 아니할 만한 근거도 없다. 그러므로 단순승인을 한 뒤 그 취소 전 상속인으로부터 상속재산에 관하여 권리

48) 김주수·김상용, 755; 박동섭, 624.

49) 곽윤직, 175~176; 김주수·김상용, 755; 박동섭, 622; 동(주 9), 23; 신영호·김상훈, 419; 윤진수, 460; 한봉희·백승흠, 560. 일본의 판례·통설도 같다. 谷口知平(주 27), 456('지체 없이'의 기준으로는 상속의 승인·포기에 관한 3개월의 기간을 참고할 것을 주장한다).

50) 谷口知平(주 27), 456.

51) 곽윤직, 175; 김주수·김상용, 755; 윤진수, 460; 한봉희·백승흠, 560. 재산법상 법률행위임을 근거로 든다. 전경근, "상속의 승인과 포기", 가족법연구 18-1, 2004, 183~184도 같은 취지.

52) 박동섭, 621; 동(주 9), 23; 박병호, 396.

53) 곽윤직, 174.

를 취득한 제3자는 취소사유에 관하여 선의인 이상 상속인이 단순승인을 취소하고 포기한 때에도 권리를 유지하며, 취소 및 포기로 상속인이 된 자는 취소한 전 상속인에 대하여 가액 등의 반환을 구하는 수밖에 없다(§747 I). 그러나 개개의 상속재산과 법률상 이해관계를 형성하지 아니한 일반 상속채권자,[54] 상속인의 채권자 및 상속포기로 인하여 상속을 받은 다른 동순위 또는 후순위 상속인은 이러한 제3자에 해당하지 아니한다.

2. 상속의 승인 · 포기의 무효

민법은 단순승인, 한정승인, 포기의 무효에 관하여는 별도의 규정을 두고 있지 아니하나, 법률행위인 이상 무효사유도 그대로 적용된다는 데 이론(異論)이 없다.[55] 당사자 본인의 의사에 기하지 아니한 한정승인 · 포기의 신고, 의사무능력자가 한[56] 단순승인, 한정승인 또는 포기, 무권대리인의 승인 또는 포기는 당연히 무효이고, − 실제로 상정하기는 매우 어렵지만 − 공서양속(§103)에 반하는 단순승인, 포기도 무효이다. 반면 폭리행위에 관한 §104는 유상(有償)행위에 한하여 적용되므로[57] 상속의 승인 · 포기에 적용될 여지가 없다. 문제는 비진의표시와 허위표시의 무효에 관한 §§107, 108이 상속의 승인 · 포기에 적용되는가 하는 점인데, 상속의 단순승인, 한정승인, 포기는 어느 것이나 상대방 없는 단독행위이므로 위 두 규정은 그 적용이 없다고 보아야 할 것이다.[58]

그 밖에 단순승인, 한정승인, 포기의 하자, 가령 상속개시 전 또는 §1019 I, III의 기간도과 후에 하였거나 허용되지 아니하는 조건 또는 기한을 붙였거나 일부에 대하여만 한 경우(앞의 I. 2. 참조), 이미 단순승인이나 법정단순승인이 있은 후에 행하여진 한정승인 또는 포기,[59] 한정승인 또는 포기신고서가 위조되었거나[60] 그 밖에 아예 신고가 없었다고 보아야 하는 경우에도 그 단순승인, 한정승인 또는 포기가 무효가 됨은 물론이다.[61] 다만 판례는 상속포기신고가 법정기간 경과 후 된 것으로서 무효이더라도 상속재산 전부를 상속인 중 1인에

54) 윤진수(주 2), 223~224.

55) 곽윤직, 176; 김주수 · 김상용, 755; 윤진수, 460~461.

56) 판례는 의사무능력자가 한 법률행위는 무효라고 한다. 가령 대법원 2006. 9. 22. 선고 2004다51627 판결.

57) 대법원 2000. 2. 11. 선고 99다56833 판결; 주석총칙(2), 제4판, 2010, 447(윤진수 · 이동진).

58) 같은 취지로, 광주고등법원 1979. 6. 22. 선고 78나79 판결. 일본민법에 관하여 이들 규정이 예외적으로 적용될 수 있다는 주장으로, 谷口知平(주 27), 461~463.

59) 대법원 1983. 6. 28. 선고 82도2421 판결.

60) 대법원 1972. 11. 14. 선고 72므6 판결.

61) 김주수 · 김상용, 756; 박동섭, 623; 동(주 9), 24; 윤진수, 460~461.

게 상속시킬 방편으로 그 나머지 상속인들이 상속포기신고를 하였다면 그 1인과 나머지 상속인들 사이에는 그 1인이 상속재산 전부를 취득하고 나머지 상속인들은 그 상속재산을 전혀 취득하지 않기로 하는 의사의 합치가 있었으므로 그들 사이에 이러한 내용의 상속재산 협의분할이 이루어진 것으로 보아야 한다고 한다.[62] 무효행위 전환(§138)의 대표적인 예이다.

무효인 승인·포기라도 추인에 의하여 하자가 치유되면 신고서 수리시에 소급하여 효력이 확정된다는 견해가 있다.[63] 적어도 무권대리에 의한 신고의 경우 무권대리의 일반법리에 따라 추인할 수 있을 것이다.[64]

3. 상속의 승인 · 포기 무효확인의 소

승인·포기가 무효이거나 취소된 경우 공동상속인, 후순위상속인, 상속채권자 등 법적 이해관계가 있는 자를 상대로 무효확인의 소를 제기할 수 있다.[65]

Ⅳ. [補論] 상속의 승인 · 포기와 채권자취소 및 채권자대위, 도산

1. 상속의 승인 · 포기와 채권자취소

(1) 상속의 포기와 채권자취소

그 밖에 상속재산 중 적극재산이 소극재산을 초과하는 반면 상속인의 고유재산은 채무초과인 경우에 상속인의 채권자가 상속인이 상속을 단순승인을 하였다면 자기 채권이 더 큰 만족을 받을 수 있음에도 이를 포기하여 만족을 받지 못하였다는 이유로, 또는 상속재산 중 소극재산이 적극재산을 초과하는 반면 상속인의 고유재산은 적극재산이 소극재산을 초과하는 경우 상속채권자가 상속인이 단순승인을 하였다면 더 큰 만족을 받을 수 있음에도 이를 포기하

62) 대법원 1989. 9. 12. 선고 88누9305 판결; 대법원 1991. 12. 24. 선고 90누5986 판결; 대법원 1996. 3. 26. 선고 95다45545, 45552, 45569 판결.

63) 김주수 · 김상용, 756.

64) 박동섭, 623 참조.

65) 박동섭, 622~623(한정승인이나 포기의 수리심판의 효력은 소송을 통하여 종국적으로 확정될 수 있을 뿐이고, 수리인용심판에 대하여 불복방법이 없다는 점을 근거로 들고 있다); 동(주 9), 24. 일본에서는 日最判 1955(昭 30). 9. 30. 民集 9-10, 1491이 이러한 소를 제한하여 논란이 있다[谷口知平(주 27), 469~470]. 대세적 효력이 없으므로 무효확인의 이익이 없다는 견해로, 김주수 · 김상용, 756. 그러나 적어도 검사를 상대로 제기할 수는 없다. 대법원 1966. 12. 27. 선고 66므26 판결. 상속채권자는 한정승인신고의 수리심판 그 자체에 대하여는 불복할 수 없고, 상속채무의 이행을 청구하는 소송 등을 제기하면서 선결문제로 한정승인의 무효를 주장할 수 있으므로, 독립된 한정승인 무효확인청구의 소는 소의 이익이 없어 부적법하다는 것으로, 부산고등법원 2003. 5. 23. 선고 2002나8001 판결.

여 만족을 받지 못하였다는 이유로 §406에 의하여 포기를 취소할 수 있는지도 문제가 된다.

판례는 "상속의 포기는 비록 포기자의 재산에 영향을 미치는 바가 없지 아니하나(그러한 측면과 관련하여서는 채무자 회생 및 파산에 관한 법률 제386조도 참조) 상속인으로서의 지위 자체를 소멸하게 하는 행위로서 순전한 재산법적 행위와 같이 볼 것이 아니다. 오히려 상속의 포기는 1차적으로 피상속인 또는 후순위상속인을 포함하여 다른 상속인 등과의 인격적 관계를 전체적으로 판단하여 행하여지는 '인적 결단'으로서의 성질을 가진다. 그러한 행위에 대하여 비록 상속인인 채무자가 무자력상태에 있다고 하여서 그로 하여금 상속포기를 하지 못하게 하는 결과가 될 수 있는 채권자의 사해행위취소를 쉽사리 인정할 것이 아니다. 그리고 상속은 피상속인이 사망 당시에 가지던 모든 재산적 권리 및 의무부담을 포함하는 총체재산이 한꺼번에 포괄적으로 승계되는 것으로서 다수의 관련자가 이해관계를 가지는데, 위와 같이 상속인으로서의 자격 자체를 좌우하는 상속포기의 의사표시에 사해행위에 해당하는 법률행위에 대하여 채권자 자신과 수익자 또는 전득자 사이에서만 상대적으로 그 효력이 없는 것으로 하는 채권자취소권의 적용이 있다고 하면, 상속을 둘러싼 법률관계는 그 법적 처리의 출발점이 되는 상속인 확정의 단계에서부터 복잡하게 얽히게 되는 것을 면할 수 없다. 또한 상속인의 채권자의 입장에서는 상속의 포기가 그의 기대를 저버리는 측면이 있다고 하더라도 채무자인 상속인의 재산을 현재의 상태보다 악화시키지 아니한다"면서, 상속의 포기는 §406 I의 '재산권에 관한 법률행위'에 해당하지 아니한다고 하여, 부정적이다.[66] 이러한 관점에서는 상속의 포기 자체가 사해행위취소의 대상이 되지 아니하는 것이므로, 상속채권자의 취소청구와 상속인의 채권자의 취소청구 모두 허용되지 아니하게 된다.

다수설도, 상속포기는 이른바 신분행위(身分行爲)에 해당하고 '재산권을 목적으로 한 법률행위'(§406 I)라 할 수 없으며, 고도의 인격성을 갖고 있어 전적으로 상속인의 자유에 맡겨야 하고, 승인·포기기간 중 상속재산이 당연승계되는 것은 잠정적·유동적 성격을 가질 뿐이므로 이를 책임재산이 되었다고 하기 어렵거나 채권자로서 합리적으로 기대할 수 있는 책임재산에 상속재산은 포함되

66) 대법원 2011. 6. 9. 선고 2011다29307 판결. 평석: 이학승, "상속포기가 채권자취소권의 대상이 되는지 여부", 재판과 판례 21, 2012. 또한 광주고등법원 1979. 6. 22. 선고 78나79 판결도 같은 취지이다.

지 아니하며, 포기는 (다른 동순위 또는 후순위상속인에 대한) 증여가 아닌 (피상속인으로부터의) 증여의 거절에 가까워 채무자의 책임재산의 증가를 방해하는 데 지나지 아니하고 적극적으로 이를 감소시키는 행위는 아니라면서, 사해행위가 될 수 없다'고 한다(否定說).[67] 그 밖에 포기에 소급효를 부여하면서도 제3자 보호규정을 두지 아니한 것은 제3자를 위하여 포기의 자유를 제한하지는 아니하겠다는 입법적 결단의 표현이라거나,[68] 포기는 적극재산뿐 아니라 소극재산과도 관계가 있는데, 채권자취소를 허용하면 채무부담을 강요하는 것이 되어 부당하다는 주장도[69] 있다. 또한 민법이 고려기간을 단기간으로 정한 취지는 조기에 상속법률관계를 확정하기 위함인데 채권자취소를 인정하면 그것이 — 상속인을 확정하는 단계에서부터 흔들리고, 채권자취소의 상대방인 다른 동순위 또는 후순위상속인이 또다시 상속을 포기하는 경우 피고를 정하는 문제가 복잡해질 수 있다거나,[70] 특히 상속인 부존재로 국가가 상속재산을 승계하는 경우 국가를 상대로 취소를 구하는 것이 §1059의 취지에 비추어 가능할지 의문이라는 견해,[71] 상속재산이 채무초과인 경우 상속이 상속인의 채권자에게 불리할 수 있으므로 상속 포기의 취소를 인정할지 여부는 상속채권자와 상속인의 채권자 사이의 이익형량의 문제인데, 둘 중 어느 한쪽을 희생시킬 만한 근거가 없다는 견해도[72] 비슷하다. 이들 중에는 예외적으로 권리남용의 법리를 적용할 수 있다는 견해가 있으나,[73] 구체적으로 어떤 경우에 권리남용이 된다는 것인지에 대하여는 언급이 없다.

그리고 원칙적으로 포기의 사해행위성을 부정하면서, 자신의 채권자에 의한 강제집행을 면할 목적으로 다른 상속인들과 통모하여 포기하고 실질적으로

---

67) 김숙자, "친족간의 재산행위와 채권자취소권", 김용한교수화갑기념, 1990, 75; 김주수 · 김상용, 746; 박동섭, 607, 645; 동(주 9), 12; 송덕수, 373; 신영호 · 김상훈, 425~426; 양창수(2005), 79; 편지원(1993), 140 이하; 나현호, "상속법상의 법률행위와 채권자취소권", 비교법연구 16-2, 2016, 57 이하; 박영규, "유증의 법률관계", 연세대 법학연구 26-1, 2016, 259~ 260; 이지현, "상속재산분할과 사해행위취소", 광주지방법원 재판실무연구 2001, 2002, 10; 전경근, "상속재산의 분할과 채권자취소권", 가족법연구 15-1, 2001, 523; 장창민, "상속재산의 협의분할과 채권자취소권에 관한 연구", 성균관법학 20-2, 2008, 88; 정구태, "상속재산 협의분할을 사해행위로서 취소할 수 있는 채권자의 범위", 조선대 법학논총 21-1, 2014, 347 이하; 동, "유류분반환청구권이 채권자대위권의 목적이 되는지 여부", 가족법연구 22-1, 2008, 228 이하; 현소혜, "상속법의 자화상과 미래상", 민사 52, 2010, 621~622.

68) 박근웅(2011), 372~373.

69) 박영규(주 67), 259~260.

70) 최성경(2007b), 130; 박근웅(2011), 371 이하.

71) 박근웅(2011), 369 이하.

72) 최성경(2007a), 203 이하; 동(2007b), 135 이하.

73) 박근웅(2011), 374; 최성경(2007a) 226; 정구태(주 67), 351.

상속으로 인한 이익을 향유하는 등의 사정이 존재하는 경우에 한하여 사해행위성을 인정하는 견해도 있는데, 이 또한 기본적으로는 부정설의 연장선상에 있다고 보인다.[74)]

그러나 상속채권자가 상속인의 상속 포기를 취소하는 것은 별론, 상속인의 채권자가 포기를 취소하는 것은 인정하여야 한다는 견해도 유력하다(制限的肯定說). 논거는 다음과 같다. 첫째, 1990년 민법 개정으로 호주상속이 호주승계로 바뀐 이래 상속의 효과는 재산적 지위의 승계로 제한되어 있고, 따라서 상속의 포기도 재산권을 목적으로 하는 법률행위에 불과하다. 둘째, 당연승계주의를 취하는 한 포기는 일단 취득한 책임재산을 감소시킴이 분명하다. 귀속의 잠정성과 포기의 소급효를 들어 이를 부정하는 것은 똑같이 소급효 규정(§1015 단서)이 있는 상속재산 협의분할에 대하여 채권자취소를 인정하는 태도와 조화되지 아니한다. 셋째, 물론 포기의 자유와의 형량은 중요하다. 그러나 무엇보다도 回生破産 §386는 — 독일도산법과 달리 — 파산선고 전 파산자를 위한 상속개시가 있은 경우 파산자가 파산선고 후 상속을 포기한 때에도 파산재단에 대하여는 한정승인의 효력을 가진다고 하여 이 경우 상속인의 채권자의 이익을 우선하고 있다. 그와의 균형상 상속인의 채권자가 상속포기를 취소하는 것도 허용하여야 한다.[75)] 상속포기가 채권자취소의 대상이 된다는 점 자체는 인정하되 사해의사 유무를 면밀히 따져야 한다는 견해나,[76)] 사해의사가 현저한 경우에는 취소의 대상이 된다는 견해도[77)] 기본적으로는 제한적 긍정설에 속한다. 이때 채권자취소청구의 소의 상대방(피고)은 포기의 수익자인 다른 공동상속인이나 후순위상속인이라고 한다.[78)]

비교법적으로는 두 태도 모두가 관찰된다. 독일민법 및 독일채권자취소권법의 해석으로는 오늘날 포기가 채권자취소의 대상이 되지 아니한다는 것이 압도적인 통설이다. 그러나 과거 판례·학설이 우리의 다수설이 든 것과 같은 선험적 내지 논리적 근거를 든 것과 달리 오늘날의 판례·학설은 독일도산법 §83 I 전단의 입법적 결단을 논거로 드는 경향을 보인다. 그런데 이와 같은 규

74) 이학승(2012), 149 이하. 윤진수(2016), 191~192는 이 견해도 절충설로 분류한다.

75) 윤진수(2001), 22 이하. 류일현(2014), 47 이하; 송효진, 상속의 승인과 포기에 관한 연구 (이화여대 법학박사학위논문), 2009, 80~83; 조인영(2013), 632 이하도 이에 따른다. 김가을(2014), 978 이하도, 다소 조심스럽기는 하나, 이러한 입장에 가깝다.

76) 박수곤(2013), 543 이하. 이 견해가 제한적 긍정설과 구체적으로 어떤 점에서 구분되는지는 그다지 분명하지 아니하다.

77) 김증한 편집대표 주석채권총칙(상), 1984, 416~418(김욱곤).

78) 윤진수(2001), 33; 조인영(2013), 638.

정은 도산에도 불구하고 승인 · 포기권은 채무자에게만 있다는 취지로, 우리 回生破産 §386와 달리 포기한 경우 도산재단에 대하여 포기의 효력을 관철시키고 있다. 나아가 독일에서도 입법론적으로는 이것이 부당하다는 견해가, 소수이기는 하나, 주장되고 있다. 또한 프민 §779의 경우 "채권자에게 손해를 가하면서 승인하지 아니하거나 포기하는 자의 채권자는 채무자에 갈음하여 상속을 승인하는 것을 법원으로부터 허가받을 수 있다. 승인은 채권자를 위하여만, 그리고 그의 채권액을 한도로 이루어지며, 포기를 한 상속인에게는 어떤 효과도 미치지 아니한다."고 규정하고 있고, 이는 일종의 채권자대위와 채권자취소가 결합된 것으로 해석되고 있다.[79] 스민 §578 I도 비슷하다.[80][81] 명문의 규정이 없을 뿐 아니라, 상속에도 불구하고 당연승계가 이루어지지 아니하는 오스트리아의 판례 · 학설도 같다.[82] 미국의 판례는 갈리는데, 일부 주법과 일부 연방법원 판례는 파산절차 개시 후 포기가 허용되지 아니하는 점에 비추어 그 전의 포기도 채권자취소의 대상이 된다고 한다.[83] 이는 특정 학설이 선험적으로 타당하다고 할 수 없고, 이 문제가 정책적 결단의 문제임을 보여준다.[84]

제한적 긍정설이 타당하다.

상속채권자가 상속인의 상속포기를 취소할 수는 없다. 상속채권자가 상속인의 상속포기를 취소할 수 있는 경우는 상속으로 상속인의 고유재산을 파악함으로써 상속채권자에게 이익이 될 때뿐이다. 그 결과 상속인은 상속채무에 대하여 고유재산으로 책임을 지게 되는데, 이는 바로 상속포기제도가 막고자 하는 바이다. 다른 관점에서 보면 상속채권자로서는 피상속인의 증감 변동하는 책임재산을 파악할 뿐이고, 상속이 개시되어 채무가 상속인에게 승계되었는데 마침 상속인이 단순승인을 하는 바람에 그의 고유재산이 책임재산에 편입되는

79) 이상 김가을(2014), 952 이하; 윤진수(2001), 6 이하; 윤진수(2016), 193 이하. 프랑스민법의 경우 종래 프민 §788에서 규정하였으나 2006년 개정으로 프민 §779에서 이를 규정하게 되었고, 그 문언도 다소 달라졌다. 한편 김가을(2014), 951~952는 로마법상으로도 상속포기는 재산을 감소시키는 행위가 아니어서 양도가 인정되지 아니하였고, 따라서 Paulus 소권의 대상이 되지 아니하였다면서 D. 50.16.28.을 소개한다.

80) 채무초과인 상속인이 사해의사로 상속을 포기한 경우 채권자나 파산관재인이 포기를 취소하고 그 대신 청산인에 의한 청산절차로 이행하도록 하는 규정인데, 사해행위취소의 특칙으로 이해되고 있다. 피고는 상속인이다. BalserKommZGB/Schwander, 2. Aufl., 2003, Art. 578 Z 7.

81) 그 밖에 채권자취소를 인정하는 명문 규정을 둔 예로는 스페인민법, 이탈리아민법, 덴마크파산법이 있고, 부정하는 명문규정을 둔 예로는 네덜란드신민법이 있다고 한다. 윤진수(2016), 208~210.

82) 윤진수(2016), 203 이하.

83) 윤진수(2016), 210~212.

84) 윤진수(2016), 212. 특히 도산법 규정에서 읽어낼 수 있는 이익조정이 여러 나라에서 이 문제 해결에 원용되고 있음을 지적한다.

것은 — 한정승인 등에 의한 구분청산이 번거롭고 대개는 불필요하여 단순승인을 한 결과 생기는 — 우연일 뿐, 그가 합리적으로 기대할 수 있는 바라고 할 수 없기도 하다.

그러나 상속인의 채권자는 다르다. 일반채권자는 채무자의 증감변동하는 재산 일체를 책임재산으로 파악하는 것이고, 채권자취소의 기초가 되는 재산도 이와 같다. 상속으로 인한 재산취득이 그로부터 특별히 제외될 까닭은 없다. 당연승계주의를 취하지 아니하는 오스트리아법에서 포기가 채권자취소의 대상이 되는 것도 이러한 관점에서 이해할 수 있다. 이러한 점에서 다수설이 아예 취득한 바 없는 증여의 거절과 어떻든 법률규정에 의하여 일응 취득한 상속의 이익의 포기를 동일선상에 놓고 보는 것은 선뜻 납득하기 어렵다.[85] 따라서 상속포기의 취소를 부정하려면 다른 논거가 필요한데, 포기가 인(격)적 결단이라거나 신분행위라는 점은 그러한 근거가 되기 어렵다. 물론 상속에는 피상속인의 재산적 지위의 승계 이외에 피상속인을 '승계'한다는 의식이 결부될 수 있다(본절 前註 참조). 문제는 그러한 의식 내지 관념에 어느 정도의 중요성을 부여할 것인가 하는 점인데, 민법에서 끌어낼 수 있는 것은 상속인의 사적 자치 내지 자기결정이 중요하게 배려되어야 한다는 점뿐이고, 그것이 특별히 인(격)적인 성질을 가진다는 점을 읽어낼 근거는 없다. 판례는 상속재산분할협의에 관하여는 취소를 인정하고 있고,[86] 다른 한편 상속포기가 그 요건을 갖추지 못하여 무효인 경우 (자신의 지분을 0으로 하는) 상속재산분할로 전환(§138)하는 것을 인정하고 있는데,[87] 전자는 상속인의 '인적 결단'이고 후자는 재산권에 관한 법률행위에 그친다고 할 수 있는지 의문이다.[88] 양자를 구별하는 견해는 포기는 3개월 내에만 하여야 하는 공적 성질이 있는 반면 협의분할은 그러한 제약이 없고 법률행위에 의하여 효력이 발생한다거나[89] 협의분할은 공유지분을 구체화하는 법

85) 김가을(2014), 980; 류일현(2014), 53~54. 상속은 법률행위가 아닌 법률규정에 의한 권리취득이고, 상속의 포기는 어떻든 그 '포기'이다. 나아가 프랑스에서는 증여의 거절조차 사해행위취소의 대상이 된다는 견해도 있다고 한다.

86) 대법원 2001. 2. 9. 선고 2000다51797 판결.

87) 대법원 1991. 12. 24. 선고 90누5986 판결. 다수설도 대체로 이러한 판례에 찬성한다. 양창수(2005), 326 이하; 정구태(주 67), 326 이하; 현소혜(주 67), 620 이하. 그러나 협의분할의 취소도 부정하여야 한다는 견해도 있다. 가령 나현호(주 67), 70 이하; 전경근(주 67), 528 이하.

88) 류일현(2014), 63~66; 윤진수(2016), 226~227; 조인영(2013), 622~626. 또한 민유숙, "2011년 친족·상속법 중요 판례", 인권 424, 2012, 55. 특히 이러한 점에 착목한 것으로 박수곤(2013), 543 이하. 결과적으로 상속의 포기와 상속재산의 협의분할 모두 사해행위의 대상은 되고, 사해의사를 면밀히 따지는 방법으로 해결하여야 한다고 한다.

89) 정구태(주 67), 349~350.

률행위에 해당하나 포기는 혈연으로 맺어진 상속공동체의 일원이 될 것인지 여부를 결정하는 것으로 그 성질이 다르다고 하나,[90] 양자의 차이가 그처럼 크다면 무효행위의 전환도 인정하여서는 아니 되는 것이다. 나아가 위 견해는 채권자취소가 위 견해에서 말하는 의미의 '피상속인의 승계'와 무관하다는 점을 간과하고 있다. 채권자취소는 상대적 효력밖에 없으므로(상대적 무효설),[91] 포기를 취소한다 하여 채무자이자 상속을 포기한 동순위 또는 선순위상속인이 상속을 강제당하는 일은 생기지 아니한다. 즉, 그는 어느 모로도 피상속인을 상속하지 아니하였으며, 인(격)적 의미의 승계인이라고 할 수 없다. 오직 재산적 지위에서만 마치 상속을 받은 것처럼 그의 채권자들이 상속재산을 공취(攻取)할 수 있게 될 뿐이다. 요컨대 포기의 채권자취소는 — 승인과 달리 — 포기의 인(격)적 결단과 재산법적 효과를 나누어 후자에만 영향을 주고 전자에 대하여는 영향을 주지 아니하는 것이다. 같은 맥락에서 채권자취소가 된다 하더라도 상대적 효력에 불과하여 채권자에 대한 관계에서만 포기한 상속인이 책임추궁을 위하여 논리상 다시 (공동)상속인이 되고 그의 후순위상속인이 상속인이 아니게 되는 것이고, 그 밖의 관계에서는 종래 확정된 상속인이 그대로 상속인의 지위를 누린다. 따라서 취소를 인정하면 상속인 확정 단계에서부터 복잡한 법률관계가 생긴다는 주장도 — 그것이 어느 정도로 중요한 논거인지는 별론 — 그 자체 부당하다.[92]

결국 문제는 포기의 자유와 상속인의 채권자의 이익 사이의 형량이다. 이 점은 비교법적 고찰이 보여주듯 선험적으로 하나의 정답이 존재하는 것은 아니고, 한 법질서 내에서 일관된 해결을 도모하는 것이 요구될 뿐이다. 우리 법에서는 回生破産 §386가 그러한 지침을 제공한다. 위 규정은 독일도산법과 달리 파산선고 전 상속이 이루어졌고 상속인이 그 후 파산선고를 받았다면 그 이후에 한 포기는 '파산재산에 대하여는' 한정승인의 효력을 갖고, 파산관재인이 포기의 효력을 인정할 수 있을 뿐이라고 정한다. 파산관재인의 결정이 파산채권자의 이익을 지향하여야 함은 물론이다. 즉, 위 규정은 승인·포기는 채무자에게 맡기면서도 '파산재단에 대하여는', 즉 재산법적 효과에 대하여는 파산관재인에게 부정할 권한을 주고 있고, 이는 그 한도에서 '피상속인의 재산을 상속

90) 현소혜(주 67), 620.
91) 판례·통설이다. 가령 대법원 2014. 6. 12. 선고 2012다47548 판결; 대법원 2015. 11. 17. 선고 2012다2743 판결.
92) 같은 취지로 김가을(2014), 982~983.

하고 싶지 않을 뿐 아니라, 그의 재산으로 나의 채권자가 만족을 얻는 것도 원하지 않는다'는 상속인의 의사는 — 설사 그러한 것이 존재한다 하더라도 — 존중될 수 없음을 보여준다. 그와 같은 평가는 채권자취소의 맥락에서도 관철되어야 한다. 그렇게 하지 아니하면 파산선고 전 상속을 포기한 경우와 그 후에 상속을 포기한 경우에 상속재산이 상속인의 채권자의 집행 대상이 되는지 여부에 차이가 생기는데 이는 합리적인 차별이라고 할 수 없는 것이다. 포기에 소급효를 부여하면서도 협의분할과 달리 제3자 보호 규정을 두지 아니한 점(주 68)은 이러한 입법적 평가와 아무런 관련이 없다. 포기에서 문제되는 것은 승인·포기기간 중 상속재산에 관하여 이해관계를 맺은 제3자를 상속 포기 후 다른 동순위 또는 후순위상속인에 대한 관계에서 보호할 것인가 하는 점으로, 이미 승인·포기 전 상속인과 관련하여 이해관계를 맺은 상속채권자를 상속인에 대한 관계에서 보호할 것인가 라는 채권자취소의 문제 상황과 전혀 다를 뿐 아니라, 전자에서 제3자는 — 명문의 규정은 없으나 — 실제로 상당한 범위에서 보호된다는 것이 통설인 것이다(§§1022, 1023 註釋 I. 참조).

이상과 같은 점에 비추어볼 때, 상속인의 채권자는 포기에 대하여 사해행위취소를 구할 수 있다고 봄이 타당하다. 이때 사해행위는 포기이고, 책임재산의 총액은 상속재산과 고유재산을 합친 것이 된다. 책임재산을 계산함에 있어 상속채무와 상속인의 채무를 공제하여야 함은 물론이다. 그러므로 상속재산 자체가 채무초과인 때에는 상속재산을 상실하는 포기로 인하여 채권자를 해하였다고 할 수 없어 취소가 허용되지 아니하고, 상속적극재산이 상속채무를 초과할 때에 한하여, 그 초과하는 범위에서 사해행위가 될 뿐이다. 피고는 수익자인 포기로 인하여 상속을 받은 다른 공동상속인 또는 후순위상속인이다. 포기가 계속되는 경우 피고도 그에 따라 계속 바뀔 수 있고, 최종적으로 상속인 부존재가 되는 경우 국가가 피고가 될 수 있다.[93] 반환의 범위는 채권자취소의 일반법리에 따라 (피보전채권의 한도 내에서) 사해행위의 범위로 제한된다. 즉, 상속적극재산이 상속채무를 초과하는 한도에서만 반환받을 수 있다고 보아야 한다. 그와 같이 보는 것이 포괄승계로서 상속의 포기를 취소하는 취지에도 부합한다. 따라서 채권자취소를 허용하면 채무부담을 강요하게 된다는 주장(주 69)도 타당하다고 할 수 없다. 취소에 상대적 효력만 인정되는 한 포기한 상속인이

93) 류일현(2014), 67~68; 조인영(2013), 639 이하. 전득자라고 하나 수익자로 보아야 할 것이다. 이것이 §1059의 취지에 부합하는지 의문이라는 견해(앞의 주 71)가 있으나, 어떠한 점에서 §1059의 취지에 부합하지 아니한다는 것인지 알기 어렵다.

상속채무를 부담하는 일은 생기지 아니하고, 원상회복에도 채무의 변동은 포함되지 아니하는 것이다.[94] 나아가 이렇게 보는 한 회복된 재산에서 만족을 얻을 수 있는 '모든 채권자'(§407)는 상속인의 채권자만을 포함하고 상속채권자는 제외된다. 그러므로 둘 사이의 이익충돌이 문제된다는 주장(주 72)도 타당하지 아니하다. 반환의 방법은 원물반환일 수도 있고, 가액반환일 수도 있으나, 원물반환일 때에도 취소의 범위를 넘는 재산은 포기한 상속인이 아닌 상속을 받은 다른 동순위 또는 후순위상속인에게 반환된다. 그는 그 대신 포기한 상속인에 대하여 구상권을 가진다.

수익자가 후순위상속인이 아닌 공동상속인인 때에는 특별수익이나 기여분까지 고려한 구체적 상속분이 기준이 되어야 할 것이다.[95] 채권자가 상속재산협의분할을 취소할 때에도 구체적 상속분이 기준이 되고 있는데,[96] 그와 달리 볼 까닭이 없다.

(2) 상속의 승인과 채권자취소

한정승인은 상속채권자와 상속인의 채권자 어느 누구에게도 불이익을 주지 아니한다. 한정승인이 취소의 대상이 되지 아니한다는 데 별 의문이 없다.

문제는 단순승인이다. 단순승인의 경우 상속재산이 채무초과였던 때에는 상속인의 채권자에게, 고유재산이 채무초과였던 때에는 상속채권자에게 불이익할 수 있어, 각 경우에 상속인의 채권자 또는 상속채권자가 단순승인을 사해행위로 취소할 수 있는지 문제가 된다. 학설로는 채권자취소의 대상이 되지 아니한다는 견해(否定說)가 통설이나,[97] 단순승인에서는 상속인의 의사가 존중되어야 한다는 점에서, §1026 ii의 법정단순승인은 현실적으로는 그것이 단순승인의 원형에 가깝다는 점에서 각각 취소의 대상이 되지 아니하고, 예외적으로 신의칙이나 권리남용의 법리를 적용할 수 있을 뿐이지만, §1026 i, iii의 법정단순승인은 채권자취소의 대상이 된다는 견해(制限的 肯定說)도 있다.[98]

통설이 타당하다. 먼저 단순승인과 §1026 i, ii의 법정단순승인은 그 자체 채권자취소의 요건을 충족하지 아니한다. 상속개시와 동시에 상속재산이 일응 피상속인에게 제한 없이 승계되고(§1005), 단순승인이나 법정단순승인이 되면 그 승계의 효과가 확정될 뿐 어떤 법률관계의 변화도 생기지 아니하므로 채권

94) 같은 취지로, 윤진수(2016), 224.
95) 류일현(2014), 67; 조인영(2013), 642.
96) 대법원 2001. 2. 9. 선고 2000다51797 판결.
97) 박동섭(주 9), 12; 송덕수, 373.
98) 최성경(2007b), 128~134.

자취소의 대상으로서 '채무자의 행위'(§406)가 있다고 할 수 없을 뿐 아니라, 책임재산의 감소도 있을 수 없기 때문이다. 이러한 경우에 채권자취소를 인정한다면 상속채권자 입장에서 다른 동순위상속인이나 후순위상속인의 고유재산을 책임재산으로 파악할 가능성을 계산에 넣거나, 적어도 재산분리(§1045 이하)가 행해졌을 때를 원형(原型)으로 두고 그보다 불이익한 것 그 자체를 사해적이라고 보아야 한다. 그런데 전자(前者)는 종국적으로 누가 될지 모르는 확정된 상속인의 고유재산을 고려하여 취소를 인정할 근거가 없고 어차피 취소한다 하더라도 염두에 둔 다른 공동상속인이나 후순위상속인으로 하여금 그 상속을 승인하게 할 방법도 없으므로 불가능하고, 후자는 결국 재산분리의 요건을 채권자취소로 우회하겠다는 취지에 다름 아니어서 허용될 수 없다. 재산분리를 청구할 수 있는 기간이 지나치게 짧다면 재산분리제도 자체의 개선을 통하여 해결하여야 할 것이다. 다음 §1026 iii의 법정단순승인의 경우 한정승인 또는 포기가 있음에도 채무자의 행위에 의하여 그 효과가 단순승인으로 바뀐 것이므로 '채무자의 행위'와 그 사해성은 긍정할 여지는 있다. 그러나 한정승인이 법정단순승인으로 바뀐 경우에는 뒤에 보는 바와 같이 재산분리의 효과의 존속을 인정함이 타당하고(§§1026, 1027 註釋 III. 참조) 그러한 한 채권자취소를 할 필요도 없어진다. 문제는 이미 포기하였는데 §1026 iii의 법정단순승인이 이루어진 경우인데, 이때 법정단순승인이 이루어졌다는 것은 아직 다른 동순위 또는 후순위상속인이 상속을 승인하기 전임을 뜻하므로(§1027) 그 사이 다른 동순위 또는 후순위상속인의 고유재산을 책임재산으로 파악한 것이야말로 잠정적·유동적인 것에 불과하고, 법정단순승인으로 이를 잃었다기보다는 오히려 법이 본래 예정한 바대로 되돌아온 것에 가깝다고 보아야 할 것이다.

2. 상속의 승인·포기와 채권자대위

상속인의 채권자가 상속인의 승인·포기권을 대위행사할 수 있는가. 승인·포기기간이 3개월의 단기간으로 되어 있는 우리 법에서 본래의 승인·포기기간 중 채권자의 대위행사를 인정할 필요는 없고, 상속인이 한 승인·포기가 채권자취소의 대상이 되어 취소되었을 때 취소채권자가 상속인 대신 승인·포기할 수 있는지의 문제로 제기될 뿐이다. 통설이 승인·포기권의 대위행사를 허용하지 아니하고(否定說),[99] 일본에서 상속인의 채권자의 채권자취소를 인정하는 한

99) 김주수·김상용, 746; 박동섭, 607; 동(주 9), 12; 송덕수, 373; 윤진수 451.

그 범위에서 상속인의 채권자의 승인·포기권의 대위를 인정하여도 좋다는 견해(制限的 肯定說)가 주장되고 있는 까닭이 여기에 있다.[100] 그러나 포기의 취소는 그 자체 – 취소의 상대적 효력으로 인하여 – 상속채권자와 상속인의 채권자를 분리하는 효과를 가진다. 취소만으로도 포기한 상속인에게 책임재산으로서의 귀속은 이루어지므로,[101] 굳이 대위하여 단순승인 또는 한정승인을 할 필요는 없는 것이다.[102] 부정설이 타당하다.

3. 상속의 승인·포기와 도산

(1) 상속의 승인·포기와 파산

나아가 상속인이 무자력이어서 그에 대하여 파산절차가 개시되면 어떻게 되는가. 상속인이 파산선고를 받은 뒤 상속이 개시된 때에는 상속재산이 이른바 신득(新得)재산으로 파산재단에 속하지 아니하므로 승인·포기에 아무런 영향이 없다. 파산선고 전 상속이 개시되었으나 아직 승인·포기를 하지 아니하는 동안 파산선고를 받은 때에는 승인·포기권은 상속인에게 있으나, 단순승인이나 포기는 '파산재단에 대하여는' 원칙적으로 한정승인의 효력만을 갖는다(回生破産 §385, 386, 앞의 I. 2. 및 본절 前註 III. 2. 참조).

문제는 파산선고 전 상속이 개시되었고, 상속인이 승인·포기까지 한 다음 비로소 파산선고를 받은 때이다. 이때 승인·포기는 일응 파산절차 안에서나 밖에서나 그 효력을 그대로 유지한다. 특히 단순승인과 한정승인은 오히려 파산절차에서 배당에 영향을 미친다[본절 前註 III. 2. (2) 참조]. 그러나 포기의 경우 앞서 채권자취소와 같이 부인(回生破産 §391 이하)의 대상이 되는지 문제될 수 있다. 학설은 상속을 할 것인가 여부는 상속인의 자유의사에 의하는 것이 원칙이고 이들의 인격적·신분적 행위는 부인의 대상이 되지 아니한다는 견해와[103] 채권자취소권에서와 마찬가지로 부인의 대상이 된다는 견해로[104] 갈린다. 부인의 대상이 된다고 봄이 옳을 것이다.

---

100) 문헌은 谷口知平(주 27), 472 참조(채권자취소권과 채권자대위권의 평행한 취급을 주장한다).

101) 당연승계주의와 승인·포기기간 중에도 집행을 막지 아니하는 우리 법의 귀결이다.

102) 채권자취소를 인정하는 프민 §779는 동시에 취소채권자에게 대위승인권을 부여하는데, 그 효력이 상속인에게 미치지 아니함을 명시하고, 스민 §578 I은 아예 청산인에 의한 청산절차로 이행하게 하고 있다(앞의 주 80 참조).

103) 양형우, "상속재산의 파산에 관한 고찰", 비교 13-1, 2006, 474.

104) 윤진수(2016), 184 이하.

(2) 상속의 승인 · 포기와 개인회생

상속인에 대하여 개인회생절차가 개시된 때에는 상속과 개인회생절차 개시의 선후를 묻지 아니하고 상속재산도 개인회생재단이 된다(回生破産 §580 I ii, 이른바 팽창주의). 이때에는 관리인이 없어 상속인이 관리처분권을 보유하므로 개시 전후를 불문하고 승인·포기할 수 있는데, 포기가 부인요건(回生破産 §584 II)을 갖추면 부인할 수 있으나 실제로는 채무자가 자신이 한 행위를 부인하는 일이 잘 일어나지 않을 뿐이라는 견해가 있다.[105)]

105) 윤진수(2016), 229.

第2款 單純承認

第1025條(單純承認의 效果)

相續人이 單純承認을 한 때에는 制限없이 被相續人의 權利義務를 承繼한다.

Ⅰ. 요건

단순승인은 제한 없이 피상속인의 권리의무를 승계하고자 하는 상속인의 의사표시이다.[1] 그 요건 일반은 §1024 註釋 I, 묵시적 단순승인에 관하여는 §§1026, 1027 註釋 I. 각 참조. 단순승인의 효과가 강력하고 일단 발해진 이상 철회할 수 없음에 비추어 그 의사표시는 명확하고 일의적(一義的)이여야 한다.[2] 실제로 명시적 단순승인이 행해지는 일은 매우 드물다.

Ⅱ. 효과

단순승인을 하면 상속인은 제한 없이 상속재산을 승계하고, 상속재산과 고유재산의 혼합이 이루진다. 그리하여 상속인은 상속채권자와 상속인의 채권자 모두에 대하여 상속재산과 고유재산 전부로 책임을 지며,[3] 양자 사이에는 우열이 없이 채권자평등의 원칙이 적용된다(스민 §564 II는 이를 명시한다).[4]

그리고 상속인이 피상속인에 대하여 가지고 있던 채권과 채무(§507), 상속인과 피상속인이 동일한 권리객체에 대하여 가지고 있던 소유권(기타 완전한 권

1) 곽윤직, 178; 김주수 · 김상용, 757; 박동섭, 624; 신영호 · 김상훈, 420; 이경희, 453; 한봉희 · 백승흠, 562.

2) MüchKommBGB/Leipold, 6. Aufl., 2013, §1943 Rn. 5; BaslerKommZGB/Schwander, 2. Aufl., 2003, Art. 566, Z. 3~4.

3) 곽윤직, 178; 김주수 · 김상용, 762; 박동섭, 631; 신영호 · 김상훈, 420; 이경희, 457; 한봉희 · 백승흠, 567; 谷口知平 · 久貴忠彦 編輯, 新版 注釋民法(27), 1989, 477(川井 健).

4) 그 결과 수유자와도 동순위가 된다. BaslerKommZGB/Breitschmid, 2. Aufl., 2003, Art. 564 Z. 7.

리)과 물적 부담(§191) 사이에 혼동이 생긴다.[5] 가령 교통사고의 가해자가 피해자를 상속하거나, 피해자가 가해자를 상속하면 손해배상청구권이 혼동으로 소멸하는 것이다. 문제는 이때 피해자가 가해자의 보험자에 대하여 자동차손해배상보장법 §10에 따라 갖는 직접청구권도, 그 전제가 되는 손해배상청구권이 소멸함에 따라, 함께 소멸하는가 하는 점이다. 학설은 이러한 경우 아예 혼동이 없거나 그 효과가 직접청구권에 미치지 아니하는 경우에 해당한다며 직접청구권을 인정하는 견해,[6] 원칙적으로 혼동의 효과를 인정하되 가해자가 피해자를 상속한 경우에 한하여 혼동의 효과를 제한하는 견해,[7] 어느 경우든 혼동으로 손해배상청구권이 소멸하고 따라서 직접청구권도 소멸한다는 견해가[8] 대립한다. 그러나 판례는 가해자가 피해자의 상속인이 되는 등 특별한 경우가 아닌 한 원칙적으로 손해배상청구권은 혼동으로 소멸하지 아니하고, 따라서 상속인은 보험자에 대하여 직접청구권을 행사할 수 있다고 한다.[9] 이때 가해자가 상속을 포기함으로써 혼동을 피하는 것이 신의칙에 반하는지에 관하여는 §§1042, 1043 註釋 II. 참조.

다만 당연취득의 원칙을 취하는 우리 상속법에서 이러한 효과는 이미 상속개시와 동시에 §1005에 의하여 발생하고 있는 것이므로, 단순승인은 이를 확정적인 것으로 바꾸어주는 데 그 의의가 있을 뿐이다. 그러나 그 결과 상속인은 상속재산관리의무를 면하는데, 이는 부수적인 것이기는 하나, 단순승인 고유의 효과라고 할 수 있다.[10] §§1022, 1023 註釋 참조. 이러한 효과는 단순승인을 인정하는 법제에서는 비교법적으로도 보편적이다.

---

5) 김주수 · 김상용, 765; 박동섭, 624.

6) 이러한 경우에는 직접청구권을 유지하기 위하여 아예 혼동이 일어나지 아니한다는 것으로 오시영, "손해배상청구권을 중심으로 한 혼동과 상속포기의 우열", 서울지방변호사회 판례연구 19−1, 2005, 244 이하; 조규성, "자동차사고로 인한 손해배상청구권의 상속포기와 혼동에 관한 일고찰", 기업법연구 28−2, 2014, 298 이하; 최정미, "책임보험과 혼동문제", 법률신문 3348, 2005, 15. 손해배상청구권과 직접청구권은 부진정연대채무의 관계에 있는데, 이러한 경우 혼동은 상대적 효력만 갖는다는 것으로 윤장원, "교통사고로 인한 자동차손해배상보장법 제3조의 손해배상청구권의 혼동과 상속포기", 부산판례연구회 판례연구 18, 2007, 294~295.

7) 장경환, "자동차손해배상책임보험에서의 직접청구권의 성질과 손해배상청구권의 혼동", 경희법학 38−1, 2003, 14 이하.

8) 김응환, "자배법 제3조에 의한 피해자의 운행자에 대한 배상청구권", 보험법률 11, 1996, 39. 한편, 자동차손해배상보장법 §3의 요건에 해당하지 아니하여 아예 직접청구권이 부정된다는 견해도 있다. 양승규, "가해자의 상속포기와 자동차사고 피해자의 손해배상청구권의 귀속", 월간 손해보험 455, 2006, 68~69.

9) 대법원 1995. 5. 12. 선고 93다48373 판결; 대법원 1995. 7. 14. 선고 94다36698 판결; 대법원 1997. 11. 11. 선고 97다37609 판결; 대법원 1999. 4. 27. 선고 98다61593 판결; 대법원 2003. 1. 10. 선고 2000다41653, 41660 판결; 대법원 2005. 1. 14. 선고 2003다38573, 38580 판결.

10) 박동섭, 631; 이경희, 457; 한봉희 · 백승흠, 567. 그리하여 중단된 소송도 수계할 수 있다.

한편, 2006년 개정 프민 §786 II은 단순승인 당시 상속채무를 알지 못한 데 정당한 이유가 있고 그 채무의 부담이 그의 개인적 재산에 중대한 위험을 초래할 때에는 법원에 그 채무의 전부 또는 일부의 감면을 구할 수 있게 하고 있다.[11] 우리 법은 이러한 필요에는 §1019 III으로 대처하고 있고 이러한 제도는 인정하지 아니한다.

또한 상속재산에 대하여 파산선고가 있으면 그 전에 단순승인을 하였다 하더라도 한정승인을 한 것으로 본다(回生破産 §389 III 본문). 그리고 상속인에 대하여 파산이 선고된 뒤 단순승인을 한 때에는 그것은 '파산재단에 대하여는' 한정승인의 효력을 가질 뿐이다(回生破産 §385).

11) 김미경, "프랑스민법상 상속의 승인과 포기", 민사 59, 2012, 531~532.

第1026條(法定單純承認)

다음 各號의 事由가 있는 境遇에는 相續人이 單純承認을 한 것으로 본다.

1. 相續人이 相續財産에 對한 處分行爲를 한 때
2. 상속인이 제1019조제1항의 기간내에 한정승인 또는 포기를 하지 아니한 때
3. 相續人이 限定承認 또는 抛棄를 한 後에 相續財産을 隱匿하거나 不正消費하거나 故意로 財産目錄에 記入하지 아니한 때

第1027條(法定單純承認의 例外)

相續人이 相續을 抛棄함으로 因하여 次順位 相續人이 相續을 承認한 때에는 前條 第3號의 事由는 相續의 承認으로 보지 아니한다.

▮참고문헌: 김민중(2007), "상속의 법정단순승인", Jurist 413; 윤부찬(2006), "상속재산분할협의와 단순승인", 가족법연구 20-1; 윤진수(1997), "상속채무를 뒤늦게 발견한 상속인의 보호", 서울대 법학 38-3·4; 왕정옥(2011), "상속포기를 한 자가 망인과 함께 종전부터 거주해오던 임차주택에서 퇴거하지 않고 계속 거주하면서 차임을 연체한 것이 민법 제1026조 제3호의 '상속재산의 부정소비'에 해당하는지 여부", 해설 85; 이광만(2005), "상해의 결과로 사망하여 사망보험금이 지급되는 상해보험에 있어서 보험수익자가 지정되어 있지 않아 피보험자의 상속인이 보험수익자로 되는 경우, 그 보험금청구권이 상속인의 고유재산인지 여부(적극)", 해설 51; 동(2004), "한정승인 또는 포기 후에 한 상속재산의 처분행위가 법정단순승인 사유에 해당하기 위한 요건", 해설 49; 이동진(2017), "민법 제1026조 제1호의 법정단순승인", 가족법연구 31-1.

Ⅰ. 의의와 그 기능

§1026은 법정단순승인사유를, §1027은 그중 §1026 iii의 법정단순승인사유의 예외를 정한다. 법정단순승인사유가 인정되면 '상속인이 단순승인을 한 것으로

본다.' 그러므로 단순승인의 효과(§1025 註釋 II. 참조)가 발생한다. 다만 §1026 iii의 법정단순승인의 효과에 관하여는 III.에서 보는 바와 같이 다툼이 있다.

단순승인은 법률행위이므로(§1024 註釋 I. 참조), 법정단순승인사유가 발생하면 단순승인을 한 것으로 '본다'는 것은 법률행위를 의제한다는 뜻이 된다. 이러한 의미에서 법정단순승인은 의제된 의사표시(fingiertes Willenserklärung)에 해당한다. 본래 의제된 의사표시는 어떤 법률효과를 기술하는 방법 중 하나로 그러한 효과를 발생시키는 의사표시로 간주한 것에 불과하다. 즉, '더는 한정승인 또는 포기를 하지 못하고 상속재산의 관리도 종료한다'는 뜻에서 '단순승인을 한 것으로 본다'고 규정하였을 뿐, 법정단순승인사유가 의사표시라거나 의사표시와 같은 가치를 갖는 것은 아니다. 따라서 여기에 의사표시에 관한 규정을 당연히 적용할 수는 없다.[1] 특히 상속인이 자신의 행위가 법정단순승인사유에 해당한다는 점을 알지 못한 채 그와 같은 행위를 하였다는 점은 법정단순승인에 장애가 되지 아니한다. 그러나 법률이 이와 같은 효과를 규정하고 있는 이상 상속인으로서는 의사형성과정상의 흠으로 인하여 단순승인을 할 의사로 단순승인의 의사표시를 하는 대신 법정단순승인사유에 해당하는 작위 또는 부작위를 할 수도 있는데, 이러한 경우 법률행위에 관한 규정을 전혀 적용하지 아니한다면 오히려 불합리가 생길 수 있다. 이러한 점 때문에 학설상으로는 법정단순승인사유에 관하여 일정한 범위에서 법률행위에 관한 규정을 유추하려는 견해도 주장되고 있다.[2]

비교법적으로 §1026은 일민 §921 i, ii 및 iii 본문을, §1027은 일민 §921 iii 단서를 따른 것이다. 그중 상속의 승인·포기기간의 도과에 관한 §1026 ii는 상속의 승인·포기 제도를 취하는 법제에서 흔히 볼 수 있는 규정이고(독민 §1943, 프민 §772 II, 스민 §571 I), 한정승인을 한 상속인이 상속재산을 은닉 또는 부정소비한 경우에 대한 제재인 §1026 iii도 여러 법제에서 볼 수 있다(독민 §2005). 반면 상속인의 처분의 경우 법정단순승인사유로 정한 예(프민 §783, 스민 §571 II)와 독일처럼 별도의 규정을 두지 아니하고 묵시적 승인의 문제로 해결한 예가 갈린다.[3] 차례로 살펴본다.

1) 윤진수(1997), 211 이하. 또한 윤진수, 450~462.
2) 윤진수(1997), 213 이하. 또한 앞의 §1024 註釋 III. 1. (2) 참조.
3) ErmanBGB/Schlüter, 12. Aufl., 2008, §1943 Rn. 3.

Ⅱ. 상속인이 상속재산에 대하여 처분행위를 한 때(§1026 i)

1. 의의

§1026 i는 '상속인이 상속재산에 대하여 처분행위를 한 때'를 법정단순승인사유로 정하고 있다. 이러한 법정단순승인사유는 멀리는 로마법의 pro herede gestio에서 유래한 것으로, 당시에는 상속인으로서(pro herede) 그의 권리를 행사한다는 심소(心素)를 요구하였다.[4] 이 규정의 모법(母法)을 이루는 일민 §921 I도 입법의도는 상속재산을 처분하였다면 단순승인의 의사가 있다고 추정할 수 있다는 점에 있었고, 프민 §783, 스민 §571 II도 대체로 같다.[5] 명문 규정 없이 묵시적 의사표시로 해결하는 독일에서 이러한 행위를 원칙적으로 묵시적 승인으로 볼 수 있고, 그와 같이 보지 아니한다면 신의칙에 반한다고 이해함은 물론이다.[6] 이에 대하여 상속인의 추정적 의사 이외에, 상속재산을 처분한 뒤 한정승인이나 포기를 할 수 있게 하면 상속채권자나 다른 동순위 또는 후순위 상속인을 해할 수 있다거나, 처분을 신뢰한 제3자를 보호하기 위하여 단순승인으로 의제하는 점을 덧붙이는 견해도 있다.[7] 그러나 이러한 처분이 위법한 이상 한정승인 또는 포기를 한 상속인은 법정단순승인이 되지 아니한다 하더라도 어차피 고유재산으로 손해배상 또는 부당이득반환책임을 져야 하고, 처분을 신뢰한 제3자의 보호는 법정단순승인이 아니어도 도모할 수 있다(§§1022, 1023 註釋 II. 2. 참조). 뒤에 보는 바와 같이 한정승인이나 포기를 하지 아니한 때에 한하여 §1026 i를 적용하고, 한정승인이나 포기를 한 뒤의 처분에 대하여는 그보다 훨씬 더 엄격한 §1026 iii에 맡기는 것이 우리 민법의 구상이라면, §1026 i의 취지는 상속인의 추정적 의사에 있다고 봄이 옳다.[8]

---

4) D.29.2.20 pr. 현승종·조규창, 로마법, 1996, 1024~1025.

5) 谷口知平·久貴忠彦 編輯, 新版 注釋民法(27), 1989, 478(川井 健)(일본); Malaurie, Les successions. Les libéralités, 5e éd., 2012, nos 212 et s.(프랑스); BaslerKommZGB/Schwander, 2. Aufl., 2003, Art. 571, Z. 4~5(스위스).

6) Schlüter(주 3), Rn 3.

7) 김주수·김상용, 758(그 밖에 재산혼합으로 인한 한정승인절차 실시의 곤란도 든다. 그러나 본호의 경우 당연히 재산이 혼합된다고 할 수 없다); 윤진수, 463; 왕정옥(2011), 275; 한봉희·백승흠, 563. 이는 본래 일본의 학설에서 유래한 것이다. 川井 健(주 5), 478~479.

8) 이동진(2017), 389~393. 신영호·김상훈, 420. 곽윤직, 179도 추정적 의사를 강조한다. 윤진수, 463은 반드시 의제된 의사표시로 보아야만 하는 것은 아니고 묵시적 단순승인이 있다고 볼 수도 있다고 한다.

2. 요건

(1) 「처분」의 대상

처분의 대상은 상속재산의 전부 또는 일부이다. 피상속인의 사망으로 인하여 취득한 이득이라 하더라도 상속재산이 아닌 이상 처분한다 하여 법정단순승인이 되지 아니한다.[9] 사소한 일부의 처분만으로도 법정단순승인사유가 되는가 하는 점에 대하여는 아래 (3) 참조.

(2) 「처분」의 시점

명문규정은 없으나 처분행위는 한정승인이나 포기를 하기 전에 한 것이어야 한다는 것이 판례 · 통설이다.[10] 한정승인이나 포기가 있었다면 더는 단순승인이 허용되지 아니하는데 명문의 규정도 없이 — §1026 iii는 이 점을 명문으로 밝히고 있다 — 법정단순승인을 인정할 것은 아니고, 요식행위에 의하여 명시적으로 표시된 한정승인 · 포기가 선행하였던 이상 그 뒤에 한 그에 반하는 처분은 권리침해나 의무위반일 뿐 그로부터 단순승인의 의사를 추단할 수 없기 때문이다.[11] 일본판례도 과거 한정승인을 한 후 상속인이 피상속인의 의류를 처분한 경우도 일민 §921 i의 법정단순승인사유에 해당한다고 하였으나,[12] 그 뒤에 판례를 변경하여 일민 §921 i는 '유효하게 상속을 한정승인 또는 포기한 때에는 적용되지 아니한다'고 하였고,[13] 학설도 이러한 판례를 따르고 있다.[14] 나아가 승인 · 포기기간 내에 있어야 함은 물론이다. 명문의 규정 유무에 관계없이 이러한 사유를 묵시적 단순승인으로 이해하는 독일, 프랑스, 스위스 등에서도 처분이 승인 · 포기가 가능한 시점, 즉 승인 · 포기기간 내로 한정승인이나 포기를 하기 전까지여야 한다고 본다.

한편 대법원 2016. 12. 29. 선고 2013다73520 판결은 상속인이 가정법원에

---

9) 대법원 2004. 7. 9. 선고 2003다29463 판결(상해의 결과 사망하여 사망보험금이 지급되는 상해보험에 있어서 보험수익자가 지정되지 아니한 경우). 해설: 이광만(2005). 로마법이 그러한 입장이었다는 점에 대하여는 현승종 · 조규창(주 4), 1025. 본호의 법정단순승인뿐 아니라 §1025에 의한 묵시적 단순승인도 원칙적으로 부정함이 옳을 것이다. 승인 · 포기기간이 비교적 단기간인 우리 법에서 굳이 이러한 경우에까지 단순승인의 효과를 앞당겨 인정할 필요가 없다.

10) 대법원 2004. 3. 12. 선고 2003다63586 판결. 해설: 이광만(2004). 곽윤직, 179; 김주수 · 김상용, 758; 박동섭, 626~628; 송덕수, 379; 신영호 · 김상훈 420; 이경희, 454; 한봉희 · 백승흠, 563~564.

11) 이동진(2017), 394.

12) 日大判 1928(昭 3). 7. 3. 新聞 2881, 6.

13) 日大判 1930(昭 5). 4. 26. 民集 9, 427.

14) 川井 健(주 5), 479.

상속포기신고를 하였으나 이를 수리하는 심판이 고지되기 전에 상속재산을 처분한 경우 §1026 i가 적용될 수 있다면서, 상속포기 후 상속재산으로 지입차량인 화물차량 6대를 지입한 회사 대표이사로 하여금 폐차하거나 매도하게 한 뒤 그 대금을 받은 사안에서 본호의 법정단순승인을 인정한 바 있다. 포기신고의 수리심판이 고지되기 전까지는 포기신고를 철회(취하)할 수 있고, 실제 철회(취하)한 경우에는 단순승인으로 의제하여도 부당하다고 하기는 어렵다. 그러나 포기신고를 결국 철회(취하)하지 아니한 경우는 단순승인의사가 있다고 추정할 수 없고 §1026 iii이 규율하는 배신행위에 해당한다는 점에서 이러한 경우에까지 본호를 적용한 것은 의문이다.[15]

(3) 「처분」의 내용과 그 주체

「처분」은 의무부담행위와 대비되는 의미의 처분행위(Verfügungsgeschäft)가 아니라 관리행위[die blosse Verwaltung(스민 §571 II), les actes d'administration, les actes conservatoires(프민 §784)]와 대비되는 의미에서 처분행위(les act de disposition, 프민 §783)이다. 즉, 상속재산의 현상이나 성질을 변경하는 행위를 가리킨다. 처분행위는 법률행위와 사실행위를 가리지 아니한다.[16] 상속재산을 분할,[17] 매각[18] 또는 증여하거나 담보로 제공하는 행위, 상속채권에 관하여 화해하거나 이를 포기하는 행위는[19] 물론, 상속재산을 물리적으로 손상시키거나 변형하는 행위도 처분에 해당한다. 대법원 2016. 12. 29. 선고 2013다73520 판결은 상속재산인 차량을 폐차하는 행위를 처분으로 보았다. 반면 상속인은 단순승인, 한정승인 또는 포기를 하기 전까지 상속재산을 관리할 의무가 있고(§1022), 이를 위하여 관리행위를 할 수 있어야 하므로, 관리행위를 하였다는 이유로 법정단순승인을 할 수는 없다. 가령 권한 없이 상속재산인 주권을 점유하는 자에 대한 공동상속인들 중 1인의 반환청구는 보존행위로서 §1026 i의 「처분」이 아니다.[20] 상속

15) 이동진(2017), 399~400. 나아가 포기신고를 철회(취하)하였는지 여부에 관계없이 일반적으로 신고시를 기준으로 하여야 한다는 견해로 정구태, "상속포기신고 후 수리심판 전 상속인의 처분행위와 단순승인의제", 김상훈 외 2016년 가족법 주요판례 10선, 2017, 111 이하.

16) 곽윤직, 180; 김민중(2007), 416; 김주수 · 김상용, 758; 박동섭, 625, 627; 송덕수, 380; 윤진수, 463; 이경희, 454; 전경근, "상속의 승인과 포기", 가족법연구 18-1, 2004, 179; 한봉희 · 백승흠, 563.

17) 대법원 1983. 6. 28. 선고 82도2421 판결. 윤부찬(2006), 422 이하.

18) 대법원 2016. 12. 29. 선고 2013다73520 판결(매각); 서울고등법원 1998. 4. 24. 선고 97나60953 판결(상속채권의 양도). 상속채권의 양도와 양도통지 전 다른 채권자가 채권을 가압류하여 그 가압류결정 정본이 제3채무자에게 송달되어도 그러하다. 대법원 1983. 6. 28. 선고 82도2421 판결; 대법원 1996. 10. 15. 선고 96다23283 판결.

19) 대법원 2010. 4. 29. 선고 2009다84936 판결.

20) 대법원 1996. 10. 15. 선고 96다23283 판결.

인을 대위하여 상속등기를 한 경우도 마찬가지이다.[21]

처분인지 여부를 판단함에 있어서는 전형적으로 단순승인의 의사를 인정할 만한 행위인지 여부도 고려되어야 한다. 일본 대심원은 한때 망인의 옷가지를 처분한 것도 법정단순승인사유가 된다고 하였으나[22] 이후 일본의 하급심은 경제적 가치가 크지 아니한 의류 등의 처분은 법정단순승인사유가 아니라는 태도를 취하였고, 다수의 학설도 이를 지지하고 있다.[23] 본호의 법정단순승인사유가 상속인이 상속재산을 「처분」하였다는 점으로부터 단순승인의사가 있음을 추정할 수 있다는 데 근거가 있는 한 당연한 태도이다.[24] 상속재산에 속하는 현금을 은행에 예금하거나 이행기가 도래한 상속채무를 변제하거나 피상속인이 매각한 부동산에 관하여 등기를 해주는 것도 당연히 처분이라고 할 수는 없다.[25] 이는 승인 · 포기기간 중 상속재산을 관리하는 상속인에게 원칙적으로 변제거절권을 인정하지 아니하는 것(§§1022, 1023 註釋 II. 2. 참조)과도 대응된다. 상속인이 상속재산이 아닌 고유재산으로 오해하고 상속재산을 처분한 때에도 그러한 사정이 외부에서 객관적으로 인식될 수 있었다면 본호의 처분이 아니라고 봄이 옳다.[26] 학설 중에는 어떤 상속재산을 이용하여 다른 재산을 취득한 경우, 가령 예금을 주식으로 바꾼 경우에도 처분이 아니라는 견해가 있다.[27] 일반적으로 한 상속재산을 다른 형태의 재산으로 바꾸는 것이 당연히 관리권한의 범위 밖이라고 볼 것은 아니다. 부패하기 쉽다는 등 그대로 두면 가치를 유지할 수 없는 경우에는 그러한 매각 기타 형태변경이 관리행위로 필요할 수도 있다(§§1022, 1023 註釋 II. 1. 참조). 그러나 그 예가 적절한지는 의문이다. 안전한 자산인 예금을 위험한 자산인 주식으로 바꾸는 행위는 통상 관리권한의 범위에 들어가지 아니하고 오히려 외형상 객관적으로 승인의사를 추단케 하는 행위이기 때문이다. 참고로 2006년 개정 프랑스민법은 개별적으로 관리 내지 보존행위에 해당하는 것을 열거하고 있다. 즉, 단기간의 사업활동을 계속하기 위하여 일반적으로 필요한 거래, 손해배상의 발생을 회피하기 위한 임대차의 갱신, 장례비용과 병원비의 지급, 망인의 납세의무의 이행, 차임 기타 긴급을

21) 대법원 1964. 4. 3. 선고 63마54 판결.
22) 日大判 1928(昭 3). 7. 3. 新聞 2881, 6.
23) 東京高決 1962(昭 37). 7. 19. 東高民時報 13-7, 117 등. 川井 健(주 5), 481.
24) 곽윤직, 179~180; 왕정옥(2011), 276; 이경희, 454; 한봉희 · 백승흠, 563~564.
25) 전경근(주 16), 179.
26) MünchKommBGB/Leipold, 6. Aufl., 2013, §1943 Rn. 4.
27) 전경근(주 16), 179.

요하는 상속채무의 이행, 상속재산의 과실 및 수익의 수취, 부패하기 쉬운 재산의 매각, 상속채무의 증가를 방지하기 위한 행위는 처분행위가 아니라고 한다(프민 §784).[28] 일민 §921 i 단서도 '보존행위 및 일민 §602의 기간을 넘지 아니하는 임대를 하는 것'을 명문으로 처분행위에서 제외한다.[29] 우리 법의 해석과 관련하여서도 대체로 참고할 만하다. 판례도 상속재산으로부터 상속비용을 지급하는 것은 §1026 i의 「처분」에 해당하지 아니한다고 한다.[30] 다만 상속채권의 추심은 원칙적으로 §1026 i의 「처분」에 해당한다. 확정적으로 상속을 받을 의사가 없다면 굳이 자신이 채권을 추심할 까닭이 없기 때문이다.[31] 그 밖에 대법원 2012. 4. 16.자 2011스191, 192 결정은 수인(數人)의 상속인 중 1인을 제외한 나머지 상속인들이 상속을 포기하기로 하였으나 상속포기 신고 수리 전 피상속인 소유 미등기 부동산에 관하여 상속인 전원 명의로 법정상속분에 따른 소유권보존등기가 마쳐지자 상속을 포기하는 상속인들이 상속을 포기하지 않은 상속인 앞으로 지분이전등기를 하였고 그 후 상속포기신고가 수리된 경우 §1026 i의 「처분」이 있다고 할 수 없다고 한다.

그럼에도 불구하고 §1026 i의 「처분」과 그에 해당하지 아니하는 관리의 구분이 늘 용이한 것은 아니다. 2006년 개정 프민 §784 II은 상속의 이익과 관련된 행위로서 상속인이 그의 명의 또는 상속인의 자격을 사용하지 아니하고 하고자 하는 다른 모든 행위는 법원의 허가를 받아야 한다고 규정함으로써 법원의 허가를 통하여 관리행위가 처분으로 판단될 위험을 피할 길을 열어주고 있다.[32] 입법론적으로 고려해볼만 한 해결이다.

「처분」은 원칙적으로 상속인 본인이 하여야 한다. 다만, 제한능력자인 경우 그 법정대리인이 한 「처분」이 기준이 된다.[33] 어느 한 공동상속인이 한 「처

28) 김미경, "프랑스민법상 상속의 승인과 포기", 민사 59, 2002, 528~530. 피상속인의 사업활동을 계속 하기 위한 일체의 행위가 관리행위에 들어가고 그로부터 승인의사를 추단해서는 안 된다는 점은 독일에서도 널리 인정되고 있다. Leipold(주 26), Rn. 5.

29) 명문의 규정 없이도 해석상 같은 결론을 끌어낼 수 있다는 것으로, 川井 健(주 5), 480~481.

30) 대법원 1997. 4. 25. 선고 97다3996 판결; 대법원 2003. 11. 14. 선고 2003다30968 판결(장례비용 등).

31) 대법원 2006. 2. 24. 선고 2005다68431 판결; 대법원 2010. 4. 29. 선고 2009다84936 판결. 일본 판례도 같다. 日最判 1962(昭 37). 6. 21. 家月 14-10, 10. 일본의 학설에 관하여는 川井 健(주 5), 482. 서울중앙지방법원 2004. 4. 7. 선고 2003나52400 판결은 피상속인의 법무사회퇴회지급금을 상속인이 수령하여 법무사사무소 직원들의 봉급을 지급한 행위는 처분행위라고 한다. 다만 장례비용으로 사용할 의도로 채권을 추심한 경우는 그러하지 아니하다는 것이 판례이다. 대법원 2003. 11. 14. 선고 2003다30968 판결[허부열, "상속의 한정승인에 있어서 상속재산이 없거나 그 상속재산이 상속채무의 변제에 부족한 경우 상속채무 전부에 대한 이행판결을 선고하여야 하는지 여부(적극)", 해설 46, 2004] 참조.

32) 김미경(주 28), 527~528.

분」은 다른 공동상속인에 대하여는 법정단순승인사유가 아니다.[34] 「처분」이 상속인 또는 법정대리인의 자의(自意)에 의한 것이어야 함은 물론이다.[35] 상속인이 직접할 필요는 없고, 다른 사람으로 하여금 하게 하는 때에도 그 결과가 상속인에게 귀속될 수 있는 한 그의 처분이 된다. 대법원 2016. 12. 29. 선고 2013다73520 판결도 상속인이 지입한 회사의 대표이사로 하여금 상속재산인 지입된 화물차량을 폐차 또는 매각하게 한 경우 §1026 i의 「처분」이라고 한다. 나아가 상속인이나 그의 법정대리인이 상속이 개시된 사실을 알거나 확실히 예상하고 「처분」을 하여야 하는가. 일본판례는 상속이 개시되었음을 알지 못한 채 「처분」한 때에는 §1026 i의 처분에 해당하지 아니한다고 하고,[36] 우리의 학설로도 그렇게 보는 견해가 유력하다.[37] 이러한 견해에는 §1026 i의 법정단순승인사유가 상속인이 상속재산을 「처분」한 사실로부터 단순승인의사가 있음을 추단할 수 있다는 데 근거가 있는 한 수긍할 만한 점이 있다. 그러나 위와 같은 사정으로 인하여 당해 처분으로부터 외형상 객관적으로 보아도 승인의 의사를 읽어낼 수 없는 경우는 별론, 외형상 객관적으로 보기에 확정적으로 상속받을 의사로 처분한 것과 구별되지 아니하는데 실은 상속개시사실 자체를 알지 못하였던 경우에 본호의 법정단순승인 그 자체를 부인하여야 하는지는 의문이다. 이러한 경우를 §1025의 묵시적 단순승인으로 처리한다면, 이른바 표시의식을 의사표시의 구성요소로 보지 아니하는 한 일응 단순승인은 인정되고 착오 취소(§109)의 문제가 생길 뿐인데, 법정단순승인으로 구성하면서 내심의 인식 여부를 법정단순승인사유 유무 문제로 접근하는 것은 균형을 잃은 일이기 때문이다.[38] 본호의 법정단순승인에 대하여 – 그것이 의제된 의사표시인지 여부

33) 오늘날 스위스의 학설도 그러한 경향이라고 한다. Schwander(주 5), Z. 6.

34) 곽윤직, 180; 김주수 · 김상용, 759~760; 박동섭, 628; 동, "개정민법과 상속의 한정승인 · 포기", 법조 51－4, 2002, 26; 송덕수, 381; 이경희, 455; 한봉희 · 백승흠, 564; 川井 健(주 5), 484~485. 전 상속인 공동으로만 한정승인을 할 수 있는 일본에서는 공동상속인 1인의 처분의 효력에 관하여 다툼이 있다.

35) 따라서 과실로 가옥이나 미술품 등을 훼손하는 것은 「처분」이라고 할 수 없다. 김주수 · 김상용, 758; 박동섭, 627; 송덕수, 380; 왕정옥(2011), 275. 또한 절대적 강박에 의한 처분도 본호의 처분이라고 할 수 없을 것이다. 아래 주 38 참조.

36) 日最判 1967(昭 42). 4. 27. 民集 21－3, 741.

37) 곽윤직, 180; 김주수 · 김상용, 758~759(피상속인의 사망사실을 안 뒤든가 확실히 사망을 예상하면서 한 처분이어야 한다고 한다. 그러나 여기에서 확실히 사망을 예상하면서 한 처분이 상속개시 전의 처분을 포함하는 취지라면 이는 사전승인 · 포기의 금지에 반하여 부당하다); 박동섭, 625, 628; 송덕수, 380; 이경희, 454; 한봉희 · 백승흠, 564.

38) Leipold(주 26), Rn. 4. Schwander(주 5), Z. 5도 객관적 판단과 주관적 판단기준을 소개한 다음, 객관화하는 판단기준, 즉 외부에서 객관적으로 보아 추단되는 의사를 기준으로 함이 옳다고 한다.

는 별론 – 의사표시의 무효·취소 규정을 유추함을 전제로 취소사유로 봄이 옳을 것이다. 그 밖에 상속인이 처분 전 그것이 단순승인의 효과를 가지지 아니할 것임을 명시하고 처분하였거나 그것이 법정단순승인사유임을 인식하지 못하였다는 점도 본호의 법정단순승인을 방해하지 아니한다. 전자(前者)는 선행행위에 모순되는 거동(venire contra factum proprium)에 해당하여 상속인의 상속재산 처분을 법정단순승인사유로 명시한 이상 고려할 것이 아니고, 후자는 의제된 의사표시로 구성한 취지에 반하기 때문이다. 반면 이미 한정승인·포기 신고를 한 때에는, 철회하지 아니하는 한, 본호의 처분으로 볼 것이 아니고 §1026 iii의 문제로 다룸이 옳을 것이다. 대법원 2016. 12. 29. 선고 2013다73520 판결은 상속인이 가정법원에 상속포기의 신고를 하였으나 이를 수리하는 심판이 고지되기 전 상속재산을 처분한 경우 §1026 i에 의하여 단순승인이 된다고 하나, 신고를 하였고 그 신고를 철회하지 아니한 이상 §1026 iii가 적용되어야 한다는 점에서 의문이다.

「처분」이 법률행위인 경우, 그 법률행위에 무효 또는 취소사유가 있을 때에도 §1026 i의 법정단순승인사유가 되는가. 학설은 법정단순승인사유가 된다는 견해와[39] 무효이거나 취소된 때에는 법정단순승인사유가 되지 아니하나 이때 취소권에 대하여 §1024 II 단서의 단기취소기간을 준용하여야 한다는 견해가[40] 대립한다. 일본의 판례는 적어도 취소사유만 있었던 때에는 법정단순승인의 효력이 발생한다고 하나, 학설 중에는 취소사유만 있는 경우는 별론, 무효사유가 있거나 취소사유가 있고 실제로 취소된 경우는 법정단순승인이 되지 아니한다는 견해도 있다.[41] §1026 i의 법정단순승인이 상속인의 추정적 의사에 근거하고 있다고 이해하는 한 그러한 의사를 읽을 수 있으면 족하고 처분행위가 무효이거나 취소사유가 있는지는 중요하지 아니하다고 보아야 할 것이다.

39) 곽윤직, 180; 박동섭, 628; 박병호, 397; 송덕수, 380~381; 윤진수, 464; 이경희, 454; 이동진(2017), 393~394; 한봉희·백승흠, 564. 이를 따르면서도 처분행위가 사기나 강박, 특히 절대적 폭력에 의한 것인 때에는 별도의 검토가 필요하다는 견해로, 지원림, 민법강의 제16판, 2019, 2127. 그러나 절대적 폭력하의 처분행위는 자의에 의한 것이 아니어서 아예 처분이 없다고 볼 것이다. 송덕수, 381.

40) 김주수·김상용, 759.

41) 日大判 1920(大 9). 12. 17. 民錄 26, 2043; 日最判 1931(昭 6). 8. 4. 民集 10, 652; 川井 健(주 5), 482~484.

3. 효과

§1026 i의 법정단순승인사유가 발생하면 §1019 I의 기간 중이어도 더는 한정승인도 포기도 할 수 없어 단순승인의 법상태가 확정된다. §1025 註釋 II.

그러나 특별한정승인의 요건을 갖춘 경우(§1019 III) 한정승인을 할 수 있다. 이는 실질에 있어서 단순승인을 상속재산의 채무초과사실에 대한 부지 내지 착오를 이유로 취소하고 한정승인을 한 것과 다르지 아니하다. §§1019, 1020, 1021 註釋 II. 참조. 그 밖에 무효·취소사유가 있을 때에 §1024에 의하여 취소하는 것도 허용되는가 하는 점은 한편으로는 본호의 법정단순승인을 의제된 의사표시로 볼 것인가 아니면 묵시적 의사표시로 볼 것인가와, 다른 한편으로는 이를 의제된 의사표시로 보더라도 의사표시의 무효·취소 규정을 유추할 수 있는가와 관련되어 있다. §1026 i의 법정단순승인은 상속인의 추정적 의사에 근거하고 있고 아예 묵시적 의사표시로 볼 소지도 상당하다. 그러므로 이를 의제된 의사표시라고 보더라도 무효·취소 규정을 유추함이 타당하다. 다만, §1026 i의 규범목적상 상속인이 처분으로 단순승인이 된다는 점을 인식하지 못하였다는 사정은 착오취소(§109)사유가 되지 아니한다. 채무초과사실을 착오로 인식하지 못하였을 때 §1019 III의 특별한정승인만 가능한지, 아니면 §§1024, 109에 의한 착오취소와 한정승인 또는 포기도 가능한지에 대하여는 논란이 있다.[42]

또한 상속재산에 대하여 파산선고가 있으면 그 전에 §1026 i의 법정단순승인이 있었다 하더라도 한정승인을 한 것으로 본다(回生破産 §389 III 본문). 상속인에 대하여 파산이 선고된 뒤 §1026 i의 법정단순승인사유가 생겼을 때에는 그것은 '파산재단에 대하여는' 한정승인의 효력을 가질 뿐이다(回生破産 §385). 위 각 규정은 어느 것이나 '단순승인'이라고만 하고 있으나 回生破産 §389 III 단서의 반대해석상 이때 단순승인에 §1026 i의 법정단순승인이 포함됨이 분명하다.

Ⅲ. 상속인이 제1019조제1항의 기간내에 한정승인 또는 포기를 하지 아니한 때(§1026 ii)

1. 의의

§1026 ii는 승인·포기기간이 도과하면 단순승인을 한 것으로 본다는 점을

42) §1024 註釋 III. 1. (1) 주 35 참조.

명확히 한다. 상속이 개시되면 상속인은 피상속인의 상속재산을 포괄승계(§1005)하고, 곧바로 한정승인과 같은 효과가 발생하지는 아니하므로 상속재산 관리중이라는 잠정성을 제외하면 그 법률관계는 일응 단순승인과 같다. 본호는 승인·포기기간이 도과하면 더는 한정승인이나 포기를 할 수 없어 그 반사적 효과로 상속재산 관리가 종료하고 재산의 혼합과 포괄승계가 확정된다는 점을 그 효과가 단순승인과 거의 같음에 착안하여 '단순승인을 한 것으로 본다'는 방식으로 축약한 것에 불과하다. 이 점에서 §1026 ii의 법정단순승인은 의제된 의사표시에 해당한다.

비교법적으로는 이와 달리 선택권 행사의 최고가 없었고 단순승인이나 법정단순승인사유에 해당하지 아니하며 상속재산에 대하여 권리를 주장하는 등의 사정없이 10년의 시효기간이 경과한 때에는 포기로 의제하는 예(프민 §§780, 773), 지급무능력이 공적으로 확인된 경우에는 포기로 추정하여 명시적인 승인 없이 기간이 경과하면 포기가 확정되는 예(스민 §566 II)도 있다.

2. 요건과 효과

§1026 ii의 법정단순승인의 요건에 대하여는 §§1019, 1020, 1021 註釋 I. 2, 그 효과에 대하여는 같은 註釋 I. 3. (2) 각 참조. 다만 南北特 §12는 상속개시 당시 북한주민인 상속인이 남북분단으로 §1019 I의 기간내에 한정승인이나 포기를 하지 못하였을 경우에는 §1026 ii에도 불구하고 상속으로 인하여 취득할 재산의 한도에서 (상속)채무와 유증을 변제할 책임이 있다고 함으로써 한정승인의 효과를 부여하고 있다. 南北特 §12 註釋 참조.

한편, §1026 ii의 법정단순승인은 진정한 의제된 의사표시로서 의사표시의 무효·취소에 관한 규정은 적용되거나 유추되지 아니한다. 다만, 특별한정승인의 요건을 갖춘 경우(§1019 III) 한정승인을 할 수 있다. 또 상속재산에 대하여 파산선고가 있으면 그 이전에 §1026 ii의 법정단순승인이 있었을 때에도 한정승인을 한 것으로 본다(回生破産 §389 III 본문). 상속인에 대하여 파산이 선고된 뒤 §1026 ii의 법정단순승인사유가 생겼다면 그것은 '파산재단에 대하여는' 한정승인의 효력을 가질 뿐이다(回生破産 §385). 위 각 규정은 '단순승인'이라고만 하고 있으나 回生破産 §389 III 단서의 반대해석에서 이때 단순승인에 §1026 ii의 법정단순승인이 포함됨이 분명하다.

Ⅳ. 상속인이 한정승인 또는 포기를 한 후에 상속재산을 은닉하거나 부정소비하거나 고의로 재산목적에 기입하지 아니한 때(§§1026 iii, 1027)

1. 의의

§1026 iii는 상속인이 한정승인 또는 포기를 하였음에도 상속재산을 은닉하거나 부정소비하거나 고의로 재산목록에 기입하지 아니한 경우 상속인을 보호할 필요가 없고 오히려 그의 배신적 행위에 대하여 제재를 가할 필요가 있다는 점을 고려하여 둔 법정단순승인사유이다.[43] 일민 §921 iii 이외에 독민 §2005, 프민 §800, 스민 §571 등이 비슷한 규정을 두고 있다. 이 또한 제재에 해당하므로 진정한 의사표시라고 할 수 없고 의제된 의사표시에 해당한다.

2. 요건

(1) 대상과 시기

§1026 iii은 상속의 한정승인이나 포기 후에 상속재산에 대하여 일정한 배신적 행위를 한 때에 적용된다. 이 점에서 '한정승인 또는 포기를 한 뒤라도'라고 하여 그 전의 배신적 행위에 대하여도 위 규정을 적용하는 일민 §921 iii과 다르다.[44] 다만, 재산목록에 기입하지 아니한 행위는 그 성질상 한정승인시를 포함한다. 한정승인이나 포기 후인 이상 이미 3개월의 승인·포기기간이 도과한 뒤라 하더라도 적용된다. 그러나 한정승인에 따른 청산절차가 종결된 뒤 또는 포기에 의하여 다른 동순위 또는 후순위상속인에게 관리를 승계(§1044)해준 뒤의 행위는 제외된다. 전자에 대하여는 배신적 행위를 관념하기 어렵고, 후자도 배신적 행위가 아닌 단순한 제3자의 권리침해 내지 불법행위일 뿐이기 때문이다.

상속재산의 전부에 대하여 그러한 행위를 한 때는 물론, 그 일부에 대하여 그러한 행위를 한 때에도 §1026 iii가 적용된다.

---

43) 곽윤직, 181; 박동섭, 628; 송덕수, 382; 신영호·김상훈, 420; 윤진수, 465; 이경희, 456; 한봉희·백승흠, 565; 川井 健(주 5), 488.

44) 川井 健(주 5), 488~489.

(2) 행위주체와 그 태양

(가) 행위태양

행위태양은 은닉, 부정소비, 고의의 재산목록에의 불기재이다. 그러므로 한정승인이나 포기를 한 뒤의 단순한 상속재산의 처분행위는 법정단순승인의 효과를 발생시키지 아니한다.[45]

먼저, 은닉은 타인이 용이하게 상속재산의 존재를 인식할 수 없도록 그 전부 또는 일부를 숨기는, 즉 그 소재를 불분명하게 하는 행위를 가리킨다. 법률행위에 의한 경우와 사실행위에 의한 경우를 모두 포함한다.[46] 행위의 성질상 은닉의사를 갖고 행해여야 하고, 단순히 과실에 의한 경우는 포함하지 아니한다. 별로 논의되고 있지 아니하나 제재임에 비추어 상속재산 중 극히 사소한 일부의 은닉에 대하여는 법정단순승인을 인정하지 아니함이 타당할 것이다.

다음, 부정소비는 '정당한 사유 없이 상속재산을 써서 없앰으로써 그 재산적 가치를 상실시키는 행위'를 가리킨다.[47] 좁은 의미의 소비, 즉 써서 없애는 행위가 아니라 하더라도 널리 상속재산의 가치를 감소시키는 행위에 해당하는 한 §1026 iii의 의미에서 「소비」에 해당한다고 봄이 옳다. 판례 중에는 공동상속인들이 협의분할로 1명의 상속인 명의로 등기를 하는 것도 이에 해당한다고 한 것이 있다.[48] 다만 재산의 보관 기타의 사정에 비추어 정당한 행위인 경우에는 법정단순승인사유에 해당하지 아니한다. 가령 관습상 또는 위생상 견지에서 사망한 사람의 옷이나 이불을 소각하는 행위는 부정소비에 해당하지 아니한다.[49] 상속재산에 속하는 임차권을 지키기 위하여 상속재산에서 차임을 지급하는 행위,[50] 상속을 포기한 뒤 근저당권자의 경매신청에 따라 상속재산인 토지에 대하여 경매절차가 진행되던 중 상속인들이 근저당권자의 동의를 얻어 위 토지를 제3자에게 매각하고 매매대금 전액을 우선변제권자인 근저당권자에게 직접

45) 박동섭(주 34), 25. 대법원 1998. 6. 23. 선고 97누5022 판결도 상속인이 상속을 포기한 후 상속재산관리인이 상속채무에 관하여 채권자와 사이에 채무액을 감액하기로 하여도 법정단순승인이 되지 아니한다고 한다.

46) 곽윤직, 181; 김민중(2007), 417; 신영호·김상훈, 421; 윤진수, 466; 이경희, 456; 한봉희·백승흠, 565.

47) 대법원 2004. 3. 12. 선고 2003다63586 판결. 해설: 이광만(2004), 평석: 김민중(2007). 곽윤직, 181; 윤진수, 466; 이경희, 456; 한봉희·백승흠, 566.

48) 대전지방법원 2003. 7. 9. 선고 2003가합206 판결. 그러나 상속을 포기한 뒤에 상속협의분할을 원인으로 소유권이전등기를 한 것이 은닉이나 부정소비에 해당하지 아니한다는 것으로, 서울지방법원 북부지원 1996. 7. 4. 선고 95가합13955 판결.

49) 김주수·김상용, 761; 한봉희·백승흠, 566.

50) 한봉희·백승흠, 566; 川井 健(주 5), 489~490. 그러나 일본 판례는 반대이다. 日大判 1937(昭12). 2. 9. 判決全集 4-9, 20.

지급하게 하는 행위,[51] 상속 부동산에 대하여 이미 상당한 금액의 근저당권이 설정되어 있어 일반상속채권자에게 강제집행을 통하여 배당될 금액이 전혀 없거나 그 지목이 하천 및 제방이어서 강제집행의 실익이 없는 경우 상속인이 한정승인의 신고 후에 그중 1인에게만 상속부동산에 대하여 협의분할에 의한 소유권이전등기를 한 행위[52] 등은 부정소비라고 할 수 없다. 상속을 포기한 상속인이 임차목적물을 점유·사용하여 임차보증금에서 연체차임 상당액이 공제되게 하더라도 부정소비가 아니다.[53] 은닉과 달리 공연히 행해진 때에도 법정단순승인사유에 해당한다.

다만, 이들 두 법정단순승인사유는 '상속인이 상속을 포기함으로써 차순위상속인이 상속을 승인한 때'에는 적용이 없다(§1027). 일민 §921 iii 단서는 차순위상속인이 승인을 한 '뒤에' 상속인이 은닉 또는 부정소비를 한 경우로 규정하고 있는데, 우리 민법에는 그와 같은 제한이 없다. 그러나 차순위상속인의 승인이 있기 전에 상속인이 은닉 또는 부정소비를 한 경우에는 이미 §1026 iii에 의하여 상속인에 대하여 법정단순승인이 되어 차순위상속인이 승인할 수 없게 되므로 그 결론에는 아무 차이가 없다. 이러한 예외를 둔 것은 차순위상속인의 상속권을 보호하기 위함이다. 이때 확정된 상속인은 포기한 상속인을 상대로 은닉·소비에 대하여 부당이득반환 및 (불법행위를 원인으로 한) 손해배상책임을 물을 수 있을 것이다.[54] 다만, 이에 대하여 §1027는 차순위상속인이 단순승인을 한 경우로 그 요건을 해석하는 한 차순위상속인이 자기 재산으로 상속채무를 부담할 위험이 있고 한정승인을 한 경우로 해석하는 경우 채권자를 해하는 결과가 된다면서, 입법론으로는 아예 상속 포기의 효력을 상실하는 것으로 함이 타당하다는 견해가 있다.[55]

끝으로, 고의로 재산목록에 기입하지 아니한 때에도 법정단순승인사유가 된다. 한정승인을 전제한 규정이다. 학설로는 '악의로'라고 규정하고 있는 일민 §921 iii와 달리[56] 우리 민법은 '고의'라고 할 뿐이므로 재산목록에 기입해야 할

51) 대법원 2004. 3. 12. 선고 2003다63586 판결.

52) 대법원 2004. 12. 9. 선고 2004다52095 판결.

53) 대법원 2010. 9. 9. 선고 2010다30416 판결. 해설: 왕정옥(2011). 상속을 포기한 상속인의 점유·사용이 무단점유에 해당한다 하더라도, 연체차임의 발생과 공제는 상속을 포기한 상속인들이 승계하지 아니한 피상속인의 임대차계약에 터 잡은 것이고 위 무단·점유·사용과는 무관하다.

54) 곽윤직, 182; 송덕수, 383; 한봉희·백승흠, 567; 川井 健(주 5), 495.

55) 전경근(주 16), 184.

56) 川井 健(주 5), 490~491.

적극재산 또는 소극재산이 존재함을 알면서 이를 누락하면 이미 법정단순승인 사유에 해당하고 반드시 상속채권자 등을 해할 의사는 필요하지 아니하다는 견해(故意說)가 유력하고,[57] 독민 §2005 I 도 '의도적으로(absichtlich)'라고 하여 원칙적으로 해의를 요구하지 아니한다. 그러나 이에 대하여 상속채권자를 해할 의사가 있어야 한다는 견해(害意說)도 있고, 판례도 "한정승인을 함에 있어 상속재산을 은닉하여 상속채권자를 사해할 의사로 상속재산을 재산목록에 기입하지 않는 것을 의미한다"고 하여 이를 따른다.[58] 판례가 해의를 요구한 사안은 상속인이 상속재산인 보험계약의 해약환급금을 추심하여 장례비용으로 사용한 뒤 한정승인신고에서 이 부분을 누락한 것이었는데, 이와 같은 사안에서 법정단순승인을 인정하는 것은 확실히 가혹한 점이 있다. 그렇다고 일반적으로 해의를 요구하면 위 법정단순승인사유의 적용범위가 지나치게 좁아지는 문제가 생긴다. 원칙적으로 고의로 족하다고 보되 누락시킨 데 합리적인 이유가 있을 때에는 법정단순승인사유에서 제외함이 타당하다. 극소액의 재산을 누락한 경우 이에 해당하는지에 관하여 학설은 부정설과[59] 긍정설로[60] 갈리나, 부정함이 타당하다. 독민 §2005 I도 '현저한 불완전성(eine erhebliche Unvollständigkeit)'을 요구한다.[61] 상속채권자를 해할 의도로 허무의 상속채무를 기입한 때에는 어떠한가. 독민 §2005 I은 이때에도 무한책임을 인정한다. 우리 법에서도 이러한 경우 §1026 iii을 유추함이 옳을 것이다. 악의의 주장·증명책임은 단순승인의 효력을 주장하는 자, 즉 한정승인 또는 포기의 효력을 부인하는 자에게 있다.[62]

(나) 행위주체

이상과 같은 행위는 상속인이 하여야 하고, 상속인이 제한능력자인 때에는 그 법정대리인이 하여야 한다.[63] 대법원 1998. 6. 23. 선고 97누5022 판결도 같은 전제 하에 상속인이 상속을 포기한 후 상속재산관리인이 상속채무에 관하여 채권자와 사이에 채무의 액수를 감액하기로 약정하였다 하더라도 법정단

57) 곽윤직, 182; 김민중(2007), 417. 또한 이경희, 456(그러나 양 견해의 실질적 차이가 없다고 한다). 같은 취지로, 한봉희·백승흠, 566.

58) 대법원 2003. 11. 14. 선고 2003다30968 판결; 김주수·김상용, 761; 송덕수, 382~383; 신영호·김상훈, 421.

59) 곽윤직, 182; 김민중(2007), 417; 이경희, 456. 김주수·김상용, 761은 사해의사가 없다고 한다.

60) 박동섭, 630; 동(주 34), 26~27; 윤진수, 466. 송덕수, 383도 같은 취지이나, 부정설이 말하는 경우에 대하여 신의칙을 적용하여 법정단순승인의 효력을 부인할 여지가 있다고 한다.

61) Erman/Schlüchter, 12. Aufl., 2008, §2005 Rn. 2.

62) 川井 健(주 5), 492.

63) 김주수·김상용, 761; 박동섭, 628, 630; 한봉희·백승흠, 565; 川井 健(주 5), 492~493; Schlüchter(주 61), Rn 5.

순승인사유에 해당하지 아니한다고 한다. 다만, 법정대리인이 자기의 이익을 위하여 위와 같은 행위를 한 때에는 그 행위를 본인, 즉 상속인에게 귀속시킬 수 없다고 보아 §1026 iii의 법정단순승인사유에 해당하지 아니하고, 상속인의 법정대리인에 대한 손해배상청구권이 상속재산에 포함되는 것으로 해석하여야 할 것이다.[64] 그리고 어느 한 공동상속인의 행위는 다른 공동상속인들에게 영향을 미치지 아니한다.[65]

3. 효과

§1026 iii의 법정단순승인사유가 있으면 그 전에 상속인이 한 한정승인 또는 포기의 효력이 소멸하고 단순승인의 효과가 발생한다. 이 점에서 아직 잠정적 상태의 상속을 확정시키는 §1026 i, ii의 법정단순승인과 구별된다.

먼저, 한정승인을 한 뒤 §1026 iii의 법정단순승인사유가 발생하면 고유재산과 책임재산의 혼합이 일어나고, 상속채권자는 한정승인절차에서 변제를 받은 부분을 제외한 나머지 채권을 제한 없이 행사할 수 있게 된다. 즉, 상속인의 고유재산에 대하여 집행을 할 수 있다. 바로 이 점이 §1026 iii가 제재가 되는 까닭이라고 할 수 있다. 한정승인 후 상속인의 배신적 행위란 결국 상속채권자에 대한 배신적 행위이므로 그 대신 그의 고유재산으로 책임을 져야 하는 것이다. 문제는 상속인의 채권자도 상속재산에 대하여 상속채권자와 동순위로 집행할 수 있게 되는가 하는 점이다. 본래 한정승인을 하면 상속인의 채권자는 상속재산에 대하여 상속채권자보다 후순위가 되는데(§1028 註釋 III. 2. 참조) §1026 iii의 법정단순승인으로 상속재산과 고유재산 모두에 대하여 상속채권자와 상속인의 채권자가 평등취급을 받게 된다면 고유재산이 상속인의 채권자의 채권을 만족시키기에 부족하였던 경우 상속인의 (상속채권자에 대한) 배신적 행위에 대한 제재가 오히려 상속채권자를 불이익하게 하는 모순이 생긴다. 이러한 결과는 현행법상 어쩔 수 없는 것이고 §1026 i, ii와도 균형이 맞는다는 견해(失效說)도 있으나,[66] 학설로는 한정승인을 한 뒤 §1026 iii의 법정단순승인사유가 발생한 때에는 한정승인으로 인한 재산분리의 효과가 소멸하지는 아니하고, 상속채권자는 여전히 상속재산에서 우선적으로 만족을 얻을 수 있으며, 단지 법정

64) 한봉희 · 백승흠, 567 참조('자기 고유재산으로 책임을 진다'고 설명한다). 이에 반대하는 것으로 川井 健(주 5), 493.

65) 김주수 · 김상용, 761; 한봉희 · 백승흠, 566~567.

66) 박종훈, "한정승인과 상속채권자의 우선변제권", 부산판례연구회 판례연구 22, 2011, 775. 다만 그 효과가 소급하지는 아니한다고 한다.

단순승인에 의하여 고유재산으로부터 만족을 받을 가능성을 추가로 확보하게 될 뿐이라는 견해(非失效說)도 있다.[67] 2006년 개정 전에도 프랑스 판례는 명문의 규정 없이 그러한 해석을 해왔고, 2006년 개정 프민 §802는 아예 이와 같은 태도를 명문 규정으로 입법화하였다.[68] 이 규정은 상속인의 배신적 행위에 대한 제재이고 상속채권자를 보호하기 위한 것이므로 위와 같이 해석함이 그 목적에 부합한다. 결국 한정승인을 한 상속인이 §1026 iii의 법정단순승인이 된 때에는 상속채권자가 상속인의 고유재산에 후순위로 책임을 물을 수 있게 되는, 즉 재산분리의 효과는 유지하되 한정승인의 (책임제한)효과는 제거하는 것이 된다.

다음, 포기를 한 뒤 §1026 iii의 법정단순승인사유가 발생한 때에는 소급하여 단순승인의 효과가 생기므로 아직 승인하지 아니한 차순위상속인(§1027)은 승인·포기권을 상실하게 된다.

§1026 iii의 법정단순승인은 제재이고, 의제된 의사표시이다. 그러므로 그 행위가 상속인에게 책임을 물을 수 없는 사정으로 행해진 때에는 법정단순승인의 효과를 인정하여서는 안 된다. 반면 의사표시의 무효·취소 규정의 적용 또는 유추는 허용되지 아니한다. §1019 III의 특별한정승인도 이와 무관하다. 또한 그 제재적 성격으로 인하여 §1026 i, ii의 법정단순승인과 달리 상속재산에 대하여 파산선고가 있더라도 §1026 iii의 법정단순승인이 있었을 때에는 한정승인한 것으로 되지 아니하고 위와 같은 효과를 유지한다(回生破産 §389 III 단서). 반면 상속인에 대하여 파산이 선고된 뒤의 상속인의 행위는 − 이미 관리처분권을 상실한 뒤이므로 − 아예 §1026 iii의 법정단순승인사유가 되지 아니한다.

67) 김형석, "한정승인의 효과로서 발생하는 재산분리의 의미", 가족법연구 22−3, 2008, 529~532.

68) 김형석(주 67), 509~510.

第 3 款　限定承認

第1028條(限定承認의 效果)

相續人은 相續으로 因하여 取得할 財産의 限度에서 被相續人의 債務와 遺贈을 辨濟할 것을 條件으로 相續을 承認할 수 있다.

▮참고문헌: 강혜림(2013), "한정승인항변의 기판력 저촉여부 및 청구이의의 소 사유 해당 여부", 외법논집 37−3; 김미경(2016), "한정승인에 있어 한정승인자의 상속재산 처분과 상속채권자 보호", 부산대 법학연구 27−1; 김민중(2007), "상속의 한정승인", Jurist 413; 김상수(2008), "한정승인과 청구이의의 소", 법조 622; 김형석(2008), "한정승인의 효과로서 발생하는 재산분리의 의미", 가족법연구 22−3; 나진이(2012), "상속재산에 관한 강제집행절차에 있어 한정승인자의 고유채권자와 상속채권자 사이의 우열관계", 민판 34; 문영화(2017), "한정승인자의 조세채권자가 상속재산에 대한 강제집행에서 배당을 받을 수 있는지 여부", 김상훈 외 2016년 가족법 주요판례 10선; 박광천(1998), "상속의 한정승인", 재판자료 78; 박동섭(2002), "개정민법과 상속의 한정승인·포기", 법조 51−4; 박종훈(2011), "한정승인과 상속채권자의 우선변제권", 부산판례연구회 판례연구 22; 송인권(2012), "한정승인의 요건 및 효과에 관한 실무상 문제", 사법논집 55; 송재일(2012), "한정승인과 담보권", 서울법학 19−3; 심우용(2007), "청구이의 사유로서의 한정승인", 해설 63; 오수원(2011), "한정승인항변의 기판력과 집행에 관한 이의", 서울법학 19−2; 오창수(2005), "채무상속과 특별한정승인", 변호사 35; 이영숙(2014), "한정승인에 기한 이행판결이 확정된 후, 전소의 변론종결시 이전에 존재한 법정단순승인 등 사실을 주장하는 새로운 소송을 제기할 수 있는지 여부", 재판과 판례 23; 이영철(2015), "한정승인이 이루어진 경우 상속채권자와 상속인의 근저당권자간의 우열관계", 대구판례연구회 재판과 판례 23; 이원범(2011), "한정승인이 이루어진 경우 상속재산에 관하여 한정승인자로부터 담보권을 취득한 고유채권자에 대하여 우선적 지위를 주장할 수 있는지 여부", 정의로운 사법: 이용훈대법원장재임기념; 이주현(2017), "한정승인과 특정물에 관한 채권", 사법논집 63; 이호행(2016), "민법의 관점에서 바라본 기판력과 집행력 −상속의 한정승인과 포기를 중심으로−", 홍익법학 17−3; 임성권(2001), "상속의 한정승인에 관한 연구", 가족법연구 15−2; 정구태(2012), "상속채권자와 한정승인자의 근저당권자 간의 우열 문제", 고려법학 64; 조대현(1998), "한정승인의 항변", 민사소송 I; 최철환(2008), "특별한정승인에 의하여 부동산을 상속받은 자에 대한 취득세 부과처분의 적법 여부", 해설 69; 허부열(2004), "상속의 한정승인에 있어서 상속재산이 없거나 상속채무의 변제에 부족한 경우 상속채무 전부에 대한 이행판결을 선고하여야 하는지 여부(적극)", 해설 46; 홍춘의·이상래(2017), "상속재산의 강제집행절차에 있어서 상속채권자와 한정승인을 한 상속인의 조세채권자 사이의 우열관계", 동북아법연구 10−3.

Ⅰ. 개설

본조는 상속인이 한정승인을 할 수 있고, 한정승인을 한 상속인은 상속채권자와 수유자에 대하여 상속재산으로 책임을 지며, 고유재산으로는 책임을 지지 아니함을 밝힌다. 즉, 본조는 — §1031와 함께 — 한정승인의 개념과 실체적인 효과를 규정하고 있는 것이다. 이는 민법이 허용하는 유일한 조건부 승인에 해당한다. 한정승인을 인정하는 프랑스와 오스트리아에서는 대체로 그러한 방식으로 규정한다(프민 §768, 오민 §802). 반면 한정승인 대신에 상속재산 관리를 두고 있는 독일에서는 상속재산으로의 책임제한은 인정되나(독민 §1975), 승인·포기의 일종은 아니다. 스위스법도 비슷하나(스민 §580 이하), 학설은 이를 공적재산목록부 승인으로, 즉 한정승인으로 관념한다.[1]

한편, 한정승인을 한 상속인은 일정한 절차를 따라 상속 및 유증채무를 청산하여야 한다. §§1032~1037는 이러한 절차적 측면을 규율한다. 한정승인의 절차적 측면은 청산절차가 종결됨으로써 종료하나, 실체적 효과, 특히 책임제한은 한정승인이 유지되는 한 존속한다.[2]

한정승인을 한 상속인에 대하여 파산이 선고되면 한정승인에 따른 청산은 중지되고 파산적 청산이 우선 진행된다. 그러나 한정승인의 실체적 효과는 — 파산절차 안팎 모두에서 — 유지된다(回生破産 §§346, 436).

Ⅱ. 상속적극재산, 상속채무, 유증채무

한정승인은 상속재산과 고유재산의 분별을 전제한다. 「상속재산」은 피상속인의 일신(一身)에 속하지 아니하는 재산상 권리의무로서 §1005에 의하여 상속인이 승계하는 것을 말한다. 이는 상속적극재산과 상속채무로 이루어져 있다. 어떠한 권리와 의무가 상속의 대상이 되는지에 관하여는 §1005 註釋 참조.

나아가 상속적극재산에 속하는 재산으로부터 생긴 과실(果實), 이자 기타 이와 같이 보아야 할 이익도 상속적극재산에 포함된다. 상속개시 후 생긴 것이어도 같다. 상속재산의 전부 또는 그 일부에 갈음하는 재산권, 가령 상속재산인 토지를 불법 점유하여 발생한 부당이득반환청구권이나 손해배상청구권, 상속재

1) BaslerKommZGB/Wissmann, 2. Aufl., 2003, Vorbem. zu Art. 580~592 N. 5.
2) Erman/Schlüchter, 12. Aufl., 2008, §1975 Rn. 4~5.

산인 토지가 수용되어 발생한 수용보상금청구권 등도 상속적극재산에 속한다.[3] 반면 피상속인의 사망을 원인으로 상속인이 취득한 권리라 하더라도 피상속인에게 속하지 아니한 권리는 상속재산이 아니라 고유재산이다. 피상속인이 사망하여 상속인이 받게 된 생명보험금, 유족연금 등이 그 대표적인 예이다.[4]

상속채무는 피상속인의 채무로서 일신전속적이지 아니한 것을 가리킨다. 상속개시 후에야 구체적으로 발생한 채무도 피상속인에게 속하여야 할 것이라면 상속채무가 된다. 상속채무로부터 생긴 이자나 지연손해금도 이에 포함된다. 상속개시 후에 발생한 부분도 마찬가지이다.[5] 상속개시 후 발생한 차임채무나 차임 상당 부당이득반환의무가 상속채무에 해당하는지 아니면 상속인 고유채무에 해당하는지는 논란의 소지가 있는데, 일본판례는 고유재산에서 변제하여야 하는 고유채무라고 한다.[6] 우리나라에서도 같은 견해가 주장되고 있다.[7] 유증채무는 상속채무는 아니나 한정승인을 한 경우 상속재산으로 책임이 제한된다. 그밖에 상속재산상의 부담으로 인한 채무, 상속개시를 위하여 지출된 실종선고비용, 상속재산의 관리비용, 유언검인 및 집행비용, 피상속인의 장례비용도 한정승인을 하면 상속재산으로 그 책임이 제한되며, 다른 상속채무보다 우선하여 변제되어야 한다.[8]

Ⅲ. 한정승인의 실체적 효과

1. 책임제한

(1) 상속채권자, 수유자의 고유재산에 대한 공취(攻取)의 금지

(가) 물적 유한책임

한정승인은 '상속인이 상속으로 인하여 취득할 재산의 한도에서 피상속인

---

3) 대법원 2016. 5. 4.자 2014스122 결정은, 상속개시시 상속재산을 구성하던 재산이 그 후 처분되거나 멸실·훼손되는 등으로 상속재산분할 당시 상속재산을 구성하지 아니하게 되었다면 그 재산은 상속재산분할의 대상이 될 수 없고, 상속인이 그 대가로 처분대금, 보험금, 보상금 등 대상재산(代償財産)을 취득하게 된 경우 그 대상재산은 종래의 상속재산이 동일성을 유지하면서 형태가 변경된 것에 불과하므로 상속재산분할의 대상이 될 수 있다고 한다.

4) 박광천(1998), 586~587; 谷口知平·久貴忠彦 編輯, 新版 注釋民法(27), 1989, 502~504(小室直人).

5) 한봉희·백승흠, 572; 小室直人(주 4), 504.

6) 日大判 1935(昭 10). 12. 18. 民集 14, 2085.

7) 한봉희·백승흠, 572. 또한 김주수·김상용, 765도 참조.

8) 박광천(1998), 587~588; 小室直人(주 4), 506. 대법원 2012. 9. 13. 선고 2010두13630 판결도 참조.

의 채무와 유증을 변제할 것을 조건으로' 한 상속의 승인이므로, 상속채무, 유증채무 등에 대한 책임이 상속적극재산으로 제한된다. 이때 「상속으로 인하여 취득할 재산」은 상속적극재산을 가리킨다.[9] 과거 로마법에서는 「상속으로 인하여 취득할 재산의 한도」가 상속적극재산의 가액의 범위 내에서, 책임을 진다는 뜻인지(책임한도액의 제한), 상속적극재산에 한하여 물적 유한책임을 진다는 것인지(책임재산의 제한) 다투어졌고,[10] 오늘날도 그러한 점에 대하여 비교법적으로 서로 다른 접근이 보인다. 독일, 프랑스, 스위스에서는 물적 유한책임으로 보아 책임재산이 상속재산으로 제한된다고 이해하나, 오스트리아에서는 인적으로 책임을 지되 상속적극재산의 가액으로 책임한도액이 제한된다고 이해하고 있다.[11] 우리 법의 한정승인에 관하여는 물적 유한책임이라는 데 이론(異論)이 없다.[12] 대법원 2016. 5. 24. 선고 2015다250574 판결도 "한정승인의 신고를 하면 피상속인의 채무에 대한 한정승인자의 책임은 상속재산으로 한정되고, 그 결과 상속채권자는 특별한 사정이 없는 한 상속인의 고유재산에 대하여 강제집행을 할 수 없으며 상속재산으로부터만 채권의 만족을 받을 수 있다"고 한다.

제한되는 것은 채무(Schuld)에 대비되는 의미에서 책임(Haftung)이다. 즉, 상속인은 한정승인을 하였을 때에도 채무는 제한 없이 승계하고, 단지 고유재산으로 책임을 지지 아니할 뿐이다. 따라서 상속인이 고유재산으로 상속채무나 유증채무를 변제하면 유효하고 비채변제(§741)가 되지 아니하며, 상속채무의 보증인, 중첩적 채무인수인, 물상보증인의 채무나 책임에는 아무 영향이 없다. 그 결과 상속인이 피상속인의 보증인인 때에는 한정승인에도 불구하고 그 보증채무에 대하여는 고유재산으로도 책임을 지게 된다.[13]

한편, 국세기본법 §24 I도 상속이 개시된 때 그 상속인 또는 수유자는 피상

9) 박광천(1998), 583; 송덕수, 386; 한봉희·백승흠, 571; 小室直人(주 4), 502. 전경근, "상속의 승인과 포기", 가족법연구 18-1, 2004, 181~182는 상속적극재산에 특별수익이나 기여분도 포함시킬 것인지의 문제가 있다고 하나, 이들은 상속재산분할절차에서 구체적 상속분을 산정하기 위한 도구개념일 뿐 그 자체 상속재산은 아니다.

10) 김형석(2008), 500~501.

11) Koziol/Welser, Grundrisse des bürgerlichen Rechts, Band II, 12. Aufl., 2001, S. 522.

12) 곽윤직, 188~189; 박광천(1998), 583; 박동섭, 634; 윤진수, 473; 이경희, 459.

13) 곽윤직, 189; 김주수·김상용, 764; 박광천(1998), 583~584; 박동섭(2002), 32; 송덕수, 386; 신영호·김상훈, 422~423; 윤진수, 473; 이경희, 459~460; 임성권(2001), 338; 한봉희·백승흠, 568, 572. 대전지판 1991. 12. 4. 91나4674는 같은 이유를 들어 피상속인이 부동산을 매도하였으나 매수인에게 소유권이전등기를 해주지 아니한 채 사망하였다면 한정승인에도 불구하고 이전등기의무가 소멸하지 아니한다고 한다. 그러나 박동섭, 635는 이러한 결과 자체는 어쩔 수 없음을 인정하면서도, 피상속인의 채무를 보증한 보증인, 물상보증인, 연대보증인이 상속 포기나 한정승인을 할 수 없어 채무와 책임을 면하지 못하는 것은 문제라고 한다.

속인에게 부과되거나 피상속인이 납부할 국세 등에 대하여 상속으로 얻은 재산을 한도로 하여 납부할 의무를 진다고 정하는데, 판례는 위 규정은 상속인이 피상속인의 국세 등 납세의무를 상속재산의 한도에서 승계한다는, 즉 납세의무 자체가 제한적으로 승계된다는 뜻이고, 상속인이 피상속인의 납세의무 전액을 승계하나 과세관청이 상속재산을 한도로 상속인으로부터 징수할 수 있다는, 즉 납세의무는 전부 승계되나 그 책임만 제한된다는 뜻은 아니라고 한다.[14)]

(나) 집행절차에서의 관철방법

한정승인은 상속인의 책임을 제한할 뿐 채무를 제한하지 아니하므로, 상속채권자나 수유자가 상속인을 상대로 이행청구의 소를 제기한 경우 상속인이 한정승인을 하였다 하더라도 법원은 채무액 전부에 대하여 이행판결을 선고하여야 하고 상속재산이 없거나 상속채무의 변제에 부족하다 하여 일부를 기각할 수는 없다.[15)]

그렇다면 한정승인에 의한 책임의 제한은 절차상 어떻게 관철되는가. 독일법은 명문 규정을 두어, 상속채권자가 상속재산관리로 그 책임이 제한된 상속인의 고유재산에 대하여 집행을 시도하는 경우 상속인이 청구이의의 소를 제기할 수 있는데(독일민사소송법 §785), 집행권원이 상속인에 대한 판결인 경우 상속인이 그 판결절차에서 책임제한을 주장하여 판결에 유보된 때에 한하여 청구이의사유가 인정되고(독일민사소송법 §780), 상속채권자가 피상속인에 대한 집행권원을 가지고 승계집행의 방법으로 상속인에 대하여 집행하는 경우는 상속인이 청구이의의 소를 제기하여 그 절차 내에서 책임제한을 주장하여야 한다고 규정한다(독일민사소송법 §781). 즉, 원칙적으로 판결 주문에 책임제한의 유보가 있어야 하고, 집행권원 성립 후 비로소 한정승인이 이루어진 경우에는 청구이의의 방법으로 이를 관철하여야 한다는 것이다. 일본과 우리나라에는 이러한 명문 규정이 없으나, 판례·통설은 상속채권자가 한정승인을 한 상속인에 대하여 이행청구의 소를 제기한 때에는 상속인이 한정승인의 항변을 할 수 있고, 이 항변이 받아들여지면 법원은 채무 전액 인용판결을 하더라도 상속재산의 한도에서 변제하여야 한다는 뜻을 유보하여야 한다고 한다. 즉 한정승인을 원용하고자 하는 피고는 상속채권에 관한 소송에서 한정승인의 항변을 하여야 하고, 법원이 이를 받아들이는 경우에는 “피고는 원고에게 금 OOO원을 소외

14) 대법원 1991. 4. 23. 선고 90누7395 판결.

15) 대법원 2003. 11. 14. 선고 2003다30968 판결. 해설: 허부열(2004); 평석: 김민중(2007). 또한 김주수·김상용, 764; 박광천(1998), 588; 박동섭, 635; 신영호·김상훈, 423; 이경희, 459.

망 OOO으로부터 상속받은 재산의 한도에서 (또는 재산에 의하여) 지급하라"와 같이 판결하여야 한다는 것이다.[16] 그 근거로는 집행권원에 책임제한의 취지가 기재되어 있지 아니하면 집행기관으로서는 이를 고려할 방법이 없다는 점을 든다.[17] 그리고 피상속인에 대한 집행권원으로 상속인의 고유재산에 대하여 승계집행을 하려고 하는데 그 상속인이 한정승인을 한 때에는 청구이의사유가 된다고 한다.[18] 명문의 규정 없이도 독일법과 같은 결론에 이르는 것이다. 그러나 이에 대하여는 이러한 유보는 주문의 특정성, 명확성의 원칙에 반하고, 금전채무의 이행소송을 담당하는 재판부에 과중한 심리부담을 줄 염려가 있으며, 채무가 아닌 책임의 제한은 집행단계의 문제일 뿐 본안의 문제가 아니고, 이는 부집행특약,[19] 파산관재인 등 제3자의 소송담당으로 인하여 채무와 책임이 구분되는 경우 등과 비교하여 보더라도 그러하다는 이유를 들어, 본안에서는 고려할 사항이 아니고 집행절차에서 해결하면 족하다는 비판도 있다.[20]

어느 견해에 의하든 집행권원 자체는 성립하므로 한정승인으로 인하여 상속채권자가 고유재산에 대하여 책임을 추궁하는 것을 차단하기 위해서는 집행절차에서 집행을 저지하기 위한 조치가 필요하다. 판례·통설은 상속채권자가 상속인에 대하여 상속채권을 주장하여 책임제한 유보부 판결을 받은 경우 그에 터 잡아 고유재산에 대한 집행을 시도하면 상속인이 제3자이의의 소를 제기하여 이를 저지할 수 있다고 한다.[21] 문제는 피상속인에 대한 무유보부 집행권원에 승계집행문을 부여받아 상속인의 고유재산에 대하여 집행하려고 할 때인데, 판례·통설은 이때에는 앞서 본 청구이의의 소로 저지할 수 있다는 입장이다. 이러한 견해를 이원설(二元說)이라고 할 수 있다.[22] 특히 후자, 즉 피상속인에 대한 무유보부 집행권원으로 한정승인을 한 상속인에 대하여 집행하려고

16) 대법원 2003. 11. 14. 선고 2003다30968 판결; 박동섭, 635; 신영호·김상훈, 423; 이경희, 459.

17) 조대현(1998), 145. 명문 규정이 없는 오스트리아법의 해석론도 그러하다. RummelABGB/Welser, 3. Aufl., 2000, §802 Rn. 8.

18) 대법원 2006. 10. 13. 선고 2006다23138 판결. 평석: 강혜림(2013).

19) 대법원 1993. 12. 10. 선고 93다42979 판결.

20) 송인권(2012), 209~220. 한편 강혜림(2013), 137은 책임제한 부분에 기판력이 미치지 아니한다면서 이것이 '현실적인 심판의 대상이 되고 심리, 판단이 되어 주문에 기재되더라도 이는 강제집행의 편의를 위하여 부가적으로 붙인 것에 불과하고 동 부분에 기판력이 미친다고 볼 수는 없다'고 한다.

21) 대법원 2005. 12. 19.자 2005그128 결정. 다만 그 집행이 압류·전부명령인 경우 이에 대한 즉시항고(民執 §§227 IV, 229 VI)로 다툴 수도 있고, 강제집행절차가 종료한 경우에는 부당이득반환청구를 할 수 있는데, 이미 추심한 부분은 그 상당액의 반환을 구하고 아직 추심하지 아니한 부분에 대하여는 채권 그 자체의 양도를 구하여야 한다고 한다.

22) 김상수, 민사집행법, 2010, 84; 김홍엽, 민사집행법, 2011, 39; 민일영, "청구이의의 소에 관한 실무상 문제점", 재판자료 35, 1987, 220.

하는 경우 법원은 청구이의의 소에서 이미 개시된 집행절차에서 집행대상이 고유재산인지 여부까지 따져 고유재산인 경우에는 아예 집행을 불허하는 주문을 낸다.[23] 따라서 후자의 경우 청구이의의 소는 실제로는 청구이의와 제3자이의의 기능을 함께 하는 셈이다.[24] 이에 대하여는 청구이의의 소에 의하여야 한다는 견해(請求異議說),[25] 제3자이의의 소에 의하여야 한다는 견해(第3者異議說),[26] 집행에 대한 이의에 의하여야 한다는 견해[27] 및 제3자이의와 청구이의 모두 가능하다는 견해가[28] 있다.

한편, 청구이의의 소에 의하는 경우 상속채권자가 고유재산에 대하여 가압류를 한 때에는 청구이의를 할 방법이 없다는 점도 문제된다. 이에 대하여 당해 고유재산에 대하여 실제 집행이 이루어지면 그 배당절차에서 한정승인의 효력을 들어 배당순위를 다툴 수 있다는 견해가 있다.[29] 만일 다투지 아니하여 배당이 이루어진 뒤에 배당요구를 하는 등 배당이의의 자격을 갖추었거나,[30] 과오배당을 받은 채권자가 그러한 사정을 알면서도 강제집행을 한 때에는[31] 그에 대하여 부당이득반환을 청구할 수 있다고 한다.

가장 문제가 되는 것은 상속채권자의 상속인에 대한 이행청구소송의 변론종결 전 한정승인이 이루어져 그 당시에 한정승인의 항변을 할 수 있었음에도 불구하고 이를 하지 아니하여 무유보부 판결이 선고, 확정된 경우 청구이의의 소를 제기하여 한정승인의 항변을 할 수 있는가 하는 점이다. 판례는 "채권자가 피상속인의 금전채무를 상속한 상속인을 상대로 그 상속채무의 이행을 구하여 제기한 소송에서 채무자가 한정승인 사실을 주장하지 않으면 책임의 범

---

23) 위 대법원 2006. 10. 13. 선고 2006다23138 판결의 원심판결인 서울고등법원 2006. 3. 21. 선고 2005나77468 판결 참조. 이 판결에서는 "이와 같은 경우 상속채무의 이행을 구하는 소에서 한정승인 주장이 받아들여진 경우의 판결 주문 형식에 상응하게 상속재산 이외의 재산에 대한 강제집행을 불허하는 방식으로 책임재산의 유보를 선언함이 적정하다"고 하였다.

24) 독일민사소송법에서도 §785에 의한 청구이의를 진정한 청구이의와 일종의 제3자이의의 중간으로 본다. Baumbach/Lauterbach/Albers/Hartmann, Zivilprozessordnung, 67. Aufl., 2009, §785 Rn. 1.

25) 이경희, 460, 한봉희 · 백승흠, 572.

26) 책임제한의 유보가 필요함을 전제로 그와 별개로 고유재산에 대한 집행을 저지하기 위해서는 제3자이의가 필요하다는 견해로, 임성권(2001), 339, 책임제한의 유보가 필요하지 아니함을 전제로 제3자이의의 소로 저지하여야 한다는 견해로, 송인권(2012), 230~237. 한편 강혜림(2013), 140 이하도 제3자이의의 소에 의하여야 한다는 입장인데, 책임제한의 유보 부분에 기판력을 인정하지는 아니하지만 그것이 불필요하다는 취지인지는 분명하지 아니하다.

27) 오수원(2011), 385. 또한 임성권(2001), 339.

28) 박종훈(2011), 759~761.

29) 박종훈(2011), 761~762.

30) 박종훈(2011), 762.

31) 김형석(2008), 528~529.

위는 현실적인 심판대상으로 등장하지 아니하여 주문에서는 물론 이유에서도 판단되지 않으므로 그에 관하여 기판력이 미치지 않는다. 그러므로 채무자가 한정승인을 하고도 채권자가 제기한 소송의 사실심 변론종결시까지 그 사실을 주장하지 아니하여 책임의 범위에 관한 유보가 없는 판결이 선고되어 확정되었다고 하더라도, 채무자는 그 후 위 한정승인 사실을 내세워 청구에 관한 이의의 소를 제기할 수 있다"고 하여 이를 허용하고 있고, 학설도 이를 지지하는 견해(請求異義肯定說)가 있다.[32] 그러나 기판력의 이른바 항변차단효는 현실로 항변을 하였는지, 그리하여 판단대상이 되었는지 여부와 무관하게 발생한다는 등의 이유로 이러한 사유는 변론종결 전의 사정으로 청구이의사유가 되지 아니한다는 견해도 있다(請求異義否定說).[33] 다만 원칙적으로 청구이의의 소를 부정하면서도, 상속채권자의 강제집행이 신의칙에 반하는 경우에는 이를 이유로 예외적으로 청구이의를 할 수 있다고 보아야 한다는 견해도 있다.[34] 청구이의 부정설이 이러한 해결을 부정하는 취지는 물론 아니다.

반대로 한정승인의 항변이 받아들여져 유보부 본안판결이나 청구이의판결이 확정된 뒤에 그 전에 법정단순승인이 있었다는 등의 이유로 한정승인이 무효였다고 주장하여 이를 뒤집을 수는 없다는 것이 판례이다.[35]

(2) 한정승인을 한 상속인의 채권자의 상속재산에 대한 지위

한정승인은 상속채권자가 상속재산이 아닌 상속인의 고유재산을 공취(攻取)하는 것을 차단할 뿐이다. 반대로 상속인의 채권자가 상속재산에 대하여 책임을 묻는 것을 차단하지는 아니한다. 상속인이 상속을 승인하여 상속재산을 취득한 이상 어떻든 그 재산도 상속인의 채권자의 책임재산에 포함되기 때문이다.[36]

---

32) 대법원 2006. 10. 13. 선고 2006다23138 판결. 해설: 심우용(2007). 학설로는 가령 이호행(2016), 241; 신영호·김상훈, 423. 그 밖에 대전지방법원 공주지원 2002. 11. 21. 선고 2002가단2729 판결은 상속에 의한 승계집행문 부여 당시 한정승인신고사실이 밝혀지지 않았거나 승계집행문부여 후라도 한정승인신고가 적법하게 수리된 경우에는 상속인들이 집행문부여에 대한 이의의 소를 제기할 수 있다고 한다. 그 밖에 강대성, 민사집행법 제3판, 2006, 133; 박두환, 민사집행법 제2판, 2003, 81도 이러한 견해인데, 한정승인은 피고 패소를 전제하여야만 의미 있는 항변으로 상계의 항변과 유사하다는 점을 근거로 덧붙인다.

33) 가령 김상수, 민사집행법, 2007, 83; 동(2008), 296 이하; 민일영(주 22), 220; 오수원(2011), 385; 윤진수, "2006년도 주요 민법 관련 판례 회고", 서울대 법학 48－1, 2006, 443 이하; 이시윤, 신민사집행법 제7개정판, 2016, 95, 221~222.

34) 김상수(2008), 299 이하.

35) 대법원 2012. 5. 9. 선고 2012다3197 판결. 평석: 이영숙(2014). 또한 같은 취지로 박광천(1998), 588~589.

36) 김주수·김상용, 764는 상속인의 채권자는 상속재산에 대하여 집행을 할 수 없다고 보아야 한다면서 대법원 2003. 11. 14. 선고 2003다30968 판결을 든다. 그러나 이 판결은 위 논지와는 무관하고, 상속인의 채권자의 집행이 그 자체로 금지될 까닭도 없다.

그런데 이때 상속인의 고유재산은 상속인의 채권자의 책임재산이 될 뿐이고, 상속채권자는 이를 공취할 수 없는데, 상속재산은 상속채권자와 상속인의 채권자 모두의 책임재산이 되고, 상속채권자와 상속인의 채권자가 원칙적으로 채권자평등의 원칙에 따라 순위 없이 채권액에 따라 배당을 받을 수 있다고 하면, 한정승인으로 인하여 상속채권자의 지위가 몹시 불이익해지게 된다. 물론 상속채권자로서는 재산분리(§1045)를 청구할 수 있고, 요건이 갖추어지면 상속재산 파산(回生破産 §307)을 신청할 수도 있으며, 이러한 경우에는 상속재산에 대하여는 상속채권자가 상속인의 채권자보다 우선하여 만족을 받는다. 그러나 그러한 조치가 없을 때에는 채권자평등의 원칙에 만족하여야 하는가, 아니면 상속채권자와 수유자가 상속인의 채권자보다 우선하는가 하는 것이다. 재산분리나 상속재산 파산과 같은 명문의 근거규정이 없다는 점이 문제이나,[37] 그렇다고 상속채권자 등의 우선권을 부정한다면 한정승인으로 상속채권자는 책임재산을 상실하는 반면 상속인의 채권자는 오히려 책임재산을 추가하는 납득하기 어려운 결과가 생기므로, 해석상 상속채권자 및 수유자의 상속재산에 대한 우선권을 인정하여야 한다(優先權肯定說). 평등주의를 취한 프랑스의 한정승인을 계수한 우리 민법에서는 한정승인에서도 상속재산파산의 재산분리효를 그대로 인정함이 두 제도의 체계 해석상 바람직하며, 굳이 상속채권자에게 재산분리나 상속재산파산을 신청하여야 그러한 효과가 인정된다고 볼 까닭이 없다. 프랑스 판례도 명문의 규정 없이 같은 결론을 끌어내고 있다.[38] 우리 판례도 같은 태도를 취하고 있다. 즉, 이미 대법원 2010. 3. 18. 선고 2007다77781 전원합의체 판결 중 대법관 김영란, 박시환, 김능환의 반대의견은 "한정상속인의 상속재산은 상속채권자의 채권에 대한 책임재산으로서 상속채권자에게 우선적으로 변제되고 그 채권이 청산되어야" 한다면서, "그 반대해석상, 한정상속인의 고유채권자는 상속채권자에 우선하여 상속재산을 그 채권에 대한 책임재산으로 삼아 이에 대하여 강제집행할 수 없다고 보는 것이 형평에 맞으며, 한정승인제도의 취지에 부합"한다고 하였고, 다수의견에 대한 양창수 대법관의 보충의견도 "상속인의 채권자와 상속채권자 모두에게 우선변제권이 없다면 상속채권자가 상속재산에 대하여 상속인의 채권자보다 우선한다"고 한바 있다. 그리고 최근

37) 이러한 점을 들어 일본민법에 관하여 상속채권자와 상속인의 채권자를 평등하게 취급할 수밖에 없다는 것(優先權不定說)으로, 小室直人(주 4), 509~510.

38) 김형석(2008), 518~529. 또한 박종훈(2011), 758~759; 송재일(2012), 185~188; 송효진, 상속의 승인과 포기에 관한 연구(이화여대 법학박사학위논문), 2009, 185도 이를 지지한다.

대법원 2016. 5. 24. 선고 2015다250574 판결에서는 "한정승인자의 고유채권자는 상속채권자가 상속재산으로부터 채권의 만족을 받지 못한 상태에서 상속재산을 고유채권에 대한 책임재산으로 삼아 이에 대하여 강제집행을 할 수 없다고 보는 것이 형평의 원칙이나 한정승인제도의 취지에 부합하며, 이는 한정승인자의 고유채무가 조세채무인 경우에도 그것이 상속재산 자체에 대하여 부과된 조세나 가산금, 즉 당해세에 관한 것이 아니라면 마찬가지"라고 하여, 상속채권자가 피상속인의 – 당해세(當該稅) 아닌 – 조세채권자(대한민국)보다 우선적으로 배당받게 함으로써 이를 명시적으로 확인하였다.[39] 반면 당해세의 경우 당해세우선의 원칙에 따라 여전히 우선한다고 봄이 타당하다.

상속재산에 관하여 상속채권자에게 우선권을 인정한다면 이를 어떻게 집행절차에서 관철할 것인지도 문제된다. 상속인의 채권자가 상속재산을 압류한 경우 배당절차에서 상속채권자가 상속인의 채권자보다 우선하여 배당받고, 배당요구를 하는 등 당해 경매절차에서 배당이의를 할 수 있는 자격을 갖춘 이상 그와 같이 배당되지 아니한 때에는 배당절차가 종료된 뒤 상속인의 채권자를 상대로 부당이득반환청구를 할 수 있다.[40] 학설로는 나아가 제3자이의의 소도 제기할 수 있다는 것도 있는데,[41] 집행 자체를 막을 근거가 있는지는 의문이다.

(3) 특정물채권과 한정승인

이상의 논의는 금전채권을 전제한 것이다. 특정물채권은 어떠한가.

먼저, 피상속인의 특정물채권자의 경우 그 특정물이 상속재산에 속한다면 어차피 상속재산에서 만족을 얻게 마련이고 또 그로부터 만족을 얻는 수밖에 없으므로 한정승인의 물적 책임 제한의 영향을 받지 아니한다. 반대로 그 특정물이 상속재산에 속하지 아니하는 경우에는 피상속인의 타인 권리 매매 등으로 인한 담보책임(§507 이하)을 승계할지언정 우연히 그 특정물이 상속재산에 있다는 이유만으로 그것을 인도하거나 양도할 의무는 없고, 여전히 이행을 거절할 자유가 있으며, 예외적으로 이행거절이 신의칙에 반할 때에 한하여 책임을

39) 평석: 문영화(2017), 118 이하; 홍춘의 · 이상래(2017), 947 이하.

40) 박종훈(2011), 761~762. 위 대법원 2016. 5. 24. 선고 2015다250574 판결은 배당이의를 인정한다.

41) 김형석(2008), 527~531; 박종훈(2011), 761. 상속인의 채권자는 상속채권자와 수유자에 대한 변제가 완료된 뒤에는 상속재산에 집행할 수 있으므로 청구이의의 소는 적절하지 아니하다는 취지이다. 다만 제3자이의의 소는 소유자, 즉 한정승인을 한 상속인만이 제기할 수 있다는 문제가 있는데, 박종훈(2011), 761은 상속채권자가 한정승인을 한 상속인을 대위하여 제기하면 된다고 본다. 즉시항고(民執 §15) 및 집행에 관한 이의신청(民執 §16)이 가능하다는 것으로, 오수원(2011), 383.

진다는 것이 판례이다. 대법원 1994. 8. 26. 선고 93다20191 판결 참조. 이러한 법률관계는 단순승인을 하였을 때에도 발생하고, 그로써 한정승인이 의도하는 물적 책임제한이 완전히 관철되므로 한정승인을 하였다 하여 유보부 판결을 할 필요는 없고 단순이행판결을 하면 족하다.[42] 하급심 재판례 중에도 같은 입장을 취한 것이 있다.[43] 이에 대하여 일반적으로,[44] 또는 상속재산보다 상속채무가 많은 경우에[45] 특정물채권이 금전채권으로 전화(轉化)한다는 견해가 있으나, 그러한 전화를 인정할 만한 법적 근거가 어디에 있는지 알기 어렵다. 이때 배당변제 규정과의 관계에 대하여는 §§1034, 1035, 1036 註釋 (2) 참조.

다음, 상속인의 특정물채권자의 경우 그 특정물이 고유재산에 속한다면 역시 고유재산에서 만족을 얻는 수밖에 없으므로 한정승인의 재산분리효가 영향을 미칠 여지가 없다. 문제는 그 특정물이 상속재산에 속하는 경우인데, 단순승인을 한 상속인은 원칙적으로 추인을 거절할 수 없고 이를 이행하여야 하나, 한정승인에 의하여 상속재산과 고유재산이 분리되었으므로 청산절차를 마치기 전에는 이행을 거절할 수 있고, 그 특정물을 처분하지 아니하고도 상속채무를 청산할 수 있다면 추인거절이 신의칙에 반하나 그 특정물을 처분하여야 상속채무를 청산할 수 있다면 한정승인을 한 경우 상속재산에 대하여는 상속채무가 우선하므로 특정물채권자로서는 상속인에 대하여 담보책임(§507 이하) 또는 일반 채무불이행책임을 물을 수 있을 뿐이다.

2. 한정승인을 한 상속인의 고유채권자를 위한 상속재산 처분

나아가 한정승인을 한 상속인이 자신의 고유채권자를 위하여 상속재산에 물적 담보를 설정해줄 수 있는가. 한정승인에 따른 청산을 상속인에게 맡기고 있는 민법에서는 청산을 위하여 상속인에게 상속재산을 처분할 권한이 주어져야 한다. 만일 상속인이 상속채무와 유증채무의 변제가 아닌 상속인의 채권자를 위하여 처분을 하였다면 이는 상속채권자와 수유자에 대하여 의무위반이 되고, 그에 대하여 손해배상책임(§1038)을 지거나 법정단순승인의 제재(§1026 iii)

42) 결론에 있어서 같은 취지: 이주현(2017), 255 이하. 윤진수, 473은 상속인의 고유재산을 채권의 목적물이 아니라는 점을 근거로 든다.

43) 대전지방법원 1991. 12. 4. 선고 91나4674 판결; 서울고등법원 2009. 7. 23. 선고 2009나4543 판결; 인천지방법원 2013. 7. 11. 선고 2010가단125290 판결; 광주지방법원 목포지원 2013. 6. 23. 선고 2011가단17104 판결[각 이주현(2017), 246~248].

44) 박광천(1998), 603. 또한, 谷口知平 · 久貴忠彦 編輯, 新版 注釋民法(27), 1989, 542(岡垣 学).

45) 김주수 · 김상용, 772.

를 받는다. 그러나 당해 처분이 유효하다고 보는 한 상속인의 채권자가 상속재산에서 우선변제를 받는 것 자체는 막지 못한다.

그리하여 상속재산이 여전히 상속인에게 있고 담보물권만 설정되어 있는 경우 담보물권의 효력을 부정하거나 효력을 인정하되 물권법의 원칙과 달리 여전히 상속채무와 유증채무보다 후순위로 배당받게 할 수 있는가 하는 문제가 제기된다.

대법원 2010. 3. 18. 선고 2007다77781 전원합의체 판결 중 대법관 김영란, 박시환, 김능환의 반대의견은 "한정상속인의 상속재산은 상속채권자의 채권에 대한 책임재산으로서 상속채권자에게 우선적으로 변제되고 그 채권이 청산되어야" 하며 "그 반대해석상, 한정상속인의 고유채권자는 상속채권자에 우선하여 상속재산을 그 채권에 대한 책임재산으로 삼아 이에 대하여 강제집행할 수 없다고 보는 것이 형평에 맞으며, 한정승인제도의 취지에 부합"하는바, 이러한 의미에서 상속채권자는 상속재산에 대하여 우선적 권리를 갖고, 이러한 우선적 권리는 "한정상속인이 그 고유채무에 관하여 상속재산에 담보물권 등을 설정한 경우와 같이, 한정상속인이 여전히 상속재산에 대한 소유권을 보유하고 있어 상속채권자가 그 재산에 대하여 강제집행할 수 있는 한에 있어서는" 그대로 유지된다고 하여, 이를 현행법 해석으로 인정한다. 문제는 이 경우 상속인의 처분을 부인하는 근거가 되는 규정이 없다는 점, 특히 재산분리에 관하여 §1049가 부동산에 관하여는 등기하지 아니하면 제3자에게 대항하지 못한다고 하여 대항요건을 도입하고 있는 것과 달리 한정승인에 관하여는 그러한 규정이 없고, 등기할 근거도 없다는 점이다. 학설 중에는 담보권을 취득한 상속인의 채권자보다 상속채권자를 우선한다면 담보권을 취득한 상속인의 채권자의 신뢰보호 문제가 제기되기는 하나, 이와 같은 위험은 우리나라의 부동산 거래에 상존하고 있는 위험요소이고, 상속채권자와 담보권을 취득한 상속인의 채권자의 이익을 형량해보더라도 상속채권자로서는 상속인이 상속인의 채권자를 위하여 상속재산에 관하여 담보권을 설정하는 행위를 저지하는 것이 쉽지 아니한 반면 상속인의 채권자는 담보권 취득 전 등기부를 열람하는 등으로 당해 부동산이 상속으로 취득한 것임을 인식하고 이 거래의 위험에 대응할 수 있으므로 상속채권자의 이익을 우선하여야 한다면서 담보물권 설정에도 불구하고 상속채권자가 우선한다고 주장하는 것이 있다(相續債權者優先說). 이 견해는 비슷한 상황에 있었던 2006년 개정 전 프랑스민법에서도 판례와 학설이 공시 여부를 불문하고 상속채권자의 선취특권을 인정하여 같은 결론에 이르고 있었고, 2006년 개정으로 이를 뒷받침하기 위하여 아예 공시제도와 담보설정의 금지, 상속채권자의 선취특권을 명문화(프민 §§788, 792-1 I, 798 II)하였다는 점도 그 근거로 든다.[46)]

이에 대하여 다수의견은, "민법은 한정상속인에 관하여 그가 상속재산을 은닉하거나 부정소비한 경우 단순승인을 한 것으로 간주하는 것(제1026조 제3호) 외에는 상속재산의 처분행위 자체를 직접적으로 제한하는 규정을 두고 있지 않기 때문에, 한정승인으로 발생하는 [⋯] 책임제한 효과로 인하여 한정상속인의 상속재산 처분행위가 당연히 제한된다고 할 수는 없"고, 또한 "민법은 한정상속인이 상속재산으로 상속채권자 등에게 변제하는 절차는 규정하고 있으나(제1032조 이하), 한정승인만으로는 상속채권자에게 상속재산에 관하여 한정상속인으로부터 물권을 취득한 제3자에 대하여 우선적 지위를 부여하는 규정은 두고 있지 않으며, 민법 제1045조 이하의 재산분리제도와 달리 한정승인이 이루어진 상속재산임을 등기하여 제3자에 대항할 수 있게 하는 규정도 마련하고 있지 않"으므로 "한정상속인으로부터 상속재산에 관하여 저당권 등의 담보권을 취득한 사람과 상속채권자 사이의 우열관계는 민법상의 일반원칙에 따라야 하고, 상속채권자가 한정승인의 사유만으로 우선적 지위를 주장할 수는 없다"면서, 상속인이 한정승인을 한 뒤 상속재산에 관하여 상속인의 채권자를 위하여 저당권을 설정해주고, 이후 그 담보목적물에 관하여 경매절차가 진행되어 배당순위가 문제된 사안에서 이러한 담보물권 설정은 유효하고, 그 순위에 따라 배당받을 수 있다는 입장을 취하였다.[47)] 학설로도 위와 같은 판례를 대체로 같은 이유에서 지지하면서, 그로 인한 불균형은 담보권 설정행위를 §1026 iii의 '부정소비'로 보아 법정단순승인을 인정하거나 상속채권자에 대한 사해행위가 되는 경우 채권자취소권(§406)으로 구제하는 수밖에 없다는 견해(抵當權者優先說)가 다수이다.[48)] 이 경우 법정단순승인이 이루어지더라도 한정승인으로 인한 재산분리가 유지되어야 한다는 점에 대하여는 §§1026, 1027 註釋 Ⅳ. 3. 참조.

한정승인이 이루어지면 상속채권자와 수유자가 상속재산에 대하여 일종의

46) 김형석(2008), 525~527. 김미경(2016), 195 이하, 이영철(2015), 436도 이를 따른다.

47) 해설: 이원범(2011), 평석: 나진이(2012); 박종훈(2011).

48) 김주수·김상용, 765~766(다만 이러한 해석론은 상속채권자를 희생시킨다거나 한정승인제도를 형해화한다는 비판에서 완전히 자유로울 수 없다면서, 궁극적으로는 입법적 대안이 필요하다고 한다); 나진이(2012), 673~682; 박종훈(2011), 767 이하; 송재일(2012), 195~197; 정구태(2012), 71 이하; 한봉희·백승흠, 572. 다만, 정구태(2012), 93은 상속채권자가 한정승인을 한 상속인의 악의를 증명한 때에는 상속채권자가 우선하도록 하여야 한다고 한다.

우선특권을 취득한다 하더라도, 우선특권은 법률상 일정 범위로 제한되어 있고 사회정책적 필요가 있는 경우에 한하여 등기된 저당권보다 우선한다. 공시되지 아니한 한정승인에서 상속채권자와 수유자의 지위는 이에 해당하지 아니한다. 해석상 §1049를 유추하기 어렵다면 입법적 대응이 필요할 것이다.

3. 피상속인과 상속인 사이의 재산상 권리의무의 불소멸

§1031 註釋 참조.

Ⅳ. [補論] 부수적 효과

1. 세법상 취급

한정승인을 한 경우에도 단순승인을 한 경우와 같은 상속세의 부담을 진다. 상속세의 과세대상은 상속적극재산에서 상속채무를 공제한 잔액이므로(相贈 §§13, 14), 상속세와 관련하여서는 차이가 생기지 아니하기 때문이다.[49] 취득세의 부담에도 영향이 없다. "취득세는 재화의 이전이라는 사실 자체를 포착하여 거기에 담세력을 인정하고 부과하는 유통세의 일종으로서 부동산의 취득자가 그 부동산을 사용·수익·처분함으로써 얻어질 이익을 포착하여 부과하는 것이 아니므로, 지방세법 제105조 제1항의 '부동산취득'이란 부동산 취득자가 실질적으로 완전한 내용의 소유권을 취득하는지 여부와 관계없이 소유권이전의 형식에 의한 부동산취득의 모든 경우를 포함하는 것으로 해석"되기 때문이다.[50] 나아가 한정승인을 한 상속인이 그 부동산을 매각하거나 그 부동산에 대하여 경매가 이루어져 제3자가 그 소유권을 취득하는 경우에는 양도소득세도 부담한다. 이때 양도소득세 채무는 상속인 고유의 채무이므로 상속재산의 한도를 넘는 양도소득세 부과도 위법하지 아니하다.[51]

2. 부담부 유증에의 영향

부담부 유증의 경우 유증목적의 가액이 한정승인으로 인하여 감소된 때에

49) 부산고등법원 2005. 5. 13. 선고 2003누3369 판결; 헌법재판소 2005. 3. 31. 선고 2003헌바55 결정; 헌법재판소 2006. 2. 23. 선고 2004헌바43 결정.

50) 대법원 2007. 4. 12. 선고 2005두9491 판결. 해설: 최철환(2008).

51) 대법원 2012. 9. 13. 선고 2010두13630 판결. 다만 양도소득세 채무가 상속재산의 처분과정에서 부담하게 된 채무로서 상속에 관한 비용에 해당하여 상속재산의 한도 내에서 '책임'을 질 여지는 있다고 한다.

는 수유자는 그 감소된 한도에서 부담을 면한다(§1088 II). 부담부 유증은 유상(有償)행위이므로, 한정승인에 의하여 깨어진 등가성(等價性)을 고려하여 부담을 조정하는 것이다.

第1029條(共同相續人의 限定承認)

相續人이 數人인 때에는 各 相續人은 그 相續分에 應하여 取得할 財産의 限度에서 그 相續分에 依한 被相續人의 債務와 遺贈을 辨濟할 것을 條件으로 相續을 承認할 수 있다.

第1030條(限定承認의 方式)

① 相續人이 限定承認을 함에는 제1019조제1항 또는 제3항의 期間 內에 相續財産의 目錄을 添附하여 法院에 限定承認의 申告를 하여야 한다.

② 제1019조제3항의 규정에 의하여 한정승인을 한 경우 상속재산중 이미 처분한 재산이 있는 때에는 그 목록과 가액을 함께 제출하여야 한다.

▌참고문헌: 김종필(2003), "상속의 승인과 포기", 서울가정법원 실무연구[IX]; 박광천(1998), "상속의 한정승인", 재판자료 78; 송인권(2014), "한정승인의 요건 및 효과에 관한 실무상 문제", 사법논집 55; 임영수(2011), "한정승인의 심판절차와 상속채무의 배당변제에 관한 고찰", 가족법연구 25－3.

Ⅰ. 한정승인의 실질적 요건

1. 개설

한정승인은 상속으로 인하여 취득할 재산의 한도에서 피상속인의 채무와 유증을 변제할 것을 조건으로 상속을 승인하고자 하는 상속인의 상대방 없는 의사표시로서 단독행위이다. 한정승인의 요건 일반에 관하여는 §1024 註釋 I. 2, 특별한정승인의 요건에 관하여는 §§1019, 1020, 1021 註釋 II. 2. 및 3. 각 참조.

다만, 한정승인은 법률행위이지만 가정법원에 신고함으로써 효력이 생기고, 가정법원에 대한 신고절차는 그 자체 가사비송절차이므로, 소송행위로서의 성격도 갖는다. 따라서 미성년자와 후견인의 동의가 유보된 피한정후견인과 같이 법정대리인의 동의만 있으면 단독으로 법률행위를 할 수 있는 자라 하더라도 한정승인을 할 때에는 법정대리인이 대리하여 신고하여야 하고, 법정대리인의 동의를 받아 단독으로 할 수는 없다[民訴 §55, 상속포기의 신고에 관한 예규(재특 2003－1) §2 I].[1] 그 밖에 임의대리인이 신고하는 것도 가능하다(家訴規 §75 II).

그 밖에 상속재산 파산이 선고되면 상속인이 한정승인을 한 것으로 보고(回生破産 §389 III), 상속인 파산선고 전 상속개시가 있었고, 상속인이 파산선고 후에 단순승인이나 포기를 한 때에는 그 단순승인이나 포기는 '파산재단에 대하여' 한정승인의 효력을 갖는다. 법정단순승인도 §1026 iii의 경우를 제외하면 같다(回生破産 §§385, 386). 다만, 파산관재인이 그 선택에 따라 파산자의 상속포기의 효력을 인정할 수는 있다.

2. 공동상속인의 한정승인

단순승인이나 포기의 경우 상속인이 수인(數人)이면 각 공동상속인이 독립적으로 단순승인 또는 포기 여부를 선택할 수 있다는 데 의문이 없다. 그러나 한정승인에 대하여는 입법례가 갈린다. 프랑스의 경우 2006년 개정으로 추가된 프민 §792－2에서 각 공동상속인이 한정승인 여부를 독립적으로 선택하는 것을 허용하면서 공동상속인이 중 일부는 한정승인을 하고 일부는 단순승인을 한 경우 상속재산이 분할될 때까지 한정승인의 효과가 모든 상속인들에게 적용되는 것으로 하되(프민 §792－2 I), 상속채권자가 한정상속인 분담 부분에 대한 채권추심의 어려움을 증명하여 상속재산의 분할을 청구할 수 있게 하고 있다(§792－2 II). 오스트리아와 스위스에서는 상속인 중 한 사람이 한정승인, 청산인에 의한 청산을 신청하면 다른 상속인에 대하여도 한정승인, 청산인에 의한 청산의 효력이 미친다고 하여, 각 공동상속인이 독립적으로 한정승인 여부를 정할 수 있으나 어느 한 사람만 한정승인, 청산인에 의한 청산을 신청하면 전원이 한정승인, 청산인에 의한 청산을 한 것과 같게 된다(오민 §807, 스민 §580 III). 반면 독일에서는 상속재산관리는 공동상속인 전원이 신청하여야 하고, 상속재산이 분할된 뒤에는 상속재산관리를 신청하지 못한다(독민 §2062). 일본민법도 상속인이 수인(數人) 있을 때에는 공동상속인이 전원으로만 한정승인을 할 수

1) 박동섭, 608; 송인권(2014), 203~204; 가사[II], 374~375. 다만, 공동친권임에도 어느 한쪽만 신고한 때에는 보정을 명하고 응하지 아니하면 각하하여야 하고, 부재자재산관리인은 법원의 허가를 받아야 한다고 한다.

있다고 규정한다(일민 §923). §1029는 우리 민법이 이러한 상반된 접근 중 전자(前者)의 입장을 취하여, 절차의 간명함보다 각 공동상속인의 의사를 존중하여 공동상속인이 각자 상속의 단순승인, 포기는 물론 한정승인 여부의 독립적 선택도 허용하고, 각자의 선택이 다른 공동상속인에게 영향을 주지 아니함을 분명히 한다.[2)]

문제는 그 결과 공동상속인 중 일부는 단순승인, 일부는 한정승인을 한 경우 한정승인에 의한 청산절차를 어떻게 진행할 것인가 하는 점이다. 학설은 일단 전 상속재산에 대하여 한정승인의 효과가 미쳐 마치 전 공동상속인이 한정승인을 한 것처럼 청산절차를 밟고, 그 뒤에도 남은 상속채무가 있으면 남은 상속채무를 상속분의 비율에 따라 분할하여 분할된 상속채무에 대하여 단순승인을 한 공동상속인은 고유재산으로 책임을 지고, 한정승인을 한 공동상속인에 대하여는 책임이 제한되는 것으로 처리하여야 한다고 한다. 그리고 그 뒤에 상속적극재산이 남으면 구체적 상속분에 따라 분할하면 되고, 한정승인을 한 상속인의 상속분에 한하여 청산절차를 진행할 수는 없다고 한다. 상속재산분할이 이루어지기 전에는 한정승인을 한 상속인의 구체적 상속분을 특정할 수 없으므로 그의 상속재산으로 책임을 제한할 수 없기 때문이다.[3)] 따라서 공동상속인 중 1인이라도 한정승인을 하면 전 상속재산이 단순승인 또는 한정승인을 한 공동상속인들의 전 고유재산으로부터 분리되는 효과가 생긴다.[4)]

그런데 만일 공동상속인 전원 또는 그 일부가 한정승인을 한 뒤 이와 달리 아직 청산절차를 마치지 아니하였음에도 상속재산을 분할하면 어떻게 되는가. 공동상속인들이 협의분할을 한 경우에는 한정승인은 상속인의 상속재산에 대한 처분권한을 제한하지 아니하므로 협의분할 자체는 유효하고, §1026 iii에 의하여 법정단순승인이 될 것이다. 문제는 분할심판을 구하는 경우 그것이 적법한가 하는 점이다. 대법원 2014. 7. 25.자 2011스226 결정은 우리 민법에는 한정승인절차가 상속재산분할절차보다 선행하여야 한다는 명문 규정이 없고, 공동상속인들 중 일부가 한정승인을 하였다 하여 상속재산분할이 불가능하다거

---

2) 곽윤직, 186~187; 한봉희·백승흠, 571. 이에 관한 입법론적 논의와 공동상속의 법적 성질과의 관계에 대하여는 배경숙, "다수상속인의 승인포기와 상속재산의 처리에 관한 고찰", 박병호 환갑기념(I), 1991, 621 이하.

3) 곽윤직, 187; 박광천(1998), 619~620; 박동섭, 633~634; 동, "개정민법과 상속의 한정승인·포기", 법조 51-4, 2002, 29. 이경희, 455도 비슷하다.

4) 한정승인의 재산분리효에 관하여는 김형석, "한정승인의 효과로서 발생하는 재산분리의 의미", 가족법연구 22-3, 2008, 519 이하.

나 분할로 인하여 공동상속인들 사이에 불공평이 발생한다고 보기 어려우며, 분할의 대상이 되는 상속재산의 범위에 관하여 공동상속인들 사이에 분쟁이 있을 때에는 상속재산분할청구절차를 통하여 분할의 대상이 되는 상속재산의 범위를 한 번에 확정하는 것이 상속채권자의 보호나 청산절차의 신속한 진행을 위하여 필요하다는 이유를 들어, 한정승인에 따른 청산절차가 종료되지 아니한 때에도 상속재산분할청구가 가능하다고 한다. 그러나 한정승인을 한 상속인은 상속채무 등을 변제하기 위하여 필요한 범위 내에서 상속재산에 대한 권리를 행사할 수 있는데 상속재산분할은 그 범위를 넘는 처분행위이므로 허용될 수 없고, 따라서 §1026 iii에 의하여 법정단순승인이 되는데, 그럼에도 이러한 분할심판청구를 인정한다면 한 공동상속인이 한 한정승인을 다른 공동상속인이 뒤집는 것을 허용하는 결과가 되어 §1029의 취지에 반한다는 비판이 있다. 이 견해는 한정승인에 따른 청산절차가 종결되기 전에 상속재산분할심판청구를 인정한 판례는 상속재산분할절차에서 상속재산의 범위를 한꺼번에 확정할 수 있다는 점을 중요시한 것으로 보이는데 분할절차에서 상속재산의 범위를 일단 정하더라도 그러한 심판에는 기판력이 없으므로 공동상속인 전원이 상속재산 범위의 확정을 구하는 민사소송을[5] 하는 것이 더 나은 방법이라면서, 이러한 분할심판청구는 허용되지 아니한다고 한다.[6]

Ⅱ. 한정승인의 형식적 요건

1. 신고기간

한정승인은 §1019 I 또는 §1019 III의 기간 내에만 할 수 있다. 위 기간 내에 가정법원에 신고서가 접수되어야 한다. 기간에 관하여는 §§1019, 1020, 1021 註釋 I. 및 II. 2. 참조.

2. 신고

(1) 신고방식

한정승인은 한정승인을 하려는 상속인 본인, 그가 제한능력자인 경우에는 그 법정대리인이 하여야 한다. 그 밖에 임의대리인도 이를 할 수 있다(家訴規 §75).[7]

5) 대법원 2007. 8. 24. 선고 2006다40980 판결.
6) 윤진수, 472~473.
7) 대법원 1965. 5. 31.자 64스10 결정.

법정대리인이 하는 경우 공동친권자라면 공동으로 신고하여야 하고, 부재자재산관리인은 법원의 허가를 받아야 한다.[8] 후순위상속인은 선순위상속인이 상속을 승인·포기하기 전에도 미리 한정승인의 신고를 할 수 있다. 그러나 선순위상속인이 상속을 단순 또는 한정승인하는 경우 후순위상속인은 승인·포기권이 없으므로 선순위상속인과 후순위상속인의 한정승인 신고가 동시에 접수된 경우 후자는 부적법하여 각하하여야 한다.[9]

신고는 상속개시지, 통상적으로는 피상속인의 (최후)주소지(§998)를 관할하는 가정법원에 하여야 한다. 외국인으로 국내에 주소지가 없는 경우에는 대법원 소재지의 가정법원, 즉 서울가정법원이 관할한다(家訴 §§13 II, 35 II). 신고는 상속인, 대리인이 신고하는 경우 그 대리인이 기명날인 또는 서명한 서면에 의하여야 하는데, 신고서에는 한정승인심판을 구하는 상속인의 등록기준지, 주소, 성명, 생년월일 및 대리인이 청구할 때에는 그 대리인의 주소와 성명, 청구취지(상속의 한정승인을 하는 뜻) 및 청구원인(피상속인의 성명과 최후주소, 피상속인과의 관계, 상속개시 있음을 안 날 포함),[10] 청구연월일 및 가정법원의 표시(家訴 §36 III, 家訴規 §75 I)가 기재되어 있어야 한다. 신고서에는 신고인 또는 대리인의 인감증명서(家訴規 §75 II)와 위 각 사실을 소명할 자료, 즉 신고인의 가족관계증명서, 주민등록등본, 피상속인의 폐쇄가족관계등록부에 따른 기본증명서(피상속인이 2008. 1. 1. 이전 사망한 때에는 제적등본)와[11] 말소된 주민등록표등본, 상속재산목록을 첨부하여야 한다(§1030 I).

상속재산목록에 관하여는 별다른 규정이 없으나 상속개시시 상속재산의 상태를 상속인이 아는 범위에서 구체적으로 명확하게 기재하여야 하고, 소액의 채권이나 추심 가능성이 적은 채권이라 하더라도 기재하여야 하며, 적극재산의 경우 부동산, 유체동산, 금전채권, 유가증권 등으로 구분하여 기재하되 부동산이나 유체동산의 경우 그 가액까지 기재할 필요는 없고 이를 기재하더라도 감정하여 정확한 가액을 기재할 필요는 없다는데 학설이 일치한다.[12] 소극재산, 즉 채무도 그 채권자, 채무액, 채무의 종류, 발생일을 중심으로 기재하여야 한다. 적극재산은 없고 소극재산만 있는 경우에는 적극재산을 0(零)으로 하고 소

8) 가사[II], 374~375.

9) 가사[II], 373~374.

10) 가사[II], 375. 특별한정승인의 경우에는 중대한 과실 없이 상속재산 채무초과사실을 알지 못하였다는 취지도 기재하여야 한다. 박동섭, 632.

11) 직계비속이 아닌 때에는 가계도도 첨부한다. 임영수(2011), 261.

12) 곽윤직, 188; 김주수·김상용, 763; 한봉희·백승흠, 570. 또한 가사[II], 376.

극재산을 기재하고, 적극재산 또는 소극재산의 존부를 잘 모르는 경우에는 '모름'이라고 기재한다. 매매계약이 체결되었으나 이전등기를 하지 아니한 채 피상속인이 사망한 경우 당해 부동산, 소유권이전청구권가등기가 마쳐진 부동산 등도 상속재산목록에 포함함이 옳다.[13] 기재를 고의로 누락한 때에는 법정단순승인사유가 되나(§1026 iii), 선의로 누락한 경우에는 신고 후 보충·정정할 수 있다.[14] §1019 III의 특별한정승인을 한 경우에는 상속재산 중 이미 처분한 재산의 목록과 가액도 함께 제출하여야 한다(§1030 II). 가액은 처분 당시의 가액을 기재하면 된다.

그 밖에 상속재산목록확정을 위해 재산조회제도를 도입하여야 한다는 견해가 있다.[15]

(2) 수리심판

상속의 한정승인신고의 수리는 라류 가사비송사건[家訴 §2 I ii 나. 32)]으로 재판의 형식은 심판이다(家訴 §39 I).

한정승인 신고를 심리함에 있어서는 신고서와 첨부서류의 기재에 비추어 신고인이 신고할 수 있는 자에 해당하는가,[16] 신고인의 의사에 터 잡은 신고인가, 신고기간 내인가, 신청서에 법정기재사항이 기재되어 있고 첨부서류가 갖추어져 있는가 등을 따져, 그것이 명백히 결여된 것이 아닌 한 수리하여야 한다. 신고서와 첨부서류의 기재만으로는 판단할 수 없는, 신고인이 진정한 상속인인지, 실제로 신고기간 내인지, 법정단순승인사유가 존재하는 것은 아닌지 등은 심리하지 아니한다. 특별한정승인의 요건도 수리심판절차에서 심리할 사항이 아니다.[17] 형식적 요건이 갖추어진 이상 일응 신고를 수리하여야 한다.

---

13) 임영수(2011), 264~265 참조.

14) 박광천(1998), 580~581; 박동섭, 634; 임영수(2011), 261~263. 특별한정승인의 경우 재산 가액을 명시하지 아니하여도 된다는 견해로 민유숙, "개정민법상 특별한정승인 제도 – 소개와 전망(시론)", 제문제 15, 2006, 82. 그러나 가사[II], 377은 '일단 가능한 범위에서 청구인으로 하여금 보정하도록 조치하는 것이 바람직하다'고 한다. 또한 김주수·김상용, 763은 이해관계인 또는 검사가 §1023 I의 처분으로 완전한 재산목록의 작성을 명할 것을 구할 수 있다고 한다.

15) 임영수(2011), 278~279. 그리하여 가정법원이 직권으로도 조사할 수 있게 해야 한다고 한다.

16) 실무상 신고할 수 있는 자가 아님에도 신고하는 예로는 피상속인의 며느리, 사위, 계모자, 적모서자(각 1991. 1. 1. 이후), 상속개시 당시 포태되지 아니하였는데 그 후 출생한 자, 선순위상속인이 한정승인을 한 후순위상속인, 피상속인보다 먼저 사망한 자녀의, 피상속인 사망 전 재혼한 배우자 등이 있다고 한다. 가사[II], 373.

17) 가사[II], 382~383 참조. 다만, 신고서의 기재만으로도 이미 신고기간 내에 채무초과사실을 알지 못한 데 중대한 과실이 있음이 명백하다면 수리하지 아니할 수 있다. 송인권(2014), 205. 대법원 2006. 2. 13. 선고 2004스74 판결은 그러한 경우 이외에는 불수리할 수 없다고 한다. 한편 임영수(2011), 265~266은 실무상 신고기간도과 및 특별한정승인에서 신고기간 내 채무초과를 알지 못한 데 중대한 과실이 있는지 여부에 관하여 적극 심리하고 있다고 한다.

나아가 형식적 요건이 일부 미비된 신고서라 하더라도 그것이 전혀 신고서라고 볼 수 없는 것이 아닌 이상 추완시켜 수리하는 등 가급적 유효하게 해석함이 옳다.[18] 그러나 신고서가 기간을 도과한 것임이 명백하거나 본인의 의사에 기한 것이 아님이 명백한 경우, 형식적 요건을 결하였고 추완이 이루어지지 아니하는 경우에는 신고를 각하하여야 한다.[19] 불수리결정을 하지는 아니한다.

청구인은 수리심판이 있기 전까지는 심판청구를 취하할 수 있을 뿐 아니라, 한정승인심판청구를 포기청구로 변경할 수도 있다.[20] 청구인이 한정승인의 신고를 한 뒤 그 수리 전 사망한 경우 §1021에 비출 때 당해 절차는 당연히 종료하고, 청구인의 상속인은 한정승인을 원하는 경우 별도의 한정승인신고를 하여야 한다.[21]

신고를 수리하는 경우 가정법원이 신고를 수리하는 심판서를 작성하여(家訴 §39, 家訴規 §75 III), 그 심판서를 당사자에게 고지한다. 한정승인의 효력은 고지로 발생한다(家訴 §40, 家訴規 §25).[22] 수리심판에 대하여는 상속채권자를 포함하여 누구도 불복할 수 없다(家訴 §43, 家訴規 §27).[23] 한정승인의 효력은 상속인에 대하여 상속채권의 이행청구의 소 등 본안소송을 하여 그 절차에서 선결문제로 다투거나[24] 한정승인 무효 확인의 소를 제기하여 다투는 수밖에 없다.[25] 반면 수리하지 아니한 심판에 대하여는 즉시항고할 수 있다(家訴規 §27).

18) 대법원 1978. 1. 31.자 76스10 결정.
19) 가사[II], 383.
20) 김종필(2003), 132.
21) 김종필(2003), 132. 이에 대하여 신고인의 의사를 유효하게 인정한 다음 그 상속인 등이 비송수계절차(民訴 §233 I)를 밟도록 함이 타당하다는 것으로, 박동섭, 610. 가사[II], 383은 두 견해를 소개하고, 어느 한 입장을 취하지 아니한다.
22) 대법원 2004. 6. 25. 선고 2004다20401 판결.
23) 나아가 각하결정을 한 가정법원이 스스로 취소 또는 변경(이른바 재도의 고안)할 수도 없다. 이에 대하여 비판적인 견해로 임영수(2011), 268.
24) 대법원 2002. 11. 8. 선고 2002다21882 판결. 박광천(1998), 581~582.
25) 대법원 2002. 11. 8. 선고 2002다21882 판결; 대법원 2006. 2. 13. 선고 2004스74 판결.

第1031條(限定承認과 財産上 權利義務의 不消滅)

相續人이 限定承認을 한 때에는 被相續人에 對한 相續人의 財産上 權利義務는 消滅하지 아니한다.

Ⅰ. 재산분리의 필요성

단순승인을 한 경우뿐 아니라 한정승인을 한 경우에도 상속인은 피상속인의 일신(一身)에 전속하지 아니하는 권리의무를 포괄적으로 승계한다. 그러나 한정승인을 한 때에는 단순승인을 한 경우와 달리 상속재산과 고유재산이 구분되어야 한다. 이는 상속인에게 귀속한 재산임에도 상속재산을 고유재산과 구별되는 특별재산으로 취급하여야 함을 뜻한다. 그와 같이 하지 아니하면 한정승인의 취지에 반하는 결과가 생기기 때문이다. 가령 피상속인과 상속인이 서로에 대하여 채권을 갖고 있었는데 상속으로 인하여 두 채권이 혼동으로 소멸한다면, 피상속인의 상속인에 대한 상속채권에 대하여 — 상속재산 아닌 — 상속인의 피상속인에 대한 채권으로 책임을 지게 되어 §1028에 반하고, 상속재산이 채무초과인 때에는 피상속인의 상속인에 대한 상속채권이 다른 상속채권자의 채권보다 우선하여 만족을 얻게 되어 §1034에도 반하기 때문이다. 본조는 이를 막기 위하여 상속인이 한정승인을 한 때에는 상속인과 피상속인 사이의 재산상 권리의무가 소멸하지 아니함을, 즉 혼동이 일어나지 아니함을 밝히고 있다.[1)]

본조는 일민 §925를 따른 것이지만, 다른 입법례에도 비슷한 규정이 있다.

1) 곽윤직, 189; 박광천, "상속의 한정승인", 재판자료 78, 1998, 591; 임성권, "상속의 한정승인에 관한 연구", 가족법연구 15-2, 2001, 339~340; 한봉희 · 백승흠, 572~573; 谷口知平 · 久貴忠彦 編輯, 新版 注釋民法(27), 1989, 517(小室直人).

Ⅱ. 구체적 적용

1. 피상속인 · 상속인 상호간 권리의무

'피상속인에 대한 상속인의 권리'에는 채권뿐 아니라 물권도 포함되고, '피상속인에 대한 상속인의 의무'에는 채무뿐 아니라 물적 부담도 포함된다.[2] 피상속인과 상속인이 서로 채권을 갖고 있어 상속으로 채권과 채무가 동일한 주체에 귀속하는 경우 두 채권은 일단은 혼동(Konfusion)으로 소멸한다(§507). 그러나 상속인이 유효하게 한정승인을 하면 소급하여 두 채권이 부활하여 피상속인의 상속인에 대한 채권은 상속적극재산으로, 상속인의 피상속인에 대한 채권은 상속채권으로 존속하게 된다.[3] 피상속인이 상속인의 고유재산에 관하여 담보물권을 갖고 있었거나 상속인이 피상속인의 상속재산에 관하여 담보물권을 갖고 있다가 상속으로 동일한 물건에 대한 소유권과 다른 물건이 동일한 사람에게 귀속하는 경우 일응 혼동(Konsolidation)으로 담보물권이 소멸하는데(§191), 이후 한정승인이 되면 소멸한 담보물권이 부활한다.

상속인이 피상속인의 재산을 권한 없이 처분한 뒤 피상속인의 지위를 단독상속하면 상속 전에 한 무권리자의 처분이 유효해지나, 이는 제한 없이 상속할 때에만 그러하고 한정승인을 한 때에는 그러하지 아니하다. 한편 상속재산과 고유재산이 구분되는 한 상속재산과 고유재산 사이에 법률관계가 생길 수도 있다.[4] 가령 상속재산 중 일부를 고유재산과 교환할 수 있고, 고의 · 과실로 상속재산을 해한 경우 상속재산에 대하여 고유재산으로 책임을 질 수도 있다.

2. 피상속인 · 상속인과 제3자 사이의 공동의 권리의무

본조의 취지는 상속재산을 고유재산에 대하여 특별재산으로 취급하고자 함에 있으므로, 그 취지상 피상속인과 상속인 사이에 서로에 대하여 갖고 있는 권리의무뿐 아니라 제3자와 사이의 법률관계에서도 상속재산과 고유재산은 별도의 재산으로 취급되어야 한다. 가령 피상속인과 상속인이 함께 제3자에 대하여 연대채권, 불가분채권을 갖고 있는 경우 단순승인을 하면 피상속인의 채권과 상속인의 채권을 더는 구별할 필요가 없으나, 한정승인을 한 경우에는 두

2) 박광천(주 1), 591; 小室直人(주 1) 517.

3) 곽윤직, 189.

4) Erman/Schlüchter, 12. Aufl., 2008, §1976 Rn. 2. 임성권(주 1), 340은 이를 상속인은 상속재산에 대하여 제3자의 지위에 있게 된다고 설명한다.

채권을 구별하여 상속인이 피상속인으로부터 상속받은 채권을 행사한 때에는 그로 인한 이익도 상속재산에 귀속하고, 상속인이 자기 고유의 채권을 행사한 때에는 그로 인한 이익도 고유재산에 귀속하는 것으로 보아야 한다. 어느 채권을 행사하는지가 분명하지 아니한 때에는 그, 즉 상속인에게 변제이익이 더 큰 채권을 행사한 것으로 해석함이 상당하다. 상속채권을 행사하여 그 내부적 지분을 초과하여 이익을 받은 부분에 대하여는 고유재산에, 고유채권을 행사하여 그 내부적 지분을 초과하여 이익을 받은 부분에 대하여 상속재산에 각 반환하여야 함은 물론이다. 피상속인과 상속인이 함께 연대채무, 불가분채무를 부담하는 때에도 상속인이 한정승인을 한 경우에는 채권자가 상속채권을 행사하는 것인지 아니면 상속인에 대한 고유채권을 행사하는지에 따라 어느 재산으로 책임을 지는지를 달리 판단하여야 한다. 상속재산으로 내부적 지분을 초과하여 연대 또는 불가분채무을 만족시킨 때에는 고유재산에 대하여, 고유재산으로 내부적 지분을 초과하여 연대 또는 불가분채무를 만족시킨 때에는 상속재산에 대하여 각각 구상권이 발생한다. 피상속인을 위하여 상속인이 보증채무를 부담하거나 상속인을 위하여 피상속인이 보증채무를 부담하였을 때에도 마찬가지이다.[5)]

3. 상계

피상속인이 제3자에 대하여 채권을 갖고 있고 상속인이 그 제3자에 대하여 동종(同種)의 채무를 갖고 있거나, 반대로 피상속인이 제3자에 대하여 채무를 갖고 있고 상속인이 그 제3자에 대하여 동종(同種)의 채권을 갖고 있는 경우, 두 채권 사이의 상계는 이른바 제3자 상계에 해당하여 허용되지 아니한다.[6)]

그러나 상속이 개시되면 피상속인의 권리의무가 상속인에게 포괄승계(§1005)되므로 위 두 채권 사이에 상계적상이 생겨 상계할 수 있게 된다. 그런데 상속인이 유효하게 한정승인을 하면 상속재산이 고유재산에 대하여 특별재산이 되는 결과 상계적상이 부정되고 이러한 상계가 더는 허용되지 아니하게 되며, 한정승인을 하기 전 이미 이러한 상계를 하였던 경우에는 한정승인을 함으로써 소급하여 상계의 효력이 부인되고 쌍방 채권이 부활한다. 독민 §1977은 이와 같은 취지를 명문으로 정하고 있다. 다만 상속인이 자기의 상속채권을 자

5) 박광천(주 1), 591~592; 小室直人(주 1), 518.
6) Erman/Schlüchter, 12. Aufl., 2008, §1977 Rn. 2.

동채권으로 하여 상계한 때에는 그 행위가 곧 §1026 i의 법정단순승인사유가 될 수 있다.[7)]

반면 상속인이 자기 고유의 채권을 자동채권으로 하여 상계하는 것은 유효하며, 한정승인의 효력에도 영향을 미치지 아니한다. 상속인이 한정승인의 항변을 그 한도에서 포기하였다고 볼 수 있기 때문이다.[8)]

7) 小室直人(주 1), 518~519.
8) 윤진수, 475.

第1032條(債權者에 對한 公告, 催告)

① 限定承認者는 限定承認을 한 날로부터 5日內에 一般相續債權者와 遺贈받은 者에 對하여 限定承認의 事實과 一定한 期間 內에 그 債權 또는 受贈을 申告할 것을 公告하여야 한다. 그 期間은 2月 以上이어야 한다.

② 第88條第2項, 第3項과 第89條의 規定은 前項의 境遇에 準用한다.

第1033條(催告期間 中의 辨濟拒絶)

限定承認者는 前條第1項의 期間滿了前에는 相續債權의 辨濟를 拒絶할 수 있다.

▮ **참고문헌**: 박광천(1998), “상속의 한정승인”, 재판자료 78; 박동섭(2002), “개정민법과 상속의 한정승인·포기”, 법조 51-4; 임영수(2011), “한정승인의 심판절차와 상속채무의 배당변제에 관한 고찰”, 가족법연구 25-3.

Ⅰ. 상속채권자 및 수유자에 대한 공고·최고와 채권신고

1. 규정취지

한정승인에 따른 청산절차는 상속재산에 국한된 것이기는 하나 포괄청산으로써 배당변제를 예정하고 있으므로 일정한 기간을 정하여 상속채권자와 수유자로부터 채권신고를 받을 필요가 있다. 그런데 상속채권자와 수유자가 상속이 개시되고 상속인이 한정승인을 하였음을 알지 못한 채 채권신고기간을 도과하여 상속재산으로부터 배당변제를 받지 못하고 고유재산에 대하여도 책임을 묻지 못한다면 그의 재산권을 박탈하는 결과가 된다. §1032는 이를 막기 위하여 한정승인을 한 상속인에게 채권신고의 공고 및 최고를 하게 한다.[1] 다른

1) 박광천(1998), 595~596; 谷口知平·久貴忠彦 編輯, 新版 注釋民法(27), 1989, 527(岡垣 学).

한편 상속인으로서도 본래 자신이 부담한 채무가 아닌 상속채무를 샅샅이 알기는 어려울 수 있다. 이 규정은 이러한 점에서도 의미가 있다. 이 규정은 일민 §927을 따른 것이지만, 한정승인이나 그와 유사한 제도를 채택한 프랑스, 스위스, 오스트리아, 독일 등에도 비슷한 제도가 있다. 그러나 위 두 기능 내지 목적은 서로 별개의 것이고, 논리적으로 상속채무에 대한 책임을 상속재산으로 제한하는 것과 상속채무 중 어느 것까지 책임을 질지를 정하는 것은 서로 분리될 수 있다. 실제로 독일과 스위스에서는 상속채권자에 대한 공고·최고 및 그에 응하지 아니한 채권의 제척(독민 §1970 이하, 스민 §582 이하)을 고유재산에 대한 책임제한(독민 §1975 이하, 스민 §593 이하)과 분리하여, 전자는 한정승인이나 상속재산관리에 들어가지 아니하더라도 따로 할 수 있게 하고 있다.

2. 공고·최고 및 채권신고

(1) 일반 상속채권자 및 수유자에 대한 공고와 채권신고

(가) 공고의 방법

한정승인을 한 상속인은 한정승인을 한 날로부터 5일 내에 일반 상속채권자와 유증받은 자, 즉 수유자에 대하여 한정승인의 사실과 2월 이상 일정한 기간내에 그 채권 또는 수증을 신고할 것을 공고하여야 한다(§1032 I). 일반 상속채권자와 수유자라 함은 아래 한정승인을 한 상속인이 알고 있는 상속채권자와 수유자를 제외한 상속채권자와 수유자를 가리킨다.

5일의 기간의 기산점의 기산일은 한정승인을 한 날, 즉 한정승인의 효력이 발생한 때이다. 단독상속에서 이는 한정승인이 효력을 발생한 때, 즉 수리심판이 청구인에게 고지된 때인데, 초일(初日)을 산입하지 아니하므로(§157) 실은 그 다음날이다. 공동상속의 경우 §1040 I에 의하여 상속재산관리인이 선임된 때에는 그가 그 선임을 안 날부터 위 5일의 기간이 기산한다(§1040 III).[2] §1040 註釋 참조. 상속재산관리인이 선임되지 아니한 때에는[3] 한정승인을 한 공동상속인에게 수리심판이 고지된 때를 기준으로 하는 수밖에 없을 것이다.

공고에는 상속채권자와 수유자에게 채권신고를 하여야 한다는 뜻과 그 방법 및 2월 이상으로 정한 신고기간, 그리고 기간내에 채권신고를 하지 아니하면 청산으로부터 제외된다는 점이 포함되어야 한다(§§1032 II, 88 II 참조). 공고는

2) 박광천(1998), 596.

3) §1040 I은 일민 §936 I과 달리 공동상속에서 한정승인을 한 경우에 상속재산관리인을 의무적으로 선임하도록 하고 있지 아니하다.

법인청산과 마찬가지로 법원의 등기사항의 공고와 같은 방법으로 하여야 하므로(§§1032 II, 88 III), 한정승인을 한 상속인은 원칙적으로 상속개시지, 즉 피상속인의 주소지(§998) 관할 지방법원장이 선정한 일간신문에 1회 이상 위 공고사항을 공고하여야 하나(非訟 §§65-2, 3), 관할 지방법원장이 선정한 일간신문이 없다면 상속개시지 관할 등기소와 시 · 군 · 구의 게시판에 게시함으로써 공고할 수 있다(非訟 §65-4).[4]

한 가지 문제는 상속적극재산이 전혀 없는 경우에도 공고절차를 이행하여야 하는가 하는 점이다. 공고절차의 제 비용은 상속재산에서 부담하는 것이 원칙인데 상속적극재산이 없음에도 공고절차를 이행하라고 한다면 이는 상속인의 고유재산으로 공고 절차를 이행하게 하는 셈이 되어 부당하므로 공고절차를 이행할 필요가 없다는 견해가 있다.[5]

입법론으로는 공고절차를 한정승인을 한 상속인에게 맡기지 아니하고 한정승인의 수리절차에 연계하여 수리와 동시에 가정법원이 직권으로 진행하게 함이 바람직하다는 주장이 있다.[6] 한정승인을 한 상속인에게 맡긴 결과 사실상 청산절차가 진행되지 아니한 채 방치되는 예가 많기 때문이다.

(나) 적법한 공고의 효과

공고에서 정한 채권신고기간이 만료하기 전에는 한정승인을 한 상속인은 변제를 거절할 수 있다(§1033). 아래 II. 참조.

상속채권자 또는 수유자는 공고에서 정한 채권신고기간 내에 공고에서 정한 방법에 따라 채권을 신고하여야 한다. 위 기간 내에 신고한 상속채권자와 수유자에 대하여는 순위에 따라 배당변제하여야 하며(§§1034~1036), 위 기간 내에 신고하지 아니한 상속채권자와 수유자에 대하여는, 한정승인을 한 상속인이 이미 알고 있는 상속채권자, 수유자가 아닌 한, 보충적으로만 책임을 진다(§1039). 각 해당 조문 주해 참조.

그러나 상속채권자 또는 수유자의 채권신고는 단순한 최고에 불과하므로 §174의 절차를 취하지 아니하는 한 시효중단의 효력이 없다.[7]

4) 박광천(1998), 597; 박동섭(2002), 34(사적으로 해당 일간신문에 광고료를 내고 한정승인심판문 내용과 재산목록을 기재하고, 언제까지 채권자들이 채권 신고를 하지 아니하면 실권된다는 내용을 공고하여야 한다고 한다).
5) 임영수(2011), 270.
6) 임영수(2011), 280~281.
7) 박광천(1998), 597.

(2) 한정승인을 한 상속인이 알고 있는 상속채권자 및 수유자에 대한 최고와 채권신고

(가) 최고의 대상과 방법

한정승인을 한 상속인은 그가 알고 있는 상속채권자 및 수유자에 대하여는 위 공고와 별도로 채권신고를 최고하여야 한다. 채권신고의 내용은 위 공고와 같이 하여야 하고, 방법에는 특별한 제한이 없으나 '각각', 즉 개별적으로 하여야 한다(§§1032 II, 89 제1문).

한정승인을 한 상속인이 알고 있는 상속채권자 및 수유자란 그가 상속채권자 또는 수유자의 지위에 있음을 알고 있다는, 즉 인식하고 있는 경우를 말한다.[8] 확정판결 기타 집행권원에 의하여 채권자, 채권의 종류와 액수가 확정되어 있거나 한정승인을 한 상속인이 채권자, 채권의 종류 및 액수를 인정하고 있는 경우가 이에 포함된다. 반면 절취 여부가 문제되는 어음의 현재 소지인과 같이 채권의 존재는 알고 있으나 누가 채권자인지 알지 못하는 때에는 '알고 있는 채권자'에 해당하지 아니한다.[9] 문제는 채권의 존재와 채권자는 알고 있으나 그 종류와 수액이 분명하지 아니하거나 그에 관하여 다툼이 있는 때인데, 학설로는 이러한 채권자에 대하여는 최고할 필요가 없다는 견해가 있으나,[10] 최고의 목적이 채권의 종류와 액수를 분명하게 하기 위함임에 비추어볼 때 채권신고를 위한 최고의 대상이라고 봄이 타당할 것이다.[11]

(나) 적법한 최고의 효과

적법한 최고를 받은 상속채권자 또는 수유자는 공고에서 정한 채권신고기간 내에 공고에서 정한 방법에 따라 채권을 신고하여야 한다. 채권신고와 그 해태의 효과는 앞서와 같다. 다만 §1034의 의미에서 한정승인을 한 상속인이 '알고 있는 채권자'의 경우 채권신고를 하지 아니하여도 배당에서 제외하지 못한다. §§1034, 1035, 1036 註釋 참조.

한정승인을 한 상속인이 최고를 한 때에는 채무의 존재를 인정하는 뜻을 통지한 셈이므로 채무의 승인(§§168 iii, 177)으로서 시효중단사유가 될 수 있다.[12] 다만 채무의 존재는 인정하되 상속채무의 액수 등을 둘러싸고 다툼이 있는 때에는 그러하지 아니할 것이다.[13]

---

8) 포괄수유자는 제외된다는 견해로, 이경희, 461.

9) 같은 취지의 일본판례로, 橫浜地判 1965(昭 40). 3. 29. 下民集 16-3, 501.

10) 박광천(1998), 596~597; 임영수(2011), 271.

11) 岡垣 学(주 1), 528.

12) 박광천(1998), 597; 임영수(2011), 271.

(3) 위법한 공고 · 최고의 효과

공고나 최고를 하지 하여도 한정승인의 효과나 공고나 최고 없이 청산절차에서 이루어진 변제의 효력에는 영향이 없다. 한정승인을 한 날로부터 5일을 넘겨 공고한 때에도 한정승인은 물론, 공고 자체도 유효하다. 다만, 한정승인을 한 상속인이 공고나 최고를 게을리 하여 어느 상속채권자나 수유자에게 먼저 변제함으로써 다른 상속채권자나 수유자에 대하여 변제할 수 없게 된 때에는 한정승인을 한 상속인이 그 고유재산으로 그 손해를 배상하여야 하고, 이때 그 사정을 알고 변제받은 상속채권자나 수유자에게 구상의무가 있을 뿐이다(§1038).[14]

공고에서 채권신고기간을 2개월보다 짧게 정한 경우에는 공고 자체가 무효가 된다. 이때는 다시 2개월 이상의 기간을 정하여 공고하는 수밖에 없다. 당초 2개월 이상의 기간을 정하여 공고하고자 하였으나 공고가 지연되어 결과적으로 2개월보다 짧게 된 때에는 경정공고를 하여 채권신고기간이 2개월 이상이 되도록 연장함으로써 하자를 치유할 수 있을 것이다.[15]

Ⅱ. 상속인의 변제거절권

1. 규정취지

한정승인을 한 상속인이 상속채권자와 수유자에게 채권신고기간을 정하여 공고 및 최고를 하는 것은 이를 통하여 상속재산에 대한 채권자와 그 액수를 분명히 하여 신속하고 공평하게 배당변제를 하기 위함이다. 이 기간 중에 아직 총 상속채권액도 확정되지 아니하였는데 상속재산에 대하여 상속채권자나 수유자가 변제를 구할 수 있다면 이러한 채권신고제도의 목적을 달성할 수 없을 것임은 물론이다. 이에 §1033는 한정승인을 한 상속인에게 채권신고기간이 만료할 때까지 변제를 거절할 권리를 인정하고 있다.[16] 이는 일민 §928을 따른 것이나, 이미 로마법 이래로 인정되어온 법리이고 프민 §792-1, 독민 §2015도 대체로 같은 취지를 규정하고 있다.

---

13) 岡垣 学(주 1), 530.

14) 곽윤직, 191; 박광천(1998), 597~598; 박동섭, 638; 동(2002), 34; 岡垣 学(주 1), 529. 그러나 그 결과 상속인의 고유재산으로 책임을 져야 하므로 한정승인이 폐지되는 것과 사실상 같은 효력이 생긴다는 설명도 있다. 임영수(2011), 271.

15) 岡垣 学(주 1), 529.

16) 박광천(1998), 598; 임영수(2011), 272; 岡垣 学(주 1), 530~531.

2. 채권신고기간만료 전의 변제거절

(1) 변제거절의 권리 · 의무

한정승인을 한 상속인은 채권신고기간이 만료할 때까지는 상속채권자와 수유자에 대하여 변제기가 도래한 때에도 변제를 거절할 수 있다. 나아가 변제를 거절할 의무가 있는가. 명문의 규정은 없으나 부당변제 등에 대한 책임을 묻는 것보다 한정승인신고 수리 이후의 절차를 이행하는 것이 유리하므로 그 이행의 강제를 요구받을 수 있는 (변제거절)의무로 해석하여야 한다는 견해가 있다.[17] 그러나 법 문언상 변제거절권은 어디까지나 상속인의 권한으로 되어 있고 한정승인을 한 상속인이 변제를 거절할 수 있음에도 불구하고 그 책임 하에 변제하는 것까지 막을 이유도 없으므로 변제거절의무는 없다고 본다.[18] 물론 변제를 거절하지 아니하고 특정 상속채권자 또는 수유자에게 변제한 결과 부당변제가 되면, 본래 변제받았어야 할 상속채권자 또는 수유자는 §1038에 따라 한정승인을 한 상속인에 대하여 책임을 묻거나, 과다 변제받은 상속채권자 또는 수유자에 대하여 구상권을 행사할 수 있다.[19]

변제를 거절한 경우 이자 또는 지체책임은 어떠한가. 한정승인에 관하여는 법인청산에 관한 §90 단서와 같은 규정은 없으나, 변제를 거절하더라도 이자 및 지체책임을 면할 수 없다고 봄이 옳을 것이다. 한정승인은 전적으로 한정승인을 한 상속인, 즉 채무자 측의 사정인데, 이로 인하여 채권자가 손해를 입는다는 것은 타당하지 아니하기 때문이다.

(2) 상속재산에 대한 우선권 실행 · 강제집행과 변제거절권

한정승인을 한 상속인은 상속재산에 대하여 우선권을 갖고 있는 상속채권자 또는 수유자의 우선권 실행도 변제거절권으로 저지할 수 있는가.

상속재산에 대하여 우선권을 갖고 있는 채권자, 즉 임금채권자(다만 최종 3개월분의 임금에 한한다), 조세채권자나 주택 또는 상가임대차보증금반환청구권자와 같이 상속재산의 전부 또는 일부에 대하여 우선특권을 가지고 있거나, 질권, 저당권(전세권도 이에 준한다)처럼 상속재산 중 일부에 대하여 담보물권을 가지고 있거나, 유치권자처럼 우선변제권은 없으나 사실상 최우선변제를 받을 수 있는

---

17) 임영수(2011), 273.

18) 곽윤직, 192; 박광천(1998), 598~599(다만 변제를 거절하지 아니하면 부당변제 등 책임을 진다는 점에서 사실상 변제거절의무가 있다고 한다); 岡垣 学(주 1), 531~532.

19) 곽윤직, 192; 박광천(1998), 599; 박동섭(2002), 34; 岡垣 学(주 1), 534.

채권자의 경우에는 §§1034~1036에 의한 배당변제를 받는 것이 아니다. 이들은 위 우선권의 한도에서 우선변제를 받을 뿐 아니라(§§1034 단서, 1039 단서 참조), 당해 목적물에 대한 배타적 독점적 권리를 가지므로, 우선권을 실행하는 경우 상속인이 변제거절권으로 그 행사를 저지할 수도 없다.[20]

반면 일반 채권자의 경우 집행권원을 확보하여 강제집행을 시도하는 때에도 한정승인을 한 상속인이 변제거절권을 행사할 수 있다고 봄이 타당하다. 이 때에는 채권신고기간 도과 전임을 소명하여 집행정지를 신청하여야 한다(民執 §49 iv 유추). 그러나 상속채권자 등이 상속재산에 대하여 강제집행을 하는 것은 그 자체 허용되는 바이므로, 위 공고기간이 도과하면 집행이 속행된다.[21]

(3) 상계

채권신고기간 중 상속채권자가 상속재산에 속하는 반대채무와 자신의 상속채권을 상계하는 것은 어떠한가. 한정승인을 한 상속인은 자신의 변제거절권을 포기하고 자기 채권으로 상계할 수 있지만, 상속채권자가 상속채권을 자동채권으로 상계하는 것은 항변권이 붙은 채권을 자동채권으로 상계하는 것이 되어 허용되지 아니한다고 봄이 옳을 것이다.[22]

3. 채권신고기간만료 후의 변제거절

§1034는 채권신고기간만료 전의 변제거절권만을 규정하고 있다. 따라서 채권신고기간이 만료되면 상속채권자와 수유자에게 배당변제를 하여야 한다.

그러나 채권신고기간이 만료되었다 하여 당연히 상속채권의 종류와 액수가 확정되는 것은 아닌데, 한정승인을 한 상속인이 이때에도 변제를 거절할 수 없고 곧바로 변제하여야 한다면 지나치게 가혹한 결과가 될 수 있다. 그리하여 오늘날 일본의 다수설은 이때에도 변제거절권을 인정한다.[23] 우리 법의 해석으로도 한정상속인이 합리적으로 필요한 조치를 다 취하였음에도 부득이하게 변제가 지연될 만한 사정이 있을 때에는 신의칙상 상당한 기간 채권액 중 추후 다툼이 생길 수 있는 부분에 대한 변제를 거절할 수 있다고 봄이 상당할 것이다.[24]

---

20) 김주수 · 김상용, 768; 박광천(1998), 601~602; 임영수(2011), 272~274[그 밖에 광업법상 행위의 효력승계에 따른 경우(광업법 §7)와 수산업법상 면허에 의하여 어업을 경영할 수 있는 권리(수산업법 §§2 ix, 8), 지식재산권도 이에 해당한다고 한다].

21) 박광천(1998), 599; 박동섭, 638; 동(2002), 34; 임영수(2011), 272.

22) 이유는 다르나 결론에 있어서는 같은 취지: 岡垣 学(주 1), 533.

23) 그러나 일본판례는 반대이다. 日大判 1916(大 4). 3. 8. 民錄 21, 289.

24) 김주수 · 김상용, 768. 일본법에 관하여 그러한 취지로, 岡垣 学(주 1), 534.

第1034條(配當辨濟)

① 限定承認者는 第1032條第1項의 期間滿了後에 相續財産으로서 그 期間 內에 申告한 債權者와 限定承認者가 알고 있는 債權者에 對하여 各 債權額의 比率로 辨濟하여야 한다. 그러나 優先權있는 債權者의 權利를 害하지 못한다.

② 제1019조제3항의 규정에 의하여 한정승인을 한 경우에는 그 상속인은 상속재산중에서 남아 있는 상속재산과 함께 이미 처분한 재산의 가액을 합하여 제1항의 변제를 하여야 한다. 다만, 한정승인을 하기 전에 상속채권자나 유증받은 자에 대하여 변제한 가액은 이미 처분한 재산의 가액에서 제외한다.

第1035條(辨濟期前의 債務 等의 辨濟)

① 限定承認者는 辨濟期에 이르지 아니한 債權에 對하여도 前條의 規定에 依하여 辨濟하여야 한다.

② 條件있는 債權이나 存續期間의 不確定한 債權은 法院의 選任한 鑑定人의 評價에 依하여 辨濟하여야 한다.

第1036條(受贈者에의 辨濟)

限定承認者는 前2條의 規定에 依하여 相續債權者에 對한 辨濟를 完了한 後가 아니면 遺贈받은 者에게 辨濟하지 못한다.

참고문헌: 박광천(1998), "상속의 한정승인", 재판자료 78; 박동섭(2002), "개정민법과 상속의 한정승인·포기", 법조 51-4; 송인권(2014), "한정승인의 요건 및 효과에 관한 실무상 문제", 사법논집 55; 이주현(2017), "한정승인과 특정물에 관한 채권", 사법논집 63; 임영수(2011), "한정승인의 심판절차와 상속채무의 배당변제에 관한 고찰", 가족법연구 25-3.

Ⅰ. 개설

한정승인에 의하여 상속재산을 고유재산으로부터 분리하여 보호하고 채권신고기간 중 변제를 거절할 수 있게 해주는 것은 상속재산으로 상속채무와 유증채무를 청산할 수 있도록 하기 위함이다. 청산에는 금전화된 상속재산 등을 상속채권자와 수유자에게 분배하는 절차가 포함되는데, §§1035, 1036, 1037가 이에 관하여 규정한다. 이들 규정은 대체로 일민 §§929, 930, 931을 따른 것이나, 다른 나라에도 대체로 비슷한 규정이 있다.

Ⅱ. 배당순위와 배당절차

1. 배당순위

상속적극재산이 상속채무, 유증채무 및 상속비용을 초과하는 경우에는 배당순위가 별 의미를 가지지 아니한다. 그러나 상속적극재산이 상속채무, 유증채무 및 상속비용을 충당하기에 부족한 경우에는 배당순위에 따라 만족을 얻을 가능성이 달라진다. 민법은 우선권 있는 상속채권자(§1034 Ⅰ 단서)를 제1순위로, 채권신고기간 내에 신고하였거나 한정승인을 한 상속인이 알고 있는 일반상속채권자(§1034 Ⅰ 본문)를 제2순위로, 채권신고기간 내에 신고하였거나 한정승인을 한 상속인이 알고 있는 수유자(§1036)를 제3순위로 규정하고 있다.[1] 그러나 상속에 관한 비용(§998-2)은 일반 상속채무보다 우선하여 상속재산에서 변제하여야 하므로, 우선권 있는 상속채권자가 제1순위, 상속비용이 제2순위, 신고기간 내에 신고하였거나 한정승인을 한 상속인이 알고 있는 일반 상속채권자가 제3순위, 신고기간 내에 신고하였거나 한정승인을 한 상속인이 알고 있는 수유자가 제4순위가 된다.

2. 배당절차

민법은 직·간접적으로 배당변제의 실체적 기준을 제시할 뿐 구체적인 배당절차를 규정하지 아니한 채 한정승인을 한 상속인에게 배당절차를 맡기고 있다. 특히 유증이 있어 유언집행자가 존재하고, 그가 상속인이 아닌 경우(§§1099,

1) 박광천(1998), 612~613; 임영수(2011), 274; 谷口知平·久貴忠彦 編輯, 新版 注釋民法(27), 1989, 535(岡垣 学).

1095 참조) 누가 언제 상속재산을 관리하고 청산절차를 진행하는지 문제되나, 상속채무의 청산이 유증채무의 청산보다 우선하는 한 한정승인에 따른 상속인의 관리청산권이 유언집행자의 집행권한보다 우선한다. 다만, 한정승인을 한 상속인의 청산절차가 종결되어야 유언집행을 할 수 있다고 새길 것은 아니고, 실체적으로 한정승인을 한 상속인의 청산권한을 존중하는 한도에서 유언집행을 동시에 해도 무방하다고 볼 것이다.[2] 결론적으로 한정승인을 한 상속인은 상속적극재산을 재원으로 정해진 배당순위에 따라 배당하여야 하고, 채권의 존부나 액수에 관하여 다툼이 있을 때에는 그 부분을 유보한 채 일응 배당절차를 진행할 수 있으며, 다툼이 있는 부분은 다툼의 대상이 된 상속채무, 유증채무의 채권자와 이를 다툰 한정승인을 한 상속인 등 사이의 민사본안소송(채무존부확인의 소 등)으로 이를 확정한 뒤에 추가 배당절차를 진행할 수 있다고 봄이 상당하다.[3] 이때 배당이 위법하게 이루어졌다 하더라도 이미 이루어진 배당 자체 또는 한정승인이 무효가 되는 것은 아니고, §1038의 책임을 질뿐이다.[4]

한편, 입법론으로는 상속재산이 처분될 때 상속채권자가 적절하게 배당변제를 요구할 것을 기대하기 어렵고, 한정승인을 한 상속인으로서도 적법하게 배당변제하기 어렵다면서 가정법원이 직접 배당변제를 실시하는 것이 바람직하다는 주장도 있다.[5] 비교법적으로는 우리나라 및 일본, 프랑스처럼 절차진행을 상속인에게 맡기는 예도 있지만, 오스트리아, 스위스, 독일 등 관리인에게 맡기는 예도 있다(오민 §802, 스민 §595, 독민 §1984). 유언검인절차(probate proceeding)에서 상속채무를 청산하는 영미법도 관리인이 절차를 진행한다. 나아가 한정승인과 비슷한 기능을 하는 상속재산파산절차도 법원이 정한 관리인이 진행한다.

Ⅲ. 제1순위: 우선권 있는 상속채권자

상속채무는 상속재산에 속하는, 즉 피상속인으로부터 상속받은 채무를 가리킨다. §1028 註釋 II. 참조. 금전채무와 비금전채무를 가리지 아니한다. 그중 상속재산에 대하여 우선특권, 질권, 저당권, 전세권, 유치권 등 우선권을 갖고

---

2) 변희찬, "유언집행자", 재판자료 78, 1998, 423~424.
3) 岡垣 学(주 1). 538. 이는 민사집행절차에서 배당이의절차의 기능을 하는 셈이다.
4) 박광천(1998), 604; 岡垣 学(주 1). 539, 542.
5) 임영수(2011), 281~282.

있는 상속채무는 당해 우선권에 의하여 담보된 범위에서 우선하여 변제하여야 한다(§1034 I 단서).[6] 비금전급여라 하더라도 가령 목적물에 가등기가 되어 있는 부동산소유권이전등기의무처럼 물권적으로 그 이행이 확보된 경우에는 우선권 있는 상속채권자에 해당한다.[7] 담보된 범위에서 우선권 있는 상속채권자는 채권신고 여부 및 한정승인을 한 상속인이 알고 있었는지 여부와 관계없이 우선변제 받는다.[8] 그러나 담보된 범위를 넘는 잔액에 대하여는 일반 상속채권자의 지위를 가질 뿐이므로, 신고하거나 한정승인을 한 채권자가 알고 있어야 배당받을 수 있고, 배당받을 때에도 잔액 채권액에 비례하여 배당받을 수 있을 뿐이다. 이들은 「특별담보권」, 즉 우선권을 실행하여 담보 목적물이 된 상속재산으로부터 직접 만족을 얻을 수도 있다. §1039 註釋 참조.

Ⅳ. 제2순위: 상속에 관한 비용

우선권에 의하여 파악되지 아니한 나머지 상속적극재산은 최우선적으로 상속에 관한 비용에 충당된다(§998-2 참조).

Ⅴ. 제3순위: 상속채권자에 대한 배당변제

1. 배당변제의 대상이 되는 상속채무

우선권 있는 상속채무와 상속비용에 충당하고 남은 상속적극재산은 일반 상속채무 중 공고에서 정한 신고기간 내에 신고한 상속채무와 한정승인을 한 상속인이 알고 있는 상속채무에 충당한다(§1034 I 본문). 「한정승인을 한 상속인이 알고 있는 상속채무」는 원칙적으로 §§1032 II, 89 제1문, 즉 개별적 최고의 대상인 「한정승인을 한 상속인이 알고 있는」 상속채무와 같다. §§1032, 1033 註釋 I. (2) (가) 참조. 다만, 두 규정의 목적이 다르므로 한정승인을 한 상속인이 알고 있는 상속채무의 개념과 범위에도 약간의 차이가 생긴다. 즉, 상속채무의 존재와 그 채권자를 알고 있으면 §§1032 II, 89 제1문의 의미의 개별적 최고의 대상이 되나, §1034의 의미에서 채권신고를 하지 아니하였어도 배당하여야 하는 상속채무가 되기 위해서는 상속채무의 존재와 그 채권자를 아는 것으로

6) 곽윤직 192; 김주수 · 김상용, 772; 박광천(1998), 613; 이경희, 462; 岡垣 学(주 1), 536~537.
7) 日最判 1956(昭 31). 6. 28. 民集 10-6, 754; 岡垣 学(주 1), 537.
8) 박동섭(2002), 35~36.

는 충분하지 아니하고, 채무의 내용, 가령 그 액수도 알고 있어야 하며, 액수를 모르거나 액수에 관하여 다툼이 있을 때에는 이에 해당하지 아니하는 것이다. 상속인이 예상한 것보다 큰 액수를 주장하는 경우에도 그 범위에서는 한정승인을 한 상속인이 알고 있는 상속채무라고 할 수 없다.[9] 또한 개별적 최고가 필요한지 여부는 최고 시점을 기준으로 한정승인을 한 상속인이 아는지 여부에 따라 가려야 하나, 채권신고 없이도 배당변제의 대상이 되는지 여부는 실제로 배당변제를 하는 시점을 기준으로 한정승인을 한 상속인이 아는지 여부에 따라 가려야 한다.[10]

금전채무는 물론, 비금전적 급여를 대상으로 하는 채무도 배당변제의 대상이 된다. 기한이 도래하지 아니하였거나 정지조건이 성취되지 아니하여도 배당변제할 수 있다(§1035 참조). 다만, 이는 한정승인절차에서만 그러하므로, 상속채무를 위하여 제3자가 저당권 기타 담보물권을 설정해주었거나 보증을 해준 경우 이들에 대하여는 변제기가 도래하기 전에 책임을 물을 수는 없다.[11]

2. 상속채무의 액수와 배당변제액

(1) 상속채무의 액수

금전채무의 경우 원금과 배당변제가 이루어질 때까지 발생한 이자 및 지연손해금이 액수에 포함된다. 기한부 채무로서 아직 기한이 도래하지 아니한 경우에도 변제할 수 있고(§1035 I), 조건부 채무로서 조건성취 여부가 불확정적이거나 연금채권과 같이 존속기간이 분명하지 아니한 채무도 즉시 변제할 수 있다(§1035 II). 기한도래, 조건성취 여부 및 존속기간의 확정을 기다리는 경우 한정승인절차가 지나치게 길어지는 것을 막기 위함이다.[12] 다만, 기한부 채무의 경우 한정승인을 한 상속인 측의 사정으로 인하여 기한 전 변제하는 것이므로 한정승인을 한 상속인, 즉 채무자가 기한의 이익을 포기한 경우에 준하여 그로 인한 손해, 가령 중간이자를 가산하여 액수를 정하여야 한다(§153 II 단서 유추).[13] 또한 조건부 채무의 경우 조건성취의 가능성과 조건이 성취 또는 성취되

9) 박광천(1998), 614; 岡垣 学(주 1). 538.

10) 대법원 2018. 11. 9. 선고 2015다75308 판결.

11) 박광천(1998), 602; 岡垣 学(주 1). 540~541. 임영수(2011), 274~275도 한정승인을 한 상속인이 이를 변제하여야 하는 것일 뿐이고, 조건이 성취되거나 존속기간이 확정되는 것은 아니라고 한다.

12) 박광천(1998), 602; 岡垣 学(주 1). 540. 이와 달리 프랑스에서는 기한도래, 조건성취 여부의 확정을 기다려야 한다는 것이 통설이다.

13) 곽윤직, 192; 박광천(1998), 602; 임영수(2011), 275; 한봉희·백승흠, 575; 岡垣 学(주 1). 540.

지 아니한 경우의 가치, 존속기간이 분명하지 아니한 채무의 경우 예상 존속기간과 그 기간 중의 가치 등 제반 사정을 참작하여 현재가치를 평가하여야 한다. 조건부 채무나 존속기간이 불분명한 채무의 현재가치의 평가는 가정법원이 선임한 감정인이 한다. 감정인의 선임을 구하는 절차는 라류 가사비송사건[家訴 §2 I ii 가. 33)]이고, 그 청구권자는 이해관계인, 원칙적으로 한정승인을 한 상속인이며,[14] 관할법원은 상속개시지, 즉 피상속인의 최후주소지의 가정법원이다(家訴 §44 vi). 가정법원은 합리적 재량으로 감정인을 정하고,[15] 심리의 대상은 감정인 선임이 필요한 경우인지, 누구를 감정인으로 할지에 집중되는데, 누구를 감정인으로 선임할지는 가정법원의 합리적 재량에 맡겨져 있고, 청구인의 희망에 구속되지 아니한다. 감정인의 자격에는 특별한 제한이 없다. 심판의 내용은 감정인의 선임에 그치고, 그에게 감정을 명하거나 선서를 하게 할 수는 없다.[16] 심판은 선임을 구한 자와 선임된 감정인에게 고지하여야 한다. 청구인용 심판에 대하여는 불복할 수 없다(家訴 §43 I, 家訴規 §27). 감정인은 감정결과를 — 가정법원이 아닌 — 한정승인을 한 상속인에게 보고하여야 한다. 한정승인을 한 상속인은 선임된 감정인의 감정결과에 구속된다("감정인의 평가에 의하여"). 즉 감정절차와 방법에 위법이 없는 한 임의로 이를 채택하지 아니할 수 없다.[17] 청구가 인용된 감정인선임심판의 절차비용 및 감정비용은 상속에 관한 비용으로 상속재산의 부담이 된다(家訴規 §82).

(2) 변제의 방법과 배당변제액의 결정

상속적극재산으로 위 상속채무를 모두 변제할 수 있을 때에는 별 문제가 없다. 그러나 상속적극재산으로 위 상속채무를 모두 변제할 수 없을 때에는 앞서 확정된 채권액에 안분비례하여 각 상속채권자에게 배당변제하여야 한다(§1034 I 본문).[18] 이때에는 개별 상속채권에 대한 책임이 상속적극재산 중 우선권 있는 상속채무와 상속비용을 제외한 나머지에 대하여 그 채권액에 따라 안분한 한도로 책임이 제한되는 것이다.

이는 신고한 순서대로 배당하는 독일민법, 프랑스민법(프민 §796 III)과 다르고, 오스트리아일반민법 및 일본민법(일본 §929)과 같다. 回生破産 §299 II은 상

14) 박광천(1998), 603; 임영수(2011), 275. 또한 가사[II], 389.
15) 통상은 공인감정사가 될 것이다. 박광천(1998), 603.
16) 가사[II], 390.
17) 박광천(1998), 603; 岡垣 学(주 1), 542.
18) 岡垣 学(주 1), 537~538, 542. 가정법원이 선임한 감정인이 채권액을 정한 경우에는 그 정해진 액수에 다시 배당률을 곱한 금액이 실제 배당변제액이 된다.

속재산관리인이나 한정승인이 있은 경우 상속인에게 상속재산으로 상속채권자 및 유증을 받은 자에 대한 채무를 완제할 수 없음을 발견한 때에는 지체 없이 파산신청을 할 의무를 지우나, 독일, 프랑스와 달리 한정승인절차 내에서도 평등주의를 취하는 우리 법에서는 파산절차에서의 배당결과와 한정승인절차 내에서의 결과 간에 큰 차이가 생기지 아니하는 것이다.

한편 비금전급여를 목적으로 하는 상속채무의 경우 이러한 책임제한으로 인하여 그 본래의 내용대로 이행할 수 없으므로 한정승인을 한 상속인의 선택에 따라 그 전부 또는 일부가 금전채무로 전화(轉化)된다는 견해가 있다.[19] 그러나 상속재산이 상속채무를 모두 변제하기에 충분한 경우 이러한 전화를 인정할 아무런 이유가 없고, 한정승인은 물적 책임을 제한할 뿐 상속재산이 채무초과인지 여부를 본안 단계에서 묻지는 아니하므로 상속재산이 상속채무를 모두 변제하기에 충분하지 아니한 경우에도 이러한 전화를 인정할 법적 근거가 없다. 상속인이 비금전급여를 목적으로 하는 상속채무를 임의로 일부변제할 법적 근거도 분명하지 아니하다. 이때에는 결국 상속재산 파산에 의하는 수밖에 없을 것이다. 앞서 본 바와 같이 回生 破産 §299 II은 한정승인이 있은 경우 한정상속인에게 상속재산으로 상속채권자 및 유증을 받은 자에 대한 채무를 완제할 수 없음을 발견한 때에는 지체 없이 파산신청을 할 의무를 지우고 있으므로 이를 게을리 한 채 특정물채권을 갖고 있는 상속채권자에게 우선 변제하여 다른 상속채권자에게 손해를 가한 경우 한정상속인은 손해배상책임을 질 수 있다.[20]

3. 일반 상속채권자의 강제집행과의 관계

한 가지 문제는 일반 상속채권자가 채권액 전액에 대하여 집행권원을 확보하고 상속재산의 전부나 일부에 대하여 집행에 착수하였는데, 그것이 위 배당변제절차에 따라 당해 상속채권자가 배당변제 받을 수 있는 범위를 초과하는 경우에 절차적으로 어떻게 집행을 저지할 것인가 하는 점이다. 이 문제와 관련하여 일본 하급심 재판례 중에는 일반 상속채권자에 대한 상속인의 상속재산에 국한된 책임제한도 결국은 상속채권자의 집행권원에 대한 제약이라면서, 청구이의의 소를 제기함과 동시에 집행정지를 신청하여 집행을 정지한 뒤

19) 김주수·김상용, 772. 박광천(1998), 614는 상속적극재산이 일반 상속채권 전부를 만족시킬 수 있는 경우를 따로 다루지 아니한 채 모두 금전채권으로 전화한다고 하나, 상속적극재산이 일반 상속채권 전부를 만족시킬 수 있는 경우에까지 금전채권으로 전화한다고 볼 필요는 없다.

20) 결론적으로 같은 취지: 이주현(2017), 256 이하.

배당변제절차에서 실제로 배당받을 수 있는 금액을 한도로 집행할 수 있도록 재차 집행권원을 변경하는 판결을 받아 그에 따라 배당절차를 진행하는 수밖에 없다는 것이 있다.[21)]

4. §1019 III의 특별한정승인의 경우

§1019 III의 특별한정승인을 한 경우에는 상속적극재산의 가액을 산정함에 있어 상속재산 중 이미 처분한 재산의 가액을 가산하여야 한다(§1034 II 본문). 그 구체적 산정에 관하여는 §§1019, 1020, 1021 註釋 II. 2. (2) 참조. 다만, 한정승인을 하기 전에 상속채권자나 수유자에게 변제한 경우에는 상속소극재산에서 위 변제된 상속채무, 유증채무를, 상속적극재산에서 변제를 위하여 지출한 금액을 제외하여야 한다(§1034 II 단서). §1019 III이 적용되는 경우에는 당연히 상속적극재산이 상속채무에 미치지 못하므로 이는 특별한정승인 전에 변제받은 채권자는 전액 변제를 받지만 특별한정승인 후에 변제받을 채권자는 그 일부만 배당변제 받음을 뜻한다. 그로 인하여 발생하는 불공평은 부당변제에 대한 책임(§1038 I 제2문, II 제2문)에 의하여 ― 부분적으로 ― 교정될 수 있을 뿐이다.

Ⅵ. 제4순위: 수유자에 대한 변제

§1036는 '전2조', 즉 우선권 있는 상속채권자와 신고기간에 신고하였거나 한정승인을 한 상속인이 알고 있는 채권자에 대한 변제를 한 뒤에야 비로소 수유자에 대하여 변제할 수 있다고 규정한다. 포괄유증을 받은 자는 상속인과 같은 지위에 있으므로(§1078), 이때 수유자는 특정유증을 받은 자만을 가리킨다.[22)] 상속채권자의 권리는 상속개시시에 이미 확정된 것이고, 대개는 피상속인에게 일정한 대가를 지급하고 취득한 권리인 반면, 수유자의 권리는 상속개시 후 확정되고 무상으로 재산을 나누어주는 것에 불과하므로 전자(前者)를 우선하여야 한다거나, 상속채무를 부담하고 있음에도 유증채무를 설정하여 채무초과가 되게 한다면 상속채권자에 대한 사해행위가 될 수 있다는 점에 근거를 두고 있다.[23)] 어떻든 이는 로마법부터 인정되어온 법리(nemo liberalis nisi liberatus)이고,

21) 大阪高判 1985(昭 30). 1. 31. 判例時報 1155, 269.
22) 포괄수유자는 상속개시로 이미 권리를 취득하고(물권적 효과설) 상속재산분할을 할 여지만 남는다.
23) 곽윤직, 192; 박동섭(2002), 35; 岡垣 学(주 1). 543.

비교법적으로도 보편적인 태도이다.

일반 상속채권자에게 변제하고 남은 상속재산이 유증채무를 모두 변제하기에 부족한 경우에 어떤 방법으로 변제하여야 하는가. 프랑스의 학설은 이를 한정승인을 한 상속인의 재량에 맡겨야 한다고 하나, 일본과 우리나라의 학설은 유언에서 우열 및 비율이 정해져 있다면 그에 따르되, 그렇지 아니한 때에는 §§1034, 1035를 유추하여야 한다고 한다.[24] 유증의 목적이 금전 기타 종류물이 아닌 특정물인 경우에도 위와 같은 기준에 의하되, 그 결과 특정물 인도가 불가능해진 때에는 금전으로 환산하여 배당변제 하는 수밖에 없을 것이다.

Ⅶ. 기타

상속재산 자체에 부과된 조세나 가산금, 즉 당해세의 경우 상속인의 고유채무이나, 그로 인한 우선특권이 인정된다. 따라서 상속인도 이를 우선변제하여야 한다. 반면 상속인의 채권자는 상속채권자와 수유자에 대하여 후순위이므로 상속채권자에게 우선변제하거나 동순위로 변제하는 것은 위법하다. 대법원 2016. 5. 24. 선고 2015다250574 판결 참조.

24) 곽윤직, 192; 김주수 · 김상용, 772; 박광천(주 1), 615; 박동섭, 638; 동(2002), 35; 송덕수, 389; 岡垣 学(주 1), 545.

第1037條(相續財産의 競賣)

前3條의 規定에 依한 辨濟를 하기 爲하여 相續財産의 全部나 一部를 賣却할 必要가 있는 때에는 민사집행법에 依하여 競賣하여야 한다.

Ⅰ. 상속재산의 금전화 방법

1. 본조의 적용범위

상속채무가 비금전채무이거나 금전채무이지만 상속재산 중 이미 금전 기타 대체물(예금 등)이 존재하여 그것으로 곧바로 상속채무를 이행할 수 있을 때에는 문제가 없다. 한정승인을 한 상속인에게는 청산을 위하여 상속재산을 처분할 권한이 있으므로 그러한 권한을 행사하여 이행하면 족하다. 반면 상속채무가 금전채무인데 상속재산이 금전의 형태로 되어 있지 아니할 때에는 청산절차를 진행하기 위하여 상속재산의 전부 또는 그 일부를 금전화(金錢化)할 필요가 생긴다. 본조는 이러한 경우 민사집행법에 의하여 경매하여야 한다고 규정함으로써 금전화 방법을 제한한다. 본조가 '전3조의 규정에 의한 변제를 하기 위하여 상속재산의 전부나 일부를 매각할 필요가 있는 때'라고 한 것은 청산을 위하여 금전화할 필요가 있는 때를 가리키는 것이다. 본조는 일민 §932 본문을 따른 것인데, 같은 규정에는 '상속재산의 환가'라는 표제가 붙어있어 이러한 취지를 드러내고 있다.

그러므로 상속채무에 관하여 상속재산으로 대물변제를 하는 것은 원칙적으로 본조에 위반하여 허용되지 아니한다.[1)]

2. 본조의 규정취지

상속재산의 금전화에 민사집행법에 따른 경매절차를 거치도록 요구하는 취지는 분명하지 아니하다. 상속재산을 공정하고 적정하게 금전화하기 위한 측

1) 박광천, "상속의 한정승인", 재판자료 78, 1998, 605~606; 谷口知平 · 久貴忠彦 編輯, 新版 注釋民法(27), 1989, 549(岡垣 学).

면이 있겠으나, 실제로는 경매에 의하는 것이 반드시 최고가로 처분하는 결과가 되지는 아니하므로 오히려 임의매각으로 부당하게 저가에 처분하는 것을 막기 위한 것이라는 설명도 있다.[2] 비교법적으로는 한정승인을 한 상속재산의 금전화에 민사집행법에 따른 경매를 요구하는 것은 일본민법 이외에는 찾아보기 어렵고, 그 밖의 입법례는 대체로 개별 처분을 포함하여 적절한 방법으로 금전화할 수 있게 하고 있으며, 오히려 민사집행법에 의한 경매절차의 이용은 인정하지 아니하는 예도 있다.[3] 한정승인에 따른 청산절차는 일종의 포괄집행절차로서 민사집행법에 따라 일일이 경매하는 것이 반드시 적절하거나 용이하지 아니하고, 본조에 반하는 개별 처분행위의 효력을 부정할 수 있는 것도 아니라는 점에 비추더라도 실효성이 크지 아니하다는 점에서, 입법론으로는 반드시 경매를 요구할 필요가 있는지 의문이다.

한편, 일민 §932 단서, 프민 §793 I은 한정승인을 한 상속인에게 상속재산의 전부 또는 일부에 대하여 그 가액을 (고유재산으로) 변제하는 대신 이를 금전화하지 아니하고 유보(보존)하는 것을 허용하나, 우리 민법은 그와 같은 규정을 두고 있지 아니하다.

3. 본조의 법적 성격, 위반의 효과

본조는 강행규정이다. 그러나 상속재산을 금전화함에 있어 민사집행법에 따른 경매절차를 따르지 아니하여 상속채권자 등에게 손해를 가한 때에는 법정단순승인이 되거나(§1026 iii) §1038의 책임을 질뿐, 금전화를 위하여 한 처분행위가 당연히 무효가 되는 것은 아니다.[4] §1028 註釋 III. 2. 참조.

Ⅱ. 본조에 의한 경매

1. 개설

본조에 의한 경매는 한정승인에 따른 청산절차를 주관하는 자, 즉 한정승인을 한 상속인 또는 상속재산관리인이 신청한다. 경매는 民執 §274 I의 '법률이 규정하는 바에 따른 경매', 즉 이른바 형식적 경매에 해당한다. 그러므로 이에 대하여는 담보권 실행을 위한 경매의 절차가 적용된다. 따라서 한정승인을

2) 岡垣 学(주 1), 549.
3) 岡垣 学(주 1), 547.
4) 김주수 · 김상용, 773~774 박광천(주 1), 606; 한봉희 · 백승흠, 575; 岡垣 学(주 1), 550.

한 상속인 또는 상속재산관리인은 상속재산을 금전화할 필요가 있음을 증명하는 서류를 당해 상속재산 소재지 법원에 제출하여 금전화를 위하여 그 압류를 구하는 방식으로 경매를 신청하여야 한다(民執 §§3, 264). 구체적으로는 가정법원의 한정승인수리심판서등본을 첨부할 필요가 있다.[5] 경매대상인 상속재산이 부동산, 자동차 등 등기, 등록을 요하는 것일 때에는 그 등기부등본 등을 제출하는 외에 경매 전에 상속등기, 상속을 원인으로 하는 등록을 마치거나 그 등기, 등록에 필요한 서류를 함께 제출하여야 한다(民執 §§81, 187). 이에 소요되는 비용은 상속재산의 부담이다.[6]

금전화는 목적물이 부동산인 경우에는 부동산 경매, 유체동산인 경우에는 유체동산 경매, 채권 기타 재산권인 경우에는 채권집행의 방법으로 이루어진다(民執 §§268~273). 民執規 §59 i는 부동산 경매에서 채무자의 매수신청을 금지하고 있으나, 한정승인을 한 상속인은 상속재산과 고유재산이 분리되는 결과 위 규정의 의미에서 채무자라고 할 수 없고, 따라서 매수인이 될 수 있다고 이해된다.[7] 매각조건에 관하여는 민사집행법상 소멸주의가 원칙이므로, 경매 목적물에 담보물권이 설정되어 있는 등 우선변제권자가 있을 때에는 이들도 매각으로 인하여 소멸한다. 이들에 대항할 수 없는 임차권, 지상권 등도 같다(民執 §§91 II, III, 217, 247).[8] 문제는 우선변제권자가 매각대금으로부터 우선적으로 배당받을 수 있는가, 그 결과 상속재산이 본조에 의하여 매각될 때에는 이미 배당절차에서 §1034 I 단서의 취지가 관철될 수 있는가 하는 점인데, 긍정하는 견해도 있지만[9] 부정하는 견해가[10] 유력하다. 반면 일반 상속채권자가 배당요구를 할 수 없다는 데는 별 이론(異論)이 없다. 판례도 "일반채권자인 상속채권자로서는 민사집행법이 아닌 민법 제1034조, 제1035조, 제1036조 등의 규정에 따라 변제받아야 하고 따라서 민법 제1037조에 근거하여 민사집행법 제274조에 따라 행하여지는 상속재산에 대한 형식적 경매의 경우에는 일반채권자의 배당요구가 허용되지 아니한다"고 한다.[11] 결국 매각대금 전액이 상속인에게 교부되어야 하는 것이다. 다만, 부동산의 경우 매각조건을 변경하여 담보권 등을 매

5) 박광천(주 1), 606~607.
6) 박광천(주 1), 607; 岡垣 学(주 1), 548.
7) 박광천(주 1), 609; 岡垣 学(주 1), 549.
8) 박광천(주 1), 608; 박두환, 신강제집행법, 1991, 452; 岡垣 学(주 1), 379~380.
9) 박두환(주 8), 452~453.
10) 박광천(주 1), 608~610.
11) 대법원 2013. 9. 12. 선고 2012다33709 판결.

수인에게 인수시키는 것도 가능하다(民執 §91 I, 예외적 인수주의). 이때 그 피담보채무를 실질적으로 누가 부담하는가 하는 점은 매각조건에 달려있다.

일민 §933는 상속채권자나 수유자에게 자기의 비용으로 위 경매 및 감정절차에 참가할 권리를 인정하고 있으나, 우리 민법에는 그와 같은 규정이 없다.

2. 다른 경매절차와의 관계

특정 상속재산에 대하여 본조에 의한 형식적 경매절차가 개시된 뒤에 담보권 실행을 위한 경매 또는 강제경매가 신청된 경우에는 본조에 의한 형식적 경매절차를 정지하고 담보권 실행을 위한 경매 또는 강제경매를 진행하여야 한다. 다만 위 담보권 실행을 위한 경매 또는 강제경매가 어떤 사유로 취소되면 정지된 본조에 의한 형식적 경매절차를 계속하여 진행한다(民執 §274 II, III). 문제는 특히 강제경매의 경우에 배당결과가 달라진다는 점이다. 이때에는 우선변제권자에게 그 순위에 따라 배당하여야 함은 물론이고, 일반채권자도 그 채권액의 범위에서 집행권원을 얻어 배당요구를 함으로써 배당받을 수 있는데,[12] 민사집행법의 해석으로는 당연하나, 그 결과 §§1034, 1035, 1036가 예정하는 바와는 달리 배당받는 일이 생길 수 있는 것이다. 이 문제에 관하여는 §§1034, 1035, 1036 註釋 III. 3.도 참조.

12) 대법원 2010. 6. 24. 선고 2010다14599 판결.

第1038條(부당변제 등으로 인한 책임)

① 限定承認者가 第1032條의 規定에 依한 公告나 催告를 懈怠하거나 第1033條 乃至 第1036條의 規定에 違反하여 어느 相續債權者나 遺贈받은 者에게 辨濟함으로 因하여 다른 相續債權者나 遺贈받은 者에 對하여 辨濟할 수 없게 된 때에는 限定承認者는 그 損害를 賠償하여야 한다. 제1019조제3항의 규정에 의하여 한정승인을 한 경우 그 이전에 상속채무가 상속재산을 초과함을 알지 못한 데 과실이 있는 상속인이 상속채권자나 유증받은 자에게 변제한 때에도 또한 같다.

② 제1항 전단의 境遇에 辨濟를 받지 못한 相續債權者나 遺贈받은 者는 그 事情을 알고 辨濟를 받은 相續債權者나 遺贈받은 者에 對하여 求償權을 行使할 수 있다. 제1019조제3항의 규정에 의하여 한정승인을 한 경우 그 이전에 상속채무가 상속재산을 초과함을 알고 변제받은 상속채권자나 유증받은 자가 있는 때에도 또한 같다.

③ 第766條의 規定은 제1항 및 제2항의 境遇에 準用한다.

Ⅰ. 개설

본조는 한정승인을 한 상속인이 청산절차를 진행함에 있어 §§1032~1037에 따르지 아니한 경우 상속채권자나 수유자의 구제방법에 관하여 정한다. 본조 I은 §§1032~1036만을 언급하고 있으나, §1037를 제외할 만한 이유를 찾기 어렵다. 본조에서 §1037를 들지 아니한 것은 입법적 과오로 보이므로 §1037에 위반한 때에도 본조를 유추함이 타당하다. §1036 註釋 I. 2. 참조.

한편, 본조는 부당변제로 손해를 입은 상속채권자 또는 수유자에게 일정한 요건 하에 한정승인을 한 상속인에 대한 손해배상청구권과 과다 변제를 받은 다른 상속채권자 또는 수유자에 대한 구상권을 부여하고 있다. 이는 부당변제가 부당변제라는 이유로 당연 무효가 되는 것은 아님을 전제한다.[1)]

1) 윤진수, 481~482; 谷口知平·久貴忠彦 編輯, 新版 注釋民法(27), 1989, 562(岡垣 学).

본조는 일민 §934를 따른 것이다. 비교법적으로는 오민 §815, 독민 §1985에서도 비슷한 규정을 볼 수 있다. 다만 2005년 개정으로 추가된 §1019 III의 특별한정승인에 관한 부분은 비교법적으로 유례를 발견하기 어렵다.

Ⅱ. 한정승인을 한 상속인의 책임

1. 요건

(1) 부당변제

본조 I 제1문은 한정승인을 한 상속인이 '부당변제'를 한 경우 그로 인하여 손해를 입은 상속채권자나 수유자에 대한 손해배상책임을 정한다. '부당변제'로는 다음의 경우를 생각할 수 있다.

① 상속채권자와 수유자에 대한 공고절차를 적법하게 이행하지 아니하였거나 한정승인을 한 상속인이 알고 있는 상속채권자 및 수유자에 대하여 개별적으로 최고하지 아니하여 이들이 채권신고를 게을리 함으로써 다른 상속채권자나 수유자에게 먼저 변제가 이루어져 이들 상속채권자나 수유자가 채권신고를 하였더라면 받았을 변제를 받지 못하게 된 경우(§1032). §§1032, 1033 註釋 I. 2. (3) 참조.

② 한정승인을 한 상속인이 변제거절권을 행사하지 아니하고 상속채권자 또는 수유자에게 배당변제를 하는 경우보다 더 많이 변제하여 변제거절권을 행사하였더라면 다른 상속채권자 또는 수유자에게 배당변제 할 수 있었을 금액만큼 배당변제를 하지 못한 경우(§1033). §§1032, 1033 註釋 II. 2. (1) 참조.

③ 한정승인을 한 상속인이 배당순위와 배당변제의 방법에 위반하여, 예컨대 우선권 있는 상속채권자보다 일반 상속채권자에게, 일반 상속채권자보다 수유자에게 먼저 배당변제하거나 일반 상속채권자 중 일부에게 채권액에 따라 안분한 금액보다 많이 변제하는 등으로 적법하게 배당변제 하였다면 다른 상속채권자나 수유자에게 배당변제 할 수 있었을 금액만큼 배당변제하지 못한 경우(§§1034, 1036) 및 변제기 미도래 채권에 대한 변제를 그르치거나 조건부 또는 존속기간불확정 채권을 적법하게 평가하지 아니한 채 변제한 경우(§1035). §§1034, 1035, 1036 註釋 II. 2. 참조.[2)]

④ 한정승인을 한 상속인이 민사집행법에 따른 경매절차에 의하지 아니하

---

2) 岡垣 学(주 1), 561.

고 다른 방법으로 상속재산을 금전화 하였고, 그 결과 경매에 의하였을 때보다 상속채권자나 수유자가 더 적은 금액을 배당변제 받은 경우(§1037). §1037 註釋 I. 3. 참조.

나아가 위와 같은 의무 위반으로 인하여 상속채권자 또는 수유자가 손해를 입어야 한다. 이때 적법하게 변제가 이루어졌더라면 그 상속채권자 또는 수유자가 배당변제 받았을 금액과 실제로 배당변제 받은 금액의 차액이 손해가 된다(차액설). 상속채권자와 수유자가 모두 손해를 입었을 때에는 상속채권자가 우선하여 배당변제를 받으므로 그에게 배당변제를 하고도 남는 상속재산이 있을 것으로 여겨져야 비로소 수유자의 손해가 인정될 수 있다. 그리고 ①의 경우를 제외하면 상속채권자나 수유자는 우선권을 갖고 있거나 적법한 채권신고를 하였거나 한정승인을 한 상속인이 아는 자여야 한다.[3] 별로 논의되고 있지 아니하나, 의무 위반이 있는 한 의무 위반과 손해 사이의 인과관계는 일응 존재하는 것으로 추정함이 옳을 것이다. 특히 공고의무의 경우 상속채권자나 수유자가 한정승인을 한 상속인이 공고하였더라면 이를 보고 채권신고를 하였을 것임을 엄격하게 증명하기란 불가능에 가깝기 때문이다.

(2) 특별한정승인을 한 경우

본조 I 제2문은 그 밖에 §1019 III에 의하여 특별한정승인을 한 상속인이 특별한정승인 이전에 상속재산이 채무초과임을 알지 못한 데 과실이 있고, 특별한정승인 전에 상속채권자나 수유자에게 변제를 한 경우에 대하여 제1문을 적용한다.

특별한정승인을 한 상속인이 특별한정승인 전에 상속채권자나 수유자에게 변제한 경우 이 변제는 특별한정승인에도 불구하고 유효하고, 그로 인하여 처분(되어 타에 유출)된 상속재산도 상속채권자에 대한 책임재산에 포함되지 아니한다(§1034 II 단서 참조). 이 경우에는 변제를 위하여 처분된 상속재산만큼 배당재원이 감소하는 것이다. 그 결과 다른, 즉 특별한정승인 전에 변제받지 못한 상속채권자나 수유자는 위 변제가 없었더라면 배당변제 받았을 금액보다 더 적은 금액을 배당변제 받게 될 수 있다. 본조 I 제2문은 이때 이로 인하여 손해를 입은 상속채권자나 수유자에게 손해배상청구권을 인정한다.

다만, 손해배상청구를 하기 위해서는 특별한정승인을 한 상속인이 상속재산이 채무초과임을 알지 못한 데 과실이 있어야 한다는 점에서 본조 I 제1문의

3) 岡垣 学(주 1), 561.

경우와 다르다. 상속인에게는 일반적으로 조사의무가 있으므로, 조사의무를 이행하였더라면 채무초과임을 알 수 있었다면 과실이 있다고 할 수 있다. 이 점에서 채무초과를 의심할 만한 구체적 계기를 요하는 §1019 III의 소극적 요건으로서 중대한 과실과 다르다. 그러나 사회통념상 상속인이 승인, 포기 여부를 결정하기 위하여 수행하리라고 기대할 수 있는 정도의 조사를 하여서는 채무초과임을 알 수 없었던 경우에는 여전히 과실이 있다고 할 수 없다.

2. 법적 성질, 효과 및 소멸시효

본조 I 제1문의 손해배상책임의 법적 성질은 불법행위이다. 한정승인을 한 상속인은 법률상 일정한 절차에 따라 청산절차를 진행할 의무를 지므로, 이를 위반하였다면 이미 고의 또는 과실로 위법행위를 한 것이고, 또한 본조는 그로 인한 손해의 배상을 명하고 있어 일반 불법행위책임(§750)과 완전히 일치한다.[4] 나아가 본조 I 제2문의 손해배상책임도 불법행위라고 봄이 상당하다. §1019 III의 특별한정승인은 착오 취소의 성격을 갖고 있으므로[§§1019, 1020, 1021 註釋 II. 2. (2)] 본조 I 제2문의 손해배상은 결국 과실 있는 착오자에게 단순승인의 취소를 인정하되 그로 인한 손해의 배상을 명한 셈인데, 이 또한 우리 법에서는 불법행위책임에 해당하기 때문이다.[5]

본조 III은 불법행위를 원인으로 하는 손해배상청구권의 소멸시효에 관한 §766를 본조 I의 책임에 준용한다. 불법행위책임으로 보는 한 당연한 법리이다.[6]

Ⅲ. 변제를 받은 자의 책임

1. 요건

본조 II 제1문은 본조 I 본문의 '부당변제'를 받은 상속채권자나 수유자가 '그 사정을 알고 변제를 받은' 경우에는 이로 인하여 변제받지 못한 상속채권자나 수유자에게 구상하여야 함을 규정한다. 본조의 구상권을 행사하기 위해서는 먼저 '부당변제'가 있어야 하고, 그로 인하여 다른 상속채권자나 수유자가

---

4) 岡垣 学(주 1), 561~562.

5) 이른바 계약체결상 과실 일반에 관하여 §535를 유추하는 것은 판례상 받아들여지고 있지 아니하다. 대법원 1997. 8. 22. 선고 97다13023 판결 참조.

6) 岡垣 学(주 1), 560. 그 이외에 §756, 760 등이 다른 불법행위법 규정도 본조의 책임에 적용될 수 있을 것이다.

배당변제가 적법하게 이루어졌더라면 배당변제 받을 수 있었을 금액보다 더 적은 금액을 배당변제 받았어야 한다(객관적 요건). '부당변제'와 손해의 의미에 관하여는 위 II. 1. (1) 참조. 다음 주관적으로는 상속채권자나 수유자가 변제를 받을 당시에 그 변제가 '부당변제'임을 인식하고 있어야 한다. 부당변제라는 점만 인식하면 족하고 그로 인하여 다른 상속채권자나 수유자가 더 적은 금액을 배당변제 받았다는 점까지 인식할 필요는 없다(주관적 요건).[7)]

본조 II 제2문은 §1019 III에 의하여 한정승인을 한 경우 그 이전에 상속채무가 상속재산을 초과함을 알고 변제받은 상속채권자나 수유자에 대하여 구상의무를 인정한다. 구상권자는 특별한정승인이 이루어진 뒤 그 상속채권자나 수유자에게도 배당변제를 하였더라면 더 많이 배당변제를 받을 수 있게 되었을 다른 상속채권자나 수유자이다. 상세는 위 II. 1. (2) 참조. 이에 대하여는 변제를 받은 상속채권자 및 수유자와 변제를 받지 못한 상속채권자 및 수유자를 차별하는 것으로 형평에 맞지 아니하다는 비판이 있다.[8)]

2. 법적 성질, 효과 및 소멸시효

일본에서는 본조 II의 구상의무의 법적 성질에 관하여 부당이득설과 불법행위설이 갈리나, 본조 I의 한정승인을 한 상속인의 불법행위에 가담하여 공동불법행위책임을 진다는 견해(불법행위설)가 통설이다.[9)]

그러나 일본민법과 달리 §1019 III의 특별한정승인이 이루어진 경우에도 일정한 요건 하에 한정승인을 한 상속인과 변제를 받은 자에게 책임을 지우는 우리 민법에서는 이를 일률적으로 불법행위로 구성할 수 없다. 상속인이 상속재산의 채무초과사실을 과실 없이 알지 못한 채 단순승인을 하거나 법정단순승인이 된 경우 그 상속인은 이후 특별한정승인을 할 수 있고 이를 가리켜 불법행위라고 할 수 없으며, 이때 상속채권자나 수유자가 채권 전액을 변제 받는 것 또한 그의 권리의 실현으로써 불법행위가 될 수 없는데, 그럼에도 상속채권자나 수유자가 상속재산이 채무초과라는 사실을 알면서 변제를 받았다면 구상의무를 지기 때문이다. 따라서 이는 특별한정승인으로 인하여 단순승인 또는 법정단순승인이 소급하여 취소되고 한정승인의 효력이 소급하여 발생하는 결과 발생한 부당이득반환의무로 봄이 옳다(부당이득설). 그렇다면 본조 II 제1문의

7) 岡垣 学(주 1), 562.
8) 이경희, 465.
9) 岡垣 学(주 1), 563.

구상의무도 부당이득으로 구성하는 것이 타당할 것이다. 부당이득의 성질은 ─ 다른 상속채권자나 수유자에게 배당되어야 할 것을 침해하였다는 의미에서 ─ 침해부당이득이다.

본조 III은 불법행위를 원인으로 하는 손해배상청구권의 소멸시효에 관한 §766를 본조 I의 책임에 준용한다. 본조 II의 책임을 부당이득반환의무로 보는 경우 이는 소멸시효에 관한 특칙이 된다.

Ⅳ. 두 책임의 관계

본조 I 제1문의 손해배상책임과 II 제1문의 구상의무가 함께 인정되는 경우 상속채권자 또는 수유자는 두 권리 중 어느 하나를 선택하여 행사할 수 있고, 위 두 의무는 부진정연대채무관계에 있다.[10] 한정승인을 한 상속인이 본조 I 제1문의 손해배상책임을 이행하였다면 본조 II 제1문의 구상의무를 부담하는 상속채권자 또는 수유자에게 구상권을 갖는다. 그러나 본조 I 제1문의 손해배상책임은 인정되나, 상속채권자나 수유자가 선의여서 본조 II 제1문의 구상의무는 인정되지 아니하는 경우에는 한정승인을 한 상속인이 그 고유재산으로 종국적 부담을 지고 상속채권자 또는 수유자에게 구상을 구할 수 없다고 보아야 한다. 만일 내부적 구상권을 인정한다면 선의로 변제를 수령한 상속채권자나 수유자의 지위를 보호하고자 하는 본조 II 제1문의 취지가 잠탈될 것이기 때문이다. 또한 본조 I 제2문의 손해배상책임과 II 제2문의 구상의무가 함께 인정되는 경우에도 상속채권자 또는 수유자는 두 권리 중 어느 하나를 선택하여 행사할 수 있고, 두 의무는 부진정연대채무관계에 있으며, 한정승인을 한 상속인이 본조 I 제2문의 손해배상책임을 이행하였다면 본조 II 제2문의 구상의무를 부담하는 상속채권자 또는 수유자에게 구상권을 갖는다. 그러나 한정승인을 한 상속인에게 착오에 과실이 없었다든지 변제를 받은 상속채권자 또는 수유자가 선의였다는 등의 이유로 두 책임 중 어느 하나만 성립하는 때에는 그가 종국적 부담을 지는 수밖에 없다.

10) 岡垣 学(주 1), 562~564.

第1039條(申告하지 않은 債權者 等)

第1032條第1項의 期間內에 申告하지 아니한 相續債權者 및 遺贈받은 者로서 限定承認者가 알지 못한 者는 相續財産의 殘餘가 있는 境遇에 限하여 그 辨濟를 받을 수 있다. 그러나 相續財産에 對하여 特別擔保權 있는 때에는 그러하지 아니하다.

Ⅰ. 개설

§§1032~1037에서 정한 바에 따라 한정승인의 청산절차를 진행한 결과 잔여재산이 남지 아니하면 그것으로 청산절차가 종료하고 — §1038에 따라 부당변제 등에 대한 책임을 묻는 외에는 — 별 다른 문제가 없다. 상속채권자나 수유자가 그 채권의 전부 또는 일부를 변제받지 못하였다 하더라도 한정승인을 한 상속인의 고유재산에 대하여 강제집행을 하는 등 그 책임을 물을 수 없다. 한정승인을 한 상속인이 알지도 못하고 채권신고기간 내에 채권신고를 하지도 아니한 상속채권자와 수유자의 경우 §§1032~1037의 청산절차에 참여할 수 없으므로 채권은 존재하나 책임은 전혀 묻지 못하게 된다.

한편, 위 청산절차를 마쳤음에도 상속재산이 남아 있다면 원칙적으로 남은 상속재산, 즉 잔여재산은 한정승인을 한 상속인에게 귀속한다. 그러나 상속채권자나 수유자인데 한정승인을 한 상속인이 알지도 못하였고 채권신고기간 내에 신고도 하지 못하여 청산절차에 참여하지 못한 자가 있는 경우 잔여재산이 있음에도 그 잔여재산에 대하여 전혀 책임을 묻지 못하고 한정승인을 한 상속인에게 귀속시킨다면 지나친 일이 될 것이다. 본조 본문은 그러한 채권자에 대하여 잔여재산에 한하여 권리행사를 인정한다. 다른 한편, 상속재산에 대하여 특별담보권이 있는 상속채권자나 수유자의 경우 담보물의 가액을 한도로 우선변제를 받을 수 있으므로 본조 본문의 적용을 받지 아니한다. 본조 단서는 이 점을 규정하고 있다.[1)]

1) 박광천, "상속의 한정승인", 재판자료 78, 1998, 615~616; 임영수, "한정승인의 심판절차와 상

본조는 일민 §935를 따른 것이나, 독민 §1973, 스민 §590에서도 비슷한 규정을 볼 수 있다.

Ⅱ. 배당변제절차에서 제척된 상속채권자 및 수유자의 권리

1. 잔여재산

잔여재산은 상속재산 중 상속비용과 상속재산에 대하여 우선권을 갖는 채권자와 한정승인을 한 상속인이 알았거나 신고기간 내에 신고한 상속채권자 및 수유자에 대한 채권을 변제한 뒤 남은 상속재산을 가리킨다. 상속재산은 원물 그대로 존재할 필요가 없고, 대상물로 변형된 때에도 상속재산으로 보아야 한다. 그로부터 생긴 과실, 이자도 상속재산에 포함된다. 예컨대 상속재산의 멸실, 훼손, 무단이용 등으로 생긴 제3자에 대한 불법행위를 원인으로 하는 손해배상청구권, 부당이득반환청구권 등이 이에 포함된다. 나아가 한정승인을 한 상속인의 고의 또는 과실로 상속재산에 대하여 손해를 입힌 경우에도 이러한 권리가 인정된다고 봄이 옳다. 한정승인은 상속재산과 고유재산을 분리시키므로 양자 사이에도 이러한 법률관계가 성립할 수 있도록 하기 때문이다.[2)]

잔여재산이 존재하지 아니한다거나 그 범위 내지 가액이 채권을 만족시키기에 부족하다는 점은 채무자, 즉 한정승인을 한 상속인이 주장·증명해야 한다. 본조 본문의 문언만 보면 잔여재산의 존재와 범위를 채권자가 주장·증명하여야 하는 것처럼 읽히나, 한정승인에 따른 청산절차는 한정승인을 한 상속인이 진행하는 것이므로 채권자로서는 잔여재산의 존부와 범위를 알 방법이 거의 없는 반면 상속인은 이를 알고 있고 또 용이하게 증명할 수 있기 때문이다.[3)]

2. 배당변제절차에서 제척된 상속채권자 및 수유자의 권리

잔여재산의 한도에서 변제받을 수 있는 권리자는 한정승인을 한 상속인이 알지도 못하고 신고기간 내에 신고하지 아니한 상속채권자와 수유자이다. 상속인이 채권신고기간이 지난 뒤에 비로소 알게 된 채권자, 채권신고기간이 지난 뒤 신고한 채권자, 채권신고기간 내에 신고하였으나 그 채권액 등이 분명하지

속채무의 배당변제에 관한 고찰", 가족법연구 25-3, 2011, 276; 谷口知平·久貴忠彦 編輯, 新版 注釋民法(27), 1989, 565(岡垣 学).

2) 岡垣 学(주 1), 566.

3) 김주수·김상용, 773; 박광천(주 1), 616; 임영수(주 1), 276; 岡垣 学(주 1), 567; RG D. JZ. 1905, 1011; RG Leipz Z. 1918, 1368, Nr. 10.

아니하였고, 청산절차가 종료할 때까지 그 채권액 등이 불분명한 상태로 남은 채권의 채권자, 기간 내에 채권의 일부를 신고하였으나 그 나머지는 기간이 도과한 뒤 신고한 채권자도 이에 포함된다.[4)]

위 상속채권자 및 수유자는 그 채권액의 범위 내에서 잔여재산을 한도로 채권을 행사할 수 있다. 변제의 순서와 방법에 관하여는 별다른 규정이 없으므로 한정승인을 한 상속인으로서는 특별한 제한 없이 변제할 수 있으며, 어느 채권자에게 먼저 변제하더라도 유효하다. 한정승인을 한 상속인 또는 상속채권자는 잔여재산의 범위에서는 상계도 할 수 있다.[5)] 다만, 그 채권총액이 잔여재산을 초과하여 일부 지급불능이 될 것이 명백한 때에는 신의칙상 각 채권액의 비율에 따라 배당변제를 하여야 하고, 상속채권자와 수유자가 변제를 구할 때에는 상속채권자를 우선하여 변제하여야 한다(§1036의 유추).[6)]

3. 권리행사의 시적 한계

본조는 한정승인을 한 상속인이 알지도 못하고 채권신고기간 내에 채권신고도 하지 아니한 상속채권자와 수유자의 권리행사의 종기(終期)에 관하여 별다른 규정을 두고 있지 아니하다. 학설로는 채권신고기간이 만료된 뒤 잔여재산과 상속인의 고유재산이 혼동되어 더는 식별할 수 없게 되거나 잔여재산을 처분한 때에는 더는 상속채권자나 수유자가 본조의 권리를 행사할 수 없다는 견해도 있으나,[7)] 혼동 또는 잔여재산의 처분이 있을 때까지 상속채권자 등을 식별하지 못하였다는 이유만으로 한정승인에 따른 채무변제의 책임을 종료시킬 수는 없다며 상속재산과 고유재산의 분리는 여전히 존속하고, 따라서 채무변제 책임도 존속한다는 견해도 주장되고 있다.[8)]

Ⅲ. 특별담보권자의 권리

본조 본문은 '특별담보권자'에 대하여는 적용되지 아니한다(본조 단서). 특별담보권자는 §1034 I 본문의 '우선권있는 채권자'와 같은 의미이다. 즉, 상속재산에 대하여 우선특권, 질권, 저당권, 유치권 등을 갖고 있는 채권자를 말한

4) 岡垣 学(주 1), 566.
5) 日大判 1931(昭 6). 4. 7. 裁判例 5, 民50.
6) 김주수·김상용, 772; 岡垣 学(주 1), 568.
7) 박광천(주 1), 616; 岡垣 学(주 1), 567.
8) 임영수(주 1), 276~277.

다.[9] 이들의 경우 한정승인을 한 상속인이 알지 못하고 채권신고기간 내에 신고하지도 아니하였어도, 그 시기에 관계없이, 그 권리를 행사할 수 있고, 우선변제를 받을 수 있는 것이다. 이미 특별담보권의 대상인 상속재산이 처분된 때에 그 상속재산 또는 그 대가에 추급할 수 있는가 하는 점은 물권법과 집행법의 법리에 따라 결정된다. 가령 저당권의 경우 저당 목적물이 제3자에게 양도되어도 추급할 수 있으나 저당 목적물에 대하여 경매가 이루어진 때에는 집행절차상 부당이득의 법리에 따라 제한적인 범위에서 부당이득반환을 구할 수 있고, 그 밖에는 물상대위의 요건을 갖추어야 한다.[10]

9) 박광천(주 1), 617; 임영수(주 1), 277.
10) 岡垣 学(주 1), 569.

第1040條(共同相續財産과 그 管理人의 選任)

① 相續人이 數人인 境遇에는 法院은 各 相續人 其他 利害關係人의 請求에 依하여 共同相續人 中에서 相續財産管理人을 選任할 수 있다.

② 法院이 選任한 管理人은 共同相續人을 代表하여 相續財産의 管理와 債務의 辨濟에 關한 모든 行爲를 할 權利義務가 있다.

③ 第1022條, 第1032條 乃至 前條의 規定은 前項의 管理人에 準用한다. 그러나 第1032條의 規定에 依하여 公告할 5日의 期間은 管理人이 그 選任을 안 날로부터 起算한다.

Ⅰ. 한정승인에서 상속재산 관리 일반

한정승인을 한 상속인은 — 한정승인에 따른 청산절차를 마칠 때까지 — 상속재산을 유지, 보존하여야 할 뿐 아니라, §§1032~1037에 따라 청산절차를 진행하여야 한다. 한정승인을 한 상속인의 상속재산 관리는 이들 두 측면을 포괄하는 것이다. 민법은 이와 같은 상속재산 관리를 원칙적으로 상속인에게 맡긴다(§§1022, 1032~1037 및 각 그 註釋 참조). 다만, 한정승인을 한 상속인은 일반 상속인과 달리 상속재산 파산원인을 알게 된 때에는 지체 없이 파산신청을 할 의무가 있다(回生破産 §299 II, III). 한정승인을 한 상속인의 상속재산관리는 청산절차가 완결됨으로써 종료한다.[1] 그 이후에도 남은 상속재산이 있다면 이는 이제 한정승인을 한 상속인의 고유재산과 혼합되어 그의 고유재산이 된다.

한정승인은 상속재산 파산(回生破産 §§299, 300)과 거의 같은 기능을 하나, 파산과 달리 한정승인 사실이 공시되지 아니하고, 채권자집회도 없으며, 부인권 규정도 없는 등 여러 모로 불충분하다. 또한 별도의 관재인을 두고 법원이 감독하여 절차를 진행하는 대신 모든 절차를 한정승인을 한 상속인에게 맡겨두어 실제에 있어서 청산절차가 잘 진행되지 아니하는 경우가 많고 일반채권자의 강제집행을 저지하기 어렵다는 점 또한 한정승인절차의 문제 중 하나이다.

1) 곽윤직, 176; 박동섭, 619; 송덕수, 378; 이경희, 452; 한봉희·백승흠, 561.

입법론적으로는 한정승인을 폐지하고 상속재산파산이나 상속재산관리를 도입하는 것이 바람직하다는 주장이 제기되는 것도[2] 그 때문이다.

Ⅱ. 공동상속의 한정승인과 상속재산 관리

1. 규율내용

(1) 상속재산관리인이 선임된 경우

본조가 직접 규율하는 것은 상속재산관리인이 선임된 경우이다.

먼저 본조 I은, '상속인이 수인인 경우'에 법원이 '각 상속인 또는 이해관계인의 청구에 의하여' 상속재산관리인을 선임할 수 있음을 규정한다. 문언은 '상속인이 수인인 경우'라고 하여 공동상속이 일어난 경우 일반을 가리키는 것처럼 읽힌다. 그러나 한정승인을 한 것만으로는 상속인의 상속재산 관리의무가 종료하지 아니하고(§1022 참조), 본조가 상속재산관리인에 관하여 §1023와 달리 정하고 있는 부분이 있으며, 다른 한편 공동상속인 중 1인만 한정승인을 한 때에는 그가 당연히 청산절차를 단독으로 진행하게 될 것임에 비추면, 공동상속인 중 수인(數人)이 한정승인을 한 때를 가리킨다고 읽는 것이 옳다. 공동상속인 전원이 한정승인을 할 필요는 없다.[3] 상속재산관리인 선임을 구할 수 있는 것은 '각 상속인 또는 이해관계인'이다. 공동상속인 중 1인이라도 한정승인을 한 경우 그로 인한 재산분리의 효과 및 청산절차가 전 공동상속재산에 미친다는 점에 비출 때(§§1029, 1030 註解 I. 2. 참조) 한정승인을 한 공동상속인은 물론, 아직 한정승인을 하지 아니하였거나 단순승인을 한 공동상속인도 선임을 구할 수 있는 '각 상속인'에 포함된다고 보아야 할 것이다.[4] 그러나 상속포기를 한 공동상속인은 더는 상속인이 아니므로 이에 해당하지 아니한다. '이해관계인'에는 상속채권자, 상속인의 채권자 등 한정승인절차에 관하여 법률상 이해관계를 가지는 자가 포함된다. 상속재산관리인 선임청구의 시기에는 제한이 없다. 관할법원은 해당 한정승인신고를 수리한 가정법원이고, 절차의 성격은 라류 가

2) 윤진수, 471 참조. 한정승인 한 경우 상속재산목록의 확정을 위하여 신청 또는 직권으로 가정법원이 재산조회를 할 수 있게 하고, 한정승인신고를 수리하면 가정법원이 직권으로 공고절차를 진행하며 상속재산 처분을 위하여 경매를 신청하면 가정법원이 직권으로 배당변제를 하게 하자는 입법론으로, 임영수, "한정승인의 심판절차와 상속채무의 배당변제에 관한 고찰", 가족법연구 25-3, 2011, 278~282.

3) 고형규, "특별대리인 및 재산관리인의 선임", 재판자료 18, 1983, 165~166.

4) 고형규(주 3), 166.

사비송절차로서, 재판형식은 심판, 즉 결정이다(家訴 §§2 I ii 가. 34). 역시 대심절차(對審節次)가 아니며, 사건관계인을 심문하지 아니하고 심판할 수 있다(家訴 §45). 심리는 공동상속인지, 그 중 여러 명이 한정승인을 한 경우인지, 누구를 상속재산관리인으로 선임할지에 집중된다.[5] 법원은 상속재산관리인선임심판서를 작성하여 그 청구인 이외에 선임된 상속재산관리인과 다른 공동상속인들 전원에게 고지하여야 한다(家訴 §40, 家訴規 §25). 심판비용은 상속재산의 부담으로 된다(家訴規 §§78, 52).[6]

다음 본조 I은 이러한 경우 상속재산관리인은 공동상속인 중에서 선임하여야 한다고 규정한다. 여기에서 공동상속인은 한정승인을 한 공동상속인을 가리키고 한정승인하지 않은 공동상속인은 제외된다.[7] 이 점에서 §1023와 다르다. 상속재산관리인은 공동상속인 중 1인으로 함이 보통이나, 수인(數人)을 선임하는 것도 가능하다.[8]

선임된 상속재산관리인은 '공동상속인을 대표하여 상속재산의 관리와 채무의 변제에 관한 모든 행위를 할 권리와 의무가 있다(본조 II).' 모든 행위 할 권리를 가지므로 부재자재산관리인과 달리 보존행위로 제한되지 아니한다. 이 때의 상속재산관리인의 법적 지위에 관하여는 그 자신이 공동상속인 중 1인이자 다른 공동상속인의 법정대리인이며, 따라서 실체법상 상속재산의 관리·처분에 관하여 일체의 권한을 행사할 수 있고 소송법상 법정대리인의 지위에서 상속재산에 관한 소송을 수행할 수 있다는 것이 통설이다.[9] 그러나 소송법상으로는 직무상 당사자로 봄이 옳다. 또한 상속재산관리인이 선임되면 다른 공동상속인들의 상속재산에 대한 실체법상 또는 소송상 관리처분권이 상실된다는 것이 통설이지만,[10] 제3자에게 처분의 무효를 주장하려면 처분제한이 공시되어야 하고, 공시 없이 당연히 무효가 되는 것은 아니라고 본다. §§1022, 1023 註釋 III. 2. 참조. 상속재산 보존 및 한정승인에 따른 청산진행의무와 그에 따른 책임도 상속재산관리인에게 집중되고(본조 III 본문), 다른 공동상속인들은 이를 면한다. §1032에 따라 공고할 5일의 기간은 상속재산관리인이 그 선임을 안

5) 가사[II], 392.
6) 박광천, "상속의 한정승인", 재판자료 78, 1998, 618.
7) 대법원 1979. 12. 27.자 76그2 결정. 또한 가사[II], 392.
8) 김주수·김상용, 767; 박광천(주 6), 619; 신영호·김상훈, 424; 한봉희·백승흠, 574; 谷口知平·久貴忠彦 編輯, 新版 注釋民法(27), 1989, 571(岡垣 学).
9) 고형규(주 3), 166; 곽윤직, 190; 한봉희·백승흠, 574.
10) 김주수·김상용, 766; 박광천(주 6), 619; 가사[II], 392. 그러나 일본 판례는 반대취지이다. 日最判 1968(昭 43). 12. 7. 家月 21-5, 49.

날부터 기산한다(본조 III 단서). 이때의 상속재산관리인이 상속재산의 파산원인을 한 때에 지체 없이 상속재산 파산을 신청할 의무가 있음은 물론이다(回生破産 §299 II, III).

(2) 상속재산관리인이 선임되지 아니한 경우

한편, 본조 I은 '상속재산관리인을 선임할 수 있다'고 규정함으로써 공동상속재산에 관하여 한정승인이 이루어졌다 하더라도 청구가 없으면 상속재산관리인이 선임되지 아니함을 밝힌다.

이때 공동상속재산의 관리 및 청산절차는 한정승인을 한 공동상속인 전원이 공동으로 진행하는 수밖에 없다.[11] 그리고 한정승인으로 인한 청산절차가 전 상속재산에 대하여 진행되어야 하는 이상 한정승인을 한 공동상속인 전원은 한정승인을 하지 아니한 공동상속인에 대하여도 법적 권한을 가져야 한다. 따라서 상속재산관리인이 선임되지 아니한 때에는 한정승인을 한 공동상속인 전원이 법률상 당연히 공동상속재산관리인의 지위를 갖는 것으로 봄이 타당하다. 이들의 권한행사와 의무이행은 합수적(合手的)으로 이루어져야 할 것이다.[12]

2. 입법론적 비판

본조는 일민 §936를 일부 수정하여 받아들인 것으로, 비교법적으로는 유례가 없는 규정이다.[13] 그러나 일민 §936 I이 공동상속에 관하여 한정승인이 이루어진 경우에 반드시 상속재산관리인을 선임하여야 한다고 규정하고, 그에 따라 한정승인신고를 수리할 때 가정법원이 직권으로 상속재산관리인을 선임하고 있는 것과 달리,[14] 본조는 각 상속인 또는 이해관계인의 청구에 따라 선임할 수 있는 것으로 규정하고 있어 상속재산관리인이 선임되지 아니하는 경우가 생기게 되었다. 현실적으로 상속재산관리인 없이 공동상속재산에 관하여 청산절차를 진행하는 것은 매우 불편하고 법률관계의 불확실성이 커 합리적이라고 할 수 없다. 이를 임의규정으로 하면서 상속재산관리인이 선임된 경우 공고기간의 기산일을 관리인이 그 선임을 안 날로 하는 것(본조 III 단서) 또한 불합리하다. 민법이 일본민법과 달리 공동상속인 각자가 한정승인 여부를 정할 수 있게 하고 있음(§1029)을 고려한 수정으로 추측되나, 여러 모로 신중하지 못한

11) 곽윤직, 190.
12) 유언집행자에 관한 대법원 2011. 6. 24. 선고 2009다8345 판결 참조.
13) 이미 일민 §936는 모법(母法)이 없는 일본민법의 창조물이다. 岡垣 学(주 8), 570~571.
14) 岡垣 学(주 8), 571.

입법이었다. 실무상으로는 공동상속이 있는 경우 다른 공동상속인들은 상속을 포기하고 그 중 1인만이 한정승인하는 일이 흔한데, 이 또한 공동상속에서 한정승인이 갖는 불편과 불확실성으로 인한 것이다. 이런 점들을 고려한다면 공동상속에 관하여 한정승인이 있는 경우에는 직권으로 상속재산관리인을 선임하게 함이 바람직할 것이다.

第 4 款　拋棄

第1041條(拋棄의 方式)

相續人이 相續을 拋棄할 때에는 第1019條第1項의 期間內에 家庭法院에 拋棄의 申告를 하여야 한다.

Ⅰ. 상속포기의 실질적 요건

1. 개설

상속포기는 자기를 위하여 개시된 상속의 효력을 상속개시시에 소급하여 확정적으로 소멸시키는 내용의 상대방 없는 의사표시를 포함하는 법률행위로서 단독행위이다.[1] 포기의 요건 일반에 관하여는 §1024 註釋 I. 2. 참조. 다만 가정법원에 신고함으로써 효력이 생기고, 가정법원에 대한 신고절차는 그 자체 가사비송절차이므로, 소송행위의 성격도 갖는다. 따라서 미성년자와 후견인의 동의가 유보된 피한정후견인과 같이 법정대리인의 동의만 있으면 단독으로 법률행위를 할 수 있는 자라 하더라도 한정승인을 할 때에는 법정대리인이 대리하여 신고하여야 하고 법정대리인의 동의를 받아 단독으로 할 수는 없다[民訴 §55, 상속포기의 신고에 관한 예규(재특 2003-1) §2 I]. 다만 친권자가 미성년자를 대리하여 하는 상속포기는 이해상반행위가 되는 경우가 있다. 그러한 때에는 특별대리인을 선임하여 포기신고를 하여야 한다. 주해친족 §921 註釋 참조. 부재자재산관리인도 가정법원의 허가를 받아 포기신고를 할 수 있다.[2] 그 밖에 임의대리인이 신고하는 것도 가능하다(家訴規 §75 II).[3]

---

1) 곽윤직, 193; 김주수 · 김상용, 774; 박동섭, 640; 송덕수, 390; 신영호 · 김상훈, 426; 이경희, 466.

2) 가사[II], 374~375.

3) 최진섭, "상속포기의 법리", 가족법연구 9, 1995, 350.

공동상속이 이루어진 경우 포기 여부는 상속인 각자가 개별적으로 할 수 있다. 실무상으로는 공동상속에 관하여 한정승인을 하는 경우 생기는 번잡함을 피하기 위하여 1인만 한정승인을 하고 나머지 공동상속인들은 상속을 포기하는 예가 다수 있다. 공동상속인 중 1인이 포기의 신고를 한 때에도 다른 공동상속인들에게 통지할 의무는 없다. 그러나 공동상속인 중 1인의 포기가 다른 공동상속인에게 큰 영향을 미치는 이상 입법론적으로는 통지의무를 인정하는 것이 바람직하다는 견해가 있다.[4] 독민 §§1953, 1957, 스민 §575 참조.

선순위상속인보다 먼저 또는 그와 동시에 포기신고를 하는 것도 허용된다 [상속포기의 신고에 관한 예규(재특 2003-1) §3].

상속인 파산선고 전에 상속개시가 있었고 상속인이 파산선고 후에 상속을 포기한 때에는 이 포기에는 한정승인의 효력밖에 없으나, 파산관재인은 포기가 있음을 안 날부터 3개월 이내에 그 뜻을 가정법원에 신고하여 포기의 효력을 인정할 수 있다(回生破産 §386).

2. 복수 상속자격자의 포기

상속인이 복수의 상속자격을 갖고 있는 경우, 예컨대 피상속인의 손자(대습상속인)가 그의 보통양자가 되었거나 피상속인의 동생이 그의 양자가 된 경우, 상속인은 두 지위를 모두 주장할 수 있고, 포기 여부도 각각 별도로 정할 수 있다. 그중 어느 지위를 포기하는 것인지 분명히 하지 아니한 채 포기신고를 하였고 그것이 보정되지 아니한 채 수리된 경우에는 모든 지위를 포기한 것으로 해석할 수 있다. §1024 註釋 I. 2. 참조. 문제는 어느 한 지위를 포기하는 취지로 신고한 때에 그 포기의 효력이 다른 지위에 미치는가 하는 점인데, 미치지 아니한다고 본다.[5]

3. 상속개시 전 상속포기와 상속을 포기하기로 하는 약정의 효력

§1024 註釋 I. 2. 참조.

---

4) 박동섭, 643; 최진섭(주 3), 355, 362.

5) 반면 일본 판례는 복수의 상속인자격의 순위가 다른 경우 선순위의 상속인자격을 포기하여도 후순위 상속인자격에 영향을 주지 아니하나, 순위가 같은 경우에는 모두 포기한 것으로 본다는 취지이다. 日大判 1940(昭 15). 9. 18. 民集 19, 1624. 이 문제에 관한 일본에서의 학설대립에 관하여는 谷口知平·久貴忠彦 編輯, 新版 注釋民法(27), 1989, 600~601(山本戸克己·宮井忠夫). 이와 달리 한 번 포기한 사람의 상속권은 복수의 자격 모두에 대하여 소멸한다는 것으로, 박동섭, 647.

Ⅱ. 상속포기의 형식적 요건

1. 신고기간

상속의 포기는 §1019 I의 기간 내에 한하여 할 수 있다. 위 기간 내에 가정법원에 신고서가 접수되어야 한다. 위 기간에 관하여는 §§1019, 1020, 1021 註釋 I. 참조.

기간이 도과하여 이루어진 상속포기는 무효이다. 그러나 상속포기가 상속재산 전부를 공동상속인 중 1인에게 귀속시킬 방편으로 행해진 것이라면 상속재산의 협의분할로 볼 수 있다.[6)]

2. 신고

(1) 신고방식

상속의 포기는 포기를 하려는 상속인 본인, 그가 제한능력자인 경우에는 그 법정대리인이 하여야 한다. 그 밖에 임의대리인도 이를 할 수 있다(家訴規 §75). 신고는 상속개시지, 통상적으로는 피상속인의 주소지(§998)의 가정법원에 한다. 외국인으로 국내에 주소지가 없는 경우에는 대법원 소재지의 가정법원이 관할한다(家訴 §§13 II, 35 II). 신고는 상속인, 대리인이 신고하는 경우 그 대리인이 기명날인 또는 서명한 서면에 의하여야 하는데, 신고서에는 포기심판을 구하는 상속인의 등록기준지, 주소, 성명, 생년월일 및 대리인이 청구할 때에는 그의 주소와 성명, 청구취지(상속의 포기를 하는 뜻) 및 청구원인(피상속인의 성명과 최후주소, 피상속인과의 관계, 상속개시 있음을 안 날 포함, 그러나 포기의 이유는 기재할 필요가 없다), 청구연월일 및 가정법원의 표시(家訴 §36 III, 家訴規 §75 II)가 기재되어 있어야 한다. 이 신고서에는 신고인 또는 대리인의 인감증명서(家訴規 §75 II)와, 위 사실을 소명할 자료, 즉 신고인의 가족관계증명서, 주민등록등본, 피상속인의 폐쇄가족관계등록부에 따른 기본증명서(피상속인이 2008. 1. 1. 이전 사망한 때에는 제적등본), 직계비속이 아닌 경우에는 가계도를 첨부하여야 한다.[7)]

(2) 수리심판

포기신고의 수리는 라류 가사비송사건[家訴 §2 I 나. i 32)]으로 재판의 형식은 심판이다(家訴 §39 I). 포기신고의 수리 여부를 결정함에 있어서는 신고서와

---

6) 대법원 1989. 9. 12. 선고 88누9305 판결. 무효행위의 전환(§138)의 일종이다.
7) 김종필, "상속의 승인과 포기", 서울가정법원 실무연구[IX], 2003, 131; 최진섭(주 3), 354~355.

첨부서류의 기재에 비출 때 신고인이 상속인인가, 신고서가 신고인의 진의에 의하여 작성된 것인가,[8] 법정기재사항이 기재되어 있는가, 첨부서류가 갖추어 졌는가, 신고기간 내인가 등을 심사하는데 그치고 실체적으로 신고가 유효한지, 혹 법정단순승인사유가 존재하는 것은 아닌지 등까지 조사하지는 아니한다.[9] 그리하여 서류상 요건이 갖추어진 이상 신고를 수리하여야 하고, 나아가 형식적 요건이 일부 미비된 신고서라 하더라도 그것이 전혀 신고서라고 볼 수 없는 것이 아닌 이상 추완시켜 수리하는 등 가급적 유효하게 해석함이 옳다. 반면 신고서가 기간을 도과한 것임이 명백하거나 본인의 의사에 기한 것이 아님이 명백한 경우 및 형식적 요건을 결하였고 추완되지도 아니한 경우에는 신고를 각하하고, 불수리결정을 하지 아니한다. 포기신고를 수리하는 심판에 대하여는 불복할 수 없고(家訴 §43, 家訴規 §27), 잘못 수리하였다 하더라도 본안소송에서 상속포기의 효력이 쟁점이 되었을 때 선결문제나 포기무효 확인의 소로 그 효력을 다투는 수밖에 없다. 반면 각하 심판에 대하여는 즉시항고할 수 있다(家訴規 §27). 종국적으로 수리가 거절된 경우 다른 포기의 요건을 갖추었다 하더라도 포기의 효력이 발생하지 아니하므로 불복할 방법이 필요한 것이다.[10] 포기의 효력은 수리심판이 포기자에게 고지됨으로써 발생하고, 그 전에는 발생하지 아니한다(家訴 §40, 家訴規 §25).[11]

청구인은 수리심판이 있기 전까지는 심판청구를 취하할 수 있을 뿐 아니라, 포기심판청구를 한정승인심판청구로 변경할 수도 있다.[12] 청구인이 포기신고를 한 뒤 그 수리 전 사망하였다면 당해 절차는 당연히 종료하고, 청구인의 상속인이 포기를 원하는 때에는 따로 포기신고를 하여야 한다.[13]

Ⅲ. 이른바 사실상 상속포기

학설 중에는 공동상속인 중 한 사람에게 상속재산을 집중시키기 위하여 그를 제외한 모든 공동상속인이 상속을 포기하는 대신에 다른 방법, 가령 다른

8) 이는 형식적 요소에 해당한다. 이 점에 대한 심사의 중요성을 강조하는 것으로, 김주수 · 김상용, 775.
9) 그러나 실질적 심사주의를 채택하고 있다는 주장으로, 한봉희 · 백승흠, 577.
10) 김종필(주 7), 133~134; 최진섭(주 3), 356~357.
11) 대법원 2004. 6. 25. 선고 2004다20401 판결.
12) 김종필(주 7), 132.
13) 김종필(주 7), 132; 김주수 · 김상용, 775.

상속인이 '자기는 피상속인으로부터 생전증여를 받았으므로 상속재산으로부터는 받을 것이 없다'는 취지의 진술서를 작성, 상속등기신청서에 첨부하거나(이를 특별수익증명서라고 한다), 한 상속인에게 상속재산 전부를 집중시키는 내용의 상속재산분할협의를 하는 경우를 사실상 상속포기라고 하는 것이 있다.[14] 그러나 같은 문헌에서도 지적하듯, 이러한 방법으로는 상속채무의 부담을 면할 방법이 없다. 그 밖에 이러한 방법은 모두 상속재산협의분할을 이용한 것이므로, 상속포기는 채권자취소의 대상이 되지 아니하나[15] 상속재산협의분할은 된다는[16] 판례에 따를 때에는 이 점에서도 양자 사이에 차이가 생긴다. 이러한 구분이 부당하다는 점에 대하여는 §1024 註釋 Ⅳ. 참조.

14) 김주수 · 김상용, 779~780.
15) 대법원 2011. 6. 9. 선고 2011다29307 판결.
16) 대법원 2001. 2. 9. 선고 2000다51797 판결 등.

第1042條(拋棄의 遡及效)

相續의 拋棄는 相續開始된 때에 遡及하여 그 效力이 있다.

第1043條(拋棄한 相續財産의 歸屬)

相續人이 數人인 境遇에 어느 相續人이 相續을 拋棄한 때에는 그 相續分은 다른 相續人의 相續分의 比率로 그 相續人에게 歸屬된다.

참고문헌: 구민승(2008), "가해자가 피해자의 자동차손해보장법상 손해배상청구권을 상속한 후 상속포기한 경우의 법률관계", 재판과 판례 16; 박근웅(2015), "동순위 혈족상속인 전원의 상속포기와 배우자상속", 가족법연구 29-2; 박동섭(2002), "개정민법과 상속의 한정승인·포기", 법조 51-4; 오시영(2005), "손해배상청구권을 중심으로 한 혼동과 상속포기의 우열", 서울지방변호사회 판례연구 19(1); 유남근(2003), "상속포기자에 대하여 승계집행문 부여 후 행하여진 집행절차의 효력", 부산판례연구회 판례연구 15; 윤장원(2007), "교통사고로 인한 자동차손해배상보장법 제3조의 손해배상청구권의 혼동과 상속포기", 부산판례연구회 판례연구 18; 윤진수(2016), "상속포기의 사해행위 취소와 부인", 가족법연구 30-3; 이영무(1996), "선순위 상속인들이 상속을 포기하였을 경우 상속재산이 차순위 상속인에게 귀속되는지 여부에 관하여", 인권 239; 이정민(2013), "간주 상속재산인 보험금을 받은 상속포기자가 피상속인의 납세의무를 승계하는지 여부", 해설 96; 임종효(2015), "피상속인의 배우자와 자녀 중 자녀 전부가 상속포기한 경우 상속재산의 귀속", 가족법연구 29-3; 최진섭(1995), "상속포기의 법리", 가족법연구 9; 황용경(2014), "상속포기가 민사소송절차에 미치는 영향", 경북대 법학논고 48.

I. 상속포기의 효력 일반

1. 포기자에 대한 효력

상속을 포기하면 상속이 개시된 때에 소급하여 그 효력이 있다(§1042). 즉 포기자는 처음부터 상속인이 아니었던 것이 된다.

먼저, 상속인이 취득한 상속적극재산과 상속채무를 모두 취득하지 아니한 것이 된다. 법률규정에 의한 권리변동이므로 부동산의 경우 등기 여부와 관계

없이 권리를 취득하지 아니한 것이 된다.[1] 자신의 상속분을 넘는 특별수익을 받은 자(이른바 초과특별수익자)가 상속을 포기한 때에는 그의 상속분 또는 전체 상속재산에 대한 특별수익의 비율에 따라 상속채무를 부담한다는 견해가 있으나,[2] 민법이 초과특별수익 반환의무를 인정하지 아니하는 한 상속을 포기하면 상속채무도 면한다고 봄이 옳을 것이다.[3] §1008 註釋 참조. 또한 설사 상속채권자가 피상속인을 상대로 한 집행권원에 대하여 그 상속인에 대한 승계집행문을 부여받아 그 상속인의 채권에 대하여 압류 및 전부명령을 받았다 하더라도 그가 상속을 포기하면 위 전부명령은 무효가 된다. 집행대상 자체가 그에게 귀속하지 아니하므로 전부명령에 실체적 효력이 인정될 여지가 없는 것이다.[4] 그러나 상속인이 상속을 포기하였으나 상속채권자와의 소송에서 사실심변론종결시까지 이를 주장하지 아니하여 청구가 인용된 경우, 한정승인에서와 달리 청구이의의 소로 다툴 수 없다.[5] 포기의 효력은 책임에 국한된 것이 아니라 채무 자체에 미치므로 이에 기판력이 미치지 아니할 까닭이 없는 것이다.

다음, 상속이 개시되면 일응 법률상 포괄승계가 일어나 상속재산과 고유재산이 혼합되고 상속인과 피상속인이 서로에 대하여 갖고 있던 채권·채무(§507), 상속인과 피상속인이 하나의 권리객체에 대하여 갖고 있던 소유권(기타 완전한 권리)과 물적 부담(§191)이 혼동으로 소멸하는데(§1025 註釋 II. 참조), 상속을 포기하면 그 전제인 포괄승계가 소급적으로 소멸하는 결과 혼동으로 소멸한 채권·채무와 물적 부담도 부활한다.[6]

그리고 포기 전 상속재산의 전부 또는 일부를 처분한 경우에는 법정단순승인이 되어 더는 포기할 수 없거나(§1026 i) 적법한 관리행위로서 포기 후에도 다른 동순위나 후순위상속인에 대하여 유효하다(§§1022, 1023 註釋 II. 2. 참조).[7]

반면 피상속인이 상속인에게 생전 또는 사망을 원인으로 제공한 재산적 이익이어도 상속의 방법으로 제공한 것이 아닌 때에는 상속 포기에도 불구하고 그 이익을 누릴 수 있다. 유증, 사인증여, 신탁, 상속인을 위한 생명보험, 제

1) 박동섭, 647; 송덕수, 392; 이경희, 468; 최진섭(1995), 361.
2) 이은정, 특별수익 반환의 법리에 관한 연구(1996년 고려대학교 법학박사학위논문), 5; 전경근, "상속의 승인과 포기", 가족법연구 18－1, 2004, 171, 185~186; 최진섭(1995), 360. 이러한 태도로 가령 스민 §579.
3) 윤진수, "초과특별수익이 있는 경우 구체적 상속분의 산정방법", 서울대 법학 38－2, 1997, 99~101.
4) 대법원 2002. 11. 13. 선고 2002다41602 판결. 평석: 유남근(2003).
5) 대법원 2009. 5. 28. 선고 2008다79876 판결.
6) 최진섭(1995), 360.
7) 최진섭(1995), 360.

3자를 위한 계약 등이 그 예이다. 상속 포기가 §1057-2의 특별수익자로서 재산분여를 청구하는 데 영향을 미치는지 여부에 대하여는 §1057-2 註釋 III. 2. (1) 참조.

상속을 포기하였다는 점이 대습상속을 받을 자격에 영향을 주는가. 판례는 피상속인의 제1순위 상속인들 전원이 상속을 포기하여 제2순위 상속인인 피상속인의 직계존속이 상속을 받은 뒤 그가 사망한 경우 상속포기의 효력은 피상속인의 사망으로 개시된 상속에만 미치고, 그 후 피상속인을 피대습자로 하여 개시된 대습상속에는 미치지 아니한다고 하여 이를 부정한다.[8] 대습상속은 피대습자로부터 상속받는 것이 아니라 그 피상속인으로부터 상속받는 것이기 때문이다. 나아가 같은 판례는 이러한 점은 피대습자의 직계존속이 사망할 당시 피대습자로부터 상속받은 재산 외에 적극재산이든 소극재산이든 고유재산을 소유하고 있었는지에 따라 달리 볼 이유도 없으므로 대습상속에 대하여 별도의 포기를 하지 아니하는 한 상속이 이루어지고 §1026 ii의 기간이 도과함으로써 단순승인을 한 것으로 간주된다고 한다. 상속의 포기는 요식행위이므로 가정법원에 포기의 신고를 하지 아니한 이상 최초의 상속포기에 그와 별개인 장래의 대습상속의 포기가 포함되어 있다고 볼 수는 없는 것이다.

2. 동순위 또는 후순위상속인에 대한 효력

(1) 단독상속인 또는 공동상속인 전원이 포기한 경우

단독상속인이 상속을 포기하거나 공동상속인 전원이 상속을 포기한 경우 §1043는 적용될 여지가 없고 후순위상속인에 대하여 (본위)상속이 개시된다.[9] 그 결과 피상속인에게 甲, 乙 두 명의 자녀와 甲의 자녀 丙, 乙의 자녀 $丁_1$, $丁_2$의 세 명의 손자녀가 있었던 경우, 甲, 乙 모두 상속을 포기하면 丙, $丁_1$, $丁_2$가 각 1/3의 비율로 공동상속을 하게 된다. 이는 甲, 乙이 상속한 다음 甲, 乙이 사망한 경우 丙, $丁_1$, $丁_2$가 각 1/2, 1/4, 1/4의 비율로 상속하게 되는 것과 다르다. §1010 I이 대습사유로 피대습자의 사망과 상속결격만 들고 포기를 들지 아니하고 있는 한 불가피한 해석이나,[10] 입법론으로는 이 경우에도 대습상속을 인정

8) 대법원 2017. 1. 12. 선고 2014다39824 판결.

9) 대법원 1995. 4. 7. 선고 94다11835 판결; 대법원 1995. 9. 26. 선고 95다27769 판결.

10) 박동섭, 643; 동(2002), 39~40; 송덕수, 392; 신영호 · 김상훈, 320; 이화숙, "채무초과 상속재산에 대한 채권자의 권리와 상속인보호", 비교 4-1, 1997, 84~85; 최진섭(1995), 361, 364; 한봉희 · 백승흠, 578~579. 이에 대하여 대습상속이 일어난다는 견해로, 김주수 · 김용한, 신친족상속법, 1963, 343.

할 필요가 있다. §1010 註釋 참조.

이에 대하여 선순위상속인(전원)이 상속을 포기한 경우에는 후순위상속인에 대하여도 그 포기의 효력이 미친다는 견해도 있다. 포기는 선순위상속인에게 확정적으로 승계된 재산에 대한 처분이고, 후순위상속인에 대한 상속을 좁힐 필요가 있으며, 포기를 하는 경우의 대다수는 상속재산이 채무초과인 경우인데 이때에는 후순위상속인에 대하여 포기의 효력이 미치는 것이 오히려 그에게 유리하다는 것이다.11) 그러나 이는 후순위상속인의 상속승인권을 침해하는 것으로 허용될 수 없고, §1044와도 잘 들어맞지 아니한다. 이 견해는 상속재산이 채무초과인 경우를 염두에 둔 것인데, 이는 상속의 승인·포기권의 제척기간의 기산점을 합리적으로 해석함으로써 이미 적절하게 해결될 수 있는 문제이다. §§1019, 1020, 1021 註釋 I. 2. (1) (나) 참조.

(2) 공동상속인 중 일부가 포기한 경우

공동상속인 중 일부가 상속을 포기한 경우 그 상속분은 다른 상속인의 상속분의 비율로 그 상속인에게 귀속한다(§1043).12) 즉, 마치 그 공동상속인이 처음부터 없었던 것처럼 공동상속이 일어난다.13) §1043의 '다른 상속인'에 배우자는 포함되지 아니한다는, 즉 배우자를 제외한 나머지 공동상속인, 즉 혈족상속인의 상속분만 증가한다는 견해도 있으나,14) 이는 배우자의 상속분을 전체 상속재산의 일정비율로 정하고 있는 일본민법에서 주장된 것으로서 배우자의 상속분을 다른 공동상속인의 상속분에 연동시키고 있는 우리 민법(§1009 II)에서는 취할 바가 못 된다.15) 따라서 모든 공동상속인들의 상속분이 증가한다고 봄이 옳을 것이다. 한편 특정인을 위하여 하는 상속포기, 즉 특정인의 지분을 증가시키기 위한 상속포기는 허용되지 아니한다. 그와 같은 효과를 거두려면 상속분을 양도(§1011)하거나 상속재산협의분할을 이용하여야 한다.16)

---

11) 이영무(1996), 109~111. 이화숙(주 10), 86~87, 89~90; 동, "1순위 상속인전원의 상속포기와 차순위상속인의 상속채무승계여부", 오늘의 법률 93, 1996, 2968.

12) '포기'는 대습상속의 사유가 아니므로 포기한 상속인의 후순위상속인에게 상속분이 갈 수는 없다. 곽윤직, 194~195; 김주수·김상용, 776; 박동섭, 643; 송덕수, 391~392; 윤진수, 451; 이경희, 468~469; 한봉희·백승흠, 578. 또한 대법원 1995. 9. 26. 선고 95다27769 판결도 참조. 그러나 대습상속이 일어난다는 견해도 있다. 김주수·김용한(주 10), 343. 입법론으로 이러한 견해로 박병호, 405; 윤진수, 451; 이경희, 479.

13) 박동섭(2002), 40; 최진섭(1995), 360.

14) 김용한, 신친족상속법론, 신판, 2002, 357; 이근식·한봉희, 신친족상속법, 1975, 267~268(그러나 한봉희·백승흠, 579~580에서 개설하여 다수설에 가담하고 있다).

15) 곽윤직, 195; 박동섭, 644; 동(2002), 40; 송덕수, 393; 이경희, 468~469; 최진섭(1995), 364~366.

16) 김주수·김상용, 778; 박동섭, 642; 동(2002), 38; 송덕수, 394~395; 최진섭(1995), 366.

또 하나의 문제는 피상속인의 배우자와 자녀 중 자녀 전부가 상속을 포기한 경우 어떻게 상속이 이루어지는가 하는 점이다. 대법원 2015. 5. 14. 선고 2013다48852 판결은[17] 배우자와 피상속인의 손자녀 또는 직계존속이 공동상속인이 되고, 피상속인의 손자녀와 직계존속이 존재하지 아니할 때에 비로소 배우자가 단독상속인이 된다고 한다. 이에 찬성하는 학설도 있다.[18] 그러나 이처럼 배우자만이 상속을 포기하지 아니한 경우를 자녀 중 1인만이 상속을 포기하지 아니한 경우와 달리 취급하는 것은 비합리적이다. 이때에는 §1043가 §1003 I의 적용을 배제한다고 보아 배우자가 단독상속인이 된다고 해석함이 타당하다.[19]

Ⅱ. 상속포기와 혼동, 신의칙

상속포기로 인하여 가해자가 피해자의 지위를 상속하거나 피해자가 가해자의 지위를 상속하면 이들 사이의 손해배상청구권은 혼동으로 소멸한다. §1025 註釋 II. 참조. 이러한 경우 피해자로서는 위 손해배상청구권을 전제로 한 가해자의 보험자에 대한 직접청구권이 있다면 상속을 포기하는 등으로 혼동을 피할 유인이 있게 된다. 이러한 상속의 포기와 직접청구권의 행사는 적법한가.

대법원 2005. 1. 14. 선고 2003다38573 판결은, 자동차운행 중 사고로 자동차손해배상보장법 §3에 의한 손해배상채권과 채무가 상속으로 동일인에게 귀속하더라도 교통사고의 피해자에게 책임보험 혜택을 부여하여 이를 보호하여야 할 사회적 필요성은 동일하고, 보험자가 혼동이라는 우연한 사정에 의하여 자신의 책임을 면할 합리적인 이유가 없다는 점을 고려할 때, 가해자가 피해자의 상속인이 되는 등 특별한 경우를 제외하고는 피해자의 보험자에 대한 직접청구권의 전제가 되는 위 법 §3에 의한 피해자의 운행자에 대한 손해배상청구권은 상속에 의한 혼동에 의하여 소멸되지 아니하고, 위 법리는 자동차손해배상보장법 §3에 의한 손해배상의무자가 피해자를 상속한 경우에도 동일하나, 예외적으로 가해자가 피해자의 상속인이 되는 등 특별한 경우에 한하여 손해배상청구권과 손해배상의무가 혼동으로 소멸하고 그 결과 피해자의 보험자에 대한 직접청구권도 소멸하는바, 이러한 경우 가해자가 적법하게 상속을 포기하면

17) 평석: 박근웅(2015); 임종효(2015). 모두 판례에 반대하는 취지이다.
18) 김주수 · 김상용, 777; 신영호 · 김상훈, 427.
19) 송덕수, 393~394; 윤진수, 486.

그 소급효로 인하여 손해배상청구권과 직접청구권은 소급하여 소멸하지 아니하였던 것으로 되어 다른 상속인에게 귀속되고, 그 결과 '가해자가 피해자의 상속인이 되는 등 특별한 경우'에 해당하지 않게 되므로 손해배상청구권과 이를 전제로 하는 직접청구권은 소멸하지 아니하며, 상속포기를 하지 아니하였더라면 혼동으로 소멸하였을 개별적인 권리가 상속포기로 인하여 소멸하지 아니하게 되었다 하더라도 그 상속포기가 신의칙에 반하여 무효라고 할 수도 없다면서,[20] 위 판결의 원심인 광주고등법원 2003. 6. 27. 선고 2003나2092, 2108 판결이 상속포기가 신의칙에 반하여 무효라고 한 것을 배척하였다. 학설은 ― 상속으로 교통사고로 인한 손해배상청구권과 그 배상책임이 혼동이 되는지, 그리하여 직접청구권이 배제되는지에 관한 논란과 별개로 ― 상속 포기가 신의칙에 반한다고 할 수 없다는 위 결론은 대체로 지지하고 있다.[21]

Ⅲ. [補論] 기타 효과

1. 사망자를 피고로 한 민사소송절차와 그 상속인의 상속포기

판례는 상속채권자 등이 피상속인을 피고로 하여 소를 제기할 당시 이미 피상속인이 사망하였는데 원고 상속채권자 등이 그 사실을 모르고 있었다면 사망자의 상속인이 처음부터 실질적인 피고이고 다만 그 표시를 잘못한 것으로 보아 당사자표시정정을 할 수 있고,[22] 이는 선순위상속인이 소제기 당시 이미 상속을 포기하여 후순위상속인이 상속을 받은 때에도 같다고 한다.[23] 재판실무에서는 피상속인을 피고로 소를 제기한 다음 사실조회 등의 방법으로 선순위상속인을 찾아 표시정정 후 소장을 송달하고 그가 포기하였음이 드러나면 후순위상속인으로 표시정정을 하여 소장을 송달하는 방법이 쓰이곤 한다. 학설은 판례에 찬성하는 견해와 피고경정(民訴 §260)제도가 마련된 이상 피고경정에 의하여야 한다는 견해로 갈린다.[24] 두 구성의 차이는 대법원 2006. 7. 4.자 2005마

20) 평석: 구민승(2008); 오시영(2005); 윤장원(2007).

21) 우선 주 20의 문헌 참조.

22) 대법원 1960. 10. 13. 선고 4292민상950 판결; 대법원 1983. 12. 27. 선고 82다146 판결 등 다수. 이때 소송수계신청을 하더라도 이는 당사자표시정정을 구하는 취지로 보아야 한다고 한다. 대법원 1974. 10. 8. 선고 74다834 판결.

23) 대법원 2006. 7. 4.자 2005마425 결정(두 차례의 표시정정을 허용하였다). 또한 대법원 2009. 10. 15.자 2009다49964 결정.

24) 판례와 학설의 상세한 분석으로는, 이상원, "원고가 사망자의 사망 사실을 모르고 그를 피고로 표시하여 소를 제기한 경우, 사망자의 상속인으로의 당사자표시정정이 허용되는지 여부 및 이 경우 실질적인 피고로 해석되는 상속인의 의미", 해설 63, 2007, 300 이하.

425 결정에서도 보듯, 특히 표시정정의 경우 시효중단의 시점과 관계되어 있다. 즉 표시정정으로 구성하면 확정된 상속인에게 소장이 송달된 이상 최초의 – 사망한 피상속인을 피고로 한 – 소장 접수시에 시효가 중단되는데(§170), 피고의 경정으로 하면 확정된 상속인으로의 피고경정신청서가 법원에 제출된 때에 시효가 중단된다(民訴 §§265, 260). 소송계속이 아닌 소장접수시를 기준으로 시효중단의 효력을 인정하는 한 시효중단의 시점을 뒤로 미룰 필요는 없다고 보인다. 통상의 피고경정과 달리 이러한 경우 원고로서는 과실 없이 의무자를 알 수 없는 경우가 많다는 점도 고려할 필요가 있다. 결론적으로는 판례가 타당하다. 나아가 사망자를 상대로 소를 제기한 뒤 최선순위상속인이 상속을 포기하고 후순위상속인이 상속을 받은 경우에도 같다는 견해가 있다.[25)]

한편 상속인이 순차 상속을 포기하고 있고 §1019 I의 기간이 지났는지가 분명하지 아니하여 상속채권자가 피고를 특정하기 어려울 경우 §1023에 따라 상속재산관리인의 선임을 구하고 그를 상대로 소를 제기하거나 집행절차를 진행할 수 있다는 견해가 있고, 일부 실무례도 이를 따른다.[26)]

2. 상속포기의 파산 또는 개인회생절차 중인 상속인에 대한 영향

대법원 2012. 1. 12.자 2010마1551, 1552 결정은 상속을 포기한 것이 回生破産 §650 i의 사기파산죄로 규정하고 있는 '파산재단에 속하는 재산을 은닉 또는 손괴하거나 채권자에게 불이익하게 처분을 하는 행위'에 해당하지 아니한다면서, 파산절차 남용을 이유로 상속포기자의 파산신청(回生破産 §309 II) 및 면책허가신청(回生破産 §§650 i, 564)을 기각한 원심결정을 파기환송하였다. 상속포기가 채권자취소의 대상이 되지 아니한다는 판례의 태도의 연장선상에 있는 판단이다. 이에 관하여는 §1024 註釋 Ⅳ. 1. (1) 참조. 같은 태도를 일관한다면 개인회생절차 진행 중 채무자가 상속을 포기하여도 개인회생절차 폐지의 사유(回生破産 §621 I iii)가 되지 아니할 것이다. 그러나 상속포기가 채권자취소의 대상이 되어야 하는 것과 같은 이유에서 이러한 행위는 파산신청을 기각하거나 면책불허가결정을 하고 개인회생절차 폐지를 할 사유가 된다는 견해도 있다.[27)]

25) 황용경(2014), 260 이하.
26) 가사[II], 370.
27) 윤진수(2016), 230~231. 비교법적으로 독일에서는 파산면책을 허용하나 오스트리아에서는 불허한다고 한다.

3. 상속포기와 조세

相贈 §2 iv는 상속세와 관련하여 '상속인'에 상속을 포기한 사람도 포함하고 있다. 그러나 그 취지는 '사전증여를 받은 자가 상속을 포기함으로써 상속세 납세의무를 면하는 것을 방지하기 위한 것'으로, 상속을 포기하면 피상속인의 납세의무를 승계하지 아니한다.[28] '상속인'은 상속재산에 상속인별 증여재산의 과세표준을 가산한 상속세과세표준금액에 상속세율을 적용한 세액을 상속인별로 받은 이익에 따라 배분한 금액에 대하여 상속세 납세의무를 지므로 [相贈 §3-2, 相贈令 §3, 이른바 유산세(遺産稅)방식] 사전증여가 없고 상속포기로 상속도 받지 아니한 경우 고유한 상속세 납세의무도 없다. 또한 상속포기의 효과는 소급하여 다른 공동상속인이나 후순위상속인은 곧바로 피상속인으로부터 상속을 받은 것으로 보므로, 포기한 상속인과 그로 인하여 다른 공동상속인, 후순위상속인 사이에 증여세 과세대상으로서 증여가 있다고 할 수도 없다.[29]

28) 대법원 2013. 5. 23. 선고 2013두1041 판결. 해설 : 이정민(2013), 161 이하.
29) 대법원 2002. 7. 12. 선고 2001두441 판결 등 다수.

第1044條(拋棄한 相續財産의 管理繼續義務)

① 相續을 拋棄한 者는 그 拋棄로 因하여 相續人이 된 者가 相續財産을 管理할 수 있을 때까지 그 財産의 管理를 繼續하여야 한다.

② 第1022條와 第1023條의 規定은 前項의 財産管理에 準用한다.

Ⅰ. 포기자의 관리계속의무

포기자는 그 포기로 인하여 상속인이 된 자가 상속재산을 관리할 수 있을 때까지 그 재산의 관리를 계속하여야 한다(본조 I). 포기자는 포기의 효력이 발생함으로써 소급하여 상속인이 아니게 되나, 그렇다고 상속재산을 방치한다면 다른 공동상속인, 후순위상속인, 상속채권자, 수유자 등에게 손해가 생기므로 포기자에게 일정기간 관리계속의무를 지우는 것이다.[1)]

상속이 개시되면 본래 승인 또는 포기할 때까지 관리의무가 있으므로(§1022), 본조는 그중 포기한 때부터 비로소 적용된다. 관리계속의무의 종기(終期)는 상속인이 확정되는 것으로는 족하지 아니하고, 어느 상속인이 실제로 관리를 개시할 수 있어야 한다. 다른 공동상속인들이 존재하고 또 관리를 할 수 있는 상황에 있을 때에는 포기자의 관리계속의무가 아예 발생하지 아니할 수 있다. 실제로 관리를 개시하여야 하는 것은 아니고, 관리할 수 있으면 족하다. 또한 이들 다른 공동상속인 또는 후순위상속인이 직접 관리를 할 필요가 없고, 관리인을 선임하여 관리하는 때에도 포기자의 관리계속의무는 종료한다. 마찬가지 이유에서 가정법원이 상속재산관리인을 선임하는 때에도 포기자의 관리계속의무는 종료한다.[2)]

이 규정은 일민 §940에서 유래한 규정으로, 그 밖에는 비교법적으로 유례가 없다. 그 법적 성질은 일종의 사무관리에 해당한다.[3)]

1) 최진섭, "상속포기의 법리", 가족법연구 9, 1995, 362; 谷口知平·久貴忠彦 編輯, 新版 注釋民法(27), 1989, 604(山本戸克己·宮井忠夫).
2) 최진섭(주 1), 362; 山本戸克己·宮井忠夫(주 1), 605.
3) 山本戸克己·宮井忠夫(주 1), 604.

Ⅱ. 포기자의 관리의무와 관리권한

1. 관리의무

포기자의 관리의무에 관하여 본조 II은 §§1022, 1023을 준용한다. 그 구체적인 내용에 관하여는 §§1022, 1023 註釋 참조. 본조에 의한 관리의 경우 명백한 타인 재산의 관리라는 점에서 §1022의 관리의무와 차이가 있으나, 포기자 또한 자기의 의사로 관리의무를 부담한 것은 아니고, 본조의 관리의무가 §1022의 관리의무의 계속이라는 점에서 동일한 주의수준을 규정한 것으로 이해된다.[4] 이때 '고유재산에 대하는 것과 동일한 주의'는 보통인을 기준으로 판단하여야 한다는 견해가 있으나,[5] 구체적 경과실인 이상 포기자를 기준으로 판단함이 타당하다. 관리를 소홀히 하여 상속인에게 손해를 입힌 때에는 손해배상책임이 발생하고, 관리와 관련하여 부정행위를 한 때에는 법정단순승인사유가 될 수 있다(§1026 iii).[6]

2. 관리권한

포기 전의 상속인이 상속재산의 (잠정적) 귀속주체로서 대외적으로 관리처분권을 가지는 것과 달리, 포기한 상속인에게는 더는 상속재산을 처분할 권한이 없고, 처분하여도 선의취득(§249 이하) 등에 의하여 상대방이 권리를 취득하는 것은 별론, 그 처분은 원칙적으로 무권리자의 처분으로 무효이다. 포기로 인하여 상속을 (더) 받게 된 다른 공동상속인이나 후순위상속인을 대리할 권한도 없다.

그러나 포기자는 그로 인하여 상속을 (더) 받게 된 다른 공동상속인이나 후순위상속인이 관리를 개시할 때까지 상속재산을 점유할 권한을 가지고, 그들 사이에는 일종의 법정의 점유매개관계가 성립한다고 보아야 한다.[7] 그러므로 그로 인하여 상속을 (더) 받게 된 다른 공동상속인이나 후순위상속인은 상속재산의 소유자 기타 권리귀속주체로서 간접점유를, 관리 중인 포기자는 직접점유를 하게 된다.[8] 포기자는 점유자로서 불법점유자 또는 불법방해자에 대하여 점유보호청구권(§§204, 205, 206)을 행사할 수 있을 뿐 아니라, 관리의무에 터 잡

4) 최진섭(주 1), 363; 山本戸克己 · 宮井忠夫(주 1), 604.
5) 최진섭(주 1), 363; 山本戸克己 · 宮井忠夫(주 1), 604.
6) 최진섭(주 1), 363.
7) 그 근거는 사무관리이다.
8) 주석물권(1) 제4판, 2011, 270(김형석).

아 필요한 경우 소유자의 소유물인도청구권 및 소유물방해배제청구권(§§213, 214)을 대위하여 행사할 수도 있을 것이다. 그러나 그 물건에 대하여 새로운 점유침탈이 있다면 포기로 인하여 상속을 (더) 받게 된 다른 공동상속인이나 후순위상속인은 그 침탈자에게 직접 자신에게 인도할 것을 구할 수 있고, 이로써 그 범위에서 그 재산에 대한 상속재산 관리가 종료한다. 즉 §207 II는 적용되지 아니한다. 어차피 상속인에게 인도하여야 할 물건이기 때문이다.[9]

그 밖에 포기자가 본인의 관리권한을 가지고 포기로 인하여 상속을 (더) 받게 된 다른 공동상속인이나 후순위상속인에게 대항할 수 없음은 당연하다.

Ⅲ. 관리종료의 효과

포기한 상속인은 그로 인하여 상속을 (더) 받게 된 다른 공동상속인이나 후순위상속인이 관리를 개시할 때까지 그 다른 공동상속인이나 후순위상속인의 사무관리자(§734 이하)로서 상속재산을 관리한다. §§1022, 1023 註釋 II. 1. 참조. 사무의 귀속주체는 그 다른 공동상속인 또는 후순위상속인이다. 그 다른 공동상속인 또는 후순위상속인에게 상속재산을 인도하고 상속재산으로부터 받은 이익 기타 취득한 물건과 권리를 양도하여야 한다(§§738, 684). 포기한 상속인은 적법한 관리권한을 행사하는 한 무단점유자가 아니다. 따라서 상속회복청구에 관한 §999 II이나 점유자와 회복자 관계에 관한 §201 등은 적용되지 아니한다. 그는 관리에 든 비용의 상환을 구할 수 있고(§739), 관리과정에서 과실 없이 손해를 입은 때에는 현존이익의 한도 내에서 손해의 보상을 구할 수 있으며(§740), 이들 청구권에 터 잡아 상속재산에 대하여 유치권(§320 이하)을 행사할 수 있다. 비용상환 및 손해보상 등의 상대방은 확정된 (공동)상속인이다.

9) 김형석(주 8), 270.

第 5 節　財産의 分離

[前註] 總說

▮**참고문헌**: 김형석(2008), "한정승인의 효과로서 발생하는 재산분리의 의미", 가족법연구 22-3; 이성보(1998), "상속재산의 분리", 재판자료 78, 135.

Ⅰ. 의의

민법은, 피상속인이 사망하여 상속이 개시되면 상속인은 피상속인의 일신(一身)에 전속하지 아니하는 재산에 관한 포괄적 권리의무를 당연히 승계한다고 규정한다(§1005). 그 결과 상속재산과 상속인의 고유재산의 혼합이 일어난다. §1025 註釋 II. 참조. 그런데 이때 고유재산이 채무초과이면 상속으로 인한 상속재산과 고유재산의 혼합은 상속채권자에게 손해가 되고 상속재산이 채무초과이면 상속으로 인한 상속재산과 고유재산의 혼합은 상속인의 채권자에게 손해가 된다. 본절은 이러한 경우 상속채권자나 수유자, 상속인의 채권자가 상속재산과 고유재산의 분리를 구하여 혼합을 막음으로써 이러한 손해를 피할 수 있게 하고 있다. 이러한 제도를 재산분리라고 한다.[1)]

민법은 그 이외에도 한정승인을 인정하여 상속재산과 고유재산을 분리하고 상속채권자에 대한 책임을 상속재산으로 제한할 수 있게 하고 있고, 판례·학설은 나아가 그 효과로 상속인의 채권자는 상속재산에 대하여 후순위가 된다고 본다.[2)] 이렇게 되면 한정승인과 재산분리는 기능이 상당부분 비슷해진다.

1) 곽윤직, 197~198; 김주수·김상용, 781; 박동섭, 649~650; 송덕수, 395; 신영호·김상훈, 429~430; 이경희, 502~503; 이성보(1998), 135; 한봉희·백승흠, 579~580.
2) 가령 김형석(2008), 518~519. §1028 註釋 III. 1. (2) 참조.

그러나 한정승인은 상속인을 보호하기 위한 제도로써 상속인이 신청할 수 있고, 한정승인을 하면 고유재산으로는 상속채무에 대하여 전혀 책임을 지지 아니하는 반면(§1028), 재산분리는 상속채권자 또는 상속인의 채권자를 보호하기 위한 제도로써 그 신청권자도 상속채권자 또는 상속인의 채권자이고 상속채권자에 대한 책임이 제한되지는 아니하므로 고유재산으로도 상속채무에 대하여 보충적 책임을 진다는 점(§§1045, 1052)에서 차이가 있다.

그 밖에 채무자 회생 및 파산에 관한 법률상 상속인과 상속채권자는 상속재산이 채무초과일 때에는 상속재산의 파산(回生破産 §299)을 신청할 수 있는데, 이 때에는 상속재산만 파산재단을 구성하고 상속채권자와 수유자만 파산채권자가 된다. 그리고 상속인이 파산한 뒤 상속을 받으면 고유재산만이 파산재단을 구성하고(回生破産 §382 I, 고정주의) 상속인의 채권자만이 파산채권자가 된다. 마지막으로 상속 후 상속인이 파산하였는데 아직 상속재산 파산을 신청할 수 있는 기간 내일 때에는 상속재산에 대하여는 상속채권자가, 고유재산에 대하여는 상속인의 채권자가 우선한다(回生破産 §§443, 444, 445). 즉, 상속재산의 파산과 상속인의 파산으로 한정승인이나 재산분리와 매우 비슷한 결과가 도출되는 것이다.[3] 상속의 승인·포기 前註 III. 참조. 그러나 파산절차는 청산만을 규율하고 반드시 실체적 책임제한을 하는 것은 아니라는 점에서 차이가 전혀 없지는 아니하다.

그리하여 실무상으로는 한정승인과 재산분리, 파산을 동시에 이용하는 예도 있다.

Ⅱ. 연혁 및 비교법

로마법에서는 상속인이 무자력인 경우 상속채권자가 담보의 제공을 요구하고, 이에 응하지 아니하면 상속재산을 점유하여 재산매각(venditio bonorum)을 할 수 있었고, 집행이 시작된 때에는 상속채권자가 상속개시 후 5년 이내에 상속재산이 아직 고유재산과 혼합되지 아니한 동안에 재산분리(separatio bonorum)를 신청할 수 있었다. 재산분리가 명해지면 상속채권자는 상속재산에 관하여는 상속인의 채권자보다 우선하여 변제받을 수 있으나, 상속재산만으로 완전한 변제를 받지 못하여도 고유재산으로부터 변제받지는 못하고, 상속인의 채권자는 고유재산으로부터 변제받을 수 있을 뿐 상속재산으로부터 변제받지는 못하였다. 이것

3) 이성보(1998), 139~140.

이 재산분리제도의 모태이고, 이후 재산목록작성의 이익(beneficium inventarii), 즉 한정승인의 발전의 기초이기도 하다.[4)]

이러한 제도는 프랑스민법에 수용되었다. 즉, 프랑스민법은 상속인에게는 한정승인을 인정하는 한편, 상속채권자에게는 재산분리(separation des patrimoines)를 인정하였고(2006년 개정 전 프민 §878), 재산분리가 이루어지면 상속재산에 대하여는 상속채권자가, 고유재산에 대하여는 상속인의 채권자가 각각 특별선취특권(프민 §878)을 갖는 것으로 하였다. 2006년 개정 프랑스민법은 이러한 재산분리의 신청권자를 상속채권자에서 상속인의 채권자까지 확대하였다(2006년 개정 프민 §878 II). 오스트리아일반민법도 상속채권자, 수유자 및 필요상속인에 한하여 재산분리(Nachlassseparation; Nachlassabsonderung)를 신청할 수 있게 하는데(오민 §812), 이때에는 한정승인과 달리 물적 책임제한의 효과가 인정된다.

반면 독일법권에서는 한정승인을 계수하지 아니한 것과 마찬가지로 재산분리도 계수하지 아니하였다. 그 대신 독일법권에서는 양자를 결합한 독자적인 제도를 두었다. 가령 독일민법에서는 상속인 이외에, 상속인의 행위나 그의 재산상태로 인하여 상속재산에서의 변제가 위험하게 될 사정이 있을 때에는 상속채권자도 상속을 승인한 때로부터 2년 내에 상속재산관리를 신청할 수 있게 하고 있다(독민 §1981 II). 그리고 스위스민법에서도 상속인이 청산인에 의한 청산을 구할 수 있는 이외에 상속채권의 변제가 위태로울 때에는 상속개시 또는 유언장 개봉 후 3개월 이내에 상속채권자나 수유자도 청산인에 의한 청산을 신청할 수 있게 하고 있다(스민 §594).

영미법에서는 상속이 개시되어도 곧바로 포괄승계가 이루어지지 아니하고 상속재산이 인격대표자(personal representative)에게 이전하여 청산절차를 거치므로 그로써 재산분리의 효과가 이미 달성되고 있다. 제4절 前註 II. 참조.

우리 민법의 재산분리는 일본민법, 멀리는 프랑스민법의 태도를 따르고 있으나,[5)] 일본민법이 재산분리에 관하여 물상대위 규정을 두고(일민 §942), 상속인이 그의 고유재산에서 상속채권자 및 수유자에게 변제하거나 담보를 제공한 때에는 재산분리청구를 막을 수 있게 하고 있는 것(일민 §946)과 달리 그러한 규정을 두지 아니하고 있으며,[6)] 재산분리의 기간도 달리 정하고 있다.

4) Kaser, Das römisches Privatrecht: 1. Abs., 2 Aufl., 1971, S. 734; 김형석(2008), 500.
5) 일본민법의 재산분리제도의 연혁에 관하여는 谷口知平·久貴忠彦 編輯, 新版 注釋民法(27), 1989, 613~614(塙 陽子).
6) 이성보(1998), 144~145.

Ⅲ. 다른 제도와의 관계

1. 한정승인과의 관계

한정승인과 재산분리는 서로 기능과 그 효력을 달리하므로 상속인이 한정승인을 하였더라도 상속채권자, 수유자, 상속인의 채권자는 재산분리를 청구할 수 있고, 상속채권자, 수유자, 상속인의 채권자가 재산분리를 청구하여 재산분리심판을 받았다 하더라도 상속인은 한정승인을 할 수 있다. 재산분리가 있었다 하더라도 한정승인이 이루어지면 한정승인에 따른 절차가 우선하고 재산분리에 따른 절차는 정지된다.[7] 상속인 스스로 청산절차를 진행하려고 하는데 상속채권자 등이 개입할 까닭이 없기 때문이다. 그러나 상속인이 한정승인을 하고도 청산절차를 진행하지 아니하면 재산분리에 따른 청산절차를 진행시킬 수 있다고 본다. 이때에도 한정승인의 실체적 효력, 즉 물적 책임제한은 유지된다. 따라서 상속채권자와 수유자는 고유재산에 대하여 집행할 수 없다.

2. 상속재산 파산 및 상속인 파산과의 관계

또한 상속재산 파산이나 상속인 파산이 있다 하더라도 재산분리청구를 할 수 있고, 역으로 재산분리가 있다 하더라도 상속재산 파산이나 상속인 파산을 신청할 수 있다. 상속재산 파산이나 상속인 파산은 재산분리의 실체적 효력에 영향을 미치지 아니하나 재산분리에 따른 청산절차는 정지되고 파산적 청산절차가 우선적으로 진행된다(回生破産 §346). 상속재산의 관리처분권이 파산관재인에게 귀속함은 물론이다(回生破産 §503). 다만 상속인 파산의 경우 재산분리에서와 달리 상속재산으로 된 파산재단과 고유재산으로 된 파산재단 모두에 관하여 상속채권자와 수유자는 그 채권 전액으로 파산채권자가 된다(回生破産 §434).

---

7) 곽윤직, 198~199.

第1045條(相續財産의 分離請求權)

① 相續債權者나 遺贈받은 者 또는 相續人의 債權者는 相續開始된 날로부터 3月內에 相續財産과 相續人의 固有財産의 分離를 法院에 請求할 수 있다.

② 相續人이 相續의 承認이나 拋棄를 하지 아니한 동안은 前項의 期間經過後에도 財産의 分離를 法院에 請求할 수 있다.

Ⅰ. 재산분리의 실체적 요건

1. 청구권자와 그 상대방, 내용

재산분리는 상속채권자 및 수유자와 상속인의 채권자가 청구할 수 있다(본조 I).

먼저, 재산분리는 상속채권자 및 수유자가 청구할 수 있다. 이때 상속채권자는 피상속인의 채권자를 말한다. 피상속인의 채권자인 이상 일반채권자와 우선권(유치권, 질권, 저당권, 우선특권 등)을 가지는 채권자, 기한부 또는 조건부채권자, 존속기한이 불확정한 채권자를 가리지 아니한다. 집행권원을 가지고 있는지 여부도 문제되지 아니한다. 다만 상속인은 피상속인에 대하여 채권을 가지고 있어도 재산분리를 청구할 수 있는 상속채권자에 해당하지 아니한다. 재산분리를 하면 자신의 피상속인에 대한 채권이 혼동으로 소멸하지 아니하겠지만(§1050), 어차피 이 채권은 자신의 고유채권자의 책임재산이 되므로 그에게는 재산분리의 실익이 없기 때문이다.[1] 그리고 수유자는 특정수유자만을 가리킨다. 포괄수유자는 상속인과 같은 지위를 가지기 때문이다(§1078).[2] 피상속인이 유언으로 특정수유자의 재산분리청구를 금지하였을 때에는 민법상 부담부유증

1) 박동섭, 651; 이경희, 503; 이성보, "상속재산의 분리", 재판자료 78, 1998, 145~146; 한봉희·백승흠, 581.

2) 곽윤직, 200; 김주수·김상용, 783; 박동섭, 651; 신영호·김상훈, 430; 윤진수, 494; 이경희, 504; 이성보(주 1), 146; 한봉희·백승흠, 581; 가사[II], 393. 그러나 상속인이 있는 때에는 포괄수유자도 보호할 필요가 있다는 이유로 재산분리청구권자에 포함시키는 견해로, 김용한, 368; 박병호, 409; 송덕수, 396.

이 허용되고(§1088), 재산분리청구를 하지 아니할 것을 부담으로 할 수 있음에 비추어 재산분리청구가 허용되지 아니한다는 견해가 유력하다.[3] 일본민법에서는 이처럼 상속채권자 및 수유자가 청구하는 재산분리를 제1종의 재산분리라고 한다(일민 §941 I).

다음, 재산분리는 상속인의 채권자도 청구할 수 있다. 상속인의 채권자는 상속인의 고유 채권자를 말하며, 상속개시 당시에 존재하였던 채권의 채권자뿐 아니라 상속개시 후 발생한 채권의 채권자도 포함한다. 채권자평등의 원칙상 양자를 달리 취급할 까닭이 없기 때문이라고 한다.[4] 별로 논의되고 있지는 아니하나 공동상속이 일어난 경우 어느 한 공동상속인의 채권자도 재산분리를 청구할 수 있다 할 것이다. 일본민법에서는 이를 제2종의 재산분리라고 하는데(일민 §950 I), 종래 일본민법과 우리 민법을 제외하면 이와 같은 재산분리를 인정하는 예가 드물었으나(가령 독일, 스위스에서는 이러한 재산분리를 인정하지 아니한다),[5] 2006년 개정 프랑스민법은 상속인의 채권자도 재산분리청구권자에 포함시키고 있다(2006년 개정 프민 §878).

한편, 학설 중에는 '재산분리청구의 상대방'이라는 표제 하에 명문의 규정은 없으나 상속인이 원칙적인 상대방이고, 상속인이 불분명한 때에는 상속재산관리인, 파산선고가 있으면 파산관재인, 그리고 유언집행자나 포괄수유자도 상대방이 될 수 있으며, 여러 명의 상속인이 존재하는 경우에는 전원을 상대방으로 하여야 하고, 일부만이 한정승인을 한 때에도 같다고 설명하는 예가 있다.[6] 그러나 재산분리청구는 라류 가사비송사건[家訴 §2 I ii 가. 35)]으로 대심절차(對審節次)가 아니므로(家訴 §45) 청구의 상대방이 있을 수 없다.[7]

---

3) 이성보(주 1), 146; 谷口知平·久貴忠彦 編輯, 新版 注釋民法(27), 1989, 615(埇 陽子).

4) 곽윤직, 200; 김주수·김상용, 781~783; 송덕수, 396; 이성보(주 1), 147; 한봉희·백승흠, 581; 埇 陽子(주 3), 637.

5) 다만 프랑스고법(古法)과 프로이센일반란트법이 이를 인정하고 있었다고 한다. 埇 陽子(주 3), 635~636. 반면 2006년 개정 전 프랑스민법은 명문으로 이를 금지하였고(2006년 개정 전 프민 §881), 그 밖의 여러 입법례도 재산분리나 그에 상응하는 제도의 청구권자로 상속인의 채권자를 포함하지 아니하고 있었다. 이는 상속인이 상속에 의하여 새로운 채무를 부담하는 것은 통상의 채무부담과 다르지 아니하고, 그의 채권자로서도 채무자가 새로 채무를 부담할 것을 예측할 수 있는 바이므로 상속으로 인한 경우에 한하여 별도의 구제를 마련할 필요는 없다는 점에 근거가 있다고 한다. 埇 陽子(주 3), 636. 이성보(주 1), 147도 같은 취지이나, 그 서술이 부정확하다.

6) 가령 곽윤직, 200; 김주수·김상용, 783; 박동섭, 651; 신영호·김상훈, 430; 한봉희·백승흠, 581. 이경희, 504은 상속인이나 파산관재인은 이에 해당하나, 상속재산관리인, 유언집행자는 처음부터 상속재산과 고유재산을 별개로 관리하여야 하므로 제외된다고 설명한다. 이들 학설은 모두 가정법원에 청구하는 대신 재판외 청구에 의하는 입법례의 영향을 받은 것으로 보인다. 埇 陽子(주 3), 615 참조.

7) 윤진수, 494; 이성보(주 1), 148.

청구의 내용은 상속재산, 즉 상속개시 당시 피상속인의 모든 재산과 고유재산의 분리이다. 재산의 종류는 가리지 아니하며, 상속재산의 과실(果實)이나 그 훼손으로 생긴 손해배상청구권도 이에 포함된다. 상속재산의 범위에 관하여는 §1028 註釋 II. 참조. 분리는 전 상속재산과 전 고유재산에 대하여 할 수 있을 뿐이고 상속재산 중 일부에 대한 분리청구는 허용되지 아니한다.[8] 그러므로 일단 재산분리심판을 받으면 추가로 재산분리심판을 구할 이익도 없다.

2. 청구기간

재산분리는 상속개시된 날부터 3개월 내에 청구하여야 한다(본조 I). 그러나 상속인이 승인이나 포기를 하지 아니한 동안은 위 기간경과 후에도 청구할 수 있다(본조 II).

먼저, 상속이 개시된 날은 피상속인이 사망하였거나 사망한 것으로 간주되는 날을 말한다. §1019 I과 같이 '상속개시있음을 안 날'이 아니다.[9] 이 날로부터 3개월 내에는 상속재산과 고유재산이 사실상 혼합된 때에도, 그리고 상속인이 승인이나 포기를 하였더라도 재산분리를 청구할 수 있다. 이처럼 상속인이나 상속채권자, 수유자, 상속인의 채권자의 인식이 아닌 상속개시라는 객관적 사실을 기준으로 삼은 것은 법률관계를 조속히 확정하기 위함이라고 한다.[10]

다음, 위 기간이 경과하여도 상속인이 아직 승인이나 포기를 하지 아니하고 있는 동안은 재산분리를 청구할 수 있다. 상속인이 아직 승인이나 포기를 하지 아니하고 있는 동안이라 함은 승인이나 포기를 할 수 있는데 아직 승인이나 포기를 하지 아니하고 있는 동안을 말한다. 위 기간이 연장되면(§1019 II) 그만큼 재산분리청구기간도 연장되는 결과가 된다.[11] 상속인의 존부가 불분명해도 이 기간 내에 분리청구를 하여야 한다.[12] 따라서 §1019 I의 기간이 경과하면 더는 재산분리도 청구할 수 없다. 반면 §1019 III의 특별한정승인을 할 수 있다는 사정은 재산분리청구에서 고려되지 아니한다.

비교법적으로 독일민법은 단순승인 후 2년의 기간 내에는 상속채권자의 상속재산관리 및 상속재산도산신청을 허용하고 있고(독민 §1981 II), 일본민법에서도 상속재산과 고유재산이 혼합되기 전까지는 재산분리의 청구를 인정한다

---

8) 박동섭, 652; 배경숙·최금숙, 548.

9) 곽윤직, 200; 김주수·김상용, 783; 이성보(주 1), 148~149.

10) 이성보(주 1), 149.

11) 박동섭, 651.

12) 박동섭, 651.

(일민 §§941 I, 950 I). 우리 법이 인정하고 있는 기간은 상속채권자와 상속인의 채권자에게 재산분리를 구할 기회를 주기에는 지나치게 짧고, 상속재산과 고유재산이 혼합되지 아니한 상황에서 이처럼 기간을 제한하여야 할 까닭이 무엇인지도 의문이다. 입법론으로는 재산분리의 기간을 연장하거나 일본처럼 혼합되기 전까지는 언제든 재산분리를 청구할 수 있게 할 필요가 있다.

위 기간의 성격은 제척기간이다.[13)]

3. 이른바 분리의 필요

본조는 재산분리청구권자와 청구기간을 규정하고 있을 뿐, 다른 요건에 관하여는 별다른 언급이 없고, §1046 I은 '법원이 전조의 청구에 의하여 재산의 분리를 명한 때에는'이라고 하고 있을 뿐 본조의 요건이 갖추어지면 언제나 재산분리를 명하여야 하는지 아니면 본조의 요건이 갖추어졌을 때에도 가정법원은 재산분리를 명할 필요가 있는지를 심사하여야 하는지에 관하여 언급하고 있지 아니하다. 그러나 통설은 본조에서 명시하고 있는 요건이 갖추어졌다 하더라도 재산분리를 명할 필요가 있는지를 심사하여, 분리할 필요가 없으면 청구를 각하할 수 있다고 본다(재량설).[14)] 재산분리는 가사비송절차로서 결정이 법원의 합리적 재량에 맡겨져 있고, 신청에는 신청의 이익이 있어야 하며, 재산분리는 상속채권자, 수유자, 상속인의 채권자가 상속인의 비용으로 상속인에게 강제하는 것이므로 상속인의 상속재산관리에 개입할 필요성이 전제되어야 한다고 봄이 상당하다는 점에서 수긍할 만하다.

그렇다면 어떤 경우에 분리의 필요가 인정되는가.

먼저, 상속인의 자력이 채무초과에 있지 아니할 때에는 상속채권자나 수유자가 불이익을 받을 우려가 없으므로, 그들의 청구에 의한 재산분리는 허용되지 아니한다. 또한 상속재산이 채무초과가 아닐 때에는 상속인의 채권자가 불이익을 받을 우려가 없으므로, 그의 청구에 의한 재산분리는 허용되지 아니한다. 채무초과인지 여부가 명백하지 아니한 때에는 분리의 필요를 인정함이 타당할 것이다.[15)]

---

13) 박동섭, 651.

14) 곽윤직, 201; 김주수·김상용, 783~784; 박동섭, 652; 송덕수, 397; 신영호·김상훈, 430; 윤진수, 494; 이경희, 504; 이성보(주 1), 153; 한봉희·백승흠, 582; 가사[II], 394. 일본에는 다른 요건이 갖추어지면 재산분리를 명하여야 한다는 견해(절대설)도 있으나 하급심 재판례와 다수설은 재량설이다. 塙 陽子(주 3), 616~619. 또한 新潟家裁 新發田支審 1966(昭 41). 4. 18. 家月 18-11, 70; 東京高決 1984(昭 59). 6. 20. 判時 1122, 117.

다음, 상속인이 한정승인을 하였다면 적어도 상속채권자와 수유자는, 그리고 견해에 따라 상속인의 채권자도 분리의 필요가 없게 되는지의 문제가 있는데, 분리의 필요를 인정하여야 한다. 청산절차가 종료하기 전 한정승인이 무효임이 드러난 경우나 법정단순승인이 되는 경우(§1026 iii)가 있을 수 있는데, 이 때 이미 재산분리청구기간이 도과하면 상속채권자와 수유자로서는 구제방안이 없기 때문이다. 상속인에 대하여 파산선고가 있은 때에도 마찬가지이다. 재산분리청구기간이 도과한 뒤 파산선고가 취소될 수도 있으므로 재산분리를 청구할 이익, 즉 분리의 필요는 인정된다고 봄이 타당하다.[16)]

Ⅱ. 재산분리의 절차

재산분리는 청구권자가 상속개시지, 즉 피상속인의 주소지의 가정법원에 청구한다(본조 I, 家訴 §44 vi). 피상속인이 국내에 주소를 갖고 있지 아니하고 외국에 주소를 갖고 있었던 때에는 대법원 소재지의 가정법원이 관할한다(家訴 §§35 II, 13 II). 청구의 방식에 관하여는 별다른 규정이 없으므로, 심판청구서에 당사자의 등록기준지, 주소, 성명, 생년월일, 대리인이 청구하는 경우에는 대리인의 주소와 성명, 청구취지와 청구원인, 청구연월일, 가정법원의 표시를 기재하고 청구인이나 대리인이 기명날인하여 제출하거나, 가정법원의 법원사무관등 앞에서 구술로 진술하여야 한다. 구술로 할 때에는 법원사무관등이 위 사항을 적은 조서를 작성하여 기명날인한다(家訴 §36). 청구취지는 "피상속인 망 OOO의 상속재산과 상속인 OOO의 고유재산을 분리한다"와 같은 형태가 될 것이고, 청구원인에는 피상속인과 상속인의 상속관계와 청구인의 채권 및 재산분리청구기간 이외에, (재량설에 따르는 한) 분리의 필요에 관한 사항이 기재되어야 한다.

재산분리청구사건은 라류 가사비송사건[家訴 §2 I ii 가. 35)]이므로 대심절차(對審節次)가 아니고 사건관계인을 심문하지 아니하고 재판할 수 있다(家訴 §45). 재판의 형식은 심판, 즉 결정이다(家訴 §39). 심판은 심판서를 작성하여 청구인에게 고지하여야 효력이 있다(家訴 §40). 명문의 규정은 없으나 그밖에 상속인에게도 고지하여야 한다고 본다.[17)] 청구를 인용한 결정에 대하여는 청구인 또는

15) 곽윤직, 200~201; 이성보(주 1), 155; 가사[II], 394.

16) 곽윤직, 198~199; 이성보(주 1), 155; 가사[II], 394. 그러나 박동섭, 650은 한정승인을 한 경우에는 재산분리를 할 필요가 없고, 한정승인이 무효이거나 법정단순승인으로 인정되거나 한정승인의 고려기간 중인 경우에 재산분리의 필요가 있다고 한다.

17) 이성보(주 1), 151; 가사[II], 395.

§1045 I이 정한 자, 즉 상속채권자, 수유자, 상속인의 채권자가 즉시항고할 수 있다(家訴規 §77). 학설로는 그 밖에 상속인도 즉시항고할 수 있다는 견해가 있다.[18] 청구를 각하하거나 기각하는 심판에 대하여 청구인이 즉시항고할 수 있음은 물론이다(家訴規 §27 참조).

재산분리를 명하는 심판이 확정되면 그 뜻을 가정법원 게시판에 게시하고 관보에 게재하며 가정법원이 특히 필요하다고 인정하는 때에는 신문에도 게재할 수 있다(家訴規 §26 참조).

18) 이성보(주 1), 151. 일본가사심판규칙 §117가 그와 같이 규정하고 있다.

第1046條(分離命令과 債權者 等에 對한 公告, 催告)

① 法院이 前條의 請求에 依하여 財産의 分離를 命한 때에는 그 請求者는 5日內에 一般相續債權者와 遺贈받은 者에 對하여 財産分離의 命令있은 事實과 一定한 期間內에 그 債權 또는 受贈을 申告할 것을 公告하여야 한다. 그 期間은 2月 以上이어야 한다.

② 第88條第2項, 第3項과 第89條의 規定은 前項의 境遇에 準用한다.

Ⅰ. 규정취지

재산분리가 이루어지면 한정승인을 한 경우와 마찬가지로 상속재산을 포괄청산하게 된다. 따라서 일정 기간을 정하여 상속채권자와 수유자로부터 채권신고를 받을 필요가 있다. 그런데 상속채권자와 수유자가 상속이 개시되고 재산분리가 명해졌음을 알지 못한 채 채권신고기간을 도과하여 상속재산으로부터 배당변제를 받지 못하고 고유재산에 대하여는 보충적 책임만 물을 수 있게 된다면 그의 재산권을 박탈하는 결과가 된다. 본조는 이를 막기 위하여 재산분리가 명해진 때에는 재산분리청구인에게 채권신고와 공고 및 최고를 할 것을 요구하고 있다.[1)]

일민 §§941 II, 950 II, 927은 이른바 제1종의 재산분리와 제2종의 재산분리를 구분하여 상속인의 채권자가 청구하는 경우(제2종의 재산분리)에는 한정승인에 관한 규정을 준용하되, 상속채권자나 수유자가 청구하는 경우(제1종의 재산분리)에는 청구인이 상속채권자나 수유자를 아는지 여부를 묻지 아니하고 공고할 것을 규정할 뿐이고 최고는 규정하지 아니하고 있다. 청구인도 상속채권자나 수유자 중 하나로서 다른 상속채권자, 수유자와 경합하는 지위에 있고 그들에 대하여 어떤 의무를 지는 것은 아니라는 점을 고려한 구별이라고 한다.[2)] 그러

1) 이성보, "상속재산의 분리", 재판자료 78, 1998, 156; 谷口知平·久貴忠彦 編輯, 新版 注釋民法(27), 1989, 619~620(塙 陽子).
2) 塙 陽子(주 1), 620.

나 본조는 이러한 구별을 두지 아니한 채 한정승인에 관한 §1032와 완전히 같은 공고 및 최고의무를 규정하고 있다.

Ⅱ. 공고 · 최고와 채권신고

1. 일반 상속채권자 및 수유자에 대한 공고와 채권신고

(1) 공고의 방법

재산분리를 청구한 상속채권자, 수유자, 상속인의 채권자는 재산분리의 명령이 있은 때, 즉 재산분리를 명하는 심판이 청구인에게 고지된 때부터 5일 내에 일반 상속채권자와 수유자에 대하여 재산분리의 명령이 있다는 사실과 2월 이상 일정한 기간 내에 그 채권 또는 수유를 신고할 것을 공고하여야 한다.

일반 상속채권자와 수유자는 재산분리를 청구한 상속채권자, 수유자 또는 상속인의 채권자가 알고 있는 상속채권자와 수유자를 제외한 나머지 상속채권자와 수유자를 가리킨다.

공고에는 상속채권자와 수유자에게 채권신고를 하여야 한다는 뜻과 그 방법 및 2월 이상으로 정한 신고기간, 그리고 기간 내에 채권신고를 하지 아니하면 청산으로부터 제외된다는 점이 포함되어야 한다(§§1046 II, 88 II 참조). 공고는 법인청산의 경우처럼 법원의 등기사항의 공고와 같은 방법으로 하여야 하므로(§§1046 II, 88 III), 재산분리를 청구한 상속채권자, 수유자 또는 상속인의 채권자는 상속개시지, 즉 피상속인의 주소지 관할 지방법원장이 선정한 일간신문에 1회 이상 위 공고사항을 공고하여야 하나(非訟 §65-2, 3), 관할 지방법원장이 선정한 일간신문이 없다면 상속개시지 관할 등기소와 시 · 군 · 구의 게시판에 게시함으로써 공고할 수 있다(非訟 §65-4).[3)]

(2) 적법한 공고의 효과

공고에서 정한 채권신고기간이 만료하기 전까지는 재산분리명령을 받은 상속인은 변제를 거절할 수 있다(§1051 I). 상속채권자 또는 수유자는 공고에서 정한 채권신고기간 내에 공고에서 정한 방법에 따라 채권을 신고하여야 한다. 신고의 상대방은 재산분리를 청구한 청구인이 아닌 상속인이다.[4)] 위 기간 내에 신고하지 아니한 상속채권자와 수유자는 상속재산에 대한 배당변제절차에

---

3) 이성보(주 1), 156~157.
4) 이성보(주 1), 156.

서 상속인의 채권자에 대한 우선권을 잃는다. §1051 註釋 참조.

상속채권자 또는 수유자의 채권신고는 단순한 최고에 불과하므로 §174의 절차를 취하지 아니하는 한 시효중단의 효력은 없다.

2. 재산분리청구인이 알고 있는 상속채권자 및 수유자에 대한 최고와 채권신고

(1) 최고의 대상과 방법

재산분리청구인은 자신이 알고 있는 상속채권자 및 수유자에 대하여는 위 공고와 별도로 채권신고를 개별적으로 최고하여야 한다. 채권신고의 내용은 위 공고와 같다(§§1046 II, 89 제1문). 재산분리청구인이 알고 있는 상속채권자 및 수유자란 그가 상속채권자 또는 수유자의 지위에 있음을 알고 있는, 즉 인식하고 있는 경우를 말한다. 재산분리청구인이 상속채권자나 수유자로 인정하지 아니하는 자라 하더라도 그와 같은 지위에 있음을 주장하고 있고 그 사실을 알고 있다면 이에 해당한다고 봄이 타당하다.[5)]

(2) 적법한 최고의 효과

적법한 최고를 받은 상속채권자 또는 수유자는 공고에서 정한 채권신고기간 내에 공고에서 정한 방법에 따라 상속인에게 채권을 신고하여야 한다. 채권신고와 그 해태의 효과는 앞서와 같다. 다만, 재산분리에서는 한정승인과 달리 공고 및 최고절차는 재산분리청구인이 진행하고 배당변제절차는 상속인이 진행하므로, 재산분리청구인이 알고 있는 채권자라 하더라도 상속인이 알지 못한 이상 채권신고를 하지 아니하면 배당변제에서 제척될 수 있고, 재산분리청구인은 알지 못하는 채권자라 하더라도 상속인이 알고 있었던 이상 채권신고를 하지 아니하여도 배당변제를 받을 수 있다. §1051 註釋 참조.

재산분리청구인은 채무자가 아니므로 그의 최고에는 시효중단효가 없다.

3. 위법한 공고 · 최고의 효과

공고나 최고를 하지 아니하였거나 그 절차에 위법이 있다 하더라도 재산분리의 효력에는 영향이 없다. 다만 그로 인하여 손해를 입은 상속채권자나 수유자는 재산분리청구인에 대하여 손해배상을 구할 수 있고, 그 사정을 알고 변제를 받은 상속채권자나 수유자는 구상할 의무가 있을 뿐이다(§§1051 III, 1038 II, III).

---

5) §89의 법인청산인이 최고하여야 할 채권자에 관한 대법원 1964. 6. 16. 선고 64다5 판결 참조. 이성보(주 1), 157.

그러나 공고를 하면서 채권신고기간을 2개월보다 짧게 정한 경우에는 공고 자체가 무효가 된다. 이때에는 다시 2개월 이상의 기간을 정하여 공고하는 수밖에 없다. 당초 2개월 이상의 기간을 정하여 공고하고자 하였으나 공고가 지연되어 결과적으로 채권신고기간이 2개월보다 짧게 된 때에는 2개월 이상의 기간이 되도록 경정공고를 하여 하자를 치유할 수 있을 것이다.

第1047條(分離後의 相續財産의 管理)

① 法院이 財産의 分離를 命한 때에는 相續財産의 管理에 關하여 必要한 處分을 命할 수 있다.

② 法院이 財産管理人을 選任한 境遇에는 第24條 乃至 第26條의 規定을 準用한다.

第1048條(分離後의 相續人의 管理義務)

① 相續人이 單純承認을 한 後에도 財産分離의 命令이 있는 때에는 相續財産에 對하여 自己의 固有財産과 同一한 注意로 管理하여야 한다.

② 第683條 乃至 第685條 및 第688條第1項, 第2項의 規定은 前項의 財産管理에 準用한다.

Ⅰ. 규정취지

§§1047, 1048는 재산분리가 명해졌을 때 상속재산의 관리에 관하여 규정한다. 이들 규정은 대체로 일민 §§943, 944를 따른 것이다. 상속이 개시되면 상속재산은 당연히 상속인에게 승계되고 그 결과 상속재산과 고유재산의 혼합이 일어난다. 단순승인을 하거나 법정단순승인이 된 때에는 그 효과는 확정적이 된다. 그러나 재산분리가 명해지면 설령 단순승인을 하였다 하더라도 상속재산과 고유재산이 구별되어야 하고, 상속재산에 대하여 청산절차가 행해지므로 이를 관리할 필요가 있다. 이에 §§1047, 1048는 §§1022, 1023와 같은 취지를 재산분리에 관하여 규정하고 있는 것이다.

Ⅱ. 재산분리 후 상속인의 상속재산관리의무(§1048)

재산분리가 명해지면 상속인은 이미 단순승인을 하였거나 법정단순승인이 되어 §1022의 관리의무가 종료하였다 하더라도 다시 상속재산을 고유재산과 동일한 주의로 관리할 의무를 부담한다(§1048 I). 특히 재산분리가 있는 경우 상속재산 파산원인을 발견한 상속인은 지체 없이 상속재산 파산을 신청하여야 한다(回生破産 §299 II, III). 재산분리 당시 §1022의 관리의무가 존속하고 있었다면 이 의무가 재산분리에 의한 청산절차종료시까지 연장된다.

상속인이 할 수 있는 것은 — §1051에 의한 청산절차의 진행 이외에는 — 「관리」뿐이다. 즉 이용 · 보존 · 개량행위를 할 수 있을 뿐이다. 상속인이 수인(數人)인 때에는 원칙적으로 공동상속인 전원이 공동으로 관리하여야 한다. 공동상속인들 사이에 다툼이 있는 등으로 공동관리가 어렵다면 상속재산관리인을 선임하게 하는 수밖에 없다.

상속인이 고유재산에 대한 것과 동일한 주의로 관리할 의무를 해태하여 상속재산의 가치를 감소시키면 그로 인하여 손해를 입은 다른 동순위 또는 후순위상속인 및 상속채권자 등에 대하여 손해배상책임을 진다. 상속인이 관리행위를 넘어 처분행위를 한 경우의 문제에 관하여는 §1049 註釋 참조.

상속인의 상속재산관리의무에 관하여는 위임에 관한 §§683~685, 688 I, II이 준용된다(§1048 II). 즉, 상속인과 상속채권자, 수유자 사이에 일종의 법정위임관계가 발생한다. 그리하여 상속인은 상속채권자나 수유자의 청구가 있으면 재산처리상황을 그에게 보고하고 재산관리가 종료할 때에는 지체 없이 그 전말(顚末)을 보호하여야 한다(§§1048 II, 683). §1048 II은 그 밖에 §§684, 685, 688 I, II도 준용하고 있으므로 학설은 상속재산의 관리와 관련하여 받은 금전 기타 물건 및 그 수취한 과실을 상속채권자 또는 수유자에게 인도하여야 하고, 상속인이 상속채권자 또는 수유자를 위하여 자기 명의로 취득한 권리가 있다면 이를 그에게 이전하여야 하며, 또한 상속인이 상속채권자나 수유자에게 인도할 금전 또는 상속채권자나 수유자의 이익을 위하여 사용할 금전을 상속인 자신을 위하여 소비한 때에는 소비한 날 이후의 이자를 가산하여 지급하여야 하고, 그 이외에 손해가 있으면 손해도 배상하여야 하나, 그 대신 상속인이 상속재산을 관리하기 위하여 필요비를 지출한 때에는 상속채권자 또는 수유자에 대하여 비용원금 및 그 지출한 날 이후의 이자를 청구할 수 있고, 그 밖에 상속인이 필요한 채무를 부담한 때에는 상속채권자나 수유자에게 자기 대신 변제하게 할 수 있으며, 그 채무가 변제기에 있지 아니한 때에는 상당한 담보의 제공을 구할 수 있다고 한다.[1] 그러나 상속인은 재산분리를 명받은 때에도 어디까지

1) 이성보, "상속재산의 분리", 재판자료 78, 1998, 161~162.

나 자신의 재산을 관리하는 것이고, 상속채권자와 수유자는 상속재산으로부터 배당변제를 받을 수 있을 뿐이며, 재산분리의 비용 또한 — 재산분리가 필요하였던 이상(재량설) — 상속에 관한 비용(§998-2)으로 상속재산에서 지출되어야 하므로, 실제로 위 규정들이 적용될 수 있는 경우란 생각하기 어렵다. 한편, 상속인이 상속재산관리를 위하여 과실 없이 손해를 입은 경우에는 수임인과 달리 그 배상을 청구할 수 없다(§688 III의 반대해석).[2)]

Ⅲ. 상속재산관리에 대한 가정법원의 개입(§1047)

1. 요건과 절차

재산분리명령이 있어 상속재산을 관리하여야 함에도 상속인이 부재중이거나 그 소재(所在)를 알 수 없거나 관리능력이 특히 부족하거나 공동상속인들 사이에 다툼이 있어 적절한 관리가 곤란하거나 상속인의 관리가 상당하지 아니한 때에는 법원의 개입이 '필요'하다. 이때 관할가정법원, 즉 상속개시지의 가정법원은 직권으로 관리에 필요한 처분을 명할 수 있다(§1047 I). 상속개시지는 피상속인의 최후주소지를 말한다. 그 최후주소지가 외국인인 때에는 대법원이 있는 곳의 가정법원, 즉 서울가정법원이 관할한다(家訴 §§44 vi, 35 II, 13 II).

이러한 처분은 직권으로 함이 원칙이고, 따라서 절차도 직권으로 개시된다. 재판부의 명이 있으면 가정법원의 법원사무관등은 별도의 사건번호를 부여하고 가사비송사건부에 등재하여 사건기록을 조제한다.[3)] 절차는 라류 가사비송절차[家訴 §2 I ii 가. 36)]에 해당하고 재판의 형식은 심판, 즉 결정이다(家訴 §39). 대심절차(對審節次)가 아니며, 사건관계인을 심문하지 아니하고 심판할 수 있다(家訴 §45). 학설로는 상속채권자 등 재산분리를 청구할 수 있는 자는 본조의 처분을 신청할 수 있다는 견해가 있다.[4)] 그러나 명문 규정 없이 신청권을 인정할 수 있는지 의문이다. 신청이 있더라도 직권발동을 촉구하는 의미밖에 없다고 봄이 옳다. 같은 이유에서 심판에는 불복할 수 없다. 심판비용은 상속재산에서 부담한다(家訴規 §§78, 52).[5)]

---

2) 박동섭, 653.
3) 이성보(주 1), 158~159.
4) 이성보(주 1), 159. 또한 가사[II], 396~397도 상속재산 관리에 관한 처분이 필요한지는 가정법원이 스스로 알기 어려운 것이므로, 상속재산의 분리를 청구할 수 있는 자는 그 관리에 관한 처분도 청구할 수 있다고 보아야 한다고 한다.
5) 가사[II], 397.

관리에 필요한 처분은 재산분리의 명령이 있어야 할 수 있다. 즉, 재산분리를 명하는 심판이 고지되어 확정되어야 §1047의 처분을 할 수 있고, 그 이전에는 – 물론 그 요건을 갖춘 경우에 한하여 – 家訴 §2 I ii 가. 31)의 상속재산 보존을 위한 처분을 할 수 있다.[6] 이 점이 '재산분리의 청구를 한 때'라고 규정하고 있어 재산분리의 청구만 있으면 심판이 있기 전에도 처분을 할 수 있는 것으로 해석되는 일민 §943 I와[7] 다르다.

2. 내용

가정법원이 명할 수 있는 관리에 필요한 처분에는 특별한 제한이 없다. 가령 재산목록의 작성을 명하거나 상속재산을 봉인하거나 그 공탁을 명하거나 파손되기 쉬운 물건을 처분하여 금전화할 수 있으며, 나아가 상속재산관리인을 선임할 수 있다.[8]

상속재산관리인의 선임자격에는 특별한 제한이 없으므로, 재산분리청구인이나 공동상속인 중 1인을 상속재산관리인으로 선임하여도 무방하고 제3자를 선임할 수도 있다. §1047에 의하여 선임된 상속재산관리인의 권한과 지위는 부재자재산관리인의 그것과 같다(§§1047, 24~26).[9] 상속재산관리인은 재산목록을 작성하여야 하고, 상속재산을 보존·이용·개량할 수는 있으나 이를 초과하는 행위를 하는 때에는 가정법원의 허가가 있어야 하며, 가정법원이 명하는 담보를 제공하거나 보수를 지급받게 된다. 또한 부재자 재산관리인의 선임과 개임, 재산상황의 보고와 관리의 계산, 관리인이 제공한 담보의 증감·변경·면제, 저당권설정등기의 촉탁, 재산목록의 작성, 처분의 취소에 관한 家訴規 §§39~ 52도 이 상속재산관리인에 대하여 준용될 수 있을 것이다.[10] 상속재산 파산원인을 알게 되면 지체 없이 상속재산 파산을 신청하여야 함은 물론이다(回生破産 §299 II, III).

명문규정은 없으나 상속재산관리인이 선임되면 상속인은 관리처분권을 상실한다고 해석함이 옳을 것이다.[11] 일민 §944 I 단서는 이를 명문으로 규정한다.

---

6) 이성보(주 1), 158; 가사[II], 396.
7) 谷口知平·久貴忠彦 編輯, 新版 注釋民法(27), 1989, 620(塙 陽子).
8) 곽윤직, 201; 김주수·김상용, 785; 이성보(주 1), 158; 한봉희·백승흠, 583; 塙 陽子(주 7), 622.
9) 고형규, "특별대리인 및 재산관리인의 선임", 재판자료 18, 1983, 167.
10) 이성보(주 1), 159.
11) 이성보(주 1), 161.

Ⅳ. 상속채권자 등의 가처분신청

그 밖에 상속인의 상속재산관리가 상당하지 아니하여 손해를 입을 우려가 있을 때에는 상속채권자나 수유자가 상속재산의 보전을 위하여 (민사)가처분을 신청할 수 있다.[12)]

12) 박동섭, 653; 이성보(주 1), 162; 塙 陽子(주 7), 622.

第1049條(財産分離의 對抗要件)

財産의 分離는 相續財産인 不動産에 關하여는 이를 登記하지 아니하면 第三者에게 對抗하지 못한다.

Ⅰ. 분리된 상속재산의 처분제한

명문규정은 없으나 학설은 재산분리가 명해지면 상속인은 — 한정승인에서와 달리 — 상속재산에 대한 처분권한을 상실하고, 처분하더라도 무권한자의 처분으로 무효가 된다고 본다. 재산분리에도 불구하고 상속인이 임의로 상속재산을 처분할 수 있다면, 상속채권자 및 수유자의 보호라는 재산분리의 목적달성이 위태로워질 수 있기 때문이다.[1] 처분제한효는 재산분리심판이 상속인에게 고지된 때부터 발생한다. 재산분리의 효과는 소급하지 아니하므로 그 전에 행해진 처분은 재산분리에도 불구하고 유효하다.

Ⅱ. 부동산에 대한 처분제한의 대항요건

그러나 재산분리의 공시는 매우 불완전하므로 이러한 처분제한이 거래의 안전을 해할 수 있다는 점 또한 부정할 수 없다. 그리하여 본조는 상속재산 중 부동산에 대하여는 등기하여야 비로소 재산분리로 인한 처분제한을 제3자에게 대항할 수 있도록 한다. 이 규정은 일민 §945를 따른 것이다.

제3자는 상속인을 제외한 모든 제3자를 가리키고, 상속인의 채권자에 국한되지 아니한다.[2] 이는 재산분리를 등기하지 아니하면 상속인이 부동산을 처분하더라도 유효함을 뜻한다. 이른바 배신적 악의자에 대하여는 등기하지 아니하여도 대항할 수 있다는 견해가 있으나,[3] 상속인의 배임행위(의무위반)에 가담하는 것이 경우에 따라 §103 위반이 되어 무효가 될 수 있음은 별론, 우리 민법

1) 김주수 · 김상용, 785; 송덕수, 398; 신영호 · 김상훈, 431; 이성보, "상속재산의 분리", 재판자료 78, 1998, 160, 163.
2) 김주수 · 김상용, 785; 이성보(주 1), 165; 한봉희 · 백승흠, 575.
3) 이성보(주 1), 165.

에 낯선 물권법상 의사주의·대항요건주의와 관련하여 일본판례가 발전시켜온 이른바 배신적 악의자 법리를 수용할 것은 아니다.

등기는 不登 §3의 '처분의 제한'에 관한 등기이다. 이 등기는 촉탁등기가 아니고 청구인이 개별적으로 신청하여야 한다. 부동산등기법상 절차규정이 갖추어져있지 아니하나 등기실무상 신청하면 등기해주고 있다.[4] 그 등기권리자는 재산분리청구인, 등기의무자는 상속인이다. 학설은 '상속으로 인한 등기'에 준하여 등기권리자가 단독으로 신청할 수 있다고 한다(不登 §23 III).[5] 이미 상속인 앞으로 등기가 마쳐진 경우에도 재산분리의 등기를 할 수 있음은 물론이다. 등기신청서에는 재산분리심판등본과 그 확정증명을 첨부하여야 한다. 등기목적은 '상속재산분리의 등기', 등기원인은 '상속재산분리'이며, 등기원인일자는 분리심판확정일이다.[6]

Ⅲ. 그 밖의 재산권의 경우

부동산 이외의 재산권에 관하여는 별다른 규정이 없으므로 재산분리심판이 확정되었음에도 상속인이 상속재산 중 부동산 이외의 재산권을 처분한 때에는 당연 무효가 된다. 그러나 상속재산인 동산이 선의취득이 되거나[7] 취득시효가 완성되어 제3자가 취득하는 것은 본조의 영향을 받지 아니한다.

4) 가사[II], 396.
5) 이성보(주 1), 165; 谷口知平·久貴忠彦 編輯, 新版 注釋民法(27), 1989, 625(塙 陽子).
6) 이성보(주 1), 165.
7) 김주수·김상용, 785; 송덕수, 398; 이경희, 506; 이성보(주 1), 165; 한봉희·백승흠, 584.

第1050條(財産分離와 權利義務의 不消滅)

財産分離의 命令이 있는 때에는 被相續人에 對한 相續人의 財産上 權利義務는 消滅하지 아니한다.

Ⅰ. 규정취지

재산분리가 명해지면 — 한정승인에서와 마찬가지로 — 상속재산과 고유재산의 분별이 일어난다. 이때 상속재산과 고유재산의 범위에 관하여는 §1028 註釋 II. 참조. 본조는 그 결과 상속인이 피상속인에 대하여 재산상 권리의무를 갖고 있었다 하더라도 혼동으로 소멸하지 아니함을 규정하고 있는 것이다. 본조는 한정승인에 관한 §1031와 그 내용과 취지가 같다.

Ⅱ. 규율내용

1. 피상속인 · 상속인 상호간 권리의무

먼저, 피상속인과 상속인 상호간 채권 · 채무가 대립하거나 피상속인이 상속인의 고유재산에 대하여 제한물권을 갖고 있었거나 상속인이 피상속인의 상속재산에 대하여 제한물권을 갖고 있었다 하더라도 혼동(§§507, 191)으로 소멸하지 아니한다.

2. 피상속인 · 상속인과 제3자 사이의 공동의 권리의무

또한 피상속인과 상속인이 제3자에 대하여 연대채권, 불가분채권을 갖고 있거나 연대채무, 불가분채무를 지고 있는 경우 피상속인과 상속인의 채권, 채무도 각각 별개로 존속한다. 상세는 §1031 註釋 II. 2. 참조.

3. 상계

피상속인이 제3자에 대하여 채권을 갖고 있고 상속인이 그 제3자에 대하여 동종(同種)의 채권을 갖고 있거나, 반대로 피상속인이 제3자에 대하여 채무를 갖고 있고 상속인이 그 제3자에 대하여 동종(同種)의 채권을 갖고 있는 경우, 상속으로 포괄승계가 되면 상계적상이 생겨 이들 두 채권을 상계할 수 있다. 재산분리 전에 상계가 이루어졌다면 그 상계는 유효하고, 그 결과 두 채권이 대등액에서 소멸하며, 재산분리의 효과는 소급하지 아니하므로 이후 재산분리가 되었다 하여 상계가 무효가 되고 두 채권이 부활하는 것은 아니다. 그러나 재산이 분리된 뒤에 하는 상계는 상계적상이 없어 무효이다. 한정승인과는 달리 상속인은 상속재산에 속하는 채권을 자동채권으로 하여 자신의 채무와 상계할 수도 없다. 재산분리가 명해지면 상속인은 상속재산에 대한 처분권한을 잃기 때문이다. §1049 註釋 참조. 상속인이 자기 고유의 채권을 자동채권으로 상속채무와 상계하는 것도 허용되지 아니한다. §1052 II의 상속인의 채권자의 우선변제권을 침해할 수 있기 때문이다.

第1051條(辨濟의 拒絶과 配當辨濟)

① 相續人은 第1045條 및 第1046條의 期間滿了前에는 相續債權者와 遺贈받은 者에 對하여 辨濟를 拒絶할 수 있다.

② 前項의 期間滿了後에 相續人은 相續財産으로써 財産分離의 請求 또는 그 期間內에 申告한 相續債權者, 遺贈받은 者와 相續人이 알고 있는 相續債權者, 遺贈받은 者에 對하여 各 債權額 또는 受贈額의 比率로 辨濟하여야 한다. 그러나 優先權있는 債權者의 權利를 害하지 못한다.

③ 第1035條 乃至 第1038條의 規定은 前項의 境遇에 準用한다.

Ⅰ. 상속인의 변제거절권

재산이 분리되면 상속재산에 대한 청산절차가 개시된다. 법은 상속재산에 대한 채권자와 그 액수를 분명히 하여 청산절차를 신속하고 공평하게 진행하고 법이 정하는 바에 따라 배당변제를 할 수 있도록 상속채권자와 수유자에게 채권신고기간을 정하여 공고 및 최고를 하게 한다. 이 기간 중에 상속채권자나 수유자가 변제를 구할 수 있다면 이러한 목적이 좌절될 수 있다. 이에 본조 I은 상속인에게 변제거절권을 인정한다.[1]

변제거절권은 §§1045, 1046의 기간만료시까지 인정된다. 즉 상속인은 상속이 개시된 때부터 채권신고기간이 만료할 때까지 변제를 거절할 수 있다. 아직 상속채권자, 수유자 또는 상속인의 채권자가 재산분리를 청구하지 아니하였다 하더라도 그러한 가능성이 있는 한 변제를 거절할 수 있다.[2] 재량설에 따르는 한 재산분리청구가 있다 하더라도 받아들여질 가능성이 없다면 변제거절권은 인정되지 아니할 것이다. 변제거절은 권리일 뿐 의무가 아니나, 변제를 거절할 수 있음에도 거절하지 아니하여 상속채권자 등에게 손해를 가한 때에는 부당

1) 이성보, "상속재산의 분리", 재판자료 78, 1998, 166.
2) 谷口知平·久貴忠彦 編輯, 新版 注釋民法(27), 1989, 627(塙 陽子).

변제 등의 책임을 질 수 있다. 변제거절권의 행사가 채권자에게 손해가 되어서는 아니 되므로, 변제를 거절하더라도 이자 및 지체책임은 면하지 못한다. 그 밖에 §§1032, 1033 註釋 II. 2. 참조.

Ⅱ. 상속재산과 그 금전화

1. 상속재산

배당재원은 상속재산, 즉 상속적극재산이다. 상속적극재산의 범위에 관하여는 §1028 註釋 II. 참조. 재산분리에는 처분제한효가 있으나 그 효과가 소급하지 아니하므로, 재산분리심판이 상속인에게 고지되기 전 상속재산의 전부 또는 일부가 처분된 때에는 그 재산은 상속재산에서 이탈하고 배당재원이 될 수 없고 그로 인하여 취득한 대가가 있을 때에는 그 대가가 상속재산이 된다(§1034 II 본문 참조).[3] 재산분리 전 상속적극재산으로 상속인의 채무를 변제하였다면 상속재산과 고유재산 사이에 그로 인한 비용절약분 상당의 부당이득반환관계가 성립하므로(§1050, §1031 註釋 II. 2.도 참조), 고유재산에 대한 부당이득반환청구권이 상속재산이 된다.

2. 금전화의 방법

배당변제를 위하여 상속재산을 처분하여야 할 때에는 민사집행법에 의하여 경매를 하여야 한다(§§1051 III, 1037). 이때 경매는 이른바 형식적 경매이므로 배당요구는 예정되어 있지 아니하다. 상세는 §1037 註釋 참조. 이 규정에 위반하여 임의로 처분하는 것은 원칙적으로 재산분리의 처분제한효에 위반하여 무효이다. 그러나 재산분리의 등기를 하지 아니한 부동산을 처분하거나 동산이 선의취득된 경우 경매에 의하지 아니하였다는 이유로 그 처분이 무효가 되어 그 재산이 상속재산으로 복귀하는 것은 아니고, 그로 인한 손해에 대하여 상속인 또는 상속재산관리인이 부당변제 등에 관한 책임(아래 Ⅳ.)을 질뿐이다.[4]

3) 박동섭, 654.
4) 이성보(주 1), 168~169.

Ⅲ. 배당변제의 순위와 방법

배당변제는 ① 우선권 있는 상속채권자, ② 상속에 관한 비용, ③ 채권신고기간 내에 신고하였거나 상속인이[5] 알고 있는 상속채권자, ④ 채권신고기간 내에 신고하였거나 상속인이 알고 있는 수유자의 순으로 하여야 하고, 동순위의 상속채권자 또는 수유자 사이에서는 채권액에 따라 안분하여 배당변제하여야 한다(§§1051 II, III, 1036). 변제기 전의 채무, 아직 조건이 성취되지 아니한 채무, 존속기한이 불확정한 채무도 마찬가지이다. 다만 변제기 전의 채무의 경우 변제기까지의 이자를 가산한 금액을 기준으로 하여야 하고, 조건이 성취되지 아니한 채무와 존속기한이 불확정한 채무는 법원이 선임한 감정인이 평가한 금액을 기준으로 하여야 한다(§§1051 III, 1035).[6] §§1034, 1035, 1036 註釋 참조. 한편 상속채무 또는 유증채무 중 재산분리 전에 이미 변제된 것이 있다면 어떻게 되는가. 재산분리의 효과는 소급하지 아니하므로, 그 범위에서 상속채무 또는 유증채무는 소멸하고, 이를 위하여 처분한 상속재산이 있으면 그 범위에서 재산분리의 대상이 되는 상속재산도 감소한다고 봄이 옳다(§1034 II 단서의 유추).

재량설을 따르는 한 쉽게 생기는 일은 아니나, 위 상속채권자와 수유자 모두에게 변제한 뒤에도 상속재산이 남은 경우에는 상속인의 채권자도 후순위로 변제받을 수 있다고 봄이 타당하다.[7] 또한 배당에서 제척된 상속채권자와 수유자, 즉 채권신고기간 내에 채권신고를 하지도 아니하였고 상속인이 알지도 못하는 상속채권자와 수유자도 상속재산에서 후순위로 변제받을 수 있다고 봄이 옳을 것이다. 이들은 채권신고를 하지 아니한 채권자들로 그들 사이에는 우열이 없다.

Ⅳ. 부당변제에 대한 책임

상속인이 부당변제를 하여 상속채권자나 수유자에게 손해를 가한 때에는 그 손해를 배상할 책임이 있다. 그리고 그와 같은 사정, 즉 상속인이 부당변제를 한다는 사정을 알면서 변제를 받은 다른 상속채권자나 수유자는 부당하게

5) 재산분리청구인이 아니다. 그러므로 개별적으로 최고하여야 하는 상속채권자 및 수유자와 다르다.
6) 이성보(주 1), 166~168.
7) 박동섭, 655. 재산분리의 취지에서 그 근거를 찾는다.

변제받은 것을 반환(구상)할 의무가 있다(§§1051 III, 1038).[8] 상세는 §1038 註釋 참조. 다만, 재산분리의 경우 공고 및 최고절차는 상속인이 아닌 재산분리청구인이 진행하므로 그 위법에 대하여는 본조에 의하여 책임을 물을 수 없다. 특별한정승인(§1019 III)에 관한 §1038 I 제2문, II 제2문은 재산분리에 준용되지 아니한다.

8) 이성보(주 1), 169~170.

第1052條(固有財産으로부터의 辨濟)

① 前條의 規定에 依한 相續債權者와 遺贈받은 者는 相續財産으로써 全額의 辨濟를 받을 수 없는 境遇에 限하여 相續人의 固有財産으로부터 그 辨濟를 받을 수 있다.

② 前項의 境遇에 相續人의 債權者는 相續人의 固有財産으로부터 優先辨濟를 받을 權利가 있다.

Ⅰ. 규정취지

본조는 상속채무 및 유증채무에 대한 상속인의 고유재산의 보충적 책임을 정하고 있다. 이 규정은 일민 §948를 따른 것이지만, 독민 §1981, 스민 §596도 대체로 같은 취지의 규정을 두고 있다.

본조는 상속인이 한정승인을 한 때에는 적용되지 아니한다. 상속채무 및 유증채무에 대한 책임이 상속재산으로 제한되기 때문이다.[1)]

Ⅱ. 상속인의 고유재산으로부터의 변제(본조 I)

채권신고기간 내에 신고하였거나 상속인이 알고 있는 상속채권자나 수유자는 상속재산으로부터 전액을 변제받을 수 없는 경우에 한하여 상속인의 고유재산으로부터 변제받을 수 있다. 변제를 구할 수 있는 금액은 상속재산으로부터 변제를 받을 수 없는 잔액에 한한다. 그러나 상속인이 파산선고를 받은 경우에는 재산분리가 있어도 상속채권자와 수유자는 그 채권 전액에 관하여 파산채권자로서 그 권리를 행사할 수 있다(回生破産 §434).

그렇다면 채권신고기간 내에 신고하지도 아니하였고 상속인이 알지도 못하는 상속채권자나 수유자는 어떠한가. 명문의 규정은 없으나 채권신고 등은

1) 김주수·김상용, 786~787; 이성보, "상속재산의 분리", 재판자료 78, 1998, 171.

상속재산에 대한 청산절차를 위하여 필요한 것에 불과하므로 고유재산으로부터 채권 전액에 관하여 변제받는 데는 지장이 없다고 봄이 타당하다.[2)]

Ⅲ. 상속인의 채권자의 우선권(본조 II)

1. 원칙

그러나 고유재산에 대하여는 상속인의 채권자가 상속채권자 및 수유자보다 우선한다. 우선하는 상속인의 채권자에는 상속개시 전 채권을 취득한 자뿐 아니라 상속개시 후 비로소 채권을 취득한 자도 포함된다. 그렇지 아니할 경우 채권자평등의 원칙에 반하기 때문이다.[3)]

그런데 이 상속인의 채권자의 우선권이 실제로 어떻게 행사되는가에 관하여는 종래 의문이 제기되어왔다. 재산분리는 상속재산에 대한 청산을 예정하고 있을 뿐 고유재산을 청산하는 것은 아니기 때문이다. 그리하여 일본에서는 상속인의 채권자의 우선권은 상속인 파산이 있을 때에야 전면적으로 실현되는 것이고, 그때까지는 상속인에게 변제거절의 항변권을 부여할 뿐이라는 견해, 어차피 상속채권자의 고유재산에 대한 집행을 저지할 방법은 없고 상속채권자든 상속인의 채권자이든 다른 채권자가 하는 강제집행에서 배당요구를 할 수 있다는 견해 등이 주장되고 있다. 또한 입법론으로는 프랑스민법처럼 상속채권자와 상속인의 채권자를 평등하게 대우하거나 독일민법과 같이 상속재산이 채무초과인 때에는 상속재산에 의하게 하여 고유재산에 대하여도 청산절차를 진행하게 하는 것이 바람직하다는 견해도 주장되고 있다.[4)]

재산분리는 상속인의 고유재산에 대한 (즉시)청산을 예정하고 있지 아니하므로 아직 변제기가 도래하지 아니한 상속채권이나 상속인의 채권자의 채권의 경우 고유재산으로부터 즉시 변제받을 수 있게 되지는 아니한다. 그러나 적어도 상속인의 채권자의 채권이 변제기가 도래하지 아니한 경우에도 이를 일관하여 변제를 청구하지 못하게 하면 상속인의 채권자의 우선권을 침해하게 된다. 따라서 상속인은 아직 변제기가 도래하지 아니한 상속인의 채권자의 채권으로도 변제거절의 항변은 할 수 있다고 봄이 타당하다.[5)]

---

2) 이성보(주 1), 171.

3) 김주수·김상용, 787; 이성보(주 1), 172~173.

4) 谷口知平·久貴忠彦 編輯, 新版 注釋民法(27), 1989, 631(塙 陽子).

5) 김주수·김상용, 787; 이성보(주 1), 173 참조. 그러나 상속인에 대한 채권이 모두 변제기가 도래하여 완전히 변제된 후에야 비로소 상속채권자가 변제받을 수 있다는 것으로, 곽윤직, 203;

2. 예외

채권신고기간 내에 신고도 하지 아니하였고 상속인이 알지도 못한 상속채권자나 수유자의 경우 상속재산에 대하여 우선권을 가지지 못하므로 고유재산에 대하여는 상속인의 채권자보다 열후한 지위가 아닌 평등한 지위에서 변제받을 수 있다고 해석되고 있다.[6)]

한봉희 · 백승흠, 585.

6) 이성보(주 1), 173~174. 그러나 상속인의 채권자보다 하위로 집행이 가능하다는 견해로, 이경희, 507.

第 6 節　相續人의 不存在

[前註] 總說

Ⅰ. 의의

본절은 상속인이 존재하는지 여부가 불분명하거나 존재하지 아니함이 확정된 경우에 상속재산을 어떻게 다룰지를 규율한다.

먼저, 상속인이 존재하는지 여부가 불분명한 경우에는 크게 두 가지 문제가 생긴다. 첫째, 상속재산을 관리·보존하기 위하여 국가의 개입이 필요하다. 둘째, 상속재산에 대하여 권리를 갖는 자, 가령 상속채권자나 수유자의 권리를 관철하기 어려워지므로 이에 대응하는 규정이 필요하다.[1] 그러나 다른 한편 상속인의 의사와 무관한 상속재산의 처분은 반드시 필요한 경우에 한하여야 한다. §§1053, 1054, 1056는 이러한 문제에 대응하여 상속인이 존재하지 아니하는 경우 상속재산의 관리와 청산을 규율하고, §§1053, 1055는 그 한계, 즉 어떤 경우에 국가가 개입하여야 하고 또 그 개입을 중단하여야 하는지를 정한다.

다음, 상속인이 존재하지 아니함이 명백해진 경우에는, 상속채권자와 수유자에 대한 청산을 마친 뒤에 남은 잔여재산의 귀속이 문제가 된다.[2] §1057는 상속인이 존재하지 아니함을 확정하기 위한 절차를, §§1057-2, 1058, 1059는 잔여재산의 귀속을 각각 정하고 있다. 그중 특별연고자에 대한 분여제도(§1057-2)는 1990년 민법개정으로 도입된 것이다.

1) 곽윤직, 203; 김주수·김상용, 788; 신영호·김상훈, 431~432.
2) 곽윤직, 203.

Ⅱ. 비교법

1. 상속재산의 관리 및 청산과 국고귀속

독일민법은 상속인이 분명하지 아니한 때에는 법원이 상속재산관리인(Nachlasspfleger)을 선임하여 상속재산을 관리하게 하고(독민 §§1960, 1958), 상당한 기간 내에 상속인을 알 수 없을 때에는 법원이 국가(國庫) 이외에 상속인이 없음을 확인한 다음 국가를 법정상속인으로 추정하며(독민 §1964), 이에 따라 국고에서 상속재산의 청산이 이루어지게 하고 있다(독민 §1966 이하). 스위스민법도 상속인의 존부가 분명하지 아니하거나 전 상속인이 밝혀지지 아니한 때에는 피상속인의 주소지 관할관청의 명령으로 상속재산관리를 개시하고(스민 §§554 I iii, 551), 적당한 방법으로 공고하여 권리자에게 1년 이내에 상속의 신고를 하도록 하되, 위 기간 내에 신고가 없고 관할관청이 상속인을 알 수 없을 때에는 상속재산은 상속권 있는 칸톤(Kanton) 등에 귀속하는 것으로 하고 있다(스민 §555). 이들의 경우 그와 동시에 책임제한을 하므로 상속재산이 채무초과일 경우 국가가 국고(國庫)에서 그 책임을 지지는 아니한다.

반면 프랑스민법은 상속인의 존재가 분명하지 아니한 단계(vacance)와 상속인이 존재하지 아니함이 확정된 단계(déshérence)를 구분하여, 전자에서는 상속재산관리인을 선임하고 그로 하여금 한정승인에 준하여 청산절차를 진행하게 하고, 후자의 단계에 이르면 국가가 상속재산을 취득하는 것으로 규정하고 있다.[3] 오스트리아일반민법도 비슷하다(오민 §760). 이때 국가의 취득권의 법적 성질에 대하여 논란이 있으나, 국가가 상속인이 되는 것은 아니라고 보는 것이 보통이다. 영미법에서는 당연승계의 원칙을 취하지 아니하고 상속이 개시되면 상속재산이 인격대표자(personal representative)에게 신탁적으로 승계되어 청산절차가 진행되므로 상속인의 존부 등이 분명한지 여부와 무관하게 청산이 예정되어 있다. 그러나 그 잔여재산이 있는데 상속인이 존재하지 아니하는 경우 그 잔여재산이 국가에 귀속되는 것은 같은데, 이 또한 상속은 아니다.

우리 민법은 1962년 개정 전 일본민법과 거의 같고, 프랑스민법과 비슷하다. 그러나 이상에서 본 바와 같이 상속재산의 관리 및 청산과 국고귀속에 관하여는 어디에서나 비슷한 규율이 행해지고 있다.

3) 이지은, "프랑스민법상 상속인 부존재시의 상속재산 관리", 민사 59, 2012, 695 이하.

2. 특별연고자에 대한 분여

로마법에서는 상속인이 없는 경우 국가에 귀속시키기에 앞서 군인의 재산은 그 소속 군대에, 10인 조장의 재산은 그 소속 민회에, 조합구성원의 재산은 그 조합에, 사제 등의 재산은 그 소속 교회나 수도원에 우선 귀속시키는 제도가 있었고, 독일보통법과 프랑스고법(古法)에도 상속인 없는 재산을 혈족단체나 촌락단체에 복귀시키는 예가 있었다. 그러나 근대법에서 국가가 아닌 특별연고자에게 상속재산을 귀속시키는 예는 찾아보기 어렵다.[4)]

일본민법은 1962년 개정으로 특별연고자에 대한 분여를 도입하였고, 우리 민법도 1990년 개정으로 이를 도입하였는데, 비교법적으로는 매우 이례적인 것이다.

4) 곽윤직, 209; 정상현, "특별연고자에 대한 상속재산의 분여제도", 영남법학 8－1·2, 2002, 174 이하.

第1053條(相續人없는 財産의 管理人)

① 相續人의 存否가 分明하지 아니한 때에는 法院은 第777條의 規定에 依한 被相續人의 親族 其他 利害關係人 또는 檢事의 請求에 依하여 相續財産管理人을 選任하고 遲滯없이 이를 公告하여야 한다.

② 第24條 乃至 第26條의 規定은 前項의 財産管理人에 準用한다.

第1054條(財産目錄提示와 狀況報告)

管理人은 相續債權者나 遺贈받은 者의 請求가 있는 때에는 언제든지 相續財産의 目錄을 提示하고 그 狀況을 報告하여야 한다.

▮참고문헌: 고형규(1983), "특별대리인 및 재산관리인의 선임", 재판자료 18; 정상현(2003), "상속인의 부존재와 상속재산의 처리", 인권 326.

Ⅰ. 개설

상속인의 존부가 분명하지 아니한 때에는 상속재산의 관리를 위하여 국가가 개입할 필요가 있다. §§1053, 1054는 이때 가정법원이 개입하여 상속재산관리인을 선임하고 그로 하여금 상속재산을 관리하게 한다.

Ⅱ. 상속인의 부존재

상속재산관리의 개시는 '상속인의 존부가 분명하지 아니'할 것, 즉 상속인의 부존재를 요건으로 한다.

먼저, '상속인의 존부'가 분명하지 아니하여야 한다. 이는 가정법원의 개입의 요건인데, 그 문언상 모든 상속인의 존부가 분명하지 아니하여야 한다고 해석되고 있다. 따라서 (공동)상속인 중 1인이라도 그 존재가 분명한 이상 상속인의 부존재라고 할 수 없고, 그 공동상속인이 상속재산을 관리하면서 다른 공동상속인을 찾아야 한다고 한다.[1] 한편, 법정상속인의 존부는 분명하지 아니하나 포괄수유자가 존재하는 경우 이에 해당하는지에 관하여는 견해가 갈린다. 한 견해는 포괄수유자는 상속인과 동일한 권리의무가 있으므로(§1078) 포괄수유자의 존재가 분명한 이상 상속인의 부존재가 아니고, 상속재산관리의 대상도 되지 아니하나, 포괄수유자가 상속재산 중 일부만 유증 받은 경우는 상속인의 부존재로 보아야 한다고 한다.[2] 다른 견해는 수유자는 상속재산관리인 선임의 이해관계인에 해당하고, 상속채권자에 대한 변제가 있어야 수유자에 대한 변제가 이루어질 수 있음에 비추어 포괄수유자가 존재하더라도 상속재산관리의 대상이 된다고 한다.[3] 그러나 상속인의 존부가 분명하지 아니하고 특정수유자만 존재하거나 포괄수유자가 있으나 그 유언이 무효인 경우 상속인의 부존재의 대상이 된다는 데에는 이론(異論)이 없다.[4] 상속인이 존재하지 아니하는 한 참칭상속인이 존재한다 하더라도 상속인의 부존재이나,[5] 상속인이 존재함은 분명하나 표현상속인이 있거나 피상속인에 대한 친생자관계존재확인의 소를 제기한 자가 있는 등 그중 누가 진정한 상속인인지에 대하여 다툼이 있는 때에는 상속인의 부존재라고 할 수 없다.[6] 가족관계등록부상 상속인이 존재하면 현재 그 상속인의 행방이나 생사가 분명하지 않더라도 상속인의 부존재가 아니다. 가령 군사분계선 이북에 잔류한 자가 생사불명인 때에는 상속인의 존재가 불분명하다고 할 수 없고,[7] 부재자재산관리(§22 이하) 또는 실종선고(§27 이하)에 의하여야 하는 것이다.[8] 다만 이미 경매가 개시된 뒤 채무자가 사망하였는데 그 상속인을 찾지 못한 때에는 집행법원이 특별대리인을 선임하여 절차를 진행한다(民執 §§52 II, 275).

다음, 상속인의 존부가 '분명하지 아니'하여야 한다. 가정법원의 입장에서 분명하지 아니한 때에는 이 요건을 충족한다. 분명하지 아니한 경우 이외에 상속인의 부존재가 분명한 경우도 포함된다는 것이 통설이다.[9] 이때에도 가족관계등록부에는 나타나지 아니하였으나 상속인이 존재할 수 있으므로 그 상속인

1) 고형규(1983), 168; 곽윤직, 203~204; 김주수 · 김상용, 788.
2) 김주수 · 김상용, 789; 신영호 · 김상훈, 432; 윤진수, 497.
3) 곽윤직, 205; 송덕수, 399~400.
4) 정상현(2003), 138.
5) 고형규(1983), 169; 곽윤직, 205; 김주수 · 김상용, 789; 신영호 · 김상훈, 432; 정상현(2003), 138.
6) 가사[II], 398.
7) 대법원 1971. 10. 22. 선고 71다1636 판결; 대법원 1982. 12. 28. 선고 81다452, 453 판결.
8) 곽윤직, 204; 김주수 · 김상용, 790; 송덕수, 399; 신영호 · 김상훈, 432; 가사[II], 399.
9) 곽윤직, 204; 김주수 · 김상용, 788~789; 송덕수, 399.

을 제척하기 위한 절차가 필요하고, 또 상속채무 등의 청산이 필요하기 때문이다. 그리하여 신원불명자가 사망하거나, 가족관계등록부상 최종순위의 상속인에 해당하는 자가 상속결격이거나, 상속을 포기한 경우, 그가 피상속인과 동시에 사망한 것으로 추정되는 경우에 상속재산관리를 신청할 수 있다고 한다.10) 상속인이 존재하지 아니함은 분명하나, 상속인으로 될 자가 상속인으로서 지위에 관한 소를 제기한 때, 가령 피상속인에 대한 협의이혼무효[家訴 §2 I i 가. 2)], 협의상 파양무효의 소[§883, 家訴 §2 I i 가. 6)], 부(父)를 정하는 소[§845, 家訴 §2 I i 나. 5)], 인지청구의 소[§863, 家訴 §2 I i 나. 9)] 등을 제기한 경우에 관하여는 상속재산관리를 개시하되 공고절차를 늦추는 것이 타당하다는 견해,11) 위 소송에서 판결이 확정되기를 기다리되 그동안의 상속재산관리는 §1022를 유추하여 하여야 한다는 견해,12) 상속인의 부존재로 보아 상속재산관리를 개시하되 판결확정 전 청산절차가 종료되지 아니하도록 가정법원이 상속재산의 보존에 필요한 처분으로 적당한 조치를 하여야 한다는 견해가13) 주장되고 있다.

Ⅲ. 상속재산관리

1. 상속재산관리인의 선임, 개임(改任)

상속인의 존부가 분명하지 아니한 경우에는 가정법원은 청구에 의하여 상속재산관리인을 선임한다(§1053 I).

청구인은 §777의 친족 기타 이해관계인, 검사이다. §777의 친족을 청구권자에 포함시킨 데 대하여는 입법론적으로 비판적인 견해가 있다.14) 이해관계인에는 상속채권자, 수유자, 상속재산에 관한 담보물권자, 피상속인의 구상권 있는 보증인, 특별연고자가 포함된다.15) 일본에서는 그 밖에 국고(國庫), 가령 관할세무서장과 상속재산에 속하는 부동산의 공공용지 취득에 관하여 이해관계가 있는 지방자치단체장도 이해관계인으로 본다. 검사가 청구권자에 포함되나 현실적으로 검사가 이러한 이해관계를 대변하여 상속재산관리인 선임을

10) 곽윤직, 204; 송덕수, 399.
11) 김주수 · 김상용, 789~790.
12) 박병호, 414
13) 곽윤직, 204.
14) 곽윤직, 206. 단순히 친족이라는 사실만으로 당연히 이해관계인이라고 할 수는 없다면서 삭제함이 타당하다고 한다. 일민 §952 I도 이해관계인과 검사만을 청구권자로 들고 있다.
15) 곽윤직, 206; 김주수 · 김상용, 791; 송덕수, 400; 정상현(2003), 139; 가사[II], 397~398.

청구하지는 아니하고 있으므로 이들에게도 청구권한을 부여하여야 한다는 것이다.[16] 관할법원은 상속개시지, 즉 피상속인의 주소지를 관할하는 가정법원이고(家訴 §44 vi), 절차의 성격은 라류 가사비송사건[家訴 §2 I ii 가. 37)]이다. 대심절차(對審節次)가 아니고, 사건관계인을 심문하지 아니하고 재판할 수 있다(家訴 §45).

적법한 청구가 있는 경우 가정법원은 상속인의 부존재에 해당하고 관리할 상속재산이 존재한다고 판단하는 한 상속재산관리인을 선임하여야 한다.[17] 상속재산관리인의 자격에는 별다른 제한이 없다.[18] 실무상으로는 가정법원이 직권으로 또는 청구인의 추천을 받아 변호사 등을 선임한다.[19] 상속재산분여청구를 할 것을 전제로 자신을 상속재산관리인으로 선임하여 달라고 청구한 때에는 중립적인 제3자를 상속재산관리인으로 선임함이 바람직하다.[20] 상속재산관리인을 선임한 경우 가정법원은 직권으로 이를 공고하여야 한다.[21]

가정법원은 상속재산관리인에 대하여 상속재산 중에서 상당한 보수를 지급할 수 있다(§§1053 II, 26 II). 상속재산관리인은 가정법원에 대하여 추상적 보수청구권을 갖고 보수의 지급을 허가하는 심판을 청구할 수 있으나[家訴 §2 I ii 가. 37)], 구체적 보수청구권 및 그 액수는 가정법원의 심판에 의하여 형성된다. 보수는 종국적으로는 상속재산에서 지급되지만, 가정법원은 청구인에게 보수 상당액의 예납을 명할 수 있다.[22] 예납명령에 대하여는 독립 불복할 수 없고 불예납을 이유로 불이익한 심판을 받은 경우 그에 불복하는 방법으로 다투는 수밖에 없다.[23]

---

16) 谷口知平·久貴忠彦 編輯, 新版 注釋民法(27), 1989, 660(金山正信). 우리 법에 관하여 국고(國庫)를 이에 포함시키는 견해로, 고형규(1983), 169; 곽윤직, 206.

17) 관리할 상속재산의 존재는 불문의 요건이다. 고형규(1983), 168; 김주수·김상용, 791. 나아가 가사[II], 399는 관리할 상속재산이 미미하여 특별연고자에 대한 분여나 국가귀속까지의 절차비용을 충당할 수 있는 정도에 지나지 않는 경우에도 관리인을 선임할 필요가 없고 심판청구를 기각하여야 한다고 한다.

18) 대법원 1977. 1. 11. 선고 76다184, 185 판결은 상속인의 존부가 분명하지 아니한 경우 상속재산관리인은 피상속인의 상속인임을 요하지 아니한다고 한다.

19) 가사[II], 399~400.

20) 가사[II], 405.

21) 가사[II], 401~402. 청구인의 성명과 주소, 피상속인의 성명, 직업과 최후주소, 피상속인의 출생 및 사망 장소 및 그 일자, 상속재산관리인의 성명과 주소를 기재하여야 하고, 관보에 1회 게재하는 방법으로 공고하되, 법원이 필요하다고 인정하는 경우 공고사항의 요지를 일간신문에도 게재할 수 있다. 공고비용도 상속재산에서 부담한다. 家訴規 §§79, 26, 民訴規 §142, 공고방법예규 §4 참조.

22) 가사[II], 400~401.

23) 대법원 2001. 8. 22.자 2000으2 결정.

재판의 형식은 심판, 즉 결정이다(家訴 §39). 상속재산관리인을 선임하는 심판에 대하여는 불복할 수 없다. 그러나 가정법원이 상속재산관리인을 개임(改任)하거나 그 선임을 취소할 수는 있다. 선임된 상속재산관리인은 언제든 사임할 수 있다(家訴規 §§78, 41, 42).

심판비용, 재산관리에 관한 처분비용 등은 상속재산에서 부담한다(家訴規 §§78, 52).

2. 상속재산관리인의 지위

(1) 상속재산관리인의 법적 지위와 그 권한

상속재산관리인에 대하여는 부재자 재산관리에 관한 §25가 준용된다(§1053 II). 따라서 상속재산의 보존 및 일정한 범위의 이용·개량행위를 할 수 있고(§§25, 118), 법원의 허가가 있으면 그 범위를 넘는 상속재산에 관한 모든 행위를 할 수 있다. 그러나 법원의 허가 없이 위 범위를 넘는 행위를 한 때에는 그 행위는 상속재산에 대하여 효력이 없다. 법원의 허가로 이를 추인할 수는 있을 것이다.[24]

상속재산관리인이 실체법상 법정대리인이라는 견해가 있다. 이때에는 본인이 누구인가가 문제되는데, 상속인이 존재할 때에는 상속인이 본인이고, 상속인이 존재하지 아니하는 것으로 판명되었을 때에는 국가가 본인이라고 한다.[25] 그러나 상속인이 존재하지 아니한 때에도 상속재산이 법률상 당연히 국가에 귀속하는 것이 아니고 청산절차와 특별연고자에 대한 분여절차를 거쳐야 국가에 귀속된다는 점에 비추면 이러한 설명에는 문제가 있다.[26] 상속재산관리인은 상속재산을 위하여 권한을 행사하는 것이고 그것이 누구에게 귀속되는지는 문제되지 아니하며 상속인이 존재하지 아니하는 경우 상속재산은 국가에 귀속되는 때까지 특수한 권리능력 없는 재단[27] 또는 권리주체 없는 특별재산

24) 金山正信(주 16), 667 이하.

25) 곽윤직, 206; 신영호·김상훈, 432. 일본에서 이러한 견해로, 金山正信(주 16), 665 이하.

26) 같은 지적으로 김주수·김상용, 793.

27) 김주수·김상용, 794. 일민 §951는 이를 위하여 상속인의 존재가 분명하지 아니할 때에는 상속재산을 법인으로 의제하고, 상속재산관리인을 이 법인을 위한 대리인으로 삼는다. 그러나 이러한 구성은 이후 상속인이 존재함이 밝혀진 경우 위 법인을 소급하여 존재하지 아니하였던 것으로 의제하고, 그 사이 관리인의 행위의 효력만 유지하는 기교적 구성을 낳는다(일민 §955). 우리 법에 관하여 비슷한 구성을 제안하는 것으로 정상현(2003), 139. 이러한 구성의 실익은 상속재산관리인이 선임되기 전에도 상속재산이 무주물선점의 대상이 되지 아니하고, 상속재산관리인을 선임할 시간적 여유가 없을 때에는 법인의 대표자가 존재하지 아니하는 경우로 보아 특별대리인을 선임할 수 있다는 정도(民訴 §§64, 62)에 그친다. 金山正信(주 16), 646, 662~663. 또 상속인 부존재로 상속재산이 독자적으로 존속한다 하더라도 권리주체가 변경되는 것은 아니므로 포괄승계가 아니다. 金山正信(주 16), 657~658.

(Sondervermögen)이라고 봄이 상당하다. 상속인의 존재가 분명하지 아니한 경우 상속재산관리인이 상속재산에 관한 소송의 정당한 당사자라는 것이 판례인데,[28] 이 또한 상속재산관리인을 소송법상 직무상 당사자로 봄을 전제한다.[29] 상속재산관리인은 상속재산에 관한 소송에서 당사자의 지위를 가지므로, 상속재산에 관하여 피상속인이 소송계속 중 사망하고 상속인의 존부가 분명하지 아니한 경우, 법원으로서는 소송절차를 중단한 채 상속재산관리인의 선임을 기다려 그로 하여금 소송을 수계하게 하여야 한다.[30]

참칭상속인이나 무효인 유언에 의한 포괄수유자가 있는 경우 상속재산관리인은 그들에 대하여 상속회복청구(§999)를 할 수 있는가. 상속재산에 대한 보존행위로 할 수 있다는 견해와[31] 상속회복청구는 상속인과 그 법정대리인만 할 수 있으므로 상속회복청구는 할 수 없고 부당이득반환을 구할 수 있을 뿐이라는 견해가[32] 갈린다. 뒤의 견해는 상속회복청구권의 법적 성질에 관하여 독립권리설을 전제한 것이고, 판례인 집합권리설[33]을 취하는 경우에는 따로 부당이득반환청구를 할 근거가 없으며, 상속재산관리인은 상속인의 법정대리인 내지 그에 준하는 권한을 갖는 자이므로 부당이득반환청구가 아닌 상속회복청구를 할 수 있다고 봄이 타당하다.

상속재산관리인이 선임되었으나 실은 상속인이 존재하였던 경우 상속인의 상속재산에 대한 관리처분권이 제한되는가. 이때 상속인은 본래 권리자이고, 그의 권한을 배제할 만한 별도의 법적 근거도 없으므로 상속인의 관리처분권이 제한되지 아니한다고 봄이 옳을 것이다.

(2) 상속재산관리인의 권리와 의무

상속재산관리인은 법원이 정하는 경우 상속재산으로부터 상당한 보수를 받을 수 있다(§§1053 II, 26 II). 그리고 상속재산관리인은 관리를 위하여 지출한 필요비와 그 이자의 반환 및 과실 없이 받은 손해의 배상을 구할 수 있다(§§1053 II, 24 IV, 688 참조).[34]

상속재산관리인은 선량한 관리자로서 직무를 처리하여야 한다. 그는 관리

28) 대법원 1976. 12. 28. 선고 76다797 판결; 대법원 2007. 6. 28. 선고 2005다55879 판결. 또한 대법원 1977. 1. 11. 선고 76다184, 185 판결.
29) 가사[II], 401도 같은 취지로 보인다.
30) 대법원 2002. 10. 25. 선고 2000다21802 판결.
31) 곽윤직, 205.
32) 김주수·김상용, 789.
33) 대법원 1981. 1. 27. 선고 79다854 전원합의체 판결 등.
34) 곽윤직, 207.

할 재산의 목록을 작성하여야 하고(§§1053 II, 24 I, 家訴規 §§47, 48), 재산의 보존을 위하여 가정법원이 명하는 처분을 수행하여야 하며(§§1053 II, 24 II, 家訴規 §44 I), 법원이 재산의 관리 및 반환에 관하여 상당한 담보를 제공하게 하는 때에는 담보를 제공하여야 한다(§§1053 II, 26 I).[35]

나아가 상속재산관리인은 상속채권자나 수유자의 청구가 있는 때에는 언제든지 청구한 자에게 상속재산의 목록을 제시하고 그 상황을 보고하여야 한다(§1054). 상속채권자나 수유자의 권리를 보호하기 위한 것이다. 그러므로 이들 이외에 자기 권리의 만족이 상속재산의 상황과 관련되는 자, 가령 피상속인 채무의 구상권 있는 보증인이나 물상보증인 등도 목록의 제시 및 보고를 구할 수 있다.[36] 보고 등의 비용은 상속재산의 부담으로 한다.[37]

상속재산관리인이 상속재산에 관하여 파산원인을 알게 된 때에는 지체 없이 상속재산 파산을 신청하여야 한다(回生破産 §299 II, III).

그 밖에 §§1056, 1057의 청산 및 관리의 계산도 상속재산관리인의 의무에 포함된다.[38]

Ⅳ. 제1회의 공고

상속재산관리인을 선임한 가정법원은 지체 없이 이를 공고하여야 한다(§1053 I 후단). 이 공고에는 청구인의 성명과 주소, 피상속인의 성명, 직업과 최후주소, 피상속인의 출생과 사망장소 및 그 일자, 상속재산관리인의 성명과 주소가 포함되어야 한다(家訴規 §79). 공고비용은 상속재산의 부담으로 한다(家訴規 §81). 이 공고는 한편으로는 상속인의 부존재를 공고하여 상속재산에 대하여 이해관계 있는 자가 필요한 조치를 취할 수 있게 하는 것이나, 다른 한편으로는 상속권 있는 자가 있으면 그 권리를 주장하게 하려는 것이기도 하다. 즉 상속인 수색을 위한 최초의 공고이기도 한 것이다.[39]

35) 곽윤직, 206; 정상현(2003), 139.
36) 고형규(1983), 170; 곽윤직, 206; 정상현(2003), 139.
37) 고형규(1983), 170(§24의 준용에서 그 근거를 찾는다); 金山正信(주 16), 671.
38) 고형규(1983), 170.
39) 고형규(1983), 169; 곽윤직, 207; 정상현(2003), 139.

第1055條(相續人의 存在가 分明하여진 境遇)

① 管理人의 任務는 그 相續人이 相續의 承認을 한 때에 終了한다.

② 前項의 境遇에는 管理人은 遲滯없이 그 相續人에 對하여 管理의 計算을 하여야 한다.

Ⅰ. 개설

상속재산관리는 관리 중 상속인이 존재함이 분명하여졌거나 상속재산관리인이 청산 등의 절차를 모두 마침으로써 종료한다. 본조는 그중 앞의 경우만을 규정하고 있으나, 본조 註釋은 뒤의 경우도 간단히 다루기로 한다.

Ⅱ. 상속인의 존재가 분명하여진 경우

1. 종료사유

상속재산관리는 먼저 관리 중 상속인의 존재가 분명해지고, 그 상속인이 상속을 승인하면 그때 종료한다. 이로써 상속재산관리인은 권한을 상실하고 의무도 면한다(본조 I). 상속인의 존재는, 상속인의 존부가 분명하지 아니한 상태(§§1053, 1054 註釋 II. 참조)가 해소되었고, 그 결과 상속인이 부존재함이 드러난 것이 아니라 존재함이 드러난 경우를 말한다.[1] 일민 §955는 '상속인의 존재가 분명하여진 때' 상속재산법인이 소멸한다고 하고, 일민 §956 II은 '상속인이 상속의 승인을 한 때' 상속재산관리인의 대리권이 소멸한다고 하여 상속인의 존재가 분명해지면 상속재산법인이 소멸하는 것인지 아니면 그 상속인이 승인하여야 하는지 다툼이 있으나,[2] 우리 민법은 이를 입법적으로 해결하였다. 이는

1) 예컨대 포괄수유자가 존재하는 경우에도 상속인의 부존재에 해당하지 아니한다고 보는 경우 포괄수유자의 존재가 분명해지면 상속재산관리가 종료하게 된다. 고형규, "특별대리인 및 재산관리인의 선임", 재판자료 18, 1983, 169.

2) 谷口知平·久貴忠彦 編輯, 新版 注釋民法(27), 1989, 673~674(金山正信).

상속인이 존재하였으나 승인하지 아니하고 상속을 포기함에 따라 다시 상속인 부존재가 되어 상속재산관리를 개시하여야 하는 불편을 피하고,[3] 상속인이 존재하기는 하나 아직 관리할 수 없는 상태에 있는 경우에 곧바로 상속재산관리를 종료시킴으로써 상속재산이 관리가 없는 상태에 놓이는 것을 막기 위함이다.[4] 이때 승인에는 단순승인은 물론, 한정승인도 포함된다.[5]

2. 관리의 계산

이와 같이 상속재산관리가 종료하면 상속재산관리인은 지체 없이 상속인에게 관리의 계산을 하여야 한다(본조 II). 즉 상속재산관리인은 관리 중에 있었던 일체의 수입과 지출을 계산하여 상속인에게 보고하여야 한다.

3. 관리 중 상속재산관리인의 행위의 효력

상속재산관리가 종료하더라도 관리 중 상속재산관리인이 한 유효한 관리행위의 효력에는 영향이 없다. 상속재산법인이 소급하여 존재하지 아니하였던 것으로 보는 일본민법에서는 이에 관하여 명문 규정(일민 §955 단서)을 두고 있으나, 우리 민법에서는 상속재산관리의 종료에 소급효를 부여하지 아니하므로 유효한 관리행위의 효력에 영향을 받지 아니함은 당연한 것이다.[6]

Ⅲ. 청산절차 등이 완료된 경우

상속재산관리는 다음, §1057의 기간이 만료할 때까지 상속인의 존재가 분명해지지 아니한 때에는 청산절차를 마친 때, 청산절차를 마친 뒤에 잔여재산이 남은 경우에는 특별연고자에의 분여가 있으면 그 이행을 마친 뒤 잔여재산을 국가에 인도하는 때, 특별연고자에의 분여가 없으면 잔여재산을 국가에 인도하는 때에 종료한다.[7]

3) 송덕수, 400; 金山正信(주 2), 674.
4) 곽윤직, 207.
5) 고형규(주 1), 169.
6) 그러나 상속인이 존재하였음이 드러나면 소급하여 상속재산관리의 효력이 소멸함을 전제로 그 전의 상속재산관리인의 권한 내 행위는 유효하다고 설명하는 것으로, 정상현, "상속인의 부존재와 상속재산의 처리", 인권 326, 2003, 139.
7) 고형규(주 1), 169.

第1056條(相續人없는 財産의 淸算)

① 第1053條第1項의 公告있은 날로부터 3月內에 相續人의 存否를 알 수 없는 때에는 管理人은 遲滯없이 一般相續債權者와 遺贈받은 者에 對하여 一定한 期間 內에 그 債權 또는 受贈을 申告할 것을 公告하여야 한다. 그 期間은 2月 以上이어야 한다.

② 第88條第2項, 第3項, 第89條, 第1033條 乃至 第1039條의 規定은 前項의 境遇에 準用한다.

Ⅰ. 개설

상속재산관리인은 그 선임공고 후 3개월 동안은 상속인이 나타나기를 기대하면서 그 자를 위한 상속재산의 보존에 힘써야 한다. 그러나 그 기간 내에 상속인이 나타나지 아니하면 상속재산의 청산절차를 직접 밟아야 한다.[1)]

Ⅱ. 청산절차

1. 상속채권자 및 수유자에 대한 채권신고의 공고 및 최고

상속재산관리인은 제1회의 공고 있은 날부터 3개월이 지날 때까지 상속인의 존부를 알 수 없을 때에는 지체 없이 2개월 이상의 기간을 정하여 일반상속채권자와 수유자에게 채권신고를 공고하여야 한다(본조 I). 이 공고에는 채권자가 기간 내에 신고하지 아니하면 청산으로부터 제외된다는 것을 표시하여야 한다(본조 II, §88 II). 공고방법은 상속재산관리인 선임공고와 같다(본조 II, §88 III). 그리고 상속재산관리인이 알고 있는 상속채권자와 수유자에 대하여는 개별적으로 최고하여야 한다(본조 II, §89). 공고와 최고에 관하여는 §1032 註釋 참조. 특히 이 공고에는 상속재산의 청산을 촉진하는 이외에 상속인의 출현을 촉구하는 제2회 공고로서의 의미가 있다(§1057 참조).[2)]

1) 곽윤직, 207.
2) 곽윤직, 208; 고형규, "특별대리인 및 재산관리인의 선임", 재판자료 18, 1983, 171.

2. 상속재산의 금전화 및 배당변제절차

상속재산관리인은 위 공고 및 최고기간 내에는 변제를 거절할 수 있다. 상속재산관리인이 변제를 위하여 상속재산을 금전화할 때에는 민사집행법상의 경매에 의하여야 하며, 우선권자, 상속재산관리인이 알고 있거나 채권신고기간 내에 신고한 상속채권자, 상속재산관리인이 알고 있거나 채권신고기간 내에 신고한 수유자, 배당에서 제척된 상속채권자 및 수유자의 순으로 변제하되, 동순위의 채권자 전원을 만족시킬 수 없을 때에는 그 채권액에 따라 안분하여 배당하여야 한다. 부당변제가 있었다면 일정한 요건 하에 상속재산관리인 또는 그 변제수령자를 상대로 각각 손해배상과 구상을 구할 수 있다(본조 II, §§1033~1039). 이는 기간 내에 채권신고를 하지 아니한 상속채권자와 수유자를 배당에서 제척할지 여부를 판단함에 있어 상속인이 아닌 상속재산관리인의 인식이 기준이 된다는 점을 제외하면 한정승인의 청산절차를 그대로 따르는 것이다. 상세한 것은 위 각 조 註釋 참조.

第1057條(相續人搜索의 公告)

제1056조제1항의 期間이 經過하여도 相續人의 存否를 알 수 없는 때에는 法院은 管理人의 請求에 依하여 相續人이 있으면 一定한 期間內에 그 權利를 主張할 것을 公告하여야 한다. 그 期間은 1년 이상이어야 한다.

Ⅰ. 의의

본조는 상속재산관리인 선임과 함께 하는 제1회의 공고, 채권신고를 촉구하면서 함께 하는 제2회의 공고에도 불구하고 그 기간 내에 상속인의 존부가 분명해지지 아니한 경우에 최종적으로 하는 제3회의 공고에 관하여 정한다. 이 제3회의 공고는 오직 상속인의 존부를 분명히 할 목적으로 행해지는 상속인수색의 공고이고, 상속인 등 권리자를 최종적으로 제척하기 위한 공고라는 점에서 특히 중요하다.[1)]

Ⅱ. 요건 및 절차

본조의 공고는 상속재산관리인이 상속개시지, 즉 피상속인 주소지 관할 가정법원(家訴 §44 vi, 家訴規 §59), 즉 자신을 선임한 법원에 청구하여 한다. 절차의 성격은 라류 가사비송사건[家訴 §2 I ii 가. 38)]이다. 가정법원은 심리하여 §1056 I의 기간, 즉 제2회의 공고에서 정한 채권신고기간이 경과하였어도 상속인의 존부를 알 수 없고, 특별연고자에게 분여하거나 국가에 귀속될 잔여재산이 있을 때에는[2)] 공고하여야 한다. 재판의 형식은 심판이나(家訴 §39), 기각할 때에만 그렇게 하고, 인용하는 경우 별도의 심판 없이 공고한다.[3)] 기각하는 심판에 대하

1) 고형규, "특별대리인 및 재산관리인의 선임", 재판자료 18, 1983, 171.
2) 고형규(주 1), 171; 곽윤직, 209; 김주수 · 김상용, 792; 송덕수, 401; 신영호 · 김상훈, 433; 정상현, "상속인의 부존재와 상속재산의 처리", 인권 326, 2003, 140. 본조의 공고는 특별연고자에 대한 분여나 국가에의 귀속절차로 이행하기 위한 것이므로, 잔여재산이 없을 때에는 필요하지 아니하기 때문이다.
3) 가사[II], 403.

여는 청구인이 즉시항고할 수 있으나 공고에 대하여는 불복할 수 없다. 공고에 필요한 비용은 상속재산에서 부담한다(家訴規 §§27, 81).

공고에는 청구인의 성명과 주소, 피상속인의 성명, 직업과 최후주소, 피상속인의 출생 및 사망 장소 및 그 일자 이외에 상속인은 일정한 기간 내에 그 권리를 주장하라는 뜻의 최고가 있어야 하고(家訴規 §§80, 79). 위 기간은 1년 이상이어야 한다(본조 제2문). 2005년 개정 전에는 2년 이상으로 되어 있었는데, 교통·통신이 발달한 오늘날 너무 긴 기간이라는 비판이 있어[4] 2005년 개정에서 1년으로 단축하였다. 공고는 §1056 I의 기간이 경과한 뒤에는 언제든 할 수 있으나 공고에서 정한 위 1년 이상의 기간은 상속의 청산종료시부터 기산하여 1년이 넘는 것이어야 한다.[5]

Ⅲ. 효과

공고한 기간 중 상속인의 존재가 분명해지면 그 상속인이 승인을 한 때에 상속재산관리가 종료한다(§1055). 그러나 위 기간이 경과할 때까지 상속인의 존재가 분명해지지 아니하거나 상속인이 존재하지 아니함이 분명해지면, 위 기간이 경과함으로써 상속인이 존재하지 아니함이 확정되어, 잔여재산이 존재하지 아니하면 상속재산관리가 종료하며, 잔여재산이 존재하면 특별연고자에 대한 분여 및 국가에의 귀속절차로 이행하게 된다.[6] 이후에 상속인이 존재함이 드러난다 하더라도 같다. 그러므로 이는 우선 상속인의 권리를 제척하는 효과를 갖는다. 다만, 상속인 수색공고 기간 중 상속권을 주장하는 자가 나타났으나 그의 상속권에 관하여 다툼이 있어 인지청구의 소 등 소송이 계속한 때에는 위 기간이 만료된 뒤 그의 상속권을 부인하는 판결이 확정되었을 때 비로소 상속인의 부존재가 확정된다.[7] 반대로 이미 상속인의 부존재가 확정된 뒤 위와 같은 소가 제기된 때에는 그 소의 이익이 부정될 수 있다. 또한 특별연고자에 대한 분여 및 국가에의 귀속은 상속채무와 유증채무를 배제하므로(§1059 참조) 이는 동시에 상속재산관리인이 알지 못하는 상속채권자 및 수유자를 제척하는 효과도 갖는다. 일민 §958-2는 이를 명문으로 정하고 있는데, 우리 법에서도 그렇게 봄이 상당하다.

---

4) 곽윤직 208. 6개월 정도로 줄이는 것이 좋다고 한다.
5) 고형규(주 1), 171. 일본에서의 기산점에 관한 논의는 谷口知平·久貴忠彦 編輯, 新版 注釋民法(27), 1989, 686~687(金山正信).
6) 곽윤직, 209; 정상현(주 2), 141.
7) 김성숙, "특별연고자에 대한 상속재산 분여제도", 연람배경숙교수화갑기념논문집, 1991, 292.

第1057條의2(特別緣故者에 대한 分與)

① 제1057조의 期間내에 相續權을 主張하는 者가 없는 때에는 家庭法院은 被相續人과 生計를 같이 하고 있던 者, 被相續人의 療養看護를 한 者 기타 被相續人과 특별한 緣故가 있던 者의 請求에 의하여 相續財産의 전부 또는 일부를 分與할 수 있다.

② 第1項의 請求는 제1057조의 期間의 만료후 2月 이내에 하여야 한다.

▮참고문헌: 김성숙(1991), "특별연고자에 대한 상속재산 분여제도", 연람배경숙교수화갑기념논문집; 김인유(2012), "상속포기자의 특별연고자 지위에 관한 연구", 경북대 법학논고 39; 김진우(2007), "공유자의 1인이 상속인 없이 사망한 경우의 지분귀속에 관하여 − 특별연고자의 상속재산분여청구가 있는 경우를 중심으로 −", 법조 56−11; 이우석(2015), "상속인부존재시 특허권의 소멸", 민사법의 이론과 실무 18−4; 이희배(2001), "특별연고자의 분여청구", 여송이희배교수정년기념논문집; 정상현(2002), "특별연고자에 대한 상속재산의 분여제도", 영남법학 8−1·2; 조일환(1999), "특허권의 상속에 관한 고찰", 동의법정 15−1; 편지원(1992), "특별연고자의 범위와 재산분여", 대구대 법정논총 7.

Ⅰ. 규정취지

본조는 상속인이 존재하지 아니할 때 국가에 귀속하기에 앞서 예외적으로 특별연고자에 대하여 재산을 분여할 수 있게 하는 특례를 규정한다. 이 제도는 1962년 일본민법을 제외하면 비교법적으로 유례를 찾기 어려운 것으로, 1990년 개정으로 우리 민법에 도입되었다. 이 제도를 도입한 취지에 관하여는 입법자료에 별다른 언급이 없어 명확히 밝히기 어려우나, 1990년 개정에서 상속인의 범위를 축소함에 따라 상속재산이 국가에 귀속되는 경우를 최소화하기 위함이라고 볼 수 있다. 그러나 1990년 개정에도 불구하고 여전히 민법은 상당히 먼 친척에게까지 상속인 자격을 부여하고 있어 현실적으로 이 제도가 적용되는

사례는 찾아보기 어렵다.[1)]

특별연고자에 대한 분여제도는 크게 세 가지 점에서 의미가 있다. 첫째, 피상속인이 유언을 하였으나 방식요건을 준수하지 못하는 등으로 유언이 무효가 되었거나 미처 유언을 하지 못한 채 사망한 경우에 특별연고자에 대한 분여를 통하여 피상속인의 의사를 실현할 수 있다(유증의 보충). 둘째, 상속재산에 관하여 상당한 이익을 가지나 법정상속인이 아닌 자, 예컨대 피상속인을 상당기간 부양해온 사실혼배우자 등에게 상속재산을 나누어줄 수 있다(법정상속의 보충). 셋째, 소액의 상속재산을 국가에 귀속시키는 것보다는 이미 일정한 이해관계를 형성한 사인(私人)에게 귀속시키는 것이 더 바람직하다(사회적 고려).[2)]

그러나 이 제도에 관하여는 사실상 새로운 상속인을 만드는 셈이고, 특별연고자나 상당성과 같은 평가적 개념표지를 사용하여 남용될 위험이 크며, 자칫 제사상속을 부활시킬 위험이 있다는 비판도 있다.[3)]

Ⅱ. 법적 성격

1. 권리성

특별연고자에 대한 재산분여심판이 확정된 뒤의 특별연고자의 재산분여청구권이 일반적인 사권(私權), 즉 권리라는 점에 대하여는 이론(異論)이 없다.[4)] 반면 심판확정 전의 특별연고자의 재산분여청구권이 권리인지에 관하여는 학설이 갈린다. 한 견해는 특별연고자의 재산분여청구권은 이혼시 재산분할청구권이나 상속권 같은 당연한 권리가 아니라 어디까지나 가정법원의 심판으로 발생하는 은혜적 성격의 지위에 불과하다고 한다(은혜설).[5)] 다른 견해는 심판 전에는 특별연고자에게 완전한 권리가 있다고 할 수 없으나 사실혼배우자, 사실상 양자의 분여청구의 경우에는 일종의 법적 기대권으로서 사권(私權)이 있다고 하며(한정적 기대권설),[6)] 또 다른 견해는 일반적으로 상속재산이 남아 있고 특별연고자에게 상속결격자에 준하는 사유가 없는 한 가정법원은 분여하여야 하므

1) 김성숙(1991), 278; 이희배(2001), 902; 정상현(2002), 178~180; 편지원(1992), 80. 그 입법경위에 관하여는 이희배(2001), 901.

2) 김성숙(1991), 278~279; 신영호·김상훈, 433~434; 이희배(2001), 902; 정상현(2002), 180~181; 편지원(1992), 80~81.

3) 가령 신영호·김상훈, 434.

4) 정상현(2002), 185.

5) 곽윤직, 211.

6) 정상현(2002), 183~185. 김성숙(1991), 282도 이 견해에 가까워보인다.

로 기대권이 있다고 봄이 옳다고 한다(기대권설).[7)]

2. 일신전속성

특별연고자에 대한 재산분여심판이 확정된 뒤의 특별연고자의 재산분여청구권은 통상적인 사권(私權)과 다를 바 없고, 일신전속권이라고 할 수 없다. 그러나 재산분여심판이 확정되기 전의 재산분여청구권은 특별연고자 본인만 행사할 수 있고, 다른 사람에게 양도할 수 없다는 의미에서 행사상 및 귀속상 일신전속권이라는 것이 통설이다.[8)]

특별연고자에 대한 재산분여심판이 확정된 뒤의 재산분여청구권은 당연히 상속의 대상이 되나, 심판청구 전에 사망한 때에는 상속의 대상이 되지 아니한다.[9)] 문제는 심판청구 후 심판 전 사망한 경우인데, 절차가 종료한다는 견해도 있으나,[10)] 그 지위의 상속을 인정하는 견해가[11)] 타당하다. 일단 권리자가 권리를 행사할 의사를 밝힌 이상 일신전속적 성격은 소멸하고 통상의 재산권과 같이 된다고 보아야 하기 때문이다.

Ⅲ. 요건 및 절차

1. 상속인의 부존재의 확정

먼저 상속인의 부존재가 확정되어야 한다. 제1, 2회의 공고 및 상속인 수색을 위한 최후의 공고기간이 경과할 때까지 상속인의 존부가 분명하지 아니하거나 상속인이 존재하지 아니함이 분명해져 상속인이 존재하지 아니하거나 그 권리가 제척되어야 한다. §1057 註釋 참조.

2. 특별연고자의 재산분여청구

(1) 특별연고자의 범위

다음으로 특별연고자가 존재하여야 한다. 민법에서 드는 특별연고자에는 세 가지 유형이 있다.

7) 김주수·김상용, 795; 송덕수, 402.
8) 김성숙(1991), 282; 이희배(2001), 904~905; 정상현(2002), 185, 192.
9) 곽윤직, 211; 김성숙(1991), 283; 김주수·김상용, 798; 송덕수, 402; 신영호·김상훈, 435; 윤진수, 498; 편지원(1992), 93; 가사[II], 407.
10) 곽윤직, 211; 김성숙(1991), 283; 편지원(1992), 93.
11) 송덕수, 402; 신영호·김상훈, 435; 윤진수, 498; 가사[II], 407.

첫째, 피상속인과 생계를 같이 하고 있던 자이다. 생계를 같이하는 경우에는 상호부조적인 경우와 일방이 타방에 의존하는 경우가 포함될 수 있다. 어떤 동기에서 어떤 형태로 생계를 같이 하게 되었는지는 문제 삼지 아니한다.[12)]

가장 대표적인 예는 피상속인과 동거하는 사실혼배우자이다. 다만 본조의 재산분여가 인정되기 위해서는 다른 법정상속인이 존재하지 아니하여야 하므로, 실제로 본조에 의하여 사실혼배우자가 보호되기는 매우 어렵다. 그리하여 종래부터 입법론으로 사실혼배우자의 경우 법정상속인이 있더라도 본조에 의한 재산분여를 인정하여야 한다는 견해가 주장되었고,[13)] 이 제도가 있는 지금도 사실혼배우자의 상속문제를 해결하기 위한 여러 해석론이 제시되고 있다.[14)] 그 밖에 그 사실혼이 중혼(重婚)적 사실혼이었다면 특별연고자로 재산분여를 받을 수 있는가 하는 점도 문제가 된다. 피상속인의 사망 전 본처가 사망하였다면 사실혼의 양속(良俗)위반도 해소되므로 재산분여를 받을 수 있다는 견해가 있다.[15)] 그러나 특별연고자가 분여를 구하는 상속재산이 대개 중혼적 사실혼기간 중 형성된 것이라면, 그 당부는 별론, 중혼적 사실혼에 대하여 사실혼해소시 재산분할청구를 부정하는 판례와[16)] 잘 조화가 되지는 아니한다.

그 밖에 사실상 양자나 사실상 양부모도 이에 해당할 수 있다. 1990년 개정으로 법정친족에서 제외된 계모자(繼母子), 적모서자(嫡母庶子)관계의 당사자도 이에 해당할 수 있다.[17)]

둘째, 피상속인의 요양간호를 한 자이다. 생계를 같이 할 필요는 없고, 피상속인을 돌보고 그 요양, 간호에 특별히 노력한 자이면 된다. 요양간호의 동기는 묻지 아니하므로 가사도우미 또는 간호사 등으로 정당한 보수를 받고 요양간호를 한 때에도 이에 해당할 수 있다. 그러나 이들이 특별연고자가 되기 위해서는 보수를 지급할 때 통상 기대할 수 있는 정도를 뛰어넘는, '육친(肉親)에 가까운 애정을 가지고 하는 헌신적인 서비스'가 있었어야 한다는 것이 통설이다.[18)]

12) 김성숙(1991), 285; 정상현(2002), 187.
13) 임재연, "개정가족법에 대한 의견", 사법행정 31-6, 1990, 47.
14) 그 개관으로는 박인환, "사망에 의한 사실혼의 해소와 재산분할의 유추", 가족법연구 21-3, 2007, 173 이하; 윤진수, "사실혼배우자 일방이 사망한 경우의 재산문제: 해석론 및 입법론", 저스티스 100, 2007, 10 이하.
15) 정상현(2002), 190~191.
16) 대법원 1995. 7. 3.자 94스30 결정.
17) 김성숙(1991), 284; 이희배(2001), 908 이하; 정상현(2002), 187; 편지원(1992), 87 이하.
18) 김성숙(1991), 285; 신영호·김상훈, 434; 이희배(2001), 910; 정상현(2002), 188.

셋째, 기타 피상속인과 특별한 연고가 있던 자이다. 학설은 구체적·실질적으로 깊은 연고가 있어야 한다고 본다. 근친(近親)이라는 점만으로는 특별한 연고를 인정하여서는 아니 된다.[19] 앞의 두 경우도 '특별한 연고'의 예시이므로 이 점은 앞의 두 경우에서도 마찬가지이다. 재산분여는 상속이 아니므로 법인이나 권리능력 없는 사단·재단도 특별연고자가 될 수 있다. 가령 피상속인이 장기간 신세를 진 요양원이나 양로원도 특별연고자가 될 수 있다.[20] 피상속인이 유언을 하였더라면 그에게 유증하였으리라고 생각될 만한 자인지가 하나의 기준이 될 수 있을 것이다.[21]

그 밖에 특별연고자의 범위와 관련하여 몇 가지 문제가 있다.

먼저, 피상속인 사망 당시에는 특별연고자가 아니었으나, 그 전 어떤 시기에 피상속인과 위와 같은 관계에 있었던 경우 재산분여를 청구할 수 있는가 하는 점이다. 학설은 원칙적으로 과거의 특별연고자도 본조의 특별연고자에 해당하나, 피상속인 사망일에서 너무 멀리 떨어진 과거의 특별연고의 경우 현실적으로 특별연고자로 인정받기 어렵다는 데 일치한다.[22]

다음, 피상속인 사망 당시에 특별연고자가 존재하였어야 하는가, 즉 피상속인 사후에 연고를 맺은 자도 특별연고자가 될 수 있는가 하는 점이다. 긍정하는 견해도 있으나,[23] 다수설은 이른바 동시존재의 원칙이 있다고 보아 피상속인 사후에 상속재산을 관리하거나 제사 등을 한 자는 특별연고자가 될 수 없다고 본다. 사후연고를 인정하면 남용될 소지가 있기 때문이다.[24]

상속을 포기한 자도 특별연고자로서 재산분여를 구할 수 있을 것이다. 상속을 포기한 자와 상속관계와 무관한 자가 특별연고자로 재산분여를 청구할 때에 누구에게 얼마를 분여할지는 가정법원의 재량에 달려 있다.[25]

---

19) 곽윤직, 210; 김주수·김상용, 796; 송덕수, 402~403; 신영호·김상훈, 434; 이희배(2001), 906~907; 정상현(2002), 186; 편지원(1992), 85.

20) 김성숙(1991), 286; 김주수·김상용, 796; 송덕수, 403; 이희배(2001), 907, 912~914; 정상현(2002), 189; 가사[II], 404.

21) 김주수·김상용, 795; 이희배(2001), 911; 정상현(2002), 189.

22) 곽윤직, 211; 김성숙(1991), 286~287; 김주수·김상용, 796; 송덕수, 403; 신영호·김상훈, 434; 이희배(2001), 914~915; 정상현(2002), 190; 편지원(1992), 90; 가사[II], 405.

23) 정상현(2002), 192~193. 그러나 가정법원이 엄격히 심사하여야 한다고 한다.

24) 곽윤직, 211; 김성숙(1991), 287; 김주수·김상용, 796; 송덕수, 403; 신영호·김상훈, 434; 이희배(2001), 915~916; 편지원(1992), 86, 90~91.

25) 상세는 김인유(2012), 243. 이는 금반언의 원칙에 반하거나 한정승인제도를 잠탈하는 것이 아니라고 한다.

(2) 재산분여청구

특별연고자는 재산분여를 받고자 하는 때에는 가정법원에 재산분여를 청구하여야 한다.

청구권자는 특별연고자(라고 주장하는 자) 본인이다. 한 특별연고자가 다른 특별연고자에의 분여를 청구하는 것은 허용되지 아니한다.[26] 일신전속성을 가지므로 특별연고자의 채권자가 대위(§404)하여 청구할 수 없다. 심판 전의 청구권을 양도할 수 없고 양수인이 청구할 수도 없다. 또한 특별연고자가 재산분여청구를 하지 아니한 채 사망한 경우 그 상속인도 청구할 수 없다.[27] 관할법원은 상속개시지, 즉 피상속인 주소지의 가정법원이며(家訴 §44 vi), 청구권자의 등록기준지, 주소, 성명, 생년월일, 대리인이 청구하는 때에는 대리인의 주소와 성명, 청구취지(재산분여를 구하는 취지) 및 청구원인(상속인이 존재하지 아니함이 확정된 점, 특별연고), 청구연월일, 가정법원의 표시가 기재된 심판청구서를 제출하거나 법원사무관등 앞에서 이를 구술로 진술하여야 한다. 구술로 하는 경우 법원사무관등이 위 사항을 적은 조서를 작성하고 기명날인하여야 한다(家訴 §36).

친권자와 그 친권에 복종하는 자녀, 같은 친권자의 친권에 복종하는 수인(數人)의 자녀 또는 후견인과 피후견인이 특별연고자로 재산분여를 청구하는 것은 이해상반행위에 해당하는가. 학설로는 재산분여는 가정법원이 정하는 것이므로 이해상반행위로 볼 필요가 없다는 견해가 있다.[28]

청구는 §1057의 기간, 즉 상속인 수색공고에서 정한 기간이 만료한 뒤 2개월 이내에 이를 하여야 한다. 2005년 개정 전에는 입법적 과오로 §1056의 기간, 즉 채권신고기간이 만료한 뒤 2개월 이내에 하도록 규정하고 있어 위 기간이 경과한 뒤 상속인 수색공고 중 상속인이 존재함이 분명해진 때에는 어떻게 하여야 하는가 하는 의문이 제기되었고, 이미 §1057의 기간이 경과한 뒤 2개월로 해석하는 것이 통설이었는데,[29] 2005년 개정으로 위와 같이 정정되었다. 상속인 수색공고기간이 경과하기 전에 청구한 때에는 청구를 각하함이 원칙일 것이나 심판 전 위 기간이 경과하고 상속인의 존재가 분명하지 아니하면 흠이 치유되어 적법한 청구가 된다. 상속인 수색공고기간 만료일로부터 2개월이 지난 뒤 청구한 때에는 각하하는 수밖에 없다. 복수의 청구인이 있고 그중 일부는

---

26) 김성숙(1991), 288; 이희배(2001), 921~922; 정상현(2002), 194~195; 편지원(1992), 92.
27) 곽윤직, 211; 김성숙(1991), 289~290.
28) 이희배(2001), 922.
29) 가령 곽윤직, 211~212; 김성숙(1991), 291; 이희배(2001), 923; 정상현(2002), 195~196.

기간을 준수하고 일부는 기간을 준수하지 아니한 때에도 기간을 준수하지 아니한 청구인의 청구는 부적법하다. 다만, 상속인 수색공고 기간 내에 상속인이 나타나 상속권 유무를 다투는 경우, 가령 인지청구의 소를 제기하여 그 판결이 확정되기 전이라면 특별연고자에 대한 재산분여를 구할 수 없으므로 비록 상속인 수색공고 기간이 만료되었다 하더라도 재산분여 청구기간은 만료하지 아니하고, 위 판결이 확정된 때부터 2개월의 기간이 진행한다고 봄이 타당하다.[30)]

3. 재산분여의 상당성

그 밖에 명문규정은 없으나[31)] 학설은 재산분여를 하는 것이 상당할 때에 한하여 재산분여를 할 수 있다는데 일치한다. 상당성의 판단은 가정법원의 합리적 재량에 맡겨져 있다. 일응 연고관계의 내용과 강도, 특별연고자의 성별, 연령, 직업, 교육정도, 잔존 상속재산의 종류와 액수, 상황, 소재 기타 일체의 사정이 고려된다고 한다. 판례도 같다.[32)] 복수의 특별연고자가 존재하는 경우 그들 각자에게 어떻게, 어느 정도를 분여할 것인지를 정하는 것도 상당성 판단에 포함된다.[33)]

가정법원은 상속재산관리인에게 통지한 다음, 특별연고관계의 존부, 정도, 상속재산의 내용과 현황, 분여의 상당성 등에 관하여 자료를 수집한다. 상속재산관리인의 의견을 청취하거나 상속재산관리인에게 상속재산의 금전화를 명할 수도 있다.[34)]

Ⅳ. 절차 및 효과

1. 절차

특별연고자의 재산분여청구가 있는 경우 가정법원은 상속재산관리인에게 이를 통지하여야 한다. 상속재산관리인이 상속재산 국가귀속절차를 진행하지 아니하도록 하기 위한 것이다.[35)] 만일 상속재산관리인이 분여청구를 하는 경

30) 김성숙(1991), 292; 이희배(2001), 923~924; 정상현(2002), 195; 가사[II], 405~506.
31) 일민 §958-3 I은 상당성을 요건으로 명시하고 있다.
32) 대법원 2005. 12. 28.자 2005스78, 79 결정.
33) 김성숙(1991), 287~288; 김주수·김상용, 797; 송덕수, 403; 이희배(2001), 916 이하; 정상현(2002), 193~194; 편지원(1992), 91; 가사[II], 406.
34) 가사[II], 406.
35) 이희배(2001), 925.

우에는 즉시 사임하도록 하거나 가정법원이 즉시 개입하게 함이 상당하다.[36] 수인(數人)이 청구한 경우에는 전체 청구를 참작하여 분여하기 위하여 사건을 병합함이 바람직하다.[37] 재산분여청구사건 계속 중 청구인이 사망한 때에는 상속인이 당사자의 지위를 수계할 수 있는지 문제되는데, 앞서 본 바와 같이 견해가 갈린다. 일부 견해는 청구인의 사망으로 절차가 당연히 종료하므로 수계할 수 없다고 하나,[38] 일단 청구인이 청구함으로써 권리행사에 들어간 이상 사건계속 중 사망하여도 그 지위가 상속인에게 상속되고 따라서 상속인이 수계할 수 있다는 견해가[39] 타당하다.

특별연고자의 재산분여청구사건은 라류 가사비송사건[家訴 §2 I ii 가. 39)]이다. 청구에는 분여의 대상을 구체적으로 특정하지 아니하고 분여만을 구하여도 된다. 그러나 특별연고에 대한 주장은 있어야 할 것이다. 대심절차(對審節次)가 아니며 사건관계인을 심문하지 아니하고 재판할 수 있다(家訴 §45). 다만, 절차에 관하여 — 마류 가사비송사건인 — 기여분청구 내지 상속재산분할청구의 절차에 관한 규정을 유추하여야 한다는 견해가 있다.[40] 심리는 특별연고가 있는지, 그리하여 분여를 함이 상당한지, 분여하는 경우 어떻게 분여하여야 하는지를 대상으로 한다. 청구취지에 구속되지 아니하고, 특별연고도 주장과 달리 인정할 수 있으나 청구한 범위를 초과하여 인용할 수는 없다.[41] 인용심판은 (구체적) 재산분여청구권을 형성하는 내용이 된다. 그러므로 심판은 분여의 대상인 재산을 특정하여야 한다. '분여한다' 형태의 형성주문만 내고 이행주문은 내지 아니한다. 또한 적극재산과 소극재산, 즉 채무를 함께 분여하는 것은 허용되지 아니한다. 일부만 분여하는 경우에도 나머지 청구를 기각하지 아니한다.[42]

재판형식은 심판, 즉 결정이다(家訴 §39). 이혼시 재산분할청구에 준하여 청구취지를 초과하여서는 인용할 수 없다는 견해가 있다.[43] 청구인 이외에 상속재산관리인에게도 고지하고, 고지하여야 효력이 있다.[44] 심판에 대하여는 §1057-2 I에서 규정한 자, 즉 청구권자가 즉시항고할 수 있다(家訴規 §83).

36) 가사[II], 405.
37) 이희배(2001), 925; 가사[II], 407.
38) 김성숙(1991), 290; 정상현(2002), 192; 편지원(1992), 94.
39) 송덕수, 402; 신영호 · 김상훈, 435.
40) 신영호 · 김상훈, 435.
41) 가사[II], 407. 또한 신영호 · 김상훈, 435.
42) 가사[II], 407~408.
43) 가사[II], 407.
44) 가사[II], 409.

기각심판에 대하여는 분여를 청구한 자가, 인용심판에 대하여는 다른 특별연고자가 즉시항고할 수 있다. 다만, 불복할 수 있는 다른 특별연고자는 이미 적법한 기간 내에 분여청구를 하였거나 그 청구를 할 수 있는 자만을 가리키고 그 밖의 자는 즉시항고의 이익이 있다고 할 수 없다.[45]

심판 후 탈루된 상속재산이 발견된 때에는 청구기간 내일 때에 한하여 추가로 재산분여의 심판을 구할 수 있을 것이다.[46]

학설 중에는 심판이 확정된 때에 권리가·이전한다는 견해가 있다.[47] 그러나 의사주의를 취하는 일본민법의 해석론으로는 별론, 우리 민법에서는 재산은 실제로 인도·이전절차를 거쳐야 이전된다고 봄이 타당하다고 생각된다.[48] 즉 심판에는 채권적 (의무의 형성) 효력밖에 없다. 심판 중 이행을 명하는 부분은 확정 전에도 가집행할 수 있고, 그 자체 집행권원이 된다(家訴 §§40, 41 42). 상속재산관리인은 이에 따라 특별연고자에게 분여된 재산을 인도·이전할 의무가 있다. §1055 註釋 III. 참조. 그러나 家訴規 §97은 준용되지 아니하므로 이행명령은 할 수 없어, 상속재산관리인에게 분여청구자에게 특정 재산을 이전할 것을 명할 수는 없다.

2. 효과

(1) 분여의 대상이 되는 재산

분여의 대상이 되는 재산은 청산절차를 거친 뒤 남은 상속재산, 그중에서 적극재산이다. 특별연고자는 상속인이 아니므로 소극재산, 즉 상속채무는 승계하지 아니한다.[49] 그 밖에 법률상 양도가 금지된 재산을 그 자체 분여할 수 없음은 당연하다. 임차권 양도와 같이 임대인의 동의가 필요한 때(§629 I)에는 임대인의 동의 없이 양도할 수 있는 예외에[50] 해당하지 아니하는 한 분여 후 임

45) 가사[II], 409.
46) 이희배(2001), 926.
47) 곽윤직, 213.
48) 이희배(2001), 926. 가사[II], 408도 같은 취지이다. 谷口知平·久貴忠彦 編輯, 新版 注釋民法 (27), 1989, 731~732(久貴忠彦)는 상속재산 전부를 분여하는 때에는 심판확정으로, 특정 일부를 분여하는 경우에는 특정된 때, 불특정물의 경우에는 특정이 이루어진 때, 금전은 인도가 된 때에 권리가 이전되고, 등기가 필요한 때에는 위 확정심판에 터 잡아 단독으로 등기를 신청할 수 있다고 한다.
49) 김성숙(1991), 293; 김주수·김상용, 797; 송덕수, 403; 신영호·김상훈, 435; 이희배(2001), 919; 정상현(2002), 197~198.
50) 이른바 배신적 임차권 양도 법리가 그러한 예에 속한다. 가령 대법원 1993. 4. 13. 선고 92다24950 판결; 대법원 1993. 4. 27. 선고 92다45308 판결.

대인의 동의가 필요하다.[51)]

특히 문제가 되는 것은 공유지분이 분여의 대상이 되는가 하는 점이다. §267은 공유자가 '상속인없이 사망한 때에는 그 지분은 다른 공유자에게 각 지분의 비율로 귀속한다'고 정하고 있고, 이는 §1058의 국가 귀속의 예외에 해당한다. 그 취지에 관하여는 §§1058, 1059 註釋 참조. 본조가 신설되기 전에는 §267와 §1058 모두 일률적으로 다른 공유자들이나 국가에게 피상속인의 공유지분권을 법률상 당연히 귀속시키고 있어 이러한 해석이 용이하였다. 그런데 본조가 신설됨에 따라 공유지분권에 대하여는 여전히 §267가 우선하여 적용되고, 심판에 의하여 재산을 분여할 의무를 발생시키는 본조의 청구권은 이미 §267에 의하여 상속재산에서 이탈한 공유지분권에 대하여는 미치지 아니하는 것인지,[52)] 아니면 본조가 §267에 우선하여 특별연고자는 본조의 청구를 할 수 있고, 본조의 청구가 가능한 동안은 피상속인의 공유지분은 여전히 상속재산에 그대로 남아 있으며 본조의 청구가 더는 가능하지 아니하게 되면 그때 비로소 §267가 적용되어 다른 공유지분권자들에게 지분이 이전하는 것인지[53)] 논란이 생기게 되었다. 우리나라에는 아직 판례가 없고, 일본의 판례는 당초 §267가 우선한다는 입장을 취하였으나, 그 뒤 본조를 우선 적용하는 입장으로 전환하여 이것이 판례·통설이 되었다.[54)]

상속재산 중 공유지분만 따로 떼어 특별연고자에 대한 분여의 대상에서 제외할 만한 합리적인 근거가 없고, §267가 국가와의 공유관계의 형성을 피하고자 하는데 그 취지가 있다면 본조의 분여 대상이 되지 못할 이유가 없으므로, 본조를 우선하여 적용하여야 할 것이다. 이때에는 언제 다른 공유지분권자가 법률상 당연히 피상속인의 공유지분을 취득하는지가 문제될 뿐인데, 본조의 청구 없이 청구기간이 경과한 경우에는 그때, 본조의 청구가 있었던 경우에는 모든 청구가 각하 또는 기각되어 확정된 때에 §267가 적용된다고 볼 것이다.

한편 상속재산이 지식재산권인 때에도 특수한 문제가 있다. 먼저, 저작재산권이나 출판권, 저작인접권은 재산권으로서 상속의 대상이 되나 '저작권자가 상속인 없이 사망하여 그 권리가 민법 기타 법률의 규정에 의하여 국가에 귀속하는 경우'에는 저작재산권과 저작인접권이 소멸한다(저작권법 §§49 i, 88). 그러

51) 김성숙(1991), 293; 이희배(2001), 920.

52) 고상룡, 물권법, 2001, 370~371; 홍성재, 물권법, 2006, 399.

53) 곽윤직, 212; 김성숙(1991), 293; 김주수·김상용, 797; 송덕수, 403~404; 이희배(2001), 921; 정상현(2002), 200. 특히 상세한 것으로 김진우(2007), 59 이하.

54) 김진우(2007), 40 이하; 久貴忠彦(주 48), 924~927.

므로 법문상 이 경우는 공유지분에서처럼 특별연고자에 대한 분여의 대상이 되고, 특별연고자에 대한 분여청구가 없거나 받아들여지지 아니한 때에 권리가 소멸한다. 그러나 특허권, 실용신안권, 디자인권은 상속인이 존재하지 아니함이 확정되면 바로 소멸하는 것으로 규정되어 있다(특허법 §124, 실용신안법 §28, 디자인보호법 §111). 그리하여 학설은 이들의 경우 특별연고자에의 재산분여의 대상이 되지 아니한다고 한다.[55] 그러나 재산분여의 대상이 된다는 견해도 있다.[56] 한편 상표법 §64 I은 상표권자가 사망한 날부터 3년 이내에 상속인이 그 상표권의 이전등록을 하지 아니한 경우에는 상표권자가 사망한 날부터 3년이 되는 날의 다음 날에 상표권이 소멸된다고 규정한다.

(2) 재산분여의 방법과 기준

상속재산 중 어느 정도를 어떻게 분여할 것인지는 가정법원의 합리적 재량에 맡겨져 있고, 인용 여부와 함께 앞서 본 상당성의 문제로 되돌아간다.[57] 상속재산의 전부 또는 그 일부를 분여할 수 있고, 현물분여와 대금분여, 조건부나 부담부 분여도 가능하다. 일본의 하급심 실무는 특히 근친(近親)에게 분여할 때에는 상속재산 전부를 현물로 분여하는 경향이 있다.[58]

(3) [補論] 세법상 취급

특별연고자에 대한 재산분여는 상속이 아니나, 상속세 과세대상에 해당한다(相贈 §2 i 다). 상속재산으로부터 이득을 얻은 자이므로 납세의무자에 포함시킨 것이다.

55) 곽윤직, 212~213; 정상현(2002), 200.
56) 이우석(2015), 162; 정상조·박성수 공편, 특허법 주해 I, 2010, 1341(한동수).
57) 김성숙(1991), 294; 김주수·김상용, 797; 신영호·김상훈, 435; 정상현(2002), 201.
58) 김성숙(1991), 294~295; 김주수·김상용, 797; 신영호·김상훈, 435; 이희배(2001), 918 이하; 정상현(2002), 201.

第1058條(相續財産의 國家歸屬)

① 제1057조의2의 규정에 의하여 분여(分與)되지 아니한 때에는 相續財産은 國家에 歸屬한다.

② 第1055條第2項의 規定은 제1항의 境遇에 準用한다.

第1059條(國家歸屬財産에 對한 辨濟請求의 禁止)

前條第1項의 境遇에는 相續財産으로 辨濟를 받지 못한 相續債權者나 遺贈을 받은 者가 있는 때에도 國家에 對하여 그 辨濟를 請求하지 못한다.

Ⅰ. 개설

상속인이 존재하지 아니하는 상속재산을 국가 내지 국고(國庫)에 귀속시키는 것은 역사적·비교법적으로 보편적인 접근이다.[1] 다만 이를 실현하는 방법으로는 국가에게 상속인 지위를 부여하는 예(독민 §§1936, 1964, 스민 §466)와 국가를 상속인으로 보지는 아니하고 별도의 귀속절차를 마련하는 예가 갈리는데(일민 §959), 민법은 뒤의 예를 따랐다는데 이론(異論)이 없다.[2]

Ⅱ. 요건과 절차

1. 요건

상속재산의 국가귀속은, 제1, 2회 및 상속인 수색의 공고를 마쳐 상속인이 존재하지 아니함이 확정될 것(§1057), 특별연고자의 재산분여청구 없이 청구기간이 도과하거나 분여청구가 모두 각하, 기각 또는 인용되어 확정될 것(§1057-2) 및 국가에 귀속될 잔여 상속재산이 존재할 것을 그 요건으로 한다.[3]

1) 그 이론적 기초는 다양하다. 谷口知平·久貴忠彦 編輯, 新版 注釋民法(27), 1989, 735~736(久貴忠彦).
2) 곽윤직, 214; 김주수·김상용, 793.
3) 곽윤직, 213; 정상현, "상속인의 부존재와 상속재산의 처리", 인권 326, 2003, 154.

다만, 상속재산 중 공유지분이 있을 때에는 §267가 §1058의 특칙이므로 공유지분권은 위 요건이 갖추어졌을 때 법률상 당연히 다른 공유자들에게 귀속하고, 국가에 귀속하지 아니한다. 이는 공유지분이 국가에 귀속하여 사인(私人)과 국가 사이에 공유관계가 성립함으로써 복잡한 문제가 생기는 것을 피하고 공유물에 대하여 더 밀접한 관계가 있는 공유자들에게 이를 귀속시켜 공유물을 보다 효율적으로 이용하게 할 목적에서 둔 편의적 규정이다.[4] 그리고 상속재산 중 저작재산권과 저작인접권은 '저작권자가 상속인 없이 사망하여 그 권리가 민법 기타 법률의 규정에 의하여 국가에 귀속하는 경우' 소멸하고(저작권법 §§49 i, 88), 특허권, 실용신안권, 디자인권은 상속인이 존재하지 아니함이 확정되면 곧바로 소멸하므로(특허법 §124, 실용신안법 §28, 디자인보호법 §111), 국가귀속의 대상이 되지 아니한다.[5] 특허 받을 수 있는 권리도 마찬가지이다.[6] 상표법 §64 I은 상표권자가 사망한 날부터 3년 이내에 상속인이 그 상표권의 이전등록을 하지 아니한 경우에는 상표권자가 사망한 날부터 3년이 되는 날의 다음날에 상표권이 소멸된다고 규정하나, 상표권도 상속인이 존재하지 아니함이 확정되면 곧바로 소멸하고 국가귀속의 대상은 되지 아니한다고 새김이 옳을 것이다.

2. 절차

§1058 I에 따라 국가에 귀속하는 상속재산의 관리인은 위 요건이 갖추어지면 피상속인의 주소지를 관할하는 세무서장에게 지체 없이 그 상속재산의 「관리」를 이전하여야 한다(국가에 귀속하는 상속재산 이전에 관한 법률 §1). 피상속인의 주소가 외국에 있을 때에는 그 주소지를 관할하는 영사(領事) 또는 영사의 직무를 수행하는 사람에게 지체 없이 이를 하여야 한다(국가에 귀속하는 상속재산 이전에 관한 법률 §2). 이때 「관리」의 이전은 곧 인도를 뜻한다.

위와 같은 인도절차가 완료되면 상속재산관리인은 관리의 계산을 하여야 한다. 즉 관리에 관하여 생긴 모든 수지를 계산하여 관할 세무서장에게 제출한다(§§1058 II, 1055 II). 이로써 상속재산관리인의 임무도 종료한다.[7]

---

4) 우선, 김진우, "공유자의 1인이 상속인 없이 사망한 경우의 지분귀속에 관하여 – 특별연고자의 상속재산분여청구가 있는 경우를 중심으로 –", 법조 56–1, 2007, 60 이하 참조.

5) 곽윤직, 216.

6) 이우석, "상속인 부존재시 특허권의 소멸", 민사법의 이론과 실무 18–4, 2015, 165; 조일환, "특허권의 상속에 관한 고찰", 동의법정 15–1, 1999, 5~20.

7) 곽윤직, 213.

Ⅲ. 효력

1. 소극재산에 대한 효력

상속채권자나 수유자는 상속재산관리인이 알았는지 알지 못하였는지를 묻지 아니하고 국가에 대하여 변제를 청구하지 못한다(§1059). 소극재산을 취득하지 아니한다고 설명하는 예가 있으나,[8] 법문은 상속채무와 유증채무만을 언급하고 있다는 점에서 의문이다. 또한 상속채무와 유증채무라 하더라도 소멸하는 것은 아니므로 제3자가 보증을 하였거나 물상보증을 한 때에는 그에 대하여 변제를 구할 수 있다.[9] 채권을 만족시킨 제3자가 국가에 대하여 구상을 구할 수 없음은 물론이다.

2. 권리변동

잔여 상속재산은, 상속채무와 유증채무를 제외한 일체가, 국가에 귀속한다. 이에 대하여는 원시취득이라는 견해(原始取得說)도 있으나,[10] 원시취득이라고 하면 상속재산에 제한물권 등의 부담이 있는 경우 그러한 부담도 소멸하게 되므로 타당하지 아니하며 가령 상속재산관리인이 상속재산을 임대한 때에는 임대인으로서의 지위는 상속채무나 유증채무에 속하지 아니하므로 국가귀속에도 불구하고 존속한다면서 포괄승계로 보아야 한다는 견해(包括承繼說)도 있다.[11] 상속채무와 유증채무만을 언급하고 있는 법문을 고려하면 뒤의 견해가 타당하다.

또 하나의 문제는 이와 같은 권리변동이 언제 일어나는가 하는 점이다. 민법이 물권변동에 관하여 이른바 형식주의를 취하고 있으므로 국가에 실제로 인도(인계)할 때에 권리변동이 일어난다는 견해(國家引渡時說)와[12] 상속인이 존재하지 아니하였던 경우에는 결국 상속개시와 동시에 국가귀속이 일어난 것으로 보는 수밖에 없다는 견해(相續開始時說)가[13] 대립한다. 판례는, 이 문제를 정면

8) 김주수 · 김상용, 793; 신영호 · 김상훈, 436.
9) 김주수 · 김상용, 793.
10) 김주수 · 김상용, 793; 박병호, 422; 신영호 · 김상훈, 436; 정광현, 신친족상속법요론, 1962, 406.
11) 곽윤직, 214~215; 송덕수, 403~404; 윤진수, 499; 정상현(주 3), 154.
12) 김주수 · 김상용, 793; 윤진수, 499; 이희배, "특별연고자의 분여청구", 여송이희배교수정년기념논문집, 2001, 925; 정상현(주 3), 155.
13) 곽윤직, 215~216. 한편, 송덕수, 404은 상속인의 부존재가 확정되는 때, 즉 상속권을 주장하는 자가 없으면 특별연고자의 재산분여청구기간이 만료하는 때 또는 재산분여청구인이 있을 때에는 분여심판이 확정되는 때에 상속개시시에 소급하여 국가에 귀속된다고 한다.

에서 다룬 사안은 아니나, 미등기 토지에 국유재산법에 의한 무주(無主)부동산 처리절차를 거쳐 국가 명의로 소유권보존등기가 마쳐진 경우 "민법 제1053조 내지 제1058조에 의한 국가귀속 절차가 이루어지지 아니한 이상, 그 토지가 바로 무주부동산이 되어 국가 소유로 귀속되는 것이 아니며, 무주부동산이 아닌 한 국유재산법 제8조에 의한 무주부동산의 처리절차를 밟아 국유재산으로 등록되었다 하여, 국가 소유로 되는 것도 아니"라고 하여 인도시설에 가까운 입장을 취한다.[14] 실익은 크지 아니하나, 권리와 의무가 포괄적으로 이전되므로 법률행위에 의한 이전이 아닌 법률규정에 의한 이전으로 봄이 타당하고 법문과도 부합하므로 인도시로 볼 근거는 없고, 다른 한편 상속인이 존재하지 아니하였던 경우에도 상속재산이 독자성을 갖고 관리의 대상이 될 수 있다고 보는 한[§§1053, 1054 註釋 III. 2. (1) 참조] 상속개시시로 국가귀속시점을 소급시킬 까닭도 없다.[15] 오히려 법률규정에 의한 권리이전, 상속재산의 독자적 관리대상성을 모두 고려하여 상속인의 부존재가 확정된 때, 즉 상속권을 주장하는 자가 없으면 특별연고자의 재산분여청구기간이 만료하는 때 또는 재산분여청구인이 있을 때에는 분여심판이 확정되는 때 법률상 당연히 국가귀속이 이루어진다고 봄이 타당할 것이다.[16]

14) 대법원 1997. 4. 25. 선고 96다53420 판결; 대법원 1997. 5. 23. 선고 95다46654, 46661 판결; 대법원 1997. 11. 28. 선고 97다23860 판결; 대법원 1999. 2. 23. 선고 98다59132 판결; 대법원 2011. 12. 13. 선고 2011도8873 판결.

15) 그러나 상속개시시로 소급한다는 견해로, 송덕수, 404.

16) 일본 판례는 국가인도시설을 취하고 있는데[日最裁判 1975(昭 50). 10. 24. 民集29-9, 1483], 주로는 인도 전 관리인의 대리권이 소멸하지 아니하도록 하기 위한 것이다. 久貴忠彦(주 1), 737~739. 그러나 인도시설을 취하지 아니한다 하여 인도시까지, 즉 관리인의 임무가 종료할 때까지 관리인의 대리권을 부정하여야 하는 것은 아니다. 우리의 상속개시시설도 이미 관리인이 국가의 대리인이 될 수 있음을 전제하고 있다.

第 2 章　遺言

[前註]

▌**참고문헌**: 그리말디, "유언의 자유", 저스티스 147(2015); 김기영, "영국의 유언상속제도에 관한 소고", 연세법학연구 2(1992); 김기영, "영국 유언법과 그 현황에 관한 연구", 사회과학논집 9(1997a); 김기영, "영국 유언제도에 관한 소고", 가족법연구 11(1997b); 김기영, "비밀증서에 의한 유언에 관한 소고", 사회과학논집 15(2003); 김기영, "공정증서유언과 공증인법", 원광법학 27－3 (2011); 김병두, "개정신탁법상의 유언대용신탁에 관한 소고", 민사법학 64(2013); 김영희, "독일의 보통방식의 유언", 가족법연구 15－1(2001); 김영희, "공정증서유언과 장애인차별", 가족법연구 16－1(2002); 김영희, "현행민법상 유언의 방식에 관한 연구", 가족법연구 20－2(2006); 김영희, "구수증서유언과 유언에 있어서 구수의 의의", 가족법연구 21－3(2007b); 김영희, "독일법상의 유언의 보충적 해석", 강원법학 32(2011); 김용한, "유증의 효력", 법조 11－12(1962); 김재호, "포괄적 유증", 재판자료 제78집(1998); 김판기, "고령화 사회에 있어서 재산관리와 승계수단으로서의 신탁 －유언신탁과 유언대용신탁을 부가하여－", 동아법학 55 (2012); 김형석, "유언의 성립과 효력에 관한 몇 가지 문제", 民判 38(2016); 박동섭, "생전유언의 법리와 제도 연구," 연세대 박사학위논문(2013); 박영규, "유증의 법률관계 －포괄유증을 중심으로－", 법학연구 26－1(2016); 서을오, "로마법상 유언해석에 있어서의 의사와 문언의 대립", 법학논집 10－1(2005); 서을오, "상속과 관련된 서로 다른 생각 － 전통법과 로마법의 비교", 법학논집 18－1(2013); 신영호, "한국유언법의 역사적 전개", 정수봉 화갑기념(1988); 신영호, "제사용재산의 상속", 박병호 환갑기념(1991); 안영하, "일본의 상속시킨다는 취지의 유언에 대한 일 고찰", 가족법연구 21－1(2007); 오병철, "유언을 뒤늦게 발견한 경우의 법률관계 －유언등록부의 도입 필요성에 관하여－", 가족법연구 28－1(2014); 유영선, "유증과 등기", 司論 29(1998); 윤진수, "상속제도의 헌법적 근거", 민법논고 [V](2011a)(初出: 헌법논총 10); 이병화, "유언에 관한 법적 고찰 및 여대생들의 의식조사", 인문과학연구 9(2003); 이승우, "피

상속인의 의사와 상속인의 보호", 성균관법학 18－3(2006); 이진기, "민법 개정&판례를 통한 사법(私法) 형성: 제사주재자의 결정과 제사용재산", 고려법학 56(2010); 임채웅, "유언신탁 및 유언대용신탁의 연구", 신탁법연구 2(2011); 정구태, "유류분권리자의 승계인의 범위 －포괄적 유증의 법적 성질에 대한 종래 통설의 비판적 검토", 안암법학 28(2009); 정소민, "유언의 해석", 비교사법 22－1(2015); 조인섭, "유언의 방식에 관한 연구", 이화여대 박사학위논문 (2016a); 조혜수, "민법 제1066조 제1항 위헌소원", 헌재결정해설집 2008(2009); 최병조, "포괄적 유증의 효과", 民判 9(1987); 현소혜, "유언의 해명적 해석", 홍익법학 9－1(2008a); 현소혜, "유언의 보충적 해석", 가족법연구 22－2(2008b); 현소혜, "로마법상 유언의 해석에 관한 연구", 민사법학 41 (2008c); 현소혜, "유언방식의 개선방향에 관한 연구", 가족법연구 23－2 (2009a); 현소혜, "요식행위의 해석과 암시이론", 민사법학 45－1(2009b); 현소혜, "오표시 무해의 원칙에 관한 소고", 홍익법학 11－3(2010); 현소혜, "포괄적 유증론 －물권적 효과설의 관점에서", 가족법연구 31－1(2017); Perkams, "Die Regel 'falsa demonstratio non nocet' im Testamentsrecht", 법학논총 23(2010).

Ⅰ. 유언의 의의

유언이란 유언자가 자신의 사망과 동시에 또는 사망 후에 자신의 재산관계 및 신분관계에 관하여 일정한 법률효과를 발생시키는 것을 목적으로 일정한 방식에 따라서 하는 상대방 없는 법률행위[1]를 말한다. 유언자 자신의 재산과 신상에 관한 의사를 사후에까지 관철시킬 수 있도록 함으로써 사적자치를 실현하는 것[2], 이를 통해 상속재산 등을 둘러싼 사후의 분쟁을 예방하는 것[3] 등을 목적으로 인정되는 제도이다. 그 밖에 유언자의 최종적 의사를 존중하는 후손들의 공동생활상 도의와 사회공공 복지의 관점에서 유언제도를 정당화하는 견해[4]도 있다.

Ⅱ. 유언제도의 연혁

철저한 혈족상속·법정상속의 원리에 따랐던 게르만법과 달리, 사유재산제도를 근간으로 한 로마는 일찍부터 유언제도를 발전시켜왔다.[5] B.C. 450년 경

1) 고정명·조은희, 354; 곽윤직, 217; 권순한, 458; 김주수·김상용, 795; 박병호, 425; 박정기·김연, 449; 박동섭, 695; 백성기, 373; 소성규, 292; 송덕수, 404; 윤진수, 500; 이경희, 525; 정광현, 요론, 410; 주석상속(2), 232.

2) 고정명·조은희, 354; 김용한, 384; 박동섭, 693; 박병호, 423; 백성기, 373; 오시영, 703; 윤진수, 500; 이병화(2003), 170; 조승현, 442; 한봉희·백승흠, 592.

3) 곽윤직, 220~221; 백성기, 373; 한봉희·백승흠, 592.

4) 김용한, 384; 박병호, 423; 이희배, 349.

5) 이하 로마의 유언 제도에 대해서는 현소혜(2008c), 256~258 참조. 그 밖에 로마법상 유언의

제정된 십이표법에서 이미 유언에 관한 조문이 발견되었으며, 가산제도가 확립된 B.C. 200년경에 이르러서는 일반인에게도 유언을 하는 관행이 널리 확산되었다. 가부(家父)의 지위를 상속할 상속인을 지정하기 위한 민회유언(testamentum calatis comitiis)이나 가산의 분산을 막기 위해 가내 상속인 중 1인을 상속인으로 지정하되 나머지 상속인들에게는 유증의 형태로 보상해 주는 방식의 동형유언(testamentum per aes et libram) 등이 다양하게 발전하였다. 가산의 사유화와 유증의 활성화로 인해 유언제도가 오히려 가산을 분산시키는 부작용을 수반하면서 한동안 유언은 자취를 감추게 되었으나,[6] 로마법이 계수되고 교회에 대한 사후 재산 기부가 장려됨에 따라 유럽 전역에서 유언은 다시 상속제도의 중심적 위치를 차지하게 되었다.[7]

프랑스에서는 12세기 중엽부터 13세기 말 사이에, 독일에서는 12세기 말경에 유언제도가 자리를 잡게 되었는데, 발전과정에는 다소 차이가 있다. 즉, 독일은 유증뿐만 아니라 유언에 의한 상속인 지정·상속인 폐제 등을 널리 허용하는 등 유언상속에 의해 법정상속을 배제할 수 있도록 하되, 법정상속인에게 일정한 범위 내에서 유류분만을 인정하는 방향으로 발전한 반면,[8] 프랑스에서는 점차 유언의 자유란 구세대가 경제적 권력을 바탕으로 새로운 세대를 통제하고자 하는 반혁명적 수단으로 여겨지게 되었고, 그 결과 프랑스는 법정상속 제도를 근간으로 유언자로 하여금 오로지 상속재산 중 처분이 가능한 범위 내에서 유증과 같은 일정한 재산의 처분만 할 수 있도록 하는 방향으로 발전하였다.[9]

영국은 앵글로 색슨 시대부터 고유한 유언제도를 발전시켜 왔으나, 노르만 정복 이후 봉건제도가 확립됨에 따라 부동산에 관한 유언과 동산에 관한 유언으로 제도가 이원화되었다.[10] 이 중 종교법원의 관할대상이었던 동산의 유증은 크게 장려되었다. 교회에 대한 유증은 영혼구제의 수단으로 여겨졌기 때문이다.[11] 반면 커먼로의 적용을 받는 부동산의 유증은 장자상속제의 유지를 위해 오랫동안 금지되었다.[12] 하지만 유언자의 의사실현과 잔존상속인의 생계

방식에 대해 소개하고 있는 문헌으로 김기영(2003), 23; 김기영(2011), 107~108.

6) 김기영(2011), 97~98; 김용한, 381~382.

7) 김용한, 382; 신영호 · 김상훈, 438.

8) 곽윤직, 222.

9) 그리말디(2015), 297~298.

10) 김기영(1992), 373~378; 조인섭(2016a), 104.

11) 김기영(1992), 379~380; 김기영(1997a), 2; 김기영(1997b), 562.

12) 김기영(1992), 389~395; 김기영(1997a), 2~3.

유지를 위해 형평법상 신탁제도를 이용한 사실상의 부동산 유증이 횡행하게 되자 결국 헨리 8세가 1540년 유언법(Statute of Wills)의 제정을 통해 유언의 자유를 일부 허용하였고, 그 후로부터 500여 년간 유언상속의 시대가 전개되었다.[13] 영국에서 유언이 없는 경우에 대비한 무유언상속 제도는 1925년에야, 생존 가족의 보호를 위한 유언의 자유에 대한 제한은 1938년에야 비로소 도입되었다.[14]

Ⅲ. 유언의 법적 성격

1. 상대방 없는 단독행위

유언은 상대방 없는 단독행위이다. 따라서 그 효력의 발생을 위해 상대방의 승낙이나 상대방에 대한 도달을 요하지 않는다. 법제에 따라서는 상속계약을 허용하는 경우도 있다. 가령 독일의 상속계약(Erbvertrag, 독일민법 §2274 이하)이 이에 해당한다. 하지만 우리나라는 사인증여(民 §562)를 제외하고는 아직 사인처분의 일종으로서의 상속계약을 인정하지 않는다.[15]

유언도 법률행위의 일종이기 때문에 특별한 사정이 없는 한 민법총칙 편의 규정이 적용될 수 있을 것이다. 가령 사회질서나 강행법규에 위반되는 유언은 무효이며, 착오·사기 또는 강박에 의해 유언을 한 경우에는 이를 취소할 수 있다(民 §§109-110).[16] 물론 유언에 의한 인지에 대해서는 별도로 §861에 취소에 관한 특칙이 마련되어 있으므로 민법총칙 편의 규정이 적용될 여지가 없다. 유언의 무효·취소에 대해서는 §1073 註釋 참조.

반면, 제한적 행위능력이나 대리에 관한 규정들은 유언에 적용되지 않는다.[17] 유언자의 자유롭고 진정한 의사실현이 가장 중요한 의미를 가지므로, 타인에 의한 간섭을 허용할 수 없기 때문이다. 특히 제한적 행위능력 규정의 적용 배제에 대해서는 §1062 註釋 참조.

13) 김기영(1992), 385, 395; 김기영(1997a), 3; 김기영(1997b), 562~564.

14) 김기영(1992), 397~398; 김기영(1997a), 13~16; 한봉희·백승흠, 593.

15) 이러한 민법의 태도에 대해 긍정적인 견해로 현소혜(2009a), 13~14.

16) 곽윤직, 247; 김주수·김상용, 818; 박병호, 444; 송덕수, 405; 신영호·김상훈, 455; 오시영, 735; 이경희, 552; 한봉희·백승흠, 610.

17) 곽윤직, 218; 권순한, 459; 김용한, 385; 김주수·김상용, 797~798, 817; 김재호(1998), 330; 김형석(2016), 1030; 박동섭, 697; 박병호, 426; 박정기·김연, 450; 배경숙·최금숙, 635; 소성규, 292; 송덕수, 405; 신영호·김상훈, 439; 오시영, 705; 이경희, 520, 526; 조승현, 444; 조인섭(2016a), 8~9; 주석상속(2), 229; 한봉희·백승흠, 587~588.

비진의표시나 통정허위표시에 관한 규정도 유언에는 적용될 여지가 없다. 상대방 없는 단독행위이기 때문이다. 다만, 진의 아닌 유언의 효력에 대해서는 상대방이 없으므로 언제나 유효라는 견해[18]와, 유언자의 진정한 의사 실현이 중요하기 때문에 언제나 무효라는 견해[19]가 대립한다.

2. 사인행위(死因行爲)

유언은 유언자의 사망으로 인해 비로소 그 효력이 발생한다는 점에서 사인처분에 해당한다. 유언의 사인행위로서의 성격에 대해서는 §1073 註釋 참조.

3. 요식행위

유언은 민법에서 정한 방식에 따라야 비로소 효력이 발생하는 요식행위이다. 요식성에 대해서는 §1060 註釋 참조.

4. 종의처분

유언은 유언자의 종의처분(終意處分)으로서의 성격을 갖는다. 유언은 유언자 사후(死後)의 법률관계에 관한 최종적 결정이어야 하므로, 유언자는 생존해 있는 동안 언제든지 유언을 변경하거나 철회할 수 있다. 유언을 하지 않겠다거나 유언을 철회하지 않겠다는 취지의 약정은 모두 무효이다. 유언철회의 자유에 대해서는 §1108 註釋 참조.

Ⅳ. 유언법정주의

1. 유언법정주의의 의의

유언으로 정할 수 있는 사항은 법률에 미리 규정된 것에 한한다(이른바 '유언법정주의'). 상대방 없는 단독행위에 의해 타인의 권리·의무를 발생시키는 것을 무제한적으로 허용할 수는 없기 때문이다.[20] 법정유언사항에 해당하지 않는 내용에 관하여는 유언을 하더라도 법적으로 아무런 효력이 없다. 가령 가족에게 남기는 유훈(遺訓)과 같이 일정한 법률효과의 발생을 목적으로 하지 않는 경우가 대표적이다.

18) 곽윤직, 247; 김재호(1998), 338; 박동섭, 741; 이경희, 553; 천종숙, 418; 한봉희·백승흠, 611.
19) 김주수·김상용, 19면; 정광현, 요론, 430.
20) 김형석(2016), 1021; 소성규, 293.

2. 법정 유언사항

현행법상 법정 유언사항은 크게 네 가지로 나누어진다. 재산의 처분에 관한 사항, 가족관계에 관한 사항, 상속을 둘러싼 사후처리에 관한 사항 및 신상에 관한 사항이 그것이다.

가. 재산의 처분에 관한 사항

(1) **유증**(民 §§1074－1090)

피상속인은 유언으로 자신의 재산을 증여할 수 있다. 유증에 관하여는 제3절 前註 및 §§1074－1090 註釋 참조.

(2) **재단법인의 설립**(民 §47 ②)

피상속인은 유언으로 재단법인을 설립할 수 있다. 이때 유언자는 설립자의 지위에서 법인의 명칭, 목적, 이사의 임면 등 정관의 필요적 기재사항에 대해 모두 유언으로 정할 수 있으며, 그 의사표시는 유언집행자를 구속한다.[21] 재단법인을 설립하는 취지의 유언을 통해 재산을 출연하는 경우에는 유증에 관한 규정을 준용한다.

(3) **신탁**(신탁법 §3 ① ii)

위탁자는 유언으로 신탁을 설정할 수 있다. 유언신탁을 할 때에는 유언의 방식을 갖추어 신탁설정의사와 신탁의 내용을 정해야 함이 원칙이지만, 호의적 해석의 원칙에 따라 신탁의 세부적인 내용이 유언증서에 직접 표시되지 않았더라도 유언에서 신탁을 설정할 의사와 같은 최소한의 요소만 표시되면 당해 유언은 방식을 갖춘 것으로 보아 그 효력을 인정해야 한다는 견해[22]가 있다. 유언자가 신탁이라는 문구를 사용하지 않았거나, 신탁이라는 제도를 알지 못하였던 경우라도 사실상 신탁의 효과를 의욕하였다면 유언신탁으로서의 효력을 인정해야 할 것이다.[23]

유언신탁이 있었던 경우 유언에 의해 수탁자로 지정된 자가 신탁을 인수하여야 하며, 지정수탁자가 신탁을 인수하지 아니하거나 인수할 수 없는 경우에는, 유언에서 달리 정하지 않는 한, 수익자가 단독으로 신수탁자를 선임할 수 있으며, 수익자가 선임하지 않는 경우에는 법원이 이해관계인의 청구에 의해 신수탁자를 선임한다(신탁법 §21③). 유언자가 유언에서 수탁자를 지정하지 않는

21) 대법원 1994. 5. 27. 선고 93누23374 판결.
22) 최수정, 185~186.
23) 최수정, 186.

경우에도 위 규정을 유추적용하여 수익자 또는 법원이 신수탁자를 선임하여야 할 것이다.[24)]

(4) 유족보상수급권자의 지정(근로기준법 시행령 §48 ③, 산업재해보상보험법 §65 ④, 선원법 시행령 §30 ②)

근로자가 유언으로 근로기준법에 따른 유족보상을 받을 자를 특정한 경우에는 근로기준법 시행령 §48 ① i 내지 iv 및 ②에 따른 법정 순위가 적용되지 않는다. 산업재해보상보험법에 따라 유족보상일시금을 받을 자 및 선원법 시행령에 따라 유족보상을 받을 순위도 같다. 다만, 근로자는 위 각 법률에 의해 정해진 '유족'의 범위 내에서 그 순위를 변경하는 취지의 유언을 할 수 있을 뿐이며, 그 범위 내에 속하지 않는 자를 새로이 수급권자로 지정하는 것은 불가능하다.[25)]

(5) 저작권등록자의 지정(저작권법 §53 ②)

저작자가 사망한 경우에 그는 유언으로 저작권을 등록할 자를 지정할 수 있다. 이때 유언의 방식을 갖추어야 함은 물론이다.[26)]

(6) 상속분의 지정

유언에 의해 법정상속인의 상속분을 지정할 수 있는지 여부에 대해서는 견해의 대립이 있다. 과거에는 유언에 의한 상속분 지정이 가능하다는 견해가 다수설[27)]이었고, 그와 같은 취지로 선고한 판결[28)]도 있으나, 현재는 허용되지 않는다는 견해[29)]가 오히려 다수설이다. 포괄적 유증에 의해 사실상 상속분을 변경하는 효과를 달성할 수 있을 뿐이며, 이를 상속분의 지정과 동일시할 수는 없다는 것이다. 설령 상속분의 지정이 가능하다고 하더라도 1977년 민법 개정 이후로는 유류분에 의해 강력한 제한을 받는다. 자세한 내용은 §1009 註釋 참조.

24) 최수정, 187.
25) 대법원 1992. 5. 12. 선고 92누923 판결.
26) 김형석(2016), 1023.
27) 김용한, 329~330; 김주수 · 김상용, 686; 박정기 · 김연, 409; 배경숙 · 최금숙, 539; 소성규, 246~247; 오시영, 550~551; 전혜정(2006), 168; 한복룡, 294. 고정명 · 조은희, 293~294는 상속인 중 일부에 대해 포괄적 유증을 한 경우에 나머지 상속인들의 법정상속분은 잔여상속재산의 한도에서 결정된다고 서술하고 있는바, 사실상 지정상속분을 인정하는 견해이다.
28) 대법원 2001. 2. 9. 선고 2000다51797 판결.
29) 곽윤직, 220; 김재호(1998), 351 각주 41); 김형석(2016), 1022; 박병호, 355~358; 송덕수, 321; 신영호 · 김상훈, 440; 안영하(2007), 214 각주 3); 윤진수, 388; 정구태(2009), 143; 최병조(1987), 191~196; 한봉희 · 백승흠, 514~515; 현소혜(2017), 318~319. 박동섭, 571~572; 백성기, 338; 조승현, 379는 지정 상속분을 논하는 부분에서 포괄유증에 관한 서술만을 하고 있는바, 포괄적 유증과 구별되는 유언에 의한 상속분 지정 자체는 인정하지 않는 것으로 보인다. 이경희, 441도 상속분의 지정은 포괄유증에 의해서만 가능하다는 입장이다. 단, 최병조(1987), 197면 각주 15)는 입법론으로서 상속분 지정 제도의 도입이 필요하다고 주장한다.

(7) 기타

위 각 사항 외에 재산의 처분에 관한 유언은 허용되지 않는다. 가령 상속인을 지정하거나 상속인의 순위를 정하는 것 또는 기여분을 미리 정하거나 상속인 자격을 박탈하는 등의 내용을 담은 유언은 허용되지 않는다.[30] 그 밖에 자기 소유의 재산 처분을 제3자에게 위탁하는 내용의 유언이나 상속채무의 청산과 관련된 유언 등이 허용되지 않음은 물론이다. 다만, 입법론으로서 유언에 의한 유류분 박탈제도나 상속인 폐제 제도를 도입해야 한다는 견해가 있다. 자세한 내용은 §1004 註釋 참조.

나. 가족관계에 관한 사항

(1) 친생부인(民 §850)

부(夫) 또는 처(妻)는 유언으로 친생부인의 의사를 표시할 수 있다. 이때 유언집행자는 친생부인의 소를 제기하여야 한다. 이때에도 §847에 따른 제소기간은 준수하여야 한다.[31] 자세한 내용은 주해친족(1), §850 註釋 참조.

(2) 인지(民 §859 ②)

생부 또는 생모는 유언으로 혼인외의 출생자를 인지할 수 있다. 이 때 유언집행자는 인지신고를 하여야 한다. 자세한 내용은 주해친족(1), §859 註釋 참조.

(3) 미성년후견인의 지정(民 §931 ①)

미성년자의 친권자는 유언으로 미성년후견인을 지정할 수 있다. 다만, 법률행위의 대리권과 재산관리권이 없는 친권자는 그러하지 아니하다. 미성년후견인 지정은 생전행위로는 할 수 없고, 유언으로만 가능하다는 특징이 있다. 자세한 내용은 주해친족(2), §931 註釋 참조.

(4) 미성년후견감독인의 지정(民 §940-2)

미성년후견인을 지정할 수 있는 사람은 유언으로 미성년후견감독인을 지정할 수 있다. 미성년후견감독인의 지정은 유언으로만 가능하다. 자세한 내용은 주해친족(2), §940-2 註釋 참조.

(5) 기타

과거에는 유언에 의한 입양(사후양자)[32]이나 사후양자선정권의 행사[33] 등

30) 권순한, 460; 김형석(2016), 1021~1022; 박동섭, 700; 송덕수, 406; 신영호·김상훈, 440; 이승우(2006), 289, 294; 조인섭(2016a), 14 참조.

31) 이 때 제소기간의 기산점에 대해서는 오병철(2014), 5~8, 24~25 참조.

32) 대법원 1963. 9. 26. 선고 63다462 판결은 일단 양부될 자 본인이 유언에 의해 사후양자를 지정해 놓은 경우에는 기타 사후양자선정권자가 더 이상 사후양자를 선정할 수 없고, 본인의 의사에 구속된다고 한다.

이 가능하였으나, 1990. 1. 13. 민법 개정에 의해 폐지되었다. 유언에 의한 입양 대락이나 입양동의, 입양무효의 소나 파양 등이 허용되지 않음은 물론이다. 대법원은 한 때 유언에 의한 친족회원의 지정도 허용[34]하였으나, 이에 대해서는 학설상의 논란[35]이 있었을 뿐만 아니라, 2013년 민법 개정에 의해 친족회가 폐지되었으므로 이제는 유언에 의한 친족회원 지정이 불가능하다.

다. 상속을 둘러싼 사후처리에 관한 사항

(1) 상속재산분할방법의 지정 · 위탁, 분할금지(民 §1012)

피상속인은 유언으로 상속재산의 분할방법을 정하거나 이를 정할 것을 제3자에게 위탁할 수 있고, 상속개시의 날로부터 5년을 초과하지 아니하는 기간 내에서 그 분할을 금지할 수도 있다. 상속재산분할방법의 지정은 생전행위로는 할 수 없고, 유언으로만 가능하다.[36] 유언에 의한 상속재산분할방법 지정이나 분할의 금지에도 불구하고 공동상속인 전원이 협의에 의해 다른 내용으로 상속재산분할을 한 경우에 그러한 협의분할에 의해 당해 유언이 효력을 잃는지에 관해서는 논란이 있다.[37] 자세한 내용은 §1012 註釋 참조.

(2) 유언집행자의 지정(民 §1093)

유언자는 유언으로 유언집행자를 지정하거나, 그 지정을 제3자에게 위탁할 수 있다. 자세한 내용은 §1093 註釋 참조.

(3) 준거법의 지정(국제사법 §49 ②)

국제적 요소가 있는 상속의 경우에 본래 사망 당시 피상속인의 본국법에 의하는 것이 원칙이지만(국제사법 §49 ①), 피상속인은 유언으로 준거법을 지정할 수도 있다. 피상속인이 지정할 수 있는 준거법은 지정 당시 피상속인의 상거소가 있는 국가의 법 또는 부동산에 관한 상속에 대하여는 그 부동산의 소재지법으로 한정되며, 특히 상거소지의 경우에 유언에 의한 준거법 지정은 피상속인이 사망시까지 그 국가에 상거소를 유지한 경우에 한하여 그 효력이 있다(국제사법 §49 ② i 및 ii).

---

33) 대법원 1957. 10. 17. 선고 4290민상328 판결.

34) 대법원 1975. 3. 25. 선고 74다1998 판결; 대구고등법원 1974. 10. 25. 선고 73나753 판결. 단, 유언에 의한 친족회원의 지정은 유언에 의한 후견인 지정권한을 가지고 있는 친권자에 한하여 가능하다.

35) 대표적으로 주석상속(2)(제3판), 205 각주 1); 오시영, 707 참조.

36) 대법원 2001. 6. 29. 선고 2001다28299 판결.

37) 오병철(2014), 17~18, 26~27.

라. 신상에 관한 사항

(1) 시신의 해부("시체해부 및 보존에 관한 법률" §4 ① i)

유언자가 민법에 따른 방식을 갖추어 유언한 경우에 그의 시체는 유족의 승낙이 없어도 해부할 수 있다.

(2) 장기등 적출 및 기증자 등록("장기등 이식에 관한 법률" §12 ① i, §14 및 §22)

유언자가 민법에 따른 방식을 갖추어 장기등 적출 및 장기등 기증자 등록에 동의하는 취지의 유언을 한 경우에는, 그 가족 또는 유족이 장기 등의 적출을 명시적으로 거부하는 의사를 표시하지 않은 한, 유언자 사망 후 그의 장기를 적출할 수 있고, 장기등 기증자 등 등록을 할 수 있다.

(3) 시신의 인도("형의 집행 및 수용자의 처우에 관한 법률" §128 ④ 및 "군에서의 형의 집행 및 군수용자의 처우에 관한 법률" §113 ④)

"형의 집행 및 수용자의 처우에 관한 법률"에 따른 수용자 및 "군에서의 형의 집행 및 군수용자의 처우에 관한 법률"에 따른 군수용자는 형집행 중에 사망한 경우에 자신의 시신을 병원이나 그 밖의 연구기관에 학술연구상의 필요에 따라 인도할 것을 유언할 수 있다. 이때에도 유언의 방식을 갖추어야 함은 물론이다.[38]

(4) 기타

(1) 내지 (3)에서 정한 사항 외에 신상에 관한 유언은 허용되지 않는다. 가령 장례의식, 매장방법 및 매장장소의 지정, 제사나 공양 등에 관한 유언 및 제사주재자의 지정 등은 법정유언사항에 해당하지 않으므로 모두 무효이다.[39] 피상속인이 유언으로 자신의 유체·유골을 처분하거나 매장장소를 지정한 경우에, 선량한 풍속 기타 사회질서에 반하지 않는 이상 그 의사는 존중되어야 마땅하나, 피상속인의 의사를 존중해야 하는 의무는 도의적인 것에 그치고, 제사주재자가 무조건 이에 구속되어야 하는 법률적 의무까지 부담한다고 볼 수는 없다는 것이 판례의 태도이다.[40]

다만, 이에 대해서는 사망자가 장례의 방식이나 장소, 분묘개설 그 밖에 유체의 처리에 관하여 그 의사를 표시한 경우에는 사후적 인격보호의 법리 내지 제사주재자의 권리의 한계에 따라 상속인 등이 그에 구속되어야 한다는 반

38) 김형석(2016), 1023.

39) 박동섭, 700; 조인섭(2016a), 16~17. 특히 유언으로 제사주재자를 지정할 수 없음을 명시하고 있는 문헌으로 신영호(1991), 586; 이진기(2010), 63.

40) 대법원 2008. 11. 20. 선고 2007다27670 전원합의체 판결.

대의견[41]이 있다. 특히 군인이 사망하여 군예식령에 따른 장의식을 치루는 경우에 사망자의 유언이 있으면 군예식령 §128 ①에 따른 총 7가지 유형의 의식 중 전부 또는 일부를 생략할 수 있는바(군예식령 §128 ②), 이때에는 유언의 방식을 갖추지 못한 경우라도 사망자의 의사를 존중하여야 할 것이다.[42]

Ⅴ. 유언의 자유와 그 한계

1. 유언자유의 원칙

모든 사람은 헌법 §10 및 §23에 의해 보장되는 재산권과 사적자치의 원칙에 따라 유언의 자유를 갖는다.[43] 누구나 생전증여에 의해 처분을 할 수 있는 것과 같이 사망을 앞둔 유언자가 최종적으로 자신의 재산을 처분할 수 있도록 그 법적인 가능성을 보장해주는 것은 헌법상 재산권으로서 보호의 대상이 된다.[44] 더 나아가 모든 사람은 유언을 할지 여부, 만약 한다면 어떠한 내용과 어떠한 방식으로 할 것인지 여부에 대해 자유롭게 선택할 수 있는바, 이는 개인의 자유로운 의사결정과 사적 자치를 보장하고 있는 헌법 §10의 행복추구권으로부터 파생된 일반적 행동 자유권의 한 내용을 이룬다.[45]

2. 유언의 한계

아무리 헌법상 유언의 자유가 보장된다고 하더라도 이에는 몇 가지 한계가 있다.

가. 유언법정주의

우리 법은 법정유언사항을 상대적으로 협소하게 정하고 있다. 가령 영국은 유류분 제도가 도입된 1938년까지 무제한적인 유언의 자유가 인정되었고, 독일에서는 유언에 의한 상속인 지정이나 폐제가 가능하며, 유언에 의한 상속인 지정을 허용하지 않는 일본도 유언에 의한 상속분의 지정이나 상속인 폐제

---

41) 대법원 2008. 11. 20. 선고 2007다27670 전원합의체 판결 중 대법관 박시환, 전수안, 안대희, 양창수의 반대의견. 이를 지지하는 견해로 김형석(2016), 1024~1025.

42) 김형석(2016), 1023.

43) 윤진수(2011a), 3~5; 조혜수(2009), 119. 조인섭(2016a), 12~13은 헌법 §10 및 §23 외에 민법 §103 및 §104도 유언의 자유에 대한 근거조문으로 제시하고 있다.

44) 헌법재판소 2008. 3. 27. 선고 2006헌바82 결정; 헌법재판소 2008. 12. 26. 선고 2007헌바128 결정.

45) 헌법재판소 2008. 3. 27. 선고 2006헌바82 결정; 헌법재판소 2008. 12. 26. 선고 2007헌바128 결정.

를 인정하고 있는데 반해, 우리는 이 중 어떠한 것도 허용하지 않는 결과 유언의 자유가 매우 제한된다.[46)]

나. 내용상의 한계

법정유언사항에 해당하는 것이라면, 자유롭게 유언의 내용을 결정할 수 있음이 원칙이다. 다만, 유언의 내용이 법률의 규정에 반하는 경우 또는 선량한 풍속에 위반되는 경우에는 그러하지 아니하다. 5년 이상의 기간을 정하여 상속재산의 분할을 금지한 경우는 전자의 예에 해당하며, 불륜관계의 지속에 대한 보상 또는 유인으로서 불륜의 상대방에게 유증을 한 경우[47)]나 특정한 신분의 사람과 혼인하는 것을 요건으로 유증을 한 경우[48)] 등은 후자의 예에 해당한다. 단순히 법정상속인을 상속재산 분배로부터 배제하는 것만으로는 아직 양속에 위반된다고 할 수 없다.[49)]

유언 내용 결정의 자유를 가장 강력하게 제한하는 것은 무엇보다도 유류분이다. 본래 민법 시행 당시에는 유류분 제도가 존재하지 않았으므로, 피상속인은 사실상 무제한적으로 상속재산을 처분할 수 있는 자유를 가지고 있었다. 하지만 그로 인해 여자인 직계비속이 사실상 상속으로부터 배제되는 부작용이 발생하자 1977년 민법 개정을 통해 유족의 생활보장과 생존권 보호를 위해 유류분 제도를 도입하였고, 이로 인해 현재는 유류분 부족의 한도에서 유증 기타 사인처분의 효력을 부인하는 것이 가능하다.[50)] 자세한 내용은 §1112 이하 註釋 참조.

다. 방식상의 한계

유언은 반드시 법률이 규정한 방식에 따라야 하는바(방식강제), 아무리 유언자의 의사가 진정한 것이라도 방식을 갖추지 않으면 그 진의를 관철할 수 없다는 점에서 방식은 유언의 자유를 제한하는 효과를 갖는다. 자세한 내용은 §1060 註釋 참조. 우리 민법은 총 5가지 유형의 유언방식을 규정하고 있으므로 당사자에게 방식선택의 자유를 비교적 넓게 인정한다고 볼 수도 있으나, 각각의 방식을 지나치게 엄격하게 규정하고 있어 유언의 자유를 과도하게 제한하는 측면이 있다. 특히 §1066 註釋 참조.

---

46) 입법론으로서 유언의 자유를 보다 확대해야 한다는 견해로 곽윤직, 223.
47) 윤진수(2011a), 12. 물론 불륜관계에 있는 자에게 유증을 한다고 하여 언제나 무효로 되는 것은 아니다. 같은 취지로 곽윤직, 247; 윤진수(2011a), 12~13.
48) 독일 연방헌법재판소 2004. 3. 22. 결정(BVerfG NJW 2004, 2008) 참조.
49) 윤진수(2011a), 12 참조.
50) 이러한 입법경위에 대해서는 김성숙, 사회변동과 한국가족법, 534~535; 신영호(1988), 553~554.

각각의 유언 방식이 요구하고 있는 요건으로 인해 사실상 유언의 자유를 제한당하는 집단도 존재한다. 언어능력과 필기능력이 모두 결여된 장애인의 경우가 그러하다.[51] 언어능력이 없는 경우에는 구수(口授)를 요건으로 하는 녹음에 의한 유언, 공정증서에 의한 유언 및 구수증서에 의한 유언 방식을 이용할 수 없고, 필기능력이 없는 경우에는 자필증서에 의한 유언 방식을 이용하는 것이 불가능하다. 논란의 여지가 있기는 하지만, 언어능력과 필기능력이 모두 없는 경우에는 비밀증서에 의한 유언에서 요구하고 있는 2인 이상의 증인에게 자기의 유언서임을 표시하는 요건을 구비하는 것 역시 사실상 봉쇄된다. 각 유언의 방식에 관해 자세히는 §§1066－1070 참조. 결국 언어능력과 필기능력이 모두 결여된 사람은 우리 민법상 이용할 수 있는 유언의 방식이 없다. 방식주의에 의해 유언의 자유가 침해당하고 있는 것이다.[52] 일본은 이러한 문제를 해결하기 위해 1999년 민법을 개정하여 서면 및 수화통역에 의한 공정증서·비밀증서 및 특별방식의 유언을 명문으로 허용한 바 있다.[53]

공정증서유언은 공증인의 조력을 받을 수 있고 유언의 적법성이 담보되는 등 고유한 장점이 있으므로 청각·언어능력 장애인이 공정증서유언을 이용할 수 없는 것 자체가 유언의 자유에 대한 침해라는 견해도 있다.[54] 구수증서유언의 경우에도 같다.[55] 독일 연방헌법재판소 역시 방식요건으로 인해 언어능력과 필기능력이 모두 없는 자가 공정증서유언을 이용할 수 없는 것은 그의 상속권을 침해하며 평등의 원칙과 장애인 차별금지원칙에 반한다는 이유로 위헌을 선언한 바 있다.[56] 이에 따라 독일은 2002년 민법과 공증인법을 개정하여 언어능력과 필기능력이 모두 결여된 장애인이라도 수화통역인 등의 참여 하에 공정증서유언이 가능하도록 하였다.[57]

51) 김영희(2002), 258~259; 윤진수(2011a), 5~10; 김형석(2016), 1048~1049.
52) 반면 김형석(2016), 1048~1049는 문맹의 농아자라도 현행 공증인법에 따라 수화통역인을 사용해 유언이 가능하므로, 기본권침해 상황은 발생하지 않는다고 주장한다.
53) 김영희(2002), 268~274; 김영희(2006), 131~135.
54) 김영희(2002), 294~295; 김영희(2006), 127~130.
55) 김영희(2007b), 360~362.
56) 독일 연방헌법재판소 1999. 1. 19. 결정(BVerfG NJW 1999, 1853). 이를 소개하고 있는 문헌으로 김영희(2001), 344~345; 김영희(2002), 286~287; 윤진수(2011a), 7~9.
57) 김영희(2006), 138~142.

Ⅵ. 유언의 해석

1. 유언의 해명적 해석

유언의 해석에 있어서도 의사와 문언 간의 대립은 오래된 주제이다.[58] 하지만 유언은 상대방 없는 단독행위로서 유언자의 진정한 의사 실현이 유일한 목표이다. 거래의 안전이나 상대방의 신뢰보호는 중요한 이익형량의 요소가 아니다. 따라서 유언의 해석은 유언자의 현실적 의사를 탐구하는 것을 제1의 목표로 삼고 있다.[59] 즉, 유언의 해석에 있어서는 자연적 해석이 언제나 규범적 해석에 우선한다.

한편 유언은 요식행위이기 때문에 아무리 유언자의 현실적 의사가 명백하더라도 그것이 방식을 갖추어 표시되지 않은 경우에는 그 효력을 인정할 수 없다.[60] 방식이 자연적 해석의 한계를 설정하는 셈이나, 방식주의를 지나치게 고수할 경우 이는 사실상 유언에 관하여 절대적 표시주의를 택하는 것과 같은 결과로 이어질 수 있다. 독일에서는 이러한 문제를 해결하기 위해 이른바 '암시이론(Andeutungstheorie)'이 발전하여 왔다.[61] 해석에 의해 탐구된 피상속인의 의사가 유언의 문언에 암시적으로나마 표현되고 있지 않다면, 이는 방식에 적합하게 표시되지 않은 의사로서 아무런 법적 효력을 갖지 못한다는 것이다.

그러나 암시이론을 택하더라도 일단 해석절차가 선행된다는 점에서 방식주의의 입법목적을 달성하는 데에는 큰 도움이 되지 않을 뿐만 아니라, 암시점 존재 여부를 판단할만한 객관적인 기준이 존재하지 않는다는 점, 간결하게 유언을 작성한 유언자보다 장황하게 작성한 유언자가 우대받는 결과가 된다는 점, 암시이론으로는 오표시 무해의 원칙이 적용되는 영역을 해결할 수 없다는 점, 해석의 문제와 방식준수의 문제를 엄밀히 분리하는 것은 불가능할 뿐만 아니라 해석 작업을 사실상 무용한 것으로 만든다는 점 등 때문에 암시이론은 독일에서도 많은 비판을 받고 있다.[62] 이러한 이유 때문에 우리나라에서는 아직 암시이론을 지지하는 견해를 찾아보기 어렵다.[63] 유언의 의사표시가 갖는 의

58) 유언의 해석에 있어서 의사와 문언 간의 대립 문제를 다룬 문헌으로 서을오(2005), 193~200; 현소혜(2008c), 253~255, 260~266, 277~279; 현소혜, 유언, 15~64 참조.

59) 김영희(2011), 192~193; 박동섭, 738; 윤진수, 523; 현소혜(2008a), 107~117; 현소혜, 유언, 67~108.

60) 방식엄수의 요청은 유언자의 진의탐구에 우선해야 한다는 견해로 신영호·김상훈, 455.

61) 암시이론에 관하여 자세히는 현소혜(2009b), 259~272; 현소혜, 유언, 207~221.

62) 현소혜(2009b), 272~285; 현소혜, 유언, 222~233.

63) 암시이론의 적용을 명시적으로 배척하는 견해로 현소혜(2009b), 285~290; 현소혜, 유언, 234~

미의 확정은 일단 방식의 준수와 무관하게 자연적 해석의 원칙에 따라야 할 것이다.

반면 영미법권에서는 전통적으로 유언장의 문언을 중심으로 한 객관적 해석 원칙, 즉 명백성 원칙(Plain meaning rule)과 변경금지의 원칙(No reformation rule)을 고수해 왔다. 우리나라에도 '유언에 표시된 바의 객관적 의미'에 따라 유언의 내용을 판단해야 하며, 유언자의 내심의 의사나 유언장 외부의 사정을 고려해서는 안 된다는 견해[64]가 있으며, 대법원 역시 유언을 처분문서의 하나로 보는 전제 하에 유언공정증서에 유증의 대상이 '연금보험금'이라고 기재되어 있는 이상 그 문언에 반하여 '보험계약자의 지위'를 유증한 것으로 해석하는 것은 신중해야 한다는 입장이다.[65] 하지만 영미법권에서의 유언의 해석 역시 최근에는 외부 증거(extrinsic evidence)를 보다 적극적으로 고려하여 법관이 유언자의 의사에 따라 서면을 수정할 수 있다고 보는 방향으로 발전하고 있다.[66]

유언의 의미가 불분명하거나 유언자의 진정한 의사가 유언 문언의 객관적 의미와 다르다는 의문이 있을 때에는 유언 외부에 존재하는 모든 사정들을 고려하여 유언자의 진정한 의사를 밝히지 않을 수 없다.[67] 가령 일기, 초고, 참여인이나 증인의 증언, 유언자와 상속인 또는 수증자와의 관계, 유언자의 재산상태 · 성격 · 습관 · 직업 · 취미 · 학식 등이 유언의 해석 자료로 사용될 수 있다.[68] 판례의 태도도 유언 외부의 사정을 고려할 수 있다는 입장인 것으로 보인다.[69] 그러나 유언 성립 이후에 비로소 발생한 사정은 해석 시에 함부로 고려하여서는 안 된다.[70] 유언의 철회나 보충적 해석의 영역에서 다룰 수 있을 뿐이다.

오표시 무해의 원칙이 유언의 해석에 있어서도 그대로 적용될 수 있음은 물론이다.[71] 한 때 독일에서는 이른바 '명백성 원칙(Eindeutigkeitstheorie)'에 따라 유언 문언의 의미가 일응 명백하고 일의적인 것으로 보이는 경우에는 해석의

239.

64) 박영규(2016), 245~247.

65) 대법원 2018. 7. 12. 선고 2017다235647 판결.

66) 정소민(2015), 324~327.

67) 김영희(2011), 193~194; 김용한, 389; 박병호, 429~430; 유영선(1998), 539; 이희배, 352; 현소혜(2008a), 123~126; 현소혜, 유언, 111~133.

68) 박병호, 430; 정광현, 요론, 414~415.

69) 대법원 1978. 12. 13. 선고 78다1816 판결; 대법원 2003. 5. 27. 선고 2000다73445 판결; 창원지방법원 1992. 9. 25. 선고 90가합9001 판결 등.

70) 현소혜(2008a), 126~131; 현소혜, 유언, 120~126.

71) 윤진수, 523; 현소혜(2010), 143~150; 현소혜, 유언, 174~190. 정소민, 329~330도 같은 취지인 것으로 보인다.

대상으로부터 제외하는 판례가 있었으나, 독일연방대법원에 의해 폐기되었다.[72] 오표시 무해의 원칙에 따라 유언자의 진정한 의사를 실현하는 것을 방식주의에 의해 저지할 필요는 없기 때문이다. 이에 대해서는 유언은 단독행위이므로, 쌍방 간의 의사의 합치를 요구하는 오표시 무해의 원칙은 적용될 수 없거나[73] 암시이론에 반하므로 적용될 수 없다는 異見[74]이 있다.

유언의 해명적 해석과 관련하여서는 특히 첫째, 공동상속인 중 1인에게 상속재산 중 특정한 물건을 귀속시킨다는 취지의 유언이 있는 경우에 이를 유증으로 해석할 것인가 또는 상속재산분할방법의 지정으로 해석할 것인가, 둘째, 제3자에게 특정한 재산의 소유권을 귀속시키는 취지의 유언을 하면서 그로 하여금 타인에게 매달 일정한 금액을 지급할 것을 명한 경우에 이를 부담부 유증으로 해석할 것인가 또는 유언신탁으로 해석할 것인가 등에 대해 논란이 있다. 이에 대해 자세히는 제3절 前註 참조

2. 유언의 보충적 해석

유언의 보충적 해석은 허용될 수 있는가. 유언 성립 당시 유언자가 미처 인식하지 못하였거나 잘못 인식하였던 사정으로 인해 유언에 일정한 흠결이 발생한 경우(원시적 흠결) 또는 유언 성립 후 유언자가 예견하지 못했던 종류의 사정변경이 발생한 경우(후발적 흠결)에 유언자의 가정적 의사를 탐구하여 그 흠을 보충하는 것은, 유언증서에 전혀 표시된 바 없었던 의사의 실현을 허용하는 것으로 유언의 방식주의에 비추어 허용될 수 없다고 보는 견해도 있을 수 있다. 하지만 사정변경을 고려하지 않을 경우 오히려 유언자의 진정한 의사가 왜곡될 우려가 있다. 유언은 그 성립 시로부터 효력발생 시까지 장기간의 시간이 소요되는 것이 통상이므로, 사정변경으로 인한 보충적 해석이 더욱 긴요하다. 따라서 일정한 범위 내에서 유언의 보충적 해석은 가능하다고 보아야 할 것이다.[75]

대법원 판결 중에도, 상속재산 중 일부는 유증하고, 유증된 재산을 제외한 나머지 재산은 평소의 뜻에 따라 육영사업에 사용한다는 취지의 유언서를 작

---

72) 현소혜(2008a), 118~122.

73) 박영규(2016), 246 각주 33).

74) Perkams(2010), 233~242.

75) 김상용, 민법총칙(2003), 431; 고상룡, 민법총칙(2003), 380; 김영희(2011), 224~225; 신영호·김상훈, 455; 윤진수, 524. 그 근거 및 구체적인 내용에 대해서는 김영희(2011), 200~201 각주 30), 225; 현소혜(2008b), 121~124; 현소혜, 유언, 144~149 참조.

성한 후 유언자가 새로운 부동산의 소유권을 취득한 사건에서 "이 사건 부동산은 비록 유언 후에 취득한 것이어서 유언 당시에는 존재하지 않았던 재산이었다 할지라도 위의 유언내용 중 '나머지 재산'에 포함되어 유언의 대상이 된다."고 판시하는 등 사실상 유언의 보충적 해석을 한 사안이 있다.[76)]

우리 민법은 유언 성립 후 사정변경에 대비하여 다수의 해석규정을 두고 있다(§§1083－1085, 1087, 1089 등). 하지만 유언의 흠결에 적용할 수 있는 임의규정이 있는 경우라도 특별한 사정이 있다면 보충적 해석은 임의규정에 우선적으로 적용된다.[77)]

보충적 해석은 유언 성립 당시 유언자의 의사지향점(Willensrichtung)을 기초로 그의 가정적 의사를 탐구하는 방식으로 이루어져야 하며, 유언 성립 이후의 사정, 특히 유언자의 후발적인 현실적 의사를 고려할 것은 아니다.[78)] 보충적 해석에 의해 유언의 방식주의를 잠탈하는 것을 허용해서는 안 되기 때문이다. 유언의 보충적 해석에 의해 본래의 유언과 전혀 다른 내용의 유언의 효력을 인정하는 것 역시 허용되지 않는다.[79)] 가령 甲이 자신의 생명의 은인이라고 생각하고 甲에게 전재산을 유증하는 내용의 유언을 하였으나 실제로 생명의 은인은 乙이었던 경우에 유언자의 가정적 의사에 따라 수증자를 乙로 보는 것과 같은 보충적 해석은 불가능하다. 이 경우에는 유언의 취소를 통해 甲에 대한 유증을 저지할 수 있을 뿐이다. 유언의 취소에 대해서는 §1073 註釋 참조. 원시적 · 의식적 흠결의 경우에까지 보충적 해석이 허용되는 것은 아님은 물론이다.[80)]

독일에서는 보충적 해석의 한계를 설정하기 위해 역시 암시이론을 활용하고 있다.[81)] 하지만 가정적 의사가 유언에서 암시되는 것은 선험적으로 불가능하다. 유언에서 암시될 수 있는 의사라면 이미 보충적 해석이 아닌 해명적 해석의 영역이기 때문이다. 또한 암시이론에 따르면 유언자의 우연한 암시에 따라 해석의 가능성이 달라지므로, 간결한 유언보다 장황한 유언이 우대받는 불합리가 발생할 수 있으므로, 국내에서는 보충적 해석의 영역에서도 암시이론에 반대하는 견해[82)]만이 보일 뿐이다.

---

76) 대법원 2001. 3. 27. 선고 2000다26920 판결.
77) 같은 취지의 독일 견해를 소개하고 있는 문헌으로 김영희(2011), 198~199.
78) 현소혜(2008b), 128~137.
79) 현소혜(2008b), 138~140.
80) 현소혜(2008b), 124~128.
81) 보충적 해석에 있어서의 암시이론에 대한 문헌으로 김영희(2011), 218~223; 현소혜(2008b), 140~143; 현소혜(2009b), 269~272.
82) 현소혜(2008b), 144~145.

3. 유언의 호의적 해석

그 밖에 유언의 해석에 관하여는 이른바 '호의적 해석(favor testamenti)'의 원칙[83)]이 적용된다.[84)] 유언의 해석 여하에 따라 그 효력 유무가 달라질 우려가 있을 때에는 가급적 유언이 유효하게 될 수 있는 방향으로 해석하여야 한다는 것이다. 가령 'A를 상속인으로 한다.'는 취지의 내용이 있는 경우라면 이를 상속인지정으로 보아 유언법정주의에 반한다는 이유로 그 효력을 부정하기보다는 포괄유증으로 해석하여 유언자의 의사가 최대한 실현될 수 있도록 하여야 한다.[85)] 생전행위와 달리 유언의 경우에는 표의자에게 자신의 의사에 부합하는 새로운 유언을 할 기회가 전혀 보장되지 않기 때문이다.

Ⅶ. 유언 유사 제도

1. 사인증여

사인증여란 증여자가 사망한 때에 비로소 효력이 발생하는 증여를 말한다(民 §562). 피상속인이 사적 자치에 따라 자신의 재산을 무상으로 처분하는 행위라는 점, 그 효력은 피상속인 사망 후에 비로소 발생한다는 점에서 유언과 공통점이 있으므로, 민법 §562는 사인증여에 관하여 유증에 관한 규정을 준용한다. 하지만 사인증여는 계약에 의해 성립한다는 점에서 상대방 없는 단독행위인 유언과 차이가 있다. 따라서 유언 및 유증에 관한 규정 중 그것이 상대방 없는 단독행위임을 기초로 하는 조문들은 사인증여에 준용될 수 없다. 그 준용의 범위에 관해 자세히는 §1090 後註 참조.

2. 유언대용신탁

유언대용신탁이란 위탁자가 사망한 때에 비로소 수익자가 될 자로 지정된

83) 이를 '유언 우대의 원칙'으로 번역하고 있는 문헌으로 서을오(2013), 137; 현소혜, 유언, 250~251.

84) 김재호(1998), 332~333; 서을오(2005), 198; 유영선(1998), 538~539; 윤진수, 524. 프랑스에서 유언의 호의적 해석의 경향을 소개하고 있는 문헌으로 그리말디(2015), 304~305. 김재호(1998), 332~333은 대법원 1980. 2. 26. 선고 79다2078 판결 역시 호의적 해석의 원칙을 택하고 있다고 서술한다. 보험계약자의 지위를 유증하기 위해서는 보험자의 승낙이 필요하므로, 보험자의 승낙이 없는 상태에서는 보험계약자의 지위를 유증하려고 했기보다는 보험금에 관한 권리를 유증하려고 했던 것으로 보아야 한다고 해석한 대법원 2018. 7. 12. 선고 2017다235647 판결도 참조.

85) 김용한(1962), 34~35; 현소혜, 유언, 249~251.

자가 수익권을 취득하는 내용의 신탁 또는 위탁자 사망 이후에 수익자가 신탁재산에 기한 급부를 받는 신탁을 말한다(신탁법 §59 ①). 위탁자가 생전에 미리 수탁자에게 신탁재산을 이전해 놓고, 그의 사망 후에 자신이 원하는 자로 하여금 그 신탁재산으로부터의 이익을 향유할 수 있도록 하기 위한 제도로서 재산처분의 자유를 그의 사후(死後)까지 확장시킨다는 점에서 유증이나 사인증여와 유사한 기능을 수행한다. 하지만 동일한 목적과 구조로 이용되고 있는 유언신탁과는 달리, 유언대용신탁은 생전행위라는 특징이 있다. 상속이나 유증을 받을 자가 질병·장애·노령 그 밖의 사유로 인해 스스로 재산을 관리할 능력이 없거나 부족한 경우에 유언대용신탁은 특히 유용하게 사용될 수 있지만[86], 기존의 상속이나 유증과 관련된 법리와 충돌을 일으키는 부분이 많아 논란이 되고 있다. 자세한 내용은 §1090 後註 참조.

3. 생전유언(Living Will)

생전유언(Living will)이란 불치의 질병으로 사망을 앞두고 의식불명 등의 상태에 빠진 결과 스스로 의료행위 동의권을 행사할 수 없게 될 경우에 대비하여 연명치료의 전부 또는 일부의 거부 내지 중지 여부에 대해 미리 지시하는 내용의 의사표시를 말한다.[87] 우리 법제에는 '사전연명의료의향서'라는 명칭으로 도입되어 있다(「호스피스·완화의료 및 임종과정에 있는 환자의 연명의료결정에 관한 법률」 제12조).

이는 일정한 방식을 갖추어야 비로소 효력을 발생한다는 점에서는 유언과 유사한 측면이 있으나, 유언자가 사망함과 동시에 오히려 효력을 잃는다는 점에서는 유언과 정반대의 속성을 갖는다. 즉, 생전유언은 유언자 사망 후의 법률관계를 규율하는 것이 아니라, 오히려 사망에 이르는 과정에서의 의료를 둘러싼 법률관계를 규율하는 것을 목적으로 한다는 점에서 유언과 성질을 달리 한다.

86) 유언대용신탁의 다양한 유형에 대해서는 김병두(2013), 12~15; 김판기(2012), 210~215; 임채웅(2011), 67~69 참조.
87) 생전유언 제도에 대해 자세히는 박동섭(2013) 참조.

第1節　總則

第1060條(遺言의 要式性)

遺言은 本法의 定한 方式에 依하지 아니하면 效力이 생하지 아니한다.

참고문헌: 권순한, "사인증여와 유증의 관계", 연세법학연구 4(1997); 김영희, "현행민법상 유언의 방식에 관한 연구", 가족법연구 20-2(2006); 김영희, "유언에 관한 형식적 엄격주의와 유언자의 진의", 民判 30(2008); 김재호, "포괄적 유증", 재판자료 제78집(1998); 김현진, "프랑스 민법상 유증", 민사법학 59(2012); 김현진, "치매와 유언능력의 판단", 외법논집 41-1(2017); 김형석, "유언의 성립과 효력에 관한 몇 가지 문제", 民判 38(2016); 양형우, "사인증여에 의한 등기", 홍익법학 13-1(2012); 유영선, "유증과 등기", 司論 29(1998); 조인섭, "유언의 방식에 관한 연구", 이화여대 박사학위논문(2016a); 조인섭, "자필증서유언의 개선방안", 가족법연구 30-3(2016b); 임채웅, "유증의 연구", 홍익법학 11-3(2010); 현소혜, "유언방식의 개선방향에 관한 연구", 가족법연구 23-2(2009a).

Ⅰ. 의의와 기능

유언은 민법이 정한 방식에 의하지 않으면 효력이 생기지 않는다. 즉, 우리 민법은 유언을 요식행위로 규정하고 있다. 이는 로마법 이후 세계 각국의 보편적 입법례이기도 하다. 유언을 요식행위로 규정하는 이유는 다음과 같다.

첫째, 유언은 유언자가 사망한 후에야 비로소 효력을 발생하기 때문에 당해 유언이 유언자의 진정한 의사에 기초한 것인지 여부를 확인하기가 쉽지 않다. 유언의 성립부터 효력 발생까지의 시간적 간격이 긴 경우, 여러 개의 유언이 작성된 경우 등에는 더욱 그러하다. 따라서 유언에 엄격한 방식을 갖추도록 하여 유언자의 진의를 명확히 하고, 유언자의 내심의 의사를 둘러싼 분쟁과 혼란을 예방할 필요가 있다.[1] 이를 유언의 증명기능이라고 한다.

1) 곽윤직, 217, 226; 김용한, 390; 김재호(1998), 334; 김주수 · 김상용, 798; 김현진(2017), 335; 김형석(2016), 1043; 박동섭, 704; 박병호, 425, 430; 박정기 · 김연, 449; 배경숙 · 최금숙, 637; 백성

둘째, 유언에 엄격한 방식을 갖추도록 하는 것은 유언자로 하여금 심사숙고하여 신중하고 정확하게 유언을 하도록 하는 효과를 수반한다.[2] 이를 유언의 경고기능이라고 한다. 유언이 갖는 종의처분으로서의 성격을 고려한 것이다.

셋째, 공정증서에 의한 유언 방식은 공증인으로부터 유언의 법적 의미와 효과 등에 관해 상담을 받을 수 있는 기회를 제공한다는 점에서도 실익이 있다.[3] 공증인은 법령에 위반한 사항이나 무효인 법률행위에 관하여 증서를 작성할 수 없으므로(공증인법 §25) 그 과정에서 자연스럽게 유언의 효력이 담보된다.

Ⅱ. 내용

1. 방식 준수와 유언의 효력

유언에 방식을 요구하는 것은 유언자의 진의를 명확히 하고 그로 인한 법적 분쟁과 혼란을 예방하기 위한 것이므로, 법정된 요건과 방식에 어긋난 유언은 그것이 유언자의 진정한 의사에 합치하더라도 무효라고 하지 않을 수 없다.[4] 방식 중 일부 요건만 갖추지 못한 경우에도 마찬가지이다. 재판에서 법률상 유언이 아닌 것을 유언이라고 시인하였다고 하여 그것이 곧 유언으로 될 수 있는 것은 아니다.[5] 이는 권리자백에 불과하기 때문이다. 상속인들이 유언의 내용을 인정하기로 합의하였다고 하여 그 유언이 유효로 되는 것도 아니다.[6]

물론 방식을 갖추지 못한 유언이라도 사인증여의 청약으로서는 효력이 있을 수 있다.[7] 대법원 역시 방식을 갖추지 못한 채 유언으로 한 부동산의 증여는 유증으로서의 효력은 없고 증여로서의 효력만 있다거나,[8] 구수증서에 의한

기, 376~377; 소성규, 294; 송덕수, 408; 신영호 · 김상훈, 441; 오시영, 709; 유영선(1998), 539; 이경희, 530; 조인섭(2016a), 8, 20; 주석상속(2), 229; 한봉희 · 백승흠, 587.

2) 곽윤직, 218226; 김재호(1998), 334; 김현진(2017), 335; 박동섭, 704; 백성기, 376; 오시영, 709; 윤진수, 503; 조인섭(2016a), 8, 21; 한봉희 · 백승흠, 587. 헌법재판소 2008. 3. 27. 선고 2006헌바82 결정도 같은 입장이다.

3) 김현진(2017), 335; 윤진수, 503.

4) 대법원 2006. 3. 9. 선고 2005다57899 판결; 대법원 2006. 9. 8. 선고 2006다25103 등 판결; 대법원 2007. 10. 25. 선고 2006다12848 판결; 대법원 2007. 10. 25. 선고 2007다51550 등 판결; 대법원 2008. 8. 11. 선고 2008다1712 판결; 대법원 2009. 5. 14. 선고 2009다9768 판결; 대법원 2014. 10. 6. 선고 2012다29564 판결.

5) 대법원 2001. 9. 14. 선고 2000다66430 등 판결.

6) 대법원 2010. 2. 25. 선고 2008다96963 등 판결. 단, 상속인들 사이의 합의를 상속재산분할협의 또는 상속지분 일부의 양도 협의로 전환하여 해석하는 것이 가능함은 물론이다.

7) 김영희(2008), 418~420; 양형우(2012), 403~404; 윤진수, 504.

8) 대법원 1985. 12. 10. 선고 85누667 판결; 대법원 1986. 2. 25. 선고 85누889 판결.

유언서의 작성 및 낭독이 이루어지는 동안 수증자가 옆방에서 유언 내용을 듣고 있었고, 유언서 작성이 완료된 후 유언자에게 감사의 인사까지 하였다면 설령 구수증서에 의한 유언이 방식위반으로 무효인 경우라도 사인증여로서의 효력이 발생한다는 취지[9]로 판시한 바 있다.

단, 이에 대해서는 표의자에게 예상치 못한 계약적 구속력을 발생시킬 수 있어 부당하다는 이유로 비판[10]하거나 승낙의 의사표시를 매우 엄격한 요건 하에서만 인정해야 한다[11]는 견해가 있다.

2. 방식 준수의 판단기준

엄격한 방식주의는 분명 유언의 자유를 제약하는 측면이 있다. 따라서 방식의 준수 여부를 판단함에 있어서는 사소한 방식 위반으로 말미암아 유언자의 진정한 의사 실현이 방해되는 일이 없도록 해야 한다는 점을 충분히 고려할 필요가 있다. 반면 방식을 지나치게 완화하여 해석하면 방식주의가 형해화되어 오히려 유언자의 진의를 확보하는 것이 어려워진다.[12] 프랑스의 판례는 이러한 난점을 해결하기 위해 유언자 사망 후 법정상속인이 유증을 추인하거나 자발적으로 유언을 집행한 경우에는 방식 결함의 항변을 포기한 것으로 보고, 자연채무의 이행으로서 유효하다고 판시하고 있으며,[13] 미국에서도 실질 준수의 원칙(substantial compliance doctrine)이나 악의 없는 흠결 이론(harmless error rule) 등을 통해 방식 흠결의 문제 해결을 시도하고 있다.[14]

Ⅲ. 부칙

제정 민법 시행 전에는 유언을 불요식행위로 보는 것이 관습이었다.[15] 따라서 말로써 한 구술유언도 모두 효력이 인정되었다. 유언집행단계에서 특별한 형식요건(가령 입양신고나 인지신고 등)이 필요한 경우에 한하여 민법 소정의 절차

9) 대법원 2005. 11. 25. 선고 2004두930 판결.
10) 권순한(1997), 255.
11) 임채웅(2010), 163.
12) 방식주의와 유언의 자유 간의 긴장관계에 대해 논하는 문헌으로 김영희(2006), 117~118; 박동섭, 704; 신영호 · 김상훈, 441; 이경희, 552; 조인섭(2016a), 44~56; 조인섭(2016b), 238~246; 한봉희 · 백승흠, 595; 현소혜(2009a), 2 참조.
13) 자세한 내용은 김현진(2012), 445 참조.
14) 자세한 내용은 조인섭(2016a), 112~116 참조.
15) 대법원 1966. 11. 29. 선고 66다1251 판결; 대법원 1986. 3. 11. 선고 85므101 판결; 대법원 1987. 2. 10. 선고 86므49 판결; 대법원 1991. 3. 27. 선고 91다728 판결.

를 따르도록 하였을 뿐이다.[16)]

현행 민법 제정과정에서도 유언에 관하여는 관습법 존중론에 입각하여 유언의 방식규정을 두지 않는 것으로 초안이 작성된 바 있으나, 심의를 통해 입법자는 유언의 요식성을 선언하였다. 종의처분으로서의 유언의 성격을 고려하여 유언에 관한 법률관계를 명확하게 하기 위함이다.[17)]

다만, 민법에서 정한 방식 요건을 갖추지 못한 유언이더라도, 그것이 민법 시행일 전의 관습에 따른 유언방식에 적합하고, 유언자가 민법 시행일로부터 유언 효력발생일까지 그 의사표시를 할 수 없는 상태에 있었던 때에는 그 효력을 인정하기로 하였다(民 부칙 §26).[18)] 민법 소급효의 원칙에 대한 예외이다.[19)]

16) 대법원 1986. 3. 11. 선고 85므101 판결; 대법원 1991. 3. 27. 선고 91다728 판결.
17) 김성숙, 사회변동과 한국 가족법, 532; 조인섭(2016a), 26~27.
18) 대법원 1987. 11. 24. 선고 87므36 판결.
19) 박병호, 430~431.

第1061條(遺言適齡)

滿17歲에 達하지 못한 者는 遺言을 하지 못한다.

참고문헌: 김현진, “치매와 유언능력의 판단”, 외법논집 41−1(2017).

미성년자는 행위능력이 제한되므로, 법정대리인의 대리에 의해 또는 그의 동의를 받아야만 유효하게 법률행위를 할 수 있다. 하지만 유언의 경우에는 본인의 진정한 의사를 실현하는 것이 가장 중요하므로, 법정대리인이 대리나 동의의 형태로 유언의 내용에 간섭하여서는 안 된다. 한편 의사능력이 결여되어 사물을 변식할 능력이 없는 미성년자에게까지 무제한적으로 유언의 자유를 허용할 수 없음은 물론이다. 미성년자에게 어느 정도까지 유언능력을 부여할 것인지는 입법례에 따라 판단이 달라질 수 있으나[1], 본조는 만17세를 기준으로 미성년자의 유언능력을 획일적으로 규정하였다. 이는 다음과 같은 의미를 갖는다.

첫째, 미성년자 중 만17세에 달하지 못한 자는 스스로 유언을 하지 못한다. 만17세 미만자의 유언은 설령 법정대리인의 동의가 있었더라도 무효이다. 또한 미성년자가 만17세에 달하지 못한 경우에는 친권자나 후견인이 그를 대리하여 유언할 수도 없다.[2] 따라서 만17세에 달하지 못한 자는 절대적으로 유언능력이 없다. 다만, 유언에 의한 인지의 경우에는 만17세 미만자라도 유효하게 할 수 있다는 견해[3]가 있다.

둘째, 만17세에 달한 미성년자는 유언을 할 수 있다. 유언을 함에 있어서 법정대리인의 동의를 요하지 않으며, 동의를 받지 않았다는 이유로 법정대리인이 유언을 취소할 수도 없다. 법정대리인이 유언을 대리할 수 없음은 물론이다. §1062 註釋 참조. 즉, 만17세에 달한 미성년자에게는 완전한 유언능력이 인정된다. 이러한 의미에서 만17세를 ‘유언적령’이라고 부른다.

이때 유언자가 유언적령에 달하였는지 여부는 유언의 효력발생시점이 아

1) 김현진(2017), 329.
2) 권순한, 459; 김주수·김상용, 798; 박동섭, 701; 박정기·김연, 450; 신영호·김상훈, 440; 윤진수, 502; 주석상속(2), 234.
3) 신영호·김상훈, 440.

니라, 유언의 성립시점을 기준으로 판단하여야 한다. 유언적령에 달하지 못한 상태에서 한 유언은 후에 유언자가 능력자로 되거나 그 유언을 추인하더라도 여전히 무효이다.[4] 유언은 요식행위이기 때문이다.

4) 김용한, 387; 박동섭, 702; 박병호, 427; 오시영, 708; 이경희, 529.

第1062條(제한능력자의 유언)

유언에 관하여는 제5조, 제10조 및 제13조를 적용하지 아니한다.

참고문헌: 이병화, "유언에 관한 법적 고찰 및 여대생들의 의식조사", 인문과학연구 9(2003).

Ⅰ. 의의

미성년자나 피성년후견인은 단독으로 유효한 법률행위를 할 수 없음이 원칙이다(民 §5② 및 §10). 행위능력이 제한되어 있기 때문이다. 피한정후견인 역시 동의유보심판을 받은 한도 내에서는 마찬가지이다(民 §13 ④). 유언 역시 법률행위의 일종인 만큼 본래 제한적 행위능력자가 한 유언은 취소할 수 있어야 한다. 하지만 본조는 미성년자나 피성년후견인, 피한정후견인의 유언에 관하여 그의 행위능력을 제한하고 있는 §5, §10 및 §13의 적용을 배제하고 있다. 이는 적어도 유언에 관해서는 미성년자와 피성년후견인, 피한정후견인의 행위능력, 즉 유언능력을 제한 없이 인정하겠다는 것을 의미한다. 유언이 효력을 발생하는 때에는 이미 유언자가 사망하였으므로, 굳이 표의자 본인을 보호하기 위한 제한적 행위능력제도를 관철시킬 필요가 없기 때문이다.[1] 따라서 유언적령에 도달하였고, 의사능력이 있는 자연인이라면 누구나 유언능력이 있다.

Ⅱ. 내용

1. 미성년자의 유언능력

미성년자는 법정대리인의 동의 없이 유언을 하더라도 유효하며, 법정대리인이 이를 취소할 수 없다. 유언에 관해서는 §5가 적용되지 않기 때문이다. 미성년자에게 유언능력이 인정되는 한도에서 법정대리인의 대리권 역시 제한되

1) 김주수·김상용, 797; 이병화(2003), 174; 주석상속(2), 234.

므로, 법정대리인은 유언을 대리할 수 없다. 다만, 만17세에 달하지 않은 미성년자는 유언능력이 절대적으로 부정되므로, 본조에 따른 유언능력을 주장할 수 없다. §1061 註釋 참조. 만17세에 달한 미성년자라도 본조에 따라 유언을 하기 위해 의사능력이 있어야 함은 물론이다.

2. 피성년후견인의 유언능력

피성년후견인이 법정대리인의 대리에 의하지 않고 스스로 한 유언은 유효하며, 법정대리인이 이를 취소하지 못한다. 유언에 관해서는 §10가 적용되지 않기 때문이다. 법정대리인이 유언을 대리할 수 없음은 물론이다. 다만, 유언 성립 당시 피성년후견인에게 의사능력은 있어야 한다. 이에 대해서는 §1063 註釋 참조.

3. 피한정후견인의 유언능력

피한정후견인은 법정대리인의 동의나 대리에 의하지 아니하고 스스로 유효한 유언을 할 수 있다. 피한정후견인은 §13에 따라 가정법원으로부터 동의유보심판을 받은 한도에서만 그 행위능력이 제한되는데, 본조에 따라 유언에 관해서는 §13가 적용되지 않는 결과, 피한정후견인의 유언에 관하여 동의유보심판을 내리는 것이 불가능하기 때문이다. 따라서 피한정후견인이 한 유언은 법정대리인이 취소할 수 없으며, 법정대리인이 유언을 대리할 수도 없다. 유언을 하려는 피한정후견인에게 의사능력이 있어야 함은 물론이다.

Ⅲ. 유언능력의 판단기준

§1061와 본조에 따라 만17세 이상으로서 의사능력 있는 자라면 누구든지 유언능력이 인정된다. 그가 미성년자, 피성년후견인 또는 피한정후견인인지 여부는 중요하지 않다. 다만, 유언능력은 오로지 자연인에게만 인정되는바, 법인은 유언을 할 수 없다. 법인은 사망과 상속·유언이 아닌 해산과 청산절차를 통해 잔여재산을 처리할 뿐이다.

第1063條(피성년후견인의 유언능력)

① 피성년후견인은 의사능력이 회복된 때에만 유언을 할 수 있다.

② 제1항의 경우에는 의사가 심신 회복의 상태를 유언서에 부기(附記)하고 서명날인하여야 한다.

참고문헌: 김기영, "비밀증서에 의한 유언에 관한 소고", 사회과학논집 15(2003); 김현진, "치매와 유언능력의 판단", 외법논집 41-1(2017); 김형석, "유언의 성립과 효력에 관한 몇 가지 문제", 民判 38(2016); 손흥수, "유언능력 유무의 판단기준과 그 판단요소", 司論 55(2012); 정소민, "유언능력에 관한 연구", 법학논총 35-2(2018).

Ⅰ. 의의

유언적령에 도달한 자연인이라면 누구나 유언능력 있음이 원칙이다. §1062 註釋 참조. 미성년자, 피성년후견인 또는 피한정후견인이라고 하여 당연히 유언능력이 배제되는 것은 아니다. 다만, 유언을 하기 위해서는 의사능력을 갖추고 있어야 한다. 유언은 유언자의 진정한 의사를 실현하기 위한 제도인 만큼, 의사능력의 존재가 필수적이기 때문이다. 따라서 의사능력 없는 상태에서 한 유언은 무효이다. 본조는 특히 피성년후견인의 경우에 의사능력이 회복된 때에만 유언을 할 수 있음을 선언하고 있다(본조 ①).

Ⅱ. 의사능력의 판단기준

유언자는 유언을 할 수 있을 정도의 의사능력을 갖추고 있어야 하지만, 이때 의사능력이란 자신의 행위의 의미의 결과를 정상적인 인식력과 예기력을 바탕으로 합리적으로 판단할 수 있는 정신적 능력 내지 지능을 말하며, 특히 어떤 법률행위가 그 일상적인 의미만을 이해하여서는 알기 어려운 특별한 법률적인 의미나 효과가 부여되어 있는 경우 의사능력이 인정되기 위해서는 그 행위의 일상적인 의미뿐만 아니라 법률적인 의미나 효과에 대하여도 이해할 수 있을 것을 요한다고 보아야 하고, 의사능력의 유무는 구체적인 법률행위와 관련하여 개별적으로 판단되어야 할 것이다.[1)]

유언의 경우에는 일응 유언의 내용을 이해하고 그 결과를 판단할 정도의 능력을 갖추면 될 것이다.[2)] 다만, 유언은 본인보호의 필요성이 낮은 반면, 유언능력이 인정되는지 여부에 따라 법정상속인과 수증자의 재산관계에 큰 변동이 발생할 수 있다는 점에 비추어 유언 당시의 판단능력, 질병의 상태, 유언의 내용, 유언 작성 당시의 상황, 유언에 대한 종래의 의향, 수증자와의 관계 등을 종합적으로 고려하여 유언능력 유무를 판단할 필요가 있으며[3)], 정신적 장애나 발달장애 등이 있다고 하여 바로 유언능력이 없다고 단정할 수 없다.[4)] 이러한 판단 요소 중 유언의 내용과 관련하여서는 우리 민법의 해석론상 그 내용이 간단한지 복잡한지에 따라 유언능력 유무를 달리 판단하는 상대적 유언능력 개념을 인정하기는 어렵고, 유언내용이 이례적인 경우에 한해 유언능력을 인정하는데 부정적인 평가요소로 작동할 수 있을 뿐이라는 견해[5)]가 있다.

일설에 따르면 대법원은 ① 유언자가 유언이라는 행위의 성질과 효과를 이해할 수 있는지 여부, ② 유언자가 유증의 대상인 재산을 인지하였는지 여부, ③ 유언자가 수증자가 누구인지 인지하였는지 여부를 유언능력의 판단 기준으로 삼고 있으며, (ⅰ) 의식이 명료하였는지, (ⅱ) 의사소통능력이 있었는지, (ⅲ) 스스로 서명날인을 하였는지, (ⅳ) 유언 내용이 유언자가 평소 가지고 있던 상속계획에 부합하는지 여부 등이 그 기준의 충족 여부를 판단하기 위한 요소가 된다고 한다.[6)]

유언능력 유무를 판단함에 있어서 의사의 의학적 판단은 법관을 구속하지 않지만, 중요한 판단자료가 될 수밖에 없는바, 유언능력 판단을 위한 공인기준을 마련하여야 한다는 주장도 있다.[7)]

1) 대법원 2002. 10. 11. 선고 2001다20113 판결; 대법원 2006. 9. 22. 선고 2006다29358 판결.
2) 김형석(2016), 1026; 배경숙·최금숙, 636; 윤진수, 502.
3) 김현진(2017), 332; 손흥수(2012), 182; 정소민(2018), 103. 특히 실무상 구체적인 사안에서의 유언능력 판단기준에 관해 자세히는 손흥수(2012), 110~145 참조.
4) 김형석(2016), 1028; 윤진수, 502; 정소민(2018), 84.
5) 정소민(2018), 98~101.
6) 정소민(2018), 96~97.
7) 김현진(2017), 352, 356.

Ⅲ. 의사능력의 판단시점

유언자에게 유언능력이 있는지 여부 내지 피성년후견인의 의사능력이 회복되었는지 여부는 유언 성립 당시를 기준으로 판단하여야 한다.[8] 유언 성립 당시에 의사능력이 회복되어 있었다면, 그 후 의사능력이 상실되었더라도 당해 유언은 유효하다. 반면 유언 성립 당시 의사능력이 없었다면 사후에 의사능력이 회복되더라도 이를 추인할 수 없다.[9] 추인 당시를 기준으로 유언의 방식을 갖추지 못했기 때문이다.

한편 비밀증서유언의 경우에는 유언증서 작성시가 아니라 봉서를 증인의 면전에 제출하는 시점을 기준으로 심신회복 여부를 판단해야 한다는 견해[10]가 있다. 비밀증서유언에 관해서는 §1069 주석 참조.

Ⅳ. 의사능력의 판단주체

1. 의사능력의 입증책임

표의자의 의사능력은 추정되므로, 의사무능력을 주장하는 측에서 그에 대한 입증책임을 부담함이 원칙이다. 따라서 유언자의 의사무능력을 이유로 유언무효확인의 소를 제기한 경우 또는 유증을 원인으로 경료된 소유권이전등기의 말소를 구하는 취지의 소를 제기한 경우에는 당연히 당해 유언이 무효임을 주장하는 원고가 유언자에게 의사능력 없었음을 입증하여야 한다.[11]

그런데 유언 성립 당시 유언자에게 의사능력이 있었는지 여부에 대해서는 사후 분쟁이 발생할 가능성이 높고, 분쟁이 발생했을 때에는 이미 유언자가 사망하여 더 이상 진위를 가리기 힘든 경우가 많다. 이러한 이유 때문에 일부 견해는 유언의 효력을 주장하는 쪽에서 유언능력의 존재를 입증해야 한다고 주장한다.[12] 이러한 견해는 심지어 공정증서유언의 경우에도, 설령 공증인에게 유언자의 유언능력 유무를 확인할 의무가 있다고 하더라도, 공정증서유언이 성

8) 곽윤직, 224~225; 권순한, 459; 김용한, 387; 김현진(2017), 328; 김형석(2016), 1026; 박동섭, 702; 박병호, 427; 박정기·김연, 451; 손흥수(2012), 107; 송덕수, 407; 신영호·김상훈, 440; 오시영, 708; 윤진수, 502; 정소민(2018), 84; 조승현, 444; 한봉희·백승흠, 590.

9) 김용한, 387; 김형석(2016), 1029.

10) 주석상속(2), 237.

11) 김현진(2017), 358; 김형석(2016), 1027; 정소민(2018), 98.

12) 손흥수(2012), 177~179.

립하였다고 하여 당연히 유언능력이 있었던 것으로 추정되는 것은 아니라고 강조한다.[13)]

치매의 경우에는 인지기능의 장애 정도가 시점에 따라 끊임없이 변동하는 특성을 가지고 있다는 점을 강조하면서, 기간과 증상에 비추어 중증 치매상태인 것으로 판단되는 때에는 유언 성립 당시 의사능력이 회복되었음을 유언의 효력을 주장하는 측에서 주장 · 입증해야 한다는 견해[14)]도 있다.

2. 유언자가 피성년후견인인 경우

본조는 의사능력을 둘러싼 분쟁을 사전에 예방하기 위해 피성년후견인이 유언을 한 때에는 반드시 의사가 심신 회복의 상태를 유언서에 부기하고 서명날인하도록 하였다(본조 ②). 이때 참여하는 의사에 대해 증인결격사유에 관한 §1072가 적용 내지 준용되는지 여부에 대해서는 §1072 註釋 참조. 다만, 구수증서에 의한 유언의 경우에는 의사의 참여가 사실상 불가능하므로, 이러한 부기를 요하지 않는다. §1070 註釋 참조.

부기는 통상 유언증서에 그 취지를 기재하는 방식으로 이루어질 것이나, 녹음에 의한 유언을 하는 경우에는 의사가 심신회복의 상태를 녹음기에 구술하는 방식으로 할 수 있다.[15)] 비밀증서에 의한 유언을 하는 경우에 심신 회복 상태에 대한 의사의 부기는 유언증서 자체가 아니라 봉서 표면에 행해져야 한다.[16)] 그렇지 않을 경우에 유언 내용에 대한 비밀 유지가 불가능하기 때문이다.

---

13) 손흥수(2012), 178~180.

14) 김현진(2017), 355.

15) 곽윤직, 224; 권순한, 463; 김용한, 392; 김주수 · 김상용, 803; 박동섭, 702, 720; 박병호, 433; 박정기 · 김연, 455; 배경숙 · 최금숙, 640; 백성기, 378; 송덕수, 415; 신영호 · 김상훈, 446; 오시영, 708; 이경희, 534; 조승현, 450; 주석상속(2); 237; 한봉희 · 백승흠, 600.

16) 곽윤직, 224; 김기영(2003), 22; 김용한, 394; 김주수 · 김상용, 807; 박병호, 435; 배경숙 · 최금숙, 643; 오시영, 724; 이경희, 538; 주석상속(2), 237.

第1064條(遺言과 胎兒, 相續缺格者)

第1000條第3項, 第1004條의 規定은 受贈者에 準用한다.

참고문헌: 김재호, "포괄적 유증", 재판자료 제78집(1998); 김현진, "프랑스민법상 유증", 민사법학 59 (2012); 오병철, "상속결격의 몇 가지 문제", 가족법연구 24-3(2010); 윤황지, "유언과 재산상속에 관한 연구", 사회과학논총 6(1998); 이진기, "유증제도의 새로운 이해-포괄유증과 특정유증의 효력에 관한 의문을 계기로-", 가족법연구 30-1(2016); 정소민, "유언능력에 관한 연구", 법학논총 35-2(2018); 최병조, "로마법상 학설대립: 채권적 유증의 효력과 카토의 법리칙", 서울대 법학 39-2(1998); 황경웅, "상속결격에 관한 제반문제", 가족법연구 20-2 (2006).

Ⅰ. 본조의 의의

수증자에 관하여 民法 §1000 ③과 §1004를 준용하는 조문이다. 넓은 의미에서 '수증자'란 생전증여나 사인증여, 유증을 받는 자를 모두 포괄하는 개념이나, 본 조문에서 '수증자'란 유언에 의해 유증을 받을 자만을 말한다. 본조 표제가 '유언'에 관한 조문임을 명기하고 있기 때문이다. 본 조문은 이러한 좁은 의미의 수증자가 될 수 있는 자격, 즉 유증을 받을 능력(受遺能力)에 관해 규율하고 있다. 본조는 포괄유증과 특정유증에 모두 적용된다.

Ⅱ. 수유능력

1. 권리능력

가. 자연인

본래 유증이란 유언에 의해 증여를 받는 것이므로, 권리능력이 있는 사람이면 누구나 수유능력이 있음이 원칙이다. 가령 의사무능력자나 행위능력이 제한된 사람도 권리능력은 있으므로, 유증을 받을 수 있다. 民 §1061와 §1063에 따라 유언능력이 부정되는 17세 미만의 미성년자나 의사능력이 회복되지 않은 피성년후견인이라도 같다.

상속인이라도 상속과 별개로 유증을 받을 수 있다. 상속인이 포괄유증을 받은 경우의 법률관계에 대해서는 §1078 註釋 참조. 상속인이 특정유증을 받은 경우의 법률관계에 대해서는 제3절 前註 참조. 입법례에 따라서는 피후견인이 후견인에게 유증하거나 환자가 자신을 치료 또는 간병해 준 의료인·의료보조인력 또는 종교인 등에게 유증하는 것을 금지하는 경우도 있고, 공공기관에 대한 유증에 일정한 제한을 가하기도 하지만(대표적으로 프랑스 민법 §§909−910)[1], 현행 민법상으로는 아무런 제한이 없다.[2]

다만, 본 조문은 §1000③과 ④을 수증자에게 준용하고 있는바, 이에 따라 권리능력과 수유능력을 일치시키는 대원칙에 두 가지 예외가 발생하였다. 첫째, 태아는 원칙적으로 권리능력이 없지만, 유증에 관해서는 수유능력이 있다. 둘째, 상속결격자는 본래 권리능력이 있지만, 유증에 관해서는 수유능력이 부정된다. 이에 대해서는 2. 및 3. 이하 참조.

나. 법인

법인도 권리능력이 있으므로 유증을 받을 수 있다. 상속과의 가장 큰 차이이다. 견해에 따라서는 권리능력 없는 사단이나 재단이라도 대표자나 재산관리인만 정해져 있다면 유증은 받을 수 있다고 본다.[3]

설립 중인 법인도 유증을 받을 수 있는가. 가능하다는 것이 통설[4]이다. 본조 중 태아에 관한 부분을 설립 중인 법인에 대해서도 유추적용할 수 있다는 것이다. 위 견해에 따르면 설립 중인 법인에 대해 유증을 하는 것은 가능하지만, 유언 성립 당시 아직 정관이 작성되지 않은 경우에는 태아가 아직 포태되지 않은 경우에 준하여, 유언 성립 후 법인 설립이 무산된 경우에는 태아가 사산된 경우에 준하여, 법인이 설립되었으나 유언자 사망 전에 해산된 경우에는 유언효력발생 전 수증자 사망의 경우에 준하여 처리하게 된다.[5] 유언자 사망 후에 비로소 설립된 법인에게 유증할 수 없음은 물론이다.[6] 유언 효력발생 후

1) 김현진(2012), 448~449.

2) 우리 민법에도 이러한 제한규정을 도입해야 한다는 견해로 정소민(2018), 102.

3) 곽윤직, 251; 김재호(1998), 374; 박동섭, 751; 송덕수, 426; 윤진수, 537; 이경희, 577; 한봉희·백승흠, 619~620.

4) 곽윤직, 252; 김재호(1998), 376~377; 김주수·김상용, 821; 박동섭, 752; 박병호, 449; 신영호·김상훈, 458; 오시영, 740; 윤진수, 537; 윤황지(1998), 95; 이경희, 570; 이희배, 363; 한복룡, 334; 한봉희·백승흠, 620. 소성규, 307도 대체적으로 같은 의견이다.

5) 단, 이경희, 570은 정관작성 후 유증을 받았지만 법인 설립에 실패한 경우를 태아가 사산한 경우에 준하여 처리하는 것은 부적절하다고 지적하면서 이 경우에도 유증을 무효로 돌리는 대신 유언자의 의사해석에 따라 그 효력을 결정할 것을 제안하고 있다.

6) 곽윤직, 252; 박동섭, 752; 소성규, 307; 오시영, 740; 한복룡, 334; 한봉희·백승흠, 620.

아직 유증의 승인 또는 포기를 하지 않은 상태에서 법인이 해산되면 유증은 효력발생시로 소급하여 효력을 잃는다는 견해도 있다.[7)]

2. 태아의 수유능력

본래 태아는 아직 출생하기 전이므로 권리능력 없다(§3). 하지만 유증에 관해서는 태아도 출생한 것으로 본다. §1000③이 수증자에게 준용되기 때문이다. 이때 태아도 '출생한 것으로 본다.'는 것의 의미에 대해서는 정지조건설과 해제조건설이 대립하고 있으나, 판례[8)]는 정지조건설의 태도를 취하고 있다. 자세한 내용은 §1000 註釋 참조.

태아의 수유능력은 유언의 효력발생시를 기준으로 판단하는 것이 원칙이지만, 유언성립시에 아직 포태되어 있지도 않은 태아를 위해 유증하는 것은 효력이 없다.[9)] 유증의무자의 지위를 장기간 불안정하게 하기 때문이라고 한다. 유언작성 후 즉시 유언자가 사망했더라면 무효였을 유증이 시간의 경과로 인해 유효로 되지 않는다는 이른바 '카토의 법원칙'에 따르더라도 이는 명백하다.[10)] 이에 대해서는 유언 성립시에 존재하지 않았던 태아라도 유언자 사망시에 존재하면 족하다는 취지의 반대설[11)]이 있다.

위와 같은 견해의 대립에도 불구하고 적어도 사망시까지 포태되어 있지 않은 태아에게까지 유증할 수는 없다는 점에 대해서는 이설이 없다.[12)] 수유능력의 일반적인 판단시점에 관해서는 III. 이하 참조.

3. 상속결격자의 수유능력

가. 수증자가 상속인의 지위를 겸유하는 경우

본조는 §1004를 수증자에게 준용한다. 따라서 상속결격사유 있는 상속인은 유증을 받지 못한다. 유언자와 수증자 사이의 신뢰관계가 이미 파괴되었다는 점을 고려한 것이다. 상속결격사유에 관해서는 §1004 註釋 참조. 다만, 본조의 적용범위에 대해서는 견해의 대립이 있다.

---

7) 김재호(1998), 377.
8) 대법원 1976. 9. 14. 선고 76다1365 판결.
9) 윤진수, 536; 주석상속(2), 238.
10) 카토의 법원칙에 관해서는 최병조(1998), 200~206 참조.
11) 김재호(1998), 376; 이경희, 569.
12) 곽윤직, 252; 권순한, 473; 김재호(1998), 372; 김주수 · 김상용, 821; 박동섭, 752; 박병호, 449; 송덕수, 426; 신영호 · 김상훈, 458; 오시영, 740; 이진기(2016), 220; 한봉희 · 백승흠, 620.

제1설[13]은 상속인에게 유증을 한 다음 그에게 상속결격사유가 발생한 경우뿐만 아니라, 이미 상속결격사유가 있는 상속인에게 유증을 하는 것도 허용되지 않는다고 보고 있다. 우리법상 결격의 용서는 허용되지 않는다는 것이다. 다만, 상속결격사유가 있는 상속인에게 생전증여를 하는 것은 여전히 허용된다.

제2설[14]은 본조의 적용범위를 유언자가 상속인에게 유증을 한 다음 그에게 상속결격사유가 발생한 경우로 한정한다. 상속인에게 이미 상속결격사유가 있음을 알면서 유증을 하는 것은 가능하다는 것이다. 유언자가 결격의 용서를 원하고 있음에도 불구하고 이를 금지할 이유가 없다는 점, 설령 유증을 금지하더라도 여전히 생전증여가 허용되므로 이를 금지할 실익이 없다는 점 등을 근거로 제시한다.

제3설[15]은 포괄유증의 경우와 특정유증의 경우를 나누어 상속결격사유가 있는 상속인에게 포괄적 유증을 하는 것은 허용되지 않지만, 특정유증을 하는 것은 허용된다고 주장한다. 포괄적 수증자는 상속인과 동일한 권리의무가 있으므로, 상속결격의 용서가 허용되지 않는 한 포괄적 수증자에 대한 결격의 용서도 허용되지 않기 때문이라고 한다. 포괄유증이든 특정유증이든 그 유언 성립 후 상속결격사유가 발생한 경우에 유증이 효력을 잃음은 물론이다.

나. 수증자가 상속인의 지위를 겸유하지 않는 경우

수증자가 상속인의 지위를 겸유하지 않는 경우에도 수증자에게 §1004가 적용될 수 있는가. 포괄적 유증과 특정유증을 가리지 않고 당연히 이를 긍정해야 할 것이다.[16] 유증의 기초가 된 신뢰관계가 파괴된 사정은 상속인인 수증자의 경우와 동일하기 때문이다. 이러한 견해에 의하면 §1004는 피상속인 부분을 유언자로, 상속 부분을 유증으로 바꾸어 해석해야 한다.[17]

따라서 유언자 또는 유증에 관하여 선순위나 동순위에 있는 자를 살해하거나 살해하려고 한 자, 고의로 유증자에게 상해를 가하여 사망에 이르게 한 자, 사기 또는 강박으로 유언자의 유증에 관한 유언 또는 유언의 철회를 방해하거나 유증을 하게 한 자, 유증에 관한 유언을 위조 · 변조 · 파기 또는 은닉한

13) 김용한, 288; 김주수 · 김상용, 654; 한봉희 · 백승흠, 473; 황경웅(2006), 104~105.

14) 곽윤직, 44; 박동섭, 752; 박병호, 449; 송덕수, 426; 신영호 · 김상훈, 332, 458; 윤진수, 537; 이경희, 571. 김재호(1998), 378도 같은 취지인 것으로 보인다.

15) 오병철(2010), 206~209. 단, 상속결격의 용서가 허용되는지 여부는 결격사유의 유형에 따라 달라질 수 있다고 한다. 오병철(2010), 212~213 참조.

16) 같은 취지로 오병철(2010), 206~208; 주석상속(2), 239.

17) 주석상속(2), 239.

자는 포괄유증 또는 특정유증을 받지 못한다.

유언자가 수증자에게 수유결격사유 있음을 알면서 유증을 한 경우에 이를 결격의 용서로 보아 유증이 가능하다는 견해와 유증을 받을 수 없다고 보는 견해 등이 대립하고 있음은 수증자가 상속인의 지위를 겸유하고 있는 경우와 같다. 다만, 포괄유증의 경우에는 그 결격사유의 유형에 따라 결격의 용서가 가능한지 여부를 달리 보아야 하고, 특정유증과 관련하여서는 그 기능이 사실상 사인증여와 동일한 점에 착안하여 결격의 용서를 무제한적으로 허용해야 한다는 견해[18]도 있다.

Ⅲ. 수유능력의 판단시점

수유능력 유무는 유언의 효력발생시점을 기준으로 판단한다. 따라서 유언 성립 당시에는 수유능력이 없는 자라도 유언이 효력을 발생할 당시에 수유능력이 있으면 족하다.[19] 유증에 조건이나 기한이 붙어있는 경우에도 같다.[20] 다만, 수증자가 태아인 경우에는 그러하지 아니하다. II. 2. 참조.

수증자는 유언효력발생 시점에 수유능력이 있어야 하므로, 유언자 사망 당시에 생존해 있어야 한다. 즉, 유증에 관하여도 동시존재의 원칙이 적용된다.[21] 따라서 유언자가 사망하기 전에 수증자가 먼저 사망한 경우에 유증은 효력을 잃는다. 상속에 있어서 대습상속이 인정되는 것과 달리, 유증에 있어서는 대습유증이 일어나지 않는다. 물론 유언자는 미리 다른 의사를 표시하여 수증자의 상속인이 대신 유증을 받도록 할 수 있다(보충유증). §1089 註釋 참조. 유언자와 수증자가 동시에 사망한 경우에는 어떠한가. 역시 동시존재의 원칙에 따라 유증은 효력을 잃는다고 보아야 할 것이다.[22]

18) 오병철(2010), 206~209.
19) 김용한, 404; 주석상속(2), 237; 정광현, 요론, 413.
20) 김용한, 404; 김주수·김상용, 821.
21) 곽윤직, 251; 김주수·김상용, 821; 박동섭, 751; 송덕수, 426; 신영호·김상훈, 458; 윤진수, 536; 이경희, 569; 천종숙, 420.
22) 곽윤직, 251; 김주수·김상용, 821; 박동섭, 751; 박병호, 449; 송덕수, 426; 신영호·김상훈, 458; 오시영, 740; 윤진수, 536; 이경희, 569; 한봉희·백승흠, 620.

第 2 節　遺言의 方式

第1065條(遺言의 普通方式)

遺言의 方式은 自筆證書, 錄音, 公正證書, 祕密證書와 口授證書의 5種으로 한다.

참고문헌: 그리말디, "유언의 자유", 저스티스 147(2015); 김기영, "프랑스 유언법과 유언방식", 사회과학논집 7(1995a); 김기영, "프랑스의 유언방식에 관한 연구", 이시윤 화갑기념(1995b); 김기영, "독일유언법의 유언방식에 관한 소고", 사회과학논집 8(1996); 김기영, "영국 유언법과 그 현황에 관한 연구", 사회과학논집 9(1997a); 김기영, "영국 유언제도에 관한 소고", 가족법연구 11(1997b); 김상찬, "유언증인의 역할에 관한 비교법적 연구", 법과 정책 11(2005); 김영희, "독일의 보통방식의 유언", 가족법연구 15－1(2001); 김영희, "자필증서유언에 있어서 날인의 의미와 방식흠결로 무효인 유언의 사인증여로의 전환", 중앙법학 9－4(2007c); 김재호, "포괄적 유증", 재판자료 제78집(1998); 김현진, "프랑스민법상 유증", 민사법학 59(2012); 김형석, "우리 상속법의 비교법적 위치", 가족법연구 23－2(2009); 김형석, "유언의 성립과 효력에 관한 몇 가지 문제", 民判 38(2016); 오종근, "공동유언", 법학논집 20－3(2016); 이병화, "유언에 관한 법적 고찰 및 여대생들의 의식조사", 인문과학연구 9(2003); 조인섭, "유언의 방식에 관한 연구", 이화여대 박사학위논문(2016a); 조인섭, "자필증서유언의 개선방안", 가족법연구 30－3(2016b); 현소혜, "유언방식의 개선방향에 관한 연구", 가족법연구 23－2(2009a).

Ⅰ. 유언방식의 종류

유언의 방식에는 다섯 가지 유형이 있다. 자필증서에 의한 유언, 녹음에 의한 유언, 공정증서에 의한 유언, 비밀증서에 의한 유언 및 구수증서에 의한 유언이 그것이다. 각각의 유언방식에 관하여 자세히는 §§1066－1070 註釋 참조.

Ⅱ. 보통방식과 특별방식

본 조문은 위 다섯 가지 방식의 유언을 합하여 유언의 '보통방식'이라는 표제를 달고 있다. 그러나 강학상으로는 자필증서, 녹음, 공정증서 및 비밀증서에 의한 유언만을 보통방식으로, 구수증서에 의한 유언은 특별방식으로 분류한다.[1] 판례의 태도도 같다.[2] 이때 특별방식에 의한 유언이란 질병·감금 그 밖의 급박한 사정으로 인해 일반적인 유언방식을 따르는 것이 불가능하거나 현저히 곤란한 경우에 한하여 이용할 수 있는 간이한 방식의 유언을 의미한다.

우리나라가 무려 4가지의 보통방식 유언을 인정하고 있는 것은 이례적인 입법례에 속한다. 영국은 인증유언(attested will) 방식만을[3], 독일은 자필증서유언(Eigenhändiges Testament)과 공정증서유언(Öffentliches Testament)만을[4], 프랑스는 자필증서유언(testament olographe), 공정증서유언(testament authentique), 비밀증서유언(testament mystique)의 총 3가지 방식만을 허용한다.[5] 일본도 프랑스와 같다(일본민법 §968-970).[6]

반면 우리나라는 특별방식의 유언을 인정하는 데 매우 인색하다. 구수증서유언 한 가지만을 마련하고 있기 때문이다. 독일 민법은 특별방식에 의한 유언으로 시장의 면전에서 하는 유언(Testament vor dem Bürgermeister)·3인의 증인의 면전에서 하는 유언(Dreizeugentestament) 및 항해 중의 유언(Seetestament) 방식을, 프랑스는 군인유언(testament militaire)·이격지유언(testament fait en temps de peste ou fait dans une île) 및 해상유언(testament maritime) 방식을, 일본은 일반위급시의 유언·전염병격리자의 유언·선박에 있는 자의 유언·선박조난자의 유언 방식을 인정하고 있다.[7]

Ⅲ. 서면형 유언과 구수형 유언

학자에 따라서는 유언의 방식을 서면형 유언과 구수형 유언으로 분류하기

1) 곽윤직, 226; 김재호(1998), 336; 김형석(2016), 1046; 박동섭, 706; 백성기, 381; 신영호·김상훈, 441~442; 윤진수, 503~504; 이경희, 531; 이희배, 353; 조인섭(2016a), 35~36; 천종숙, 411; 한봉희·백승흠, 595.

2) 대법원 1977. 11. 8. 선고 76므15 판결.

3) 영국의 인증유언방식 도입 경위에 대해서는 김기영(1997a), 1~11; 김기영(1997b), 564~566; 조인섭(2016a), 102~107; 조인섭(2016b), 258~261.

4) 독일에 두 가지 방식의 유언이 도입된 경위에 대해서는 김기영(1996), 63~65; 김영희(2001), 339~342; 조인섭(2016a), 76~83; 조인섭(2016b), 246~250.

5) 프랑스의 유언방식에 관해서는 그리말디(2015), 301~303; 김기영(1995a), 67~85; 김기영(1995b), 649~657; 김상찬(2005), 45~46; 김현진(2012), 443~446; 조인섭(2016a), 86~93; 조인섭(2016b), 252~255.

6) 일본의 유언방식의 유래에 대해서는 조인섭(2016a), 94~102; 조인섭(2016b), 256~157.

7) 각국의 특별방식 유언의 요건에 대해 자세히 소개하고 있는 문헌으로 현소혜(2009a), 7~11 참조.

도 한다.[8] 이때 서면형 유언이란 유언자와 유언작성자가 일치하는 경우를, 구수형 유언이란 유언자와 유언작성자가 일치하지 않는 경우를 의미한다.[9] 자필증서유언은 서면형 유언, 공정증서유언이나 구수증서유언은 구수형 유언의 전형을 이룬다. 비밀증서유언은 작성방법에 따라 서면형 유언이 될 수도 있고, 구수형 유언이 될 수도 있다.

일부 견해는 현재 우리 판례가 서면형 유언에 관하여는 방식의 준수 여부를 개별요건별로 엄격히 판단하는 반면, 구수형 유언은 작성과정 전체를 종합하여 구체적·개별적으로 그 방식준수를 심사하고 있다고 하면서 서면형 유언에 대해서도 방식심사를 완화할 필요가 있다고 주장한다.[10]

구수형 유언과 구별해야 하는 것으로 순수한 의미의 구두유언(nuncupative will, oral will)이 있다. 구두유언이란 유언자의 의사표시는 구술만으로 완료되고, 사후에 이를 서면으로 작성하는 것은 증인의 역할로 구성하는 방식을 말한다. 이는 가장 간이한 방식의 유언으로 로마법상 군인유언(testamentum militis) 이래 특별방식으로서만 인정되어 왔다. 영국 유언법 §11에 따른 군인 또는 항해 중인 자의 유언, 스위스 민법 §506에 따른 구수증서유언이나 일본 민법 §979에 따른 선박조난자 유언, 미국 일부 주에서 인정되고 있는 임종을 앞둔 자를 위한 유언[11] 등이 이에 해당한다. 구두유언은 그 편리함에도 불구하고 유언의 진정성을 확보하기 어렵다는 치명적인 단점이 있다. 이 때문에 프랑스는 1735년의 명령(ordonnance)에 의해 이미 구두유언 내지 임종유언을 금지하였으며,[12] 우리 민법 역시 이를 채용하지 않았다.[13]

Ⅳ. 단독유언과 공동유언 · 합동유언

1. 단독유언과 공동유언

단독유언이란 유언자 1명이 1개의 유언증서로 유언을 하는 통상적인 형태의 유언인 반면, 공동유언(joint will, gemeinschaftliches Testament, testament conjonctif)이란 2명 이상의 자가 1개의 유언증서로 유언을 하는 경우를 말한다.[14] 공동유

8) 대표적으로 김영희(2007c), 80~81.
9) 김상찬(2005), 39.
10) 김영희(2007c), 86~88, 109~110.
11) 미국에서의 유언방식에 관해 소개하고 있는 문헌으로 조인섭(2016a), 108~112.
12) 김기영(1995a), 70; 김기영(1995b), 657; 김현진(2012), 444.
13) 현행 민법의 태도에 찬성하는 견해로 현소혜(2009a), 11.

언은 1명만 방식을 갖추어 유언을 하면, 나머지 유언자들은 당해 서면에 서명함으로써 간이하게 유언을 할 수 있어 매우 편리하다. 특히 부부간의 공동유언은 혼인재산의 공유관계를 정당하게 청산할 수 있는 기회를 제공해준다는 점에서 유용할 것이다.[15] 독일 민법 §2265는 광범위한 관습이라는 이유로 부부간에 한정하여 공동유언을 허용하였다.[16] 하지만 공동유언은 유언자 상호 간에 유언의 내용에 영향을 미치거나 지배력을 행사할 위험이 높고, 유언자의 진정한 의사를 탐지하기 어렵다는 문제가 있으므로, 프랑스 민법 §968와 일본 민법 §975는 명문으로 이를 금지하였다.[17]

우리나라에서 공동유언은 허용될 수 있는가. 긍정설과 부정설이 대립한다. 긍정하는 견해는 조선시대부터 부부공동유언이 인정되어 왔다는 점, 우리 민법상 금지하는 규정이 없다는 점 등을 근거로 그 효력을 인정하고자 한다.[18] 하지만 최근에는 일방 배우자가 다른 배우자의 의사결정의 자유에 부당한 영향력을 행사할 위험이 크다는 점, 특히 유언 철회의 자유 등과 관련하여 문제가 발생할 여지가 많다는 점, 공동유언은 유언과 상속계약의 중간적 성질을 가지고 있는데 현행 민법은 상속계약을 인정하지 않는다는 점 등을 들어 부정하는 견해가 오히려 다수설이다.[19]

2명 이상의 자가 1개의 유언증서로 유언을 하였으나, 유언자 각자가 모두 유언의 방식을 갖춘 경우는 어떠한가. 이는 단독유언 2개가 1장의 문서로 작성된 것일 뿐 고유한 의미의 공동유언이라고는 할 수 없으며, 당연히 유효하다고 본다.[20] 프랑스의 판례 역시 한 장의 종이에 기재된 유언이라도 두 개의 독립된 유언으로 판단되면 그 효력을 인정한다.[21]

14) 곽윤직, 225; 정광현, 요론, 417.

15) 현소혜(2009a), 42~43.

16) 독일법상 부부공동유언에 관한 문헌으로 김기영(1996), 65~66; 오종근(2016), 27, 31~32; 조인섭(2016a), 41~42; 현소혜(2009a), 40~42.

17) 프랑스법상 공동유언에 관한 문헌으로 김형석(2009), 107; 김현진(2012), 444~445; 조인섭(2016a), 42. 일본법상 공동유언에 관한 문헌으로 조인섭(2016a), 42~43.

18) 김용한, 389; 박병호, 429; 이희배, 352; 정광현, 요론, 417; 조인섭(2016a), 43~44; 한복룡, 325. 오종근(2016) 34~36 역시 공동유언을 허용하자는 취지이나, 두 개의 유언이 각각 독립적으로 유언의 방식을 갖출 것을 요구하고 있으므로, 본래적 의미의 공동유언이라고는 할 수 없다.

19) 곽윤직, 225; 김재호(1998), 338~339; 김형석(2009), 111~112; 박동섭, 703; 이병화(2003), 173 각주8); 현소혜(2009a), 42~47.

20) 김재호(1998), 339; 김형석(2009), 112; 김형석(2016), 1103; 오종근(2016), 34~36; 현소혜(2009a), 13.

21) 김기영(1995a), 71; 김기영(1995b), 657~658.

2. 합동유언

공동유언과 구별해야 하는 개념으로 합동유언[22]이 있다(mutual will, Wechsel-bezügliche Verfügungen). 상호조건적 공동유언[23] 또는 상관적 공동유언[24]이라고 부르기도 한다. 2명 이상의 유언이 상호 간에 실질적 견련관계에 있는 경우를 이르는 용어로, 가령 부부 상호 간에 먼저 사망한 배우자가 생존 배우자에게 전재산을 유증하기로 약속하는 유형의 유언(이른바 '베를린 유언') 등을 예로 들 수 있다. 합동유언은 1개의 유언증서로 행해질 수도 있고, 2개 이상의 유언증서에 의해 개별적으로 행해질 수도 있으나, 그 내용의 견련성으로 인해 유언자 일방에 의한 철회의 자유를 함부로 인정하면 상대방으로서는 유언의 행위기초가 상실되어 여러 가지 문제가 발생할 수 있다. 이러한 이유 때문에 독일 민법 §2270 ①은 부부 중 한 사람이 공동유언에서 한 처분이 다른 배우자의 처분이 없었더라면 하지 않았을 처분인 경우에, 그 중 한 처분이 무효이거나 철회된 경우에 다른 처분도 효력을 잃는다고 규정하고 있으며, 철회 역시 상대방 배우자가 살아 있는 동안에만 일정한 요건 하에 가능하도록 규정하였다(독일 민법 §2271).[25]

우리나라에는 아직 합동유언에 관한 규정이 존재하지 않고, 합동유언 제도의 도입에 반대하는 견해[26]만이 있을 뿐이지만, 상호 간에 상대방 배우자의 유언이 무효·철회 또는 실효되는 것을 해제조건으로 유언을 하는 경우 합동유언과 동일한 법상황이 될 수 있으므로, 입법적 해결이 필요하다.[27] 민법이 개정되기 전까지 합동유언은 무효로 볼 수밖에 없다는 견해[28]가 있으나, 유언자의 진정한 의사를 실현하기 위해서는 유언의 보충적 해석을 통해 문제를 해결하는 것이 바람직할 것이다.[29]

22) 합동유언이라는 용어를 사용하고 있는 문헌으로 현소혜(2009a), 12.
23) 오종근(2016), 26.
24) 김형석(2016), 1104.
25) 상호조건적 공동유언에 관해 소개하는 문헌으로 김형석(2016), 1104~1105; 오종근(2016), 37~39.
26) 현소혜(2009a), 42~47. 김형석(2009), 111~112도, 이와 같은 형태의 유언을 '공동유언'이라고 표현하고 있기는 하지만, 같은 취지이다.
27) 오종근(2016), 36~41.
28) 김형석(2016), 1104~1106.
29) 현소혜(2009a), 46~47.

第1066條(自筆證書에 依한 遺言)

① 自筆證書에 依한 遺言은 遺言者가 그 全文과 年月日, 住所, 姓名을 自書하고 捺印하여야 한다.

② 前項의 證書에 文字의 插入, 削除 또는 變更을 함에는 遺言者가 이를 自書하고 捺印하여야 한다.

참고문헌: 김영희, "자필증서유언방식에 관한 제문제", 가족법연구 17−2(2003); 김영희, "현행 민법상 유언의 방식에 관한 연구", 가족법연구 20−2(2006); 김영희, "자필증서유언에 있어서 날인의 의미와 방식흠결로 무효인 유언의 사인증여로의 전환", 중앙법학 9−4(2007c); 김영희, "유언에 관한 형식적 엄격주의와 유언자의 진의", 民判 30(2008); 김재호, "포괄적 유증", 재판자료 제78집(1998); 김형석, "우리 상속법의 비교법적 위치", 가족법연구 23−2(2009); 김형석, "유언의 성립과 효력에 관한 몇 가지 문제", 民判 38(2016); 오병철, "유언을 뒤늦게 발견한 경우의 법률관계 −유언등록부의 도입 필요성에 관하여−", 가족법연구 28−1(2014); 유영선, "유증과 등기", 司論 29(1998); 윤진수, "상속제도의 헌법적 근거", 민법논고 [V](2011a)(初出: 헌법논총 10); 윤진수, "법률해석의 한계와 위헌법률심사 −유언자의 주소가 기재되지 않은 자필증서유언을 중심으로−", 심헌섭 75세기념(2011b); 윤황지, "유언과 재산상속에 관한 연구", 사회과학논총 6(1998); 전계원, "유증으로 인한 소유권이전등기절차", 법조 35−9(1986); 정구태, "헌법합치적 법률해석의 관점에서 바라본 주소가 누락된 자필증서유언의 효력", 강원법학 43(2014); 정구태, "2014년 친족상속법 관련 주요 판례 회고", 민사법의 이론과 실무 18−2(2015); 조인섭, "유언의 방식에 관한 연구", 이화여대 박사학위논문(2016a); 조인섭, "자필증서유언의 개선방안", 가족법연구 30−3(2016b); 조혜수, "민법 제1066조 제1항 위헌소원", 헌재결정해설집 2008(2009); 현소혜, "유언방식의 개선방향에 관한 연구", 가족법연구 23−2(2009a).

Ⅰ. 개설

자필증서에 의한 유언은 유언자가 그 전문(全文)과 연월일, 주소, 성명을 자서하고, 날인하여야 한다(본조 ①). 그 밖에 증인의 참여나 검인절차 등은 요구되지 않는다.[1]

1) 대법원 1998. 6. 12. 선고 97다38510 판결.

자필증서유언 방식은 작성이 간편하고, 비용이 들지 않으며, 유언의 존재나 내용에 관한 비밀을 유지할 수 있다는 장점이 있으나, 글을 쓸 수 없는 사람은 이용할 수 없다는 점, 증인이나 제3자의 관여·공적인 보관 등을 요구하지 않으므로 유언자 사후에 분실·은닉의 위험이 있다는 점, 위조나 변조가 쉬워 유언의 진정성을 확보하기 어렵다는 점, 유언내용이 불명확하거나 서로 상반되어 분쟁이 일어날 개연성이 크다는 점, 법률을 잘 알지 못하는 사람이 이용하는 경우에 방식불비로 유언이 무효로 될 위험이 높다는 점, 집행을 위해 검인을 거쳐야 해서 번거롭다는 점 등이 단점으로 지적된다.[2)]

일각에서는 자필증서유언 분실이나 훼손의 위험에 대비하기 위해 유언증서의 공적 보관 제도[3)]나 유언등록부 제도[4)] 또는 증인 제도[5)]를 신설하자는 견해가 대두되고 있다. 참고로 일본은 2018년 자필증서유언의 보관을 위해 「법무국에 의한 유언서의 보관 등에 관한 법률」을 제정하였다.

Ⅱ. 요건

1. 전문의 자서

유언자는 유언서의 전문을 자서하여야 한다. 유언자의 필적을 통해 개인적인 특성이 증명될 수 있도록 함으로써 유언의 위조나 변조를 막고, 유언자의 의사표시의 독립성과 진정성을 확보하는 한편, 유언자로 하여금 자신의 마지막 의사를 자필로 작성하게 함으로써 보다 신중하고 정확하게 자신의 의사를 정리할 수 있도록 한다는 데 그 의의가 있다.[6)]

가. 자서(自書)

'자서'란 스스로 쓰는 것을 의미한다. 컴퓨터나 타자기·점자기 등 기계를 이용하여 작성한 경우는 이에 해당하지 않는다.[7)] 다른 사람으로 하여금 대신 쓰도록 한 경우도 마찬가지이다.[8)] 설령 유언자가 대필을 사전승낙 또는 사후

2) 곽윤직, 228; 김용한, 390; 김재호(1998), 334; 김주수·김상용, 799; 김형석(2016), 1049~1050; 박동섭, 712; 박병호, 431; 박정기·김연, 453; 배경숙·최금숙, 639; 백성기, 378; 소성규, 295; 송덕수, 410; 신영호·김상훈, 461; 오시영, 710, 715; 윤진수, 504; 이경희, 541; 조인섭(2016a), 36; 주석상속(2), 240, 248; 한봉희·백승흠, 596.

3) 김영희(2006), 125~126; 이경희, 542.

4) 오병철(2014), 22~24.

5) 오병철(2014), 27.

6) 헌법재판소 2008. 3. 27. 선고 2006헌바82 결정.

7) 대법원 1994. 12. 22. 선고 94다13695 판결.

8) 권순한, 461; 김용한, 391; 김주수·김상용, 801; 김형석(2016), 1054; 박동섭, 712~713; 박정

추인한 경우라도 유언의 효력을 인정할 수 없다.[9] 자서된 증서를 복사한 문서도 자필증서에 해당하지 않는다.[10] 단, 탄소복사지를 사용한 경우에는 자서와 다를바 없으므로, 그 효력을 인정해야 하는 異說이 있다.[11] 반면 타인이 작성한 문서를 그대로 베껴 쓴 것이라도, 유언자가 스스로 그 내용을 이해하고 자신의 의사와 합치한다는 인식한다는 전제하에 자서하였다면 이 요건을 충족한 것으로 본다.[12]

자서는 손으로 필기하는 것이 원칙이지만, 손으로 필기하는 것이 불가능한 경우에는 의수, 발, 입, 기타 신체수단을 이용하여 필기해도 무방하다.[13] 손으로 필기하는 것이 가능함에도 불구하고 다른 수단을 이용하여 필기한 경우에는 어떠한가. 당사자에게 의사표시를 하려는 진지한 표시의사가 있었는지 여부에 따라 판단이 달라질 수밖에 없을 것이다.[14] 필기의 내용을 알아볼 수 없는 경우에는 당연히 무효이다.

자서 당시 필기를 위해 타인의 도움을 받은 경우에는 어떠한가. 질병이나 시력 장애 등으로 혼자 필기할 수 없는 경우도 있기 때문에 유효하다고 보아야 한다는 견해[15]와 타인의 도움이 보조에 그친 때에는 유효하지만 보조자의 힘이 필기에 영향을 준 때에는 무효라는 견해[16]가 대립하고 있다. 보조자의 힘이 필기에 영향을 준 정도라면 이미 더 이상 '자서'라고 볼 수 없을 것이다.

자서이기만 하면 반드시 국어로 작성될 필요는 없다. 외국어나 약자 · 약호 · 속기문자 등으로 작성하였더라도 자서 요건을 충족한 것으로 볼 수 있다.[17] 표

기 · 김연, 453; 배경숙 · 최금숙, 638; 백성기, 377; 소성규, 295; 송덕수, 410; 오시영, 715; 유영선(1998), 539; 이경희, 532; 이희배, 354; 전계원(1986), 94; 정광현, 요론, 419; 조인섭(2016a), 132; 조승현, 447; 주석상속(2), 245; 한봉희 · 백승흠, 596.

9) 김영희(2003), 262.

10) 대법원 1998. 6. 12. 선고 97다38510 판결. 위 판결에 찬성하는 견해로 김형석(2016), 1055~1056.

11) 조인섭(2016a), 135.

12) 김영희(2003), 264; 김주수 · 김상용, 801; 김형석(2016), 1056; 신영호 · 김상훈, 443; 오시영 715; 조인섭(2016a), 132; 주석상속(2), 245.

13) 김영희(2003), 262; 김형석(2016), 1054.

14) 김영희(2003), 262.

15) 곽윤직, 229; 김용한, 391; 김주수 · 김상용, 801; 김형석(2016), 1056; 박병호, 431; 배경숙 · 최금숙, 638; 오시영, 715; 이경희, 532; 한봉희 · 백승흠, 596. 신영호 · 김상훈, 443도 같은 취지인 것으로 보인다. 다만, 오시영 715~716; 이희배, 354은 부축한 사람의 의사가 운필에 개입한 흔적이 없다는 것이 필적상으로 판명될 수 있어야만 유효라고 본다.

16) 김영희(2003), 263~264; 박동섭, 717; 송덕수, 411; 윤진수, 505.

17) 권순한, 461; 김영희(2003), 266; 김주수 · 김상용, 801; 김형석(2016), 1056; 박동섭, 713; 박병호, 431; 배경숙 · 최금숙, 638; 백성기,377; 소성규, 295; 송덕수, 411; 신영호 · 김상훈, 443; 오시영, 716; 윤황지(1998), 90; 전계원(1986), 94; 조인섭(2016a), 132; 주석상속(2), 245~246; 한봉희 · 백승흠, 597.

준어여야 하는 것도 아니다. 방언이나 속어, 관용어를 사용한 유언도 유효하다.[18] 필기용구에도 제한이 없다. 다만, 손으로 찍은 점자가 자서에 해당하는가에 대해서는 부정하는 견해가 유력하다.[19]

나. 전문(全文)

자서의 대상이 되는 '전문'이란 유언의 실질적 내용을 이루는 유언의 법정사항이 기재되어 있는 본문을 말한다.[20] 따라서 유언서를 넣은 봉투의 외면에 기재한 문구까지 반드시 자서할 필요는 없다.

전문, 즉 본문 전부가 자서되어야 하므로, 자서되지 않은 유언은 당연히 무효이다. 본문의 일부만 자서된 경우는 어떠한가. 기계나 대필을 이용한 부분이 부수적 내용에 지나지 않고, 그 부분을 제외하더라도 유언의 취지가 충분히 표현되고 있으면 적어도 자서한 부분은 유효하다고 보는 것이 통설이다.[21] 하지만 부동산목록과 같은 중요한 부분이 자필이 아닌 경우라면 유언 전부를 무효로 돌릴 수밖에 없을 것이다.[22] 참고로 일본은 2018년 민법을 개정하여 자필증서유언과 일체를 이루는 재산목록 부분은 자서하지 않더라도 매 면(面)마다 유언자의 서명 날인이 있으면 그 효력을 인정하기로 하였다(일민 §968②).

전문을 자서하기는 하였으나 해독할 수 없는 부분이 있는 경우에는 어떠한가. 설령 해독 가능한 부분을 통해 그 내용을 추측할 수 있더라도, 해독할 수 없는 부분은 무효라는 견해[23]가 있다.

다. 유언서

유언서 전문이 자서되어 있기만 하다면, 유언서의 용지나 형식에는 아무런 제한이 없다. 유언서의 용지는 한 장 또는 여러 장으로 이루어질 수 있으며, 용지가 여러 장인 경우라도 반드시 계인·간인이나 편철이 요구되는 것은 아니다.[24] 하나의 유언서로 확인될 수 있는 정도면 족하다. 유언의 취지가 기재된

18) 김영희(2003), 266.

19) 김영희(2003), 265~266; 김형석(2016), 1056; 조인섭(2016a), 137.

20) 김영희(2003), 262.

21) 김영희(2003), 263; 김주수·김상용, 801; 박동섭, 713; 박병호, 431~432; 백성기, 377; 송덕수, 410; 신영호·김상훈, 443; 오시영, 715; 윤진수, 505; 이경희, 532; 조인섭(2016b), 281~282; 조승현, 447; 조인섭(2016a), 146~148; 주석상속(2), 245; 한봉희·백승흠, 596~597. 이에 반해 배경숙·최금숙, 638은 유언의 일부라도 대필하는 것은 허용되지 않는다는 견해이다.

22) 박동섭, 713; 박정기·김연, 453. 김형석(2016), 1054~1055; 조인섭(2016a), 146~148도 전체적으로 유사한 취지이다.

23) 김형석(2016), 1056; 윤진수, 505.

24) 곽윤직, 229; 김영희(2003), 285~286; 김영희(2007c), 75~76; 김주수·김상용, 802; 김형석(2016), 1056; 박동섭, 713; 박병호, 432; 소성규, 295; 송덕수, 411; 오시영, 716; 윤황지(1998), 90; 주석상속(2), 246; 한봉희·백승흠, 597.

지면의 종류도 묻지 않으며, 자서가 반드시 종이 위에 이루어져야 하는 것도 아니다.[25] 목판, 석판, 천 등에 쓰인 것도 유효하다. 봉인이 필요하지 않음은 물론이다.[26] 형식 역시 일반적인 법률문서의 형태뿐만 아니라 일기, 편지, 메모 등 어떠한 유형이라도 택할 수 있다.[27]

2. 연월일의 자서

유언자는 연월일을 직접 자필로 기재하여야 한다. 유언의 시기는 유언능력 유무의 판단기준이 될 뿐만 아니라, 복수의 유언이 있는 경우에 전(前)유언의 철회 여부를 결정하는 기준도 되기 때문이다.[28]

가. 연월일

유언이 작성된 연·월·일을 모두 자서하여야 한다. 연월일 모두의 기재가 없는 경우뿐만 아니라, 연월의 기재는 있고 일(日)의 기재만 누락된 경우에도 유언은 전부 무효로 된다는 것이 판례의 태도이다.[29] 일단 유언서를 완성한 다음 사후에 내용을 추가한 경우에는 추가한 연월일도 함께 기재하여야 하며, 그것이 누락된 경우에 추가한 유언은 효력이 없다.[30]

이에 반해 학설 중에서는 유언의 시기가 유언의 효력에 영향을 미치지 않는 경우에까지 연월일의 기재를 엄격하게 요구할 필요는 없다는 견해[31]가 유력하다. 다른 나라의 입법례 역시 연월일의 기재를 요구하지 않는 경우가 많다. 가령 오스트리아 민법 §578, 영국 유언법 §9가 그러하다. 독일 민법 §2247 ②은 연월일의 기재를 요구하기는 하지만, 그 기재가 누락되었다고 하여 당연히 유언이 무효로 되는 것은 아니다(독일 민법 §2247 ⑤).

단, 연월일의 기재를 엄격하게 요구하는 입장에서도 반드시 정확하게 날짜를 적어야 하는 것은 아니며, '회갑일'과 같이 시기를 특정할 수 있는 정도면

25) 김영희(2003), 267; 박동섭, 713~714; 송덕수, 411.

26) 송덕수, 411.

27) 김영희(2003), 267.

28) 곽윤직, 229; 권순한, 461; 김주수·김상용, 802; 김형석(2016), 1056~1057; 박동섭, 714; 송덕수, 411; 신영호·김상훈, 444; 오시영, 716~717; 유영선(1998), 539~540; 윤진수, 506; 이경희, 532; 정광현, 요론, 419; 조승현, 447; 조인섭(2016a), 151; 한봉희·백승흠, 597.

29) 대법원 2009. 5. 14. 선고 2009다9768 판결. 이에 대해 비판적인 견해로 조인섭(2016b), 290~291.

30) 주석상속(2), 246.

31) 김영희(2003), 267~270, 271; 김영희(2006), 121~123; 김영희(2007c), 84; 조인섭(2016a), 162~163. 윤진수(2011a), 11; 윤진수(2011b), 36은 입법론으로서 다른 방법으로 유언일시를 확정할 수 있는 경우에는 연월일의 기재 누락이 유언의 효력에 영향이 미치지 않도록 해야 한다고 주장한다.

족하다고 한다.[32] 단기(檀紀)나 불기(佛紀) 등을 사용하여 연도를 기재하더라도 무방하다.[33] 연월일의 표시가 없이 숫자로만 기재하는 것도 가능하다.

시(時)까지 기재할 필요는 없다. 그러나 같은 날 작성된 유언이 2개 이상 있는 경우에 시가 기재되어 있다면 기재된 시각에 따라 유언의 선후를 판단하여야 한다.[34] 시가 기재되어 있지 않고, 유언 외부의 제반 사정을 고려하더라도 그 선후를 결정할 수 없는 경우라면 두 개의 유언이 저촉되는 부분은 무효라고 보는 수밖에 없을 것이다.[35]

연월일의 기재가 2개 이상 존재하는 경우라면 뒤의 연월일을 기준으로 판단한다.[36] 다만, 앞의 연월일에 먼저 작성된 유언 뒤에 추가로 유언이 작성되고 다시 한 번 연월일이 기재된 경우라면, 유언사항별로 2개의 유언이 있었던 것으로 보아야 한다.[37]

나. 연월일의 시점

유언서에 자서되어야 하는 연월일은 유언작성일과 일치해야 하는가. 긍정설과 부정설이 대립한다. 긍정설은 연월일의 자서가 있더라도 그것이 실제로 유언서를 작성한 연월일과 일치하지 않는 경우에는 유언이 원칙적으로 무효로 된다고 주장한다.[38] 유언능력 유무나 유언 선후의 판단이 어렵기 때문이다. 반면 부정설은 연월일의 작성은 유언방식의 본질적인 요소가 아닐 뿐만 아니라, 유언 작성에 있어서 작성행위의 동시성은 요구되지 않으므로 전문의 자서일과 작성일이 동일할 필요는 없다고 본다.[39] 유언은 장기간의 시간적 간격을 두고 작성될 수도 있다는 것이다. 어느 견해에 따르더라도 그것이 단순한 오기에 불과하고 그 표시가 잘못되었다는 사실을 쉽게 알 수 있는 경우에는 유언의 효력에 영향을 미치지 않는다.[40]

---

32) 곽윤직, 229; 김용한, 391; 김주수 · 김상용, 802; 박동섭, 714; 박병호, 432; 박정기 · 김연, 453; 배경숙 · 최금숙, 638; 백성기, 377; 소성규, 296; 송덕수, 411; 신영호 · 김상훈, 444; 오시영, 716; 윤진수, 506; 윤황지(1998), 90; 이희배, 354; 조승현, 447; 조인섭(2016a), 152; 주석상속(2), 246; 한봉희 · 백승흠, 597.

33) 박동섭, 714; 송덕수, 411.

34) 김영희(2003), 272.

35) 조인섭(2016a), 152; 注民(26), 71(久貴忠彦).

36) 김영희(2003), 272; 곽윤직, 229; 김용한, 391; 김주수 · 김상용, 802; 박동섭, 714; 박병호, 432; 박정기 · 김연, 453; 배경숙 · 최금숙, 638; 백성기, 377; 송덕수, 411~412; 신영호 · 김상훈, 444; 오시영, 717; 윤진수, 506; 조승현, 447; 조인섭(2016a), 151~152; 주석상속(2), 246; 한봉희 · 백승흠, 597.

37) 김형석(2016), 1059.

38) 김형석(2016), 1061; 박동섭, 715; 윤진수, 506; 주석상속(2), 246.

39) 김영희(2003), 273~274; 김영희(2006), 120; 조인섭(2016a), 158; 조인섭(2016b), 287.

40) 주석상속(2), 246; 김영희(2003), 274~275; 김영희(2006), 120; 김형석(2016), 1061; 박동섭,

다. 자서

연월일의 기재도 반드시 '자서', 즉 유언자가 스스로 써야 하므로, 날짜가 새겨진 스탬프를 찍은 것에 불과하다면 방식을 갖춘 것으로 볼 수 없다.[41] 단, 자서만 되었다면 연월일의 기재 위치는 중요하지 않다.[42] 유언서 본문이나 말미 또는 유언봉서 등 어디에 기재하더라도, 유언서와 일체를 이루고 있다면, 유언의 효력에 영향을 미치지 않는다. 하지만 유언자가 자필증서유언에 2005. 5. 17. 발급받은 인감증명서를 첨부하면서 그 사용용도 란에 '유언서 사실확인용'이라고 자서한 것만으로는 그 작성 연월일을 2005. 5. 17.로 자서한 것으로 볼 수 없다.[43]

3. 주소의 자서

가. 주소의 기재

유언자는 주소를 자필로 기재하여야 한다. 유언자의 인적 동일성을 확보하기 위한 요건이다. 따라서 일부 견해는 전문과 서명의 자서 및 날인만으로도 충분히 인적 동일성 확보가 가능한 이상 주소의 자서가 없더라도 유언은 유효하다고 주장한다.[44] 같은 취지의 하급심 판결[45]도 있다. 유언의 필적이나 내용만으로는 유언자를 특정하기 곤란한 경우라면 주소가 누락된 자필증서유언을 무효라고 볼 수 있지만, 그렇지 않은 경우에는 유효라고 보아야 한다는 견해도 있다.[46] 그것이야말로 헌법합치적 해석이라는 것이다. 하지만 대법원은 방식주의를 엄격하게 적용하여 유언의 주소가 기재되지 않은 유언은 무효라고 선언하였다.[47]

---

715. 日最判 1977(昭 52). 11. 21.자 판결(家裁月報 30-4-91)의 태도도 같다.

41) 김영희(2003), 270; 박동섭, 714; 송덕수, 411; 조인섭(2016a), 152.

42) 곽윤직, 230; 김영희(2003), 272; 김용한, 391; 김주수 · 김상용, 802; 박동섭, 715; 박병호, 432; 백성기, 377; 소성규, 296; 송덕수, 411; 신영호 · 김상훈, 444; 오시영, 717; 윤황지(1998), 90; 조인섭(2016a), 154~155; 조인섭(2016b), 285; 한봉희 · 백승흠, 597. 다만, 김주수 · 김상용, 760; 오시영, 717; 조인섭(2016a), 155; 조인섭(2016b), 285; 주석상속(2), 246은, "연월일이 봉투에 적혀 있을 때에는 봉투의 위조 · 변조가 용이한 점을 고려하여 유언의 유효 · 무효를 신중하게 판단하여야 할 것"이라고 서술하고 있다.

43) 대법원 2009. 5. 14. 선고 2009다9768 판결.

44) 김영희(2003), 276~277; 김영희(2006), 123~124; 윤진수(2011a), 11. 하지만 윤진수(2011b), 28은 해석론으로서 주소가 누락된 유언의 효력을 인정하는 것은 허용될 수 없다고 하여 종전의 견해를 번복하였다.

45) 인천지방법원 1992. 10. 9. 선고 91가합17999 판결.

46) 정구태(2014), 635~637.

47) 대법원 2014. 9. 26. 선고 2012다71688 판결; 대법원 2014. 10. 6. 선고 2012다29564 판결. 이러한 태도에 찬성하는 견해로 김형석(2016), 1063; 조인섭(2016a), 174~175. 대법원 2014. 10. 6.

나. 주소의 의미

자서의 대상이 되는 주소란 유언자의 생활의 근거가 되는 곳이면 족하고, 반드시 주민등록법에 의해 등록된 곳일 필요는 없다.[48] 다만, 그의 주거지를 특정하여 다른 주소와 구별할 수 있는 정도에는 이르러야 한다. 따라서 '암사동에서'라고 기재한 정도만으로는 아직 주소의 자서가 있었다고 볼 수 없다.[49] 설령 유언자의 특정에 지장이 없다고 하더라도 그러하다. 반면 유언자의 주소가 1134−4 또는 1134−7인데 유언에는 1134로 기재되어 있는 경우라도 수신지를 1134로 기재한 우편물이 수신인인 유언자에게 제대로 수령되었다면, 그 유언은 유효하다는 하급심 판결이 있다.[50] 유언이 작성된 곳을 기재해야 하는 것은 아니다.[51] 이는 유언자의 동일성 확보를 위한 요건이기 때문이다.

주소는 유언서에 기재하는 것이 원칙이나, 반드시 유언전문과 동일한 지편에 해야 하는 것은 아니고, 유언증서로서의 일체성이 인정되는 이상 유언증서를 담은 봉투에 기재하여도 무방하다.[52] 다만, 유언자가 자필증서에 자신의 주소지인 건물의 주소를 명시하면서 이를 유증하겠다고 표시한 것만으로는 아직 주소의 표시라고 볼 수 없다.[53]

다. 주소 요건의 위헌성 논란

자필증서에 의한 유언의 방식요건으로 유언자의 주소를 자서할 것을 요구하고 있는 것에 대해서는 유언자의 재산권과 일반적 행동자유권을 지나치게 침해하는 것으로 헌법에 위반된다는 견해[54]가 있다. 유언자의 주소가 기재되지 않았더라도 그 내용 등에 비추어 유언자의 인적 동일성을 손쉽게 확보할 수 있고, 일반인의 거래관행에서도 통상적인 법률행위에서 주소의 기재는 요구되

선고 2012다29564 판결에 대해 비판적인 판례평석으로 정구태(2014), 646; 정구태(2015), 175~176 참조.

48) 김영희(2003), 275~276; 김주수 · 김상용, 802; 김형석(2016), 1062; 박동섭, 715; 백성기, 377; 송덕수, 412; 신영호, 444; 오시영, 717; 이경희, 533; 조인섭(2016a), 164; 주석상속(2), 247; 한봉희 · 백승흠, 597.

49) 대법원 2014. 9. 26. 선고 2012다71688 판결. 위 판결에 찬성하는 문헌으로 김형석(2016), 1062; 위 판결에 대해 비판적인 문헌으로 정구태(2015), 175~176; 조인섭(2016a), 174~175; 조인섭(2016b), 295.

50) 대구고등법원 2016. 6. 1. 선고 2015나22565 판결.

51) 곽윤직, 230.

52) 대법원 1998. 5. 29. 선고 97다38503 판결; 대법원 1998. 6. 12. 선고 97다38510 판결; 대법원 2007. 10. 25. 선고 2006다12848 판결.

53) 대법원 2014. 10. 6. 선고 2012다29564 판결.

54) 윤진수(2011b), 33~35; 조인섭(2016a), 179~180; 조인섭(2016b), 297~298; 현소혜(2009a), 28~30. 그 밖에 헌법재판소 2008. 12. 26. 선고 2007헌바128 결정과 헌법재판소 2011. 9. 29. 선고 2010헌바250 등 결정에서 모두 각 4인의 재판관이 같은 이유에서 위헌의견을 제시한 바 있다.

지 않으며, 다른 방식의 유언 역시 주소의 기재를 요구하지 않는다는 것이다. 외국의 입법례도 주소의 기재를 요구하지 않는 경우가 대부분이다. 스위스 민법 §505 ①, 오스트리아 민법 §578, 프랑스 민법 §970는 자필증서유언의 방식요건으로 주소의 기재를 요구하지 않으며, 독일 민법 §2247 ②은 유언장소의 기재를 요구하기는 하지만, 그 기재의 누락이 유언의 효력에 직접적으로 영향을 미치지는 않는다(독일 민법 §2247 ⑤).

그러나 헌법재판소는 첫째, 자필증서에 의한 유언은 위조나 변조의 위험성이 상대적으로 크고 유언자의 사후 본인의 진의를 객관적으로 확인하는 것이 어려우므로 엄격한 형식을 구비할 필요가 있다는 점, 둘째, 동명이인인 경우에는 주소가 인적 동일성을 확인할 수 있는 간편한 수단이 될 수 있으며, 주소의 자서까지 요구함으로써 유언자로 하여금 보다 신중하고 정확하게 의사를 표시하도록 할 수 있다는 점, 셋째, 주소 요건 구비 여부에 대한 법원의 판단이 엄격하지 않고 그 요건을 충족시키는 것이 유언자에게 그다지 어렵지 않을 뿐만 아니라, 유언자는 자필증서 외에 다른 유언방식을 선택하거나 사인증여를 함으로써 자신의 의사를 관철할 수도 있다는 점 등에 비추어 볼 때 기본권 침해의 최소성 원칙에 반하지 않는다는 이유로 두 차례에 걸쳐 합헌결정을 선고하였다.[55)]

학설 중에도 자필증서유언의 요건을 정하는 것은 입법재량에 속한다는 이유로 위 합헌결정에 찬성하는 견해가 있다.[56)] 소수설로 "성명 및 전문의 자서와 유언의 내용만으로는 유언자의 인적 동일성을 확보할 수 없는 경우에 한하여 적용되는 한 헌법에 위반되지 않는다."는 견해도 있으나, 이 견해 역시 입법론으로서는 주소 요건의 삭제를 주장하고 있다.[57)]

4. 성명의 자서

유언자는 자신의 성명을 자서하여야 한다. 유언자의 필적을 통해 유언 작성자와 유언장에 유언자로 표시된 사람 사이의 동일성을 입증하여 유언자의 의사표시의 완전성 및 진정성을 확보하기 위함이다.[58)]

55) 헌법재판소 2008. 12. 26. 선고 2007헌바128 결정; 헌법재판소 2011. 9. 29. 선고 2010헌바250 등 결정. 다만, 뒤의 결정에서는 합헌의견과 위헌의견이 동수(同數)였음에 주목할 필요가 있다. 위 헌재 결정에 비판적인 견해로 현소혜(2009a), 27~30.

56) 김형석(2009), 98 각주 71); 김형석(2016), 1050~1053; 조혜수(2009), 124~126.

57) 정구태(2014), 622~628, 644; 정구태(2015), 174~175.

58) 헌법재판소 2008. 3. 27. 선고 2006헌바82 결정.

가. 성명

성명은 반드시 가족관계등록부나 여권과 같은 공부상의 성명일 필요는 없으며, 유언자가 실제 생활에서 통상 사용하는 이름, 호(號)나 자(字), 아호(雅號)·예명·별명이어도 무방하다.[59] 한자나 외국어를 이용하여 표기하는 것도 허용된다. 동명이인으로 혼동될 우려가 있을 때에는 성명 뒤에 직위나 칭호, 아명, 주민등록번호 등을 부기할 필요가 있다는 견해가 있으나, 어차피 자서와 주소 등의 기재에 의해 인적 동일성을 확인할 수 있으므로 부기 여부가 유언의 효력을 좌우해서는 안 될 것이다.[60]

유언자의 동일성만 특정된다면 성과 이름을 모두 적을 필요도 없다는 것이 통설[61]이다. 하지만 이에 대해서는 이름만 기재한 경우에는 유언의 효력을 인정할 수 없다거나[62], 성만 기재한 경우에는 유언의 효력을 인정할 수 없지만 이름만 기재한 경우라면 유언 내에 성을 추단케 하는 정보가 있는지 여부에 따라 달리 판단해야 한다는 견해[63]도 있다. 판례 중에는 유언자의 이름만 기재되어 있었지만, 유언자의 서명이 그의 성씨를 이용하여 행해진 경우에 유언의 효력을 인정한 예가 있다.[64]

성명의 첫 글자만을 이용하여 이니셜(Initial)로 표기한 경우에는 어떠한가. 유언 작성자와 진정성에 대한 의심을 종식시킬 수 없는 한 성명의 표시로 충분하지 않다고 보는 견해[65]가 있지만, 예명이나 호 등을 사용한 경우와 다를 바 없으므로, 방식을 갖추었다고 보아야 할 것이다.[66]

성명을 특정하지 않은 채 자신의 신분이나 가족관계만 특정한 경우는 어떠한가. 유증을 받을 자녀를 본문에서 특정한 후 '너의 아버지'와 같이 가족관계를 기재한 경우에는 인적 동일성이 특정되므로 유효한 성명의 자서라고 볼 수 있을 것[67]이나, 유언서 어디에도 유언자의 성명이 나온 적이 없다면 유언의

---

59) 곽윤직, 230; 권순한, 461; 김영희(2003), 278; 김용한, 391; 김주수·김상용, 802; 김형석(2016), 1064; 박동섭, 715; 박병호, 432; 박정기·김연, 454; 배경숙·최금숙, 638; 백성기, 378; 소성규, 296; 신영호·김상훈, 445; 오시영, 717; 윤진수, 507; 윤황지(1998), 90; 이경희, 533; 이희배, 354; 전계원(1986), 94; 조승현, 448; 주석상속(2), 247; 한봉희·백승흠, 597.

60) 박동섭, 716.

61) 곽윤직, 230; 김용한, 391; 김주수·김상용, 802; 박동섭, 715; 박병호, 432; 배경숙·최금숙, 638; 송덕수, 412; 오시영, 717; 윤진수, 507; 정광현, 요론, 419; 조인섭(2016a), 185; 조인섭(2016b), 302; 주석상속(2), 247.

62) 김영희(2003), 279.

63) 김형석(2016), 1064

64) 대법원 1998. 6. 12. 선고 97다38510 판결.

65) 조혜수(2009), 108.

66) 윤진수, 507; 조인섭(2016a), 185; 조인섭(2016b), 302.

효력을 인정할 수 없다고 보는 견해[68]도 있다.

나. 자서

유언자는 성명을 직접 필기하여야 한다. 성명이 적힌 도장을 날인한 것은 자서라고 볼 수 없다. 설령 그 도장이 성명의 자서를 새긴 것이라고 하더라도 마찬가지이다.[69]

성명이 자서되는 위치는 중요하지 않다.[70] 유언서의 말미, 앞부분 또는 봉투 중 어디에 기재하더라도 무방하다. 다만, 서명이 기재되어 있는 봉투가 봉함되어 있지 않다면 봉투상의 서명으로 유언서의 성명의 자서를 대체할 수 없다는 견해[71]가 있다. 유언의 진정성을 확보할 수 없기 때문이라고 한다. 위 견해는 엽서나 편지 형식의 유언의 경우에도 발송인 기재란에 유언자의 성명이 자서되어 있을 뿐이라면 이로써 성명의 자서를 갈음할 수 없다고 한다.[72]

5. 날인

가. 날인의 필요성

유언자는 자필증서유언에 반드시 날인하여야 한다. 유언자의 날인이 누락된 자필증서유언은 무효라는 것이 판례[73]이다. 이러한 판례의 태도에 대해서는 찬성하는 견해와 비판하는 견해가 대립한다. 앞의 견해는 판례의 태도가 현행 민법의 문리해석상 당연한 결론일 뿐만 아니라, 민법이 날인을 요구하는 것은 유언서의 진정성과 증명력을 한 단계 더 높이려는 데 있다고 주장한다.[74] 반면 뒤의 견해는 자필증서유언에서 날인은 유언자의 인적 동일성을 확보하고, 당해 유언이 유언자 자신의 진정한 의사에 기한 것임을 확인하는 기능을 갖는

67) 정구태(2014), 643.
68) 김영희(2003), 279; 김형석(2016), 1064~1065; 박동섭, 732 주7); 조인섭(2016a), 185~186; 조인섭(2016b), 302.
69) 김영희(2003), 278; 김용한, 391; 김주수·김상용, 802~803; 박동섭, 716; 박병호, 432; 배경숙·최금숙, 638; 송덕수, 412; 신영호·김상훈, 445; 오시영, 717; 윤황지(1998), 90; 정광현, 요론, 419; 주석상속(2), 247.
70) 김형석(2016), 1065; 박동섭, 716; 조인섭(2016a), 190; 조인섭(2016b), 305.
71) 김영희(2003), 281~282.
72) 김영희(2003), 282~283.
73) 대법원 2006. 9. 8. 선고 2006다25103 등 판결; 대법원 2007. 10. 25. 선고 2006다12848 판결. 특히 대법원 2006. 9. 8. 선고 2006다25103 등 판결에 대한 판례평석으로 김영희(2008), 391~425 참조. 김영희(2007c), 109~112는 특히 사인증여로의 전환가능성이라는 측면에서 위 판결을 비판하고 있다.
74) 김형석(2016), 1066; 박동섭, 716~717; 송덕수, 412; 조혜수(2009), 109. 조인섭(2016a), 199~200은 현행법의 해석상으로는 어쩔 수 없는 결론이라는 전제 하에 판례의 태도에 찬성하면서도 입법론으로서는 날인 요건에 부정적이다.

데, 당사자의 동일성 확보라는 입법목적은 전문의 자서와 서명만으로도 충분히 달성할 수 있는 이상 이에서 더 나아가 날인까지 요구하는 것은 그 자체로 불필요한 방식의 강제라는 이유로 판례를 비판하면서 날인의 흠결은 유언의 효력에 영향을 미치지 않아야 한다고 반박한다.[75)]

나. 날인의 방법

날인이 반드시 행정청에 신고된 인감도장이어야 하는 것은 아니다. 날인은 실인(實印)일 필요도 없으며, 무인(拇印)으로 갈음할 수도 있다.[76)] 날인을 유언자가 직접 해야 하는 것은 아니다.[77)] 유언자의 부탁으로 다른 사람이 날인한 경우에도 자필증서유언으로서 효력이 있다. 물론 날인을 무인으로 갈음하는 경우라면, 그 무인은 반드시 유언자의 것이어야 한다.[78)]

날인의 위치는 중요하지 않다.[79)] 유언서가 여러 장으로 구성된 경우에 날인을 각 장에 모두 할 필요는 없으며, 유언증서나 봉투 중 어느 곳에라도 한 번만 있으면 충분하다.[80)] 성명의 자서와 날인이 좌우 또는 상하로 나란히 있어야만 하는 것도 아니다.[81)] 다만, 봉함하지 않은 봉투에 날인이 있는 경우에 관해서는 이미 유언의 전문, 연월일, 주소, 서명의 자서 등에 의해 유언자의 동일성이 확보된 상황이라면 위와 같은 방식의 날인이라도 무방하다는 견해[82)]와 위조·변조의 가능성을 막을 길이 없으므로 무효라는 견해[83)]가 대립한다. 물론 유언서 본문 중에 무작위로 날인된 경우라면 실수에 의한 흔적으로 보아야 할 것이므로, 날인 요건을 갖추지 못한 것으로 보아야 할 것이다.[84)]

다. 날인 요건의 위헌성 논란

일부 견해는 자필증서유언에 날인을 요구하는 것은 피상속인의 유언의 자

75) 김영희(2003), 284; 곽윤직, 230; 이경희, 533; 조승현, 448; 한봉희·백승흠, 598. 이 중 김영희(2006), 125; 김영희(2007c), 77~79도 전체적으로 같은 취지이나, 해석론인지 또는 입법론인지가 불명확하다.

76) 대법원 1998. 5. 29. 선고 97다38503 판결; 대법원 1998. 6. 12. 선고 97다38510 판결; 대법원 2007. 10. 25. 선고 2006다12848 판결.

77) 권순한, 461; 김영희(2003), 284; 김영희(2007c), 76; 김용한, 391; 김주수·김상용, 803; 김형석(2016), 1065; 박동섭, 716; 박병호, 432; 박정기·김연, 454; 배경숙·최금숙, 638; 소성규, 296; 송덕수, 413; 신영호·김상훈, 445; 오시영, 719; 윤진수, 507; 이경희, 533; 이희배, 354; 전계원(1986), 94; 조승현, 448; 조인섭(2016a), 191; 조혜수(2009), 109; 주석상속(2), 247.

78) 대법원 2007. 10. 25. 선고 2006다12848 판결 참조.

79) 김영희(2003), 285; 김영희(2007c), 75; 김형석(2016), 1065; 박동섭, 716; 조인섭(2016a), 193.

80) 송덕수, 413; 조인섭(2016a), 192.

81) 김영희(2007c), 75.

82) 김영희(2003), 285; 김영희(2007c), 75.

83) 조인섭(2016a), 193~194.

84) 김형석(2016), 1066.

유를 지나치게 제한하여 위헌이라고 한다.[85] 하지만 헌법재판소는 첫째, 동양 문화권에서는 서구와 달리 인장이 의사의 최종성을 표현하고 문서의 완결성을 담보하는 수단으로 관행적으로 사용되어 왔다는 점, 둘째, 아직 서명의 관행이 날인의 관행을 완전히 대체하였다고는 볼 수 없으며 자필증서 유언 외에도 신청자의 서명날인을 법령상 요구하는 경우가 있다는 점, 셋째, 유언자는 날인 대신 무인을 하거나 공정증서유언과 같은 다른 방식의 유언이나 사인증여 등을 선택할 수도 있다는 점 등을 들어 기본권 침해의 최소성을 충족한다는 이유로 날인을 요구하는 본 조문이 합헌이라고 선언하였다.[86]

위와 같은 헌법재판소의 입장은 날인의 기능이 주로 의사의 최종성과 문서의 완결성을 징표하는데 있다는 시각에 기초하고 있으나, 우리 민법상으로는 날인의 위치가 유언장 말미로 제한되지 않는다는 점, 유언자는 언제든지 유언을 철회할 수 있다는 점, 문서의 완결성은 성명의 자서만으로도 충분히 확보할 수 있다는 점 등에 비추어 볼 때 과연 날인이 유언자의 최종적 의사를 담보하거나 문서를 완결 짓는 기능까지 수행한다고 볼 수 있을지 의문이다.[87] 자필증서유언에 날인까지 요구하는 입법례는 일본이 거의 유일한데(일본 민법 §968 ①), 날인 요건에 대해서는 일본 내에서도 비판이 많다.[88]

Ⅲ. 변경방법

자필증서에 문자의 삽입, 삭제, 변경을 하고자 하는 때에는 유언자가 이를 자서하고 날인하여야 한다(본조 ②). 날인은 삽입·삭제·변경한 부분에 하여야 하며[89], 가제정정을 하였다는 취지를 부기할 필요는 없다.[90] 이때 날인은 본조 ①에 따른 날인과 동일한 인장에 의한 것이어야 한다는 것이 다수설[91]이나, 반대하는 견해[92]도 있다. 인감 분실·파손 등의 사정을 고려할 필요가 있다는 것

85) 조인섭(2016a), 203~204; 조인섭(2016b), 312~313; 현소혜(2009a), 21~26. 헌법재판소 2008. 3. 27. 선고 2006헌바82 결정 중 재판관 김종대의 반대의견의 취지도 이와 같다.
86) 헌법재판소 2008. 3. 27. 선고 2006헌바82 결정; 헌법재판소 2008. 12. 26. 선고 2007헌바128 결정. 위 결정에 찬성하는 견해로 김형석(2009), 98, 주 71); 김형석(2016), 1050~1053; 조혜수(2009), 122~124 참조. 위 결정에 비판적인 견해로 현소혜(2009a), 18~26.
87) 현소혜(2009a), 19~21. 헌법재판소 2008. 3. 27. 선고 2006헌바82 결정 중 재판관 김종대의 반대의견의 취지도 이와 같다.
88) 김영희(2003), 283.
89) 김영희(2007c), 76.
90) 곽윤직, 230.
91) 곽윤직, 230; 박동섭, 718; 송덕수, 413; 유영선(1998), 540.

이다.

문자의 삽입·삭제·변경을 하였으나 자서·날인 요건을 갖추지 못한 경우에는 유언이 전부 무효로 되는가 또는 삽입·삭제·변경된 부분만 무효로 되는가. 유언의 진정 성립을 담보할 수 없으므로 유언 전체가 무효로 된다는 견해[93]와, 정정 부분을 제외하고도 원래의 기재만으로 유언의 취지가 이해될 수 있다면 정정 부분만 무효로 된다는 견해[94]가 대립한다. 유언을 정정하면서 종전의 유언 내용을 말소·삭제하여 그 내용을 파악할 수 없는 상황이라면 당연히 유언 전부가 무효로 될 것이다.

증서의 기재 자체에 의하더라도 명백한 오기를 정정한 것에 지나지 않는다면, 이러한 변경 방식을 준수하지 않은 경우라도 유언은 유효하다.[95] 단순한 오기 정정의 정도를 넘어선 경우에도 본 항에 따른 요건을 갖추지 못한 문자의 삽입·삭제·변경 등이 부수적 내용에 지나지 않은 때에는 삽입·삭제 또는 변경이 없는 유언으로 보아 그 효력을 인정할 수 있다거나[96] 유언자의 진의가 명료하고 위조 또는 변조된 의심이 없는 때에는 유효한 것으로 볼 수 있다는 견해[97]도 있다.

Ⅳ. 유언의 집행

자필증서유언은 위조·변조의 위험이 크기 때문에, 자필증서유언을 집행하기 위해서는 반드시 가정법원에 의한 검인절차를 거치도록 하였다(§1091). 따라서 자필증서유언을 보관한 자 또는 발견한 자는 유언자 사망 후 지체 없이 가정법원에 검인을 청구하여야 한다. 하지만 검인을 거치지 않았다고 하여 자필증서유언이 효력을 잃는 것은 아니다.[98] 자세한 내용은 §1091 註釋 참조.

---

92) 김영희(2003), 287~288; 김영희(2007c), 76; 김형석(2016), 1067.
93) 송덕수, 413.
94) 김영희(2003), 287. 김형석(2016), 1067도 유사한 취지이다.
95) 대법원 1998. 5. 29. 선고 97다38503 판결; 대법원 1998. 6. 12. 선고 97다38510 판결. 같은 취지의 서울중앙지방법원 2014. 2. 21. 선고 2012가합527377 판결에 대해 호의적인 판례평석으로 정구태(2014), 637~640 참조.
96) 송덕수, 413; 신영호·김상훈, 445.
97) 정광현, 요론, 419~420.
98) 대법원 1998. 6. 12. 선고 97다38510 판결.

第1067條(錄音에 依한 遺言)

錄音에 依한 遺言은 遺言者가 遺言의 趣旨, 그 姓名과 年月日을 口述하고 이에 參與한 證人이 遺言의 正確함과 그 姓名을 口述하여야 한다.

참고문헌: 김재호, "포괄적 유증", 재판자료 제78집(1998); 김형석, "우리 상속법의 비교법적 위치", 가족법연구 23-2(2009); 김형석, "유언의 성립과 효력에 관한 몇 가지 문제", 民判 38(2016); 남상우, "공정증서유언의 증인에 관한 고찰", 가족법연구 25-2(2011); 유영선, "유증과 등기", 司論 29(1998); 조인섭, "유언의 방식에 관한 연구", 이화여대 박사학위논문(2016a).

Ⅰ. 개설

녹음에 의한 유언은 유언자가 유언의 취지, 그 성명과 연월일을 구술하고, 증인이 이에 참여하여 유언의 정확함과 그 성명을 구술하여 녹음하는 것으로 성립한다. 다른 나라에서는 찾아보기 힘든 입법례이며, 우리나라에서도 위조나 변조·소멸의 위험이 크다는 이유로 비판하는 견해[1]가 있다. 검인절차를 거쳐야 하는 번거로움도 있다. 그러나 필기능력이 없어서 자필증서유언을 이용할 수 없거나 독해능력이 없어서 공정증서유언에서 필기의 정확함을 확인하는 것이 힘든 국민의 입장에서는 매우 유용한 제도일 뿐만 아니라, 현대기술의 발달에 따라 활용도도 점차 높아질 가능성이 크다.[2] 녹음자의 육성을 보존할 수 있다는 점, 녹음기와 증인만 있으면 간편하게 할 수 있다는 점도 장점이다.[3]

1) 고정명·조은희, 360; 곽윤직, 231; 김재호(1998), 335; 김주수·김상용, 799; 김형석(2009), 101; 김형석(2016), 1047; 송덕수, 414; 유영선(1998), 540; 이경희, 541.
2) 조인섭(2016a), 209.
3) 김재호(1998), 335; 김주수·김상용, 803; 박병호, 432~433; 박동섭, 719; 배경숙·최금숙, 640; 소성규, 297; 신영호·김상훈, 446; 오시영, 710, 719; 이경희, 541; 정광현, 요론, 420; 조인섭(2016a), 36; 주석상속(2), 240, 257; 한복룡, 327.

Ⅱ. 요건

1. 유언자의 구술

유언자는 유언의 취지와 그 성명, 연월일을 구술하여야 한다. 이때 구술이란 유언의 취지를 말로 기술하는 것을 의미하지만, 본 조문이 녹음에 의한 유언 방식을 정하고 있다는 점에 비추어 볼 때 단순히 구술에 그치는 것이 아니라 구술된 바를 녹음하여야 할 것이다. 구술은 외국어로 이루어져도 무방하다.[4]

녹음이란 본래 음향기기에 유언의 취지를 기록하는 행위를 널리 의미한다. 이에 대해서는 유언의 확실성·진정성을 확보하기 위해 자기방식의 녹음테이프에 녹음되고 테이프의 동일성이 확인된 유언만 녹음에 의한 유언 방식을 갖춘 것으로 목적론적 축소해석을 해야 한다는 異說[5]이 있다. 하지만 레코드나 카세트테이프와 같은 고전적인 음향기기뿐만 아니라, 비디오·스마트폰·컴퓨터 등 전자기기를 이용한 각종의 녹음이나 영상녹화물이라도 구술의 취지를 음향으로 확인할 수만 있다면 이에 해당한다고 보는 것이 다수의 견해이다.[6] 다만, 유언자가 수화하는 장면 등을 녹화한 것만으로는 아직 '구술'이 있다고 볼 수 없으므로, 녹음유언으로서의 효력을 인정할 수 없다.[7]

전자기기를 이용한 녹음유언의 복사본만 남아 있는 경우에도 유언의 효력을 인정할 수 있는가. 현재로서는 복사 과정에서 편집되는 등 인위적 개작 없이 원본 내용 그대로 복사된 사본임이 입증되어야만 유효한 유언이라는 견해[8]만이 보일 뿐이다.

성명과 연월일의 의미에 대해서는 자필증서유언에서의 해석이 그대로 적용된다. §1066 註釋 참조.

2. 증인의 참여

증인은 유언자의 녹음 과정에 참여하여 유언의 정확함과 그 성명을 구술하여야 한다. 이는 유언이 진정하게 성립하였음을 증명하기 위함이다. 증인의

4) 곽윤직, 232; 윤진수, 515; 한봉희·백승흠, 599.
5) 김형석(2009), 100~101. 하지만 김형석(2016), 1047은 위와 같은 축소해석을 포기한 것으로 보인다.
6) 같은 취지로 곽윤직, 232; 권순한, 463; 박동섭, 719; 박정기·김연, 455; 백성기, 378; 송덕수, 414; 오시영, 719; 윤진수, 515; 이경희, 534; 조승현, 449; 조인섭(2016a), 211~213, 216; 한봉희·백승흠, 599.
7) 조인섭(2016a), 212~213.
8) 조인섭(2016a), 216.

자격에 대해서는 §1072 註釋 참조.

몇 명의 증인이 참여해야 하는지는 문언상 명백하지 않다. 다른 규정과의 반대해석상 녹음에 의한 유언의 경우에는 증인 1명으로 족하다는 것이 다수설[9]이지만, 다른 유언들의 경우에도 모두 적어도 2명 이상의 증인을 요하고 있으므로 유언의 진정성을 확보하기 위해서는 녹음에 의한 유언의 경우에도 2인의 증인이 필요하다는 견해[10]도 있다. 해석론으로는 1인설을 택하면서도 입법론상 현행법의 태도를 비판하는 견해[11]도 같은 이유이다.

Ⅲ. 유언의 집행

녹음에 의한 유언을 집행하기 위해서는 반드시 가정법원의 검인절차를 거쳐야 한다(§1091).[12] 따라서 녹음된 내용을 보관한 자 또는 발견한 자는 유언자 사망 후 지체 없이 가정법원에 검인을 청구하여야 한다. 자세한 내용은 §1091 註釋 참조.

9) 곽윤직, 232; 김재호(1998), 335; 남상우(2011), 245; 박동섭, 720; 송덕수, 415; 윤진수, 515; 조인섭(2016a), 210~211.

10) 권순한, 467; 이경희, 534; 조승현, 450; 한봉희·백승흠, 600.

11) 곽윤직, 232; 송덕수, 415; 조인섭(2016a), 211.

12) 이경희, 531~532.

第1068條(公正證書에 依한 遺言)

公正證書에 依한 遺言은 遺言者가 證人 2人이 參與한 公證人의 面前에서 遺言의 趣旨를 口授하고 公證人이 이를 筆記朗讀하여 遺言者와 證人이 그 正確함을 承認한 後 各自 署名 또는 記名捺印하여야 한다.

▮참고문헌: 고영구, "구수증서에 의한 유언", 재판자료 62(1993); 권오봉, "공정증서유언에서 유언취지의 구수", 부산법조 27(2010); 김기영, "공정증서유언과 공증인법", 원광법학 27-3(2011); 김민중, "공정증서에 의한 유언이 유효하기 위한 요건", 민법판례연구(2009); 김상훈, "유언의 '서명 또는 기명날인'의 의미", 新聞 4514(2017); 김영희, "공정증서유언과 장애인차별", 가족법연구 16-1(2002); 김영희, "현행민법상 유언의 방식에 관한 연구", 가족법연구 20-2(2006); 김영희, "구수증서유언과 유언에 있어서 구수의 의의", 가족법연구 21-3(2007b); 김영희, "자필증서유언에 있어서 날인의 의미와 방식흠결로 무효인 유언의 사인증여로의 전환", 중앙법학 9-4(2007c); 김재호, "포괄적 유증", 재판자료 제78집(1998); 김현진, "치매와 유언능력의 판단", 외법논집 41-1(2017); 김형석, "유언의 성립과 효력에 관한 몇 가지 문제", 民判 38 (2016); 남상우, "공정증서유언의 증인에 관한 고찰", 가족법연구 25-2(2011); 이재성, "공정증서에 의한 유언의 방식", 사법행정 22-5(1981); 장재형, "가족법관계에 있어서 공증의 예방사법적 역할", 인권과 정의 384(2008); 정갑주, "공정증서에 의한 유언의 방식", 판례월보 279(1993); 정소민, "유언능력에 관한 연구", 법학논총 35-2(2018); 조인섭, "유언의 방식에 관한 연구", 이화여대 박사학위논문(2016a); 최두진, "무효인 유언공정증서의 사인증여로의 전환", 인권과 정의 364(2006); 현소혜, "유언방식의 개선방향에 관한 연구", 가족법연구 23-2(2009a); 홍승면, "구수증서에 의한 유언에 있어서 유언취지의 구수", 대법원판례해설 60(2006).

Ⅰ. 개설

공정증서에 의한 유언은 유언자가 증인 2인이 참여한 공증인의 면전에서 유언의 취지를 구수하고, 공증인이 이를 필기낭독하여 유언자와 증인이 그 정확함을 승인한 다음 각자 서명 또는 기명날인하여야 한다. 공정증서에 의한 유언은 공증인이 이를 작성·보관하므로 그 존재 및 내용의 진정성을 확보할 수 있고, 공증인의 조언이 수반되는 만큼 유언자 사후에 방식의 불비나 내용의 불명확성을 둘러싼 분쟁 등으로 인해 유언자의 의사가 실현되지 못할 위험을 최소화시킬 수 있다는 장점이 있지만, 다른 방식에 비해 비용이 많이 소요된다는 점, 절차가 복잡하다는 점, 유언 내용이 누설될 우려가 있다는 점 등이 단점으로 지적되고 있다.[1)]

Ⅱ. 요건

1. 유언자의 구수

가. 구수의 의미

유언자는 유언의 취지를 구수(口授)하여야 한다. 이때 '구수'란 입으로 말을 하여 상대방에게 그 취지를 전달하는 행위를 말한다. 구수절차가 누락된 경우에는 유언이 성립할 수 없음이 원칙이다.[2)]

구수에 갈음하여 필기문답이나 거동·수화에 의해 유언의 취지를 공증인에게 전달하는 것은 허용되는가. 거동은 구수가 아니라는 것이 전통적인 견해[3)]이나, 언어능력이 없는 사람의 경우에는 다양한 방식으로 자신의 의사를 표시하므로 거동도 구수의 일종으로 볼 수 있다는 견해[4)]도 있다. 종국적으로는 언어능력이 부족하거나 상실된 사람을 위해 독일이나 일본과 같은 서면인도 방식의 공정증서유언 제도를 신설[5)]하거나, 공증인법 §28를 개정하여 언어·청각능력 장애인도 수화통역 방법을 이용해 공정증서유언을 할 수 있도록 하는 등[6)] 입법론으로 해결할 문제이다. 前註 V. 2. 註釋 참조.

1) 고정명·조은희, 361; 곽윤직, 233; 김용한, 392; 김재호(1998), 335; 김주수·김상용, 799, 804; 김형석(2016), 1067~1068; 박동섭, 720; 박병호, 433; 박정기·김연, 456; 배경숙·최금숙, 641; 백성기, 379; 소성규, 297; 송덕수, 415; 신영호·김상훈, 446; 오시영, 710, 720; 윤진수, 504; 이경희, 535, 541; 정광현, 요론, 420; 조인섭(2016a), 37; 주석상속(2), 241, 257~258; 한복룡, 327; 한봉희·백승흠, 600.

2) 도대체 구수가 있었는지 여부에 대해 강력한 의심이 있다는 이유로 공정증서유언의 효력을 부정한 판결로 대법원 2002. 10. 25. 선고 2000다21802 판결 참조.

3) 고정명·조은희, 361; 권순한, 463; 권오봉(2010), 192~193; 김기영(2011), 105~106; 김현진(2017), 336; 김형석(2016), 1073; 박동섭, 721; 박병호, 434; 박정기·김연, 456; 배경숙·최금숙, 641; 신영호·김상훈, 446; 오시영, 720; 이희배, 355; 장재형(2008), 89; 정광현, 요론, 421; 조인섭(2016a), 216; 최두진(2006), 89; 홍승면(2006), 153.

4) 김주수·김상용, 804; 이재성(1981), 62, 64~65; 주석상속(2), 259. 고영구(1993), 787은 거동은 구수가 아니라고 하면서도 농아자와 같이 수화법을 알고 있다면 이를 이용하여 구수할 수 있다고 한다.

5) 서면 방식의 공정증서유언 제도 도입에 찬성하는 견해로 오시영, 722~723; 조인섭(2016a), 241~243; 현소혜(2009a), 31~32.

6) 김영희(2002), 264~267; 김영희(2006), 128~130; 박동섭, 723; 장재형(2008), 92.

나. 구두와 거동의 경계

판례는 구수를 엄격하게 해석하여 "공증인이 묻는 말에 끄덕거린 정도로는 구수가 있었다고 볼 수 없[다]"[7]는 입장이다. 다만, 관련 판례들은 모두 유언자가 반혼수상태에 있는 등 유언능력 자체를 인정하기 힘든 사안이었다.[8] 반면 유언자에게 유언능력이 있었던 사안들에서 판례는 구수의 의미를 넓게 해석하는 경향을 보인다. 즉 판례는 "공증인이 유언자의 의사에 따라 유언의 취지를 작성하고 그 서면에 따라 유언자에게 질문을 하여 유언자의 진의를 확인한 다음 유언자에게 필기된 서면을 낭독하여 주었고, 유언자가 유언의 취지를 정확히 이해할 의사식별능력이 있고 유언의 내용이나 유언경위로 보아 유언 자체가 유언자의 진정한 의사에 기한 것으로 인정할 수 있는 경우"에는, 유언자가 직접 유언의 취지를 구수하는 대신 공증인의 낭독에 대해 간략히 긍정하는 것에 불과하였더라도 그 답변이 실질적으로 유언의 취지를 진술한 것이나 마찬가지로 볼 수 있다는 이유로 구수 요건을 만족한 것으로 보고 있다.[9]

통설의 태도도 유언자가 미리 작성한 서면에 기초하여 공증인이 공정증서 원본을 작성하여 유언자의 확인을 받은 경우에는 구수가 누락된 사안이 아니라, 구수→필기→낭독의 순서가 필기→낭독→구수의 순으로 바뀐 것에 불과하므로 당해 공정증서유언은 유효하다는 입장이다.[10] 이러한 학설의 태도에 따르더라도 유언자의 유언능력 자체가 의심스럽거나 유언의 작성이 유언자의 진정한 의사에 기한 것인지 여부를 판단하기 어려운 경우에까지 공정증서유언의 효력을 인정할 수 없음은 물론이다.[11] 결국 '구수'의 요건을 갖추었는지 여부

7) 대법원 1980. 12. 23. 선고 80므18 판결; 대법원 1993. 6. 8. 선고 92다8750 판결; 대법원 1996. 4. 23. 선고 95다34514 판결. 이는 대부분 유언자의 의식이 명료하지 않은 상태에서 공증인이 유언자에게 그 취지를 말하여 주고 '그렇습니까'라고 물으면 유언자는 말은 하지 않고 고개만 끄덕끄덕하여 이 내용을 공증인의 사무원에게 필기하고 공증인이 낭독하는 방식으로 작성한 사안이다. 대법원 1993. 6. 8. 선고 92다8750 판결의 결론에 찬성하는 판례평석으로 정갑주(1993), 18. 반면 위 각 판결 중 일부가 유언자의 유언능력에 대해 제대로 판단하지 않았음을 이유로 비판하고 있는 견해로 김영희(2007b), 363~367.

8) 홍승면(2006), 153.

9) 대법원 2007. 10. 25. 선고 2007다51550 등 판결; 대법원 2008. 2. 28. 선고 2005다75019 등 판결; 대법원 2008. 8. 11. 선고 2008다1712 판결. 위 판결에 찬성하는 견해로 윤진수, "이용훈 대법원의 민법판례", 민법논고 [VII](2011)(初出: 이용훈 재임기념), 572~573; 이러한 해석은 법의 문언을 벗어난 것이라는 이유로 비판하는 문헌으로 박영규, "규정의 목적과 해석", 서울법학 15－2(2008), 70~72 참조.

10) 권오봉(2010), 196~197; 김기영(2011), 106; 김민중(2009), 642; 김영희(2007b), 359; 김용한, 393; 김주수·김상용, 805; 박동섭, 721; 박병호, 434; 배경숙·최금숙, 641; 이경희, 535; 장재형(2008), 90; 정갑주(1993), 17; 조승현, 451; 조인섭(2016a), 236~237; 주석상속(2), 261; 천종숙, 413; 홍승면(2006), 155. 일률적으로 말할 수는 없고 사실관계에 따라 결론을 달리 보아야 한다는 견해로 신영호·김상훈, 447; 윤진수, 516~517.

는 유언자가 주도적으로 유언 내용을 통제할 수 있는 상황이었는지 여부에 따라 좌우된다.[12)]

요컨대 통설과 판례에 따르면 "실질적으로 구수가 이루어졌다고 보기 위하여 어느 정도의 진술이 필요한지는 획일적으로 정하기 어렵고 구체적인 사안에 따라 판단"[13)]하는 수밖에 없다. 하지만 이와 같이 유언자의 의사능력 유무에 따라 방식 준수 여부에 대한 판단이 달라지는 것은 방식주의의 엄격성에 비추어 바람직하지 않다는 비판이 있다.[14)]

다. 구수의 방법

유언의 내용 전부를 구수할 필요는 없다.[15)] 가령 유증의 목적물은 일일이 구수하는 대신 이를 기재한 서면으로 갈음하는 것도 가능하다. 반대하는 견해[16)]가 있으나, 공증인법 §28에 따른 통역 요건만 갖춘다면 외국어로 구수하는 것도 허용된다고 볼 것이다.[17)] 농아자도 공증인법 §28에 따른 수화통역을 이용해 공정증서유언을 할 수 있다는 견해[18)]가 있으나, 의문이다.[19)]

유언자의 구수는 공증인의 면전에서 이루어져야 하며, 전화를 이용한 구수는 허용되지 않는다.[20)] 구수를 위해 유언자가 직접 공증인 사무소에 방문하여 유언하여야 함이 원칙이나(공증인법 §17③), 유언공증의 경우에는 예외적으로 출장공증도 허용된다(공증인법 §56).

2. 증인 2인의 참여

유언자가 유언의 취지를 구수할 때 2명의 증인이 참여하여야 한다. 이때 증인은 공증인법에 따른 참여인으로서의 지위를 가지며[21)], 유언이 유언자의 진정한 의사에 따라 성립하였음과 유언공정증서가 유언자의 구수취지에 따라

11) 대법원 2006. 3. 9. 선고 2005다57899 판결. 본 판결의 결론에 찬성하는 판례평석으로 권오봉(2010), 197; 홍승면(2006), 163~164. 본 판결의 결론에는 찬성하면서도 구수의 요건 구비를 판단함에 있어 유언능력 유무를 보다 명확하게 심사했어야 한다는 취지에서 본 판결을 비판하는 판례평석으로 김영희(2007b), 382~384.

12) 김현진(2017), 345~347; 김형석(2016), 1071~1073; 정소민(2018), 85~86; 주석상속(2), 259~260. 조인섭(2016a), 231~232도 이와 유사한 취지이다.

13) 대법원 2008. 2. 28. 선고 2005다75019 등 판결.

14) 김현진(2017), 347.

15) 주석상속(2)(제3판), 230.

16) 고영구(1993), 787; 김영희(2007b), 357; 남상우(2011), 251~252.

17) 김형석(2016), 1069; 이재성(1981), 62.

18) 김형석(2016), 1049 각주 101).

19) 김영희(2002), 265.

20) 고영구(1993), 787~788; 김영희(2007b), 357.

21) 남상우(2011), 250~254; 261~263.

정확하게 작성되었음을 증명한다. 공정증서유언의 증인은, 공증인이 법적으로 우월한 지위에 있음을 기화로 유언자의 의사에 영향을 미치는 것을 차단하는 역할도 함께 한다.[22] 증인의 자격에 대해서는 §1072 註釋 참조.

자격 있는 증인이 전혀 참여하지 않았거나 1명만 참여한 경우에는, 비록 공증인의 인증을 받았더라도, 공정증서유언으로서는 무효이다.[23] 증인은 유언자가 구술을 시작한 때부터 증서작성이 완료될 때까지 계속 참여해야 하며, 유언증서의 낭독 단계 이후에야 비로소 참가하였거나 중간에 퇴실한 경우에는 적법한 참여가 없었던 것으로 보아야 할 것이다.[24] 증인 2명이 중간에 교대한 경우도 마찬가지이다.[25] 입법론으로서 공정증서유언의 작성에는 어차피 공증인이 참여하므로, 유언자에게 장애가 없는 한, 증인은 1명으로 족하다는 견해[26]가 있다. 참고로 독일은 공정증서유언에 증인의 참여를 요구하지 않는다.

시각장애인 등이 공정증서의 작성을 촉탁한 경우에는 공증인법 §29 ①에 따라 반드시 촉탁인이 선정한 자를 참여인으로 참여시켜야 하는바, 공정증서유언에서는 증인이 같은 조문에 따른 참여인으로서의 역할을 겸하므로, 2인의 증인 외에 별도로 참여인을 둘 필요가 없다.[27]

3. 공증인의 필기낭독

공증인은 유언자가 구수한 유언의 취지를 필기하여 이를 유언자와 2인의 증인 앞에서 낭독하여야 한다.

이때 유언의 취지를 필기하는 것은 반드시 공증인이 직접 할 필요는 없으며, 사무원 등이 이를 대신하여도 무방하다.[28] 1.에서 본 바와 같이 유언자가 직접 유언 문안을 작성해 온 경우에도 공증인이 이를 낭독하고 유언자 등이 그 정확함을 승인하기만 하면 본조에서 말하는 '필기' 요건은 충족된 것으로 본다. 필기를 자필로 기재해야 하는 것은 아니며, 기계적 방법을 이용할 수도 있다.[29]

---

22) 김기영(2011), 105; 주석상속(2), 258; 최두진(2006), 84.

23) 대법원 1994. 12. 22. 선고 94다13695 판결; 대법원 2002. 9. 24. 선고 2002다35386 판결.

24) 곽윤직, 234; 권오봉(2010), 192; 김형석(2016), 1068; 박동섭, 721; 박병호, 433; 박정기 · 김연, 458; 소성규, 297; 신영호 · 김상훈, 446; 이경희, 535; 주석상속(2), 258; 최두진(2006), 87.

25) 김영희(2002), 260.

26) 남상우(2011), 245.

27) 남상우(2011), 259~260.

28) 권오봉(2010), 193; 김주수 · 김상용, 805; 김형석(2016), 1074; 박동섭, 721; 박병호, 434; 박정기 · 김연, 458; 배경숙 · 최금숙, 641; 백성기, 379; 신영호 · 김상훈, 447; 오시영, 721; 윤진수, 516; 이경희, 536; 정광현, 요론, 421; 조승현, 451; 주석상속(2), 260.

29) 고영구(1993), 788; 김형석(2016), 1074; 박동섭, 722; 이경희, 536; 이재성(1981), 62; 장재형

필기의 내용이 유언자가 입으로 말한 것을 모두 그대로 정서하는 속기의 정도에 이를 필요도 없다.[30] 구수의 취지를 표현하고 있는 것으로 족하다.

필기는 반드시 유언자의 면전에서 해야 하는가. 부정하는 견해가 다수[31]이나, 본조 중 "면전에서"라는 문언은 필기도 수식한다는 점 및 구수한 내용을 기억에만 의지해서 다른 장소에서 필기하는 경우에는 유언의 진의를 확보하지 못할 가능성이 높다는 점을 들어 긍정하는 견해[32]도 유력하다.

낭독은 반드시 필기된 전문을 모두 유언자와 증인의 면전에서 소리 내어 읽어주어야 한다.[33] 낭독을 공증인이 스스로 해야 하는 것은 아니다.[34] 하지만 공증인이 구수 현장에서는 유언자의 의사를 확인하고 공증의 취지를 설명한 것에 불과하며, 아직 공란인 유언공정증서의 말미에 유언자와 증인의 서명날인만 받고, 나중에 공증인사무소로 돌아와 필기를 마쳤다면, 유언자와 증인 면전에서의 필기낭독 절차를 갖추지 못한 것으로 본다.[35]

본조에서 요구하고 있는 낭독 요건을 공증인법 §38에 따른 열람으로 갈음할 수 있는가에 대해서는 논란이 있다. 일부 견해는 본조를 공증인법에 대한 특칙으로 보아 낭독을 서면의 열람으로 갈음할 수 없다고 주장하지만[36], 청각장애인이 공정증서유언을 이용할 수 있도록 하기 위해 열람으로 낭독을 갈음할 수 있도록 하는 것이야말로 헌법합치적 해석이라는 견해도 유력하다.[37] 입법으로 이를 허용하는 것이 가장 간명할 것이다.[38]

공정증서는 국어로 작성되어야 하므로(공증인법 §26① 본문), 외국어나 속기문자 등을 이용해 필기된 것은 효력이 없다. 다만, 촉탁인의 요구가 있는 경우에는 외국어를 병기할 수도 있다(공증인법 §26① 단서). 만약 유언자의 구수 자체가 외국어로 이루어졌다면, 통역인을 참가시켜야 할 것이다(공증인법 §28).

(2008), 89.

30) 고영구(1993), 788; 곽윤직, 234; 김기영(2011), 106, 121; 김영희(2002), 263; 김형석(2016), 1074; 박동섭, 722; 장재형(2008), 89; 주석상속(2), 260.

31) 김주수·김상용, 806; 박동섭, 722; 박병호, 434; 박정기·김연, 458; 배경숙·최금숙, 641; 소성규, 297; 신영호·김상훈, 447; 오시영, 721; 윤진수, 516; 조승현, 451; 주석상속(2), 261.

32) 김형석(2016), 1074~1075.

33) 곽윤직, 234; 김형석(2016), 1075; 박동섭, 722; 한봉희·백승흠, 601.

34) 권오봉(2010), 193; 김영희(2007b), 358~359; 김형석(2016), 1075; 박동섭, 721; 이경희, 536; 주석상속(2), 261.

35) 대법원 2002. 10. 25. 선고 2000다21802 판결.

36) 김영희(2002), 263~264.

37) 김기영(2011), 125; 현소혜(2009a), 33~34.

38) 현소혜(2009a), 34.

4. 유언자와 증인의 승인과 서명 또는 기명날인

유언자와 각 증인은 공증인이 낭독한 바를 듣고, 그 필기가 유언의 취지에 비추어 정확함을 승인한 후 각자 서명 또는 기명날인하여야 한다. 동 조문은 공증인법 §38 ③에 따른 참여자의 '서명날인' 요건에 대한 특칙이다. 따라서 유언자나 증인은 서명이나 기명날인 중 하나를 선택할 수 있으며, 둘 중 한 요건만 갖추어지면 방식을 준수한 것으로 본다. 다만, 이에 대해서는 반대하는 견해[39]가 있다. 특별법 우선의 원칙에 따라 서명과 날인을 모두 갖추어야만 유효하다는 것이다. 한편 일부 견해는 유언자의 날인이 결여되었더라도 증인 2인의 참여가 있고 유언자가 필기의 정확함을 승인하였다면 유효한 공정증서유언으로 보아야 한다고 주장하나[40], 의문이다.

기명날인을 반드시 유언자나 증인 자신이 직접 할 필요는 없으며, 타인이 대신할 수도 있다.[41] 유언자가 서명할 수 없는 경우에 공증인은 이를 부기하고 기명날인을 대신할 수 있는가. 가능하다는 것이 다수의 견해이다.[42] 대법원도 유언자가 팔에 주사바늘을 꼽고 있었고 안정을 취해야 하는 관계로 일어나 스스로 서명을 할 수 없어 공증인이 유언자의 의사에 따라 그 사유를 적고 망인 대신 이름을 쓰고 도장을 날인한 사안에서 공정증서유언의 기명날인 요건을 갖춘 것으로 판단한 바 있다.[43] 반면 유언자가 중환으로 서명할 수 없었던 사안에서 공증인이 낭독 및 정확함을 승인받은 절차를 밟지 않은 채 공증인 사무실에서 유언자가 아닌 다른 사람이 가져온 유언자의 인장을 대신 날인한 경우에는 요건을 갖춘 것으로 볼 수 없다고 판시하였다.[44] 유언자가 스스로 기명날인할 수 있는 경우에까지 공증인이 서명을 대행하는 것은 당연히 허용되지 않을 것이다.[45] 유언자가 스스로 서명할 수 없는 상태에서 다른 사람이 사지가

39) 김상훈(2017), 11; 남상우(2011), 266~268.
40) 김기영(2011), 107; 김용한, 393; 박병호, 434.
41) 권오봉(2010), 193; 김영희(2002), 264; 김영희(2007b), 379; 김주수 · 김상용, 806; 김형석(2016), 1075; 박동섭, 722; 배경숙 · 최금숙, 641; 오시영, 721~722; 윤진수, 517; 이경희, 537; 장재형(2008), 90; 주석상속(2), 261.
42) 김기영(2011), 107; 김상훈(2017), 11; 김용한, 393; 박병호, 434; 신영호 · 김상훈, 447; 정광현, 요론, 421; 천종숙, 413.
43) 대법원 2016. 6. 23. 선고 2015다231511 판결(미공간). 위 판결에 찬성하는 판례평석으로 김상훈(2017), 11.
44) 대법원 2002. 9. 24. 선고 2002다35386 판결.
45) 이재성(1981), 63. 서명은 언제나 대리가 불가능하다는 견해로 김상훈(2017), 11; 김영희(2007b), 379.

마비된 유언자의 손을 잡고 같이 서명한 경우에도 같다.[46]

서명을 하는 경우에 유언자나 증인이 반드시 자신의 성명 전부를 기재해야 하는 것은 아니다. 그의 인적 동일성을 확인할 수만 있다면 성명의 일부나 부호, 예명, 호 등을 이용하는 것도 가능하다.[47]

유언자와 증인의 서명 또는 기명날인까지 모두 완료되어야 비로소 공정증서에 의한 유언이 유효하게 성립한다. 하지만 일단 유언자가 공증인 필기의 정확함을 승인하고 서명 또는 기명날인하였다면, 아직 증인이 승인 및 서명 또는 기명날인 절차를 완료하지 않았더라도, 유언자의 사망은 유언의 효력에 영향을 미치지 않는다고 보아야 할 것이다.[48] 이러한 경우에까지 유언의 효력을 부정하는 것은 유언자의 진정한 의사실현을 오히려 저해하기 때문이다. 유언자가 생존해 있는 경우라도 증인의 서명 또는 기명날인이 반드시 유언자의 면전에서 이루어져야 하는 것은 아니다.[49]

5. 공증인의 서명날인

공증인은 공증인법 §35에 따라 유언공정증서를 작성한 후, 유언증서가 위와 같은 절차에 의해 작성되었다는 사실을 유언서에 부기하고, 서명날인하여야 한다(공증인법 §38 ③). 공증인이 공정증서를 작성한 것이 아니라 사서증서 인증을 한 것에 불과하다면, 자필증서유언의 방식을 갖추어 그 효력을 인정받는 것은 별론으로 하고, 공정증서유언으로는 효력이 없다.[50] 공증인이 공증인법 §21에 따른 제척사유에 해당하는 등의 사유로 공정증서를 작성할 수 없음에도 불구하고 이를 작성한 경우도 같다.[51]

공증인법 §16에도 불구하고 공증인이 소속 지방검찰청의 관할을 벗어나 출장유언공증을 한 경우에 공정증서유언은 무효로 되는가. 이는 단속법규에 불과하므로 이 때 공정증서유언은 유효하다고 보아야 할 것이다.[52] 출장공증을

---

46) 대법원 2002. 10. 25. 선고 2000다21802 판결. 유언자의 의사가 명확한 경우라면 타인이 유언자의 손을 잡고 서명한 경우에도 방식을 갖춘 것으로 보아야 한다는 견해로 김상훈(2017), 11.

47) 곽윤직, 234; 김주수·김상용, 806; 오시영, 721; 이경희, 537; 장재형(2008), 90; 주석상속(2), 261; 한봉희·백승흠, 601.

48) 곽윤직, 234; 김주수·김상용, 806; 박동섭, 723; 오시영, 722; 장재형(2008), 90~91; 주석상속(2), 261~262; 한봉희·백승흠, 602.

49) 김영희(2007c), 86.

50) 대법원 1994. 12. 22. 선고 94다13695 판결. 같은 취지로 최두진(2006), 81.

51) 김기영(2011), 123; 최두진(2006), 82.

52) 최두진(2006), 83. 대법원 2002. 10. 25. 선고 2000다21802 판결은 관할구역을 벗어난 출장공증유언에 대해 그 효력을 부정하였으나, 이는 공증인에 의한 필기낭독 절차가 누락되었음을 주

하였음에도 유언공정증서에는 마치 공증인 사무소에서 유언을 한 것과 같이 기재되어 있는 경우에는 어떠한가. 이러한 사유만으로는 공정증서유언의 효력에 영향을 미치지 않는다는 것이 판례의 태도이다.[53)]

공증인은 공정증서유언의 원본을 공증인사무소에 20년간 보관하여야 하며(공증 서류의 보존에 관한 규칙 제5조제1항제2호 다목), 유언자 기타 촉탁인, 승계인 또는 이해관계인의 청구가 있으면 그 정본이나 등본을 발급하여 교부하여야 한다(공증인법 §46 ①, §50 ①).

Ⅲ. 유언의 효력

위 각 요건 중 전부 또는 일부를 갖추지 못한 공정증서유언은 무효이다. 공증인은 본래 법령을 위반한 사항이나 무효인 법률행위에 관하여는 공정증서를 작성할 수 없으므로(공증인법 §25), 만약 공증인이 실수로 요건불비의 유언공정증서를 작성하여 수증자 등에게 손해를 입혔다면 공증인은 손해배상책임을 진다.[54)] 다만, 공정증서유언 작성에 참여한 증인에게 결격사유가 있어 유언이 무효로 돌아간 경우에 공증인이 결격사유 존부를 적극적으로 탐지하지 않았다고 하여 그의 의무를 위반한 것으로 볼 수는 없다.[55)] 공증인은 증인의 결격사유에 대해 유언자나 증인에게 묻거나 공증절차에서 현출된 사정에 의해 이를 확인하는 것으로 족하기 때문이다.

유언자가 당해 공정증서유언이 무효임을 알았더라면 사인증여행위를 하였을 것이라는 가정적 의사를 인정할 수 있고, 수증자가 유언공정증서 작성 당시 동석하고 있는 등의 사정으로 유언자 생전에 그 유증의 의사표시를 수령한 바 있으며, 이를 묵시적으로 승낙하였다고 추단할만한 사정이 있다면, 무효행위 전환의 법리에 따라 무효인 공정증서유언에 사인증여로서의 효력을 인정할 수 있을 것이다.[56)]

그 밖에 공정증서유언으로서는 무효이나, 유언작성과정에 참여한 공증인

된 이유로 한 것으로서 관할구역 위반 여부는 판단에 큰 영향을 미치지 않은 것으로 보인다.

53) 대법원 2008. 8. 11. 선고 2008다1712 판결.

54) 박동섭, 723.

55) 남상우(2011), 243~244.

56) 전환을 위한 구체적인 요건에 관하여는 김영희(2007c), 100~104; 최두진(2006), 90~98 참조. 자필증서유언이 은행의 대여금고에 보관되어 있었던 결과 사인증여로서의 청약의 의사표시가 발신되지 않았음을 이유로 사인증여로의 전환을 부정한 하급심 판결로 서울중앙지방법원 2005. 7. 5. 선고 2003가합86119 판결 참조.

을 증인 중 1명으로 보면 구수증서유언의 요건을 갖춘 것으로 판단할 수 있는 경우라면 무효행위 전환의 법리에 따라 구수증서유언으로서의 효력을 인정할 수 있다는 견해[57]도 있다.

공증인이 유언자의 구수 내용 중 일부의 필기를 누락한 경우에 그 누락된 부분에 대해서는 공정증서유언의 효력이 미치지 않음이 원칙이다. 다만, 유언자가 공증인에게 촉탁한 유증재산의 목록 중 일부 부동산이 공정증서 작성과정에서 누락된 경우 유증자의 사망 후 공증인의 확인 하에 누락된 부동산을 유증재산목록에 포함시키는 경정을 하였다 하여 유증의 효력이 없는 것은 아니다.[58]

Ⅳ. 유언의 집행

공정증서유언은 별도의 검인 절차를 거치지 않고도 바로 집행할 수 있다(§1091 ②). 이미 공정력이 있기 때문이다.

57) 김영희(2007c), 82~83.
58) 창원지방법원 1992. 9. 25. 선고 90가합9001 판결.

第1069條(祕密證書에 依한 遺言)

① 祕密證書에 依한 遺言은 遺言者가 筆者의 姓名을 記入한 證書를 嚴封捺印하고 이를 2人 以上의 證人의 面前에 提出하여 自己의 遺言書임을 表示한 後 그 封書表面에 提出年月日을 記載하고 遺言者와 證人이 各自 署名 또는 記名捺印하여야 한다.

② 前項의 方式에 依한 遺言封書는 그 表面에 記載된 날로부터 5日內에 公證人 또는 法院書記에게 提出하여 그 封印上에 確定日字印을 받아야 한다.

참고문헌: 김기영, "독일유언법의 유언방식에 관한 소고", 사회과학논집 8(1996); 김기영, "비밀증서에 의한 유언에 관한 소고", 사회과학논집 15(2003); 김영희, "독일의 보통방식의 유언", 가족법연구 15−1(2001); 김영희, "현행민법상 유언의 방식에 관한 연구", 가족법연구 20−2(2006); 남상우, "공정증서유언의 증인에 관한 고찰", 가족법연구 25−2(2011); 윤진수, "법률해석의 한계와 위헌법률심사 −유언자의 주소가 기재되지 않은 자필증서유언을 중심으로−", 심헌섭 75세기념(2011b); 조인섭, "유언의 방식에 관한 연구", 이화여대 박사학위논문(2016a); 현소혜, "유언방식의 개선방향에 관한 연구", 가족법연구 23−2(2009a).

Ⅰ. 개설

비밀증서에 의한 유언은 유언자가 필자의 성명을 기입한 증서를 엄봉날인하고 증인에게 자기의 유언서임을 표시한 후 그 봉서표면에 제출연월일을 기재하고 유언자와 증인이 각자 서명 또는 기명날인함으로써 성립한다.

비밀증서에 의한 유언은 글을 알지 못하는 사람도 이용할 수 있고, 유언의 존재를 확보하면서도 그 내용은 비밀로 할 수 있다는 장점이 있지만, 유언의 진정성 확보에 문제가 생기거나 유언의 내용에 대해 다툼이 발생할 우려가 있다는 점, 분실·훼손의 우려가 있다는 점, 검인절차를 거쳐야 하므로 다소 번거롭다는 점 등이 단점으로 지적되고 있다.[1] 이러한 이유 때문에 비밀증서유언 제도에 관해서는 분실 또는 훼손의 위험을 최소화하기 위해 유언증서의 공적 보관 제도를 신설할 필요가 있다거나[2], 유언의 진정성을 침해받기 쉬운 미성년자에게는 그 이용을 제한해야 한다는 주장[3] 등이 제기되고 있다.

비밀증서유언 제도는 프랑스 민법에서 인정하고 있는 비밀증서유언 방식을 일본을 거쳐 계수한 것인데, 우리나라의 비밀증서유언은 공증인의 참여를 요하지 않는다는 점 및 필기능력은 있지만 언어능력은 없는 자를 위한 특칙을 두고 있지 않다는 점에서 프랑스 민법 및 일본 민법과 차이가 있다.[4] 독일 민법은 비밀증서유언 방식을 인정하고 있지는 않지만, 봉함서면인도에 의한 공정증서유언방식(BGB §2232)[5]이나 자필증서유언의 공적 보관(BGB §2248)[6]과 같은 제도를 통해 사실상 비밀증서유언과 같은 기능을 담당하도록 하고 있다.

Ⅱ. 요건

1. 필자의 성명을 기입한 증서

유언자는 먼저 유언증서를 작성하고 필자의 성명을 기입하여야 한다.

유언서를 반드시 자필로 작성할 필요는 없으며, 다른 사람에게 대필하도록 하거나 기계를 이용하여 작성할 수도 있다.[7] 따라서 필기능력이 없는 사람이라도 비밀증서에 의한 유언을 할 수 있다. 비밀증서유언에 참가한 증인에게 대필하도록 하는 것도 가능하다.[8] 유언의 작성연월일이나 주소를 기재해야 하는 것도 아니다.[9] 봉서표면에 받은 확정일자를 기준으로 유언능력의 유무와

---

1) 고정명·조은희, 362; 곽윤직, 235; 김기영(2003), 19; 김용한, 393; 김재호(1998), 336; 김주수·김상용, 799, 806; 박동섭, 724; 박병호, 435; 박정기·김연, 459; 배경숙·최금숙, 642; 백성기, 380; 소성규, 297; 송덕수, 416; 오시영, 710, 723; 윤진수, 504; 이경희, 537, 542; 정광현, 요론, 422; 조인섭(2016a), 38; 주석상속(2), 241, 274; 한봉희·백승흠, 602.

2) 박동섭, 724; 배경숙·최금숙, 642; 이경희, 542; 주석상속(2), 274; 한봉희·백승흠, 602.

3) 김영희(2006), 148.

4) 조인섭(2016a), 33. 프랑스 민법과 일본 민법상 비밀증서유언 제도에 관해 자세히 소개하고 있는 문헌으로 김기영(2003), 24~25, 27~28 참조.

5) 이를 소개하고 있는 문헌으로 김기영(1996), 72; 김영희(2001), 350; 김영희(2006), 146~147 참조.

6) 이를 소개하고 있는 문헌으로 김영희(2001), 366 참조.

7) 곽윤직, 235; 권순한, 465; 김기영(2003), 20; 김용한, 393~394; 김주수·김상용, 807; 박동섭, 724; 박병호, 435; 배경숙·최금숙, 642~643; 송덕수, 416~417; 신영호·김상훈, 448; 오시영, 723; 이경희, 537; 정광현, 요론, 422; 한봉희·백승흠, 603.

8) 곽윤직, 235; 김용한, 394; 박병호, 435; 정광현, 요론, 422.

9) 곽윤직, 235; 권순한, 465; 김기영(2003), 20; 박동섭, 724; 박정기·김연, 459; 배경숙·최금숙,

유언의 선후를 판단하는 것이 가능하기 때문이다.

다만, 유언증서에는 반드시 필자의 성명이 기입되어야 한다. 이때 '필자'란 유언자가 자서한 때에는 유언자 자신을, 다른 사람이 대필한 때에는 대필자를 말한다.[10] 조문의 문언상으로는 필자의 '성명을 기입'하는 것으로 족하지만, 이를 필자의 서명을 요구하는 것으로 해석하는 견해가 있다.[11]

2. 엄봉날인

비밀증서유언을 하려는 자는 필자의 성명이 기입된 유언증서를 엄봉하여 그 봉한 곳에 날인하여야 한다. 이때 '엄봉'이란 유언증서를 봉투에 넣거나 봉지로 싸서 그 봉투나 봉서를 훼손하지 않고는 개봉할 수 없도록 하는 행위를 말한다.[12] 제3자에 의한 파훼를 방지하여 유언내용의 비밀을 보장하기 위함이다. '날인'은 그 봉한 지점에 인장을 찍는 방식으로 이루어져야 하는데, 이때 사용되는 인장이 반드시 인감도장이어야 하는 것은 아니지만, 적어도 봉서에 사용된 것과는 동일한 것이어야 한다.[13]

엄봉과 날인은 누가하여야 하는가. 양자 모두 유언자가 직접 해야 한다는 견해[14], 엄봉은 유언자가 직접 해야 하지만 날인은 누가 하더라도 무방하다는 견해[15], 엄봉과 날인 모두 누가 하더라도 무방하다는 견해[16]가 대립하고 있다. 문리해석상 첫 번째 견해가 타당할 것이다.

3. 증인에 대한 제출

비밀증서유언을 하려는 자는 엄봉날인된 유언증서를 2인 이상의 증인에게 제출하여 자신의 유언서임을 표시한 후 그 봉서 표면에 제출연월일을 기재하여야 한다.

유언서임을 표시하는 행위는 반드시 말로 해야 하는 것은 아니며, 글로 해도 무방하다.[17] 가령 증인 앞에서 '이 증서는 나의 유언서이다.'라는 취지와 유

643; 오시영, 723; 이경희, 537; 주석상속(2), 275; 한봉희 · 백승흠, 603.

10) 곽윤직, 235; 김기영(2003), 20; 송덕수, 417; 윤진수, 518.

11) 곽윤직, 235.

12) 곽윤직, 236; 김기영(2003), 21; 박동섭, 724.

13) 곽윤직, 236; 김기영(2003), 21.

14) 곽윤직, 236; 권순한, 465; 김기영(2003), 21; 김용한, 394; 박병호, 435; 송덕수, 417; 윤진수, 519; 정광현, 요론, 422.

15) 김주수 · 김상용, 807; 박정기 · 김연, 459; 배경숙 · 최금숙, 643; 오시영, 723; 이경희, 537; 주석상속(2), 275.

16) 박동섭, 724; 조인섭(2016a), 245.

언자의 성명 등을 봉서 표면에 자서하는 방법으로도 가능하다. 따라서 말을 할 수 없는 사람도 비밀증서유언을 이용할 수 있다. 거동에 의한 표시는 허용되는가. 언어능력과 필기능력이 모두 없는 사람도 비밀증서에 의한 유언방식을 사용할 수 있도록 하기 위해 이를 허용해야 한다는 견해[18]가 있다. 입법론으로서 수화에 의한 제출이 있었던 경우에 수화통역을 허용하여 비밀증서유언이 가능하도록 해야 한다는 주장도 있다.[19]

유언자가 봉서표면에 기재해야 하는 제출연월일은 유언서의 작성연월일과는 다르다.[20] 자필증서유언의 경우와는 달리 비밀증서유언에서 작성연월일을 기재하는 것은 필수요건이 아니지만, 제출연월일은 반드시 기재하여야 한다. 작성연월일과 제출연월일이 같은 날짜여야 하는 것도 아니다.

증인제출절차를 누락하거나 증인 1명에게만 유언증서를 제출한 경우에 당해 비밀증서유언은 무효이다. 증인의 자격에 대해서는 §1072 註釋 참조.

4. 유언자와 증인의 서명 또는 기명날인

유언자와 증인은 엄봉날인된 유언증서의 봉서표면에 각자 서명 또는 기명날인하여야 한다. 기명날인은 반드시 본인이 해야 하는 것은 아니다.[21] 이때 '서명'은 서명날인으로 새겨야 한다는 소수설[22]이 있다. 유언증서상 봉인의 진정성립을 확인할 필요가 있다는 것이다. 같은 이유에서 적어도 증인 중 최소한 1명은 봉서에 서명날인해야 한다는 견해[23]도 있다.

유언자가 엄봉날인에 사용한 인장과 봉서표면에 기명날인한 인장, 그리고 유언증서에 기명날인한 인장은 동일해야 함은 2.에서 서술한 바와 같다.[24] 따라서 위 각 인장이 동일하지 않으면 비밀증서유언은 요건을 갖추지 못한 것으로 무효이다.

---

17) 김기영(2003), 21; 김용한, 394; 김주수 · 김상용, 807; 박동섭, 724; 박병호, 435; 배경숙 · 최금숙, 643; 신영호 · 김상훈, 448; 오시영, 724; 정광현, 요론, 422; 조인섭(2016a), 246; 주석상속(2), 275; 천종숙, 414.

18) 조인섭(2016a), 248; 현소혜(2009a), 35~36. 윤진수(2011b), 36 역시 이 문제를 소개하고 있으나, 적극적인 입장표명은 유보하고 있다.

19) 김영희(2006), 145~146.

20) 김기영(2003), 22; 박동섭, 725.

21) 주석상속(2), 275.

22) 곽윤직, 236; 한봉희 · 백승흠, 603.

23) 남상우(2011), 245. 남상우(2011), 245~246은 입법론으로서도 동일한 주장을 하고 있다.

24) 곽윤직, 236.

5. 확정일자인

유언봉서는 그 표면에 기재된 날, 즉 제출연월일로부터 5일 내에 공증인 또는 법원서기에게 제출하여 그 봉인 상에 확정일자인을 받아야 한다(본조 제2항). 유언능력의 유무나 유언의 선후는 이 확정일자를 기준으로 판단한다.[25]

확정일자란 법률에 의해 인정되는 일자로, 사문서인 증서를 작성한 일자에 대해 공증력을 부여하며 완전한 증거를 제시하는 것이므로 후에 이를 변경할 수 없다. 확정일자는 공증인 · 법무법인 · 공증인가합동법률사무소 · 지방법원 · 동 지원(형사 · 가정 · 행정법원 제외) · 등기소(상업등기소 제외)에서 받을 수 있다.[26]

다만, 이에 대해서는 어차피 유언의 존재나 유언능력 등에 관한 입증은 증인의 입회에 의해 충분히 가능하므로 굳이 확정일자를 요구하는 것은 과도한 중복절차에 불과하다고 비판하면서 위 요건을 폐지하고, 대신 유언봉서 제출시 공증인의 관여를 의무화할 필요가 있다는 입법론적 비판이 있다.[27]

Ⅲ. 유언의 효력

비밀증서유언의 방식 요건을 전부 또는 일부 충족시키지 못한 경우에 당해 유언은 무효이다. 다만, 비밀증서유언으로서는 무효이더라도 자필증서유언으로서의 방식을 갖춘 경우에는 자필증서유언으로 효력을 인정할 수 있다. §1071 註釋 참조.

Ⅳ. 유언의 집행

비밀증서유언을 집행하기 위해서는 반드시 가정법원의 검인절차를 거쳐야 한다(§1091).[28] 따라서 비밀증서유언을 보관한 자 또는 발견한 자는 유언자 사망 후 지체 없이 가정법원에 검인을 청구하여야 하며, 가정법원은 유언자의 상속인, 그 대리인 기타 이해관계인의 참여에 의해 그 봉인된 유언증서를 개봉하여야 한다. 자세한 내용은 §1091 및 §1092 註釋 참조.

---

25) 곽윤직, 236; 김기영(2003), 22.
26) 민법 부칙 제3조, 대법원행정예규 제340호 제2조 및 제3조.
27) 김영희(2006), 146~148.
28) 이경희, 531~532.

第1070條(口授證書에 依한 遺言)

① 口授證書에 依한 遺言은 疾病 其他 急迫한 事由로 因하여 前4條의 方式에 依할 수 없는 境遇에 遺言者가 2人 以上의 證人의 參與로 그 1人에게 遺言의 趣旨를 口授하고 그 口授를 받은 者가 이를 筆記朗讀하여 遺言者의 證人이 그 正確함을 承認한 後 各自 署名 또는 記名捺印하여야 한다.

② 前項의 方式에 依한 遺言은 그 證人 또는 利害關係人이 急迫한 事由의 終了한 날로부터 7日內에 法院에 그 檢認을 申請하여야 한다.

③ 第1063條第2項의 規定은 口授證書에 依한 遺言에 適用하지 아니한다.

참고문헌: 고영구, "구수증서에 의한 유언", 재판자료 62(1993); 김상찬, "유언증인의 역할에 관한 비교법적 연구", 법과 정책 11(2005); 김영희, "현행민법상 유언의 방식에 관한 연구", 가족법연구 20-2(2006); 김영희, "방식위배와 구수증서유언의 검인제도", 강원법학 24(2007a); 김영희, "구수증서유언과 유언에 있어서 구수의 의의", 가족법연구 21-3(2007b); 김재호, "포괄적 유증", 재판자료 제78집(1998); 김현진, "치매와 유언능력의 판단", 외법논집 41-1(2017); 남상우, "공정증서유언의 증인에 관한 고찰", 가족법연구 25-2(2011); 박동섭, "유언검인은 유언의 유효요건인가", 新聞 3558(2007a); 유영선, "유증과 등기", 司論 29(1998); 전계원, "유증으로 인한 소유권이전등기절차", 법조 35-9(1986); 조인섭, "유언의 방식에 관한 연구", 이화여대 박사학위논문(2016a); 현소혜, "유언방식의 개선방향에 관한 연구", 가족법연구 23-2(2009a).

Ⅰ. 개설

구수증서에 의한 유언은 유언자가 2인 이상의 증인의 참여 하에 그 중 1인에게 유언의 취지를 구수하고, 그 구수를 받은 자가 이를 필기낭독하여 다른 증인이 그 정확함을 승인한 후 각자 서명 또는 기명날인하면 성립한다.

구수증서유언은 특별방식에 의한 유언이다. 즉, 구수증서유언은 질병 기타 급박한 사유로 인해 보통방식에 의한 유언을 할 수 없는 경우에만 이용할 수 있다. 문제는 정작 급박한 사정이 있는 경우에는 구수증서유언에서 요구하는 요건, 즉 구수나 필기, 낭독 등의 절차를 갖추기가 쉽지 않다는 것이다. 이러한 특별방식에 의한 유언으로서의 성격 때문에 판례는 구수증서유언의 방식요건을 완화하여 해석하는 경향이 있다.[1] 학설의 태도도 대체로 이와 같으며,[2] 논자에 따라서는 구수증서유언보다 더욱 완화된 구술유언방식(oral will) 제도를 도입할 것을 주장하기도 한다.[3]

Ⅱ. 요건

1. 질병 기타 급박한 사유

구수증서유언을 하기 위해서는 질병 기타 급박한 사유로 인해 보통방식에 의한 유언을 할 수 없어야 한다.

이때 '질병'이란 단순히 병에 걸린 것을 넘어 질병으로 인해 보통방식에 의한 유언을 할 수 없을 정도의 급박한 사유가 있을 것이 요구된다. 즉, 사망이 시간적으로 가까운 위독한 상태에서만 질병을 원인으로 하는 구수증서에 의한 유언을 할 수 있음이 원칙이다.[4] 하지만 판례는 위 요건을 다소 완화하여, 고령의 노환으로 거동이 부자유하고 자필이 불가능한 상황에서 공정증서유언 대신 구수증서유언 방식을 이용한 사안[5]이나 입원하고 있던 병원에서 구수증서유언을 한 경우[6]에도 그 효력을 인정하고 있다.

'기타 급박한 사유'란 사고나 재해로 인해 부상·조난 등을 당하여 거동이 불가능 내지 현저히 불편하거나, 자연재해 또는 전염병 등으로 인해 차단된 지역에 있는 경우와 같이 외부와의 접촉이 사실상 어려운 경우를 말한다.[7] 기타

---

1) 대법원 1977. 11. 8. 선고 76므15 판결.

2) 김영희(2006), 149~150; 김영희(2007b), 385~386; 김주수·김상용, 808; 박동섭, 725; 송덕수, 417~418; 신영호·김상훈, 441; 오시영, 724; 유영선(1998), 542; 이경희, 539; 조승현, 453; 조인섭(2016a), 259; 주석상속(2), 276; 한복룡, 328. 이에 반대하는 견해로 김현진(2017), 338.

3) 곽윤직, 239; 김재호(1998), 336; 박동섭, 728. 이에 대해 비판적인 견해로 조인섭(2016a), 272; 현소혜(2009a), 8~9.

4) 곽윤직, 237; 박동섭, 726.

5) 대법원 1977. 11. 8. 선고 76므15 판결.

6) 대법원 1992. 7. 14. 선고 91다39719 판결. 반면 대법원 1999. 9. 3. 선고 98다17800 판결은 병원 입원 중에 구수증서유언을 하였고, 그로부터 한 달이 채 되지 않아 사망하였더라도 구수증서유언 당시 유언자의 의사능력이나 언어능력, 신체능력 등에 별다른 문제가 없었다면 보통방식의 유언을 할 수 없는 상태가 아니라고 보았다.

7) 김용한, 395; 김주수·김상용, 808; 박동섭, 726; 박병호, 436; 박정기·김연, 460; 배경숙·최금숙, 643; 신영호·김상훈, 448~449; 오시영, 725; 이경희, 539; 정광현, 요론, 423; 주석상속(2), 277; 한봉희·백승흠, 604.

사유로 인해 유언자의 생명의 위험이 급박한 상태에 있을 것을 요구하는 견해도 있다.[8] 다만, 이 견해는 사망의 위급이 객관적일 필요는 없고 유언자가 주관적으로 자각하는 것으로 족하다고 한다.

하지만 판례는, 유언자의 주관적 인식과 무관하게, 자필증서유언·녹음에 의한 유언·공정증서유언 또는 비밀증서유언 등 보통방식에 의한 유언이 객관적으로 가능한 경우에는 구수증서에 의한 유언이 불가능하다고 보고 있다.[9] 따라서 이러한 경우에까지 구수증서유언을 하는 것은 무효이다. 구수증서에 의한 유언이 가능한 경우라도 보통방식의 유언을 하는 것은 당연히 허용된다.[10]

2. 유언자의 구수

유언자는 증인 중 1명에게 유언의 취지를 구수하여야 한다. 이때 '구수'의 의미는 공정증서유언에서의 구수와 동일하다. 공정증서유언에서 구수의 의미에 대해서는 §1068 註釋 참조. 보통방식에 의한 유언을 할 수 없는 급박한 사정이 있으므로, '구수' 요건을 보다 완화하여 해석하지 않으면 안 된다는 견해[11]도 있으나, 대법원은 공정증서유언과 구수증서유언에서 '구수'의 의미를 달리 보지 않는다.

따라서 증인이 제3자에 의하여 미리 작성된, 유언의 취지가 적혀 있는 서면에 따라 유언자에게 질문을 하고 유언자가 동작이나 간략한 답변으로 긍정하는 방식은, 유언 당시 유언자의 의사능력이나 유언에 이르게 된 경우 등에 비추어 그 서면이 유언자의 진의에 따라 작성되었음이 분명하다고 인정되는 등의 특별한 사정이 없는 한 본조의 구수에 해당하지 않는다.[12] 물론 유언자가 직접 유언의 취지를 말로써 구수하지 않은 경우라도 유언자의 의사능력이 인정되고, 그것이 유언자의 진의에 따라 작성되었음이 명백하다면 위 방식요건은 충족된 것으로 볼 수 있다.[13] 결국은 사실판단의 문제이다.

피성년후견인의 경우에 유언 당시 그의 의사능력이 회복되어 있었는지 여부에 관하여 의사가 유언서에 부기하거나 서명날인해야 하는 것은 아니다(본조

8) 고영구(1993), 784~785; 김영희(2007b), 377~378.
9) 대법원 1999. 9. 3. 선고 98다17800 판결. 위 판결의 태도에 찬성하는 견해로 조인섭(2016a), 253.
10) 박동섭, 706.
11) 김영희(2007b), 356.
12) 대법원 2006. 3. 9. 선고 2005다57899 판결.
13) 김영희(2007b), 356~357.

제3항에 따른 §1063 ②의 적용배제). 보통방식에 의한 유언과는 달리 구수증서유언에서는 의사가 참여하기 힘든 급박한 사정이 있기 때문이다.

3. 증인 2인 이상의 참여

구수증서에 의한 유언을 할 때에는 2명 이상의 증인이 참여하여야 한다. 증인 결격사유에 대해서는 §1072 註釋 참조. 증인은 유언자에 의한 구수가 있은 때부터 참여해야 하며, 낭독시점부터야 비로소 참여하였다면 증인의 참여가 없었던 것으로 보아 유언의 효력을 부정해야 할 것이다.[14] 구수증서유언의 경우에는 피성년후견인의 의사능력 회복 여부 판단을 위한 의사의 참여가 요구되지 않으므로(본조 ③), 증인이 유언의 정확함뿐만 아니라 유언자의 심신회복 상태 여부에 대한 확인의무도 함께 부담한다.[15] 일본 민법상 유언입회인의 역할을 겸하는 셈이다.[16]

4. 증인 중 1인에 의한 필기 낭독

증인 중 1인이 유언자의 구수를 받아 적은 후 이를 낭독하여야 한다. 공정증서유언에서의 공증인의 역할을 증인이 갈음한다는 데 구수증서유언의 특징이 있다.[17] 증인 외의 자가 필기하는 것은 허용되지 않는다.[18] 다만, 필기한 자의 성명 앞에 '증인'이라고 명기되어 있지 않고, '대필자'라고만 쓰여 있는 경우에도 그의 역할이 증인이었음이 명백하다면 그 유언은 방식을 갖춘 것으로 본다.[19]

필기는 반드시 다른 증인의 참여 하에 해야 하지만, 필기의 도구나 자재 등에는 아무런 제한이 없다.[20] 따라서 기계로 작성하더라도 무방하다. 유언 작성 연월일의 기재는 요구되지 않는다.[21] 그 밖에 필기나 낭독의 의미에 대해서는 §1068 註釋 참조. 다만, 입법론으로서 언어능력 장애인의 유언의 자유를 보장하기 위해 낭독을 열람이나 수화통역으로 갈음할 수 있도록 해야 한다는 견해가 있다.[22] 前註 V. 2. 註釋 참조.

---

14) 곽윤직, 238; 이경희, 539.
15) 곽윤직, 238; 박동섭, 728.
16) 유언입회인 제도에 대해서는 김상찬(2005), 38~42 참조.
17) 남상우(2011), 237.
18) 고영구(1993), 788; 김영희(2007b), 358.
19) 대법원 1977. 11. 8. 선고 76므15 판결.
20) 곽윤직, 238; 박동섭, 726; 이경희, 539; 한봉희 · 백승흠, 604.
21) 고영구(1993), 790; 박동섭, 727.
22) 김영희(2006), 150~151.

5. 유언자의 증인의 승인과 서명 또는 기명날인

필기·낭독된 바에 따라 유언자의 증인이 유언의 정확함을 승인하고 각자 서명 또는 기명날인하여야 한다. 본조의 문리해석상 유언자의 승인 내지 서명 또는 기명날인은 별도로 요구되지 않는다. 급박한 상황 하에 있는 유언자는 승인 또는 서명·기명날인이 불가능한 경우도 많기 때문이다.[23] 하지만 현재로서는 유언자와 증인 모두의 승인과 서명 또는 기명날인이 필요하다는 견해가 오히려 다수설이다.[24] 문언상으로는 마치 "유언자의 증인"만 서명 또는 기명날인하면 되는 것처럼 보이지만, 이는 편집상의 오류에 불과하다는 입장이다.

일단 증인이 그 정확성을 승인하였다면, 설령 증인에 대하여 증인이라는 표시가 없고, 유언서에 정확함을 승인하였다는 사유를 기재하지 않았더라도 구수증서유언은 유효하다.[25] 아직 증인이 그 정확함을 승인하거나 서명 또는 기명날인하지 않은 상태에서 유언자가 사망하거나 의사능력을 상실한 경우에는 어떠한가. 유언자 스스로 서명 또는 기명날인을 완료한 경우는 물론이고[26], 유언의 정확함만 승인한 채 아직 서명 또는 기명날인을 완료하지 않은 경우라도 그 유언의 효력을 인정해야 한다는 견해가 유력하다.[27]

증인의 서명 또는 기명날인이 반드시 유언자의 면전에서 행해져야 하는 것도 아니다.[28] 그 밖에 서명 또는 기명날인의 의미에 대해서는 §1068 註釋 참조.

6. 검인

구수증서유언을 한 경우에 그 증인 또는 이해관계인은 급박한 사유가 종료한 날로부터 7일 내에 법원에 유언의 검인을 신청하여야 한다(본조 ②). 검인절차를 거치지 않은 구수증서유언은 무효이다.[29]

---

23) 박동섭, 726.

24) 고정명·조은희, 363; 곽윤직, 238; 권순한, 466; 김주수·김상용, 809; 박병호, 436; 박정기·김연, 461~462; 배경숙·최금숙, 644; 백성기, 381; 소성규, 299; 송덕수, 417; 신영호·김상훈, 449; 오시영, 725; 윤진수, 519~520; 이경희, 540; 조승현, 454; 주석상속(2), 278; 한복룡, 328; 한봉희·백승흠, 605.

25) 대법원 1977. 11. 8. 선고 76므15 판결.

26) 고영구(1993), 789; 김주수·김상용, 809; 배경숙·최금숙, 644; 오시영, 725; 정광현, 요론, 424. 하지만 일본 최고재판소는 이러한 경우에 유언의 효력을 인정할 수 없다고 보았다. 日最判 1925(大 14). 3. 4. 民集4, 102 참조.

27) 김영희(2007b), 380; 박동섭, 727; 조인섭(2016a), 259~260.

28) 고영구(1993), 789; 김영희(2007b), 381; 박동섭, 726.

29) 대법원 1992. 7. 14. 선고 91다39719 판결.

가. 구수증서유언 검인 절차의 법적 성격

구수증서유언의 검인은 증거보전절차로서의 성격과 함께, 구수증서가 유언자의 진정한 의사에 기한 것인지 여부를 판단하고 확정하는 일종의 확인재판으로서의 성격도 겸하고 있다.[30] 대법원 역시 구수증서유언의 검인은 "그 유언이 유언자의 진의에서 나온 것임을 확정하는 절차"라고 본다.[31] 이러한 점에서 구수증서유언의 검인은 자필증서유언이나 녹음유언, 비밀증서유언 집행의 준비절차로 하는 검인과는 차이가 있다. 일반적인 유언서 검인에 관하여는 §1091 註釋 참조.

나. 검인청구권자

검인을 청구할 수 있는 자는 증인 또는 이해관계인이다. 이때 '증인'이란 구수증서유언 작성에 참여한 증인을, '이해관계인'이란 상속인, 유증 받은 자, 유언집행자 등 그 유언에 의해 법적으로 영향을 받는 자를 말한다.[32] 유언에 의해 인지 받을 자도 이에 포함될 수 있으나, 상속채권자는 여기에 해당하지 않는다.[33] 이해관계인이 스스로 유언증서를 보관하고 있어야 하는 것은 아니다.[34]

다. 검인청구의 관할법원

검인의 청구는 유언자의 주소지 또는 상속개시지의 가정법원에 하여야 한다(家訴 §44 vii 단서). 유언자 생존 중에는 유언자 주소지 가정법원의, 유언자가 사망한 때에는 상속개시지, 즉 피상속인의 마지막 주소지 가정법원의 전속관할에 속한다.[35]

라. 검인청구의 시기

검인의 청구는 급박한 사유가 종료한 날부터 7일 내에 하여야 한다(家訴 §44 vii 단서). 급박한 사유가 종료한 날이란 통상 선박의 조난, 전쟁 기타 천재지변 등과 같이 법원의 검인을 받을 수 없는 사유가 종료한 날[36]을 의미하지만,

---

30) 고영구(1993), 791; 김영희(2006), 151~152; 김영희(2007a), 119; 박병호, 437; 이희배, 357; 정광현, 요론, 424. 배경숙·최금숙, 644; 조인섭(2016a), 266; 주석상속(2), 279; 전계원(1986), 95; 천종숙, 414을 비롯한 몇몇 문헌은 구수증서유언의 검인과 관련하여, 검인은 일종의 검증절차·증거보전절차에 불과한 것이며, 유언이 유언자의 진의에 의한 것인가를 심사하는 것은 아니라고 서술하고 있으나, 이는 일반적인 유언의 검인과 구수증서유언의 검인을 구별하지 않고 한 서술인 것으로 보인다.

31) 대법원 1986. 10. 11.자 86스18 결정.

32) 대법원 1990. 2. 9.자 89스19 결정.

33) 고영구(1993), 793; 김영희(2007a), 120; 박동섭, 가사소송(하), 259; 제요[2], 411.

34) 김영희(2007a), 135.

35) 제요[2], 411.

36) 고영구(1993), 793; 김영희(2007a), 120.

질병으로 인해 구수증서유언을 한 경우라면, 특별한 사정이 없는 한 유언이 있은 날에 급박한 사유가 종료한 것으로 본다.[37]

마. 검인의 대상 및 방법

구수증서유언의 검인절차를 진행하는 가정법원은 유언증서의 형식·태양과 같은 유언방식에 관한 모든 사실을 조사해야 한다(家訴規 §85①). 이를 위해 검인청구권자는 구수증서유언의 원본을 가정법원에 제출하여야 한다.[38] 또한 법원은 유언에 참여한 의사·간호사·증인이나 유언자의 친족 등을 심문하고, 유언 당시 유언자의 병상·정신상태, 평소의 성격·언동 등 일체의 사정을 탐지하며, 필요한 경우에는 가사조사관에게 조사를 명할 수도 있다.[39] 검인기일에는 청구인과 상속인, 구수증서유언의 증인, 그 밖의 이해관계인에게 기일을 통지하여 참여의 기회를 주는 것이 바람직하다.[40]

바. 검인심판

(1) 검인의 방식

일반적인 유언의 검인은 유언검인조서로 하는 반면, 구수증서유언의 검인은 상대방 없는 라류 가사비송사건(家訴 §2 ① ii 가. 40))에 따른 검인심판으로 한다.[41] 검인심판절차비용은 상속재산에서 부담한다.

(2) 유언자의 진의에 따른 유언이 아닌 경우

유언자의 진의가 확인되면 검인심판이 선고되지만, 유언이 유언자의 진의에 의한 것이 아닌 것으로 밝혀지면 기각심판이 선고된다.[42] 하지만 유언자의 진의에 따른 것인지에 관하여 확증을 요하는 것은 아니며, 유언자의 진의를 따른 것이라는 정도의 심증으로 족하다.[43]

(3) 유언의 방식을 갖추지 못한 경우

법원은 유언의 방식불비를 이유로 검인청구를 기각 또는 각하할 수 있는가. 부정설이 다수의 견해이다.[44] 유언의 방식불비를 이유로 검인을 받아들이

---

37) 대법원 1986. 10. 11.자 86스18 결정; 대법원 1989. 12. 13.자 89스11 결정; 대법원 1994. 11. 3.자 94스16 결정.
38) 제요[2], 411.
39) 고영구(1993), 794; 김영희(2007a), 124; 박동섭, 가사소송(하), 260; 제요[2], 412.
40) 제요[2], 412.
41) 제요[2], 410.
42) 박동섭, 가사소송(하), 260.
43) 제요[2], 412.
44) 고영구(1993), 795; 김영희(2007a), 131~133; 박동섭, 724; 박병호, 437; 제요[2], 413. 김영희(2006), 152는 긍정설을 택하고 있으나, 김영희(2007a), 131~133에 의해 그 입장을 변경한 것으로 보인다.

지 않을 경우에 구수증서유언은 바로 효력을 잃게 되는 바, 유증을 받을 자 기타 이해관계인으로서는 유언의 효력을 소송으로 다투어 볼 기회조차 갖지 못하게 되어 부당하기 때문이다. 다만, 유언자와 증인의 서명 또는 기명날인이 전혀 없는 경우나 만17세 미만자가 유언한 경우와 같이 유언의 방식상·실체상 하자가 외관상 명백한 경우에는 검인의 실익이 없으므로 이를 기각할 수 있다는 견해가 있다.[45]

(4) 검인청구기간을 도과한 경우

검인신청기간을 도과한 청구는 부적법하므로 각하한다.[46] 그 결과 구수증서유언은 방식을 갖추지 못한 것으로 되어 바로 그 효력을 잃는다.[47] 이러한 의미에서 구수증서유언에서의 검인은 성립요건이며, 집행요건에 불과한 다른 유언방식에서의 검인과는 차이가 있다.[48] 다만, 위 기간을 경과하여 검인신청을 하였음에도 불구하고 법원이 그 신청을 각하하지 않고 검인심판을 하였다면, 정해진 기간 내에 즉시항고를 제기하지 않아 위 검인이 확정된 이상 더는 그 유언의 효력을 다툴 수 없다.[49] 이에서 더 나아가 기간의 준수를 객관적으로 기대할 수 없는 특별한 사정이 있는 경우에는 기간 경과 후의 검인신청이라도 그 검인을 거부할 수 없다는 견해[50]가 있다. 이를 각하할 경우 유언자의 의사에 반하는 결과가 된다는 것이다.

(5) 심판의 효력

법원이 검인심판으로써 유언이 적법하거나 유효한지 여부를 심사하는 것은 아니다. 법원은 그것이 유언자의 진의에 기한 것인지 여부를 확인하기는 하지만, 그 심판에 기판력이 있는 것도 아니다.[51] 따라서 검인심판을 받은 구수증서유언이라도 그것을 대상으로 유언무효확인의 소를 제기할 수 있으며, 법원은 자유롭게 그 유언의 진부와 효력을 판단할 수 있다.[52] 이와 관련하여 어차피 추후에 유언의 효력 유무를 다툴 수 있는 이상 성립요건으로서의 구수증서유언 검인절차는 아무런 실효성이 없으므로, 이를 폐지하고 §1091에 따른 검인

45) 고영구(1993), 796; 제요[2], 413.
46) 대법원 1986. 10. 11.자 86스18 결정; 대법원 1989. 12. 13.자 89스11 결정 등.
47) 대법원 1992. 7. 14. 선고 91다39719 판결.
48) 고영구(1993), 792, 800; 박동섭(2007a), 15; 조인섭(2016a), 267.
49) 대법원 1977. 11. 8. 선고 76므15 판결.
50) 고영구(1993), 793.; 김영희(2007a), 121.
51) 고영구(1993), 791; 김영희(2007a), 122; 제요[2], 414.
52) 고영구(1993), 791; 김영희(2007a), 122~123; 김주수·김상용, 809; 송덕수, 419; 전계원(1986), 96; 조인섭(2016a), 266.

절차로 통일할 필요가 있다는 취지의 입법론적 비판[53]이 있다.

사. 즉시항고

유언서 검인 사건은 일단 검인심판이 내려지면 즉시항고로만 이를 다툴 수 있다.[54] 유언검인의 심판에 대해서는 이해관계인이, 검인청구를 각하 내지 기각한 심판에 대해서는 청구인 및 다른 청구권자에 해당하는 증인 또는 이해관계인이 즉시항고를 할 수 있다(家訴規 §85 ②).[55] 이때 이해관계인이란 상속인 기타 검인에 의하여 직접 그 권리가 침해되었다고 객관적으로 인정되는 자를 말한다.[56] 따라서 유언자의 상속인도, 수증자도, 유언집행자도 아니며, 오로지 부담부 유증에 따라 일정한 이익을 받을 관계에 있을 뿐인 유언자의 시동생이 제기한 즉시항고는 부적법하다.[57]

아. 검인청구의 취하

검인청구의 취하가 가능한지 여부에 대해 명문의 규정은 없으나, 청구인이 단독으로 임의 취하하는 것을 허용하면 청구기간의 도과로 인해 다른 청구권자의 청구권을 박탈하는 결과가 나올 수 있으므로, 청구권자인 증인과 이해관계인 전원의 동의가 없는 한, 함부로 취하할 수 없다고 본다.[58] 처음부터 검인청구가 부적법한 경우 또는 유언자가 당해 구수증서유언을 철회한 경우와 같이 다른 청구권자를 해할 우려가 없는 경우라면 취하할 수 있을 것이다.[59]

Ⅲ. 유언의 효력

II.의 요건 중 일부라도 갖추지 못한 구수증서유언은 무효이다. 독일 민법 §2252는 특별방식에 의한 유언 성립일로부터 3개월이 지나도록 유언자가 생존하고 있는 때에는 그 유언이 자동적으로 실효된다고 규정하고 있으나, 우리 민법의 태도는 그렇지 않다. 따라서 일단 방식을 갖추어 적법하게 성립한 구수증서유언은, 철회되지 않는 한, 계속 유효하다.[60] 이에 대해서는 구수증서유언의 효력존속기간을 두어야 한다는 입법론적 비판[61]이 있다.

---

53) 박동섭(2007a), 15.
54) 대법원 1977. 11. 8. 선고 76므15 판결.
55) 대법원 1977. 11. 8. 선고 76므15 판결.
56) 대법원 1990. 2. 12.자 89스19 결정.
57) 대법원 1990. 2. 12.자 89스19 결정.
58) 고영구(1993), 797; 김영희(2007a), 121; 제요[2], 414.
59) 제요[2], 414.
60) 고영구(1993), 786; 조인섭(2016a), 262.

Ⅳ. 유언의 집행

본조에서 정해진 기간 내에 검인이 완료되면, 유언자 사망 후에 별도로 §1091에 따른 검인절차를 거칠 필요 없이 바로 유언의 집행이 가능하다(§1091 ②). 구수증서유언의 확인심판을 받았더라도 유언자 사망 당시 다시 검인절차를 거치도록 하고 있는 일본 민법과는 차이가 있다. 다만, 입법론으로서 급박한 사유가 종료한 후 상당한 기간이 경과한 다음에야 유언자가 사망한 경우에는 새로운 검인의 필요성이 있으므로, §1091을 개정하여 구수증서유언의 경우에도 역시 검인절차를 밟도록 해야 한다는 견해[62]도 있다. 증거보전절차로서의 검인은 별도로 진행해야 한다는 것이다. §1091 註釋 참조. 위 견해는 이러한 이유에서 본조상의 '검인'을 '확인'이라는 용어로 수정하자고 주장한다.[63]

---

61) 김영희(2006), 154~155; 김영희(2007b), 382; 조인섭(2016a), 262.
62) 이경희, 543.
63) 이경희, 543.

第1071條(祕密證書에 依한 遺言의 轉換)

祕密證書에 依한 遺言이 그 方式에 欠缺이 있는 境遇에 그 證書가 自筆證書의 方式에 適合한 때에는 自筆證書에 依한 遺言으로 본다.

비밀증서에 의한 유언이 §1069에 따른 요건을 갖추지 못하여 무효로 되는 경우라도 그 증서가 자필증서의 방식에 적합한 때에는 자필증서에 의한 유언으로서 효력을 인정할 수 있다. §138에 따른 무효행위의 전환의 대표적인 예이다. 가령 봉서 표면에 기재된 날로부터 5일 내에 확정일자인을 받지 못하였거나 증인이 한 사람 뿐이었던 경우 또는 유언서에 날인한 인장과 봉인에 사용한 인장이 동일하지 않은 경우에 당해 유언은 비밀증서유언으로서는 무효이나, 만약 유언증서의 전문과 연월일, 주소, 성명이 자서되어 있고, 유언자의 날인이 있었다면 자필증서유언으로서는 유효하다. 자필증서유언 및 비밀증서유언의 요건에 관하여는 각 §1066 및 §1069 註釋 참조.

단, 특별한 사정이 없는 한, 비밀증서유언 봉서 표면에 기재한 제출연월일로 자필증서유언에서 요구하고 있는 작성연월일의 기재를 갈음할 수는 없으므로, 비밀증서유언의 본문에 유언의 성립연월일이 기재되어 있지 않다면 그 전환을 인정할 수 없을 것이다.[1)]

1) 주석상속(2), 291.

第1072條(증인의 결격사유)

① 다음 각 호의 어느 하나에 해당하는 사람은 유언에 참여하는 증인이 되지 못한다.

1. 미성년자
2. 피성년후견인과 피한정후견인
3. 유언으로 이익을 받을 사람, 그 배우자와 직계혈족

② 공정증서에 의한 유언에는 「공증인법」에 따른 결격자는 증인이 되지 못한다.

참고문헌: 김영희, "공정증서유언과 장애인차별", 가족법연구 16-1(2002); 김영희, "구수증서유언과 유언에 있어서 구수의 의의", 가족법연구 21-3(2007b); 김재호, "포괄적 유증", 재판자료 제78집(1998); 남상우, "공정증서유언의 증인에 관한 고찰", 가족법연구 25-2(2011); 박동섭, "유언에 참여할 증인의 자격", 新聞 3530(2007b); 이병화, "유언에 관한 법적 고찰 및 여대생들의 의식조사", 인문과학연구 9(2003); 장재형, "가족법관계에 있어서 공증의 예방사법적 역할", 인권과 정의 384(2008); 조인섭, "유언의 방식에 관한 연구", 이화여대 박사학위논문(2016a); 최두진, "무효인 유언공정증서의 사인증여로의 전환", 인권과 정의 364(2006).

Ⅰ. 증인의 기능

민법은 자필증서유언을 제외한 모든 종류의 유언방식에 증인을 요구하고 있다. 유언이 효력을 발생할 당시에는 이미 유언자가 사망하였고, 유언 성립 당시로부터 많은 시간이 흘러 관련 증거들이 훼멸된 경우가 많으므로, 증인을 통해서라도 유언 성립의 진정성과 방식준수의 확실성을 담보하기 위함이다.[1] 증인은 유언자가 본인인지 여부와 그의 심신회복상태를 확인하고, 작성된 유언증서가 유언자의 진의에 기해 성립한 것임을 증명한다.[2] 따라서 증인의 서명 또

1) 곽윤직, 226~227; 김주수 · 김상용, 799; 주석상속(2), 292.
2) 김영희(2002), 260; 남상우(2011), 237.

는 기명날인 등은 유언의 효력 유무를 판단하기 위한 자료가 된다. 이와 같이 증인은 유언의 진위를 가리는 중요한 역할을 담당하므로, 이러한 역할을 수행하기에 적절한 중립적 지위와 그 진위를 판단하기에 충분한 능력을 갖추고 있어야 한다. 따라서 민법은 증인결격사유를 법정하여 놓았다.

Ⅱ. 증인결격사유

1. 민법상 결격사유

가. 미성년자(본조 ① i)

미성년자는 유언의 증인이 될 수 없다. 법정대리인이 동의한 경우라도 마찬가지이다. 유언서 작성 전반의 적법성을 감시할만한 능력이 부족하기 때문이다.[3] 단, 혼인에 의해 성년의제된 미성년자는 증인이 될 수 있다는 견해가 있다.[4] 성년의제 후 이혼한 미성년자도 같다.[5]

나. 피성년후견인과 피한정후견인(본조 ① ii)

피성년후견인과 피한정후견인은 증인이 될 수 없다. 의사능력이 회복된 경우라도 그러하다. 법정대리인에 의한 동의나 대리는 피성년후견인과 피한정후견인의 증인결격 상태에 영향을 미치지 않는다. 이유는 가.와 같다.

다. 유언으로 이익을 받을 사람, 그 배우자와 직계혈족(본조 ① iii)

유언에 의해 이익을 받을 사람은 중립적인 입장에서 유언의 성립과 진위 여부를 판단할 수 없을 뿐만 아니라, 도리어 유언 성립 과정에서 유언의 내용에 부당한 영향을 끼칠 위험이 매우 크다.[6] 따라서 유언에 의해 이익을 받을 사람 및 사실상 그와 동일시할 수 있는 그의 배우자와 직계혈족은 증인이 될 수 없도록 하였다.

이때 '유언에 의해 이익을 받을 사람'이란 유증을 받게 될 수증자와 같이 유언에 의해 직접적인 재산적 이익을 누리게 될 사람을 의미하며, 유언에 의해 법률관계에 변동이 생긴다고 하여 당연히 이에 해당하는 것은 아니다. 가령 유언집행자는 유언에 의해 이익을 받을 사람이 아니므로, 증인이 될 수 있다.[7]

---

3) 최두진(2006), 85.

4) 곽윤직, 227; 권순한, 467; 남상우(2011), 269~270; 박동섭, 709; 송덕수, 408; 오시영, 713; 이경희, 544; 이희배, 351; 장재형(2008), 93; 주석상속(2), 292; 한봉희 · 백승흠, 606.

5) 남상우(2011), 270; 박동섭, 709; 장재형(2008), 93; 주석상속(2), 292~293.

6) 최두진(2006), 85.

7) 권순한, 468; 김주수 · 김상용, 800; 박동섭, 709; 송덕수, 409; 신영호 · 김상훈, 442; 오시영, 713;

판례의 태도도 이와 같다.[8] 다만, 일부 견해는 유언집행자라도 상속재산으로부터 일정한 보수를 지급받는다면 이에 해당할 수 있다고 본다.[9]

유언자나 상속인의 법정대리인, 후순위 상속인, 유언으로 이익을 잃게 될 사람 등의 경우도 증인결격자에 해당하지 않는다.[10] 다만, 유언에 의해 재산적 이익을 누리게 된다면 그 이익이 유언자의 직접적인 출연에 의한 것이 아니라도 이에 해당할 수 있다. 가령 부담부 유증에서 수증자의 부담에 따라 이익을 받는 자 등이 그러하다.[11] 판례[12]와 대부분의 문헌은 유언자의 상속인으로 될 자도 '유언에 의해 이익을 받을 사람'에 해당한다고 서술하고 있으나, 의문이다.[13]

이에 해당하는 사람은 별도의 재판을 받을 필요 없이 바로 증인결격자가 되며, 모든 방식의 유언에서 증인이 될 수 없다.

2. 공증인법상 결격사유

공정증서에 의한 유언의 경우에는 공증인법에 따른 결격조항이 함께 적용된다(본조 ②). 공정증서유언의 증인은 공증인이 법률적으로 우월한 지위에 있음을 기화로 유언자의 의사에 영향을 미치는 것을 방지하는 역할도 함께 하기 때문이다.

가. 결격사유

본조에서 말하는 '공증인법에 따른 결격자'란 공증인법 §13에 따른 공증인 결격자가 아니라, 같은 법 §33 ③에 따른 참여인 결격자를 말한다.[14] 다만, 학설 중에는 참여인 결격자뿐만 아니라 공증인법 §13에 따른 임명 공증인 결격자도 이에 해당한다고 보는 견해[15]가 있다. 공증인법 §33 ③에 따른 참여인 결격자는 다음과 같다.

(1) 미성년자

본조 ①에서 열거된 미성년자와 같다. 중복규정이다.

이경희, 545; 장재형(2008), 93; 조인섭(2016a), 58.

8) 대법원 1999. 11. 26. 선고 97다57733 판결.
9) 남상우(2011), 270.
10) 박동섭, 709; 박병호, 433; 오시영, 713; 장재형(2008), 93.
11) 남상우(2011), 270.
12) 대법원 1999. 11. 26. 선고 97다57733 판결.
13) 같은 취지로 남상우(2011), 270.
14) 대법원 1992. 3. 10. 선고 91다45509 판결.
15) 신영호·김상훈, 442.

(2) 시각장애인이거나 문자를 해득하지 못하는 사람

이들은 공정증서에 기재된 내용의 정확성을 확인할 수 없으므로, 공정증서유언의 증인이 될 수 없다. 2009. 2. 6. 공증인법 개정에 따라 증인결격사유로 추가되었다.[16)]

(3) 서명할 수 없는 사람

서명할 수 없는 사람은 공정증서유언에 증인 자격으로 서명하는 요건을 준수하는 것이 불가능하므로, 증인이 될 수 없다.[17)] 기명날인을 할 수 있는 경우라도 마찬가지라고 할 것이다. 공정증서유언의 증인이 반드시 서명하여야 하는가 또는 기명날인으로 갈음할 수 있는가에 대해서는 §1068 註釋 참조.

(4) 촉탁사항에 관하여 이해관계가 있는 사람

이는 본조 ①에서 열거되고 있는 '유언으로 이익을 받을 사람'뿐만 아니라, 유언에 의해 불이익을 받게 될 사람, 가령 유증이나 사후인지에 의해 상속분이 감소한 상속인 등도 모두 포함하는 개념이다.[18)] 경제적 이해관계인지, 법적 이해관계인지도 묻지 않는다.[19)] 예를 들어 유언에 의한 재단법인 설립에서 재단이사로 지정된 자[20)], 유언에 의해 미성년후견인으로 지정된 자, 유언으로 상속재산분할방법의 지정을 위탁받은 제3자, 유언신탁에서의 수탁자 등은 모두 동 조문에 의해 공정증서유언의 증인결격자가 된다.[21)]

(5) 촉탁 사항에 관하여 대리인 또는 보조인이거나 대리인 또는 보조인이었던 사람

이는 촉탁인인 유언자의 대리인 또는 보조인인 경우와 촉탁 받은 공증인의 대리인 또는 보조인인 경우를 모두 포함하는 개념이다.

(6) 공증인의 친족, 피고용인 또는 동거인

이들은 공증인과 밀접한 관계에 있어 중립성과 객관성을 유지하기 어려우므로, 증인이 될 수 없다.[22)] 이때 공증인에는 임명공증인뿐만 아니라, 인가공증인 및 대행청의 검사나 등기소장, 인가공증인의 대표나 당해 사건에 직접 관여

16) 개정경위와 그 문제점에 대해서는 남상우(2011), 278~279; 조인섭(2016a), 59~62.
17) 자세한 내용은 남상우(2011), 282~283 참조.
18) 남상우(2011), 283~284.
19) 남상우(2011), 283.
20) 대법원 1994. 5. 27. 선고 93누23374 판결은 재단법인의 목적·이사 등을 유언과 달리하여 한 재단법인 설립허가 신청에 대한 허가처분에 대하여, 유언에 따라 설립자에 의해 이사로 지명된 자는 그 허가처분을 다툴 직접적이고도 구체적인 법률상 이익이 있다고 보았다.
21) 남상우(2011), 284.
22) 최두진(2006), 84.

하지 않은 다른 공증담당변호사, 합동사무소의 구성원인 다른 임명공증인 등도 모두 포함된다.[23)]

舊 공증인법(2009. 2. 6. 개정 전)에 따르면 공증인과 일정한 관계에 있는 자뿐만 아니라, 촉탁인·유언자의 배우자, 친족, 법정대리인, 피용자 또는 동거인도 모두 결격사유로 열거되었으나, 그 범위가 지나치게 넓고 유언자가 스스로 증인으로 섭외하는 경우가 대부분이라는 입법론적 비판[24)]이 있었으므로, 2009년 개정에 의해 이 부분을 삭제하였다.[25)]

(7) 공증인의 보조자

공증인 사무실의 직원과 같은 공증인의 보조자는 공증인의 지휘나 세력 안에 있어 중립성을 유지하기 어렵기 때문에 공정증서유언의 증인이 될 수 없다.[26)] 이때 '보조자'에는 공증인법에 따라 신고된 보조자뿐만 아니라, 사실상의 보조자도 모두 포함된다.[27)]

본조상의 결격사유는 한정적·제한적 열거이기 때문에 이에 해당하지 않는 사람이라면 누구나 증인이 될 수 있다. 가령 유언집행자나 파산자라도 그러하다.[28)]

나. 절대적 결격사유와 상대적 결격사유

공증인법상 결격사유는 상대적 결격사유에 불과하므로, 유언자가 스스로 그의 참여를 청구한 경우에는 증인이 될 수 있다(공증인법 §33 ③ 단서). 판례 역시 촉탁인이 직접 증인으로 참여시킬 것을 청구한 경우라면 공증인이나 촉탁인의 피용자 또는 공증인의 보조자라도 공정증서유언의 증인이 될 수 있다고 판시한 바 있다.[29)]

---

23) 남상우(2011), 285~287.

24) 최두진(2006), 84, 86.

25) 2009년 개정의 문제점을 지적하고 있는 문헌으로 남상우(2011), 279~280. 개정 전의 법상황에서 유언자의 친족이 공정증서유언의 증인이 될 수 있는지 여부에 대한 논의를 소개하고 있는 문헌으로 조인섭(2016a), 62~65.

26) 최두진(2006), 84.

27) 남상우(2011), 287.

28) 박동섭, 710; 장재형(2008), 94; 주석상속(2), 293; 최두진(2006), 86.

29) 대법원 2014. 7. 25.자 2011스226 결정. 그 밖에 舊 공증인법(2009. 2. 6. 개정 전)에 따라 공증참여자가 유언자와 친족 관계에 있더라도 유언자의 청구에 의할 경우에는 공증인법에 따른 공증참여인 결격자가 아니라고 판시한 사안으로 대법원 1992. 3. 10. 선고 91다45509 판결 참고. 반면 대법원 2004. 11. 11. 선고 2004다35533 판결은 유언자의 처남은 증인결격사유에 해당하므로 공정증서유언에 참여할 수 없다고 판시하였으나, 이에 대해서는 유언자의 부탁 없이 공정증서유언에 참여하는 일은 상정하기 어렵다는 점에서 납득할 수 없다는 비판이 있다. 박동섭(2007b), 15 참조. 유언자와 친족관계에 있는 자는, 유언자의 참여청구와 무관하게, 舊 공증인법상 증인결격사유에 해당하지 않는다고 주장하면서 대법원 1992. 3. 10. 선고 91다45509 판결의

물론 공증인법상 결격사유로 열거되고 있는 사람 중 유언으로 이익을 받을 사람과 미성년자는 본조 ①에 따라 절대적 증인결격자에 해당하기 때문에 유언자의 청구가 있더라도 절대로 증인이 될 수 없다.[30] 반면 유언에 이해관계 있는 사람이라도 유언에 의해 불이익을 받는 사람은 공증인법의 적용을 받을 뿐이므로, 상대적 결격사유에 해당하여 유언자의 청구가 있으면 증인이 될 수 있을 것이다. 또한 문자를 해득하지 못하거나 서명할 수 없는 자의 경우에는 유언자가 참여를 청구한 경우라도 공정증서유언상의 요건을 충족시키는 것이 성질상 불가능하므로 절대적 결격사유에 해당한다.[31]

이에 대해서는 공정증서유언의 증인에 공증인법 §33 ③ 단서를 적용해서는 안 된다는 유력한 소수설[32]이 있다. 공정증서유언의 증인은 공증인법상 필요적 참여인의 지위에 가깝기 때문에, 유언자가 참여를 청구하였는지 여부에 따라 그 결격사유 해당 여부가 달라져서는 안 된다는 것이다. 그 밖에 공증인법상 증인결격사유와 민법상 증인결격사유를 통합하여 규정해야 한다는 입법론적 주장[33]도 있다.

3. 사실상 결격사유

법률로 규정되어 있는 것은 아니지만, 유언의 방식으로 말미암아 사실상 유언의 증인 역할을 수행할 수 없는 경우도 있다.

첫째, 유언자의 구수를 이해할 수 없는 자는 녹음에 의한 유언, 공정증서유언 및 구수증서유언의 증인이 될 수 없다. 청각능력이 결여된 자, 성년후견개시심판이나 한정후견개시심판을 받지 않은 의사무능력자, 유언자가 말하는 언어의 구사능력이 없는 자 등이 이에 해당한다.[34] 유언자의 구수를 듣고 그 정확함을 승인하는 것이 불가능하기 때문이다.

둘째, 독해능력이 없는 자는 공정증서유언 및 구수증서유언의 증인이 될 수 없다. 문맹, 한국어 구사능력이 없는 외국인 등이 이에 해당한다. 이때 증인

결론에 찬성하고, 대법원 2004. 11. 11. 선고 2004다35533 판결을 비판하는 견해로 남상우(2011), 276~277.

30) 박동섭, 710; 오시영, 713.
31) 박동섭(2007b), 15.
32) 남상우(2011), 272~276.
33) 남상우(2011), 290~291.
34) 곽윤직, 228; 김재호(1998), 337; 김주수·김상용, 800~801; 남상우(2011), 239~240; 박동섭, 710; 송덕수, 409~410; 오시영, 714; 이병화(2003), 175, 각주 12); 주석상속(2), 293~294; 최두진(2006), 85; 한봉희·백승흠, 607.

은 단순히 글을 읽는 능력을 넘어 유언내용의 사회적 의미를 이해하여 유언자의 구수와 증서의 내용이 일치하는지 여부를 판단할 정도의 능력을 갖추어야 할 것이다.[35] 시각장애인에 대해서는 논란이 있으나, 사실상의 증인결격자로 보는 견해가 유력하다.[36] 필기의 정확함을 승인할 수 없기 때문이다. 공정증서유언의 경우에는 시각장애인의 증인자격을 배제하는 명문의 규정이 있다.

그 밖에 서명할 수 없는 자도 사실상 증인결격자라는 견해[37]가 있으나, 증인의 경우에는 원칙적으로 서명에 갈음하여 기명날인을 하는 것이 허용되고 있으므로 서명능력이 없다는 이유만으로 당연히 증인결격자가 되는 것은 아니다. 다만, 공정증서유언의 경우에는 공증인법 §33 ③에 따라 증인결격사유가 될 수 있다.

Ⅲ. 증인결격의 효과

녹음에 의한 유언, 공정증서유언, 비밀증서유언 및 구수증서유언에 증인결격자가 참여하였다면 그 유언은 전체가 무효로 된다. 2인 이상의 증인을 요구하고 있는 공정증서유언, 비밀증서유언 및 구수증서유언의 경우에는 증인 중 1명만 증인결격자라도 유언이 모두 무효로 된다. 단, 참여한 결격자가 유언의 성립이나 내용에 실질적으로나 형식적으로 아무런 영향을 미치지 않은 경우에는 제한적으로 유효로 보아도 무방하다는 견해[38]가 있다.

증인결격자를 제외하더라도 필요한 증인의 숫자가 충족되는 경우에는 어떠한가. 그러한 경우라도 유언 전부를 무효로 보는 입법례와, 유언의 효력을 인정하는 입법례가 대립하고 있으나, 우리나라는 절충적 견해가 다수설이다. 원칙적으로는 유효한 유언으로 보되, 결격자인 증인이 다른 증인에게 실질적 영향력 내지 지배력을 가지는 것이 외견상 명백한 경우에는 무효라고 보아야 한다는 것이다.[39] 그 밖에 나머지 증인만으로도 유언의 진정성을 보장할 수 있다면 유

35) 남상우(2011), 240.

36) 남상우(2011), 239; 장재형(2008), 94~96; 최두진(2006), 85. 단, 남상우(2011), 289는 그가 유언에 참여하여 증인의 역할을 제대로 수행하였는지를 종합적이면서 실질적으로 따져 판단해야 한다는 입장이다. 시각장애인도 증인이 될 수 있다는 견해로 박동섭, 710.

37) 곽윤직, 227~228; 김재호(1998), 337; 김주수·김상용, 800; 송덕수, 409; 오시영, 714; 이병화(2003), 175, 각주 12); 조인섭(2016a), 56~57; 최두진(2006), 85; 한봉희·백승흠, 607 등.

38) 이경희, 546. 이에 대해 비판적인 견해로 조인섭(2016a), 68.

39) 권순한, 468; 김영희(2002), 261; 김영희(2007b), 379; 김주수·김상용, 801; 오시영, 714; 이경희, 546; 주석상속(2), 294.

효한 유언으로 보아야 한다는 견해[40] 또는 유언자의 최종의사를 존중하기 위해 언제나 유효한 유언으로 보아야 한다는 견해[41]도 있다. 판례는 증인 5명 중 1명이 결격자였던 구수증서유언 사건에서 유언의 효력을 인정한 바 있다.[42]

Ⅳ. 적용범위

1. 참관인

증인결격자가 증인으로 참여한 것이 아니라 단순히 유언증서를 작성하는 자리에 참석한 경우에도 유언은 효력을 잃는가. 부정하는 견해[43]가 유력하다. 하급심 판결 중에도 "수증자들인 피고들이 위 공정증서 작성에 있어서 참여인으로서 참여하였다고 볼만한 아무런 증거가 없는 이 사건에 있어서 위 피고들이 위 공정증서를 작성하는 자리에 참석하였다는 이유만으로 위 공정증서가 효력이 없다고는 할 수 없다."고 판시한 것이 있다.[44] 일본 실무의 태도도 대체로 이와 같다.[45]

2. 의사

§1063에 따른 의사 역시 유언자의 유언능력을 확인하는 역할을 담당하므로, 본조에 따른 증인결격사유가 적용 내지 준용된다.[46]

40) 송덕수, 410.
41) 남상우(2011), 261; 이병화(2003), 175~176; 조인섭(2016a), 69.
42) 대법원 1977. 11. 8. 선고 76므15 판결.
43) 남상우(2011), 249. 위 견해는 이러한 자를 '임의증인' 또는 '참관인'이라고 칭하고 있다.
44) 창원지방법원 1992. 9. 25. 선고 90가합9001 판결.
45) 최두진(2006), 86~87.
46) 남상우(2011), 247~248; 이경희, 546.

第 3 節　遺言의 效力

[前註]

■ **참고문헌**: 김소영, “상속재산분할”, 民判 25(2003); 김용한, “유증의 효력”, 법조 11-12(1962); 김재호, “포괄적 유증”, 재판자료 78(1998); 김창종, “상속재산의 분할”, 재판자료 78(1998); 김현진, “프랑스민법상 유증”, 민사법학 59(2012); 박영규, “유증의 법률관계 -포괄유증을 중심으로-”, 법학연구 26-1(2016); 변희찬, “유언집행자”, 재판자료 78(1998); 안영하, “일본의 상속시킨다는 취지의 유언에 대한 일 고찰”, 가족법연구 21-1(2007); 양형우, “유증에 의한 등기”, 법조 620(2008); 오병철, “유언을 뒤늦게 발견한 경우의 법률관계 -유언등록부의 도입 필요성에 관하여-”, 가족법연구 28-1(2014); 유영선, “유증과 등기”, 司論 29(1998); 윤황지, “유언과 재산상속에 관한 연구”, 사회과학논총 6(1998); 이병화, “유언에 관한 법적 고찰 및 여대생들의 의식조사”, 인문과학연구 9(2003); 이승우, “피상속인의 의사와 상속인의 보호”, 성균관법학 18-3(2006); 이진기, “유증제도의 새로운 이해-포괄유증과 특정유증의 효력에 관한 의문을 계기로-”, 가족법연구 30-1(2016); 임채웅, “유증의 연구”, 홍익법학 11-3(2010); 전계원, “유증으로 인한 소유권이전등기절차”, 법조 35-9(1986); 전혜정, “민법상 유언상속에 관한 연구”, 가족법연구 20-3(2006); 정구태, “유류분권리자의 승계인의 범위 -포괄적 유증의 법적 성질에 대한 종래 통설의 비판적 검토”, 안암법학 28(2009); 정소민, “유언의 해석”, 비교사법 22-1(2015); 최성경, “상속법상의 법률행위와 채권자취소권”, 법조 612(2007); 최수정, “상속수단으로서의 신탁”, 민사법학 34(2006); 최병조, “포괄적 유증의 효과”, 民判 9(1987); 최병조, “로마법상 학설대립: 채권적 유증의 효력과 카토의 법리칙”, 서울대 법학 39-2(1998); 현소혜, “포괄적 유증론 -물권적 효과설의 관점에서”, 가족법연구 31-1(2017).

민법 중 유언의 효력과 관련된 조문은 크게 두 가지 영역으로 나누어진다. 하나는 유언의 효력발생시기이고, 다른 하나는 유언사항 중 유증의 효과이다. 이 가운데 유증의 효과에 관하여는 논의의 편의를 위해 미리 상술해 놓을 사항이 몇 가지 있다.

1. 유증의 의의

유증이란 유언에 의해 재산을 무상으로 증여하는 행위를 말한다. 증여자와 수증자의 관계가 피상속인과 상속인의 관계가 있다고 하여 당연히 유증이 되는 것은 아니다.[1] 유언에 의해 재산을 무상으로 증여한다는 것은 다음과 같은 네 가지 의미를 갖는다.

첫째, 유증은 계약이 아닌 '유언'을 통해 증여의 효과를 발생시킨다. 따라서 유증은 유언자의 사망에 의해 효력을 발생하는 사인행위인 동시에 상대방 없는 단독행위이자 요식행위로서의 성격을 갖는다. 계약을 이용해 유증과 동일한 효과를 발생시키는 사인증여에 대해서는 §1090 後註 참조.

둘째, 유증이란 재산을 무상으로 증여하는 것을 의미하지만, 반드시 유언자 소유의 상속재산을 증여해야만 하는 것은 아니다. 타인 소유의 재산을 유증할 수도 있다. 이 경우의 법률관계에 대해서는 §1087 註釋 참조.

셋째, 유증에는 증여와 같이 소유권의 이전을 통해 수증자의 적극재산을 증가시키는 행위뿐만 아니라, 용익물권이나 담보물권의 설정 등을 통해 재산적 가치를 증가시키는 행위, 채무의 면제나 수증자 소유물에 설정되어 있는 권리의 포기 등을 통해 수증자의 소극재산을 감소시키는 행위 등과 같이 수증자에게 재산상 이익을 주는 것이라면 무엇이든 널리 포함될 수 있다. 다만, 수증자의 소극재산을 감소시키는 내용의 유증의 경우에는 유증의 효력에 관한 §§1074-1090 중 일부의 적용이 제한될 수 있다. 각 개별 조문의 註釋에서 자세히 다룬다. 유증의 목적물은 적어도 '재산상 이익'이어야 하기 때문에 수증자에게 채무만을 부담시키거나[2] 상속인에게 수증자를 위해 특정의 노무를 제공할 것을 명하는 등의 급부를 목적으로 하는 의사표시[3]는 유증이라고 할 수 없다.

넷째, 유증은 재산법상의 법률행위이므로, 사적자치의 원칙에 따라 누구에게 얼마를 유증할 것인지는 유언자의 자유에 맡겨져 있다. 따라서 유증의 효력에 관한 §§1074-1090 중 대부분은 임의규정에 해당한다. 유류분에 의해 유증의 효력이 일부 제한될 수 있음은 물론이다.

---

1) 대법원 1991. 8. 13. 선고 90다6729 판결.
2) 곽윤직, 248; 김재호(1998), 350; 박동섭, 746; 박병호, 448; 송덕수, 425; 이경희, 567. 소성규, 308; 한봉희·백승흠, 617도 같은 취지이다.
3) 정광현, 요론, 431.

2. 기본개념

가. 수증자

수증자란 본래 생전증여, 사인증여 또는 유증 등 무상으로 재산을 양여받는 자를 널리 일컫는 용어이다. 이 중 유증을 받는 사람을 증여계약에 의해 증여를 받는 자와 구별하여 강학상 '수유자(受遺者)'라고 지칭하기도 한다.[4] 「상속세 및 증여세법」 §2 v, 「국세기본법」 §24 및 「지방세기본법」 §42의 태도도 이와 같다. 하지만 우리 민법은 이를 구별하지 않고 모두 수증자라고 부르고 있으므로, 본서에서도 '수증자'라는 용어를 사용한다.[5]

수증자는 유언자가 직접 특정해야 함이 원칙이다. 특히 유언집행자나 유증의무자에게 수증자를 지정할 것을 위탁하는 내용의 유언은 무효라는 견해[6]가 있다. 유언의 대리를 허용하는 결과를 가져오기 때문이다. 하지만 수증자의 범위를 미리 한정하고 그 범위 내에서 수증자 지정을 위탁한 경우에는 그 유언의 효력을 인정하는 것이 호의적 해석의 원칙에 부합하는 결과일 것이다.[7]

수증자를 전혀 특정하지 않았고, 제3자에게 그 지정을 위탁하지도 않은 경우에는 어떠한가. 무효라는 견해가 다수설[8]이지만, "나의 전 재산을 사회에 환원한다."는 취지의 유언과 같이 공공의 이익에 기여할 수 있는 유언의 경우에는 시프레 원칙(doctrine of cy prés)에 따라 유언 외부의 사정을 종합하여 최대한 수증자를 확정하거나, 사안에 따라서는 재단법인 설립의 유언으로 전환하여 가능한 그 의사를 실현하여야 한다는 견해[9]도 있다.

수증자가 될 수 있는 능력, 즉 수유능력에 대해서는 §1064 註釋 참조.

나. 유증의무자

유증의무자란 유증을 실행할 의무를 지는 자를 말한다. 현행법상 유증의무자는 상속인과 포괄적 수증자이다. 상속인이나 포괄적 수증자가 여러 명 있

---

4) 고정명 · 조은희, 370; 김성숙, 사회변동과 한국 가족법, 541~542; 백성기, 388; 박동섭, 745; 신영호 · 김상훈, 458; 윤진수, 536; 이경희, 568~569; 전혜정(2006), 158; 정광현, 요론, 412; 조승현, 458; 최병조(1987), 190.

5) 유증받은 자를 수증자로 부르는 또 다른 문헌으로 곽윤직, 251; 김용한, 404; 박정기 · 김연, 469; 소성규, 307; 송덕수, 426; 오시영, 739; 윤황지(1998), 95; 이진기(2016), 221 각주 12); 전계원(1986), 100; 천종숙, 420; 한봉희 · 백승흠, 619. 위 문헌 중 일부는 수유자가 일본 민법상의 용어임을 들어 수유자라는 용어를 사용하는 것을 정면으로 비판하기도 한다.

6) 곽윤직, 249; 박동섭, 746; 한봉희 · 백승흠, 617.

7) 같은 취지로 김재호(1998), 378~380; 윤진수, 537; 최수정(2006), 593.

8) 곽윤직, 249; 박동섭, 746; 한봉희 · 백승흠, 617.

9) 현소혜, 유언, 254~261.

는 경우에는 각자의 상속분 또는 수증분에 따라 공동으로 유증의무를 부담한다. 특정유증을 받은 수증자는 유증의무자가 아니다.

유언집행자가 있는 경우에는 그가 상속인의 대리인으로서(§1103) 유증의 목적인 재산의 관리 기타 유언의 집행에 필요한 모든 행위를 할 권리의무가 있기 때문에(§1101), 유언집행자를 상대로 유증의 이행을 청구하여야 한다.[10] 유언집행자도 없고, 상속인도 없는 경우에는 §1053에 따른 상속인 없는 재산의 관리인이 유증의무를 이행한다. §1053 註釋 참조.

3. 유증의 종류

가. 연혁

유증의 유형은 시대와 입법례에 따라 다양하게 나타난다.

(1) 로마시대

로마 고전기 시대에 이미 수증자에게 유증목적물의 소유권을 직접 귀속시키는 형태의 물권적 유증(legatum per vindicationem), 수증자에게 상속인을 상대로 유증목적물의 소유권 이전을 청구할 수 있는 권리를 귀속시키는 형태의 채권적 유증(legatum per damnationem), 상속인으로 하여금 수증자가 상속재산 중 유증목적물을 취해가는 것을 인용할 것을 명하는 형태의 허용방식의 유증(legatum sinendi modo), 상속재산의 지분 자체를 채권적 유증의 대상으로 삼는 형태의 분유(分有)방식의 유증(legatum partitionis)과 같이 여러 가지 종류의 유증이 발전하였고, 제정시대에는 보다 간이한 방식의 신탁유증(fideicommissum)이나 포괄신탁유증(fideicommissum universitatis)도 등장하였다.[11] 이와 같은 다양한 방식의 유증은 6세기경 유스티니아누스 법전에 의해 채권적 유증으로 통합되었으나[12], 서로마 제국에서는 게르만법의 강력한 영향력 하에 상속인 지정과 유증간의 경계선이 허물어지면서 물권적 효력을 갖는 유증이 오히려 일반화되었다.[13]

(2) 독일

독일 민법은 상속인지정(Erbeinsetzung)과 유증을 엄격하게 구별하고 있는바,

---

10) 다수의 문헌은 이러한 점에 착안하여 유언집행자도 유증의무자 중 1인으로 열거하고 있다. 유언집행자는 유증의무자가 될 수 없다는 점을 지적하고 있는 정광현, 요론, 439도 참조하라. 일본 민법은 2018년 개정에 의해 유언집행자가 있는 경우에는 유언집행자만이 유증을 이행할 수 있음을 명시하였다(일민 §1012②).

11) 최병조(1998), 154~180; 현소혜(2017), 294~296.

12) 최병조(1998), 158.

13) 현소혜(2017), 296~297.

상속재산의 전부 또는 일부를 포괄적으로 제3자에게 승계시키고자 하는 경우에는 상속인지정 제도를, 특정한 재산을 승계시키고자 하는 경우에는 유증 제도를 이용한다. 이때 유증에 관해서는 채권적 유증(Damnationslegat) 한 가지만 인정되며(독일 민법 §2174), 물권적 유증(Vindikationslegat)은 허용되지 않는다.[14)]

(3) 프랑스

프랑스 민법은 유증을 포괄유증(legs universel), 부분포괄유증(legs à titre universel)[15)] 및 특정유증(legs à titre particulier)으로 구별한다. 포괄유증이란 상속재산 중 임의처분이 허용되는 한도(quotité disponible) 전부를 1인 또는 수인에게 유증하는 의사표시(프랑스 민법 §1003)를, 부분포괄유증이란 임의처분이 허용되는 재산 중 1/2, 1/3, 부동산 전부, 동산 전부 또는 그 부동산과 동산 가운데 일정부분을 유증하는 의사표시(프랑스 민법 §1010 ①)를, 특정유증이란 포괄유증이나 부분포괄유증이 아닌 모든 형태의 유증(프랑스 민법 §1010 ②)을 말한다.[16)]

독일과 달리 포괄유증과 부분포괄유증, 특정유증은 모두 물권적 효과를 갖는다는 점에서 공통된다. 포괄유증과 부분포괄유증은 로마법상의 포괄신탁유증 제도로부터 비롯한 것으로서 상속인지정의 대체물로서의 성격을 가지고 있으므로 그 수증자는 상속채무도 부담하는 반면, 특정유증은 상속채무를 부담하지 않는다는 차이가 있을 뿐이다.[17)]

(4) 일본

일본 민법은 유증을 포괄유증과 특정유증으로 구별한다. 이때 포괄유증은 프랑스법상 포괄유증과 부분포괄유증을 널리 포함하는 개념으로, 상속재산의 전부 또는 일부를 포괄적으로 증여하는 경우를 말한다. 포괄유증을 받은 자는 상속인과 동일한 권리의무(특히 상속채무)를 가진다. 반면 특정유증은 구체적인 재산의 종류나 개수 등을 특정하여 유증하는 경우를 말하며, 유언의 효력발생과 동시에 물권적 효과를 갖는다는 점에서 프랑스법의 태도와 같다.

나. 포괄적 유증과 특정유증

우리 민법은 일본법과 같이 유증을 포괄적 유증과 특정유증으로 분류한다. 우리 민법상 포괄적 유증이란 상속재산의 전부 또는 일부를 비율에 의해 포괄

14) 현소혜(2017), 297~298.

15) 郭潤直(2004), 222면은 이를 '포괄명의유증'이라고 번역하고 있으며, 이진기(2016), 225는 포괄명목의 유증이라고 번역하고 있다. 본서에서는 명순구, 프랑스민법전, 법문사, 2004의 번역을 좇았다.

16) 김현진(2012), 451~458 참조.

17) 이경희, 572~573; 현소혜(2017), 298~300.

적으로 증여하는 의사표시를 말한다.[18] 포괄적 유증 중 상속재산 전부를 유증하는 것을 전부포괄유증, 상속재산 중 일정 비율만을 유증하는 것을 비율적 포괄유증이라고 부르는 견해[19]도 있다.

반면 특정유증이란 구체적인 재산의 종류나 개수 등을 특정하여 증여하는 의사표시를 말한다. 하지만 유증한 재산이 개별적으로 표시되었다는 사실만으로는 특정유증이라고 단정할 수 없으며, 상속재산이 모두 얼마가 되느냐를 심리하여 다른 재산이 없다고 인정되는 경우에는 이를 포괄적 유증으로 볼 수도 있다.[20]

포괄적 유증과 특정유증의 효과에 관해 자세히는 4. 이하 참조.

다. 단순유증과 부관 있는 유증

유증은 조건, 기한, 부담 등과 같은 부관이 붙어 있는지 여부에 따라 단순유증과 조건부 유증, 기한부 유증, 부담부 유증 등으로 분류되기도 한다. 조건부 유증 및 기한부 유증에 대해서는 §1073 註釋 참조. 부담부 유증에 대해서는 §1088 註釋 참조.

4. 유증의 효과

가. 포괄적 유증

(1) 물권적 효과설

다수설[21]과 판례[22]는 포괄적 유증에 관하여 물권적 효과설을 취한다. 포괄적 수증자는 §1078에 따라 상속인과 동일한 권리의무가 있는바, 이는 법률의 규정에 의한 물권변동에 해당하므로 §187에 따라 수증분을 당연히 포괄적으로 승계한다는 것이다, 물권적 효과설에 따르면 포괄유증의 경우에는 유언의 효력발생과 동시에 유증목적재산이 바로 수증자에게 이전되며, 등기·인도 그 밖에 별도의 이행절차를 필요로 하지 않는다.

포괄적 유증은 연혁적으로 상속인지정의 대체물로서의 성격을 가지고 있

---

18) 우리 민법상 포괄적 유증을 '비율유증'이라고 불러야 한다는 견해로 박영규(2016), 250.

19) 한봉희·백승흠, 621.

20) 대법원 1978. 12. 13. 선고 78다1816 판결; 대법원 2003. 5. 27. 선고 2000다73445 판결.

21) 권순한, 473; 김용한(1962), 30~31; 김용한, 407~408; 김재호(1998), 352~353; 박동섭, 754; 박병호, 450; 송덕수, 427; 양형우(2008), 43~44; 오시영, 744; 유영선(1998), 543; 윤진수, 539; 윤황지(1998), 96; 이경희, 574~575; 이병화(2003), 182~183; 정광현, 요론, 440; 전혜정(2006), 158; 조승현, 461; 주석상속(2), 298; 천종숙, 422; 최성경(2007), 228~229; 한복룡, 335; 현소혜(2017), 293~315.

22) 대법원 2003. 5. 27. 선고 2000다73445 판결.

는바, 피상속인의 의사실현을 위해서는 포괄적 수증자에게 상속인과 같은 물권적 지위를 부여할 필요가 있다는 점, 포괄적 유증에 물권적 효과를 인정하지 않는다면 굳이 포괄적 유증과 특정유증을 구별하여 규정할 필요가 없다는 점, 포괄적 유증에 채권적 효과만을 인정하면 상속재산에 관한 상속인의 처분권한이 피상속인의 처분권한보다 우선하게 되어 부당하다는 점 등을 근거로 제시한다.[23] 채권적 효과설을 택하면 포괄적 수증자 명의로 등기할 때까지 권리관계에 공백이 생길 수 있으며, 특히 상속인이 유증목적물을 처분한 경우에 포괄적 수증자에게 불리하다는 점 등을 근거로 드는 견해도 있다.[24]

(2) 채권적 효과설

소수설[25]은 포괄적 유증도 채권적 효력이 있을 뿐이라고 주장한다. 이 견해에 따르면 포괄적 수증자도 §186 및 §188에 따라 등기·인도 등 물권변동의 요건을 갖추어야만 비로소 적극재산의 승계가 가능하며, 이를 갖추기 전에 상속인이 상속재산을 처분한 경우에는 상속인을 상대로 손해배상을 청구할 수 있을 뿐이다.

§1078는 포괄적 수증자에게 상속인과 동일한 권리의무가 있다고 규정하고 있을 뿐이며 권리의 귀속방법에 대해 정하고 있는 것은 아니라는 점, 포괄적 유증에 따른 물권변동은 법률의 규정에 의한 물권변동이 아니라 법률행위에 의한 물권변동이므로 §187가 적용될 여지가 없다는 점, 상속의 경우와 달리 제3자의 입장에서 포괄적 수증자의 존재를 확인하기 어렵다는 점, 우리 민법은 상속인 지정 제도를 두고 있지 않음에도 불구하고 물권적 효과설을 통해 포괄적 유증을 사실상 상속인지정 제도로 유용하는 것은 유언법정주의에 반해 부당하다는 점, 포괄적 수증자에게 상속회복청구권까지 인정하는 것은 과도한 보호라는 점, 포괄적 유증과 특정유증을 구별하기도 쉽지 않다는 점 및 §1078의 체계적 위치 등을 근거로 제시한다.

그 밖에 포괄적 유증에 관해 자세히는 §1078 註釋 참조.

나. 특정유증

특정유증은 다시 특정물의 유증, 불특정물의 유증, 채권유증 및 금전유증으로 나누어진다. 특정유증에 관하여 자세히는 §§1073－1077, §§1079－1087 註

23) 현소혜(2017), 293~315.
24) 양형우(2008), 43~44.
25) 박영규(2016), 247; 이진기(2016), 222~253; 정구태(2009), 120~124; 최병조(1987), 197 각주 15).

釋 참조.

(1) 견해의 대립

(가) 채권적 효과설

물권변동에 대해 의사주의를 택하였던 舊 민법 시절에는 특정유증 역시 물권적 효력을 갖는다는 것이 통설이었으나, 현행 민법 하에서 특정유증은 채권적 효력을 가질 뿐이라는 견해가 통설이다.[26] 판례의 태도도 이와 같다.[27] 특정유증에 대해 물권적 효과설을 취하고 있는 프랑스나 일본 판례의 태도와는 차이가 있다.

현재의 통설이 특정유증에 관하여 채권적 효과설을 택하고 있는 이유는, 첫째, 우리 민법은 프랑스나 일본과는 달리 물권변동에 관해 성립요건주의를 택하고 있을 뿐만 아니라(§186), 둘째, §1077, §1080 및 §1081에서 '유증의무자'라는 표현을, §1079에서 '유증의 이행을 청구할 수 있는 때'라는 표현을 사용하고 있고, 셋째, §1036에서 한정승인의 경우에 수증자의 변제순위에 대한 규정을 두고 있으며, 재산분리에서도 같은 조문이 준용되고 있는바, 이는 특정유증의 수증자가 채권자임을 전제로 하는 규정이라고 해석할 수 있기 때문이다. 혹자(或者)는 유증포기의 자유와 유증이 유류분반환청구권의 반환대상이 될 수 있다는 점을 근거로 들기도 한다.[28]

채권적 효과설에 따르면 특정유증이 있었던 경우라도 유증의 목적물은 유언의 효력발생과 동시에 일단 상속인에게 귀속되며, 수증자에게는 상속인에 대한 유증이행청구권, 즉 채권이 귀속될 뿐이다.[29] 이때 수증자의 유증이행청구권은 유언의 효력발생시로부터 10년의 소멸시효에 걸린다.[30]

---

26) 고정명·조은희, 374; 곽윤직, 258; 권순한, 475; 김용한(1962), 36~37; 김용한, 408; 김재호(1998), 359; 김주수·김상용, 825; 박동섭, 762; 박병호, 450; 박정기·김연, 472; 백성기, 392; 소성규, 309; 송덕수, 428; 신영호·김상훈, 457~458; 양형우(2008), 45; 오병철(2014), 12; 오시영, 744; 유영선(1998), 547; 윤진수, 541; 윤황지(1998), 96; 이경희, 580; 이병화(2003), 183; 이희배, 365; 정광현, 요론, 440; 전혜정(2006), 158~159; 조승현, 461; 주석상속(2), 298, 304; 천종숙, 424; 한복룡, 335; 한봉희·백승흠, 625, 629.

27) 대법원 2003. 5. 27. 선고 2000다73445 판결; 대법원 2010. 12. 23. 선고 2007다22859 판결.

28) 박병호, 450; 박동섭, 762.

29) 이에 대해서는 수증자 보호를 위한 입법적 조치가 필요하다는 지적이 있다. 김용한(1962), 38.

30) 박동섭, 762는 상속개시 시점부터 10년이 지나면 시효로 소멸된다고 서술하고 있으나, 조건부 유증 또는 시기부 유증의 경우에는 그 효력발생시를 기산점으로 보아야 할 것이다. 포괄적 유증에 관한 채권적 효과설을 전제로 한 것이기는 하나, 박영규(2016), 255는 유언이 효력을 발생한 때가 아니라, 수증자에 의한 승인의 의사표시가 유증의무자에게 도달한 때부터 소멸시효가 진행한다고 보고 있다.

(나) 물권적 효과설

채권적 효과설과 달리 특정유증에 물권적 효과를 부여해야 한다는 견해[31]도 있다. 우리 민법 어디에서도 특정유증이라는 용어를 사용하고 있지 않다는 점, 특정인에게 특정의 재산을 수여하는 취지의 유언을 한 유언자에게는 수증자에게 단순히 채권을 귀속시킨다기보다는 사망과 동시에 소유권을 이전하겠다는 처분의 의사가 있었던 것으로 보아야 한다는 점, 포괄유증과 특정유증의 효과를 달리 보는 것은 법률관계를 복잡하게 하고 불균형을 가져온다는 점 등을 근거로 제시한다.

위 견해에 따르면 특정유증을 받은 수증자 역시 포괄적 유증을 받은 수증자와 마찬가지로 상속채무를 부담하며, 유증의무자는 특정유증의 목적물을 포함하여 적극재산을 계산하고 그에 대한 채무의 비율을 계산하여 채무비율을 결정한 후 특정유증 목적물의 가액에 채무비율을 곱한 액을 수증자에게 이행해야 한다.[32]

(2) 특정유증의 이행방법

통설·판례인 채권적 효과설에 따르면 특정유증을 받은 수증자는 유증의무자를 상대로 유증의 이행을 청구할 수 있다. 이때 유증의무자에 해당하는 유언집행자가 수인이라면 수증자가 유증의무자를 상대로 유증의무의 이행을 구하는 내용의 소송은 유언집행자 전원을 피고로 하는 고유필수적 공동소송에 해당한다.[33] 이는 가정법원의 전속관할 사건이 아니므로, 민사법원에 소를 제기하여야 한다. 단, 수증자가 상속인의 지위를 겸유하는 경우에는 공동상속인들을 상대로 별도의 소를 제기할 필요 없이 상속재산분할심판절차에서 그 이행을 청구할 수 있다는 견해[34]가 있다.

(가) 특정유증의 목적물이 물건인 경우

① 물권변동의 방법

특정유증의 목적물이 부동산인 때에는 그 소유권이전등기가 경료된 때, 동산인 때에는 목적물이 인도된 때에 비로소 특정유증에 따른 소유권귀속의 효력이 발생한다.

유증목적물인 부동산에 관하여 특정유증을 원인으로 하는 소유권이전등기

31) 오병철(2014), 21~22.
32) 오병철(2014), 22.
33) 대법원 2011. 6. 24. 선고 2009다8345 판결.
34) 임채웅(2010), 172~173.

를 경료하기 위해서는 등기권리자인 수증자와 등기의무자인 유언집행자 또는 상속인이 공동으로 등기를 신청하여야 한다(등기예규 제1512호). 수증자가 유언집행자로 지정되거나 상속인인 경우에도 같다. 유언집행자가 여럿인 경우에는 과반수가 수증자 명의의 소유권이전등기절차에 동의하면 그 등기를 신청할 수 있다(등기예규 제1512호). 유언자가 부동산 중 일부만을 특정하여 유증한 경우에는, 유언집행자가 유증할 부분을 특정하여 분할등기 또는 구분등기한 후 소유권이전등기절차를 진행하여야 한다(등기예규 제1512호).

채권적 효력설의 귀결상 본래 유언자에게서 상속인에게로 상속등기가 경료된 후 비로소 상속인으로부터 수증자에게로 특정유증을 원인으로 하는 소유권이전등기가 경료 되어야 함이 원칙이나, 등기예규는 상속등기를 거치지 않고 유증자로부터 직접 수증자 명의로 유증을 원인으로 한 소유권이전등기를 신청해야 한다는 입장이다(등기예규 제1512호).[35] 다만, 유증을 원인으로 한 소유권이전등기 전에 상속등기가 이미 마쳐진 경우에는 상속등기를 말소하지 않고 상속인으로부터 수증자에게로 유증을 원인으로 한 소유권이전등기를 신청할 수 있다. 유증의 목적인 부동산이 미등기인 경우에는 수증자가 직접 소유권보존등기를 신청할 수 없고, 먼저 유언집행자가 상속인 명의로 소유권보존등기를 마친 후에야 비로소 유증을 원인으로 한 소유권이전등기를 신청할 수 있다(등기예규 제1512호).

유언자가 공정증서유언에 의해 상속재산 중 특정 부동산에 대해 특정유증을 하였으나, 그 후 유증목적물이 5개 필지로 분할되었고, 이 중 4필지에 대해서는 제3자에게 소유권이전등기가 경료되고, 나머지 1필지는 다른 토지에 합병된 다음 유언자가 사망하였다면 유언공정증서의 부동산의 표시가 등기부와 저촉되므로, 형식적 심사권한 밖에 없는 등기관으로서는 위 유언공정증서에 기한 유증으로 인한 소유권이전등기를 수리할 수 없다.[36]

그 밖에 특정유증을 원인으로 하는 소유권이전등기의 신청절차에 관한 자세한 내용은 포괄유증의 경우와 같다. §1078 註釋 참조.

② 이행의 내용

유증의 목적물이 특정물인 경우에 유증의무자는 유언자 사망 당시의 현상대로 유증목적물을 인도하는 것으로 족하다. 유증의무자는 증여자에 준하여 권리

---

35) 이에 대해 긍정적인 견해로 유영선(1998), 550~552.
36) 등기선례 제7-214호.

의 하자나 물건의 하자에 대해 아무런 담보책임을 부담하지 않는 것이 원칙이다(§559). 다만, 유증의무자가 인도할 유증목적물이 상속재산 내에 존재하지 않는 경우에 관해서는 §1087조 註釋 참조. 유증목적물이 제3자의 권리의 목적이어서 수증자가 유증목적물을 취득하지 못할 위험이 있는 경우에 대해서는 §1085 註釋 참조. 유증목적물이 멸실 또는 훼손되어 유증의무자가 유증목적물을 유언 성립 당시의 현상대로 인도할 수 없는 경우에 대해서는 §1083 註釋 참조.

유증의 목적물이 불특정물인 경우에 다른 의사표시가 없는 한 유증의무자는 수증자에게 중등품질의 물건으로 이행하여야 한다(§375).[37] 프랑스 민법의 태도도 이와 같다(프랑스 민법 §1022).[38] 유증목적물인 불특정물이 상속재산 내에 존재하지 않는 경우에도 유증의무자는 이를 이행할 책임이 있는가. 이에 대해서는 §1087 註釋 참조. 유증의무자가 유증목적물인 불특정물을 인도하는 것이 불가능하게 된 경우 또는 유증의무자가 특정하여 인도한 물건에 하자가 있는 경우에 유증의무자가 져야 하는 담보책임의 내용에 대해서는 §1082 註釋 참조.

(나) 유증목적물이 채권인 경우

① 채권이전의 방법

특정유증의 목적물이 지명채권인 때에는 채권자의 상속인과 수증자 사이에 채권양도계약이 체결되어야 비로소 채권이전의 효력이 발생한다.[39] 특정유증에 관하여 물권적 효력을 인정하는 결과 채권의 특정유증에 있어서도 유언의 효력발생과 동시에 채권이전의 효력을 인정하는 일본 실무[40]의 태도와는 차이가 있다. 채권양도의 효력을 채무자 기타 제3자에게 대항하기 위해서는 §450에 따른 통지 또는 승낙도 필요하다. 이에 대해서는 채권자의 상속인과 수증자 사이에 채권양도계약이 체결되었을 뿐만 아니라 채권자의 상속인이 채무자에게 채권양도사실을 통지하거나 채무자의 승낙까지 있어야만 수증자에게 채권이 이전되는 것이며, 확정일자 있는 통지가 있으면 채무자 기타 제3자에게 대항할 수 있다는 異見[41]이 있다.

특정유증의 목적물이 증권적 채권인 때에는 증서에 배서하여 수증자에게 교부하여야 한다(§508).

---

37) 주석상속(2), 331.
38) 반면 독일 민법 §2155는 수증자와의 관계에 부합하는 물건으로 이행해야 한다고 규정한다.
39) 곽윤직, 259; 김주수 · 김상용, 825; 박동섭, 762~783; 송덕수, 428; 주석상속(2), 298, 304; 한봉희 · 백승흠, 629.
40) 注民(26), 142(阿部浩二).
41) 오시영, 745.

② 이행의 내용

수증자는 유증의무자를 상대로 유증받은 채권을 그대로 이전해 줄 것을 청구할 수 있다. 유증의 목적물이 금전채권인 경우에 특정유증 채권자가 유증의무자를 상대로 청구할 수 있는 금액은 유언 성립 당시 채권액이 아니라, 유언 효력 발생 당시 채권액이다.[42] 따라서 증감변동하는 채권을 유증의 목적물로 삼았으나 유언 효력 발생시에 채권에 잔액이 없는 때에는 수증자는 아무 것도 받지 못한다. 유증의 목적물이 이자부 채권인 경우에는 어떠한가. 수증자에게 유언성립시부터의 이자를 지급할 것인가 또는 유언효력발생시부터의 이자를 지급할 것인가는 채권법의 일반원리와 유언자의 의사해석에 의해 해결해야 한다는 견해[43]가 있다.

유언자가 유언 효력발생 전에 이미 변제받아 채권이 소멸한 경우에는 그 유증은 효력을 잃는 것이 원칙이다(§1087①). 다만, 그 변제받은 물건이 상속재산 중에 있는 때에는 그렇지 않다. §1084 註釋 참조.

(다) 유증목적물이 금전인 경우

유언자가 수증자에게 일정한 액수의 금전을 유증한 경우 유증의무자는 그에 상당하는 액수의 금전을 수증자에게 지급하여야 한다. 유언자가 유증의무자나 수증자 또는 제3자의 종신까지 정기로 금전을 지급할 것을 유언한 경우에는 종신정기금에 관한 §§725−729가 준용된다(§730).

(라) 유증목적물이 주식인 경우

유언자가 수증자에게 주식을 유증한 경우에 유증의무자는 유언자가 특정해 놓은 특정 회사의 주식 중 일정 수량을 수증자에게 이전해 주어야 한다. 다만, 유언자 사망 전에 회사가 합병된 결과 유언자가 유증목적물이었던 주식에 갈음하여 합병 후 회사의 주식을 취득한 경우에는 그가 취득한 합병 후 회사의 주식 전부를, 주식분할로 인해 유언자가 추가적으로 주식을 취득한 경우에는 분할로 추가된 주식 전부를 이전해 주어야 할 것이다.[44] 주식의 수량보다는 시장가치의 동일성을 유지하는 것이 중요하기 때문이다. §1083와의 균형에 비추어 보더라도 위와 같이 해석하는 것이 타당하다. 미국 통일검인법의 태도도 이와 같다.

이에서 더 나아가 유언자가 유증목적물인 주식에 대하여 현금배당 대신

42) 김주수·김상용, 831; 오시영, 751; 주석상속(2), 300.
43) 이경희, 53~584.
44) 정소민(2015), 345~349.

주식배당을 받은 경우에도 사실상 효과는 주식분할과 같으므로, 배당된 주식 전부를 유증의 목적물으로 보아야 한다는 견해[45]도 있다. 유언자가 현금배당을 받은 경우에 배당받은 금전이 유언자나 그 상속인에게 귀속되는 것과 대비된다.

(마) 유증의 목적이 채무면제인 경우

수증자의 유언자에 대한 채무를 면제하는 내용의 특정유증인 경우에는 별도의 이행절차 없이 바로 효과가 발생한다(이른바 '물권적 효과').[46]

(바) 유증의 목적이 보험계약자로서의 지위인 경우

보험계약자의 지위를 이전하는 것을 목적으로 하는 유증의 경우에는 보험자의 승낙이 필요하므로, 유언집행자는 유증의 내용에 따라 보험자의 승낙을 받아 보험계약상의 지위를 이전해 줄 의무가 있으며, 보험자가 승낙하기 전까지는 보험계약자의 지위가 변경되지 않는다.[47] 보험계약자가 보험계약에 따른 보험료를 전액 지급하여 보험료 지급이 문제되지 않는 경우에도 같다.

(3) 특정유증 이행 전의 법률관계

부동산을 특정유증 받았으나 §186에 따른 물권변동의 요건을 갖추지 못한 수증자는 아직 유증받은 부동산의 소유권자가 아니며, 채권자에 불과하다. 따라서 그는 직접 유증 목적물에 관하여 진정한 등기명의의 회복을 원인으로 한 소유권이전등기를 구할 수 없다.[48]

유증목적물의 소유자였던 유언자 사망과 동시에 그의 재산법적·소송법적 지위는 일단 상속인에게 당연승계되는 것이며, 특정유증을 받은 자가 이를 당연승계할 여지는 없다.[49] 따라서 상속인이 유증채무를 이행하지 않은 채 제3자에게 유증목적물을 처분한 경우에 전득자는 유효하게 소유권을 취득한다.

상속인이 유증의 존재를 알았거나 과실로 알지 못한 채 유증목적물을 처분한 경우라면 수증자는 상속인을 상대로 이행불능에 따른 채무불이행책임 또는 불법행위책임을 물을 수 있을 것이다. 하지만 유증의 존재를 알지 못한 상속인을 상대로는 무엇을 청구할 수 있는가. 유증의 존재를 고의·과실 없이 알지 못한 채 과실을 수취하여 소비하거나 수취를 해태한 경우에는 §201 ①에 따

45) 정소민(2015), 348~350.
46) 곽윤직, 259; 권순한, 475; 김용한(1962), 36; 김재호(1998), 359; 박동섭, 763; 박병호, 450; 송덕수, 428; 유영선(1998), 547; 윤진수, 541; 이경희, 580; 정광현, 요론, 442; 한복룡, 335.
47) 대법원 2018. 7. 12. 선고 2017다235647 판결.
48) 대법원 2003. 5. 27. 선고 2000다73445 판결.
49) 대법원 2010. 12. 23. 선고 2007다22859 판결.

라 현존이익 한도에서 반환하면 된다는 견해[50]와 유증이행청구권을 가족법상의 고유한 청구권으로 이해하고 §1087 ②을 유추적용하여 불가항력이 아닌 한 언제나 상속인에게 유증목적물의 가액변상의무를 인정해야 한다는 견해[51]가 대립한다. 어느 견해를 취하더라도 수증자는 상속인이 처분행위를 통해 얻은 이익에 대해 대상청구권을 주장함으로써 보호받을 수 있을 것이다.[52] 이에서 더 나아가 이러한 대상청구권 제도를 상속편에 명문화해야 한다는 견해[53]도 있다.

수증자는 유증채권의 보전을 원인으로 하는 가등기를 함으로써 이러한 사태의 발생을 예방할 수도 있다. 하지만 유증을 원인으로 하는 가등기는 유언의 효력발생 후에, 또는 유언자 사망 후 정지조건의 성취 또는 시기의 도래 전에만 할 수 있으며, 유언자가 생존한 중에는 아직 허용되지 않는다(등기예규 제1512호).[54] 유언자에게 철회의 자유가 보장되기 때문이다.

일단 채권을 실현하여 유증목적물에 대해 소유권을 취득한 후라면 수증자는 물권자로서의 모든 지위를 누릴 수 있다. 가령 교환계약의 당사자로부터 유증받아 계약목적물의 소유권이전등기를 넘겨받은 사람은 나중에 교환계약이 해제되더라도 교환계약의 상대방에게 유증목적물을 반환할 의무가 없다. 수증자가 계약당사자의 지위를 포괄적으로 승계하지 않은 이상 제3자에 불과하여 그 해제의 효력이 미치지 않기 때문이다.[55]

5. 포괄유증 · 특정유증 및 상속재산분할방법 지정의 구별

가. 포괄유증과 특정유증의 경계

(1) 일반적 판단기준

4.에서 살펴본 바와 같이 포괄유증과 특정유증은 그 효과에 있어서 현저한 차이가 있다. 하지만 포괄적 유증과 특정유증의 경계가 그렇게 명확한 것은 아니다. 통상 유증의 목적물이 상속재산에 대한 비율로 표시되어 있으면 포괄적 유증, 특정한 재산으로 표시되어 있으면 특정유증으로 해석하지만[56], 유증한

50) 오시영, 745~746.
51) 오병철(2014), 13~14.
52) 오병철(2014), 14.
53) 오병철(2014), 25~26.
54) 양형우(2008), 72~74; 유영선(1998), 556.
55) 대법원 1971. 9. 28. 선고 71다1460 판결.
56) 양형우(2008), 56~57; 오시영, 739.

재산이 유언서에 개별적으로 표시되어 있더라도 상속재산이 모두 얼마나 되는지를 심리하여 다른 재산이 없다고 인정되는 경우에는 이를 포괄적 유증이라고 본다.[57] 결국 유언자의 의사해석에 의존하는 수밖에 없다.

유언자의 의사가 명확하지 않은 경우에는 어떻게 처리할 것인가. 수증자가 상속인이 아니라면 특정유증으로 해석하고, 수증자가 상속인 중 1인인 경우로서 그 유증재산의 가액이 상속재산 총액과 비교하여 상당한 비율을 차지하는 경우라면 포괄적 유증으로 보아야 한다거나,[58] 수증자가 상속인 중 1인인 경우로서 그 유증재산의 가액이 수증자인 상속인의 법정상속분을 초과하는 경우에는 특정유증으로 보아야 한다[59]는 등의 다양한 고려요소가 제시되고 있으나, 아직 일률적인 기준이 있는 것은 아니다.

대법원은 유증대상 재산 중 상속재산 일부가 누락되어 있었고, 유언서에 상속채무에 대한 언급이 없었다는 이유로 당해 유증 특정유증이라고 판시한 바 있으나[60], 하급심 판결 중에는 유언 자체에 포괄적 유증이라는 문언이 기재되어 있지 않았고, 상속채무에 대한 언급도 없었으며, 상속재산 전부가 나열되어 있는 것도 아니었지만, 유증자 소유재산 중 유증목록에 포함된 재산의 가액 정도, 유증목록에서 제외된 재산의 소유권이전과 사용용도, 유언공정증서의 표현 내용 등의 제반사정을 고려하여 이를 포괄유증이라고 해석한 사안도 있었다.[61]

이러한 실무의 태도에 대해서는, 포괄적 수증자나 상속채권자의 법적 지위가 유언자의 내적 의사나 기타 사정에 의해 결정되는 것은 예측가능성을 해하므로, 언제나 유언에 표시된 바의 객관적 의미에 따라 포괄적 유증인지 여부를 판단해야 한다는 반론[62]이 있다.

(2) '나머지 재산'의 유증

상속재산 중 일부를 A에게 특정유증하면서 이를 제외한 '나머지 재산'(residue)을 모두 B에게 유증한다는 취지의 유언을 한 경우에 B에 대한 유증은 특정유증인가, 포괄유증인가. 대법원은 위와 같은 사안에서 유언 성립 당시에는 존재하지 않았던 재산이라도 그 후 유언자 사망 전에 유언자가 새롭게 취득한 재산은 모두 '나머지 재산'에 속하는 것으로 보아 수증자에게 그 재산이 이

57) 대법원 1978. 12. 13. 선고 78다1816 판결; 대법원 2003. 5. 27. 선고 2000다73445 판결.
58) 김재호(1998), 359~360; 양형우(2008), 57.
59) 양형우(2008), 58.
60) 대법원 2003. 5. 27. 선고 2000다73445 판결.
61) 서울고등법원 2004. 9. 16. 선고 2004나9796 판결.
62) 박영규(2016), 245~247.

전되어야 한다고 판시한 바 있다.[63] '나머지 재산'에 대한 유증 부분을 포괄유증으로 해석한 것이다. 따라서 유언 성립 당시에 비해 유언 효력발생 시에 상속재산의 규모가 감소하였다면, 수증자가 받을 '나머지 재산' 역시 감소하여야 할 것이다. 다만, 특정물을 유증받은 수증자가 나머지 재산을 유증받은 수증자에 우선하는 셈이다. 이에 대해서는 유언자의 의사에 반한다는 비판이 있다. 대개 '나머지 재산'의 유증이 전체 유증 중 가장 규모가 큰 유증에 해당하기 때문이다.[64]

(3) 나머지 재산에 대한 유증의 결여

상속재산 중 일부를 A에게 특정유증하면서 나머지 재산에 대한 처리방법을 전혀 정하지 않은 경우도 문제이다. 이때 나머지 재산은 법정상속인에게 귀속되는 것이 원칙이다. 그런데 A 역시 법정상속인 중 1인이었다면, 그에게도 나머지 재산이 귀속될 수 있는가. 이는 A에 대한 유증을 포괄유증으로 볼 것인가 또는 특정유증으로 볼 것인가와 관련이 있다.

(가) 제1설

제1설은 사실관계에 따라 A에 대한 유증을 포괄유증으로 해석할 수도 있고 특정유증으로 해석할 수 있다고 주장한다.[65] 가령 유언자가 A의 법정상속을 전제로, 다만 그 상속분 내에 반드시 당해 유증목적물이 포함되기를 원하는 의사를 가지고 있었던 경우(이하 '중립적 유증'이라고 한다.) 및 유언자가 A에게 오로지 당해 유증목적물만을 유증하고자 하였으나(이하 '한정적 유증'이라고 한다.) 그 목적물의 가액이 A의 상속분을 초과하는 경우에는 이를 특정유증으로 해석하고 있다. 따라서 §1008에 따른 상속분의 조정을 거쳐 A가 나머지 재산 중 일부를 구체적 상속분으로 받을 수 있는지 여부를 판단한다.

반면 위의 각 경우에 해당하더라도 유증목적물인 특정재산의 가액이 상속재산의 총액과 비교하여 상당한 부분을 차지하여 이를 포괄유증이라고 보아야 하는 경우 및 유언자가 A에게 법정상속분과 별개로 당해 유증목적물도 귀속시키고자 하는 의사였던 경우(이하 '확장적 유증'[66]이라고 한다.)에는 A에게 전체 상속재산 중 유증 목적물의 가액 비율을 수증분으로 하는 포괄적 유증과 유증목적

63) 대법원 2001. 3. 27. 선고 2000다26920 판결. 위 판결에 찬성하는 문헌으로 정소민(2015), 351~352.

64) 이와 관련된 미국에서의 논의를 소개하고 있는 문헌으로 정소민(2015), 353~354.

65) 김재호(1998), 360~361.

66) 김재호(1998), 361은 이를 '선취적'인 유증이라고 표현하고 있으나, 본고에서는 양형우(2008), 57~58의 표현을 좇았다.

물은 반드시 A에게 귀속시킨다는 취지의 상속재산분할방법의 지정이 있는 것으로 해석하고 있다. 이와 같이 A에 대한 유증을 포괄유증으로 해석하는 경우에는 당연히 A에게 유증된 물건 외의 나머지 재산은 A를 제외한 법정상속인들이 법정상속분에 따라 취득한다.

마지막으로 한정적 유증이지만 그 목적물의 가액이 A의 상속분에 미달하는 경우에는 A에 대한 유증이 특정유증인 것을 전제로, 나머지 재산에 대해 A를 제외한 법정상속인들에게 포괄적 유증이 있었던 것으로 해석한다. 따라서 A에게는 나머지 재산이 귀속될 여지가 없다.

(나) 제2설

제2설은 제1설과 달리 어떠한 경우라도 A에 대한 특정유증은 언제나 포괄유증으로 해석해야 한다고 주장한다.[67] 특히 유언자가 한정적 유증을 할 의사였지만, 그 목적물의 가액이 A의 상속분에 미달하는 경우에 제1설과 같이 해석한다면, A의 외의 다른 상속인들에 대해서는 아무런 유언이 없었음에도 불구하고 그들을 포괄적 수증자로 보게 되어 부당하다는 것이다.

따라서 위 견해는, 법정상속인 중 1인에게 상속재산에 속하는 특정한 재산을 유증한다는 취지의 유언은 언제나 그 상속재산 중 유증 목적물의 가액 비율을 수증분으로 하는 포괄적 유증과 유증목적물은 반드시 A에게 귀속시킨다는 취지의 상속재산분할방법 지정 유언을 함께 한 것으로 보고 있다. 결국 A에 대한 포괄유증의 결과 상속분 지정과 같은 효과가 발생하므로, A에게 유증된 특정물을 제외한 나머지 상속재산은 A를 제외한 나머지 공동상속인들에게 법정상속분대로 귀속될 것이다.

(다) 私見

제1설은 유증목적물의 가액이 수증자의 법적상속분에 미달하는 경우에 방식주의를 위반하여 수증자가 아닌 법정상속인들의 상속분을 사실상 증가시키는 결과를 가져온다는 점에서 따를 수 없다. 제2설은 우리 민법이 유언에 의한 상속분의 지정을 허용하지 않는다는 점, 이와 같이 작위적으로 특정유증을 포괄유증으로 해석할 경우 포괄유증에 관하여 물권적 효과설을 전제로 하고 있는 등기실무와 상속인 기타 이해관계인의 예측가능성에 혼란을 가져올 우려가 있다는 점에서 문제가 있다. 유언자가 상속재산 중 일부를 특정하여 A에게 유증하였다면 이를 특정유증으로 해석함이 순리이다.

---

67) 양형우(2008), 59~60.

유증목적물의 가액이 A의 법정상속분을 초과하는 경우에는 한정적 유증으로 보아 특별한 사정이 없는 한 A는 더 이상 나머지 상속재산으로부터 상속을 받지 못한다고 보아야 할 것이다. 그는 초과특별수익자에 해당하므로 §1008에 따른 당연한 결과이다. 반면 유증목적물의 가액이 A의 법정상속분에 미달하는 경우에는 이를 중립적 유증으로 보아 특별한 사정이 없는 한 A는 그의 법정상속분에 달할 때까지 나머지 상속재산으로부터 분배받을 수 있도록 하여야 한다. 이 역시 §1008에 따른 당연한 귀결이다.

유증목적물의 가액이 A의 법정상속분에 미달하는 경우에 이를 한정적 유증으로 해석하게 되면 A의 수증분과 법정상속분 간의 차액(이하 '잔여분'이라고 한다.)의 처리가 불분명해지는바, 잔여분을 A를 포함한 법정상속인들 전부가 법정상속분에 따라 나누어갖게 되면 그만큼 A가 취득하려는 몫이 증가하므로 A에게 오로지 유증 목적물만을 귀속시키고자 하였던 유언자의 의사에 반하고, 잔여분을 A를 제외한 나머지 법정상속인들에게만 귀속시키게 되면 법정상속인들이 각자 본래 A에게 귀속되어야 하는 잔여분을 각 법정상속분의 비율로 추가적으로 유증받는 결과가 되는데 이러한 유증의 의사표시가 방식을 갖추어 표시된 바 없어서 그 효력을 인정할 수 없기 때문이다. 무엇보다도 법정상속분에 미달하는 한정적 유증을 허용하는 것은 결과적으로 A의 법정상속분을 감소시키는 결과를 가져오는데, 이는 유언에 의한 상속권의 박탈이나 상속분의 지정을 허용하지 않고 있는 우리 민법의 태도에 반한다. 유증목적물의 가액이 A의 법정상속분에 미달하는 형태의 유증에 한정적 유증으로서의 효력을 인정하기 위해서는 나머지 상속재산에 대해서도 유언에 의해 처리방법이 정해져 있어야 한다.

한편 유증목적물의 가액이 A의 법정상속분에 미달하는 형태의 유증을 확장적 유증으로 해석하게 되면 §1008에 따른 상속분의 조정을 유언으로 면제하는 결과가 된다. 하지만 우리 민법은 독일 민법 §2050①이나 일본 민법 §903③과 달리 유언에 의한 조정 면제 제도를 두고 있지 않으므로, 이러한 해석은 유언법정주의에 위반되어 무효이다. 따라서 확장적 유증의 결과에 도달하기 위해서는 나머지 상속재산에 대해서도 유언에 의해 구체적인 귀속방법이 정해져 있어야 할 것이다. 이러한 난점을 고려하여 일부 견해는 입법론으로서 특별수익 조정 면제제도를 도입할 것을 제안하고 있다.[68]

68) 이승우(2006), 293~294.

중립적 유증으로 보는 경우에 특정유증과 상속재산분할방법의 지정의 관계에 대해서는 나. 이하 참조.

나. 특정유증과 상속재산분할방법의 지정의 경계

상속인 중 1인에게 상속재산 중 특정물(가령 甲 부동산)을 귀속시킬 것을 명하는 취지의 유언을 한 경우에 이것은 특정유증으로 보아야 하는가, 또는 상속재산분할방법을 지정한 것으로 보아야 하는가. 일본에서 이 문제는 '상속시킨다.'는 취지의 유언이라는 쟁점으로 널리 알려져 있으나[69], 반드시 유언에 '○○ 부동산을 △△에게 상속시킨다.'라는 문언을 사용할 필요는 없으며, '○○ 부동산을 △△에게 준다.'거나 '△△는 ○○ 부동산을 갖는다.'는 등의 표현을 사용한 경우에도 동일한 문제가 발생한다.

만약 이러한 취지의 유언을 상속재산분할방법의 지정으로 본다면 상속인은 별도의 상속재산분할 협의 절차를 거치지 않고도 즉시 당해 재산을 취득할 수 있지만, 특정유증으로 본다면 별도로 이전등기 기타 이행절차를 거쳐야만 그 재산을 취득할 수 있다.[70] 그 결과 등기신청에 있어서도 단독신청인가, 공동신청인가의 차이가 생길 뿐만 아니라, 다른 상속인들이 당해 목적물을 처분한 경우에 전득자가 소유권을 취득할 수 있는지 여부도 달라진다. 이를 상속재산분할방법의 지정으로 본다면 상속회복청구권을 행사하여 목적물을 반환받아 올 수 있겠으나, 특정유증으로 보면 대상청구권 등을 행사할 수 있을 뿐이다. 상속재산분할방법의 지정인지 또는 특정유증인지 여부에 따라 상속을 포기한 상속인이 이를 받을 수 있는지 여부 또는 당해 상속인이 피상속인보다 먼저 사망한 경우에 그의 배우자나 직계비속이 이를 대습상속할 수 있는지 여부도 달라질 수 있다.

현재 우리나라에서는 이와 관련하여 ① 목적물의 가액이 법정상속분을 초과하는 경우에는 상속재산 분할방법의 지정과 특정유증이 결합된 것으로 보아야 한다는 견해[71], ② 목적물의 가액이 법정상속분을 초과하는 경우에는 특정유증으로 보되, 그렇지 않은 경우에는 상속재산분할방법의 지정으로 보아야 한다는 견해[72], ③ 원칙적으로는 특정유증에 해당하지만, 목적물의 가액이 상속

69) 일본에서의 논의를 소개하고 있는 문헌으로 안영하(2007), 216~243; 현소혜, 유언, 263~269 참조.

70) 상속재산분할방법의 지정으로 보더라도 채권적 효과만이 있을 뿐이므로, 상속인은 별도의 이행절차를 거쳐야만 소유권 취득이 가능하다는 견해로 윤진수, 424~425.

71) 김주수 · 김상용, 714.

72) 곽윤직, 139, 250; 김소영(2003), 754; 현소혜, 유언, 270~276. 김창종(1998), 199도 같은 취지

재산 총액 중 상당한 부분을 차지하는 경우에는 포괄적 유증과 상속재산분할방법의 지정이 결합된 것으로 보아야 한다는 견해[73], ④ 원칙적으로는 특정유증에 해당하지만, 목적물의 가액이 상속재산 총액 중 상당한 부분을 차지하는 경우 및 한정적 유증 또는 확장적 유증에 해당하는 경우로서 목적물의 가액이 법정상속분에 미달하는 경우에는 나머지 상속인들의 지위를 고려하여 포괄적 유증과 상속재산분할방법의 지정이 결합된 것으로 보아야 한다는 견해[74], ⑤ 언제나 포괄유증을 포함한 상속재산분할방법의 지정으로 보아야 한다는 견해[75] 등 다양한 의견이 제시되고 있으며, 유언의 해석 단계에서는 해결이 불가능하므로 입법적 결단이 필요하다는 견해[76]도 있다.

참고로 일본 최고재판소는 유언서의 기재로부터 그 취지가 유증이라는 것이 명확하든가 또는 유증으로 해석해야 할 특단의 사정이 없는 한, 당해 재산을 상속인에게 단독으로 상속시키는 상속재산분할 방법의 지정으로 해석해야 하므로, 유언자 사망과 동시에 바로 당해 재산이 상속인에게 귀속되며, 다른 상속인들의 승낙을 요하지 않는다는 취지로 설시한 바 있다.[77] 일본에서는 우리나라와 달리 유언에 의한 상속분의 지정이 허용된다는 점, 특정유증에 관해서도 물권적 효과가 인정된다는 점 등을 고려할 필요가 있을 것이다. 하지만 일본은 그것이 유언의 내용을 알지 못했던 상속채권자 등을 해할 우려가 있다는 이유로 2018년 민법을 개정하여 법정상속분을 초과하는 부분에 대해서는 등기 등 대항요건을 구비한 경우에 한하여 채무자 기타 제3자에게 대항할 수 있도록 하였다(日民 §899−2).

인 것으로 보인다. 유영선(1998), 569는 목적물의 가액이 법정상속분을 초과하지 않는 경우에는 상속재산분할방법의 지정으로 볼 수 있지만, 목적물의 가액이 법정상속분을 초과하는 내용의 상속재산분할방법의 지정은 허용되지 않는다고 서술하고 있는바, 법정상속분 초과시 이를 유증으로 해석할 수 있는지 여부에 대해서는 침묵하고 있다.

73) 김재호(1998), 361.

74) 양형우(2008), 57~60.

75) 변희찬(1998), 457.

76) 오병철(2014), 19~20.

77) 日最判 1991(平 3). 4. 19. 民集45−4, 477; 日最判 1991(平 3). 9. 12. 判例タイムズ 796, 81.

第1073條(遺言의 效力發生時期)

① 遺言은 遺言者가 死亡한 때로부터 그 效力이 생긴다.

② 遺言에 停止條件이 있는 境遇에 그 條件이 遺言者의 死亡後에 成就한 때에는 그 條件成就한 때로부터 遺言의 效力이 생긴다.

참고문헌: 고상현, “독일민법 제84조와 우리 민법 제48조 제2항의 비교법적 고찰”, 민사법학 46(2009); 권재문, “부동산의 후계유증에 대한 재평가”, 저스티스 146−1(2015); 권철, “프랑스 민법상 신탁적 무상양여(증여·유증)에 관한 소고”, 민사법학 59(2012); 그리말디, “유언의 자유”, 저스티스 147(2015); 김영희, “독일법상의 유언의 보충적 해석”, 강원법학 32(2011); 김용한, “유증의 효력”, 법조 11−12(1962); 김재호, “포괄적 유증”, 재판자료 제78집(1998); 김종해·김병일, “상속세 및 증여세법상 유언대용신탁에 대한 과세방안”, 조세법연구 XIX−1(2013); 김현진, “프랑스민법상 유증”, 민사법학 59(2012); 김형석, “우리 상속법의 비교법적 위치”, 가족법연구 23−2(2009); 김형석, “유언의 성립과 효력에 관한 몇 가지 문제”, 民判 38(2016); 민유숙, “민법 제1008조의3에 의한 금양임야의 의미와 그 승계”, 대법원판례해설 49(2004); 신영호, “제사용재산의 상속”, 박병호 환갑기념(1991); 오병철, “유언의 취소”, 가족법연구 25−3(2011); 오병철, “유언을 뒤늦게 발견한 경우의 법률관계 −유언등록부의 도입 필요성에 관하여−”, 가족법연구 28−1(2014); 윤황지, “유언과 재산상속에 관한 연구”, 사회과학논총 6(1998); 이근영, “수익자연속신탁에 관한 고찰”, 재산법연구 27−3(2011); 이동진, “불륜관계의 상대방에 대한 유증과 공서양속”, 비교사법 13−4(2006); 이병화, “유언에 관한 법적 고찰 및 여대생들의 의식조사”, 인문과학연구 9(2003); 이진기, “민법 개정과 판례를 통한 사법 형성: 제사주재자의 결정과 제사용 재산”, 고려법학 56(2010); 이진기, “유증제도의 새로운 이해−포괄유증과 특정유증의 효력에 관한 의문을 계기로−”, 가족법연구 30−1(2016); 이창현, “유언의 무효와 변호사의 책임”, 비교사법 14−4(2007); 정소민, “유언능력에 관한 연구”, 법학논총 35−2(2018); 조인섭, “유언의 방식에 관한 연구”, 이화여대 박사학위논문(2016a); 최수정, “상속수단으로서의 신탁”, 민사법학 34(2006); 최수정, “개정신탁법상의 재산승계제도 −유언대용신탁과 수익자연속신탁을 중심으로−”, 법학논총 31−2(2011); 최현태, “복지형신탁 도입을 통한 민사신탁의 활성화 −수익자연속신탁을 중심으로−”, 재산법연구 27−1(2010); 현소혜, “유언의 보충적 해석”, 가족법연구 22−2(2008b).

I. 사인행위로서의 유언

유언은 방식을 갖춘 유언의 의사표시가 완료된 때에 바로 성립한다. 하지만 실제로 유언이 효력을 발생하는 시기는 유언자가 사망한 때부터이다(본조 ①). 즉, 유언은 사인행위(死因行爲)이다. 사인행위라는 점, 따라서 그 성립시기와 효력발생시기 사이에 시간적 간격이 존재한다는 점에서 유언과 사인증여는 공통점이 있다. 사인증여에 관해 자세히는 §1090 後註 참조.

유언은 사인행위이기 때문에, 유언에 의해 이익을 받을 자는 유언의 효력이 발생할 때까지는 어떠한 법률상 권리도 취득하지 못한다.[1] 가령 유증을 받는 자는 유언의 효력발생과 동시에 비로소 권리를 취득하며, 유언의 효력발생 전까지는 유증의 목적물에 대해 어떠한 종류의 조건부 혹은 기한부 채권도 갖지 못한다. 유증에 대한 기대를 가질 뿐이다. 따라서 유언자가 유증의 목적이 되는 부동산을 제3자에게 매각하거나 저당권을 설정하더라도 수증자는 이를 막거나 다투거나 권리침해를 이유로 하는 손해배상, 그 밖의 담보책임을 묻지 못한다.[2] 유언자 생존 중에 유증을 원인으로 한 소유권이전등기청구권보전의 가등기를 할 수 없음은 물론이다.[3] 다만, 유언을 신뢰한 제3자가 유언의 철회로 인해 손해를 입은 경우에 유언자에게 고의 내지 해의가 있으면 불법행위를 이유로 손해배상을 구할 수 있다는 견해[4]가 있다.

피상속인이 유언서의 작성을 의뢰하였음에도 불구하고 변호사가 이를 게을리 하던 중에 피상속인이 사망한 결과 의뢰된 유언서의 내용에 따라 유증을 받을 자가 기대하던 이익을 받지 못하게 된 경우에 그는 변호사를 상대로 손해배상을 청구할 수 있는가. 독일연방대법원은 변호사의 유언서작성계약 위반에 따른 손해배상책임을 인정한바 있으나[5], 우리나라에서는 유언 철회의 자유에 비추어 볼 때 아직 유증받을 자의 기대는 기득권이라고 볼 수 없으므로, 계약상 책임을 묻는 것은 불가능하고 불법행위책임을 물을 수 있을 뿐이라는 견해[6]가 유력하다.

1) 고정명·조은희, 365; 곽윤직, 218; 김용한, 396; 김주수·김상용, 815; 박동섭, 698; 박병호, 438; 소성규, 293; 송덕수, 405; 오시영, 706; 윤진수, 525; 이경희, 526; 이희배, 358; 조인섭(2016a), 9; 주석상속(2), 230, 297; 한봉희·백승흠, 588.

2) 유사한 취지로 곽윤직, 218; 김주수·김상용, 796; 박동섭, 698; 오시영, 706; 이병화(2003), 173; 이경희, 526; 천종숙, 409; 한봉희·백승흠, 588.

3) 등기예규 제1512호.

4) 윤진수, 525.

5) BGH JZ 1966, 141, 142~143.

Ⅱ. 유언 내용에 따른 구체적 효력발생시기

유언은 유언자의 사망에 의해 효력이 생기는 것이 원칙이지만, 행위의 성질상 유언자 사망과 동시에 효력을 발생시키는 것이 불가능한 경우도 있다. 유언 내용에 따른 구체적 효력발생시기에 대해 살펴본다.

1. 유증

유증은 유언자의 사망과 동시에 효력이 발생하는가 또는 수증자가 이를 승인한 때 비로소 효력이 발생하는가. 수증자가 유증을 승인할 때까지 유증의 효력이 발생하지 않는다고 하면, 상속인이 유증의 목적물을 처분하거나 과실을 취득하는 등 수증자의 신뢰와 거래의 안전을 해칠 우려가 있다. 따라서 유증의 효력 자체는, 별도의 조건이나 기한이 붙어 있지 않는 한, 유언자의 사망과 동시에 발생한다고 보아야 할 것이다.7)

2. 유언에 의한 재단법인 설립

유언에 의해 재단법인을 설립하는 경우에는 유언자 사망 후 유언집행자가 주무관청의 허가를 받아 설립등기를 해야 비로소 재단법인 설립의 효과가 발생한다(§§32, 33). 이때 재단법인에 출연된 재산은 언제부터 재단법인의 소유로 귀속되는가. 민법 §48②의 문언을 중시하여 유언의 효력이 발생한 때, 즉 유언자가 사망한 때로부터 재단법인의 소유라고 보는 견해8)가 다수설이나, 재단법인 앞으로 소유권이전등기가 완료된 때부터라고 보는 견해9)나 물권적 효과를 갖는 포괄적 유증의 경우에는 유언의 효력발생시와 동시에, 채권적 효과를 갖는 특정유증의 경우에는 등기를 갖춘 때에 비로소 재단법인의 소유가 된다는 견해10)도 있다.

판례는 유언자와 재단법인 사이에서는 유언의 효력이 발생한 때부터 재단법인의 소유라고 보아야 할 것이나, 제3자와의 관계에서는 재단법인 앞으로 소유권이전등기가 된 때부터 법인의 소유로 보고 있다.11) 따라서 재단법인 명의

6) 이창현(2007), 195~200.
7) 김용한(1962), 29; 주석상속(2), 297~298.
8) 대표적으로 곽윤직 · 김재형, 177.
9) 대표적으로 이영준, 941. 이진기(2016), 252~253는 포괄적 유증에 관하여 채권적 효과설을 취하는 것을 전제로 동일한 결론을 취한다.
10) 고상현(2009), 460~465.

의 소유권이전등기가 경료되기 전에 상속인이 출연재산을 제3자에게 처분하였다면 재단법인은 더 이상 전득자를 상대로 당해 재산의 반환을 청구하지 못하며, 상속인을 상대로 그 처분대가에 대해 대상청구권을 행사하거나, 부당이득반환청구권을 행사할 수 있을 뿐이다.[12)]

3. 유언에 의한 친생부인

부 또는 처가 유언으로 친생부인의 의사를 표시한 경우에는 유언자 사망 후 유언집행자가 제기한 친생부인의 소에 따라 친생부인판결이 확정된 때 비로소 친생부인의 효과가 발생한다.

4. 유언에 의한 인지

유언에 의한 인지는 유언자가 사망한 때부터 즉시 효력이 있다. 유언에 의한 인지가 있는 경우에 유언집행자가 이를 신고해야 함이 원칙이나(§859 ②), 이 때 인지신고는 생전행위에 의한 인지와 달리 보고적 신고에 불과하다.[13)] 다만, 이에 대해서는 유언에 의한 인지신고 역시 창설적 신고이므로, 인지신고가 있은 때 비로소 인지의 효력이 발생한다는 異說[14)]이 있다.

5. 유언신탁

유언신탁의 경우에 신탁의 효력이 유언의 효력발생과 동시에 발생하는가 또는 수탁자가 신탁인수를 한 경우나 신탁재산이 수탁자에게 이전된 때 비로소 발생하는가에 대해서는 논란이 있을 수 있지만, 유언의 효력발생과 동시에 유언신탁도 효력을 갖는다는 견해[15)]가 유력하다. 그렇게 보지 않을 경우 수익자의 보호에 공백이 생길 우려가 있기 때문이다.

---

11) 대법원 1979. 12. 11. 선고 78다481 등 전원합의체 판결; 대법원 1993. 9. 14. 선고 93다8054 판결. 단, 출연재산이 채권인 사안에서 "출연재산은 유언의 효력이 발생한 때 즉 출연자가 사망한 때로부터 법인에 귀속한다."고 하여 다수설을 택한 판결로 대법원 1984. 9. 11. 선고 83누578 판결 참조.

12) 오병철(2014), 15.

13) 고정명·조은희, 365~366; 곽윤직, 246; 권순한, 469; 김용한, 396; 김주수·김상용, 815; 박병호, 438; 박동섭, 739; 박정기·김연, 466~467; 소성규, 301; 송덕수, 424; 신영호·김상훈, 161; 윤황지(1998), 92; 이경희, 548; 이희배, 359; 조승현, 456; 주석상속(2), 298; 천종숙, 417; 한복룡, 330; 한봉희·백승흠, 609.

14) 윤진수, 176; 정광현, 요론, 425.

15) 최수정, 188.

Ⅲ. 조건부 · 기한부 유언의 효력발생시기

1. 조건부 또는 기한부 유언

유언에는 조건 또는 기한을 붙일 수 있다. 다만, 유언의 내용이 인지나 친생부인과 같은 친족관계에 관한 사항인 경우에는 그러하지 아니하다. 조건의 내용은 유언자의 의사에 따라 다양하게 구성할 수 있지만, 이 중 특히 유언자 사망 전에 제1수증자가 사망하거나 유증을 포기하는 것을 정지조건으로 제2수증자에게 유증하는 경우를 '보충유증', 유언자 사망 후 유증목적물을 승계 받은 제1수증자가 사망하거나 그 밖의 조건이 성취되는 것을 전제로 당해 유증목적물이 제2수증자에게 이전될 것을 명하는 경우를 '순차적 유증'이라고 한다. 보충유증에 대해서는 §1090 註釋 참조. 순차적 유증에 대해서는 4. 이하 참조.

2. 정지조건부 또는 시기부 유언의 효력발생시기

유언에 정지조건이나 시기가 붙은 경우에는 유언자 사망 후에 그 조건이 성취된 때부터 또는 기한이 도래한 때부터 유언의 효력이 생긴다(본조②, §152①).

그 결과 정지조건부 유증을 받은 자는 그 조건이 성취된 때에야 비로소 유증에 따른 청구권을 행사할 수 있다. 물론 일단 유언의 효력이 발생하였다면 아직 정지조건이 성취되지 않았더라도 수증자는 조건부 권리를 취득할 수 있을 것이다.[16] 따라서 수증자는 유증 목적물에 관하여 일체의 보존행위를 할 수 있으며, 유증의무자에게 담보책임을 물을 수도 있고(§1082), 재산분리를 청구할 수도 있다(§1045). 다만, 조건 성취 전에 수증자가 사망한 경우에는 유증의 효력이 생기지 않으므로(§1089 ②), 위 조건부 권리는, 유언자가 달리 정하지 않는 한, 상속 내지 양도가 불가능하다고 할 것이다.[17]

포괄적 유증에 정지조건이 붙어 있는 경우 포괄적 수증자는 조건 성취 전까지는 상속재산분할에 참가할 수 없다. 만약 정지조건이 성취되기 전에 이미 상속인들 사이에 상속재산분할이 이루어졌다면 수증자는 보호받을 수 있는가. 이때 수증자는 더 이상 상속인들을 상대로 분할의 무효나 유증채무의 이행을 청구할 수 없고, §1014를 유추적용하여 가액지급청구권을 행사할 수 있을 뿐이라는 견해[18]가 있다. 이에서 더 나아가 포괄적 수증자의 보호를 위해 상속

16) 김재호(1998), 372; 김주수 · 김상용, 816; 박동섭, 738; 박병호, 439; 오시영, 733; 이경희, 548; 이병화(2003), 180; 주석상속(2), 299; 천종숙, 417~418.

17) 김재호(1998), 372.

인을 상대로 담보제공청구권을 행사할 수 있도록 해야 한다는 입법론적 주장도 있다.[19]

반면 정지조건이 유언자 사망 전에 이미 성취되었다면 조건 없는 유언이 되고, 불성취로 확정되었다면 그 유언은 무효로 된다(§151 ②, ③).

본조는 임의규정이므로 유언자 사망 후에 비로소 정지조건이 성취되었더라도 유언자가 그 조건성취의 효력을 성취 전으로 소급시키기로 하는 의사표시를 할 수는 있지만(§147 ③), 유언자 사망 이전까지 소급할 수는 없다.[20]

시기부 유증에서 기한이 도래한 때에도 정지조건부 유증에서 정지조건이 성취된 때와 동일한 법리가 적용된다. 다만, 시기부 유증에서 기한도래의 효력은 유언으로 소급시킬 수 없다.

3. 해제조건부 또는 종기부 유언

본조에서는 유언에 정지조건을 붙이는 경우만을 규율하고 있으나, 유언에 해제조건을 붙이는 것도 당연히 가능하며, 이때의 법률관계는 민법총칙의 규정에 따른다. 즉, 유언에 해제조건이나 종기가 붙은 경우에 유언자 사망 후 그 조건이 성취된 때 또는 기한이 도래한 때에 그 효력을 잃는다(§147 ②, §152 ②). 유언자가 사망하기 전에 이미 해제조건이 성취되거나 종기가 도래하였다면 유언은 즉시 효력을 잃는다. 해제조건이나 종기를 붙이는 것은 유언자의 자유이나, 상속재산분할금지에 관한 유언의 종기는 유언자 사망 후 5년을 초과할 수 없다. §1012 註釋 참조.

4. 특수한 형태의 조건부 유언 – 순차적 유증

조건부 유증의 특수한 형태로 '순차적 유증'이 허용되는지 여부에 대해서는 다툼이 있다. 순차적 유증이란 유언자의 사망과 동시에 일단 제1수증자가 유증을 받지만, 제1수증자가 사망한 후에 유증목적물이 다시 미리 유언자가 지정해 놓은 제2수증자에게 승계되는 방식의 유증을 말한다. '계속적 유증'[21], '연이은 유증'[22], 또는 일본의 용어를 차용해 '후계(後繼) 유증'[23]이라고 부르는

18) 김재호(1998), 373~374; 박동섭, 755.
19) 김재호(1998), 374.
20) 곽윤직, 245; 권순한, 468; 김재호(1998), 371; 박동섭, 738; 송덕수, 423; 이경희, 549; 한봉희·백승흠, 608.
21) 김종해·김병일(2013), 284; 이근영(2011), 133; 최현태(2010), 14.
22) 최수정(2006), 591.

학자도 있다. 프랑스에서는 단계적 유증(legs graduelles)[24]이라고 불린다.

순차적 유증을 허용할 수 없다는 견해[25]는 다음과 같은 점을 근거로 들고 있다. 첫째, 이를 허용하면 제1수증자의 권리가 제약되고, 제1수증자의 상속인이나 채권자와 제2수증자간의 관계가 불명확해진다. 둘째, 순차적 유증을 허용하는 경우에 제1수증자는 종기가 붙은 소유권 또는 처분권한이 없는 소유권을 갖게 되는 것인데, 이는 민법상 물권법정주의에 반한다. 셋째, 제1수증자의 처분권한을 지나치게 제약한다. 넷째, 제1수증자에게 일단 이전된 소유권이 제1수증자 사망과 동시에 다시 유언자 소유로 복귀하였다가 제2수증자에게 유증된다는 것은 무리이다. 다섯째, 이미 사망한 피상속인 1인의 의사에 후속세대가 구속되는 것은 부당하다. 여섯째, 순차적 유증은 장기간 법률관계의 불안정을 가져올 수 있어 선상속·후상속의 제도를 채택하지 않은 입법자의 의도에 반한다. 이러한 견해에 따르면 순차적 유증의 효과를 부여하고자 하는 유언자는 신탁법 §60에 따른 수익자연속신탁 제도를 이용하는 수밖에 없다. 수익자연속신탁에 대해서는 §1090 後註 참조.

반면 순차적 유증이 허용된다는 견해는, 순차적 유증은 제1수증자의 소유권에 조건이나 기한을 붙이는 것이 아니라 그 원인행위인 유증에 조건이나 기한을 붙인 것에 불과하므로 물권법정주의에 반하지 않는다는 점, 제1수증자의 상속인이나 채권자와의 법률관계가 복잡해지는 문제는 권리소멸의 등기나 제2수증자를 위한 가등기 등을 이용해 해결할 수 있다는 점[26] 등을 근거로 제시하면서, 유언자의 의사실현을 위해 순차적 유증과 수익자연속신탁 중 선택이 가능하도록 해야 한다고 주장한다.[27]

우리나라에서는 순차적 유증이 허용되지 않는다는 것이 다수설이다. 일본의 판례와 학설의 태도도 같다.[28] 반면 독일은 선상속인(Vorerbe)－후상속인

---

23) 정광현, 요론, 438; 권재문(2015). 336 각주 8); 김용한, 407. 권재문(2015)는 이를 수익자연속신탁 제도에 준하여 '연속유증'이라는 용어를 사용할 것을 제안하고 있다.

24) 권철(2012), 405; 김현진(2012), 441은 이를 '순차적 이전부담부 유증'이라고 번역하고 있다.

25) 김종해·김병일(2013), 284~285; 김형석(2009), 110; 김형석(2016), 1108~1117; 윤진수, 536; 이근영(2011), 134~135; 최수정(2006), 588~589; 최수정(2011), 72~73; 최현태(2010), 15~16; 현소혜, 유언, 289~291.

26) 순차적 유증을 원인으로 하는 가등기의 가능성에 대해 비판적인 견해로 김형석(2016), 1111~1114 참조.

27) 권재문(2015), 344~350, 357 참조.

28) 일본에서 후계유증의 허용 여부에 대한 학설의 동향을 소개하고 있는 문헌으로 권재문(2015), 338~343. 일본 최고재판소는 후계유증을 부담부 유증이나 잔여재산유증, 사용수익권 유증 등으로 해석하여 그 효력을 인정할 가능성을 열어둔 바 있다. 日最判 1983(昭 58). 3. 18. 民集 36－3, 413.

(Nacherbe)과 같이 순서를 정하여 상속인을 지정하는 것을 허용한다. 프랑스의 경우 과거에는 살아 있는 사람의 이익을 죽은 사람의 이익에 종속시키는 것은 부당하다는 점 등을 들어 단계적 유증을 금지하였으나, 2006년 민법 개정 이후에는 유언자의 처분의 자유, 소유권의 영구성, 재산관리 능력이 부족한 제1수증자의 후손의 보호 필요성 등을 이유로 1代에 한하여 단계적 유증의 효력을 인정하고 있다(프랑스 민법 §§1048－1056).[29)]

잔여재산유증(legs rériduelles)이 허용될 수 있는지 여부도 문제된다. 잔여재산유증이란 제1수증자 사망시까지 처분되지 않고 남아 있는 유증목적물에 한하여 제2수증자에게 승계시키는 내용의 유증을 말하는 것으로서 순차적 유증의 변형된 형태에 해당한다. 국내에서는 아직 별다른 논의가 없으나, 2006년 개정 프랑스 민법은 이를 명문으로 허용하였다(프랑스 민법 §§1057－1061).[30)] 이러한 잔여재산 순차유증은 순차적 유증과 달리 제1수증자의 처분의 자유를 제약하지 않고, 거래의 안전을 해할 우려도 적을 뿐만 아니라, 배우자를 제1수증자로 지정하여 유증목적물을 생활자금으로 사용할 수 있도록 하고, 남는 금액을 자녀에게 이전시키고자 할 때 유용하게 사용될 수 있는바, 그 효력을 인정하여야 할 것이다.

제1수증자의 사망을 조건으로 제2수증자에게 순차적 유증을 하는 대신, 제1수증자에게 사망 후 제2수증자에게 유증 목적물을 이전할 부담을 지우는 방식으로 유언을 한 경우 또는 제2수증자에게 제1수증자가 생존한 동안에는 제1수증자에 의한 사용·수익·관리를 용인할 부담을 지우는 방식으로 유증한 경우에는 어떠한가. 이와 같은 내용의 부담부 순차적 유증이 허용되는지 여부에 대해서는 §1088 註釋 참조.

Ⅳ. 유언의 무효·취소

유언의 효력발생시기가 도래했더라도 유언 자체에 무효사유가 있거나 유언이 취소된 경우에는 유언의 효력이 발생할 수 없다. 유언이 무효 또는 취소되는 경우는 다음과 같다.

29) 구체적인 내용은 권철(2012), 409~414; 그리말디(2015), 305~306; 김현진(2012), 442; 김형석(2009), 106 및 같은 면 각주 106) 등 참조.
30) 권철(2012), 415~418; 김현진(2012), 441~442.

1. 유언의 무효

가. 무효사유

(1) 민법에서 정한 방식을 갖추지 못한 유언

민법에서 정한 방식을 갖추지 못한 유언은 무효이다. 유언의 방식에 대해서는 §§1065－1072 註釋 참조. 그러나 단순한 방식불비가 아니라, 방식을 전혀 갖추지 않았거나 오로지 구두로만 한 유언은 유언의 불성립으로 보아야 한다.[31] 다만, 유언에 의한 인지에 대해서는 설령 방식을 갖추지 못했더라도 유언자와 피인지자 사이에 부자관계가 있다면 인지가 유효한 것으로 보아야 한다는 견해가 있다.[32]

(2) 법정사항 외의 사항을 내용으로 하는 유언

유언법정사항에 해당하지 않는 내용의 유언은 법적으로 아무런 효력이 없다. 유언법정사항에 대해서는 제7장 前註 Ⅳ. 이하 참조.

(3) 유언자가 직접 하지 않은 유언

유언은 대리에 친하지 않으므로, 법정대리인 또는 임의대리인이 대리하여 한 유언은 무효이다.

(4) 유언능력이 없는 자에 의한 유언

만17세에 달하지 못한 자, 피성년후견인으로서 심신회복상태에 있지 않은 자 그 밖에 의사무능력자가 한 유언이나 법인이 한 유언은 무효이다. 유언능력에 대해서는 §§1061－1063 註釋 참조.

(5) 수유능력 없는 자에 대한 유증

이미 사망한 사람 등 권리능력이 없는 자나 수유결격자에게 한 유증은 무효이다. 수유능력에 대해서는 §1064 註釋 참조. 그 밖에 유언 성립 당시 수증자가 확정되어 있지 않은 유증도 무효라는 견해가 있다. 자세한 내용은 제3절 前註 참조. 수탁자가 전혀 확정되어 있지 않은 유언신탁의 경우도 같다.[33]

(6) 선량한 풍속 기타 사회질서나 강행법규에 위반한 유언

선량한 풍속 기타 사회질서나 강행법규에 위반한 유언은 §103에 의해 무효이다. 따라서 마약이나 음란문서와 같은 금제품을 유증하는 것은 당연히 효

---

31) 김재호(1998), 337; 박동섭, 740.

32) 이경희, 183.

33) 최수정(2006), 582~584. 다만, 위 견해는 수탁자의 범위가 미리 정해져 있는 경우 또는 유언신탁에 수탁자의 지정만을 결하였을 뿐 다른 요건들을 모두 충족하고 있는 경우에는 그 효력을 인정하는 것이 바람직하다고 주장한다.

력이 없다. 특별상속재산인 제사용 재산을 유증하는 것이 허용되는지 여부에 대해서는 논란이 있을 수 있으나, 현재로서는 유증의 대상이 된다는 견해[34)]만이 보일 뿐이다.

또한 부첩관계나 불륜관계 있는 자에 대한 유증은 선량한 풍속에 반해 무효라는 것이 종래의 통설적 견해였다. 하지만 판례는 부첩관계나 불륜관계 있는 자에 대한 유증이라도 그것이 그 관계를 해소하는 과정에서 그 동안의 노력과 비용 등의 희생을 배상 내지 위자하고, 장래의 생활대책을 마련해주기 위한 것인 때에는 유효하다고 보고 있다.[35)] 반면 유증의 동기가 불륜관계 등의 지속에 대한 보상 내지 유인에 있는 경우에는 이를 무효로 보지 않을 수 없을 것이다. 국내의 학설[36)]이나 현재까지 독일·프랑스·일본에서의 대체적인 판례의 경향도 그러하다.[37)] 다만, 이에 대해서는 유증의 동기보다는 '객관적 관련성'을 판단기준으로 삼아야 한다거나[38)], 관계인의 이익을 종합적으로 형량하여 판단해야 한다[39)]는 異見이 있다.

특정인 또는 특정 집단에 속하는 사람과의 혼인 또는 혼인의 포기를 조건으로 하는 유증과 같이 유언에 조건을 붙임으로써 수증자의 행태를 통제하고자 하는 경우에는 어떠한가. 위와 같은 조건부 유언으로 말미암아 수증자의 기본권에 저항하기 어려울 정도의 압박이 발생하는 경우에는 간접적용설에 따라 무효로 보아야 한다는 견해[40)]가 유력하다. 다만, 수증자의 기본권을 일부 제약하는 부분이 있더라도 동기의 불법성 정도에 따라 당해 유증이 유효하게 될 수도 있을 것이다.[41)]

그 밖에 유언자가 노령이나 질병 등으로 인해 심리적으로 취약한 상태에서 각별한 신뢰관계에 있는 종교지도자, 후견인, 동거인 등에게 강하게 의존하고 있는 결과 타인의 우월한 의사지배에 따라 타율적인 유언을 하게 된 경우에도, 그것이 강박의 정도에 이르지 않았다면, 양속위반을 이유로 그 유언의 효력을 부정할 수 있다는 견해[42)]가 있다.

---

34) 신영호(1991), 586; 이진기(2010), 78~79. 반면 현행 민법 시행 전에는 제사용 재산을 호주가 임의로 처분할 수 없는 것으로 보았다고 한다. 민유숙(2004), 301~302.

35) 대법원 1980. 6. 24. 선고 80다458 판결.

36) 곽윤직, 247; 박동섭, 741.

37) 불륜관계의 상대방에 대한 유증의 양속위반 여부에 대한 각국의 판례 및 동향을 소개하고 있는 문헌으로 이동진(2006), 7~13; 김형석(2016), 1035~1036 참조.

38) 이동진(2006), 13~20.

39) 김형석(2016), 1034~1036. 김재호(1998), 365~366도 유사한 취지인 것으로 보인다.

40) 김형석(2016), 1036~1041.

41) 그리말디(2015), 311; 김형석(2016), 1041.

당해 유언이 선량한 풍속에 위반되는지 여부는 유언 성립 당시가 아니라 유연의 효력발생 당시를 기준으로 판단하여야 할 것이다.[43)]

(7) 비진의표시

진의 아닌 유언의 효력에 대해서는 제7장 前註 참조.

(8) 철회된 유언

유언 또는 생전행위에 의해 철회된 유언은 효력이 없다. 유언의 철회에 대해서는 §§1108－1110 註釋 참조.

(9) 유언의 효력발생 전에 수증자가 사망한 경우

유언자가 사망하기 전에 이미 수증자가 사망한 경우에 그 유증은 무효이다. 단, 유언자가 유언으로 다른 의사를 표시한 때에는 그러하지 아니하다. §1089 註釋 참조.

(10) 유언의 목적인 권리가 유언자 사망 시에 상속재산에 속하지 않을 때

유언의 목적인 권리가 유언자 사망 당시 상속재산에 속하지 않는 경우에 그 유증은 무효이다. 다만, 유언의 효력이 있게 하는 것이 유언자의 의사인 때에는 그러하지 아니하다. §1087 註釋 참조.

나. 무효인 유언의 추인

무효인 유언이라도 유언자가 무효임을 알고 추인한 때에는 새로운 유언으로 본다(§139). 다만, 이때 추인의 의사표시는 유언의 방식을 갖추어야 할 것이다.[44)]

다. 일부무효인 유언

본래 법률행위의 일부분이 무효인 때에는 그 전부를 무효로 하는 것이 원칙이나(§137), 유언의 경우에는 유언 중 일부가 무효이더라도 그 무효인 부분이 없었더라면 다른 부분도 유언하지 않았을 것이라고 인정할 수 있는 때에 한하여 그 유언 전부를 무효로 볼 수 있을 뿐이다. 호의적 해석의 원칙이 적용되기 때문이다.[45)] 호의적 해석의 원칙에 대해서는 제7장 前註 참조.

2. 유언의 취소

유언의 취소에 관하여는 §1111에 따른 부담부 유증의 취소 외에 별다른 특칙이 존재하지 않는다. 부담부 유증의 취소에 대해서는 §1111 註釋 참조. 따

42) 김형석(2016), 1041~1042; 정소민(2018), 101~102.
43) 김형석(2016), 1042~1043.
44) 권순한, 459; 김재호(1998), 340.
45) 김재호(1998), 341.

라서 민법총칙에 따른 취소 가능성 여부가 문제될 뿐이다. 그런데 유언자의 제한적 행위능력을 이유로 하는 취소는 허용되지 않으므로(§1062 註釋), 결국 유언에서는 중대한 착오나 사기·강박으로 인한 취소만이 검토의 대상이 된다.

가. 취소의 대상

유언의 내용이 재산법상 법률행위인 경우에는 착오, 사기 또는 강박을 이유로 이를 취소할 수 있다(民 §§109-110).[46] 하지만 유언의 내용이 가족법상 법률행위인 경우에는 문제이다.

먼저 유언에 의한 인지에 관하여는 §861에 별도로 취소에 관한 특칙이 마련되어 있으므로, 위 조문에 따라 정해진 일정한 요건 하에 이를 취소하는 것이 가능하다. 만약 유언에 따른 인지신고가 있은 후에 비로소 유언이 취소되었다면 인지취소의 소를 제기하여야 한다.[47] 자세한 내용은 주해친족(1) §861 註釋 참조.

반면 유언에 의한 친생부인과 미성년후견인 지정에 대해서는 특별규정이 없다. 이 경우에 민법총칙상의 취소 규정이 적용될 수 있는지에 대해서는 논란이 있을 수 있으나 가족법상 법률관계에서는 당사자의 진의가 가장 중요하다는 점, 신분관계의 안정이 필요하다는 점 등에 비추어 언제나 무효라는 것이 통설적 견해이다.[48]

나. 취소사유

민법총칙에 따른 유언의 취소사유는 착오·사기 또는 강박이다. 다만, 이 중 착오로 인한 취소에 대해서는 견해의 대립이 있다.

一說은 표의자의 진의 존중을 위해 착오에 의한 유언은 언제나 무효라고 본다.[49]

二說은 착오 역시 유언의 취소사유에 해당한다는 입장이다.[50] 이 중에는 특히 유언의 취소에서는, 일반적인 법률행위의 취소와 달리, 동기의 착오도 널리 취소사유가 될 수 있다고 주장하는 견해도 있다.[51] 상대방의 신뢰보호가 문

46) 곽윤직, 247; 권순한, 470; 김용한, 402; 김주수·김상용, 818; 김형석(2016), 1090; 박병호, 444; 송덕수, 424; 신영호·김상훈, 455; 오병철(2011), 304~306; 오시영, 735; 이경희, 552; 한봉희·백승흠, 610.

47) 오병철(2011), 303.

48) 주석상속(2), 267; 오병철(2011), 301, 304; 한봉희·백승흠, 609~610.

49) 박병호, 444; 이경희, 553; 천종숙, 418; 한복룡, 330. 이에 반대하는 견해로 오병철(2011), 311.

50) 고정명·조은희, 369; 권순한, 470; 박정기·김연, 468; 백성기, 386; 소성규, 303; 송덕수, 424; 윤진수, 530; 조승현, 482; 한봉희·백승흠, 611.

51) 김형석(2016), 1091~1094; 윤진수, 530. 이에 반대하는 견해로 오병철(2011), 311.

제되지 않기 때문이다. BGB §2078 ②은 "어떤 사정의 발생 또는 불발생에 대한 오인된 가정 또는 기대"에 의해 사인처분을 한 경우에는 동기의 착오의 경우에도 취소가 가능하다는 입장이다.

三說은 착오를 이유로 하는 유언의 취소 자체가 불가능하다고 본다. 유언의 방식주의에 비추어 볼 때 착오에 의한 유언이라는 것 자체가 성립할 수 없다는 것이다.[52] 이러한 견해는 착오의 문제를 유언의 취소가 아니라 오로지 유언의 해석을 통해 해결하고자 한다. 착오취소 자체가 가능하기는 하지만, 유언증서에 의해서만 착오 여부를 판단해야 하기 때문에 취소가 인정되는 경우는 매우 적을 것이라는 견해도 사실상 이와 같은 취지이다.[53]

하지만 방식을 갖춘 의사표시의 문언만을 기초로 착오 유무를 판단할 것은 아니다.[54] 동기의 착오를 이유로 하는 유언의 취소 가능성 자체를 부인할 필요는 없다. 다만, 유언의 취소는 법정상속의 개시로 이어져 유언자의 진정한 의사실현을 오히려 저해할 위험이 있으므로, 동기의 착오를 이유로 취소하기보다는 가급적 유언의 보충적 해석을 통해 유언자의 가정적 의사가 실현될 수 있도록 해야 할 것이다(호의적 해석의 원칙).[55] 유언의 보충적 해석에 관하여는 제7장 前註 VI. 참조.

다. 취소권자

(1) 하자 있는 의사표시를 한 유언자

사기·강박 또는 중대한 착오로 인해 유언을 한 자는 이를 스스로 취소할 수 있다(§140). 그런데 유언자가 사망한 때에는 더 이상 취소를 할 수 없고, 유언자가 아직 생존해 있을 때에는 이를 자유롭게 철회할 수 있으므로 그가 유언을 취소할 수 있다는 것은 별다른 실익이 없다. 그 결과 일부 견해는 유언자 본인에게 취소권을 인정할 필요가 없거나[56], 논리적으로 인정할 수 없다[57]고 한다. 하지만 철회가 가능하다고 하여 굳이 취소권을 부정할 필요는 없을 것이다.[58] 게다가 유언자가 사망한 경우에는 더 이상 철회가 불가능하기 때문에 상속인으로 하여금 유언자의 취소권을 승계하여 이를 대신 취소하도록 하기 위

52) 박동섭, 741.
53) 곽윤직, 247; 김주수·김상용, 818; 오시영, 736; 주석상속(2), 301.
54) 김형석(2016), 1093~1094.
55) 김영희(2011), 203~204; 김형석(2016), 1091; 현소혜(2008b), 138~139; 현소혜, 유언, 293~295.
56) 이경희, 554.
57) 오병철(2011), 306~307.
58) 김재호(1998), 339~340; 김형석(2016), 1089~1090. 윤진수, 530은 유언의 철회 대신 유언의 취소가 더 간편한 경우도 있다는 이유로 유언자 생존시 취소권의 행사가능성을 긍정한다.

해서라도 유언자의 취소권을 인정할 실익이 있다.[59] 유언자가 의사능력을 상실하여 철회할 수 없는 경우에 법정대리인이 대신 취소할 수 있어야 함은 물론이다.[60]

(2) 상속인

유언자의 상속인은 취소권을 행사할 수 있다. §140에서 정하는 '승계인'에 해당하기 때문이다. 다만, 유언자에게 사기·강박을 한 자가 상속인 본인인 때에는 상속결격으로 상속인의 지위를 박탈당하므로(§1004 iv), 더 이상 취소권을 행사하지 못한다.[61] 상속인이 여러 명인 경우에는 전원이 공동으로 취소권을 행사해야 하는가. 유언의 취소는 공유물 관리에 관한 사항에 불과하므로 상속분의 과반수로 정할 수 있다는 견해[62]와 보존행위로 보아 상속인이 각자 그 취소권을 행사할 수 있다는 견해[63]가 대립한다.

(3) 포괄적 수증자

포괄유증을 받은 자도 상속인과 동일한 권리의무를 가지는 포괄승계인이므로, 취소권을 행사할 수 있다.[64] 특정유증을 받은 자는 채권자에 불과하므로 그러하지 아니하다.

(4) 유언집행자

유언집행자가 유언의 취소권을 행사할 수 있는지 여부에 대해서는 긍정하는 견해[65]와 부정하는 견해[66]가 대립한다. 유언집행자가 상속인의 대리인이라는 점을 고려하면, 상속인의 의사에 반하는 유언집행자 고유의 취소권을 인정할 필요는 없을 것이다.

§1096에 따라 법원에 의해 선임된 유언집행자는 어떠한가. 이 경우에는 취소권을 행사할 법정상속인이 존재하지 않으므로, 유언집행자가 유언 취소권을 행사할 수 있다고 보는 견해[67]가 있으나, §1096는 법정상속인이 존재하는 경우에도 사안에 따라 적용될 수 있으므로, 이때에도 유언집행자는 취소권을 행사

59) 권순한, 470; 김주수·김상용, 818; 김형석(2016), 1090; 박동섭, 742; 박병호, 444; 박정기·김연, 468; 송덕수, 424; 신영호·김상훈, 455; 오시영, 734, 736; 이경희, 554; 주석상속(2), 301; 한봉희·백승흠, 609.

60) 김재호(1998), 340.

61) 오병철(2011), 307.

62) 오병철(2011), 307~308.

63) 김재호(1998), 340; 김형석(2016), 1095~1096.

64) 박동섭, 742; 이경희, 554.

65) 곽윤직, 247; 박동섭, 742; 이경희, 554.

66) 김형석(2016), 1096; 오병철(2011), 308~309; 윤진수, 530.

67) 오병철(2011), 309.

할 수 없다고 보아야 할 것이다.[68] §1096 註釋 참조.

라. 취소의 의사표시

유언은 상대방 없는 단독행위이므로, 그 취소의 의사표시 역시 상대방 없는 법률행위인지 여부가 문제된다. ① 취소의 의사를 적당한 방법으로 외부에 표시하는 것으로 족하다는 견해[69], ② 유언에 의해 직접 이익을 취득한 자를 상대방으로 표시해야 한다는 견해[70], ③ 유언에 의해 이해관계를 맺은 자가 있으면 그에 대하여, 그러한 자가 없는 경우에는 적당한 방법으로 외부에 객관화하는 방법으로 표시해야 한다는 견해[71], ④ 유언의 효력이 발생하기 전까지는 상대방이 확정되어 있지 않으므로 객관적으로 취소의 의사표시로 인정될만한 행위가 있는 것으로 족하고, 유언의 효력이 발생한 후에는 유언에 의해 이익을 받는 자에 대한 의사표시로 해야 한다는 견해[72], ⑤ 유언이 집행되기 전이라면 유언집행자를 상대로, 유언이 집행된 후라면 유언을 통해 직접적으로 이익을 취득한 자를 상대로 취소의 의사표시를 해야 한다는 견해 등이 제시되고 있다.[73]

마. 제척기간

유언의 취소는 추인할 수 있는 날로부터 3년 내에, 법률행위를 한 날로부터 10년 내에 행사하여야 한다(§146). 이때 "추인할 수 있는 날"이란 "취소의 원인이 종료되어 취소권 행사에 장애가 없어져서 취소권자가 취소의 대상인 법률행위를 추인할 수도 있고 취소할 수도 있는 상태가 된 때"[74]를 의미하는바, 유언자가 사망할 때까지 사기나 강박으로부터 벗어나지 못하였다면, 이러한 사정을 취소권자인 상속인이 안 날로부터 3년 내에 취소권을 행사할 수 있다고 할 것이다.[75]

68) 김형석(2016), 1096.
69) 곽윤직 · 김재형, 393.
70) 김형석(2016), 1097; 이영준, 726.
71) 송덕수, 민법총칙, 445.
72) 김재호(1998), 340.
73) 오병철(2011), 309~310.
74) 대법원 1998. 11. 27. 선고 98다7421 판결.
75) 오병철(2011), 312~313.

第1074條(遺贈의 承認, 抛棄)

① 遺贈을 받을 者는 遺言者의 死亡後에 언제든지 遺贈을 承認 또는 抛棄할 수 있다.

② 前項의 承認이나 抛棄는 遺言者의 死亡한 때에 遡及하여 그 效力이 있다.

참고문헌: 김용한, "유증의 효력", 법조 11－12(1962); 박영규, "유증의 법률관계 －포괄유증을 중심으로－", 법학연구 26－1(2016); 이진기, "유증제도의 새로운 이해－포괄유증과 특정유증의 효력에 관한 의문을 계기로－", 가족법연구 30－1(2016); 전계원, "유증으로 인한 소유권이전등기절차", 법조 35－9(1986).

Ⅰ. 의의

유증은 수증자에게 오로지 이익만 되는 유형의 행위이지만, 그의 의사에 반하여 권리의 취득을 강제하는 것은 허용되지 않는다. 따라서 본조는 수증자에게 유증을 받을지 여부를 자유롭게 선택할 수 있도록 하고 있다. 본조는 오로지 특정유증에 대해서만 적용된다. 포괄유증을 받은 자가 유증의 승인 또는 포기를 하고자 하는 경우에는 §§1019－1044에 따라 상속인과 동일한 지위에서 승인 또는 포기를 하여야 하기 때문이다(물권적 효과설). §1078 註釋 참조.

Ⅱ. 승인 또는 포기의 의사표시

본조에 따르면 특정유증을 받을 자는 유언자 사망 후에 언제든지 특정유증을 승인 또는 포기할 수 있다(본조 ①). 특정유증을 한정승인하는 것은 허용되지 않는다.[1)]

1) 윤진수, 540.

1. 주체

승인 또는 포기의 의사표시를 하는 자는 특정유증을 받은 수증자 본인이다. 권리능력 및 행위능력을 갖춘 수증자만이 단독으로 유효하게 승인 또는 포기를 할 수 있다. 제한적 행위능력자가 스스로 한 승인 또는 포기의 의사표시는 §5, §10 및 §13에 따라 취소의 대상이 된다. 다만, 유증은 원칙적으로 권리만을 얻거나 의무만을 면하는 행위에 해당하므로, 이를 승인하는 의사표시는 미성년자가 단독으로 할 수 있다(§5).

부담부 유증의 경우에는 어떠한가. 부담의 내용과 성격에 따라 판단이 달라질 것이다. 가령 유증목적물에 저당권이 설정되는 내용의 부담이라면 미성년자는 물상보증인으로서의 책임을 부담할 뿐이므로 단독으로 승인할 수 있지만, 유증목적물에 대항력 있는 주택임차권이 딸려 있는 내용의 부담이라면 임대인으로서 보증금반환채무를 부담해야 하므로 단독으로 승인할 수 없다는 견해[2)]가 있다.

2. 시기

상속의 승인·포기와 달리 일정한 기간 내에 해야 한다는 등의 시기상의 제한은 존재하지 않는다. 단, 상속개시 전에 미리 특정유증을 포기하기로 하는 내용의 의사표시를 하는 것은 효력이 없다.[3)] 유언의 효력발생 전에 수증자는 아무런 권리를 취득하지 않기 때문이다. 수증자가 언제든지 특정유증을 승인 또는 포기할 수 있는 결과 유증의무자의 법적 지위는 매우 불안정하다. 이때 유증의무자의 보호 방법에 대해서는 §1077 註釋 참조.

3. 방식

승인이나 포기의 의사표시에 방식상의 제한이 있는 것도 아니다. 법원의 심판을 받을 필요도 없다. 유증의무자에게 승인 또는 포기의 의사표시를 하는 것으로 족하다.[4)] 유언집행자를 상대로 승인 또는 포기의 의사표시를 하는 것

2) 권순한, 479; 이경희, 586.
3) 곽윤직, 256; 권순한, 479; 김용한, 409; 박동섭, 759; 윤진수, 540; 이경희, 586; 조승현, 467; 주석상속(2), 307.
4) 권순한, 479; 김용한(1962), 39; 김주수·김상용, 832; 박동섭, 759; 박병호, 451; 송덕수, 432; 신영호·김상훈, 459; 오시영, 752; 윤진수, 540; 이경희, 586; 조승현, 467; 주석상속(2), 307; 천종숙, 427; 한봉희·백승흠, 626.

이 가능하다는 견해[5]도 있다. 승인 또는 포기의 의사표시는 상대방 있는 단독행위로서 법률행위의 일반적 효력발생요건을 갖추어야 할 것인바, 그 의사표시가 유증의무자에게 도달할 필요는 있을 것이다. 유증의무자가 여러 명인 경우에 그들 중 1인에 대한 승인이나 포기의 의사표시는 다른 유증의무자에 대해서도 효력을 미친다.[6] 유증의무자의 개념에 대해서는 제7장 제3절 前註 참조.

승인 또는 포기의 의사표시는 묵시적으로 할 수도 있다. 유증의무자를 상대로 유증의 이행을 청구하거나 유증목적물을 이의 없이 수령한 경우에는 유증을 승인한 것으로 본다.[7] 견해에 따라서는 타인에 대해 유증을 승인한 사실을 밝힌 것만으로도 승인의 의사표시로 인정될 수 있다고 하나[8], 승인이 상대방 있는 단독행위인 점을 고려하면 의문이다.

4. 내용

상속의 승인·포기가 포괄적으로 이루어지는 것과 달리, 특정유증의 승인 또는 포기의 의사표시는 반드시 포괄적일 필요는 없다.[9] 즉, 수증자는 특정유증 중 일부만 승인하고, 일부는 포기할 수도 있다. 수증자가 유증목적물인 부동산 중 특정한 일부분에 대해서만 포기의 의사표시를 한 경우에 유언집행자는 포기한 부분에 대해 분할등기 또는 구분등기를 한 후 승인한 부분에 대하여 유증을 원인으로 하는 소유권이전등기를 경료해 줄 의무가 있다는 것이 등기실무의 태도[10]이다.

한편 채무를 면제하는 내용의 특정유증의 경우에는 수증자에게 포기가 허용되지 않는다는 것이 통설이다.[11] 본래 채무면제의 의사표시는 상대방 있는 단독행위로서 도달과 동시에 효력이 발생하므로, 그것과 균형을 맞추기 위해서는 유증의 포기도 허용되어서는 안 된다는 것이다.

5) 김용한, 409; 김주수·김상용, 832; 송덕수, 432; 전계원(1986), 101; 주석상속(2), 307.
6) 박동섭, 759.
7) 김주수·김상용, 833; 박병호, 452; 주석상속(2), 316~317. 대법원 1999. 11. 26. 선고 97다57733 판결 역시 특정유증의 묵시적 승인을 인정하는 취지로 판시한 바 있다.
8) 박병호, 452.
9) 권순한, 479; 김용한, 409; 김주수·김상용, 832; 박동섭, 758; 박병호, 451; 백성기, 391; 송덕수, 432; 신영호·김상훈, 459; 오시영, 752; 이경희, 586; 전계원(1986), 101; 주석상속(2), 307; 천종숙, 427; 한봉희·백승흠, 626.
10) 등기예규 제1512호.
11) 곽윤직, 256; 김주수·김상용, 832; 박동섭, 759; 박병호, 451~452; 박정기·김연, 474; 오시영, 752; 주석상속(2), 306; 한봉희·백승흠, 626.

5. 대리 등

상속의 승인 또는 포기와 달리 특정유증의 승인이나 포기의 의사표시는 '인적 결단'으로서의 성격을 갖지 않는다. 이는 순수한 의미의 재산법적 법률행위이며, 대리나 채권자대위, 채권자 취소의 객체가 될 수 있다는 것이 다수설이다.[12] 하지만 대법원은 유증의 포기는 사해행위 취소의 대상이 되지 않는다고 보았다.[13] 유증의 포기는 소급효를 가지므로, 채무초과 상태에 있는 채무자라도 자유롭게 유증을 포기할 수 있으며, 채무자의 유증 포기가 직접적으로 채무자의 일반재산을 감소시켜 채무자의 재산을 유증 이전의 상태보다 악화시킨다고 볼 수도 없다는 것이다.

특히 수증자가 미성년자인 경우에는 법정대리인이 특정유증의 포기의 의사표시를 대리할 수 있다. 이해상반행위에 해당하는 경우에 특별대리인을 선임해야 함은 물론이다(§921). 「채무자회생 및 파산에 관한 법률」 §388 역시 채무자가 받은 특정유증을 파산관재인이 승인 또는 포기할 수 있다는 입장이다. 다만, 이에 대해서는 비판적인 견해[14]가 있다.

Ⅲ. 승인 또는 포기의 효력

승인 또는 포기의 효력은 유언자 사망시로 소급한다(본조 ②).

따라서 수증자가 특정유증을 승인한 경우에 그는 유언자 사망시부터 유증목적물에 대한 이행청구권을 취득한 것으로 본다. 하지만 본래 유언의 효력은 유언자 사망 당시에 발생하는 것이 원칙이므로(§1073), 특정유증에서 승인은 이미 발생한 특정유증의 효력이 확정되었다는 의미에 지나지 않는다고 할 것이다.[15] 이에 대해서는 승인에 의해 비로소 특정유증의 효력이 발생하고 그 효과가 사망시로 소급하는 것이며, 승인 전까지 수증자는 승인 또는 포기할 권리를 가질 뿐이라는 異見[16]이 있다.

12) 김주수·김상용, 832; 신영호·김상훈, 459; 오시영, 752~753; 주석상속(2), 307.
13) 대법원 2019. 1. 17. 선고 2018다260855 판결.
14) 이진기(2016), 238.
15) 곽윤직, 256; 박병호, 453; 백성기, 391; 이경희, 585~586; 전계원(1986), 102; 한봉희·백승흠, 625.
16) 이진기(2016), 220~221, 236~238. 포괄유증의 채권적 효과설을 전제로 한 견해이기는 하지만, 박영규(2016), 252~253도 같은 취지이다.

반면 특정유증을 포기하였다면, 유증목적물은 상속개시 당시부터 상속인에게 귀속되는 것이 원칙이다. §1090 註釋 참조. 소급효를 인정하지 않으면 특정유증의 수증자가 §1079에 따라 상속개시시부터 특정유증 포기시까지 사이에 유증목적물로부터 발생한 과실을 취득하게 되어 부당하기 때문이다.[17]

17) 주석상속(2), 308.

第1075條(遺贈의 承認, 拋棄의 取消禁止)

① 遺贈의 承認이나 拋棄는 取消하지 못한다.

② 第1024條第2項의 規定은 遺贈의 承認과 拋棄에 準用한다.

유증의 승인이나 포기의 의사표시는 취소하지 못한다(본조 ①). 본 조문에서 말하는 '취소'는 강학상 '철회'의 개념에 해당하는 것이다.[1] 철회를 자유롭게 허용할 경우 유증의무자 기타 이해관계인의 법적 지위가 불안정해지기 때문에 민법은 이를 금지하였다. 본조는 §1074에 따른 특정유증의 승인, 포기에 대해서만 적용된다. 포괄유증의 경우에는 승인, 포기의 취소금지에 관해 §1024 ①이 준용되기 때문이다(물권적 효과설).

특정유증의 승인이나 포기의 의사표시를 철회하지 못한다고 하여 총칙편의 규정에 의한 취소까지 허용되지 않는 것은 아니다. 본조 ②이 §1024 ②을 유증의 승인과 포기에 준용하고 있기 때문이다. 따라서 미성년자 · 피성년후견인 · 유증의 승인 또는 포기에 대해 동의유보심판을 받은 피한정후견인이 후견인의 동의 없이 한 승인 또는 포기의 의사표시는 취소할 수 있다. 착오 · 사기 또는 강박에 의한 승인 · 포기의 의사표시의 경우에도 마찬가지이다. 단, 중대한 착오로 인한 승인 또는 포기의 의사표시는 무효라는 견해[2]도 있다.

본조 ②에 따른 취소권은 추인할 수 있는 날로부터 3개월, 승인 또는 포기한 날로부터 1년 내에 행사하지 않으면 시효로 인해 소멸한다(본조 ②에 의한 §1024 ② 단서의 준용). 법문상으로는 소멸시효인 것으로 보이나[3], 성질상 제척기간이다.[4]

1) 곽윤직, 258; 권순한, 479; 김용한(1962), 39; 박동섭, 760; 백성기, 391; 송덕수, 432; 윤진수, 541; 이경희, 587; 한봉희 · 백승흠, 628.
2) 박동섭, 760.
3) 소멸시효라고 서술하고 있는 견해로 고정명 · 조은희, 378; 천종숙, 428.
4) 이경희, 587; 한봉희 · 백승흠, 628.

第1076條(受贈者의 相續人의 承認, 拋棄)

受贈者가 承認이나 拋棄를 하지 아니하고 死亡한 때에는 그 相續人은 相續分의 限度에서 承認 또는 拋棄할 수 있다. 그러나 遺言者가 遺言으로 다른 意思를 表示한 때에는 그 意思에 依한다.

수증자가 §1075에 따른 승인이나 포기의 의사표시를 하지 않은 상태에서 사망한 경우에 수증자의 특정유증의 이행을 청구할 권리는 수증자의 상속인에게 승계된다. 따라서 그 상속인은 수증자에 갈음하여 그 유증을 승인할 것인지 또는 포기할 것인지에 대해 선택할 수 있다. 본조는 특정유증에 대해서만 적용된다. 포괄유증에서 수증자의 상속인에 의한 승인, 포기에 대해서는 §1021가 준용되기 때문이다(물권적 효과설).

상속인이 여러 명인 경우에 본조에 따른 승인 또는 포기할 권리는 자기의 상속분에 한하여 행사할 수 있다(본조 본문). 그 밖에 수증자의 상속인이 특정유증 승인 또는 포기의 의사표시를 함에 있어서는 어떠한 시기상 또는 방식상의 제한도 없다. 다만, 유증의무자 또는 이해관계인이 §1077 ①에 따라 수증자에게 승인 또는 포기의 최고를 한 상태에서 수증자가 승인이나 포기를 하지 않고 사망한 경우에 '상당한 기간'은 수증자의 상속인이 자기를 위하여 상속이 개시되었음과 승인·포기에 대한 최고가 있었음을 모두 안 때로부터 비로소 기산하여야 할 것이다.[1] 수증자의 상속인이 이러한 사정을 알지 못한 채 상당한 기간이 도과되어 승인간주되는 것을 막기 위함이다.

수증자의 상속인 중 일부만 유증을 승인하고, 나머지는 포기한 경우에 포기분은 누구에게 귀속하는가. 유증을 승인한 수증자의 상속인들에게 상속분에 따라 귀속된다는 견해[2]가 유력하다.

본 조문은 임의규정이므로, 유언자가 유언으로 다른 의사를 표시한 때에는 그 의사가 우선적으로 적용된다(본조 단서). 가령 수증자가 승인이나 포기를 하지 않고 사망한 때에는 유증이 효력을 잃는다는 취지의 유언이 있었던 경우 또는 수증자가 승인이나 포기를 하지 않고 사망한 때에는 수증자의 상속인 중 1인만이 이를 승인할 수 있다는 취지의 유언이 있었던 경우 등이 그러하다.

1) 김용한, 410~411; 김주수·김상용, 834; 박병호, 452; 신영호·김상훈, 460~461; 오시영, 754; 주석상속(2), 313; 한봉희·백승흠, 626~627.

2) 곽윤직, 257; 박동섭, 760; 주석상속(2), 312; 한봉희·백승흠, 627.

第1077條(遺贈義務者의 催告權)

① 遺贈義務者나 利害關係人은 相當한 期間을 定하여 그 期間 內에 承認 또는 拋棄를 確答할 것을 受贈者 또는 그 相續人에게 催告할 수 있다.

② 前項의 期間內에 受贈者 또는 相續人이 遺贈義務者에 對하여 催告에 對한 確答을 하지 아니한 때에는 遺贈을 承認한 것으로 본다.

▮**참고문헌**: 김용한, "유증의 효력", 법조 11－12(1962); 이진기, "유증제도의 새로운 이해－포괄유증과 특정유증의 효력에 관한 의문을 계기로－", 가족법연구 30－1(2016).

Ⅰ. 의의

유증의무자나 이해관계인은 상당한 기간을 정하여 그 기간 내에 승인 또는 포기를 확답할 것을 수증자 또는 그 상속인에게 최고할 수 있다(본조 ①). 특정유증의 승인 또는 포기의 의사표시에 대해서는 시기상의 제한이 존재하지 않는 결과 유증의무자 기타 이해관계인의 법적 지위가 장기간 확정되지 않은 채 불안한 상태에 놓이게 되므로, 이해관계인의 권리의무를 조속히 확정시킬 수 있게 하기 위함이다.[1] 본조는 특정유증에 대해서만 적용된다. 포괄유증에 대해서는 §1019에 따른 고려기간이 준용되는 결과 굳이 이해관계인에게 최고권을 부여할 필요가 없기 때문이다(물권적 효과설).

Ⅱ. 최고권자

최고권을 행사할 수 있는 자는 유증의무자 또는 이해관계인이다(본조 ①).

특정유증에서 유증의무자는 수증자에게 권리이전절차를 취할 의무가 있으므로, 그 의무 유무의 확정을 위해 수증자에게 유증의 승인 여부를 확인할 이

1) 곽윤직, 257; 김용한(1962), 39; 김주수 · 김상용, 833; 박동섭, 761; 소성규, 312; 신영호 · 김상훈, 460; 오시영, 753; 이경희, 587; 조승현, 467; 주석상속(2), 314; 한봉희 · 백승흠, 627.

익이 있기 때문이다. 이때 유증의무자에는 상속인, 유언집행자, 포괄적 수증자, 상속재산관리인 등이 포함된다. 제7장 제3절 前註 참조.

최고를 할 수 있는 이해관계인에는 유증의 승인 여부에 대해 법률상 이해관계 있는 자가 널리 포함된다. 따라서 상속인의 채권자뿐만 아니라, 보충유증에서의 후순위 수증자[2]나 부담부 유증에 있어서의 수익자[3]도 유증의 승인 여부를 최고할 수 있다.

Ⅲ. 최고의 방법

유증의무자 또는 이해관계인은 상당한 기간을 정해 수증자에게 그 기간 내에 승인할 것인지 또는 포기할 것인지 여부에 대해 확답할 것을 최고할 수 있다(본조 ①). 수증자가 아직 승인 또는 포기의 의사표시를 하기 전에 사망한 경우라면 §1076에 따라 유증을 승인 또는 포기할 수 있는 상속인에게 최고하는 것도 가능하다(본조 ①). 최고를 할 수 있는 시기가 따로 정해져 있는 것도 아니다. 따라서 수증자나 그 상속인이 승인 또는 포기의 의사표시를 하기 전이라면 언제든지 최고가 가능하다.[4]

본조 ①에서 정한 '상당한 기간'이란 수증자에 의한 승인 또는 포기의 의사표시가 유증의무자에게 도달하는 데 필요한 기간[5]을 의미한다. 도달에 필요한 기간은 유증목적물의 종류와 범위, 조사의 용이성 그 밖에 개별 사정에 따라 달라질 수 있다. 최고권자가 정하여 통지한 기간이 상당하지 않더라도, 객관적으로 상당한 기간이 도과하면 최고의 효력이 생긴다고 할 것[6]인바, 그 기간은 결국 가정법원이 판단하는 수밖에 없을 것이다.

최고의 방식에는 아무런 제한이 없다. 수증자에게 도달하는 것으로 족하다. 단, 수증자에게 의사표시의 수령능력이 있어야 하므로 그가 제한적 행위능력자인 경우에는 그의 법정대리인이 최고의 의사표시가 도달한 사실을 안 경우에만 최고로써 수증자에게 대항할 수 있다(§112).

---

2) 김용한, 410; 김주수·김상용, 833; 박병호, 452; 소성규, 312; 신영호·김상훈, 460; 주석상속(2), 314.
3) 곽윤직, 257; 박동섭, 761; 윤진수, 540; 한봉희·백승흠, 627.
4) 곽윤직, 257; 박동섭, 761.
5) 김용한, 410; 김주수·김상용, 833; 박병호, 452; 신영호·김상훈, 460; 오시영, 753; 주석상속(2), 315; 한봉희·백승흠, 627.
6) 곽윤직, 257; 박동섭, 761.

Ⅳ. 최고의 효과

1. 수증자가 확답을 한 경우

최고를 받은 수증자가 승인 또는 포기의 의사표시를 하는 경우에는 그에 따른 효력이 발생한다.

승인 또는 포기의 의사표시는 특별한 방식을 요하지 않지만, 반드시 유증의무자에게 하여야 한다(본조 ②).[7] 유증의무자가 아닌 이해관계인에 불과한 자에 대해서 한 승인 또는 포기의 의사표시는, 설령 최고를 한 자가 이해관계인 자신이었더라도, 아무런 효력이 없다.[8] 유언집행자에게 한 경우에도 무효라는 견해[9]가 있으나, 의문이다. 일단 유증의무자 중 1인에게 승인 또는 포기의 의사표시를 하였다면, 나머지 유증의무자에게도 그 효력이 미친다. 승인 또는 포기의 방법 및 효과에 대해서는 §1074 註釋 참조.

2. 수증자가 확답을 하지 않은 경우

최고를 받은 수증자가 상당한 기간 내에 유증의무자에게 최고에 대한 확답을 하지 아니한 때에는 유증을 승인한 것으로 본다(본조 ②). 이때 승인의 효과는 최고자뿐만 아니라, 모든 이해관계인에 대해 대세적으로 발생한다.[10] 수증자가 상당한 기간 내에 확답을 하였는지 여부는 당해 기간 내에 확답의 의사표시가 도달하였는지 여부가 아니라, 그 기간 내에 확답의 의사표시가 발송되었는지 여부에 따라 판단해야 한다는 견해[11]가 있다. §15, §131 등과의 균형상 이 경우에도 발신주의를 취함이 타당하다는 것이다.

본조 ②에 대해서는, 포괄적 유증에 관한 채권적 효과설을 전제로, 포괄적 수증자의 의사와 무관하게 채무의 승계를 강제할 위험이 있다는 이유로 §537 2문에 준하여 수증자가 확답을 하지 아니한 때에는 유증을 포기한 것으로 의제해야 한다는 입법론적 비판[12]이 있다.

---

7) 곽윤직, 258; 김용한, 410; 김주수 · 김상용, 833; 박동섭, 761; 박병호, 452; 신영호 · 김상훈, 460; 오시영, 753; 이경희, 588; 주석상속(2), 315; 한봉희 · 백승흠, 628.
8) 윤진수, 540.
9) 김용한, 410; 박병호, 452.
10) 곽윤직, 258; 주석상속(2), 315.
11) 이경희, 587~588; 조승현, 467.
12) 이진기(2016), 235~236.

第1078條(包括的 受贈者의 權利義務)

包括的 遺贈을 받은 者는 相續人과 同一한 權利義務가 있다.

참고문헌: 김소영, "상속재산분할", 民判 25(2003); 김용한, "유증의 효력", 법조 11－12(1962); 김재호, "포괄적 유증", 재판자료 제78집(1998); 김창종, "상속재산의 분할", 재판자료 78(1998); 김현진, "프랑스민법상 유증", 민사법학 59(2012); 박병호, "상속법의 제문제 서설", 民判 25(2003); 박영규, "유증의 법률관계 －포괄유증을 중심으로－", 법학연구 26－1(2016); 변희찬, "유언집행자", 재판자료 78(1998); 양형우, "유증에 의한 등기", 법조 620(2008); 오병철, "유언을 뒤늦게 발견한 경우의 법률관계 －유언등록부의 도입 필요성에 관하여－", 가족법연구 28－1(2014); 유영선, "유증과 등기", 司論 29(1998); 윤황지, "유언과 재산상속에 관한 연구", 사회과학논총 6(1998); 이경희, "우리 민법상 포괄적 수유자의 법적 지위", 박병호환갑기념(1991); 이진기, "유증제도의 새로운 이해－포괄유증과 특정유증의 효력에 관한 의문을 계기로－", 가족법연구 30－1(2016); 임완규·김소영, "상속재산분할심판", 재판자료 62(1993); 전계원, "유증으로 인한 소유권이전등기절차", 법조 35－9(1986); 전혜정, "민법상 유언상속에 관한 연구", 가족법연구 20－3(2006); 정구태, "유류분권리자의 승계인의 범위 －포괄적 유증의 법적 성질에 대한 종래 통설의 비판적 검토", 안암법학 28(2009); 최병조, "포괄적 유증의 효과", 民判 9(1987); 최성경, "상속법상의 법률행위와 채권자취소권", 법조 612(2007); 현소혜, "포괄적 유증론 －물권적 효과설의 관점에서", 가족법연구 31－1(2017).

Ⅰ. 의의

본조는 포괄적 수증자의 권리의무에 관해 규정하고 있다. 본조는 우리 민법이 포괄적 유증과 특정유증을 서로 구별하고 있음을 상징적으로 보여주는 조문일 뿐만 아니라, 포괄적 유증의 효과를 규율하는 일반조문이기도 하다. 본조에서 규율하고 있는 포괄적 유증이란 상속재산의 전부 또는 일부를 비율에 의해 포괄적으로 증여하는 의사표시를 말한다. 포괄적 유증의 의의 및 판단기준 등에 대해서는 제3절 前註 참조.

포괄적 유증을 받은 자, 즉 포괄적 수증자에게 상속인과 동일한 권리의무가 있다는 것은 다음과 같은 세 가지 의미를 갖는다. 첫째, 포괄적 수증자는 상속인과 마찬가지로 상속재산을 포괄적으로 승계한다(§1005). 둘째, 포괄적 수증자는 상속인이 상속인 고유의 지위에서 갖는 각종의 권리를 행사할 수 있고, 상속과 관련하여 상속인과 동일한 의무를 진다. 셋째, 포괄적 수증자는 상속인과 동일한 권리의무를 가질 뿐이며, 상속인 그 자체가 되는 것은 아니다. 따라서 포괄적 수증자가 행사할 수 없는 상속인의 권리도 있고, 포괄적 수증자만이 누릴 수 있는 고유한 법적 지위도 있다.

Ⅱ. 상속재산의 승계

1. 적극재산의 승계

포괄적 수증자는 유언자의 재산에 관하여 상속인과 동일한 권리를 취득하므로, 그 수증분에 따라 상속재산, 특히 적극재산을 포괄적으로 승계한다. 그가 승계하는 적극재산에는 물권, 채권, 지적재산권 그 밖의 모든 재산적 가치가 있는 재산이 포함되지만, 일신전속적 권리는 승계의 대상으로부터 제외된다. 성질상 상속에 적당하지 않기 때문이다. 단, 불법행위로 인한 위자료청구권이 포괄적 수증자에게 승계될 수 있는지 여부에 대해서는 긍정설[1)]과 부정설[2)]이 대립한다.

그 밖에 포괄적 수증자가 승계 받을 수 있는 상속적극재산의 범위에 대해서는 §1005 註釋 참조.

2. 소극재산의 승계

포괄적 수증자는 상속재산에 관하여 상속인과 동일한 의무를 지므로 상속채무도 승계한다는 것이 다수설이다.[3)] 위 견해에 따르면 포괄적 수증자는, 포괄유증을 한정승인 또는 포기하지 않는 한, 그 수증분의 비율에 따라 상속채무

1) 김재호(1998), 354; 박동섭, 748.
2) 이경희, 578.
3) 곽윤직, 253~254; 권순한, 474; 김주수 · 김상용, 822; 박동섭, 755; 박병호, 454; 박정기 · 김연, 470; 배경숙 · 최금숙, 647; 백성기, 387; 소성규, 308; 신영호 · 김상훈, 457; 오시영, 739; 유영선(1998), 543; 윤진수, 539; 윤황지(1998), 94; 이경희, 572; 이진기(2016), 230 각주 48); 이희배, 363; 전계원(1986), 101; 조승현, 459; 한봉희 · 백승흠, 621; 현소혜(2017), 308~311.

를 변제할 책임을 지며, 원래의 법정상속인은 그에 응해 상속채무를 면한다. 따라서 피상속인의 재산 전부가 제3자에게 포괄유증된 경우에 법정상속인은, 유류분반환청구권을 행사하지 않는 한, 상속채무를 변제할 의무가 없다.[4] §1078의 문언에 충실한 견해이다.

반면 포괄유증에 대하여 채권적 효과설을 주장하는 견해 중 일부는 포괄적 수증자가 상속채무를 승계하지 않는다고 주장한다.[5] 유언자의 단독행위에 의해 일방적으로 채무를 부담시키는 것은 포괄적 수증자의 사적 자치를 침해한다는 점, 특히 일정한 기간이 도과함과 동시에 승인을 간주하여 포괄적 수증자에게 상속채무의 승계를 강제하는 것은 헌법상 재산권 보장 규정에 위반된다는 점, 상속채권자의 승낙 없이 채무자가 변경되는 면책적 채무 인수의 결과를 가져오므로 상속채권자에게 불리하고, 특히 포괄적 유증 사실을 알지 못한 채 이미 법정상속인으로부터 변제받은 상속채권자의 보호에 미흡한 결과를 가져온다는 점을 근거로 제시하고 있다.

하지만 포괄적 수증자는 포괄유증을 자유롭게 승인·한정승인 또는 포기할 수 있을 뿐만 아니라, 상속채무의 존재를 알지 못했던 경우에는 §1019③에 따른 특별한정승인도 할 수 있으므로 포괄적 수증자의 사적 자치나 재산권을 침해한다고 보기 어렵고, 상속채권자의 입장에서도 상속적극재산이 포괄적 수증자에게 이전됨에 따라 상속채무도 이전된다고 보아야 책임재산을 통한 채권의 충분한 만족을 누릴 수 있다. 또한 상속적극재산의 전부 또는 상당부분이 포괄유증되었음에도 불구하고 상속채무는 여전히 법정상속인만이 부담한다고 보는 것은 법정상속인에게 가혹한 결과를 가져올 수 있으므로, 포괄적 수증자가 상속채무를 승계한다고 보는 다수설의 태도가 타당하다.[6] 포괄적 수증자가 수증분에 따라 특정유증을 이행할 채무를 부담함은 물론이다.

유언자가 포괄적 수증자의 채무승계를 면제 내지 경감하는 의사표시를 하는 것은 허용되는가. 긍정하는 견해[7]도 있지만, 상속인과 상속채권자의 이익을 해할 위험이 있으므로 부정하는 견해[8]가 유력하다.

4) 대법원 1980. 2. 26. 선고 79다2078 판결.
5) 정구태(2009), 125~131; 박영규(2016), 239~244.
6) 현소혜(2017), 308~311.
7) 박동섭, 755.
8) 김재호(1998), 381~382.

3. 포괄적 승계

가. 포괄적 승계의 효과

포괄적 유증의 효과에 대해서는 물권적 효과설과 채권적 효과설의 대립이 있다. 자세한 내용은 제7장 제3절 前註 참조.

물권적 효과설(다수설·판례)에 따르면 포괄적 수증자는 본조에 따라 상속인과 동일한 권리의무를 가지므로, 그가 상속재산 전부를 유증받은 경우에는 단독상속인과 같이 상속재산 전부를 포괄적으로 당연승계하며, 포괄적 수증자가 여러 명인 경우 또는 다른 상속인이 있는 경우에는 공동상속의 경우와 같이 유증받은 비율에 응하여 상속재산 중 일부를 포괄적으로 승계한다. 이때 포괄적 수증자는 다른 포괄적 수증자 또는 상속인과 상속재산을 공유한다. 공동상속과 공유의 의미에 대해서는 §1006 및 §1007 註釋 참조.

반면 채권적 효과설은 포괄적 수증자는 유증의무자를 상대로 그 이행을 청구할 수 있을 뿐이며, 포괄적 수증자가 상속인과 같이 상속재산을 포괄적으로 승계하는 것은 아니라고 주장한다. 채권적 효과설에 따르면 본조는 포괄적 수증자에게 법정상속인과 마찬가지로 상속재산분할협의에 참가하거나 그에 따른 담보책임을 물을 수 있도록 하기 위한 근거조문에 불과하거나,[9] 포괄적 수증자가 상속채무를 승계한다는 점을 선언한 조문일 뿐이며,[10] 입법론적으로 삭제함이 타당하다고까지 한다.[11]

나. 포괄적 승계에 따른 상속분의 계산

(1) 원칙

상속인과 포괄적 수증자가 공동상속의 관계에 들어간 경우에 포괄적 수증자의 상속분(수증분)은 유언에 의해 정해진 바에 따라, 상속인들의 상속분은 포괄적 수증자가 유증받은 비율을 제외한 나머지 상속재산을 §1009 및 §1010에 따라 나누어 계산한다. 가령 피상속인이 포괄적 수증자에게 상속재산 중 1/3을 유증하였고, 그의 상속인으로 자녀 3인이 있었던 경우에, 포괄적 수증자는 상속재산 중 1/3의 지분을, 각 상속인은 나머지 상속재산 2/3를 각 1/3씩 균분하여 전체 상속재산 중 각 2/9의 지분을 승계한다.

여러 명에게 포괄적 유증을 하면서 각 수증자의 수증분에 대해서는 유언

---

9) 정구태(2009), 134; 박영규(2016), 251.

10) 이진기(2016), 230.

11) 정구태(2009), 134; 박영규(2016), 251~252.

으로 따로 정하지 않는 경우에는 어떠한가. 각 수증자의 수증분은 균등한 것으로 추정해야 한다는 견해[12]가 있다.

(2) 상속인의 지위를 겸유하는 포괄적 수증자의 상속분

포괄적 수증자가 상속인 중 1인인 경우에 상속분 계산 방법에 대해서는 견해의 대립이 있다. 피상속인에게 상속인으로 자녀 4인이 있었는데, 그 중 1인에게 상속재산 중 1/3을 포괄유증한 경우를 기준으로 설명한다.

(가) 제1설(상속분 지정설)

제1설은 포괄유증을 상속분의 지정으로 보아 계산한다.[13] 포괄적 수증자인 상속인이 전체 상속재산 중 1/3의 지분을, 나머지 상속인들이 나머지 상속재산 2/3를 각 1/3씩 균분하여 전체 상속재산 중 각 2/9의 지분을 승계한다고 보는 방법이다.

이에 대해서는 일본 민법과 달리 우리 민법상으로는 상속분의 지정이 허용되지 않는다는 점(제7장 前註 참조.), 수증분이 법정상속분에 미달하는 경우에 그 차액 부분을 법정상속인들에게 귀속시킬 수 있는 근거가 법률상 흠결되어 있다는 점 등을 근거로 비판하는 견해[14]가 있다.

(나) 제2설(확장적 유증설)

제2설은 포괄적 유증을 상속분과는 별개의 '확장적 유증'으로 해석하여 계산한다.[15] 포괄적 수증자인 상속인이 전체 상속재산 중 1/3의 지분을, 그리고 포괄적 수증자를 포함한 상속인들 전부가 나머지 상속재산 2/3를 각 1/4씩 균분하여 전체 상속재산 중 각 2/12의 지분을 승계하므로, 포괄적 수증자는 최종적으로 전체 상속재산 중 6/12(수증분 1/3+ 상속분 2/12)를 승계한다고 보는 것이다.

이에 대해서는 포괄적 유증을 확장적 유증으로 해석하는 것은 공동상속인들의 희생을 바탕으로 하는 것일 뿐만 아니라, 사실상 유언에 의한 특별수익 조정 면제를 허용하는 결과를 가져오므로, 피상속인에 의한 명시적 의사표시가 없는 한, 함부로 허용될 수 없다는 비판[16]이 있다.

(다) 제3설(유형별 검토설)

제3설은 유언자의 의사 및 포괄적 수증분의 가액 등을 고려하여 유형별로 계산방법을 달리 정하고 있다.[17]

---

12) 김용한(1962), 34.
13) 고정명 · 조은희, 293~294.
14) 현소혜(2017), 318~319.
15) 곽윤직, 253.
16) 현소혜(2017), 320.

첫째, 유언자가 공동상속인 전부에 대하여 포괄적 유증을 한 경우에는 상속분 지정이 있었던 것과 동일하게 각 상속인이 포괄적 수증분만큼을 승계한다.

둘째, 유언자가 포괄적 수증자에게 법정상속분 외에 포괄적 수증분을 추가로 귀속시키려는 의사가 있었던 때에는 '확장적 유증'으로 보아 제2설과 같이 계산한다.

셋째, 유언자가 포괄적 수증자에게 오로지 포괄적 수증분만을 귀속시키려는 의사만 있었던 때로서 포괄적 수증분이 법정상속분과 동액이거나 그에 미달하는 경우에는 '한정적 유증'으로 보아 제1설과 같이 계산한다. 위 견해에 따르면 포괄유증의 경우에는 §1008에 따른 상속분의 조정이 불가능하므로, '중립적 유증'을 하는 것은 허용되지 않는다.[18] 가령 유언자가 상속인인 자녀 4인 중 1인에게 상속재산 중 1/5 지분을 포괄유증한 경우에 포괄적 수증자는 전체 상속재산 중 1/5의 지분만을, 포괄적 수증자를 제외한 나머지 상속인들은 나머지 상속재산 4/5를 각 1/3씩 균분하여 전체 상속재산 중 각 4/15 지분을 승계한다고 본다.

넷째, 유언자에게 한정적 유증의 의사가 있었던 때로서 포괄적 수증분이 법정상속분을 초과하는 경우에는 상속분과 포괄적 유증이 결합된 것으로 본다. 가령 유언자가 상속인인 자녀 4인 중 1인에게 상속재산 중 1/3 지분을 포괄유증한 경우에 포괄적 수증자인 상속인이 전체 상속재산 중 1/3을, 나머지 상속인들이 나머지 상속재산 2/3를 각 1/3씩 균분하여 전체 상속재산 중 각 2/9의 지분을 승계하는바, 결론에 있어서는 제1설과 동일하지만, 포괄적 수증자가 승계받는 1/3 지분 중에서 전체상속재산의 1/4(3/12)에 해당하는 부분은 법정상속분의 성격을 갖는 반면, 법정상속분을 초과하는 1/12(1/3−1/4) 부분은 유증으로서의 성격을 갖는다는 점에서 제1설과 차이가 있다.

이에 대해서는 상속분 부분에 대해서는 상속을 원인으로 하는 소유권이전등기를 단독으로 신청하고, 초과부분에 대해서는 유증을 원인으로 하는 소유권이전등기를 공동으로 신청해야 하므로 법률관계가 복잡해진다는 비판[19]이 있다.

(라) 제4설(중립적 유증설)

제4설은 포괄적 수증분의 가액에 따라 계산방법을 달리 정한다.[20] 즉, 포괄적 수증분의 가액이 법정상속분을 초과하는 경우에는 사실상 상속분의 지정

17) 박병호, 356~357; 박병호(2003), 650~651.
18) 박병호(2003), 650~651.
19) 양형우(2008), 61.
20) 전혜정(2006), 168 각주 45).

이 있었던 것으로 보아 제1설과 같이 계산하되, 포괄적 수증분의 가액이 법정상속분에 미달하는 경우에는 포괄적 수증분을 §1008에 따른 특별수익으로 처리하여 수증분과 법정상속분간의 차액만큼은 법정상속인의 지위에서 승계받을 수 있도록 하는 것이다. 앞의 경우에는 포괄적 유증이 '한정적 유증'으로서의 성격을, 뒤의 경우에는 '중립적 유증'으로서의 성격을 갖게 된다.

이에 따르면 가상의 사례에서 포괄적 수증자인 상속인이 전체 상속재산 중 1/3을, 나머지 상속인들이 나머지 상속재산 2/3를 각 1/3씩 균분하여 전체 상속재산 중 각 2/9의 지분을 승계한다. 반면 포괄적 수증자의 수증분이 상속분에 미달하는 경우, 가령 유언자가 상속인인 자녀 4인 중 1인에게 상속재산 중 1/5 지분을 포괄유증한 경우에 포괄적 수증자는, 상속을 포기하지 않는 한, 상속인의 지위에서 상속재산 중 1/4을 승계하며, 승계한 1/4 지분 중 전체상속재산의 1/5 지분은 포괄적 수증자 겸 상속인의 지위에서, 나머지 1/20 부분은 상속인 고유의 지위에서 이를 승계한 것으로 본다.

(마) 제5설(수정된 중립적 유증설)

제5설은 제3설과 마찬가지로 유언자의 의사와 포괄적 수증분의 가액에 따라 유형을 나누어 계산한다.[21)]

첫째, 유언자가 상속재산 전부에 대해 유증 등 처리 방법을 정한 경우에는, 특별한 의사표시가 없더라도, 포괄적 유증을 한정적 유증으로 보아 포괄적 수증자에게는 수증분에 따른 상속재산을 귀속시키고, 나머지 재산은 유언에서 정한 바에 따라 상속인 등에게 귀속시킨다. 포괄적 수증분이 법정상속분에 미달하는지 또는 초과하는지를 불문한다.

둘째, 포괄적 수증분의 가액이 법정상속분을 초과하는 경우에는, 나머지 상속재산의 처리에 관해 유언에서 따로 정해진 바가 없더라도, '한정적 유증'으로 보아 제1설과 같이 계산한다.

셋째, 포괄적 수증분의 가액이 법정상속분에 미달하고, 나머지 상속재산의 처리에 관해 유언에서 따로 정해진 바가 없으면, '중립적 유증'으로 보아 제4설 중 포괄적 상속분이 법정상속분에 미달하는 경우과 같이 계산한다.

넷째, 피상속인이 확장적 유증임을 명시적으로 표시한 경우에는 제2설과 같이 계산한다.

포괄적 수증분의 가액이 법정상속분에 미달하는 경우에 §1008에 따른 조

21) 현소혜(2017), 318~321. 윤진수, 540~541도 같은 입장인 것으로 보인다.

정을 인정하여 '중립적 유증'으로 본다는 점에서 제3설과 차이가 있고, 포괄적 수증분의 가액이 법정상속분에 미달하는 경우라도 유언자가 나머지 상속재산에 대해 미리 처리방법을 전부 정해 놓은 경우에는 이를 한정적 유증으로 해석한다는 점 및 피상속인에 의한 명시적 의사표시가 있는 경우에는 확장적 유증을 인정한다는 점에서 제4설과 차이가 있다.

(바) 제6설(의사설)

제6설은 오로지 유언자의 의사에 따라 상속분을 계산한다.[22] 즉 유언자가 한정적 유증을 할 의사였던 경우에는 포괄적 수증자가 그 수증분만큼을 승계하고, 유언자가 확장적 유증(선취적 유증)을 할 의사였던 경우에는 포괄적 수증자가 상속분 외에 수증분만큼을 추가로 승계한 것으로 본다. 수증분이 법정상속분을 초과하는지 또는 미달하는지 여부에 따라 상속분 계산방법이 달라지지 않는다.

(사) 판례

대법원은, 피상속인이 유언으로 배우자, 母 및 자녀 1의 상속분은 각 20/100으로, 자녀 2의 상속분은 10/100으로, 자녀 3의 상속분은 12/100로, 자녀 4의 상속분은 15/100로, 자녀 5의 상속분은 3/100으로 지정하면서 자녀 6에 대해서는 전혀 유언에서 언급하지 않았던 사안에서, 위 유언은 우리 법상 유언법정사항에 해당하지 않는 상속인의 지정, 상속분의 지정 및 상속인 폐제에 해당하므로 무효라는 주장을 배척하고, 이를 포괄적 유증으로 보아 유언대로의 효력을 인정한 바 있다.[23] 즉, 판례는 상속재산 전부에 대해 그 처리방법이 유언으로 정해진 경우에는 수증분이 법정상속분을 초과하는지 미달하는지 여부를 묻지 않고, 유언자의 의사에 따른 각 포괄적 수증자와 상속인의 수증분 내지 상속분을 인정하고 있다.

다. 유증등기

(1) 등기신청방법

물권적 효과설에 따를 경우 포괄적 수증자는 상속재산인 부동산에 관하여 소유권을 취득하기 위해 별도의 등기를 거칠 필요가 없다. §187가 적용되기 때문이다. §187 단서에 따라 처분을 위해 등기가 필요함은 물론이다. 그렇다면 포괄적 수증자가 부동산에 관하여 유증을 원인으로 하는 소유권이전등기를 경료

22) 김재호(1998), 362. 양형우(2008), 61~62 역시, '포괄적 유증과 상속재산분할방법의 지정의 결합'이라는 표현을 사용하고 있기는 하지만, 결론에 있어서는 제6설과 동일한 것으로 보인다.
23) 대법원 1980. 2. 26. 선고 79다2078 판결.

하고자 하는 경우에도 상속인과 같이 단독으로 등기신청을 할 수 있는가. 즉, 포괄적 유증에는 부동산등기법 §27가 적용되는가.

과거에는, 부동산등기법 §27상의 '상속이나 그 밖의 포괄승계가 있는 경우'에는 포괄적 유증도 포섭될 수 있으므로, 포괄적 수증자가 유증을 증명하는 서면을 첨부하여 단독으로 포괄유증을 원인으로 하는 소유권이전등기를 신청할 수 있다는 견해[24]도 있었으나, 현재는 공동신청설이 통설이다. 포괄적 수증자라도 단독으로 소유권이전등기를 신청하지는 못하며, 유언집행자 또는 상속인과 공동으로 유증을 원인으로 하는 소유권이전등기를 신청할 수 있을 뿐이라는 것이다.[25] 유증은 그 존재의 유무가 공시되지 않으므로, 공동신청을 통해 등기의 진정성을 담보할 필요가 있을 뿐만 아니라, 등기절차상 등기의무자에 해당하는 유언집행자 또는 상속인도 현존한다는 점, §1078는 포괄적 수증자의 권리의무에 관한 규정일 뿐이며 등기신청절차에 관한 규정이 아니므로, 반드시 상속인과 동일한 방법으로 등기하게 할 필요가 없다는 점 등을 근거로 들고 있다. 부동산등기법 §23 ③ 및 부동산등기규칙 §42조 역시 단독으로 등기를 신청할 수 있는 포괄승계의 범위에 포괄적 유증을 포함시키지 않는다. 등기예규의 태도도 이와 같다.[26] 채권적 효과설에 따르면 포괄적 유증의 경우에도 특정유증과 마찬가지로 당연히 유증의무자와 수증자가 공동으로 유증을 원인으로 하는 소유권이전등기를 신청하여야 할 것이다.

(2) 등기신청절차

공동신청설에 따른 등기실무는 다음과 같다.

(가) 등기권리자

포괄적 유증을 원인으로 하는 소유권이전등기를 공동으로 신청하는 경우에 등기권리자는 포괄적 수증자이다. 포괄적 수증자가 여러 명인 경우에는 수증자 전원이 공동으로 등기를 신청할 수도 있고, 지분 한도로 각자 신청할 수도 있다.[27] 반면 포괄적 수증자와 상속인이 모두 존재하는 경우에는 유증을 원인으로 하는 소유권이전등기와 상속을 원인으로 하는 소유권이전등기를 각각 신청하여야 한다.[28]

---

24) 대표적으로 박동섭(제3판), 773.

25) 김재호(1998), 356; 양형우(2008), 48~49; 유영선(1998), 549; 이경희(1991), 642; 전계원(1986), 105; 최성경(2007), 231~232; 최병조(1987), 197.

26) 등기예규 제1512호.

27) 등기예규 제1512호.

28) 등기예규 제1512호.

(나) 등기의무자

1) 지정유언집행자가 있는 경우

유언자가 유언으로 유언집행자를 지정해 놓았거나 그 지정을 제3자에게 위탁해 놓은 경우에 포괄적 수증자는 지정유언집행자와 공동으로 포괄적 유증을 원인으로 하는 소유권이전등기를 신청하여야 한다. 유언집행자는 유언의 집행에 필요한 행위를 할 권리의무가 있기 때문이다. §1101 註釋 참조. 유언집행자가 여러 명인 경우에는 그 과반수 이상이 수증자 명의의 소유권이전등기절차에 동의하면 그 등기를 신청할 수 있다.[29] §1102 註釋 참조.

유언자가 수 개의 유언증서에서 각각 유증을 하면서 그 중 일부의 유언증서에서만 유언집행자를 지정한 경우에 당해 유언집행자가 다른 유언증서에 의한 유증에 대해서도 등기를 신청할 수 있는가. 부정하는 견해[30]가 있으나, 일차적으로는 유언의 해석 결과에 따라 판단해야 할 것이다.

포괄적 수증자가 유언집행자로 지정된 경우에도 포괄적 수증자가 동시에 유언집행자의 지위에서 등기신청을 할 수 있으며, 별도로 특별대리인 등을 선임해야 하는 것은 아니다.[31] 이때 유증을 원인으로 하는 소유권이전등기는 채무의 이행에 불과하므로, 자기계약·쌍방대리 금지의 원칙에 반하지 않는다. 위와 같은 예외적인 경우를 제외하면 아무리 유언집행자라도 단독으로 유증을 원인으로 하는 소유권이전등기를 신청할 수 있는 것은 아니다. 공정증서에 의한 유언이라도 마찬가지이다.

유언집행자가 포괄적 수증자를 위해 유증을 원인으로 하는 소유권이전등기를 경료함에 있어서 상속인들의 동의나 승낙은 필요하지 않다.[32] 다만, 유언집행자가 등기신청을 할 때 첨부한 자필유언증서에 관한 검인조서에 상속인들이 "유언자의 자필도 아니고 날인도 유언자의 인장이 아니라고 생각한다."는 등 자필 유언증서의 진정성에 관하여 다투는 사실이 기재되어 있는 경우에는 "유언 내용에 따른 등기신청에 이의가 없다."는 취지로 상속인들이 작성한 진술서를 첨부하여야 한다.[33] 유언증서가 방식을 갖추지 못한 경우에 등기관은 등기신청을 각하할 수 있는데, 등기관의 형식적 심사권한으로 말미암아 그 진정성 인정 여부를 위한 증명 자료가 필요하기 때문이다.

29) 등기예규 제1512호.
30) 양형우(2008), 50.
31) 등기예규 제1512호. 양형우(2008), 47의 태도도 같다.
32) 대법원 2014. 2. 13. 선고 2011다74277 판결.
33) 등기예규 제1512호.

상속인들이 그 진술서의 작성을 거부하는 경우에는 상속인들을 상대로 유언효력확인의 소나 포괄적 수증자 지위 확인의 소 등을 제기하여 승소확정판결을 받은 다음 이를 첨부하여야 할 것이다.[34] 이와 달리 유언집행자가 자필유언증서상 유언자의 자서와 날인의 진정성을 다투는 상속인들에 대해 '유언내용에 따른 등기신청에 이의가 없다'는 진술을 구하는 소를 제기하거나, 유증을 원인으로 하는 소유권이전등기에 대해 상속인들의 승낙을 구하는 취지의 소를 제기하는 것은 권리보호이익이 없어서 부적법하다.[35] 위와 같은 진술을 구하는 소는 등기에 필요한 증명자료를 소로써 구하는 것에 불과하고, 民 §389 ②에서 정하는 '채무자의 의사표시에 갈음할 재판'이나 不登規 §46 ①에서 정하는 '등기상 이해관계 있는 제3자의 승낙에 갈음하는 재판'에 해당한다고 볼 여지가 없기 때문이다.

2) 지정유언집행자가 없는 경우

유언에 의해 지정된 유언집행자가 없는 경우에는 §1095에 따라 상속인이 유언집행자로 된다. 따라서 이 경우에 포괄적 수증자는 상속인과 공동으로 등기신청을 하여야 한다. 상속인이 여러 명인 경우에는, 유언집행자가 여러 명인 경우에 해당하므로 과반수의 찬성만 있으면 소유권이전등기절차에 협력할 수 있다(§1102).[36] 포괄적 수증자가 상속인 중 1인인 경우라도 등기절차는 동일하게 처리한다.[37]

3) 지정유언집행자와 상속인이 모두 없는 경우

상속인이나 유언집행자가 모두 없거나, 사망·결격 등으로 인해 없게 된 경우에는 §1096에 따라 법원에 유언집행자의 선임을 청구하여 선임유언집행자와 공동으로 소유권이전등기를 신청하는 수밖에 없다.[38]

(다) 등기원인과 연월일

등기원인은 유증이며, 등기원인의 연월일은 유증의 효력이 발생한 날, 즉 단순유증이라면 유언자가 사망한 날, 조건부 유증이나 기한부 유증이라면 조건이 성취되거나 기한이 도래한 날로 기재한다.[39]

34) 등기예규 제1512호.
35) 대법원 2014. 2. 13. 선고 2011다74277 판결.
36) 등기예규 제1512호.
37) 등기예규 제1512호.
38) 양형우(2008), 50.
39) 등기예규 제1512호.

(라) 첨부정보

유증을 원인으로 하는 소유권이전등기를 신청하는 경우에 등기소에 제공해야 하는 첨부정보는 다음과 같다.

① 등기원인을 증명하는 정보(不登規 § 46 ① i)

등기원인을 증명하는 정보로 유언증서를 첨부하여야 한다. 유언증서만으로 그 등기원인의 발생일자인 유언의 효력발생일을 증명할 수 없고, 포괄유증의 경우에는 유증목적물인 부동산도 구체적으로 기재되어 있지 않으므로 등기원인증서가 될 수 없다는 비판[40]이 없는 것은 아니지만, 등기실무는 유언증서 및 유증자의 사망을 증명하는 서면을 제출할 것을 요구한다.[41]

또한 검인은 본래 증거보전절차에 불과할 뿐이며 유언의 효력이나 적법성을 보장하는 것이 아니므로(§1092 註釋 참조) 반드시 가정법원의 검인을 갖춘 유언증서를 첨부할 것을 요구할 필요는 없다.[42] 하지만 등기실무는, 유언증서뿐만 아니라 유언증서가 자필증서, 녹음, 비밀증서에 의한 경우에는 유언검인조서등본을, 구수증서유언의 경우에는 검인신청에 대한 심판서 등본을 추가로 요구하고 있다.[43] 다만, 검인을 거친 경우에도 등기관은 그 유언증서가 적법한 요건을 갖추지 못한 경우에는 등기신청을 수리해서는 안 된다.[44]

② 대리인에 의하여 등기를 신청하는 경우에는 그 권한을 증명하는 정보(不登規 § 46 ① v).

유언집행자가 등기를 신청하는 경우에는 유언집행자의 자격을 증명하는 서면을, 유언자의 상속인이 유언집행자인 경우에는 상속인임을 증명하는 서면을 첨부하여야 한다. 이때 유언집행자의 자격을 증명하는 서면이라 함은, 유언집행자가 유언으로 지정된 경우에는 유언증서, 유언에 의해 유언집행자의 지정을 제3자에게 위탁한 경우에는 유언증서 및 그 제3자의 지정서, 가정법원에 의해 선임된 경우에는 유언증서 및 심판서를 말한다.[45] 유언집행자의 대리권한을 증명하는 서면으로서 유언증서가 제출된 경우에 그 유언증서가 적법한 요건을 갖추지 못한 때에는 등기관은 등기신청을 수리해서는 안 된다.[46]

---

40) 유영선(1998), 559~560; 전계원(1986), 109.
41) 등기예규 제1512호.
42) 양형우(2008), 75.
43) 등기예규 제1512호. 이에 찬성하는 견해로 양형우(2008), 81~82.
44) 등기예규 제1512호.
45) 등기예규 제1512호.
46) 양형우(2008), 84~85.

(마) 신청정보

유증을 원인으로 하는 소유권이전등기를 신청할 때 유증자의 등기필정보도 제출해야 하는가. 상속을 원인으로 하는 소유권이전등기를 할 때에는 등기신청의 진정성이 담보되므로 등기필정보의 제출이 면제되는바, 포괄유증의 경우에도 이를 첨부할 필요가 없다는 견해[47]가 있으나, 등기실무는 이를 요구하고 있다.[48]

(3) 등기내용

포괄유증을 원인으로 하는 소유권이전등기는 상속등기를 거치지 않고, 유언자로부터 포괄적 수증자에게로 직접 이루어진다.[49] 포괄적 수증자는 상속인과 동일하게 상속재산을 포괄적으로 승계하기 때문이다. 하지만 포괄유증을 원인으로 하는 소유권이전등기가 경료되기 전에 이미 상속인들 명의로 상속등기가 경료되어 있는 경우라면, 굳이 상속등기를 말소할 필요 없이 상속인을 등기의무자로 하여 유증을 원인으로 하는 소유권이전등기를 경료하면 될 것이다.[50] 이 경우에도 지정유언집행자가 있을 때에는 지정유언집행자와 포괄적 수증자가 공동으로 유증을 원인으로 하는 소유권이전등기를 신청하는 것으로 족하며, 별도로 상속인의 협력이 필요한 것은 아니다.[51]

이른바 '청산형 유증'의 경우에는 어떠한가. 청산형 유증이란 유언자가 유언집행자로 하여금 상속재산에 속하는 모든 부동산을 매각하여 그 대금으로 부채를 변제하고 남은 재산을 수인에게 일정한 비율에 따라 유증하도록 하는 내용의 유언을 말한다. 이 경우에는 유언집행자가 먼저 단독으로 상속인 명의로 상속을 원인으로 하는 소유권이전등기를 경료한 다음, 유언집행자와 부동산 매수인의 공동신청으로 매매를 원인으로 하는 소유권이전등기를 매수인에게 경료해 주어야 하며, 피상속인에게서 매수인에게로 직접 소유권이전등기를 할 수는 없다.[52]

(4) 유류분과의 관계

유증으로 인한 소유권이전등기신청이 상속인의 유류분을 침해하는 내용인 경우에도 등기관은 등기신청을 수리해야 하는가. 아직 유류분권리자에 의한 유류분반환청구가 있기 전에는 여전히 유효한 유증이라는 점, 등기공무원에게는

47) 양형우(2008), 82~83.
48) 등기예규 제1512호.
49) 등기예규 제1512호.
50) 등기예규 제1512호.
51) 양형우(2008), 52.
52) 양형우(2008), 67~68; 유영선(1998), 555.

형식적 심사권밖에 없으므로 유류분 침해 여부를 판단할 수 없다는 점 등을 고려하면 긍정하는 수밖에 없을 것이다.[53] 등기실무의 태도도 이와 같다.[54] 포괄적 유증을 원인으로 하는 소유권이전등기가 경료되기 전에 이미 유류분반환청구권을 행사한 경우의 등기 방법에 대해서는 §1115 註釋 참조.

(5) 등기청구권의 소멸

포괄적 수증자는 유언자의 사망과 동시에 등기 없이 소유권을 취득하였으므로, 그의 유증의무자에 대한 소유권이전등기청구권은 시효로 소멸하지 않는다. 제3자의 취득시효 완성 등으로 인해 그 반사적 효과로서 소유권을 상실할 수는 있을 것이다. 포괄적 수증자의 등기청구권은 20년의 소멸시효에 걸린다는 견해[55]가 있으나, §999에 따른 제척기간에 걸릴 뿐이라고 보아야 할 것이다.

(6) 특수문제: 유증목적물이 미등기부동산인 경우

유증목적물이 미등기부동산인 경우에 유증등기를 경료하는 방법에 대해서는 검토할 점이 있다. 본래 포괄적 수증자는 상속재산을 당연승계하기 때문에, 유언자에게 귀속되어 있었던 미등기부동산에 대한 소유권도 당연취득한다고 할 것이지만, 그가 미등기부동산을 원시취득한 것은 아니므로 포괄적 수증자 명의로 직접 소유권보존등기를 경료하는 것은 허용되지 않는다는 견해[56]가 있기 때문이다. 위 견해에 따르면 먼저 원시취득자인 유언자의 지위를 승계한 상속인 명의로 소유권보존등기를 경료한 다음에 상속인으로부터 포괄적 수증자에게로 유증을 원인으로 하는 소유권이전등기를 경료하는 수밖에 없다. 만약 유언자에게 상속인이 없다면 §1058에 따라 일단 국가 명의로 소유권보존등기를 한 다음 포괄적 수증자에게로 유증을 원인으로 하는 소유권이전등기를 경료해야 한다.[57]

하지만 대법원은 포괄적 수증자도 미등기의 토지 또는 건물에 관한 소유권보존등기를 신청할 수 있는 '그 밖의 포괄승계인'에 포함된다고 보았다.[58] 따라서 유증의 목적부동산이 미등기인 경우에 포괄적 수증자는 단독으로 소유권보존등기를 신청할 수 있다.[59]

---

53) 양형우(2008), 68~69; 유영선(1998), 557~558.
54) 등기예규 제1512호.
55) 박동섭, 755.
56) 곽윤직, 부동산등기법, 343; 유영선(1998), 552~553; 양형우(2008), 53.
57) 양형우(2008), 54~55; 유영선(1998), 553~554.
58) 대법원 2013. 1. 25.자 2012마1206 결정.
59) 등기예규 제1512호.

Ⅲ. 상속인으로서의 법적 지위

1. 상속의 승인 또는 포기

가. 승인 또는 포기의 방법과 시기

(1) 물권적 효과설

물권적 효과설에 따르면 포괄적 수증자는 상속인과 동일한 권리의무를 가지므로, 상속인과 같은 지위에서 포괄적 유증을 받을 것인지 여부를 결정할 수 있다. 즉 포괄적 수증자는 §1019 이하의 규정에 따라 고려기간 내에 상속의 승인, 한정승인 또는 포기를 할 수 있다.[60] 언제든지 유증을 승인 또는 포기할 수 있다는 §1074의 규정은 포괄적 유증에는 적용되지 않는다. 포괄적 수증자는 상속인과 마찬가지로 상속채무도 승계하기 때문에, 상속인에 준하여 승인 등을 하도록 한 것이다. 구체적인 내용은 §1019 註釋 참조.

이와 관련하여 고려기간의 도과와 동시에 포괄적 수증자가 포괄적 유증을 단순승인한 것으로 간주하는 것은 입법론적으로 부당하다는 비판[61]이 있지만, 포괄적 수증자는 §1019 ③에 따라 특별한정승인을 하는 것이 가능하므로 특별히 가혹하다고는 할 수 없을 것이다. 다만, 이에 대해서는 포괄적 수증자의 경우에는 상속인과 달리 도의적 책임도 없기 때문에 상속분쟁에 휘말리지 않을 수 있도록 특별한정승인 대신 포기할 수 있게 해야 한다는 입법론적 견해[62]가 있다. 이에서 더 나아가 포괄적 수증자가 언제든지 포괄적 유증을 포기할 수 있도록 포괄적 유증의 승인·포기에 대해서는 §§1019－1044 대신 §§1074－1077를 적용해야 한다는 견해[63]도 있다.

(2) 채권적 효과설

채권적 효과설을 취하는 견해에 따르면 포괄적 수증자는, 특정유증의 수증자와 마찬가지로, §1072 이하의 규정에 따라 유증을 승인 또는 포기할 수 있

60) 고정명·조은희, 371; 곽윤직, 254; 권순한, 474; 김용한(1962), 33; 김용한, 412; 김재호(1998), 353, 382; 김주수·김상용, 823; 박동섭, 758; 박병호, 451; 박정기·김연, 471; 배경숙·최금숙, 650; 송덕수, 427; 신영호·김상훈, 461; 오시영, 743; 윤진수, 539; 이경희, 575; 이희배, 364; 전계원(1986), 101; 조승현, 460; 주석상속(2), 317; 천종숙, 422; 최성경(2007), 229; 한복룡, 336; 한봉희·백승흠, 623.

61) 김용한(1962), 32; 김재호(1998), 383; 이경희(1991), 643. 한편 김주수·김상용, 823; 주석상속(2), 318은 고려기간 도과시 포괄적 수증자가 포괄적 유증을 포기한 것으로 간주하는 방향으로 민법을 개정할 것을 제안하고 있다.

62) 오시영, 743. 그 밖에 포괄적 수증자에게 특별한정승인 제도를 적용하는 것이 입법론적으로 부당하다는 견해로 박동섭, 758.

63) 김성숙, 사회변동과 한국 가족법, 544.

을 뿐이다. 따라서 포괄적 수증자는 한정승인을 할 수 없다. 채권적 효과설 중 포괄적 수증자에 의한 상속채무의 승계도 부정하는 견해는 애초부터 한정승인이 필요하지 않다는 점을 강조하는 반면[64], 상속채무의 승계를 인정하는 채권적 효과설은 법률관계의 번거로움과 한정승인 제도에 대한 회의(懷疑)를 근거로 제시한다.[65]

어느 견해를 택하더라도 포괄적 수증자에 대해 파산선고가 있었던 경우 그가 파산선고 후에 한 단순승인 또는 포기의 의사표시는 한정승인의 효력을 갖는다. 債務回生 §387는 같은 법 §385 및 §386를 포괄적 유증에도 준용하고 있기 때문이다.

나. 승인 또는 포기와 사해행위 취소

포괄적 수증자가 §1019 이하의 규정에 따라 한 승인 또는 포기의 의사표시가 사해행위 취소의 대상이 될 수 있는가.

물권적 효과설의 태도는 명확치 않지만, 판례가 상속의 포기는 사해행위 취소의 대상이 될 수 없다고 보고 있는 이상, 포괄적 수증자가 한 포기의 의사표시 역시 사해행위를 이유로 취소할 수 없을 것이다.[66] 다만, 포괄적 수증자가 상속인의 지위를 겸유하지 않는 경우에 포괄적 수증자의 승인의 의사표시에 의해 포괄적 수증자의 책임재산이 감소되는 결과가 되었다면 포괄적 수증자의 채권자는 채권자취소권을 행사할 수 있다는 견해[67]가 있다.

채권적 효과설은 일치하여 포괄적 수증자가 §1072 이하의 규정에 따라 한 유증의 승인 또는 포기의 의사표시는 채권자대위권 또는 채권자취소권의 대상이 될 수 없다고 서술한다.[68]

다. 일부의 승인 또는 포기

포괄적 수증자는 유증 중 일부만을 승인 또는 포기할 수도 있는가. 프랑스는 2006년 개정 이후로 이를 허용하고 있지만[69], 우리나라에서는 아직 별다른 논의가 없다. 물권적 효과설을 끝까지 관철하면 아마도 허용되지 않을 것이다. §1019 註釋 참조.

다만, 포괄적 수증자가 법정상속인 중 1인인 경우로서 포괄적 수증분이 법

---

64) 정구태(2009), 128; 박영규(2016), 252~253.
65) 이진기(2016), 236.
66) 같은 취지로 최성경(2007), 235~237.
67) 최성경(2007), 234~235.
68) 박영규(2016), 258~262; 이진기(2016), 238.
69) 김현진(2012), 459~460.

정상속분을 초과하는 때에는 포괄적 수증자가 상속인으로서의 지위와 수증자로서의 지위를 겸유하고 있는 것으로 보아 상속분과 수증분 중 택일하여 승인 또는 포기하는 것을 허용해야 한다는 견해[70]가 있다. 포괄적 수증분이 법정상속분에 미달하는 결과 수증자가 포괄적 수증분에 더하여 법정상속분에 달할 때까지 추가로 구체적 상속분을 취득할 수 있는 경우도 같다.[71]

2. 상속회복청구권

가. 물권적 효과설

물권적 효과설에 따르면 포괄적 수증자는 상속개시와 동시에 상속재산에 관하여 소유권을 취득하므로, 포괄적 수증자가 그 수증재산을 침해한 자를 상대로 그 반환을 구하는 것 역시 물권적 청구권으로서의 성격을 갖는다. 따라서 포괄적 수증자는 침해자뿐만 아니라, 그로부터 수증재산을 전득한 제3자를 상대로도 그 재산권의 회복을 구할 수 있다. 유증의 존재를 알지 못한 채 상속재산을 분할 기타 처분한 상속인에게 반환을 청구할 수 있음은 물론이다.[72] 물론 수증재산 중에 동산이 있다면 선의취득에 의해 그 물권적 청구권의 행사가 봉쇄될 수 있을 것이다.[73]

또한 상속회복청구권의 법적 성격에 관한 집합권리설에 따르면, 포괄적 수증자가 침해자 또는 전득자를 상대로 행사하는 물권적 청구권은 §999에 따른 상속회복청구권으로서의 성격을 가지므로 같은 조 ②에 따른 제척기간이 적용된다.[74] §999 註釋 참조. 따라서 침해를 안 날부터 3년, 상속권의 침해행위가 있은 날로부터 10년이 경과하면 더 이상 그 반환을 구할 수 없다.

유증의 존재를 알지 못한 채 수증재산을 침해한 상속인을 상대로 그 반환을 청구하는 경우에 '상속권의 침해를 안 날'이란 포괄적 유증의 취지가 담겨있는 유언을 발견한 날을, '상속권의 침해행위가 있은 날'은 유언자가 사망한 날을 의미한다는 견해[75]가 있다. 유언자의 사망과 동시에 포괄적 유증을 고려하지 않은 채 바로 법정상속이 개시되기 때문에 그 시점에 침해행위가 있었던

---

70) 현소혜(2017), 321~324.

71) 현소혜(2017), 321~324. 이 경우 포괄적 수증자는 오로지 수증분만을 취득할 수 있을 뿐이며 별도로 상속받지 못한다는 견해에 따르면 이러한 경우는 발생할 수 없다. II. 3. 나. (2)의 서술 참조.

72) 오병철(2014), 10~11; 이경희(1991), 644.

73) 오병철(2014), 12.

74) 대법원 2001. 10. 12. 선고 2000다22942 판결.

75) 오병철(2014), 11.

것으로 보아야 한다는 것이다. 다만, 포괄적 수증자가 전득자를 상대로 하는 상속회복청구권의 경우에도 유언자 사망일로부터 10년이라는 장기간의 제척기간을 적용하는 것은 부당하다는 비판[76]이 있다.

나. 채권적 효과설

채권적 효과설을 취하는 견해에 따르면 포괄적 수증자는 유증의무자를 상대로 그 이행을 청구할 채권을 가지고 있을 뿐이므로, 이는 10년의 소멸시효에 걸리며, 그 기간은 포괄적 수증자에 의한 승인의 의사표시가 유증의무자에게 도달한 때부터 진행한다고 한다.[77]

3. 상속재산분할

포괄적 수증자가 상속인 또는 다른 포괄적 수증자와 공동상속의 관계에 있는 경우에 그는 상속재산분할에 참가할 수 있다. 채권적 효과설의 태도도 이와 같다. 포괄적 수증자가 참가하지 않은 상속재산분할협의는 무효이다. §1013 註釋 참조. 포괄적 수증자의 존재가 상속재산의 분할 기타 처분 후에야 밝혀진 경우라도 §1014는 적용되지 않는다.

유언집행자가 따로 지정 또는 선임되어 있는 경우에도 포괄적 수증자는 직접 상속재산분할에 참가할 수 있는가. 긍정설[78]과 부정설[79]이 대립한다. 부정설은 유언집행자가 상속재산의 관리 기타 유언의 집행에 필요한 일체의 행위를 할 권리의무가 있으므로, 분할절차도 유언집행자가 포괄적 수증자를 대신해야 한다는 점을, 긍정설은 상속개시와 동시에 포괄적 수증자는 상속인과 동일한 권리의무를 취득하며, 상속재산분할은 유언집행에 관한 행위가 아니므로 유언집행자가 이에 관여할 여지가 없다는 점을 근거로 제시하고 있다.

4. 재산분리

재산분리에 관하여도 포괄적 수증자는 상속인과 마찬가지로 다루어진다(물권적 효과설).[80] 따라서 상속채권자 또는 수증자의 채권자는 일정한 기간 내

---

76) 오병철(2014), 11.

77) 박영규(2016), 254~256.

78) 김소영(2003), 761~762; 김재호(1998), 385~386; 김창종(1998), 194; 변희찬(1998), 454; 양형우(2008), 67; 임완규 · 김소영(1993), "상속재산분할심판", 재판자료 62(1993), 681~682. 단, 양형우(2008), 67는 유언의 취지에 비추어 상속재산분할의 실행도 유언집행자에게 위임한 것으로 해석되는 경우에는 유언집행자가 분할에 참가해야 한다고 서술하고 있다.

79) 김주수 · 김상용, 715.

80) 곽윤직, 200, 254; 권순한, 474; 김용한(1962), 35; 김재호(1998), 353; 박동섭, 748; 박정기 · 김연,

에 포괄적 수증자를 상대로 유증된 재산과 수증자의 고유재산의 분리를 법원에 청구할 수 있다. 반면 포괄적 수증자가 재산분리를 신청하는 것은 허용될 수 없으며[81], 필요한 경우 한정승인을 할 수 있을 뿐이다. 재산분리에 관해 자세히는 §§1045–1052 註釋 참조.

5. 상속세

상속세의 부과와 관련하여 유증은 상속과 동일하게 취급된다(相贈 §2 i 가목). 따라서 포괄적 수증자는 증여세가 아닌 상속세 납부 의무를 진다(相贈 §3의2 ①).

Ⅳ. 포괄적 수증자로서의 지위

포괄적 수증자는 상속인과 동일한 권리의무를 가진다고 하지만, 그의 법적 지위가 언제나 상속인과 동일한 것은 아니다.

1. 부관

상속은 조건 없이 개시되는 반면, 포괄적 유증에는 조건이나 기한·부담 등의 부관을 붙일 수 있다. 부담부 포괄유증에 대해서는 §1088 註釋 참조.

2. 대습유증

상속인이 상속개시 전에 사망하거나 상속결격이 된 경우에는 §1001 및 §1003 ②에 따른 대습상속이 개시되지만, 포괄적 수증자가 상속개시 전에 사망하거나 유증결격이 된 경우에는 그 유언은 효력을 잃으며, 대습유증이 개시되지 않는다(§1089). 물론 유언자가 미리 다른 의사를 표시한 경우에는 그러하지 아니하다(§1090 단서). §1089 註釋 참조.

3. 수증분의 조정

상속인과 달리 포괄적 수증자에 대해서는 특별수익이나 기여분 규정에 따른 상속분 조정이 행해지지 않는다.[82] 다만, 포괄적 수증자가 상속인의 지위를

471; 신영호·김상훈, 461; 윤진수, 539; 이경희, 577; 조승현, 460; 주석상속(2), 318; 한봉희·백승흠, 623.

81) 곽윤직, 200; 김주수·김상용, 777; 김재호(1998), 353; 최성경(2007), 229.

82) 곽윤직, 101~102; 권순한, 475; 김재호(1998), 355.

겸유하고 있는 경우에는, 그가 상속인의 지위에서 받은 포괄적 유증을 §1008에 따른 특별수익으로 보아 상속분을 조정할 것인지 여부에 대해 견해의 대립이 있다. 자세한 내용은 II. 3. 나. (2) 참조.

4. 상속분의 양도 · 양수

상속인은 다른 공동상속인이 그 상속분을 제3자에게 양도한 경우에 그 가액과 양도비용을 상환하고 그 상속분을 양수할 수 있는 권리가 있으나, 포괄적 수증자는 이러한 양수권을 행사하지 못한다. 채권적 효과설에 따르면 당연한 결론이나, 물권적 효과설의 결론도 다르지 않다.[83)]

이와 반대로 포괄적 수증자가 자신의 상속분을 제3자에게 양도한 경우에 상속인들은 제3자를 상대로 양수권을 행사할 수 있는가. 현재로서는 채권적 효과설을 전제로 양수권의 행사를 부정하는 견해[84)]가 있을 뿐이다.

포괄적 수증자가 상속인으로부터 상속분을 양수한 자인 경우에 상속인은 포괄적 수증자를 상대로 양수권을 행사할 수 있는가. 제3자에 의한 개입 차단을 이유로 긍정하는 견해[85)]와 이미 포괄적 수증자의 지위에서 상속절차에 참가할 수 있다는 이유로 부정하는 견해[86)]가 대립한다. §1011 註釋 참조.

5. 실효 또는 포기의 효과

포괄적 유증에 효력이 생기지 않거나 포괄적 수증자가 이를 포기한 경우에 포괄적 유증의 목적물인 재산은 상속인에게 귀속한다(§1090). 이때 포기분 등이 귀속되는 '상속인'에는 포괄적 수증자도 포함되는가.

포괄적 수증자는 상속인과 동일한 권리의무를 갖는다는 이유로 포괄적 수증자도 이를 함께 나누어받는다는 견해[87)]가 있다(이른바 '첨증설'). 하지만 이는 상속인에게만 귀속된다고 보아야 한다는 것이 다수설이다(고정설).[88)] 상속재산

---

83) 권순한, 475; 김주수 · 김상용, 823; 김재호(1998), 355, 387; 박동섭, 748; 박병호, 455; 박정기 · 김연, 471; 백성기, 389; 송덕수, 428; 신영호 · 김상훈, 462; 오시영, 742; 이경희, 578; 조승현, 460; 최성경(2007), 231.

84) 박영규(2016), 258.

85) 곽윤직, 127; 송덕수, 338. 포괄적 유증에 대한 채권적 효과설을 전제로 긍정설을 택하는 견해로 박영규(2016), 258.

86) 김용한, 341; 박병호, 375; 신영호 · 김상훈, 401.

87) 김주수 · 김상용, 824; 오시영, 742~743; 전혜정(2006), 162; 주석상속(2), 319.

88) 곽윤직, 255; 권순한, 475; 김성숙, 사회변동과 한국 가족법, 549~550; 김용한(1962), 33~34; 김재호(1998), 370~371; 박병호, 454; 박동섭, 748; 박정기 · 김연, 471; 송덕수, 428; 신영호 · 김상훈, 462; 윤진수, 538; 이경희, 578; 조승현, 460; 최성경(2007), 230; 한봉희 · 백승흠, 624. 채권

중 특정한 비율만을 포괄적 수증자에게 귀속시키는 것이 유언자의 의사였던 만큼, 상속포기와 같은 우연한 사정에 의해 이를 증가시킬 필요가 없기 때문이다. 고정설에 따르면 포괄적 수증자는 수증분의 범위 내에서 상속인과 동일한 권리의무를 가지는 것에 불과한 것으로 본조를 해석하게 된다. 고정설을 취하더라도 유언자가 이와 다른 의사를 표시한 경우에는 첨증이 가능하다. §1090 註釋 참조. 포괄적 수증자 자신이 상속인 중 1인인 경우에도 같다.[89)]

법정상속인이 상속을 포기한 경우에도 동일한 문제가 발생하나, 본조와 같이 해석해야 할 것이다. 포기분이 귀속될 법정상속인이 아무도 없는 경우라면 어떠한가. 이때에도 포괄적 수증자의 수증분은 고정되어야 하므로 상속인의 포기분에 대해 상속인 부존재의 절차가 개시되어야 한다는 견해[90)]만이 있을 뿐이다. §1043 註釋 참조.

6. 유언의 집행

포괄적 수증자가 §1095에 따른 법정유언집행자가 될 수 있는지 여부에 대해서는 §1095 註釋 참조.

7. 유류분반환청구

포괄적 수증자는 유류분반환청구권을 행사할 수 없다.[91)] 따라서 특정유증은 원칙적으로 포괄유증에 우선한다. 단, 특정유증이 있은 후에 당해 유증 목적물을 포함하여 상속재산의 전부 또는 일부를 제3자에게 유증하는 내용의 포괄적 유증이 새로이 행해졌다면 앞의 특정유증은 철회된 것으로 볼 수 있을 것이므로, 언제나 특정유증이 우선한다고 단언할 수는 없다.[92)] 포괄적 수증자 자신이 유류분반환청구의 상대방이 될 수 있음은 물론이다.

적 효과설을 전제로 고정설을 택하는 견해로 박영규(2016), 256.

89) 박병호, 455.

90) 곽윤직, 255; 김용한(1962), 33~34; 박병호, 455. 박동섭(제3판), 766은 법정상속인 전원이 상속을 포기한 경우에는 그 권리가 포괄적 수증자에게 귀속된다는 입장이었으나, 박동섭(제4판), 748은 이러한 견해를 철회한 것으로 보인다.

91) 곽윤직, 254; 권순한, 475; 김재호(1998), 355; 김주수 · 김상용, 823; 박동섭, 757; 박병호, 454; 박정기 · 김연, 471; 백성기, 389; 송덕수, 427; 신영호 · 김상훈, 462; 오시영, 742; 윤진수, 538; 이경희, 577; 조승현, 460; 주석상속(2), 318; 최병조(1987), 198; 최성경(2007), 230; 한봉희 · 백승흠, 624.

92) 박동섭, 757.

8. 기타

사인간의 계약에서 권리자 또는 의무자를 특정하기 위해 '상속인'이라는 용어를 사용한 경우에 그 상속인의 범위에는, 특별한 사정이 없는 한, 포괄적 수증자가 포함되지 않는다. 가령 보험계약 체결 시 보험금수익자란에 '상속인'이라고 기재하였다면 포괄적 수증자는 보험금을 받을 수 없다.[93]

93) 김재호(1998), 356, 401~403; 박병호, 455; 이경희, 578; 주석상속(2), 318; 최성경(2007), 231.

第1079條(受贈者의 果實取得權)

受贈者는 遺贈의 履行을 請求할 수 있는 때로부터 그 目的物의 果實을 取得한다. 그러나 遺言者가 遺言으로 다른 意思를 表示한 때에는 그 意思에 依한다.

참고문헌: 김용한, "유증의 효력", 법조 11-12(1962); 오병철, "유언을 뒤늦게 발견한 경우의 법률관계 -유언등록부의 도입 필요성에 관하여-", 가족법연구 28-1(2014); 이진기, "유증제도의 새로운 이해-포괄유증과 특정유증의 효력에 관한 의문을 계기로-", 가족법연구 30-1(2016).

Ⅰ. 조문의 의의

유증 목적물로부터 발생한 과실의 귀속에 관하여 상속인과 수증자 간의 법률관계를 조정하기 위한 조문이다. 포괄유증의 경우에는 유언의 효력발생과 동시에 포괄적 수증자가 권리를 당연승계하므로(물권적 효과설), 과실수취 여부가 §201에 따라 결정된다. 따라서 본조는 특정유증, 그 중에서도 성질상 특정물 또는 채권의 유증에 대해서만 적용된다.[1)]

특정유증의 경우에 수증자는 유언자가 사망하더라도 유증목적물을 당연히 취득하는 것이 아니라, 유증의무자를 상대로 그 이행을 청구할 수 있을 뿐이다(채권적 효과설). 따라서 유증채무 이행시까지 유증목적물의 소유권과 과실수취권은 상속인에게 귀속되어야 함이 원칙이나, 유증의 효력이 발생하였음에도 불구하고 유증의무자가 유증채무의 이행을 지연할 우려가 있으므로, 수증자를 보호하기 위해 마련한 특칙이다.[2)] 특정유증에 관하여 물권적 효과설을 택하고 있는 일본에 있어서는 당연규정이나, 채권적 효과설을 전제로 하는 우리 민법상으로는 일종의 특별규정에 해당한다.

1) 김성숙, 사회변동과 한국 가족법, 545; 김용한, 413; 배경숙·최금숙, 650; 윤진수, 541; 주석상속(2), 326.
2) 곽윤직, 259; 윤진수, 541; 이경희, 581; 한봉희·백승흠, 630.

Ⅱ. 수증자의 유증 이행 청구 시기

본조에서 "수증자"란 특정물을 유증받은 자로서 유증의무자를 상대로 유증이행청구권을 행사할 수 있는 자를 말한다. 유증의무자에 대해서는 제3절 前註 2. 참조.

수증자는 '유언의 효력이 발생한 때'부터 유증의 이행을 청구할 수 있다.[3] 원칙적으로는 유언자가 사망함과 동시에 유언의 효력이 발생하지만, 유증에 조건이나 기한이 붙어 있는 경우에는 그 조건이 성취되거나 기한이 도래한 때부터 효력이 발생한다. 반면 부담이 붙어 있는 경우에 부담의 이행 여부는 유증의 효력발생에 영향을 미치지 않는다. §1088 註釋 참조. 따라서 본조에서 말하는 '수증자가 유증의 이행을 청구할 수 있는 때'란 유언자가 사망한 때 또는 유증에 붙은 조건이 성취되거나 기한이 도래한 때를 의미한다.

Ⅲ. 수증자의 과실수취권

수증자는 유증의 이행을 청구할 수 있는 때로부터 그 목적물의 과실을 취득한다(본조 본문). 수증자가 실제로 유증의무자를 상대로 그 이행을 청구해야 하는 것은 아니다.[4] 유증의 이행을 청구할 수 있는 시점에 도달한 때부터 과실수취권은 당연히 성립한다. 따라서 상속개시 후 과실을 수취한 유증의무자는 유증 이행 청구 시기가 도래한 때 이후에 그가 수취한 과실을 수증자에게 반환하여야 한다. 이때 유증의무자가 반환해야 하는 과실의 범위에는 §101에 따른 천연과실과 법정과실이 모두 포함된다. 유증목적물이 주식인 경우에는 배당금도 본조의 과실이 될 수 있다.[5]

유증의무자가 유증의 존재를 알지 못했던 경우에도 수취한 과실을 전부 반환해야 하는가. §201 ①이 우선적용되므로 유증의무자에게는 과실반환의무가 없다는 견해[6]와, 원칙적으로는 반환의무를 긍정하면서도 유증의무자가 유증의 존재에 대해 선의·무과실이었고, 수증자가 유증을 알면서 이를 청구하지

---

3) 곽윤직, 259; 권순한, 476; 김용한(1962), 40; 김용한, 413; 김주수·김상용, 821~822; 박병호, 456; 송덕수, 428; 오시영, 745; 이경희, 580; 이진기(2016), 238~239; 조승현, 462; 정광현, 요론, 443; 주석상속(2), 327; 한봉희·백승흠, 630.

4) 김주수·김상용, 826; 신영호·김상훈, 462; 오시영, 745; 주석상속(2), 327.

5) 주석상속(2), 328.

6) 김성숙, 사회변동과 한국 가족법, 545~546; 오병철(2014), 13, 각주 21); 윤진수, 542.

않은 경우라면 이미 소비하거나 수취를 게을리한 과실의 반환의무를 현존이익 한도로 감해 줄 필요가 있다는 견해[7]가 대립한다.

유증의무자는 과실을 수취한 때로부터 이를 수증자에게 인도할 채무가 있으므로, 과실 수취 후 이를 인도하지 않은 때에는 §387에 따라 지체책임을 진다.[8] 다만, 과실을 반환한 유증의무자는 수증자를 상대로 그 목적물의 과실수취를 위해 지출한 필요비의 상환을 청구할 수 있다. §1080 註釋 참조.

유증목적물로부터 과실이 생기고 있지 않은 경우에는 어떠한가. 가령 유언자가 스스로 거주하고 있던 가옥을 유증한 경우에는 수증자라도 과실을 취득할 여지가 없다. 민법의 일반 원칙에 따라 유증 이행 청구 후부터 유증의무자를 상대로 지체책임을 물을 수 있을 뿐이다.[9]

Ⅳ. 임의규정

본조는 임의규정이다. 따라서 유언자가 동조 본문과 다른 의사를 표시한 때에는 그 의사가 우선하여 적용된다(본조 단서). 이 경우 '다른 의사'의 내용에 대해서는 별다른 제한이 없으므로, 유언자는 유증의 이행을 청구할 수 있을 때부터 유증 목적물의 이행이 완료될 때까지 과실수취권을 수증자가 아닌 제3자(특히 상속인)에게 귀속시킬 수도 있고, 아직 유증의 이행청구시기가 도래하기 전부터 과실수취권을 특정유증 채권자에게 귀속시킬 수도 있다.[10]

7) 김용한(1962), 40; 김주수·김상용, 826; 오시영, 745~746; 주석상속(2), 327.
8) 김주수·김상용, 826; 오시영, 745; 주석상속(2), 327.
9) 김주수·김상용, 826; 오시영, 746; 주석상속(2), 327~328.
10) 같은 취지로 김주수·김상용, 826; 오시영, 746; 주석상속(2), 328; 한봉희·백승흠, 630.

第1080條(果實收取費用의 償還請求權)

遺贈義務者가 遺言者의 死亡後에 그 目的物의 果實을 收取하기 爲하여 必要費를 支出한 때에는 그 果實의 價額의 限度에서 果實을 取得한 受贈者에게 償還을 請求할 수 있다.

▌**참고문헌**: 이진기, "유증제도의 새로운 이해 - 포괄유증과 특정유증의 효력에 관한 의문을 계기로 -", 가족법연구 30-1(2016).

Ⅰ. 조문의 의의

유증 목적물로부터 발생한 과실의 귀속 및 과실수취 비용처리에 관하여 상속인과 수증자 간의 법률관계를 조정하기 위한 조문이다. 유증의무자는 §1079에 따라 수증자가 유증의 이행을 청구할 수 있는 때부터 그가 수취한 과실을 반환할 의무가 있는바, 본조는 이에 대응하여 유증의무자가 수증자를 상대로 그 과실수취를 위해 투입한 필요비의 상환을 청구할 수 있음을 규정한다. 본조는 §1079를 전제로 하는 조문이기 때문에 §1079와 마찬가지로 특정유증, 그 중에서도 성질상 특정물 및 채권의 유증에 대해서만 적용된다.[1] 과실을 수취한 자는 필요비를 청구할 수 없다고 규정하고 있는 §203 ① 단서와 균형을 이룬다. 본조가 사무관리의 비용상환청구권에 관한 §739의 특별규정이라는 견해[2]도 있다.

Ⅱ. 필요비상환청구권

유증의무자가 수증자를 상대로 상환을 청구할 수 있는 비용은 유언자의

1) 김용한, 413; 배경숙 · 최금숙, 650.
2) 이진기(2016), 239. 원문에는 §738의 특별규정이라고 서술되어 있으나 오기인 것으로 보인다.

사망 후에 그 목적물의 과실을 수취하기 위하여 지출한 필요비에 한한다.

1. 필요비의 범위

상환의 대상이 되는 필요비란 과실을 '수취'하기 위해 지출된 비용, 즉 과실수취비용을 말한다. 수취한 과실을 보관하기 위해 지출한 비용은 §1081에 따라 청구할 수 있을 뿐이다.[3] 일본 민법 §993 ②은 상환을 청구할 수 있는 필요비를 '통상의 필요비'로 한정하고 있다. 우리 민법상으로는 그러한 제한이 없으나, 통상의 필요비를 넘어 과도하게 지출된 부분에 대해서는 상환을 청구할 수 없다고 보아야 할 것이다. 또한 유증의무자가 수증자에게 상환을 청구할 수 있는 액수는 수증자가 취득한 과실의 가액을 초과할 수 없다. 특정유증의무자의 과다한 비용지출로 인한 수증자의 부당한 손실을 방지하기 위함이다.[4]

2. 필요비 지출시기

유증의무자가 수증자를 상대로 상환을 청구할 수 있는 필요비는 유언자 사망 후에 지출된 것에 한한다.[5] 유언자 사망 전에 이미 유증목적물에 대한 필요비를 지출한 유증의무자는 §203 그 밖의 법률규정에 따라 유언자를 상대로, 유언자가 사망한 후에는 그의 상속인을 상대로 그 상환을 청구할 수 있을 뿐이며, 수증자에게 이를 청구할 수는 없다.

3. 필요비 상환 청구권의 상대방

유증의무자는 §1079 본문에 따라 과실을 취득한 수증자에 대해서만 그 필요비의 상환을 청구할 수 있다. 유언자가 수증자의 과실취득권에 대해 달리 정한 결과 수증자가 과실을 취득하지 못하였다면, 유증의무자 역시 수증자를 상대로 필요비상환청구권을 행사하지 못한다.

4. 필요비 상환 청구권의 행사시기

유증의무자가 본조에 따른 필요비상환청구권을 행사하기 위해 먼저 과실을 수증자에게 인도해야 하는 것은 아니다. 유증의무자는 필요비를 상환 받을 때까지 과실에 관해 유치권을 행사할 수도 있다.

---

3) 이진기(2016), 239.
4) 주석상속(2), 329.
5) 곽윤직, 259; 윤진수, 542; 주석상속(2), 329.

Ⅲ. 임의규정

명문의 규정은 없지만, 본조 역시 임의규정으로서의 성격을 갖는다. 따라서 유언자가 과실수취비용 지출에 관해 유언으로 달리 정한 바가 있으면 그 의사가 본조에 우선하여 적용된다.[6)]

6) 注民(26), 173(阿部徹).

第1081條(遺贈義務者의 費用償還請求權)

遺贈義務者가 遺贈者의 死亡後에 그 目的物에 對하여 費用을 支出한 때에는 第325條의 規定을 準用한다.

참고문헌: 김용한, "유증의 효력", 법조 11−12(1962).

Ⅰ. 조문의 의의

유증 목적물과 관련하여 지출된 비용의 처리에 관하여 상속인과 수증자 간의 법률관계를 조정하기 위한 조문이다. 포괄적 유증의 경우에는 수증자가 유언의 효력발생과 동시에 당연히 소유권을 승계하므로(물권적 효과설), 유증의 무자는 §203에 따라 포괄적 수증자를 상대로 비용상환청구권을 행사할 수 있다. 따라서 본조는 특정유증, 그 중에서도 성질상 특정물의 유증에 대해서만 적용된다.[1)]

특정유증에 관하여 채권적 효력설을 택하고 있는 현재의 통설과 판례에 따르면 유증의무자는 유증채무를 이행하기 전까지 목적물에 관한 소유권을 보유하고 있으므로, 유증목적물을 위해 지출한 비용은 자기 소유물에 대한 지출이라고 할 수 있지만, 다른 한편 그 비용은 결국 종국적으로 그 목적물의 소유권을 취득할 수증자의 이익을 위해 지출된 것이다. 따라서 본조는 유증의무자에게 일정한 범위 내에서 비용상환청구권을 부여하였다.

1) 김용한, 413; 배경숙·최금숙, 650; 윤진수, 542.

Ⅱ. 비용상환청구권

1. 비용의 범위

본조에 따라 상환을 청구할 수 있는 비용의 범위는 §325에 따라 정해진다.

먼저 유증의무자가 유증목적물에 관하여 필요비를 지출한 때에는 그 전액의 상환을 청구할 수 있다(§325 ①). 이때 '필요비'란 본래의 이용방법에 적당한 상태에서 물건의 현상을 보존·유지하기 위해 지출한 비용을 말한다.

다음으로 유증의무자가 유증목적물에 관하여 유익비를 지출한 때에는 가액의 증가가 현존한 경우에 한하여 그 지출한 금액이나 증가액의 상환을 청구할 수 있다(§325 ②). 이때 '유익비'란 개량 기타 물건의 경제적 가치나 효용을 증가시키는데 지출된 비용을 말한다.

상환청구권을 행사함에 있어서 지출액과 증가액 중 어느 쪽을 상환할 것인지를 선택할 수 있는 자는 누구인가. 비용 지출 당시 소유자는 아직 유증의무자이므로 유증의무자가 스스로 선택할 수 있다는 견해[2]와 본조의 해석상 §325 ①의 '소유자'를 수증자로 이해해야 하는 만큼 같은 조 ②상의 선택권자인 '소유자' 역시 유증의무자가 아니라 수증자로 보아야 한다는 견해[3]가 대립하고 있다.

2. 비용지출시기

유증의무자는 유증자가 사망한 후에 그 목적물에 대해 지출한 비용에 한해 본조에 따른 비용상환청구권을 행사할 수 있을 뿐이다. 따라서 유증자가 사망하기 전에 지출한 비용에 대해서는 비용상환을 청구하지 못한다.[4] 유언자가 직접 비용을 지출한 경우에는 자기 소유물에 대한 비용지출이므로, 유언자 자신이나 그를 승계한 상속인이 본조에 따른 비용상환을 청구할 수 없음이 당연하다. 유언자 사망 전부터 유증의무자가 유증 목적물을 점유하면서 비용을 지출한 경우에는 어떠한가. 유증의무자는 점유자의 지위에서 민법의 일반 규정에 따른 각종의 비용상환청구권을 갖지만, 이는 유언자 또는 그를 승계한 상속인을 상대로 행사할 수 있는 것일 뿐이고, 수증자를 상대로 행사할 수 있는 것은

2) 김용한(1962), 41.
3) 김용한, 413; 김주수·김상용, 827 각주 26). 박동섭, 763; 박병호, 456; 오시영, 746; 윤진수, 542; 이경희, 581; 주석상속(2), 330.
4) 곽윤직, 259; 박동섭, 763; 주석상속(2), 330; 한봉희·백승흠, 630.

아니다.[5)]

유증의무자는 유증자의 사망 후 특정유증 채권자가 유증의무의 이행을 청구할 수 있을 때까지 사이에 지출한 비용에 대해 상환을 청구할 수 있는가. 이러한 사안은 조건부 유증이나 시기부 유증과 같이 유언의 효력발생시점과 유증의무 이행청구 시점 사이에 시간적 간격이 있는 경우에 특히 문제된다. 조건이나 기한이 도래하기 전까지는 유증목적물이 상속인의 소유라는 점, 수증자는 그 기간 동안 과실수취권도 갖지 못한다는 점을 근거로 부정하는 견해[6)]가 유력하다.

3. 비용상환청구권의 상대방

본조에 따른 비용상환청구권의 상대방은 비용을 지출한 유증 목적물을 유증받은 수증자이다. 그가 과실을 수취하였는지 여부는 묻지 않는다.

4. 비용상환청구권의 행사 시기

유증의무자가 유증목적물에 관하여 필요비 또는 유익비를 지출한 경우 그는 지출 즉시 수증자를 상대로 본조에 따른 상환청구권을 행사할 수 있으며, 수증자로부터 비용을 상환받을 때까지 동시이행의 항변권 또는 유치권을 주장하면서 유증목적물의 인도를 거부할 수 있다.[7)] 다만, 유증의무자가 유익비상환청구권을 행사한 경우에 법원은 수증자의 청구에 의해 상당한 상환기간을 허여할 수 있다(§325 ② 단서).

Ⅲ. 임의규정

명문의 규정은 없지만, 본조 역시 임의규정으로서의 성격을 갖는다. 따라서 유언자가 유증 목적물에 관한 비용 지출에 관해 유언으로 달리 정한 바가 있으면 그 의사가 본조에 우선하여 적용된다.[8)]

5) 주석상속(2), 330.

6) 김주수 · 김상용, 827; 오시영, 747; 윤진수, 542; 주석상속(2), 330~331. 천종숙, 425는 조건성취전 또는 기한도래 전의 비용의 상환청구까지 "인정하는 취지"라고 해석해야 한다고 서술하고 있으나, 맥락상 "부정하는 취지"의 오기인 것으로 보인다.

7) 박동섭, 763.

8) 注民(26), 173(阿部徹).

第1082條(不特定物遺贈義務者의 擔保責任)

① 不特定物을 遺贈의 目的으로 한 境遇에는 遺贈義務者는 그 目的物에 對하여 賣渡人과 같은 擔保責任이 있다.

② 前項의 境遇에 目的物에 瑕疵가 있는 때에는 遺贈義務者는 瑕疵없는 物件으로 引渡하여야 한다.

Ⅰ. 의의

유증은 무상행위이므로, 유증 목적물에 어떠한 권리나 물건의 하자가 있더라도 유증자나 유증의무자가 담보책임을 지지 않는 것이 원칙이다(§559 ①). 다만, 본조는 불특정물을 유증한 경우에 유증의무자에게 매도인과 같은 담보책임을 인정하고 있다. 불특정물 유증의 경우에는 유증의무자로 하여금 수증자에게 완전한 물건을 급부하도록 하는 것이 유언자의 의사라고 보는 것이 합리적이기 때문이다.[1] 따라서 본조는 특정유증 중에서도 불특정물의 유증의 경우에 한하여 적용된다.[2] 포괄유증의 경우에는 상속재산분할 후 §1016에 따른 담보책임 문제가 발생할 뿐이다(물권적 효과설). 특정물 유증시 담보책임에 관해서는 §1085 註釋 참조.

Ⅱ. 담보책임의 내용

유증의무자에게 매도인과 같은 담보책임이 있다는 것은 사안에 따라 수증자가 계약해제권, 손해배상청구권 또는 완전물급여청구권을 행사할 수 있음을 의미한다. 그러나 구체적으로 어떤 경우에 담보책임이 성립하는가에 대해서는 다음과 같은 견해의 대립이 있다.

---

1) 김용한, 413; 김주수 · 김상용, 829; 윤진수, 543; 주석상속(2), 331~332.
2) 배경숙 · 최금숙, 650.

1. 이원설

다수설은 유증의 특수성을 강조하면서 상속재산 중에 존재하는 불특정물로 유증의무를 이행하였으나, 당해 물건에 권리의 하자가 있었던 때에는 본조 제1항에 따른 담보책임이, 물건의 하자가 있었던 때에는 본조 제2항에 따른 담보책임이 적용된다고 본다.[3)]

위 견해에 따르면 유증의무자가 수증자에게 인도한 물건이 상속재산에 속한 것이 아니라 제3자의 소유였기 때문에 수증자가 당해 물건의 소유권을 잃게 된 때 §570 및 §571에 따라 수증자는 유증의무자에 대하여 매도인과 같은 담보책임을 물을 수 있다(본조 ①). 물론 유증에 관해서는 계약해제의 문제가 발생하지 않으므로, 손해배상청구만 가능할 것이다.[4)]

반면 유증의 목적물로서 상속재산에 속하는 불특정물 중 하자 있는 물건이 존재하는 경우에 유증의무자는 하자 없는 물건으로 인도하여야 한다(본조 ②). 본래 매도인의 담보책임에 관한 §581에 따르면 매수인은 계약해제, 손해배상 또는 완전물 급여 청구 중 하나를 선택할 수 있지만, 유증에 대해서는 본조 ②이 우선적용되는 결과 완전물 급여 청구를 우선적으로 해야 한다는 것이다.[5)] 가능한 유언의 취지를 그대로 실현하기 위함이라고 한다.

또한 위 견해에 따르면 유증의무자는 하자 없는 물건으로 인도하는 것이 불가능한 경우에만 손해배상책임을 부담하지만, 이 경우에도 상속재산에 속하는 같은 종류의 물건 중 하자 없는 물건이 존재하지 않을 때에는 담보책임을 지지 않고, 하자 없는 물건이 없게 된 책임이 유증의무자에게 있는 경우(가령 유증의무자가 하자 없는 종류물을 처분한 경우)에만 손해배상책임을 진다고 한다.[6)]

2. 일원설

소수설은 물건의 하자에 대해 본조 ①이 적용된다고 주장한다.[7)] 불특정물

3) 고정명·조은희, 376; 김주수·김상용, 829~830; 오시영, 749; 윤진수, 543~544. 이경희, 582; 조승현, 464; 주석상속(2), 332; 한봉희·백승흠, 633. 백성기, 392; 소성규, 311도 같은 취지인 것으로 보인다.

4) 김주수·김상용, 829~830; 오시영, 749는 입법론으로서 추탈당한 것과 동일한 물건이 상속재산에 있으면 그것을 이행하도록 하고, 동일한 물건이 없으면 손해배상책임을 지도록 할 것을 제안하고 있다. 해석론으로서 동일한 주장을 하는 견해로 박동섭, 785.

5) 고정명·조은희, 376; 박동섭, 765~766; 윤진수, 544; 이경희, 582; 조승현, 464.

6) 김주수·김상용, 830; 박동섭, 766; 소성규, 311; 오시영, 749; 주석상속(2), 332~333.

7) 곽윤직, 260~261; 송덕수, 430.

에 대해서는 권리의 하자에 대한 담보책임이 적용될 여지가 없다는 것이다. 물건이 특정되어 인도된 후에 §581에 따라 물건의 하자에 대한 담보책임, 즉 계약해제, 손해배상청구 또는 완전물급여청구 중 하나를 구할 수 있을 뿐이다. 따라서 동 견해는 물건의 하자에 관한 완전물급여청구권의 특칙을 정하고 있는 본조 제2항은 입법상의 과오라고 주장한다. 물건의 하자에 대해 본조 ①이 적용되는 결과 수증자는 손해배상청구권과 완전물급여청구권 중 선택하여 담보책임을 추궁할 수 있다는 점에서 위의 견해와 차이가 있다.

위 견해에 따르면 유증의무자가 수증자에게 인도한 물건이 상속재산에 속한 것이 아니라 제3자의 소유였기 때문에 수증자가 당해 물건의 소유권을 잃게 된 때, 즉, 권리의 하자가 있는 경우에는 본조에 따른 담보책임이 적용되지 않는다. §1087에 따라 유증이 효력을 잃을 뿐이다.[8] §1087가 불특정물의 유증에 적용될 수 있는지 여부에 대해서는 §1087 註釋 참조.

8) 송덕수, 429.

第1083條(遺贈의 物上代位性)

遺贈者가 遺贈目的物의 滅失, 毁損 또는 占有의 侵害로 因하여 第三者에게 損害賠償을 請求할 權利가 있는 때에는 그 權利를 遺贈의 目的으로 한 것으로 본다.

참고문헌: 김용한, "유증의 효력", 법조 11−12(1962).

Ⅰ. 의의

멸실·훼손 또는 점유의 침해(이하 '멸실 등'이라고 한다.)로 인해 유증목적물을 인도하는 것이 불가능한 경우에 유증의무자와 수증자간의 법률관계를 규율하기 위한 조문이다. 유언의 효력발생 후에 멸실 등으로 인해 유증목적물을 인도하는 것이 불가능해진 경우에는 이행불능·위험부담 등 민법의 일반법리에 따라 유증의무자와 수증자 간의 법률관계를 처리할 수 있다. 반면 유언의 효력발생 전에 위와 같은 사정이 발생한 경우에는 유언자 사망 당시 유증 목적물이 상속재산에 속하지 않는 것이 되어 §1087에 따라 유증이 그 효력을 잃는다. 이에 대비하여 본조는 예외적으로 수증자에 의한 물상대위를 허용하고 있다. 그것이 유언자의 통상의 의사에 부합할 뿐만 아니라, 담보물권자에게 물상대위를 인정하거나 이행불능의 경우에 대상청구권을 인정하는 법리에 비추어 보더라도 형평에 맞기 때문이다.[1]

본조는 성질상 특정유증 중 특정물의 유증에 대해서만 적용된다. 채권을 유증한 경우의 물상대위에 대해서는 §1084 註釋 참조. 또한 본조는 유증의 효력 발생 전에 유증목적물에 멸실 등의 사정이 발생한 경우에 한하여 적용된다.[2]

1) 윤진수, 544.
2) 注民(26), 197~198(上野雅和).

Ⅱ. 요건

1. 유증목적물의 멸실 등

본조에 따른 물상대위가 성립하기 위해서는 먼저 유증목적물이 멸실 또는 훼손되거나 그 점유가 침해당한 상태여야 한다. 이때 유증목적물의 '멸실'이란 유증 목적물 자체가 멸실된 경우뿐만 아니라, 목적물에 대한 소유권을 상실한 경우까지 널리 포함하는 개념이다.[3] 즉, 법적인 의미에서 권리행사가 불가능한 객관적 상태가 있는 경우라면 모두 멸실로 볼 수 있다.[4] 유증목적물이 불가항력으로 멸실된 경우에는 본조가 적용되지 않는다는 취지의 견해[5]가 있으나, 의문이다. 유증목적물의 '훼손'이란 유증목적물의 가치에 손상을 끼치는 행위를 말한다. 유증목적물의 '점유의 침해'에는 유증목적물의 소유권이 상실된 경우와 목적물 반환청구가 가능하더라도 이로 인해 손해배상청구를 할 수 있는 경우가 모두 포함된다.[6]

유증목적물이 다른 물건에 부합·혼화 또는 가공되는 경우에도 본조가 유추적용될 수 있는가. 우리 민법은 일본 민법 §999 ②과 달리 이를 명문으로 인정하지 않지만, 멸실 내지 훼손에 포함되는 것으로 넓게 해석하여 본조를 적용할 수 있을 것이다.[7]

2. 제3자에 대한 손해배상청구권

가. 손해배상청구권의 범위

유증자가 유증목적물의 멸실 등을 이유로 제3자에 대해 손해배상을 청구할 권리가 있어야 한다. 이때 손해배상을 청구할 권리란 유증목적물을 멸실 또는 훼손시킨 제3자에 대해 행사하는 불법행위를 원인으로 하는 손해배상청구권뿐만 아니라, 동일한 원인으로 발생한 부당이득반환청구권, 수용보상금청구권, 보험금청구권 등을 널리 포함하는 개념이다. 부합·혼화·가공으로 인해 유증자가 §§257-258에 따라 취득한 단독소유권이나 공유지분 또는 §261에 따른

3) 김주수·김상용, 830; 박동섭, 765; 오시영, 750; 이경희, 583; 한봉희·백승흠, 631.
4) 조승현, 465.
5) 김주수·김상용, 830.
6) 이경희, 583; 조승현, 465.
7) 김용한(1962), 41~42; 김용한, 414; 김주수·김상용, 830; 박병호, 457; 박동섭, 765; 오시영, 750; 윤진수, 545; 이경희, 583; 조승현, 465; 한봉희·백승흠, 631. 소성규, 311도 같은 취지인 것으로 보인다.

보상청구권 등도 이에 해당할 수 있다. 하지만 유언자가 스스로 유증목적물을 처분한 경우에 그 처분의 대가에까지 물상대위가 확장되는 것은 아니다.[8] 이때에는 §1109에 따라 유언이 철회된 것으로 보는 것이 타당하기 때문이다.

나. 손해배상청구권의 성립시기

제3자에 대한 손해배상청구권은 유언 성립 후에 비로소 취득한 것이어야 하는가. 긍정하는 견해와 부정하는 견해가 대립한다. 긍정설은 유언 당시에 이미 목적물이 멸실되는 등의 이유로 유언자가 손해배상청구권을 가지고 있었던 경우에는 본조가 적용되지 않는다고 한다.[9] 반면 부정설은 유언 성립 당시 이미 멸실 또는 훼손된 경우라도 유언자가 이를 몰랐다면 유언의 해석상 손해배상청구권을 유증한 것으로 보아야 한다고 주장한다.[10]

다. 손해배상청구권의 양도, 변제 기타 처분

유언 성립 후에 제3자에 대한 손해배상청구권을 취득한 경우라도 유언 효력발생 전에 유언자가 이미 이를 양도하는 등 처분행위를 한 경우에는 수증자가 이를 물상대위할 수 없다.[11] 유언과 모순되는 생전행위가 있었던 이상 유증이 철회된 것으로 볼 수 있기 때문이다.

유언자가 제3자로부터 변제받은 경우에는 어떠한가. 양도의 경우와 마찬가지로 유증이 효력을 잃는다는 견해[12]와, 수증자는 유언자가 변제받은 금전의 지급을 청구할 수 있다는 견해[13]가 대립한다. 앞의 견해는 이 경우에도 유증은 철회된 것으로 보아야 함을, 뒤의 견해는 이 경우에도 §1084가 적용될 수 있음을 근거로 제시하고 있다.

Ⅲ. 효과

수증자에게 본조에 따른 물상대위가 인정되더라도 수증자가 바로 제3자에 대한 손해배상청구권 등을 직접 행사할 수 있는 것은 아니다. 유언자가 가지고 있었던 손해배상청구권 등은 상속의 개시와 동시에 상속인에게 이전되므로, 수증자는 유증의무자를 상대로 손해배상청구권 등을 양도하여 줄 것을 청구할

---

8) 윤진수, 545.
9) 김주수·김상용, 830; 오시영, 750; 주석상속(2), 334.
10) 윤진수, 544~545.
11) 김주수·김상용, 830; 오시영, 750; 주석상속(2), 334.
12) 김주수·김상용, 830; 소성규, 311; 오시영, 750.
13) 주석상속(2), 334~335.

수 있을 뿐이다.[14] 물상대위의 목적물 자체가 본조에 따라 새로운 특정유증의 목적물이 된 이상 그 권리이전절차가 필요하기 때문이다(채권적 효과설). 수증자가 물상대위를 하기 위해 미리 위 권리를 압류해야 하는 것은 아니다.[15]

수증자가 본조에 따른 권리를 주장할 수 있음에도 불구하고 상속인 기타 제3자가 먼저 변제를 받은 경우에 수증자는 그를 상대로 부당이득반환청구를 할 수 있다.[16]

Ⅳ. 임의규정

본조는 임의규정이다. 유언자가 유언으로 다른 의사를 표시한 때에는 본조를 적용하지 않기 때문이다(§1086). 가령 제3자에 대한 손해배상청구권을 수증자에게 귀속시키지 않겠다는 취지의 유언을 하거나, 유증목적물이 멸실되는 등의 사정이 있는 때에는 기존의 유언이 효력을 잃는다는 취지의 유언을 한 경우가 이에 해당한다.

---

14) 윤진수, 545.
15) 注民(26), 199(上野雅和).
16) 주석상속(2), 335.

第1084條(債權의 遺贈의 物上代位性)

① 債權을 遺贈의 目的으로 한 境遇에 遺言者가 그 辨濟를 받은 物件이 相續財産 中에 있는 때에는 그 物件을 遺贈의 目的으로 한 것으로 본다.

② 前項의 債權이 金錢을 目的으로 한 境遇에는 그 辨濟받은 債權額에 相當한 金錢이 相續財産中에 없는 때에도 그 金額을 遺贈의 目的으로 한 것으로 본다.

▌**참고문헌**: 이상훈, “로마법상 유증의 철회 및 변경”, 서울대 법학 59−1(2018).

Ⅰ. 의의

유증의 목적물인 채권을 이미 변제받아 채권을 수증자에게 이전해 주는 것이 불가능한 경우에 유증의무자와 수증자간의 법률관계를 규율하기 위한 조문이다. 유증의무자가 스스로 유증의 목적물인 채권을 변제받은 경우에 유증의무자와 수증자간의 법률관계는 부당이득의 법리에 따라 해결될 것이나, 유언의 효력발생 전에 이미 유언자가 채권을 변제받은 경우에는 유언과 생전행위가 저촉되는 것으로 보아 유증의 철회로 간주할 것인지 여부가 문제될 수 있다. 본조는 이러한 경우에 대비하여 유언자는 그 변제받은 물건을 유증할 의사였던 것으로 추정하는 취지의 해석규정을 두었다. 따라서 본조는 수증자의 변제물에 대한 물상대위를 인정한다.

본조는 특정유증 중 채권을 유증한 경우 및 유증자가 유언의 효력발생 전에 이미 그 채권을 변제받은 경우에 한하여 적용된다.

Ⅱ. 특정유증의 목적물이 특정물채권 또는 종류물채권인 경우

1. 변제받은 물건이 상속재산 중에 있는 경우

특정물을 목적으로 하는 채권 또는 종류물을 목적으로 하는 채권을 유증한 후 아직 유언의 효력이 발생하기 전에 유증자가 그 채권을 변제받은 경우에 유증의 효력발생시 그 변제받은 물건이 아직 상속재산 중에 있는 때에는 그 물건을 유증의 목적으로 한 것으로 본다(본조 ①). 따라서 수증자는 유증의무자를 상대로 본래 유증의 목적물인 채권에 갈음하여 그 변제받은 특정물의 인도를 청구할 수 있다.

대물변제·경개·준소비대차 등에 따라 본래의 급부에 갈음하여 다른 물건 또는 채권을 취득한 경우에도 본조를 유추적용하여 새롭게 취득한 물건 또는 권리를 유증의 목적으로 한 것으로 보아야 할 것이다.[1] 유증의 목적인 채권이 채무자에 대한 이행불능을 원인으로 하는 손해배상청구권 또는 이행불능의 사태를 초래한 제3자에 대한 손해배상청구권으로 전환된 경우에도 같다.[2]

2. 변제받은 물건이 상속재산 중에 존재하지 않는 경우

반면 유언 효력발생 당시 더 이상 변제물이 상속재산 중에 존재하지 않는 경우, 가령 유언 효력발생 전에 유언자가 그 변제받은 물건을 소비하거나 양도한 경우에는 본조가 적용되지 않는다. 이 경우에는 유언과 저촉되는 생전행위에 의해 당해 유증이 철회된 것으로 보아야 할 것이다.[3] §1109 註釋 참조. 따라서 수증자는 유증 목적물이었던 채권은 물론이고, 유언자가 변제받은 물건을 양도한 대가로 받은 양수금 등에 대해서도 아무런 권리를 주장할 수 없다.[4]

유언자가 변제받은 물건이 멸실 또는 훼손되는 등으로 인해 제3자에 대한 손해배상청구권을 취득한 경우에는 어떠한가. 더 이상 변제물이 상속재산 중에 존재하지 않으므로 본조에 따른 물상대위를 주장할 수 없음은 물론이다. 하지만 유언자가 스스로 변제물을 처분한 경우와 같이 유언과 저촉되는 생전행위가 있었던 것으로 볼 수도 없으므로, 당해 유증이 철회된 것도 아니다. 따라서 수증자는 본조에 따라 변제물에 대한 유효한 유증이 있는 것을 전제로 §1083에

---

1) 주석상속(2), 338.
2) 주석상속(2), 338~339.
3) 박동섭, 764; 주석상속(2), 336~337.
4) 김주수·김상용, 831; 오시영, 751; 주석상속(2), 337.

따라 손해배상청구권을 물상대위할 수 있을 것이다. 물론 유언자가 위 손해배상청구권을 직접 행사한 경우에는 그러하지 아니하다. §1083 註釋 참조.

Ⅲ. 특정유증의 목적물이 금전채권인 경우

특정유증의 목적물이 금전채권이었던 경우에 대해서는 본조 ②에 특칙이 있다. 즉, 금전채권을 유증한 다음 아직 그 유언의 효력이 발생하기 전에 유증자가 그 금전채권을 변제받은 경우라면 설령 변제받은 채권액에 상당한 금전이 상속재산 중에 없는 때에도 그 금액을 유증의 목적으로 한 것으로 본다(본조 ②). 금전은 개성이 문제될 여지가 전혀 없어서 그 금액 자체를 유증할 의사가 있었다고 볼 여지가 있을 뿐만 아니라, 현존 여부를 입증하기도 어렵고, 다른 재산의 환가 또는 융통을 통해 특정유증을 이행하는 것이 가능하기 때문이다.[5] 물론 유언자가 그 변제받은 금전을 다른 곳에 모두 소비해 버렸고 그에 상응하는 재산이 상속재산에 남아 있지 않다면 유언을 철회한 것으로 해석할 여지도 있다.[6] 금전채권의 유증에 대해 물상대위성을 넓게 인정하는 것 자체를 비판하면서 유증자가 변제받은 금전을 따로 분리하여 관리하지 않은 한 기존의 유증을 철회한 것으로 보아야 한다는 견해도 있다.[7]

Ⅳ. 임의규정

본조는 임의규정이다.[8] 유언자가 유언으로 다른 의사를 표시한 때에는 본조를 적용하지 않기 때문이다. §1086 註釋 참조. 가령 유언자가 변제받은 물건이나 금전에 대해서는 수증자가 아무런 권리도 갖지 못한다고 유언한 경우 또는 변제받은 물건이 더 이상 상속재산 중에 존재하지 않더라도 수증자는 권리를 갖는다고 유언한 경우 등이 이에 해당한다.

---

5) 김주수·김상용, 831; 오시영, 751; 윤진수, 545; 이경희, 584; 주석상속(2), 337.

6) 윤진수, 545.

7) 이상훈(2018), 304.

8) 이경희, 583는 "유언자 생존 중에 채권이 소멸, 멸실한 경우나 변경된 경우에는 채권법 일반원리와 유언자의 의사해석에 의해 해결하여야 할 것"이라고 서술하고 있다.

第1085條(第三者의 權利의 目的인 物件 또는 權利의 遺贈)

遺贈의 目的인 物件이나 權利가 遺言者의 死亡 當時에 第三者의 權利의 目的인 境遇에는 受贈者는 遺贈義務者에 對하여 그 第三者의 權利를 消滅시킬 것을 請求하지 못한다.

참고문헌: 김용한, "유증의 효력", 법조 11－12(1962).

Ⅰ. 의의

유증은 수증자만이 이익을 얻는 무상행위이므로 유상계약에서와 같은 담보책임을 유증의무자에게 부담시키는 것은 가혹하다. 생전증여의 경우에도 증여자는 담보책임을 부담하지 않는바(§559 ①), 증여의 의사표시를 한 자와 증여할 의무자가 분리되는 유증의 경우에는 더더욱 책임을 지울 수 없다. 따라서 특정유증의 목적이 되는 특정물에 물건의 하자가 있는 경우에는 증여에 준하여 아무런 담보책임을 물을 수 없다.[1] 유증 목적물의 전부 또는 일부가 타인 소유여서 이를 추탈당한 경우에도 수증자는 유증의무자를 상대로 담보책임을 물을 수 없음이 원칙이다. 이 경우에는 §1087에 따라 유증이 오히려 효력을 잃기 때문이다. 그런데 유증 목적물 자체는 유언자 사망 당시 상속재산에 속하지만 그것이 제3자의 권리의 목적이어서 완전한 소유권을 이전할 수 없는 경우에는 §1087가 적용될 여지가 없으므로, 수증자와 유증의무자 간의 관계를 조정할 필요가 있다. 따라서 본조는 특정유증 중 특정물을 목적으로 하는 유증에서 당해 유증 목적물에 권리의 하자가 있는 경우, 특히 당해 목적물이 제3자의 권리의 목적인 경우의 담보책임에 관하여 특칙을 마련하고 있다. 불특정물 유증시 담보책임에 관해서는 §1082 註釋 참조.

1) 박동섭, 766; 주석상속(2), 333.

Ⅱ. 담보책임의 내용

1. 제3자의 권리의 목적인 경우

본조는 유증의 목적인 물건이나 권리가 유언자 사망 당시에 제3자의 권리의 목적인 경우에 적용된다. 이때 '제3자의 권리'에는 용익물권, 담보물권과 같은 제한물권뿐만 아니라, 임차권 그 밖에 유증목적물에 붙어 있는 각종의 채권이 모두 포함된다.[2] 대법원도 사용차주로서의 권리에 본조를 적용하였다.[3] 단, 유증의 목적과 제3자의 권리는 양립가능한 것이어야 한다.[4] 양립불가능한 경우에는 유증이 철회된 것으로 봄이 타당하기 때문이다.

제3자의 권리가 성립한 시점은 묻지 않는다.[5] 유언 성립 전부터 존재하고 있었던 권리뿐만 아니라, 유언 성립 후에 비로소 발생한 권리라도 유증의무자는 이를 소멸시킬 의무가 없다. 유언자가 제3자의 권리의 존재를 알고 있었을 필요도 없다.[6] 제3자가 유언자 사망 후에 유증의무자와의 계약에 의해 비로소 권리를 취득한 경우라면 특정유증 채무자는 당연히 그 소멸을 청구할 수 있을 것이다.

2. 담보책임의 면제

유증의 목적인 물건이나 권리가 유언자 사망 당시에 제3자의 권리의 목적인 경우에 수증자는 유증의무자에 대하여 그 제3자의 권리를 소멸시킬 것을 청구하지 못한다. 즉, 유증의무자는 유증목적물인 특정물의 권리의 하자에 대해 수증자에게 담보책임을 부담하지 않는 것이 원칙이다.[7] 유언자가 다른 의사를 표시하지 않는 한 사망 당시 상태 그대로의 물건을 유증하고자 하는 것이 통상적인 유언자의 의사이기 때문이다. 따라서 유증의무자는 제3자의 권리가 붙어 있는 채로 유증의 목적인 물건이나 권리를 특정유증 채권자에게 이전하는 것으로 자신의 의무를 면하며, 제3자의 권리는 특별한 사정이 없는 한 유증의 목

2) 고정명 · 조은희, 376; 김용한(1962), 42; 김용한, 414; 김주수 · 김상용, 829; 박병호, 457; 오시영, 748; 이경희, 581~582; 조승현, 464; 주석상속(2), 339.

3) 대법원 2018. 7. 26. 선고 2017다289040 판결.

4) 이경희, 582.

5) 고정명 · 조은희, 376; 김주수 · 김상용, 829; 오시영, 748; 이경희, 582; 조승현, 464; 주석상속(2), 339.

6) 김주수 · 김상용, 829; 오시영, 748; 주석상속(2), 339.

7) 곽윤직, 260; 김용한(1962), 41; 김주수 · 김상용, 828~829; 소성규, 311; 오시영, 748; 이경희, 581; 이희배, 366; 주석상속(2), 333. 한봉희 · 백승흠, 631은 '유증의무자에게 담보책임이 있다'는 취지로 서술하고 있으나, 맥락상 오기인 것으로 보인다.

적물이 수증자에게 귀속된 후에도 그대로 존속한다.[8)]

3. 수증자의 소멸 청구권

유언자 사망 당시 제3자 명의의 권리가 존재하기는 하지만 유언자에게 그 권리의 말소 내지 소멸을 청구할 수 있는 권리가 귀속되어 있었던 경우(가령 피담보채무가 전액 변제된 저당권 등)에 그러한 유언자의 권리는 유증목적물의 이전과 동시에 특정유증의 수증자에게 함께 이전된다는 것이 통설이다.[9)] 유증목적물에 종된 권리이기 때문이다. 독일 민법 §2165의 태도도 이와 같다.

Ⅲ. 임의규정

본 조문은 임의규정에 불과하다. 따라서 유언자가 이와 다른 의사, 즉 유증의무자로 하여금 유증 목적물에 대한 제3자의 권리를 소멸시킨 후에 수증자에게 이를 이전하여 줄 의사를 표시한 경우에는 본 조문이 적용되지 않는다. §1086 註釋 참조.

---

8) 대법원 2018. 7. 26. 선고 2017다289040 판결.
9) 김용한(1962), 42; 김용한, 414; 김주수 · 김상용, 829; 박병호, 457; 오시영, 748; 윤진수, 543; 주석상속(2), 339~340.

第1086條(遺言者가 다른 意思表示를 한 境遇)

前3條의 境遇에 遺言者가 遺言으로 다른 意思를 表示한 때에는 그 意思에 依한다.

§§1083－1085 註釋 중 해당 부분 참조.

第1087條(相續財産에 屬하지 아니한 權利의 遺贈)

① 遺言의 目的이 된 權利가 遺言者의 死亡當時에 相續財産에 屬하지 아니한 때에는 遺言은 그 效力이 없다. 그러나 遺言者가 自己의 死亡當時에 그 目的物이 相續財産에 屬하지 아니한 境遇에도 遺言의 效力이 있게 할 意思인 때에는 遺贈義務者는 그 權利를 取得하여 受贈者에게 移轉할 義務가 있다.

② 前項 但書의 境遇에 그 權利를 取得할 수 없거나 그 取得에 過多한 費用을 要할 때에는 그 價額으로 辨償할 수 있다.

참고문헌: 정소민, "유언의 해석", 비교사법 22-1(2015).

Ⅰ. 의의

특정유증의 목적물이 유언자의 사망 당시에 상속재산 내에 존재하지 않는 경우에 타인권리증여에 따른 유증의무자의 담보책임을 정하기 위한 조문이다. 본래 유언자는 목적물을 현상 그대로 증여하려는 의사를 가지고 있을 뿐이므로, 유증의무자에게 담보책임을 인정할 여지가 없다.[1] 따라서 유상계약인 매매의 경우와 달리 유증 목적물이 상속재산 내에 존재하지 않는 경우에 수증자는 유증의무자를 상대로 아무 것도 청구할 수 없음이 원칙이다. 따라서 본조는 유언의 효력발생시를 기준으로 유증 목적물이 상속재산에 속하지 않는 경우에는 타인권리매매에 관한 §569가 적용되지 않음을 선언하되, 유언자에게 이러한 경우에도 유언의 효력이 있게 할 의사가 있었던 때에는 그 의사를 존중하고 있다.

1) 윤진수, 542; 천종숙, 426; 한봉희·백승흠, 633.

Ⅱ. 유증 목적물이 상속재산에 속하지 않는 경우

유언의 목적이 된 권리가 유언자의 사망 당시에 상속재산에 속하지 않는 경우에 그 유언은 효력이 없다(본조 ① 본문). '유언의 목적이 된 권리가 유언자의 사망 당시에 상속재산에 속하지 않는 경우'에는 크게 두 가지 유형이 있다. 첫째, 유언 성립 당시부터 당해 재산이 유언자의 소유에 속하지 않았던 경우. 둘째, 유언 성립 당시에는 유언자의 소유였지만 그 후 유언이 효력을 발생하기 전까지 사이에 유언자가 그 소유권을 잃게 된 경우. 나누어 살펴본다.

1. 유언 성립 당시부터 유언자의 소유가 아니었던 경우

유언 성립 당시부터 유증 목적물이 유언자의 소유에 속하지 않았던 경우는 다시 두 가지 유형으로 나누어 볼 수 있다. 유언자가 그러한 사정을 알고 있었던 경우와 알지 못하였던 경우가 그것이다. 어느 경우이건 일차적으로 탐구해야 하는 것은 유언자의 의사이다.[2] 유언자가 자기 사망 당시에 그 목적물이 상속재산에 속하지 아니하는 경우에도 유언의 효력이 있게 할 의사였다면, 유증은 유효하기 때문이다.

유언자에게 위와 같은 의사가 있었는지 여부는 방식을 갖춘 유언의 문언 그 자체뿐만 아니라, 유언 외에 존재하는 그 밖의 여러 사정을 종합적으로 고려하여 탐구하여야 한다.[3] 따라서 유언자가 유증의무자로 하여금 당해 재산을 취득하여 특정유증 채권자에게 인도할 것을 명시적으로 지시한 경우는 물론, 유언자가 유언 성립 당시부터 유증 목적물이 자기 소유에 속하지 않는다는 사정을 잘 알면서도 이를 유증하였고, 유언 성립 후 사망 전까지 당해 목적물을 취득하기 위해 노력하였다는 등의 사실이 밝혀진 경우에도 유언의 해명적 해석에 의해 유언자에게 유언의 효력이 있게 할 의사가 있었던 것으로 볼 수 있을 것이다.

유언자가 유증 목적물의 소유권을 취득하지는 못했지만, 그에 갈음하는 대상물을 취득한 경우(가령 공유지를 유증한 자가 공유물분할의 결과 유증의 목적이 되는 부분의 토지 소유권을 취득하지는 못하였으나 그 지분에 상응하는 금전을 취득한 경우)에는 어떠한가. 유언자의 명백한 의사표시가 없는 한 본조 본문에 따라 유언은

2) 같은 취지로 정소민(2015), 340~341.

3) 김주수·김상용, 828; 박정기·김연, 473; 신영호·김상훈, 463; 오시영, 747; 조승현, 466; 주석상속(2), 342.

효력을 잃는다는 견해[4]가 있다.

반면 유언자가 유증 목적물이 자기 소유에 속하는 것으로 오인한 결과 이를 유증하는 내용의 유언을 한 경우라면 원칙으로 돌아가 당해 유언의 효력을 부정하는 것이 타당하다. 물론 유언자의 현실적 의사가 밝혀진 경우에는 그에 따라야 한다.

2. 유언 성립 후에 유언자의 소유가 아니게 된 경우

유언 성립 당시에는 유언자의 소유였지만 그 후 유언이 효력을 발생하기 전까지 사이에 유언자가 그 소유권을 잃게 된 경우에도 본조가 적용되는가. 적용될 여지가 없다는 견해[5]가 있다. 유언과 모순되는 생전행위에 의해 유언이 철회된 것으로 보아야 한다는 것이다. §1109 註釋 참조. 하지만 경매 등과 같이 유언자의 의사에 기하지 않은 소유권 상실의 경우에는 철회 규정을 적용할 여지가 없으므로, 본조의 적용은 여전히 유용하다.

물론 유언 성립 후 유증목적물을 상실한 경우에 유언자는 스스로 유증을 철회하는 것이 통상이겠으나, 철회의 의사표시를 하지 않았더라도 사정변경을 이유로 보충적 해석에 의해 당해 유언을 실효시키는 것 역시 가능할 것이다. 본조는 이와 같이 보충적 해석이 작동해야 하는 사안에서 §1083와 함께 해석지침으로서의 역할을 담당한다. 즉, 유언 성립 후의 사정변경으로 인해 유언자 사망 당시에 상속재산에 유증목적물이 속하지 않게 된 때라도 유증자가 당해 유증목적물의 멸실, 훼손 또는 점유의 침해로 인해 제3자에게 손해배상을 청구할 권리가 취득한 때에는 그 권리를 유증의 목적물로 보고, 유증의 효력을 인정한다. §1083 註釋 참조. 하지만 불가항력으로 인한 멸실 등으로 인해 §1083에 따른 물상대위물이 존재하지 않는 경우에는 본조에 따라 유증은 효력을 잃는다. 물론 이와 다른 유언자의 현실적 의사가 밝혀진 경우에는 그에 따라야 할 것이다.

Ⅲ. 효과

1. 유증이 무효로 된 경우

유증목적물이 유언자 사망 당시에 상속재산에 속하지 않는다는 이유로 유

4) 김주수 · 김상용, 828; 주석상속(2), 342.
5) 이경희, 585; 조승현, 466.

언이 효력을 잃게 된 경우에 유증의무자는 이를 수증자에게 이전할 필요가 없다. §1090는 적용될 여지가 없다.

2. 유증이 유효로 된 경우

유언자의 의사확정 결과 유증 목적물이 상속재산에 속하지 않지만 여전히 유증이 유효한 것으로 밝혀진 경우에 유증의무자는 그 권리를 취득하여 수증자에게 이전할 의무가 있다(본조 ① 단서). 하지만 유증의무자가 권리를 취득할 수 없거나 그 취득에 과다한 비용을 요할 때에는 그 가액으로 변상할 수 있다(본조 ②).

이때 가액은 수증자가 변상청구를 할 당시의 시가로 보아야 한다는 것이 다수설이다.[6] 특정유증의 성질상 그와 같이 해석하는 것이 타당하다는 것이다. 이에 대해 소수설은 상속은 사망으로 개시되므로, 상속개시시를 기준으로 가액을 산정해야 한다고 주장한다.[7]

유증의무자가 선의로 유증목적물을 처분한 경우에까지 본조 ②을 유추적용해야 한다는 견해로 제7장 제3절 前註 참조.

Ⅳ. 적용범위

1. 특정유증

본조가 특정유증에 대해서만 적용될 수 있음은 명백하다. 포괄유증은 피상속인의 권리의무의 포괄적 승계를 목적으로 하고 있으므로, 성질상 그 목적물이 상속재산에 속하지 않는 경우를 상정할 수 없기 때문이다. 또한 본조가 특정물을 특정유증의 목적물로 삼는 경우에 적용될 수 있음도 분명하다. 문제는 불특정물 또는 금전을 특정유증한 경우이다.

2. 유증목적물이 불특정물인 경우

유언자가 불특정물을 수증자에게 유증하였는데, 유언자 사망 당시 상속재산 내에 해당 불특정물이 존재하지 않는 경우에도 본조가 적용되는가. 긍정설과 부정설이 대립한다. 긍정설[8]은, 이러한 경우에 본조가 적용되지 않으면 다

---

6) 김주수·김상용, 828; 소성규, 310; 오시영, 748; 이경희, 585; 조승현, 466; 주석상속(2), 342; 천종숙, 425; 한봉희·백승흠, 631.

7) 박동섭, 764.

른 상속인을 해할 우려가 있다는 점을 근거로 들고 있다. 상속인으로서는 상속재산 내에 존재하지도 않는 불특정물을 취득하여 수증자에게 이전할 의무를 지게 되기 때문이다. 반면 부정설[9]은, 불특정물의 경우에는 그것이 상속재산 내에 존재할 때에만 이를 유증하겠다는 것이 유언자의 의사인 것으로 추정하기 어렵다는 점을 근거로 들고 있다. 불특정물은 상속재산 내에 존재하는지 여부를 불문하고 언제나 그 유증이 유효한 것으로 보아야 한다는 것이다. 단, 상속재산 내에 존재하는 불특정물 중 일부를 유증한다는 취지의 유언이 있었다면 본조가 적용될 수 있다고 한다. 미국 역시 특정재산 유증(specific devises)의 경우에 한하여 유언자의 처분행위에 의해 유증 목적물이 더 이상 상속재산에 존재하지 않게 된 경우에는 유언이 철회된 것으로 해석하고 있다.[10]

3. 유증목적물이 금전인 경우

유증목적물이 금전인 경우에는 유언자 사망 당시 해당 금액이 상속재산 중에 존재하지 않더라도 그 유증이 효력을 잃지 않는다. 유증의무자는 다른 상속재산을 처분하거나 융통하여 의무를 이행할 수 있기 때문이다. 다른 상속재산이 전혀 없는 경우에는 어떠한가. 이 경우에도 금전의 유증은 유효하다는데 異說이 없는 것으로 보인다. 불특정물에 대해 본조의 적용을 긍정하는 견해도 금전에 대해서는 그 유언의 효력을 인정하고 있다.[11] 해당 금액을 유증하려는 것이 유언자의 의사였다고 볼 수 있기 때문일 것이다. 유증의무자로서는 부당한 결과를 막기 위해 상속을 포기하거나 한정승인하면 될 것이다.

---

8) 송덕수, 429.
9) 박동섭, 764; 윤진수, 543; 이경희, 585. 정소민(2015), 333~334도 같은 취지인 것으로 보인다.
10) 정소민(2015), 334~338 참조.
11) 송덕수, 425.

第1088條(負擔있는 遺贈과 受贈者의 責任)

① 負擔있는 遺贈을 받은 者는 遺贈의 目的의 價額을 超過하지 아니한 限度에서 負擔한 義務를 履行할 責任이 있다.

② 遺贈의 目的의 價額이 限定承認 또는 財産分離로 因하여 減少된 때에는 受贈者는 그 減少된 限度에서 負擔할 義務를 免한다.

참고문헌: 권재문, "부동산의 후계유증에 대한 재평가", 저스티스 146-1(2015); 김용한, "유증의 효력", 법조 11-12(1962); 김재호, "포괄적 유증", 재판자료 제78집(1998); 김형석, "유언의 성립과 효력에 관한 몇 가지 문제", 民判 38(2016); 윤철홍, "부담부증여에 관한 소고", 민사법학 42(2008); 윤황지, "유언과 재산상속에 관한 연구", 사회과학논총 6(1998); 이병화, "유언에 관한 법적 고찰 및 여대생들의 의식조사", 인문과학연구 9(2003); 전계원, "유증으로 인한 소유권이전등기절차", 법조 35-9(1986); 최수정, "상속수단으로서의 신탁", 민사법학 34(2006).

Ⅰ. 의의

부담부 유증에 관해 정하는 조문이다. 부담부 유증, 즉 부담 있는 유증이란 유언자가 유언으로 수증자에게 유언자 자신, 그의 상속인 기타 제3자를 위해 일정한 의무를 이행할 것을 부담으로 부과한 유증을 말한다. 부담은 포괄유증과 특정유증 모두에 붙일 수 있다.[1)]

하지만 실제 사례에서 그것이 부담부 유증인지 여부를 판단하는 것은 쉬운 일이 아니다. 가령 변호사에게 특정한 재산을 유증하면서 자기 사후에 자신의 혼인외 자를 위해 재판상 인지절차를 소송대리해 줄 것을 부탁한 경우에 이

1) 곽윤직, 250; 권순한, 482; 김용한, 415; 김재호(1998), 388; 김주수·김상용, 835; 박동섭, 767; 박병호, 458; 배경숙·최금숙, 648; 송덕수, 432; 신영호·김상훈, 464; 윤황지(1998), 95; 이경희, 589; 이병화(2003), 183; 이희배, 367; 전계원(1986), 102; 조승현, 469; 주석상속(2), 343; 천종숙, 428; 한봉희·백승흠, 633.

는 조건부 유증인가 부담부 유증인가. 수증자의 행위를 내용으로 하지 않는 부관이라면 당연히 조건에 해당하겠지만, 수증자의 행위를 내용으로 하는 부관이라면 유언자의 의사해석을 통해 조건인지 부담인지를 판단하여야 한다. 유언자의 의사가 명백하지 않는 경우에는 부담으로 추정하는 수밖에 없다.[2)]

부담부 유증과 신탁 간의 경계도 명확하지 않다. 제3자에게 특정한 재산의 소유권을 귀속시키는 취지의 유언을 하면서 그로 하여금 타인에게 매달 일정한 금액을 지급할 것을 명한 경우에 그것이 부담부 유증인가 또는 유언신탁인가는 결국 유언서의 문언과 그 밖의 모든 사정을 종합적으로 고려하여 탐구된 유언자의 의사에 따라 결정하는 수밖에 없다.[3)]

Ⅱ. 부담의 내용

1. 불이익의 부과

부담의 내용에는 아무런 제한이 없다. 수증자에게 일정한 내용의 불이익이 수반되는 것이라면 무엇이든 부담이 될 수 있다. 부담과 유증목적물 사이에 내용적 견련성이 있어야 하는 것도 아니다.[4)] 수증자에게 가해지는 불이익이 금전적 가치를 가질 필요도 없다. 유증을 하면서 수증자에게 유언자의 미성년 자녀가 성년에 달할 때까지 보살펴 줄 것을 부탁하거나 유언자 사후에 제사를 지내줄 것을 부탁하는 것과 같이 다양한 형태의 부담을 지울 수 있다. 부작위의무를 부담으로 붙일 수도 있다. 가령 특정유증의 수증자에게 어느 상속인 또는 어느 포괄적 수증자를 상대로 본래의 유증의무 부담비율에 따른 이행청구를 해서는 안 된다는 취지의 부담을 부과하는 경우가 이에 해당한다.[5)]

그러나 도덕적 유훈에 불과한 것은 부담이라고 할 수 없다. 유증 목적물에 대한 사용방법의 지정도 부담에 해당하지 않는다.[6)] 포괄유증은 채무의 승계를 수반하는 것이 원칙이므로(§1078 註釋 참조), 유언자가 수증자에게 상속채무 중

2) 김재호(1998), 388; 박동섭, 767; 이경희, 589.

3) 최수정(2006), 574~575.

4) 김주수·김상용, 835; 박동섭, 767; 송덕수, 432; 신영호·김상훈, 464; 오시영, 756; 이경희, 589; 조승현, 469; 주석상속(2), 343; 천종숙, 428.

5) 김재호(1998), 358.

6) 김주수·김상용, 836; 오시영, 756; 주석상속(2), 344. 이에 반해 윤철홍(2008), 501은 대학교 부지 구입을 목적으로 증여한 금전을 교수 연구비로 지출한 경우와 같이 사용방법이나 목적이 수증자의 부담급부 중 핵심적인 것이 되고 그것의 불이행이 있을 경우 재산의 감소가 불가피한 경우에는 부담으로 간주해야 한다는 견해이다.

일부를 부담할 것을 명한다고 하여 당연히 부담부 유증이 되는 것은 아니다. 하지만 상속채무와 별도로 새로운 의무를 부담시키는 내용의 유언을 하였다면 부담이 될 수도 있을 것이다.[7)]

2. 부담부 유증의 수익자

수증자의 부담을 통해 이익을 얻는 자, 즉 수익자가 유언자 자신 또는 그의 상속인이어야 하는 것은 아니다. 제3자의 이익을 위해 부담부 유증을 하는 것도 허용된다. 수익자가 반드시 특정될 필요도 없다. 따라서 불특정 다수를 위한 부담을 붙이는 것도 가능하다.[8)]

부담부 유증의 수익자로 제2수증자를 지정하는 것은 가능한가. 이른바 '부담부 순차적 유증' 내지 '부담부 후계유증'[9)]을 허용할 수 있는지 여부에 관한 문제이다. '부담부 순차적 유증'이란 유언자가 제1수증자에게 유증목적물을 유증하면서 제1수증자가 사망하는 경우에는 당해 유증목적물을 제2수증자에게 이전할 것을 제1수증자에게 부담으로 과하는 종류의 유언을 말한다.

이에 대해서는 소유권 중 일부 권능을 제한하는 것에 불과하며, 제1수증자는 이를 처분하지 않을 채무를 부담하는 것일 뿐이고 처분권능을 절대적으로 박탈당하는 것도 아니므로 이러한 형태의 부담을 붙이는 것은 가능하다는 견해[10)]가 있다. 다만, 이와 같은 부담부 후계유증의 효력을 인정하더라도 수익자인 제2수증자의 제1수증자에 대한 이행청구권을 인정할 수 없으므로 별다른 실익은 없을 것이라고 한다.[11)] 수익자의 이행청구권에 대해서는 III. 2. 나. 참조.

반면 부담부 순차적 유증의 내용을 제2수증자에 대한 유증으로 파악하면서 제2수증자에게 제1수증자가 생존한 동안 제1수증자로 하여금 목적물을 사용·수익하도록 용인할 부담을 지운 것으로 해석하는 것을 전제로 부담부 순차적 유증의 효력을 인정하는 견해[12)]도 있다. 다만, 이러한 형태의 부담부 순차

7) 김주수·김상용, 835~836; 김재호(1998), 388; 오시영, 756; 주석상속(2), 343.

8) 김용한, 415; 김재호(1998), 389; 박동섭, 768; 박병호, 458; 송덕수, 432; 신영호·김상훈, 464; 이경희, 589; 천종숙, 428.

9) 권재문(2015), 350.

10) 권재문(2015), 350~356. 김용한, 415도 같은 취지인 것으로 보인다.

11) 권재문(2015), 354. 권재문(2015), 355~356은 부담부 후계유증을 수익자인 제2수증자에게 채권을 유증한 것으로 해석하는 방법을 통해 실익의 문제를 해결하고자 시도하고 있다. 이와 같은 이론구성에 대한 반박으로 김형석(2016), 1110~1111 참조.

12) 최수정(2006), 589.

적 유증이라도 지나치게 장기간에 걸쳐 유증목적물의 수익자가 연속되어 당사자들의 권리를 확정하기 어렵거나 법률관계를 불필요하게 복잡하게 만들 염려가 있는 때에는 유증이 무효라고 본다.

그 밖에 순차적 유증의 효력에 대해서는 §1073 註釋 참조.

3. 불능이거나 공서양속에 위반되는 부담인 경우

불능이거나 양속위반 또는 강행법규위반에 해당하는 내용의 부담을 지우는 것은 허용되지 않는다.[13] 가령 대(代)를 이을 것을 명하거나 특정인과 혼인할 의무를 지우는 내용의 부담이 이에 해당한다. 이러한 내용의 부담은 당연히 무효이다.

부담이 무효인 경우에 부담부 유증 전부가 무효로 되는가. 일부무효의 법리에 따르면 본래 전부 무효로 되는 것이 원칙이고, 부담이 없었더라도 유증을 했을 것이라고 인정되는 때에만 유증이 여전히 유효하다고 해석하여야 할 것이다(§137). 하지만 현재의 통설[14]은 부담이 없었다면 유증도 하지 않았을 것임이 인정되는 경우에만 유증 전부가 무효로 된다는 입장이다. 이러한 특별한 사정이 없는 경우라면 부담 없는 단순유증으로서의 효력을 인정해야 할 것이다. 독일 민법 §2195의 태도도 이와 같다. 호의적 해석의 원칙이 적용되는 한 예이다. 호의적 해석에 대해서는 제7장 前註 참조.

Ⅲ. 부담부 유증의 효력

1. 유증의 효력발생시기

부담부 유증은 부담의 이행 여부에 따라 유증의 효력발생이 좌우되지 않는다는 점에서 조건이나 기한과는 그 성격을 달리한다. 즉, 부담부 유증은 유언자가 사망함과 동시에 그 효력이 발생함이 원칙이며, 수증자가 부담을 이행하지 않는다고 하여 그것이 발효되지 않거나 실효되는 것은 아니다. 조건부 유증과의 가장 큰 차이점이다. 하지만 실제로 조건과 부담 간의 경계가 명확한 것이 아님은 I.에서 서술한 바와 같다.

13) 김용한, 415; 김재호(1998), 390; 박동섭, 768; 배경숙·최금숙, 648; 윤진수, 546.

14) 고정명·조은희, 378~379; 곽윤직, 261; 김성숙, 사회변동과 한국 가족법, 546; 김용한(1962), 35; 김용한, 415; 김재호(1998), 390; 김주수·김상용, 836; 박병호, 458; 박동섭, 768; 소성규, 313; 송덕수, 433; 신영호·김상훈, 464; 오시영, 759; 윤진수, 546; 이경희, 591; 조승현, 470; 주석상속(2), 344; 한복룡, 337.

또한 부담부 유증에 관해서는 쌍무계약에 관한 규정이 준용되지 않는다.[15] 부담부 증여(§561)와 달리 유증은 계약이 아니기 때문이다. 따라서 수증자는 부담을 이행하거나 그 이행을 제공할 필요 없이 바로 유증의무자에게 유증의 이행을 청구할 수 있다.

2. 부담의 이행책임

가. 부담의 이행의무자

부담부 유증을 승인한 이상 수증자는 그 부담한 의무를 이행할 책임이 있다(본조 ①). §1076에 따라 수증자의 상속인이 부담부 유증을 승인한 경우에는 수증자의 상속인이 상속분의 범위 내에서 이행 책임을 진다.[16] 물론 부담의 내용이 일신전속적인 경우에는 상속인이 이를 승계하는 것이 불가능하므로, 부담이 이행불능으로 소멸되었다고 보아 유언의 취소를 허용해야 할 것이다.[17]

유증을 포기한 수증자는 부담을 이행할 의무도 면한다.[18] 그 부담의무가 유증목적물을 취득한 상속인에게로 이전되는 것은 아니다. 다만, 이때 수익자가 수증자에 갈음하여 유증받을 수 있다는 견해[19]가 있다. 유언자가 이러한 경우에 대비하여 수익자를 보충수증자로 지정해 놓은 경우에는 당연히 수익자가 수증자에 갈음하여 유증을 받게 될 것이다.[20]

나. 부담의 이행청구권자

수증자에게 부담의 이행을 청구할 수 있는 사람은 다음과 같다.

(1) 유언자의 상속인

유언자의 상속인은 부담부 유증을 받은 수증자에게 부담의 이행을 청구할 수 있다. 부담의 이행에 가장 직접적인 이익을 가지고 있는 유언자의 권리와 의무를 포괄승계한 자라는 점, §1111가 부담의무 불이행시 상속인에게 최고권 및 취소청구권을 주고 있다는 점 등이 근거로 제시된다.[21] 상속인이 여러 명인 경우에는 각자 이행청구를 할 수 있으며, 공동으로 할 필요는 없다.[22]

15) 김재호(1998), 389; 이경희, 590; 조승현, 469.
16) 고정명 · 조은희, 379; 곽윤직, 261; 김재호(1998), 390~391; 김주수 · 김상용, 836; 박동섭, 768; 박병호, 458; 박정기 · 김연, 475; 백성기, 394; 소성규, 313; 송덕수, 433; 신영호 · 김상훈, 464; 윤진수, 546; 이경희, 591; 조승현, 470; 주석상속(2), 344; 한복룡, 337; 한봉희 · 백승흠, 634.
17) 김재호(1998), 391.
18) 곽윤직, 263; 김재호(1998), 394; 한봉희 · 백승흠, 635.
19) 천종숙, 428~429.
20) 김재호(1998), 394.
21) 곽윤직, 261; 김주수 · 김상용, 837; 주석상속(2), 345.
22) 곽윤직, 261; 김재호(1998), 391; 박동섭, 768~769; 이경희, 591.

(2) 유언집행자

유언집행자는 수증자에게 부담의 이행을 청구할 수 있다. §1111가 부담의무 불이행시 유언집행자에게 최고권 및 취소청구권을 주고 있기 때문이다.

(3) 부담의 이행청구권자로 지정된 자

유언자가 유언에서 특히 부담의 이행을 청구할 자를 지정하였다면 그도 부담의 이행을 청구할 수 있다.[23] 그는 부담의 이행과 관련하여 유언집행자의 지위를 갖는다.

(4) 수익자

부담의 내용이 제3자에게 이익이 되는 경우에 그 이익을 받을 제3자(이하 '수익자'라고 한다.)는 직접 수증자를 상대로 부담의 이행을 청구할 수 있는가.

수익자가 얻는 이익은 반사적 이익에 불과하다는 점을 들어 부정하는 견해[24]가 있다. 부담부 유증에 따라 수익자가 수증자에 대한 채권을 취득한다면 그것 자체가 수익자에 대한 유증이 되어 논리적 모순이 생긴다는 점, §1111 역시 수익자를 부담부 유증의 취소권자로 열거하고 있지 않다는 점, 입법자는 유언의 취소만으로 부담의무 불이행에 대한 제재가 충분하다고 보았으며 수익자에 의한 이행청구까지 예정하지 않았다는 점, 이행청구권까지 부여하고자 하였다면 유언자가 굳이 부담부 유증를 하지 않았을 것이라는 점 등도 근거로 제시된다.

하지만 다수설은 긍정설을 취한다.[25] 수증자가 수익자에게 직접 부담을 이행하기를 원하는 것이 유언자의 의사라는 점, 부정설을 취할 경우에 상속인이 굳이 수익자를 위해 이행청구를 해 줄 실익이 없어 수익자 보호에 미흡하다는 점, 제3자를 위한 계약이나 상대부담있는 증여와 동일하게 처리해야 한다는 점, 유언의 취소청구권자와 이행청구권자가 반드시 일치할 필요는 없다는 점 등을 근거로 들고 있다.

절충설로서 원칙적으로는 수익자의 이행청구권을 부정하면서도 부담 자체를 제2의 유증으로 볼 수 있는 경우에는 수익자가 직접 부담의 이행을 청구할

23) 고정명 · 조은희, 379; 김성숙, 사회변동과 한국 가족법, 547; 김주수 · 김상용, 837; 박정기 · 김연, 475; 배경숙 · 최금숙, 649; 백성기, 394; 신영호 · 김상훈, 464; 오시영, 757; 이경희, 591; 이희배, 368; 조승현, 470; 주석상속(2), 345; 한복룡, 337.

24) 김용한, 415; 박병호, 458; 정광현, 요론, 445; 천종숙, 428; 최수정(2006), 589~590.

25) 고정명 · 조은희, 379; 곽윤직, 262; 김성숙, 사회변동과 한국 가족법, 548; 김재호(1998), 391~392; 김주수 · 김상용, 837; 박동섭, 769; 박정기 · 김연, 475; 배경숙 · 최금숙, 649; 송덕수, 433; 오시영, 757~758; 윤진수, 546; 이경희, 592; 이희배, 368; 주석상속(2), 345; 한복룡, 337; 한봉희 · 백승흠, 634.

수 있다고 보는 견해가 있다.[26] 가령 유언자가 수증자에게 유증목적물 중 일부를 떼어 수익자에게 증여할 것을 명한 경우가 그러하다.

Ⅳ. 부담이행책임의 감축

1. 감축사유

가. 부담의 가액이 유증목적물의 가액을 초과하는 경우

부담부 유증을 받은 자는 유증의 목적의 가액을 초과하지 않는 한도 내에서만 부담한 의무를 이행할 책임이 있다(본조 ①). 수증자가 부담이라는 불이익을 감수하는 것은 이를 통해 유증이라는 이익을 받을 수 있기 때문인데, 수증자가 부담하는 의무가 유증 목적물의 가액을 초과하는 경우에는 이미 유증의 무상성이 소멸하였다고 볼 수 있을 뿐만 아니라, 누구라도 받을 이익보다 무거운 부담을 과할 수 없다는 것이 근대법의 원칙이기 때문이다.

나. 유증목적물의 가액이 한정승인 또는 재산분리로 인해 감소된 경우

유증 목적물의 가액이 한정승인 또는 재산분리로 인해 감소되었다면, 수증자는 그 감소된 한도에서 부담의무를 면한다(본조 ②). 한정승인이나 재산분리가 있는 경우에 수증자는 상속채권자로 인해 유증 목적물 전부를 변제받지 못할 수도 있는데(§1036 註釋 참조), 수증자가 유증 목적물 전부를 받을 수 없음에도 불구하고 부담을 전부 이행하도록 하는 것은 불공평하기 때문이다. 따라서 그의 부담의무는 유증액이 감소된 한도로 감축된다.

다. 유증목적물의 가액이 유류분반환청구로 인해 감소된 경우

유증 목적물의 가액이 유류분반환청구로 인해 감소된 경우에도 본조는 유추적용된다.[27] 유류분반환청구 부분이 조문에 명시되지 않은 이유는 본조가 포함된 민법이 제정될 당시에는 유류분제도가 존재하지 않았기 때문이므로, 입법의 변화를 조문해석에 반영할 필요가 있다. 독일 민법 §2188나 일본 민법 §1003의 태도도 이와 같다.

라. 기타

그 밖에 수증자가 목적물을 추탈당하였거나 목적물에 하자가 있음에도 불구하고 유증의무자가 담보책임을 지지 않는 경우에도 본조를 유추적용해야 한

---

26) 박병호, 458.
27) 김주수 · 김상용, 838; 김재호(1998), 393; 박동섭, 770; 소성규, 313; 오시영, 759; 윤진수, 547; 이경희, 593; 이희배, 368; 주석상속(2), 346; 한봉희 · 백승흠, 635.

다는 견해[28)]가 있다.

2. 판단기준

부담의 가액이 유증 목적물의 가액을 초과하는지 여부는 부담을 이행하는 때의 시가를 기준으로 정한다.[29)] 수증자의 불이익을 막기 위함이다. 포괄유증인 경우에는 수증자가 승계하는 적극재산으로부터 그가 승계하는 소극재산을 공제한 순재산의 액수를 유증목적물의 가액으로 보아야 한다.[30)]

3. 감축의 효과

부담의 가액이 유증목적물의 가액을 초과하는 경우에 수증자는 초과하는 한도에서 부담을 이행할 의무가 없다. 가액을 초과하는 부분의 부담은 무효이기 때문에, 이미 이행한 부분에 대해서는 그 반환을 청구할 수 있다.[31)] 다만, 그 이행이 도의관념에 적합한 것인 때에는 그러하지 아니하다(§744).

유증목적물의 가액과 부담의 가액이 동일한 때에는 어떠한가. 유증은 여전히 유효하므로, 수증자는 부담을 이행해야 한다는 견해[32)]가 유력하다. 수증자의 입장에서는 부담의 이행을 통해 금전 이외의 이익을 향유할 실익이 있을 수도 있다는 것이다. 부담의 이행을 원하지 않는 경우라면 유증을 포기하면 될 것이다.

Ⅴ. 부담의 불이행에 따른 책임

부담부 유증을 받은 수증자가 부담의무를 이행하지 않는 경우에 상속인 또는 유언집행자는 일정한 절차를 거쳐 그 유언을 취소할 수 있다. 자세한 내용은 §1111 註釋 참조.

---

28) 김재호(1998), 393~394.

29) 곽윤직, 262; 김재호(1998), 392~393; 김주수·김상용, 837; 박동섭, 769~770; 오시영, 758; 윤진수, 547; 주석상속(2), 346.

30) 곽윤직, 262; 김재호(1998), 393; 박동섭, 770; 오시영, 758; 윤진수, 547.

31) 김주수·김상용, 837; 박동섭, 769; 오시영, 758; 이경희, 592; 주석상속(2), 346; 한봉희·백승흠, 634.

32) 김용한, 415~416; 김주수·김상용, 837; 박병호, 458~459; 오시영, 758; 정광현, 요론, 445; 주석상속(2), 346.

第1089條(遺贈效力發生前의 受贈者의 死亡)

① 遺贈은 遺言者의 死亡前에 受贈者가 死亡한 때에는 그 效力이 생기지 아니한다.

② 停止條件있는 遺贈은 受贈者가 그 條件成就前에 死亡한 때에는 그 效力이 생기지 아니한다.

참고문헌: 김재호, "포괄적 유증", 재판자료 제78집(1998); 김형석, "유언의 성립과 효력에 관한 몇 가지 문제", 民判 38(2016); 정소민, "유언의 해석", 비교사법 22-1(2015).

Ⅰ. 본조의 의의

유증에 관하여 동시존재의 원칙을 선언한 조문이다. 유언자 사망 당시 생존해 있지 않은 자는 수유능력이 없어 유증을 받을 수 없다. §1064 註釋 참조. 따라서 본조는 유언자가 사망하기 전에 수증자가 사망한 때에는 유증의 효력이 생기지 않음을 규정하고 있다(본조 ①). 본조는 포괄유증과 특정유증에 모두 적용된다.

Ⅱ. 판단시점

1. 원칙

본조가 적용되기 위해서는 수증자가 유언자 사망 전에 사망하여야 한다. 이때 '유언자가 사망하기 전'이란 수증자가 유언자보다 먼저 사망한 경우뿐만 아니라, 유언자와 동시에 사망한 경우도 포함하는 개념이다.[1]

1) 권순한, 472; 김재호(1998), 375; 주석상속(2), 347.

2. 조건부 유증의 경우

상속과 달리 유증에 대해서는 조건을 붙일 수 있는바, 특히 유증에 정지조건이 붙어 있는 경우에 동시존재 여부를 판단하는 시점은 상속개시시점이 아니라 유증이 효력을 발생하는 시점, 즉 정지조건이 성취되는 시점이다. 따라서 정지조건이 있는 유증에서 수증자가 그 조건성취 전에 사망한 경우에 그 유증은 무효이다(본조 ②).

유증에 해제조건이 붙어 있는 경우에는 어떠한가. 해제조건이 성취되기 전에 수증자가 사망한 경우라도 유증은 유효하다고 해석하는 수밖에 없다.[2] 유언자 사망과 동시에 유증이 이미 효력을 발생하였기 때문이다. 본조 ②의 반대해석에 비추어 보더라도 당연한 해석이다.

3. 기한부 유증의 경우

기한에 대해서는 별도의 조문이 없으나, 시기가 붙어 있는 경우에도 기한이 도래한 시점을 기준으로 수증자가 생존해 있는지 여부에 따라 유증의 효력을 결정하여야 할 것이다.[3] 이에 대해서는 시기부 유증에서 기한 도래 전에 수증자가 사망하더라도 유증은 무효가 되지 않으며, 수증자의 상속인이 유증을 받을 수 있다는 異見[4]이 있다.

4. 적용범위

유언자 사망 전에 수증자가 그 유증을 받게 된 기초사정이 탈루된 경우에도 본조를 확대적용할 수 있는가. 긍정하는 견해[5]가 있다. 가령 유언자가 자신의 배우자에게 유증을 하였으나 상속개시 전에 그와 이혼하였다면, 유증은 유언자가 다른 의사를 표시하지 않는 한 실효된다고 보아야 한다는 것이다. 유언의 철회 법리를 이용해 동일한 사안을 해결하는 견해에 대해서는 §1109 註釋 참조. 하지만 이에 대해서는 가족관계의 변화에 따른 유증의 효력 판단과 이미 무효인 유증을 전제로 그 효과를 정하고 있을 뿐인 본조의 이익상황은 전혀 다르다는 점을 전제로 위와 같은 사안에서는 본조를 적용할 수 없고, 동기의 착

2) 곽윤직, 251~252; 주석상속(2), 348.
3) 한봉희·백승흠, 620.
4) 박병호, 460; 주석상속(2), 348.
5) 정소민(2015), 342~344.

오를 이유로 하는 유언의 취소를 생각해볼 수 있을 뿐이라는 비판[6]이 있다.

Ⅲ. 효과: 대습유증의 불개시

유언자보다 먼저 사망한 수증자 또는 유증의 조건이나 기한 도래 전에 사망한 수증자는 유증을 받지 못한다. 피상속인보다 먼저 사망한 상속인이 상속을 받지 못하는 것과 같다. 다만, 상속의 경우에는 이미 사망한 자가 피상속인의 직계비속이나 형제자매인 경우에 그의 배우자와 직계비속이 대습상속을 받을 수 있는 반면(§§1001, 1003 註釋 참조), 유증에 관해서는 그와 같은 내용의 대습유증을 인정하는 내용의 특별조문이 없고, 오히려 수증자의 사망으로 유증이 바로 효력을 잃게 됨을 명시적으로 선언하고 있다. 따라서 수증자가 유언자보다 먼저 사망하더라도 대습유증은 개시되지 않는다. 이때 수증자에게 귀속되어야 했던 유증목적물은 §1090에 따라 상속인에게 귀속된다. §1090 註釋 참조.

Ⅳ. 임의규정: 보충유증

본조는 임의규정이다. 따라서 유언자에게 본조와 다른 의사가 있는 때에는 그 의사가 우선한다(§1090). 즉, 유언자는 유언자 사망 전에 수증자가 사망하여 유증이 효력을 발생하지 않게 되는 경우라도 유증목적물이 수증자의 배우자나 직계비속 등에게 귀속될 수 있다는 취지의 유언을 할 수 있으며, 이 경우에 본조의 적용은 배제된다. 이와 같이 유언자의 명시적 의사표시에 따라 사실상 대습유증이 개시되는 경우를 일컬어 '보충유증(substitution vulgaire)'이라고 한다. 보충유증은 선수증자가 유언자보다 먼저 사망하는 것을 정지조건으로 하는 조건부 유증으로서의 성격을 갖는다.[7] 조건부 유증에 대해서는 §1073 註釋 참조.

6) 김형석(2016), 1098~1101.
7) 박병호, 455.

第1090條(遺贈의 無效, 失效의 境遇와 目的財産의 歸屬)

遺贈이 그 效力이 생기지 아니하거나 受贈者가 이를 拋棄한 때에는 遺贈의 目的인 財産은 相續人에게 歸屬한다. 그러나 遺言者가 遺言으로 다른 意思를 表示한 때에는 그 意思에 依한다.

Ⅰ. 의의

유증의 효력이 생기지 아니하거나 수증자가 이를 포기한 경우에 유증목적물의 소유권귀속관계를 정하기 위한 조문이다. 포괄유증과 특정유증에 모두 적용된다.[1)]

Ⅱ. 요건

본조에 따른 효과가 발생하기 위해서는 유증이 그 효력이 생기지 아니하거나 수증자가 이를 포기하여야 한다.

1. 유증의 효력이 생기지 않은 경우

이 중 "유증이 그 효력이 생기지 아니하"는 경우에는 유증이 무효인 경우와 취소된 경우가 모두 포함된다. 유증의 무효 · 취소사유에 대해서는 §1073 註釋 참조. 유언자에게 유언능력이 없는 경우나 수증자가 유증결격자인 경우와 같이 유언 성립 당시부터 유증이 무효인 경우뿐만 아니라, 유언 효력발생 전에 수증자가 사망한 경우와 같이 후발적으로 유증이 무효로 된 경우도 모두 포함된다. 다만, 유증 목적물이 유언 효력발생 당시 상속재산 중에 존재하지 않는 경우는 유증목적물의 귀속 문제가 발생하지 않으므로 본조의 적용대상이 되지 않는다. §1087 註釋 참조.

---

1) 김용한, 412; 주석상속(2), 349.

2. 유증을 포기한 경우

특정유증의 수증자가 §1074에 따라 유증을 포기한 때에는 당연히 본조가 적용된다. 포괄적 수증자가 유증을 포기한 때에는 어떠한가. 포괄적 유증에 관하여는 상속인에 관한 규정이 적용됨이 원칙이지만, 포괄적 수증자가 포괄적 유증을 포기한 경우에 그의 수증분의 귀속에 대해서는 §1043가 아니라 본조가 우선적용되어야 할 것이다.

Ⅲ. 효과

유증의 효력이 생기지 아니하거나 수증자가 유증을 포기한 경우에 유증목적물은 유언자의 상속인에게 귀속한다(본조 본문). 상속인이 여러 명인 경우에는 각자의 상속분의 비율로 귀속된다. 이때 "상속인"에 포괄적 수증자도 포함되는지 여부에 대해서는 §1078 註釋 참조. 유증목적물이 귀속될 상속인이 없는 경우에는 상속인 부존재 절차를 밟아야 한다. §§1053−1059 註釋 참조.

Ⅳ. 임의규정

본조는 임의규정이다. 따라서 유언자가 유언으로 다른 의사를 표시한 때에는 그것이 우선적으로 적용된다. 가령 유증이 효력을 잃은 경우에 유증목적물은 상속인이 아닌 제3자에게 귀속되는 것으로 한다는 취지의 유언을 한 경우 등이 그러하다. 이 중 특히 수증자의 상속인에게 귀속된다는 취지의 유언을 하는 경우, 즉 보충유증에 대해서는 §1089 註釋 참조. 유증이 실효할 경우에 대비하여 제2의 수증자를 예비적으로 지정하는 것도 가능하다. 이때 제2수증자에 대한 유증은 일종의 정지조건부 유증의 성격을 갖는다.[2)]

---

2) 주석상속(2), 350.

[後註]

참고문헌: 고상현, "사인증여에 관한 논고", 민사법학 48(2010); 구연창, "사인증여", 고시계 390(1989); 권순한, "사인증여와 유증의 관계", 연세법학연구 4(1997); 권철, "프랑스 민법상 신탁적 무상양여(증여·유증)에 관한 소고", 민사법학 59(2012); 김병두, "개정신탁법상의 유언대용신탁에 관한 소고", 민사법학 64(2013); 김상훈, "증여계약서와 사실실험공증에 의한 유언제도의 형해화", 가족법연구 27－2(2013); 김상훈, "유언대용신탁을 활용한 가업승계", 기업법연구 29－4(2015); 김영희, "자필증서유언에 있어서 날인의 의미와 방식흠결로 무효인 유언의 사인증여로의 전환", 중앙법학 9－4(2007c); 김종해·김병일, "상속세 및 증여세법상 유언대용신탁에 대한 과세방안", 조세법연구 XIX－1(2013); 김재승, "신탁과 관련된 상속세·증여세문제와 Estate Planning 도구로서 신탁의 이용가능성", 조세법연구 17－3(2011); 양형우, "사인증여에 의한 등기", 홍익법학 13－1(2012); 오병철, "상속결격의 몇 가지 문제", 가족법연구 24－3(2010); 윤철홍, "사인증여에 관한 소고", 김병대 화갑기념(1998); 이근영, "수익자연속신탁에 관한 고찰", 재산법연구 27－3(2011); 이진기, "유증제도의 새로운 이해－포괄유증과 특정유증의 효력에 관한 의문을 계기로－", 가족법연구 30－1(2016); 이희영, "포괄적 사인증여에 포괄유증의 효력에 관한 민법 제1078조가 적용되는지 여부", 대법원판례해설 25(1996); 임채웅, "유언신탁 및 유언대용신탁의 연구", 신탁법연구 2(2011); 최금숙, "사인증여에 관한 고찰", 법학논집 9－1(2004); 최두진, "무효인 유언공정증서의 사인증여로의 전환", 인권과 정의 364(2006); 최병조, "사인증여의 개념과 법적 성질", 民判 29(2007); 최수정, "상속수단으로서의 신탁", 민사법학 34(2006); 최수정, "개정신탁법상의 재산승계제도 －유언대용신탁과 수익자연속신탁을 중심으로－", 법학논총 31－2(2011); 최현태, "복지형신탁 도입을 통한 민사신탁의 활성화 －수익자연속신탁을 중심으로－", 재산법연구 27－1(2010).

유증과 사실상 동일한 목적을 가지고 동일한 기능을 수행하지만 법적으로 구별되는 제도들이 있다. 사인증여, 유언에 의한 재단법인 설립, 유언대용신탁 등이 그것이다. 위 각 제도와 유증 관련 조문과의 관계에 대해 살펴본다.

1. 사인증여

사인증여란 증여자 생전에 수증자와의 사이에 증여계약이 체결되었으나 증여자가 사망한 때에 비로소 효력이 발생하는 증여를 말한다.[1] 청약의 의사

1) 사인증여 제도의 역사와 다양한 입법례에 대해서는 윤철홍(1998), 214~218 참조.

표시를 발신한 후 그것이 상대방에게 도달하기 전에 청약자가 사망한 경우라도 청약의 의사표시는 여전히 유효하므로(§111 ②), 증여자가 생전에 사인증여의 청약을 한 후 사망한 경우에 그의 사후에 청약의 의사표시를 수령한 수증자가 승낙의 의사표시를 하면 사인증여계약은 유효하게 체결될 수 있다.[2)]

사인증여에 관하여는 유증에 관한 규정이 준용된다(§562). 사인행위라는 점, 본질이 무상증여라는 점에서 유증과 공통점이 있을 뿐만 아니라, 양자를 달리 취급할 경우에 사인증여를 통해 유증에 관한 각종의 제한을 잠탈할 우려가 있기 때문이다.[3)] 하지만 사인증여는 단독행위인 유증과 달리 계약이므로, 성질상 유증에 관한 규정을 그대로 준용할 수 없는 경우도 있다. 조문 순서대로 살펴본다.

가. 유언의 방식

유언의 요식성에 관한 §§1060-1065 내지 §1072은 사인증여에 적용되지 않는다는 것이 종래의 통설[4)]과 판례[5)]의 태도였다. "유증의 방식에 관한 제1065조 내지 제1072조는 그것이 단독행위임을 전제로 하는 것이어서 계약인 사인증여에는 적용되지 아니한다."는 것이다. 위 견해는 사인증여에는 유증의 효력에 관한 규정이 준용될 뿐이며, 유언의 성립이나 방식에 관한 규정까지 준용할 것을 요구하는 것은 아니라고 한다.

하지만 최근에는 유언의 방식에 관한 조문이 사인증여에 준용되어야 한다는 소수설이 대두되고 있다. 방식의 필요성을 사후의 분쟁 방지에서 찾는 이상 사인증여의 경우에도 유증과 같이 방식을 갖추어야 한다는 것이다.[6)] 피상속인과 수증자 사이에 신뢰관계가 존재하고, 피상속인이 사망에 임박해 있음이 객관적으로 분명한 상태에서 어떠한 중립적인 조언도 받지 못한 채 피상속인의 재산 전부 또는 이에 준하는 중요 재산을 다른 추정상속인들 모르게 특정의 추정상속인(들)에게만 증여하는 등 불공정하고 부자연스러운 처분행위를 한 경우에는 아무리 사인증여라도 유언의 방식을 따라야 한다는 견해도 있다.[7)] 유언자의 진의 확보를 위해 엄격한 방식을 요구하는 현행법의 태도를 사인증여라는 편법을 통해 회피할 우려가 있음을 근거로 제시한다.

---

2) 양형우(2012), 402~403.

3) 윤진수, 531.

4) 고상현(2010), 377~380; 김용한, 403; 김주수·김상용, 819; 박동섭, 744; 박병호, 445; 박정기·김연, 469; 신영호·김상훈, 456; 오시영, 737; 윤진수, 531; 이경희, 567; 이진기(2016), 221; 정광현, 요론, 432; 조승현, 457; 최병조(2007), 847~851; 한복룡, 332; 한봉희·백승흠, 616.

5) 대법원 1996. 4. 12. 선고 94다37714 등 판결; 대법원 2001. 9. 14. 선고 2000다66430 등 판결.

6) 권순한(1997), 250~256.

7) 김상훈(2013), 123~135.

해석론으로서는 부정설을 지지하지만, 입법론으로서 증여자의 의사를 확보하고 위조·변조를 방지하기 위해 계약서나 공정증서에 의해 사인증여계약을 체결하도록 할 필요가 있다는 견해[8]도 있다.

나. 유언능력

유언능력에 관한 §§1061－1063가 사인증여에 적용되는지 여부에 대해서는 논란이 있다. 다수설은 유언능력에 관한 규정은 단독행위이자 일신전속적 행위라는 유언의 성질에 기초한 것이므로 사인증여에 적용되지 않는다고 한다.[9] 이러한 견해에 따르면 만17세 이상의 미성년자라도 법정대리인의 동의를 받아야만 사인증여계약을 체결할 수 있다. 반면 소수설은 유언능력에 관한 규정이 사인증여에도 적용될 수 있다고 한다.[10] 사인증여라도 청약의 의사표시는 유언의 방식을 갖추어야 한다는 전제 하에 주장되는 견해이다. 물론 앞의 견해에 따르더라도 수증자 측이 미성년자인 때에는 법정대리인의 동의가 필요하지 않을 것이다.[11] 권리만을 얻는 행위에 해당하기 때문이다(民 §5).

다. 수유능력

(1) 태아의 수유능력

§1064에 의해 준용되는 §1000 ③은 사인증여에도 준용되는가. 긍정설[12]과 부정설[13]이 대립한다. 부정설은 태아인 상태에서는 법정대리인이 없어 사인증여 계약을 대리할 수 없기 때문에 준용이 불가능하다고 한다. 판례도 부정설을 취한다.[14] 이에 대해 긍정설은 사적 자치의 원칙이나 태아의 보호를 위해 준용이 필요하다는 입장이다.

(2) 상속결격자의 수유능력

§1064에 의해 준용되는 §1004는 사인증여에도 그대로 준용된다는 것이 통설이다.[15] 다만, 상속인이 아닌 자가 사인증여를 받은 후 §1004 i 및 ii에 해당하는 행위를 한 경우에는 §556 ① i에 따라 사인증여 계약을 해제할 수 있

8) 양형우(2012), 406; 최병조(2007), 869~870.

9) 김용한, 403; 김주수·김상용, 819; 주해[XIV], 66(고영한); 고상현(2010), 377; 곽윤직, 248; 구연창(1989), 118; 김영희(2007c), 91; 박동섭, 744; 박정기·김연, 469; 신영호·김상훈, 456; 오시영, 737; 윤진수, 531; 윤철홍(1998), 222; 이경희, 567; 정광현, 요론, 432; 조승현, 457; 최두진(2006), 92; 한복룡, 332; 한봉희·백승흠, 616.

10) 권순한(1997), 256.

11) 구연창(1989), 119; 최두진(2006), 92.

12) 구연창(1989), 119.

13) 권순한(1997), 257~258; 정광현, 요론, 432; 최두진(2006), 92; 한복룡, 332.

14) 대법원 1982. 2. 9. 선고 81다534 판결.

15) 구연창(1989), 119; 김용한, 403; 정광현, 요론, 432; 최두진(2006), 92.

을 뿐이며, 사인증여 후 §1004에 해당하는 사유가 발생한 경우에도 사인증여는 여전히 유효하다는 견해[16]도 있다.

라. 유언의 효력발생시기

유언의 효력발생시기에 관한 §1073는 사인증여에 준용된다(통설).[17]

마. 유증의 승인과 포기

유증의 승인과 포기에 관한 §§1074-1077는 사인증여에 준용될 여지가 없다.[18] 사인증여는 계약이기 때문이다.

바. 포괄유증

사인증여에 의해 포괄적 유증과 같은 물권적 효력을 발생시킬 수 있는가. 즉, 포괄적 사인증여는 허용되는가. 유언자의 재산처분의 자유를 넓게 허용해야 한다는 이유로 긍정하는 견해[19]나 유언의 방식 규정이 준용되는 것을 전제로 포괄적 사인증여가 가능하다고 보는 견해[20], 포괄적 사인증여의 물권적 효과를 부정하는 것을 전제로 포괄적 사인증여가 가능하다고 보는 견해[21]도 있으나, 판례의 태도는 사인증여에 포괄적 유증에 관한 §1078를 준용하는 데 부정적이며[22], 이를 지지하는 것이 다수의 견해[23]이다. 포괄적 사인증여를 허용한다면 포괄적 유증에 엄격한 방식을 요구하는 조문들이 무의미하게 되고, 그 결과 포괄적 사인증여인 것처럼 증거를 조작하여 진정한 상속인과 제3자의 권리를 해할 가능성이 있다는 것이다. 증여계약의 본질상 증여를 통해 수증자에게 소극재산을 포괄적으로 승계시키는 것은 허용될 수 없다는 이유로 판례를 지지하는 견해[24]도 있다. 이에 따르면 사인증여는 이른바 '특정적 사인증여'만

---

16) 오병철(2010), 210~211.

17) 김주수 · 김상용, 819; 주해[XIV], 67(고영한); 구연창(1989), 120; 김영희(2007c), 95; 박정기 · 김연, 469; 윤진수, 532; 최두진(2006), 93; 한봉희 · 백승흠, 616.

18) 고상현(2010), 377; 곽윤직, 248; 구연창(1989), 120~121; 김영희(2007c), 96~97; 김용한, 403; 김주수 · 김상용, 819; 박동섭, 744; 박병호, 445; 박정기 · 김연, 469; 신영호 · 김상훈, 456; 오시영, 737; 윤진수, 532; 윤철홍(1998), 222; 이경희, 567; 정광현, 요론, 432; 조승현, 457; 주해[XIV], 67(고영한); 최두진(2006), 93; 한복룡, 333; 한봉희 · 백승흠, 616.

19) 고상현(2010), 383~384; 정광현, 요론, 432; 최금숙(2004), 87; 최병조(2007), 855~860.

20) 권순한(1997), 254, 262~263. 단, 이 견해는 수증자가 채무 초과 등의 사정을 알지 못한 경우에는 착오에 의한 취소나 사정변경을 이유로 하는 해제를 허용할 것을 함께 주장하고 있다. 권순한(1997), 259 참조.

21) 양형우(2012), 408~409.

22) 대법원 1996. 4. 12. 선고 94다37714 등 판결. 위 판결에 긍정적인 견해로 이희영(1996), 195~202. 위 문헌은 채무의 승계가 문제되지 않는 한, 당해 증여계약을 포괄적 사인증여가 아니라 특정승계로서의 사인증여로 전환하여 그 효력을 인정할 수 있다는 견해인 것으로 보인다.

23) 고정명 · 조은희, 372; 신영호 · 김상훈, 456; 이진기(2016), 221~222; 주해[XIV], 67(고영한).

24) 구연창(1989), 119~120.

가능하다.

사. 특정유증의 효력

유증의무자와 수증자 간의 관계에 관한 §§1079−1082[25]), 유증의 목적물에 관한 §§1083−1087[26]), 부담부 유증에 관한 §1088와 §1111[27]), 유증의 무효·실효의 효과에 관한 §1090은 사인증여에 준용된다.[28]) 따라서 불특정물을 사인증여한 자의 상속인은 §559가 아닌 §1082에 따른 담보책임을 부담한다.[29])

다만, 유증의 효력에 관한 각종의 조문 중 §1089가 사인증여에 준용될 수 있는지 여부에 대해서는 견해의 대립이 있다. 긍정설은, 수증자가 유언자보다 먼저 사망한 경우에 수증자의 상속인에게까지 증여할 의사가 유언자에 있었다고는 볼 수 없다는 이유로 이 경우 사인증여는 §1089에 따라 효력을 잃는다고 주장한다.[30]) 반면 부정설은 사인증여의 계약적 성질에 비추어 수증자가 증여자보다 먼저 사망한 경우라도 사인증여의 효력을 인정할 필요가 있다고 주장한다. 즉 사인증여에 관하여는 민법 §1089 ①이 준용되지 않는다는 것이다.[31]) 어느 견해를 취하더라도 증여자와 수증자 사이에 수증자가 증여자보다 먼저 사망한 경우에는 수증자의 상속인이 증여를 받는다는 취지의 유언이 있었다면 그 합의는 유효할 것이다.[32])

아. 유언증서의 검인과 개봉

유언증서의 검인 및 개봉에 관한 §§1091−1092가 사인증여에 준용되지 않는다는 점에 대해서는 대체적으로 견해가 일치한다.[33]) 위 각 조문은 유증이 상대방 없는 단독행위 내지 요식행위임을 전제로 하는 것인데, 사인증여는 낙성·

---

25) 구연창(1989), 122; 권순한(1997), 261; 김영희(2007c), 96; 김주수·김상용, 815; 박정기·김연, 469; 양형우(2012); 401 각주 4); 윤진수, 532; 윤철홍(1998), 225; 주해[XIV], 67(고영한); 최두진(2006), 93; 한봉희·백승흠, 616.

26) 구연창(1989), 122~123; 권순한(1997), 261; 김영희(2007c), 96; 김주수·김상용, 819; 박정기·김연, 469; 윤철홍(1998), 225~226; 한봉희·백승흠, 616. 정광현, 요론, 432는 제1087조의 준용을 긍정한다.

27) 구연창(1989), 123; 권순한(1997), 261; 김영희(2007c), 96; 김주수·김상용, 819; 박정기·김연, 469; 윤철홍(1998), 226; 주해[XIV], 68(고영한); 한봉희·백승흠, 616.

28) 구연창(1989), 119; 김주수·김상용, 819; 박정기·김연, 469; 윤진수, 532; 주해[XIV], 68(고영한); 최두진(2006), 92~93; 한봉희·백승흠, 616.

29) 김영희(2007c), 96.

30) 구연창(1989), 119; 김주수·김상용, 819; 박정기·김연, 469; 정광현, 요론, 432; 주해[XIV], 68(고영한); 최두진(2006), 92~93; 최병조(2007), 821~827; 한봉희·백승흠, 616.

31) 권순한(1997), 258.

32) 최병조(2007), 827~831.

33) 구연창(1989), 124; 김영희(2007c), 98; 김용한, 403; 윤철홍(1998), 227; 정광현, 요론, 432~433; 주해[XIV], 68(고영한); 최두진(2006), 94; 한복룡, 333.

불요식의 계약이라는 점에서 유증과 차이가 있다는 것이다.[34]

자. 유언집행

증여자 사망 후 사인증여 채무의 집행에 관하여는 유언집행에 관한 §§1093−1107가 적용되는가. 긍정하는 견해[35]가 다수설이나, 수증자가 증여의 내용을 이미 알고 있다는 점, 유언집행자의 선임은 엄격한 방식을 요하는 유언에 의한다는 점 등에 비추어 부정하는 견해[36]가 유력하다.

차. 유언의 철회

유언의 철회에 관한 §§1108−1110은 사인증여에 적용되는가.[37] 긍정설[38]과 부정설[39]이 대립한다. 부정하는 견해가 다수이다. 긍정설은 증여자의 최종의사를 존중할 필요가 있을 뿐만 아니라 연혁적으로도 사인증여의 철회가 인정되어 왔다는 점을, 부정설은 사인증여의 계약으로서의 구속력을 근거로 제시한다. 부정설에 따르면 §§555−557에 따른 해제가 가능할 뿐이다.[40] 개별 사안마다 신의칙에 따라 판단해야 한다는 견해[41]나, 적용을 긍정하면서도 당사자들이 철회권 포기의 특약을 하는 것은 가능하다는 견해, 즉 §1108 ② 외의 조문은 사인증여에 준용할 수 있다는 견해[42], 적용을 긍정하면서도 철회의 방식에 관한 §1108 ①은 사인증여에 적용될 여지가 없다는 견해[43] 등도 있다.

사인증여 후 이에 저촉되는 유증이 있었던 경우에 법정철회에 관한 규정이 준용되어 사인증여가 효력을 잃는지도 문제이다. 긍정설[44]과 부정설[45]이

34) 주해[XIV], 66(고영한); 구연창(1989). 이에 반해 김영희(2007c), 99~100은 어느 범위에서 유증의 규정을 준용할 것인가는 증여자의 의사해석에 의해 개별적으로 판단해야 한다고 주장하면서, 특히 유증이 방식의 흠결로 인해 사인증여로 전환되어 그 효력을 인정받는 경우에는, 유언방식과 승인포기·유언집행을 제외하고는, 사인증여를 유증과 전적으로 동일시해야 한다고 주장한다.

35) 구연창(1989), 124; 김용한, 403; 양형우(2012), 411; 윤철홍(1998), 227; 주해[XIV], 68~69(고영한); 최두진(2006), 94.

36) 김영희(2007c), 98.

37) 이 문제에 관한 각국의 입법례를 소개하고 있는 문헌으로 최병조(2007), 831~835.

38) 고상현(2010), 380~382; 곽윤직, 248; 김용한, 403; 박동섭, 737; 정광현, 요론, 432. 단, 고상현(2010), 382는 수증자의 기대 내지 신뢰를 보호하기 위해 철회권을 일부 제한할 필요가 있다고 주장한다.

39) 구연창(1989), 121; 권순한(1997), 260; 김주수·김상용, 819; 김영희(2007c), 94~95; 박정기·김연, 469; 신영호·김상훈, 456; 양형우(2012), 416; 오시영, 737; 윤철홍(1998), 224; 이진기(2016), 221; 최금숙(2004), 89; 한봉희·백승흠, 616.

40) 구연창(1989), 121; 김영희(2007c), 95; 윤철홍(1998), 224; 최금숙(2004), 89.

41) 이경희, 556.

42) 주해[XIV], 69(고영한); 최병조(2007), 838~843, 864~865.

43) 이경희, 567. 박동섭, 737도 같은 입장인 것으로 보인다.

44) 곽윤직, 248; 박동섭, 697; 최병조(2007), 866~867; 한봉희·백승흠, 616.

45) 구연창(1989), 124; 권순한(1997), 260~261; 김영희(2007c), 95; 윤철홍(1998), 227.

대립하나, 계약의 구속력에 비추어 볼 때 부정설이 타당할 것이다.

타. 유류분

사인증여는 유류분에 있어서 유증과 동일하게 취급되는가. 유류분산정시 산입될 재산과 관련하여서도, 유류분 반환의 순서에 있어서도 유증과 같이 보는 것이 판례의 태도이다. 자세한 내용은 §1114 및 §1116 註釋 참조.

카. 부담부 사인증여

사인증여에 부담을 붙이는 것도 가능하다. 이때에도 유증에 관한 규정이 준용되므로, 수증자가 부담의무를 이행하지 않는 경우에 §1018에 따라 사인증여의 취소를 구해야 한다는 견해[46]가 있다.

2. 유언에 의한 재단법인 설립

유언에 의해 재단법인을 설립하면서 유언자 소유의 재산을 출연하는 경우에 장래 설립될 재단법인에 상속재산 중 일부를 무상으로 증여하는 것과 같은 효과가 발생한다. 이러한 의미에서 유언에 의한 재단법인 설립은 유증과 매우 유사한 성격을 가지며, 民法 §47 ②도 유언에 의한 재단법인 설립에 유증에 관한 규정을 준용하고 있다. 다만, 그 범위에 관하여는 약간의 논란이 있다.

먼저 유언에 의한 재단법인 설립 시 유언의 방식에 관한 §1060 및 §§1065－1072, 유언의 집행에 관한 §§1093－1107 등은 당연히 적용된다.[47] 유언에 의한 재단법인 설립은 사인증여와 달리 상대방 없는 단독행위이자 요식행위에 해당하기 때문이다.

반면 유증의 승인이나 포기에 관한 §§1074－1077은 원칙적으로 적용될 여지가 없다. 유언에 의한 재단법인 설립의 경우에는 유증과 달리 유언이 효력을 발생하는 시점에 수증자가 존재하지 않으며, 오히려 재산의 출연에 의해 비로소 수증자의 권리능력이 성립하는 특성을 가지고 있기 때문이다. 단, 법인이 주무관청의 허가를 받을 수 없다거나 그 밖의 사정으로 인해 재단법인 설립이 불가능해진 경우라면 유증포기에 관한 규정을 준용할 수 있다는 견해[48]가 있다.

3. 유언대용신탁

유언대용신탁이란 위탁자가 사망한 때에 비로소 수익자가 될 자로 지정된

---

46) 정광현, 요론, 432.
47) 김용한, 404; 김주수 · 김상용, 819; 오시영, 737; 정광현, 요론, 436.
48) 김용한, 404; 김주수 · 김상용, 819; 오시영, 737~738; 정광현, 요론, 436.

자가 수익권을 취득하는 내용의 신탁 또는 위탁자 사망 이후에 수익자가 신탁재산에 기한 급부를 받는 신탁을 말한다(신탁법 §59 ①).[49] 유언대용신탁은 사실상 유증과 유사한 기능을 담당하지만, 신탁법에 따라 설정되는 별개의 제도인 만큼 유언에 관한 조문이나 법리가 모두 적용되는 것은 아니다. 또한 유언대용신탁은 수익자를 위한 재산을 자신의 사후에야 비로소 위탁하는 것이 아니라 생전에 미리 위탁해 놓는다는 점 및 계약에 의해 성립한다는 점에서 유언신탁과 차이가 있으며, 유증보다는 사인증여에 가까운 성격을 갖는다. 주로 논의가 되는 쟁점은 다음과 같다.

가. 유언의 방식

유언대용신탁에는 유언의 방식에 관한 §1060 및 §§1065−1072가 적용될 여지가 없다. 유언대용신탁은 신탁계약 또는 공정증서에 의한 신탁선언만으로 성립한다(신탁법 §3 ① i 및 iii, ②). 유언대용신탁은 유언신탁과 달리 생전행위이기 때문이다.[50]

나. 수유능력과 수익자의 자격

§1064는 유증을 받을 수 있는 자격에 대해 규정하고 있다. 하지만 유언대용신탁의 경우에는 수익자의 자격에 대해 아무런 제한이 없다.[51] 따라서 유언대용신탁 당시 아직 출생하지 않은 자나 법인을 수익자로 지정하는 것도 가능하다. 다만, 수익자연속신탁에 있어서만큼은, 유증과 달리, 수익자의 자격이 자연인으로 한정된다. 신탁법 §60가 수익자의 '사망' 만을 전제로 하고 있기 때문이다. 이에 대해서는 법인에 대해서도 수익자연속신탁이 가능하도록 해야 한다는 입법론적 비판[52]이 있다. 수익자연속신탁에 관해서는 아래 사. 참조.

다. 포괄유증

유언대용신탁의 경우에도 §1078와 같이 수탁자에게 적극재산과 소극재산 중 전부 또는 일부를 포괄적으로 이전시키는 것이 가능한가. 수탁자의 지위를 고려할 때 이러한 내용의 유언대용신탁은 무효로 봄이 마땅하나, 현재로서는 적극재산에 대해서만 신탁이 설정된 것으로 보아 그 효력을 인정하고, 소극재산에 관해서는 별도의 채무인수절차를 거치도록 하면 된다는 견해[53]만 보일

49) 유언대용신탁이라는 용어가 부적절하다는 견해로 최수정(2011), 69~70; 적절하다는 견해로 임채웅(2011), 65~66 참조.
50) 이중기, 신탁법, 51; 임채웅(2011), 72~75.
51) 김병두(2013), 18; 임채웅(2011), 72~73; 최수정(2006), 580~581.
52) 이근영(2011), 150.
53) 최수정(2006), 576~577.

뿐이다.

라. 유언의 개봉 및 검인

유언대용신탁에는 유언의 개봉 및 검인절차에 관한 §§1091−1092가 적용되지 않으므로, 조건 성취와 동시에 바로 재산분배가 가능하다.[54] 이 점이 바로 영미법에서 철회가능신탁(우리 신탁법상 유언대용신탁에 준하는 제도이다.)이 활발하게 이용되는 이유이나, 우리법상 검인절차는 영미법과 달리 매우 간이하므로 유언대용신탁의 활성화에 큰 유인이 되지는 않는다.[55]

마. 유언의 철회

유언대용신탁에는 유언의 철회에 관한 §§1108−1110가 적용될 여지가 없다. 이는 계약의 일종이므로 위탁자가 함부로 이를 철회하거나 변경할 수 없기 때문이다.[56] 철회에 갈음하여 위탁자에게 해지권을 수여하는 것을 조건으로 유언대용신탁을 하는 것은 허용될 수 있는가. 긍정하는 견해[57]와 부정하는 견해[58]가 대립한다. 하급심 판결 중에는 수익자 전원의 동의를 받아 해지권을 행사할 수 있도록 한 유언대용신탁 약정의 효력을 인정한 사안이 있을 뿐이다.[59] 그렇다고 하여 위탁자가 사인증여와 마찬가지로 유언대용신탁의 내용에 완전히 구속되는 것은 아니다. 신탁법 §59 ①은, 신탁행위로 달리 정하지 않은 한, 위탁자에게 언제든지 수익자를 변경할 권리를 수여하고 있기 때문이다.[60]

바. 유류분

유류분에 관한 §§1112−1118가 유언대용신탁에 관해서도 적용되는지 여부에 대해서는 긍정설[61]과 부정설[62]이 대립한다. 긍정설이 다수설이지만, 유류분반환청구의 상대방은 유언대용신탁의 수탁자인가 또는 수익자인가, 유류분반환청구권의 행사에 의해 유언대용신탁은 당연히 효력을 잃는가(형성권설과 청구권설의 대립), 유류분반환의 액수를 어떻게 산정할 것인가 등에 대해서는 여러

54) 김종해 · 김병일(2013), 294.
55) 임채웅(2011), 57~58.
56) 김병두(2013), 10, 각주 26.
57) 김재승(2011), 59~61.
58) 김종해 · 김병일(2013), 291~292; 최수정(2011), 71.
59) 新聞 2016. 1. 28.자 기사 참조.
60) 최수정(2011), 68~69.
61) 김종해 · 김병일(2013), 303; 김재승(2011), 64; 이근영(2011), 146; 임채웅(2011), 78; 최수정(2006), 595~596; 최수정(2011), 78; 최현태(2010), 19.
62) 김상훈(2015), 17~20. 동 견해는 유언대용신탁이 중소기업의 가업 승계 수단으로 사용되는 경우에 한하여 유류분의 적용을 받지 않음을 명문으로 규정해야 한다는 입법론도 함께 주장하고 있다.

가지 논란이 있다. 자세히는 §1115 註釋 참조.

사. 순차적 유증과 수익자연속신탁

(1) 수익자연속신탁의 의의

유증에 관하여는 이른바 '순차적 유증'이 허용될 수 있는지 여부를 둘러싸고 논란이 있다. §1073 註釋 참조. 하지만 유언대용신탁의 경우에는 수익자연속신탁을 통해 최초의 수익자가 사망한 후에 그에 갈음하여 수익자가 될 자를 미리 정해 놓을 수 있음을 명문으로 명확히 하였다(신탁법 §60). 이와 같이 제1수익자가 사망하는 경우 위탁자가 미리 지정해 놓은 제2수익자, 제3수익자 등이 순차적으로 새롭게 수익권을 취득하는 방식의 유언대용신탁을 수익자연속신탁이라고 한다.

(2) 허용 여부

수익자연속신탁에 관해서는, 순차적 유증은 제1수증자의 기한부 소유권을 전제로 하기 때문에 법리적으로 이를 인정할 수 없지만 수익자연속신탁에서 수익자가 취득하는 것은 소유권이 아니라 수익권에 불과하기 때문에 우리 민법상 순차적 유증이 허용되지 않더라도 유언대용신탁은 허용될 여지가 있다는 점, 지정수익자들의 생활보장 등을 위해 그 제도를 인정할 실익이 있다는 점 등을 이유로 찬성하는 견해[63]와 민법의 질서와 정면으로 충돌될 수 있는 잠재성을 가지고 있음을 이유로 비판하는 견해[64]가 대립한다. 수익자연속신탁의 사유를 제1수익자의 사망으로 한정한 신탁법의 태도에 대해서도 비판적인 견해[65]가 있다.

(3) 존속기간

현행 신탁법은 수익자연속신탁에 존속기간의 제한을 두지 않는 방안을 택하였다.[66] 영미 신탁법이 영구불확정금지의 원칙을 택한 것이나, 일본 신탁법 §91가 수익자연속신탁의 존속기간을 30년으로 한정한 것과 차이가 있다. 신탁의 존속기간을 일률적으로 정하는 것은 신탁제도의 다양하고 유연한 활용이라는 점에서 적절하지 않으며, 구체적이고 합리적인 존속기간의 기준을 제시하는 것도 용이하지 않다는 점을 고려한 것이다.[67]

---

63) 김종해 · 김병일(2013), 285; 이근영(2011), 137~138; 최수정(2006), 592; 최수정(2011), 73~74; 최현태(2010), 16~17.

64) 권철(2012), 426.

65) 김재승(2011), 51.

66) 이에 찬성하는 견해로 김재승(2011), 50; 이근영(2011), 143~144.

67) 최수정(2011), 77. 임채웅(2011), 82도 같은 취지인 것으로 보인다.

다만, 존속기간이 지나치게 긴 경우에는 재화의 효율적인 배분의 필요성과 위탁자의 재산처분의 자유로 인한 후속세대의 자유 제한이라는 점을 고려하여 양속위반을 이유로 수익자연속신탁을 전부 또는 일부 무효로 할 수 있을 것이다.[68] 수익자연속신탁의 상태가 지나치게 장기간 동안 지속될 경우 법률관계에 혼란이 발생할 우려가 있으며, 사회 전체적으로 경제적 효용을 저하시킬 우려가 있다는 이유로 존속기간을 제한해야 한다는 입법론적 비판[69]도 있다.

(4) 제2수익자가 존재하지 않는 경우

수익자연속신탁을 하였으나, 제1수익자가 사망할 당시 제2수익자가 존재하지 않는 경우에 수익권은 누구에게 귀속되는가. 일차적으로는 위탁자가 결정해 놓을 문제이나, 위탁자가 이를 미리 정하지 않은 경우에는 신탁재산은 위탁자의 상속인에게 귀속되는 수밖에 없을 것이다. 그런데 장기간에 걸친 수익자연속신탁의 경우에는 이미 위탁자가 사망하고 수차례 상속이 이루어졌을 수도 있으므로, 수탁자가 귀속권리자인 상속인을 확인하기 어렵다는 난점이 있다.[70]

68) 최수정(2006), 587~588; 최수정(2011), 77~78.
69) 임채웅(2011), 82; 최수정(2011), 78; 최현태(2010), 18~19 등.
70) 최수정(2011), 74~75.

第 4 節　遺言의 執行

第1091條(遺言證書, 錄音의 檢認)

① 遺言의 證書나 錄音을 保管한 者 또는 이를 發見한 者는 遺言者의 死亡後 遲滯없이 法院에 提出하여 그 檢認을 請求하여야 한다.

② 前項의 規定은 公正證書나 口授證書에 依한 遺言에 適用하지 아니한다.

참고문헌: 김영희, "현행민법상 유언의 방식에 관한 연구", 가족법연구 20－2(2006); 김영희, "방식위배와 구수증서유언의 검인제도", 강원법학 24(2007a); 조인섭, "유언의 방식에 관한 연구", 이화여대 박사학위논문(2016a).

Ⅰ. 검인의 의의

유언의 증서나 녹음을 보관한 자 또는 이를 발견한 자는 유언자 사망 후 지체 없이 법원으로부터 검인을 받아야 한다. 본조에 따른 유언검인은 유언방식에 관한 사실을 조사함으로써 유언서 자체의 상태를 확정하여 검인 이후 위조·변조를 방지하며, 그 보존을 확실히 하기 위한 절차[1)]이다. 이 때문에 유언검인은 일종의 검증절차 내지 증거보전절차로서의 성격을 갖는다.[2)] 따라서 검인기일은 통상 개봉기일과 같은 날짜로 정해진다.[3)]

본조에 따른 유언검인절차는 유언의 존재 자체를 확인하는 유언집행 전의

1) 대법원 1980. 11. 19.자 80스23 결정; 대법원 1998. 5. 29. 선고 97다38503 판결; 대법원 1998. 6. 12. 선고 97다38510 판결.

2) 김영희(2006), 153; 김영희(2007a), 134~135; 김용한, 418; 김주수·김상용, 840; 박동섭, 707, 775; 배경숙·최금숙, 654; 이경희, 543; 이병화(2003), 184; 제요[2], 415; 주석상속(2), 352.

3) 박동섭, 가사소송(하), 259.

준비절차(즉, 유언집행요건)에 불과하며, 유언 성립요건으로서의 구수증서유언 검인과는 차이가 있다.[4] 따라서 이를 구수증서유언의 검인과 구별하여 "유언서의 검인"이라고 부르기도 한다.[5] 구수증서유언의 검인에 관해서는 §1070 註釋 참조.

Ⅱ. 검인청구의 주체

검인청구의 주체는 '유언의 증서나 녹음을 보관한 자' 또는 상속개시 후 '유언의 증서나 녹음을 발견한 자'이다. 이때 '보관한 자'에는 유언자의 부탁을 받아 유언증서 등을 보관하고 있는 자뿐만 아니라, 사실상 보관하고 있는 자도 포함된다.[6] 반면 유언의 증인이나 수증자에 불과한 자, 유언집행자와 같은 이해관계인과 상속채권자는 검인청구를 할 수 없다.[7] 구수증서에 의한 유언검인의 청구권자와는 차이가 있다. §1070 註釋 참조.

검인청구의 주체는 청구권자인 동시에 청구의무자로서 일단 검인청구를 하고 난 후에는 함부로 이를 취하할 수 없다.[8]

검인청구권자가 유언서의 제출이나 검인을 받지 않고 있는 경우에 이해관계인은 그를 상대로 유언서의 제출이나 검인절차의 이행을 청구할 수 있는가. 사법상의 의무이므로 가능하다는 견해[9]가 있다.

Ⅲ. 검인청구의 객체

'유언의 증서나 녹음'이란 자필증서유언, 녹음에 의한 유언 및 비밀증서에 의한 유언만을 의미한다. 공정증서유언이나 구수증서유언은 검인을 요하지 않는다(본조 ②). 공정증서유언은 공증사무소에 보관되어 유언증서의 보존이 이미 확보되어 있기 때문이고, 구수증서유언은 급박한 사유가 종료한 날부터 7일 내에 별도로 검인절차를 거치도록 되어 있기 때문이다.

단, 공정증서유언 부분은 이해관계인에게 유언의 존재를 확인시킬 필요가

4) 김영희(2006), 154; 박동섭, 707; 오시영, 711; 조인섭(2016a), 267.
5) 박병호, 가족법논집, 1996. 473.
6) 곽윤직, 267; 박동섭, 775; 오시영, 761; 한봉희 · 백승흠,637~638.
7) 박동섭, 가사소송(하), 259.
8) 김영희(2007a), 133, 135; 제요[2], 422.
9) 박동섭, 776; 오시영, 762.

있다는 이유로[10], 구수증서유언 부분은 구수증서유언에 대한 검인절차를 확인절차로 변경하고, 유언자 사망 후 다시 진정한 의미의 검인을 거치도록 할 필요가 있다는 이유로[11] 본조 제2항에서 각 삭제해야 한다는 입법론이 있다. 구수증서유언의 검인에 관해 자세한 내용은 §1070 註釋 참조.

Ⅳ. 검인청구의 시기

검인청구는 유언자 사망 후 지체 없이 이루어져야 한다. 이때 "지체 없이"란 유언 증서 또는 녹음을 발견한 후 곧바로 하는 것을 의미하지만,[12] 지체 없이 하지 않았다는 이유로 검인청구가 부적법해지는 것은 아니다.[13] 다만, 유언증서나 녹음을 보관한자 또는 발견한 자가 검인청구를 게을리 하는 경우에는 상속결격이나 수증결격의 제재를 받을 수 있다. §§1004, 1064 註釋 참조. 유언서의 제출지연이나 은닉으로 손해가 발생한 경우에는 손해배상책임도 물을 수 있을 것이다.[14]

Ⅴ. 검인사건의 진행

1. 관할법원

검인청구사건은 상속개시지의 가정법원에서 관할한다(家訴 §2 ① ii 가. 41) 및 §44 vii). 구수증서유언의 검인사건이 상속개시지 또는 유언자 주소지의 가정법원인 것과 차이가 있다.

2. 유언증서 등의 제출

본조에 따른 검인을 청구하는 자는 유언의 증서 또는 녹음대를 관할법원에 제출하여야 한다(家訴規 §86 ①). 다만, 제출은 청구와 동시에 하는 대신 검인기일에 하도록 하는 것이 실무의 태도이다.[15] 제출된 유언증서 또는 녹음대는 검인 종료 후 즉시 청구인에게 반환한다.[16]

---

10) 이경희, 596~597.
11) 이경희, 543.
12) 김영희(2007a), 133; 오시영, 718; 제요[2], 416.
13) 김영희(2007a), 133; 박동섭, 가사소송(하), 259; 제요[2], 416.
14) 박동섭, 775; 오시영, 761; 주석상속(2), 351~352.
15) 제요[2], 416.

3. 유언방식에 관한 사실조사

검인청구를 받은 법원은 검인기일을 지정하여 유언방식에 관한 모든 사실을 조사하여야 한다(家訴規 §86 ③). 조사의 대상은 유언서의 용지, 장수, 기재된 내용, 가필·삭제·정정의 유무와 내용, 사용된 필기도구, 글자체, 서명의 형식, 날인된 도장의 모양이나 종류, 작성날짜 등 유언증서의 형식·태양과 관련된 사항들이다.[17] 특히 유언의 녹음에 대해서는 그 형상을 확인한 후 이를 재생하여 녹취하여야 한다.[18]

법원은 검인과정에서 유언이 유언자의 진의에 인한 것인지 또는 적법한지 여부 등에 대해 판단하지 않는다. 조사결과 유언이 방식을 갖추지 못한 것으로 밝혀진 경우에도 검인청구를 각하할 수 없다.[19] 다만, 유언자가 아직 사망하지 않았거나 유언증서 등이 법원에 제출되지 않은 때에는 이를 각하하여야 할 것이다.[20]

4. 이해관계인의 참여

검인기일에 반드시 상속인 그 밖의 이해관계인에게 기일을 통지하고 참여의 기회를 주어야 하는 것은 아니지만, 통상 개봉기일과 검인기일이 같은 날로 지정되는 결과 §1092에 따라 상속인 기타 이해관계인이 참여하게 된다.

5. 검인조서의 작성

법원은 조사된 결과에 관하여 검인조서를 작성하여야 한다(家訴規 §87 ①). 검인조서에는 ① 제출자의 성명과 주소, ② 제출, 개봉과 검인의 일자, ③ 참여인의 성명과 주소, ④ 심문한 증인, 감정인, 상속인, 기타 이해관계인의 성명, 주소와 그 진술의 요지 및 ⑤ 사실조사의 결과를 기재하고, 판사·법원사무관 등이 기명날인하여야 한다(家訴規 §87 ②). 유언검인조서는 유언을 원인으로 하는 등기절차에서 등기원인증서가 될 수는 있지만, 가사소송법에 따른 심판은 아니기 때문에 그에 대한 즉시항고는 허용되지 않는다.[21]

---

16) 제요[2], 421.
17) 박동섭, 707; 오시영, 711; 제요[2], 418.
18) 제요[2], 418.
19) 대법원 1980. 11. 19.자 80스23 결정.
20) 김영희(2007a), 134; 제요[2], 417.
21) 김영희(2007a), 136; 박동섭, 가사소송(하), 259; 제요[2], 421.

6. 검인의 고지

법원은 검인 절차에 출석하지 아니한 상속인 기타 유언의 내용에 관계 있는 자에게 그 검인한 사실을 고지하여야 한다(家訴規 §88).

7. 비용의 부담

검인에 관한 비용은 상속재산에서 부담한다(家訴規 §90).

Ⅵ. 검인의 효과

본조에 따른 검인은 유언서 자체의 상태를 확정하기 위한 것에 불과하며, 유언의 효력을 판단하기 위한 것이 아니다.[22] 따라서 검인절차를 거친 후에도 그 효력을 다투고자 하는 상속인, 법정대리인, 유언집행자, 수증자, 그 밖의 이해관계인은 언제든지 민사법원에 유언무효확인의 소를 제기할 수 있다.[23]

검인절차를 거치지 않았다고 하여 유언이 무효로 되는 것도 아니다.[24] 본조에 따른 검인절차를 거치지 않은 채 바로 유언을 집행하더라도 그 유언은 여전히 유효하다는 점에서 구수증서유언의 검인과 차이가 있다. 구수증서유언의 검인에 관하여는 §1070 註釋 참조.

22) 대법원 1980. 11. 19.자 80스23 결정; 대법원 1998. 5. 29. 선고 97다38503 판결; 대법원 1998. 6. 12. 선고 97다38510 판결.

23) 김용한, 418; 김주수·김상용, 840; 박동섭, 707~708; 박병호, 461; 오시영, 761; 제요[2], 422; 조인섭(2016a), 266~267; 주석상속(2), 352; 한봉희·백승흠, 637.

24) 대법원 1998. 5. 29. 선고 97다38503 판결; 대법원 1998. 6. 12. 선고 97다38510 판결.

第1092條(遺言證書의 開封)

法院이 封印된 遺言證書를 開封할 때에는 遺言者의 相續人, 그 代理人 其他 利害關係人의 參與가 있어야 한다.

Ⅰ. 개봉의 의의

유언증서의 개봉 절차를 정하기 위한 조문이다. 본조는 '봉인된 유언증서'의 개봉에 대해 규정하고 있으므로 §1069에 따른 비밀증서유언의 개봉에만 본 조문이 적용된다는 견해[1])도 없는 것은 아니지만, 통설은 적용대상을 특별히 한정하지 않는다.[2]) 개봉절차를 §1091에 따른 유언증서의 검인을 하기 위한 선행절차로 파악하기 때문이다. 실무의 태도도 이와 같다.[3]) 다만, 이때 '봉인'이란 유언증서의 내용을 외부에서 확인할 수 없도록 봉한 후 날인하는 것을 의미하므로, 단순히 봉투 등에 들어있는 것만으로는 봉인된 것이라고 할 수 없다.

Ⅱ. 개봉절차

1. 관할법원

유언증서의 개봉 사건은 상속개시지의 가정법원에서 관할한다(家訴 §2 ① ii 가. 42) 및 §44 vii).

2. 이해관계인 등의 소환과 통지

법원이 봉인된 유언증서를 개봉하고자 할 때에는 미리 그 기일을 정하여 상속인 또는 그 대리인을 소환하고, 기타 이해관계인에게 통지하여야 한다(家訴

1) 곽윤직, 267. 이경희, 597~598도 같은 취지인 것으로 보인다.
2) 이 점을 특히 명시하고 있는 문헌으로 박동섭, 795; 주석상속(2), 358.
3) 제요[2], 422.

規 §86 ②). 이때 개봉기일과 검인기일은 통상 같은 날로 지정한다.[4] 검인을 위해 유언증서의 개봉이 필요하기 때문이다. 녹음유언을 개봉하는 경우에도 같다.[5]

소환 또는 통지에도 불구하고 상속인과 대리인, 그 밖의 이해관계인이 출석하지 않은 경우에는 그의 출석 없이 개봉절차를 진행할 수 있다.[6] 소환의 대상인 상속인의 유무가 불명한 경우에는 소환 및 고지 절차를 거치지 않을 수 있다.[7] 유언이 개봉되지 않은 상태에서는 이해관계인의 존재 및 범위도 확정할 수 없는 경우가 많으므로, 이해관계인에 대한 소환 및 고지 절차도 생략되는 경우가 적지 않을 것이다.[8]

3. 개봉조서의 작성

법원은 개봉기일에 봉인된 유언증서를 제출받아 봉인을 제거하고, 그 내용물을 확인한다. 개봉절차를 마친 법원은 개봉에 관한 조서를 작성하여야 한다(家訴規 §87①). 조서에 기재되어야 하는 사항은 검인조서와 동일하다. 구체적인 내용은 §1091 註釋 참조.

4. 개봉의 고지

개봉기일에 출석하지 않은 상속인 기타 유언의 내용에 관계있는 자에게 그 개봉 사실을 고지하여야 한다(家訴規 §88).

5. 비용의 부담

개봉에 관한 비용은 상속재산에서 부담한다(家訴規 §90).

Ⅲ. 개봉의 효과

개봉절차를 거쳤는지 여부는 유언의 효력에 어떠한 영향도 미치지 않는다.[9]

---

4) 곽윤직, 266; 박동섭, 795; 제요[2], 423.
5) 박동섭, 가사소송(하), 259.
6) 곽윤직, 267; 권순한, 484; 김주수·김상용, 840; 박병호, 462; 박정기·김연, 476~477; 송덕수, 435; 오시영, 762; 이경희, 598; 정광현, 요론, 447; 제요[2], 423; 주석상속(2), 317; 한봉희·백승흠, 638.
7) 김주수·김상용, 840; 박병호, 462; 오시영, 762; 주석상속(2), 317; 한봉희·백승흠, 638.
8) 곽윤직, 267.
9) 대법원 1998. 5. 29. 선고 97다38503 판결; 대법원 1998. 6. 12. 선고 97다38510 판결.

第1093條(遺言執行者의 指定)

遺言者는 遺言으로 遺言執行者를 指定할 수 있고 그 指定을 第三者에게 委託할 수 있다.

▮**참고문헌**: 변희찬, "유언집행자", 재판자료 78(1998); 양형우, "사인증여에 의한 등기", 홍익법학 13-1(2012).

Ⅰ. 본조의 취지

1. 유언집행자의 의의

유언은 유언자의 사망과 동시에 효력이 발생하는 것이 원칙이지만(§1073), 실제로 유언의 내용을 실현하기 위해서는 법적으로 특별한 절차를 필요로 하는 경우가 많다. 특정유증, 유언에 의한 재단법인 설립·인지나 친생부인 등이 대표적이다. 그런데 이러한 내용의 유언은 상속인의 이익과 배치되는 경우가 많고, 상속인의 행위능력이 제한되어 유언의 취지에 따른 법률행위를 할 수 없는 경우도 있다. 따라서 상속인과 독립한 별도의 기관을 두어 유언을 집행하도록 하는 것이 유언자의 진정한 의사를 실현하는 데에도, 유언집행의 공정성을 확보하는 데에도 유익하다.[1] 이와 같이 유언의 내용을 실현하는 절차를 담당하는 기관을 유언집행자라고 한다. 민법은 특히 유언에 의한 친생부인과 인지는 반드시 유언집행자가 소를 제기하거나 신고할 것을 요구하고 있다(§§850, 859②).

2. 유언집행자의 결정방법

유언집행자를 정하는 방법에는 크게 세 가지가 있다. 유언자가 직접 유언집행자를 지정하는 방법, 법률로 정하는 방법 및 법원이 선임하는 방법이 그것이다. 우리 민법은 유언자가 직접 유언집행자를 지정하는 것을 원칙으로 하되,

1) 곽윤직, 265; 김주수·김상용, 841; 박동섭, 773~774; 신영호·김상훈, 466; 오시영, 763; 윤진수, 550; 이경희, 520, 598; 주석상속(2), 359; 한봉희·백승흠, 636.

지정된 유언집행자가 없는 경우에는 법률의 규정에 따르고(§1095), 법률의 규정에 따른 유언집행자가 없거나 없게 된 경우에 비로소 법원이 이를 선임하도록 하고 있다(§1096). 자세한 내용은 §1095 및 §1096 註釋 참조.

본조는 이 중 유언자에 의한 유언집행자의 지정방법에 대해 정하고 있는 바, 이와 같이 유언자에 의해 지정된 유언집행자를 '지정유언집행자'라고 한다.

Ⅱ. 유언에 의한 유언집행자의 지정

유언자는 유언으로 유언집행자를 지정할 수 있다. 이때 유언이 §1065 이하에 따른 유언의 방식을 갖추고 있어야 함은 물론이다. 증여자가 수증자와 사인증여계약을 체결하면서 계약서에서 유언집행자를 지정한 경우 또는 사인증여를 공정증서로 작성하면서 당해 공정증서에서 유언집행자를 지정한 경우에는 유언의 방식을 갖추지 못한 것이므로 그를 유언집행자로 볼 수 없다.[2] 유언집행자 지정의 유언과 집행의 대상이 되는 유언이 반드시 동일한 방식으로 이루어져야 하는 것은 아니다.[3]

누구를 유언집행자로 지정할 것인지는 유언자의 자유이며, 미리 유언집행자와 유언집행에 관한 위임계약을 체결할 필요는 없다. 유언에 의한 유언집행자의 지정은 단독행위이기 때문이다. 유언자 사망 후 유언집행자가 그 승낙 또는 사퇴를 선택할 수 있을 뿐이다. 이에 대해서는 §1097 註釋 참조.

유언집행자의 자격에 대해서도 §1098에 따른 결격사유 외에는 별다른 제한이 없다. 유언집행자의 결격사유에 대해서는 §1098 註釋 참조. 다만, 유언에 의한 인지나 친생부인의 경우에 상속인을 유언집행자로 지정할 수 있는지 여부에 대해서는 상속인으로서의 이해와 유언집행자로서의 직무가 서로 충돌하고 §850 등이 유언집행자의 존재를 전제로 하고 있다는 점을 들어 부정하는 견해[4]와 §1095를 근거로 상속인도 유언집행자가 될 수 있다는 견해[5]가 대립한다.

유언집행자는 1인에 한하지 않으므로, 여러 명을 유언집행자로 지정하는 것도 가능하다.[6] 여러 명의 유언집행자를 지정한 경우에 유언자는 미리 사무

---

2) 변희찬(1998), 428; 양형우(2012), 428.
3) 김용한, 419; 박동섭, 777; 박병호, 463; 변희찬(1998), 428; 신영호·김상훈, 468; 이경희, 601; 주석상속(2), 360.
4) 곽윤직, 269; 송덕수, 438.
5) 김주수·김상용, 842 각주 32).
6) 곽윤직, 268; 김용한, 419; 김주수·김상용, 841; 박동섭, 777; 박병호, 463; 박정기·김연, 477;

를 분담해 놓을 수도 있고, 공동으로 사무를 집행하도록 할 수도 있다.[7] 유언자가 여러 명의 유언집행자 간의 관계를 정하지 않은 때의 법률관계에 관해서는 §1102 註釋 참조.

Ⅲ. 유언집행자 지정의 위탁

유언자는 직접 유언집행자를 지정하는 대신 제3자에게 유언집행자의 지정을 위탁할 수도 있다. 이 경우에도 유언이 §1065 이하에 따른 유언의 방식을 갖추고 있어야 함은 Ⅱ.의 경우와 같다.

유언자는 유언집행자의 지정을 위탁할 제3자를 임의로 선택할 수 있다. 위탁받은 제3자는 유언자 사망 후 그 위탁을 사퇴할 수 있을 뿐이다. 이에 대해서는 §1094 註釋 참조. 유언집행자의 지정을 위탁받을 제3자의 자격에 대해 어떠한 법률상의 제한이 있는 것도 아니다. 법인에게 위탁할 수 있음은 물론이다.[8] 유언집행자 결격사유에 해당하는 제한적 행위능력자나 파산자에게 유언집행자의 지정을 위탁하는 것은 무효라는 견해[9]가 있으나, 제3자는 유언자에 갈음하여 유언집행자를 지정할 뿐이며, 스스로 유언의 집행을 위해 법률행위를 할 필요가 없다는 점을 고려하면 의문이다.

다만, 이때 제3자란 '집행되어야 할 유언의 효과로서 발생하는 법률관계의 당사자가 아닌 자'를 의미하므로, 상속인이나 수증자에게 유언집행자의 지정을 위탁하는 것은 허용되지 않는다고 보아야 할 것이다.[10] 이에 대해서는 상속인이나 수증자도 본조의 제3자가 될 수 있다는 반대설[11]이 있다. 유언자의 의사를 존중해야 한다는 것이다.

배경숙·최금숙, 654; 백성기, 398; 변희찬(1998), 429; 이경희, 602; 조승현, 474; 주석상속(2), 360; 한봉희·백승흠, 638.

7) 김용한, 419~420; 이경희, 602.

8) 곽윤직, 269; 변희찬(1998), 432.

9) 곽윤직, 269; 변희찬(1998), 432.

10) 김용한, 420; 김주수·김상용, 841; 박병호, 463; 신영호·김상훈, 468; 오시영, 763; 이경희, 601; 조승현, 474; 주석상속(2), 360.

11) 변희찬(1998), 432.

第1094條(委託에 依한 遺言執行者의 指定)

① 前條의 委託을 받은 第三者는 그 委託있음을 안 後 遲滯없이 遺言執行者를 指定하여 相續人에게 通知하여야 하며 그 委託을 辭退할 때에는 이를 相續人에게 通知하여야 한다.

② 相續人 其他 利害關係人은 相當한 期間을 定하여 그 期間內에 遺言執行者를 指定할 것을 委託 받은 者에게 催告할 수 있다. 그 期間內에 指定의 通知를 받지 못한 때에는 그 指定의 委託을 辭退한 것으로 본다.

Ⅰ. 본조의 취지

유언자가 §1093에 따라 스스로 유언집행자를 지정하는 대신 제3자에게 유언집행자의 지정을 위탁하는 취지의 유언을 한 경우에 그 유언은 유언자의 사망과 동시에 효력을 발생한다. 따라서 그 위탁을 받은 제3자(이하 '수탁자'라고 한다.)는 유언자 사망 후 즉시 그 위탁받은 사무, 즉 유언집행자의 지정을 행할 의무가 있다. 본조는 수탁자가 그 의무를 행하는 방법 및 의무를 면하는 방법에 대해 정하고 있다.

Ⅱ. 유언집행자의 지정을 위탁받은 제3자의 의무

유언집행자의 지정을 위탁받은 제3자, 즉 수탁자는 그러한 위탁이 있음을 안 후 지체없이 유언집행자를 지정하여 상속인에게 통지하여야 한다(본조 ① 전단).

1. 지정의 내용

유언집행자를 누구로 지정할 것인지는 수탁자의 재량에 속한다. 따라서 §1098에서 정한 결격사유에 해당하지 않는 한 수탁자는 누구라도 유언집행자로 지정할 수 있다. 결격사유에 대해서는 §1098 註釋 참조. 수탁자는 자기 자신을 유언집행자로 지정할 수도 있고[1], 여러 명의 유언집행자를 지정할 수도 있다. 단, 유언자가 유언으로 유언집행자의 자격이나 숫자를 제한한 경우에는 그에 따라야 할 것이다.[2] 유언에 의한 인지나 친생부인의 경우에 상속인을 유언집행자로 지정할 수 있는지 여부에 대해서는 견해의 대립이 있다. §1093 註釋 참조.

2. 지정의 시기와 최고

수탁자는 유언집행자의 지정을 위탁하는 취지의 유언이 있다는 사실을 안 때로부터 지체 없이 그 임무를 수행하여야 한다. 그런데 수탁자가 그러한 사실을 알면서도 유언집행자를 지정하지 않는 경우 또는 수탁자가 그러한 사실을 알지 못해 유언집행자 지정 사무를 수행하지 않고 있는 경우에는 상속인 기타 이해관계인이 유언집행자를 지정할 것을 수탁자에게 최고할 수 있다(본조 ② 1문). 유언집행자가 선임되지 않아 유언의 내용이 장기간 실현되지 않는 결과 상속인 기타 이해관계인의 법적 지위가 불안정한 상태에 놓이게 되는 것을 방지하기 위함이다.

본조에 따라 수탁자에게 유언집행자의 지정을 최고할 수 있는 이해관계인이란 수증자, 상속채권자, 수증자의 채권자 등 유언의 집행에 관하여 법률상 이해관계를 가진 사람을 말하며,[3] 상속인 기타 이해관계인이 최고를 할 때에는 상당한 기간을 정하여 그 기간 내에 유언집행자를 지정할 것을 촉구하여야 한다. 이때 상당한 기간이란 수탁자가 회답하는 데 필요한 기간을 의미한다.[4] 최고를 받은 수탁자는 유언집행자를 지정하여 최고자인 상속인 기타 이해관계인에게 통지하여야 한다.[5] 최고에도 불구하고 수탁자가 정해진 기간 내에 유언집행자를 지정하지 않는 경우의 효과에 관해서는 III. 이하 참조.

Ⅲ. 유언집행자 지정위탁의 사퇴

1. 사퇴의 통지

유언집행자의 지정을 위탁하는 취지의 유언이 있다는 사실을 알게 된 수

1) 곽윤직, 269; 박동섭, 777; 신영호 · 김상훈, 469; 오시영, 766; 주석상속(2), 374.
2) 유언집행자의 숫자에 관하여 같은 취지로 김주수 · 김상용, 841.
3) 김주수 · 김상용, 842; 오시영, 764; 주석상속(2), 362; 천종숙, 431.
4) 김주수 · 김상용, 842; 오시영, 764; 주석상속(2), 362.
5) 주석상속(2), 362.

탁자는 이를 사퇴할 수 있다. 본인의 의사에 반하는 의무를 강제할 수는 없기 때문이다. 다만, 유언집행자 지정위탁을 사퇴하고자 하는 수탁자는 이를 상속인에게 통지하여야 한다(본조 ①).

2. 사퇴간주

본조 ② 1문에 따라 상속인 기타 이해관계인으로부터 상당한 기간 내에 유언집행자를 지정할 것을 위탁받았음에도 불구하고, 수탁자가 그 기간 내에 유언집행자를 지정하지 않은 경우에는 수탁자가 그 지정의 위탁을 사퇴한 것으로 본다(본조 ② 2문). 이때 수탁자가 그 기간 내에 유언집행자를 지정하지 않았다는 것은, 상속인 기타 이해관계인이 정한 상당한 기간 내에 수탁자가 발한 유언집행자 지정의 통지가 상속인에게 도달하지 않은 경우를 말한다.

3. 사퇴 등의 효과

수탁자가 본조 ①에 따라 사퇴하거나 본조 ② 1문에 따라 사퇴한 것으로 간주되는 경우에는 §1093에 따른 지정유언집행자가 없게 되므로, §1095에 따라 상속인이 유언집행자로 된다.[6] 자세한 내용은 §1095 註釋 참조.

---

6) 김주수 · 김상용, 842.

第1095條(指定遺言執行者가 없는 境遇)

前2條의 規定에 依하여 指定된 遺言執行者가 없는 때에는 相續人이 遺言執行者가 된다.

참고문헌: 권재문, "유언집행자 해임 후에 상속인이 한 유증의 목적물에 대한 보존행위", 民判 35(2013); 김재승, "민법 제1096조에 의해 유언집행자의 선임을 청구할 수 있는 경우", 대법원 판례해설 72(2007); 변희찬, "유언집행자", 재판자료 78(1998).

Ⅰ. 본조의 취지

유언자에 의해 미리 정해진 유언집행자가 없는 경우에 유언집행자가 될 자를 미리 법률로 정해놓기 위한 조문이다. 이와 같이 법률의 규정에 의해 정해진 유언집행자를 '법정유언집행자'라고 한다. 일본 민법에는 없는 우리나라 고유의 조문이다. 지정유언집행자가 없는 때에는 통상 상속인이 유언을 집행해 온 관습을 반영한 것이라고 한다.[1)]

Ⅱ. 요건

본조에 따른 법정유언집행자는 '전2조의 규정에 의하여 지정된 지정유언집행자가 없는 때'에만 성립한다. 지정유언집행자가 없는 경우에는 유언자가 유언집행자의 지정 또는 지정위탁을 하지 않은 경우 및 유언집행자의 지정을 위탁받은 자가 위탁을 사퇴한 경우가 포함된다.[2)] 유언자로부터 유언집행자의 지정을 위탁받은 제3자가 §1094 ② 2문에 따라 그 위탁을 사퇴한 것으로 간주되는 경우도 당연히 이에 해당할 것이다.

반면 '전2조의 규정에 의하여 지정된 지정유언집행자가 없게 된 때'에는 본

1) 권재문(2013), 669.
2) 대법원 2007. 10. 18.자 2007스31 결정; 대법원 2010. 10. 28. 선고 2009다20840 판결. 대법원 2007. 10. 18.자 2007스31 결정에 대한 판례평석으로 김재승(2007), 275~287 참조.

조가 적용되지 않는다. 유언자가 유언집행자를 지정하였다는 사실로부터 그가 상속인에게 유언집행인의 지위를 수여하는 것을 원치 않았다는 의사를 추론해 낼 수 있기 때문이다.[3] 판례 역시 "유언자가 지정 또는 지정위탁에 의하여 유언집행자의 지정을 한 이상 그 유언집행자가 취임의 승낙을 하였는지를 불문하고 사망·결격 기타 사유로 유언집행자의 자격을 상실한 때에는 민법 제1096조에 의하여 이해관계인이 법원에 유언집행자의 선임을 청구할 수 있다."[4]는 전제하에 지정유언집행자가 취임의 승낙을 하지 않은 채 사망한 경우 및 해임된 경우에 각각 §1095를 적용하지 않은 바 있다.

학설은 대체로 위와 같은 태도를 취하면서도 §1095의 구체적인 적용범위에 대해서는 약간의 입장 차이를 보이고 있다. 가령 유언자가 유언집행자의 지정 또는 지정위탁을 하지 않은 경우 및 유언집행자의 지정을 위탁받은 자가 위탁을 사퇴한 경우에 추가하여 ① 지정유언집행자가 사퇴한 경우에도 본조가 적용되어야 한다는 견해[5], ② 지정유언집행자가 취임을 사퇴한 경우 및 결격사유를 가지고 있는 경우에도 본조가 적용된다는 견해[6], ③ 지정유언집행자에게 취임 전 사망·결격 또는 사퇴와 같은 사유가 있는 경우에 모두 본조가 적용된다는 견해[7]와 같이 다양한 의견이 제시되고 있다. 판례의 태도에 정면으로 의문을 제시하면서 지정유언집행자가 없게 된 경우에도 처음부터 지정유언집행자가 없는 경우와 마찬가지로 본조를 적용해야 한다는 견해[8]도 없는 것은 아니다.

Ⅲ. 효과

지정유언집행자가 없는 경우에는 본조에 따라 상속인이 유언집행자가 된다. 지정유언집행자나 선임유언집행자와 달리 §1097에 따른 승낙이나 사퇴의 통지를 기다리지 않고, 바로 유언집행자의 임무가 개시된다. 상속인이 여러 명인 경우에는 그들이 공동으로 유언집행자가 된다. 공동유언집행에 관해서는

3) 김재승(2007), 279, 281~282, 283~285; 김주수·김상용, 843.
4) 대법원 2007. 10. 18.자 2007스31 결정; 대법원 2010. 10. 28. 선고 2009다20840 판결.
5) 김용한, 421; 박병호, 464; 정광현, 요론, 448~449. 다만 박병호, 464는 지정유언집행자에게 사망·결격 또는 사퇴와 같은 사유가 있는 경우에도 모두 법정유언집행이 개시되는 것과 같이 서술하고 있기도 하다.
6) 변희찬(1998), 435; 송덕수, 436.
7) 곽윤직, 270~271; 박정기·김연, 478; 이경희, 602; 주석상속(2), 366.
8) 권재문(2013), 668~670.

§1102 註釋 참조.

지정유언집행자가 없는 경우에 포괄적 수증자도 상속인과 동일하게 법정 유언집행자가 되는가. 긍정하는 견해[9]와 부정하는 견해[10]가 대립한다.

Ⅳ. 적용범위

유언에 의한 인지나 친생부인과 같이 유언집행자가 소송을 통해 유언을 집행해야 하는 경우에는 본조가 적용될 수 없다.[11] 유언에 의한 재단법인 설립의 경우에도 성질상 상속인은 유언집행자가 될 수 없다는 견해[12]도 있다. 상속인이 아닌 포괄적 수증자가 있는 경우에는 상속인이 유언집행자로 될 수 없다고 주장하기도 한다.[13] 이는 모두 유언의 집행에 의해 이익을 보는 자와 상속인 사이에 이해가 상반되어 상속인을 법정유언집행자로 보는 경우 유언의 집행이 사실상 어렵다는 점을 고려한 것인바, 아예 일반론으로서 상속인과 이해상반될 우려가 있는 경우에는 본조의 적용을 배제하고, 법원이 별도로 유언집행자를 선임해야 한다는 견해가 유력하다.[14]

물론 이러한 견해에 대해서는 입법론으로서라면 모르겠으나 해석론으로서는 무리라는 비판[15]이 제기되고 있으며, 같은 맥락에서 법정유언집행자 제도를 폐지해야 한다는 입법론적 주장도 강력하다.[16] 지정유언집행자가 없는 경우에는 바로 법원이 유언집행자를 선임해야 한다는 것이다. 유언에 의한 친생부인과 인지의 경우에 한하여 동일한 주장을 하는 견해[17]도 있다.

9) 배경숙 · 최금숙, 650.
10) 변희찬(1998), 436.
11) 곽윤직, 271; 박동섭, 778; 변희찬(1998), 416; 소성규, 315; 신영호 · 김상훈, 468; 천종숙, 431.
12) 변희찬(1998), 436.
13) 변희찬(1998), 452.
14) 박동섭, 778; 신영호 · 김상훈, 468.
15) 김주수 · 김상용, 843 각주 35).
16) 김용한, 421; 김재승(2007), 287; 김주수 · 김상용, 842; 박병호, 464; 변희찬(1998), 435; 이경희, 602. 윤진수, 550~551도 같은 취지인 것으로 보인다.
17) 배경숙 · 최금숙, 655; 오시영, 764~765; 이희배, 370; 주석상속(2), 363.

第1096條(法院에 依한 遺言執行者의 選任)

① 遺言執行者가 없거나 死亡, 缺格 其他 事由로 因하여 없게 된 때에는 法院은 利害關係人의 請求에 依하여 遺言執行者를 選任하여야 한다.

② 法院이 遺言執行者를 選任한 境遇에는 그 任務에 關하여 必要한 處分을 命할 수 있다.

참고문헌: 변희찬, "유언집행자", 재판자료 78(1998).

Ⅰ. 본조의 취지

§1093에 따른 지정유언집행자와 §1095에 따른 법정유언집행자가 없는 경우에 유언집행자를 정하는 방법에 관한 조문이다. 우리 민법은 이러한 경우에 법원이 유언집행자를 선임하도록 하고 있는바, 이와 같이 선임된 유언집행자를 '선임유언집행자'라고 한다.

Ⅱ. 선임사유

선임유언집행자는 유언집행자가 없거나 사망, 결격 기타 사유로 인하여 없게 된 때 선임될 수 있다(본조 ①).

1. 유언집행자가 없는 경우

본조 ①에 따른 "유언집행자가 없[는]" 경우란 유언자가 §1093에 따라 유언으로 유언집행자를 지정하지도 않았고 유언집행자의 지정을 위탁하지도 않은 결과 §1095에 따라 상속인이 법정유언집행자가 되어야 함에도 불구하고 법정유언집행자가 될 상속인이 존재하지 않는 경우를 말한다.[1] 유언집행자의 지정을 제3자에게 위탁하였으나 수탁자가 §1094 ①에 따라 이를 사퇴하거나 §1094 ② 2문에 따라 사퇴 간주되어 지정유언집행자가 없게 되었는데, 그에 갈음하여 유언집행자가 될 상속인도 존재하지 않는 경우도 이와 같다. §1095 註釋 참조.

2. 유언집행자가 없게 된 경우

본조 ①에 따른 유언집행자가 "사망, 결격 기타 사유로 인하여 없게 된 때"란 다음의 각 경우를 말한다.

먼저 법원이 본조에 따라 유언집행자를 선임하기 위해서는 유언집행자가 사망, 결격 기타 사유로 없게 되어야 한다. 이때 유언집행자가 '결격'으로 인해 없게 된 경우란 §1098에 따른 유언집행자의 결격사유에 해당하는 경우를 말하지만, 상속인이 §1095에 따라 유언집행자가 된 경우에는 그에게 §1004에 따른 결격사유가 있어 상속결격자가 된 경우도 포함된다. 기타 사유로는 유언집행자가 §1097에 따라 사퇴한 경우 및 §1106에 따라 해임된 경우가 있다.[2] 사퇴 및 해임에 대해서는 각 §1097 및 §1106 註釋 참조.

그 밖에 유언자가 유언에 의한 친생부인 또는 인지, 재단법인 설립을 하였으나 따로 유언집행자를 지정하거나 그 지정을 제3자에게 위탁하지 않은 경우에도 기타 사유에 해당하는 것으로 보아 법원에 의한 유언집행자 선임이 허용되어야 한다는 견해도 있다. 자세한 내용은 §1095 註釋 참조.

본조에서 말하는 유언집행자가 없게 된 경우에는 ① 유언자가 §1093에 따라 유언으로 지정해 놓은 유언집행자가 없게 된 경우, ② §1093에 따라 유언자로부터 유언집행자의 지정을 위탁받은 제3자가 지정한 유언집행자가 없게 된 경우 및 ③ §1093에 따른 지정유언집행자가 없어 §1095에 따라 법정유언집행

1) 김용한, 421; 김주수 · 김상용, 842; 윤진수, 551; 제요[2], 426.
2) 곽윤직, 271; 김주수 · 김상용, 843; 박동섭, 778; 박동섭, 가사소송(하), 266; 오시영, 765; 이경희, 603; 제요[2], 426; 주석상속(2), 366.

자가 된 상속인이 후발적 사정으로 없게 된 경우가 모두 포함된다.[3] 유언 효력 발생시부터 지정유언집행자가 없는 경우에는 §1095조에 따라 상속인이 유언집행자가 되는 것이 원칙이지만, 일단 유언집행자가 지정되었음에도 불구하고 유언 외의 사정으로 인해 그가 유언집행자로서의 임무를 수행할 수 없게 된 경우에는 상속인이 유언집행을 담당하도록 하는 것이 부적절하므로, 본조에 따라 유언집행자를 선임하도록 한 것이다. §1095 註釋 참조.

다만, 유언집행자가 없게 된 경우라도 유언자가 미리 이러한 사태에 대비하여 제2순위 유언집행자를 지정하였거나, 그 지정을 제3자에게 위탁해 놓은 경우에는 법원이 새로운 유언집행자를 선임할 필요가 없다.[4]

3. 결원보충

법원은 유언집행자가 전혀 없게 된 경우뿐만 아니라 유언집행자의 사망·사임·해임 등의 사유로 공동유언집행자에게 결원이 생긴 경우에도 유언집행자를 선임할 수 있다.[5]

4. 추가선임

판례에 따르면 법원은 공동유언집행자에게 결원이 생긴 경우뿐만 아니라, 결원이 없는 경우에도 유언집행자의 추가선임이 필요하다고 판단되면 재량에 의해 유언집행자를 선임할 수 있다.[6] 따라서 유언집행자가 2인인 경우 그 중 1인은 나머지 유언집행자의 찬성 내지 의견을 청취하지 아니하고도 단독으로 법원에 공동유언집행자의 추가선임을 신청할 수 있다.[7]

5. 상속인이 청구한 경우

상속인이 스스로 §1095에 따른 유언집행자가 될 수 있음에도 불구하고 이를 포기하고 법원에 유언집행자 선임을 청구한 경우에 법원은 유언집행자를 선임해야 하는가. 긍정하는 견해[8]가 있다.

---

3) 대법원 2007. 10. 18.자 2007스31 결정; 대법원 2010. 10. 28. 선고 2009다20840 판결.
4) 주석상속(2), 366~367. 대법원 1963. 9, 26. 선고 63다462 판결도 차순위 유언집행자의 존재를 긍정하고 있다.
5) 대법원 1995. 12. 4.자 95스32 결정.
6) 대법원 1995. 12. 4.자 95스32 결정.
7) 대법원 1987. 9. 29.자 86스11 결정.
8) 변희찬(1998), 436~437.

Ⅲ. 선임청구권자

법원에 유언집행자의 선임을 청구할 수 있는 자는 이해관계인에 한한다. 이때 '이해관계인'의 범위에는 상속인, 상속채권자, 수증자, 수증자의 채권자, 상속인의 채권자 등 유언의 집행에 관하여 법률상 이해관계를 갖고 있는 자가 널리 포함된다.[9] 공동유언집행의 경우에 유언집행자 자신도 공동유언집행자의 추가선임을 신청할 수 있다.[10]

Ⅳ. 유언집행자 선임절차

1. 관할법원

유언집행자 선임심판은 상속개시지의 가정법원의 전속관할에 속한다(家訴 §2 ① ii 가. 43) 및 §44 vii).

2. 선임청구의 각하

유언의 내용이 집행을 필요로 하지 않는 경우에 법원은 그 선임청구를 각하할 수 있다.[11] 가령 미성년후견인의 지정이나 유언철회의 유언 등이 이에 해당한다. 유언이 무효인 것이 일견 명백한 경우에도 이를 이유로 유언집행자의 선임청구를 각하 내지 기각할 수 있다는 견해[12]가 있다. 하지만 유언의 효력 유무가 불분명한 경우라면 일단 유언집행자를 선임하여야 할 것이다.

3. 선임심판

유언집행자 선임심판을 함에 있어서 누구를 유언집행자로 선임할 것인지는 법원의 재량이다.[13] 따라서 §1098에 따른 결격사유에 해당하지 않는 한 법원은 누구라도 유언집행자로 선임할 수 있으며, 여러 명을 유언집행자로 선임할 수도 있다. 유언집행의 난이도, 이익의 대소, 상속인 사이의 관계 등 여러 가지 사정을 고려하여 선임의 필요성을 판단한 다음 그 집행의 공정성과 객관

9) 박동섭, 778 각주 3); 변희찬(1998), 437; 제요[2], 426; 주석상속(2), 367.
10) 대법원 1987. 9. 29.자 86스11 결정.
11) 곽윤직, 271; 변희찬(1998), 416~417, 438.
12) 김주수·김상용, 844; 박동섭, 가사소송(하), 267; 변희찬(1998), 438; 오시영, 766; 제요[2], 427; 주석상속(2), 367.
13) 대법원 1995. 12. 4.자 95스32 결정.

성을 유지할 수 있는 자를 유언집행자로 선임하는 것이 실무의 태도이다.[14)]

유언집행자 선임심판을 함에 있어 반드시 이해관계인에게 이를 고지하거나 심문기일을 열어야 하는 것도 아니다.[15)] 다만, 선임심판에 앞서 유언집행자 후보의 의견을 들어보는 것이 바람직할 것이다.[16)]

4. 임무에 관하여 필요한 처분

본래 유언집행자의 임무의 범위는 유언의 취지에 따라 정해지는 것이 원칙이지만, 가정법원은 유언집행자를 선임하는 경우에 그 임무에 관하여 필요한 처분을 함께 명할 수도 있다(본조 ②). 물론 그 처분을 반드시 선임심판과 같은 때 해야 하는 것은 아니고, 선임유언집행자가 그 선임을 승낙한 후에 별도로 처분을 하는 것도 가능하다.[17)]

이때 "필요한 처분"이란 유언집행자가 그 임무를 수행하는 데 필요한 처분[18)]으로서 재산목록작성, 상속재산의 관리보존행위 등 유언집행자의 권한 내에 속하는 행위라면 무엇이든 가능하다. 위 처분은 가정법원이 직권으로 명하는 것이지만, 유언자의 유언의사를 존중하여 그 실현을 기하기 위해 필요한 경우에만 해야 할 것이다.[19)]

5. 고지 및 통지

유언집행자 선임심판을 한 경우에 법원은 청구인에게 고지하는 외에 선임된 유언집행자에게 이를 통지하여야 한다. 사퇴의 기회를 보장하기 위함이다. §1097 註釋 참조.

6. 즉시항고

유언집행자 선임심판에 대해서는 이해관계인이(家訴規 §84 ①), 기각심판에 대해서는 청구인이 즉시항고를 할 수 있다(家訴規 §27).

14) 제요[2], 427.
15) 대법원 1995. 12. 4.자 95스32 결정.
16) 박동섭, 가사소송(하), 267; 제요[2], 427.
17) 제요[2], 430.
18) 김주수·김상용, 844; 변희찬(1998), 438~439; 오시영, 765~766; 주석상속(2), 368.
19) 김용한, 421; 박병호, 465; 정광현, 요론, 449.

7. 비용의 부담

유언집행자 선임심판 비용은 상속재산에서 부담한다(家訴規 §90).

Ⅴ. 유언집행자 선임의 효과

유언집행자 선임심판이 확정된 경우에 선임된 유언집행자는 §1099 이하의 규정에 따라 유언집행에 관한 사무를 수행하여야 한다. 하지만 본인의 의사에 반하여 유언집행자로서의 의무를 강제할 수는 없으므로, 우리 민법은 선임유언집행자에게 승낙 또는 사퇴의 기회를 부여하고 있다. §1097 註釋 참조.

유언집행자 선임심판의 확정과 유언의 효력 간에는 아무런 관련이 없으므로, 유언집행자 선임 후에도 당해 유언이 무효임이 밝혀졌다면 선임심판은 효력을 잃는다.[20]

20) 제요[2], 429.

第1097條(遺言執行者의 承諾, 辭退)

① 指定에 依한 遺言執行者는 遺言者의 死亡後 遲滯없이 이를 承諾하거나 辭退할 것을 相續人에게 通知하여야 한다.

② 選任에 依한 遺言執行者는 選任의 通知를 받은 後 遲滯없이 이를 承諾하거나 辭退할 것을 法院에 通知하여야 한다.

③ 相續人 其他 利害關係人은 相當한 期間을 定하여 그 期間內에 承諾與否를 確答할 것을 指定 또는 選任에 依한 遺言執行者에게 催告할 수 있다. 그 期間內에 催告에 對한 確答을 받지 못한 때에는 遺言執行者가 그 就任을 承諾한 것으로 본다.

참고문헌: 변희찬, "유언집행자", 재판자료 78(1998).

Ⅰ. 의의

§1093에 따른 지정유언집행자 또는 §1096에 따른 선임유언집행자는 그 취임을 승낙할 것인지 또는 사퇴할 것인지를 선택할 수 있다. 본인의 의사에 반하여 유언집행자로서의 의무를 강제할 수는 없기 때문이다. 본조는 지정유언집행자와 선임유언집행자의 승낙 또는 사퇴의 방법 내지 절차에 관한 사항을 정하는 것을 목적으로 한다.

Ⅱ. 승낙 또는 사퇴의 방법

1. 지정유언집행자

가. 유언자가 유언집행자를 지정한 경우

유언자가 §1093에 따라 유언으로 유언집행자를 지정한 경우에 지정유언집행자는 유언자의 사망 후 지체 없이 이를 승낙하거나 사퇴할 것을 상속인에게 통지하여야 한다(본조 ①). 유언의 집행이 지체되는 경우 상속인 기타 이해관계인들의 법적 지위가 장기간 불안정한 상태에 놓이게 되므로, 유언자의 사망 후 지체 없이 유언집행자에 관한 사항이 정해질 수 있도록 한 것이다. 이때 통지의 상대방인 상속인이 여러 명인 경우에는 상속인 전원에게 통지하여야 한다.[1]

유언자가 사망하였음에도 불구하고 지정유언집행자가 승낙 또는 사퇴의 통지를 하지 않는 경우에 상속인 기타 이해관계인은 상당한 기간을 정하여 그 기간 내에 승낙 여부를 확답할 것을 지정유언집행자에게 최고할 수 있다(본조 ③ 1문). 이때 최고를 할 수 있는 '이해관계인'에는 지정위탁을 받은 자, 상속채권자, 상속인의 채권자, 수증자 및 수증자의 채권자, 공동유언집행자, 유언에 의해 인지된 자 등이 포함된다.[2]

최고를 받은 지정유언집행자는 최고에서 정해진 상당한 기간 내에 승낙 또는 사퇴의 통지를 하여야 하는데, 이때 통지의 상대방은 최고자가 아닌 상속인이다.[3] 그 기간 내에 상속인이 최고에 대한 확답을 받지 못한 때에는 유언집행자가 그 취임을 승낙한 것으로 본다(본조 ③ 2문). 이에 대해서는 상속인이 최고에 대한 확답을 받지 못한 경우에는 유언집행자가 그 취임을 거절한 것으로 보아야 한다는 입법론적 비판이 있다.[4] 지정유언집행자가 취임을 거부하고 있음이 명백한 경우에는 최고의 절차를 거칠 필요가 없을 것이다.[5]

나. 유언자가 유언집행자 지정을 제3자에게 위탁한 경우

유언자가 §1093에 따라 제3자에게 유언집행자의 지정을 위탁한 경우에도 유언집행자의 승낙 또는 사퇴에 관한 사항은 가.와 같이 처리한다. 다만, 유언집행자는 제3자에 의한 지정이 있은 후에야 비로소 승낙 또는 사퇴가 가능하므로, 그 지정이 있은 때로부터 지체 없이 승낙하거나 사퇴할 것을 통지하는 것으로 족하다. 이때 통지의 상대방은 누구인가. 지정을 위탁받은 제3자라는 견해[6]와 상속인에게 통지해야 한다는 견해[7]가 대립하고 있으나, 원칙적으로는 상속인에게 통지하되, 지정을 위탁받은 제3자에게 하는 것도 무방하다는 견해[8]가 다수설이다.

---

1) 곽윤직, 270; 변희찬(1998), 433.
2) 김용한, 420; 박병호, 463~464; 변희찬(1998), 434 각주 57); 이경희, 602; 주석상속(2), 372.
3) 같은 취지로 김주수 · 김상용, 842; 변희찬(1998), 434.
4) 김용한, 420.
5) 변희찬(1998), 434.
6) 곽윤직, 270; 변희찬(1998), 433~434.
7) 송덕수, 436.
8) 김주수 · 김상용, 842; 박병호, 464; 오시영, 764; 주석상속(2), 372.

지정유언집행자가 지체 없이 승낙 또는 사퇴의 통지를 하지 않은 경우에 상속인 기타 이해관계인에 의한 최고가 가능하며, 최고에도 불구하고 정해진 기간 내에 확답이 없는 경우에는 그 취임을 승낙한 것으로 본다는 점 역시 가.와 동일하다.

2. 선임유언집행자

§1096에 따라 법원에 의해 선임된 유언집행자는 선임 통지를 받은 후 지체없이 이를 승낙하거나 사퇴할 것을 법원에 통지하여야 한다(본조 ②). 유언을 둘러싼 법률관계가 조기에 확정될 수 있도록 하기 위함이다.

이때 통지를 받을 법원은 상속개시지의 가정법원, 즉 유언집행자 선임심판을 한 가정법원이다(家訴 §2 ① ii 가. 44) 및 §44 vii). 민법상 통지의 방법에는 아무런 제한이 없으나, 서면으로 해야 한다는 것이 실무의 태도이다.[9)]

통지를 받은 법원은 당연히 이를 수리해야 하며, 그 허부 심판을 하는 것은 허용되지 않는다. 따라서 사퇴의 통지가 법원에 도달하면 그로써 유언집행자 선임심판은 당연히 그 효력을 상실한다.[10)]

선임유언집행자가 지체 없이 승낙 또는 사퇴의 통지를 하지 않은 경우 상속인 기타 이해관계인에 의한 최고가 가능하며, 최고에도 불구하고 정해진 기간 내에 확답이 없는 경우에는 그 취임을 승낙한 것으로 본다는 점은 지정유언집행자의 경우와 같다(본조 ③).

Ⅲ. 승낙 또는 사퇴의 효과

1. 승낙의 효과

유언집행자가 그 취임을 승낙한 때에는 지체없이 그 임무를 이행하여야 한다(§1099). 유언집행자의 임무에 대해서는 §1100 및 §1101 註釋 참조. 일단 취임을 승낙한 유언집행자는 더 이상 사퇴도 자유롭지 않다. 정당한 이유가 있는 때에 한하여 법원의 허가를 얻어 사퇴할 수 있을 뿐이다. §1105 註釋 참조.

---

9) 제요[2], 431.
10) 제요[2], 431.

2. 사퇴의 효과

지정유언집행자가 사퇴한 경우에 법원은 §1096에 따라 유언집행자를 선임하여야 한다. 법정유언집행자에 관한 §1095는 적용될 수 없다. §1095 註釋 참조. 선임유언집행자가 사퇴한 경우에 법원은 새로운 유언집행자를 선임하는 수밖에 없다.

第1098條(유언집행자의 결격사유)

제한능력자와 파산선고를 받은 자는 유언집행자가 되지 못한다.

▮ **참고문헌**: 변희찬, "유언집행자", 재판자료 78(1998); 장재형, "가족법관계에 있어서 공증의 예방사법적 역할", 인권과 정의 384(2008).

Ⅰ. 본조의 취지

유언집행자의 결격사유를 정하기 위한 조문이다. 본조에서 정한 결격사유가 있는 자는 §1093에 따른 지정유언집행자가 되지 못함은 물론, §1095에 따른 법정유언집행자, §1096에 따른 선임유언집행자도 될 수 없다.[1)]

Ⅱ. 결격사유

1. 제한능력자

제한능력자는 유언집행자가 될 수 없다. 이때 제한능력자란 미성년자, 피성년후견인 및 피한정후견인을 말한다. 단, 미성년자라도 혼인으로 성년의제된 경우에는 유언집행자가 될 수 있다.[2)]

2. 파산선고를 받은 자

파산선고를 받은 자는 유언집행자가 될 수 없다.

3. 사실상의 결격사유

본조에 열거되어 있지는 않지만, 사실상 유언집행자가 될 수 없는 자들이

1) 박병호, 464; 변희찬(1998), 435.
2) 고정명·조은희, 385; 박동섭, 780; 박병호, 465; 변희찬(1998), 429; 조승현, 475.

있다. 의사능력이 없는 자[3]가 이에 해당한다. 단독상속인을 유일한 유언집행자로 지정하는 것 역시 법적으로 아무런 의미가 없으므로, 사실상의 결격사유라고 할 수 있다.[4]

공정증서유언을 작성한 공증인은 당해 유언의 집행을 위한 유언집행자가 될 수 있는가. 촉탁 받은 사항에 관해 이해관계가 있는 경우를 제척사유로 규정하고 있는 공증인법 §21 iii에 따라 유언집행자가 될 수 없다는 견해[5]와 위 규정은 공증을 하기 전에 촉탁 여부를 결정하기 위한 조문일 뿐이라는 이유로 유언집행자가 될 수 있다는 견해[6]가 대립한다.

4. 기타

위 각 결격사유에 해당하지 않는 한 누구라도 유언집행자가 될 수 있다. 따라서 법인도 유언집행자가 될 수 있다.[7] 공동상속인 중 1인을 단독의 유언집행자로 지정하거나, 상속인 전원을 상속인이 아닌 자와 함께 공동의 유언집행자로 지정하는 것도 가능하다.[8] 단, 유언에 의한 친생부인이나 인지의 경우에는 상속인을 유언집행자로 지정할 수 없다는 견해가 있다. §1093 註釋 참조. 상속인의 후견인도 유언집행자가 될 수 있을 것이나, 후견인의 지위상 유언집행 업무에 일정한 제한이 따른다.[9]

수증자는 유언집행자가 될 수 있는가. 유언집행제도의 취지에 비추어 수증자는 유언집행자가 될 수 없다는 견해도 있을 수 있겠으나, 현재로서는 수증자도 유언집행자가 될 수 있다는 견해가 다수설이다.[10] 유증의 실현은 이행행위에 지나지 않고 상속인에게 새로운 불이익을 주는 것이 아니므로 자기계약이나 쌍방대리 금지 원칙의 예외에 해당한다는 점을 근거로 제시한다. 하급심 판결의 태도도 이와 같다.[11]

---

3) 고정명 · 조은희, 385; 김용한, 422; 김주수 · 김상용, 844; 박동섭, 780; 박병호, 465; 배경숙 · 최금숙, 656; 신영호 · 김상훈, 469; 오시영, 766; 이경희, 603~604; 이희배, 370; 정광현, 요론, 450; 조승현, 475; 주석상속(2), 373; 천종숙, 431. 단, 송덕수, 438은 의사능력의 유무는 개별사안별로 판단하는 것이므로, 의사무능력자라는 개념은 존재할 수 없다는 이유로 이에 반대한다.

4) 박동섭, 780~781; 윤진수, 550.

5) 박동섭, 780.

6) 변희찬(1998), 430.

7) 곽윤직, 269; 김용한, 422; 변희찬(1998), 429~430.

8) 변희찬(1998), 430; 윤진수, 550.

9) 변희찬(1998), 431.

10) 박동섭, 780; 변희찬(1998), 431; 오시영, 766; 장재형(2008), 92 각주 43).

11) 서울지방법원 1995. 4. 28.자 94파8391 결정(확정).

유언의 증인도 유언집행자가 될 수 있다.[12]

Ⅲ. 판단시점

유언집행자에게 결격사유가 존재하는지 여부는 그의 취임 당시를 기준으로 판단한다.[13] 가령 유언집행자로 지정될 당시에는 제한능력자였더라도 취임 당시에 행위능력자라면 유언집행자가 될 수 있다. 한편 결격사유에 대한 심사는 유언집행이 종료할 때까지 계속 되어야 한다. 따라서 유언집행자 취임 당시에는 행위능력자였던 경우라도 그 후에 성년후견개시심판 또는 한정후견개시심판을 받은 경우에는 결격사유에 해당하여 유언집행자의 지위를 잃는다.

Ⅳ. 결격의 효과

결격사유 있는 자를 유언집행자로 지정하는 취지의 유언 또는 지정을 위탁받은 제3자의 지정행위는 무효이다. 결격사유가 발생한 순간 유언집행자는 유언집행자로서의 자격과 권한을 모두 상실하며, 별도로 §1106에 따른 해임절차를 거쳐야 하는 것은 아니다. 그럼에도 불구하고 결격사유 있는 자가 유언을 집행하였다면 이는 적법한 대리권 없이 한 행위이므로, 무권대리에 준하여 처리하여야 할 것이다.[14]

12) 박동섭, 780; 변희찬(1998), 429.
13) 곽윤직, 268; 박동섭, 779~780; 변희찬(1998), 429; 이경희, 603; 조승현, 475.
14) 이경희, 604; 주석상속(2), 374.

第1099條(遺言執行者의 任務着手)

遺言執行者가 그 就任을 承諾한 때에는 遲滯없이 그 任務를 履行하여야 한다.

참고문헌: 박동섭, "유언집행 소고", 인권과 정의 258(1998).

Ⅰ. 본조의 취지

취임을 승낙한 유언집행자의 임무착수 의무를 규정하기 위한 조문이다. 본조에 따르면 유언집행자가 그 취임을 승낙한 때에는 지체 없이 그 임무를 이행하여야 한다.

Ⅱ. 요건

유언집행자가 취임을 승낙하였다는 것은 다음의 각 경우를 의미한다.

첫째, 지정유언집행자가 §1097 ①에 따라 유언자 사망 후 그 취임의 승낙을 상속인에게 통지한 경우.

둘째, 선임유언집행자가 §1097 ②에 따라 법원으로부터 선임의 통지를 받은 후 지체 없이 그 취임의 승낙을 법원에 통지한 경우.

셋째, 지정유언집행자 또는 선임유언집행자가 상속인 기타 이해관계인으로부터 상당한 기간 내에 승낙 여부의 확답을 최고 받았음도 불구하고 그 기간 내에 최고에 대한 확답을 하지 않아 §1097 ③에 따라 그 취임을 승낙한 것으로 간주되는 경우.

별도의 통지를 하지 않은 경우라도 유언집행자가 유언의 집행에 착수한 경우에는 취임을 승낙한 것으로 볼 수 있다.[1)]

1) 주석상속(2), 375.

Ⅲ. 효과

취임을 승낙한 유언집행자는 지체 없이 그 임무를 이행하여야 한다. 그가 이행해야 하는 임무는 다음과 같다.

첫째, 유언이 재산에 관한 것인 때에는 지체 없이 그 재산목록을 작성하여 상속인에게 교부하여야 한다. §1100 註釋 참조.

둘째, 유증의 목적인 재산의 관리 기타 유언의 집행에 필요한 행위를 하여야 한다, §1101 註釋 참조.

셋째, 유언집행자는 유언의 집행을 위해 필요한 경우 상속인집회를 개최해야 하는가. 의무는 아니지만, 실무상 필요한 경우에는 이를 할 수 있다는 취지의 견해[2]가 있다.

2) 박동섭(1998), 140.

第1100條(財産目録作成)

① 遺言이 財産에 關한 것인 때에는 指定 또는 選任에 依한 遺言執行者는 遲滯없이 그 財産目錄을 作成하여 相續人에게 交付하여야 한다.

② 相續人의 請求가 있는 때에는 前項의 財産目錄作成에 相續人을 參與하게 하여야 한다.

▌참고문헌: 박동섭, "유언집행 소고", 인권과 정의 258(1998); 변희찬, "유언집행자", 재판자료 78(1998)

Ⅰ. 본조의 취지

유언집행자의 재산목록 작성 의무에 관해 정하는 조문이다. 상속재산의 상태를 명백하게 함으로써 상속재산에 대한 유언집행자의 관리·처분권의 행사범위를 명확하게 하고, 유언집행자의 부정행위를 방지하며, 상속인의 재산은닉이나 횡령으로부터 수증자를 보호하기 위함이다.[1] 재산목록의 작성은 상속인 기타 제3자를 위한 것이므로, 유언자가 유언집행자의 재산목록 작성 의무를 면제하는 취지의 유언을 하더라도 이는 아무런 효력이 없다.[2] 상속인 기타 이해관계인이 면제의 의사표시를 할 수 없음은 물론이다.[3]

Ⅱ. 재산목록의 작성

1. 적용범위

유언이 재산에 관한 것인 때에는 지정유언집행자 또는 선임유언집행자는

1) 곽윤직, 273; 변희찬(1998), 440; 주석상속(2), 376.
2) 김용한, 424; 김주수·김상용, 846; 박병호, 467; 신영호·김상훈, 471; 오시영, 768; 윤진수, 553; 이경희, 605; 주석상속(2), 377; 한봉희·백승흠, 642.
3) 김용한, 424~425; 박병호, 467; 변희찬(1998), 441.

지체 없이 그 재산목록을 작성하여야 한다. 다만, 친생부인, 인지, 미성년후견인의 지정과 같이 신상에 관한 유언만이 있는 경우에는 재산목록작성의무가 없다.

§1095에 따라 상속인이 스스로 유언집행자의 지위에 들어가는 경우에도 본조에 따른 상속재산목록을 작성하여야 하는가. 부정하는 견해가 통설이나, 재산목록 작성의 이유를 고려할 때 상속인도 상속재산목록을 작성해야 한다는 異說[4]이 있다.

2. 재산목록의 범위

재산목록에 포함되어야 하는 재산의 범위는 상속재산 전부에 미치는가. 유언의 집행상 관리·처분을 하여야 할 상속재산의 내용을 밝히는 것으로 족할 것이다.[5] 우리 민법은 유언집행자에게 상속절차 전반에 걸친 권한을 부여하지 않기 때문이다. 유언의 집행과 관련된 재산이라면 적극재산과 소극재산이 모두 목록에 포함되어야 하지만, 그 범위에 관하여 상속인과 수증자 사이에 다툼이 있는 경우에는 재산목록에 기재하지 않아도 된다는 견해[6]가 있다.

재산목록을 기재할 때에는 재산의 종류·수량 및 상황을 명백히 기록한 후 작성일자를 기재하고, 유언집행자가 서명하여야 한다.[7] 가령 적극재산이 부동산이라면 순위·종별·소재지·지목용도·면적·구조·시가 등을, 채권이라면 채무자·채권액 등을 상세히 적어야 할 것이다.[8] 다만, 개개 재산의 가액까지 조사·기재할 의무는 없다는 견해[9]도 있다.

3. 상속인의 참여

유언집행자의 재산목록 작성 의무는 상속인을 위한 것이므로, 상속인의 청구가 있는 때에는 그 작성에 상속인을 참여하게 하여야 한다(본조 ②).

4. 재산목록 작성 비용

상속재산목록 작성에 필요한 비용은 유언의 집행에 관한 비용으로서 상속

4) 변희찬(1998), 440.
5) 곽윤직, 273; 변희찬(1998), 440; 주석상속(2), 376.
6) 변희찬(1998), 440.
7) 김주수·김상용, 845~846; 변희찬(1998), 441; 오시영, 768; 주석상속(2) 377; 천종숙, 432.
8) 박동섭(1998), 140.
9) 곽윤직, 273; 변희찬(1998), 441.

재산의 부담으로 한다. §1107 註釋 참조.

Ⅲ. 재산목록의 교부

유언집행자는 작성한 재산목록을 상속인에게 교부하여야 한다. 설령 상속재산의 전부를 제3자에게 포괄유증한 경우라도 유언집행자의 상속재산 목록 교부 의무는 소멸하지 않는다.[10] 법원이 §1096에 따라 재산목록 제출을 명하는 처분을 내린 때에는 법원에도 이를 교부하여야 할 것이다. 반면 상속인이나 법원 외의 이해관계인에게는 이를 교부할 의무가 없다.[11]

---

10) 곽윤직, 274; 변희찬(1998), 441.
11) 변희찬(1998), 442.

第1101條(遺言執行者의 權利義務)

遺言執行者는 遺贈의 目的인 財産의 管理 其他 遺言의 執行에 必要한 行爲를 할 權利義務가 있다.

■ **참고문헌**: 권재문, "유언집행자 해임 후에 상속인이 한 유증의 목적물에 대한 보존행위", 民判 35(2013); 김종기, "지정 유언집행자의 해임과 상속인의 원고적격", 대법원판례해설 85(2010); 박동섭, "유언집행 소고", 인권과 정의 258(1998); 박수곤, "프랑스민법상 유언집행자", 민사법학 59 (2012); 변희찬, "유언집행자", 재판자료 78(1998); 양형우, "유증에 의한 등기", 법조 620 (2008); 양형우, "사인증여에 의한 등기", 홍익법학 13-1(2012); 전계원, "유증으로 인한 소유권이전등기절차", 법조 35-9(1986).

Ⅰ. 본조의 취지

유언집행자의 권리의무의 범위를 정하기 위한 조문이다. 입법례에 따라서는 유언집행자에게 단순히 유언의 내용을 실행하는 것을 넘어서 상속채무의 변제와 상속재산분할에 이르기까지 상속절차 전반을 아우르는 청산인으로서의 지위를 부여하기도 하지만, 현행 민법은 프랑스법계와 같이 유언집행자에게 오로지 유언 내용의 실현을 위한 사무만을 담당시키고 있다.[1] 본조에 따라 유언집행자는 유증의 목적인 재산의 관리 기타 유언의 집행에 필요한 행위를 할 권리와 의무가 있을 뿐이기 때문이다.

1) 변희찬(1998), 411~414. 프랑스법상 유언집행자 제도에 대해서는 박수곤(2012), 665~690 참조.

Ⅱ. 유언집행자의 권리의무의 범위

1. 유증목적물 관리 권한

본조에 따라 유언집행자는 유증의 목적인 재산을 관리할 권리가 있다. 이때 유언집행자는 단순히 유증의 목적물이 수증자에게 이전될 때까지 그 현상을 보존하는 역할을 하는 것이 아니라, 보다 적극적으로 유증의 목적물이 수증자에게 이전되어 유언자의 의사가 실현될 수 있도록 필요한 모든 조치를 취할 권한을 갖는다. 따라서 유증의 목적인 재산을 관리할 권리에는 유증목적물의 보존·이용·개량에 필요한 권한이 모두 포함된다. 물론 유언집행자의 권한은 유언에 기초하여 발생하는 것이므로, 유언자가 유언집행자의 권한을 제한하는 취지의 유언을 한 경우에는 본조에도 불구하고 그의 권한이 제한될 수 있다.[2)]

가. 유증목적물의 보존

유언집행자는 유증목적물을 보존하기 위한 모든 조치를 취할 수 있다. 가령 유언집행자는 유증채무 이행에 방해가 되는 불법적 침해 상태를 제거하기 위해 유증목적물의 인도를 청구하거나, 유증의 목적물인 부동산에 경료되어 있는 유언의 집행에 방해가 되는 다른 등기의 말소를 구하는 소송을 할 수 있다.[3)] 유증목적물의 현상유지를 위해 처분금지가처분 등을 할 수 있음은 물론이다. 다만, 유증목적물에 상속인이 거주하고 있는 경우에는 가혹한 상황을 피하기 위해 상당기간 그 사용대차관계를 해지할 수 없다는 견해가 있다.[4)]

나. 유증목적물의 점유

유언집행자는 유증목적물의 관리를 위해 이를 점유할 수 있으며, 점유에 부수하는 모든 권리를 행사할 수 있다.[5)] 이때 유언집행자의 점유는 타주점유이다.

다. 과실수취

유언집행자는 유증목적물로부터 발생하는 과실을 수취하여야 한다. 유증의 목적인 부동산이 임대 중인 경우에 유언집행자는 수증자를 위해 그 차임을 추심하여야 한다.[6)] 단, 당해 목적물로부터 취득한 과실은 수증자가 유증의 이행을 청구할 수 있는 때부터 수증자에게 반환하여야 한다. §1079 註釋 참조.

2) 김주수·김상용, 846; 오시영, 768; 주석상속(2), 378.
3) 곽윤직, 274.
4) 변희찬(1998), 444.
5) 김주수·김상용, 846; 오시영, 769; 주석상속(2), 378; 천종숙, 432.
6) 곽윤직, 274; 김주수·김상용, 848; 변희찬(1998), 444; 오시영, 770; 주석상속(2), 380.

2. 기타 유언의 집행에 필요한 행위

유언집행자는 유증의 목적인 재산을 관리할 권리의무뿐만 아니라, 그 밖에 유언의 집행에 필요한 모든 행위를 할 권리의무가 있다. 유언의 집행에 필요한 행위의 범위는 유언의 내용에 따라 달라질 수 있다.

가. 유증목적물의 처분

유언집행자는 유언집행에 필요한 범위 내에서 유증목적물을 처분할 권한이 있다.[7] 가령 유증의 목적물인 불특정물이나 금전이 상속재산 중에 존재하지 않는 경우에 유언집행자는 상속재산의 전부 또는 일부를 처분하여 유증의 목적물을 마련할 수 있다.[8] 상속채무를 모두 변제한 후 남은 재산을 포괄적으로 유증하는 형태의 청산형 포괄유증이 있었던 경우도 같다. 이때 유언집행자의 처분권한은 상속재산 전부에 미친다.[9] 유언집행자는 상속부동산에 담보를 설정하거나 채권을 상계하거나 화해계약을 체결하는 등 처분을 위해 필요한 모든 행위를 할 수 있다.[10]

§1103 ①에 따라 유언집행자는 상속인의 대리인으로 간주되므로, 상속인에 의한 위임이나 수권행위가 별도로 있어야만 상속재산을 처분할 수 있는 것은 아니다.[11] 다만, 유언집행자에 관하여는 위임에 관한 조문이 일부 준용되므로, 유언집행자는 유증 목적물을 관리·처분함에 있어 선량한 관리자로서의 주의의무를 다하여야 한다. 가령 유언집행자는 상속재산을 처분하는 과정에서 상속인에게 손해를 입히지 않도록 선량한 관리자의 주의를 다하여 시가에 상당한 가격으로 매매를 할 의무가 있으며,[12] 유언집행자가 시가에 현저히 미달하는 가격으로 상속재산을 처분하여 상속인들에 대해 부동산의 적정 시세와 실제 매매대금의 차액 상당의 손해를 입게 한 경우에는 상속인들에게 손해배상책임을 질 수 있다.[13] 그 밖에 유언집행자의 의무에 관해서는 §1103 註釋 참조.

나. 유증목적물에 관한 권리이전절차의 이행

유언집행자는 특정유증의 대상이 부동산인 경우에는 수증자 명의로의 권

---

7) 곽윤직, 274; 김주수·김상용, 846; 박동섭, 782; 박동섭, 가사소송(하), 267; 오시영, 770; 윤진수, 553; 주석상속(2), 380.

8) 김주수·김상용, 848.

9) 김주수·김상용, 846; 변희찬(1998), 449; 주석상속(2), 380.

10) 변희찬(1998), 444~445.

11) 박동섭(1998), 141.

12) 박동섭(1998), 142.

13) 대법원 1996. 9. 20. 선고 96다21119 판결.

리이전등기절차를 이행할 의무를, 동산인 경우에는 목적물을 인도할 의무를, 채권인 경우에는 채무자에게 채권이전의 사실을 통지할 의무를, 채권증서나 주권 등을 수증자에게 교부할 의무를 부담한다.[14)]

포괄적 유증의 경우에는 유언자의 사망과 동시에 포괄적으로 권리의무가 승계되기 때문에 유언집행자가 권리이전을 위해 취해야 하는 조치는 없음이 원칙이나(물권적 효과설), 포괄적 유증의 목적물 중 부동산이 있는 경우에 유언집행자는 그 소유권이전등기를 위한 등기의무자가 되어 등기절차에 협력하여야 하는 등 유언집행절차가 필요한 경우도 있다.[15)] 또한 상속인들이 자필유언증서의 진정성에 관하여 다투는 결과 포괄적 수증자에게 소유권이전등기를 경료해 줄 수 없는 경우에 유언집행자는 상속인들을 상대로 유언효력확인의 소나 포괄적 수증자 지위확인의 소 등을 제기하여야 한다.[16)] 포괄적 유증을 원인으로 하는 등기절차에 관해서는 §1078 註釋 참조.

다. 계속적 유증의 집행

유언의 내용이 상속인이 수증자에게 매월 일정액의 용돈을 급여하라는 취지인 경우와 같이 수증자에게 정기금 채권을 유증하면서 그 집행을 위한 기본재산을 설정하지 않은 경우에 유언집행자는 상속재산으로부터 위 채권유증을 집행할 권리의무가 있지만, 그 의무가 수증자 사망시까지 영구히 존속하는 것은 아니다. 유언집행자에게 가혹한 결과를 가져오기 때문이다. 따라서 유언집행자는 유언의 다른 부분의 집행이 종료될 때까지 그 의무를 이행하는 것으로 족하다.[17)] 다만, 이에 대해서는 수증자가 직접 상속인에게 채권을 취득하는 것이어서 유언집행의 문제가 발생하지 않는다는 異說[18)]이 있다.

라. 유증 외의 유언 집행에 필요한 행위

(1) 유언에 의한 친생부인 및 인지

유언집행자는 유언에 의한 친생부인이 있는 경우에는 친생부인의 소를 제기하여야 하며(§850), 유언에 의한 인지가 있는 경우에는 인지신고를 하여야 한다(§859 ②). 인지신고에 앞서 친생부인의 소나 친생자관계존부확인의 소를 제기할 필요가 있는 경우에는 이에 필요한 조치도 함께 하여야 하며, 이를 게을

14) 곽윤직, 274; 박동섭, 774; 박동섭, 가사소송(하), 267; 박병호, 466; 변희찬(1998), 445; 오시영, 770; 전계원(1986), 105; 주석상속(2), 380.
15) 김주수 · 김상용, 847; 주석상속(2), 379~380.
16) 김주수 · 김상용, 850.
17) 김주수 · 김상용, 848; 오시영, 771; 주석상속(2), 380.
18) 변희찬(1998), 449.

리한 결과 혼인외 자가 상속재산분할에 참가하지 못하는 손해를 입은 경우에 유언집행자는 그에게 손해를 배상하여야 한다.[19)]

(2) 유언에 의한 재단법인 설립

유언에 의한 재단법인의 설립이 있는 경우에 유언집행자는 정관의 작성, 설립허가 및 설립등기 신청, 출연재산 귀속을 위한 권리이전절차 등 재단법인 설립에 필요한 제반 절차를 진행할 필요가 있다.

(3) 유언신탁

유언신탁이 있었던 경우에 유언집행자는 유언자가 지정한 수탁자에게 신탁의 인수 여부를 확인하고, 신탁재산을 수탁자에게 이전하여야 한다. 수탁자가 신탁을 인수하지 않거나 인수할 수 없음에도 불구하고 수익자가 신수탁자를 지정하지 않는 경우에는 유언집행자가 법원에 신수탁자의 선임을 청구하여야 할 것이다(신탁법 §21③).[20)]

(4) 유언에 의한 미성년후견인 등의 지정

미성년후견인의 지정, 미성년후견감독인의 지정, 유언집행자의 지정 또는 위탁 등의 유언은 별도의 유언 집행을 요하지 않는다. 미성년후견인이나 미성년후견감독인으로 지정된 자는 취임신고를 해야 하지만, 그 신고는 유언집행자가 아니라 후견인 또는 후견감독인 본인의 역할이다.

(5) 상속재산분할방법의 지정 및 분할금지의 유언

상속재산분할금지의 유언 또는 상속재산분할방법의 지정·위탁의 유언 역시 별도의 유언집행을 요하지 않는 것이 원칙이지만, 유언자가 상속재산분할방법을 지정하면서 그 지정된 방법대로의 분할이 유언집행자에 의해 이루어지기를 원한 경우라면 유언집행자에게 그 분할 및 분할에 따른 권리이전절차를 진행할 권한이 있다는 견해[21)]도 있다. 상속재산분할금지의 유언의 실효성을 확보하기 위해 유언집행자를 선임해 놓은 경우도 같다.[22)] 공동상속인 전원의 합의로 상속재산분할금지 유언을 실효시킬 수 있는지 여부에 대해서는 §1012 註釋 참조.

마. 채무의 변제 및 파산신청

청산형 포괄유증의 경우를 제외하고는 원칙적으로 유언집행자는 상속채무

19) 변희찬(1998), 455~456.
20) 최수정, 188.
21) 변희찬(1998), 456~457.
22) 변희찬(1998), 458~459.

변제에 관하여 아무런 권리의무가 없다.[23] 유언의 집행과 무관한 상속재산에 관하여는 유언집행자의 관리처분권한이 인정되지 않기 때문이다. 다만, 유언집행자가 상속재산으로 상속채권자 및 수증자에 대한 채무를 완제할 수 없는 것을 발견한 때에는 지체없이 파산신청을 하여야 한다(債務回生 §299 ②).

3. 유언집행에 필요한 소송행위

유언집행자가 유증의 목적인 재산의 관리 기타 유언의 집행을 위해 할 수 있는 행위에는 재판외의 행위뿐만 아니라 재판상의 행위도 모두 포함된다.[24] 따라서 유언집행자는 유언의 집행에 방해가 되는 유증 목적물에 경료된 상속등기 등의 말소청구소송 또는 유언을 집행하기 위한 유증 목적물에 관한 소유권이전등기 청구소송에서 이른바 법정소송담당으로서 원고적격을 가진다.[25]

그 밖에도 유언집행자는 유증목적물을 점유하고 있는 자에 대한 인도청구 및 명도청구, 유증목적물인 증권 또는 주식의 교부청구와 같이 원고의 지위에서 각종의 소송행위를 할 수 있을 뿐만 아니라, 수증자에 의한 유증을 원인으로 하는 소유권이전등기청구나 인도청구에 대해 피고의 지위에서 응소할 수도 있다. 유증목적물의 보존을 위한 처분금지가처분의 신청권한이 있음은 물론이다.

이때 유언집행자가 상속인 대리인의 자격에서 소송행위를 하는 것인지 또는 고유의 권한에 의해 소송행위를 하는 것인지에 대해서는 §1103 註釋 참조. 유언집행자가 소송행위를 하는 경우에 상속인의 처분권한과의 관계에 대해서는 III. 1. 이하 참조.

반면 일단 유언집행이 종료한 후에는 유언집행자는 더 이상 관련된 소송행위를 할 수 없다. 가령 상속인이 유언의 무효를 주장하면서 유증을 원인으로 하는 소유권이전등기의 말소나 유증목적물의 반환을 청구하는 경우 피고는 오로지 수증자일 뿐, 유언집행자가 아니다.[26] 상속인이 유언무효확인의 소를 제기한 경우에는 어떠한가. 유언집행자의 권한 유무 또는 유언집행사무 자체와 관련성이 있는 한도에서는 유언집행자가 당사자적격을 갖지만, 유언의 집행과 직접적인 관련이 없는 경우에는 관련된 소송행위를 할 권한이 없다.[27]

---

23) 변희찬(1998), 460~461.
24) 김주수 · 김상용, 846; 오시영, 768; 주석상속(2), 381.
25) 대법원 1999. 11. 26. 선고 97다57733 판결.
26) 변희찬(1998), 464~465.
27) 변희찬(1998), 466~467.

이에서 더 나아가 유언집행자의 소송수행권한에 한계가 있음을 전제로 아무리 유언집행자라도 유증목적물에 관한 말소등기청구의 소를 취하할 권한은 없다고 주장하는 견해[28]도 있다.

Ⅲ. 유언집행자의 권한과 제3자 간의 관계

1. 상속인과의 관계

유언집행자는 유언의 집행에 필요한 범위 내에서는 상속인과 이해상반되는 사항에 관하여도 중립적 입장에서 직무를 수행하여야 하므로, 유언집행자가 있는 경우에는 그의 유언집행에 필요한 한도에서 상속인의 상속재산에 대한 처분권은 제한된다.[29] 유언집행을 위해 필요한 범위 내에서는 유언집행자의 상속재산에 대한 관리처분권이 상속인의 관리처분권에 우선하는 것이다.[30] 이렇게 보지 않으면 상속인의 처분행위에 의해 유언집행자의 권한이 유명무실해질 우려가 있다.[31]

이에 대해서는 상속인의 처분권한을 완전히 박탈할 수 없고, 유증등기 역시 상속인과 수증자가 공동으로 신청할 수 있다는 점을 들어 반대하는 견해[32]가 있지만, 판례는 위와 같이 상속인의 처분권이 제한된다는 전제 하에 상속인에게는 관련 소송의 당사자적격도 없다고 본다.[33] 이에 따르면 유증목적물에 관하여 마쳐진, 유언의 집행에 방해가 되는 다른 등기의 말소를 구하는 소송에서 유언집행자는 법정소송담당으로서 원고적격을 가진다고 할 것이다.[34]

설령 유언집행자가 해임된 후 법원에 의해 새로운 유언집행자가 선임되지 아니하였다고 하더라도 유언집행에 필요한 한도에서 상속인의 상속재산에 대한 처분권은 여전히 제한되며 그 제한 범위 내에서 상속인의 원고적격은 역시 인정될 수 없다.[35] 기존의 유언집행자가 해임된 경우에는 §1096에 따라 새로운

28) 권재문(2013), 672~674.

29) 대법원 1999. 11. 26. 선고 97다57733 판결; 대법원 2001. 3. 27. 선고 2000다26920 판결; 대법원 2010. 10. 28. 선고 2009다20840 판결.

30) 대법원 2005. 11. 25. 선고 2004두930 판결.

31) 곽윤직, 275.

32) 변희찬(1998), 448.

33) 대법원 1999. 11. 26. 선고 97다57733 판결; 대법원 2001. 3. 27. 선고 2000다26920 판결; 대법원 2010. 10. 28. 선고 2009다20840 판결. 대법원 2010. 10. 28. 선고 2009다20840 판결에 대한 판례평석으로 권재문(2013), 649~683; 김종기(2010), 285~296 참조.

34) 대법원 2001. 3. 27. 선고 2000다26920 판결; 대법원 2010. 10. 28. 선고 2009다20840 판결.

35) 대법원 2010. 10. 28. 선고 2009다20840 판결. 위 판결에 찬성하는 견해로 김종기(2010), 294~

유언집행자를 선임해야 하고 §1095는 적용될 여지가 없다는 점, 따라서 기존 유언집행자의 소송수행권을 상속인이 수계하는 것은 허용되지 않는다는 점, 기존의 유언집행 해임 후 새로운 유언집행자 선임시까지 급박한 사정이 있는 경우에는 §691에 따라 전임자가 사무를 처리할 수 있다는 점 등을 근거로 들 수 있다.

그럼에도 불구하고 상속인이 유증의 목적인 재산을 처분한 경우에 그 처분행위는 효력이 있는가. 유효하다고 보는 견해36)가 있다. 일본 민법 §1013는 유언집행자가 있는 경우에 상속인은 상속재산의 처분 그 밖에 유언의 집행을 방해하는 행위를 할 수 없음을 명시하고 있는 반면, 우리 민법에는 그러한 취지의 조문이 존재하지 않는바, 무효로 할 법적인 근거가 없다는 것이다. 우리 민법상 특정유증은 채권적 효력밖에 없다는 점, 유언 및 집행을 공시할 방법이 없다는 점 등을 근거로 제시하기도 한다.

하지만 유언집행자가 있는 경우에는 그의 유언집행에 필요한 한도에서 상속인의 상속재산에 대한 처분권이 제한된다고 보고 있는 판례의 태도에 따르면 상속인의 처분행위도 무효라고 보아야 할 것이다. 물론 이때에도 상속인과 거래한 상대방은 취득시효, 선의취득, 채권의 준점유자에 대한 변제 등의 법리에 따라 보호받을 여지가 적지 않다. 이러한 경우에 수증자는 결국 상속인을 상대로 손해배상을 청구하는 수밖에 없을 것이다.

다만, 유언집행자가 있다고 하여 상속인의 상속재산에 관한 권한 전부가 제한되는 것은 아니며, 적어도 유증목적물의 보존행위는 상속인도 독립적으로 할 수 있다는 견해37)가 유력하다. 보존행위는 상속인과 수증자 모두에게 유리한 행위이므로, 유언집행자가 개입해야 하는 이해상반 상태가 발생하지 않기 때문이다.

2. 한정승인시 상속재산관리인과의 관계

한정승인이 있었던 경우에 법원은 공동상속인 중에서 상속재산관리인을 선임할 수 있으며, 이때 선임된 상속재산관리인은 상속재산의 관리와 채무의 변제에 관한 모든 행위를 할 권리의무가 있다(§1040 ①, ②). 따라서 유증목적물

295. 위 판결의 태도에 대해 비판적인 견해로 권재문(2013), 671~672.

36) 곽윤직, 275; 김주수·김상용, 846; 변희찬(1998), 422, 447; 송덕수, 439~440; 주석상속(2), 379.

37) 권재문(2013), 665~668.

의 관리와 유증채무의 이행에 관해 권한을 가지고 있는 유언집행자와 한정승인 절차에서의 상속재산관리인 간의 관계가 문제된다. 한정승인에서는 상속채권자에 대한 변제가 수증자에 대한 변제보다 우선하므로(§1036), 상속재산관리인의 권한이 유언집행자의 권한보다 우선함이 원칙이나, 유언의 집행에 관한 부분에 있어서만큼은 유언집행자의 권한이 우선한다고 보아야 할 것이다.[38] 그 밖에 한정승인시 상속재산관리인과 유언집행자 간의 관계에 대해서는 §1040 註釋 참조.

3. 상속인 부존재시 상속재산관리인과의 관계

유언에 의해 유언집행자가 선임되어 있으나, 정작 상속인이 없어 §1053에 따른 상속재산관리인도 선임되어 있는 경우에 유언집행자는 본조에 따라, 상속재산관리인은 §1053에 의해 준용되는 §24 및 §25에 따라 유증의 목적물에 관한 관리권한을 가질 수 있다. 이와 같이 권한의 경합이 있는 경우에 양자 간에는 유언집행자의 권한이 우선한다는 견해[39]가 통설이다. 상속재산관리인의 권한은 원칙적으로 보존행위에 한정되는 데 반해, 유언집행자의 권한은 유언의 집행에 필요한 일체의 행위에 미친다는 점, 유언집행자의 권한은 심지어 상속인의 권한보다도 우선한다는 점 등을 근거로 제시한다. 그 밖에 상속인 부존재시 상속재산관리인과 유언집행자의 관계에 관해서는 §1053 註釋 참조.

4. 파산시 파산관재인과의 관계

상속재산에 관하여 파산이 선고되면 유증목적물을 포함한 상속재산 전부에 관한 관리처분권한이 파산관재인에게 전속하므로, 유언집행자의 권한은 정지된다.[40]

---

38) 변희찬(1998), 423~424.

39) 변희찬(1998), 426; 양형우(2008), 51; 양형우(2012), 411.

40) 변희찬(1998), 427~428.

第1102條(共同遺言執行)

遺言執行者가 數人인 境遇에는 任務의 執行은 그 過半數의 贊成으로써 決定한다. 그러나 保存行爲는 各自가 이를 할 수 있다.

참고문헌: 변희찬, "유언집행자", 재판자료 78(1998).

Ⅰ. 공동유언집행의 의의

공동유언집행이란 유언집행자가 여러 명인 경우를 말한다. 유언자 또는 유언자로부터 유언집행자의 지정을 위탁받은 제3자가 여러 명을 유언집행자로 지정한 경우, 법원이 여러 명을 유언집행자로 선임한 경우뿐만 아니라, §1095에 따라 유언집행자로 된 상속인이 여러 명인 경우도 이에 해당한다. 유언집행자가 여러 명인 경우에는 분업과 견제를 통해 상속인의 의사에 부합하게 유언집행사무를 수행할 수 있다는 장점이 있지만, 권한의 충돌이나 책임소재의 문제 등으로 인해 신속한 유언집행이 어렵다는 단점도 있다.[1)]

Ⅱ. 공동유언집행자의 임무 집행 방법

1. 과반수의 찬성

가. 원칙

유언집행자가 여러 명인 경우에, 유언집행자를 지정하거나 지정위탁한 유언자나 유언집행자를 선임한 법원에 의한 임무의 분장이 있었다는 등의 특별한 사정이 없는 한, 임무의 집행은 그 과반수의 찬성으로써 결정한다(본조 본문).[2)]

1) 변희찬(1998), 467.
2) 대법원 2011. 6. 24. 선고 2009다8345 판결.

입법례에 따라서는 유언집행자 전원의 동의를 요구하거나(독일 민법 §2224 ①), 각자대리의 원칙을 고수하는 경우(프랑스 민법 §1027)도 있지만, 우리 민법은 공유 및 합유관계에서의 다수결의 원칙을 유언집행에서도 관철하고 있다.[3] 즉, 유증목적물에 대한 관리처분권은 유언의 본지에 따른 유언의 집행이라는 공동의 임무를 가진 유언집행자에게 합유적으로 귀속되므로, 그 관리처분권의 행사 역시 과반수의 찬성으로써 합일하여 결정하여야 한다.[4] 유증을 원인으로 하는 소유권이전등기 신청의 경우에도 공동유언집행자 과반수의 동의가 필요하다.[5] §1078 註釋 참조.

나. 가부동수의 처리

가부동수인 경우에는 어떠한가. 당해 사항을 집행할 유언집행자를 새로 선임하여 처리하도록 해야 한다는 견해[6]와 기존의 유언집행자를 해임하고 새로 유언집행자를 선임하거나 유언집행자를 추가선임해야 한다는 견해[7]가 대립한다. 앞의 견해는 가부동수라는 이유만으로는 기존의 유언집행자를 해임할 정당한 사유가 되지 않는다는 점을, 뒤의 견해는 유언집행자가 있음에도 불구하고 가부동수라는 이유만으로 유언집행자를 새로 선임하는 것은 §1096조의 문언에 반한다는 점을 근거로 제시한다.

다. 위반의 효과

공동유언집행자 중 1인이 과반수의 찬성을 받지 않은 상태에서 임의로 전원의 이름으로 행위를 한 경우에는 무권대리 및 표현대리에 준하여 처리하는 수밖에 없다.[8] 물론 사후에 공동유언집행자들이 과반수의 찬성으로 추인하는 것은 가능할 것이다.[9]

2. 공동유언집행자를 상대로 하는 소송행위

수증자가 공동유언집행자를 상대로 유증의무의 이행을 구하는 소를 제기하는 경우에 이는 공동유언집행자 전원을 피고로 하는 고유필수적 공동소송이다.[10] 유증목적물에 대한 관리처분권은 유언의 본지에 따른 유언의 집행이라

3) 박병호, 467; 주석상속(2), 337.
4) 대법원 2011. 6. 24. 선고 2009다8345 판결.
5) 등기예규 제1512호.
6) 곽윤직, 276; 변희찬(1998), 469; 윤진수, 554.
7) 김주수 · 김상용, 848; 박동섭, 783; 배경숙 · 최금숙, 656; 오시영, 771; 주석상속(2). 391.
8) 곽윤직, 276; 변희찬(1998), 469.
9) 변희찬(1998), 468~469.
10) 대법원 2011. 6. 24. 선고 2009다8345 판결. 위 판결에 찬성하는 견해로 윤진수, 554.

는 공동의 임무를 가진 유언집행자에게 합유적으로 귀속되므로, 공동유언집행자 중 일인 또는 일부가 임의로 상속재산을 처분하는 것은 허용될 수 없기 때문이다. 따라서 §1095에 따라 상속인들이 공동유언집행자로 된 경우에 그 중 1인 또는 일부만을 피고로 유증의무의 이행을 구하는 소를 제기하였다면, 이는 각하되어야 한다.

3. 보존행위의 특례

유언집행자가 여러 명인 경우라도 보존행위는 각자가 할 수 있다(본조 단서). 이때 '보존행위'란 재산의 멸실·훼손을 방지하고 그 현상을 유지하기 위해 필요한 사실상 및 법률상의 행위[11]를 말한다. 물건의 수리, 부패하기 쉬운 물건의 처분, 소멸시효 중단, 상속채권의 추심 등이 해당한다. 각 유언집행자가 한 보존행위가 서로 경합하는 경우에는 일반 계약법의 원칙에 따라 해결하면 될 것이다.[12]

4. 기타

공동유언집행자 중 1인은 나머지 1인의 동의나 승낙 없이 단독으로 법원에 공동유언집행자의 추가선임을 신청할 수 있으며, 이러한 선임신청이 공동유언집행방법에 위배되었다거나 기회균등의 헌법정신에 위배되는 것은 아니다.[13] 파산신청 역시 공동유언집행자들이 각자 단독으로 할 수 있다.[14]

Ⅲ. 임의규정

본조는 임의규정이므로, 유언자 또는 유언자로부터 유언집행자의 지정을 위탁받은 제3자나 법원이 미리 여러 명의 지정유언집행자 또는 선임유언집행자 사이에 임무를 분장해 놓은 경우에는 각자 임무를 집행하면 될 것이다.[15] 이는 진정한 의미의 공동유언집행이라고는 할 수 없다.

또한 유언자가 공동으로 유언을 집행하도록 하면서도 공동유언집행자 사

11) 곽윤직, 276; 김주수·김상용, 848; 오시영, 771; 주석상속(2), 392; 천종숙, 432; 한봉희·백승흠, 641.
12) 주석상속(2), 338.
13) 대법원 1987. 9. 29.자 86스11 결정.
14) 변희찬(1998), 469.
15) 대법원 2011. 6. 24. 선고 2009다8345 판결.

이에 임무 집행방법의 결정 방법을 미리 정해 놓은 경우에는 그 유언의 취지에 따른다.[16] 다만, 유언자가 집행방법을 만장일치로 정해 놓은 경우에는 실행 불가능한 집행방법의 지시로서 아무런 효력이 없으므로, 역시 다수결에 의해 집행해야 한다는 견해[17]가 있다.

또한 피상속인은 유언집행자가 단독으로 보존행위를 할 권한을 유언으로 제한하거나 금지할 수는 없다.[18]

16) 곽윤직, 275; 정광현, 요론, 451; 한봉희·백승흠, 641.
17) 변희찬(1998), 468.
18) 변희찬(1998), 470.

第1103條(遺言執行者의 地位)

① 指定 또는 選任에 依한 遺言執行者는 相續人의 代理人으로 본다.

② 第681條 乃至 第685條, 第687條, 第691條와 第692條의 規定은 遺言執行者에 準用한다.

참고문헌: 권재문, "유언집행자 해임 후에 상속인이 한 유증의 목적물에 대한 보존행위", 民判 35(2013); 김종기, "지정 유언집행자의 해임과 상속인의 원고적격", 대법원판례해설 85(2010); 변희찬, "유언집행자", 재판자료 78(1998); 윤황지, "유언과 재산상속에 관한 연구", 사회과학논총 6(1998); 전계원, "유증으로 인한 소유권이전등기절차", 법조 35-9(1986).

Ⅰ. 본조의 취지

유언집행자의 법적 지위에 관해 정하는 조문이다. 유언집행자는 피상속인의 의사를 실현하기 위한 사무를 수행하지만, 그 행위의 법률효과는 상속인에게 귀속되며, 그로 인한 경제적 이익은 수증자 등 제3자에게 귀속되는 경우가 많다. 그 결과 유언집행자가 어떠한 지위에서 어떠한 권한과 의무 하에 자신의 업무를 수행하며 책임을 지는가에 대해 학설상 논란이 있다. 특히 지정유언집행자와 선임유언집행자의 경우가 문제된다. 본조는 이러한 견해의 대립에 대해 유언집행자를 상속인의 대리인으로 선언하고, 위임에 관한 몇 가지 조문을 준용한다.

Ⅱ. 유언집행자의 법적 성격

본조가 유언집행자를 상속인의 대리인이라고 명시하였음에도 불구하고,

유언집행자의 법적 성격에 대해서는 견해의 대립이 있다.

1. 견해의 대립

가. 상속인 대리인설

본 조문을 문리해석하여 유언집행자를 상속인의 대리인으로 이해하는 견해이다.[1] 상속인이 유언집행자에게 직접 대리권을 수여한 것은 아니지만, 유언집행자에 의해 자신의 의사를 실현하고자 하였던 유언자의 위임인으로서의 지위와 집행의 대상이 되는 상속재산이 모두 상속인에게 포괄적으로 승계된 이상 유언집행자를 상속인의 대리인으로 보아 그 법적 효과를 상속인에게 귀속시키는 수밖에 없다는 것이다. 이에 대해서는 유언집행자는 상속인의 이익을 위해 행위하는 자가 아니라는 점, 공동상속인 중 1인이 유언집행자가 된 경우에 그 유언집행자가 다른 상속인들의 대리인이 되는 문제가 생긴다는 점, 상속인 부존재의 경우에 유언집행자의 지위가 불분명하다는 점 등을 들어 비판하는 견해[2]가 있다.

나. 유언자 기관설

민법이 유언집행자를 상속인의 대리인으로 규정하고 있는 것은, 유언자의 권리능력이 아직 유언을 통해 일부 존속하고 있지만 법리상으로는 이를 인정할 수 없으므로, 유언자의 법적 지위를 상속인에게 가탁한 것에 불과하다고 보는 견해[3]로 현재의 다수설이다. 동 견해에 따르면 유언집행자의 임무는 상속인이 아니라 유언자의 정당한 의사를 실현하는 데 있다고 본다. 또한 유언집행자의 행위는 상속인과 이해가 상반되는 경우가 많으므로, 그를 상속인의 대리인으로 보는 것은 부적절하다고 한다. 이에 대해서는 유언집행자를 이미 사망하여 권리능력이 없는 유언자의 대리인으로 보는 것과 마찬가지여서 해석론상 무리라는 점[4], 지정유언집행자라면 모르겠으나 선임유언집행자의 법적 지위를 이와 같이 볼 수는 없다는 점[5] 등을 들어 비판하는 견해가 있다.

---

1) 박동섭, 782; 신영호 · 김상훈, 470; 윤황지(1998), 98; 전계원(1986), 105; 조승현, 478.

2) 곽윤직, 272; 변희찬(1998), 419; 이경희, 599.

3) 김용한, 422~423; 김주수 · 김상용, 845; 박병호, 466; 이희배, 370; 주석상속(2), 394; 천종숙, 431. 박정기 · 김연, 479는 이 견해를 상속인 대리인설의 일종으로 파악하는 반면, 오시영, 767은 이를 직무설의 일종으로 파악하고 있다.

4) 권재문(2013), 661; 변희찬(1998), 418; 이경희, 599~600.

5) 박정기 · 김연, 479는 상속인대리인설을 비판하는 논거로 위와 같은 점을 지적하고 있으나, 위 문헌이 상속인대리인설이라고 지칭하는 학설은 본서에서 말하는 유언자 기관설과 같다.

다. 직무설

유언집행자를 상속인의 대리인이 아닌 독립적 기관이라고 이해하는 견해[6]이다. 유언집행자는 반드시 상속인의 이익을 위해서만 유언을 집행하는 것이 아니며, 오히려 유언의 집행이 상속인의 이익과 어긋날 수도 있다는 점을 지적하면서 본조 ①이 유언집행자를 상속인의 대리인이라고 보는 것은 단순히 유언집행자의 행위의 효과가 상속인에게 귀속된다는 취지에 불과하다고 주장한다. 위 견해에 따르면 유언집행자는 상속인의 대리인도 아니고, 유언자의 기관도 아니며, 단지 법률의 규정에 의해 유언의 집행이라는 사적 직무를 수행하는데 필요한 권한을 부여받은 자일뿐이다. 따라서 유언집행자는 유언의 집행을 위한 법률행위를 할 때 현명(顯名)을 할 필요가 없다. 이에 대해서는 본조 ①의 문언에 정면으로 반한다는 비판[7]이 있다.

라. 특수한 대리인설

유언집행자는 법률의 규정에 의해 독립적 지위가 인정되는 특수한 형태의 대리인이라고 보는 견해[8]이다. 유언집행자는 유언자에 의해 지정되고 유언자의 의사실현을 위해 행위한다는 점에서는 유언자의 대리인과 같고, 그 법률효과가 상속인에게 귀속된다는 점에서는 상속인의 대리인과 같으므로, 일반적인 대리이론과 무관하게, 유언집행자는 법률의 규정에 의해 일정한 권한을 부여받고, 또한 법률의 규정에 의해 그 법적 효과가 인정되는 독립적 지위를 가지는 특수한 형태의 대리인으로 보는 것이 타당하다고 주장한다. 이와 같이 보아야 유언집행자의 상속재산에 관한 관리처분권한이 상속인의 관리처분권한에 우선하는 법리를 설명할 수 있다는 것이다.

마. 법정대리인설

법정유언사항의 다양한 성질로 인해 유언집행자의 법적 지위를 일률적으로 설명하는 것은 불가능하다는 전제 하에 유언집행의 법률효과가 상속인에게 귀속되는 경우, 가령 유증·재단법인의 설립·신탁설정 등에 한하여 유언집행자는 상속인의 대리인으로서의 지위를 가진다는 견해[9]이다. 위 견해는 유언집행자가 상속인의 법정대리인임을 전제로 그는 본인의 의사나 이해상반의 우려로부터 자유롭게 행위할 수 있으며, 다만, 소의 취하 등과 같은 중대한 소송행

6) 곽윤직, 272~273; 변희찬(1998), 420~421; 송덕수, 438; 윤진수, 551. 권재문(2013), 661은 변희찬(1998)이 상속재산 대리설을 취하고 있다고 서술하고 있으나, 의문이다.

7) 박정기·김연, 479; 이경희, 600; 한봉희·백승흠, 639.

8) 박정기·김연, 479; 이경희, 600.

9) 권재문(2013), 662~663.

위에 대해 民訴 §56에 따라 소송수행권이 일부 제한될 뿐이라고 한다.[10)]

바. 제3자 적격설

유언집행자는 법정소송담당으로서 유언의 집행과 관련하여 당사자적격이 인정되는 지위에 있다는 견해[11)]이다. 별다른 논거를 밝히지 않은 채 판례의 입장이 타당하다고 서술하고 있을 뿐이며, 소송 외의 행위에 있어서 유언집행자의 법적 지위에 대해서는 별도로 언급하고 있지 않다.

2. 판례

대법원의 태도는 명확하지 않다. 유언집행자는 유증목적물의 관리와 관련된 사건에서 법정소송담당으로서 당사자 적격을 가진다는 것이 판례[12)]의 태도이므로, 제3자 적격설은 대법원이 제3자 적격설을 택하였다고 주장한다.[13)] 하지만 이는 유언집행자가 있는 경우에 상속인의 처분권한이 제한된다는 실체적 판단을 전제로 한 판시이다. 따라서 위 판결만으로는 대법원이 유언자기관설, 직무설, 특수한 대리인설, 제3자 적격설 중 어느 것을 택하였는지 확실치 않다.

다만, 대법원 1980. 12. 23. 선고 80므18 판결은 유언집행자는 상속인의 대리인에 불과하므로 피고적격이 없다는 주장을 명시적으로 배척한 바 있고, 대법원 2001. 3. 27. 선고 2000다26920 판결에서는 "유언집행자는 유언의 집행에 필요한 범위 내에서는 상속인과 이해상반되는 사항에 관하여도 중립적 입장에서 직무를 수행"한다는 전제 하에 "민법 제1103조 제1항은 '지정 또는 선임에 의한 유언집행자는 상속인의 대리인으로 본다.'고 규정하고 있으나, 이 조항은 유언집행자의 행위의 효과가 상속인에게 귀속함을 규정한 것이지, 유언집행자의 소송수행권과 별도로 상속인 본인의 소송수행권도 언제나 병존함을 규정한 것은 아니라고 해석된다."고 판시하고 있는바, 판례가 순수한 상속인 대리인설을 택하고 있지 않음은 분명하다.

3. 검토

위와 같은 다양한 학설의 차이가 실제적으로 다른 효과를 가져 오는 것은 아니라고 보는 견해[14)]도 있다. 유언집행자가 한 법률행위의 효과가 결국 상속

10) 권재문(2013), 676~677.
11) 오시영, 767.
12) 대법원 1999. 11. 26. 선고 97다57733 판결; 대법원 2001. 3. 27. 선고 2000다26920 판결; 대법원 2010. 10. 28. 선고 2009다20840 판결.
13) 오시영, 767.

인에게 귀속된다는 점, 하지만 유언집행자가 상속인의 의사에 구속되는 것은 아니라는 점에 대해서는 모든 견해가 일치하고 있기 때문일 것이다. 하지만 어느 설을 취하는가에 따라 유언집행자의 존재에도 불구하고 상속인이 여전히 상속재산에 관한 처분권한을 갖는지 여부나 유언집행자가 법률행위를 할 때 현명(顯名)을 해야 하는지 여부 등이 달라질 수 있다.[15] 앞의 쟁점에 관해서는 §1101 註釋 참조. 궁극적으로는 입법을 통해 유언집행자에게 독립의 지위를 인정하여야 할 것이다.[16] 참고로 일본은 2018년 민법 개정에 의해 유언집행자를 상속인의 대리인으로 본다는 취지의 조문을 삭제하고, "유언집행자가 그 권한 내에서 유언집행자임을 표시하여 한 행위는 상속인에 대해 직접 그 효력이 발생한다"는 취지의 조문을 신설하였다(일민 §1015).

Ⅲ. 유언집행자의 법적 지위

본래 유언집행자는 상속인의 수권행위에 의해 선임된 자가 아니므로, 그 법적 지위는 임의대리인이라기보다는 법정대리인에 가깝다.[17] 하지만 그 권한의 범위와 내용 등은 유언이라는 의사표시에 기초하여 설정되고 있으므로, 본조 ②은 유언집행자가 상속인의 임의대리인이라는 전제 하에 유언집행자와 상속인 사이의 법률관계에 대하여 위임에 관한 §§681−685, 687, 691 및 §692를 준용하고 있다. 하지만 유언집행은 일반적인 위임관계와는 차이가 있으므로, 위임에 관한 모든 조문이 준용되는 것은 아니다. 구체적인 내용은 다음과 같다.

1. 선량한 관리자의 주의의무

유언집행자는 상속인의 수임자로서 위임의 본지에 따라 선량한 관리자의 주의로써 위임사무를 처리하여야 한다(본조 ②에 의한 §681의 준용). 선관주의의무를 다하지 못한 유언집행자는 상속인에 대해 손해배상책임을 진다. 수증자도 유언집행자의 선관주의의무 위반을 이유로 유언집행자에게 책임을 물을 수 있는가. 수증자는 유증에 의해 취득한 권리를 기초로 유언집행자를 상대로 직접 그 이행을 청구할 권리가 있으므로, 채무불이행 책임을 묻는 것으로 족할 것이다.

14) 윤진수, 551.
15) 이경희, 600; 한봉희 · 백승흠, 639~640. 단, 신영호 · 김상훈, 470은 상속인 대리인설을 택하면서도 현명이 요구되지 않는다는 입장이다.
16) 박병호, 466.
17) 박병호, 466; 이경희, 600; 주석상속(2), 395.

2. 유언집행자의 복임권

유언집행자는 상속인의 승낙이나 부득이한 사유 없이 제3자로 하여금 자기에 갈음하여 위임사무를 처리하게 하지 못한다. 즉, 유언집행자의 복임권은 제한된다(본조 ②에 의한 §682 ①의 준용). 유언집행자는 그 성질이 법정대리인에 가까움에도 불구하고 그의 복임권은 임의대리에 준하여 인정한 것이다. 따라서 유언집행자는 질병·장기외유 등의 사정으로 인해 스스로 유언집행자로서의 임무를 수행할 수 없음에도 불구하고 법원으로부터 §1105에 따른 사퇴허가를 얻을 수 없는 경우와 같이 부득이한 사유가 있는 때에만 복임권을 행사할 수 있다.[18]

상속인의 승낙이 있거나 부득이한 사유로 인해 제3자에게 유언집행사무를 대신 처리하도록 한 경우에 유언집행자는 상속인에 대하여 그 선임감독에 관해 책임을 져야 하지만, 대리인이 본인의 지명에 의해 제3자를 선임한 경우에는 그 부적임 또는 불성실함을 알고 본인에게 대한 통지나 그 해임을 태만히 한 때가 아니면 책임을 지지 않는다(본조 ②이 준용하고 있는 §682 ②에 의한 §121의 준용). 복수임인인 제3자는 그 권한 내에서 상속인을 대리하며, 상속인이나 제3자에 대하여 유언집행자와 동일한 권리의무가 있다(본조 ②이 준용하고 있는 §682 ②에 의한 §123의 준용).

반면 유언집행자가 보조자를 사용하는 것은 널리 허용될 수 있을 것이나, 보조자의 고의·과실에 대해서는 스스로 손해배상책임도 부담해야 한다.[19]

3. 유언집행자의 보고의무

유언집행자는 위임인인 상속인의 청구가 있는 때에는 유언집행사무의 처리상황을 보고하고, 위임이 종료한 때에는 지체없이 그 전말을 보고하여야 한다(본조 ②에 의한 §683의 준용). 보고의 방법에는 아무런 제한이 없다.[20]

4. 유언집행자의 취득물 등 인도·이전의무 및 금전소비의 책임

유언집행자는 유언집행사무의 처리로 인하여 받은 금전 기타 물건 및 그 수취한 과실을 상속인에게 인도하여야 한다(본조 ②에 의한 §684 ①의 준용). 또한

18) 변희찬(1998), 471; 주석상속(2), 395~396.
19) 변희찬(1998), 471~472; 주석상속(2), 396.
20) 주석상속(2), 396.

유언집행자가 상속인을 위하여 자기 명의로 취득한 권리는 상속인에게 이전하여야 한다(본조 ②에 의한 §684 ②의 준용).

그럼에도 불구하고 유언집행자가 상속인에게 인도할 금전 또는 상속인의 이익을 위하여 사용할 금전을 자기를 위하여 소비한 때에는 소비한 날 이후의 이자를 지급해야 하며, 그 외의 손해가 있으면 배상하여야 한다(본조 ②에 의한 §685의 준용). 그 소비에 대해서는 선의 · 악의 · 고의 · 과실 유무를 묻지 않는다.

5. 유언집행자의 보수청구권

유언집행자에게는 수임인의 보수청구권에 관한 §686가 준용되지 않는다(본조 ②). §1104에서 별도로 규정하고 있기 때문이다. 자세한 내용은 §1104 註釋 참조.

6. 유언집행자의 비용상환청구권

유언집행자에게는 수임인의 비용상환청구권에 관한 §688가 준용되지 않는다(본조 ②). 유언집행의 비용처리에 관해서는 §1107가 규정하고 있기 때문이다. 자세한 내용은 §1107 註釋 참조. 단, 유언집행자는 위임의 경우에 준하여 상속인을 상대로 비용의 선급을 청구할 수 있다(본조 ②에 의한 §687의 준용).

7. 유언집행관계의 종료

위임계약은 각 당사자가 언제든지 해지할 수 있는 것이 원칙이지만, 유언집행의 경우에는 유언집행자 측과 상속인 측 모두에게 해지의 자유가 없다. 유언집행자는 사망한 유언자에 의해 지정되었거나 법원에 의해 선임된 자일뿐만 아니라, 상속채권자 등 이해관계인 전부를 위한 중립적 지위에 있기 때문이다. 따라서 본조 ②은 위임계약 해지에 관한 §689를 유언집행자에게 준용하지 않는다. 해지를 원하는 유언집행자는 §1105에 따라 그 임무를 사퇴할 수 있을 뿐이며, 해지를 원하는 상속인은 §1106에 따라 법원에 유언집행자의 해임을 청구할 수 있을 뿐이다. 유언집행관계의 종료에 대해서는 §1105 및 §1106 註釋 참조.

위임인 또는 수임인 중 한 쪽이 사망이나 파산한 경우 및 수임인이 성년후견개시심판을 받은 경우에 위임이 종료되도록 한 §690도 유언집행에 준용되지 않는다. 유언집행자가 사망한 경우에는 §1096에 따라 법원이 새로운 유언집행자를 선임하여야 하며, 유언집행자가 파산하거나 성년후견개시심판을 받아 행위능력이 제한된 경우에는 §1098에 따른 유언집행자의 결격사유에 해당하여 역시 §1096에 따라 법원이 유언집행자를 새로 선임하게 된다. 자세한 내용은 §1096 및 §1098 註釋 참조. 반면 상속인이 사망하거나 파산한 것만으로는 유언집행관계가 종료하지 않으며, 새로운 유언집행자를 선임할 필요도 없다.

유언집행자가 사망 또는 파산하거나 제한능력자가 되었는데 아직 법원이 새로운 유언집행자를 선임하지 않은 경우에, 급박한 사정이 있으면 유언집행자, 그 상속인이나 법정대리인은 새로운 유언집행자가 유언집행사무를 처리할 수 있을 때까지 그 사무의 처리를 계속해야 하며, 이 경우에는 유언집행관계의 존속과 동일한 효력이 있다(본조 ②에 의한 §691의 준용). 이때 유언집행자가 처리할 수 있는 사무는 급박하게 필요한 것에 한한다. 다만, 위 조문은 유언집행자가 해임된 경우에는 준용되지 않는다.[21]

유언집행관계 종료의 사유는 이를 상대방에게 통지하거나 상대방이 이를 안 때가 아니면 이로써 상대방에게 대항하지 못한다(본조 ②에 의한 §692의 준용).

---

21) 변희찬(1998), 473. 이에 반대하는 견해로 김종기(2010), 295.

第1104條(遺言執行者의 報酬)

① 遺言者가 遺言으로 그 執行者의 報酬를 定하지 아니한 境遇에는 法院은 相續財産의 狀況 其他 事情을 參酌하여 指定 또는 選任에 依한 遺言執行者의 報酬를 定할 수 있다.

② 遺言執行者가 報酬를 받는 境遇에는 第686條第2項, 第3項의 規定을 準用한다.

참고문헌: 박동섭, "유언집행 소고", 인권과 정의 258(1998); 변희찬, "유언집행자", 재판자료 78(1998).

Ⅰ. 본조의 취지

유언집행자의 보수청구권에 관한 조문이다. 유언집행자의 보수는 유언자가 유언으로 정함이 원칙이지만, 유언자가 유언으로 이를 정하지 않은 경우에는 법원이 상속재산의 상황 기타 사정을 참작하여 유언집행자의 보수를 정할 수 있다(본조 ①). 법원에 보수결정심판을 청구하는 대신 유언집행자와 상속인 간의 협의에 의해 유언집행자의 보수를 결정할 수도 있는가. 부정할 이유가 없다.[1] 결정된 유언집행자의 보수는 상속재산 중에서 지급한다. §1107 註釋 참조.

Ⅱ. 유언에 의한 보수 결정

유언자는 유언으로 유언집행자의 보수를 임의로 정할 수 있다. 유언집행자에게 보수를 지급하지 않는다는 취지의 유언을 할 수도 있다.[2] 무보수를 원하지 않는 유언집행자는 §1097에 따라 사퇴하면 될 것이다.

유언자가 정한 보수의 액이 적절하지 않은 경우에는 어떠한가. 가정법원

1) 변희찬(1998), 474.
2) 변희찬(1998), 474; 제요[2], 432.

이 유언과 다른 내용의 보수를 정할 수 있다는 것이 실무의 태도[3]이다. 학설 중에는 보수가 지나치게 적은 경우와 과도하게 높은 경우를 나누어서 앞의 경우에는 법원에 그 증액을 청구할 수는 없지만, 뒤의 경우에는 일정한 경우에 이해관계인이 법원에 그 감액을 청구할 수 있다는 견해가 있다.[4] 원칙적으로는 감액을 청구할 수 없지만, 예상치 않은 사유로 집행자의 임무가 경감된 경우, 가령 한정승인에 의한 청산절차에 의해 유언집행의 대부분이 실행된 경우나 집행자의 사망·해임 등으로 인해 집행자의 직무가 종료된 경우와 같이 유언자가 그 사정을 알았더라면 보수액을 보다 소액으로 정하였으리라고 인정되는 경우에는 감액을 허용해야 한다는 것이다.

Ⅲ. 법원에 의한 보수 결정

1. 보수청구권자

보수를 청구할 수 있는 유언집행자는 지정유언집행자와 선임유언집행자에 한한다. 공동유언집행자는 각자 독립하여 보수를 청구할 수 있다. 반면 §1095에 따라 유언집행자가 된 상속인은 보수를 청구하지 못할 것이다. 또한 실무는 지정유언집행자 또는 선임유언집행자라도 정당한 사유 없이 사퇴하거나 임무의 해태로 해임된 경우에는 보수를 청구할 수 없다고 본다.[5]

2. 보수청구권의 행사시기

지정유언집행자와 선임유언집행자라도 집행사무를 종료한 후가 아니면 보수를 청구할 수 없다(본조 ②에 따른 §686 ② 본문의 준용). 단, 유언자가 기간으로 보수를 정한 때에는 그 기간이 경과한 후에 이를 청구할 수 있고(본조 ②에 따른 §686 ② 단서의 준용), 유언집행자가 유언집행사무를 처리하는 중에 유언집행자의 책임 없는 사유로 인해 유언집행이 종료된 때에는 이미 처리한 사무의 비율에 따른 보수를 청구할 수 있다(본조 ②에 따른 §686 ③의 준용).

하지만 보수액결정의 심판은 보수청구권 행사시기 도래 전이라도 언제든 청구할 수 있다고 할 것이다.[6]

3) 제요[2], 432.
4) 변희찬(1998), 474.
5) 변희찬(1998), 475; 제요[2], 433; 주석상속(2), 399.
6) 변희찬(1998), 474~475.

3. 보수결정심판

유언집행자에 대한 보수결정심판은 상속개시지 가정법원, 즉 유언집행자 선임심판을 한 가정법원의 전속관할로 한다(家訴 §2 ① ii 가. 45) 및 §44 vii).

법원은 보수액을 정함에 있어서 상속재산의 종류, 집행사무의 기간과 난이도, 집행자의 지위·직업·수입, 유언자와의 친소관계, 잔존금액의 과다, 기타 일체의 사정을 고려하여야 한다.[7] 유언집행자가 임무해태로 해임된 경우 또는 이미 유언집행이 완료되어 유언집행자에 의한 집행의 여지가 전혀 없는 경우 등 보수의 지급이 상당하지 않다고 인정되는 경우에는 그 신청을 각하할 수 있다.[8] 또한 가정법원은 보수액을 결정할 수 있을 뿐이며, 이에서 더 나아가 보수의 지급을 명하는 것까지 허용되는 것은 아니다.[9]

보수결정심판에 대해서는 즉시항고가 허용되지 않지만[10], 청구기각심판에 대해서는 청구인이 즉시항고할 수 있다(家訴規 §27).

심판비용 등은 상속재산에서 부담한다(家訴規 §90).

7) 곽윤직, 276; 박동섭(1998), 143; 변희찬(1998), 475; 제요[2], 433; 주석상속(2), 399.
8) 변희찬(1998), 475~476.
9) 제요[2], 433~434.
10) 박동섭(1998), 143; 제요[2], 434.

第1105條(遺言執行者의 辭退)

指定 또는 選任에 依한 遺言執行者는 正當한 事由있는 때에는 法院의 許可를 얻어 그 任務를 辭退할 수 있다.

▌참고문헌: 변희찬, "유언집행자", 재판자료 78(1998).

Ⅰ. 본조의 취지

지정유언집행자와 선임유언집행자는 일반적인 위임관계와는 달리 해지의 자유가 제한된다. §1103 註釋 참조. 따라서 본조는 유언집행자가 일정한 절차를 거쳐 그 임무를 사퇴할 수 있도록 하였다.

Ⅱ. 요건

1. 지정유언집행자 또는 선임유언집행자일 것

본조에 따라 임무를 사퇴할 수 있는 유언집행자는 지정유언집행자와 선임유언집행자이다. §1095에 따라 법정유언집행자가 된 상속인은 본조에 따라 사퇴할 수 없는가. 문언에 따르면 본조의 적용이 배제될 것이나, 본조의 유추적용을 긍정하는 견해[1)]가 있다. 상속인에게 유언집행사무의 이행을 강제하는 것이 오히려 신속하고 공정한 유언집행을 저해할 우려가 있다는 것이다.

2. 정당한 사유가 있을 것

유언집행자는 정당한 사유가 있는 경우에 법원의 허가를 얻어 그 임무를 사퇴할 수 있을 뿐이다. 이때 "정당한 사유"란 질병, 공무, 장기외유, 이사, 업

1) 박병호, 464; 변희찬(1998), 479.

무과중 등으로 인해 유언집행의 임무를 수행할 수 없게 된 경우를 말한다.[2] 집행의욕의 상실이나 상속인들과의 갈등만으로 손쉽게 정당한 사유를 인정할 수는 없으나, 그로 인해 적절한 유언집행에 곤란이 생길 우려가 있는 경우, 특히 유언집행자가 사퇴를 강력히 희망하는 경우에는 사퇴를 허가하지 않을 수 없을 것이다.[3]

3. 법원의 허가를 받을 것

유언집행자의 사퇴는 법원의 허가를 받은 경우에만 가능하다. 직무 중 일부만 사퇴하는 것은 허용되지 않는다.[4] 이는 유언집행자의 추가선임을 통해 해결해야 할 것이다. 유언집행자의 사퇴허가심판은 상속개시지 가정법원의 전속관할이며(家訴 §2 ① ii 가. 46) 및 §44 vii), 사퇴허가심판에 대해서는 즉시항고가 허용되지 않지만[5], 청구기각심판에 대해서는 청구인이 즉시항고할 수 있다(家訴規 §27). 심판비용 등은 상속재산에서 부담한다(家訴規 §90).

Ⅲ. 효과

사퇴허가심판의 확정에 의해 유언집행자는 그 지위를 상실한다. 이에 따라 유언집행자가 없게 된 경우에 법원은 §1096에 따라 새로운 유언집행자를 선임하여야 한다. 구체적인 내용은 §1096 註釋 참조. 단, 급박한 사정이 있는 경우에는 새로운 유언집행자를 선임할 때까지 사퇴한 유언집행자가 그 사무의 처리를 계속하여야 한다. 그 밖에 유언집행자 업무 종료에 따른 부수적 의무에 대해서는 §1103 註釋 참조.

---

2) 곽윤직, 276; 김용한, 426; 김주수 · 김상용, 850; 박동섭, 785; 박병호, 469; 오시영, 772; 윤진수, 555; 이경희, 606; 제요[2], 435; 주석상속(2), 400; 한봉희 · 백승흠, 643.
3) 제요[2], 435. 변희찬(1998), 479도 유사한 취지이다.
4) 변희찬(1998), 479.
5) 박동섭, 785; 제요[2], 435.

第1106條(遺言執行者의 解任)

指定 또는 選任에 依한 遺言執行者에 그 任務를 懈怠하거나 適當하지 아니한 事由가 있는 때에는 法院은 相續人 其他 利害關係人의 請求에 依하여 遺言執行者를 解任할 수 있다.

참고문헌: 변희찬, "유언집행자", 재판자료 78(1998).

Ⅰ. 본조의 취지

지정유언집행자 또는 선임유언집행자가 그 임무를 해태하거나 임무에 적당하지 아니한 사유가 있는 때에는 법원은 상속인 기타 이해관계인의 청구에 의하여 유언집행자를 해임할 수 있다. 유언집행자는 상속인의 대리인으로서의 지위를 갖지만, 상속인이 임의로 유언집행자의 대리권을 종료시킬 수 있는 것은 아니다. 유언집행자는 유언자의 의사를 실현하기 위한 기관으로서의 성격을 갖기 때문이다. 따라서 본조는 유언집행자의 해임사유와 해임절차를 법으로 규정하고 있다.

Ⅱ. 해임의 요건

1. 유언집행자의 유형

본조에 따라 해임할 수 있는 유언집행자는 지정유언집행자 또는 선임유언집행자이다. 다만, 상속인이 법정유언집행자가 된 경우에도 본조를 유추적용하여 해임할 수 있다는 견해[1]가 있다. 상속인이라도 그 임무를 해태하는 경우에는 수증자 등 이해관계인에게 손해를 입힐 수 있기 때문이다.

1) 박병호, 464; 변희찬(1998), 481.

2. 해임사유

유언집행자의 해임이 허용되는 사유는 다음의 두 가지이다.

첫째, 유언집행자가 그 임무를 해태하였을 것. 유언집행자가 유증에 따른 권리이전절차의 이행을 게을리하거나 유증의 목적인 재산이 임대 중인 경우에 그 차임의 추심을 제때 하지 않은 경우[2], 상속인에게 사무처리보고를 하지 않은 경우, 유언집행자가 유언이 강박에 의한 것이라고 주장하면서 임무수행을 거절하는 경우[3] 등이 이에 해당한다. 작성한 상속재산목록에 경미한 하자가 있는 것만으로는 해임사유가 될 수 없다.[4]

둘째, 유언집행자가 그 임무를 하기에 적당하지 않은 사유가 있을 것. 유언집행자가 장기간 소재불명이어서 그 임무수행이 곤란한 경우와 같이 사퇴사유가 있는 경우[5], 상속재산에 관하여 상속인과 수증자 사이에 분쟁이 있는 경우에 분쟁에 개입하여 상속재산의 처리를 도모하지 않고 도리어 분쟁을 격화시키는 행위를 하는 경우[6], 일부 상속인에게만 유리하게 편파적인 집행을 하여 공정한 유언의 실현을 기대하기 어려워 상속인 전원의 신뢰를 얻을 수 없음이 명백한 경우[7], 수증자의 이익을 무시한 채 상속인의 뜻에 따라 유증목적물을 염가로 처분한 경우[8] 등이 이에 해당한다.

반면 유언집행자가 유언의 해석에 관하여 상속인과 의견을 달리한다거나 혹은 유언집행자가 유언의 집행에 방해되는 상태를 야기하고 있는 상속인을 상대로 유언의 충실한 집행을 위하여 자신의 직무권한 범위에서 가압류신청 또는 본안소송을 제기하고 이로 인해 일부 상속인들과 유언집행자 사이에 갈등이 초래되었다는 사정만으로는 유언집행자의 해임사유인 '적당하지 아니한 사유'가 있다고 볼 수 없다.[9] 유언집행자가 상속인 또는 수증자 중 1인 등이라는 이유만으로 해임사유가 되는 것도 아니다.[10]

유언집행자의 주거가 유언집행지에 없다거나 유언무효확인의 소를 제기한

2) 김주수 · 김상용, 850~851; 오시영, 772; 이경희, 607; 주석상속(2), 401.
3) 김주수 · 김상용, 851; 박병호, 469; 변희찬(1998), 481~482; 주석상속(2), 401.
4) 변희찬(1998), 482.
5) 변희찬(1998), 482; 제요[2], 436.
6) 김용한, 426; 김주수 · 김상용, 851; 박병호, 469; 오시영, 772; 제요[2], 436; 주석상속(2), 401.
7) 대법원 2011. 10. 27.자 2011스108 결정.
8) 박동섭, 가사소송(하), 273; 이경희, 607; 제요[2], 436.
9) 대법원 2011. 10. 27.자 2011스108 결정.
10) 변희찬(1998), 482.

사정, 특정한 범위 내에서 유언집행 사무를 복수임인에게 위임한 사실 등 역시 '적당하지 아니한 사유'에 해당하는 것으로 보지 않는 것이 다수의 견해이다.[11] 다만, 이에 대해서는 ① 상속인과 지정유언집행자가 유언의 해석을 달리하고 있는 경우, ② 유언집행자가 유언무효확인소송을 제기하고 있는 경우, ③ 상속재산관리를 위하여 상속인에 대하여 소송을 제기하고 있는 경우, ④ 상속재산을 제3자에게 관리시키고 있는 등의 경우에 널리 유언집행자를 해임할 수 있다는 견해[12]가 있다.

Ⅲ. 해임절차

1. 상속인 기타 이해관계인의 청구

유언집행자를 해임하기 위해서는 상속인 기타 이해관계인에 의한 해임청구가 있어야 한다. 이때 '이해관계인'이란 상속인, 상속채권자, 수증자, 수증자의 채권자 그 밖에 유언의 집행에 대하여 법률상 이해관계가 있는 사람을 말한다.[13] 유언집행자의 지정을 위탁받은 제3자, 유언자의 방계혈족 등은 이에 해당하지 않는다.[14] 법원이 직권으로 유언집행자를 해임하는 것 역시 허용되지 않는다.

2. 가정법원의 심판

유언집행자의 해임은 가정법원의 심판에 의해 이루어진다. 유언집행자 해임사건은 상속개시지 가정법원의 전속관할에 속하며(家訴 §2 ① ii 가. 47) 및 §44 vii), 법원이 해임심판을 할 때에는 해임의 대상인 유언집행자를 절차에 참가하게 하여야 한다(家訴規 §84②). 해임심판에 대해서는 그 유언집행자가(家訴 規 §84 ③), 청구기각심판에 대해서는 청구인이 즉시항고할 수 있다(家訴規 §27). 심판비용 등은 상속재산에서 부담한다(家訴規 §90).

---

11) 변희찬(1998), 482; 오시영, 772~773; 주석상속(2), 402.
12) 박동섭, 가사소송(하), 273.
13) 권순한, 491; 김주수·김상용, 851; 박동섭, 가사소송(하), 273; 변희찬(1998), 481; 오시영, 773; 이경희, 607; 한봉희·백승흠, 643.
14) 변희찬(1998), 481.

Ⅳ. 해임의 효과

해임에 의해 유언집행자가 없게 된 경우에 법원은 §1096에 따라 새로운 유언집행자를 선임하여야 한다. 구체적인 내용은 §1096 註釋 참조. 새로운 유언집행자가 선임될 때까지 해임이 청구된 유언집행자가 사무의 처리를 계속하는 것은 적당하지 않은 경우가 많으므로, 가정법원은 직권 또는 당사자의 신청에 의해 직무집행정지 및 대행자선임의 사전처분 등을 할 수도 있다(가소 §62). 그 밖에 유언집행자 업무 종료에 따른 부수적 의무에 대해서는 §1103 註釋 참조.

第1107條(遺言執行의 費用)

遺言의 執行에 關한 費用은 相續財産 中에서 이를 支給한다.

참고문헌: 변희찬, "유언집행자", 재판자료 78(1998).

Ⅰ. 본조의 취지

유언집행비용의 부담 방법을 정하기 위한 조문이다.

Ⅱ. 유언집행비용

유언집행에 관한 비용에는 유언집행 사무에 관한 비용과 유언집행자의 보수가 포함된다.

이 중 유언집행 사무에 관한 비용에는 §1100에 따른 재산목록 작성비용, §1101에 따른 상속재산 관리비용·유증의무 이행을 위한 등기·등록 비용과 같이 실체적 업무를 위해 소요된 비용뿐만 아니라, 유언의 집행에 관하여 생긴 절차비용도 모두 포함된다.[1] 가정법원이 유언에 관한 청구에 상응한 심판을 한 경우에 심판 전의 절차비용과 심판의 고지비용은 상속재산의 부담으로 하도록 되어 있기 때문이다(家訴規 §90 ①). §§1091－1092에 따른 유언증서의 개봉·검인 청구비용, §§1096, 1105 및 1106에 따른 유언집행자의 선임·사임·사퇴에 소요된 절차비용 등이 이에 해당한다.

유언집행자의 보수에 관해서는 §1104 註釋 참조.

1) 곽윤직, 265~266; 권순한, 492; 김용한, 426; 김주수·김상용, 849; 박동섭, 784; 박병호, 468; 배경숙·최금숙, 657; 백성기, 400; 변희찬(1998), 476; 소성규, 316; 윤진수, 555; 이경희, 607; 조승현, 477; 주석상속(2), 404; 천종숙, 432~433; 한봉희·백승흠, 642.

Ⅲ. 유언집행비용의 지급

유언의 집행에 관한 비용은 상속재산 중에서 이를 지급하여야 한다. 상속재산으로 유언집행비용을 전부 충당하기에 부족한 경우에는 누가 비용을 부담하는가. 상속인은 상속재산의 한도 내에서만 유언집행비용을 부담할 뿐이므로, 상속인의 고유재산으로서 그 비용을 책임질 의무는 없다.[2] 따라서 유언으로 인해 이익을 받는 자가 부담하는 것이 타당하다는 견해[3]가 있다. 일부 견해는 유언집행비용이 상속인의 유류분을 침해하는 정도에 달하는 경우에는 그 비용을 수증자가 부담해야 한다고 주장하기도 한다.[4] 유언집행비용으로 유류분을 침해해서는 안 된다는 것이다.

Ⅳ. 유언집행비용의 지급시기

유언집행자는 유언집행사무 종료 후 그 비용의 청산을 상속인에게 청구하는 것이 원칙이나, 필요한 경우에는 상속인으로부터 선급 받을 수도 있다(§1103 ②에 따른 §687의 준용). §1103 註釋 참조. 유언집행자가 스스로 상속재산 중에서 인출하여 충당할 수도 있을 것이다.[5]

2) 변희찬(1998), 477.
3) 김용한, 426; 박병호, 468; 이경희, 608; 정광현, 요론, 454.
4) 박동섭, 가사소송(하), 268; 변희찬(1998), 477.
5) 변희찬(1998), 476~477.

第 5 節　遺言의 撤回

第1108條(遺言의 撤回)

① 遺言者는 언제든지 遺言 또는 生前行爲로써 遺言의 全部나 一部를 撤回할 수 있다.

② 遺言者는 그 遺言을 撤回할 權利를 拋棄하지 못한다.

참고문헌: 김영희, "신분행위와 유언의 철회", 가족법연구 27－3(2013); 김재호, "포괄적 유증", 재판자료 제78집(1998); 김형석, "유언의 성립과 효력에 관한 몇 가지 문제", 民判 38(2016); 윤황지, "유언과 재산상속에 관한 연구", 사회과학논총 6(1998); 이병화, "유언에 관한 법적 고찰 및 여대생들의 의식조사", 인문과학연구 9(2003); 이상훈, "로마법상 유증의 철회 및 변경", 서울대 법학 59－1(2018); 정소민, "유언의 해석", 비교사법 22－1(2015); 현소혜, "유언철회의 철회", 홍익법학 8－3(2007).

Ⅰ. 유언철회의 자유

유언은 유언자가 언제든지 철회할 수 있어야 한다. 유언이란 유언자의 최종의사를 존중하기 위한 제도인 만큼 유언 성립 후 사정변경이나 심경의 변화가 있을 때 언제든지 종전의 유언으로부터 자유로워질 수 있도록 해야 하기 때문이다.[1] 유언이 효력을 발생하기 전까지는 유언으로 인해 법률상 권리를 취득하는 사람도 존재하지 않으므로, 거래의 안전이나 상대방의 신뢰를 고려할 필요도 없다. 따라서 본 조문은 유언자에게 유언철회의 자유를 인정하고 있다. 즉, 유언자는 기간의 제한 없이 언제든지 유언의 전부나 일부를 철회할 수 있다. 유언을 철회할 만한 정당한 사유가 있어야 하는 것도 아니다. 의사표시의

1) 곽윤직, 240; 김영희(2013), 239~240; 김재호(1998), 342; 김주수 · 김상용, 811; 박동섭, 697, 730; 박병호, 440~441; 배경숙 · 최금숙, 645; 소성규, 304; 송덕수, 419; 신영호 · 김상훈, 450; 오시영, 727; 윤진수, 525; 이경희, 555; 정소민(2015), 333; 한봉희 · 백승흠, 611~612.

원시적 하자를 이유로 엄격한 요건 하에서만 할 수 있는 취소와는 차이가 있다. 유언의 취소에 대해서는 §1073 註釋 참조.

유언철회의 자유를 보장하기 위해 본조 ②은 유언 철회권의 포기를 금지하였다. 따라서 유언자와 수증자 사이에 유언을 철회하지 않는다는 내용의 계약을 체결하더라도 이는 무효이다.[2] 또한 유언철회의 자유는 오로지 유언자만이 누릴 수 있으며, 어느 누구도 이를 대리할 수 없다.[3] 유언철회권의 일신전속적 성격은 유언의 의사표시 자체가 대리와 친하지 않다는 것으로부터 유래한다.

Ⅱ. 유언철회의 방법

1. 임의철회

임의철회란 유언자의 의사표시에 따른 철회를 말한다. 본 조문은 통상 임의철회에 관한 조문으로 이해되고 있다.

가. 유언에 의한 철회

유언자는 새로운 유언에 의해 종전 유언의 전부나 일부를 철회할 수 있다. 종전의 유언을 철회하는 내용의 유언도 유언의 일종이므로 민법상 요구되는 방식을 갖추어야 할 것이나, 반드시 철회되는 유언과 동일한 방식이어야 하는 것은 아니다.[4] 방식을 갖추지 않은 채 한 유언철회의 유언은 무효이다.[5] 단, 생전행위에 의한 철회로서의 성격을 가질 수는 있을 것이다.

나. 생전행위에 의한 철회

본조는 유언자는 생전행위로써 유언의 전부나 일부를 철회할 수도 있다고 규정한다. 본조에서 말하는 생전행위란 §1109 및 §1110에서 정한 법정철회사유에 해당하는 생전행위, 즉 저촉행위나 유언증서 또는 유증 목적물의 파훼행위만을 의미한다고 보아야 할 것이나(私見), 유언 철회의 의사표시를 하는 것만으로 당연히 유언은 효력을 잃는다고 보는 것이 통설적 견해이다.[6] 다만, 이때

2) 대법원 2015. 8. 19. 선고 2012다94940 판결.

3) 김재호(1998), 343; 박동섭, 730; 박정기 · 김연, 462; 백성기, 385; 신영호 · 김상훈, 451; 오시영, 727; 윤진수, 525; 이경희, 555; 조승현, 481; 천종숙, 415.

4) 곽윤직, 241; 권순한, 470; 김용한, 398; 김재호(1998), 344; 김주수 · 김상용, 811; 김형석(2016), 1076; 박동섭, 732; 박병호, 440; 배경숙 · 최금숙, 645; 백성기, 385; 송덕수, 420; 신영호 · 김상훈, 451; 오시영, 727; 이경희, 557; 정광현, 요론, 427; 주석상속(2), 407; 한봉희 · 백승흠, 612.

5) 곽윤직, 241; 박동섭, 732; 윤진수, 528.

6) 김주수 · 김상용, 811; 박정기 · 김연, 463; 배경숙 · 최금숙, 645; 백성기, 385; 신영호 · 김상훈,

유언 철회의 의사표시는 적어도 유언자의 진의를 확보할 수 있을 정도의 명시적 의사표시여야 한다는 견해[7]가 있다. 생전행위에 의한 유언의 철회를 무제한적으로 인정하는 것은 유언의 방식주의와 조화를 이루기 힘드므로, 입법론적으로 '생전행위' 부분은 삭제하는 것이 바람직하다.[8]

2. 법정철회

유언자가 별도로 철회의 의사표시를 하지 않은 경우에도 법률의 규정에 따라 유언의 철회로 간주되는 경우가 있다. 이를 법정철회라고 한다. 구체적인 법정철회사유에 대해서는 §1109 및 §1110에서 규정하고 있으나, 일부 견해는 본조의 '생전행위' 부분이 법정철회에 대한 근거조문이라고 해석하기도 한다. 법정철회에 대해 자세히는 §§1109－1110 註釋 참조.

Ⅲ. 철회의 효과

유언이 철회되면 철회된 유언은 처음부터 없었던 것으로 본다(소급효). 따라서 유언에 따른 어떠한 효력도 발생하지 않는다.

유언전부를 철회할 것인지 또는 일부만 철회할 것인지는 유언자의 의사에 따른다. 전부철회 여부 또는 일부 철회시 철회의 범위 등에 대해서는 유언의 해석을 통해 확정하는 수밖에 없다. 가령 유언자가 인지의 유언을 하면서 피인지자가 될 자에게 상속재산분할방법의 지정이나 유증의 유언을 함께 한 후 인지의 유언을 철회하였다면, 혼인외 자가 상속인이 될 것을 전제로 한 상속재산분할방법 지정의 유언은 당연히 함께 철회된 것으로 보아야 할 것이나, 유증 부분의 철회 여부는 유언자의 의사해석에 따라 달리 해석될 수 있다.[9]

철회의 효력발생시기에 관하여는 ① 철회와 동시에 효력이 발생한다는 견해[10]와 ② 유언자 사망시에 효력이 발생한다는 견해[11], ③ 생전행위에 의한 철회의 경우에는 생전행위의 효력발생시기에 철회도 효력을 발생하지만 유언에

451; 오시영, 727; 윤황지(1998), 93; 이경희, 557; 조승현, 481; 주석상속(2), 407; 한봉희 · 백승흠, 612.

7) 김재호(1998), 344.

8) 이상훈(2018), 302~303; 현소혜(2007), 156~157.

9) 김영희(2013), 248~249, 249~250.

10) 박동섭, 736.

11) 이경희, 558; 한봉희 · 백승흠, 615.

의한 철회는 유언자의 사망시에 비로소 효력이 발생하고, 법정철회는 그 요건이 갖추어진 때 바로 철회의 효력이 생긴다는 견해[12)]가 대립한다.

Ⅳ. 유언철회의 취소

유언의 철회가 착오·사기·강박에 의해 행해진 경우에 이를 취소할 수 있는가. 무제한적으로 긍정하는 견해[13)]도 있지만, 재산관계에 관한 유언은 취소할 수 있으나 신분관계에 관한 유언이라면 §861 또는 §884 iii이 유추적용되어야 한다는 견해[14)]가 다수설이다.

유언철회의 의사표시가 취소된 경우 또는 법정철회로 간주되는 생전처분이 취소된 경우에 철회되었던 유언은 부활하는가. 민법총칙편의 규정에 따르는 수밖에 없다는 견해[15)]와 원래의 유언이 당연히 부활한다는 견해[16)]가 있다. 참고로 일본 민법 §1025는 유언철회가 사기 또는 강박으로 취소된 경우 본래의 유언이 부활한다고 규정하고 있다.

Ⅴ. 유언철회의 철회

유언철회의 의사표시를 다시 철회하면 철회된 유언의 효력이 부활하는가. 외국의 입법례는 부활주의(독일 민법 §§2257, 2258)[17)]와 비부활주의(일본 민법 §1025)[18)]가 대립하고 있으나, 우리의 통설은 부활주의이다.[19)] 유언 전부의 철회에 대한 재철회만 있고 다시 적극적인 유언의사의 표시가 없는 경우에 유언이

12) 김재호(1998), 348; 송덕수, 421~422. 박정기·김연, 464도 유사한 취지이다.
13) 곽윤직, 244; 김형석(2016), 1088; 송덕수, 422.
14) 고정명·조은희, 368; 김주수·김상용, 814; 박정기·김연, 464; 박동섭, 737; 박병호, 443; 배경숙·최금숙, 646; 소성규, 305; 오시영, 731; 윤황지(1998), 93; 이경희, 558; 이희배, 361; 조승현, 482; 주석상속(2), 407; 천종숙, 416; 한봉희·백승흠, 615.
15) 곽윤직, 244.
16) 김형석(2016), 1088.
17) 독일민법상 부활주의에 대해 자세히는 현소혜(2007), 145~146 참조.
18) 일본민법상 부활주의에 대해 자세히는 현소혜(2007), 147~148 참조.
19) 곽윤직, 244; 김용한, 401; 김주수·김상용, 814; 박정기·김연, 464; 박병호, 443; 배경숙·최금숙, 646; 소성규, 305; 오시영, 731; 이경희, 558; 이병화(2003), 181 각주 24); 이희배, 361; 정광현, 요론, 428; 주석상속(2), 407; 천종숙, 416; 한봉희·백승흠, 615. 단, 이병화(2003), 181 각주 24)는 부활주의를 택하면서도 "『부활이냐 비부활이냐는 유언자의 의사를 추측하여 정해야 하나, 많은 경우에 제1유언의 부활을 희망하는 것으로 보기는 어렵고 부활이냐 아니냐의 의사가 불명확하므로 유언자가 제1유언을 부활시키기를 원하는 경우는 다시 방식에 따라 같은 유언을 하는 것이 정확하다』는 견해도 상당한 이유가 있다."고 서술하고 있다.

없는 것으로 보는 것은 부당하고, 더욱이 철회가 부분적이어서 그 내용이 중복되는 경우에는 실질적으로 처음의 유언의 효력이 회복되는 결과로 되기 때문이라고 한다.[20] 다만, 부활되더라도 유언의 성립 시기는 최초의 유언시가 아니라 부활시를 기준으로 보아야 할 것이다.[21]

소수설로는 ① 유언자의 의사해석에 따라야 한다는 견해[22], ② 유언자의 의사를 확정할 수 없는 경우에는 앞의 유언이 부활하지 않는 것으로 보아야 한다는 견해[23], ③ 법정철회나 생전행위에 의한 철회와 같이 이미 철회의 효력이 발생한 경우에는 더 이상 철회의 철회가 불가능하므로 종전의 유언이 부활할 여지가 없지만, 유언에 의한 임의철회의 경우에는 아직 철회의 효력이 발생하지 않았으므로 철회의 철회를 통해 처음의 유언을 유효하게 만들 수 있다는 견해[24], ④ 철회유언을 철회하는 유언을 한 경우에는 부활주의에 따르되, 저촉유언을 철회하는 유언을 한 경우에는 유언자의 의사해석에 따라 부활 여부를 결정하고, 저촉유언에 저촉되는 유언을 한 경우에는 비부활주의에 따라 사안을 해결해야 한다는 견해[25], ⑤ 유언자의 의사해석에 따르되, 유언자의 의사가 명확하지 않은 경우에는 유언 및 생전행위에 의해 철회하는 경우와 전유언과 저촉되는 후유언이 있었던 경우에 한하여 부활주의를 적용하자는 견해[26] 등이 있다. 다만, 마지막 견해는 생전행위에 의한 철회의 철회는 방식주의 위반의 효과를 가져 오기 때문에 처음부터 생전행위에 의한 철회를 금지할 필요가 있다는 입법론적 주장을 함께 하고 있다.

---

20) 박정기 · 김연, 464.

21) 한봉희 · 백승흠, 615.

22) 박동섭, 736; 백성기, 386; 신영호 · 김상훈, 453. 윤진수, 529 역시 "제3유언에서 최초의 유언이 되살아난다든지, 그렇지 않다는 것을 명확히 한 경우에는 그에 따르면 된다."고 서술하고 있다.

23) 김형석(2016), 1087~1088.

24) 송덕수, 422.

25) 김재호(1998), 349~350.

26) 현소혜(2007), 150~158.

第1109條(遺言의 抵觸)

前後의 遺言이 抵觸되거나 遺言後의 生前行爲가 遺言과 抵觸되는 境遇에는 그 抵觸된 部分의 前遺言은 이를 撤回한 것으로 본다.

참고문헌: 김영희, “신분행위와 유언의 철회”, 가족법연구 27－3(2013); 김재호, “포괄적 유증”, 재판자료 제78집(1998); 김형석, “유언의 성립과 효력에 관한 몇 가지 문제”, 民判 38(2016); 이상훈, “로마법상 유증의 철회 및 변경”, 서울대 법학 59－1(2018); 전계원, “유증으로 인한 소유권이전등기절차”, 법조 35－9(1986); 정소민, “유언의 해석”, 비교사법 22－1(2015).

Ⅰ. 법정철회사유

유언을 한 후 그것과 저촉되는 내용의 유언이나 생전행위를 한 경우에 그 저촉된 부분의 전유언은 철회한 것으로 본다. 이 경우에는 통상 유언자에게 전 유언을 철회하거나 그 내용을 변경하려는 의사가 있었던 것으로 추단될 수 있으므로, 별도의 유언철회의 의사표시를 하지 않았더라도 그 유언이 철회된 것으로 간주하는 것이다. 법정철회사유의 일종이다.

Ⅱ. 유언간의 저촉

앞의 유언과 뒤의 유언이 저촉되면 그 저촉된 부분에 관하여 앞의 유언은 철회된 것으로 본다. 유언자에게 앞의 유언을 철회할 의사가 있었는지 여부나 유언자가 전후 유언의 저촉 여부를 알았는지 여부는 중요하지 않다.[1)]

1) 곽윤직, 241; 김용한, 399; 김주수 · 김상용, 812; 김형석(2016), 1077; 박동섭, 732; 송덕수, 420; 신영호 · 김상훈, 451; 오시영, 728; 이경희, 560; 주석상속(2), 409.

1. 저촉의 의미

'저촉'이란 앞의 유언을 실효시키지 않고서는 뒤의 유언을 실현시킬 수 없는 경우, 즉 내용상 모순되거나 양립할 수 없는 것을 말한다.[2] 가령 앞의 유언에서 甲에게 유증한 물건을 뒤의 유언에서 다시 乙에게 유증하였다면, 이는 서로 저촉되는 유언에 해당하다. 앞의 유언에서 甲을 미성년후견인으로 지정한 후 뒤의 유언에서는 다시 乙을 미성년후견인으로 지정한 경우도 같다.

반면 뒤에 한 유언이 앞에 한 유언에 조건이나 기한을 붙인 정도라면 아직 저촉이라고 할 수 없다.[3] 가령 앞의 유언에서 甲에게 부동산을 유증하였으나, 뒤의 유언에서 만약 甲이 부모에 대한 부양의무를 다하지 않는다면 아무것도 유증하지 않겠다고 표시한 경우에는 부담부 유증의 의사표시가 있었던 것으로 해석할 수 있다. 결국에는 의사해석의 문제이다.

2. 유언 선후의 판단기준

앞의 유언인지 뒤의 유언인지는 유언이 성립한 일자를 기준으로 판단한다. 유언증서에 기재된 성립일자가 동일한 경우에는 유언 외부에 존재하는 여러 가지 사정을 종합하여 그 선후를 가려야 할 것이나, 그 선후의 입증이 불가능한 경우라면 두 개의 유언을 모두 무효로 돌리는 수밖에 없다.[4]

3. 당사자의 의사표시

앞의 유언에 저촉되는 새로운 유언을 하면서 앞의 유언을 철회하지 않는다는 취지를 명시한 경우라도 철회의 효력을 배제할 수 없다.[5] 다만, 이에 대해서는 반대하는 견해[6]가 있다. 뒤의 유언으로 앞의 유언을 철회하지 않는다는 취지를 명시한 경우에 그 유언 자체가 상호 모순되거나 불법하게 될 경우에는 무효가 되고 그렇지 않을 때에는 두 유언이 모두 효력을 가질 수 있는 방향으로 유언을 해석하는 수밖에 없다는 것이다. 가령 앞의 유언에서 甲에게 유증

---

2) 곽윤직, 241; 권순한, 471; 김영희(2013), 243; 김용한, 399; 김재호(1998), 345; 김주수·김상용, 812; 박동섭, 733; 박병호, 441; 송덕수, 420; 신영호·김상훈, 451; 오시영, 728; 이경희, 561; 정광현, 요론, 427; 정소민(2015), 333; 주석상속(2), 408; 한봉희·백승흠, 612~613.

3) 김주수·김상용, 812; 박병호, 441; 송덕수, 420; 신영호·김상훈, 451; 오시영, 728; 이경희, 561; 정광현, 요론, 427; 한봉희·백승흠, 613~614.

4) 김주수·김상용, 812; 김형석(2016), 1078; 오시영, 728~729; 이경희, 561; 주석상속(2), 409.

5) 박동섭, 733; 송덕수, 420.

6) 김형석(2016), 1079; 이경희, 561~562. 주석상속(2), 408도 유사한 취지이다.

한 물건을 뒤의 유언에서 다시 乙에게 유증하면서 앞의 유언을 철회하는 것은 아니라고 선언하였다면, 甲과 乙의 공유나 구분소유를 전제로 유증한 것으로 볼 수도 있다.

4. 적용범위

사인증여 후 그와 저촉되는 유증이 있었던 경우에 전후의 유언이 저촉되는 것으로 보아 본 조문에 따라 사인증여가 철회된 것으로 볼 것인지 여부에 대해서는 제3절 後註 참조.

Ⅲ. 유언과 생전행위간의 저촉

유언과 그 후의 생전행위가 저촉되면 그 저촉된 부분에 관한 유언은 철회된 것으로 본다.

1. 생전행위의 의의 및 범위

가. 재산법적 법률행위

본조에 따른 '생전행위'란 통상 유언자가 생존 중에 유언의 목적이 된 특정 재산에 대하여 한 처분행위를 말하며, 유상·무상을 불문한다.[7] 사인증여도 이에 해당할 수 있다.[8] 생전행위 자체가 유효한 법률행위여야 함은 물론이다.[9] 다만, 유증의 목적물이었던 채권을 유언자가 변제받는 행위는 아직 유증과 저촉되는 생전행위라고 볼 수 없다. 변제받은 물건이 상속재산 중에 남아 있는 때에는 이를 유증한 것으로 보기 때문이다.[10] §§1084, 1110 註釋 참조.

유언자가 처분한 물건이 불특정물이나 금전인 경우에도 본조가 적용될 수 있는가. 즉, 유언자가 불특정물을 특정유증한 후에 상속재산에 속해 있었던 불특정물을 전부 처분한 결과 유증의무자가 더 이상 상속재산으로는 특정유증을 이행할 수 없게 된 경우에 당해 유증은 유언과 모순되는 생전행위로 보아 철회된 것으로 보아야 하는지 여부가 문제된다. 특정물을 유증한 경우와 달리 여전

7) 김주수·김상용, 812; 박동섭, 733; 송덕수, 420; 오시영, 729; 이경희, 562~563; 전계원(1986), 97; 주석상속(2), 410.
8) 박동섭, 697.
9) 곽윤직, 242; 김형석(2016), 1080~1081; 윤진수, 528.
10) 주석상속(2), 351~352; 박동섭, 734; 이경희, 563~564. 이에 반해 특정채권의 변제도 본 조문상의 생전행위에 해당할 수 있다는 견해로 김영희(2013), 245.

히 유효하다는 것이 다수설이다. 자세한 내용은 §1087 註釋 참조.

나. 가족법적 법률행위

본조에서 정하고 있는 '생전행위'는 유증목적물 처분행위와 같은 재산법적 행위로 한정되는가 또는 친족법상 법률행위도 유언과 저촉되는 생전행위에 포함된다고 볼 것인가.

(1) 유증 후 이혼 또는 파양

일부 견해는 친족법상 법률행위도 유언과 저촉되는 생전행위가 될 수 있다는 전제 하에 배우자에게 유증을 한 후 배우자와 이혼한 경우나 양자에게 유증을 한 후 협의상 파양을 한 경우에는 유언과 저촉되는 생전행위가 있었던 것으로 보아 유증이 철회된 것으로 해석한다.[11] §1089 註釋도 참조. 독일 민법 §2077의 태도도 이와 같으며, 미국 역시 유언자가 유언 후에 이혼한 경우에 전 배우자에 대한 유언은 철회된 것으로 본다는 취지의 조문을 성문화하고 있는 경우가 많다.[12] 일본에서도 사망할 때까지 부양받는 것을 전제로 입양하고 양자에게 부동산을 유증하였으나 양자와의 신뢰관계가 깨져 협의파양을 하게 된 경우에 협의파양을 유증철회사유로 인정한 판결[13]이 있다.

하지만 이에 대해서는 친족법상 법률행위로 유언이 철회된다는 해석은 사후적으로 추측되는 동기만으로 법정철회를 인정해 유언철회 제도를 공동화할 우려가 있다는 이유로 반대하는 견해[14]가 있다. 단순히 파양이나 이혼과 같은 생전의 친족법상 법률행위만으로 유언과의 '저촉'을 인정하기는 어렵다는 점을 지적하기도 한다.[15] 대법원 역시 유언자의 재혼은 유증철회사유가 되지 않는다는 취지로 판시한 바 있다.[16] 하지만 위 판결은 친족법상 법률행위를 일률적으로 법정철회사유로서의 '생전행위' 개념으로부터 배제해야 한다는 취지는 아니며, 의사해석의 결과에 불과하다.[17]

---

11) 김영희(2013), 259; 윤진수, 529; 이경희, 563.
12) 정소민(2015), 343~344.
13) 日最判 1981(昭和56). 11. 13. 民集35－8, 1251. 다만, 위 판결에 대해서는 법정철회의 법리 대신 부담부 유증에서 부담의 불이행, 정지조건부 유증에서 조건의 불성취, 목적부도달에 의한 유증의 실효 이론 등을 이용하거나, 당해 유언을 유증 대신 상속재산분할방법의 지정으로 해석하는 등의 방법을 이용하여 사안을 해결해야 한다는 비판이 있다. 위 판결의 내용과 이를 둘러싼 일본 학계의 논의를 소개하고 있는 문헌으로 김영희(2013), 254~258 참조.
14) 김형석(2016), 1081~1083.
15) 이상훈(2018), 304~305.
16) 대법원 1998. 5. 29. 선고 97다38503 판결.
17) 김영희(2013), 242.

(2) 유언에 의한 인지 후 생전인지

유언에 의한 인지를 한 후 아직 사망하기 전에 임의인지를 한 경우에는 유언에 의한 인지가 효력을 잃을 것이나, 이는 유언이 철회되었기 때문이라기보다는 유언의 목적이 이미 달성되었기 때문이다.[18] 유언에 의한 인지 후 피인지자가 될 자에 의한 청구에 따라 재판상 인지가 이루어진 경우에도 같다.[19] 따라서 유언에 의한 인지와 함께 피인지자를 위한 상속재산분할방법의 지정 내지 유증의 유언이 함께 이루어졌다면, 임의인지에 의해 유언에 의한 인지 부분은 효력을 잃더라도 재산처분과 관련된 부분은 여전히 유효한 것으로 해석할 수 있다.[20] 유언자의 의사나 동기, 인지 후의 유언자의 태도 등 제반사정에 따라 의사해석이 달라질 수 있음은 물론이다. 반면 유언에 의한 인지 후 피인지자 될 자 측과 인지청구권 포기의 특약을 맺었다면 유언과 저촉되는 생전행위에 해당하므로 인지의 유언이 철회된 것으로 볼 수 있다.[21]

(3) 미성년후견인 지정의 유언 후 미성년후견인 선임

미성년후견인 지정의 유언을 한 후 유언자 생전에 미성년 자녀를 위한 미성년후견인 선임심판이 있었던 경우라면 미성년후견인 지정의 유언은 효력을 잃는다고 할 것이나, 그 후 상실 또는 제한되었던 친권이 회복된 경우와 같이 미성년후견인 지정의 필요성이 새롭게 등장하였다면 종전의 후견인 지정의 유언이 여전히 유효한 것으로 볼 수 있다.[22] 유언자 생전에 미성년후견인 선임심판이 있었던 것은 유언자 본인의 의사에 따른 생전행위에 해당하지 않으므로, 법정철회사유로 볼 수 없기 때문이다.

2. 생전행위의 주체

본조에 따른 생전행위는 철회권을 가진 유언자 자신이 할 때 비로소 법정철회가 될 수 있을 뿐이며, 타인이 유언자의 명의를 이용하여 임의로 유언의 목적인 특정재산에 관하여 처분행위를 한 때에는 유언철회로서의 효력은 발생하지 않는다.[23] 설령 그 타인이 유언자의 법정대리인인 경우라도 그러하다.[24]

---

18) 김영희(2013), 247~248.
19) 김영희(2013), 248.
20) 김영희(2013), 249.
21) 김영희(2013), 251.
22) 김영희(2013), 253.
23) 대법원 1998. 6. 12. 선고 97다38510 판결.
24) 김재호(1998), 345; 김형석(2016), 1083; 오시영, 729; 윤진수, 528; 주석상속(2), 410.

법정대리인의 의사에 의해 유언자의 진정한 의사실현이 방해될 수 있기 때문이다. 유증목적물이 수용된 경우나 유언자의 채권자에 의한 강제경매, 제3자의 불법행위에 의한 멸실 등도 유언에 저촉되는 생전행위라고는 볼 수 없다.[25] 반면 유언자 자신으로부터 대리권을 수여받은 임의대리인이 한 행위는 이에 해당할 수 있다.[26]

3. 유언과의 저촉

유언이 법정철회된 것으로 보기 위해서는 유언과 그 후의 생전행위가 서로 '저촉'되어야 하는바, 이때 '저촉'이란 전의 유언을 실효시키지 않고서는 유언 후의 생전행위가 유효로 될 수 없는 것을 말하지만, 반드시 법률상 또는 물리적으로 집행 불능 상태에 이르러야 하는 것은 아니며 후의 생전행위가 앞의 유언과 양립될 수 없는 취지로 행해졌음이 명백하면 족하다.[27] 가령 1천만 원을 유증하기로 하는 내용의 유언을 한 후 수증자에게 생전행위로 일정한 금전을 증여하였다면, 여전히 유언의 집행이 가능하더라도 구체적 사안에 따라 앞의 유증은 철회된 것으로 볼 수도 있을 것이다.[28]

다만, 유증의 목적이 된 특정 재산에 생전행위로써 저당권 기타 제한물권을 설정한 경우와 같이 유증목적물의 재산적 가치를 감축시키는 정도의 행위로는 아직 유증 전부의 법정철회사유로 볼 수 없다.[29] 저당권부 소유권을 이전해 주는 것이 유언자의 의사라고 해석할 수 있을 뿐만 아니라, 가치감소분만큼만 유언이 일부철회된 것으로 볼 수 있기 때문이다.

또한 유언과 저촉되는 생전행위로 인해 철회되는 유증은, 특별한 사정이 없는 한, 특정유증에 한한다. 포괄유증의 경우에는 유언 후에 피상속인이 그 소유의 상속재산 중 특정한 재산을 제3자에게 처분하였더라도 여전히 나머지 재산을 한도로 유효하다고 할 것이다.[30]

그 밖에 유언자의 의사나 인식 여부는 중요하지 않다는 점은 II.에서 서술한 바와 같으나, 이와 같이 유증의 철회를 획일적으로 간주하는 것에 대해서는

25) 김영희(2013), 244; 김용한, 400; 한봉희·백승흠, 613.
26) 김영희(2013), 244~245; 김재호(1998), 345; 김형석(2016), 1083.
27) 대법원 1998. 6. 12. 선고 97다38510 판결.
28) 곽윤직, 242; 김재호(1998), 345~346.
29) 곽윤직, 242; 김주수·김상용, 813; 박동섭, 733~734; 오시영, 729; 이경희, 563; 한봉희·백승흠, 614.
30) 김재호(1998), 346; 김주수·김상용, 812~813; 박동섭, 734; 오시영, 729; 이경희, 563; 주석상속(2), 410.

비판하는 견해가 있다.[31]

Ⅳ. 철회의 범위

앞의 유언과 뒤의 유언 또는 생전행위가 저촉되는 경우에 앞의 유언이 어느 범위에서 철회된 것으로 볼 것인지는 유언자의 의사해석에 따르는 수밖에 없다.[32] 가령 앞의 유언에서는 甲에게 포괄유증을 하겠다는 취지의 의사표시를 한 후 뒤의 유언에서는 乙에게 포괄유증을 하겠다는 취지의 의사표시를 하였다면 甲에 대한 포괄유증 전부를 철회한 것인가 또는 1/2만 철회하고 甲과 乙을 모두 포괄수증자로 하겠다는 취지인가. 전후사정을 합리적으로 살펴 유언자가 유언의 일부만 철회하려는 의사인지 아니면 그 전부를 불가분적으로 철회하려는 의사인지 여부를 실질적으로 그 집행이 불가능하게 된 유언부분과 관련하여 신중하게 판단하는 수밖에 없다.[33] 유언자가 피고에게 甲 부동산과 乙 주식을 유증한 후 재혼을 하였다거나, 乙 주식을 제3자에게 처분한 사실이 있었다고 하여 당연히 甲 부동산이나 丙 주식에 관한 유증까지 철회된 것으로 볼 것은 아니다.[34]

31) 이상훈(2018), 303.
32) 김영희(2013), 240, 244; 김용한, 399; 김주수 · 김상용, 812; 신영호 · 김상훈, 452.
33) 대법원 1998. 6. 12. 선고 97다38510 판결.
34) 대법원 1998. 5. 29. 선고 97다38503 판결; 대법원 1998. 6. 12. 선고 97다38510 판결.

第1110條(破毁로 因한 遺言의 撤回)

遺言者가 故意로 遺言證書 또는 遺贈의 目的物을 破毁한 때에는 그 破毁한 部分에 關한 遺言은 이를 撤回한 것으로 본다.

참고문헌: 김재호, "포괄적 유증", 재판자료 제78집(1998); 김형석, "유언의 성립과 효력에 관한 몇 가지 문제", 民判 38(2016); 전계원, "유증으로 인한 소유권이전등기절차", 법조 35−9(1986).

Ⅰ. 의의

유언자가 고의로 유언증서 또는 유증의 목적물을 파훼한 때에는 그 파훼한 부분에 관한 유언은 이를 철회한 것으로 본다. 법정철회사유 중 하나이다.

Ⅱ. 요건

1. 유언자의 고의

유언자 자신이 고의로 파훼를 해야 한다. 이때 '고의'란 파훼의 고의를 의미할 뿐이며, 유언자에게 반드시 유언을 철회할 의사가 있어야 하는 것은 아니다.[1] 파훼의 이유는 전혀 중요하지 않다.

유언자가 과실로 파훼한 경우 또는 제3자나 불가항력에 의한 파훼가 있었던 경우에는 아직 유언의 철회가 있었던 것으로 볼 수 없다.[2] 가령 제3자가 유증의 목적물을 파훼한 때에는 여전히 유증이 유효하므로, 파훼된 물건에 갈음하여 유언자의 제3자에 대한 손해배상청구권을 유증한 것으로 볼 것이다.[3]

1) 김용한, 400; 김주수 · 김상용, 813; 박동섭, 735; 박정기 · 김연, 465; 신영호 · 김상훈, 452; 오시영, 730; 이경희, 565; 주석상속(2), 415.
2) 고정명 · 조은희, 368; 곽윤직, 242; 김용한, 400; 김재호(1998), 347; 김주수 · 김상용, 814; 김형석(2016), 1086; 박동섭, 735; 박정기 · 김연, 465; 소성규, 304; 송덕수, 421; 오시영, 730; 이경희, 564; 주석상속(2), 415; 한봉희 · 백승흠, 614.
3) 김용한, 400~401; 박병호, 442~443; 신영호 · 김상훈, 452; 오시영, 730; 이경희, 566.

§1083 註釋 참조.

유언증서가 그 성립 후에 멸실되거나 분실되었다는 것만으로도 아직 유언은 철회된 것으로 보지 않는다.4) 따라서 이런 경우에 이해관계인은 여전히 유언증서의 내용을 증명하여 유언의 유효를 주장할 수 있다.5) 판례의 태도도 이와 같다.6) 물론 일단 유언증서가 파훼되거나 멸실, 분실되었다면 유언의 내용을 확인할 수 없으므로, 사실상 그 유언의 효력을 주장하는 것이 쉽지는 않을 것이다.7)

유언자가 제3자에게 파훼를 지시하여 그에 따라 파훼가 이루어졌다면 유언은 철회된 것으로 볼 수 있다.8) 하지만 파훼를 지시받은 제3자가 유언증서를 파훼하지 않았다면 아직 본조 소정의 법정철회사유에는 해당하지 않는다.9)

2. 유언자가 파훼할 것

'파훼'란 물건의 형체나 효용을 잃게 하는 모든 행위를 말한다.10) 유언증서나 유증목적물의 소각이나 절단, 파손 등과 같은 행위(이른바 '유형적 파훼')를 통해 멸실에 이른 경우는 물론, 유언증서의 내용을 식별할 수 없게 만드는 행위(이른바 '무형적 파훼')나 유증 목적물의 경제적 가치를 상실시키는 행위도 널리 포함한다.11)

유증의 목적물이었던 채권을 유언자가 변제받은 경우에는 본 조문의 '파훼'에 해당하는가. 변제받은 물건이 상속재산 중에 남아 있는 때에는 이를 유증한 것으로 볼 수 있으므로, 아직 변제받은 것만으로는 법정철회사유로 볼 수 없다.12) §1084 註釋 참조. 변제받은 물건을 소비하는 등으로 상속재산으로부터 이탈시킨 경우에는 유증이 효력을 잃게 되지만, 이는 그 행위가 법정철회사유에 해당하기 때문이 아니라, §1087가 '유언의 목적이 된 권리가 유언자의 사망당시에 상속재산에 속하지 아니한 때에는 유언은 그 효력이 없다.'고 규정하고

---

4) 대법원 1996. 9. 20. 선고 96다21119 판결.
5) 고정명 · 조은희, 368; 곽윤직, 243; 김주수 · 김상용, 814; 박동섭, 735; 신영호 · 김상훈, 452; 오시영, 728; 조승현, 481; 주석상속(2), 415.
6) 대법원 1996. 9. 20. 선고 96다21119 판결.
7) 김재호(1998), 347; 박동섭, 735; 박병호, 442; 오시영, 730.
8) 김형석(2016), 1085~1086; 주석상속(2), 415.
9) 김재호(1998), 346; 주석상속(2), 415.
10) 김주수 · 김상용, 813; 오시영, 730.
11) 곽윤직, 242~243; 김재호(1998), 346, 348; 김형석(2016), 1084; 박동섭, 735; 이경희, 564, 565; 주석상속(2), 414; 한봉희 · 백승흠, 614~615.
12) 박동섭, 734; 이경희, 563~564.

있기 때문이다.[13] §1087 註釋 참조.

유언증서에 선을 그어서 문자를 지운 경우에는 유언증서의 파훼에 해당하는가. 원문을 해독할 수 없는 정도에 이르렀다면 파훼로 보아야 할 것이나, 그렇지 않다면 단순한 수정 또는 변경으로 보는 수밖에 없다.[14] 원문 전체를 해독할 수 있다고 하더라도 유언자나 증인의 서명이나 기명날인 부분에 선을 그었다면 유언증서의 파훼라고 볼 수 있을 것이다.[15] 결국에는 유언자의 의사해석의 문제이다.

3. 유언증서 또는 유증의 목적물을 파훼할 것

파훼의 대상이 되는 것은 '유언증서' 또는 '유증의 목적물'이다.

가. 유언증서

유언증서에는 자필증서유언, 비밀증서유언 및 구수증서유언이 포함된다. 공정증서유언의 경우에는 공증인 사무소에 보존되고 있으므로, 유언자가 보관 중인 정본이나 사본을 파훼한 것만으로는 아직 법정철회사유에 해당하지 않는다.[16] 당사자의 의사에 따라 §1108에 따른 생전행위에 의한 철회로 해석될 수는 있을 것이다.[17] 자필증서유언의 사본을 파훼한 경우도 같다.[18] 공정증서 원본이 파훼된 경우에는 어떠한가. 파훼에 의한 공정증서유언의 철회는 불가능하다는 견해[19]가 있으나, 의문이다.

비밀증서유언에서 봉인을 파훼한 경우는 어떠한가. 비밀증서유언으로서의 방식을 갖추지 못한 것이 되므로 비밀증서유언으로서는 당연히 무효일 것이나, 봉인의 파훼만으로는 아직 유언증서 자체의 파훼로 볼 수 없다. 따라서 당해 유언증서가 자필증서유언으로서의 방식을 갖추고 있다면, 위 유언은 여전히 유효하다.[20]

---

13) 이경희, 564.

14) 김용한, 400; 김주수·김상용, 813; 김형석(2016), 1085; 박병호, 442; 신영호·김상훈, 452; 오시영, 730; 이경희, 564; 주석상속(2), 414.

15) 김주수·김상용, 813; 박동섭, 735; 오시영, 730; 이경희, 564; 주석상속(2), 414~415.

16) 곽윤직, 242; 권순한, 471; 김재호(1998), 346~347; 김주수·김상용, 813; 김형석(2016), 1085; 이경희, 564; 전계원(1986), 97; 주석상속(2), 407, 415; 한봉희·백승흠, 614. 반면 박동섭, 735는 공정증서정본의 파훼만으로도 당연히 법정철회로 보아야 한다는 입장이다.

17) 오시영, 730; 윤진수, 529.

18) 김형석(2016), 1085.

19) 고정명·조은희, 367; 소성규, 304; 오시영, 727~728; 이희배, 360.

20) 김주수·김상용, 813; 박동섭, 735; 오시영, 730; 이경희, 565; 전계원(1986), 97; 주석상속(2), 416; 한봉희·백승흠, 614.

녹음에 의한 유언의 경우에는 증서가 존재하지 않지만, 유언자가 녹음테이프를 손상하거나 녹음을 삭제하여 내용의 복구를 불가능하게 하였다면 본조를 유추적용하여 법정철회를 인정해야 할 것이다.[21]

나. 유증의 목적물

유증의 목적물을 파훼한 때에도 본조가 적용될 수 있다. 이때 '유증의 목적물'은 특정물 유증에서의 특정물을 의미하는 것이 원칙이지만, 불특정물 유증인 경우에도 유언자가 자신의 재산에 속하는 불특정물 전부를 고의로 멸실시킨 경우에는 법정철회사유에 해당한다고 보아야 한다는 견해[22]가 있다.

Ⅲ. 효과

II.의 요건을 갖춘 경우 해당 유언은 철회된 것으로 본다. 철회의 효과에 대해서는 §1108 註釋 참조. 단, 법정철회의 효과는 파훼된 부분에 한한다. 따라서 유언 증서 중 일부만 파훼된 경우에 나머지 부분은 여전히 유효함이 원칙이나, 만약 파훼 또는 말소된 일부가 다른 부분과 불가분의 관계에 있고 파훼된 부분이 아니었더라면 나머지 부분도 유언을 하지 않았으리라고 인정된다면 전부 철회된 것으로 보아야 할 것이다.[23]

21) 김형석(2016), 1085.
22) 김형석(2016), 1086.
23) 곽윤직, 243; 김재호(1998), 347; 김주수 · 김상용, 813; 김형석(2016), 1084; 박동섭, 735~736; 박정기 · 김연, 465~466; 오시영, 730; 이경희, 565; 주석상속(2), 416; 한봉희 · 백승흠, 614.

第1111條(負擔있는 遺言의 取消)

負擔있는 遺贈을 받은 者가 그 負擔義務를 履行하지 아니한 때에는 相續人 또는 遺言執行者는 相當한 期間을 定하여 履行할 것을 催告하고 그 期間內에 履行하지 아니한 때에는 法院에 遺言의 取消를 請求할 수 있다. 그러나 第三者의 利益을 害하지 못한다.

참고문헌: 김재호, “포괄적 유증”, 재판자료 제78집(1998); 오병철, “유언의 취소”, 가족법연구 25-3(2011).

Ⅰ. 조문의 취지

부담 있는 유증을 받은 자가 그 부담의무를 이행하지 아니한 때에는 상속인 또는 유언집행자는 상당한 기간을 정하여 이행할 것을 최고하고, 그 기간 내에 이행하지 아니한 때에는 법원에 유언의 취소를 청구할 수 있다(본조 본문). 이때 ‘취소’는 법률행위의 효력발생요건을 갖추지 못한 경우에 민법총칙의 규정에 따라 할 수 있는 고유한 의미의 취소라기보다는, 채무불이행을 원인으로 하는 계약해제에 준하는 성질을 갖는다.[1] 본조의 위치에 대해서는 체계상 부적절하다는 비판[2]이 있다.

Ⅱ. 요건

1. 취소청구권자

부담부 유증의 취소를 청구할 수 있는 사람은 상속인 또는 유언집행자이다. 유언자 자신은 부담부 유증의 취소를 청구할 필요가 없다. 그는 생전에 언

1) 오병철(2011), 298; 윤진수, 546; 이경희, 593. 반면 주석상속(2), 418은 본조의 취소도 일반적인 법률행위의 취소와 다를 바 없다고 서술하고 있다.
2) 김재호(1998), 396; 주석상속(2), 418.

제든지 유증을 철회할 수 있기 때문이다. 상속인이 여러 명인 경우에는 각자 취소청구권을 행사할 수 있으며, 공동으로 할 필요는 없다.[3] 유언집행자가 있는 경우에는 그도 당연히 부담부 유증의 취소를 청구할 수 있지만, 유언집행자가 있다고 하여 상속인이 고유의 취소청구권을 행사하지 못하는 것은 아니다.[4]

반면 부담부 유증에 의해 이익을 받는 자, 즉 수익자는 본조에 따른 취소를 청구하지 못한다.[5] 유증의 당사자도 아니고, 유증이 취소되면 수익권을 잃어 오히려 불리해지는 지위에 있기 때문이다.

2. 이행의 최고

취소권자는 상당한 기간을 정해 수증자에게 부담을 이행할 것을 최고하지 않으면 유증의 취소를 청구할 수 없다. 부담의무를 이행할 기회를 제공할 필요가 있기 때문이다. 이때 '상당한 기간'이란 구체적인 부담의 내용에 따라 그 이행을 준비하고 이행에 착수하는 데 필요한 상당한 기간을 말한다.[6]

수증자가 미리 부담을 이행하지 아니할 의사를 표시한 경우, 부담이 정기행위인 사안에서 그 기한의 도래시까지 부담의 이행이 이루어지지 않은 경우 또는 부담이 이행불능으로 된 경우에도 반드시 상당한 기간을 정해 최고해야 하는가. 긍정하는 견해[7]가 있으나, §§544−546에 준하여 최고를 생략할 수 있다고 본다.[8]

3. 법원의 심판

가. 취지

유언의 취소는 법원의 심판이 있어야만 가능하다. 취소의 의사표시만으로 부담부 유증의 취소가 가능하다면, 수증자와 상속인 또는 유언집행자가 통모하여 유증을 취소함으로써 유언자의 진정한 의사 실현을 방해하고, 부담부 유증의 수익자를 해할 우려가 있기 때문이다.[9] 부담부 증여에 대해 쌍무계약에 관

---

3) 권순한, 483; 김재호(1998), 397; 주석상속(2), 420.
4) 권순한, 483; 이경희, 594.
5) 권순한, 483; 박동섭, 771; 박동섭, 가사소송(하), 275; 오시영, 760; 이경희, 594; 주석상속(2), 420.
6) 곽윤직, 263~264; 김재호(1998), 397; 이경희, 594. 조승현, 471는 "유언자의 의사표시와 부담의 이행에 필요한 기간 등을 객관적으로 종합하여 판단하여 결정"해야 한다고 서술하고 있다.
7) 주석상속(2), 419.
8) 김재호(1998), 397.
9) 김주수 · 김상용, 838~839; 김재호(1998), 397~398; 박동섭, 771; 오시영, 760; 이경희, 594~595; 주석상속(2), 420.

한 규정이 준용되는 결과 부담의무 있는 상대방이 자신의 의무를 이행하지 않으면 바로 그 계약을 해제할 수 있는 것과 구별된다.[10)]

나. 관할

부담부 유언의 취소 사건은 상속개시지 가정법원의 전속관할이다(家訴 §2 ① ii 가. 48) 및 §44 vii).

다. 심리

법원이 취소심판을 할 때에는 수증자를 절차에 참가하게 하여야 한다(家訴規 §89 ①).

라. 심판

심리 결과 부담의무의 불이행이 있었던 것으로 밝혀진 경우에 가정법원은 부담부 유언의 취소심판을 할 수 있다. 반면 이행의 최고를 누락한 경우, 이행 최고기간이 상당하지 않았던 경우, 부담의무의 이행이 있었던 경우 등에는 가정법원이 그 취소청구를 기각할 수 있다. 다만, 부담의 내용이 정기행위인 경우에 그 기한의 도래시까지 이행이 이루어지지 않았다면 그 후에 이행행위가 있었더라도 이행이 없었던 것으로 볼 수 있다.[11)] 부담의무 중 일부만 불이행한 경우에 대해서는 Ⅳ. 참조.

한편 부담의무의 불이행이 있었던 경우라도 가정법원은 유증과 부담의 내용, 불이행의 정도, 유언자의 의사와 수익자의 이익 등을 고려하여 재량껏 취소청구를 기각할 수 있다는 것이 실무의 태도[12)]이며, 이에 찬성하는 견해[13)]도 있다. 유언자가 부담을 중요하게 생각하지 않아 부담이 없었더라도 유증을 했을 것이라고 인정되는 경우 또는 수익자가 수증자를 상대로 직접 부담의 이행청구 내지 이행에 갈음하는 손해배상청구를 하고 있는 경우 등이 이에 해당한다.

수증자에게 부담의무 불이행에 대한 귀책사유가 존재하지 않았던 경우에도 취소청구를 인용할 수 있는가. 부정하는 견해가 다수이나[14)], 불가항력에 의해 부담을 이행하지 못한 경우라도 부담이 유증목적에 대해 대단히 중요한 가치를 가지고 있다면 취소할 수 있다는 반대설[15)]도 있다.

---

10) 대법원 1996. 1. 26. 선고 95다43358 판결.
11) 김주수 · 김상용, 838; 주석상속(2), 419.
12) 제요[2], 439.
13) 김재호(1998), 395, 398.
14) 곽윤직, 263; 이경희, 594; 조승현, 471.
15) 김재호(1998), 396.

마. 즉시항고

취소심판에 대해서는 수증자 기타 이해관계인이(家訴規 §89 ②), 청구기각심판에 대해서는 청구인이 즉시항고할 수 있다(家訴規 §27).

Ⅲ. 취소의 효과

취소심판이 확정된 경우에 유증은 상속개시시로 소급하여 그 효력을 잃는다. 따라서 유증의 목적물은 상속인에게 귀속되며, 청구권자는 부담 있는 수증자를 상대로 유증 목적물의 반환을 청구할 수 있다. 이는 부당이득반환청구권의 일종이므로, 수증자가 상속인을 상대로 계약해제에 따른 원상회복의무나 손해배상의무를 지는 것은 아니다.[16] 부담 있는 유증에 의해 얻은 이익에 이자를 붙여 반환하는 것 이상의 이득을 상속인에게 귀속시킬 이유가 없기 때문이다. 이때 유증목적물을 반환받은 상속인은 수익자에 대해 부담을 이행할 의무가 있는가. 해석론으로서는 무리라는 견해[17]가 보일 뿐이다.

취소심판이 확정되더라도 제3자의 이익을 해하지는 못한다(본조 단서). 따라서 수증자가 이미 그 물건을 제3자에게 양도한 경우에 전득자를 상대로 그 반환을 청구하는 것은 허용되지 않는다. 다만, 상속인은 수익자를 상대로 손해배상을 청구할 수 있다거나[18], 수증자를 상대로 배상을 청구할 수 있다는 견해[19]가 있다.

Ⅳ. 보론: 부담의 일부이행

수증자가 부담의무 중 일부만 이행한 경우에는 어떠한가. 일부이행만으로는 유증의 목적이 달성될 수 없는 경우라면 부담부 유증 전부의 취소를 인정할 수 있다는 것이 다수의 견해[20]이며, 실무의 태도[21]이기도 하다. 미이행의 부분이 사소한 것일 때에는 취소할 수 없다.

---

16) 김재호(1998), 399; 이경희, 595.
17) 김재호(1998), 398~399.
18) 박병호, 459.
19) 김용한, 416.
20) 곽윤직, 263; 김재호(1998), 396; 김주수·김상용, 838; 박동섭, 771; 오시영, 760; 이경희, 593~594; 주석상속(2), 419.
21) 제요[2], 438.

일부이행만으로도 유증의 목적을 일부 달성할 수 있는 경우라면 유증의 일부만을 취소하는 것이 가능한가. 긍정설과 부정설이 대립한다. 긍정설은 유증이 가분인 때에는 불이행한 부담에 대응하는 부분만을 취소할 수도 있다고 본다.[22] 유증 취소시 수증자에 의한 유증 목적물의 반환의무는 부담이 이행된 부분에 상응하여 감축될 수 있다는 견해[23]도 긍정설의 일종이라고 볼 수 있다. 반면 부정설은 부담의 내용인 급부가 가분이더라도 불이행 부분에 상당하는 유증의 일부 취소는 취소의 성질상 인정되지 않는다고 주장한다.[24]

부담의무의 일부 이행으로 인해 부담부 유증이 취소된 결과 수증자가 유증 목적물을 유증의무자에게 반환한 경우에 수익자는 수증자가 이행한 부담의무로 인해 얻은 이익을 수증자에게 부당이득으로 반환하여야 하는가. 본조의 취지상 수익자는 이를 반환할 의무가 없다는 견해[25]와 수익자는 본조 단서에 의해 보호되는 '제3자'에 해당하지 않으므로 이를 반환해야 한다는 견해[26]가 대립한다.

22) 윤진수, 546~547; 제요[2], 438.
23) 김주수·김상용, 838; 오시영, 760; 주석상속(2), 419.
24) 곽윤직, 263; 김재호(1998), 396.
25) 이경희, 595.
26) 곽윤직, 264; 박동섭, 771. 김재호(1998), 399 역시 수익자의 부당이득반환의무를 긍정하면서도 다만 수익자는 선의이므로 그 받은 이익이 현존하는 한도에서만 반환하면 된다는 입장이다.

판례색인

*명조체는 제1권의 색인, **고딕체**는 제2권의 색인입니다.

[대법원]

[고등법원]

[지방법원]

[헌법재판소]

[조선고등법원]

[네덜란드판례]

[독일판례]

[영국판례]

[오스트리아판례]

[일본판례]

[프랑스판례]

사항색인

[ㅎ]

공저자 약력

편집대표 윤진수

서울대학교 법과대학 졸업(1977)
서울대학교 법학박사(1993)
사법연수원 수료(1979)
육군 법무관(1979~1982)
서울민사지방법원, 서울형사지방법원, 서울가정법원, 전주지방법원 정주지원, 광주고등법원, 서울고등법원 판사(1982~1993)
헌법재판소 헌법연구관(1990~1992)
대법원 재판연구관(1992~1995)
전주지방법원 부장판사(1993~1995)
수원지방법원 부장판사(1995~1997)
서울대학교 법과대학 조교수, 부교수, 교수, 법학전문대학원 교수(1997~)

이동진

서울대학교 법과대학 졸업(2000)
서울대학교 법학박사(2011)
사법연수원 수료(2003)
공군 법무관(2003~2006)
서울중앙지방법원, 서울북부지방법원 판사(2006~2009)
서울대학교 법과대학 · 법학전문대학원 조교수, 부교수, 교수(2009~)

이봉민

서울대학교 법과대학 졸업(2005)
서울대학교 법과대학 박사과정 수료(2014)
사법연수원 수료(2007)
육군 법무관(2007~2010)
서울동부지방법원, 서울중앙지방법원, 대전지방법원, 수원지방법원 안산지원 판사(2010~2018)
수원고등법원 판사(2019~)

장준혁

서울대학교 법과대학 졸업(1991)
서울대학교 법학박사(2002)
사법연수원 수료(1994)
육군 법무관(1994~1997)
김 · 장 · 리 법률사무소 변호사(2000~2003)
경희대학교 법과대학 전임강사, 조교수(2003~2007)
성균관대학교 법과대학 · 법학전문대학원 부교수, 교수(2007~)

최준규

서울대학교 법과대학 졸업(2003)
서울대학교 법학박사(2012)
사법연수원 수료(2005)
해군 법무관(2005~2008)
서울중앙지방법원, 서울동부지방법원 판사(2008~2012)
한양대학교 법학전문대학원 조교수, 부교수(2012~2017)
서울대학교 법학전문대학원 조교수, 부교수(2017~)

현소혜

서울대학교 법과대학 졸업(1998)
서울대학교 법학박사(2009)
사법연수원 수료(2006)
헌법재판소 헌법연구관보(2006~2007)
홍익대학교 법과대학 조교수(2007~2012)
서강대학교 법학전문대학원 조교수, 부교수(2012~2014)
성균관대학교 법학전문대학원 부교수(2015~)

주해상속법 제1권

초판발행 2019년 4월 20일

편집대표 윤진수
공저자 윤진수 · 이동진 · 이봉민 · 장준혁 · 최준규 · 현소혜
펴낸이 안종만 · 안상준

편 집 한두희
기획/마케팅 조성호
표지디자인 박현정
제 작 우인도 · 고철민

펴낸곳 (주) 박영사
서울특별시 종로구 새문안로3길 36, 1601
등록 1959. 3. 11. 제300-1959-1호(倫)
전 화 02)733-6771
f a x 02)736-4818
e-mail pys@pybook.co.kr
homepage www.pybook.co.kr
ISBN 979-11-303-3397-7 94360
979-11-303-3396-0 (세트)

정 가 60,000원